Eine Arbeitsgemeinschaft der Verlage

Wilhelm Fink Verlag München
Gustav Fischer Verlag Stuttgart
Francke Verlag Tübingen
Paul Haupt Verlag Bern und Stuttgart
Dr. Alfred Hüthig Verlag Heidelberg
Leske Verlag + Budrich GmbH Opladen
J. C. B. Mohr (Paul Siebeck) Tübingen
R. v. Decker & C. F. Müller Verlagsgesellschaft m. b. H. Heidelberg
Quelle & Meyer Heidelberg · Wiesbaden
Ernst Reinhardt Verlag München und Basel
F. K. Schattauer Verlag Stuttgart · New York
Ferdinand Schöningh Verlag Paderborn · München · Wien · Zürich
Eugen Ulmer Verlag Stuttgart
Vandenhoeck & Ruprecht in Göttingen und Zürich

Einhard Bezzel
Roland Prinzinger

Ornithologie

2., völlig neubearbeitete und
erweiterte Auflage

311 Schwarzweißfotos und Zeichnungen
110 Tabellen

Verlag Eugen Ulmer Stuttgart

Dr. Einhard Bezzel, Institut für Vogelkunde
Gsteigstraße 43, 8100 Garmisch-Partenkirchen

Prof. Dr. Roland Prinzinger, Universität Frankfurt,
AK Stoffwechselphysiologie, Siesmayerstraße 70, 6000 Frankfurt/Main 1

CIP-Titelaufnahme der Deutschen Bibliothek

Bezzel, Einhard:
Ornithologie/Einhard Bezzel; Roland Prinzinger. –
2., völlig neubearb. u. erw. Aufl. –
Stuttgart: Ulmer, 1990
   (UTB für Wissenschaft: Große Reihe)
   ISBN 3-8001-2597-8
NE: Prinzinger, Roland

© 1977, 1990 Eugen Ulmer GmbH & Co.
Wollgrasweg 41, 7000 Stuttgart 70 (Hohenheim)
Printed in Germany
Lektorat: Dr. Steffen Volk
Herstellung: Karl-Heinz Eitle
Einbandentwurf: A. Krugmann, Freiberg a. N.
Satz: Ungeheuer + Ulmer KG GmbH + Co, Ludwigsburg
Druck: Gutmann Offsetdruck, Heilbronn
Bindung: W. Röck, Weinsberg

Vorwort

Die Ornithologie ist ein Wissenschaftszweig, der wie kein zweiter in der Biologie »Profis« und »Laien« in gleicher Weise über ihr gemeinsames Interesse miteinander verbindet. Diese Kombination ist mit ein Grund dafür, daß sich sehr viele Menschen mit Vögeln als Objekt von wissenschaftlichen Untersuchungen (oder der Liebhaberei) beschäftigen und die ornithologischen Gesellschaften, die man in beinahe allen Ländern der Welt findet, bei weitem und unerreicht die meisten Mitglieder aller zoologischen Gesellschaften zählen. Die Vogelkunde ruht so mit wesentlichen Erkenntnisstützen auch auf der Arbeit einer großen Zahl von Freizeitornithologen, die in ihrer Leistung und ihren Ergebnissen den Berufsornithologen nicht nachstehen.

Als Folge davon ist die Menge an wissenschaftlichen Daten, die an und über Vögel gesammelt wurde, inzwischen enorm und wächst ständig weiter. Das Material reicht über grundlegende Phänomene, die für die Biologie generell von Bedeutung sind, bis hin zu detaillierten Einzelfakten über einzelne Vogelarten, die z. T. ausschließlich intraspezifische oder nur regionale Bedeutung haben.

Je schneller die Datenfülle und der Erkenntnisstand wachsen, um so stärker wird der Wunsch der Ornithologen, das grundlegende Wissen um die Vögel möglichst umfassend und dennoch kompakt, verständlich und dennoch wissenschaftlich fundiert und zudem aktuell dargeboten zu bekommen. Dies war unsere Zielvorgabe.

Im vorliegenden Lehrbuch haben wir versucht, diesen Anspruch in den wesentlichen Punkten zu erfüllen. Abstriche müssen freilich immer gemacht werden. Alle wichtigen Schwerpunkte der biologischen Wissenschaften versuchten wir zu berücksichtigen, eingeschlossen Kapitel über »Ornithologie als biologische Wissenschaft«, »Krankheiten und Parasiten« sowie »Vogelhaltung«. Mancher wird die »Ökologie« als gesondertes Kapitel vermissen. Sie ist als übergeordnetes Fachgebiet mit den übrigen Themen eng verwoben und zieht sich daher als roter Faden durch das ganze Buch.

»Es ist leichter ein Buch zu schreiben, als es zu lassen«, sagt man. Welcher der beiden Halbsätze zutrifft, ist eine Frage des eigenen Blickpunktes. Fakten zu vermitteln, in denen man sich gut auskennt, in denen man fachkundig ist, macht Spaß. Doch kann es ermüdend und frustrierend sein, in eine fachfremde Thematik einzudringen und die Erkenntnisse fachkundig und verständlich darzustellen. Da hilft es, diesen Weg zu zweit zu gehen, um sich gegenseitig zu ergänzen. Freude und Lernerfolg ist dann gemeinsam, die Last der Schwierigkeiten verteilt sich auf zwei Schultern.

Das vorliegende Lehrbuch haben wir sowohl für den Freizeit- als auch für den Berufsornithologen geschrieben. Aber auch Studenten der Biologie, Biologielehrer und Zoologen der verschiedenen Fachrichtungen und nicht zuletzt Vogelhalter und Vogelschützer finden neben speziell ornithologischen Themen grundsätzliche, allgemein interessierende Betrachtungen und Daten, die für vergleichende Aspekte der Biologie wesentlich sind.

Wir hoffen, daß Auswahl und Vermittlung an Wissen, kritische Anmerkungen und Hinweise auf manche Lücken unserer Kenntnisse eine möglichst breite Gruppe von Lesern anregt, sich mit Ornithologie weiter zu befassen, sei es als kritischer und interessierter Beobachter, sei es als aktiver Forscher. Wir selbst sind für Kritik dankbar und würden uns freuen, wenn man zu diesem Buch sagen könnte: »Es ist interessanter und leichter zu lesen, als es zu lassen.«

Eine Reihe von Personen haben zum Gelingen dieses Buches beigetragen. Rudolf Ortlieb und Klaus Siedle halfen bei der oft mühsamen Korrektur des Textes. Ellen Mostafawy, Franz Lechner und Hartmut Lissak fertigten Zeichnungen an. Peter Becher, Gudrun Hilgerloh, Fritz Pölking und Rolf Siebrasse stellten uns Fotos zur Verfügung. Ihnen allen danken wir.

Garmisch-Partenkirchen und Frankfurt, im Sommer 1990

Einhard Bezzel, Roland Prinzinger

Inhaltsverzeichnis

Vorwort 5

Abkürzungen, Maßeinheiten 13

| 1 | **Allgemeine Kennzeichen der Vögel** | 15 |

2	**Stütz- und Bewegungssystem**	18
2.1	Knochensystem	18
2.1.1	Knochentypen	18
2.1.2	Funktionseinheiten des Skeletts	19
2.1.2.1	Schädel	19
2.1.2.2	Rumpfskelett	22
2.1.2.3	Beckengürtel und Beine	24
2.1.2.4	Schultergürtel und Flügel	25
2.1.2.5	Verwandtschaftsbeziehungen zu Reptilien	27
2.2	Muskelsystem	28
2.2.1	Muskelzellen	28
2.2.2	Weiße und rote Muskulatur	29
2.2.3	Skelettmuskeln	30

3	**Fortbewegung**	33
3.1	Fortbewegung auf dem Boden	33
3.2	Klettern und Hangeln	35
3.3	Fortbewegung im Wasser	38
3.4	Fortbewegung in der Luft	45
3.4.1	Physikalische Grundlagen des Vogelfluges	45
3.4.2	Schlagfreies Fliegen	49
3.4.3	Kraftflug (Schlagflug)	53
3.4.4	Allgemeine Flugmanöver	58
3.4.5	Flugleistungen	60
3.4.6	Flugunfähige Vögel	60
3.4.7	Frühe Flugfähigkeit	61

4	**Haut und Hautdrüsen**	62
4.1	Bau der Haut	62
4.2	Sonderformen der Haut	63
4.3	Hautbildungen	63
4.4	Bürzeldrüse	67
4.5	Andere Hautdrüsen	70

5	**Feder und Gefieder**	71
5.1	Morphologie der Federtypen	71
5.1.1	Konturfedern	71
5.1.2	Dunen	72
5.1.3	Weitere Federtypen	73
5.2	Feinbau und Entwicklung der Feder	74
5.2.1	Keratin	74

5.2.2   Entwicklung der Feder   75
5.3   Zusammensetzung und Anordnung des Gefieders   77
5.3.1   Zahl und Anordnung der Federn   77
5.3.2   Flügel- und Schwanzbefiederung   79
5.4   Färbung der Feder   81
5.4.1   Farben und Farberzeugung   81
5.4.1.1   Pigmentfarben   82
5.4.1.2   Struktur- und Mischfarben   83
5.4.1.3   Haftfarben   83
5.4.2   Farbabweichungen   84
5.4.3   Farbänderungen   84
5.4.4   Gefiederfärbung   85

6   **Mauser und Gefiederfolge**   87
6.1   Notwendigkeit und Funktion der Mauser   87
6.2   Mechanismus des Federwechsels   87
6.3   Mausermodus und Mauserrhythmus   88
6.3.1   Umfang und allgemeine Muster des Gefiederwechsels   88
6.3.2   Gefiederfolge (Kleider) und Mauserzyklen   90
6.3.3   Zeitliche Einpassung der Mauser   92
6.4   Kontrolle der Mauser   94

7   **Kreislaufsysteme und Blut**   95
7.1   Herz   95
7.2   Peripheres Gefäßsystem   98
7.3   Blut   101
7.4   Immunität   104

8   **Atmungssystem**   106
8.1   Lunge   106
8.2   Luftsäcke   108
8.3   Atemwege   110
8.4   Atmungsparameter und Atemmechanik   110

9   **Hormonsystem**   114
9.1   Einteilung und Funktion der Hormone   114
9.2   Hormondrüsen und ihre Funktion   116
9.2.1   Pinealorgan (Epiphyse, Zirbeldrüse)   117
9.2.2   Hypophyse (Hirnanhangdrüse)   118
9.2.3   Schilddrüsen (Thyroidea)   121
9.2.4   Epithelkörperchen, Nebenschilddrüsen   123
9.2.5   Ultimobranchialkörper   124
9.2.6   Nebennieren   124
9.2.7   Inselzellen der Bauchspeicheldrüse   126
9.2.8   Sexualhormone der Gonaden   128
9.2.9   Das Renin-Angiotensin-System; Parahormone der Niere . . .   129
9.2.10   Gewebshormone des Gastrointestinaltraktes   130
9.2.11   Prostaglandine, Histamin, Serotonin   130
9.2.12   Thymus und Bursa fabricii   130

10   **Nervensystem**   133
10.1   Peripheres Nervensystem   133
10.1.1   Spinalnerven   133
10.1.2   Gehirnnerven   134

10.1.3   Autonomes Nervensystem   137
10.1.4   Enterorezeptoren   139
10.2   Zentrales Nervensystem   139
10.2.1   Rückenmark   139
10.2.2   Gehirn – allgemeiner Bau   141
10.2.3   Bau und Funktion der einzelnen Gehirnabschnitte   143

11   **Sinnesorgane**   148
11.1   Auge   148
11.1.1   Bau des Auges   148
11.1.2   Schutz- und Hilfseinrichtungen des Auges   152
11.1.3   Akkommodation   152
11.1.4   Sehleistungen   153
11.1.5   Farbensehen   154
11.2   Ohr   155
11.2.1   Bau des Ohres   155
11.2.2   Hörleistungen   157
11.2.3   Gleichgewichtssinn   157
11.3   Geruchssinn   158
11.4   Geschmackssinn   159
11.5   Tastsinn   160
11.6   Andere Sinnesorgane   163

12   **Ernährung und Verdauung**   165
12.1   Grundlagen   165
12.2   Nahrungsfaktoren   166
12.2.1   Nährstoffe   166
12.2.2   Vitamine   167
12.2.3   Mineralstoffe   167
12.2.4   Spurenelemente   173
12.3   Verdauungsapparat   173
12.3.1   Mundregion   173
12.3.2   Speiseröhre und Kropf   176
12.3.3   Magen   178
12.3.4   Dünndarm   180
12.3.5   Dickdarm mit Blinddärmen   181
12.3.6   Kloake   182
12.3.7   Leber   183
12.3.8   Pankreas   184
12.4   Verdauung, Resorption und Defäkation   184
12.4.1   Allgemeines   184
12.4.2   Mund-, Ösophagus- und Kropfverdauung   185
12.4.3   Magenverdauung   185
12.4.4   Dünndarmverdauung   186
12.4.5   Enddarmverdauung   188
12.5   Ernährung und Nahrungswahl   189
12.5.1   Nahrungsspektrum   189
12.5.2   Erwerb und Präparation der Nahrung   191
12.5.3   Nahrungswahl   197

13   **Exkretion**   199
13.1   Bau der Niere   199
13.2   Funktion der Niere   201

13.3	Bau der Salzdrüse	205
13.4	Funktion der Salzdrüse	208
14	**Energiehaushalt und Temperaturregulation**	212
14.1	Vögel als endotherme Organismen	212
14.2	Körpertemperaturen	212
14.3	Energiestoffwechsel	217
14.3.1	Energieumsatz und Körpermasse	218
14.3.2	Energieumsatz und Periodik	219
14.3.3	Energieumsatz und Umgebungstemperatur	220
14.4	Energiehaushalt	222
14.4.1	Adaptation und Akklimatisation	222
14.4.2	Mauser, Wachstum, Reproduktion	222
14.4.3	Embryogenese und Ontogenese des Energieumsatzes	226
14.4.4	Aktivität	229
14.4.5	Energieausnutzung der Nahrung	230
14.4.6	Energiespeicher	230
14.5	Temperaturregulation	231
14.5.1	Ethologische Mechanismen	231
14.5.2	Physiologische Mechanismen	233
14.5.3	Morphologische Mechanismen	238
14.5.4	Besondere Strategien	238
15	**Verhalten**	239
15.1	Verhaltensforschung – Ziele und Arbeitsweise	239
15.2	Einige ethologische Grundbegriffe	241
15.2.1	Reflexe und Triebhandlungen	241
15.2.2	Schlüsselreize und Auslöser	241
15.2.3	Beziehungen zwischen Verhaltensweisen	243
15.3	Entwicklung des Verhaltens	244
15.3.1	Allgemeine Ontogenese	244
15.3.2	Lernvorgänge	245
15.3.3	Anpassungen in der Entwicklung bei Vögeln	246
15.4	Stammesgeschichte des Verhaltens	249
15.5	Individualverhalten	250
15.5.1	Tageszeitliche Aktivität	251
15.5.2	Komfortverhalten	252
15.6	Sozialverhalten	256
15.6.1	Kampf- und Feindverhalten	256
15.6.2	Sexualverhalten	257
15.6.3	Brutpflege	260
15.6.4	Gruppenverhalten	263
16	**Lautäußerungen**	264
16.1	Begriffe und bioakustische Hilfsmittel	264
16.2	Lauterzeugung	265
16.2.1	Stimmlaute	265
16.2.2	Instrumentallaute	269
16.3	Rufe	269
16.4	Gesang	272
16.4.1	Funktion und Strukturen	272
16.4.2	Gesangsformen und -zeiten	274
16.4.3	Gesangsentwicklung	277
16.4.4	Dialekte	278

17	**Fortpflanzung**	280
17.1	Geschlechtsorgane	280
17.1.1	Bau der weiblichen Geschlechtsorgane	280
17.1.2	Funktion der weiblichen Geschlechtsorgane	282
17.1.3	Bau der männlichen Geschlechtsorgane	283
17.1.4	Funktion der männlichen Geschlechtsorgane	286
17.2	Direkte und indirekte Fitness	287
17.3	Fortpflanzungssysteme	288
17.3.1	Partnerschaftssysteme	288
17.3.2	Kooperative Brutpflege	294
17.3.3	Brutparasitismus	299
17.4	Zeit und Ablauf der Fortpflanzung	302
17.4.1	Fortpflanzungszyklus und Brutsaison	302
17.4.2	Zeitliche Variation der Brutsaison	305
17.4.3	Anpassung und Kontrolle des Zeitablaufes	308
17.5	Nest und Nestbau	310
17.5.1	Funktionen des Nestes	310
17.5.2	Neststandorte und Nester	314
17.5.3	Nestbau	321
17.6	Ei und Gelege	324
17.6.1	Ei und Eiablage	324
17.6.2	Spermium und Befruchtung	329
17.6.3	Gelege	330
18	**Entwicklung**	335
18.1	Embryogenese	335
18.1.1	Furchung und frühe Keimesentwicklung	335
18.1.2	Eihäute	337
18.1.3	Organogenese	337
18.1.4	Zeitdauer der Embryogenese	339
18.1.5	Schlüpfen	340
18.1.6	Bebrütungstemperatur	341
18.2	Ontogenese (Jugendentwicklung)	341
18.2.1	Entwicklungsmodus (Nesthocker/Nestflüchter)	341
18.2.2	Dauer der Ontogenese	343
18.2.3	Wachstum (Massenentwicklung)	343
18.2.4	Ontogenese weiterer Parameter	344
18.2.5	Geschlechtsreife	346
18.3	Adultstadium	347
18.3.1	Lebensalter der Vögel	347
18.3.2	Altersveränderungen	348
19	**Populationsbiologie**	349
19.1	Was ist eine Population?	349
19.2	Strukturmerkmale von Populationen	349
19.2.1	Größe und Abundanz	349
19.2.2	Dispersion (Territorialität – Kolonialität)	352
19.2.3	Zusammensetzung nach Alter und Geschlecht (Ätilität – Sexilität)	357
19.2.4	Funktionelle Strukturmerkmale (Natalität – Mortalität)	358
19.3	Populationsdynamik	362
19.4	Populationsgenetik	368
19.4.1	Genetische Variation und ihre Untersuchung	368
19.4.2	Genfluß und genetische Struktur	370
19.4.3	Ortstreue und Inzucht	372

19.4.4   Populationsgenetik und Evolution 373
19.4.5   Geographische Variation und Speziation 374

20   **Wanderungen** 376
20.1   Formen der Vogelwanderungen 376
20.2   Untersuchungsmethoden 380
20.2.1   Freilandbeobachtung 380
20.2.2   Radar und verwandte Techniken 382
20.2.3   Fang und Markierung 383
20.2.4   Biotelemetrie 385
20.2.5   Arbeit im Labor 386
20.3   Muster des Vogelzugs in Raum und Zeit 387
20.3.1   Einige Begriffe zur Beschreibung des Zugverhaltens 387
20.3.2   Richtung und Entfernung 391
20.3.3   Saisonale Zugmuster 395
20.3.4   Ablauf des Zuges 397
20.3.5   Fallbeispiele 401
20.4   Endogene Steuerung und Kontrolle des Vogelzuges 404
20.4.1   Vorbereitung 404
20.4.2   Circannuale Rhythmen 404
20.4.3   Kontrolle des Zugkalenders 405
20.4.4   Informationen über den Zugweg 407
20.4.5   Informationen über die Zugrichtung 408
20.4.6   Zugdimorphismus bei Teilziehern 408
20.5   Orientierung 409
20.5.1   Vielfalt der Möglichkeiten 409
20.5.2   Richtungsorientierung 410
20.5.3   Zielorientierung (Navigation) 412
20.6   Evolution der Vogelwanderungen 413

21   **Fossilgeschichte und Evolution** 415
21.1   Erdzeitalter 415
21.2   Evolution der Vögel 415
21.2.1   Archaeopteryx 415
21.2.2   Fossilfunde der Postjurazeit 418
21.2.3   Ursprung der Vögel 423
21.3   Ausgestorbene Vögel der jüngeren Geschichte 425

22   **Klassifikation** 426
22.1   Methoden und Probleme 426
22.2   Taxa und ihre Abgrenzung 428
22.2.1   Höhere Taxa 428
22.2.2   Artentstehung – Artbegriffe – Subspezies 429
22.3   Nomenklatur 431
22.3.1   Namen in modernen Sprachen 432
22.3.2   Wissenschaftliche (internationale) Nomenklatur 432
22.4   Klassifikation der rezenten Vögel 434

23   **Verbreitung** 440
23.1   Begriffe und Organisationsformen 440
23.2   Arten-Areal-Kurve und Insel-Biogeographie: Probleme des Maßstabes 442
23.3   Zoogeographie der Vögel 445
23.3.1   Fragestellungen und Probleme 445
23.3.2   Artareale und ihre Dynamik 445

23.3.3	Zoogeographische Regionen	450
23.3.4	Analytische Zoogeographie: Historischer und ökologischer Ansatz	454
23.3.5	Theoretische Zoogeographie	457
23.4	Vögel auf engem Raum	458
23.4.1	Habitatwahl	458
23.4.2	Lokale Artengruppierungen (Vogelgesellschaften)	460
24	**Parasiten und Krankheiten**	465
24.1	Parasiten	465
24.1.1	Ektoparasiten	465
24.1.1.1	Haut- und Federparasiten	465
24.1.1.2	Nestparasiten	469
24.1.1.3	Vögel als Parasiten	469
24.1.2	Endoparasiten	469
24.1.2.1	Parasiten der Körperhöhlen	470
24.1.2.2	Zell- und Gewebeparasiten	473
24.2	Krankheiten	475
24.2.1	Infektionen durch Viren und Bakterien	476
24.2.2	Pilzerkrankungen	477
24.2.3	Vergiftungen	477
24.2.4	Mißbildungen, Geschwülste, Verletzungen	477
25	**Vogelschutz**	479
25.1	Grundlagen und Ziele	479
25.2	Die Situation: Gefährdung von Artbeständen	480
25.2.1	Aussterben	480
25.2.2	Ausmaß der gegenwärtigen Gefährdung	484
25.2.3	Gefährdungsursachen	487
25.3	Schutzprogramme und -maßnahmen	490
25.3.1	Grundlagen und Vorüberlegungen	490
25.3.2	Behandlung unmittelbarer Gefährdungsursachen	491
25.3.3	Behandlung mittelbarer Gefährdungsursachen	492
26	**Ornithologie als biologische Wissenschaft**	495
26.1	Aus der Geschichte der Ornithologie	495
26.1.1	Vom Alterturm zu den Tafelwerken des Rokoko	495
26.1.2	Verzweigung der Ornithologie seit 1700 – Gründung von Instituten und Gesellschaften	497
26.2	Institute und Institutionen	503
26.3	Verbände und Zeitschriften	509
27	**Vogelhaltung**	513
	Literaturverzeichnis	517
	Verzeichnis der Vogelnamen (deutsch-lateinisch)	530
	Sachregister	538

Abkürzungen, Maßeinheiten und physikalische Konstanten

Die im folgenden angeführten Abkürzungen, Maßeinheiten und physikalischen Konstanten werden im Text verwendet bzw. sind für Umrechnungen usw. unter Umständen notwendig.

Abkürzungen

Abb.	Abbildung(en)	u.U.	unter Umständen
bzw.	beziehungsweise	versch.	verschiedene
Kap.	Kapitel	vgl.	vergleiche
o.g.	oben genannt	z.B.	zum Beispiel
s.	siehe	z.T.	zum Teil
Tab.	Tabelle(n)	z.Z.	zur Zeit
u.E.	unseres Erachtens	[ ]	Klammer für chemische
u.a.	unter anderem		»Konzentration«
usw.	und so weiter		

Weitere Abkürzungen sind im Text erläutert.

Maßeinheiten

(für Umrechnungszwecke werden z.T. auch heute nicht mehr erlaubte Einheiten angegeben)

Längen

μm	Mikrometer
mm	Millimeter
m	Meter
km	Kilometer

Zeit

s	Sekunde
min	Minute
h	Stunde
d	Tag
a	Jahr

Masse

mg	Milligramm
g	Gramm
kg	Kilogramm

Frequenz

Hz	Hertz (1/s)

Kraft

N	Newton
	($1\ N = 1\ kg \times m/s^2$)
p	Pond ($1\ p = 0,0098\ N$)
dyn	Dyn ($1\ dyn = 10^{-5}\ N$)

Energie/Arbeit/Wärmemenge

J	Joule ($1\ J = 1\ Ws = 1\ Nm$
	$= 1\ kg \times m^2/s^2$)
Nm	Newtonmeter
kcal	Kilokalorie
	($1\ kcal = 4186,8\ J$)

Leistung

W	Watt ($1\ W = 1\ J/s$
	$= 1\ kg \times m^2/s^3$)
PS	Pferdestärke ($1\ PS = 736\ W$)

Druck

Pa	Pascal (1 Pa = 1 N/m^2)
at	technische Atmosphäre (1 at = 98 066,5 Pa)
atm	physikalische Atmosphäre (1 atm = 101 325 Pa)
Torr	1 Torr = 101 325/760 Pa

Magnetismus

Wb	Weber (1 Wb = 1 Vs)
T	Tesla (1 T = 1 Wb/m^2)

Elektrizität

V	Volt (1 V = 1 W/A = 1 J/C)
A	Ampere (1 A = 1 W/V)
C	Coulomb (1 C = 1 As)

Sonstige Einheiten

mEq	Milli-Äquivalente
mol	Molmenge; 1 Mol = 6,022 × 10^{23} Teilchen
mOsmol	Milli-Osmol (1 Osmol ist der osmot. Druck, den 1 Mol Teilchen in 1 Liter Lösung bewirkt)
l	Liter
ml	Milli-Liter
i.E.	internationale Einheiten

Vorsatzzeichen

(für dezimale und Teile von Einheiten)

G	Giga; 10^9		m	Milli; 10^{-3}
M	Mega; 10^6		μ	Mikro; 10^{-6}
k	Kilo; 10^3		n	Nano; 10^{-9}
c	Zenti; 10^{-2}			

1 Allgemeine Kennzeichen der Vögel

Die Vögel bilden eine Klasse der Wirbeltiere und haben daher mit anderen Tiergruppen dieser systematischen Einheit gemeinsame **Merkmale**, wie Wirbelsäule, zwei Paar Extremitäten, Fortpflanzung durch Eier (Oviparie) und mit den Säugetieren und Reptilien zusätzlich eine Embryonalhülle (Amnion). Vögel sind jedoch von anderen Wirbeltieren bereits an Hand weniger Merkmale klar zu unterscheiden. Ihre Besonderheit und die relative Einheitlichkeit der Formen innerhalb der Klasse, die strikte Grenzen in der Abweichung vom Grundtyp andeutet, sind in Verbindung mit einem hohen Grad der Spezialisierung an das Fliegen zu sehen. Nur wenige rezente Vögel sind flugunfähig; alle unter ihnen haben diesen Zustand sekundär erworben. Viele generelle Besonderheiten der Klasse lassen sich daher im Zusammenhang mit dem Flugvermögen interpretieren.

Eine der auffälligsten Merkmale ist die Umformung der Vorderextremität zu einem Flugorgan, dem **Flügel**. Auch bei den meisten flugunfähigen Formen lassen sich entsprechende Merkmale des Skeletts (z. B. Reduktion der Zahl der Finger, Verlängerung der Mittelhandknochen) noch erkennen; manche von ihnen benutzen den Flügel als Fortbewegungsorgan unter Wasser (z. B. Pinguine) oder zur Unterstützung der Fortbewegung mit den Hinterextremitäten.

Die Funktion der Vorderextremität als Flugorgan bedingt, daß Stand und Lokomotion auf festem Substrat (sowie Fortbewegung auf dem Wasser) bipedal den Hinterextremitäten zufällt. Funktionen der Vorderextremität beim Ergreifen oder Halten der Nahrung, aber auch bei der Abwehr von Feinden oder/und in aggressiven Auseinandersetzungen hat großenteils der Kopf übernommen. Er sitzt häufig sehr beweglich auf einem mitunter langen Hals (im Unterschied zu den Säugetieren variiert die Zahl der Halswirbel zwischen verschiedenen Gruppen der Vögel erheblich, s. 2.1.2.2) und kann daher vielseitig eingesetzt werden. Als besonders wichtiges Werkzeug trägt er den knöchernen und hornigen **Schnabel**, dessen Größe und Form eine vielfältige Abwandlung in Anpassung an ganz unterschiedliche Aufgaben zeigt. Den rezenten Vögeln fehlen Zähne, die zu ihrem Einsatz nötigen Muskeln und entsprechend große und stabile Kieferknochen. So wird Kopflastigkeit beim Fliegen vermieden. Die Zerkleinerung der Nahrung übernimmt z. T. der Schnabel, aber auch ein besonders muskulöser Magenabschnitt (Ventrikulus) nahe dem Körperschwerpunkt, der auch Steinchen (Grit) aufnehmen kann. Nur bei wenigen Vögeln spielen Hinterextremitäten für die Aufnahme von Nahrung (»Greifvögel«) oder Abwehr eine wichtige Rolle. Andererseits kann auch der Flügel bei kämpferischen Auseinandersetzungen eingesetzt werden.

Das **Skelett** der Vögel beansprucht durch Besonderheiten der Knochenkonstruktion (Schalenkonstruktion statt Balken und Säulen), Einsparungen entbehrlicher Teile und Pneumatisation relativ wenig Körpermasse. Ein massiver Schulter- und Beckengürtel trägt bei der Lokomotion durch je ein Gliedmaßenpaar (Fliegen oder Laufen) die Last des Körpers; Versteifungen der Körperwirbel (im Gegensatz zu den beweglichen Halswirbeln) sowie Verankerungen im Brustkorb liefern das für den Flug erforderliche feste Gerüst. Die Bewegung der Flügel fordert mächtige Brustmuskeln, die an einem vorspringenden Kiel (der flugunfähigen Flachbrustvögeln fehlt) des sehr großen Brustbeins ansetzen.

Im Zusammenhang mit dem Flugvermögen ist eine Besonderheit für alle Vögel charakteristisch, die allen anderen Tiergruppen fehlt: die **Feder**. Sie ist bereits beim frühesten Fossil (*Archaeopteryx*) nachzuweisen. Das Großgefieder bildet essentielle Bestandteile der Flugorgane Flügel und Schwanz; die beweglichen Schwanzfedern dienen vor allem als Steuerruder. Die kleineren Konturfedern umhüllen den Körper und verleihen ihm eine mehr oder minder stromlinienförmige Gestalt, die nicht nur in der Luft, sondern auch im Wasser oder in dichter Vegetation der Fortbewegung zugute kommt. Dabei bildet das dichte Gefieder auch einen wichtigen mechanischen Schutz der Haut. Das

Fliegen fordert von der Feder hohe Stabilität und Robustheit bei minimalem Gewicht. Eine komplizierte Struktur wird diesen fast gegensätzlichen Forderungen gerecht. Das Gefieder leistet ferner einen entscheidenden Beitrag zum Wärmehaushalt des Körpers, einerseits durch die isolierende Wirkung der zahlreichen zwischen den Federn eingeschlossenen Lufträume (deren Wirkung durch Federbewegungen verändert werden kann), andererseits durch die Färbung und der damit verbundenen unterschiedlichen Reflexion der Strahlung. Das Gefieder ist das entscheidendste Element im äußeren Erscheinungsbild des Vogels (Abb. 1.1). Mit seiner Hilfe können sich Individuen als zu einer Art gehörig erkennen; es liefert häufig sekundäre Geschlechtsmerkmale; besondere Gefiederpartien oder Einzelfedern können in Farbe und Form als Signale mit verschiedener Bedeutung der Kommunikation dienen; das Gefieder kann für Tarnung, Auflösung der Gestalt oder Nachahmung von Organismen oder Strukturen sorgen. In der Brutpflege spielt es für die Wärmung von Eiern und Jungen eine wichtige Rolle. Bei Wasservögeln sorgt es für wasserdichte Abschirmung der Körperoberfläche, kann aber auch bei manchen Tauchvögeln (z. B. Kormoranen) durch Aufsaugen von Wasser den Auftrieb verringern. Sonderfunktionen sind zahlreich, so z. B. Schallerzeugung, Wassertransport (Flughühner), Schalltrichter (z. B. Eulen); rascher Abwurf einzelner Federn (»Schreckmauser«) kann die Chance, einem Feind zu entkommen, erhöhen. Haarförmige Federn sind Bestandteile von taktilen Sinnesorganen.

Die Feder als totes Gebilde unterliegt dem Verschleiß, der nur durch Neubildung und damit einem Wechsel von Federgenerationen wettgemacht werden kann (Mauser). Komplizierte Mausermodi sorgen dafür, daß durch Ausfall und Wachstum von Federn entstehende Risiken möglichst niedrig bleiben.

Mit den Säugern zählen zumindest die rezenten Vögel zu den warmblütigen Tieren, die unabhängig von der Außentemperatur ihre **Körpertemperatur** aufrecht erhalten können (Endothermie, Homoiothermie). Diese Fähigkeit in Verbindung mit einem außerordentlich lebhaften Stoffwechsel ermöglicht Vögeln eine hohe Aktivität, schnelle Reaktionen und die Besiedlung einer Vielfalt von Lebensräumen. Hohe Mobilität, die sich bei vielen Arten auch in weiten saisonalen Wanderungen äußert

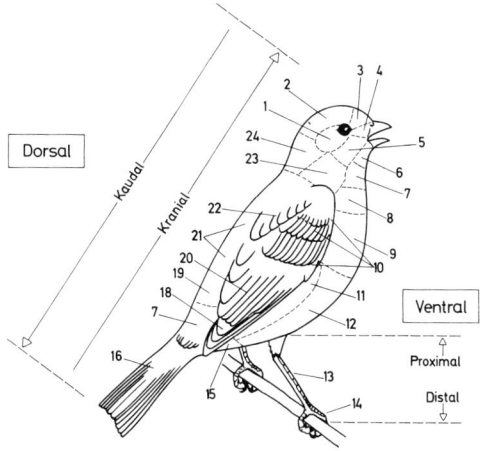

Abb. 1.1. Topographie eines Singvogels (nach WALLACE & MAHAN 1975, verändert).
1 = Ohrgegend (Regio auricularis); 2 = Oberkopf, Scheitel (R. coronalis); 3 = Stirn (R. frontalis); 4 = Zügel (Lorum); 5 = Wange (R. buccalis); 6 = Kinn (R. mentalis); 7 = Kehle (R. gularis); 8 = Kropf (R. ingluvialis); 9 = Brust (R. thoracalis); 10 = Flügeldecken (Tectrices; s. Abb. 5.6); 11 = Flanken (R. abdominalis lateralis); 12 = Bauch (R. abdominalis); 13 = Lauf (Tarsometatarsus); 14 = Zehe (Digitus); 15 = Unterschwanzdecken (Tectrices ventralis cauda); 16 = Steuerfedern (Rectrices); 17 = Oberschwanzdecken (Tectrices dorsalis caudae); 18 = Handschwingen (Remiges primarii); 19 = Bürzel (Regio pygalis); 20 = Armschwingen (Remiges secundarii); 21 = Rücken (Regio dorsalis); 22 = Schulterfedern (Pteryla scapularis); 23 = Halsseite (Collum laterale); 24 = Hinterkopf (Regio occipitalis).

(Zugvögel), gestattet auch die Fortpflanzung oder den längeren Aufenthalt in Gebieten, die nur kurzfristig Existenzmöglichkeiten für überlebensfähige Populationen bieten. Vögel leben daher in allen für Wirbeltiere nutzbaren Ökosystemen der Erdoberfläche einschließlich der höchsten Stufen der Hochgebirge und zumindest der küstennahen Meeresteile; einige Arten sind auch an das Leben der Hochsee angepaßt. Zeitlich und räumlich weit auseinanderliegende und/oder stark fluktuierende Nahrungsquellen können von einzelnen Individuen neben- oder nacheinander genutzt werden; für viele Arten ist ein relativ breites Nahrungsspektrum charakteristisch. Ein Ausdruck dieser vielseitigen ökologischen Einpassung sind ein gemessen an der relativen Uniformität innerhalb der Klasse beachtlicher **Artenreichtum** und hohe Diversität in vielen Ökosystemen. Rund 9000 rezenten Vogelarten stehen nur etwa 4000 Säugetiere und knapp über 6000 Reptilien (mit meist nur wenigen Arten in wechselwarmen und kühlen Klimaten) gegenüber.

Ein hoher Entwicklungsgrad des Zentralnervensystems ist für die Klasse typisch; unter den Leistungen der **Sinnesorgane** sind vor allem zeitliche Auflösung und Fernwirkung von Auge und Gehör bei sehr vielen Arten besonders bemerkenswert. Im Verbindung damit spielen weit mehr als bei den meisten Säugetieren Farbe und Bewegung beim Nahrungserwerb sowie eine große Vielfalt von Lautäußerungen im Sozialverhalten eine Rolle.

Im Zusammenhang mit dem lebenswichtigen Flugvermögen ist auch die Tatsache zu interpretieren, daß Vögel immer nur ein Ei pro Zeitintervall (im Minimum kaum wesentlich unter 24 Stunden) ablegen. So wird die Massen-zunahme des weiblichen Körpers auf einem notwendigen Minimum gehalten. Meist begünstigt ein Nest die relativ lange Legezeit durch Schutz der Eier. Intensive **Brutpflege** fördert einerseits relativ rasche Entwicklung von Embryo und geschlüpftem Jungvogel, so daß die Risiken einer festen Ortsbindung und/oder verringerten Mobilität für Altvögel und Nachwuchs möglichst gering sind. Sie bietet andererseits aber auch eine Voraussetzung dafür, daß viele Arten mit einer für ovipare Wirbeltiere relativ geringen Eiproduktion pro Fortpflanzungssaison auskommen. Die Verkürzung der Jungenentwicklung durch Nestbau und Brutpflege schafft ferner die Möglichkeit der Fortpflanzung in Gebieten mit hohem, aber extrem kurzfristigem Nahrungsangebot (z. B. alpine Stufe der Hochgebirge, Tundra, Ausnutzung kurzer Regenzeiten in Trockengebieten usw.).

2 Stütz- und Bewegungssystem

2.1 Knochensystem

Das Skelett ist die Stütze des Körpers. Als passiver Bewegungsapparat dient es den Skelettmuskeln (aktiver Bewegungsapparat) und deren Sehnen als Ansatzstelle und als Hebelmechanismus.

Das **Vogelskelett** ist charakterisiert durch seine Leichtigkeit, die dadurch erreicht wird, daß viele Knochen pneumatisiert, entbehrliche Elemente stark reduziert und schwere, massive Säulen- und Balkenkonstruktionen in dünne, schwer deformierbare Schalenkonstruktionen umgewandelt sind. So macht die Knochenmasse nur knapp zwischen 8 und 9 % der Gesamtmasse aus (manche Säuger 20 bis 30 %). Die **Pneumatizität** beruht darauf, daß die Knochen nicht wie bei den Säugern immer mit Mark gefüllt, sondern größtenteils hohl sind. Eine Ausnahme machen hier nur die Tauchvögel und einige flugunfähige Laufvögel. Das Skelett ist für Paläontologen und Zoologen aus phylogenetischen und taxonomischen Gründen ein wichtiges Untersuchungsobjekt.

2.1.1 Knochentypen

Knochen kommen nur bei Wirbeltieren vor. Sie zeichnen sich durch eine besondere Härte aus, die zusammen mit ihrem Feinbau große Druck-, Verwindungs- und Zugfestigkeit bewirken. Ursache dafür ist vor allem die Einlagerung von Kalk (Kalziumkarbonat) und Phosphat (besonders als $Ca_{10}(PO_4)_6(OH)_2$ = Hydroxylapatit). Von der Genese her lassen sich zwei Knochentypen unterscheiden: **Bindegewebsknochen** (Deck-, Beleg- oder Hautknochen) sind relativ selten (Gesichts- und Schädelteile). Sie entstehen direkt aus bindegewebigen Mesenchymzellen, die als Osteoblasten den Knochen vorformen und sich dann zu Osteozyten umwandeln und gleichzeitig Mineralien einlagern. **Ersatzknochen** (vor allem Röhrenknochen) werden aus Knorpel vorgeformt und dann langsam verknöchert. Grob morphologisch lassen sich **Röhrenknochen** und **medulläre Knochen** unterscheiden.

Röhrenknochen werden wie bei Säugern in knorpeliger Form angelegt. Das Knorpelmodell wird allmählich in einer perichondralen (von außen her) und enchondralen (von innen her) Ossifikation durch Knochenmineralien ersetzt. Zuerst bildet sich die knöcherne Substanz unter dem Perichondrium in der Mitte des Knochenschaftes (Diaphyse). Dies ist die perichondrale Ossifikation. Dann wird der Knorpelkern der Diaphyse resorbiert, wodurch die primäre Markhöhle des Röhrenknochens entsteht. Anschließend erfolgt die enchondrale Ossifikation mit dem Eindringen von Blutgefäßen und Bindegewebe in die knorpeligen Knochenenden (Epiphysen). Die Knorpelzellen hypertrophieren zunächst, werden dann aber durch Osteoblasten (Knochenzellen) ersetzt und in Knochen umgewandelt. Eine dünne Schicht hyalinen Knorpels verbleibt in der Regel unter dem Faserknorpel der Gelenkflächen zurück. Normalerweise gibt es bei den Epiphysen keine sekundäre Ossifikationszentren. Das Längenwachstum des Knochens erfolgt durch Proliferation der Knorpelzellen in den breiten Wachstumszonen der Epiphysen. Diese Zonen scheinen bei den Vögeln weniger deutlich abgegrenzt zu sein als die Epiphysenfugen der Säuger. Auch werden sie von Gefäßen durchzogen, die man bei den Mammalia nicht findet. Das Breiten- und Dickenwachstum erfolgt durch periphere Auflagen von der Knochenhaut (Periost) her (appositionelles Wachstum).

Die größeren (langen) Knochen haben eine Rinden- und eine Markschicht (kortikaler und **medullärer Knochen**). Der kortikale ist bei beiden Geschlechtern wie bei den Säugern gestaltet. Der medulläre Teil zeigt jedoch bei weiblichen Vögeln eine sehr auffallende Inkonstanz und kommt hier auch nur in der Reproduktionsphase vor. Er besteht aus miteinander verbundenen Knochenbälkchen, die normalerweise einem Ersatzknochen ähneln. Wenn sich die Legeperiode nähert, wachsen die Bälkchen aus der endostalen Oberfläche (ins innere Lumen) der Corticalis heraus, wobei ihre Zwischenräume mit Blutsinus ausgefüllt sind. Beim Haushuhn wachsen die Bälkchen während der gesamten Legeperiode und können dann bis etwa 1 mm in die Markhöhle eindringen, füllen diese aber nie voll aus. Die Bälkchen enthalten Osteozyten und sind von einer variablen Anzahl von Osteoklasten und Osteoblasten bedeckt. Haversche Systeme gibt es aber nicht.

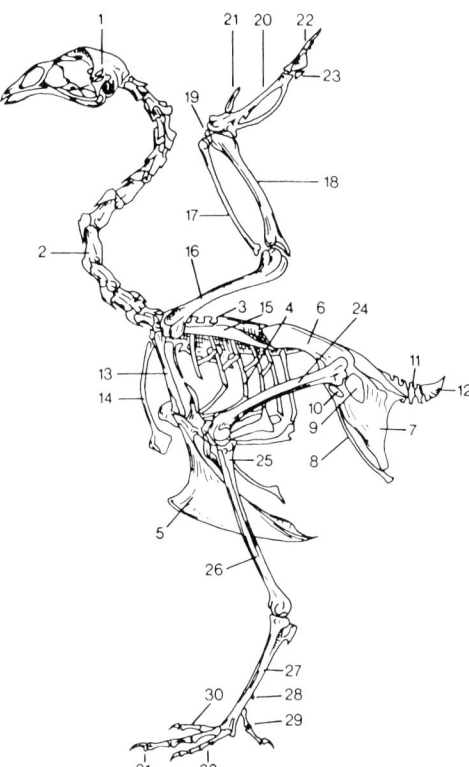

Abb. 2.1. Skelett eines Haushahns schematisch (nach Hoffmann & Völker 1966, aus King & McLelland 1978).
1 = Schädel; 2 = Halswirbelsäule (Vertebrae cervicales); 3 = Brustwirbelsäule (Vertebrae thoracicae); 4 = vierte Rippe mit Hakenfortsatz; 5 = Brustbein (Sternum); 6 = Darmbein (Os ilium); 7 = Sitzbein (Os ischii); 8 = Schambein (Os pubis); 9 = Foramen ischiadicum; 10 = Foramen obturatum; 11 = Schwanzwirbel (Vertebrae coccygeae); 12 = Pygostyl; 13 = Rabenbein (Os coracoides); 14 = Schlüsselbein (Clavicula); 15 = Schulterblatt (Scapula); 16 = Oberarmbein (Humerus); 17 = Speiche (Radius); 18 = Elle (Ulna); 19 = Handwurzel (Carpus); 20 = Mittelhand (Metacarpus); 21 = erster Finger; 22 = zweiter Finger; 23 = dritter Finger; 24 = Oberschenkelknochen (Os femoris); 25 = Wadenbein (Fibula); 26 = Schienbein (Tibiotarsus); 27 = Laufknochen (Tarsometatarsus); 28 = Spornfortsatz; 29 = erste Zehe; 30 = zweite Zehe; 31 = dritte Zehe; 32 = vierte Zehe.

Weder die Kollagenfibrillen noch die Hydroxylapatitkristalle sind ausgerichtet, was darauf hinweist, daß die mechanische Bedeutung dieses Knochentypes unwesentlich sein muß. Die Bildung von medullärem Knochen wird durch eine Kombination von Östrogenen und Androgenen induziert, wobei auch mehr Kalzium und Phosphor aus dem Darmtrakt resorbiert wird. Dadurch werden genügend Mineralien für die Bildung des medullären Knochens bereitgestellt. Durch diesen Effekt steigt die Skelettmasse vor dem Legebeginn um bis zu 20 % an. Während des Eizyklus wechseln Phasen des An- und Abbaues von medullärem Knochen miteinander ab. Zur Zeit der Eischalenbildung wird dabei der größte Teil des medullären Knochens resorbiert, in den Zwischenphasen dann wieder aufgebaut. In welchem Ausmaß Kalk aus dem Knochen und aus dem Verdauungstrakt gewonnen wird, ist nicht bekannt. Sicher ist, daß Kalzium aus dem medullären Knochen resorbiert wird, wenn aus der Nahrungszufuhr der Bedarf nicht mehr voll gedeckt werden kann. So ist dieser Knochentyp des Vogelweibchens vermutlich als **Mineralstoffreserve** zu betrachten, die eingesetzt wird, um größere Schwankungen in der Kalziumzufuhr durch die Nahrung zu egalisieren und damit eine gleichmäßige und kontinuierliche Eischalenbildung in der Legephase zu garantieren.

2.1.2 Funktionseinheiten des Skeletts

Einen Überblick über das Gesamtskelett gibt Abb. 2.1. Im folgenden werden von oben (kranial) nach unten (kaudal) die einzelnen Funktionseinheiten des Vogelskeletts behandelt.

2.1.2.1 Schädel

Der **Schädel** der Vögel trägt einige Merkmale des Reptilienschädels wie einen unpaaren Condylus occipitalis (Hinterhauptshöcker; Ansatz des ersten Wirbels), bewegliche Quadrat- und Flügelbeine (Pterygoid, Abb. 2.2), eine gelenkige Verbindung des Quadratbeines (Quadratum) mit dem Os articulare des Unterkiefers und einen normalerweise aus fünf kleinen Knochen zusammengesetzten Unterkiefer. Die Form des Schädels wird im Gegensatz zu den Reptilia aber bestimmt durch die sehr großen Augenhöhlen und den sehr großen Gehirnschädel (Neurocranium). Bemerkenswert ist auch das Verschmelzen der Schädelknochen bald

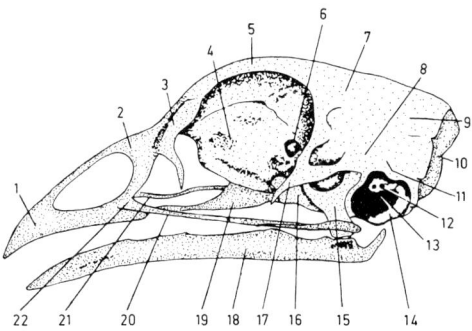

Abb. 2.2. Schema des Schädels vom Haushuhn in linker Lateralansicht (nach KING & McLELLAND 1978).
1 = Zwischenkieferknochen (Os intermaxillare); 2 = Nasenbein (Os nasale); 3 = Tränenbein (Os lacrimale); 4 = Septum interorbitale; 5 = Stirnbein (Os frontale); 6 = Sehnervenloch (Foramen opticum); 7 = Stirnbein wie 5; 8 = Schläfenbein (Os temporale); 9 = Scheitelbein (Os parietale); 10 = Hinterhauptsbein (Os occipitale); 11 = Schläfengrube; 12 = Schnecken- und Vorhoffenster (Foramen cochleare et vestibulare); 13 = Paukenhöhle (Cavum tympani); 14 = Keilbein (Os sphenoidale); 15 = Quadratum (Os quadratum); 16 = Flügelbein (Os pterygoideum); 17 = Jochfortsatz (Processus zygomaticus); 18 = Unterkiefer (Mandibula); 19 = Gaumenbein (Os palatinum); 20 = Jochbein (Os zygomaticum); 21 = Pflugscharbein (Vomer); 22 = Oberkieferbein (Os maxillare).

nach dem Schlüpfen. Dies könnte seine Ursache in der umfangreichen Ausdehnung der Luftsäcke (Pneumatisation) der Kopfknochen haben. Interspezifisch ist der Vogelschädel in seinem Bau relativ einheitlich.

Der Vogelschädel kann in zwei Teile differenziert werden: Kopf- oder Gehirnschädel und Gesichtsschädel (im wesentlichen die Kiefer).

Der **Gehirnschädel** (Neurocranium) wird im wesentlichen von den Stirnbeinen (Ossa frontalia), den Scheitelbeinen (Ossa parietalia) und dem Hinterhauptsbein (Os occipitale) gebildet. Die Hauptelemente der Schädelbasis sind das Basioccipitale des Hinterhauptsbeines sowie das Basisphenoidale und das Praesphenoidale des Keilbeines (Os sphenoidale). Die seitliche Abgrenzung besteht aus der Schläfenbeinschuppe des Schläfenbeins (Os temporale), dem Orbitalflügel des Keilbeines und dem Prooticum des Schläfenbeines. Die kaudale Wand besteht aus dem Supraoccipitale des Occipitale, welches z.T. mit dem Epioticum und Prooticum des

Temporale verschmolzen ist, sowie aus den paarigen Exoccipitalia.

Der **Gesichtsschädel** (Splanchocranium) wird vor allem von dem unpaaren Zwischenkiefer (Os intermaxillare) und den paarigen Nasenbeinen (Ossa nasalia) und den Kiefern gebildet. Der Zwischenkiefer stellt dabei schon den größten Teil des vom Hornschnabel bedeckten Bereiches des Oberkiefers (Maxillare) dar. Die Verbindung zwischen dem Intermaxillare und dem Nasenbein (Nasale) ist bei den meisten Vögeln beweglich und bildet eine Art Gelenk (Durchbiegestelle), durch das der Oberkiefer wie der Unterkiefer (Mandibel) gegen den Schädel geöffnet werden kann. Der Mechanismus arbeitet folgendermaßen (Abb. 2.3): Auf den sich nach unten öffnenden Unterschnabel reagieren die Quadratbeine mit einer Drehung, die wiederum bewirkt, daß ihre jeweiligen paarigen ventralen Fortsätze in Richtung Schnabelspitze bewegt werden. Sie inserieren mit zwei Knochenspangen, die mit dem unteren Teil des Zwischenkiefers verbunden sind. Die obere, mehr medial liegende (paarig; auf jeder Seite eine) Spange ist das Flügelbein (Os pterygoides, Pterygoid) zusammen mit dem Gaumen-

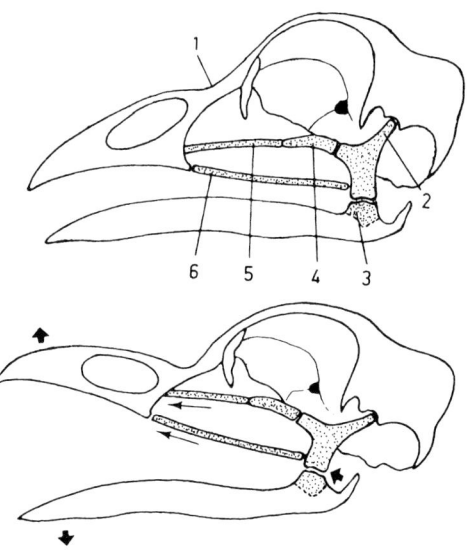

Abb. 2.3. Darstellung der Funktions-Morphologie des Kiefergaumen-Apparates, der das Anheben des Oberschnabels beim Senken des Unterschnabels bewirkt; s. auch Text (nach KING & McLELLAND 1978). 1 = Beugebereich in Nasen- und Stirnbein; 2 = Quadratum; 3 = Articulare; 4 = Pterygoid; 5 = Gaumenbein; 6 = Jochbein; 2 und 3 werden beim Säuger zu den Gehörknöchelchen Hammer und Amboß.

bein (Os palatinum), mehr seitlich und nach unten liegt als zweite Spange das Jochbein (Jochbogen, Jugale, Os zygomaticum). Schiebt das Quadratum nach vorne, schieben so beide Spangenpaare gegen die Artikulationsstelle des Oberschnabels und heben ihn damit an vier Stellen hoch nach oben. Bei Papageien ist der Oberschnabel besonders beweglich. Flamingos haben sogar einen »steifen« Unterschnabel, und der Oberschnabel ist die funktionelle Mandibel, die bei der Nahrungssuche nach unten zeigt. Bei den Schnepfen ist die Achse der oben beschriebenen Mechanik sehr nach vorne verlagert, so daß die »Anhebestellen« der beiden Spangenpaare und die Durchbiegestelle weit in die Schnabelspitzenregion zu liegen kommen. Dadurch wird der Schnabel eine Art Pinzette, deren Spitze im tiefen Boden wie ein Greifer geöffnet und geschlossen werden kann, während der proximale Schnabelteil geschlossen bleibt (Schnabelsonderformen s. Abb. 4.3). Bei den Säugern haben sich die an diesem Hebemechanismus beteiligten Knochen (Quadratum/Articulare) zu den Gehörknöchelchen (Hammer/Amboß) umgebildet und sind äußerlich nicht mehr sichtbar.

Die beiden äußeren **Nasenlöcher** (Nares) liegen bei den meisten Vögeln proximal (an der Basis) des Oberschnabels. Sie werden medial von dem unpaaren Zwischenkiefer und seitlich von den paarigen Nasalia umrandet. Das Nasenseptum ist normalerweise teils bindegewebig, teils knorpelig.

Der **Gaumen** ist knöchern. Er trennt die Nasenhöhle nicht wie bei den Mammalia vollständig von der Mundhöhle ab. Beide Höhlen sind über die Choanenspalten miteinander verbunden. Die Gaumenbeine (Ossa palatina) sind stabförmig gebaut und an der Bewegung des Oberkiefers beteiligt. Ein sehr schlankes Pflugscharbein (Vomer) liegt zwischen den beiden Gaumenbeinen und teilt die Choanenöffnung in zwei Hälften. Die Ausformung des Gaumens ist mit ein wichtiges Einteilungskriterium für Systematiker.

Durch die im Vergleich zu den Reptilien enorme Größenzunahme der Augen sind die Knochen zwischen den beiden **Augenhöhlen** (Orbitae) zu einer dünnen medianen Platte (Septum interorbitale) reduziert worden. Durch den kaudalen Teil des Septums treten die verschiedenen orbitalen Nerven hindurch (s. auch Abb. 10.3). Die dorsale Region der Orbita wird vom Stirnbein gebildet. Nasal und

ventral wird die Augenhöhle vom jeweiligen Tränenbein (Os lacrimale) umschlossen. Mit eine Folge der großen Augen ist auch die Tatsache, daß bei den Vögeln nicht mehr wie bei den Reptilien zwei getrennte Schläfenfenster (Fossa temporalis) vorhanden sind. Sie werden weiterhin von der Schläfenbeinschuppe gebildet. Durch den Wegfall der oberen Schläfenbrücke (Verbindung Jugale/Postorbitale) kommen sie zusammen und verschmelzen zudem (zumeist) mit den Augenhöhlen.

Die zarten **Jochbeine** (Ossa zygomatica, oft nur Jugale; aber s. unten) sind dünne Knochenstäbe, die den jeweiligen Jochbogen bilden, der an der Mechanik des Oberkiefers teilhat. Die Jochbeine bestehen aus drei miteinander verwachsenen Einzelknochen (Processus jugale des Oberkiefers, dem Jugale selbst und dem Quadratojugale).

Der **Unterkiefer** (Mandibel, Mandibula) entsteht embryogenetisch durch die Verschmelzung einiger kleiner Deckknochen. Zu diesem gehört auch das paarige Os articulare. Das Articulare gelenkt mit dem Quadratum, das ebenfalls aus den Viszeralknorpeln entstanden ist. Beide bilden, wie bereits erwähnt, bei den Säugern Hammer und Amboß. Die paarigen Quadratum-Knochen bilden damit die Verbindungen zwischen dem jeweiligen Mandibelast und dem Gehirnschädel. Sie stellen außerdem die Grundlage der oben beschriebenen Kinetik für die Oberschnabelhebung dar.

Wichtig im Schädelbereich ist noch das **Zungenbein** (Hyoideum, Os hyoideum). Es besteht aus dem Zungenspitzenknorpel, der Zungenbeinspange, dem Zungenbeinkörper, dem Zungenbeinstiel und den Zungenbeinhörnern, mit denen es mit dem Körper gelenkig verbunden ist. Ein hochentwickeltes Muskelsystem läßt die Zunge zu einem sehr beweglichen Organ werden. Am Endteil der Zungenbeinäste greift zusätzlich ein Muskelsystem an, das die Zunge weit aus dem Schnabel herausschieben kann (Abb. 2.4). Im Extrem ist dies z. B. bei Spechten entwickelt, bei denen die Zunge ein Mehrfaches der Schnabellänge erreichen kann. Die Zunge selbst kann vielfache Anpassungen an den jeweiligen Ernährungstyp erfahren (vgl. 12.3.1).

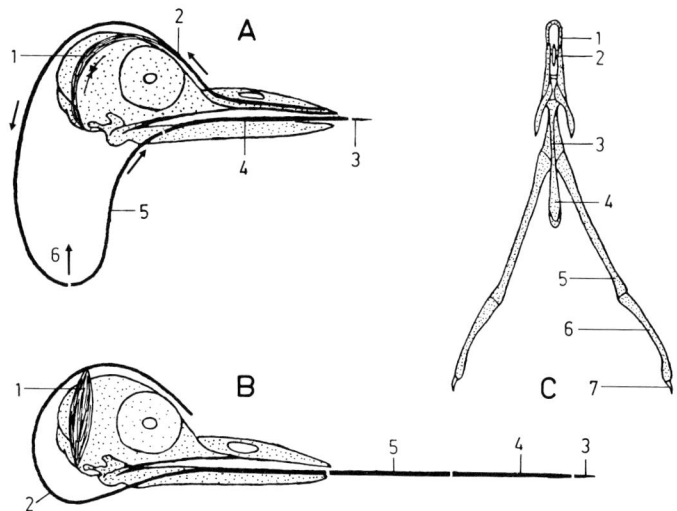

Abb. 2.4. A/B Bewegung der Zunge am Beispiel des Grünspechts (nach BERNDT & MEISE 1959, ergänzt).
A. 1 = ein Retraktormuskel ist am oberen Zungenbeinhorn in Ruhe (A) weit vorne inseriert; 2 = das obere (1. Glied des) Zungenbeinhorn (s. auch C) reicht mit seinem Ende bis in die obere Schnabelspitze; 3 = Os entoglossum; 4 = Zungenbeinkörper; 5 = unteres (2. Glied) Zungenbeinhorn.
B. Zum Vorstrecken der Zunge kontrahiert sich der Retraktormuskel (1) und zieht dadurch das Zungenbeinhorn (2) aus dem Oberschnabel zurück; die Zungenschleife (6) wird zusätzlich nach oben gezogen,
wodurch der Zungenkörper (4) nach vorne weit aus dem Schnabel herausgeschoben wird.
C. Schema des Zungenbeines beim Haussperling (nach BERNDT & MEISE 1959). Die Hauptstruktur besteht aus dem unpaaren Zungenbeinkörper (1–4) und den paarigen Zungenbeinhörnern (5–7).
1 = Zungenbeinknorpel; 2 = Kamm; 3 = Zungenkern; 4 = Stiel; 5 = erstes Glied des Zungenbeinhornes; 6 = zweites Glied des Zungenbeinhornes; 7 = »Epiphyse«.
Der Schädel ist in dieser Darstellung nur stark schematisiert angedeutet. Das ganze System liegt natürlich unter der bindegewebigen Haut verdeckt.

2.1.2.2 Rumpfskelett

Das **Stamm- oder Rumpfskelett** bildet die Achse des Vogelkörpers. Es ist weitgehend starr und unbeweglich und dient als Ansatzstelle und Widerlager für die Flugmuskulatur sowie als »Behältnis« für die wichtigen inneren Organe. Es besteht im wesentlichen aus dem Synsacrum, den verwachsenen Brustwirbeln, den Rippen und dem Brustbein. Daran schließen sich die stark beweglichen Halswirbel an.

Die **Wirbelsäule** (Columna vertebralis) besteht aus sehr unterschiedlich beweglichen Elementen. Die Rumpf-(Thoracal-)Wirbel sind fast alle miteinander verwachsen, während die Halswirbel viel zahlreicher und wesentlich beweglicher als bei Säugern sind. Die Zahl der einzelnen Wirbel in den verschiedenen Abschnitten ist bei den Morphologen offensichtlich noch sehr umstritten, da von »unbestimmte Zahl« bis zu genauen Zahlenangaben alle Möglichkeiten zu finden sind. Im folgenden angegebene Zahlenwerte sind also mit einer gewissen Vorsicht zu verwerten. Besonders im kaudalen Teil zeigt der einzelne Wirbel keine deutliche Begrenzung mehr. Auch ist es nicht leicht, die Zahl der Halswirbel anzugeben, da nicht eindeutig ist, welcher Wirbel am kaudalen Ende des Halses noch zur Halswirbelsäule und welche schon zur Brust gehören (so schwankt auch die minimale Halswirbelzahl zwischen 8 und 10 bei verschiedenen Autoren). Man hat sich darauf geeinigt, diejenigen Wirbel, die eine vollständige Rippe tragen, den Brustwirbeln zuzuordnen. Eine solche Rippe besteht aus zwei Teilen: einer dorsalen, vertebralen Wirbelrippe, die an der Wirbelsäule inseriert, und einer ventralen, sternalen Brustbeinrippe, die ans Brustbein führt (s. Abb. 2.5). Die einzelnen Wirbel sind bei den modernen Vögeln meistens über Sattelgelenke (heterocoeler Typ) miteinander verbunden. Dazwischen liegt eine Knor-

pelscheibe (Meniscus). Die Wirbel sind über ihre Dorn- und Querfortsätze mit Bindegewebsbändern elastisch bis starr miteinander verbunden.

Halswirbel (Vertebrae cervicales): Säuger haben stets 7 Halswirbel. Bei den Vögeln schwankt die Zahl stark. Der Höckerschwan kann bis zu 25 Halswirbel tragen, während Kleinvögel nur 8 aufweisen (manche Autoren geben als Minimalzahl 10 bei der Rabenkrähe an). Der erste Halswirbel heißt Atlas und lenkt (Atlantooccipitalgelenk) mit dem unpaaren Hinterhauptshöcker (Condylus occipitalis) des Hinterhauptsbeines kugelig ein. Er trägt den Kopf und ist für die erstaunliche Beweglichkeit des Schädels verantwortlich. Ihm folgt der zweite Halswirbel, der Epistropheus. Die folgenden Halswirbel sind untereinander relativ ähnlich gebaut: Sie tragen erkennbare Rippenrudimente; die letzten können auch freie Rippen ohne sternalen Teil tragen (z. B. Haushuhn zwei je 1 Paar). Die Wirbel haben seitlich und nach kaudal gerichtet je 1 Paar Querfortsätze

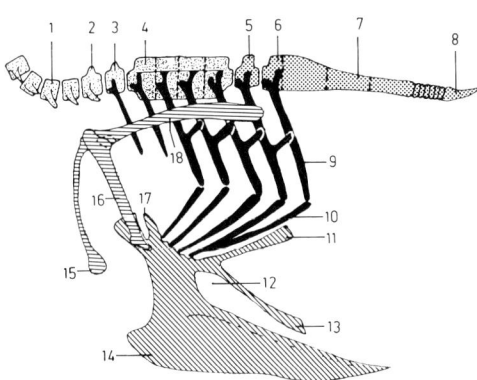

Abb. 2.5. Wirbel (punktiert), Schulter- und Brustgürtel (schraffiert) und Rippen (schwarz) beim Haushuhn in linker schematischer Lateralansicht (nach KING & McLELLAND 1978).
1 = Zervikal(Hals)wirbel; 2 = Processus dorsalis; 3 = letzter freier Zervikalwirbel mit Pseudorippe; 4 = letzter, mit dem Thorakalwirbel verwachsener Zervikalwirbel; mit Pseudorippe; 5 = vierter, freier Thorakalwirbel; 6 = letzter, mit den Schwanzwirbeln (Synsacrum) verwachsener Thorakalwirbel mit echter Rippe; 7 = Synsacrum; 8 = Pygostyl; 9 = (vertebraler) Wirbel-Teil der letzten Rippe; 10 = (sternaler) Brust-Teil der letzten Rippe; 11 = Processus thoracicus; 12 = Incisura ovalis; 13 = Processus lateralis caudalis; 14 = Brustbeinkiel (Carina); 15 = Gabelbein (Furcula); 16 = Rabenbein (Os coracoides); 17 = Processus lateralis cranialis; 18 = Schulterblatt.

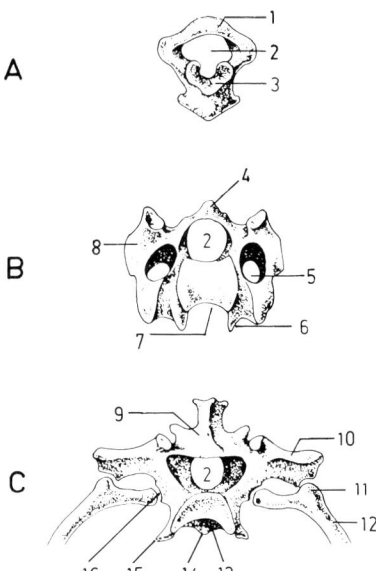

Abb. 2.6. Verschiedene Wirbeltypen bei Vögeln (nach BAUMEL 1979); jeweils kraniale Ansicht (von vorne).
A. Atlas (1. Halswirbel) von *Meleagris* (Truthahn); B. Zervikalwirbel 9 von *Gavia* (Seetaucher); C. Thorakalwirbel 2 von *Larus* (Möwen).
1 = Arcus atlantis; 2 = Foramen vertebrale; 3 = Fossa condyloidea; 4 = Processus dorsalis; 5 = Foramen transversarium; 6 = Processus caroticus; 7 = Sulcus caroticus; 8 = Processus costalis; 9 = Area ligamentum elastici; 10 = Processus transversus; 11 = Tuberculum costae; 12 = Sternalrippe; 13 = Fovea cranioventralis; 14 = Processus ventralis; 15 = Processus ventrolateralis; 16 = Fovea costalis.

(Proccessus transversus); hier inserieren die Rippenrudimente. Das rudimentäre Tuberculum, das Rippenköpfchen des Rippenrudimentes und der Querfortsatz bilden ein Foramen transversarium, in dessen Kanal (Canalis transversarius) die Wirbelarterie verläuft (Abb. 2.6). Alle Wirbel haben ein zentrales Loch (Foramen vertebrale), das den Markkanal ausbildet.

Die Anzahl der **Brustwirbel** (Vertebrae thoracicae) soll zwischen 3 und 10 schwanken (s. oben). Sie können untereinander und auch mit den letzten Halswirbeln in sehr unterschiedlichen Kombinationen verwachsen sein. Sie sind somit wenig beweglich und bilden nicht selten einen einheitlichen Knochen (Os dorsale). Alle Brustwirbel haben echte Rippen. Diese sind über die seitlichen Wirbelfortsätze und am Wirbelkörper selbst eingelenkt (Abb. 2.6).

Der folgende **Kreuzbeinabschnitt** ist nicht mehr in sich beweglich. Die (u.U.) hintersten Brustwirbel, sicher die Lumbal-(Lenden-), Sakral-(Kreuz-) und die vordersten Schwanzwirbel sind zu einem festen Knochen (Synsacrum) verwachsen, der wiederum mit den Darmbeinen des Beckens fest verschmolzen ist. Hierdurch entsteht ein sehr fester, allerdings wenig beweglicher Ansatzteil für den Oberschenkel, der beim Laufen den ganzen Vogel allein zu tragen hat. Die Zahl der verschmolzenen Wirbel liegt bei 10 bis 22.

Etwa 12 bis 14 »Restwirbel« bilden die **Schwanzregion** der Wirbelsäule. Dabei sind die vorderen (5 bis 8) untereinander noch frei beweglich Schwanzwirbel (Vertebrae coccygeae) und erlauben so die oft auffälligen Schwanzbewegungen der Vögel. Die letzten Wirbel der Schwanzregion verschmelzen miteinander zu einem dreieckigen, flachen Steißknochen, dem Pygostyl, das den Schwanzfedern als Ansatzstelle dient. Es entsteht sekundär in der Embryogenese aus ursprünglich noch frei angelegten Wirbeln. Flachbrustvögel haben kein Pygostyl, da sie kein stabiles Flugsteuerorgan (Schwanz) benötigen.

Der **Brustkorb** trägt als Hohlraum Herz, Leber und Lunge und besteht im wesentlichen aus den Rippen und dem Brustbein. Am Brustbein ist die Ansatzstelle der größten Muskel, der Flugmuskulatur.

Die (echten) **Rippen** (Costae) bilden die laterale Begrenzung des Brustkorbes. Ihre Zahl schwankt interspezifisch zwischen 3 und 9 Paaren. Nicht alle artikulieren in jedem Falle mit dem Sternum (auch intraspezifisch unterschiedlich).

Die dorsale, vertebrale **Wirbel-Rippe** ist mit ihrem dorsalen Teil mit zwei Ansatzpunkten mit dem Wirbelkörper verbunden: dorsal mit dem Rippenhöckerchen (Tuberculum costae), ventral mit dem Rippenköpfchen (Capitulum costae; Abb. 2.6). Die ventrale, sternale **Brustbein-Rippe** (Abb. 2.5) artikuliert mit dem Brustbein. Beide Rippentypen sind gelenkig miteinander verbunden. Einige der Wirbelrippen tragen nach hinten oben führende flache Knochenfortsätze (Processus uncinatus), die der Zwischenrippenmuskulatur (Atmung!) als Ansatzstellen dienen. Sie können zum Teil über zwei Rippen hinwegreichen und sind über Membranen elastisch mit den Nachbarrippen verbunden.

Das **Brustbein** (Sternum) schließt den Brustkorb nach unten ab. Seine Ausprägung wurde früher als systematisches Kriterium für die Einteilung der Vögel in Flachbrustvögel, die keine Carina besitzen (»Ratites«), und solche mit Carina (»Carinates«), benützt. Das Brustbein stellt eine breite, flache und pfannenartige Knochenmulde dar, in der Herz und Magen liegen. Bei den Carinaten ist ventral ein mehr oder weniger stark entwickelter Kiel (Carina, Carina sterni) ausgebildet, an dem die Flugmuskulatur ansetzt. Besonders stark entwickelt ist die Carina bei Kolibris, die eine extrem ausgeprägte Flugmuskulatur besitzen (s. auch Abb. 2.8a).

2.1.2.3 Beckengürtel und Beine

Der schalenförmige **Beckengürtel** besteht aus dem Becken selbst und den Beckengliedmaßen (Beine). Er trägt als Hohlraum die Geschlechtsorgane, Darm, Pankreas, eventuell die Eier usw.

Das **Becken** setzt sich aus den folgenden drei Knochenpaaren zusammen: Darmbein, Ilium (Os ilium), Schambein, Pubis (Os pubis) und Sitzbein, Ischium (Os ischii). Diese drei verwachsenen Knochenpaare sind zusätzlich mit dem Synsacrum zu einem geschlossenen Knochensystem vereinigt, was zusätzliche Stabilität, aber auch weitere Unbeweglichkeit (die hier aber erwünscht ist) mit sich bringt. Bei allen Vögeln ist das Becken nach ventral offen, da keine Verbindung der beiden Beckenhälften in der ventralen Mittellinie besteht. Dadurch kann auch die Passage der relativ großen und zerbrechlichen Eier leichter erfolgen. An der Vereinigungsstelle der drei Beckenknochen ist die tiefe Gelenkpfanne (Hüftgelenkspfanne, Acetabulum) für den Oberschenkel ausgebildet. Sie trägt in ihrer Mitte in der Regel ein Loch (Foramen acetabuli). Von oben her wird der Oberschenkel durch ein speziell nur bei Vögeln vorkommendes zweites Gelenk (Antitrochanter) abgestützt, das sich oberhalb des Acetabulums befindet (Abb. 2.7). Es verhindert ein Abrutschen des Oberschenkels nach oben und seitlich. Die großen Knochenflächen sind muldenförmig ausgebildet und stellen die Ansatzstellen der Beinmuskeln dar.

Acetabulum und der Femurkopf des **Oberschenkels** (Os femoris) artikulieren über ein großes Kugelgelenk miteinander. Zusätzlich ist das zweite Gelenk als Verbindung zwischen

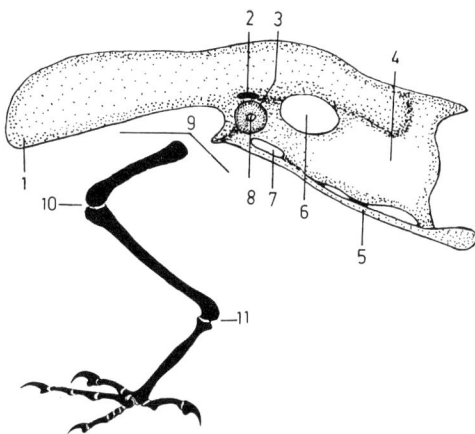

Abb. 2.7. Becken des Haushuhns aus linker Lateralansicht sowie das Bein stark schematisch.
1 = Darmbein (Os ilium); 2 = Antitrochanter; 3 = Hüftgelenkspfanne; hier artikuliert der Oberschenkelkopf (9); 4 = Sitzbein (Os ischii); 5 = Schambein (Os pubis); 6 = Foramen ischiadicum; 7 = Foramen obturatum; 8 = Foramen acetabuli; 9 = verkleinerte Darstellung des Beines in Artikulationsposition; 10 = Kniegelenk; 11 = Laufgelenk (Intertarsalgelenk).

Trochanter major des Femurs und Antitrochanter ausgebildet (s. oben). Diese zweifache Gelenkung, die durch starke Bänder (Hüftband, Ligamentum ters) gestützt wird, erlaubt es dem Vogel, auch auf einem Bein leicht die Balance zu halten. Es behindert aber die laterale Abspreizung der Beine z. T. sehr stark, so daß im wesentlichen nur ein Pendeln von vorn nach hinten und zurück möglich ist und keine Rotation um die Beinachse. Um das Gleichgewicht zu halten, muß der Vogel durch Schwerpunktverlagerung daher mit dem Körper jeweils über das Standbein hin und her schwingen, was den charakteristischen »Watschelgang« ergibt (Abb. 3.6).

An den Oberschenkel schließt sich der Unterschenkel an. Beide Beinknochen sind über das **Kniegelenk** miteinander verbunden. Dieses liegt meist von außen kaum sichtbar im Bereich der Körperkontur unter den Federn. Durch Kreuzbänder und eine Gelenkkapsel wird das Kniegelenk zusammengehalten. Hier sind zwei halbmondförmige Zwischenknorpelscheiben und Gelenkschmiere sowie eine Kniescheibe (Patella), die für die Gelenkigkeit sorgen. Verschiedene Vorsprünge und Leisten dienen dem Muskelansatz.

Der **Unterschenkel** (Tibiotarsus) wird vom Schienbein (Tibia) und der mit ihm verschmolzenen proximalen Reihe der (zwei) Hinterfußwurzelknochen (Ossa tarsi) gebildet. Durch diese Verschmelzung wird das Hinterfußgelenk (Sprunggelenk), das als auffälliges nach hinten knickendes Gelenk beim Vogel sichtbar ist, zu einem **Intertarsalgelenk** zwischen Tibiotarsus und Tarsometatarsus (s. unten), das nur bei Vögeln vorkommt. Das Wadenbein (Fibula) ist nur noch ein kleiner, spitzer Knochen, der weitgehend mit der Tibia verwachsen ist.

Der folgende röhrenförmige **Laufknochen** (Tarsometatarsus) entsteht ontogenetisch durch Verschmelzen der distalen Tarsalia mit drei (II, III, IV) Mittelfußknochen (Metatarsalia). Rudimentär verbleibt ein kleiner Mittelfußknochen (I) der ersten Zehe übrig. Der Laufknochen kann Träger eines Fußspornes sein (s. Kap. 4).

Über des Zehengrundgelenk artikulieren die (höchstens) vier **Zehen** (Digiti pedis I–IV) am Lauf. Die erste Zehe zeigt meist nach hinten und ist über den Mittelfußknochen I mit dem Lauf verbunden, während die übrigen Zehen direkt am Lauf ansetzen. Die erste Zehe hat zwei, die zweite drei, die dritte vier und die vierte fünf Glieder (Phalangen), wobei die letzte Phalanx jeweils als Krallenglied ausgebildet ist. Alle Phalangen sind durch Scharniergelenke miteinander verbunden. Als Sonderform kann z. B. bei den Kuckucksvögeln, Spechten, Papageien u.a. auch die vierte Zehe nach hinten (eventuell als Wendezehe) zeigen. Bei manchen Arten (z. B. Seglerartige) zeigen alle Zehen nach vorne.

2.1.2.4 Schultergürtel und Flügel

Der **Schultergürtel** wird von drei Knochenpaaren gebildet: den massiven Rabenbeinen (Os coracoides), den schmalen Schulterblättern (Scapula) und den zum Gabelbein (Furcula) verwachsenen Schlüsselbeinen (Clavicula); die Furcula kann mit dem Brustbein verwachsen sein (Abb. 2.8).

Das **Rabenbein** ist der kräftigste Knochen des Schultergürtels. Er bildet eine Strebe, die während des Fluges den Flügel vom Brustbein weghält und dafür sorgt, daß die Brusthöhle nicht durch die Kontraktionen der Flugmuskulatur beim Abwärtsschlagen der Flügel zusammengedrückt wird. Das Rabenbein artikuliert proximal mit dem Brustbein über ein bewegliches

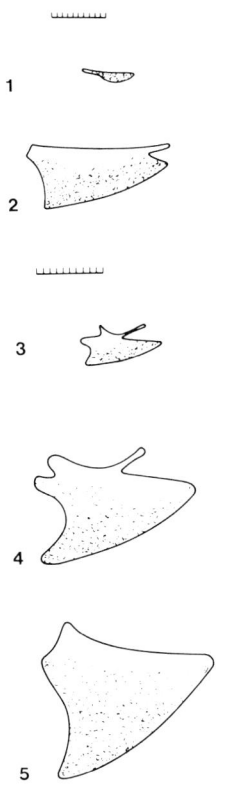

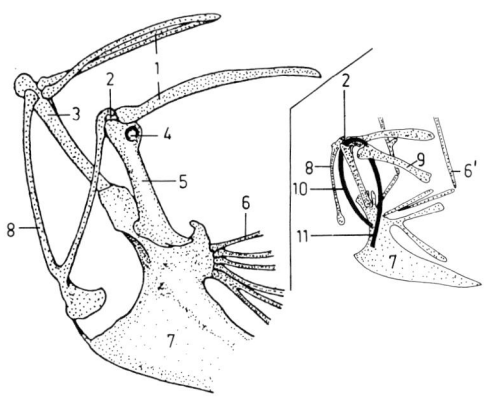

Abb. 2.8b. Schultergürtel bei Vögeln und die Funktionsmorphologie des Flügelauf- und Flügelabschlages (kleine Zeichnung rechts) nach verschiedenen Autoren. S. auch Text.
1 = Schulterblatt (Scapula); 2 = Foramen triosseum (hier läuft die Sehne des Flügelhebers durch); 3 = Coracoid; 4 = Gelenkpfanne für den Humerus (9); 5 = Coracoid; 6 = Sternalrippen; 6' = Vertebralrippe; 7 = Carina (Kiel) des Sternums (Brustbein); 8 = Gabelbein (Furcula); 9 = Humerus (Oberarm des Flügels); 10 = Sehne des tiefen Brustmuskels (Musculus pectoralis profundus, hebt den Flügel); 11 = oberflächlicher Brustmuskel (Musculus pectoralis facialis; wirkt als Niederzieher des Flügels).

Abb. 2.8a. Sternum von verschiedenen Vogelarten im funktionell-morphologischen Vergleich (nach YAPP 1970).
1 = flugunfähige Atlantisralle (Schädellänge 23 mm); 2 = flugfähige Madagaskarralle (Schädellänge 28 mm); 3 = Zaunkönig (Schädellänge 15 mm); 4 = Grünling (Schädellänge 20 mm); 5 = Mauersegler (Schädellänge 21 mm). Die Skala gibt jeweils (für oben nach unten) 10 mm Länge an.

Gelenk. Distal ist sowohl das Schulterblatt als auch das Gabelbein mit dem Rabenbein verbunden (Schultergelenk). Hier setzen gelenkig dann auch die Flügel in einer Pfanne an. An der Verbindungsstelle der drei Knochen bildet sich ein Kanal (Foramen triosseum) aus, durch den die Sehne des hebenden Flugmuskels (Musculus pectoralis profundum) läuft und dadurch gewissermaßen in der funktionellen Richtung umgelenkt wird (s. Abb. 2.8b). Obwohl er unterhalb des Flügels sitzt, wirkt er damit als Flügelheber.

Der **Arm** des Vogels besteht aus dem Oberarmknochen (Humerus), der Elle (Ulna), der Speiche (Radius), zwei Handwurzelknochen (Carpalia), zwei Mittelhandknochen (Metacarpalia) und drei Fingern (Digiti).

Beim ruhenden Vogel liegt der **Oberarm** dem Brustkorb eng an. Beim Flug wird er vom Körper weg geführt. Am Humerus setzen die Flugmuskeln an (Abb. 2.8). Über ein Foramen pneumaticum kann der Oberarm durch einen Ventrikel des Schlüsselbeinluftsacks pneumatisiert sein. Der große Oberarmkopf artikuliert in eine sehr flache Gelenkpfanne des Schultergelenkes, wobei die jeweiligen Berührungsflächen sehr klein sind und damit ein breites Bewegungsspiel ermöglichen (auch Rotation). Ein starkes, breites Bindegewebeband verhindert zu starke Verdrehungen und hält das ganze System fest zusammen. Zusätzlich liegt es in einer sehr stabilen Gelenkkapsel.

Der **Unterarm,** bestehend aus Elle und Speiche, bildet den Ansatzpunkt für viele Flugfedern (Armschwingen, vor allem die stabilere Ulna). Beide Knochen bilden mit dem Oberarm das **Ellenbogengelenk** aus, das wie das Handgelenk von sehr starken Bandapparaten und straffen Gelenkkapseln umhüllt ist. Das bewirkt eine bestimmte Elastizität, verhindert aber eine nennenswerte Rotationsmöglichkeit dieser beiden Knochen. Beim Strecken des Flügels werden beide Knochen leicht gegeneinander verschoben, da beide Gelenkflächen unterschiedlich hoch angelegt sind. Durch diese Verschiebung erfolgt gleichzeitig eine passive Streckung der Hand.

Oberarm und Unterarm sind bei den Vögeln kaum abgeleitete Extremitätenstrukturen. Ganz anders sieht es dagegen bei den distalen Teilen der **Hand** aus. Das Skelett der Vordergliedmaßenspitze wurde in der Umwandlung zum Flugorgan beträchtlich verändert. Die beiden Handwurzelknochen (Radiale bzw. Scapholunare und Ulnare bzw. Pisoulnare) sind durch Verwachsung von ursprünglich 5 Einzelelementen entstanden. Das Scapholunare aus dem Radiale, dem Intermedium und dem Centrale; das Pisoulnare aus dem Ulnare und dem Pisiform.

Der folgende **Mittelhandknochen** (Carpometacarpus) ist durch Verwachsung aus den Carpalia der distalen Reihe und drei Metacarpalia (II, III, IV der Tetrapodenextremität) entstanden. An diesem Knochen inserieren vor allem die Handschwingen.

Die Zahl der **Finger** (Digiti manus) ist als Folge der Funktionsänderung meist auf drei reduziert worden, wobei man nach dem oben Gesagten vermutet, daß es sich um die ursprünglichen Finger II, III und IV handelt. Bei einigen Flachbrustvögeln ist die Reduktion (des Flügels) soweit vorangetrieben, daß nur noch der II. Finger übrigblieb (siehe Abb. 2.9). Die Finger II und IV haben nur 1 bis 2 Phalangen, während der Finger III 2 bis 3 besitzt. Sie bilden funktionell die Fortsetzung des Carpometacarpus als Träger der Handschwingen.

Der **Grundaufbau** der Flügel ist bei allen Vögeln sehr einheitlich, trotz der natürlich an die jeweiligen Erfordernisse angepaßten Änderungen. Säugerhände sind wesentlich stärker umgeformt worden. Die Finger können nicht gestreckt oder gebeugt werden, da die Bändereinbettung zu straff ist. Allein eine geringe Achsenrotation ist möglich. Eine Sonderstellung nimmt hier allerdings der den Nebenfittich tragende zweite Finger ein. Durch eine spezielle Gelenkkonstruktion (Sattelgelenk mit unterschiedlichen Radien) wird beim Heben und Senken des Fingers gleichzeitig eine Achsenrotation durchgeführt.

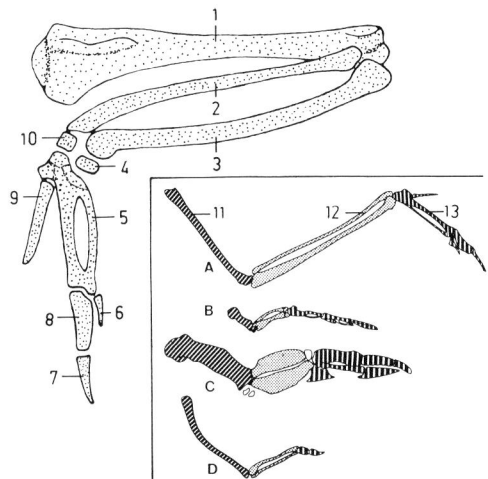

Abb. 2.9. Skelette von verschiedenen Vogelflügeln. Große Zeichnung (punktiert) Grundbauplan am Beispiel des Haushuhns (nach KING & MCLELLAND 1978).
1 = Oberarm (Humerus); 2 = Speiche (Radius); 3 = Elle (Ulna); 4 = Ulnare (Os carpi ulnare); 5 = Mittelhandknochen (Os carpometacarpale); 6 = dritter Finger (dessen erstes Fingerglied); 7 = zweites Fingerglied des zweiten Fingers; 8 = erstes Fingerglied des zweiten Fingers; 9 = erstes Fingerglied des ersten Fingers; 10 = Radiale (Os carpi radiale).
A–D. Anpassungen im Flügelskelett bei verschiedenen Vogelarten schematisch (aus ZISWILER 1976).
A. Pelikane. B. Kolibris. C. Pinguine. D. Kiwis.
11 = Oberarm. 12 = Unterarm. 13 = Hand.

2.1.2.5 Verwandtschaftsbeziehungen zu Reptilien

Bei den Knochen sind noch folgende gemeinsame Parameter wichtig für die Verwandtschaftsbeziehungen zu den Reptilien (s. auch Tab. 21.2):

– Schädel und Atlas sind über einen Occipitalfortsatz miteinander verbunden.
– Der Unterkiefer besteht aus mehreren Teilen und ist an einem beweglichen Quadratum aufgehängt.
– Das Ohr hat nur ein Gehörknöchelchen (Columella, Steigbügel).
– Die Rippen haben Fortsätze, wie man sie nur bei einigen Reptilien findet.
– Das Bein hat ein Intertarsalgelenk.
– Der Pubisknochen im Becken kippt zurück wie bei einigen Dinosauriern.

2.2 Muskelsystem

Die grundsätzlichen Charakteristika von Vogel- und Säugermuskulatur stimmen sehr gut miteinander überein, so daß nur kurz auf das Wesentliche und für Vögel Besondere eingegangen zu werden braucht.

2.2.1 Muskelzellen

Die Muskulatur ist mesodermalen Ursprungs und setzt sich aus den Muskelzellen zusammen. In den länglichen Zellen verlaufen Myofibrillen, die die Kontraktionsfähigkeit der Muskelzellen bedingen. Bei Vertebraten kann man aufgrund der Feinstruktur und des physiologischen Verhaltens drei Formen von Muskeln unterscheiden:

Die **glatte Muskulatur** (Eingeweidemuskulatur) besteht aus langgestreckten, spindelförmigen Einzelzellen, die in der Mitte einen Kern besitzen. Die nur sehr schwer histologisch darstellbaren Myofibrillen zeigen keine Querstreifung (s. unten). Die glatte Muskulatur funktioniert unwillkürlich. Sie kann unter dem Einfluß von Hormonen sowohl vergrößert (Verlängerung der Einzelzelle) als auch vermehrt werden (Neubildung von Zellen). Die längsten glatten Muskelfasern findet man beim Vogel im Uterus. Die glatte Muskulatur hat bei der Haustaube einen mittleren Wassergehalt von etwa 71 %. Glatte Muskelzellen kommen im Magen-Darm-Kanal, der Harnblase, im Harnleiter, Eileiter, in der Trachea, den Bronchien, den Blutgefäßen, der Iris und der Haut vor.

Physiologisch gesehen ist dieser Muskeltyp vor allem für langsame, ausdauernde Kontraktionen geeignet. Die Depolarisation und Repolarisation kann mehrere Sekunden dauern, sie ist nicht tetanisierbar, kann eine (Dauer-)Kontraktion (Sperre) ohne nennenswerten Energieverbrauch lange Zeit aufrechterhalten und die Latenzzeit ist relativ groß (bis 10 Sekunden). Eine motorische Endplatte (wie beim Skelettmuskel) ist nicht ausgebildet. Die mittlere Konzentration von ATP ist 2 %, die von Kreatinphosphat 0,7 %. Die glatten Muskelzellen sind zudem stark dehnbar und elastisch.

Quergestreifte Muskelzellen sind stets durch Verschmelzung mehrerer Zellen zu quergestreiften Muskelfasern zusammengefaßt (Syncytium). Sie enthalten oft mehrere hundert Zellkerne, die meist oberflächig liegen. Beim weißen Muskel der Vögel liegen sie jedoch zentral. Die Myofibrillen sind sehr gut sichtbar und erzeugen durch unterschiedliche Lichtbrechung der Faseranordnungen eine Längsstreifung. Die Querstreifung wird durch einen periodischen Wechsel von schmaleren, helleren, einfachbrechenden (isotropen) »I«-Streifen und breiteren, dunkleren, doppelbrechenden (anisotropen) »A«-Streifen gebildet. Im A-Streifen findet man eine Mittelscheibe (M), im I-Streifen einen zarten anisotropen Zwischenstreifen (Z). Der zwischen zwei Z-Streifen liegende Abschnitt wird **Sarkomer** genannt. Das Verhältnis zwischen Sarkoplasma und Myofibrillen kann je nach Anforderungen stark schwanken (s. unten). Der Wassergehalt der quergestreiften Muskulatur liegt bei der Haustaube im Mittel bei 77,5 % und damit wesentlich höher als bei der glatten Muskulatur. Die mittlere Konzentration von ATP ist 5 %, die von Kreatinphosphat 20 % («Geschmacksstoff des Fleisches»).

Physiologisch kennzeichnet sich die quergestreifte Muskelfaser durch schnelle Kontraktion und Repolarisation (ms-Bereiche), die willkürliche Innervation über motorische Endplatten, Tetanisierbarkeit, kurze Latenzphasen (ms-Bereiche), geringe Dehnbarkeit und relativ schnelle Ermüdung. Quergestreifte Muskulatur ist deshalb vor allem die Muskulatur für das Bewegungssystem (Skelettmuskulatur). Die Anzahl der Fasern ist bei diesem Muskelsystem bei der Geburt mehr oder weniger fixiert und nicht mehr veränderbar. Das gleiche gilt auch für das folgende Muskelsystem.

Die **Herzmuskelzellen** sind eine Sonderform der quergestreiften Muskulatur und haben einige physiologische Eigenschaften der glatten Muskulatur, wie geringe Ermüdbarkeit und fehlende Tetanisierbarkeit. Im Gegensatz zu den obigen Muskeltypen sind die Zellen aber verzweigt und bilden dadurch ein extrem festes und zähelastisches Netzwerk. Sie weisen relativ viel Sarkoplasma (s. unten) auf. Die Kerne liegen zentral, und die Zellen können synzytial verschmolzen sein. Es finden sich besonders zahlreich Mitochondrien (mehr als in den ohnehin schon reichhaltig damit ausgestatteten »normalen« Muskelzellen). Die mittlere Konzentration von ATP ist 1,5 % und die von Kreatinphosphat 2 %. Die einzelnen Zellen sind durch charakteristische Glanzstreifen miteinander verbunden. Ferner hat das Herzmuskelsystem ein eigenes Erregungs- und Reizleitungssystem (s. Kap. 7) und reagiert nach dem »Alles-oder-Nichts-Gesetz«.

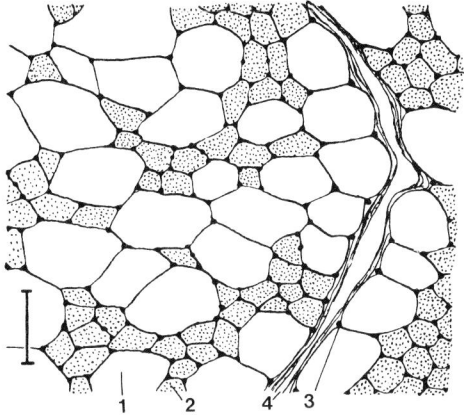

Abb. 2.10. Schematischer Querschnitt durch den Brustmuskel einer Haustaube zur Darstellung der relativen Größe und der Verteilung von roten und weißen Muskelfasern (nach WALLACE & MAHAN 1975).
1 = weiße Fasern; 2 = rote Fasern; 3 = Kapillaren; 4 = Bindegewebe. Maßstrich: 100 μm.

2.2.2 Weiße und rote Muskulatur

Es gibt zwei Arten von **Skelettmuskelfasern,** die durch ein unterschiedliches Verhältnis von Zellplasma (Sarkoplasma) zu Myofibrillen ausgezeichnet sind, das durch unterschiedliche Funktionsanforderungen bestimmt wird.

Die **roten Muskelfasern** enthalten relativ große Mengen von **Myoglobin,** das die rote Farbe des Muskels verursacht und als Sauerstoffspeicher dient. Verglichen mit den weißen Fasern haben die roten Fasern mehr Mitochondrien, der Zellkern liegt peripher. Sie haben ferner einen höheren Gehalt an Fett und eine stärkere Gefäßversorgung. Histologisch sind die Fibrillen kaum zu erkennnen, und die Zelle weist eine mehr granuläre Struktur (Felderstruktur) auf. Die roten Fasern verbrennen mehr Fett als Glykogen zur Energiegewinnung, was sie effizienter als die weißen Fasern macht, da dieselbe Menge Fett mit rund 38 bis 39 kJ/g mehr Energie enthält als die entsprechende Menge Kohlenhydrate mit 19 bis 20 kJ/g. Sie sind aber auch relativ langsam in ihrer Kontraktionsgeschwindigkeit (ca. 0,5 s beim Huhn). Die weißen Fasern sind 5- bis 10mal schneller.

Diese Eigenschaften prädestinieren die roten Fasern zunächst (mehr) für Dauerleistungen. Man nennt sie auch tonische Fasern.

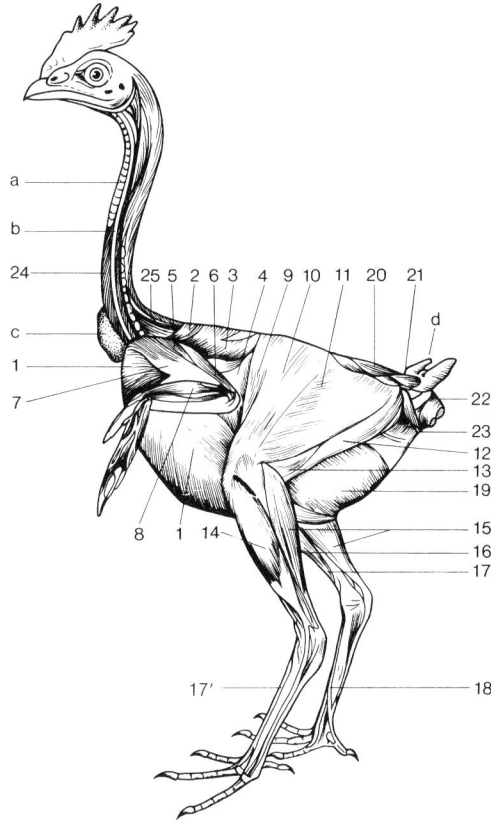

Abb. 2.11. Schematische Darstellung der oberflächlichen Skelettmuskeln beim Haushuhn. Linke Lateralansicht (nach SCHUMMER 1973, aus KING & McLELLAND 1978).

1 = Musculus pectoralis superfacialis; 2 = Musculus trapezius; 3 = Musculus latissimus dorsi; 4 = Musculus serratus ventralis; 5 = Musculus deltoideus; 6 = Musculus triceps brachii; 7 = Musculus tensor patagii longus; 8 = Musculus extensor carpi radialis; 9 = Musculus sartorius mit kranialem Teil des Musculus glutaeus superfacialis; 10 = Musculus tensor fasciae latae mit kaudalem Anteil des Musculus glutaeus superfacialis; 11 = Musculus iliofibularis; 12 = Musculus flexor cruris medialis; 13 = Musculus flexor cruris lateralis; 14 = Musculus fibularis longus; 15 = Musculus gastrocnemius; 16 = Musculus tibialus cranialis; 17 = Musculus extensor digitorum longus; 17' = Endsehne von 17; 18 = Endsehne des Musculus extensor hallucis brevis; 19 = Musculus obliquus externus abdominis; 20 = Musculus levator coccygeus; 21 = Musculus coocygeus lateralis; 22 = Musculus sphincter ani; 23 = Musculus levator ani; 24 = Musculus longis colli; 25 = Musculus longissimus cervicis; a = Luftröhre; b = Drosselvene; c = Kropf; d = Bürzeldrüse.

Bei den **weißen Fasern** erkennt man histologisch zunächst klar angeordnete, zahlreiche Myofibrillen (Fibrillenstruktur). Der Myoglobingehalt und die Zahl der Mitochondrien sind geringer als beim roten Muskel. Es findet sich ein hoher Gehalt an Enzymen der Glykogenolyse und der Glykolyse, was zeigt, daß Glukose der Hauptenergielieferant dieses Muskeltypes ist. Die Kontraktionsgeschwindigkeit ist hoch, die Kontraktion selbst sehr kräftig; der Muskel ist allerdings nicht für Dauerleistungen ausgelegt, sondern für kurzfristige, kräftige und schnelle Reaktionen (»Zuckmuskulatur«).

Die meisten Muskeln der Vögel bestehen aus beiden Fasern in sehr unterschiedlicher Zusammensetzung. Besonders auffällig ist dies in der größten Vogelmuskulatur, den **Flugmuskeln.** Das Verhältnis beider Fasertypen zueinander bestimmt nämlich die Leistungsart des Muskels. In der Flugmuskulatur von »Kurz«-Fliegern überwiegt das weiße Fasersystem (weißes Brustfleisch von Hühnervögeln). Gute, ausdauernde Flieger (z. B. Tauben) haben mehr rote Fasern (vgl. Abb. 2.10). Bei Kolibris findet man praktisch fast nur rote Fasern. Die Flugmuskulatur dieser Vögel ist wohl das stoffwechselaktivste (bis 3 000 J/g × h) und effizienteste Skelettmuskelsystem aller Wirbeltiere. Die Muskulatur von Tauchvögeln besitzt (wie z. B. auch die der Wale) eine tiefrote (bis rotschwarze) Farbe, die vom Muskelfarbstoff Myoglobin herrührt, mit dem für den Tauchvorgang sehr große Mengen an Sauerstoff im Muskel gespeichert werden können. Er wird dann für den aeroben Stoffwechsel der Muskulatur während aussetzender Atmung verbraucht.

Unsere Darstellung ist allerdings stark vereinfacht. Insgesamt kennt man beim Vogel nämlich mindestens fünf verschiedene Fasertypen (drei weiße und zwei rote) mit z. T. überschneidenden Aufgaben und Eigenschaften. Auf deren genaue Darstellung wird hier jedoch verzichtet.

2.2.3 Skelettmuskeln

In der Zahl, Anordnung, dem Vorkommen und der Benennung der verschiedenen äußeren Skelettmuskeln gibt es bei den Vögeln eine enorme Mannigfaltigkeit. In einem Übersichtswerk können nur die wichtigsten größeren Muskeln des Skelettsystems dargestellt werden (vgl. Abb. 2.11, S. 29 und 2.12 sowie Tab. 2.1).

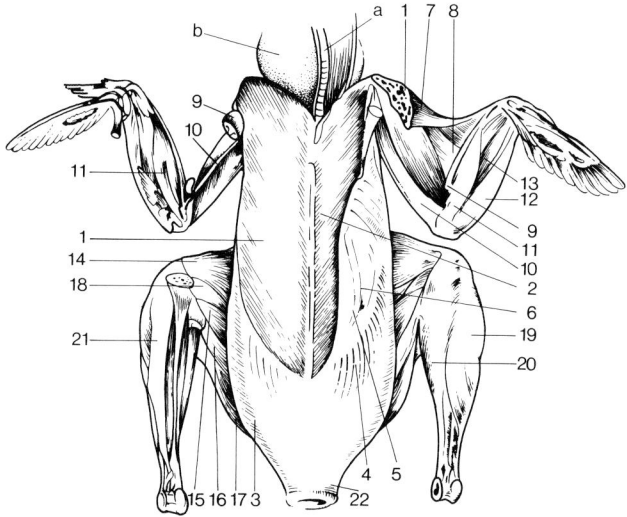

Abb. 2.12. Muskeln des Haushuhns in Ventralansicht (nach Schummer 1973, aus King & McLelland 1978). Die oberflächlichen Muskeln der linken Rumpfseite, des rechten Flügels und des rechten Unterschenkels sind abpräpariert.
1 = Musculus pectoralis superficialis; 2 = Musculus pectoralis profundum; 3 = Musculus obliquus externus abdominis; 4 = Musculus obliquus internus abdominis; 5 = Musculus rectus abdominis; 6 = Musculus transversus abdominis; 7 = Musculus tensor patagii longus; 8 = Musculus patagii brevis; 9 = Musculus biceps brachii; 10 = Musculus triceps brachii; 11 = M. pronatur longus et brevis; 12 = M. flexor carpi ulnaris; 13 = M. flexor digitorum profundum; 14 = M. sartorius; 15 = M. adductor; 16 = M. gracilis; 17 = M. flexor cruris medialis; 18 = M. quadriceps femoris, vastus medialis; 19 = M. fibularis longus; 20 = M. gastrocnemius; 21 = M. tibialis cranialis; 22 = M. sphincter ani; a = Luftröhre; b = Kropf.

Tab. 2.1. Die verschiedenen Hauptmuskeln des Skelettsystems, ihre Funktionsbeziehungen und ihre Namen am Beispiel Haushuhn (nach King & McLelland 1978, verändert)

System und Aufgabe(n)	Namen
Kopf- und Halsmuskeln	
Bewegungen des Augapfels	Musculus rectus dorsalis
	Musculus rectus ventralis
	Musculus rectus medialis
	Musculus rectus lateralis
	Musculus obliquus dorsalis
	Musculus obliquus ventralis
Heben des Unterkiefers	Musculus pseudotemporalis
	Musculus adductor mandibulae
	Musculus pterygoideus
Senken des Unterkiefers	Musculus depressor mandibulae
Bewegung der Halswirbelsäule	Musculus biventer
	Musculus complexus
	Musculus splenius
	Musculus rectus
	Musculus longus
	Musculus flexor
	usw.
Trachealmuskeln, Syrinx/Trachea	Musculus sternotrachealis
Lautbildung	Musculus sternohyoideus
	Musculus tracheolateralis
Schließen/Zurückziehen von	Musculus ceratoglossus
Pharynx/Larynx beim Schlucken	Musculus hypoglossus
	Musculus mesoglossus
	Musculus dilator
	Musculus constrictor
	Musculus cricohyoideus
Syrinxmuskeln	Musculus tracheobronchialis
	Musculus syringealis
	Musculus vocalis
	Musculus obliquus
Schultergliedmaßen	
Abwärtsschwingen des Flügels	Musculus pectoralis superficialis
Aufwärtsschwingen des Flügels	Musculus pectoralis profundus
Vorwärtsziehen des Flügels	Musculus rhomboideus (s. et p.)
Rückwärtsziehen des Flügels	Musculus latissimus dorsi
Strecker/Beuger des Schultergelenks	Musculus triceps brachii
	Musculus biceps brachii
Strecker/Beuger des Handwurzelgelenks/der Finger	Musculus extensor carpi
	Musculus extensor digiti
	Musculus flexor carpi
	Musculus flexor digiti
Muskeln der Flügelspitze	Musculi interossei (dors. et ventr.)
Abduktoren/Adduktoren der Finger	Musculus abductor alulae
	Musculus abductor digiti majoris
	Musculus adductor alulae
	Musculus flexor alulae
	Musculus flexor digiti minoris
Wurzeln der Armschwingenfedern	Musculus expansor secundarium[1]

Tab. 2.1. Die verschiedenen Hauptmuskeln des Skelettsystems, ihre Funktionsbeziehungen und ihre Namen am Beispiel Haushuhn (nach KING & McLELLAND 1978, verändert)

System und Aufgabe(n)	Namen
Rumpfmuskeln	
Intercostalmuskeln für Atmung	Musculi intercostales externi et interni
	Musculus costosternalis
	Musculus costoseptalis
	Musculi levatores costarum
	Musculus scalenus
Bauchmuskeln (z. T. ebenfalls Atmung)	Musculus obliquus externus et internus abdominis
	Musculus transversus abdominis
	Musculus rectus abdominis
Rumpfwirbelsäulemuskeln	Musculus iliocostalis
	Musculus longissimus dorsi
Bewegung von Schwanz/Pygostyl	Musculus levator caudae
	Musculus depressor caudae
	Musculus lateralis caudae
	Musculus pubocaudalis
	Musculus caudofemoralis
Ansatzstelle der Schwanzfedern	Musculi adductores rectricium
Beckengürtel	
Vor- und Rückzieher Beine	Musculi iliotrochanterici (caudalis, cranialis, medius)
Heber Oberschenkel	Musculus iliotibialis (cranialis, lateralis, medialis)
Strecker Unterschenkel	Musculus femorotibialis (externus, medius, internus)
Beugung/Streckung Hüftgelenk	Musculus iliofibularis
	Musculus flexor cruris (medialis et lateralis)
Strecken/Beugen Zehen	Musculus extensor digitorum longus
	Musculi flexor perforans
	Musculi flexor perforatus
	etc.

[1] Dieser Muskel besteht ganz oder teilweise aus glatter Muskulatur mit postganglionärer adrenerger Innervation. Er spielt in der experimentellen Pharmakologie als Testobjekt eine große Rolle.

[2] Das Sitzen auf Stangen und Ästen wird bei Vögeln automatisch von den Beugesehnen der Zehen unterstützt, die über die kaudale Fläche des Tarsalgelenks ziehen. Wenn der Vogel sich niederläßt, werden diese Sehnen durch das Beugen des Intertarsalgelenks passiv angespannt, und die Zehen klammern sich um den Halt fest. Dieser Mechanismus kostet keine Energie und ist ermüdungsfrei.

3 Fortbewegung

Vögel haben die unterschiedlichsten Lebensräume besiedelt. Voraussetzung dafür waren neben der Endothermie (s. Kap. 14) die Vielfalt sehr effizienter **Fortbewegungsweisen,** die neben der einmaligen Leistung eines optimal beherrschten Fluges zusätzlich bei dieser Tiergruppe auftreten. Die Anpassungen hierzu gehen weit über Sonderbildungen des Skeletts und der Muskulatur hinaus, da zusammen mit besonderen Fortbewegungsweisen z. B. Aspekte des Nahrungserwerbes, des Schutzes vor Feinden, des Einflusses von Witterung und Klima sowie Anpassungen an die besonderen Eigenschaften des Mediums und des Substrates, in bzw. auf dem sich die Vögel bewegen, eng verwoben sind. Sehr häufig sind ähnliche Probleme bei verschiedenen Vogelarten auf sehr unterschiedliche Weise gelöst; andererseits sind zwischen sehr gegensätzlichen Anforderungen wirksame Kompromisse geschlossen worden.

Wie bei keiner anderen Tiergruppe findet man bei den Vögeln eine große Vielfalt von Fortbewegungsmöglichkeiten, die oft noch in Kombination miteinander auftreten können. So sind z. B. viele Vögel in der Lage, sowohl gut zu fliegen als auch gut zu tauchen, zu schwimmen und zu laufen.

Im wesentlichen lassen sich die verschiedenen Formen der Fortbewegung auf die verschiedenen Substrate festlegen. Luft: Flug im weitesten Sinne; Boden: Gehen, Laufen, Hüpfen, Springen, Rutschen usw.; Vegetation: Klettern, Hangeln usw.; Wasser: Tauchen, Schwimmen usw.

3.1 Fortbewegung auf dem Boden

Beim **Gehen, Laufen** und **Springen** (Rennen) erfolgt die Fortbewegung durch alternierendes Vorwärtsbewegen der Beine. Die drei Formen sind dabei vor allem durch die zunehmende Geschwindigkeit und die Schrittlänge unterschieden und meist ändert sich auch die Körperhaltung. Beim Gehen ist zudem zumindest ein Bein immer in Kontakt mit dem Boden, während beim Laufen und Springen (Rennen) der Kontakt des Vogels zum Substrat auch zeitweise verlorengeht, der Körper also kurzfristig »frei« durch die Luft »fliegt« (Abb. 3.1 und 3.2). Hohe Lauf- und Renngeschwindigkeiten können z. B. einige Watvögel (besonders Regenpfeifer und Strandläufer), viele Hühnervögel, Trappen und die Steißhühner erreichen. Eine extreme Entwicklung ist bei den flugunfähigen Laufvögeln wie Straußen, Nandus oder Emus eingetreten, die über entsprechend starke Streck- und Beugemuskeln verfügen. Für den Strauß sind Spitzengeschwindigkeiten von über 90 km/h und fast 50 km/h Dauergeschwindigkeit über längere Strecken nachgewiesen worden. Beim Rennkuckuck wurden bis zu 25 km/h (diese Art kann zudem über 3 m weit hüpfen; das entspricht etwa der 12fachen Körperlänge ohne Schwanz) und bei Fasanen bis 33 km/h Dauergeschwindigkeit gemessen. Maximale Gehgeschwindigkeiten wurden beim Truthahn mit 1,5 m/s gemessen (54 km/h, die er durch Rennen aber kurzfristig sogar noch steigern kann). Viele Laufvögel beschleunigen bei Annäherung einer Gefahr ihr Tempo zunächst auf dem Boden, ehe sie auffliegen. Ausgesprochene Geher sind neben den schon erwähnten Watvögeln vor allem viele Störche, Kraniche, Rabenvögel, Stare, Lerchen, Pieper und Stelzen. Letztere stellen wohl die kleinsten Laufvögel.

Laufvögel benötigen einen **sicheren Stand.** Er kann erreicht werden durch ein breites Bekken, bei dem die Beine weit genug voneinander entfernt eingelenkt sind. Der Körperschwerpunkt ist möglichst über die Beine verlagert (Abb. 3.1). Der sichere Stand kann durch lange und/oder breite Zehen erhöht werden, die meist flache Krallen tragen (besonders auffallend z. B. bei Lerchen und Piepern). Flügelabheben kann beim Laufen die Balance sichern helfen (z. B. Strauß). Hebt aber ein Bein ab, müßte der Vogel eigentlich umkippen. Dies wird dadurch vermieden, daß der schreitende Vogel das Standbein etwas schräg setzt, so daß der Fuß senkrecht unter den Schwerpunkt kommt. Kurzbeinige Läufer haben deshalb oft einen watschelnden Gang, bei dem der Körper

Abb. 3.1. Langsames Laufen beim Bläßhuhn (nach MEISE 1968). Die senkrechte gestrichelte Linie bezeichnet die Lage des Körperschwerpunktes in den einzelnen Bewegungsphasen. Beim Lauf streckt der Vogel die Zehen des hinten befindlichen Fußes, stößt dadurch seinen Körper nach vorne und fängt ihn mit dem gleichen Fuß ab, der inzwischen vorn angekommen ist. Der andere Fuß trägt dabei den Körper als Stand- oder Stützbein und wird beim nächsten Schritt das Laufbein.

durch Drehen und gleichzeitige Verschiebung den Schwerpunkt über das Standbein bringt (Enten, Gänse u. a.).

Anpassungen an höhere Geschwindigkeiten müssen (können) aber auf die Sicherung des Standes weitgehend verzichten. Rasche Beinbewegungen nach vorne verhindern ein Kippen des Körpers (viele Watvögel). Hohe Geschwindigkeit kann aber auch durch eine zunehmende Schrittgröße erreicht werden. Durch lange Hinterextremitäten (vor allem Verlängerung des Laufes) kann dies erreicht werden (besonders auffallendes Beispiel: Sekretär). Bei vielen schnellen Läufern ist die mit dem Boden in Berührung kommende Fußfläche reduziert. Nandus, Emus, Kasuare besitzen nur noch drei kurze Zehen, der Strauß nur eine kräftig entwickelte und eine rückgebildete Außenzehe. Auch bei flugfähigen Laufvögeln, wie den Trappen und dem Sekretär, ist die Zehenzahl auf drei kurze reduziert; bei den Regenpfeifern fehlt die Hinterzehe, bei vielen Limikolen und Möwen ist sie sehr kurz und berührt den Boden nicht mehr. Bei hoher Geschwindigkeit nehmen viele Laufvögel eine gestreckte Körperhaltung ein. Die Beine können durch Flügelbewegungen unterstützt werden, so daß eine Art Fluglauf mit hoher Geschwindigkeit entsteht (viele Hühnervögel, Rallen u. a., Abb. 3.9). Manche Laufvögel haben auch auffallend kurze Schwänze (lange würden stören): Hühner, Wachteln, Pittas, Rallen usw.

Eine weitere Gruppe von verschiedensten **Anpassungen** ist im Zusammenhang mit den besonderen Anforderungen der Umgebung zu sehen, in der sich der Vogel bewegt. Lange Beine sind z. B. auch vorteilhaft für Bewegungen in dichter Bodenvegetation. So können sich langbeinige Watvögel, wie z. B. die Uferschnepfe, im hohen Gras besser bewegen als kurzbeinige, wie z. B. Kiebitze, was u. a. für die Wahl des Nestplatzes ausschlaggebend sein kann. Ein rasches Zusammenfalten der Zehen beim nach vorn geführten Fuß vermindert dabei die Gefahr des Hängenbleibens im Gras. Lange Zehen verhindern z. B. ein Einsinken in schlammigen Böden (Reiher u. a.), helfen aber auch beim Laufen in umgeknicktem Röhricht (Rohrdommeln, manche Rallen). Die extrem gute Gewichtsverteilung auf langen Zehen ermöglicht den Blatthühnchen sogar das Laufen auf einem Schwimmblatteppich; auch einige Watvögel können diesen schwankenden »Boden« betreten. Fußbefiederung bei Schneehüh-

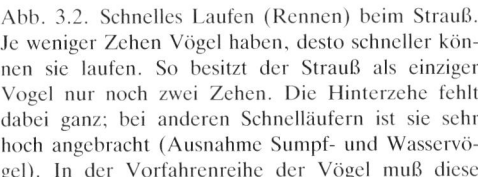

Abb. 3.2. Schnelles Laufen (Rennen) beim Strauß. Je weniger Zehen Vögel haben, desto schneller können sie laufen. So besitzt der Strauß als einziger Vogel nur noch zwei Zehen. Die Hinterzehe fehlt dabei ganz; bei anderen Schnelläufern ist sie sehr hoch angebracht (Ausnahme Sumpf- und Wasservögel). In der Vorfahrenreihe der Vögel muß diese

Laufbewegung sehr wichtig gewesen sein, da die Vereinheitlichung des Beines bei gleicher Grundgliederung gegenüber den Reptilien weit fortgeschritten ist. Beim schnellen Laufen hebt der Strauß in manchen Phasen (drittes Bild von links) auch völlig von der Erde ab, schwebt also gewissermaßen.

nern (Abb. 14.33) oder zwei Reihen von Hornstiften (»Balzstifte«) entlang der drei Vorderzehen beim Auerhahn (Abb. 4.4) im Winter erzielen einen »Schneeschuheffekt«. Das rasche Durchschlüpfen durch dichten Bewuchs wird durch einen lateral zusammengedrückten Körper begünstigt (z. B. manche Rallen).

Viele Vögel nicken bzw. rucken beim Gehen horizontal mit dem Kopf (**Optokinese**). Zum einen unterstützen diese Bewegungen die Schritte, zum anderen dienen sie dazu, die Umgebung auf der Netzhaut möglichst stationär abzubilden. Der Kopf wird dabei bei der Fortbewegung nach vorne ruckweise gestoßen, dann nahezu stationär gehalten, so daß das auf die Netzhaut projizierte Bild für einen Augenblick stillhält. Dann wird der Körper unter dem stationären Kopf nach vorne bewegt, bis die Folge von neuem beginnen kann. Das gleiche Verhalten zeigt auch eine Eistänzerin bei einer Pirouette, wenn sie zunächst einen Punkt bei ihrer Drehung fixiert und dann den Kopf mit einer kurzen Drehung auf den gleichen Fixpunkt nachführt. Hier dient also die Beweglichkeit des Halses, um den Kopf möglichst lange Zeit stillzuhalten und dessen Bewegungsphasenanteil abzukürzen. Gleiches gilt auch für schwimmende Vögel. Regenpfeifer haben eine andere Lösung entwickelt. Sie halten jeweils nach kurzen Rennstrecken mit trippelnden Beinbewegungen für einen kurzen Augenblick inne. Interessanterweise knicken sie dann aber häufig mit dem Kopf vertikal auf und ab.

Ebenfalls eine »Bodenbewegung« ist das **Hüpfen.** Es ist die typische Fortbewegungsart vieler baumbewohnender Singvögel auf dem Boden. Dabei wird der Körper mit beiden Beinen gleichzeitig abgestoßen und wieder aufgefangen. Meist werden nur kurze Strecken hüpfend zurückgelegt, größere im Gegensatz zu den Läufern meistens durch Fliegen überbrückt. Ein typischer Hüpfer ist z. B. die Amsel. Manche Arten sind Hüpfer und gute Läufer gleichzeitig, wie z. B. die Pittas im dichten Unterwuchs tropischer Wälder. Sie haben eine außerordentliche Perfektion in der Bewegung am Boden entwickelt.

Eine Besonderheit der Fortbewegung am Boden ist das **Rutschen** auf glattem Untergrund. Pinguine rutschen bei Wanderungen Abhänge, die mit Schnee oder Eis bedeckt sind, energie- und zeitsparend herunter, zumal sie mit ihren kurzen Füßen nur sehr schlecht gehen können.

3.2 Klettern und Hangeln

Unter Klettern faßt man die verschiedensten Bewegungen in der Vertikalen zusammen. Viele Vögel haben eine hohe Geschicklichkeit in der Bewegung im dichten Gezweig entwickelt. Baumbewohnende Singvögel bewegen sich mehr oder minder fliegend mit **Flugsprüngen** von Zweig zu Zweig. Zeisige, Stieglitze, Meisen und Goldhähnchen können dabei auch kopfunter am Zweig hängen. Mit den Flügeln wird dabei auf schwankender Unterlage die Balance gehalten. Beim Umklammern der Zweige spielt der Beugemechanismus der Zehen (s. Kap. 2) eine wichtige Rolle. Der Feinbau der Füße ist jeweils den bevorzugten Zonen eines Baumes und dem Baumtyp angepaßt.

Das **Klettern** und **Hangeln** im Geäst haben mehrere Vogelgruppen gut entwickelt. Die Mausvögel besitzen kurze, kräftige Füße mit zwei Wendezehen, so daß entweder alle 4 Zehen nach vorne, die 1. und die 4. jedoch auch nach hinten gerichtet werden können. Die Hauptlast ruht dabei jedoch auf der Mittelzehe, die anderen dienen mehr der Verankerung. Aus diesem Grund können Mausvögel auch nicht kopfabwärts klettern wie Baumläufer. Die Steuerfedern weisen stark versteifte Kiele auf und bilden einen Stützschwanz (Abb. 3.5). Sie werden trotz ihrer Festigkeit oft beschädigt und dann irregulär gemausert, also mehr oder minder je nach Bedarf ersetzt. Mausvögel klettern durch beidbeiniges Abspringen im Geäst, können aber auch durch abwechselndes Greifen mit den Beinen auf waagrechten Ästen mäuseartig schnell entlanglaufen.

Eine ähnliche Technik des Greifens haben auch viele Papageien entwickelt, bei denen zeitlebens die 4. Zehe (Außenzehe) nach hinten weist. Ihr Lauf ist kürzer als die Mittelzehe, und das Intertarsalgelenk besitzt eine hohe Drehfähigkeit. Viele Arten benützen auch den kräftigen Schnabel als Hilfsorgan beim Klettern. Sie können sich sogar daran aufhängen, bis der Greiffuß wieder einen neuen Stützpunkt findet. Kreuzschnäbel benützen ihre kräftige »Schnabelzange« ebenfalls als Kletterhilfe.

Ein einmaliges Hilfsorgan für das Zweigklettern besitzen die Jungen des Hoatzins: Der 1. und 2. Finger trägt je eine lange Kralle, die sogar durch einen eigenen Muskel bewegt werden kann und beim Klettern geschickt eingesetzt wird (Abb. 3.3). Die Entwicklung der Flugfedern ist verzögert. Die Jungen verlassen das Nest sehr früh (etwa 14tägig) durch Klettern, wobei sie vor allem die Flügel zu Hilfe nehmen. Bei den erwachsenen Vögeln verschwinden die Krallen, obwohl auch sie die Flügel beim Klettern zu Hilfe nehmen. Ein Dorn am Vorderrand des Flügels tritt bei mindestens 4 Vogelfamilien auf. Er wird aber sonst nur als Waffe bei aggressiven Auseinandersetzungen benützt.

Vertikalklettern an senkrechten Halmen ist eine Spezialität der Rohrsänger, die mit gut ausgebildeten Klammerfüßen (z.B. relativ lange Krallen, starke Außenzehen) an senkrechten Halmen emporhüpfen. Feinste Unterschiede in der Fußmorphologie erschließen für die Bewohner der Verlandungszonen von Gewässern genau abgestufte ökologische Nischen.

Die Fähigkeit des **Kletterns an Baumstämmen** und **Felsen** unter Verzicht auf kleine Zweige, die umklammert werden können, haben neben einigen Singvogelfamilien (Baumsteiger, Spiegelkleiber, Baumläufer, Kleiber) vor allem die Spechte und Baumhopfe entwickelt. Schon bei den Seglern, die sich an senkrechten Strukturen nur anhängen und kaum klettern können, zeigen typische Anpassungen, wie einen sehr kurzen Lauf und bei vielen Arten vier nach vorne gerichtete Zehen mit langen gebogenen Krallen. Bei den Stachelschwanzseglern ragen die Schäfte der Steuerfedern bis 1 cm über die Fahnen wie Nadelspitzen. Sie dienen als Stütze,

Abb. 3.3. Hoatzin mit Jungvögeln, die das Nest schon verlassen haben (nach MEISE 1968). Beim Schlüpfen sind die Hoatzins fast völlig unbefiedert und zeigen so recht die bemerkenswert niedrige Entwicklungsstufe ihrer (einzigen) Art. Die Jungen tragen am Flügelbug je zwei wohlentwickelte, funktionsfähige Krallen. Sobald sie die Eihüllen gesprengt haben, fangen sie sofort an, wie die Reptilien mit allen vier Extremitäten auf den Zweigen herumzukriechen und herumzuklettern, wobei sie sich kräftig mit ihren Flügelkrallen festklammern. Erst nach 2 bis 3 Wochen verschwinden diese altertümlichen Reste früher Entwicklungsstufen spurlos. Eine weitere Eigenart der Jungvögel besteht darin, daß sie sehr gut schwimmen können, wenn sie ins Wasser fallen, während dies die Altvögel nicht (mehr) können.

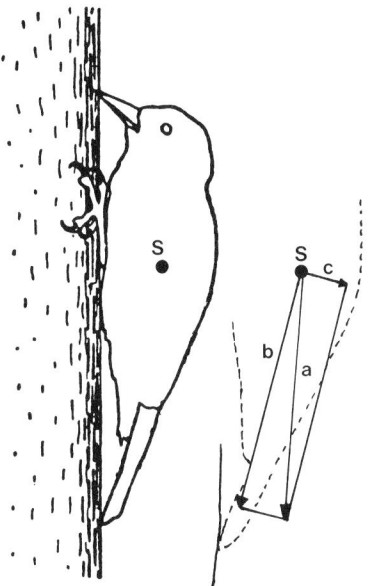

Abb. 3.4. Kräftespiel beim Klettern der Spechte (nach BERNDT & MEISE 1959). S ist der Schwerpunkt des Vogels; Schwerpunktkraft a läßt sich in die Teilkräfte b und c zerlegen. Durch den starken Schwanz wird die Kraft b abgefangen. Die kleinere Komponente c versucht aber, den Körper des Vogels vom Baume wegzuziehen. Die äußerst starken Beugemuskeln wirken dieser Kraft entgegen und ziehen den Körper dicht an den Baum heran. Je dichter S am Stamm und je länger der Schwanz ist, desto kleiner wird die den Vogel vom Stamm wegziehende Komponente c. Beim Klettern selbst hüpft der Specht mit ruckartigen Bewegungen am Stamm nach oben. Die Hauptarbeit beim Emporschleudern haben dabei die Niederzieher des Oberschenkels, die etwa 30 % der gesamten Beinmuskulatur ausmachen. Zweite und dritte Zehe sind nach vorne gerichtet und tragen mit ihren spitzen Krallen den Körper. Beide vierte Zehen sind seitlich nach außen abgespreizt und umklammern den Ast/Baum von der Seite wie ein Steigeisen. Die erste Zehe ist nach hinten gerichtet.

Abb. 3.5. An einem Ast hängender Blaunacken-Mausvogel beim Sonnenbaden. Die Vogelordnung der Mausvögel (6 Arten nur in Afrika) sind exzellente Kletterer. Die vierte Zehe kann gewendet werden (nach vorn oder hinten). Beim normalen Hängen an einem Ast sind zwei Zehen nach vorne und zwei nach hinten orientiert. Der Mausvogel hängt dabei energiesparend mit seinem Schwerpunkt weit unterhalb des Zehenhaltepunktes, auf dessen Höhe sich dann meist das Kinn oder der Hals befindet. Oft hängen viele Vögel auf diese Weise traubenförmig, die Bäuche aneinander geschmiegt, zusammen (Abb. 14.23).

die den Fuß entlasten, wobei sogar eine Korrelation zwischen der Länge der Stacheln und der stützenden Hinterzehe zu erkennen ist. Spechte hüpfen mit ruckartigen Bewegungen nach oben. Gut kletternde Arten besitzen kurze Unterschenkel und Läufe, eine kräftige Beinmuskulatur (insbesondere Beuger, die den Körper an den Stamm ziehen) und ein breites Becken. Neben den Zehen mit ihren Krallen und der Fußsohle berühren mindestens die beiden mittleren zugespitzten und versteiften Steuerfedern

(bei großen Arten jedoch bis zu 8) den Stamm und stützen den Körper ab. In der Regel hängt der Specht an zwei Zehen, die nach vorne gerichtet sind (Abb. 3.4). Bei vielen Arten kann die Außenzehe bis zu fast 90° abgespreizt werden; die Hinterzehe hat kaum Bedeutung; beim Dreizehenspecht ist sie z. B. weggefallen. Eine Vielzahl von Kombinationen in Proportionsveränderungen schafft unterschiedliche Klettertypen. In Anpassung an die Bedeutung des **Stützschwanzes** mausern alle Spechte mit versteiften mittleren Steuerfedern diese auch zuletzt.

Der Stützschwanz spielt auch bei den süd-amerikanischen Baumschlüpfern und den Baumläufern eine wesentliche Rolle. Mit langen, gebogenen Krallen halten sich diese leichtgewichtigen Arten an Rindenrissen fest. Baumläufer hüpfen dabei meist in Schraubenlinien den Stamm nach oben.

Eine völlig andere Technik beherrschen die Kleiber, deren kurzer Schwanz für das Klettern bedeutungslos ist. Auffallend sind die Fußproportionen: Beim europäischen Kleiber ist die Hinterzehe samt Kralle länger als der Lauf. Beim Klettern, das meist nicht senkrecht nach oben oder nach unten führt, steht die Körperlängsachse stets schräg zu den Füßen mit ihrer außerordentlich großen Spannweite. Beim Aufwärtsklettern stützt der untere Fuß den Körper ab, der obere greift voraus. Beim Abwärtsklettern hängt der Kleiber am oberen, während der untere den ersten Schritt tut.

3.3 Fortbewegung im Wasser

Wasser spielt als Lebensraum für Vögel eine wichtige Rolle. Knapp 400 Arten aus 9 Ordnungen sind Schwimmvögel. Viele Arten schwimmen gelegentlich. Auch eigentliche »Nichtschwimmvögel« können sich bei Not meist kurze Zeit über Wasser halten. Etwa 40 % der Schwimmvögel suchen tauchend Nahrung; die anderen von der Wasseroberfläche und/oder durch normales Tauchen von der Wasseroberfläche oder durch Stoßtauchen aus der Luft heraus.

Folgende Grundtypen der Fortbewegung im/auf/unter dem Wasser lassen sich abgrenzen: Gehen im Seichtwasser (Waten), Schwimmen auf der Wasseroberfläche mehr oder weniger tief eingetaucht, Schwimmen unter Wasser (Tauchen), Eintauchen in das Wasser mit hoher kinetischer Energie aus der Luft (Stoßtauchen) sowie Rennen/Laufen »auf« dem Wasser. Natürlich gibt es viele Kombinationen und Übergänge.

Allgemeine Anpassungen an Leben und Fortbewegung im Wasser sind in der Regel die **Unbenetzbarkeit des Gefieders** (Ausnahme z. B. Kormorane), ein breiter, kahnförmiger Körper, weit hinten eingelenkte Beine und Vergrößerung der Fußfläche als Ruder (s. z. B. Abb. 4.4).

Die wasserabstoßende Wirkung des Gefieders geht in erster Linie auf die Feinstruktur der Federn zurück, die dadurch hydrophob werden: Durch Drehen der Federstrahlen in verschiedenen Ebenen entsteht ein schlecht benetzbares Feingitter. Für die langfristige Erhaltung der Wasserfestigkeit des Gefieders ist das Sekret der Bürzeldrüse zwar unerläßlich, primär hat es jedoch wenig Einfluß (s. Kap. 4).

Die Bedeutung des Bürzeldrüsen-Sekretes für Wasservögel ist vielfach überschätzt worden. Die Bürzeldrüsen-Sekrete, Esterwachse aus verschiedenen Fettsäuren und Alkoholen mit hoher Artkonstanz der Zusammensetzung (s. Kap. 4.4), schützen das Gefieder vor allem vor Sprödigkeit und Abnützung und erhalten daher die wasserabstoßende Wirkung auf lange Sicht. Bei Kormoranen wird im Gegensatz zu anderen Wasservögeln das Gefieder beim Tauchen naß. Dies unterstützt das Tauchen, bedingt allerdings, daß der Vogel nach jedem Tauchgang sein Gefieder wieder trocknen muß.

Waten ist eine für normalerweise nichtschwimmende Vogelarten typische Fortbewegungsart, die ihre Nahrung im Seichtwasser suchen. Dazu gehören z. B. Reiher, Flamingos und viele Regenpfeifer und Schnepfen, die deshalb auch oft als Watvögel ökologisch zusammengefaßt werden. Charakteristisch für Watvögel sind lange Beine, die durch einen langen Hals und/oder einen langen Schnabel kompensiert werden. So können die meisten watenden Vogelformen die Seichtwasserzone einschließlich des Bodenschlammes nutzen. Lange Zehen (z. B. Reiher) oder Schwimmhäute (z. B. Flamingos) verhindern u. a. ein Einsinken in den weichen Untergrund. Energetische und ökologische Untersuchungen zum Waten bei Vögeln fehlen noch.

Schwimmen. Bei typischen Schwimmvögeln bietet der breite, kahnförmige Körper mit den in einem breiten Becken relativ weit voneinander eingelenkten Beinen eine stabile Gleichgewichtslage, die z. B. durch Wellenbewegung nicht so leicht erschüttert werden kann. Bei den Beinen, die ja nur für die Fortbewegung zu sorgen brauchen, fällt der relativ kurze Lauf und Oberschenkel auf. Kurze, weit hinten eingelenkte Beine bei breitem Körper erschweren jedoch die Fortbewegung an Land; vor allem die dabei nötige Schwerpunktsverlagerung. Die Folge ist der bekannte stark watschelnde Gang von Schwimmvögeln, mit dem der Vogel versucht, den Schwerpunkt über das Stützbein zu bringen (Abb. 3.6). In Extremfällen (z. B. Seetaucher) können sich Schwimmvögel nur kurze

Zeit oder überhaupt nicht aufrecht halten und müssen sich auf der Brust abstützen. Auch die aufrecht gehenden Pinguine, die unter Umständen im Watschelgang große Entfernungen überwinden können, legen sich für raschere Fortbewegung mit dem Bauch auf das Eis oder den Schnee und stoßen sich mit den Füßen ab. Ganz allgemein werden die Beinabschnitte beim Schwimmen stärker gegeneinander gebeugt als beim Gehen.

Während des langsamen Schwimmens arbeitet im wesentlichen nur der Lauf, der gegen den Unterschenkel gebeugt und nach vorne durch das Wasser gezogen wird (Abb. 3.7). Der Fuß ist dabei zusammengefaltet (oder durch gleichzeitige Drehung des Laufes seitlich gelagert, mit der Oberseite parallel der Wasseroberfläche wie bei den Lappentauchern), so daß er einen möglichst geringen Widerstand bietet. Dem gleichen Ziel dient ein seitlich komprimierter Querschnitt des Laufknochens. Beim Zurückstoßen (Strecken) des Laufes spreizen sich die Zehen, und die Schwimmhäute können voll zur Wirkung kommen. Bei vielen Schwimmern arbeiten die Beine während des langsamen Schwimmens alternierend; höheres Tempo wird durch synchrone Beinarbeit erreicht. Außerdem kann durch Hinterziehen des Ober-

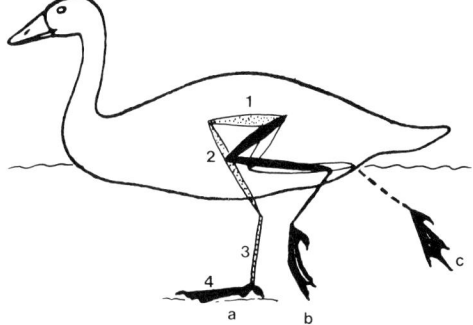

Abb. 3.7. Gebrauchsstellung der Beine einer Gans beim Stehen auf dem Land (a) und beim Vorstoß (b) und Rückstoß (c) beim schnellen Schwimmen im Wasser (nach BERNDT & MEISE 1959). 1 = Oberschenkel; 2 = Unterschenkel; 3 = Lauf; 4 = Zehen mit Schwimmhäuten. Beim langsamen Schwimmen arbeitet fast nur der Lauf. Beim schnellen Schwimmen wird der Oberschenkel nach hinten gezogen und das Knie gestreckt. Der Unterschenkel wirkt hierbei nur zum Übertragen der Kraft in Längsrichtung und nicht als Hebel. Der Lauf wird dagegen als Hebel benutzt. Die Zehen sind beim Vorstoß zusammengefaltet und beim Rückschlag gespreizt. Über die dann ausgespannte Schwimmhaut wird der Widerstand unter Umständen so groß, daß vor allem bei schnellen Ruderschlägen die Ruderfläche beinahe im Wasser feststeht.

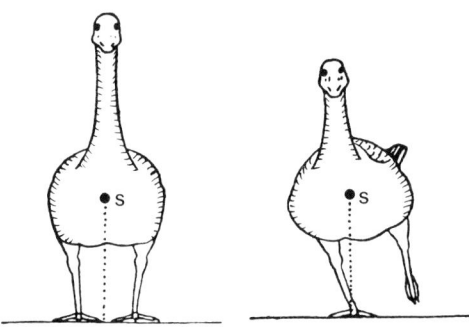

Abb. 3.6. Schwerpunktverlagerung bei einer schreitenden Gans (nach BERNDT & MEISE 1959). a = Ausgangstellung (stehend); b = schreitend; S = Schwerpunkt; punktierte Linie = Schwerelinie. Verläßt beim Gehen das Schwungbein den Boden, so müßte der Vogel theoretisch nach einer Seite umkippen. Um dies zu verhindern, bringt er den Fuß des Stützbeines senkrecht unter den Schwerpunkt. Bei langbeinigen Vögeln ist dies ohne Schwierigkeiten möglich. Kurzbeinige Arten müssen dagegen beim Schreiten »watscheln«: durch Drehen und gleichzeitige seitliche Verschiebung des Körpers bringen sie den Schwerpunkt über den Fuß des Stützbeines. Extrem ausgebildet ist dies z. B. bei Pinguinen.

schenkels und Strecken des Kniegelenkes der Druck gegen das Wasser, der durch den annähernd horizontal gelagerten Unterschenkel übertragen wird, vergrößert werden. Richtungsänderungen werden durch unterschiedlich starke Bewegungen der meist weit hinten ansitzenden Beine erreicht.

In der Ausstattung des Fußes mit **Schwimmhäuten** lassen sich verschiedene Grundtypen unterscheiden. Einzelne Schwimmlappen an jeder Zehe besitzen Bläßhühner, Wassertreter, Lappentaucher und Binsenhühner (s. Abb. 4.4). Durch eine gemeinsame Schwimmhaut sind die drei vorderen Zehen verbunden z. B. bei Möwen, Raubmöwen, Alken, Sturmschwalben, Sturmvögeln und Entenvögeln. Eine Schwimmhaut, die alle vier Zehen miteinander verbindet, ist das Charakteristikum der Ruderfüßer.

Die beim Schwimmen erreichten **Geschwindigkeiten** reichen kaum über 4 bis 6 km/h. Durch Rennen auf dem Wasser (»Schwimmlauf«, s. S. 40) können aber wesentlich höhere Geschwindigkeiten erzielt werden.

Durch Abkippen des Vorderkörpers aus der Schwimmhaltung nach vorne können Gründelenten, Bläßhühner, Schwäne und einige andere Arten oberflächennahe Wasserschichten für die Nahrungsgewinnung nutzen. Durch kräftige Beinbewegungen wird dabei der Körper für eine kurze Zeit senkrecht gehalten (»Gründeln«, Abb. 3.8).

»Schwimmlauf« zeigen sehr viele Schwimmvögel, wenn sie schnell auf dem Wasser vorankommen wollen. Durch rasche Ruderbewegungen der Beine ist der Körper mehr oder weniger hoch aus dem Wasser gehoben und auf der Wasseroberfläche wird gerannt. Jungenten und flugunfähige Mauserenten benutzen diese Fortbewegungsart für die Flucht regelmäßig. Viele Schwimm- und Tauchvögel benötigen zum Abheben von der Wasseroberfläche außerdem einen entsprechend langen Anlauf. Dieses »Wasserrennen« kann unter Umständen auch durch kräftiges Flügelschlagen unterstützt werden und so in einen Fluglauf übers Wasser übergehen. Bei manchen Vogelarten (z. B. Seetaucher, Lappentaucher) gehört dieses Verhalten sogar zum Balzritual (Abb. 3.9).

Tauchen. Für das Tauchen kommen gegenüber dem Schwimmen auf der Wasseroberfläche einige Probleme neu hinzu bzw. vergrößern

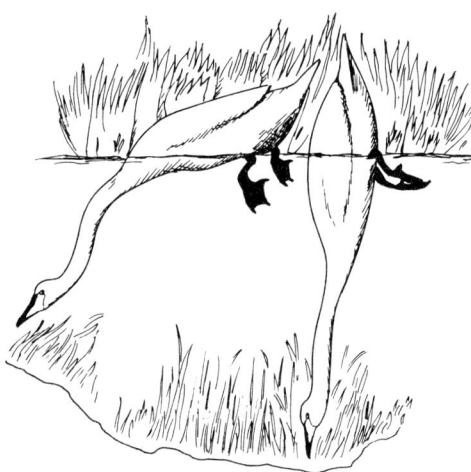

Abb. 3.8. Gründeln beim Singschwan. Diese Verhaltensweise ist typisch für Gründelenten und andere Arten. Der Vorderkörper wird dabei nach vorne gekippt und kommt dadurch unter Wasser zu liegen. Auf diese Weise kann im seichten Uferbereich Nahrung unter Wasser gesucht werden.

sich entscheidend. Das gilt z. B. für die Veränderung der spezifischen Masse des Körpers, der Anpassung der Fortbewegung (Bewegung in der Vertikalen), der Atmung, der Begegnung des Wasserdruckes mit zunehmender Tiefe und die Aufrechterhaltung der Körperwärme. Nur in 10 Vogelfamilien findet man Taucher. Ein Extrem bilden dabei die **Pinguine,** bei denen alle Arten flugunfähig und völlig zum Wasserleben übergegangen sind. Sie verfügen über eine Reihe von mehr oder weniger ausgeprägten Anpassungen:

– torpedoförmiger Körper (Kopf zwischen Schultern eingezogen; Verkleidung durch sehr kleine, schuppenartige Federn, die der Oberfläche dicht aufliegen und darunter liegendes, dickes Fettpolster, das Unebenheiten des Körpers ausgleicht);
– spezieller Bau der Hinterextremität (extrem weit hinten angesetzt, daher aufrechter Stand; kurz und sehr kräftig; Schwimmhäute zwischen den Zehen);
– flossenförmige Flügel (keine Schwungfedern, Fläche stark verkleinert; Umbildungen in Muskulatur und Skelett);
– hohe spezifische Masse (solide Knochen, keine Luftpolster im Gefieder);
– Farbmuster (scharf abgegrenzte dunkle Oberseite gegen helle Unterseite; vgl. Abb. 14.34; da beim Schwimmen die Füße nach oben gedreht werden, sind sogar die Fußsohlen dunkler als die Fußoberseite);
– pelzartiges Federkleid (kleine, schuppenartige Federn, die über den ganzen Körper verteilt sind und somit keine Flure und Raine bilden; Aufgabe der Wärmeisolation wird z. T. durch Fettpolster übernommen).

Viele Eigentümlichkeiten der Pinguine, z. B. Mauser oder Fortpflanzung, sind in unmittelbarem Zusammenhang mit diesen Anpassungen an das Wasserleben zu sehen. Die Leistungen der Pinguine als Folge dieser Spezialisierung sind erstaunlich: Die bisher vorliegenden Befunde lassen erkennen, daß Tauchtiefen bis 265 m (bei einer Vertikalgeschwindigkeit von 120 m/min), Tauchdauern bis 18 min und Schwimmgeschwindigkeiten von über 20 km/h möglich sind.

Solche **speziellen Anpassungen** finden sich mehr oder weniger vollkommen auch bei anderen Tauchvögeln, freilich z. T. auf sehr unterschiedlicher morphologischer Grundlage. Der Körper ist bei den meisten Tauchvögeln läng-

Abb. 3.9. Fluglauf über Wasser (links unten) und über Land (rechts oben) beim Bläßhuhn. Näheres s. Text. Nach BAUER & GLUTZ (1968).

lich und walzenförmig, kurzhalsig (z. B. bei manchen Alken), besitzt aber in Anpassung an den Nahrungserwerb auch mitunter einen langen, dünnen Hals (z. B. Schlangenhalsvogel). Kurze, weit hinten eingelenkte, mit Schwimmhäuten versehene Hinterextremitäten sind für alle Arten charakteristisch (viele Alkenvögel stehen ähnlich aufrecht wie die Pinguine und haben ein ähnliches Färbungsmuster; daher der Name »Pinguine des Nordens«; Seetaucher können sich an Land kaum aufrecht fortbewegen). Der Flügel wird bei Sturmtauchern und Alken, vor allem beim Fluchttauchen, gelegentlich auch bei anderen Arten, voll eingesetzt. Er arbeitet jedoch nur im halbausgebreiteten Zustand unter Wasser, wobei dem Armflügel die Hauptbedeutung zukommt. So trägt

der Flügel bei den Alken außerordentlich kurze innere Armschwingen und Schulterfedern und ähnelt in der Form durchaus den Flossen der Pinguine. Bei Trauer- und Samtente werden beim Tauchen die Flügel nur leicht abgehoben und die Enden über dem Schwanz überkreuzt. Als Stabilisierungsflächen sind jedoch die Daumenfittiche (Alulae) weit abgespreizt.

Reine Fußtaucher haben verschiedene Methoden entwickelt, um unter Wasser zu kommen und zu steuern. Grätschtaucher, wie Seetaucher, Lappentaucher und Säger, arbeiten mit beiden Beinen parallel, die vom Körper abgespreizt werden (Abb. 3.11 und 3.12). Je nachdem, ob die abgegrätschten Beine über, seitlich oder unter dem Schwerpunkt arbeiten, schwimmt der Vogel nach unten, horizontal

Abb. 3.10. Bewegungsablauf beim Nahrungstauchen bei der Tafelente (nach BAUER & GLUTZ 1968). Um ausreichend tief hinunter zu kommen, muß die Tafelente mit einem kräftigen Kopfsprung tauchen. Vorher erfolgt ein Nach-hinten-Ausholen und ein Vor-

schnellen des Kopfes. Während des Vorschnellens werden die Füße nach vorn angezogen, wobei das Hinterteil des Rumpfes leicht eintaucht. Der Sprung wird durch das Zurückschnellen der Beine ausgelöst.

Abb. 3.11. Unterwasser-Schwimmen bei einer Schellente mit beidseitigem Grätschen der Beine. Nach BAUER & GLUTZ (1968).

Wichtig ist auch eine Veränderung der **spezifischen Masse des Vogelkörpers:** Deren Wert liegt bei »normalen« Vögeln mit rund 0,5 g sehr niedrig (Anpassung an den Flug); der Wert für Säuger liegt bei rund 1 g. Eine fürs Tauchen günstige hohe spezifische Masse (gegen 1) kann z. B. durch Verkleinerung und Begrenzung der Luftsäcke und Pneumatisationen erreicht werden (statisch-morphologische Anpassung). Günstig ist aber auch eine dynamische Veränderung der Masse erst kurz vor dem eigentlichen Tauchvorgang; dies erlaubt fürs Schwimmen günstigere niedrige Werte. Kurz vor dem Tauchen kann dies z. B. durch enges Andrükken des Gefieders und ein Herauspressen eines Teiles der Luft erreicht werden. Dadurch sin-

oder nach oben. Die Beine steuern also auch, da der Schwanz sehr kurz oder rückgebildet (Lappentaucher) ist. Kormorane und Schlangenhalsvögel steuern dagegen mit ihrem langen und kräftigen Schwanz. Drückt dieser nach unten, wirkt er als Tiefensteuer. Die Beine werden zum Antrieb parallel unter dem Körper bewegt (Paralleltaucher). Das Farbmuster (helle Unterseite, dunkle Oberseite) entspricht bei See- und Lappentauchern, Tauchenten und vor allem den Alken demjenigen der Pinguine.

Das **Gefieder** ist bei vielen Tauchvögeln außerordentlich dicht (z. B. bei Alken im Vergleich zu den verwandten Möwen) und z. T. wie bei den Lappentauchern auf der Unterseite fast pelzartig. Eine dicke subkutane Fettschicht übernimmt teilweise die Aufgabe der Wärmeisolation. Gleichzeitig wird der Wärmeverlust über die Beine durch eine Veränderung der Fußdurchblutung reguliert: Der Blutfluß in die distalen Bereiche der Beine wird über Anastomosen reduziert. Außerdem wird das nach außen fließende Restblut über ein kompliziertes Netzwerk von Blutgefäßen im Gegenstromprinzip vorgekühlt, so daß die Wärmeabgabe an das sehr gut leitende Wasser stark vermindert wird. Spezielle Fette und Öle mit sehr niedrigem Flüssigkeitstemperaturpunkt halten dabei die Fußgelenke und Sehnenscheiden auch bei Temperaturen um die 0 °C und darunter geschmeidig und damit funktionsfähig. Viele Tauchvögel ertragen deshalb auch ohne Schaden ein Einfrieren ihrer Beine in Eis.

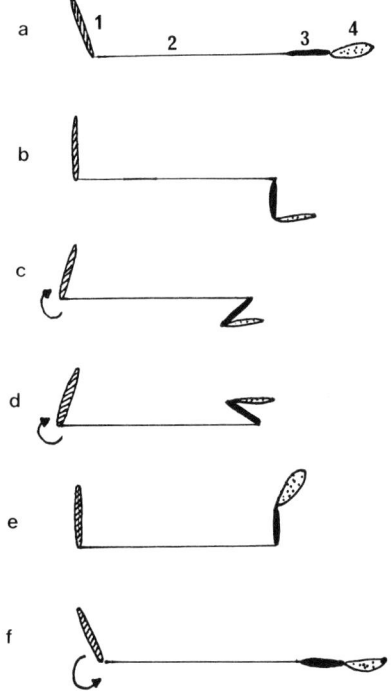

Abb. 3.12. Die Beinbewegungen der Grätschtaucher am Beispiel eines Lappentauchers schematisch (nach BERNDT & MEISE 1959). Folgende Phasen lassen sich unterscheiden: Der mit zusammengelegtem Fuß ausgestreckte Lauf wird unter dem Körper nach vorne gebracht (a, b, c). Der nach vorne gebrachte Fuß wird seitlich nach außen nach oben gedreht (c, d). Der Lauf wird mit gespreizten Zehen nach hinten geschlagen (d, e, f) und dann in die Ausgangsstellung zurückgedreht (a).
1 = Oberschenkel;   2 = Unterschenkel;   3 = Lauf;
4 = Zehen.

ken z. B. Taucher und Tauchenten vor dem Tauchen deutlich tiefer ein (Abb. 3.10). Manche Arten (Lappentaucher, Schlangenhalsvögel, manche Entenarten) können so auch in »Seerohrtiefe« verharren bzw. schwimmen; nur ihr Kopf ist zu sehen. Schlangenhalsvögel und Kormorane erhöhen passiv durch teilweise Durchnässung ihrer Federn ihre spezifische Masse und müssen sich daher nach ihren Tauchgängen in der Regel erst wieder trocknen, bevor sie wieder voll flugfähig sind.

Eine entscheidende **physiologische Anpassung** an das Tauchen ist die **Bradykardie**, die auch bei tauchenden Säugern (inklusive Mensch) auftritt: Reflexartig wird dabei beim Tauchen die Herzfrequenz extrem gesenkt (z. T. bis auf ein Drittel bis ein Fünftel der Normalwerte). Die periphere Durchblutung wird stark eingeschränkt, und nur noch die lebenswichtigen Organe wie Herz, Gehirn, Leber, Niere und Lunge werden voll mit Blut versorgt. Dies geschieht, um möglichst lange tauchen zu können. Die Versorgung der Muskulatur mit dem lebensnotwendigen Sauerstoff erfolgt dabei im wesentlichen über das im Muskelfarbstoff Myoglobin gespeicherte Reservoir. Aus diesem Grunde ist das Fleisch von Tauchvögeln in der Regel auch tief dunkelrot bis rotschwarz (große Mengen von Myoglobin; extrem ausgebildet als beinahe schwarzes Fleisch z. B. bei Walen). Zusätzlich kann die Muskulatur der Tauchvögel Energie in größerem Umfang auch ohne Sauerstoff anaerob durch Glykolyse gewinnen. Zu erwähnen wäre noch, daß die meisten Tauchvögel im Gegensatz zu Säugern vor dem Untertauchen kräftig einatmen.

Gute Taucher tauchen aus dem Schwimmen heraus gleitend unter (Abb. 3.10). Viele Arten (z. B. Tauchenten) machen, wenn sie tief untertauchen wollen, auch einen kleinen Kopfsprung, bei dem der Körper mitunter ganz durch die Luft fliegen kann (z. B. Bläßhuhn), ehe er im Wasser verschwindet. Eiderenten helfen den Beinen mit einem Schlag der halboffenen Flügel. Bei normalem Nahrungstauchen (Tab. 3.1) bleiben die Vögel kaum mehr als 60 s unter Wasser. Meist liegen die Mittelwerte sogar unter 30 s. Dabei gibt es erstaunlicherweise innerhalb einzelner Arten deutliche Unterschiede zwischen den Geschlechtern. Schellenten-Weibchen tauchen so im Mittel 25,9 s, die Erpel dagegen im Mittel 29,9 s. Längere Tauchzeiten treten vor allem bei Gefahr auf.

In äußerster Gefahr können auch viele nichttauchende Vogelarten versuchen, sich durch Tauchen (Unterwasserschwimmen) zu retten. Dies zeigen z. B. Watvögel und die Jungen von Gründelenten.

Tab. 3.1. Maximale Tauchzeiten und Tauchtiefen bei der freiwilligen Nahrungssuche nach verschiedenen Autoren. Die Werte sind aufsteigend geordnet. In extremer Gefahr können allerdings noch weitaus höhere Werte auftreten. Viele Tauchvögel überleben mit Gewalt untergetaucht bis zu 15 min. Zum Vergleich einige Rekordwerte bei Säugern: Mensch 2 min/72 m; Schnabelwal 120 min/500 m und Pottwal 75 min/1 143 m.

Arten	Maximale Tauchzeit [s]
Tafelente, Reiherente, Schellente, Zwergsäger, Bläßhuhn	bis 60
Kolbenente, Eiderente, Ruderente, Mittelsäger, Gänsesäger, Rothalstaucher, Ohrentaucher	bis 120
Samtente, Eistaucher, Sterntaucher, Prachttaucher	bis 180
Eisente	bis 360
Kaiserpinguin	bis 1 100

Arten	Maximale Tauchtiefe(n) [m]
Seeschwalben	bis 1
Pelikane	bis 2
Tropikvögel	bis 4
Tafelente, Moorente	bis 5
Bergente, Schellente, Rothalstaucher, Zwergtaucher	bis 10
Reiherente, Eiderente, Trauerente, Gänsesäger	bis 15
Sterntaucher, Prachteiderente	bis 20
Tölpel	bis 25
Haubentaucher, Kormoran, Krähenscharbe, Trottellumme	35–40
Prachttaucher	45–50
Eiderente	bis 55
Eisente	bis 60
Eistaucher	bis 160
Kaiserpinguin	bis 265

Einen Sonderfall des Tauchens findet man bei den fünf Arten der Wasseramseln, die gegen die Strömung auf dem Grund von Fließgewässern laufen. Ihr schräg nach vorne geneigter Körper bietet für die Strömung eine Angriffsfläche, mit der der Vogel nach unten gedrückt wird. Gleichzeitig sind sie gute Schwimmer, da ihr Federkleid viel Luft einschließen kann. Besondere Anpassungen im Vergleich zu anderen Singvögeln sind auch hier eine geringere Pneumatisierung der Knochen und besonders dichtes Gefieder. Die kräftigen, relativ kurzen Flügel werden auch als Ruder eingesetzt. Einige der seltenen anderen Vertreter der Singvögel, die tauchen können, zeigen ähnliches Verhalten: Dazu zählen Vertreter der bachstelzenähnlichen Töpfervögel der Gattung *Cinclodes* und die Arten der Scherenschwänze (*Enicurus*, 6 Arten), die sich wasseramselähnlich verhalten.

Stoßtauchen. Beim Stoßtauchen wird aus der Luft heraus die Wasseroberfläche durchstoßen. Seeschwalben gelangen so etwa 1 m, Braunpelikane bis 2 m, Tropikvögel etwa 4 m und Tölpel sogar bis zu 20–25 m tief ins Wasser. Bei den genannten Arten wird die Stoßbahn durch Übergang in den Sturzflug erreicht. Der Braunpelikan erzielt dabei aus etwa 12 m Höhe 65 km/h, der Blaufußtölpel aus 16 m über 110 km/h. Tropikvögel stürzen sich aus ebenfalls mehr als 15 m ins Wasser. Bei Pelikanen und Tölpeln liegen die Maximalwerte bei über 30 m Höhe. Diese Sturzflüge liefern die Energie für die Tauchtiefe, da die Vögel im Wasser selbst

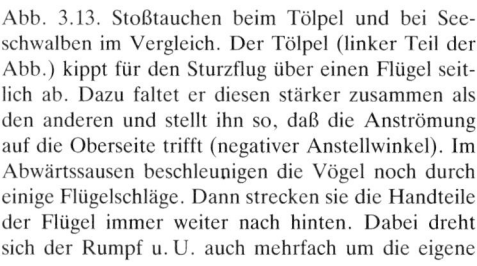

A

B

Abb. 3.13. Stoßtauchen beim Tölpel und bei Seeschwalben im Vergleich. Der Tölpel (linker Teil der Abb.) kippt für den Sturzflug über einen Flügel seitlich ab. Dazu faltet er diesen stärker zusammen als den anderen und stellt ihn so, daß die Anströmung auf die Oberseite trifft (negativer Anstellwinkel). Im Abwärtssausen beschleunigen die Vögel noch durch einige Flügelschläge. Dann strecken sie die Handteile der Flügel immer weiter nach hinten. Dabei dreht sich der Rumpf u. U. auch mehrfach um die eigene Achse. Kurz vor der Wasseroberfläche strecken die Tölpel die Flügel blitzschnell so weit nach hinten, daß sie wie schmalschnittige Raketen extrem schnell (bis zu 110 km/h) fast ohne Widerstand die Wasseroberfläche durchstoßen. Sie können so bis zu 20 m tief abtauchen. Wie Korken tauchen sie dann wieder auf. Seeschwalben, Möwen und andere Arten tauchen nicht tief ab, sondern fangen ihre Beute in der obersten Wasserschicht. Sie tauchen deshalb nicht so widerstandsarm ins Wasser ein (linker Teil der Abb.).

nur extrem schlecht tauchen können. Bei den Tölpeln sind Verstärkungen im Schädelskelett und ein System subkutaner Luftsäcke Anpassungen gegen Schäden beim Aufprall auf die Wasseroberfläche. Durch extremes Strecken des Flügels nach hinten wird bei ihnen auch gleichzeitig eine sehr widerstandsarme Eintauchhaltung erreicht (Abb. 3.13). Viele Eisvögel stoßen von einer Sitzwarte auf die Wasseroberfläche herunter, können dies aber auch wie die Seeschwalben aus einem Rüttelflug heraus.

3.4 Fortbewegung in der Luft

Neben den Insekten sind die Vögel in der Vielfalt und Vielseitigkeit ihres Fluges die am besten für die Fortbewegung in der Luft angepaßte Tiergruppe. Die Anpassungen an das Fliegen selbst sind bestimmend für die Gestalt, den Feinbau, die Leistung und die Lebensweise der Vögel. Und so ist es nicht verwunderlich, daß praktisch alle in diesem Buch behandelten Fragen in direktem Zusammenhang mit der Flugfähigkeit zu sehen sind. In den folgenden Kapiteln wird aber nur auf einige grundlegende Fragen der Fortbewegung in der Luft eingegangen.

3.4.1 Physikalische Grundlagen des Vogelfluges

Für den Flug sind zwei Parameter von ausschlaggebender Bedeutung: Der Vogel muß getragen und in die Flugrichtung fortbewegt werden. Ersteres fordert einen Ausgleich der Schwerkraft in Gegenrichtung, das zweite zumindest eine Überwindung der Reibungskräfte in der Luft. Um die Schwerkraft möglichst gering zu halten, sind flugfähige Vögel in der Regel sehr leicht gebaut (s. o.; spezifische Masse ganz grob 0,5 g/cm^3) und ihr Widerstandsbeiwert ist durch einen stromlinienförmigen Körper optimal reduziert. Dies sind die grundsätzlichen grobmorphologischen Anpassungen.

Die für den Flug notwendigen Kräfte werden primär durch die **Flugorgane**, die **Flügel**, erbracht. Die primäre Aufgabe des Flügels ist dabei, den benötigten Auftrieb (Ausgleich der Schwerkraft) bei geringem Widerstand zu erzeugen. Dazu muß Luft abwärts bewegt werden. Dies wird dadurch erreicht, daß die Luftströmung durch die Flügel nach hinten unten gelenkt wird. Wenn auch die Form der Flügel bei den verschiedenen Vogelarten recht unter-

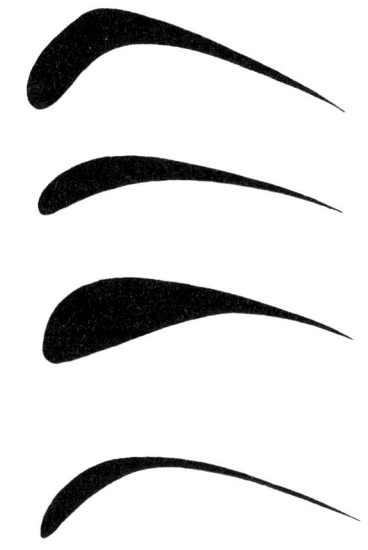

Abb. 3.14. Die verschiedenen Flügelformen bei Vögeln an einigen Beispielen (nach RÜPPELL 1975; Flügelquerschnitte im Armteil; von oben nach unten): Stockente, Mauersegler, Saatkrähe, Rotschwanz (jeweils auf dieselbe Größe gebracht). Allen Flügeln ist die Wölbung gemeinsam.

schiedlich ausgebildet ist, haben sie daher dennoch eines gemeinsam: Alle Vogelflügel sind nach oben konvex gewölbt. Im Flügelquerschnitt, dem **Flügelprofil**, ist dies deutlich zu erkennen. Die Wölbung kann bei einzelnen Vogelarten sehr stark variieren (Abb. 3.14). Auch sind die Profileigenschaften eines Vogelflügels an keiner Stelle des Flügels die gleichen (Abb. 3.15). Von der Basis bis zum Ende verändern sich die Profilausbildungen: Die Dicke der Profile und ihre Wölbung nehmen von der Basis bis zum Ende hin ab, wobei durch Auffingerung der Handschwingen auch Schlitz- oder Spaltflügel entstehen können.

Wenn sich der Flügel durch die Luft bewegt, so ändern sich zudem seine Profile kontinuierlich durch die dauernd wechselnden **Druckverhältnisse;** besonders dann, wenn die Umströmung mit Luft sehr schnell ist. Dies alles zeigt, daß es äußerst kompliziert ist, die **Strömungsverhältnisse** in allen Einzelheiten genau zu bestimmen oder deren Dynamik einigermaßen einfach darzulegen, da es normierte Bauteile oder konstante Größen wie bei einem Starrflügel eines Flugapparates eben nicht gibt.

Die folgende Darstellung muß sich somit auf die grundsätzlichen Abläufe beim Flügel beschränken.

Beim nach oben gewölbten Flügel müssen die Luftteilchen, die oben entlang gleiten, einen längeren Weg zurücklegen als auf der Unterseite. Da an der Hinterkante des Flügels genauso viel Luft abfließen muß, wie auf der Vorderkante ankommt, muß die Luft oben schneller fließen als unten. Dadurch entsteht auf der Oberseite des Flügels ein **Unterdruck** und auf der Unterseite ein **Überdruck.** Er wird durch zwei physikalische Größen bestimmt: durch den statischen Druck q und den Staudruck p. Der statische Druck p wirkt gleichmäßig in alle Richtungen (z. B. Druck in einem Luftballon), der Staudruck dagegen nur in Strömungsrichtung (z. B. Fahrtwind-Druck; er entspricht der kinetischen Energie der Luftteilchen). Nach dem Bernoulli-Gesetz ist die Summe aus beiden immer gleich groß: p + q = const.

Auf der Flügeloberseite nimmt folglich der Staudruck durch die höhere Luftgeschwindigkeit zu. Danach muß der statische Druck abnehmen. In der Strömung entsteht ein Unter-

druck, ein Sog, der den Flügel nach oben zieht. Auf der Unterseite des Flügels ist es genau umgekehrt. Hier wird durch die geringere Luftgeschwindigkeit der Staudruck geringer und damit der statische Druck größer, und der Überdruck hebt den Flügel zusätzlich nach oben. Sog auf der Oberseite und Überdruck auf der Unterseite addieren sich zum **Gesamtauftrieb A,** der im rechten Winkel zur Anströmung wirkt und deshalb eine Querkraft darstellt. Dabei hat der Sog eine wesentlich größere Wirkung als der Druck, so daß der Tragflügel mehr an der Luft hängt als auf ihr ruht (der Sog ist beim Normalflügel bis zu dreimal stärker). Je nach Flügelstellung (Anströmrichtung) kann der Auftrieb A neben dem reinen Schwerkraftausgleich auch zur Richtungsbewegung (nach vorne) benützt werden (Abb. 3.16).

Neben der Querkraft »Auftrieb« erzeugt eine Strömung von vorne am Flügel auch eine **Widerstandskraft W,** die den Flügel nach hinten zieht. Sie resultiert aus dem Druckwiderstand (durch den Aufprall der Luft auf die Stirnfläche bedingte Störung der Umströmung) und dem Reibungswiderstand (Reibung der Oberfläche

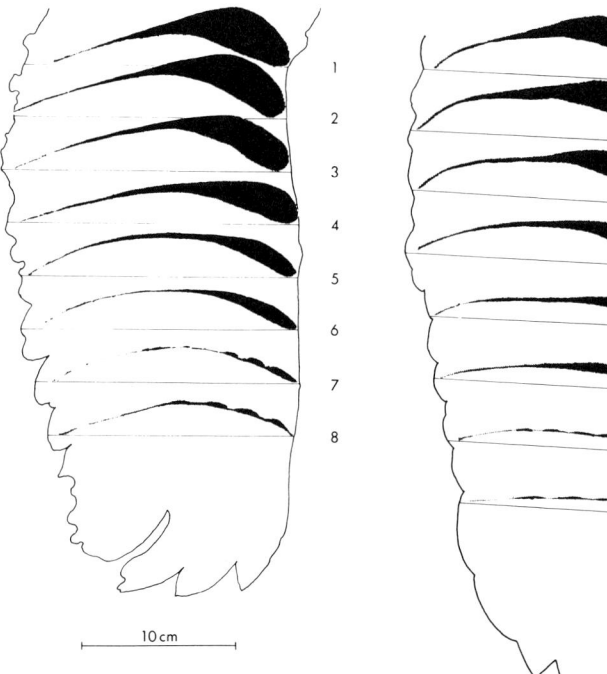

Abb. 3.15. Selbst bei einem Flügel einer Art ändern sich die Wölbung und die Dicke vom Körper (oben) bis zum Flügelende hin (unten) beträchtlich (nach Nachtigall & Klimbingat 1985). Die zwei Beispiele zeigen dies am Waldkauz (links) und an der Schleiereule (rechts).

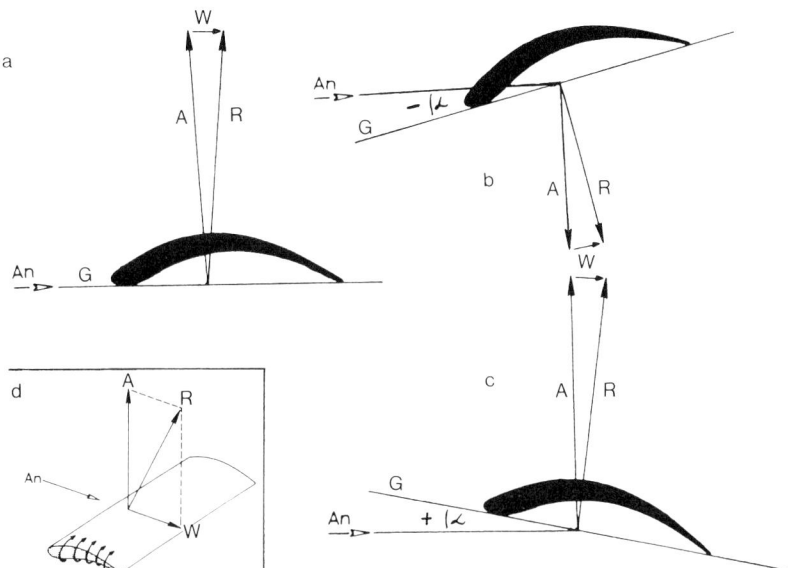

Abb. 3.16. Luftkräfte (A, R, W) am Flügel bei verschiedenen Anstellwinkeln (α; Winkel zwischen Profilsehne G und Anströmrichtung An). Anstellwinkel α = 0 (a), α = negativ (b), α = positiv (c). A = Auftrieb, R = Luftkraftresultierende, W = Luftwiderstand. In (d) ist die Randumströmung der Spitze eines Tragflügels stark vereinfacht dargestellt. Näheres s. Text.

des Vogelkörpers an der vorbeiströmenden Luft). Dazu addiert sich der sogenannte induzierte Widerstand. Er entsteht, weil die Luft bestrebt ist, den Druckunterschied zwischen Ober- und Unterseite des Flügels auszugleichen. Dies ist im wesentlichen nur am Flügelende möglich und erfolgt hier durch Ausgleichsströmungen, die zu starken Verwirbelungen führen. Die dafür notwendige Verwirbelungsenergie geht dem vorwärtsfliegenden Vogel aber von seiner eigenen Bewegungsenergie verloren und er wird dadurch abgebremst. Diesen Bremswiderstand nennt man induzierten Widerstand. Besonders hoch ist die Kraft, die von seitlichen Umströmungen (Flügelspitze) ausgeht. Ein wichtiges Konstruktionsprinzip, um diesen induzierten Widerstand möglichst klein zu halten, ist das Verhältnis von Flügellänge FL zu Flügelbreite FB. Je länger und schmaler ein Flügel, um so besser, denn dann entsteht viel Auftrieb bei wenig induziertem Widerstand. Albatrosse weisen so ein Verhältnis FL : FB von 6 bis 8 : 1, Sperlinge nur eines von etwa 3 : 1 auf. Arten mit besonders breiten Flügeln verringern den induzierten Widerstand vermutlich durch das Auffingern der spitz zulaufenden distalen Handschwingen. Auf diese Weise wird

der Seitenrand des Flügels bis auf einzelne Federspitzen reduziert (s. auch Abb. 3.18). Bei modernen Flugzeugen werden zu diesem Zweke an den Flügelenden im rechten Winkel angesetzte Endscheiben verwendet, die den induzierten Widerstand erheblich vermindern können. Durch starkes Anstellen der Flügel beim Bremsen kann der induzierte Widerstand andererseits extrem erhöht werden und aktiv zur Geschwindigkeitsverminderung eingesetzt werden.

Die Summe des Widerstandes W wirkt in Richtung der Anströmung und somit senkrecht zur Querkraft A (Auftrieb). Aus dem daraus konstruierbaren Kräfteparallelogramm resultiert die **Gesamtluftkraft R.** Mit der Vergrößerung des Anstellwinkels (positiv, nach oben) wächst zunächst der Auftrieb (bei gleichbleibender Anströmgeschwindigkeit). Bis zu einem Winkel von etwa 10° bleibt jedoch das Verhältnis W : A etwa gleich. Wächst der Winkel weiter, steigt W rascher an (Bremswirkung, s. o.). Der beste Auftriebswert wird bei Winkeln von etwa 3° bis 10° erreicht. Wird der Flügel nach unten gedreht (Anstellwinkel negativ), kehren sich die Verhältnisse ab etwa −3° um. Ungeachtet der Flügelform ist jetzt der Luftweg auf der Flügeloberseite kürzer und auf der Unterseite länger (Abb. 3.16). Der Sog wirkt somit auf die Unterseite. Dadurch zieht die Resultierende den Flügel nach unten.

Bei elliptischer Auftriebsverteilung ist der induzierte Widerstand theoretisch am geringsten. Tatsächlich sind viele Flügel in relativ guter Näherung Ellipsen. Jedoch ist die Profilform im Flügel sehr stark variabel (aerodynamische Verschränkung). Abgesehen von der reinen Formvariabilität ändern sich in Flügellängsrichtung zudem durch geometrische Verschränkung auch die Anstellwinkel der einzelnen Profile. Bei der Haustaube kann er z. B. bis zu 9° von dem des Basalprofiles abweichen (vgl. Abb. 3.15). Auch sind beide Parameter dynamisch, so daß der Vogel die Eigenschaften seines Flügels extrem variieren und den jeweiligen Anforderungen optimal anpassen kann. Zudem kann durch unterschiedliches Spreizen der Flügel der Grundriß wesentlich verändert werden. Es ist ja für den Vogel nicht nur wichtig, optimalen Auftrieb und geringen induzierten Widerstand am Flügel zu erzeugen (optimal hier: elliptischer Flügelgrundriß), sondern ebenso wichtig können beim schnellen Bremsen z. B. die gegenteiligen Eigenschaften sein. Es ist dabei schwierig und Gegenstand intensiver Untersuchungen, den jeweiligen Zustand eines Flügels aus den Einzelprofildaten und den anderen Werten in der Gesamtschau zu interpretieren und darzustellen.

Für den Flug der Vögel ist ein weiterer physikalischer Effekt sehr wichtig: Die nur millimeterdicke Luftschicht an der Flügeloberseite ist von größter Bedeutung für **Ablösungserscheinungen** bei hochangestellten Flügeln. Die Strömungsgeschwindigkeit der Luft ist unmittelbar am Flügel gleich Null. Mit zunehmendem Abstand nimmt ihre Geschwindigkeit zu, bis sie in genügender Entfernung von der Oberfläche des umströmten Flügels unabhängig ist. Der Bereich, in dem 99 % der unbeeinflußten Luftgeschwindigkeit erreicht wird, heißt Grenzschicht. Sie kann entweder laminar oder turbulent sein. In einer laminaren Strömung fließen die Luftteilchen mehr oder weniger wohlgeordnet in parallelen Bahnen am Flügel entlang, bei turbulenten dagegen kreuz und quer in einem Zickzackkurs um eine mittlere Bahn. Laminare Grenzschichten sind ein labiles System. Sie neigen dazu, bei Druckanstieg am Flügelhinterrand sich abzulösen und dabei schnelle Verluste in der Querkraft zu produzieren, was uner-

wünscht ist. Turbulente Schichten bestehen aus energiereichen, dynamischen Luftteilchen. Sie wirbeln umher. Je mehr Bewegungsenergie sie haben, desto näher können sie in den Bereich verlangsamter Strömungsgeschwindigkeit am Flügelhinterrand vordringen, ohne daß die Gefahr einer Ablösung besteht. Dies ist vor allem bei hohen Anstellwinkeln der Flügel der Fall, wenn gebremst werden soll, ohne daß der Auftrieb verloren geht. Eine turbulente Grenzschicht löst sich also nicht so schnell ab und ermöglicht es weiten Bereichen des Flügels, Querkraft zu produzieren, die einen Vogel auch beim Langsamflug mit hohen Anstellwinkeln trägt.

Für den Vogel ist daher die Ausbildung einer turbulenten Luftströmung wichtig. Auf den Flügel treffende Luftströmungen sind aber zunächst immer laminar. Daher sind spezielle morphologische Strukturen am Flügel zur Erzeugung von Turbulenzen vorhanden bzw. ausgebildet: Durch besonders scharfe Vorderkanten oder rauhe Strukturen wie Federseitenäste (sogenannte **Turbulenzgeneratoren**) ändern laminare schnell in turbulente Strömungen um. Die meisten Profile der Vogelflügel, wenigstens aus dem Bereich des Flügelendes, sind derart scharfkantig, daß hier die Grenzschicht wahrscheinlich sofort turbulent ist: Dazu müssen die Flügel schlank, und die umgebende Luftströmung darf nicht völlig laminar sein. Besonders die Flügel der Kleinvögel sind schmal, und durch das schnelle Flügelschlagen ist die umgebende Luft sicherlich teilweise turbulent. Kurze, runde und dicke Flügel (z. B. Lummen, Eisvögel und andere) stehen immer in der Gefahr, daß keine turbulente Strömung entsteht. Vögel mit entsprechenden Flügeln erreichen eine Turbulenz dadurch, daß sie sehr schnell mit den Flügeln schlagen.

Zur Kennzeichnung des Zustandes eines Luftteilchens verwendet man die **Reynolds-Zahl Re**. Sie ist dimensionslos und reicht von 0 bis mehrere Millionen. Sie ist abhängig von der Strömungsgeschwindigkeit der Luft v, von der Flügeltiefe l und von der kinematischen Zähigkeit u (druck- und temperaturabhängige Zustandscharakterisierung):

$$Re = \frac{v \times l}{u}$$

Im wesentlichen charakterisiert Re also das Verhältnis von Trägheits- zu Zähigkeitskräften. Je höher die Reynolds-Zahl, um so besser ist

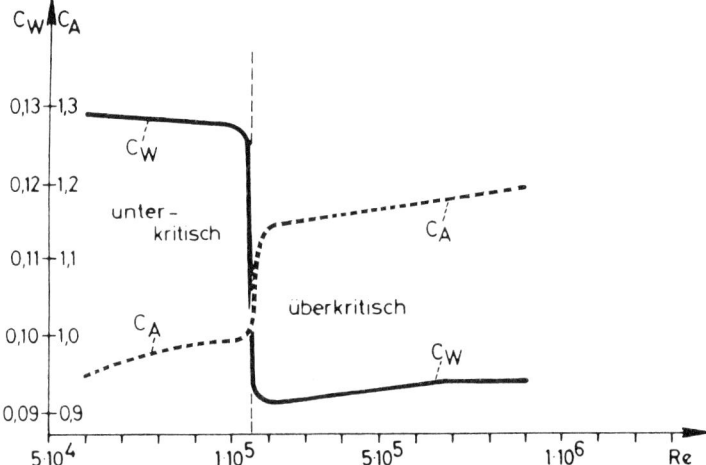

Abb. 3.17. Auftriebsbeiwert C_A und Widerstands-beiwert C_W als Funktion der Reynolds-Zahl R_e eines technisch glatten Modells der Lachmöwe (nach NACHTIGALL 1975). Nähere Erläuterung s. Text.

das Umschlagen einer laminaren in eine turbulente Strömung. Den Grenzwert für Re nennt man kritische Reynolds-Zahl. Bereiche turbulenter Strömung nennt man überkritisch, solche laminarer Bereiche unterkritisch. Bei Erreichen des überkritischen Strömungsbereiches verbessert sich der Auftrieb sprunghaft, und der Widerstand nimmt ebenso sprunghaft ab (Abb. 3.17). Große Re-Werte werden also bei sehr großen Anströmgeschwindigkeiten und sehr breiten (tiefen) Flügeln erreicht. Rein »technisch gesehen« (bezogen auf glatte Flügel) fliegen nun die meisten Vögel (besonders kleinflügelige Arten) meist im ungünstigen unterkritischen Bereich. Hier helfen die bereits oben erwähnten Strukturen (Turbulenzgeneratoren) bereits bei sehr niedrigen Reynolds-Zahlen den Strömungsumschlag laminar-turbulent und damit zu überkritischer Strömung. Die Rauhigkeit des Flügels ist daher ein wichtiger Bestandteil des Flügelbaues.

In diesem Zusammenhang sind wiederum die bereits oben erwähnten gespreizten Handschwingen breitflügeliger Vögel zu erwähnen, die wahrscheinlich durch die Schlitzdurchströmung auch die Ausbildung der Grenzschicht beeinflussen und damit auftriebssteigernd wirken. Wenn beim Start, bei der Landung oder im Kurvenflug die Gefahr der Ablösung der Strömung durch zu hohe Anstellwinkel gegeben ist, wird der Daumenfittich abgespreizt, der vor allem bei Großvögeln in Phasen des

Fluges mit hohem Anstellwinkel sicher zur Verbesserung des Auftriebes große Bedeutung hat.

3.4.2 Schlagfreies Fliegen

Gleiten. Der bei weitem einfachste stationäre Flugzustand ist der Gleitflug. Auf einer mehr oder weniger stark geneigten Bahn fällt der Vogel nach unten. Die Antriebskraft G für dieses Gleiten ist das Körpergewicht. Sie läßt sich in eine der Gleitbahn parallele Komponente G_1 (Vortrieb) und eine senkrecht zu dieser verlaufenden Komponente G_2 zerlegen. Die Summe beider ist konstant:

$$G_1 + G_2 = G \text{ (const.)}$$

Bei einem hohen Gleitwinkel (stark geneigte Gleitbahn) vergrößert sich G_1; bei einem sehr flachen macht G_1 dagegen nur einen Bruchteil von G aus. Die Luftkraftresultierende R muß dabei das Körpergewicht G kompensieren. Sie läßt sich nach Abb. 3.16 in den Widerstand W und den Auftrieb A zerlegen. Beim stationären Gleitflug wird G_2 durch W und G_1 durch A kompensiert, so daß der Vogel ohne Muskelkraft sich mit konstanter Geschwindigkeit schräg abwärts bewegt. Gute Gleiter können in sehr kleinem Winkel abwärts gleiten. Um die Gleitfähigkeit zu kennzeichnen, hat man die sogenannte **Gleitzahl** eingeführt. Sie gibt das Verhältnis zwischen zurückgelegter Gleitstrecke und Höhenverlust an. Gleitzahlen für große

Greifvögel bewegen sich z. B. um die 10 (auf 100 m Gleitstrecke 10 m Höhenverlust). Der Weißstorch hat in etwa denselben Wert. Albatrosse erreichen bis 20, gute Segelflugzeuge Werte um 40. Geringe Werte findet man bei vielen kleinen Finkenvögeln. Beim Grünling liegt die Gleitzahl z. B. bei etwa 1. Der Anstellwinkel der Flügel richtet sich dabei nach dem günstigsten Verhältnis von W zu A; der Widerstand sollte bei hohem Auftrieb aber möglichst gering sein. Wie schnell die Vögel dabei fliegen müssen, hängt im wesentlichen von der sogenannten **Flächen-Belastung der Flügel** ab (Tab. 3.3). Hochflächenbelastete Vögel (z. B. Albatrosse) müssen schnell fliegen, um beim Gleiten nicht zu schnell an Höhe zu verlieren. Andere ebenfalls gut gleitende Vögel wie Bussarde oder Störche können langsam gleiten, weil sie eine geringere Flächenbelastung besitzen. Einige minimale Gleitgeschwindigkeiten sind (s. auch Tab. 3.3): Prachtfregattvogel 6,8 m/s, Albatros 14 m/s, Noddi 4,7 m/s, Eissturmvogel 7,7 m/s und Haustaube 11 m/s. Aber nicht alle Vögel mit geringer Flächenbelastung sind gute Gleiter. Bei breitflügeligen kleinen Singvögeln führt eine geringe Masse zu einem relativ hohen Widerstand. Durch die Flügelform wird zudem auch der induzierte Widerstand relativ hoch. Spitzflügelige kleine Arten mit schlanker Körperform (Bienenfresser, Schwalben, Segler) sind dagegen gute Gleiter. In Bodennähe oder über Wasser wird die Gleitzahl durch einen besonderen Effekt erhöht. Hier wird durch den fliegenden Vogel die Luft über der festen Unterlage gestaut. Dadurch erhöht sich der Überdruck auf den Flügelunterseiten, und die Querkraft (Auftrieb) steigt. Dadurch kann der Vogel weiter gleiten (vgl. Abb. 3.20).

Schlechte Gleiter nähern sich also auf einer steilen Bahn der Erde. Dies kann unter bestimmten Umständen auch bei guten Gleitern erwünscht sein (z. B. Flucht, schnelle Höhenänderungen usw.). Sie können durch Zusammenfalten ihrer Flügel die Flächenbelastung erhöhen. Gleichzeitig verschieben sich dadurch die Druckmittelpunkte der Flügel hinter den Schwerpunkt, weil die Flügelfläche nach hinten verschoben wird. Das führt dazu, daß der Vogel hinten angehoben und dadurch schnell in eine nach unten gerichtete Bahn gebracht wird. Das Gegenteil wird erreicht, wenn die Flügel ganz ausgebreitet und dazu nach vorn gestreckt werden. Dann ziehen die Flügel vor dem Körperschwerpunkt nach oben und die Gleitbahn

richtet sich vorn auf. Der Auftrieb erfährt aber beim (passiven) Gleiten schnell eine Grenze, und wer höher hinauf will, muß segeln, d. h. andere, zusätzliche Auftriebskräfte mobilisieren.

Segeln. Segelflug ist Gleiten in aufwärtsgerichteten Windströmungen, bei denen die Steiggeschwindigkeit der Luft mindestens so groß ist wie die Sinkgeschwindigkeit des Vogels. Gute Segler weisen also besonders kleine Sinkgeschwindigkeiten auf. Wenn die Luft schneller

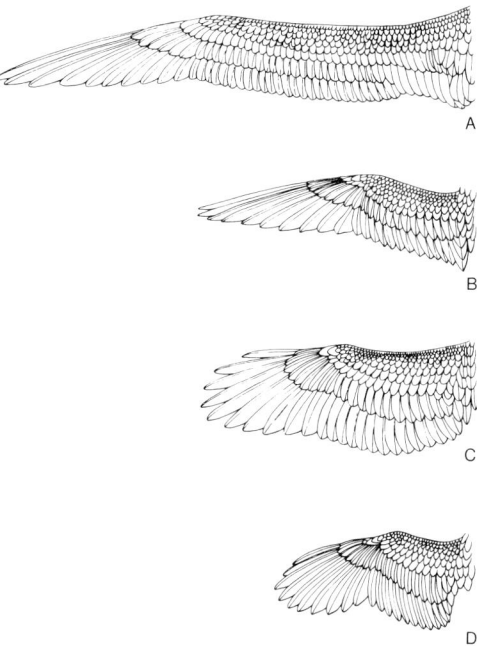

Abb. 3.18. Schwingenformen bei Vögeln (nach WILson 1980).
A. Segelnde Seevögel, wie Albatrosse (s. Abb. 3.20) und Sturmvögel, haben sehr lange, sehr schmale Schwingen, die für Hochgeschwindigkeitsgleiten in starkem, beständigem Wind konstruiert sind.
B. Hochgeschwindigkeitsschwingen sind lang, relativ schmale Flügel ohne Randschlitze. Man findet sie bei Vögeln, die ihre Nahrung in der Luft fangen (z. B. Segler, Falken, Bienenfresser) und/oder die lange Wanderungen unternehmen (z. B. Seeschwalben). Diese Flügelform ist mehr für schnellen Geradeausflug gebaut als für schnelle Landungen und Starts.
C. Vögel, die über Land segeln, wie Kondor, Geier, Bussard und Eulen, haben lange, breite Schwingen mit zahlreichen Randschlitzen (-kerben). Die Form erlaubt sowohl große Manövrierfähigkeit als auch effizientes Gleiten, was den Vögeln ermöglicht, über Land auch sehr enge Kurven zu vollführen.

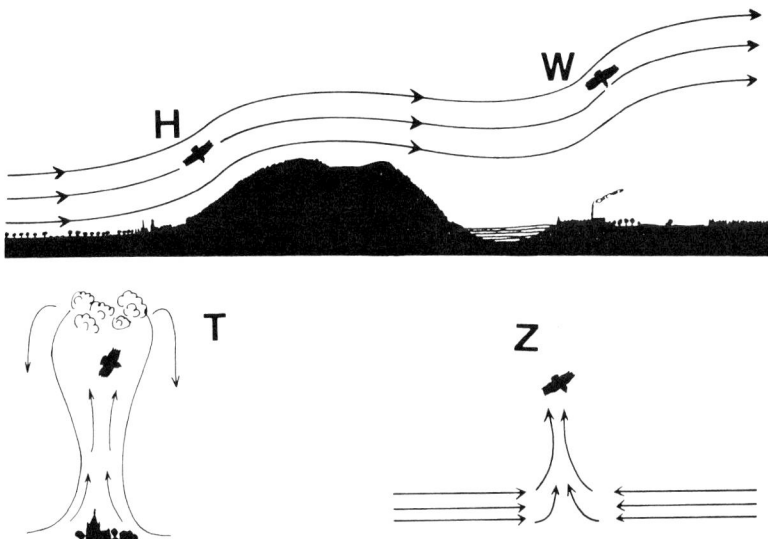

Abb. 3.19. Beispiele für Aufwindsegeln (nach RÜP-
PELL 1975). Hangaufwinde (H) entstehen vor Hindernissen; Wellenaufwinde (W) mehrere Kilometer hinter Bergen; Thermik (T) entwickelt sich durch Wär-
meaufwinde; andere Aufwinde entstehen durch zu-
sammentreffende Luftströmungen (Z). Sie liefern jeweils die für den Auftrieb notwendige Energie.

aufsteigt als die Sinkgeschwindigkeit beträgt,
wird der Vogel nach oben getragen. Die Sinkgeschwindigkeit ergibt sich dabei aus dem Verhältnis von Fluggeschwindigkeit zu Gleitzahl.
Um wirksam zu werden, braucht die Luft keineswegs senkrecht nach oben zu steigen. Entscheidend ist vielmehr, daß die vertikal wirksame Komponente ausreichend groß ist, um den
Auftrieb zu bewirken. So können Thermik-
schläuche, Hangaufwinde, Aufwinde durch zu-
sammentreffende horizontale Luftströmungen
und vieles andere mehr genutzt werden (Abb.
3.19). Typische **Thermiksegler** sind z. B. Störche, Bussarde, Geier oder Pelikane. In Hang-
aufwinden segeln besonders Möwen (hinter
Schiffen z. T. stundenlang), Fregattvögel, während Albatrosse als schnelle Gleiter die unterschiedlichen   Luftströmungsgeschwindigkeiten
über dem Wasser ausnutzen und so »dynamisch
segeln« (Abb. 3.20). Die Reibung an der Wasseroberfläche führt zur Abnahme der Windgeschwindigkeit in zunehmender Nähe zur Wasseroberfläche. Die gegen den Wind ansteigenden Vögel erzielen zunehmenden Auftrieb und
gewinnen an Höhe, bis der Effekt nicht mehr
zur Höhengewinnung ausreicht. Dann gleitet
der Vogel mit relativ hoher Geschwindigkeit
seitlich zum Wind abwärts und kann erneut

gegen den Wind aufsteigen. Ähnliches gibt es
bei der Alpendohle an Bergkämmen, an denen
Schichten unterschiedliche Windgeschwindigkeiten auftreten. Hier ist zusätzlich auch **Leewellen-Segeln** hinter Gebirgskämmen möglich,
an denen im Windschatten Aufwinde entstehen
können. Langsames Segeln, das sehr enge Kurven zuläßt, ermöglicht auch das Segeln in sehr
engen Thermiksäulen. Eine Kombination zwischen Segeln und Gleiten läßt sich auch bei der
Ausnutzung mehrerer Aufwindzonen beobachten: Die in einer Aufwindzone segelnden und
dadurch an Höhe gewinnenden Vögel gleiten
zur nächsten Aufwindzone ab, um sich dann
wieder in die Höhe tragen zu lassen. Auf diese
Weise können z. B. Geier über 100 km und
mehr ohne großen Energieaufwand segeln. Sie
lassen sich bis auf über 1 000 m hoch tragen und
können dann bis zu 6–12 km weit gleiten und
dabei Geschwindigkeiten bis zu 40–50 km/h
über Grund erreichen.

Segeln und Gleiten sind besonders sparsame
Fortbewegungsformen. Bestimmte Großvögel
haben spezielle tonische Haltemuskeln in ihrer
Abschlagsmuskulatur entwickelt, die sehr wenig Energie benötigen. Im Vergleich zum aktiven Streckenflug (bei gleicher Geschwindigkeit) braucht das Segeln nach vorsichtigen

Abb. 3.20. Dynamisches Segeln beim Albatros (nach RÜPPELL 1975). Über der Meeresoberfläche findet man ein regelmäßiges Ansteigen der Windgeschwindigkeit nach oben. Diese Geschwindigkeitsdifferenz in den einzelnen Luftschichten nutzen die Albatrosse aus. Sie steigen gegen den Wind an und geraten so in immer höhere Windgeschwindigkeiten. Der Vogel gewinnt mit dem stärker werdenden Auftrieb an Höhe, bis sein Schwung verbraucht ist. Dann gleitet er seitlich zum Wind abwärts, um seine Geschwindigkeit wieder zu erhöhen. Anschließend steigt er wieder gegen den Wind empor, und das Spiel beginnt von vorne. Dieses Prinzip heißt »dynamisches Segeln« und wurde von dem Franzosen IDRAC vor über 55 Jahren auf einer Expedition im Südatlantik »entdeckt«.

Schätzungen nur etwa 3–5 % der Schlagflugenergie.

Beim Gleiten und Segeln sind die Vögel auf **Stabilisierungen** ihres Fluges angewiesen, um nicht durch schnelle und kräftige Böen aus der Fluglage gebracht zu werden. Dies kann durch zwei Maßnahmen erfolgen: Zum einen durch die **»Pfeilung«.** Dabei werden die Flügelspitzen nach hinten gerichtet (z. B. auch bei Flugzeugen). Dies dient dem Stabilisieren des Vogels um seine Hochachse. Die bei einer seitlichen Abrutschbewegung (Slipbewegung) vorn liegende Fläche des unteren Flügels wird dabei mehr von vorne angeströmt als die obere und erzeugt dann mehr Auftrieb und wird dadurch automatisch angehoben. Das andere Prinzip ist die **V-Stellung der Flügel.** Dabei gibt es wiederum zwei Formen. Alle Vögel sind sogenannte Hochdecker, und ihr Körper hängt schon selbst stabilisierend wie ein Pendel an den Flügeln. Zusätzlich halten viele Segler ihre Flügel nach oben in V-Stellung. Neigt sich ein Vogel mit V-Stellung der Flügel nach links oder rechts, dann erzeugt die untere Tragfläche mehr Auftrieb als die obere. Der Vogel dreht sich dadurch automatisch wieder in die Horizontale. Auftrieb wird zwar von beiden Flügeln gleich viel erzeugt, beim schräg nach oben stehenden zeigt dieser aber von der gewölbten Fläche weg zur Neigungsrichtung hin. Die als Auftrieb senkrecht nach oben zeigende Komponente ist beim oberen Flügel deshalb erheblich kleiner als beim unteren. Der untere steht fast horizontal. Seine Querkraft zeigt beinahe senkrecht nach oben. Vögel mit starker V-Stellung der Flügel nach oben sind daher sehr sichere Flieger. Die V-Stellung stabilisiert den Flug stark um die Längsachse. Eine negative V-Stellung bedingt dagegen einen sehr instabilen Flug. Dies ist dort angebracht, wo es auf schnelles seitliches Abkippen mit anschließendem Sturzflug ankommt. Dies ist zum Beispiel bei Fregattvögeln der Fall, die aber das negative »V« in Körpernähe durch einen Knick in eine positive V-Stellung umwandeln und deshalb nicht alle Nachteile der negativen V-Stellung ertragen müssen.

Kurvenfliegen kann durch entsprechende Schräglagen (Oberseite weist gegen den Kurvenmittelpunkt) erreicht werden. Die entstehende Horizontalkomponente der Querkraft arbeitet dabei gegen die nach außen drückende Zentrifugalkraft. Einseitiges Bremsen oder ein negativer Anstellwinkel eines Flügels (z. B. bei Tölpeln) erlaubt ebenfalls einfachen Kurvenflug beim schlagfreien Flug.

3.4.3 Kraftflug (Schlagflug)

Fehlt den Vögeln die Anströmluft (»Wind«), müssen sie diese durch Schlagen mit den Flügeln selbst erzeugen. Diese Tätigkeit liefert sowohl die Auftriebs- als auch die Vortriebskräfte. Der **Flügelschlag** umschließt mit seiner Bahn eine von hinten oben nach vorne unten weisende Ellipse. Dabei führen die Handschwingen naturgemäß eine größere Strecke zurück aus als die Armschwingen. Beim Abschlag der Flügel entsteht außerdem eine Verwindung, so daß durch Verdrehen des Flügels zur Spitze hin die Anstellwinkel immer kleiner werden. Diese

sind beim Aufschlag schräg nach oben und beim Abschlag schräg nach unten gerichtet. Das Kräftespiel ist dadurch wesentlich komplizierter als beim Gleitflug. Die **Anströmung** des schlagenden Flügels setzt sich aus dem Fahrtwind und der durch die Schlagbewegung erzeugten Strömung zusammen (Richtung und Stärke wetterbedingter Luftströmungen sind hier nicht berücksichtigt).

Der dem Körper naheliegende Armteil des Flügels legt einen kurzen Weg zurück. Er wird daher im wesentlichen von dem horizontal von vorne kommenden Fahrtwind angeblasen, und der Anteil der Schlagbewegung ist relativ ge-

Tab. 3.2. Maximale Flügelspannweite und Masse einiger rezenter und ausgestorbener Vögel im Vergleich (nach verschiedenen Autoren). Die Maximalmasse noch flugfähiger Vögel liegt in etwa bei 27 kg. Der schwerste bekannte Vogel, der noch fliegen kann, ist der Höckerschwan.

Vogelart (Gruppe)	maximale Masse [g]	maximale Spannweite [cm]
Aaskrähe	600	100
Auerhahn	6 000	130
Baßtölpel	3 000	180
Blaumeise	12	20
Großbrachvogel	600	100
Buntspecht	95	48
Eichelhäher	195	55
Felsentaube	300	63
Gänsegeier	8 200	240
Goldhähnchen	4	16
Großtrappe, männl.	22 000	240
Habicht	2 000	118
Höckerschwan	22 500	260
Hummelelfe	1,6	7,5
Kaiseradler	3 500	215
Kiebitz	200	70
Kolkrabe	1 250	125
Kondor	11 300	300
Krauskopfpelikan	13 000	320
Mäusebussard	1 200	140
Mantelmöwe	2 200	175
Marabu	5 000	300–370
Mauersegler	43	35
Mönchsgeier	14 000	287
Ringeltaube	500	75
Rosapelikan	11 000	310
Saatkrähe	670	90
Schleiereule	300	95
Schwarzspecht	315	75
Seeadler	6 700	255
Sperber	300	76
Sperlingskauz	60	40
Steinadler	6 000	230
Uhu	3 200	170

Fortsetzung Tab. 3.2.

Waldkauz	500	100
Waldschnepfe	400	58
Wanderalbatros	8 000	340
Weißstorch	4 400	220
ausgestorbene Vögel		
Gigantornis eaglesomei[1] (Eozän, Nigeria)	?	etwa 600
Osteodontoris ori[2] (Miozän, Kalifornien)	?	500
Terratornis incredibilis[3] (Pleistozän, Nevada)	?	490
Terratornis merriami (Pleistozän, Nevada)	23 000 (?)	370
ausgestorbener Flugsaurier:		
Pteranodon ingens (Kreide, Kansas)	?	etwa 800

[1] wahrscheinlich ein Albatrosverwandter
[2] gehörte zu einer Ordnung zwischen Pelikanen und Störchen
[3] eine Art Greifvogel, Riesengeier

ring. Bei relativ hohem Anstellwinkel α entsteht somit vor allem eine nach oben gerichtete Querkraft mit einer hohen Auftriebskomponente (Abb. 3.21). Der Armflügel bildet funktionell also vor allem die eigentliche Tragfläche. Anders sind die Verhältnisse an der Flügelspitze. Hier ist bei der Zusammensetzung der Anströmung aus Fahrtwind und »Schlagwind« der Einfluß des Schlagwindes größer. Die Flügelspitzen werden auf einer viel längeren Bahn bewegt und erreichen dadurch höhere Geschwindigkeiten. Die entstehenden Querkräfte sind in diesem Falle mehr nach vorne gerichtet und auch größer, weil die Anströmung mehr von unten kommt und stärker ist (Abb. 3.21). Hier ist also die Vortriebskraft größer, wodurch den Armschwingen funktionell die Bedeutung der Flügelpropeller zukommt. Die bei Auf- und Abschlag geänderte Flügelstellung bewirkt zudem, daß in beiden Schlagphasen unter Umständen Auftrieb A erzeugt wird. Vortrieb (Schub S) entsteht dagegen nur beim Abschlag.

Während beim Abschlag der Flügel mehr oder weniger gestreckt bleibt, arbeiten beim Aufschlag größerer Vögel Arm- und Handflügel getrennt. Der Armflügel bleibt gestreckt und wird so nach oben in die Ausgangsstellung für den neuen Abschlag geführt. Dadurch wird wieder etwas Auftrieb erzeugt, allerdings weniger als beim Abschlag. Zusätzlich entsteht ein Rücktrieb, der geringer ist als der Schub und durch die Trägheit des vorwärtsfliegenden Vogelkörpers teilweise auch wieder ausgeglichen wird, wodurch der Flug gleichmäßiger wird. Der Anstellwinkel ist nahe dem Schultergelenk am größten, die Schlaggeschwindigkeit hier am geringsten und daher der Rücktrieb relativ klein. Die Hand bleibt in der ersten Phase des Aufschlages in einem Winkel von über 90° zum Armflügel nach unten gewinkelt. Der Handflügel ist stark gefaltet und wird daher nach hinten parallel zum Körper ausgerichtet hochgezogen. Er kann dabei offensichtlich keinen Auftrieb erzeugen. Wenn der Aufschlag des Armflügels beendet ist, wird der nachgezogene Handflügel in die schräg nach oben und außen weisende Ebene des Handflügels eingeklappt und gestreckt, um die für den Abschlag nötige Stellung zu erreichen (z. B. Abb. 3.22 A). Beide Bewegungen beginnen gleichzeitig, doch überwiegt zu Beginn das Einklappen, am Ende der Bewegung dagegen die Einfaltung. Dabei resultiert ein Rücktrieb.

Der ganze Bewegungsablauf ist sehr komplex und die vorstehende Schilderung daher sehr stark vereinfacht und schematisiert. Auch hier muß wieder auf die große Vielfalt der Flügeltypen und vor allem auch auf Variationsmöglichkeiten in der Flügelbewegung und der Flügelverformung hingewiesen werden. Noch lange sind nicht alle Flugmanöver befriedigend erklärbar. Bei vielen Kleinvögeln mit hoher Schlagfrequenz wird z. B. auch der Armflügel beim Aufschlag zusammengefaltet und dadurch der Flügel ganz an den Körper herangezogen. Der Aufschlag liefert dadurch zwar keinen Auftrieb mehr, dafür ist aber auch nur ein Minimum an Rücktrieb erreicht. Verallgemeinerungen sind aber auch hier nicht möglich. Schwalben und Krähen halten z. B. den Arm beim Aufschlag gestreckt, Elster und Eichelhäher nicht. Bei zarten Kleinvögeln sind Flügelverformungen während des Schlages besonders stark,

Tab. 3.3. Flügelfläche, Fläche pro Masse und Flächenbelastung bei Vögeln (Werte nach verschiedenen Autoren, z. T. leicht gerundet). Einige andere Werte sind zum Vergleich mit angegeben. Die Flügelfläche FF nimmt in der Regel mit der Körpermasse M über den Exponenten 2/3 zu ($FF = a \times M^{2/3}$). In einigen Fällen sind keine genauen Artangaben verfügbar gewesen. Die Werte sind nach der Größe der Flügelfläche (bei den Vögeln) geordnet.

Art	Masse [g]	Flügelfläche [cm]	Flächenbelastung [g/cm]	Fläche/Masse [cm²/g])
Gänsegeier	7 500	10 450	0,72	1,39
Steinadler	4 660	6 520	0,71	1,40
Albatros	9 830	6 220	1,58	0,63
Adler	4 150	5 930	0,70	1,40
Höckerschwan	9 800	5 760	1,70	0,60
Großtrappe	4 160	5 550	0,75	1,10
Weißstorch	3 690	5 520	0,67	1,50
Kanadareiher	1 905	4 440	0,43	2,30
Graureiher	1 400	3 590	0,39	2,60
Prachtfregattvogel	1 400	3 300	0,42	2,4
Graugans	3 500	3 070	1,14	0,90
Kanadagans	5 660	2 820	1,67	0,50
Mantelmöwe	1 600	2 060	0,78	1,30
Rabenkrähe	635	2 050	0,31	3,20
Habicht	840	2 050	0,41	2,40
Mäusebussard	852	2 030	0,42	2,40
Silbermöwe	844	2 010	0,42	2,40
Eistaucher	2 425	1 360	1,67	0,60
Wanderfalke	582	1 540	0,38	2,60
Schleiereule	278	1 160	0,24	4,20
Stockente	1 090	1 150	0,95	1,10
Taube	202	840	0,24	4,20
Noddi	150	750	0,20	5,00
Kiebitz	205	660	0,31	3,20
Elster	211	640	0,33	3,00
Turmfalke	220	490	0,45	2,20
Carolinataube	130	360	0,42	2,40
Amsel	90	310	0,29	3,40
Bindentaucher	343	291	1,25	0,80
Wellenläufer	26	251	0,10	9,50
Rotschulterstärling	70	245	0,29	3,50
Buntspecht	74	240	0,31	3,20
Star	84	190	0,44	2,30
Purpurschwalbe	43	185	0,23	4,30
Rauchschwalbe	20	140	0,14	7,10
Mauersegler	39	130	0,30	3,30
Haussperling	29	120	0,24	4,20
Schornsteinsegler	17	104	0,17	6,00

Fortsetzung Tab. 3.3.

Kohlmeise	21	100	0,21	4,80
Buchfink	21	100	0,21	4,80
Singammer	22	86	0,26	3,90
Goldhähnchen	5,5	50	0,11	9,10
Hauszaunkönig	11	48	0,22	4,40
Rubinkolibri	2,4	10	0,24	4,20
Vergleichswerte:				
Segelflugzeug	(Hochleistungsgerät)		0,25	1,00
Kohlweißling	0,100	15,8	0,0048	208,33
Libelle *(L.depressa)*	0,52	14,9	0,0349	28,60
Stubenfliege	0,0115	0,31	0,0371	27,00
Maikäfer	0,667	8,15	0,0818	12,22
Kolbenwasserkäfer	4,82	19,5	0,1634	6,11

wobei die einzelnen Schwingen z. T. weit durchgebogen werden.

Die Schlagfrequenzen (Tab. 3.4) des Flügels sind bei den einzelnen Vogelarten sehr unterschiedlich. Eine besonders hohe Frequenz weisen die Kolibris auf, die den Flug auf der Stelle zur Perfektion entwickelt haben. Höchstwerte liegen hier bei sehr kleinen Arten bei bis zu 80 Flügelschlägen/s. Größere Arten liegen mit etwa 10/s dagegen z. T. über denen von kleinen Singvogelarten (s. unten).

Der **Schlagflug** zeigt sehr unterschiedliche Flugformen, die sich ganz grob nach dem Verhalten des fliegenden Vogels einteilen lassen, ohne unzureichend belegte Aussagen über die Flugmechanik damit verbinden zu wollen:

Der **Streckenflug** ist ein horizontaler, unbeschleunigter Vorwärtsflug, dessen Geschwindigkeit allerdings sehr unterschiedlich sein kann (Tab. 3.5). Er schließt normalen (langsamen) Wanderflug ebenso ein wie schnellen Fluchtflug mit sehr hohen Geschwindigkeiten. Der Streckenflug sehr vieler Vogelarten (z. B. große Greifvögel, Störche, Segler, Bienenfresser und andere) besteht dabei in einem Wechsel zwischen Kraftflug und Gleitflug. Spechte und viele Kleinvögel (z. B. Kolibris, Stelzen, Meisen, Finken und andere) wechseln zwischen aktiven Antriebsphasen mit schnellem Flügelschlag und dem passiven Dahinschießen mit mehr oder weniger angelegten Flügeln. Dadurch entsteht eine ausgesprochen wellenförmige Flugbahn.

Langsamflug. Langsamer Flug tritt u.a. auf bei Bremsmanövern, Steigflug und bei Start- und Landemanövern. Besonders bei Großvögeln wird dabei oft die Grenzgeschwindigkeit,

die für den Auftrieb notwendig ist, unterschritten. Diese Arten (Reiher, Greifvögel, Papageien, Enten und andere) drehen unter solchen Bedingungen die Handteile ihrer Flügel beim Aufschlag um fast 180° herum und schlagen sie so zurück. Die Handschwingen weichen dabei auseinander, so daß die Luft hindurchtreten kann. Die Handteile werden jetzt von hinten angeströmt, und jede einzelne Feder kann nun eine hebende Kraft erzeugen. Auch hier gibt es allerdings wieder eine sehr hohe Variabilität der möglichen Funktionen, auf die hier im einzelnen nicht eingegangen werden kann.

Rüttelflug. Eine Reihe von Vogelarten kann mehr oder minder lange auf der Stelle fliegen (Rotschwänze bis zu 20 s). Die Vortriebskomponente (bei Gegenwind) wird dabei so gehalten, daß sie durch den Gegenwind gerade ausgeglichen wird (Auf-der-Stelle-Rütteln bei vielen Greifvogelarten; z. B. Turmfalke, Rauhfußbussard, Mäusebussard). Beim Rüttelflug in unbewegter Luft muß der Auftrieb allein durch den Flügelschlag bewirkt werden, da der entsprechend wirksame Fahrtwind fehlt. Kleinvögel schlagen dazu die voll gestreckten Flügel im Winkel von etwa 45° abwärts. Am Ende des Abschlages wird der Flügel zusammengefaltet und an den Körper herangezogen. Die Handschwingen schwenken am Körper so, daß sie mit ihrer Vorderkante voran aufwärts geführt werden können. Sie weichen dabei auseinander, so daß die Luft durch die entstehenden Spalten hindurchgelassen wird. Dadurch verringert sich der Luftwiderstand erheblich. Die Flügel werden anschließend ohne Pause aufwärtsgestreckt und wieder auf einer bei seitlicher Ansicht elliptischen Bahn abwärts geschla-

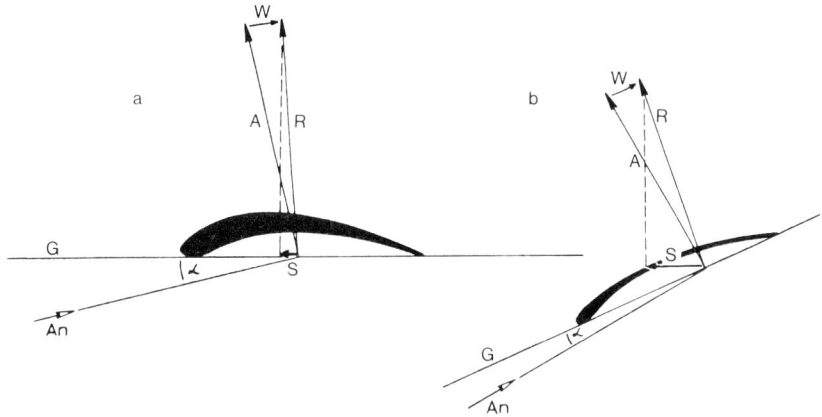

Abb. 3.21. Luftkräfte beim Kraftflug am Armflügel (a) und Handflügel (b) beim Abschlag (nach RÜPPELL 1975, verändert). A = Auftrieb; An = Anströmrichtung; α = Anstellwinkel; G = Flügelprofilsehne; R = Luftkraftresultierende; W = Luftwiderstand; S = Schub. Deutlich ist zu sehen, daß an beiden Flügelteilen Auftrieb entsteht, daß der Schub aber am Handflügel wesentlich größer ist. Weitere Erklärungen s. Text.

gen. Am Ende eines jeden Abschlages ziehen die Flügel den Vogel vorne hoch. Um eine Drehbewegung des Körpers auszugleichen, wird der Schwanz nach jedem Abschlag weit gespreizt. Insgesamt entsteht durch diese Bewegungen eine senkrecht nach oben gerichtete Kraft, die genauso groß ist wie das nach unten ziehende Gewicht des Vogelkörpers. Kurzfristig können manche Arten durch ein starkes Verstellen des Anstellwinkels beim Abschlag (über 70°) auch rückwärts fliegen. Allerdings sind diese Flugmanöver extrem · energieaufwendig.

Schwirrflug. Eine ganz andere Mechanik kennzeichnet den Schwirrflug der Kolibris (sie besitzen nur 6 Armschwingen). Sie fliegen wie Insekten, die ihre Flügel wie ein Fahnenschwenker bewegen, der mit seiner Fahne eine liegende Acht (bezogen auf die Flügelspitze) beschreibt (Abb. 3.22 B). Sowohl beim Vor- als auch Rückschlag werden die Flügel (vor allem die Handschwingen; Ober- und Unterarm sind im Vergleich zum »normalen« Flügel extrem verkürzt) immer so bewegt, daß die Vorderkante stets von Luft angeströmt wird (bezogen auf den Körper einmal von vorne und einmal von hinten). Weil sich dabei die Flügel jeweils passiv nach oben wölben (unabhängig vom »Oben und Unten« der Flügelmorphologie), entsteht sowohl beim Vor- als auch beim Rückschlag

Abb. 3.22. Kraftflug-Schlagflug (nach WILSON 1980). A. Schlagflug bei der Ente schematisch im Bewegungsablauf. Die Handschwingen werden beim Niederschlag funktionell zu kleinen Propellern verwunden. Beim Aufschlag spreizen sie sich, drehen sich auf und setzen so der Luft weniger Widerstand entgegen; gleichzeitig wird trotzdem noch eine geringe Menge Vortrieb produziert.
B. Schwirrflug beim Kolibri (auf der Stelle). Näheres s. Text.

eine hebende Luftkraft. Sie zieht den Kolibri wie bei einem Hubschrauber nach oben. Durch Verstellen der Schlagrichtung kann der Hubstrahl in verschiedene Richtung gelenkt werden, wodurch auch unkomplizierter Rückwärtsflug möglich wird. Änderungen in der Schlagmorphologie der beiden Flügel zueinander erlauben zudem blitzschnelle Wendungen auf der Stelle.

3.4.4 Allgemeine Flugmanöver

Bremsen. Beim Bremsen wird der Anstellwinkel der Flügel dadurch vergrößert, daß der Vogel seinen Flügel mit der Vorderkante aufwärts dreht. Dadurch wird der Auftrieb reduziert. Infolge der Flügelverwindung kann der distale Teil der Flügel mit geringerem Anstell-

Tab. 3.4. Flügelschlagfrequenzen (mittlere Höchstwerte) von Vögeln im horizontalen Schlagflug (Kolibris im Schwirrflug); nach verschiedenen Autoren. Soweit kein genauer Artname angegeben ist, fehlten entsprechende Angaben. Auflistung in alphabetischer Reihenfolge.

Art/Gruppe		Schläge/s
Amethystkolibri	bis	80
Amsel		5,6
Bläßhuhn		5,8
Elster		3
Eulen		4
Fasan		9
Graureiher		2
Haussperling		13
Höckerschwan		2,7
Kolibris (allgemein)		10–80
Mäusebussard		3
Mauersegler		12
Pelikane		1,2
Rabenkrähe		5
Silbermöwe		3
Star		5,1
Stockente		5–10
Weißstorch		2
Haustaube		8
Truthahn		3
Wanderfalke		4,3
zum Vergleich:		
Biene		200–300
Hummel		150–250
Kohlweißling		9–12
Maikäfer		46
Libellen		20–30
Zuckmücken		etwa 1050

winkel aber noch etwas Querkraft und damit Auftrieb erzeugen. Das Ablösen der Strömung bei hohem Anstellwinkel verhindert z. T. der abgespreizte Daumenfittich (s. weiter o.).

Landen. Beim Landen oder Wassern werden verschiedene Methoden der Vernichtung von kinetischer Energie angewandt, z. B. durch Bremsflügelschläge mit sehr hohem Anstellwinkel, wobei eine weite Auffingerung der Handschwingen ein Abreißen der Luftströmung verhindert. Bei Fliegern mit hoher Flächenbelastung kann Landen auch durch Unterfliegen des Landepunktes geschehen, wobei der Aufwärtsflug die Bremswirkung erreicht (z. B. Lummen). Vögel, die auf dem Wasser niedergehen, nutzen die Möglichkeit der Verformung der Unterlage. Viele Wasservögel setzen durch Vorstrecken der Beine die Füße als zusätzliche Bremsfläche ein (Schwäne, Gänse, Enten). Seetaucher klappen jedoch ihre Füße, mit denen sie ebenfalls zuerst die Wasserfläche berühren, zurück und benötigen daher einen sehr flachen Anflugwinkel. Dies zwingt sie bei sehr kleinen Brut- und Nahrungsgewässern zu komplizierten Flugmanövern. Zum Landen kann auch vor dem Aufsetzen kurz gerüttelt werden, oder die Flügel werden wie Fallschirme (Trappen) benutzt. Ausrennen oder elastische Sitzplätze können ebenfalls zur Restenergievernichtung benutzt werden.

Starten. Der Start vom Wasser ist für viele schwere Vögel nur unter Einsatz der Beine möglich. Alternierendes Wassertreten (z. B. Flamingos, Gänse, Tauchenten, Bläßhühner, Lappentaucher, Seetaucher und viele andere) oder synchrones »Wasserschaufeln« bei Schwänen und Pelikanen unterstützen die Flügelschläge, die hier dann nach Möglichkeit mit relativ hoher Frequenz ausgeführt werden. Vorzugsweise wird gegen den Wind gestartet. Die Flügel verwinden sich beim Start sehr stark. Die nach vorne verdrehten Handteile erzeugen dabei den Vortrieb. Der Start vom festen Boden aus ist leichter, da »Landvögel« in der Regel auch ein geringeres spezifisches Gewicht haben als Wasservögel (s. o.). Doch ist auch hier bei großen, schweren Vögeln mit großer Flügelfläche Starten meist nur nach kurzem Anlauf oder einigen Sprüngen möglich. Sie müssen den nur mit geringer Frequenz einsetzbaren großen Flügeln den nötigen Startauftrieb liefern helfen. Vögel mit großen Schwingen, die von erhöhten Punkten aus starten, lassen sich einfach fallen, um die nötige Anfangsgeschwin-

Tab. 3.5. Fluggeschwindigkeiten (in km/h) bei Vögeln. Die Werte sind nur bedingt miteinander vergleichbar, da sie von zahlreichen Parametern (Flugweise, Flugdauer, Wind, Flughöhe, Flucht usw.) abhängen. Die Zahlen geben die Variationsbreite bisher gemessener Werte bei ziehenden oder »normal« fliegenden Vögeln an. In Klammer werden Höchstwerte angeführt, die bei Stoß auf Beute oder Flucht für sehr kurze Zeit erreicht werden können. Sofern keine genauen Artnamen angegeben werden, fehlen solche in der Originalquelle. Werte nach zahlreichen verschiedenen Autoren.

Art/Gruppe	Geschwindigkeit [km/h]
Sterntaucher	etwa 60
Rothalstaucher	61
Buntfuß-Sturmschwalbe	40
Baßtölpel	40–77
Graureiher	36–42
Weißstorch	45
Wanderalbatros	54
Singschwan	62–70
Kormoran	70
Pfeifschwan	72
Brandgans	68
Gänse	40–90
Eiderente	76
Stockente	74–(104)
Gänsesäger	70–(130)
Schellente	etwa 70
Trauerente	80–95
Eisente	86–115
Sperber	20 70
Fischadler	50–80
Mäusebussard	45
Wespenbussard	45
Bartgeier	bis (130)
Rohrweihe	40–60
Steinadler	130–160 (über 300)
Turmfalke	50–66
Habicht	42
Baumfalke	bis 150 (240)
Wanderfalke	45–60 (220–350)
Fasan	40–60
Wachtel	70–90
Rebhuhn	40–56 (85)
Kranich	32–70
Großtrappe	50–90
Kiebitz	40–70
Graubruststrandläufer	80–100
Austernfischer	50–58
Alpenstrandläufer	72–88
Goldregenpfeifer	bis 86 (180)
Silbermöwe	36–40
Mantelmöwe	50
Flußseeschwalbe	32–43
Turteltaube	61–72
Ringeltaube	61
Brieftaube	80–177
Mauersegler	60–100 (200)
Stachelschwanzsegler	bis (335)
Rubinkehlkolibri	96
Eisvogel	60
Rauchschwalbe	35–97
Mehlschwalbe	74
Schafstelze	46–48
Blaumeise	30
Ohrenlerche	86
Haussperling	29–40
Star	37–81
Saatkrähe	52–72
Buchfink	34–46
Wanderdrossel	27–51
Erlenzeisig	51
Wiesenpieper	53
Fichtenkreuzschnabel	60
zum Vergleich:	
Stechmücke	1,4
Florfliege	2,2
Maikäfer	11
Biene	30
Bremse	50
Fledermaus	50
Fliegender Fisch	75

digkeit zu erreichen. Für viele Kleinvögel genügt ein kräftiger Abstoß. Viele Arten sind ohne die Möglichkeit, die Anlaufgeschwindigkeit zu erreichen, flugunfähig (z. B. Segler auf dem Boden, viele Wasservögel auf dem Land). **Richtungsänderungen.** Früher glaubte man, daß der Vogelschwanz eine hervorragende Rolle bei den Wendungen im Flug spielt. Heute weiß man, daß die Tätigkeit der Flügel weit wichtiger ist. Rechts- und Linkswendungen können durch Beschleunigungen der Flügelschläge auf der Kurvenaußenseite der Kurve veranlaßt werden. Auch kann der Anstellwinkel beider Flügel unabhängig voneinander variiert werden. Auf die gleiche Weise kann das Steigen und Fallen reguliert werden. Natürlich wird der Schwanz als wichtiges Höhen- und Seitenruder mit verwendet. Er bietet auch zusätzliche Bremsfläche und ist daher stark auf die jeweiligen Bedürfnisse der Vogelart abgestellt. Die Elster mit ihrem langen Schwanz ist so z. B. in der Lage, schnell zu bremsen und sehr schnelle Richtungsänderungen in dichtem Geäst durchzuführen. Dazu tragen auch die breiten und kurzen Flügel bei. Dafür ist diese Vogelart ein schlechter Langstreckenflieger. Anstellwinkel und Schwanzfläche können zur

Unterstützung der Flügelarbeit in weitem Bereich verändert werden.

3.4.5 Flugleistungen

Die Energetik der Fortbewegung ist in Kapitel 14 behandelt. Hier soll nur noch kurz auf einen Vergleich zwischen technischen und biologischen **Transportkosten des Fluges** eingegangen werden. Allein bezogen auf diejenige Energie in Joule (J), die ein Flugsystem ausgeben muß, um eine Gewichtseinheit (hier in Newton, $1\,N = 1\,m \times kg/s^2$) über eine bestimmte Wegstrecke (m) zu transportieren, liegen die meisten Flugzeuge besser als der Durchschnittsvogel. Die Transportkosten einer Taube liegen bei etwa $0,6\,J/N \times m$; ein Jumbojet kommt mit rund der Hälfte, nämlich $0,3\,J/N \times m$ aus. Allerdings ist ein Starrflügler wie ein Flugzeug ein sehr unflexibler Flugapparat, der nur auf Transport ausgelegt ist und nie auch nur annähernd die vielfältige Leistung eines Vogels erreichen kann. Die Transportkosten eines hoch flexiblen Hubschraubers liegen daher auch schon um ein Wesentliches über dem einer Taube bei rund $1,8\,J/N \times m$. Auch ein Kolibri ist ein extrem energieaufwendiger Flieger. Im Schwirrflug kann er mit beinahe $2\,000/g \times h$ Energieumsätze erreichen, die zu den höchsten bekannten Werten gehören, die im Tierreich vorkommen.

Flughöhen liegen im Extrem bei über $8\,000$ m (Andengans, Streifengans); den Rekord hält ein Sperbergeier mit $11\,300$ m; Fluggeschwindigkeiten und Flugentfernungen s. Tab. 3.5 und 3.6.

3.4.6 Flugunfähige Vögel

Die heute lebenden Vögel stammen wahrscheinlich alle von Vögeln ab, die einmal fliegen konnten – auch die großen ausgestorbenen Madagaskar-Strauße und Moas, die noch lebenden straußartigen Vögel (Strauße, Emus, Kiwis und Nandus) sowie die ausgezeichneten Schwimmer, die Pinguine. Alle diese Vögel verlernten das Fliegen schon vor vielen Millionen Jahren. Flugunfähige Arten kommen heute sowohl bei Land- als auch bei Wasservögeln vor. Letztere haben schon unter den ausgestorbenen Arten zahlreiche flugunfähige Formen, wie z. B. die taucherähnlichen Vertreter *Enalornis, Hesperornis, Baptornis, Neogaeornis, Coniornis*. Zu den lange ausgestorbenen Arten(gruppen) gehört auch *Diatryma, Gastornis,*

Phorusrhacos, Brontornis, Andalgaornis, Ornimegalonyx, Aptornis und *Dromornithidae* (s. auch Kap. 21). Unter den rezent ausgestorbenen Arten sind besonders viele flugunfähige Arten, da sie natürlich leicht Opfer von neu auftretenden Feinden wurden. Beste Beispiele sind die Dronte, die Moas und einige Rallen Neuseelands. Insgesamt sind rund 46 rezente Arten und 16 erst kürzlich ausgestorbene Vogelarten flugunfähig (gewesen). Bei den rezenten Lappentauchern sind der Titicacataucher und der Atitlantaucher flugunfähig, bei den Enten die Falkland- und Magellan-Dampfschiffente der drei Dampfschiffentenarten sowie die Kastanienente aus Auckland. Weitere flugunfähige Arten: Alle Kiwis auf Neuseeland (Haast-, Zwerg- und Streifenkiwi), alle Stelzenrallen (Naka-, Einfarb- und Kurzfuß-Stelzenralle; Bewohner Madagaskars), der neuseeländische Kakapo, der Kagu von Neukaledonien, die Galapagosscharbe und über 16 Rallenarten (einige Beispiele: Takahe/Neuseeland, Wekaralle/Neuseeland, Kubaralle/Kuba, sehr schlechter Flieger, Tristanteichhuhn/Tristan, Laysansumpfhuhn/Laysan, Atlantisralle/Inaccessible-Island im Südatlantik) und die schon

Tab. 3.6. Einige maximale Flugstrecken beim Vogelzug. Die Werte sind jeweils für eine Flugstrecke angegeben. Die jährlich zurückgelegte Strecke ist also doppelt so lang. Die Daten sind nach der Länge des Zugweges geordnet (s. auch Kap. 20). Nach verschiedenen Autoren.

Art	Länge des Zugweges in km; gerundet
Star	1 400
Singdrossel	2 600
Kiebitz	3 000
Wachtel	5 000
Grönlandsteinschmätzer	5 000
Kreischbekassine	5 000
Klappergrasmücke	6 000
Kranich	6 500
Kuckuck	9 500
Rauchschwalbe	10 000
Weißstorch	10 000
Amurfalke	10 000
Mornell	12 000
Amerikanischer Goldregenpfeifer	15 000
Kurzschwanzsturmtaucher	17 500
Graubruststrandläufer	20 000
Küstenseeschwalbe	20 000

weiter oben angeführten Formen. Unter den Sperlingsvögeln gehören die Zeledonie aus Costa Rica und der ausgestorbene Stephenschlüpfer Neuseelands zu den flugunfähigen Formen.

3.4.7 Frühe Flugfähigkeit

Die meisten Vögel erlernen in ihrer Ontogenese fliegen, bevor sie ihr volles Gewicht erreicht haben, d.h. bevor sie voll erwachsen sind. Bei einigen Arten wird jedoch die Flugfähigkeit besonders früh erreicht. Beim Thermometerhuhn ist das Küken praktisch kurz nach dem Schlupf flugfähig. In der Familie der Hokkohühner liegt das Flugalter bei 3 bis 4 Tagen, bei Fasanen bei 10 bis 12 Tagen. Die volle Flugfähigkeit wird aber erst später erreicht.

4 Haut und Hautdrüsen

Das Abschlußorgan des Organismus nach außen ist die Haut (Cutis, Integument). Gleichzeitig ist sie ein Kontaktorgan, das die Beziehung zwischen Umwelt und Körpergeschehen vermittelt. Die Cutis schützt den Körper vor dem Eindringen von Krankheitserregern, verhindert übergroße Wasserabgabe, schützt vor Wärmeverlusten (Federkleid, Fett) und gibt dem Vogel über die Feder u. a. die äußere Gestalt, Farbe, Isolation und die Flugfähigkeit. Als Sinnesorgan besitzt sie zahlreiche Tastrezeptoren (Herbstsche Körperchen u. a., s. Kap. 11). Zudem gibt es wärme- und kälteempfindliche Mechanorezeptoren, Vibrationsrezeptoren und freie Nervenendigungen zur Schmerzperzeption. Die Subcutis kann als großer Fettspeicher dienen. Manche Arten haben Hautpigmentierungen, die als Sonnenkollektoren der Wärmeaufnahme dienen (Abb. 4.1). Auch beim Vogel ist die Haut keine dichte Gasbarriere, so daß sie auch eine wichtige Atemfunktion übernimmt. Bei der Bebrütung ist die Haut außerdem der wärmeübertragende Teil des Vogels (z. T. über spezielle federlose Brutflecke, die dann stark durchblutet sind).

4.1 Bau der Haut

Die Haut des Vogels ist im Vergleich zur Haut der Säugetiere wesentlich dünner und empfindlicher. Außerdem steht sie nur wenig mit der Muskulatur direkt in Verbindung; deshalb läßt sich ein Vogel auch relativ einfach abbalgen. Dagegen ist sie an verschiedenen Stellen eng mit dem Skelettsystem verwachsen (Flügelspitzen, Ständer). Grundsätzlich gesehen ist sie aber wie beim Säuger aufgebaut.

Sie besteht aus zwei Hauptschichten, der epithelialen Oberhaut (Epidermis), die aus dem Ektoderm entsteht, und der bindegewebigen Lederhaut (Corium, Dermis), die aus dem Mesoderm (drittes Keimblatt) entsteht.

Die **Epidermis** (Abb. 4.2) besteht aus mehreren Schichten von toten und lebenden Zellen. Die äußerste Schicht besteht aus abgestorbenen Zellen. Diese **Hornzellschicht** (Stratum cor-

neum) stellt den Hautabschluß dar. Sie wird ständig ersetzt und schilfert in kleinen Hornschüppchen stetig ab. An stark mechanisch beanspruchten Stellen kann diese Schicht sehr mächtig ausgebildet sein (Zehenballen).

Die **Verhornung** erfolgt durch eine Oxidation von Schwefelwasserstoffbrücken im Keratohyalinmolekül der Zellen zu Disulfidbrücken (S-S). Durch eine zusätzliche Lage von Hydrolipiden auf der Epidermis wird diese für Wasser relativ undurchdringlich. Auf die Hornschicht folgen die lebenden Zellen, die einen dreischichtigen Bau aufweisen. Die Übergangszellschicht (Stratum transitivum) mit schon stark verhornten Zellen ist die erste; die Zwischenzellschicht (S. intermedium) besteht aus großen polygonalen Zellen mit vielen Desmosomen. Sie ist der Stachelzellschicht der Säuger homolog. Die letzte, innerste Lage der Epidermis ist die **Basalzellschicht** (S. basale), die dem Corium direkt aufliegt. Sie ist die generative Schicht, die ständig neue Zellen für den Abschilferungsprozeß der Haut nachliefert. An normalen Hautpartien mit Federn ist die Gesamtdicke der Epidermis selten stärker als zehn Zellschichten, also relativ dünn.

Auch das folgende **Corium (Dermis)** ist im Vergleich zu Säugern relativ schwach ausgebildet. Diese bindegewebige, straffe Lederhaut ist verhältnismäßig einheitlich gebaut (Abb. 4.2) und in unterschiedlich dicht gepackte Lagen differenziert (Stratum superficiale, S. compactum, S. laxum; die letzten beiden werden zum S. profundum zusammengefaßt). Die Dermis ist die Haut, in der unter Umständen die oben erwähnten Sinnesorgane, zahlreiche Blutgefäße und z. T. Muskeln vorkommen. Ein fest umrissenes Netz von elastischen Fasern, die Lamina elastica, bildet die klare Grenze zwischen der Cutis und der darauf folgenden Subcutis. Diese Lamina elastica fehlt den Säugern. Papillen, wie bei Säugern, kommen bei Vögeln nur in den Fußballen vor und fehlen sonst.

Die **Unterhaut (Subcutis)** besteht aus lockerem Bindegewebe, Muskeln, Blutgefäßen und vor allem auch aus zahlreichen Fettzellen. Diese können als Zellagen oder auch als abge-

grenzte Fettkörper (Panniculus adiposus) angeordnet sein. Dieses Fett ist sowohl ein Energiespeicher als auch ein Druckpolster und dient
zusätzlich als Wärmeisolator. Bei einigen Vogelarten liegen in der Subcutis auch luftgefüllte
Zwischenräume, die an das Luftsacksystem angeschlossen sind. Sie dienen ebenfalls als Pol-
ster, Isolator und sicher auch der Senkung der
spezifischen Masse und der aerodynamischen
Ausformung des Vogelkörpers. Die in der Subcutis liegenden quergestreiften Muskeln sind
zudem für die Bewegung der Federfluren zuständig (einzelne Federn werden über glatte
Muskeln der Lederhaut bewegt).

4.2 Sonderformen der Haut

Die Haut tritt beim Vogelkörper nur selten
nackt in Erscheinung. Eine Ausnahme ist der
bereits erwähnte **Brutfleck,** mit dem der Vogel
sein Gelege abdeckt und dadurch die Eier er-
wärmt. Hier im Bereich der Unterbrust kann
die Haut periodisch selbständig durch Federverlust nackt werden, oder die Vögel reißen
sich die Federn aktiv aus. Form und Anzahl der
Brutflecke sind sehr variabel (z. B. ein mittlerer
bei Sperlingsvögeln, zwei seitliche bei Watvögeln, ein mittlerer und zwei seitliche bei Hühnervögeln). Die Lederhaut wird im Bereich des
Brutfleckes dann in der Bebrütungsphase besonders stark durchblutet und oft stark faltig
bzw. lappig.

Völlig frei sichtbare kleinere **Hautpartien mit
Sonderfunktionen** sind z. B. Anhänge und Gebilde wie Lappen, Kämme, Säcke, Wülste,
Warzen, Zapfen usw. Besonders auffallend
sind z. B. Kamm, Kehl- und Wangenlappen vor
allem bei Hühnervögeln, Kiebitzen u. a. Arten,
die durch gefäßreiche, mit zahlreichen arterio-
venösen Anastomosen Hautfalten gebildet werden. Bekannt sind auch die z. T. sehr farben-
prächtigen Kehlsäcke von Pelikanen, Kormoranen und Fregattvögeln (hier durch spezielle
Luftsäcke sogar aufblasbar). Beim Präriehuhn
liegen paarige Hautsäcke jeweils seitlich am
Nacken. Solche Hautstrukturen können der
Balz, der Wärmeabgabe, der Aggressionsver-
deutlichung und anderen Funktionen dienen.
Bei Greifvögeln, Tauben und Papageien ist die
Basis des Oberschnabels vor der Stirn stark
verdickt und weich. Diese **Wachshaut** ist oft
auffällig gefärbt und umschließt meist die Nasenlöcher. Junge Taucher haben am Schnabel-

grund und seitlich am Kopf schwellbare und
auffällig gefärbt Hautstrukturen, die für die
Altvögel als Fütterungssignale wirken.

4.3 Hautbildungen

Die charakteristischen Hautbildungen sind Produkte aus Horn – also (ektodermale) Bildungen
der Epidermis. Am bekanntesten sind die Federn (vgl. Kap. 5).

Eine auffallende Hornbildung ist der **Schnabel.** Sein Hornteil (Rhamphoteca) ist eine stark
verhornte Epidermisbildung aus hartem Keratin (ein gegerbtes Eiweiß vor allem aus der
Aminosäure L-Cystein CySH, die reich an
Schwefelwasserstoffbrücken ist und die bereits

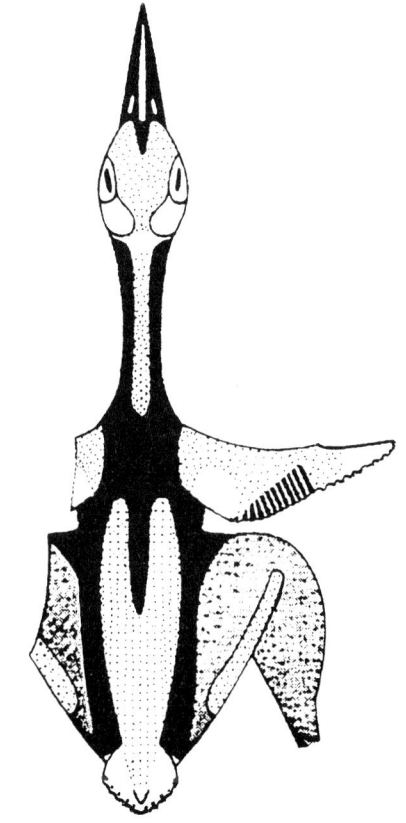

Abb. 4.1. Durch Melanin dunkel gefärbte Hautbezirke (schwarz) beim Erdkuckuck (nach OHMART
1971). Diese Hautpartien sind federlos und werden
beim Sonnenbaden den Wärmestrahlen exponiert.
Auf diese Weise kann der Erdkuckuck größere Mengen Energie »extern« aufnehmen. Die punktierten
Stellen geben Federbereiche an.

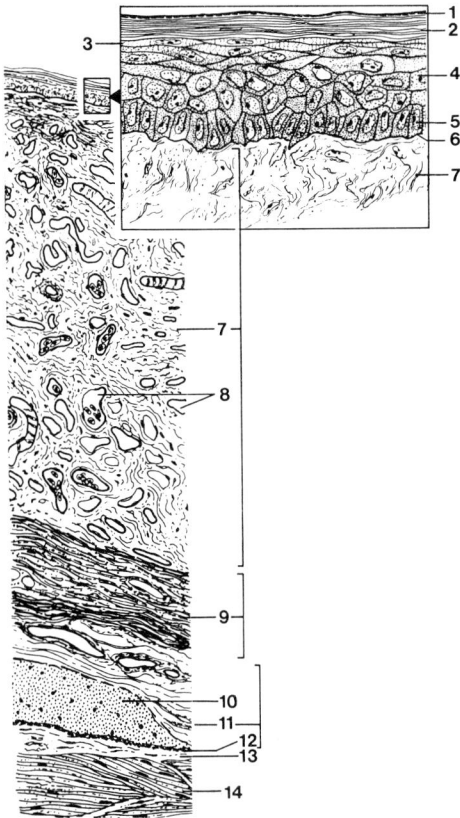

Abb. 4.2. Mikroskopischer Schnitt (schematisch) durch die Haut eines Huhns (nach Lucas 1979, verändert). Der Ausschnitt gibt die Vergrößerung der Epidermis wieder.
1 = Hydrolipidfilm; 2 = Stratum corneum; 3 = Stratum transitivum; 4 = Stratum intermedium; 5 = Stratum basale; 6 = Membrana basalis; (3–6) = Stratum germinativum; (1–6) = Epidermis; 7 = Stratum superficiale; 8 = Blutgefäße; 9 = Stratum compactum; 10 = Muskel (Musculus apterialis); 11 = Stratum laxum; 12 = Lamina elastica; 13 = Tela subcutanea; 14 = Muskel (Musculus striatus).

an Luft sehr stabile Disulfidbrücken der Struktur CyS-SCy bildet). Er ersetzt funktionell die Lippen und Zähne und wächst wegen der Abnutzung ständig nach. Der Hornschnabel enthält aufgrund seiner Aufgaben (»Lippe«) auch eine große Zahl sensibler Nervenendigungen und zahlreiche Sonderbildungen wie Haken, Zähne, Höcker, Papillen, Wülste, Rippen, Leisten, Löffel, Röhren usw. (Abb. 4.3), die von der Haut gebildet werden. Manche Schnabelpartien können auch Träger von Signalen sein

(z. B. als Balzschmuck dienen) und werden häufig nach der Brutzeit wieder abgeworfen (einige Alken, Nashornpelikan) oder insgesamt regelmäßig gewechselt (Rauhfußhühner). Der Schnabel kann unterschiedlich hart ausgebildet werden. Bei den Entenvögeln ist z. B. nur der vorderste Teil als »Nagel« stark verhornt.

Eine Fortsetzung des Schnabels als harte, hornige Stelle des Vogelkopfes ist bei einigen Arten auch die **Stirnplatte** (Bläßhuhn, Teichhuhn, Purpurhuhn), **Höcker** (Schwäne), die oben erwähnte **Wachshaut** und andere Hornplättchen und Hornkämme. Der **Eizahn** oder die Eischwiele ist ein horniges Gebilde des rostralen Teiles des Oberschnabels (oder seltener des Unterschnabels). Es dient dem schlüpfenden Jungvogel zum Aufbrechen der Eischale und wird nach dem Schlupf wieder abgeworfen.

Am Ende jeder Zehe tragen Vögel ein weiteres Horngebilde der Haut, nämlich den **Zehennagel.** Die Nägel sind in ihrem Bau vielfältig an verschiedene Aufgaben angepaßt (Abb. 4.4). Sie können kammartige Putzkrallen (z. B. Eulen, Rohrdommel, Tölpel, Reiher, Lappentaucher u.v.a.), flache Schaber zum Kratzen, Krallen zum Festhalten auf Ästen, Töten und Festhalten von Beute (»Greif«-Krallen der Greifvögel), flache, platte Schwimmnägel bei Tauchern, Sturmschwalben, lange und gerade Laufkrallen an den Hinterzehen von Lerchen und Piepern usw. sein.

Die untere Fläche der Nägel besteht in der Regel aus weicherem Horn als die obere Fläche. Zehennägel wachsen wie der Schnabel kontinuierlich; so wie an der Spitze unter natürlichen Bedingungen eine Abnützung erfolgt. Fehlt diese, kann es zu überlangen Nägeln kommen, die bei gefangengehaltenen Vögeln u.U. geschnitten werden müssen. Bei Rauhfußhühnern können seitlich auswachsende Hornkämme der Zehen (»Balzstifte«) in einem Stück abgeworfen werden. Sie wachsen dann langsam wieder nach.

Den meisten Vogelarten fehlen die Krallen an den Fingern der Flügel. Strauße besitzen Fingernägel aber an allen drei Fingern; Nandus einen am zweiten (eventuell auch am dritten) Finger; Kasuare, Kiwis und Emus besitzen einen **Fingernagel** am zweiten Finger. Weiterhin findet man sie am zweiten Finger (in der Regel) bei vielen Greifvögeln, Enten, Flamingos (3. Finger) u. a. Als seltene, aber regelmäßige Anomalie sind Fingernägel aber bei praktisch allen Arten zu beobachten – besonders auch bei

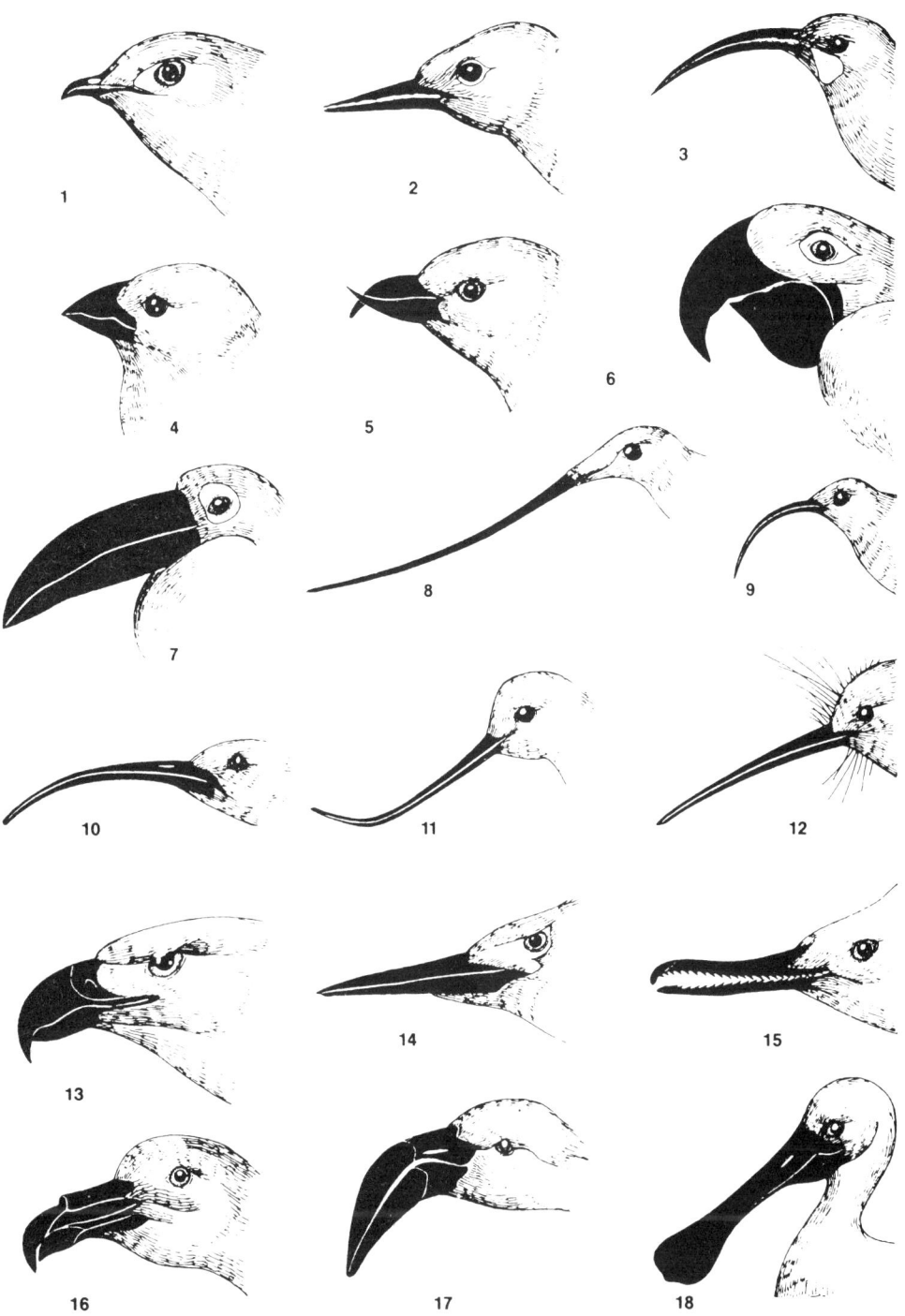

Abb. 4.3. Verschiedene Schnabeltypen bei Vögeln (nach Ziswiler 1976 aus Janssen 1985, verändert). 1 = Mauersegler; 2 = Specht; 3 = Lappenhopf (Weibchen; ausgestorben); 4 = Kernbeißer; 5 = Fichtenkreuzschnabel; 6 = Hyazinthara; 7 = Fischertukan; 8 = Schwertschnabel; 9 = Adlerschnabel; 10 = Weißibis; 11 = Säbelschnäbler; 12 = Kiwi; 13 = Steinadler; 14 = Rohrdommel; 15 = Säger; 16 = Sturmvogel; 17 = Flamingo; 18 = Löffler.

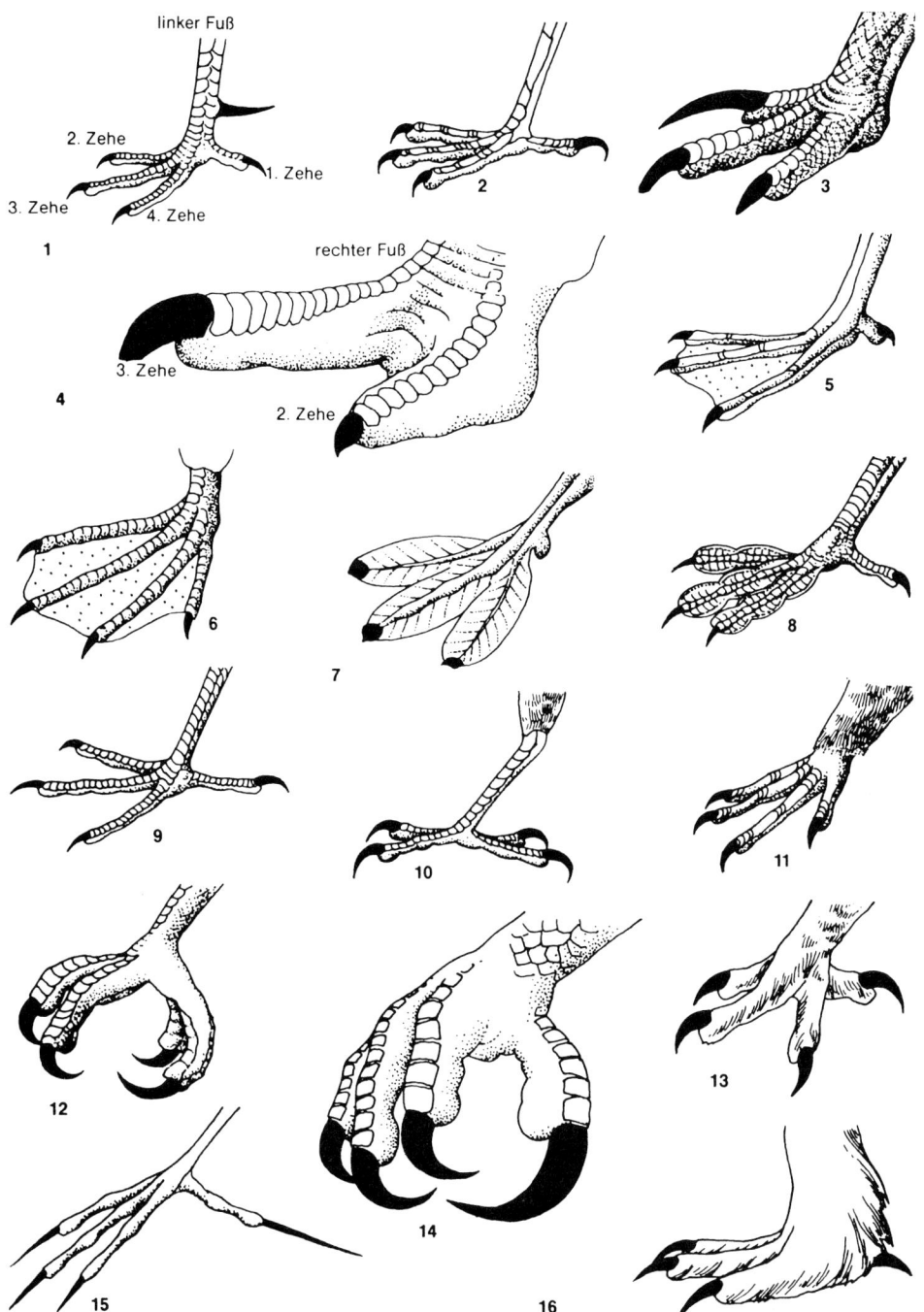

Abb. 4.4. Verschiedene Typen von Vogelfüßen (Zehennägel, Sporne, Fußschuppen; nach ZISWILER 1976 aus JANSSEN 1985, verändert). Dargestellt ist jeweils der linke Fuß (sofern nicht anders vermerkt).

1 = Bankivahahn mit Sporn (Pfeil); linker Fuß mit Zehennumerierung; 2 = Singvogel; 3 = Kasuar; 4 = Strauß; 5 = Enten, Gänse, Möwen; 6 = Kormoran; 7 = Haubentaucher; 8 = Bläßhuhn; 9 = Graureiher; 10 = Specht; 11 = Mauersegler; 12 = Fischadler; 13 = Eule; 14 = Steinadler; 15 = Blatthühnchen (Jacana); 16 = Schneehuhn.

frisch geschlüpften Jungvögeln (z. B. Bläßhuhn, Teichhuhn) bzw. Embryonen. Vermutlich waren Nägel als Grundausstattung früher den Vögeln generell eigen. Die Jungvögel des Hoatzin tragen am ersten und zweiten Finger große Fingernägel, die durch spezielle Muskeln bewegt werden können. Sie dienen dem Herumklettern im Nest und fallen später ohne Ersatz wieder ab (Abb. 3.3).

Nicht mit Nägeln gleichzusetzen sind **Sporne,** die bei einer Anzahl von Hühnervögeln, Regenpfeifern und Blatthühnchen an der Rückseite des Laufes, bei Wehrvögeln (zwei) am Mittelhandknochen des Flügels, bei der Sporengans am äußeren Handwurzelknochen und bei einigen Kiebitzen (Spornkiebitz) als Überzug des verlängerten Außenfingergrundgliedes vorkommen. Diese Sporne bestehen aus einem knöchernen Zapfen, der von einer zugespitzten Hornscheide umschlossen wird.

Die meisten der sichtbaren federlosen Hautbereiche des Vogels sind nicht nackt, sondern von epidermalen **Hornschuppen** bedeckt. Man findet sie vor allem als Überzug der Zehen und des Laufes (Podotheca). Sie sind stark verhornte Epidermis, die durch weniger stark verhornte Epidermisfalten voneinander getrennt werden. Diese Schuppen können körnerartige

Struktur haben (Ruderfüßer) oder aber zu Schildern, Platten oder Schienen zusammengefaßt sein. Solche Fußschuppen fehlen nur bei einigen Eisvogelgattungen *(Alcedo, Corythornis)* und Vogelarten, die befiederte Läufe haben. Beim Fischadler helfen besondere Schuppen an der Fußsohle beim Festhalten der schlüpfrigen Beute. Die Anordnung der Laufschuppen ist sehr konstant und kann u. U. auch für taxonomische Zwecke verwendet werden (Abb. 4.6).

Fersenschuppen an der Außenseite des Laufgelenkes finden sich bei den Jungvögeln einer Reihe von Vogelarten, die in Höhlen brüten (Spechte, Tukane, Bartvögel). Sie dienen den Jungen während der Nestlingszeit als Sitzfläche und später u. U. als Stütz-, Klemm- und Kletterorgan beim Hochklettern zum Flugloch. Diese Fersenschuppen fallen später ersatzlos ab.

4.4 Bürzeldrüse

Hautdrüsen sind bei Vögeln kaum ausgebildet. Die einzig wirklich auffallende ist die Bürzeldrüse (Glandula uropygii). Sie befindet sich auf der Körperoberseite über den letzten Schwanz-

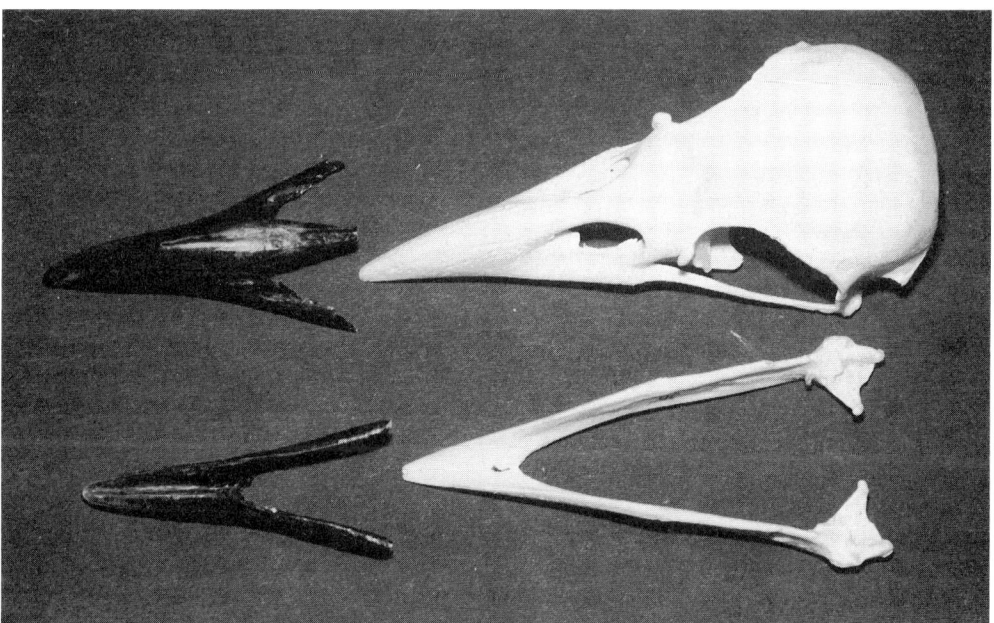

Abb. 4.5. Kopfskelett der Rabenkrähe mit abgezogenen ektodermalen Hornscheiden an Ober- und Unterschnabel (»Schnabelhorn«) (Foto R. PRINZINGER).

wirbeln am Grunde der Schwanzfedern. Sie ist bei den meisten Vogelarten mehr oder weniger stark ausgebildet. Wasservögel besitzen in der Regel sehr große Bürzeldrüsen. Die relativ schwersten findet man beim Zwergtaucher, mit rund 0,60 % und beim Zaunkönig mit 0,58 % der Körpermasse. Sehr kleine Drüsen haben Fruchttauben der Gattungen *Ducula* und *Ptilinopus* (0,02 % der Körpermasse). Kleine bis sehr kleine haben außerdem die Tauben allge-

mein, Nachtschwalben, Papageien und Reiher. Großtrappe, Emu, Kasuar sowie einige Tauben und Papageien haben nur embryonal eine Bürzeldrüse; beim erwachsenen Vogel fehlt sie.

Die **Bürzeldrüse** ist nieren-, herz- oder walzenförmig gebaut. Sie besteht im Normalfall aus meist zwei eiförmigen Hälften (Lappen, Lobus glandulae uropygialis; Abb. 4.7), die bilateralsymmetrisch aufgebaut sind und gemeinsam in einer Bindegewebshülle (Capsula

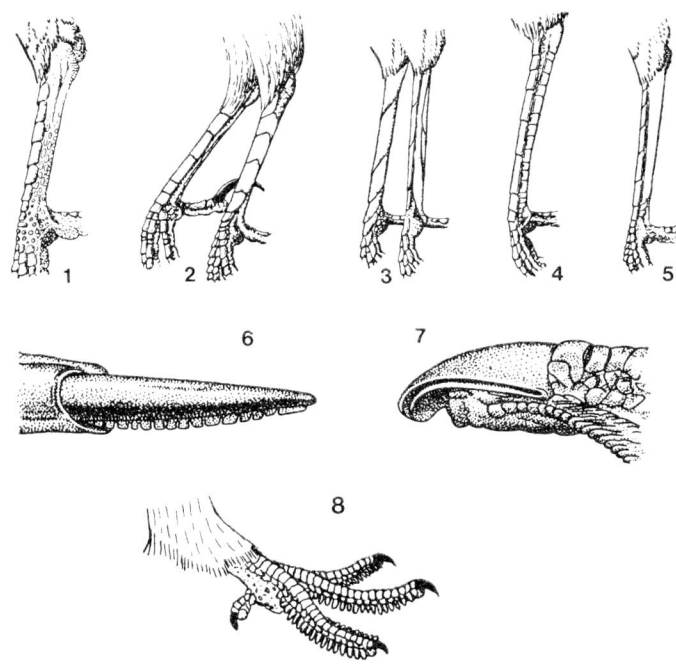

Abb. 4.6. Typen der Laufbedeckung bei Sperlingsvögeln (1–5 nach REICHENOW 1913–1914, aus BERNDT & MEISE 1958).
1 = pyknaspidianer Typ; Vorderseite des Laufes von einer Reihe von Gürteltafeln umschlossen, Hinterseite von kleinen Schildchen, die meistens abgerundete Ecken haben und nicht dicht aneinanderstoßen, bedeckt oder nackt. 2 = exaspidianer Typ; vordere Gürteltafeln, die sich um die Außenseite des Laufes herumlegen und meist auch noch die Fußsohle umfassen, so daß nur auf der Innenseite des Laufes ein nackter oder mit kleinen Schildchen bedeckter Streif übrig bleibt. 3 = endaspidianer Typ; vordere Gürteltafeln entgegen Typ 2 um die Innenseite des Laufes und um die Sohle herumgreifend; Außenseite nackt oder mit kleinen Schildchen. 4 = taxaspidianer Typ; Vorderseite des Laufes mit Gürteltafeln; an diese stoßen an jeder Seite eine Reihe rechteckiger bis rautenförmiger dicht aneinander liegender Schilder an, die mit ihren Rändern auf der Laufsohle zusammenstoßen. 5 = okreater Typ; Vorderseite des Laufes von Gürtel-

tafeln umschlossen, die oft zu einer vollkommenen Laufschiene (Stiefelschiene) verwachsen sind. An diese stößt jeweils auf beiden Seiten des Laufes eine Längsschiene unmittelbar an, die sich am untersten Ende oft in mehrere kleine Schildchen auflöst.
Nicht abgebildet ist der sogenannte knemidophore Typ. Hier sind Vorder- und Hinterseite mit je einer Schiene bedeckt, die aus zusammengewachsenen Schildchen entstand. Sie stoßen an den Laufseiten zusammen oder lassen einen schmalen Spalt, der mit einer Reihe sehr kleiner Schildchen bedeckt oder nackt sein kann.
Vorkommen der Laufbedeckungen: Schreivögel: 1, 2, 3, 4 und knemidophorer Typ. Leierschwänze, Lerchen, einige Fliegenschnäpper unter den Sängern und Würger; 4. übrige Singvögel; 5. Mittelzehennägel (5–8 z. T. nach BERNDT & MEISE 1958). 6 = Putzkralle am linken Fuß von Reihern; 7 = Kralle am rechten Fuß vom Schwan; 8 = seitliche Hornkämme als »Schneeschuhe« beim Kragenhuhn (sie fallen im Sommer wieder ab).

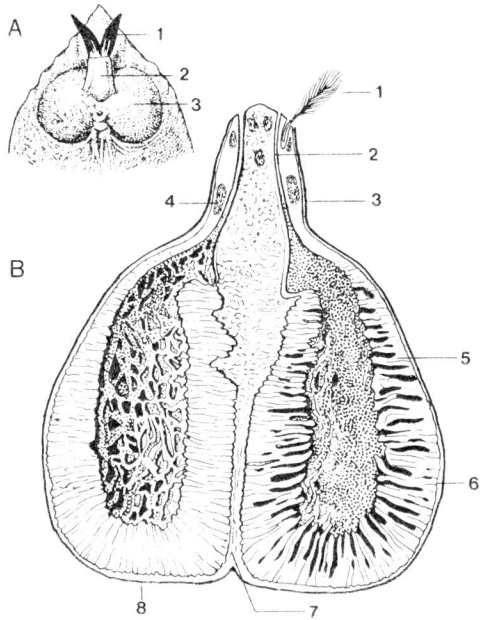

Abb. 4.7. A. Bürzeldrüse (Glandulae uropygialis) vom Wiedehopf naturalistisch in Aufsicht (nach BERNDT & MEISE 1958). 1 = Bürzeldocht; 2 = Bürzelzitze (Papilla uropygialis); 3 = ein Lobus der Bürzeldrüse (Lobus glandulae uropygialis).
B. Schematischer Längsschnitt der Bürzeldrüse eines Huhnes (nach LUCAS 1979). 1 = Bürzeldocht (Circulus uropygialis); 2 = Bürzeldrüsengang (Ductus glandulae uropygialis); 3 = Bürzeldrüsenzitze (Papilla uropygialis); 4 = Muskelfasern; 5 = Sekretdrüsen; 6 = Bindegewebskapsel (Capsula glandulae uropygialis); 7 = Lobenseptum (Septum interlobulare); 8 = Lobus (Lobus glandulae uropygialis).

glandulae uropygialis) liegen. Die beiden Hälften sind durch ein interlobuläres Septum voneinander getrennt. Jeder Lappen hat einen (bzw. bis zu achtzehn) eigenen Ausführgang (Ductus glandulae uropygialis), der auf einer median gelegenen unpaaren, warzenförmigen Papille (Bürzelzitze, Papilla uropygialis) mündet. Isthmusmuskeln können den Ausführgang verschließen. Jeder Lappen besteht aus Drüsentubuli (bis 150); diese wiederum aus holokrin arbeitenden (Epithel-)Zellen, die durch Zerfall ein öliges Sekret bilden. Dies gelangt in ein gemeinsames Sammelbecken. Durch Muskeldruck wird dieses Sekret ausgestoßen oder mit dem Schnabel herausgequetscht. Pinselfedern um den Drüsenausgang (Porus ductus uropygialis) herum angeordnet, bilden einen Bürzeldocht (Circulus uropygialis) und nehmen zunächst das Sekret auf. Fehlt ein Bürzeldocht (bei großen, weiten Ausführöffnungen), kann das Sekret auch direkt vom Schnabel aufgenommen werden. Dann kann es (in beiden Fällen) über das Gefieder verteilt werden.

Das **Sekret der Bürzeldrüse** besteht aus einer Kombination von sudanophiler Granula und Zellfragmenten. Die Granula besteht vorwiegend aus Monoester-Wachsen aus mehr oder weniger stark verzweigten Fettsäuren und Alkoholen, deren Zusammensetzung sich chemotaxonomisch verwerten läßt, da sie gut artkonstant ist. Daneben sind Farbstoffe, Duftstoffe und anderes mehr zu finden.

Funktionell gibt es wenig experimentelle Untersuchungen. Vieles ist daher Spekulation. Verschiedene **Aufgaben des Bürzeldrüsensekretes** werden diskutiert: Sicher schützt das Sekret das Gefieder vor Sprödigkeit und Abnützung und erhält die wasserabstoßende Wirkung (nicht bei Kormoranen, hier wird die Benetzbarkeit des Gefieders sogar unterstützt, damit der Vogel besser tauchen kann). Die gleiche Funktion gilt auch für den Schnabel und die Beine der Vögel, die ebenfalls eingeölt werden können. Moschusente, Wiedehopf und Röhrennasen haben übelriechende Bürzelsekrete. Sie könn(t)en sowohl zur Verteidigung als auch zur chemischen Kommunikation dienen (bei Gänsen vermutet). Zum Teil können Farben im Sekret auch auf das (weiße) Gefieder mancher Arten übertragen werden (Rosafärbung bei Pelikanen und Möwen; vgl. Kap. 5.4.1.2). Eine fungizide und bakterizide Funktion haben Fettsäuren auf der Haut bei Säugern. Ein solcher Effekt ist daher auch bei Vögeln denkbar. Nicht zuletzt wird diskutiert, ob das im Sekret vorhandene Provitamin Ergosterol sich nach dem Verstreichen auf dem Gefieder und unter Einwirkung von UV-Sonnenstrahlen in Vitamin D umwandelt und hier den Vögeln als entsprechende Quelle dient.

4.5 Andere Hautdrüsen

Neben der Bürzeldrüse haben Vögel nur noch im äußeren Gehörgang größere **Talgdrüsen,** die ein wachsartiges Produkt sezernieren, das sehr viele abgestoßene Zellen enthält. Auch am After gibt es einige Hautdrüsen, allerdings mit einem mukoiden Sekret. Sonst ist die Haut der Vögel praktisch frei von mehrzelligen Drüsen.

Schweißdrüsen sind überhaupt nicht vorhanden. Einzelne Hautdrüsenzellen, die über das gesamte Integument verteilt sind, geben bürzeldrüsenähnliche Substanzen ab und bilden den Hydrolipidfilm (s. o.).

5 Feder und Gefieder

5.1 Morphologie der Federtypen

Federn tragen alle Vögel; sie bedecken bei den meisten Arten den allergrößten Teil der Körperoberfläche. Viele Einzelfedern setzen das Gefieder zusammen, das folgende wesentliche Aufgaben zu erfüllen hat: Wärmeisolation, Ausbildung von Trag- und Steuerflächen, aerodynamisch günstige Verkleidung des Körpers, Träger von Farben und im Zusammenhang damit Ausbildung von besonderen Strukturen mit Signalwirkung.

Ein Federtyp allein kann nicht allen Aufgaben genügen. So sind je nach Funktion bestimmte Grundtypen der Feder zu unterscheiden, die jeweils viele Abwandlungen in Form und Struktur aufweisen können. Federn mit einer geschlossenen Fahne, die entweder dem Fliegen dienen oder dem Körper des erwachsenen Vogels Form und Farbe geben, kann man als Konturfedern zusammenfassen und verschiedenen Federtypen ohne Fahne gegenüberstellen, die meist unter den Konturfedern sitzen und verschiedenen Aufgaben dienen (z. B. Wärmeschutz, Puderbildung). Solche meist dunigen Federn bilden vor allem bei den Nestflüchtern in bestimmten Abschnitten der Jugendentwicklung das einzige Federkleid.

5.1.1 Konturfedern

Konturfedern (Pennae contourae) bestehen aus dem Fluggefieder (Großgefieder) und dem den Körper bedeckenden **Kleingefieder.** Zum **Großgefieder** rechnet man die Schwungfedern der Flügel und die Steuerfedern des Schwanzes. Die Konturfedern bestehen aus einem Kiel (Scapus), dessen runder basaler Teil, die Spule (Calamus), fest in der Haut sitzt. Die Spule ist nahezu hohl, nur von Resten aus der Wachstumszeit (»Federseele«) ausgefüllt. Eine feine Öffnung am unteren Ende ist der Nabel (Umbilicus proximalis). Der die nach zwei Seiten entwickelte Fahne (Vexillum) tragende, aus der Haut ragende Teil des Kiels, der Schaft (Rhachis), enthält im Inneren der kräftigen Rinde (Cortex) mit Luft gefüllte Kammern, die Mark-

zellen (Medulla). An der Unterseite des Schaftes verläuft der ganzen Länge nach eine Rinne, die am Übergang zur Spule am Ende des Fahnenansatzes in einem kleinen Grübchen (Umbilicus distalis) endet.

Konturfedern, die als Kleingefieder vor allem der lückenlosen Bedeckung des Körpers dienen (daher auch Deckfedern genannt), weisen am proximalen Teil der Fahne stets einen mehr oder minder ausgedehnten dunigen Teil (Pars plumacea) auf (z. B. bei Tauben besonders stark entwickelt). Sehr viele Konturfedern tragen an der Grenze zwischen Schaft und Spule eine **Afterfeder** (Hypopenna), an deren Afterschaft (Hyporhachis) meist nur Dunenäste sitzen. Dieser Afterschaft zweigt von der Ventralseite ab, ist in der Regel viel kleiner als die Hauptfeder und fehlt bei manchen Vogelgruppen (z. B. Ruderfüßern, Tauben, vielen Eulen und Singvögeln). Besonders deutlich ist er bei Hühnern ausgebildet und bei Emus und Kasuaren sogar genauso lang wie der Schaft. Er dient wohl der Verdichtung des Körpergefieders. Bei den längeren und härteren, oft auch schmäleren Federn des Großgefieders fehlt die Pars plumacea mehr oder minder ganz. Die Fahne der Schwung- und der seitlichen Schwanzfedern ist in der Regel asymmetrisch. Man unterscheidet eine meist schmalere und steifere Außenfahne von der breiteren und weicheren Innenfahne (Abb. 5.1).

Die **Federfahne** muß dicht schließen und zugleich so nachgiebig sein, daß sie bei übermäßigem Druck nicht irreparabel zerschlissen wird. Dies wird durch einen Reißverschlußmechanismus erreicht, der bei hohem Druck aufreißt, durch Putzbewegungen, z. B. mit dem Schnabel aber wieder geschlossen werden kann. Ihm liegt ein komplizierter Feinbau zugrunde (Abb. 5.2).

Von beiden Seiten des Schaftes zweigen parallele Reihen von **Ästen** ab (Rami oder Barbae), die eng beieinander liegend die Fläche der Federfahne bilden. Ihr Querschnitt ist seitlich stark komprimiert; an den Schmalseiten liegt je eine Verstärkungsleiste (Crista dorsalis und ventralis), die bei einzelnen Arten sehr unterschiedlich stark ausgebildet sein kann (starke Verbreiterung der Crista ventralis zu einem brettartigen Tegmen z. B. bei manchen Schwungfedern). Das **Mark** (Medulla) ist nicht mit dem des Schaftes verbunden, sondern beginnt an der Basis (Petiolus) des Astes, die oft durch eine kleine Einkerbung abgesetzt ist. Im Bereich der geschlossenen Federfahne (Pars pennacea) zweigen von den Ästen wiederum im spitzen Winkel nach beiden Seiten kleine (meist <0,5 mm lange) Strahlen (Radii oder Barbulae) ab, die untereinander verhakt sind. Die distalen Strahlen bestehen aus einem kompakten Basisteil und sind gegen die Spitze zu mit rückwärts gerichteten Häkchen (Hamuli) besetzt. Sie heißen daher **Hakenstrahlen.** Die proximalen Strahlen laufen dagegen gleichmäßig gebogen in einer feinen Spitze aus und heißen **Bogenstrahlen.** Sie tragen an der Oberseite auf der ganzen Länge eine umgebogene Krempe, in der die Häkchen der apikalen Teile der Hakenstrahlen einrasten. Gegen die Spitze zu sperren Widerhaken die Gleitschiene dieser Krempe ab. Als Folge der spitzwinkeligen Anordnung ist jeder Hakenstrahl mit mehreren Bogen-

strahlen verbunden (Abb. 5.2). Die Biegsamkeit des Systems wird noch dadurch erhöht, daß die Häkchen eines Hakenstrahls auf den Krempen der Bogenstrahlen hin und her rutschen können.

In verschiedenen Federn und auch in verschiedenen Bezirken einer Feder wird durch unterschiedliche Ausstattung der Strahlen eine Anpassung der Verankerung an die Beanspruchung erreicht. Bei den durch den Luftdruck am stärksten beanspruchten Schwungfedern ist die Verankerung am stabilsten, besonders am Spitzenteil. Bei einer großen Feder kann die Zahl der Strahlen 600 000 erreichen. An Fahnen oder Fahnenteilen, bei denen es darauf ankommt, auch den Zusammenhalt von Feder zu Feder zu erreichen, haben die Hakenstrahlen in ihrem Spitzenteil auch nach oben weisende Fortsätze (Reibungsradien), die eine Aufrauhung der Federoberfläche bewirken und damit das Auseinandergleiten der Federn während des Fluges verhindern. Konturfedern sind z. B. als Signalapparate in vielfacher Weise in ihrer Form abgewandelt. Die Variationsmöglichkeiten sind fast unübersehbar (Beispiele Tab. 5.1, s. ferner Kap. 5.4).

5.1.2 Dunen

Bei Dunenfedern (Plumae) ist der Schaft kürzer als die längsten Äste oder fehlt ganz. Ein Verankerungssystem zwischen den langen fadenförmigen Ästen mit schachtelhalmartiger Gliederung ist nicht ausgebildet. Dunenäste laden sich durch die Reibung bei der Körperbewegung negativ auf und halten daher meist den größtmöglichen Abstand voneinander ein. Die Strahlen sind oft kreuzweise in allen Richtungen angeordnet, so daß ein weiches dreidimensionales Netzwerk an der Basis der Strahlen entstehen kann (Abb. 5.1).

Dunen mit schlaffem Schaft, lockeren Ästen und weichen Strahlen sitzen als **Pelzdunen** (Teleoptile) meist unter den Konturfedern des Rumpfes beim erwachsenen Vogel, z. B. gleichmäßig über den Körper verteilt bei Pinguinen, Entenvögeln, Pelikanen (hier am Hals einzige Hautbedeckung) und Papageien, ungleichmäßig zwischen den Konturfedern bei Schnepfen- und Möwenvögeln, Eulen und Eisvögeln, nur auf den Federrainen (s. Kap. 5.3.1) bei Reihern, Trappen, den meisten Hühnervögeln, Nachtschwalben und Seglern sowie sehr spärlich oder fehlend bei Flachbrustvögeln,

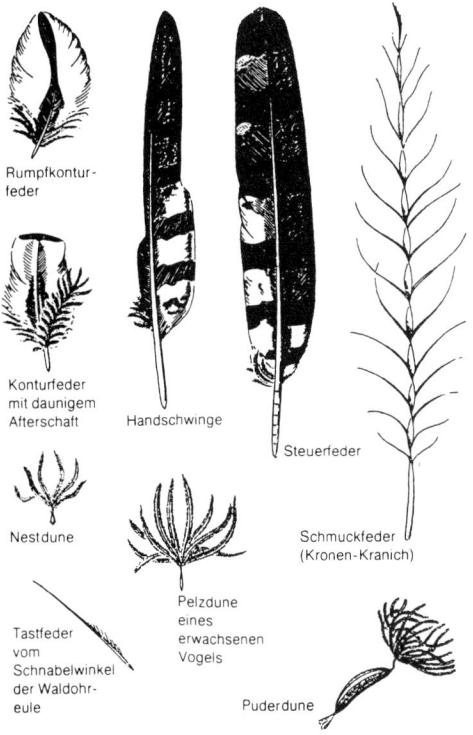

Rumpfkonturfeder

Konturfeder mit daunigem Afterschaft

Handschwinge

Steuerfeder

Nestdune

Schmuckfeder (Kronen-Kranich)

Pelzdune eines erwachsenen Vogels

Tastfeder vom Schnabelwinkel der Waldohreule

Puderdune

Abb. 5.1. Einige Federtypen (nach BERNDT & MEISE 1958, verändert).

Tauben, Kuckucksvögeln, Kolibris, Trogonen, Rackenvögeln, Spechten und Sperlingsvögeln. Ihre Hauptaufgabe ist die thermische Isolation.

Dies gilt auch für die **Nestdunen** (Neossoptile oder Neoptile), die bei den meisten Vögeln das erste Federkleid bilden. Ihre Äste gehen meist nicht von einem Schaft, sondern strahlig von der Federbasis aus. Sie sind in der Regel Vorläufer von Konturfedern oder Pelzdunen (Praepennae bzw. Praeplumae) und bilden daher meist nur den zuerst aus der Haut sprossenden Teil der endgültigen Feder, der dann abgeworfen wird. Nestdunen fehlen völlig z. B. bei Spechten, Eisvögel, vielen Rabenvögeln.

Bei Eulen kann zwischen dem ersten Dunenkleid und dem endgültigen Gefieder noch eine Dunengeneration aus **Zwischenfedern** (Mesoptile) ausgebildet sein, die aus etwas stärkeren Schäften und dunenartigen Strahlen bestehen.

Ähnlich gebaut sind **Halbdunen** (Semiplumae), deren Schaft länger als der längste Ast ist. Halbdunen sitzen entlang der gefiederten Bezirke der Konturfedergruppen, aber auch einzeln dazwischen oder auf Federrainen (s. Kap. 5.3.1). Meistens sind sie von Konturfedern bedeckt.

5.1.3 Weitere Federtypen

Sie sind meist nur in geringer Zahl oder bei wenigen Vogelgruppen anzutreffen.

Tab. 5.1. »Schmuckfedern«: Beispiele für auffällig verlängerte, verbreiterte oder besonders geformte Federn als Signalträger.

Federn bzw. Federpartien	Beispiele
Handschwingen	Flaggennachtschwalbe, Ruderflügel
Armschwingen	Mandarinente
Steuerfedern	Witwen, Paradiesschnäpper, Sägeracken, Fasane, einige Paradiesvögel und Kolibris, Birkhahn, Leierschwanz u. a.
Oberschwanzdecken	Pfau
Unterschwanzdecken	Wundersylphe
Oberflügeldecken	Molukken-Paradiesvogel
Scheitelfedern	Wiedehopf, Nymphensittich, Haubenmeise, Kiebitz u. a.
Hinterkopffedern	viele Reiher
Kinnfedern	Großtrappe
Kehlfedern	Auerhahn

Puderdunen (Pulviplumae) wachsen möglicherweise dauernd. Der Puder entsteht entweder aus Zellen, die bei der Federentwicklung die entstandenen Strahlen umgeben (z. B. Tauben) oder durch Zerfall distaler Äste (z. B. Reiher). Er besteht aus winzigen Partikeln (Teilchengröße etwa 1/1000 mm), die ein von Wasser nicht benetzbares Puder bilden, mit dem das Gefieder eingestäubt wird. Man nimmt

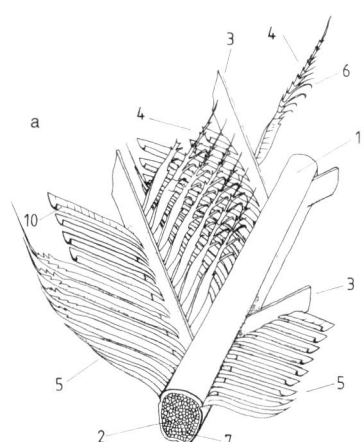
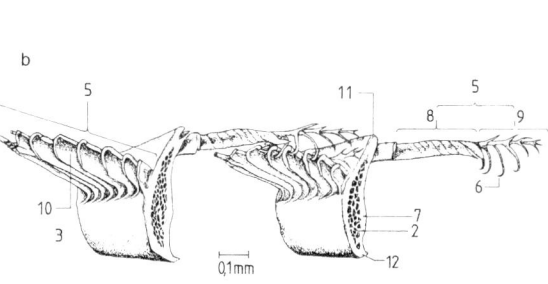

Abb. 5.2. Feinbau einer Feder. A. Aufsicht auf einen vergrößerten schematischen Ausschnitt einer Konturfeder (nach PORTMANN 1984, verändert); B. Segment zweier Äste (Barbae) aus einer Konturfeder des Haushuhns (nach LUCAS & STETTENHEIM 1972, verändert).
1 = Schaft (Rhachis); 2 = Markzellen (Medulla);
3 = Ast (Ramus oder Barba); 4 = Hakenstrahl (Barbula distalis); 5 = Bogenstrahl (Barbula proximalis); 6 = Häkchen (Hamulus); 7 = Rinde (Cortex); 8 = Basis des Hakenstrahls; 9 = Pennulum; 10 = Krempe des Bogenstrahls; 11 = Crista dorsalis; 12 = Crista ventralis;

an, daß die wasserabstoßende Wirkung, aber auch die Geschmeidigkeit der Konturfedern dadurch erhöht wird. Puderdunen finden sich z. B. bei Tauben, Reihern (hier auf der Unterseite zu ausgesprochenen Puderflecken konzentriert), Tukanen, Papageien und Laubenvögeln. Sie fehlen bei Arten mit stark entwickelter Bürzeldrüse (s. Kap. 4.4).

Pinselfedern mit kurzem Schaft und langen Ästen mit dicht stehenden Strahlen können die Ausfuhrzugänge der Bürzeldrüse umgeben.

Fadendunen (Filoplumae) bestehen aus einem dünnen, fast oder ganz fahnenlosen Schaft, der meist ein Büschel biegsamer Äste am distalen Ende trägt. Als einzige Federn haben sie keine Muskeln am basalen Follikel (s. Kap. 5.2.2). Sie stehen einzeln zwischen oder als Saum um je eine Konturfeder oder Pelzdune. Man nimmt an, daß sie mit der sensorischen Kontrolle der Lage der größeren Federn zu tun haben, da an ihrer Basis langsam adaptierende Mechanorezeptoren sitzen. Sie fehlen nur bei Strauß, Emu und den Kasuaren. Bei den meisten Vögeln werden sie von den Konturfedern bedeckt; bei den Bülbüls sind solche Haarfedern vor allem im Nacken verlängert und bei vielen Scharben bilden sie meist nur für kurze Zeit weiße Halsfedern.

Borstenfedern (Setae) treten in verschiedener Form auf; sie sind nur am Kopf zu finden. Sie haben einen wahrscheinlich durch Melanineinlagerung (s. Kap. 5.4.1.1) versteiften Schaft und tragen höchstens am proximalen Ende Äste. Borsten sitzen sehr häufig um das Auge, die bei manchen Arten als lange »Wimpern« vergrößert sind z. B. bei Nashornvögeln, Rennkuckuck oder Seriema. Setae nariales, auch als Vibrissae bezeichnet, sitzen häufig am Schnabelgrund bei Insektenfressern, sind aber besonders auffällig auch bei Bartvögeln, Eulen, Schwalmen, Eulenpapagei oder Kiwi. Sie werden als Tastborsten angesehen.

Durch **Federmuskeln** (Musculi pennati) können Federn angehoben, niedergedrückt oder auch gedreht werden. Die glatten Muskeln (s. Kap. 2.2.1) sind durch ein elastisches Ligament mit der Außenseite der Follikelwand (s. Kap. 5.2.2) verbunden.

5.2 Feinbau und Entwicklung der Feder

5.2.1 Keratin

Die ausgewachsene Feder ist ein totes Gebilde. Vor dem Absterben der Federzellen bilden sich aus einem Gemisch von Proteinen harte Keratin-Komplexe, die gegenüber hydrolytischen Enzymen und bakterieller Zersetzung sehr widerstandsfähig sind. Das **Federkeratin** besteht aus Ketten von etwa 100 Aminosäuren, die mit einem Molekulargewicht von etwa 14 500 kleiner als die Bestandteile des Säugetierkeratins sind. Einzelne Keratinketten, die besonders reich an Molekülen der Aminosäure Zystein sind, werden durch feste Disulfidbrücken miteinander zu Zystin verknüpft.

Im gesamten Gefieder von Dachsammern machte Zystein 11 mol% aller nachgewiesenen Aminosäuren aus; der Gehalt an Stickstoff betrug 15,2 %, an Schwefel 3,1 %. Bei domestizierten Vögeln wurde meist ein geringerer Zystin- und Schwefelgehalt gefunden. Über die Struktur des Keratins bestehen folgende Modellvorstellungen: Das zentrale Drittel jedes Keratinmoleküls ist eine gefältelte Platte; je zwei solcher Platten sind miteinander um eine zentrale Achse gewunden und bilden zusammen eine Mikrofibrille, die im Elektronenmikroskop als Stab mit anderen parallel ausgerichtet in einer amorphen Matrix liegt. Diese Substanz bildet die beiden Enddrittel, in der auch die Disulfidbrücken liegen.

Keratin entsteht während der Embryonalentwicklung, beim Haushuhn z. B. nicht vor dem 12. Bebrütungstag. Ab dem 19. Tag ist so gut wie alles Eiweiß in der Feder Keratin, das aus vielen verschiedenen Molekültypen (Monomeren) besteht, die wahrscheinlich auf eine entsprechend große Zahl von Genen zurückgehen (beim Haushuhn schätzt man 100 bis 240). Verschiedene Federbezirke (z. B. wie Schaft oder Ast) eines Individuums enthalten unterschiedliche Sätze aus dem gesamten Keratinbestand, dagegen entsprechende Teile verschiedener Federn die gleichen. Ebenso ist kaum eine intraspezifische Variation zwischen vergleichbaren Federteilen verschiedener Individuen festzustellen. Doch ergeben sich deutliche Unterschiede zwischen Arten und auch zumindest zwischen einem Teil der Subspezies. Die Elektrophorese von Federkeratin ist daher für taxonomische Studien wichtig, zumal hierzu auch

Federn von Museumspräparaten und damit schon vor langem gesammeltes Material und sogar ausgestorbene Arten untersucht werden können.

5.2.2 Entwicklung der Feder

Die Feder ist ein keratinisiertes Gebilde der Epidermis. Etwa vom 5. Embryonaltag (Haushuhn) an entstehen Federanlagen. Das Mesenchym (embryonales Bindegewebe) läßt an bestimmten Stellen Verdickungen erkennen. Die darüberliegende Epidermis reagiert durch Aufwölbung und Verdickung. Sie wächst zu einem nach außen vorragenden Zapfen aus, der im inneren Mesenchym, das später zur ernährenden Dermis differenziert, enthält. Der Zapfen senkt sich in die Haut ein und bildet den Federbalg oder **Follikel** (Folliculus). Ein fertiger Federfollikel besteht aus dem zentralen Zapfen, der Papille, die von der Epidermis umhüllt einen Dermiskern aufweist sowie einen eingesenkten Ringgraben und der die Federanlage umgebenden Wand (Abb. 5.3). Da das Wachstum an der Vorderseite (kranial) stärker ist, senkt sich die wachsende Papille nach hinten (kaudad); die Vorderseite des Keims wird zur Oberseite der zukünftigen Feder.

Wenn der Follikel seine maximale Größe erreicht hat, ändert sich das System der Zellteilungen: Waren zunächst über die gesamte Oberfläche der Follikelepidermis Zellen aktiv, so lokalisiert sich die Zellteilung jetzt an der Basis des Follikels am Ringgraben in der Matrix. Von hier aus findet dann das weitere Federwachstum statt. Damit ist die Abfolge der Federdifferenzierung anders als z. B. das Wachstum einer Pflanze: Die jeweils am weitesten differenzierten Teile sitzen am distalen Ende; zuerst differenzieren sich die Strahlen, dann die Äste und zuletzt die Spule. Zellen, die Strahlen, Äste und Schaft bilden, keratinisieren, die dazwischen liegenden normalerweise nicht. Sie sterben ab und lösen sich auf. Die Keratinisierung als Voraussetzung der komplexen Federstruktur läuft als genetisches Programm in der Follikelepidermis ab (vgl. Kap. 5.2.1).

Im ausgewachsenen Zustand besteht die Epidermis aus vielen Zellschichten. Über einer Basalmembran als Abgrenzung zur Dermis, in der sich Muskeln, Blutgefäße und Nerven bilden und an die Federanlage herangeführt werden, liegt eine Schicht sich nach außen teilender

Zellen (Stratum germinativum). Die äußersten Zellen dieser Teilungsabfolge keratinisieren und sterben ab. Sie bilden eine Schutzhülle um die Papille, die **Federscheide.** Von den mittleren Zellagen der Epidermis (Intermediär- oder Mittelzellen) nehmen so gut wie alle Teile der fertigen Feder ihren Ausgang. Sie richten sich von der Spitze zur Basis fortschreitend in der Längsachse des Federkeims aus und bilden parallele Leisten, aus denen die Äste (und später

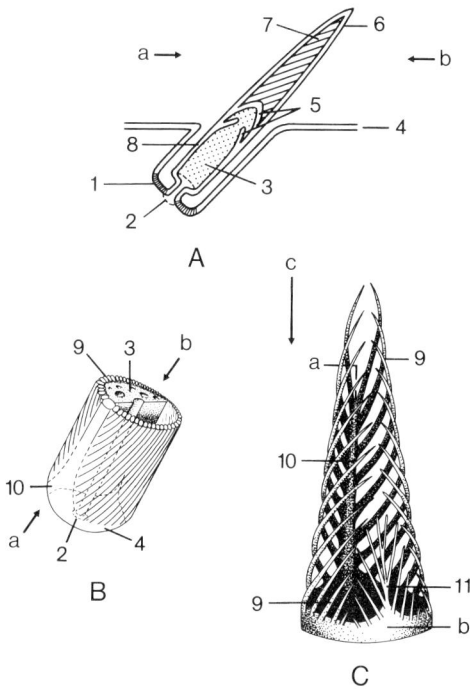

Abb. 5.3. Entwicklung einer Konturfeder. A. Schematischer Längsschnitt durch ein Follikel; B. Modell der Differenzierung der Federäste, frühes Stadium (nach PORTMANN 1984, verändert); C. Modell der Entwicklung der Federäste (Federscheide und Pulpa weggelassen; nach LUCAS & STETTENHEIM 1972, verändert).

a = kranial oder Dorsalseite der Feder; b = kaudal oder Ventralseite der Feder; c = Differenzierungsrichtung.

1 = Matrix; 2 = Umbilicus inferior mit persistenten Dermiszellen; 3 = Dermispulpa; 4 = Epidermis; 5 = fertige und entstehende Pulpakappe; 6 = Federscheide (verhornte oberste Epidermisschicht); 7 = bereits keratinisierte Teile der Feder mit den schräggestellten Leisten der Federäste, die sich auf der Dorsalseite der Feder mit der Anlage des Schaftes (10) verbinden; 8 = Spule (Calamus); 9 = Leisten der Federäste (Rami); 10 = Anlage des Schaftes (Rachis); 11 = Afterfeder (Hypopenna).

bei den Konturfedern auch die Strahlen) entstehen. Gegen den zentralen Dermiszylinder, der Pulpa, werden diese Leisten durch eine basale Zellage abgeschlossen. Diese Zellen dringen auch zwischen den Leisten bis fast an die Federscheide vor, so daß im Querschnitt ein sternförmiges Bild der Dermispulpa entsteht und die einzelnen Leisten deutlich gegeneinander abgegrenzt sind. An der Basis wird die Pulpa durch einen Epidermiskragen eingeschnürt. Innerhalb dieses Rings bleiben auch später noch lebende Dermiszellen bestehen, die mit der Matrix des Epidermiskragens ein Vogelleben lang an der Neubildung von Federn beteiligt sind.

Die **Leisten** der späteren Äste differenzieren sich von der Spitze zur Basis und schließen sich dann der Anlage des Schaftes an, der bei Dunen allerdings extrem kurz ist (vgl. Kap. 5.1.2). Wenn die Spitze der Äste schon keratinisiert ist und die Zellen absterben, enthalten ihre proximalen Teile noch lebende Zellen. Nach der Keratinisierung von Ästen und Schaft bilden die noch verbleibenden Intermediärzellen an der Basis die Spule, die dann im Follikel verbleibt und die Feder bis zur nächsten Mauser (vgl. Kap. 6.1) verankert.

Am **Ende des Federwachstums** wird die Pulpa durch eine sukzessive Folge von Pulpakappen im Inneren der Spule gegen die Spitze zu (distal) abgeschlossen. Lebende Zellen distal der jeweiligen Pulpakappe sterben entweder ab oder wandern in die proximalen Dermisbezirke; die Blutgefäße schrumpfen ein. Die hornige Federscheide trocknet von der Spitze her aus und splittert, so daß allmählich die Federfahne frei wird. Da bei Verletzung der noch geschlos-

senen bzw. nicht abgetrockneten Teile der Federscheide Blut austritt, spricht man auch von »**Blutkielen**« (Abb. 5.4).

Nach der Bildung von Neossoptilen bilden sich die Follikel noch weiter aus. So erreichen z. B. beim Haushuhn die Follikel der Schwungfedern etwa zum Zeitpunkt des Schlüpfens die Flügelknochen. Auch am Körper senken sich die Follikel häufig noch tiefer in die Haut. Im Unterschied zur Dunenbildung liegen in der Entwicklung der Konturfedern die Leisten für die **Differenzierung der Äste** nicht parallel der Längsachse des Keims, sondern ordnen sich schräg an. Jedes Ästepaar beginnt auf der Ventralseite des Keims zu entstehen. Die beiden Anlagen werden gegenläufig dorsal abgestoßen. Sofort bildet sich an der Ventralseite der Follikelbasis ein neues Anlagenpaar. Während der Wanderung zur Dorsalseite werden die differenzierten Zellstreifen durch Nachschub von der Basis immer länger und wickeln sich um den zentralen Zylinder der Pulpa. Auf der Dorsalseite angekommen, treffen sie sich nicht; vielmehr bleibt ein breiter Streifen frei, in dem sich ebenfalls von der Spitze her der Schaft differenziert, der dann die beiden Äste distad mitführt.

In ähnlicher Folge differenzieren sich die **Strahlen** aus Zellplatten innerhalb der Anlagen der Federäste von der Spitze her zur Basis. Wenn die Äste sich an das Schaftmaterial angeschlossen haben und distad geschoben werden, haben sich auch die Zellreihen der Strahlen formiert, die dann von der Spitze her verhornen und die für Bogen- und Hakenstrahlen typischen Strukturen ausbilden.

Ähnlich wie der Schaft mit den Ästen bildet sich auf der Ventralseite der Konturfederanlage die Afterfeder mit ihren Ästen.

Der Tag-Nacht-Rhythmus im Federwachstum führt zu breiter Querbänderung als Folge unterschiedlicher Ablagerungsaktivität der federbildenden Zellen, von der Kiel, Äste und Strahlen betroffen werden. Solche **Wachstumsstreifen** sind nicht an allen Federn gleich gut erkennbar und auf der Fahne der Federoberseite am besten gegen schräg auffallendes Licht zu sehen. Sie verlaufen meist in einem Winkel von weniger als 90° zum Federschaft. Ihr Abstand kann Aufschluß über die Wachstumsgeschwindigkeit und die täglich gebildete Federlänge geben. Davon zu unterscheiden sind sog. **Hungerstreifen**, die in Zeiten schlechter Ernährung (und wahrscheinlich auch bei Streß) entstehen

Abb. 5.4. Tüpfelsumpfhuhn in der Großgefiedermauser: Schwingen und Deckfedern stecken noch fast ganz in den Blutkielen (Foto P. BECKER).

und meist schmale Defektlinien mit mangelhafter Pigmentierung bilden. Federn können daher an solchen Stellen leicht abbrechen. Bei Singvögeln sind Hungerstreifen an Schwanzfedern meist häufiger als an Schwungfedern (und hier vor allem bei inneren Armschwingen am häufigsten).

5.3 Zusammensetzung und Anordnung des Gefieders

Unter Gefieder (Ptilosis) versteht man die Summe aller Federn am Vogelkörper. Die einzelne Feder kann ihre Aufgabe meist erst im Verband mit weiteren gleichartigen oder unterschiedlichen Einheiten erfüllen. Das Gefieder ist bei allen Vögeln grundsätzlich ähnlich zusammengesetzt, zeigt aber im Detail vielfach interspezifische und innerhalb engerer Grenzen auch intraspezifische Unterschiede zwischen

Populationen. Bestimmte Eigentümlichkeiten sind auch für größere systematische Gruppen charakteristisch. Innerhalb einer Population ergeben sich oft beträchtliche Unterschiede im Gefieder verschiedener Altersstadien, der Geschlechter und zwischen Jahreszeiten. Man spricht dann von unterschiedlichen Kleidern (zur Terminologie s. Kap. 6.3.2).

Die wichtigsten Funktionen des Gefieders sind mechanischer Schutz des Körpers, Mitwirkung am Wärmehaushalt, Flugorgan, stromlinienförmige Verkleidung des Körpers, Bildung von Farbmustern (z. B. zur Tarnung oder im Dienst der Kommunikation); viele weitere Funktionen spielen bei einzelnen Taxa oder Anpassungstypen eine wichtige Rolle.

5.3.1 Zahl und Anordnung der Federn

Verläßliche Zahlen über individuelle oder gar artspezifische **Federmengen** gibt es nicht. Die

Tab. 5.2. Zahl der Konturfedern (n) bei einigen Wasser- und Landvögeln (jeweils nur einzelne Individuen untersucht).

	Körpergewicht (g)	n	davon an Hals und Kopf
Wasservögel:			
Zwergschwan	7 000	25 216	80 %
Spießente	1 000	14 914	70 %
Indianerbläßhuhn	800	13 913	
Silbermöwe	> 500	6 544	52 %
Krickente	370–400	11 450	62 %
Klapperralle	260–300	7 224	
Bindentaucher	130–140	15 016	53 %
Wasseramsel	59	4 638	30 %
Wiesenstrandläufer	ca. 25	4 480	
Landvögel:			
Weißkopfseeadler	5 000	7 182	
Streifenkauz	800	9 206	
Purpurgrackel	120	2 730	
Kreischeule	110	6 458	42 %
Palmtaube	100	4 207	22 %
Blauhäher	95–100	1 898	
Falkennachtschwalbe	70	2 265	
Singdrossel	58	3 303	17 %
Carolinaspecht	ca. 50	3 665	
Lousianawürger	50	2 150	
Braunkopf-Kuhstärling	40–43	1 622	29 %
Haussperling	25–30	1 359	
Stelzenwaldsänger	20	1 525	
Kentuckywaldsänger	14–15	1 511	
Hemlockwaldsänger	9–10	1 414	
Satrapgoldhähnchen	5– 6	1 268	
Rubinkehlkolibri	2– 3	940	

meisten Zählungen umfassen nur die Konturfedern. Da aber auch sie sich aus sehr ungleichartigen Federn zusammensetzen, sind quantitative Ermittlungen nicht nur recht mühselig und daher bisher meist nur an wenigen Arten und Individuen durchgeführt worden, sondern auch nicht unbedingt ein Maßstab für die Dichte der Befiederung.

Große Vögel haben im allgemeinen mehr Federn als kleine (Tab. 5.2), doch nimmt die Federzahl wesentlich langsamer zu als das Körpergewicht. Kleine Landvögel z. B. haben daher im allgemeinen pro Masseneinheit mehr Federn als große, allerdings auch eine größere relative Körperoberfläche. Auch die relative Masse der Federn (etwa 5 bis 10 % des Körpergewichts) nimmt mit abnehmender Körpermasse zu. Da Federn aber nicht gleichmäßig über den Körper verteilt sind (s. unten), besagen solche Verhältnisse noch nicht viel. Zudem sitzt vor allem bei größeren Arten ein erheblicher Teil der Federn an Kopf und Hals (Tab. 5.2). Wasservögel scheinen im allgemeinen mehr Federn zu tragen als Landvögel und unter letzteren Singvögel relativ wenige.

Interspezifische Unterschiede in der **Federzahl** lassen sich z. T. als Anpassungen an das Klima des Lebensraumes erklären. Bei gleicher Masse des Kleingefieders im Jugendkleid wiegt das Kleingefieder im ersten Adultkleid bei der Mönchsgrasmücke um 21 % mehr als das der Gartengrasmücke (bei durchschnittlich 18 % mehr Masse der Einzelfeder). Mönchsgrasmücken überwintern als überwiegende Kurzstreckenzieher in deutlich kühleren Winterquartieren als der Langstreckenzieher Gartengrasmücke. Ähnlich lassen sich auch intraspezifische Unterschiede in Gebieten mit thermischen Jahreszeiten nachweisen. Bei Haussperlingen in den USA nahm die Zahl der Konturfedern vom Winter zum Sommer um 11,5 % ab. Bei anderen Arten (z. B. Palmtaube in Südafrika) konnten keine saisonalen Unterschiede festgestellt werden. Bisher liegen aber zur Frage der saisonalen Federmengen nur wenige Untersuchungen vor. Als Vergleichsgrundlage wird die Zahl der Federn pro Flur (Pteryla, s. unten) vorgeschlagen.

Obwohl bei den meisten Vögeln der Körper lückenlos mit Federn bedeckt ist (Ausnahmen z. B. Strauß, Köpfe der Geier), sitzen zumindest die Konturfedern meist auf relativ eng umgrenzten, meist als Streifen ausgebildeten Bezirken, die als **Federfluren** (Pterylae) be-

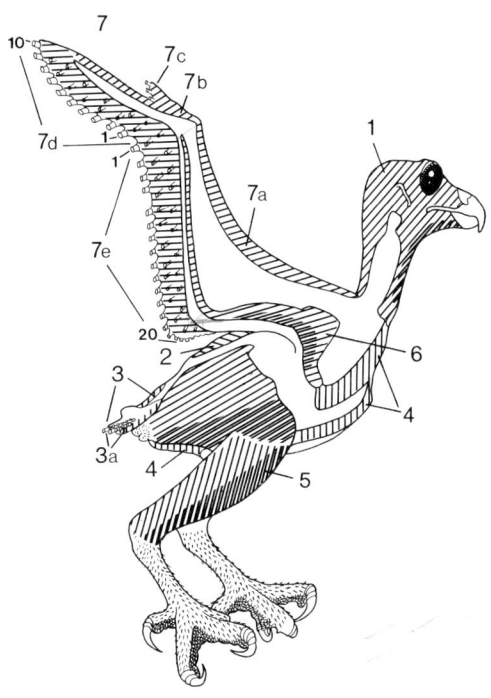

Abb. 5.5. Halbschematische Übersicht der wichtigsten Federfluren beim Virginia-Uhu (nach Lucas & Stettenheim 1972, verändert).
1 = Kopffluren (Pterylae capitales; etwa 12 Einzelfluren); 2 = Rückenfluren (Pt. spinales; etwa 3 Einzelfluren); 3 = Schwanzfluren (Pt. caudae), 3a = Steuerfedern (Rectrices); 4 = Bauchfluren (Pt. ventrales; etwa 5 Einzelfluren); 5 = Fluren der Hinterextremitäten (Pt. membri pelvici; 4 Einzelfluren); 6 = Körperseitenflur (Pterula trunci lateralis); 7 = Flügelfluren (Pt. alae), 7a = Randdecken der vorderen Flughaut (Tectrices marginales propatagii), 7b = Randdecken der Hand (T. m. manuales), 7c = Daumenfittich, Nebenfittich (Alula), 7d = Handschwingen 1–10 (Remiges primarii), 7e = Armschwingen 1–20 (R. secundarii).

zeichnet und durch federfreie Hautbezirke, den **Federrainen** (Apteria; Singular: Apterium), voneinander getrennt werden. Bei Landvögeln machen die relativ schmalen Federfluren insgesamt etwa die Hälfte der Hautfläche aus. Wasservögel neigen zu größeren Federfluren; die schmalen Raine sind meist mit Dunen besetzt. Nur bei adulten Flachbrustvögeln, Pinguinen und Wehrvögeln sind die Konturfedern gleichmäßig oder zumindest regellos über die Körperoberfläche verteilt. Deutlich ausgebildete Flurensysteme bei weit entwickelten Embryonen dieser Arten lassen aber den Schluß zu, daß

Pterylosis ein Grundmerkmal der Befiederung ist.

Da das System der Fluren unter dem Aspekt der Evolution offensichtlich ein relativ konservatives Merkmal darstellt, kann das Studium der **Flurenmuster** (Pterylographie) und insbesondere auch die Zahl der zu einzelnen Partien zählenden Federn und ihre Anordnung in Reihen einen Beitrag zur Klassifikation höherer Taxa (ab Familie) liefern. Die Grundlagen dieser noch relativ wenig weit entwickelten Untersuchungen gehen auf NITZSCH (1840) zurück.

Die Einteilung der Federfluren und -raine ist immer noch etwas willkürlich. Nach modernen Vorschlägen unterscheidet man etwa 7 Hauptbezirke, von denen einige paarig vertreten sind (Abb. 5.5). Sie können meist in mehrere Teile untergliedert werden. Die Nomenklatur der Apteria schließt sich jener der Pterylae an.

Für die Bedeutung der Federgruppierungen in Fluren gibt es mehrere plausible, doch meist wenig untersuchte Erklärungen. In Verbindung mit der dachziegelartigen Überlagerung der Federn führt die Anordnung nicht nur zu einer lückenlosen Bedeckung der Körperoberfläche, sondern ermöglicht auch gute Beweglichkeit z. B. der Gliedmaßen und des Halses, ohne daß »Risse« im Federkleid entstehen. Jede Konturfeder deckt einen wesentlich kleineren Teil der Körperoberfläche als ihrer Größe entspricht; nur ihr Spitzenteil liegt frei; der größere basale Teil wird von den Nachbarfedern überdeckt. Durch die lückenlose Überdeckung nicht befiederter Hautbezirke wird auch die Gesamtmasse der Federn reduziert. Einsparung an Federn führt auch zur Verringerung der physiologischen Belastung bei der Gefiedererneuerung.

Schließlich kann aber auch nackte Haut eine nicht zu unterschätzende Rolle bei der Thermoregulation spielen.

5.3.2 Flügel- und Schwanzbefiederung

Besonders gut aufeinander abgestimmt sind die Federn des Flügels (Abb. 5.6). Sinnvolle Gruppierung fügt verschiedene Gefiederpartien zu einer funktionellen Einheit zusammen. Die streng dachziegelartige Anordnung ergibt eine stabile Fläche von großer Leichtigkeit. Anordnung und Form der Federn fügen sich zu einer aerodynamisch günstigen Gestalt. Andererseits kann durch Veränderung weniger Elemente oder der Längenverhältnisse die Grundform an verschiedene Anforderungen angepaßt werden; Beweglichkeit von Einzelfedern oder Federgruppen lassen auch an einem Flügel verschiedene Stellungen und Verformungen zu. So sind allein im Bereich der Flügelbefiederung viele Abwandlungen mit funktioneller Bedeutung festzustellen (s. auch Kap. 5).

Die **Schwungfedern** (Remiges) sitzen kaudal gerichtet in einer Reihe, wobei jede Feder die folgende teilweise überdeckt. Alle werden mit bindegewebigen Strängen (Ligamenten) in ihrer Lage gehalten. Am Handteil des Flügels, also vom Handgelenk (Carpalgelenk) nach außen, sitzen die Handschwingen (Remiges primarii), und zwar Nr. 1 bis 6 an der Mittelhand (Metacarpus) und Nr. 7 bis 11 an den Fingern (Phalanges). Die äußerste (11.) Handschwinge ist oft nur ein kleines Federchen am 2. Glied des 2. Fingers und wird Remicle genannt (nach anderer Ansicht handelt es sich um eine Deckfeder). Normalerweise sind also 10 Hand-

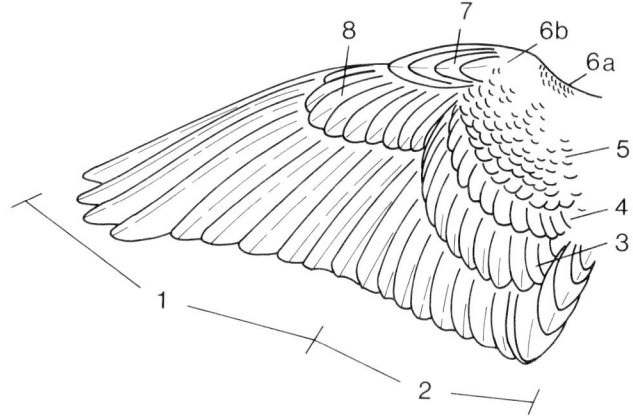

Abb. 5.6. Dorsalansicht des Flügels einer Taube, vereinfacht (nach BRECKENRIDGE in PETTINGILL 1985, verändert).
1 = Handschwingen (Remiges primarii); 2 = Armschwingen (R. secundarii); 3 = Große Armdecken (Tectrices secundariae majores); 4 = Mittlere Armdecken (T. s. medianae); 5 = Kleine Armdecken (T. s. minores); 6 = Randdecken (a = T. marginales propatagii; b = T. m. manuales); 7 = Daumenfittich, Nebenfittich (Alula bzw. Remiges alulares); 8 = Große Handdecken (Tectrices primariae majores).

schwingen zu finden, die zweckmäßigerweise vom Handgelenk nach außen numeriert werden. Bei den meisten Ordnungen mit Ausnahme der Sperlingsvögel sind 10 Handschwingen voll ausgebildet (Remicle nicht mitgezählt); bei Lappentauchern, Störchen und Flamingos 11. Bei wenigen Familien der Sperlingsvögel ist die äußerste Handschwinge stark verkümmert oder fehlt ganz; ein Remicle ist bei einigen Rabenvögeln, Würgern und beim Star nachgewiesen. Abweichungen von der Norm finden sich bei manchen flugunfähigen Vögeln (z. B. Strauß 16, Kasuare 2–3 Handschwingen).

Die **Zahl der Armschwingen** (Remiges secundarii) variiert stärker und nimmt bei manchen Gruppen mit der Länge der Elle (Ulna) zu, an der sie sitzen, z. B. bei Greifvögeln, Ruderfüßern und Röhrennasen. Sie erreicht bei Albatrossen 38 bis 40 und beträgt bei allen Kolibris nur 6. Die meisten Sperlingsvögel haben 9, manche Arten auch 10, Laubenvögel sogar 14. Armschwingen werden für gewöhnlich vom Handgelenk (Carpalgelenk) nach innen gezählt. Bei manchen Vogelgruppen sind die inneren Armschwingen besonders lang und dienen offenbar dem Schutz des gefalteten Flügels (sog. Schirmfedern). Bei den meisten Singvögeln sind Nr. 7 bis 9, bei vielen Schnepfenvögeln Nr. 11 bis 15 die Schirmfedern.

Unter **Flügelformeln** versteht man die quantitative Beschreibung vor allem der relativen Länge der Handschwingen zueinander oder Angaben der Lage der Verengung (Kerbung) äußerer Handschwingen auf Innen- oder Außenfahne (Abb. 5.7). Solche Messungen sind zur Unterscheidung sehr ähnlicher Arten mit wenigen Artkennzeichen (z. B. bei Beringungsarbeit), aber auch zum Vergleich verschiedener Populationen einer Art wichtig, da sich die Flügelform z. B. oft mit dem Wanderverhalten in Verbindung bringen läßt. Insbesondere ist die Flügelspitze im Vergleich zur Länge der Armschwingen am zusammengelegten Flügel (Handflügelindex) ein oft verwendetes flugbiologisches Maß. Innerhalb nah verwandter Arten haben Langstreckenzieher meist längere und spitzere Flügel als Kurzstreckenzieher (Tab. 5.3).

Die Lücken zwischen den fahnenlosen Kielen der Schwungfedern werden oben und unten durch Reihen von **Deckfedern** (Tectrices) geschlossen (Abb. 5.6). Die Großen Decken inserieren bei den Handschwingen distal, bei den Armschwingen proximal jeder zugehörigen Schwungfeder. Je eine Reihe Mittlerer und mehrere Reihen Kleiner Decken schließen sich gegen den Vorderrand des Flügels an. Auf dem Unterflügel haben die Großen und Mittleren Decken ihre morphologische Unterseite nicht dem Flügel zugewandt, sondern nach außen gerichtet. Sie werden nämlich embryonal auf der Oberseite angelegt und erst dann nach unten verschoben.

Wie der 2. und 3. Finger trägt auch der Daumen Schwung- und Deckfedern, die einen kleinen Neben- oder Afterflügel (**Alula**) bilden (Abb. 5.6), der beim Fliegen für die Auflösung von Luftwirbeln eine Rolle spielt (s. Kap. 3).

Tab. 5.3. Handflügelindex H.I. bei einigen Singvögeln unterschiedlichen Zugverhaltens (Anteil in % der Flügelspitze an der Gesamtlänge des Flügels gemäß H.I. $= \dfrac{\Delta l \times 100}{l}$; l = Flügellänge in mm; Δl = Abstand zwischen Spitze der Armschwinge 1 zur Flügelspitze). K: Kurzstreckenzieher; L: Langstreckenzieher; S: Standvogel (Daten nach KIPP 1959).

Wiesenpieper (K)	26–28	Seidensänger (S)	16–17
Wasserpieper (K)	29	Teichrohrsänger (L)	26–27
Rotkehlpieper (L)	32–34	Gelbspötter (L)	31–33
Baumpieper (L)	33–35		
		Samtkopfgrasmücke (S)	18–20
Amsel (S, K)	24–25	Mönchsgrasmücke (K, L)	26–27
Singdrossel (K)	30–33	Dorngrasmücke (L)	26–27
Rotdrossel (K)	32–35	Gartengrasmücke (L)	28–32
Wacholderdrossel (K)	34–35		
Misteldrossel	35–37	Grünling (S, K)	31–34
		Stieglitz (K)	36–37
Zilpzalp (K)	20–21	Haussperling (S)	26–29
Fitis (L)	27–29	Feldsperling (S)	27–29

Die Zahl dieser kleinen Daumenschwingen ist meist 4, selten 3 und bis zu 6, bei Kolibris nur 2. Am Handgelenk befinden sich auf der Oberseite des Flügels zwei kleine Federn, Remex carpalis und Tectrix carpalis, möglicherweise Reste einer 1. Armschwinge, die verkümmerte, weil sie beim Falten des Flügels im Wege stand.

Bei vielen Vogelarten findet sich zwischen der 4. und 5. Armschwinge eine Lücke, zu der eine Große Armdecke gehört. Vögel mit einer solchen Lücke nennt man diastataxisch, solche ohne Lücke eutaxisch. In der Regel sind diese Unterschiede gruppenspezifisch. Alle Sperlingsvögel sind z. B. eutaxisch; Diastataxie ist u. a. für viele Wasservögel typisch.

Sowohl bei den Schwungfedern als auch bei den Großen Decken ist der distale Teil der Federfahne, die sog. Außenfahne, verschmälert (Abb. 5.1). Der Unterschied verringert sich von der Flügelspitze allmählich nach innen.

Mit Ausnahme der Kiwis, Kasuare und Emus haben fast alle Vögel paarige **Steuerfedern** (Rectrices). Am häufigsten sind 5 bis 6 Paare; die Extreme reichen von 4 (Wundersylphe) bis 32 (Bulwerfasan) Steuerfedern. Sie werden in der Regel von der Mitte nach außen gezählt. Nicht selten sind zumindest einzelne Paare stark verlängert als Schmuckfedern (s. Tab. 5.1); relativ lange Schwänze haben Vögel, die rasch und wendig fliegen müssen (z. B. Sperber). Bei Lappentauchern sind die Steuerfedern verkümmert. Die Federn sitzen am Pygostyl (s. Kap. 2.1.2.2) verankert und können seitlich verdreht, gehoben und gesenkt werden.

Der Schwanz dient nicht nur zum Steuern beim Fliegen, sondern auch zur Körperbalance beim Sitzen und Laufen. Interessante Anpassungsformen finden sich u. a. bei kletternden Formen (s. Kapitel 3.2), bei den Bekassinen *(Gallinago)* im Dienst der Lauterzeugung oder bei extremen Segelfliegern (z. B. Geier 7 Paare).

5.4 Färbung der Feder

5.4.1 Farben und Farberzeugung

In der Vielfalt und Pracht der Färbung stehen Vögel an der Spitze der Wirbeltiere. In erster Linie sind Federn Träger von Farben; Färbung von nackten Hautteilen oder Hautlappen sowie der Hornscheide des Schnabels und der Hornschilder der Beine einschließlich Zehen und Schwimmhäuten kann auch eine wichtige Rolle spielen (s. Kap. 4.2). Farben entstehen, wenn nur Teile aus dem Spektrum des sichtbaren Lichtes reflektiert werden.

Dies kann in der Feder grundsätzlich auf dreierlei Weise erreicht werden:
1. **Pigmentfarben** entstehen durch Einlagerung von Substanzen (Pigmenten) in die Feder während ihrer Entwicklung.
2. **Strukturfarben** sind die Folge besonderer physikalischer Beschaffenheit der Feder als reflektierende Fläche.
3. **Haftfarben** bilden sich durch Anlagerungen von Substanzen von außen an die Feder nach ihrer Verhornung.

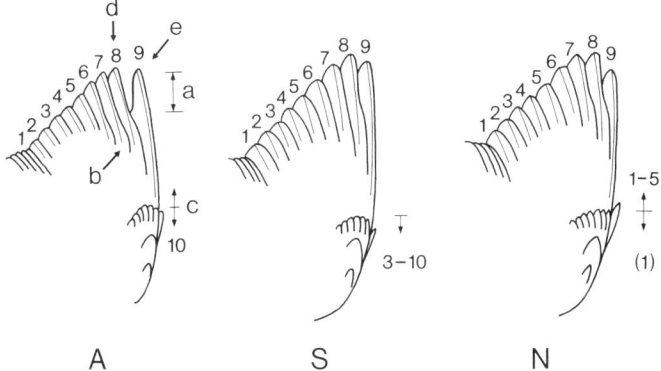

A   S   N

Abb. 5.7. Einige Maße für eine Flügelformel bei Singvögeln (A) sowie Vergleich von Sprosser (S) und Nachtigall (N; nach Svensson 1984, verändert). a = Länge der Innenfahnenkerbung bei Handschwinge 9; b = Welche Handschwingen haben Kerbung der Außenfahne? S: 8, N: 8, 7; c = Länge der 10. Handschwinge im Vergleich zur längsten Großen Handdecke. S: 3–10 mm kürzer, N: 1–5 mm länger, selten bis 1 mm kürzer; d = Welche Handschwinge bildet die Flügelspitze? S: 8, N: 8 (7); e = Länge der 9. Handschwinge im Vergleich zu den vorhergehenden. S: 9 = 7, N: 9 = 5/6.

Kombinationen dieser Möglichkeiten kommen vor.

5.4.1.1 Pigmentfarben

Pigmentfarbstoffe sind in Federn, aber auch in anderen hornigen Hautgebilden sowie an nackten Hautstellen verbreitet (z. B. schwarze Farbstoffe am Lauf, im Schnabel und in der Halshaut des Heiligen Ibis). Schwarze, braune und gelbe Farbtöne gehen auf **Melanine** zurück, die in Melanozyten synthetisiert werden. Diese Zellen senden lange Fortsätze aus (Dendriten) und liegen in der Intermediärzellenschicht der Epidermis (s. Kap. 5.2.2). Sie stammen von den sehr früh während der Embryonalentwicklung in der Neuralleiste gebildeten Melanoblasten ab. In zytoplasmatischen Organellen, den Melanosomen, die dann in die dendritischen Fortsätze der Melanozyten einwandern, werden Melanine als Oxidationsprodukte von Phenolkörpern unter Mitwirkung bestimmter Fermente gebildet. Melaningranula wandert in die Feder ein und kann sich dort in allen Teilen ablagern. Nach Struktur, Farbe und Löslichkeit unterscheidet man stäbchenförmige schwer lösliche, schwarze bis braune Eumelanine (Derivate der Aminosäure Tyrosin) und körnchenförmige, leicht lösliche, gelbliche bis bräunliche Phaeomelanine (mit der Aminosäure Zystein). Eumelanine sind z. B. für die Gefiederfärbung von Krähen oder Amseln verantwortlich; braune oder rotbraune Phaeomelanine liegen den gedeckten bräunlichen Farben vieler Tarnmuster zugrunde. Ein gelbes Phaeomelanin verursacht z. B. die gelbe Dunenfärbung der Haushuhnküken.

Neben den im Körper gebildeten Melaninen findet man **Diffusfarbstoffe**, die fettlöslich sind und daher auch Fettfarbstoffe oder Lipochrome genannt werden. Der Vogelkörper ist nicht in der Lage, sie zu synthetisieren. Sie müssen daher mit der Nahrung aufgenommen werden. Hierzu zählen Stoffe aus der Gruppe der Karotinoide mit roten bis gelben Pigmentfarben. **Karotine** bestehen aus Kohlen- und Wasserstoff, **Xanthophylle** sind dagegen oxidierte Kohlenwasserstoffe. Nach ihrer Aufnahme mit der Nahrung werden Karotinoide chemisch umgebaut und erhalten dabei oft andere Farben, ehe sie von den Follikelzellen aufgenommen werden. Saisonale Farbänderungen können durch Änderungen im Ausmaß von Oxidation und Reduktion von Xanthophyllen erreicht werden

(z. B. bei der Scharlachtangare). Fehlt in der Nahrung der Grundstoff der Farbbildung, »bleicht« das Gefieder nach der nächsten Mauser aus, eine Erscheinung, die oft bei Gefangenschaftshaltung auftritt. Um leuchtend rote oder gelbe Färbung zu erhalten, müssen Zusätze gefüttert werden (beim Kanarienvogel z. B. roter Cayennepfeffer oder Paprika, das Capsanthin enthält). Natürliche Quellen sind z. B. Sämereien oder Pflanzenteile; beim Eselspinguin geht die intensive Färbung des Eidotters auf Crustaceennahrung zurück, Flamingos verdanken ihre Rosafärbung Blaualgen und aquatischen Invertebraten. Die Bandbreite der Möglichkeiten ist groß. Gelbe bis gelbbraune Farbtöne gehen auf Lutein (Xanthophyll) zurück (z. B. Pirol, Finken, Ammern) oder auf Kanarienxanthophyll (ein Umwandlungsprodukt des Luteins) bei Kanarien, Girlitz, Stieglitz. Zeaxanthin ist beim Felsenhahn, Picofulvin bei vielen Spechten nachgewiesen. Lutein und Zeaxanthin sind auch die Karotinoide im Eidotter. Astaxanthin als roter Farbstoff findet sich bei wenigen Vögeln (z. B. in den Rosen des Fasans). Rhodoxanthin (wie im Arillus der Eibe) ist bei Fruchttauben *(Ptilinopus)* nachgewiesen, Kanthaxanthin bei Flamingos und beim Roten Kardinal. Selten sind grüne Karotinoide, wie z. B. Zooprasin am Hinterkopf des Eidererpels und das Turakoverdin der Turakos und mancher Tauben (vgl. Kap. 12.2.4).

Weitere **rote Pigmentfarben** stellen in Ammonium lösliche Porphyrine, die anstelle des Eisens im nah verwandten Blutfarbstoff Hämoglobin (das z. B. die roten Hautlappen beim

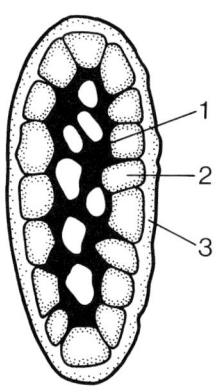

Abb. 5.8. Querschnitt durch einen Federast mit blauer Färbung (nach FRANK 1939).
1 = melaninhaltige Markzellen; 2 = Kästchenzellen; 3 = Rindenschicht.

Truthahn färbt) eine Kupferkomplexbindung aufweisen. Sie sind am auffälligsten in den roten Schwungfedern der Turakos (hier auch Turacin genannt), kommen aber auch im Gefieder von Eulen und Trappen (z. B. Rotschopftrappe) sowie in einigen rosa Dunen vor.

Viele Farbstoffe sind in ihrer Molekülstruktur noch unbekannt, so z. B. gelbe und rote Farbstoffe bei zahlreichen Papageien. Auch das gelbe Pigment beim Wellensittich ist kein Karotinoid.

5.4.1.2 Struktur- und Mischfarben

Das Ergebnis einer totalen diffusen Lichtreflexion ist Weiß. Glänzendes Weiß entsteht durch luftgefüllte Strukturen der Feder. Nicht glänzendes Weiß setzt Reflexion an verschieden ausgerichteten Flächen voraus. Alle Teile einer Feder können daran beteiligt sein.

Nicht schillernde Strukturfarben entstehen durch Absorption bzw. Reflexion von Teilen des sichtbaren Lichtes. Reines Blau ist als Farbe trüber Medien (Tyndalleffekt) auf Federäste beschränkt. Im Unterschied zu Schillerfarben (s. u.) ändert sich seine Farbe nicht mit dem Blickwinkel. Sind die Teilchen kleiner als die Wellenlänge des roten Lichts, wird ein hoher Anteil des kurzwelligen Anteils im Spektrum reflektiert und die Struktur erscheint blau. In Federn mit Blaustrukturen (z. B. Flügelfeder des Eichelhähers) sind die Äste z. T. verbreitert und oft keine Strahlen mehr ausgebildet. Im Inneren des Astes sitzen mit Melanin gefüllte Zellen, die langwellige Strahlen absorbieren. Sie sind umgeben von Kästchenzellen mit schwammiger, schaumstoffartiger Hornsubstanz in den verdickten Wänden (Abb. 5.8), in denen kurzwelliges Licht reflektiert wird.

Schillerfarben entstehen durch wechselnde Lichtbrechung an dünnen Blättchen (Interferenz) und sind auf besondere Struktur der Federstrahlen zurückzuführen. Schillerstrahlen sind abgeflacht und zugleich in sich gedreht. Da gleichzeitig Haken und Krempen reduziert sind, können solche Strahlen nicht mehr zur Festigung der Federfahne beitragen. Im schillernden Flügelspiegel der Gründelenten (Armschwingen und Große Decken) stehen daher nur die Endabschnitte der Strahlen im Dienst der Farberzeugung. In den Oberschwanzdecken des Pfaus oder bei den Kehlfedern bei Nektarvögeln sind dagegen z. T. die ganzen Strahlen Interferenzflächen und daher ohne

Verankerungen. **Interferenz** tritt aber nicht nur an den dünnen äußeren Keratinschichten der Strahlen auf; vielmehr ist häufig auch eine Vielfalt von Feinstrukturen der Melaningranula im Inneren daran beteiligt, so daß also auch Pigmente zur Strukturfarbenbildung beitragen. Das Melanin absorbiert langwellige Anteile des Lichtes.

Ein besonderer Effekt ist die **samtige Oberfläche** des Gefieders, z. B. bei Paradiesvögeln oder Feuerwebern *(Euplectes)*. Hier wird Licht nicht parallel an größeren Flächen reflektiert, sondern an vielen gegeneinander unterschiedlich ausgerichteten Feinstrukturen. Die Federäste sind daher ganz verschieden gestellt und oft zudem durch kleine zahnartige Bildungen aufgerauht. Sehr lange, dünne und hakenlose »Seidenstrahlen« mit starker Reflexionswirkung sorgen für einen Seidenglanz des Gefieders.

Bei **Mischfarben** wirken oft nicht nur zwei verschiedene Pigmente, sondern Pigment und Struktur zusammen. Wird im Fall der für Blau angelegten Strukturen (Abb. 5.8) in die äußeren lufthaltigen Zellen eine dünne Lage gelben Farbstoffs eingelagert, entsteht als Mischfarbe Grün (z. B. bei vielen Papageien). Auch Violett oder Lila kann eine solche Mischfarbe sein. Beim Pflaumenkopfsittich enthalten z. B. die Strahlen rotes Pigment, die Äste produzieren durch Tyndalleffekt blaue Farbtöne. Das Goldgelb mancher Tangaren entsteht aus einer Kombination von Struktur der Äste, Karotinoiden und Blaustruktur der Strahlen. Olivgrün ist oft eine Mischfarbe zwischen verschiedenen Pigmenten. Bei Grünling, Laubsängern, Goldhähnchen oder einigen Meisen sitzt Melanin in den Spitzen der Strahlen und ein gelbes Karotinoid in ihren Basen sowie in den Ästen.

5.4.1.3 Haftfarben

Nach ihrer Verhornung können an die Feder Farbstoffe angelagert werden. Sie stammen meist aus dem Sekret der Bürzeldrüse und sind damit Pigmentfarben oder aus der Umgebung des Vogels. Durch Einfetten mit Bürzeldrüsensekret bringen z. B. Pelikane, manche Möwen oder Seeschwalben ein zartes vergängliches Rosarot auf ihr weißes Federkleid. Der Doppelhornvogel überträgt mit seinem Schnabel gelbe Farbstoffe (wahrscheinlich Karotinoide) auf die weißen Schwingen. Andererseits kommt die Lachsfärbung des Gänsesäger-Männchens nicht, wie früher vermutet, aus dem Bürzeldrüsensekret oder durch andere Anlagerungen zustande, sondern ist wohl ein in die Federn eingewandertes Karotinoid.

Aus der Umgebung wird häufig Eisenoxid angelagert. Bei rund 120 Arten konnten solche Haftfarben nachgewiesen werden. Die Rostfärbung des Bartgeiers wird sowohl durch die Struktur der weißen Unterseitenfedern als auch durch den hohen Eisenoxidgehalt der Felshöhlen und -spalten seines Lebensraumes begünstigt. Bei Entenvögeln ist Rostfärbung aus dem Wasser für 42 Arten nachgewiesen. Bei Bodenvögeln (z. B. Lerchen) kann durch Staubbäder aufgenommenes Eisenoxid die Tarnwirkung erhöhen. Vögel in Industriegebieten werden mitunter durch anhaftende Rußpartikel schwarz gefärbt.

5.4.2 Farbabweichungen

Ausfall oder Reduktion von Farbstoffen (Hypochromatismus) sowie vermehrte Farbstoffeinlagerung (Hyperchromatismus) faßt man unter dem Begriff Heterochroismus zusammen.

Totaler Ausfall von Pigment ist nicht allzu selten. Bei totalem **Albinismus** fehlt nicht nur den Federn, sondern auch Haut und Augen das Pigment, so daß Augen rot, Schnabel und Beine blaßrosa sind. Die Vererbung erfolgt rezessiv.

Davon unterschieden wird **Leukismus.** Hier fehlen Federpigmente, doch sind Haut und Augen pigmentiert; die Vererbung ist meist dominant.

Beim **partiellen Albinismus** fehlt nur einem Teil des Gefieders das Pigment; weiße Gefiederteile, Sprenkelung oder Scheckung ist die Folge. Diese Erscheinung ist häufiger als reiner Albinismus und wird offenbar von rezessiven Genen kontrolliert, die zwar teilweisen Pigmentausfall im Gefieder bewirken, nicht jedoch das Muster bzw. den Ort im Gefieder bestimmen. So entstehen trotz offensichtlich bevorzugter Gefiederteile individuell unterschiedliche Muster, auch bei Nachkommen. Bei einem Individuum kann die Ausdehnung des Weiß in aufeinanderfolgenden Mausern zunehmen. Noch scheint nicht klar, ob dies auf genetische oder lediglich physiologische Faktoren zurückzuführen ist. Partieller Albinismus ist bei »Gartenamseln« nicht selten zu beobachten.

Ausfall eines oder mehrerer Pigmente wird als **Schizochroismus** bezeichnet. Dabei können

neue Farben entstehen. Der gelbe Kanarienvogel hat z. B. kein Melanin; beim gelben Wellensittich fällt aus dem gleichen Grund auch die Strukturfarbe Blau weg (s. Abb. 5.8). Fällt nur das Eumelanin aus, ist das schizochroische Gefieder blasser; dort, wo allein schwarze Färbung war, sind nur weiße Flecken. Somit kann das Bild partiellem Albinismus ähnlich sein. Kontrolliert wird der Ausfall von Melanin durch ein rezessives, geschlechtsgebundenes Gen, so daß in der Natur hemizygote Weibchen phänotypisch sehr viel häufiger als Männchen (zwei X-Chromosomen!) schizochroisch sind. Ein solcher Fall liegt wohl auch bei der *immutabilis*-Form des Höckerschwans vor, deren Dunenjunge weiß (statt grau) und deren Füße und Läufe zeitlebens fleischfarben sind. Mit diesem Beispiel ist gezeigt, daß der Übergang von »abnormer« Färbung zu regelrechtem Di- oder Polymorphismus in der Färbung (s. 5.4.4) fließend ist.

Die häufigste Form des **Hyperchroismus** wird durch Vermehrung der Melanine bewirkt (Melanismus): Der Vogel ist teilweise oder ganz schwarz oder dunkelbraun. Nicht außergewöhnlich selten ist dies z. B. bei Wiesenweihen zu beobachten, deren melanistische Individuen schon im Dunenkleid zu erkennen sind.

Bei Vermehrung von gelben Pigmenten spricht man auch von **Flavismus,** der bei wildlebenden Vögeln selten, doch in manchen domestizierten Stämmen (z. B. Kanarienvogel, Wellensittich) sehr verbreitet ist.

5.4.3 Farbänderungen

Eine »**Umfärbung« der Federn** ist grundsätzlich nur durch Mauser möglich (s. Kap. 6). Pigmente sind aber mehr oder weniger lichtempfindlich, so daß lange getragene Federn ausbleichen. Im allgemeinen sind Melanine lichtbeständiger als Diffusfarbstoffe.

Auffällige Veränderungen der Farbe können jedoch durch **mechanische Abnützung** der Feder entstehen. Das im Herbst nach der Mauser schlicht wirkende Jahreskleid des Hänflings oder des Bergfinken entwickelt im Laufe des Winters beim Männchen die leuchtend rote Brust bzw. den schwarzen Kopf des »Prachtkleides«. Beim Haussperling tauscht das Männchen die graue, weibchenähnlich gefärbte Kehle gegen einen schwarzen Kehllatz ein. Der im Herbst stark weiß getüpfelte »Perlstar« wird zum Frühjahr hin dunkler und glänzender. Diese Beispiele für »Umfärbungen« beruhen darauf, daß die distalen nicht oder schwach pigmentierten Spitzen der Strahlen und Äste der entsprechenden Konturfedern abbrechen und die darunterliegenden, bisher verdeckten pigmentierten Fahnenteile sichtbar werden. Der Vorgang wird dadurch begünstigt, daß Melanineinlagerungen Strahlen und Äste widerstandsfähiger gegen mechanische Beanspruchung machen.

5.4.4 Gefiederfärbung

Die Gefiederfärbung liefert neben akustischen Signalen bei der überwiegenden Mehrzahl der Vögel die Artkennzeichen, aber auch Gruppenmerkmale. Die Färbung und die Zeichnungsmuster der Einzelfeder ergeben in der Regel erst im Zusammenhang mit ihren Nachbarfedern ihren Sinn. Sie bilden vielfach nur ein Mosaiksteinchen im übergeordneten Muster. Hinzu kommen oft noch bestimmte Stellungen oder Bewegungen der Federn oder Federgruppen. Das Farbmuster des Pfauenrades entsteht erst im Zusammenwirken aller beteiligten Federn und muß zudem noch entfaltet werden, um seine volle Signalwirkung zu erzielen.

Die beiden grundsätzlichen **Funktionen der Gefiederfärbung**, Auffallen und Tarnen, sind krasse Gegensätze. Sie werden z. T. dadurch überwunden, daß nur ein Geschlecht, meist das Männchen, ein mit auffallenden Signalen besetztes Prachtkleid trägt. Die mit der Bebrütung und der Jungenfürsorge beschäftigten Weibchen sind dagegen grau und braun mit ausgesprochenem Tarnmuster. Bei den Wassertretern (*Phalaropus*) oder anderen Vogelarten, bei denen die Rollen der Geschlechter in der Brutpflege vertauscht sind, tragen die Weibchen das auffälligere Federkleid. Eine andere Möglichkeit, Auffallen und Tarnen zu kombinieren, ist der Wechsel der Kleider durch Mauser. Die Männchen vieler Enten legen z. B. vor der synchronen Mauser der Schwungfedern ein tarnfarbiges Ruhekleid an, das im Hinblick auf vorübergehende Flugunfähigkeit sicher eine wichtige Bedeutung hat. Schließlich können einzelne auffallende Gefiederpartien hinter tarnfarbigen Federn verborgen und brauchen bei Bedarf nur zur Schau gestellt werden. Nicht selten erklären sich auch komplizierte Farbmuster oder Unterschiede in der Ober- und Unterseitenfärbung als sehr vielseitige Anpassungen an verschiedene Anforderungen, von denen

ganz unterschiedliche Selektionsdrucke ausgehen (vgl. Kap. 15.6.2).

Besonders **farbenprächtig** sind Vögel warmer Zonen. Vor allem sind hier Interferenzfarben weiter verbreitet als bei Bewohnern höherer Breiten. Eine befriedigende Erklärung für dieses Phänomen ist bisher noch nicht gegeben worden. Auffälligkeit wird durch die verschiedensten Kombinationsmöglichkeiten von Färbung, Farbmuster und Lokalisation besonders gefärbter Partien erreicht. Hinzu kommen Abwandlungen der Federform (vgl. Tab. 5.1) und besondere Bewegungs- und Verhaltensweisen. Die Fülle der Möglichkeiten läßt sich nicht näherungsweise schildern. **Einfarbige Vögel** heben sich mitunter sehr auffällig von der Umgebung ab, z. B. weiße Reiher, Möwen, Schwäne, Pelikane, Kakadus, aber auch z. B. Krähen. Einzelne Federpartien, die mitunter verdeckt werden können, stehen durch leuchtende oder irisierende Farben in auffallendem Kontrast zu ihrer Umgebung, z. B. die Flügel der Turakos, die Flügelspiegel der Enten oder die vielen bunten oder auffällig gezeichneten verlängerten Kopffedern, deren Signalwirkung oft erst beim Aufstellen oder Spreizen der Federn zur Geltung kommt. Ähnliches ist bei vielen Schwanzfedern der Fall, die im Basisdrittel besonders auffällig gefärbt oder gemustert oder als Außenfedern in der Ruhehaltung des Schwanzes verdeckt sind.

Die Funktionen auffälliger Gefiederteile sind zahlreich, z. B. zwischen Feind und Beute als Warnfarbe, Schreckfarbe, Täuschung, Batescher Mimikry; zwischen Rivalen als Droh- und Distanziermöglichkeit; zwischen Geschlechtern für das Erkennen der Partner und als Mittel der Balz; zwischen Artgenossen oder zwischen Individuen verschiedener Arten als Mittel des Sozialkontaktes oder besonderer Signale; zwischen Alt- und Jungvögeln als Signale der Brutpflege usw. Ebenso wie Federn können Haut, Schnabelscheide und Hornschilder der Beine und Füße derartige Funktionen übernehmen (vgl. Kap. 15.2 und 15.6).

Tarnfarben oder kryptische Färbungen haben zweierlei Bedeutungen: Schutz vor Feinden oder Erleichterung der eigenen Jagd. Ausgesprochene Tarnung von Jägern ist bei Vögeln relativ selten, ebenso die Nachahmung bestimmter Strukturen.

Kryptische Färbungen sind dagegen in fast allen Lebensräumen durch viele Beispiele vertreten: weißes Gefieder im Schnee (z. B.

Schneehühner, Schnee-Eule), sandfarbene bis braune Bodenfärbung (z. B. Flughühner, Triele, Trappen, Lerchen), grüne Färbung im immergrünen Laubdach (z. B. manche Papageien, Fruchttauben, grüne Tukane), braune Gras- und Schilfzeichnung mit Mustern (z. B. manche Rallen, Rohrdommeln, Cistensänger). Durch z. T. komplizierte Muster wird vor allem bei vielen Bodenvögeln des offenen Landes eine hervorragende Anpassung an Helligkeitsunterschiede von Boden- und Vegetationsstrukturen, Licht- und Schattenverteilung erreicht bis hin zur fast völligen Auflösung der Körpergestalt (z. B. Trappen, Triele, Hühner, Flughühner, manche Regenpfeifervögel). Bei einigen wüstenbewohnenden Lerchen, wie *Ammomanes, Mirafra, Spizocorys*, weisen verschiedene Populationen mit bestimmten Habitatpräferenzen je nach der Färbung des Untergrundes verschiedene Grundfärbungen des Oberseitengefieders auf. Dunkle Augenstriche und andere Gesichtsmarken werden z. T. als Möglichkeiten, das sonst auffällige Auge zu verbergen, interpretiert.

Kryptische Färbung wird durch entsprechende Verhaltensweisen in ihrer Wirkung enorm gesteigert. Bewegungsloses Verharren oder Sich-Drücken auf den Boden oder auf das Gelege ist weit verbreitet bei vielen Bodenvögeln oder Bodenbrütern, wie Enten, Hühnern, Bekassinen, Waldschnepfen, Regenpfeifern, Trappen, Nachtschwalben, Lerchen und bei den Jungen vieler Nestflüchter. Die komplizierten Färbungsmuster vieler Dunenjungen, vor allem von Watvögeln, Möwen und Seeschwalben führen in Verbindung mit dem Sich-Drücken, oft unter Ausnutzung kleiner Bodenvertiefungen oder -erhebungen, nicht selten zu einer perfekten Auflösung. Auf besondere Situationen bzw. Lebensräume abgestimmte Färbungen bzw. Zeichnungsmuster mit entsprechendem Verhalten sind dagegen weniger häufig. Beispiele sind die Pfahlstellung der Rohrdommeln (mit senkrechter dunkler Streifenzeichnung), der Länge nach auf dem Ast sitzende Ziegenmelker, die dazu noch das große Auge schließen oder die einen Aststumpf imitierende Haltung mancher Eulenschwalme (Gattung *Podargus*).

Eine weitere Funktion der Gefiederfärbung liegt wohl darin, daß durch Melanineinlagerung die Feder widerstandsfähiger gegenüber mechanischer und durch ultraviolettes Licht gesteigerter Neigung zur Abrasion wird. Dunkle Rückenmuster werden daher ebenso wie z. B. schwarze Flügelspitzen bei den Möwen z. T. als Anpassung an starke Beanspruchung durch verwirbelte Luftpartikel und UV-Strahlung gedeutet.

Di- oder **Polychromatismus**, oft einfach auch als Di- oder Polymorphismus bezeichnet, liegt vor, wenn Farbvarianten, die nicht auf Alter, Geschlecht oder Jahreszeit beschränkt sind, regelmäßig innerhalb einer Art vorkommen und diese Varianten nicht durch graduelle Übergänge miteinander verbunden sind. Voraussetzung ist die genetische Basis auf der Grundlage mindestens eines Allelunterschiedes, wie dies z. B. für die graue und rote Farbmorphe (fälschlich auch als »Phase« bezeichnet) der Kreischeule (Rotbraun dominant über Grau) gilt. Komplizierter scheinen die genetischen Verhältnisse z. B. bei den drei Farbmorphen des Rotfußtölpels oder der Schmarotzerraubmöwe zu liegen.

Unterschiedliche Farbmorphen kommen bei relativ wenigen Familien vor, wie Sturmvögeln, Reihern (z. B. Küstenreiher), Habichtartigen (z. B. Zwergadler), Falken (z. B. Gerfalke, Eleonorenfalke), Raubmöwen; nur jeweils sehr wenige Arten sind sichtbar di- oder polymorph bei Kormoranen, Tölpeln, Enten, Hühnern, Austernfischern, Schnepfen, Alken (z. B. Trottellumme), Eulen, Rabenvögeln, Drosseln, Fliegenschnäppern, Würgern, Tangaren und Prachtfinken. Der Anteil einzelner Morphen kann geographische Gradienten aufweisen (z. B. Anteil der Lummen mit weißem Augenring bei Trottellumme, helle und dunkle Morphe bei Schmarotzerraubmöwe). Bei der Schneegans gibt es Anzeichen dafür, daß die dunkle und helle Morphe einst allopatrisch (s. Kap. 19.4.4) waren und erst durch menschliche Eingriffe in die Nahrungsgründe im Winterquartier eine Vermischung eingetreten ist. Für evolutionsbiologische Fragen ist also in der Gefiederfärbung erkennbarer Polymorphismus, der mitunter auch mit anderen selektiv wichtigen Unterschieden (z. B. unterschiedlicher Brutreife der Morphen bei der Schmarotzerraubmöwe) verknüpft sein kann, ein sehr interessantes Phänomen.

6 Mauser und Gefiederfolge

6.1 Notwendigkeit und Funktion der Mauser

Unter Mauser versteht man das Auswechseln von Federn. Dabei schiebt die wachsende neue Feder die alte aus der Haut, die dann abfällt. Auch andere Hautbildungen, wie Teile der Schnabelscheide oder Hornbildungen an Lauf und Füßen können gemausert werden (z. B. Schnabelaufsätze beim Papageitaucher, Hornstifte am Fuß der Rauhfußhühner). Der Begriff Mauser wird auch für den Zeitraum verwendet, in dem der Gefiederwechsel stattfindet.

Mauser ist notwendig, um die wichtigsten Funktionen der Feder ein Vogelleben lang zu garantieren. Als **totes Gebilde** kann die Feder nicht mehr vom Kiel her laufend erneuert werden (s. Kap. 5.2.2). Andererseits wird sie durch Witterung und mechanische Beanspruchung mehr oder weniger rasch abgenutzt. Diese Abnutzung kann je nach Lebensweise eines Vogels, besonderer Beanspruchung bestimmter Gefiederteile oder Federgruppen, Pigmentierung und Konstruktion der Feder, aber auch zu einzelnen Jahreszeiten ganz verschieden sein. Beeinträchtigung der Flugfähigkeit, des Wärmehaushaltes, aber auch z. B. der Wasserundurchlässigkeit des Gefieders sind die Folge.

Die Lebensdauer von Federn ist also unterschiedlich lang. Aufeinanderfolgende Sätze von Federn bezeichnet man als **Federgeneration**.

Die Mauser bietet darüber hinaus aber auch die Möglichkeit, in Anpassung an unterschiedlich saisonale Lebensabschnitte über die Möglichkeit der Abnützung von Federsäumen (s. Kap. 5.4.3) hinaus das Erscheinungsbild des Vogels zu verändern. Man kann verschiedene durch vollständige oder teilweise Mauser der Konturfedern erworbene Kleider unterscheiden. Auch eine Anpassung an unterschiedliche thermische Verhältnisse im Laufe eines Jahres kann durch die Mauser erreicht werden.

6.2 Mechanismus des Federwechsels

Jeder Federfollikel (s. Kap. 5.2.2) erzeugt während eines Vogellebens eine Serie von Federn. Er durchläuft dabei **Wachstumszyklen (Anagen)**, die von **Ruheperioden (Telogen)** abgelöst werden. Im Telogen bleibt die ausgebildete Feder mitunter viele Monate, selten Jahre im Follikel verankert. Die Matrixzellen des Epidermiskragens haben ihre Teilungsaktivität eingestellt (s. Kap. 5.2.2).

In der frühen Phase des Anagens beginnen sowohl die Zellen der Dermispulpa als auch die epidermalen Matrixzellen sich unmittelbar unter der stehenden Feder zu teilen. Im Unterschied zu einem Haarfollikel der Säugetiere – hier wächst neben dem alten Haar ein neues heran – wird dadurch die alte Feder langsam aus dem Follikel herausgeschoben. Sie verliert die Verbindung und wird schließlich abgeworfen. Die Mauser wird also durch den Wachstumsbeginn der neuen Feder bewirkt. Da die alte Feder lange vor dem Ende der Neubildung fällt, bedeutet der Ausfall eine Lücke. Im Unterschied zum Haarwechsel entstehen also bei der Federmauser kahle Stellen. Um dies in größerem Umfang zu verhindern, dauert die Mauser im allgemeinen viel länger als der Haarwechsel; benachbarte Follikel werden meist nicht gleichzeitig wieder aktiv (Ausnahmen s. Kap. 6.3.1).

Ein Sonderfall ist die **Schreckmauser**, bei der plötzlich größere Federmengen bestimmter Fluren, am häufigsten Steuerfedern und Konturfedern der Unterseite, abgestoßen werden. Bei einer Reihe von Arten geschieht dies bei plötzlichem Auftauchen in nächster Nähe oder sehr intensivem (z. B. Greifen des Vogels beim Beringen) Einwirken eines potentiellen Beutegreifers. Eine Deutung als möglicher Schutz vor bereits zupackenden Beutefeinden (ähnlich dem Abbrechen des Eidechsenschwanzes) liegt nahe. Bewirkt wird Schreckmauser durch plötzliche Entspannung der glatten Federmuskeln, die zwischen den Follikeln verlaufen und die Federschäfte in ihrer Lage halten.

6.3 Mausermodus und Mauserrhythmus

6.3.1 Umfang und allgemeine Muster des Gefiederwechsels

Innerhalb jeder Federflur (Pteryla) oder auch einer einzelnen Federreihe folgt der Federwechsel einem mehr oder minder regelmäßigen Muster. Im allgemeinen verlaufen die Mauserwellen innerhalb einer Flur von der Mittellinie nach außen und kaudad. In den meisten Fällen ist daher der jeweilige Mauserstand in einander entsprechenden linken und rechten Fluren streng symmetrisch (z. B. Flügel- und Schwanzfedern).

In einer mehr oder minder zusammenhängenden Mauserperiode (s. Kap. 6.3.2) können alle Federn gewechselt werden (**Vollmauser**); oft bleiben aber bestimmte Partien ausgespart oder mausern nur wenige Fluren (**Teilmauser**). Bei den meisten Singvögeln lassen sich diese Unterscheidungen sehr gut festlegen. Doch wird bei vielen anderen Ordnungen die gesamte Mauser auf mehrere Abschnitte zerlegt. Insbesondere laufen Mauser der Körperfedern (Körpermauser) und der Schwungfedern (Schwingenmauser) zu verschiedenen Zeitpunkten ab. Das Ergebnis von Teilmausern sind also immer Federn verschiedener Generationen am Vogelkörper. Noch verwirrender wird das Bild bei der **Staffelmauser**: Innerhalb einer Federreihe oder -flur kann ein neuer Mauserzyklus beginnen, ehe der alte abgeschlossen ist. Damit stehen dann Federn verschiedener Generationen in einer Reihe (Abb. 6.2).

Abb. 6.1. Flügelmauser eines jungen Neuntöters, der im Winterquartier in das Kleid des Männchens mausert. Man erkennt zwei Mauserzentren (Foto P. Becker).

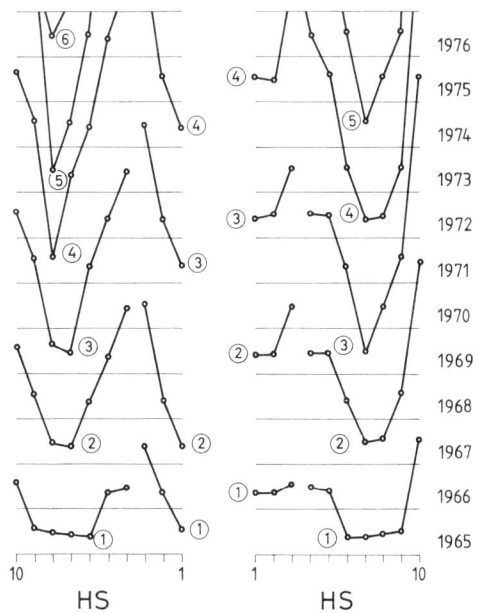

Abb. 6.2. Staffelmauser bei einem 1963 in Gefangenschaft geborenen Uhu: Abwurftermine der Handschwingen (HS) des linken und rechten Flügels (nach Mebs in Glutz & Bauer 1980, stark vereinfacht). Je ein Mauserfocus liegt meist bei HS 7 (8) und bei HS 1. Zahlen im Kreis: Numerierung der Federgenerationen. Die Symmetrie verschiebt sich mit zunehmendem Alter des Vogels immer stärker.

Besonders deutlich lassen sich in der Mauser der Schwungfedern Regeln erkennen. Die **Mauser der Handschwingen** beginnt meist an bestimmten Zentren (Foci) und läuft von dort entweder in beide Richtungen oder nur in eine.

Am weitesten verbreitet ist der **deszendente Mauserverlauf** von der innersten Handschwinge (Nr. 1) zur äußersten. Manchmal sind kleinere regelhafte Abänderungen der Reihenfolge zu beobachten, auch längere Unterbrechungen (s. Kap. 6.3.3) oder nur teilweiser Wechsel.

Weit seltener scheint der umgekehrte Ablauf mit einem Focus am distalen Ende der Handschwingen. Solche **ascendente Mauser** ist z. B. bei Grauschnäpper, einigen Rallen, Rallenkranich und Höhenläufern nachgewiesen.

Liegt der Mauserfocus in der Mitte, kann die Mauser von dort aus mehr oder minder streng nach beiden Richtungen (divergent) oder aber auch mehr oder minder regellos verlaufen. **Divergente Mauser** von Handschwinge 5 aus kommt bei Papageien, von Handschwinge 4 aus bei Falken vor.

Als **transiliente Mauser** bezeichnet man einen Modus, bei dem zwei Federn im Handflügel gleichzeitig wachsen, jedoch immer durch eine oder zwei nichtwachsende getrennt sind, wie z. B. bei Kuckucken weit verbreitet. Ein Sonderfall der transilienten ist die **alternierende Mauser**, bei der zwei gleichzeitig wachsende Federn immer nur durch eine nichtwachsende getrennt sind.

Bei mehreren Vogelordnungen (Tab. 6.1) werden alle Handschwingen mehr oder minder **synchron** abgeworfen. Die damit verbundene Zeit der Flugunfähigkeit verbringen die Vögel auf dem Wasser oder in dichter Ufer- bzw. Wiesenvegetation. Bei flugunfähigen Arten ist die Handschwingenmauser im Vergleich zu ihren flugfähigen Verwandten **regellos** geworden (z. B. Galapagosscharbe, Kakapo). **Staffelmauser** der Handschwingen kommt bei einigen Seeschwalben als periodische Mauser (immer nach der Fortpflanzungsperiode) vor. Kontinuierliche Staffelmauser findet sich vor allem bei den meisten Ruderfüßern, aber auch einigen tropischen und wenigen großen nichttropischen Landvögeln (Abb. 6.2). Hier kommen dann auch nicht selten Abweichungen vom spiegelbildlich symmetrischen Ablauf vor. Im allgemeinen fallen die Großen oberen Handdecken gleichzeitig mit ihrer Handschwinge aus.

Tab. 6.1. Übersicht der Familien, in denen synchrone Schwingenmauser und daher vorübergehende Flugunfähigkeit vorkommt (Angaben nach V. & E. STRESEMANN 1966).

Ordnung	Familie	Bemerkung
Seetaucher	Seetaucher	alle Arten
Lappentaucher	Lappentaucher	fast alle Arten
Röhrennasen	Lummensturmvögel	
Ruderfüßer	Schlangenhalsvögel	
Flamingos	Flamingos	
Entenvögel	Entenartige	alle Arten außer Spaltfußgans
Kranichvögel	Kraniche	außer Kronen- und Jungfernkranich
	Binsenrallen	
	Rallen	die meisten Arten
	Blatthühnchen	einige Arten
Schnepfen-, Möwen-, Alkenvögel	Alken	die meisten Arten

Die **Armschwingen** werden nur selten von einem Focus aus gemausert; meist sind zwei Mausergruppen zu unterscheiden, die gleichtig oder auch nacheinander aktiv sind. Weit verbreitet ist der Beginn am distalen Ende der Reihe, wenn die Handschwingenmauser schon begonnen hat. Meist wird aber die Armschwingenmauser dann trotzdem noch vor dem Ende des Wechsels der Handschwingen abgeschlossen. Erneuerung der Armschwingen ohne Handschwingenmauser ist selten (z. B. Spechte). Verschiedene Mauserfolgen sind nachgewiesen: aszendenter Wechsel von Armschwinge 1 und einem zentralen Focus aus (z. B. Habichtartige); divergente Mauser von einem inneren Focus aus (z. B. Falken, Hühnervögel); konvergenter Wechsel von zwei peripheren Foci aus (z. B. Schnepfen, Möwen, Alkenvögel, Tauben, Nachtschwalben, Kolibris, Segler, Mausvögel); aszendenter Wechsel von Armschwinge 1 aus und gleichzeitig divergenter Wechsel von einem zentralen Focus (z. B. Spechte, Eisvögel, Sperlingsvögel). Individuelle Abweichungen und andere Regellosigkeiten sind bei Armschwingen häufiger als bei Handschwingen.

Bei den **Steuerfedern** ist regellose Mauser weit verbreitet, doch lassen sich auch feste Modi unterscheiden, unter denen zentrifugale Mauser von der Mitte (Steuerfeder 1) aus mit verschiedenen Abweichungen am häufigsten ist.

Die z. T. komplizierten Muster der Mauser sowie art- und gruppenspezifische Abweichungen von Grundmustern werden häufig als Anpassungen verständlich. Die vom Zentrum nach außen allmählich fortschreitende Mauser in den Fluren der Körperbefiederung sichert ein Minimum an Verlust der Körperbedeckung und bietet damit nur geringe Probleme für den Wärmehaushalt. Die deszendente Handschwingenmauser garantiert auch bei Federlücken Flugfähigkeit während der Mauserzeit. Gleichzeitig ist die nachwachsende Handschwinge von der jeweils äußeren alten geschützt. Synchroner Schwungfedernabwurf mit Flugunfähigkeit ist zumindest bei einigen Gruppen (Tab. 6.1) im Zusammenhang mit der hohen Flächenbelastung des relativ kleinen Flügels zu sehen: Eine weitere Verkleinerung der Flügelfläche durch deszendente Mauser würde den Vogel in seiner Flugfähigkeit länger beeinträchtigen als synchroner Schwingenabwurf. Sehr wichtige Anpassungen liegen nicht nur im saisonalen Zeitpunkt der Mauser (s. Kap. 6.3.3), sondern auch in Mauserunterbrechungen, zeitlicher Abstimmung der Mauser einzelner Gefiederpartien oder Fluren untereinander, Staffelmauser und anderen Abweichungen. Hier ist noch vieles unbekannt; insbesondere dürften die Bearbeitung von Fragen über Populationsunterschiede innerhalb einer Art oder lebenslange individuelle Protokolle interessante Aspekte ergeben.

6.3.2 Gefiederfolge (Kleider) und Mauserzyklen

Alle Vögel mausern mindestens Teile ihres Gefieders einmal pro Jahr, viele Arten zweimal, manche sogar dreimal (z. B. Eisente, Schneehühner, Kampfläufer). In der Regel ist aber nur eine Mauser pro Jahr eine **Vollmauser**; eine zweite und dritte ist eine **Teilmauser**. Ausnahmen kommen jedoch vor. So wurden bei der Morgenammer zwei Vollmausern festgestellt, jede mit zwei Monaten Dauer. Bei der Rußseeschwalbe kann eine Vollmauser entsprechend einem Brutrhythmus von weniger als 12 Monaten auch in kürzeren Abständen als einem Jahr absolviert werden. Durch weitgehende Trennung oder Auseinanderziehung von Großgefieder- und Körpermauser bei vielen Großvögeln (z. B. Kraniche, Trappen, manche Habichtartige und Eulen) ist der Begriff Vollmauser etwas irreführend, da bei solchen Arten niemals alle Federn in einem Mauserrhythmus erfaßt werden.

Die **Terminologie der einzelnen Kleider**, die nicht selten Federn verschiedener Generationen umfassen, ist aber nicht nur wegen der unterschiedlichen Mauserrhythmen schwierig und manchmal etwas verwirrend. Erste Vorschläge bezogen sich vor allem auf Brutvögel der Nordhalbkugel. Sie lassen sich z. B. bei vielen tropischen Arten oder in Fällen ohne eindeutige Zuordnung der Mauser- und Brutzeiten nicht klar aufrechterhalten. Außerdem bestehen verschiedene Ansätze der Mauserterminologie, je nachdem, ob man eine Mauser nach der vorhergehenden oder nach der neu heranwachsenden Federgeneration benennt. Letzteres wird durch eine amerikanische, heute vielfach benutzte Nomenklatur von HUMPHREY & PARKES durchgeführt (Tab. 6.2), wobei gleichzeitig alle saisonalen sowie auf die Fortpflanzung oder auf Altersklassen bezogenen Kriterien verworfen werden. Mit Ausnahme des Jugendkleides kehren für die einzelnen Federfluren alle Federgenerationen irgendwann einmal wieder. Die folgende Übersicht berücksichtigt nur die vor allem auf der Nordhalbkugel zu beobachtenden Regelhaftigkeiten (s. Tab. 6.2) und kann auf viele davon abweichende Details nicht näher eingehen.

Das 1. Kleid ist ein **Dunenkleid** (s. Kap. 5.1.2). Es kann ganz ausfallen (z. B. Spechte). Bei den Seetauchern und fast allen Röhrennasen treten zwei Dunenkleider in der langen Jugendentwicklung auf. Das 1. (oder 2.) Du-

---

Tab. 6.2. Bezeichnung der Kleider und Mauserfolgen nach STRESEMANN (1919, 1963), HUMPHREY & PARKES (1959; rechte Seite) u. a. – M(m): Mauser (moult). Folgende Kleider entsprechen einander in der deutschen Terminologie: Jahreskleid – Adultkleid; Brutkleid – Prachtkleid – Sommerkleid; Ruhekleid – Schlichtkleid – Winterkleid.

	Nestdunen		natal down	
	Postnatale M.		prejuvenal m.	
	Jugendkleid		**juvenal plumage**	
	Jugendm., postjuvenale M.		1. pre-basic m.	
1. Jahreskleid	**1. Ruhekleid**	1. basic plumage	**1. basic plumage**	
	1. Ruhem., praenuptiale M. pre-breeding m.		1. pre-alternate m.	
1. Jahresm.	**1. Brutkleid**		**1. alternate plumage**	
	1. Brutm., postnuptiale M. post-breeding m.	2. pre-basic m.	2. pre-basic m.	
2. Jahreskleid	**2. Ruhekleid**	2. basic plumage	**2. basic plumage**	
	2. Ruhem. usw.		2. pre-alternate m.	
2. Jahresm.	**2. Brutkleid**		**2. alternate plumage**	
	2. Brutm. usw.	3. pre-basic m.	3. pre-basic m.	
	usw.		etc.	

nenkleid wird durch eine Vollmauser abgeworfen, die als postnatale oder praejuvenale Mauser bezeichnet wird.

Das Ergebnis dieser Mauser ist das **Jugendkleid**, das die ersten echten Konturfedern enthält. Der Einfachheit halber wird dieses Stadium oft als »juv.« abgekürzt. Bei manchen Gruppen (z. B. Sperlingsvögel, Falken) sind die Federfahnen lockerer und weicher als in späteren Kleidern. Eine Voll- oder Teilmauser (z. B. Großgefieder erst im folgenden Kalenderjahr), die Jugendmauser oder postjuvenale Mauser, beendet dieses Stadium. In der amerikanischen Terminologie (Tab. 6.2) spricht man von 1. prebasic moult.

Das folgende Kleid entspricht dem **1. Jahreskleid** oder bei Arten mit zwei Mauserzyklen jährlich und daher sehr oft saisondimorphen Kleidern dem 1. Winter-(Ruhe- oder Schlicht-)kleid. Gleicht dieses Kleid jenem der adulten Vögel, spricht man häufig auch schon von einem Adultkleid. Bei Arten mit Geschlechtsreife nach Vollendung des ersten Lebensjahres unterscheiden sich die 1. Jahreskleider und/oder die folgenden mitunter optisch vom Jahreskleid der adulten, regelmäßig brütenden Vögel. Solche Stadien werden je nach dem mutmaßlichen Alter ihrer Träger als immature oder subadulte Kleider bezeichnet. In der von solchen Bezeichnungen unabhängigen Nomenklatur ist bereits das Stadium des basic plumage erreicht. Bei Arten mit zwei Jahresmausern wird das 1. Winterkleid durch eine vor der

Brutzeit stattfindende Teilmauser (die meist nur Kleingefieder umfaßt, ausnahmsweise auch einige Schwungfedern) teilweise abgelegt (Ruhemauser, praenuptiale Mauser, pre-alternate moult). Bei Arten mit einer Jahresmauser wird dieses Kleid bis ans Ende der Fortpflanzungszeit bzw. bis weit in den Sommer des zweiten Kalenderjahres getragen (Abb. 6.3).

Das folgende **1. Sommer-(Pracht- oder Brut-)kleid** wird bei Arten mit 2 Jahresmausern in der amerikanischen Nomenklatur als alternate plumage bezeichnet. Bei den Männchen mancher Arten ist es noch weniger prächtig als in späteren Jahren. Meist wird es unmittelbar nach der Brutzeit oder auch schon vor deren Abschluß beginnend durch die Brut- oder postnuptiale Mauser abgelegt. Sie ist in der Regel eine Vollmauser (Ausnahme: Großvögel). Bei Arten mit einer Jahresmauser spricht man von Jahresmauser; in der von Kleiderbezeichnungen unabhängigen Nomenklatur ist dies dann bereits die 2. pre-basic moult, unabhängig davon, ob eine pre-alternate moult vorausgegangen ist oder nicht (Tab. 6.2). Nun wiederholt sich die Folge, wobei je nach Art die Kleider sich optisch noch verändern können und daher mit besonderen Namen belegt werden (s. o.).

Die grob schematisch geschilderte Kleider- und Mauserfolge zeigt vielfache adaptive Abweichungen bei einzelnen Gruppen und Arten. Bevor sie durch die Postnuptialmauser flugunfähig werden, legen die Männchen vieler Enten noch während der Zeit, in der das Weibchen

Abb. 6.3. Kleiderfolge von Buchfink und Rohrammer (nach Busse 1984, stark vereinfacht).
Das Jugendkleid wird im Spätsommer des Geburtsjahres durch die Jugendmauser der Körperfedern (Teilmauser) abgelegt; der Jugendflügel bleibt bis zur ersten Jahresmauser erhalten. Beim Buchfinken folgen durch eine Jahresmauser (pre-basic moult) nur Jahreskleider (basic plumage) aufeinander. Bei der Rohrammer findet im Vorfrühling eine Teilmauser (pre-alternate moult) statt, die zu einem Brutkleid (alternate plumage) führt. Das Jahreskleid ist hier das Winterkleid.
a = Schwungfedern;   b = Körperfedern; Jkl. = Jahreskleid (1. Jkl. helles Raster, folgende mittleres Raster); Bkl. = Brutkleid (dunkles Raster); Wkl. = Winterkleid (Raster wie Jkl.).

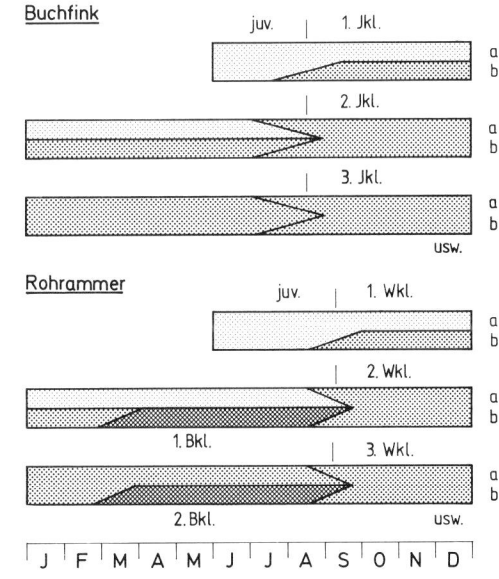

Junge führt, ein Schlichtkleid an, das meist nur zwei bis wenige Monate getragen wird und dem Winterkleid anderer Arten entspricht. Es wird durch eine postnuptiale Mauser des Kleingefieders angelegt und durch eine sehr rasch verlaufende praenuptiale Mauser abgeworfen. So tragen die Männchen ihr Pracht-(Brut-)kleid oft bereits vom Herbst an. Eine dritte Jahresmauser, die meist nur wenige Federfluren erfaßt, wird in der amerikanischen Nomenklatur als supplementary moult dem Basic-alternate-System eingefügt. In anderen Versuchen spricht man z. B. vom Herbstkleid (Eiserpel, Alpenschneehuhn).

6.3.3 Zeitliche Einpassung der Mauser

Die Erneuerung des Federkleides oder wesentlicher Teile davon fordert gesonderte Energie, die durch erhöhte Nahrungsaufnahme und/oder durch Einsparung an Energie für andere Aktivitäten gewonnen werden muß. Damit steht die Mauser grundsätzlich in Konflikt mit zwei anderen energiezehrenden Aktivitätsphasen im Jahreslauf, nämlich Fortpflanzung und Wanderung. Eine weitgehende zeitliche Trennung dieser drei Aktivitäten kann daher als Anpassung an eine Begrenzung der aktuellen Energiebelastung des Organismus betrachtet werden.

Im einzelnen sind freilich Überschneidungen denkbar, wenn z. B. der Energiebedarf für Fortpflanzung (z. B. Nesthocker – Nestflüchter; Arbeitsteilung der Geschlechter) oder für Wanderungen (Langstreckenzieher – Kurzstreckenzieher, Teilzieher – Stand- und Strichvögel) reduziert oder auf bestimmte zeitliche Schwerpunkte konzentriert werden kann oder andererseits durch stark verlangsamten und weit auseinandergezogenen Federwechsel der zusätzliche Energiebedarf pro Zeiteinheit nur gering ist. Schließlich wird die zeitliche Einpassung der Mauser auch durch Außenbedingungen bestimmt: Das ganze Jahr über in ausreichender Menge zur Verfügung stehende Nahrung in Gebieten ohne thermische Jahreszeiten (z. B. tropische Tiefländer) zwingt nicht von vornherein zu einer strengen Brut-Mauser-Periodik; zeitliche Begrenzung eines reichen Nahrungsangebotes, oft in Verbindung mit der Notwendigkeit weiter Zugstrecken, fordert mitunter sehr genaue und vor allem rasche Abwicklung von Brutgeschäft und Mauser, so daß auch aus Zeitnot Überschneidungen denkbar sind. Aber nicht nur Nahrungsangebot allein, sondern die thermischen Verhältnisse der Umgebung könnten für Lage und Dauer der Mauserzeiten verantwortlich sein.

Eine jahreszeitliche oder periodische Einordnung der Mauser ergibt sich aber auch unabhängig von energetischen Überlegungen. Durch Federausfall bzw. -wechsel können Aktivitäten beeinträchtigt werden, z. B. durch Schwingen- und Schwanzmauser Flug- und Manövrierfähigkeit. Eine Anpassung an Zeiten, in denen der Vogel auch mit reduzierten Bewegungsfähigkeiten auskommt, ist daher vorteilhaft. Haben Federkleider oder Gefiederpartien besondere jahreszeitlich festgelegte Funktionen, wie z. B. Färbung als Signale oder Tarnung (s. Kap. 5.4) oder Verbesserung der Isolation (z. B. Schneehühner im Winter), ist saisonale Mauser entscheidend wichtig.

Das Bild der zeitlichen Einpassung von Mauservorgängen ist also im einzelnen sehr vielfältig. Bei Vögeln mittlerer und höherer Breiten ist eine **Vollmauser im Anschluß an die Brutsaison** am häufigsten. Ob und in welchem Umfang diese Mauser noch vor dem Zug ins Winterquartier absolviert wird, hängt von verschiedenen Umständen ab (Abb. 6.4; s. unten). Bei Arten mit zwei Mauserphasen liegen die Mauserzeiten in der Regel vor und nach der Brutzeit. Auch in den Tropen scheinen in den meisten Fällen Brutzyklus und Mauserzeiten getrennt zu liegen, wenn auch viele Arten bekannt sind, bei denen eine Überschneidung eintritt.

Regelmäßige **Mauser während der Brutzeit** ist meist unter zwei ökologischen Bedingungen zu beobachten. In Gebieten mit ganzjährig reichhaltigem Nahrungsangebot wird die Mauser oft so stark verlangsamt, daß der zusätzliche Energiebedarf keine Einschränkung anderer physiologischer Prozesse bedeutet. Einige tropische Land- und Meeresvögel mausern daher auch während des Brutgeschäftes. Andererseits steht für manche Möwen- und Schnepfenvögel im kurzen arktischen Sommer Nahrung im Überfluß zur Verfügung, so daß in dieser Zeit die Abwicklung von Brutgeschäft und Mauser nebeneinander vorteilhaft ist, zumal wenn im übrigen Teil des Jahres die Nahrungsmenge limitiert ist.

In einer Umwelt mit unberechenbarem Nahrungsangebot, z. B. in Trockengebieten mit aperiodischen Regenfällen, findet **Mauser** nicht selten völlig **unabhängig vom Brutzyklus** statt. Oft ist hier die Mauser streng periodisch, Brut

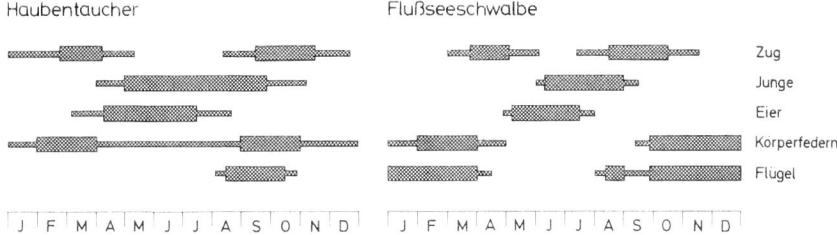

Abb. 6.4. Mauser, Brut und Zug bei Haubentaucher (Kurzstrecken- und Teilzieher; Schlicht- und Pracht-kleid; synchrone Schwingenmauser) und Flußsee-schwalbe (Fernzieher mit einer durch den Wegzug unterbrochenen Schwingenmauser). Daten nach Handbüchern.

in Abhängigkeit von Regenfällen jedoch unregelmäßig, so daß Mauser und Brut entweder zusammenfallen, sich weitgehend überlappen oder weit auseinanderliegen. Ähnliches ist auch bei manchen Hochseevögeln zu beobachten.

Vor allem unter den letztgenannten Bedingungen kann Mauser durch das Brutgeschäft auch unterbrochen oder zumindest verlangsamt werden. Aber auch bei einigen Brutvögeln der mittleren und höheren Breiten setzt die **postnuptiale Mauser** bereits ab der Eiablage langsam ein, zumindest beim Körperkleingefieder. Die Weibchen mancher Habichtartiger und Falken (z. B. Habicht, Sperber, Wanderfalke) beginnen selbst mit der Großgefiedermauser schon während der Bebrütung. Sie bebrüten das Gelege allein und bleiben auch während der ersten Entwicklungsstadien der Jungen am Nest. Die Männchen versorgen brütende Weibchen und anschließend Weibchen und kleine Junge mit Nahrung; sie mausern erst später. Ähnliche Verhältnisse sind bei manchen Bussarden und nordischen Eulen (z. B. Schnee- und Sperbereule) bekannt. Die Weibchen der tropischen Nashornvögel bleiben während der Bebrütung der Eier und des Wachstums der Jungen in der halb zugemauerten Bruthöhle und beginnen mit dem Großgefieder unmittelbar nach der Eiablage. Die allein Nahrung herbeischaffenden Männchen mausern erst nach der Nestlingszeit der Jungen. Ähnliche Unterschiede im Termin der Großgefiedermauser treten bei manchen Gründel- und Tauchenten regelmäßig ein. Hier verlassen die Männchen die Weibchen nach dem Schlüpfen der Jungen, suchen meist ein regelrechtes Mauserquartier auf, in dem sie die Zeit der mit vorübergehender Flugunfähigkeit verbundenen Schwingenmauser verbringen. Die Weibchen verlieren ihre Schwingen in der Regel erst dann, wenn die

Jungen selbständig werden. Auch bei manchen Singvögeln (z. B. Piepern) ist früherer Mauserbeginn der Männchen bekannt. In einer Population beginnen Nichtbrüter oder Vögel mit frühzeitigem Brutverlust häufig eher zu mausern als Brutvögel und unter ihnen wiederum Frühbrüter eher als Spätbrüter.

Unterbrechung der Mauser, insbesondere der Großgefiedermauser, tritt oft auch im Zusammenhang mit langen Zugstrecken ein (Abb. 6.4). Auswechseln einzelner Handschwingen kann die Flugtauglichkeit des Flügels verbessern, da z. B. stark abgetragene äußere Handschwingen die Form der Flügelspitze nicht unwesentlich verändern (vgl. Handflügelindex Tab. 5.3). Doch andererseits zwingt die knappe Zeit zwischen Beendigung des Brutgeschäfts und Abzug ins Winterquartier zur Unterbrechung, so daß die restliche Mauser entweder auf einem nahrungsreichen Zwischenquartier oder im Überwinterungsgebiet beendet wird. Manche Langstreckenzieher fliegen auch mit

Tab. 6.3. Dauer der Flugunfähigkeit bei einigen Arten mit synchroner postnuptialer Schwingenmauser (Daten nach CRAMP & SIMMONS 1977 f.).

Art	Dauer der Flugunfähigkeit (Tage)
Zwergtaucher	21–28
Haubentaucher	21–28
Saatgans	35–42
Höckerschwan	42–56
Brandgans	25–31
Krickente	ca. 28
Stockente	ca. 28
Tafelente	21–28
Gänsesäger	ca. 30

altem Großgefieder nach begonnener Kleinge-
fiedermauser ab. Rauchschwalben beginnen
z. B. nur ausnahmsweise in Nord- und Mitteleuropa mit der Großgefiedermauser, südliche Populationen aber häufiger als nördliche.

Die individuelle **Mauserdauer** einzelner Federfluren ist noch weitgehend unbekannt. Die
Dauer der Schwingenmauser ist bei synchronem Abwurf der Schwungfedern relativ kurz
(Tab. 6.3). Singvögel scheinen ihre Handschwingen kaum in weniger als 45 Tagen mausern zu können. Intraspezifische geographische
Unterschiede lassen sich bei Brutvögeln der
mittleren und höheren Breiten erkennen (Tab.
6.4).

6.4   Kontrolle der Mauser

In der Kontrolle des Mauserablaufes sind zwei
Aspekte zu unterscheiden, nämlich die Frage
nach der Regulierung des nicht selten komplizierten und vor allem erstaunlich konstanten
Mausermusters innerhalb der einzelnen Federfluren sowie das Problem der zeitlichen Einpassung der Mauserperioden in den Jahreszyklus.
Beide Fragen sind noch weitgehend ungeklärt.

Über die **Mauserfolge** innerhalb einer Federflur bestehen mehrere Hypothesen. Die im
Mauserfocus sitzenden Federn, die als erste
fallen, sollen erhöhte Blutzufuhr erfahren und/
oder ihre Follikel gegenüber Hormonen und
anderen Mauserstimuli die geringste Schwelle
aufweisen. Die Nachbarfedern würden dann
durch das Federwachstum im Focusfollikel angeregt, vielleicht durch erhöhte Blutzufuhr.
Andererseits wäre auch denkbar, daß die Follikel in einer Flur unterschiedliche Hormonmen-
gen zum Anstoß des Federwachstums benötigen. Auch unterschiedliche Zeitprogramme für
einzelne Follikel einer Flur bzw. für einzelne
Fluren sind als Alternativhypothese vorgeschlagen worden. Eine solche Programmierung
könnte von der vorausgegangenen Mauser induziert sein.

Im **Jahreszyklus** zählt die Mauser zu den
Funktionen, die unter Kontrolle einer (wahrscheinlich) endogenen circannualen Rhythmik
stehen. Bei Garten- und Mönchsgrasmücke

Tab. 6.4. Mittlere individuelle Dauer der postnuptialen Handschwingenmauser bei einigen Singvögeln
(verschiedene Quellen).

Art	Dauer (Tage)	Herkunftsgebiet
Wiesenpieper	40–50	Großbritannien, Finnland
Wasserpieper	48	Schweiz
Schafstelze	40	Finnland
	43–45	Großbritannien
	50	Südfrankreich
Gebirgsstelze	65	Großbritannien
	51	Niederlande
Bachstelze	45–50	Finnland
	68–74	Niederlande
	73	Schottland
	76	Südengland
Heckenbraunelle	54–60	Großbritannien
Feldlerche	58	Großbritannien
Rohrammer	45–46	Großbritannien
	ca. 55	Skandinavien

konnten bis zu 9 aufeinanderfolgende vollständige circannuale Mauserzyklen unter konstanter Photoperiode nachgewiesen werden (vgl.
Kap. 20.4.2), deren Zeitgeber wahrscheinlich
die Photoperiode ist. Dabei können die circannualen Periodenlängen z. B. für Fortpflanzung
und Mauser unterschiedlich sein, und damit ist
angedeutet, daß keine obligatorische Verbindung zwischen dem Start der Mauser und dem
Zeitpunkt des Brutgeschäftes besteht (vgl.
Kap. 6.3.3).

Bei solchen Arten, bei denen sich Brutzeit
und Vollmauser regelmäßig ausschließen, führten Behandlung von Sexualhormonen (Androgene und Östrogene) zur **Mauserhemmung.** Eine hemmende Wirkung der beiden gonadotropen Hypophysenhormone FSH und LH (vgl.
Kap. 9) ist wohl über die Produktion von Keim-
drüsenhormonen zu verstehen, ebenso die umgekehrte Wirkung von Prolactin. Die Rolle des
Schilddrüsenhormons Thyroxin, das vor Beginn
der Mauser verstärkt ausgeschüttet wird und
dessen experimentelle Zufuhr zumindest bei
einigen Arten rasch Vollmauser auslösen kann,
ist ebenfalls noch unklar (über Hormone und
Ausbildung der Kleider s. Kap. 9).

7 Kreislaufsystem und Blut

Das Kreislaufsystem hat im Organismus Transportfunktion (Blut, Hormone, Wasser, Wärme, Nährstoffe, Exkretionsprodukte, Atemgase usw.). Es tritt mit allen Bereichen des Körpers über die Transportmittel Blut und Lymphe in Verbindung. Vögel haben ein **geschlossenes Kreislaufsystem.** Der Raum, den die Blutgefäße bilden, sind Reste der primären Leibeshöhle. Wie die Säuger haben die Vögel einen Körper- und Lungenkreislauf, der durch die vollständige Trennung der Herzkammerhälften möglich ist. Das Herz selbst ist die Pumpe für den Blutstrom und entsteht als muskulöse Erweiterung eines Blutgefäßes.

7.1 Herz

Das Herz der Vögel liegt ventral im kranialen Teil der Leibeshöhle, ziemlich genau in der Mitte des Brustkorbes. Die Herzbasis erreicht oft die Luftröhrengabelung; die Herzspitze liegt zwischen den beiden Leberlappen. Beinahe der gesamte ventrale Teil des Herzens liegt dem Sternum auf. Die dorsale Seite liegt auf der Leber, die auch die Seiten des Herzens umschließt, und der basale Teil liegt zwischen den Lungen.

Das Herz ist von einem dünnen, mesodermalen, festen, durchscheinenden **Herzbeutel (Pericard)** umhüllt, der pigmentiert sein kann. Er ist basal an den großen Herzgefäßen und apikal mit der Wirbelsäule, der Leber, dem Sternum (über Septen) und diversen Luftsäcken verbunden. Der Perikardialraum entspricht der sekundären Leibeshöhle (Coelom). Dieser Raum enthält eine geringe Menge von schwach gelblicher, klarer Herzbeutelflüssigkeit.

Der **Bau** des typischen Vogelherzens (Abb. 7.1) unterscheidet sich vom typischen Herz des Säugers nur in sehr wenigen Punkten. Deshalb wird dieses Kapitel relativ knapp abgefaßt. Wesentliche Unterschiede sind:

– Einige Arten besitzen auch als erwachsene Individuen die zusätzliche fetale Herzkammer, den Sinus venosus. In diesen münden die Äste der drei Hohlvenen. Zwei Sinuatrialklappen trennen den rechten Vorhof vom Sinus venosus.
– Die rechte Atrioventrikularklappe des Säugers wird durch eine starke und breite Muskelklappe ersetzt.
– Rechte und linke Lungenvene können sich vereinigen und als gemeinsame Lungenvene bis in die Atrioventrikularöffnung hineinreichen.
– Der Durchmesser der einzelnen Herzmuskelfasern ist mit etwa 5 bis 10 µm wesentlich kleiner als beim Säuger.
– Die relative Herzmasse ist im allgemeinen etwa doppelt so hoch wie beim vergleichbaren Säuger (Tab. 7.1). Im Verhältnis zur Körpermasse ist es um so größer, je besser und ausdauernder der Vogel fliegen kann.

Die relative **Herzmasse** nimmt außerdem innerhalb einer Gruppe mit abnehmender Körpermasse zu und steigt mit dem Vorkommen in größeren Höhenlagen. Dabei wird vor allem die rechte Hauptkammer trophiert. Ebenso nimmt die Masse in kalten Lebensräumen (z. B. Polarregionen) zu. Bei manchen Arten haben die Männchen größere Herzen als die Weibchen.

Die **Herzschlagfrequenz** HF (Tab. 7.2 und 7.3) nimmt wie die relative Herzmasse mit abnehmender Körpermasse zu. Beide Parameter sind über folgende Beziehung miteinander korreliert (dabei gilt: Herzschlagfrequenz HF in Schläge/min und Körpermasse KM in g):

$$HF_{Vögel} = 870 \times KM^{-0,26}$$

Sie liegt damit wesentlich niedriger als bei den Säugern, deren Abhängigkeit lautet:

$$HF_{Säuger} = 1355 \times KM^{-0,25}$$

Kleinere endotherme Organismen benötigen zur Erhaltung ihrer hohen Körpertemperatur einen höheren Stoffwechsel als exotherme, der dadurch auch eine höhere Herzfrequenz und damit Durchblutung des Körpers erfordert.

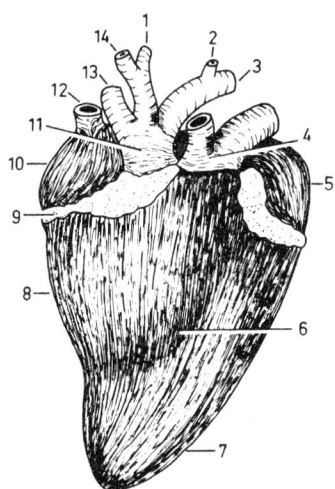 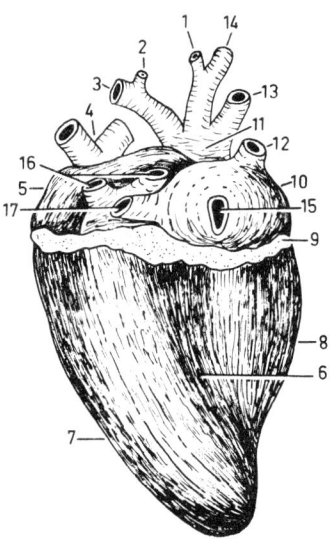

Abb. 7.1. Herz des Haushuhns schematisch (nach versch. Autoren). Sternale (ventrale) Fläche rechts, dorsale Fläche links.
1 = Arteria carotis communis dextra; 2 = Arteria carotis communis sinistra; 3 = Arteria brachiocephalica sinistra; 4 = Arteria pulmonalis; 5 = linkes Atrium (Vorkammer); 6 = Sulcus longitudinalis; 7 = linker Ventrikel (Hauptkammer); 8 = rechter Ventrikel; 9 = Fettgewebe im Sulcus coronarius; 10 = rechtes Atrium; 11 = Aorta ascendens; 12 = Vena cava cranialis (anterior) dextra; 13 = Aorta descendens; 14 = Arteria brachiocephalica dextra; 15 = Vena cava caudalis (V. c. posterior); 16 = Venae pulmonales; 17 = Vena cava cranialis (anterior) sinistra.

Tauchende Vögel zeigen wie die Säuger eine reflexgesteuerte, plötzliche Absenkung der Herzfrequenz um teilweise über 50 % (**Brady-kardie**). In Aufregung, Streß und/oder bei starker körperlicher Betätigung (z. B. Flug) kann dagegen die Frequenz bis das dreifache und mehr der Ruhewerte erreichen. **Maximalwerte** der Vögel liegen bei knapp 1300/min bei kleinen Kolibris im Fluge (s. Tab. 7.2).

Im Flug kann die Herzfrequenz bei einigen Arten außerdem mit der Flügelschlagfrequenz gekoppelt sein: Bei einigen Arten ist das Verhältnis 1:1, bei anderen 2:1. Vermutlich unterstützt der Brust-(Flug-)muskel den venösen Rückstrom des Blutes ins Herz und muß daher

koordiniert werden. Wie bei den Säugern kann man bei ruhenden Vögeln pro Atemzug offensichtlich im Mittel rund 4 Herzschläge beobachten. Da die Lebensdauer der Vögel mit der Körpermasse über den Exponenten +0,2 und die Anzahl der Herzschläge mit −0,25 korreliert, läßt sich für die Gesamtlebensdauer der Vögel eine massenunabhängige **konstante Anzahl von Herzschlägen** ermitteln. Sie liegt bei etwa 100–200 Millionen.

Tab. 7.2. Maximale Herzfrequenzen HF (Schläge/min) einiger Vogelarten.

Vogelart	Herzfrequenz (min^{-1})
Blaukehlkolibri	1 260
Schwirrammer	1 050
Singammer	1 021
Riesenkolibri	1 020
Grauastrild	1 020
Schwarzkopfmeise	1 000
Kanarengirlitz	1 000
Stieglitz	925
Haussperling	902
Haushuhn	800
Strauß	178

Tab. 7.1. Beispiele für Herzmasse bei Vögeln im Verhältnis zur Körpermasse.

Vogelordnung	relative Herzmasse [in % Körpermasse]
Steißhühner	0,19–0,25
Hühnervögel	0,40–1,10
Tauben	0,93–1,29
Sperlingsvögel	0,90–1,80
Kolibris	2,00–2,80

Das **Erregungsbildungs-** und **Erregungslei-tungssystem** ist vertebratenspezifisch myogen und kaum von dem der Säuger zu unterscheiden. Es weist so gut wie dieselben Elemente auf (Abb. 7.4).

Der **Sinusknoten (Sinuatrialknoten)** besteht, wie die anderen Elemente, aus umgewandelten Muskelzellen (myogen) und liegt in der Wand des rechten Vorhofes nahe der Eintrittsstelle der großen Körperhohlvene (Vena cava). Er ist der primäre Schrittmacher (das primäre Automatiezentrum) des Herzens mit der höchsten Eigendepolarisationsfrequenz. Er besitzt Verzweigungen, die die Erregungen auf die Muskelzellen der Vorhöfe ausbreiten und deren Kontraktionen bewirken. Ein bindegewebiger Faserring (Anulus fibrosus) trennt die Vorhöfe von den Ventrikeln elektrisch und verhindert so, daß sich die Herzströme generell und ungerichtet ausbreiten. Er dient gleichzeitig als **Herzskelett.**

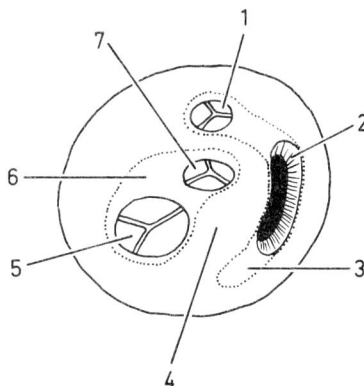

Abb. 7.3. Schematische Aufsicht auf die Ventilebene eines Vogelherzens (nach versch. Autoren).
1 = Lungenarterien-Klappen (im rechten Ventrikel);
2 = Atrio-Ventrikular-Klappen (rechte Kammer);
3 = rechte Hauptkammer; 4 = Ventrikel-Septum;
5 = Atrio-Ventrikular-Klappen (linke Kammer);
6 = linke Hauptkammer (Grenze punktiert);
7 = Klappen zwischen Aorta und linkem Ventrikel.

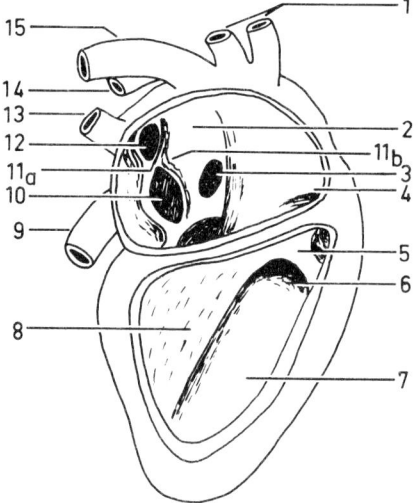

Abb. 7.2. Schnitt durch das Herz vom Höckerschwan (nach JONES & JOHANSEN 1972).
1 = Karotidenäste (Arteria carotis communis); 2 = Vorkammerseptum (Septum interatriale); 3 = Öffnung der linken Vena cava cranialis; 4 = Septum der Atrioventrikularklappe (Septum atrioventricularis); 5 = Muskelband; 6 = Öffnung des Lungen-Arterien-Stammes; 7 = rechter Ventrikel; 8 = Muskel der Atrioventrikularklappe; 9 = Vena cava posterior (caudalis); 10 = Öffnung der Vena cava posterior in den rechten Vorhof; 11 a/b = rechte und linke Sinuatrialklappe; 12 = Öffnung der rechten Vena cava cranialis (anterior); 13 = rechte Vena cava cranialis; 14 = rechter Lungen-Arterienstamm; 15 = Arteria brachiocephalica.

Die Weiterleitung der elektrischen Erregung übernimmt der **Atrioventrikularknoten (AV-Knoten),** der im Vorhofseptum liegt. Auch hier sind die Verhältnisse also wie beim Säuger. Aus seinem **Hissschen (AV-)Bündel** zweigen insgesamt drei (Säuger zwei) Schenkel ab (s. Abb. 7.4): Ein rechter und ein linker Schenkel laufen im Kammerseptum herzspitzenwärts und teilen sich in die Purkinjeschen Fasern (Purkinjesches Fasernetz) auf. Nur den Vögeln eigen ist ein weiterer Schenkel, der die rechte AV-Öffnung umgibt und wahrscheinlich die Funktion der rechten Atrioventrikularklappe regelt.

Purkinjesche Fasernetze zeigen eine sehr weitläufige Ausbreitung. Man findet sie in der gesamten Muskulatur der Herzwand und auch häufig parallel zu den Gefäßen verlaufend. Die Purkinjeschen Fasern sind im allgemeinen sehr groß (im Durchmesser bis zu 50 μm).

Das vegetative (autonome) Nervensystem kontrolliert neben dem Hormonsystem die Tätigkeit der Herz-Autorhythmie-Zentren. Entsprechend dicht innerviert sind deshalb die Regionen des Sinus- und AV-Knotens. Zwei Fasersysteme wirken im Herzen antagonistisch: Der Sympathikus wirkt frequenzsteigernd über den Transmitter Noradrenalin; der Vagusnerv senkt die Herzfrequenz über seinen Transmitter Acetylcholin (stark vereinfachtes Regelsystem; in Wirklichkeit sind die Wirkungen differenzierter; s. spezielles Lehrbuch der Physiolo-

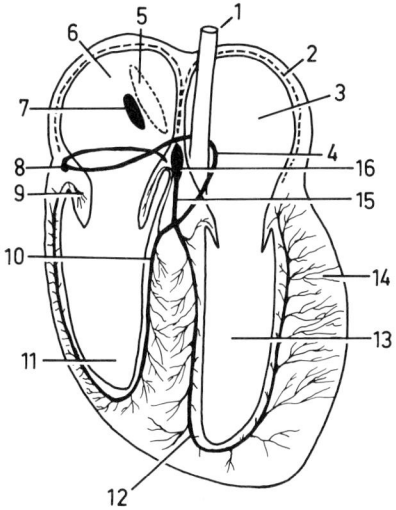

Abb. 7.4. Erregungsbildungs- und Erregungslei-
tungssystem im Vogelherzen (Schema).
1 = Aorta; 2 = Leitungsfasern im Vorhofbereich
(Verzweigungen des Sinusknoten); 3 = linker Vorhof
(Atrium); 4 = Atrioventrikularschenkel des AV-
Knotens; 5 = Eintrittsöffnung der Vena cava;
6 = rechtes Atrium; 7 = Sinuatrialknoten (Sinus-Kno-
ten, SA-Knoten); 8 = Ring aus Purkinje-Fasern;
9 = Muskel des AV-Ventils; 10 = Schenkel (rechter)
des Hissschen Bündels; 11 = rechter Ventrikel;
12 = Schenkel (linker) des Hissschen Bündels;
13 = linker Ventrikel; 14 = Periarterielle Purkinje-
Fasern; 15 = Hisssches Bündel; 16 = Atrioventrikularknoten (AV-Knoten).

Tab. 7.3. Herzfrequenzen ruhender Vögel nach absteigender Körpermasse geordnet.

Vogelart	Körper-masse (g)	Herz-frequenz (min^{-1})
Strauß	100–150 000	38
Nashornpelikan	7 500	150
Truthuhn	4 500	100
Hausgans	3 420	113
Stockente	2 670	118
Truthahngeier	2 000	132
Silbermöwe	930	218
Taube	382	166
Baumwachtel	138	250
Carolinataube	130	135
Goldspecht	112	230
Blauhäher	77	307
Falkennachtschwalbe	72	180
Wanderdrossel	69	328
Rote Spottdrossel	59	303
Rötelgrundammer	40	445
Winternachtschwalbe	40	210
Grauwasseramsel	40	370
Rotkardinal	40	375
Walddrossel	30	363
Katzendrossel	29	427
Haussperling	28	350
Singammer	20	450
Kanarengirlitz	16	514
Schwirrammer	12	440
Schwarzkopfmeise	12	480
Hauszaunkönig	11	450
Birkentyrann	10	545
Blaukehlkolibri	8	480
Rubinkehlkolibri	4	615

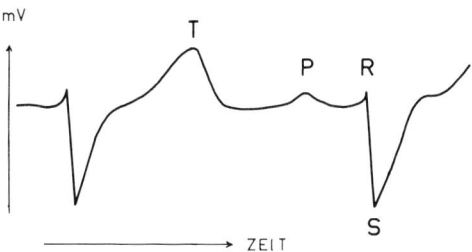

Abb. 7.5. Elektrokardiogramm (EKG) eines Huhns:
Extremitäten-Ableitung III (linkes Bein gegen Basis
des linken Flügels). Der RS-Komplex repräsentiert
die Depolarisation der Hauptkammermuskulatur
(Beginn Ventrikel-Systole); die T-Welle repräsentiert
die Ventrikel-Repolarisation (Kammer-Diastole); die
P-Welle zeigt die Depolarisation der Vorhofmuskula-
tur (Beginn Atrium-Systole). Die Amplitude (mV)
des EKG ist stark von den Ableitungsbedingungen
abhängig; die Zeitdauer von der interspezifischen
Variation der Herzfrequenz. Deshalb sind diese Achsen nicht quantifiziert.

gie und Kap. 10). Beide Systeme innervieren
unter anderem auch die Herzkranzgefäße.
Identische Wirkungen wie das Adrenalin des
Sympathikus haben auch Adrenalin/Noradre-
nalin als Hormone des Nebennierenmarkes (s.
Kap. 9).

7.2 Peripheres Gefäßsystem

Das periphere Gefäßsystem ähnelt in seiner
Ausbildung wiederum sehr stark dem der Säuger, so daß auch hier nur auf Besonderheiten
der Vögel eingegangen werden soll. Eine Übersicht gibt Abb. 7.6.

Charakteristisch ist für die meisten Vögel
(fehlt z. B. bei Tyrannen) ein **Anastomosen-
Gefäß (Interkarotide,** Anastomosis intercaroti-

ca), die die beiden Karotiden miteinander verbindet und verhindert, daß der Blutfluß stockt, wenn ein Gefäß durch starkes Drehen des Kopfes kurzfristig blockiert wird.

Anders als bei Säugern entwickelt sich die **Aorta** in der Embryogenese aus dem vierten Kiemenbogen (s. Abb. 7.9) und aus der rechten dorsalen Aorta. Die Aorta ascendens biegt daher nach rechts um (Säuger links). Aus dem Aortenbogen entspringen zwei Arterienstämme (Arteriae brachiocephalicae); infolge der großen Brustmuskeln erscheint als Fortsetzung der Arteria subclavia pectoralis die Arteria thoracica.

Neben einem **Leber-Pfortadersystem,** das vom Darmsystem und dem Magen über die Vena portae (Pfortader) Blut über die Leber zur Vena cava caudalis leitet, findet man ein zweites Pfortadersystem: Im **Nieren-Pfortadersystem** wird das Blut über die Vena coccygomesenterica (kommt ebenfalls vom Darmsystem und »beliefert« auch die Vena portae) über die Vena renalis adrehens (Nierenpfortader) in die Nierenlappen geführt und von dort ebenfalls in die Vena cava caudalis (posterior) geleitet. Das Nierenpfortadersystem ist besonders gut bei den Reptilien ausgebildet und als dessen Rest bei den Vögel anzusehen.

Schließlich bilden die Venen des Körperkreislaufes drei Stämme aus: Zwei Gefäße (Vena cava cranialis sinistra und Vena cava cranialis dextra; auch Vena cava anterior genannt) kommen aus dem Kopfbereich. Die hintere Hohlvene (Vena cava caudalis) ist das dritte Hohlvenensystem. Sie alle münden in die rechte Vorkammer.

Physiologisch interessant ist noch die Tätigkeit der Vena coccygomesenterica, die – wie bereits erwähnt – ihr Blut sowohl an das Pfortadersystem der Leber als auch an das Pfortadersystem der Niere abgeben kann. Man hat festgestellt, daß das Blut häufig wechselnd mal zur Niere und mal zur Leber geführt wird, wobei sich der Blutstrom in diesem Gefäß umkehren kann.

Der **Blutdruck** liegt bei Vögeln deutlich höher als beim Säuger. Im Vergleich zu einem mittleren arteriellen Druck von 100 mm Hg Säule (z. B. Mensch) seien folgende exemplarische Beispiele für Vögel angeführt:

systolische Werte:

Taube	135 mm Hg
Wanderdrossel	118 mm Hg
Star	180 mm Hg

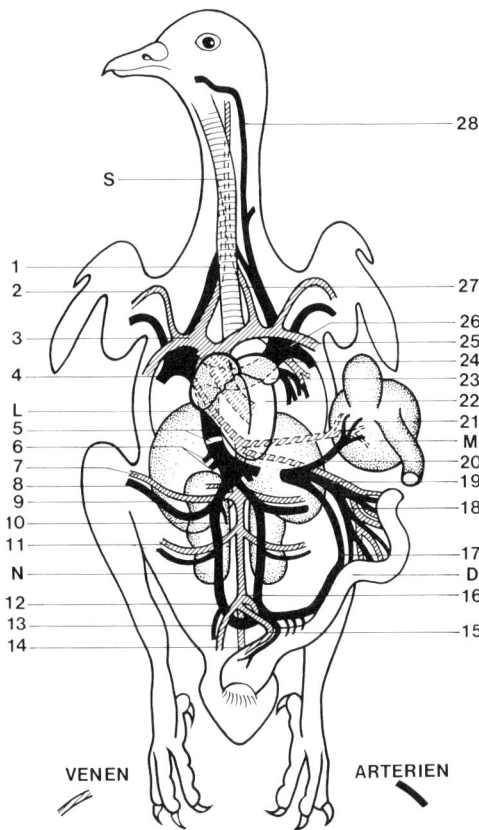

Abb. 7.6. Kreislaufsystem eines Vogels schematisch (s. u. 1) (nach versch. Autoren); (s. u. 2). In Klammer stehen Synonyme.
1 = Vena jugulares; 2 = Arteria axillares (brachialis); 3 = Truncus brachiocephalicus; 4 = Vena et Arteria pectoralis (subclavia); 5 = Vena cava caudalis; 6 = Vena hepatica; 7 = Arteria femoralis; 8 = Vena iliaca; 9 = Vena femoralis; 10 = Vena renalis; 11 = Arteria et Vena testicularis bzw. ovarica; 12 = Vena renalis advehens (Nierenpfortader); 13 = Arteria et Vena pudenda; 14 = Arteria et Vena coccygea media; 15 = Arteria et Vena coccygomesenterica (mesenterica posterior), Vene zum zweiten Pfortadersystem; 16 = Aorta dorsalis; 17 = Vena mesenterica posterior; 18 = Vena mesenterica anterior; 19 = Vena portae (Leberpfortader); 20 = Vena gastralis; 21 = Arteria et Vena coeliaca; 22 = linker Ventrikel; 23 = linkes Atrium; 24 = Arteria et Vena pulmonaris; 25 = Aorta thoracica; 26 = Vena cava cranialis (anterior); 27 = Arteria carotis communis; 28 = Vena jugulares. S = Speiseröhre; D = Darm; N = Niere; M = Magen; L = Leber.
1) von ventral aus gesehen am Beispiel einer Haustaube.
2) Das Arteriensystem ist schwarz und das Venensystem schraffiert eingezeichnet.

Systolische Werte können im Extrem auf 300 mm Hg ansteigen, diastolische Minima liegen bei etwa 80 mm Hg; der mittlere Bereich des systolischen Wertes liegt zwischen 120 und 160 mm Hg. Mit einem systolischen Maximalwert von 300 bis 400 mm Hg hat das Truthuhn mit den höchsten Blutdruck aller Wirbeltiere. Diastolisch treten im rechten Ventrikel bis -2 mm Hg auf; im linken Ventrikel fällt er auf bis zu 0 mm Hg ab.

Der **Blutausstoß** pro Herzschlag liegt bei etwa 0,5 bis 3 ml/kg Körpermasse. Beim Haushuhn resultieren daraus Zirkulationswerte von 128 bis 170 ml/min × kg; bei Enten solche von 220 bis 400 ml/min × kg; Spitzenwerte liegen bei 560 ml/min × kg. Der Mittelwert für Vögel dürfte in etwa 260 ml/min × kg sein.

Diese Werte führen zu einer relativ kurzen **Zirkulationsdauer** des Blutes. Es reichen wenige Sekunden dafür aus. Die Umlaufzeit beträgt z. B. beim Huhn 5,2 s, Hausgans 10,8 s und Hausente 10,6 s. In der Bauchaorta kann das Blut dabei **Geschwindigkeiten** von 30 bis 35 m/s erreichen.

Vom gesamten Blutausstoß (100 %) werden die verschiedenen Organe in etwa zu folgenden absoluten Prozentsätzen versorgt (Beispiel Haushuhn):

Niere	15,2 %
Darm	8,6 %
Leber	6,7 %
Herz	4,7 %
Magen	1,6 %
Brustmuskel	1,1 %
Milz	0,4 %
Nebenniere	0,4 %
Schilddrüse	0,035 %
restl. Systeme	61,1 %

Die Herzdurchblutung ist damit etwa doppelt so hoch wie bei kleinen Säugern. Bezogen auf eine Gewebemassen-Einheit erhält der Brustmuskel nur etwa ⅓ der Blutmenge der Beine; die inneren Organe (inklusive Kopfbereich) erhalten etwa 10 bis 20 % des totalen Blutausstoßes.

Über die **Lymphgefäße** (Abb. 7.8) wird extravaskuläre Flüssigkeit wieder dem Blut zugeführt. Sie enthält vor allem auch Fette aus dem Verdauungstrakt (s. Kap. 12). Im Vergleich zum Säuger ist das Lymphsystem der Vögel weniger gut ausgeprägt. Im embryonalen Zustand finden sich im kaudalen Abdominalbereich ein Paar **Lymphherzen** mit quergestreifter Muskulatur, die sich außer bei den Flachbrustvögeln und den Entenvögeln wieder rückbilden. Meist begleiten die Lymphbahnen paarweise die Venen (in der Bauchhöhle auch die Arterien). Der Rückfluß von Lymphe wird durch Klappen verhindert; ihr Fluß wird insgesamt durch die Tätigkeit der sie umgebenden Körperteile bewirkt. Alle Lymphgefäße sammeln sich wieder in einem paarigen (Säuger unpaar) Pars thoracica, der zahlreiche Anastomosen zwischen den beiden Gängen zeigt. Der Pars thoracica heißt auch Milchbrustgang, da die Lymphe durch emulgierte Fett-Teilchen milchig trüb erscheinen kann und die Gänge in der Höhe der Brust in die beiden großen Hohlvenen (Vena cava cranialis sinistra et dextra) münden.

Echte **Lymphknoten** findet man nur bei Wasservögeln (z. B. Enten, Gänse) und auch dort nur zwei Paare. Eines in der Nähe der Schilddrüsen (Nodus lymphaticus cervicothoracales) und ein zweites in der Nachbarschaft der Nieren (Nodus lymphaticus lumbales). Die echten Lymphknoten sind primitiv gebaut und nur modifizierte Gefäßwandteile mit einem zentralen Sinus. Entsprechend gering ist ihre Größe. Daneben gibt es bei den Vögeln mikroskopisch kleine bis größere (bis 1 cm Durchmesser) Lymphknötchen in die Gefäßwand eingestreut (murale Knötchen), sowie einzelne solitäre Lymphfollikel und Follikelgruppen in verschiedenen Organen, die im Gegensatz zum echten Lymphknoten keine Gewebekapsel aufweisen. Man findet sie z. B. im Pankreas, der Leber, der Lunge, der Niere, in den Blinddärmen (Tonsillae caecales), dem Rektum, dem Pharynx, den Choanen und um die pharyngealen Öffnungen der Eustachischen Röhre.

Weitere **lymphatische Organe** sind der Thymus (s. Kap. 9), der aus mehreren (bis 8) Lappen in 2 Reihen an den Halsseiten neben den Jugularvenen liegt und in dessen Rindenzone kleine Lymphozyten eingelagert sind (s. unten). Auch die Bursa fabricii besteht aus lymphatischem Gewebe und wird wie der Thymus beim Eintritt der Geschlechtsreife reduziert. Thymus und Bursa sind für die zelluläre bzw. humorale (Antikörperbildung) Abwehr zuständig (s. unten). Die Milz (Lien, Splen) ähnelt der der Säuger. Sie enthält große Mengen an Makrophagen, Lymphozyten und andere Blutkörperchen. Sie besitzt folgende Aufgaben: Phagozytose überalteter Erythrozyten, Antikörperproduktion und Lymphopoese.

7.3 Blut

Im Gefäßsystem strömt Blut, dessen Masse beim Vogel zwischen etwa 3 und 13 % der Körpermasse ausmacht. Einige Beispiele: Ente (10,2 %), Haushahn (9,0 %), Haushuhn (7,0 %), Taube (7,8 %). Die normale **Blutmenge** liegt bei 7,8 bis 9,2 ml pro 100 g Körpermasse und damit in etwa im gleichen Bereich wie beim Säuger.

Das Blut enthält Blutzellen. Ihr prozentualer Volumenanteil, der **Hämatokritwert**, schwankt zwischen rund 25 % (junges Haushuhn) und knapp 60 % bei der erwachsenen Taube (Tab. 7.4). Die starken Schwankungen des Hämatokritwertes sind bei Vögeln jedoch wohl eher methodisch bedingt; er liegt im Mittel unter Normalbedingungen sicher nur wenig entfernt von dem der Säuger (40 bis 45 %; im Extrem allerdings z. B. beim Menschen zwischen 20 und 85 %). Höhenadaptation führt zu einer Erhöhung des Wertes (bei der Japanwachtel z. B. von 45 % auf 61 %).

Die **Blutkörperchen** (Abb. 7.7) unterscheiden sich in einigen Punkten von denen der Säuger: Die Erythrozyten sind immer kernhaltig; es gibt eine besondere Ausbildung der neutrophilen Granulozyten und ein besonderes Bild der Thrombozyten. Das Blutbild unterliegt schon normalerweise starken Veränderungen, die vom Alter, Geschlecht, Ernährung, Immunlage, Biotop usw. abhängen.

Die **roten Blutkörperchen** (Erythrozyten) sind oval, scheibenförmig und haben in ihrer Mitte einen sich beidseitig vorwölbenden großen Kern, der ebenfalls oval ist. Kernlose Zellen kommen selten auch bei nicht degenerierten Zellen vor. Die Erythrozyten der Vögel sind kleiner als die der Reptilien und größer als die

Tab. 7.4. Hämatokritwerte (in Volumen-Prozent) verschiedener Vogelarten nach verschiedenen Autoren. Mit Stern gekennzeichnet sind die Werte von Hausgeflügel.

Vogelart	Männ-chen	Weib-chen	Geschlecht unbekannt
Haushuhn*	40,8	25,5	
Truthahn*	38,5	33,5	
Hausgans*	42,0	41,0	
Stockente	46,7	44,2	
Wachtel*	53,1	48,7	
Ringeltaube	58,5	56,4	
Helmperlhuhn	43,0		
Jagdfasan	41,5		
Steinhuhn	37,0		
Bläßhuhn			46,0
Sterntaucher			54,0
Rotschwanzbussard			43,0
Pfau*			37,0
Virginia-Uhu			32,0
Rotschulterstärling			40,0
Blaunacken-Mausvogel		42,2	

der Säuger (s. Tab. 7.5). Ihre Lebensdauer (Haushuhn 28 bis 35 Tage, Taube 30 bis 35 Tage, Wachtel 33 bis 35 Tage) ist wesentlich kürzer als bei den Säugern (Mensch 100 bis 120 Tage), was vermutlich auf den intensiveren Stoffwechsel und der daraus resultierenden höheren Körpertemperatur der Vögel zurückzuführen ist.

Hauptbestandteil der Erythrozyten ist mit 60 bis 90 % der Trockensubstanz der rote Blutfarbstoff, das **Hämoglobin**. Es ist im Prinzip wie bei den Säugern gebaut. Bei Vögeln gibt es davon offensichtlich 2 (bis vier?) Grundtypen (I und II), die in einem Verhältnis von 7:3 stehen. Im Vollblut beträgt der Hämoglobingehalt zwi-

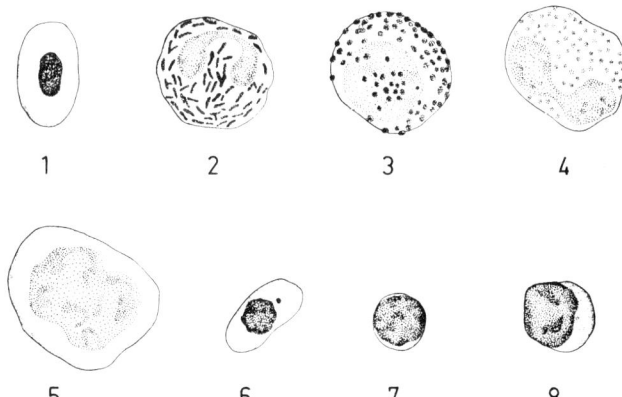

Abb. 7.7. Blutzellen beim Vogel nach LUCAS & JAMROZ (1961) u. a.
1 = Erythrozyt; 2 = heterophiler Granulozyt; 3 = basophiler Granulozyt; 4 = eosinophiler Granulozyt; 5 = Monozyt; 6 = Thrombozyt; 7 und 8 = kleiner bzw. großer Lymphozyt; letztere können die Größe von Monozyten erreichen.

Tab. 7.5. Größe und Anzahl der verschiedenen Blutkörperchen beim Vogel. Dargestellt ist die mittlere Schwankungsbreite. Je nach Vogelart sind davon deutlich unterschiedliche Werte zu erwarten.

Blutkörperchen	Durch-messer (µm)	Dicke (µm)	Zahl (in 1 000/ mm³)
Erythrozyten (oval!)	10–18 5–7	2,4–3,8	2 000– 4 000
Leukozyten: Lymphozyten;			13–40
große	11–15	–	*
kleine	4–10	–	*
Monozyten	8–17	–	*
Granulozyten	10–15	–	*
Thrombozyten	6–10	4–7	10–130

* Aufteilung s. Differentialblutbild Tab. 7.6

schen rund 9 und 20 g/100 ml. Er nimmt bei Höhenanpassung zu. Mit der Höhe nehmen auch spezielle Differenzierungen des Hämoglobins zu, die im Dienste einer optimalen Sauerstoffbindung in sehr großen Höhen mit sehr geringen Sauerstoffpartialdrücken stehen. Vögel hat man in Höhen bis zu 11 300 m nachgewiesen. Dort ist die Konzentration von Sauerstoff nur noch 22 % von der auf Meereshöhe. Allein durch geringfügige Änderungen in den Eiweißketten des Hämoglobinmoleküls (Austausch von 1 Aminosäure in der α- oder β-Kette) erlauben – neben anderen Mechanismen (s. Kap. 8.4) – ausreichende Sauerstoffsättigun-

Tab. 7.6. Das leukozytäre Blutbild bei verschiedenen Hausgeflügel-Arten (Differential-Blutbild nach KOLB 1980).

Leukozyten	Huhn	Hühn-chen	Ente
Gesamtzahl (in 1 000/mm³)	20,0	29,4	23,4
Leukozyten (in % der Gesamtzahl):			
Lymphozyten	59,0	66,0	61,7
Granulozyten heterophile	27,2	20,9	24,3
Granulozyten eosinophile	2,0	1,9	2,1
Granulozyten basophile	1,7	3,1	1,5
Monozyten	10,2	8,1	10,8

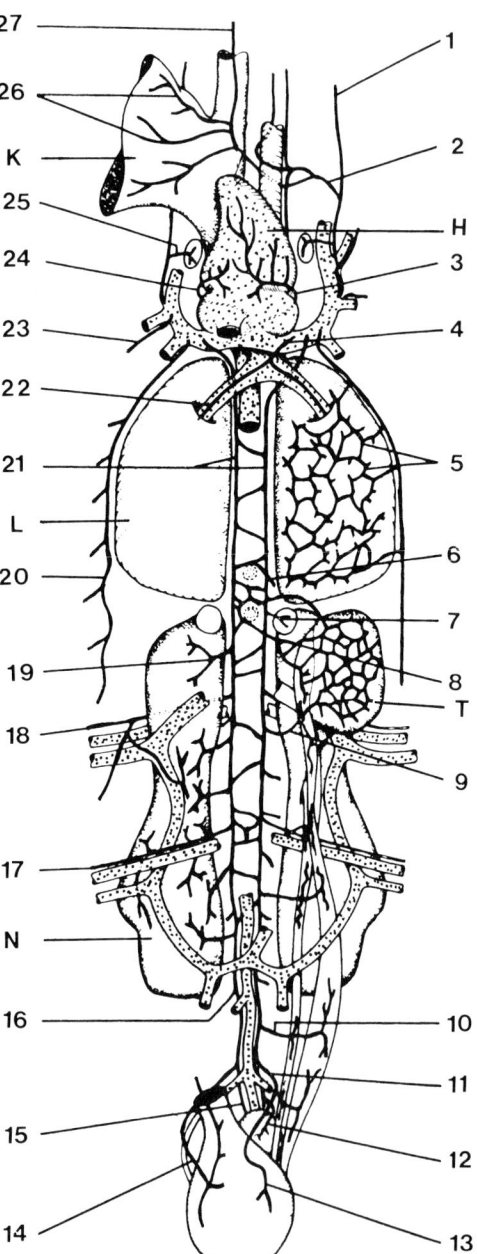

Abb. 7.8. Ventrale Sicht der wichtigsten lymphatischen Gefäße des Rumpfes beim Haushuhn (aus PAYNE 1979 nach verschiedenen Autoren).
1 = Vas lymphaticum (Vas l.) jugulare; 2 = Vas l. esophagotracheale; 3 = Vas l. cardiacum sinistrum; 4 = Vas l. pulmonale commune; 5 = Vasa l. pulmonalia superficialia; Vas l. celiacum; 7 = Vas l. adrenale; 8 = Vas l. mesentericum craniale; 9 = Vas l. testiculare; 10 = Vas l. ureterodeferentiale; 11 = Vas l. iliacum internum; 12 = Vas l. bursae cloacalis; 13 = Vas

Tab. 7.7. Einige Eigenschaften von Vogelblut. Dargestellt sind interspezifische Durchschnittswerte bzw. Schwankungsbereiche (keine Extremwerte). Werte mit * betreffen vor allem Ergebnisse von Hausgeflügel (Ente, Gans, Huhn u. a.), die aber wahrscheinlich in den meisten Fällen auch auf die übrigen Vogelgruppen zutreffen dürften (s. auch Kap. 9).

Blutparameter		Wert(ebereich)
pH-Wert Plasma		7,4
Viskosität		3,7–4,5 centipoise
spez. Masse	Vollblut	1,044–1,063 g/cm^3
	Plasma	1,018–1,100 g/cm^3
gesamtosmotischer Druck		700–800 kPa
kolloidosmotischer Druck (Plasma)		1,1–1,5 kPa
Senkungsrate		1,5–4,0 mm/h
physiologische Ersatzlösung:		
Substanzen pro Liter		6,80 g NaCl
		1,73 g KCl
		0,63 g CaCl$_2$
		2,45 g NaHCO$_3$
		0,25 g MgSO$_4$
Gefrierpunktserniedrigung		–0,5 bis –0,6 K
Plasmaproteingehalt*		4–5 %
Rest-Stickstoff*		20–36 mg/100 ml (∅ 28)
Glukose-Konzentration*		130–260 mg/100 ml (∅ 180)
Natriumgehalt*		190–245 mg/100 ml
Kaliumgehalt*		180–190 mg/100 ml
Eisen im Serum*		170–180 µg/100 ml
Hämoglobingehalt*		8–15 g/100 ml
minimale/maximale osmotische Resistenz*		0,40/0,32 % NaCl
Blutgerinnungszeit*		0,5–2 min

gen des Hämoglobins auch unter diesen Bedingungen. Kaskaden von verschiedenen Hämoglobinen, die nebeneinander im Blut vorkommen, erlauben zudem, ohne langfristige Anpassung von Meereshöhe sofort auf sehr große Höhen aufzusteigen, ohne in Sauerstoffmangel zu geraten (insbesondere Sperbergeier, Streifengans und Andengans).

Weibchen haben meist geringere Hämoglobinkonzentrationen als Männchen (niedrigerer Hämatokrit). Das gleiche gilt auch für die Erythrozyten-Zahl. Die **Hauptaufgaben** der Erythrozyten sind der Transport der Atemgase Sauerstoff und Kohlendioxid sowie die Beteiligung an der Blutpufferung auf einen mittleren pH von 7,4. Hauptbildungsorte der Erythrozyten sind das rote Knochenmark, in geringerem Maße zusätzlich die Leber und die Milz. Abbauort ist vor allem die Milz.

Die **weißen Blutkörperchen (Leukozyten)** entsprechen in ihrem Aussehen etwa denen der Säuger. Sie sind allerdings etwas größer. Man kann sie in drei Gruppen einteilen: Lymphozyten, Monozyten und Granulozyten.

Am häufigsten sind die **Lymphozyten**, deren Plasma nicht granuliert ist. Der große, runde Zellkern füllt einen Großteil der Zelle aus. Es lassen sich kleine (4 bis 10 µm Durchmesser) und große Lymphozyten (11 bis 15 µm Durchmesser) unterscheiden. Erstere sind in der Mehrzahl. Lymphozyten produzieren vor allem spezifische Antikörper gegen fremde Antigene und dienen so der spezifischen humoralen Abwehr des Organismus. Sie entstammen ebenfalls dem roten Knochenmark, werden in den Lymphorganen Thymus und Bursa immunkompetent gemacht (Reifungsphase) und kommen vor allem in den Lymphorganen vor; besonders häufig sind sie in der Bursa fabricii.

l. cloacale; 14 = Vas l. pudendum; 15 = Vas l. sacrale medianum; 16 = Vas l. mesentericum caudale; 17 = Vas l. ischiadicum; 18 = Vas l. iliacum externum; 19 = Vas l. renale; 20 = Vas l. thoracicum internum; 21 = Truncus thoracoabdominalis; 22 = Vas l. pulmonale profundum dextrum; 23 = Vas l. subclavium; 24 = Vas l. cardiacum dextrum; 25 = Vas l. thyroideum; 26 = Vas l. ingluvialia; 27 = Vas l. esophageale.

Die **Monozyten** sind große, ovale Zellen, die man leicht mit großen Lymphozyten verwechseln kann. Sie haben aber deutlich mehr Zytoplasma, der Kern ist mehr oval und häufig eingebuchtet. Außerdem wirkt er aufgrund eines weniger dichten Chromatingerüstes zarter und bleicher. Die Monozyten sind stark amöboid beweglich und phagozytieren eingedrungene Krankheitserreger (zelluläre Abwehr) im Rahmen des unspezifischen Abwehrsystems des Körpers.

Die verschiedenen Formen der **Granulozyten** sind durch das Vorhandensein von Granula im Plasma und einen meist segmentierten Kern gekennzeichnet. Die Granulozyten sind deutlich größer als die Erythrozyten. Nach der Form und Färbbarkeit der Granula kann man folgende Typen unterscheiden: **Eosinophile** Granulozyten enthalten runde Granula unterschiedlicher Größe. Der Kern ist nur schwach segmentiert. Oft ist er nur zweilappig. **Heterophile** oder **pseudoeosinophile** Granulozyten haben stark segmentierte (polymorphe) Kerne und relativ zahlreiche, große Granula, die stäbchen- oder spindelförmig sind und **eosinophil** reagieren. **Basophile** Granulozyten kommen

wie die eosinophilen nur in geringer Zahl vor. Der Kern ist beinahe kreisrund – also nicht gelappt. Die Granula sind relativ groß; Anzahl und Form sind sehr unterschiedlich. Leicht zu erkennen sind die Zellen, wenn das basophile Granula im Zytoplasma in dichter Packung (s. Abb. 7.7) vorkommt. Die Aufgabe der Granulozyten ist die zelluläre Abwehr durch Phagozytose, was durch eine gute amöboide Eigenbeweglichkeit begünstigt wird.

Die Erythrozyten sind die Träger der **Blutgruppeneigenschaften**. Beim Huhn kennt man mindestens 10 verschiedene Blutgruppensysteme (A, B, C, D usw.), die zahlreiche Blutgruppenfaktoren enthalten. Die Vögel können auch mehrere Systeme nebeneinander besitzen.

Die **Blutgerinnung** erfolgt sehr schnell (s. Tab. 7.7). Sie verläuft wie beim Säuger kaskadenförmig über zahlreiche Zwischenstufen mit vielfältigen Kontrollmechanismen.

7.4 Immunität

Das **Immunsystem** der Vögel arbeitet wie das der Säugetiere. Die Immunabwehr beruht im

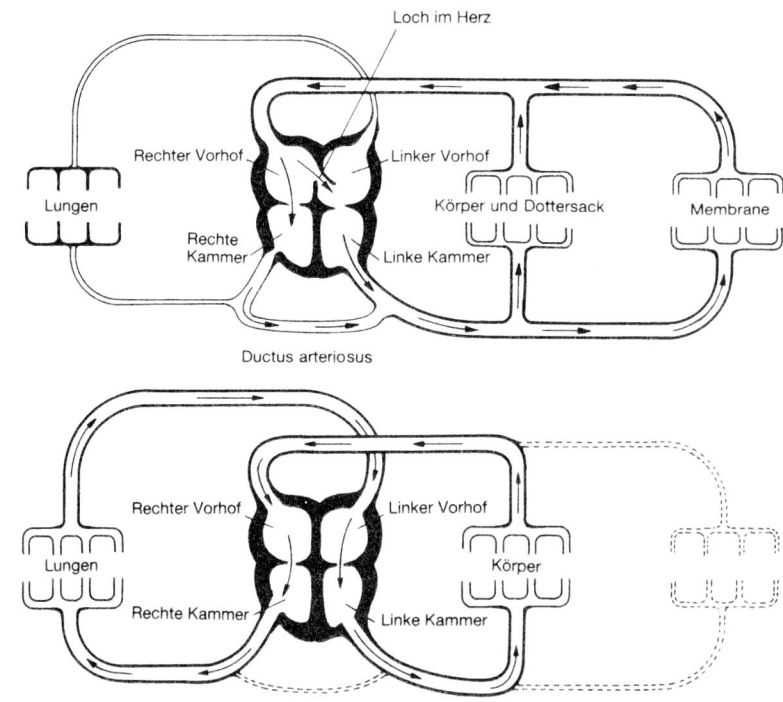

Abb. 7.9. Kreislaufschema beim erwachsenen und embryonalen Vogel im Vergleich (aus BROWN 1988).

Die Verhältnisse ändern sich im Laufe der Embryogenese allerdings stark.

wesentlichen auf zwei Faktoren: der zellulären und der humoralen Abwehr.

Die **zelluläre Abwehr** oder thymusabhängige Immunität wird vor allem durch spezielle Lymphozyten (T-Lymphozyten) bewerkstelligt (s. Kap. 9), die in der Thymusdrüse heranreifen und hier ihre Immunkompetenz erhalten. Aber auch andere Leukozyten sind in der Lage, als Makrophagen eingedrungene Fremdkörper aufzunehmen und unschädlich zu machen. Man kann dabei zwischen spezifischer und unspezifischer zellulärer Abwehr unterscheiden. Die spezifische ist dabei auf ganz genau definierte Antigene programmiert, während die unspezifische Abwehr alle Fremdkörper phagozytiert.

Die Lymphozyten der Bursa-Drüse (B-Lymphozyten) sind für die Synthese der zirkulierenden Antikörper (praktisch identisch aufgebaut wie bei den Säugern) zuständig und stellen daher den Hauptschutz gegen die verschiedenen Mikroorganismen dar: **humorale Abwehr.** Daneben gibt es einige intestinale Follikelgruppen, die aber bursaabhängig sind; d. h., daß sie ihre Lymphozyten von der Bursa »beziehen«. Außerdem gibt es lymphatisches Gewebe, wie die Tonsillae caecales (s. Kap. 9) und andere Follikelgruppen, die neben der Beteiligung an der allgemeinen Immunantwort auch lokale immunologische Aufgaben bei der Abwehr von Bakterien und anderen Antigenen im Darm haben.

Bursa-Drüse und Thymus sind die beiden primären Reifungsstätten für die Lymphozyten. Das periphere lymphatische Gewebe, z. B. die lymphoretikulären Gewebe der Milz und der Follikelgruppen im Magen-Darm-Trakt, hängt in seinem Ursprung, seiner Entwicklung und seiner Funktion entweder von der Bursa oder vom Thymus ab.

Eine detaillierte Darstellung der Funktion und der Struktur von Thymus und Bursa findet sich in den Kapiteln »Hormone« und »Verdauung«.

8 Atmungssystem

Das Atmungssystem dient dem Austausch der Atemgase Sauerstoff und Kohlendioxid zwischen Organismus und Umwelt. Daneben werden andere Gase (wie Wasserdampf, Azeton usw.) in wechselnden Mengen über die Atemorgane abgegeben. Die bei vielen Organismen wichtige **Hautatmung** durch die Körperoberfläche (bis 100 % der Gesamtatmung selbst noch bei manchen Amphibien) spielt bei Vögeln wegen der dichten Federbedeckung praktisch keine wesentliche Rolle. Atmungsorgan ist so gut wie ausschließlich die Lunge.

Lungen sind entwicklungsgeschichtlich aus Einstülpungen des ektodermalen Vorderdarmes entstanden. Im Endeffekt stellen sie also innen liegendes Hautgewebe dar. Die Vögel haben die effizientesten Wirbeltierlungen entwickelt, da sie statt blind endender Alveolen der Säuger ein kompliziertes System von kommunizierenden Röhren, die Lungenpfeifen, besitzen, durch die kontinuierlich Luft über Luftsäcke durchgeblasen werden kann.

Der Atmungstrakt der Vögel läßt sich daher in zwei anatomisch und funktionell unterschiedliche Systeme einteilen: in die **starre Lunge**, in der der eigentliche Gasaustausch stattfindet, und in das System von stark **flexiblen Luftsäcken**, die die Ventilation der Lunge bewerkstelligen.

8.1 Lunge

Die paarigen, symmetrischen Lungen(flügel) liegen dorsal. Sie sind relativ klein, abgeflacht und bei den meisten Vögeln in der Aufsicht rechteckig (bei Pinguinen dreieckig). Im Gegensatz zu Säugern ist die Lunge nicht gelappt. Die Rippen sind tief ins obere (dorsale) Lungenparenchym eingesenkt, so daß ein großer Teil der Lungenmasse von den Rippen eingeschlossen wird und die Lunge nicht wie beim Säuger frei im Brustraum hängt und hier (im Gegensatz zum Vogel) leicht entfernt werden kann. Eine Volumenänderung bei den Atembewegungen findet bei der Vogellunge im Gegensatz zu den Amphibien, Reptilien und Säugern

nicht statt. Ein **Zwerchfell (Diaphragma)** findet sich nur rudimentär. In der absoluten Masse unterscheiden sich dagegen die Lungen der Vögel und Säuger nicht voneinander (Abb. 8.8).

Die **Lunge** selbst besteht mehr oder weniger aus sich immer stärker verzweigenden Bronchen, die ihren Ursprung in der Luftröhre, der **Trachea,** haben. Diese teilt sich in Stimmkopf (die Syrinx), in die beiden **Hauptbronchen** (Primärbronchen, Bronchen 1. Ordnung), die sich in einen extra- und intrapulmonaren Abschnitt gliedern lassen. Jedem Hauptbronchus entspringen jeweils vier Gruppen von **Sekundärbronchen** (Bronchen 2. Ordnung, mediodorsale, medioventrale, laterodorsale, lateroventrale), die nach der Lungenregion benannt werden, die sie ventilieren (Abb. 8.1). Bereits nach wenigen Millimetern Länge geben die Sekundärbronchen aller vier Gruppen **Parabronchen (Lungenpfeifen,** Bronchen 3. Ordnung) ab, die einen Durchmesser von 0,5 bis 1,5 mm (Haushuhn) aufweisen. Sie verlaufen innerhalb einer Gruppe meist parallel, anastomosieren frei miteinander, sind reich vaskularisiert und besitzen das Austauschgewebe für den Gasstoffwechsel (Abb. 8.2). Die Parabronchen der medioventralen Sekundärbronchen stehen direkt mit denen der mediodorsalen in Verbindung und bilden so bogenförmige Röhrchen. Ihre funktionelle Einheit heißt **Paleopulmo** und macht als relativ »primitive« Lunge bei den meisten Vögeln den größten Teil des Lungengewebes aus. Die **Neopulmo** ist das kompliziertere System der lateroventralen und laterodorsalen Sekundärbronchen mit ihren Parabronchen, die sowohl miteinander als auch mit ihren Parabronchen anastomosieren und zahlreiche Zugänge zu den kaudalen Luftsäcken aufweisen. Dieser Lungenteil ist besonders bei phylogenetisch höher stehenden Vögeln gut ausgebildet und kann hier im Maximum bis zu 25 % der Lungenmasse ausmachen.

Der Ort des eigentlichen **Gasaustausches** ist der Parabronchus. Das Lumen der Parabronchen wird von einem einschichtigen Epithel ausgekleidet. Unter diesem findet sich ein Netz spiralig angeordneter glatter Muskelzellen, die

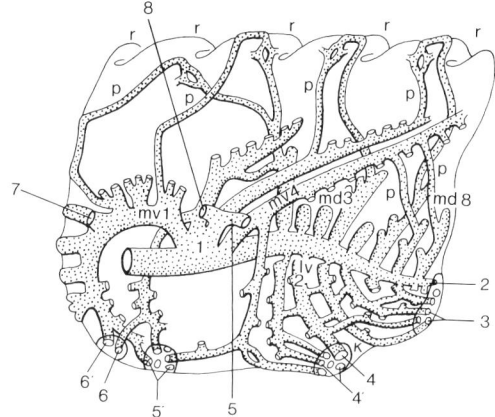

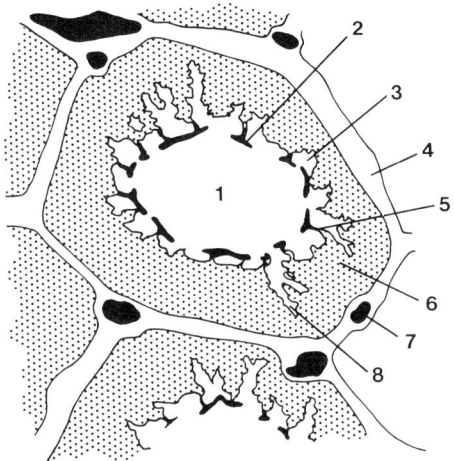

Abb. 8.1. Rechte Lunge des Haushuhns; ventromediale Ansicht (nach KING & McLELLAND 1978).
1 = Hauptbronchus; 2 = Mündung des Hauptbronchus in den Bauchluftsack; 3 = Mündung der Parabronchen der Neopulmo in den Bauchluftsack;
4 = direkte und 4′ = indirekte Verbindung zum kaudalen Brustluftsack; 5 = direkte und 5′ = indirekte
Verbindung zum kranialen Brustluftsack; 6 = direkte
und 6′ = indirekte Verbindung zum Schlüsselbeinluftsack; 7 = direkte Verbindung zum Halsluftsack;
8 = direkte Verbindung zum Schlüsselbeinluftsack;
lv2 = zweiter lateroventraler Sekundärbronchus; neben ihm sieben weitere lateroventrale Sekundärbronchen; md3 und md8 = dritter bzw. achter mediodor-
saler Sekundärbronchus; daneben weitere; mv1 und
mv4 = erster bzw. vierter medioventraler Sekundärbronchus; dazwischen zwei weitere medioventrale Sekundärbronchen; p = einige exemplarische Parabronchen; r = Rippeneindrücke.

Abb. 8.2. Schematischer Querschnitt durch einen
Parabronchus des Haushuhns (nach KING & McLEL-
LAND 1978).
1 = Lumen des Parabronchus; 2 = Atriummuskel;
3 = Atrium; 4 = interbronchales Septum; 6 = Austauschgewebe mit Luftkapillaren und Blutkapillaren;
7 = Blutgefäß; 8 = Infundibulum.

Die **Blut-Gas-Schranke** besteht dabei wie bei
den Säugern aus drei Schichten:
– den Endothelzellen der Blutkapillaren,
– der Basalmembran,
– dem Epithel der Luftkapillaren.

den Durchmesser der Parabronchen und der
Atrien regulieren (Abb. 8.3).

Die **Atrien** sind taschenähnliche Hohlräume
(Durchmesser 100 bis 200 μm), die in das Lumen der Parabronchen münden. Am Grunde
eines jeden Atriums findet sich eine trichterför-
mige Öffnung (Infundibulum), das in die Luftkapillaren führt. Diese Kapillaren sind enge
Röhrchen, die sich stark verzweigen, miteinander anastomosieren und so ein dichtes Netzwerk luftführender Röhrchen bilden, die einen
Durchmesser von etwa 10 μm (z. B. bei Pinguinen, Schwänen, »Wasserhühnern«; letztere
Gruppe im Original nicht näher bezeichnet) bis
3 μm (bei Singvögeln) haben. An den Wänden
dieser Luftkapillaren findet der Gasaustausch
statt. Das System von innig miteinander verwo-
benen Luft- und Blutkapillaren stellt somit das
Gasaustauschgewebe der Vogellunge dar.

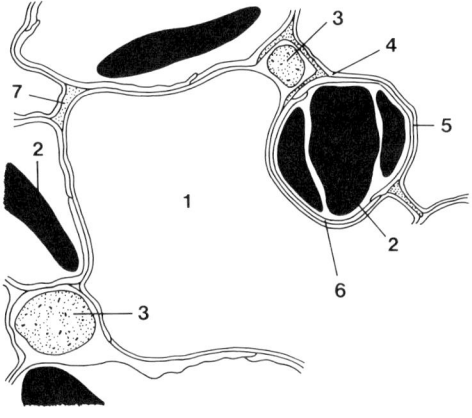

Abb. 8.3. Elektronenmikroskopischer Schnitt durch
das Austauschgewebe der Lunge des Haushuhns;
Schema (nach KING & McLELLAND 1978).
1 = Lumen einer Luftkapillare; 2 = Erythrozyt;
3 = Kern einer Epithelzelle; 4 = Zytoplasma einer
Epithelzelle; 5 = Basalmembran; 6 = Zytoplasma
einer Endothelzelle; 7 = Kollagen.

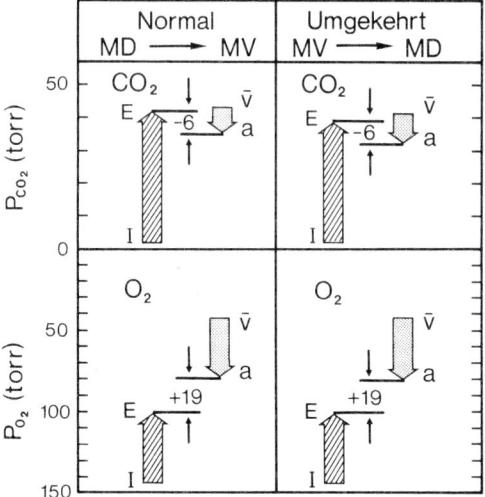

Abb. 8.4. Partialdruck von Kohlendioxid und Sauerstoff in der Atemluft und im Blut von Enten mit normaler und umgekehrter Ventilation der Parabronchen (nach SCHEID & PIIPER 1972 aus STURKIE 1976). MD = mediodorsale Sekundärbronchen; MV = medioventrale Sekundärbronchen; E = Ausatmungs-(Exspirations-)Partialdruck; I = Einatmungs-(Inspirations-)Partialdruck; v = Partialdruck des gemischten, venösen Blutes; a = Partialdruck des arteriellen Blutes.

Diese Schranke ist wesentlich dünner als bei Säugern (Huhn 0,3 mm). Durch das Kapillarsystem ist dazu die Gesamtaustauschfläche (ca. 18 cm² pro g Lunge beim Haushuhn) etwa zehnmal höher als bei Säugern. Der Gasaustausch erfolgt wie bei allen Tieren passiv durch physikalische Diffusion.

Die Gesamt-Gasaustauschfläche in der Vogellunge variiert zwischen rund 190 bis 300 mm² pro mm³ Blut. Die **Diffusionskapazität** liegt dabei bei etwa 0,45 ml O₂/min × Torr × m²; für CO₂ liegen die Werte etwa dreimal höher. Die Partialdruckdifferenzen zwischen Blut und Lungengewebe zeigt Abb. 8.4.

8.2 Luftsäcke

Das Ventilationsorgan der Vogellunge ist das nur bei Vögeln exklusive System der Luftsäcke (Sacci aerophori). Bei allen Vogelarten sind embryonal sechs Luftsackpaare angelegt, die Ausstülpungen der Lunge darstellen. Bei den meisten Arten verschmelzen 2 bzw. 3 Paare zu einem (bzw. zwei) unpaaren Luftsack (Schlüs-

selbein- und unter Umständen der Halsluftsack). (Zur Lage und Benennung der Luftsäcke s. Abb. 8.5 und Abb. 8.6).

Als Grundausstattung gelten 9 **Luftsäcke;** vier paarige und ein unpaarer. Bei den einzelnen Vogelgruppen sind jedoch in der Anzahl vielfältige Abwandlungen möglich. Z. B.:

Schnepfen	12
Störche	11
Haubentaucher	10
Haushuhn	8
Singvögel	7
Truthahn	7

Die größten Luftsäcke sind bei allen Vogelarten die paarigen Bauchluftsäcke.

Physiologisch und morphologisch lassen sich die Luftsäcke in zwei Hauptgruppen einteilen: Die kranialen (Hals-, Schlüsselbein- und kra-

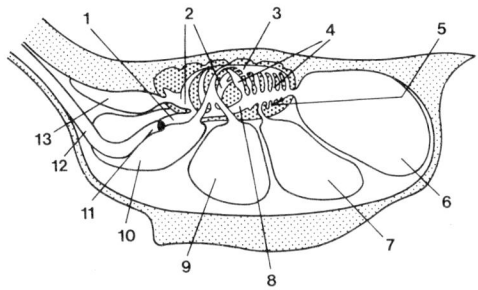

Abb. 8.5. Schematische Darstellung der Lunge und der Luftsäcke beim Vogel (nach versch. Autoren).
1 = extrapulmonale Bronchen (insgesamt zwei; gehen aus der Verzweigung der Trachea hervor) = Primärbronchen oder Bronchen 1. Ordnung; 2 = medioventrale Sekundärbronchen (insgesamt vier Gruppen; auch als Ventrobronchen, anteriodorsale oder kranioventrale Sekundärbronchen bezeichnet); 3 = Parabronchen (= Lungenpfeifen, Bronchen 3. Ordnung); 4 = mediodorsale Sekundärbronchen (insgesamt acht; früher auch Dorsobronchen, posteriodorsale bzw. kaudodorsale Sekundärbronchen genannt); 5 = lateroventrale Sekundärbronchen (etwa acht), aus dem gleichen Ursprungsgebiet entspringen die laterodorsalen Sekundärbronchen; 6 = Bauchluftsäcke (paarig), Sacci abdominales; 7 = kaudale Brustluftsäcke (paarig), Sacci thoracales caudales; 8 = intrapulmonarer Primärbronchus; 9 = kraniale Brustluftsäcke (paarig), Sacci thoracales craniales; 10 = Schlüsselbeinluftsack (unpaar), Sacci claviculares; dieser Luftsack führt mit Ausbuchtungen in die Oberarmknochen ein; 11 = Syrinx, Stimmkopf; liegt am Übergang der Trachea in die beiden Hauptbronchen; 12 = Trachea; 13 = Halsluftsack (unpaar), Saccus cervicalis, spaltet sich in zwei Divertikel auf, die entlang der Halswirbelsäule liegen.

niale Brustluftsäcke) kommunizieren mit den medioventralen Sekundärbronchen und erhalten die sauerstoffarme Luft, die die Lunge bereits passiert hat (s. Abb. 8.7). Die kaudalen Luftsäcke (kaudale Brust- und Bauchluftsäcke) kommunizieren mit den lateroventralen Sekundärbronchen und den Hauptbronchen und erhalten über die Trachea direkt die sauerstoffreiche Luft.

Luftsackventrikel ziehen in einige Knochen des Vogelskelettes (Pneumatisation des Skelettes). Es sind vor allem (interspezifisch sehr unterschiedlich!): Sternum, Scapula, Humerus, Os femoris, Becken, Zervikal- und Thorakalwirbel. Auch die Organe, die Unterhaut (subkutane) und die Muskulatur (intermuskuläre Diventrikel) können von Luftsackdiventrikeln durchzogen sein. Hier dient diese Morphologie sicher auch der Erniedrigung der spezifischen Masse (die meisten Vögel ca. 0,5 g, Säuger ca. 1 g/cm^3) und der Isolation sowie der Körperausformung und Polsterung. Sie stehen nicht im Dienste der Atmung. Aufblasbare Halsluftsäkke bzw. deren Diventrikel sind häufig, und man

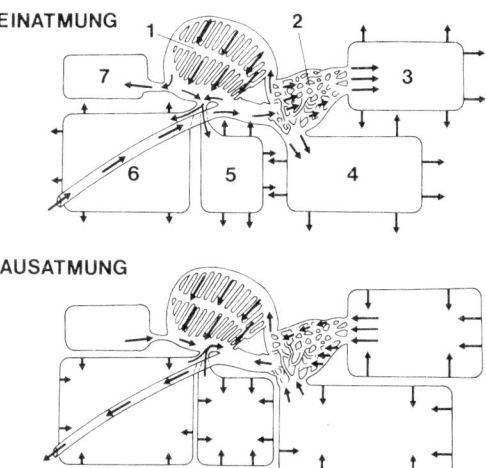

AUSATMUNG

Abb. 8.7. Schematische Darstellung des Atemluftstromes in der Lunge und den Luftsäcken bei der Einatmung und der Ausatmung (nach DUNCKER 1971). Deutlich ist zu erkennen, daß der Bereich der palaeopulmonaren Parabronchen (1) sowohl bei der Aus- als auch bei der Einatmung in einer Richtung kontinuierlich durchströmt wird, während die neopulmonaren Parabronchen (2) in wechselnder Richtung Luft erhalten. 3 = abdominaler; 4 = kaudaler; 5 = thorakaler; 6 = klavikularer und 7 = zervikaler Luftsack. Die kleinen Pfeile an den Luftsackwänden geben die Druckrichtung bei der jeweiligen Atmungsphase an; die übrigen (großen) Pfeile die Richtung des Luftstromes im Atmungstrakt selbst.

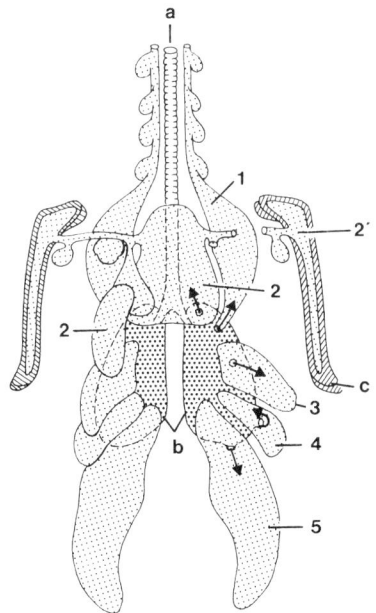

Abb. 8.6. Schema der Luftsäcke aus der Ventralansicht (nach KING & McLELLAND 1978).
1 = Halsluftsack; 2 = Schlüsselbeinluftsack; 2' = seine Ausbuchtung in den Oberarm; 3 = kranialer Brustluftsack; 4 = kaudaler Brustluftsack; 5 = Bauchluftsack; a = Luftröhre; b = Lunge; c = Oberarm. Die Pfeile geben die Hauptrichtungen des Luftstromes von der Lunge in die Luftsäcke an.

findet sie z. B. beim Emu, Fregattvögeln und Tauben (»Kropf«, s. Abb. 12.11).

Die **Verbindungen** zwischen der starren Lunge und den ventilierenden Luftsäcken liegen meist am ventralen Rand der Lunge. Mit Ausnahme der Bauchluftsäcke steht jeder Luftsack direkt mit einem Sekundärbronchus in Verbindung (direkte Verbindung). Alle Luftsäcke (Ausnahme Halsluftsack) besitzen zudem 3 bis 5 indirekte Verbindungen zur Lunge (Saccobronchen, Bronchi recurrentes). Sie haben zwar einen geringeren Durchmesser als die direkten Verbindungen; in der Summe ist er allerdings wesentlich größer als letztere. Sie sind deshalb sehr wichtige und bedeutsame Luftwege.

Histologisch gesehen bestehen die Luftsäcke aus einem einschichtigen Plattenepithel, das durch etwas Bindegewebe verstärkt wird. Durch den dünnen Bau erscheinen sie durchsichtig und glänzen deutlich. Die Blutversorgung ist sehr schwach. Die Luftsäcke spielen beim Gasaustausch keine Rolle. Injiziertes

Giftgas (z. B. Kohlenmonoxid) wird aus den Luftsäcken nicht in tödlichen Dosen resorbiert.

8.3 Atemwege

Der Atemweg läßt sich in den äußeren und den inneren Atemweg gliedern.

Äußerer Atemweg. Die Luft gelangt durch die Nasenöffnungen des Oberschnabels in die Nasenhöhle, die je nach Art äußerst unterschiedlich gebaut ist. Hier wird die Luft gefiltert, angewärmt, angefeuchtet und auch geruchlich kontrolliert (s. Abb. 11.8). Beim Ausatmen ist die Passage der Luft durch die Nasenhöhle durch den notwendigen Rückgewinn von Wasser und Wärme von sehr großer Bedeutung. Daneben kann natürlich auch über den Mund geatmet werden. Weiter gelangt die Luft über die spaltenförmige, durch Muskeln kontrollierte Glottisöffnung (ohne Stimmbänder wie bei Säugern, kontrolliert Ein- und Ausatmung) in den Larynx, der in die Trachea führt (s. Abb. 12.1). Diese besteht aus Knorpelringen, die teilweise sogar verknöchert sein können (vgl. auch Kap. 16.2.1). Das Trachea-Epithel dient mit seinen Drüsenzellen der Endbefeuchtung der Atemluft. Im Bereich der Syrinx verzweigt sich die Trachea in die beiden Primärbronchen,

die anfangs ebenfalls noch verknorpelt sind. Dann folgt der **innere Atemweg** (vgl. Kap. 8.2).

Der **Gasaustausch** in den langen Parabronchen ist physiologisch einzigartig und viel effizienter als bei den Alveolen der Säuger. Da das venöse Blut im Gegenstromprinzip über die gesamte Länge des Parabronchus entlang geführt wird, ist eine maximale Sauerstoffresorption aus der Luft möglich, die auch das Fliegen in sehr großer Höhe bei sehr geringem CO_2-Partialdruck erlaubt (s. o. und Abb. 8.4).

8.4 Atmungsparameter und Atemmechanik

Die **Atemfrequenz** liegt bei Vögeln deutlich unter der von Säugern (Abb. 8.8): z. B. in Ruhe beim Kasuar nur bei etwa 2 bis 3/min, bei Pelikanen bei rund 4/min, beim Stieglitz bei 100/min, beim Erlenzeisig bei ca. 115/min und kann bei Kolibris auf 200 bis 300/min ansteigen. Aktivität erhöht die Werte um ein Mehrfaches; Gehen um etwa das 6fache, Fliegen im Mittel um das 12- bis 15fache. Sehr flaches Atmen im Dienste der Verdunstungskühlung **(Hecheln)** kann kurzfristig mit noch höheren Frequenzen (400 bis 800/min) erfolgen. Die höchsten Frequenzen findet man beim **Kehlflattern** (s. Abb.

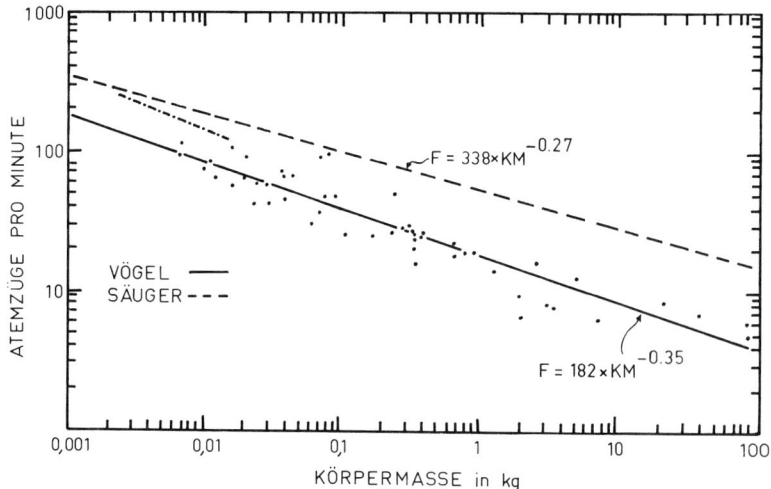

Abb. 8.8. Die Atemfrequenz (F) in Ruhe in Abhängigkeit von der Körpermasse (KM) bei Vögeln und Säugern im Vergleich (nach Lasiewski 1972, ergänzt).
Die Atemfrequenz liegt bei den Vögeln niedriger als bei den Säugern. Betrachtet man allerdings sehr kleine Vogelarten (Kolibris und Nektarvögel bis maximal

etwa 15 g) unterscheiden sich ihre Werte kaum mehr von denen sehr kleiner Säuger. Diese Werte sind als Strich-Punkt-Korrelation links oben eingezeichnet (aus Prinzinger & Jackel 1986). Ihre Regressionsgleichung lautet:

$$F_{\text{kleine Vögel}} = 314 \times KM^{-0,38}$$

Tab. 8.1. Darstellung einiger Atmungsparameter bei Vögeln in der logarithmischen Form
$y = a \times KM^b$ mit KM = Körpermasse in kg. Daten nach verschiedenen Autoren.

Atmungsvariable y (Dimension)	a	b
Lungenmasse (g)	12,6	0,95
Gesamtlungenvolumen (ml)	29,6	0,94
Lungen-Luftvolumen (ml)	9,9	0,76
Tracheavolumen (ml)	3,7	1,09
Volumen des gesamten Atmungstraktes (ml)	160,8	0,91
Atemzugvolumen (ml)	13,2	1,08
Atemfrequenz (min^{-1})	182,0	−0,35
Minutenvolumen (ml/min)	284,0	0,77
Sauerstoffaufnahme (ml O_2/min)	11,3	0,72
Wasserabgabe (mg/min)	24,2	0,61

14.29), das z. B. bei Kormoranen und Pelikanen unabhängig von der eigentlichen Atmung erfolgen kann. Extrem niedrige Atemfrequenzen findet man bei Lethargiezuständen (z. B. Torpor). Bei Ziegenmelker, Mausvögeln, Kolibris usw. ist dann die Atmung kaum mehr zu bemerken, weil sie auch sehr flach geworden ist. Beim Mauersegler liegt die Frequenz im Torpor z. B. bei einem Zehntel der Normalwerte (9 bzw. 90/min).

Die **Steigerung** der **Arbeitsleistung** geschieht bei Vögeln vorwiegend durch eine Erhöhung der Atemfrequenz (s. o.), während die **Sauerstoff-Ausnutzrate** mit 4 bis 5 % und das Atemzugvolumen über weite Bereiche mehr oder weniger konstant bleiben. Wegen der Luftsäcke ist das Zugvolumen u. U. wesentlich größer als bei Säugern (Tab. 8.2 und 8.4).

Die **Regulation der Atmung** erfolgt zum einen über zentralnervöse Kontrollmechanismen. Wie bei den Säugern gibt es ein **primäres Atemzentrum** in der Medulla oblongata. In dem anterodorsalen Teil des Mittelhirnes könnte zudem bei Tauben ein Zentrum gefunden werden, das das Hecheln kontrolliert. Periphere Rezeptoren sind vor allem Kohlendioxid-Rezeptoren in der Lunge und im Blutgefäßsystem. Im letzteren lassen sich wie beim Säuger **Carotis-** und **Aorta-Körperchen** erkennen (Chemorezeptoren), über deren Bedeutung man allerdings noch nicht viel weiß. Unklar ist auch, inwieweit es Dehnungsrezeptoren in der (starren!) Lunge gibt, die reflektorisch (Hering-Breuer-Reflex) eine Hemmung der Inspiration über afferente Vagusfasern bewirken (s. Kap. 11).

Atemmechanik. Beim Stehen und Gehen (Laufen) wird durch eine Senkung des Brustbeines eingeatmet; die Einatmung wird durch die Schwerkraft unterstützt. Das Brustbein und die Rabenbeine beschreiben dabei eine Winkelbewegung nach kranial um das Schultergelenk.

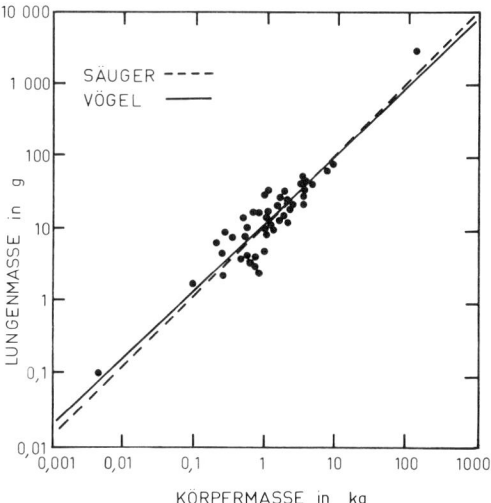

Abb. 8.9. Die Beziehung zwischen der Masse der Lunge (M_L, in g) und der Körpermasse (KM, in kg) bei Nicht-Sperlingsvögeln und Säugern in logarithmischem Maßstab dargestellt. Die entsprechenden Regressionsgleichungen lauten für Vögel

$$M_{L\,\text{Vögel}} = 12{,}6 \times KM^{0{,}95}$$

und für Säuger

$$M_{L\,\text{Säuger}} = 11{,}3 \times KM^{0{,}99}$$

Zwischen Säugern und Vögeln bestehen also keine gravierenden Unterschiede, was auch die Abbildung deutlich dokumentiert. Bei beiden Gruppen nimmt zudem die Lungenmasse mehr oder weniger direkt linear mit der Körpermasse zu. Die Punkte sind Einzelwerte für Vögel.

Tab. 8.2. Beispiele für Atemzugvolumina bei einigen Vogelarten (s. auch Tab. 8.1). ≈ etwa.

Vogelart (Gruppe)	Atemzugvolumen (in ml)
Enten	55–98
Taube	≈ 5
Haushuhn	31–46
Hausgans	≈ 115

Die Rippen werden dabei durch die äußeren Zwischenrippenmuskeln (Einatmungsmuskeln) gestreckt. Gleichzeitig weichen sie etwas nach lateral auseinander, wodurch der Brust-Bauch-Raum sowohl in seiner Höhen- als auch Breitenausdehung erweitert wird. Dadurch entsteht in diesem Raum ein Unterdruck, und Luft strömt ein. Beim Ausatmen heben vor allem die Bauchmuskeln und die inneren Zwischenrippenmuskeln Eingeweide und Brustmuskel nach oben (Brustbein hebt sich).

Beim Liegen oder Schwimmen wird zur Einatmung der Rücken angehoben. Im Gegensatz zur oben beschriebenen Art der Atmung ist hier der Kraftaufwand bei der Einatmung größer als der bei der Ausatmung. Aus diesem Grunde haben z. B. Schwimm- und Tauchvögel stärkere Einatmungs-, Hühnervögel dagegen stärkere Ausatmungsmuskeln. Tauchende Vögel können im Extrem mehrere Minuten lang unter Wasser bleiben. Vor dem Tauchen atmen sie offensichtlich (alle?) aus. Oft liegen zwischen den einzelnen Tauchphasen nur wenige Atemzüge. Es ist weitgehend ungeklärt, wie die Vögel ihren Sauerstoffbedarf auf diese Weise dennoch decken können (vgl. Kap. 7). Enten können allerdings unter Tauchbedingungen ihren Energieumsatz bis zu 90 % reduzieren.

Im aktiven Flug scheinen die Flügelschläge meist mit der Atmung (und dem Herzschlag!) positiv korreliert zu sein. Beim Flügelabschlag wird dabei bevorzugt ein-, beim Aufschlag bevorzugt ausgeatmet. Ein zwangsläufig synchroner Ablauf beider Funktionen ist dabei allerdings nicht notwendig. Krähen und Tauben zeigen ein Verhältnis beider Parameter von rund 1:1; bei anderen Arten kann die Atemfrequenz um ein Mehrfaches über der Schlagfrequenz der Flügel liegen. Beim Schlagflug wird wie beim Schwimmen und Liegen der Rücken für die Atmung gehoben. Das gleiche gilt für den Gleitflug, bei dem allerdings eine Unterstützung der Atemmechanik durch die Bewegung der Flügel logischerweise nicht stattfinden

Tab. 8.3. Konzentrationen (in Volumen-Prozent) von Sauerstoff (1. Zeile) und Kohlendioxid (2. Zeile) in den verschiedenen Luftsäcken und der Ausatmungsluft. Dargestellt sind Mittelwerte ± Standardabweichungen verschiedener Vogelarten (Haustaube, Ente, Huhn, Gans und Strauß) nach verschiedenen Autoren.

Atmungstrakt	Konzentration von V_2/CO_2 (%)
Halsluftsack	$14,0 \pm 1,7$
	$5,4 \pm 1,3$
Schlüsselbeinluftsack	$14,3 \pm 1,2$
	$5,7 \pm 0,9$
kraniale Brustluftsäcke	$15,2 \pm 1,4$
	$4,6 \pm 1,2$
kaudale Brustluftsäcke	$16,7 \pm 1,0$
	$3,6 \pm 1,2$
Bauchluftsäcke	$17,2 \pm 1,4$
	$2,9 \pm 1,0$
Ausatmungsluft	$14,0 \pm 0,5$
	$4,9 \pm 0,9$
Einatmungsluft	20,91
	0,03

kann. Dadurch werden vor allem die vorderen Luftsäcke kaum durchlüftet.

Wichtig ist der Flug auch für die **Sauerstoffaufnahme** in großer Höhe **mit niedrigem Sauerstoff-Partialdruck** (vgl. Kap. 7). Der Vorwärtsflug erzeugt einen Luftstau mit der Folge eines erhöhten Luftdruckes in der Lunge. Dadurch kann der Sauerstoff-Partialdruck künstlich stark erhöht werden, und dessen Erniedrigung durch die Höhenlage wird etwas ausgeglichen, da für die Sauerstoffaufnahme allein die Par-

Tab. 8.4. Einige Standardvergleiche von Atmungsparametern von Vögeln und Säugern bezogen jeweils auf ein Individuum von 1 kg Körpermasse (nach versch. Autoren).

Atmungsparameter (Dimension)	Vögel	Säuger
Lungen-Luftvolumen (ml)	29,6	53,5
Volumen der Trachea (ml)	3,7	0,9
Volumen der Luftsäcke (ml)	127,5	–
Gesamtvolumen Atmungstrakt (ml)	160,8	54,4
Atemzugvolumen (ml)	13,2	7,7
Atemfrequenz (min^{-1})	17,2*	53,5*
Ventilationsvolumen (ml/min)	284,0	379,0

* s. auch Abb. 8.8

tialdruck-Differenz Lunge–Blut und nicht die absolute Konzentration des Sauerstoffs in der Luft für die Atmung entscheidend ist.

Der **Gesang des Vogels** wird vor allem durch Luftströme in der Syrinx produziert. Vermutlich ist die Atmung daran in drei Wegen beteiligt: Einige Vögel produzieren Laute sowohl bei der Ein- als auch bei der Ausatmung (z. B. Schamadrossel, Keilschwanz-Sturmtaucher); andere nur beim kontinuierlichen Ausatmen (Krähen des Hahnes, Kranichrufe, Krähenrufe

usw.); eine dritte Gruppe vokalisiert durch schnelle, flache Atemzüge bei der Ausatmung (z. B. Abendkernbeißer, Kanarengirlitz, Buchfink, Nachtigall, Feldlerche usw.). Näheres s. Kap. 16.2.1.

Die Lungenatmung beginnt beim Vogelembryo erst kurz vor dem Schlüpfen (bei Hühnern und Enten etwa 24 bis 72 Stunden vor dem Schlüpfen). Aber schon mehrere Tage vorher führt der Embryo Atembewegungen aus (vgl. Kap. 18).

9 Hormonsystem

Das Hormonsystem ist wie das Nervensystem ein **Informations- und Regelsystem** des Körpers. Während ersteres aber über elektrische Nervenimpulse arbeitet, ist das Hormonsystem über chemische Substanzen, die Hormone (humoral), aktiv.

Hormone sind Botenstoffe, die der Organismus selbst in dazu spezialisierten Zellen und/ oder Zellverbänden (Hormondrüsen) synthetisiert. Sie sind in kleinsten Mengen wirksam und werden durch innere Sekretion (Inkrete) in die Blutbahn abgegeben. Sie gelangen von dort an entfernte Zielgebiete und lösen hier spezifische Reaktionen aus. Infolge des Bluttransportes wirken Hormone weniger scharf begrenzt, langsamer und anhaltender und werden in ihrer Funktion erst durch enzymatischen Abbau wieder gestoppt.

9.1 Einteilung und Funktion der Hormone

Die folgende Darstellung gilt mehr oder weniger für alle Vertebraten. Bezüglich der verschiedenen Parameter gibt es nämlich so gut wie keine Besonderheiten bei den Vögeln (oder anderen Gruppen). Soweit bekannt, werden solche dann besonders erwähnt.

Nach dem **chemischen Aufbau** der Hormone lassen sich folgende Hauptgruppen unterscheiden:

1. **Proteo- und Peptidhormone** setzen sich aus Aminosäuren zusammen. Dazu gehören Insulin, Glukagon, Neuro- und Gewebshormone. Diese Hormone werden bei oraler Einnahme verdaut und damit unwirksam.
2. **Aminosäurederivate** sind z. B. Adrenalin, Noradrenalin, Thyroxin und Trijodthyronin.
3. **Steroidhormone** beruhen auf der Grundstruktur des Sterans. Dazu gehören z. B. die Nebennierenrindenhormone (Kortikoide), die Sexualhormone und andere.
4. Hormone **anderer chemischer Struktur** (z. B. Fettsäureabkömmlinge usw.).

Eine weitere wichtige Einteilungsform ist die nach der Herkunft (dem Bildungsort) der Hormone:

1. **Glanduläre Hormone** werden in speziellen Hormondrüsen (vielzellige Gebilde) produziert (Hormone der klassischen Hormondrüsen).
2. **Gewebshormone** (aglanduläre Hormone, Zellhormone) werden in (speziellen) Zellen produziert. Beinahe alle Zellen des Körpers können jedoch solche Botenstoffe aussenden. Als Beispiel seien Leukozyten (Mastzellen, basophile Granulozyten) genannt, die Histamin, Serotonin und ein Prostaglandin freisetzen können, die zum einen auf die Herzfrequenz, die Kapillardurchblutung und auf die glatte Muskulatur u. a. wirken können. Auch die Neurotransmitter (Adrenalin, Azetylcholin usw.) gehören zu diesen Hormonen. Auf diese Hormone und ihre Bildungsorte wird in diesem Kapitel nicht eingegangen.
3. **Neurohormone** werden von sogenannten peptidergen Nervenzellen im ZNS produziert und teils im Axon und dann auch im Blut transportiert (Neurosekretion, z. B. Hypophyse).

Weitere Einteilungsmöglichkeiten sind die Art der Wirkung. Einige Hormone sind anderen übergeordnet und wirken so als Releasing-Hormone **(Liberine)** oder Releasinghemmende Hormone **(Statine)** zunächst auf andere Hormondrüsen, die wiederum über glandotrope Hormone regulierend auf andere Hormondrüsen Einfluß nehmen und von hier aus erst sekundär auf ihr Zielgebiet wirksam sind; andere wirken direkt auf ihr Zielgewebe ein **(effektorische Hormone)**. Die meisten Hormone wirken in ihrem Bildungsorganismus. **Pherohormone** dagegen gelangen aus dem Bildungsorganismus heraus und wirken z. T. über enorme Distanzen auf fremde Organismen. Pherohormone wurden bisher bei Vögeln nicht nachgewiesen.

Hormone können aus Geweben aller drei Keimblätter entstehen. Charakteristische mesodermale Hormone sind die Steroidhormone (Gonaden, Nebennierenrinde), ektodermal sind die Neurohormone und entodermal z. B. die Hormone der Schilddrüse und die Hormone des gastrointestinalen Systems und des Pankreas.

Die **funktionelle Bedeutung der Hormone** liegt in der Auslösung und/oder Kontrolle (Regulation) vor allem der embryogenetischen, ontogenetischen und zyklischen (Jahresperiodik usw.) Entwicklung der Morphologie, des Verhaltens, der Leistungsanpassung des Körpers bei unterschiedlicher Belastung einzelner Organsysteme und der Konstanthaltung vieler physiologischer Größen (z. B. Blutzucker). Im chemischen Aufbau der Hormone gibt es in einem jeweiligen Bereich der chemischen Struktur artspezifische Unterschiede. Funktionell verhält sich aber ein Hormon in der Regel nicht artspezifisch, sondern wirkspezifisch. In einem Organismus gebildetes Hormon setzt in jedem anderen nach künstlicher Übertragung die gleiche Wirkung frei, sofern die strukturellen Gegebenheiten vorhanden sind (Vogelthyroxin kann beim Menschen logischerweise keine Mauser auslösen, aber in beiden Fällen werden der Grundumsatz und die Herzfrequenz z. B. gleichsinnig erhöht).

Dazu sind am Zielort spezifische **Rezeptoren** notwendig. Auch bei Vögeln lassen sich also ohne Schwierigkeiten Säugerhormone wirkspezifisch einsetzen.

Der **biochemische Wirkungsmechanismus** der Hormone ist in vielen Fällen gut bekannt. Er besteht vereinfacht gesagt in einer Änderung der Geschwindigkeit der katalytischen Funktion verschiedener Enzyme in den Zielorten. Dies kann im wesentlichen auf zwei Wegen erfolgen:

1. Zum einen kann das Hormon die Neosynthese von Enzymen anregen. Diese **Enzyminduktion** greift direkt am Chromosom an und wird erst mit einer deutlichen zeitlichen Verzögerung wirksam. Normalerweise sind die entsprechenden Gene durch Repressoren blockiert, und das Hormon wirkt als Derepressor, in dem es mit dem Repressor einen Komplex bildet und so den Genort freilegt. Dieser kann dann mRNA synthetisieren und damit die Produktion des Enzymes in Gang setzen. Diese Regulationsform ist vor allem bei den Steroidhormonen bekannt.

2. Die andere Möglichkeit ist die **Aktivierung vorhandener Enzyme.** Das Hormon wirkt hier als sogenannter »second messenger« (sekundärer Bote). Die Zielzellen der Hormone tragen in diesem Falle spezielle Hormon-Rezeptoren auf ihrem Plasmalemma (Außenwand der Zelle). Hormone gelangen als »primäre Boten« in die Blutbahn. Die Rezeptoren »fischen« sich diese Hormone selbst bei extrem geringer Konzentration (unter 10^{-11} Mol/l Serum) selektiv heraus. Ab einer bestimmten Konzentration ist die Anzahl der gebildeten Hormon-Rezeptor-Komplexe so groß, daß in der Zelle ein spezielles (innen)membranständiges Enzym (Adenylzyklase) aktiviert wird, das aus ATP das cAMP bildet und damit dessen Konzentration in der Zelle um ein Vielfaches erhöht. Dieses cAMP ist der »zweite Bote« und er löst über zahlreiche weitere Zwischenschritte (s. Lehrbücher der Biochemie) durch Aktivierung von Proteinkinasen Synthesen aus, die für die betreffende Zielzelle charakteristische Enzymsysteme produzieren oder Transportsysteme aktivieren (z. B. Glukose-Permeabilität der Zellmembran bei Glukagon). Das cAMP wird dann durch andere Enzyme schnell wieder inaktiviert. Dieser Wirkungstypus ist für Peptidhormone und Protein charakteristisch (Adrenalin, Insulin, LH, ACTH, Glukagon, Sekretin, Prostaglandin usw.).

Zu den Grundprinzipien der **hormonalen Regulation** gehört bei der großen Bedeutung und Wirksamkeit der Hormone die Einstellung eines ausreichenden Hormonspiegels. Im einfachsten Falle regelt dies die Substratkonzentration selbst. So steigert z. B. ein erhöhter Glukosespiegel im Blut automatisch die Insulinkonzentration, was wiederum zu einer vermehrten Glykogensynthese aus Glukose führt und damit deren Gehalt im Blut senkt. Als Glieder eines integrativen Gefüges wird u. U. auch nach dem »Zwei-Zügel-Prinzip« gearbeitet. Über Antagonisten (z. B. Insulin/Glukagon) kann eine Hormonwirkung entweder durch Vergrößerung des fördernden Einflusses und/oder durch Verringerung des hemmenden Einflusses bewerkstelligt werden, wie man es auch beim Nervensystem kennt (z. B. Antagonismus von Sympathikus und Parasympathikus beim Herzen). Als weiterer Regulationsmechanismus tritt das Prinzip der **Rückkopplung** in

Erscheinung. So können in einer hierarchischen Kette einzelne Faktoren auf vorangegangene oder auch eigene Funktionen regelnd zurückwirken. Dies kann fördernd oder auch hemmend geschehen (s. einzelne Beispiele bei den Hormondrüsen). So signalisiert Thyroxin aus der Schilddrüse z.B. der Hypophyse TSH zurückzuhalten. Das gleiche gilt für Kortisol in bezug auf ACTH. Ein steigender Kalziumspiegel im Blut gibt der Nebenschilddrüse den Befehl, die Produktion von PTH zu drosseln. Auf diese Art und Weise ist eine fein abstimmbare Regulation bei minimalem Hormonaufwand möglich.

9.2 Hormondrüsen und ihre Funktion

Welche Drüsen im eigentlichen, engeren Sinne zu den Hormondrüsen gezählt werden sollen, ist in der Literatur erstaunlicherweise immer noch stark umstritten. So fehlt in vielen Werken z.B. die Thymusdrüse bei der Aufzählung der Hormondrüsen. Im folgenden wird eine möglichst umfassende Darstellung der hormonproduzierenden Organe gegeben, die auch die hormonproduzierenden Zellen (Zytohormone) mit einschließt. Dazu gehören auch Systeme mit unklarer Funktion, da es besser ist, sie zu

Tab. 9.1. Eigenschaften und Funktion(en) der Hormone des hypothalamisch-hypophysären Systems (geordnet nach dem Ort der Freisetzung).

Hormon (Kurzbezeichnung)	Beschreibung
Hormone des Hypothalamus	
CRH	Kortikotropin-Releasing-Hormon, entdeckt 1955, Strukturaufklärung 1981, 41 Aminosäuren, kontrolliert die Freisetzung von ACTH.
GHRH (SRH)	Growth-Hormon-Releasing-Hormon (Somatotropin-Releasing-Hormon), entdeckt 1964, Strukturaufklärung 1980, 40 Aminosäuren, kontrolliert die Abgabe von GH (Somatotropin, Wachstumshormon).
GIH	Growth-Hormon-Release-Inhibiting-Hormon (Somatostatin), entdeckt 1968, Strukturaufklärung 1973, 14 Aminosäuren, hemmt GH-Freisetzung.
GRH (FSHRH/LHRH)	Gonadotropin-Releasing-Hormon (Releasing-Hormon für FSH und LH), entdeckt 1960, Strukturaufklärung 1971, bei Vögeln: Glu-His-Trp-Ser-Tyr-Gly-Leu-Gl(NH_2)-Pro-Gly-NH_2.
PIH	Prolaktin-Release-Inhibiting-Hormon, entdeckt 1961, hemmt Prolaktinabgabe.
PRH (PRF)	Prolaktin-Releasing-Hormon(e) (Faktor/en), entdeckt 1960, Abgabe von Prolaktin, bei Vögeln könnte eventuell TRH die Rolle von PRH übernehmen.
TRH	Thyreotropin-Releasing-Hormon, entdeckt 1961, Strukturaufklärung 1963, drei Aminosäuren (Glu-His-Pro-NH_2), bewirkt TSH-Abgabe.
Hormone der Adenohypophyse	
ACTH	Adrenokortikotropes Hormon, bekannte Sequenz aus 39 Aminosäuren, Molekulargewicht 4500, wird in den acidophilen Zellen des HVL produziert, stimuliert die Kortikoid-Produktion in der Nebenniere, wird bei Vögeln eventuell nicht im HVL gebildet.
GH (STH)	Somatotropin (Growth-Hormon = Wachstums-Hormon), 191 Aminosäuren, Molekulargewicht 21 800, wird in den Zelltypen V des HVL gebildet, bewirkt Wachstum und hat einen fettabbauenden Effekt im Stoffwechsel.
PRL (LTH)	Prolaktin, 198 Aminosäuren, Molekulargewicht 21 700 bis 26 000, aus Zelltyp IV, PRL induziert die Produktion der Kropfmilch bei Tauben, spielt eine Rolle bei der Auslösung der Brutbereitschaft, hemmt die Gonadenfunktion, hemmt die Gonadotropin-Ausschüttung und hat eine Bedeutung im Stoffwechsel der Kohlenhydrate und bei der Osmoregulation.
LH (ICSH)	Luteinisierendes Hormon (Zwischenzellstimulierendes Hormon), aus dem Zelltyp III, 204 Aminosäuren, Molekulargewicht 29 000, löst beim Weibchen die Ovulation aus und

Fortsetzung Tab. 9.1. Eigenschaften und Funktion(en) der Hormone des hypothalamisch-hypophysären Systems (geordnet nach dem Ort der Freisetzung).

	fördert beim Männchen als ICSH die Ausdifferenzierung der Leydigschen Zwischenzellen und die Produktion von Testosteron.
FSH	Follikelstimulierendes Hormon, aus dem Zelltyp I, 204 Aminosäuren, Molekulargewicht ca. 30 000, induziert bei Weibchen das Wachstum des Eierstockfollikels und deren Östrogenproduktion, beim Männchen das Wachstum der Hodenkanälchen und die Spermatogenese. LH, FSH und TSH sind in ihrer Struktur sehr ähnlich, bestehen aus je einer α- und β-Peptidkette, die α-Kette ist bei allen dreien identisch (89 Aminosäuren) und nur die β-Kette jeweils gering unterschiedlich.
TSH	Thyroideastimulierendes Hormon, Thyreotropin, aus Zelltyp II, 204 Aminosäuren, Molekulargewicht 29 000, TSH fördert das Wachstum, erhöht die Freisetzung der Schilddrüsenhormone T_3 und T_4.
MSH	Melanozytenstimulierendes Hormon, Melanotropin, ob im HVL produziert ist unklar.

Zusätzlich müssen weitere, noch nicht bekannt Hormone im Vorderlappen vermutet werden.

Hormone der Neurohypophyse

ADH (AVT)	Adiuretisches Hormon, Vasotocin (Vasopressin beim Säuger), vom Säuger unterscheidet sich dieses Hormon nur durch den Ersatz einer Aminosäure (auf Platz 3 Ileu statt Phe; Struktur: CyS-Tyr-Ile-Glu(NH₂)-Asp(NH₂)₂-CyS-Pro-Arg-Gly; beide CyS-Moleküle sind miteinander über eine Brücke verbunden; gebildet in den Hypothalamus-Kernen, Aktion: antidiuretisches Hormon (Wasserrückresorption in der Niere wird wie beim Säuger gefördert), löst Kontraktionen des Vogeluterus bei der Eiablage aus, wirkt hyperglykämisch, erhöht im Blut die Konzentration der freien Fettsäuren, der Glukose und von GH; bei der (stoffwechselphysiologischen) Zugvorbereitung scheint es eine Rolle zu spielen.
MT	Mesotocin (Oxytocin beim Säuger), unterscheidet sich nur geringfügig von ADH: CyS-Tyr-Ile-Glu(NH₂)-Asp(NH₂)₂-CyS-Pro-Ile-Gly (Isoleuzin Ile ersetzt im MT das Arginin Arg auf Position 8; beim Säuger sitzt auf Position 8 Leuzin Leu). Über die Funktion von MT weiß man so gut wie nicht Bescheid. Es hat aber ähnliche Wirkungen wie AVT nur in unterschiedlicher Ausprägung, wobei es wesentlich weniger antidiuretisch wirksam ist.

erwähnen als sie schamhaft beiseite zu lassen. Nicht besprochen werden die Transmittersubstanzen (s. Kap. 10). Nur kurz wird auf die Niere (Renin) und die Leber (Somatomedin) eingegangen.

Zum **Hormonsystem** zählen wir danach folgende hormonproduzierende Zellen/Zellverbände (Organe/Drüsen), vom Kopf abwärts betrachtet:

Die Epiphyse (Pinealorgan), die Hypophyse (Hirnanhangdrüse), die Schilddrüse (Thyroidea) mit Epithelkörperchen (Nebenschilddrüsen) und Ultimobranchialkörper, die Thymusdrüse, das gastrointestinale System, die Pankreasinselzellen, die Nebennieren, der juxtaglomeruläre Apparat und die Gonaden.

9.2.1 Pinealorgan (Epiphyse, Zirbeldrüse)

Die Epiphyse ist eine sehr kleine Hormondrüse, die embryonal als Ausstülpung aus dem Dach (Epithalamus) des Zwischenhirns (Dien-

cephalon) hervorgeht. Aufgrund ihrer Ähnlichkeit mit einem Pinienzapfen wurde sie Corpus pineale oder auch Zirbeldrüse genannt. Bei Vögeln kommt diese Hormondrüse in drei strukturellen Formen vor: ein sackförmiger Typ bei Singvögeln, ein tubulifollikulärer Typ (z. B. bei der Haustaube, Hausente, Gans) und ein kompakter, lobulärer Typ (z. B. bei Hühnervögeln; vgl. Abb. 9.1). Es gibt aber eine große Anzahl interspezifischer Unterschiede in der Ausbildung des Pinealorgans und nur wenige umfassende Untersuchungen darüber.

Die **Epiphyse** liegt zwischen den Hemisphären des Telencephalon (Großhirn) und dem Cerebellum (Kleinhirn). Sie ist leicht an die Hirnhäute und die Hirnhautgefäße angeheftet. Sie besteht grobmorphologisch aus einem drüsenähnlichen distalen Teil und einem proximalen Stiel, mit der die Drüse Verbindung zum Chorioidea-Plexus des dritten Hirnventrikels hat. Die absolute Größe der Epiphyse ist nicht grundsätzlich mit der Vogelgröße korreliert, sondern stark von den jeweiligen Erfordernissen abhängig. So haben z. B. die vorwiegend nachts aktiven Eulen und Sturmvögel ein atrophiertes Pinealorgan.

Zytologisch besteht der Drüsenteil des Pinealorganes neben Neuronen und Gliazellen vor allem aus umgewandelten Photorezeptoren bzw. neuroendokrinen Zellen. Die Zusammensetzung dieser Zellen ändert sich im Verlauf der Embryo- und Ontogenese z. T. beträchtlich und soll hier nicht beschrieben werden. Phylogenetisch (und auch embryo- und ontogenetisch) werden allerdings die Photorezeptorzellen immer stärker zu neurendokrinen Zellen umgebildet.

Funktionell ist das Pinealorgan immer noch wenig bekannt. Als Hormon wird das **Melatonin** (und andere **biogene Amine**) ausgeschüttet. Bei Vögeln erfüllt das Pinealorgan grundsätzlich betrachtet die Aufgabe eines photoendokrinen Wandlers, der auf direktem Wege Lichtreize erhält und diese Informationen in ein Hormonsignal übersetzt. Bei (niederen) Vertebraten hat es im speziellen Funktionen beim Wechsel der Körperfarbe, als „drittes Auge" bei der Lichtperzeption, bei der Thermoregulation, der Reproduktion und vor allem bei den circadianen Rhythmen. Hauptsächlich letztere Funktionen haben auch bei Vögeln große Bedeutung.

Die Reproduktionsbeeinflussung ist dabei noch wenig befriedigend geklärt. So sollen sowohl antigonadale, progonadale und auch keine Effekte auf die Gonaden vorkommen. Sicher sind verschiedene Effekte auch je nach unterschiedlicher Lichtdauer erklärbar. Melatonin hemmt die Gonadenentwicklung, Licht die Produktion von Melatonin. So kann über Licht die Melatoninproduktion verändert und

damit wiederum die Gonadalentwicklung (in verschiedene Richtungen; je nach Dauer der Lichteinwirkung) gesteuert werden. Es muß allerdings nochmals gesagt werden, daß dies ein sehr vereinfachtes Schema eines völlig ungeklärten Regelkreises darstellt.

Obiges Beispiel fordert natürlich, daß das **Pinealorgan als Lichtrezeptor** arbeiten kann. Obwohl dies elektrophysiologisch nicht nachweisbar ist, ist diese Fähigkeit doch weitgehend unbestritten. Ebenso unbestritten ist, daß diese Hormondrüse eine Rolle im circadianen Rhythmus von Vögeln spielt, wobei die Drüse einen Sitz der inneren Uhr darstellen soll. Die Produktion von Melatonin unterliegt einem ausgeprägten Tagesgang (Abb. 9.2). Nachts (kein Licht) beginnt die Sekretion anzusteigen und fällt tagsüber unter dem Einfluß von Licht wieder ab.

Leider werden die meisten der entsprechenden Untersuchungen immer noch mit dem »Holzhammer« der Pinealektomie durchgeführt, wobei Sekundäreffekte kaum auszuschließen sind. Dies gilt insbesondere auch für Effekte einer Ektomie auf die Temperaturregulation, wo über das circadiane System Änderungen im Tagesverlauf (Höhe) der Körpertemperatur und anderes vorkommen kann.

Insgesamt wissen wir also über die Funktion der Epiphyse immer noch sehr wenig.

9.2.2 Hypophyse (Hirnanhangdrüse)

Die Hypophyse gehört zum sogenannten **hypothalamisch-hypophysären System.** Es besteht aus der Hypophyse und ihren Verbindungen einschließlich den neurosekretorischen Zentren im Hypothalamus.

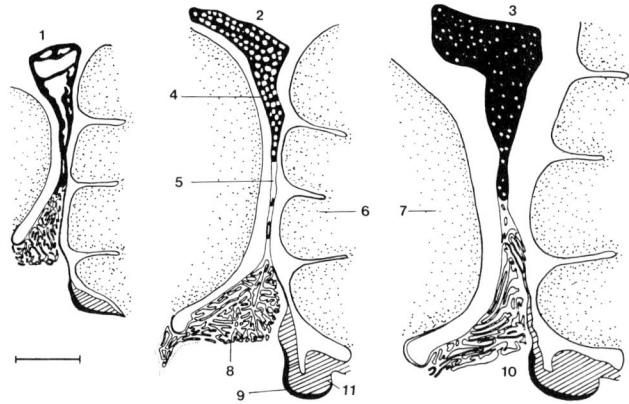

Abb. 9.1. Lage und Formen von Pinealorganen bei Vögeln (nach MENAKER & OKSCHE 1974).
1 = sackförmiger Typ (bei Sperlingsvögeln); 2 = tubulär-follikulärer Typ (bei Haustaube, Hausgans, Hausente); 3 = kompakter, lobulärer Typ (z. B. bei Hühnervögeln); 4 = distaler Drüsenteil der Epiphyse; 5 = proximaler Stiel der Epiphyse; 6 = Cerebellum; 7 = Telencephalon; 8 = Choroideaplexus des dritten Hirnventrikels; 9 = Subkomissuralorgan; 10 = dritter Hirnventrikel; 11 = Epithalamus.

Die Hypophyse ist ein kleiner, ventraler Anhang des Hypothalamus im Zwischenhirn. Embryogenetisch gesehen hat diese Drüse eine interessante Entwicklung: Man kann zwei deutliche Teile unterscheiden. Der vordere, anteriore Drüsenteil, die **Adenohypophyse**, leitet sich vom embryonalen Rachenepithel ab und ist vermutlich ektodermalen Ursprungs. Der hintere, posteriore und kleinere Teil ist die **Neurohypophyse.** Sie leitet sich von einer Ausstülpung (Infundibulum) des Zwischenhirns (Dienzephalon) ab.

Die Adenohypophyse besteht aus zwei Teilen: Trichterlappen (Pars tuberalis) und Vorderlappen (Pars distalis). Ein Mittelstück (Pars intermedia) wie bei den Säugern fehlt.

Der Trichterlappen bedeckt die Eminentia mediana der Neurohypophyse nach rostral bis zur Sehnervenkreuzung und bildet einen Kragen um die den Hypophysenstiel bildenden Pars infundibularis der Neurohypophyse (Abb. 9.3). Ventral schließt sich der Vorderlappen an. Im Grenzbereich zwischen beiden befinden sich die portalen Blutgefäße, die von der Eminentia mediana zum Vorderlappen verlaufen. Durch diese Blutgefäße wird die Drüse über Releasing- und Releasing-Inhibitor-Hormone des Hypothalamus kontrolliert.

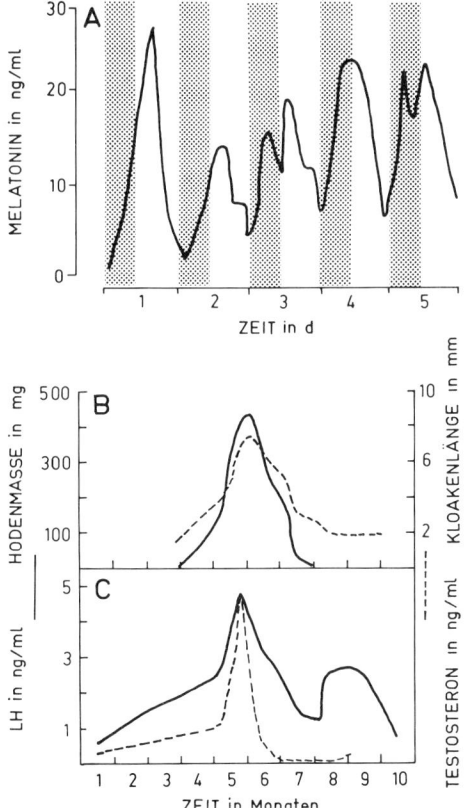

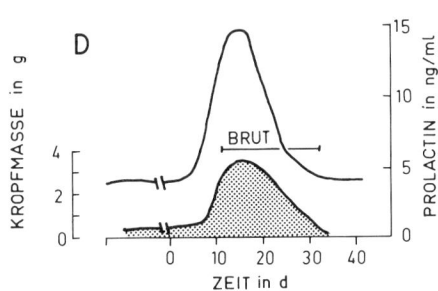

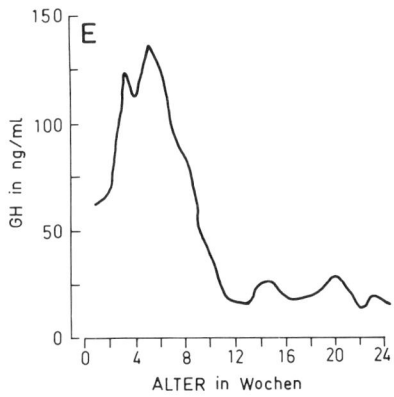

Abb. 9.2. Daten zu Hormonphysiologie bei Vögeln.
A. Tagesperiodischer Gang der Melatoninproduktion in der Huhnepiphyse im 12L:12D-Tag an fünf aufeinanderfolgenden Tagen. Dunkel punktiert ist die Dunkelphase (12 Stunden; nach BINKLEY & TAMARKIN 1980, in BINKLEY 1980).
B und C. Circannualer Gang von Testosteron und LH (C, in ng/ml Plasma) und deren Einfluß auf die Hoden- und Kloakengröße (B) bei der Dachsammer (nach STURKIE 1986).

D. Plasma-Prolaktin-Konzentration (in ng/ml) bei Haustauben und ihr Kropfgewicht (punktiert) in Abhängigkeit von der Brutperiode (schwarzer Balken; nach STURKIE 1986).
E. Änderungen der GH-Plasma-Konzentration (in ng/ml) während der Ontogenese (Alter in Wochen) beim Haushuhn (nach SCANES & HARVEY 1981).

Der **Vorderlappen der Adenohypophyse** bildet den Hauptteil der Hypophyse. Er liegt dem Trichterlappen unmittelbar ventral und rostral an. Sein hinten liegender Abschnitt grenzt direkt an den Hinterlappen der Neurohypophyse (Abb. 9.3) an und wird von diesem nur durch eine dünne bindegewebige Wand getrennt. Der Vorderlappen hat follikelartige endokrine Zellen. Jeder Follikel besitzt ein zentrales Lumen, das mit einem Kolloid angefüllt ist. Es lassen sich über Farbreaktionen insgesamt sechs verschiedene Zelltypen unterscheiden, die mit entsprechenden bei Säugern offensichtlich funktionell übereinstimmen.

Die Größe der Adenohypophyse schwankt bei den verschiedenen Vogelarten beträchtlich (ebenso deren Anatomie). Beim Haushuhn wiegt sie etwa 7 bis 10 mg, beim Haustruthahn etwa 16 bis 23 mg.

Die **Pars distalis (Vorderlappen, HVL)** der Vögel produziert folgende Hormone: Gonadotropine (Follikelstimulierendes Hormon Follitropin FSH, Luteinisierendes Hormon Lutropin LH), Schilddrüsenstimulierendes Hormon Thyreotropin (TSH), Adrenokortikotropes Hormon (ACTH), Wachstumshormon (GH),

Prolaktin (LTH) und Melanophorenstimulierendes Hormon Melanotropin (MSH) und viele andere Hormone. FSH, LH, TSH und ACTH sind dabei glandotrope Hormone, GH, LTH und MSH effektorische Hormone (vgl. Tab. 9.1).

Die **Neurohypophyse** ist eine direkte Ausstülpung des Hypothalamus. Man kann drei Abschnitte unterscheiden (Abb. 9.3): die Eminentia mediana, die Pars infundibularis (Hypophysenstiel, Infundibulum; s. Kap. 10) und den Hinterlappen (Pars nervosa).

Die **Eminentia mediana** bildet den vorderen Bodenteil der dritten Gehirnkammer. Sie geht ohne deutliche Abgrenzung aus dem Tuber cinereum des Hypothalamus hervor. Man kann drei Schichten erkennen. Die äußerste, glanduläre Schicht scheint sekretorische Funktion zu haben. Die mittlere Schicht besteht aus Axonen der Verbindungen Hypothalamus-Hypophyse (Tractus hypothalamo-hypophysialis), und die Innenschicht ist die epitheliale Auskleidung des dritten Hirnventrikels.

Der **Hypophysenstiel** (Pars infundibularis) ist die Fortsetzung der Eminentia mediana nach unten hinten zum Hinterlappen, in den er als

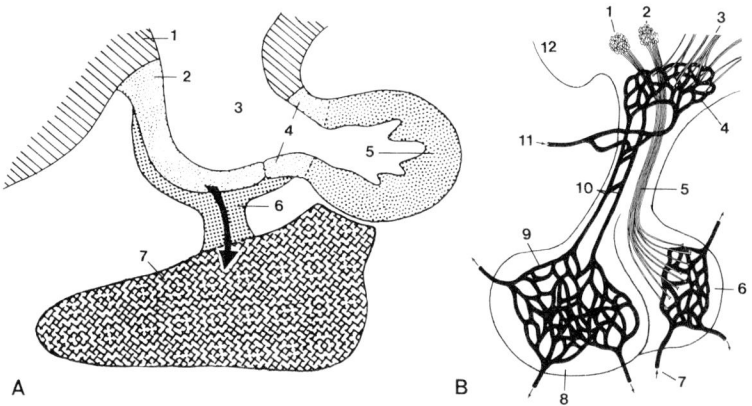

Abb. 9.3. A. Schematischer Sagittalschnitt durch die verschiedenen Bereiche der Hypophyse eines Vogels; Ansicht von links (nach KING & McLELLAND 1978). 1 = Hypothalamus (Diencephalon); 2 = Eminentia mediana; 3 = dritter Hirnventrikel; 4 = Pars infundibularis; 5 = Pars nervosa; 6 = Pars tuberalis; 7 = Pars distalis; (1–5) Neurohypophyse; (6, 7) Adenohypophyse.
B. Stark schematisierte Darstellung der neuro-hämalen Beziehungen von Hypothalamus und Hypophyse (nach CRAPO 1986); s. auch Text.
1 = Nucleus supraopticus; 2 = Nucleus paraventriculus; (1–2) = Produktionsorte der Hormone der Neurohypophyse; 3 = Axone von den Hypothalamus-

Kernen, die Liberine und Statine für die Adenohypophyse produzieren und ins primäre Kapillarnetz abgeben; 4 = primäres Kapillarnetz; nimmt Liberine und Statine auf; 5 = Axone der Nuclei 1 und 2; transportieren ADH und MT zur Neurohypophyse; 7 = Zufluß der unteren Hypophysenarterie ins Kapillarnetz der Neurohypophyse; 8 = Adenohypophyse; 9 = sekundäres Kapillarnetz (»versorgt« u. a. die Adenohypophyse mit Liberinen und Statinen; außerdem werden hier die Adenohypophysenhormone selbst ins Blut entlassen); 10 = Portalvenen transportieren Liberine und Statine zum HVL; 11 = Zufluß der oberen Hypophysenarterie; 12 = Hypothalamus.

hohler, schlauchförmiger Stiel mündet. Er ist wie die Eminentia zusammengesetzt. Die Faserschicht ist hier besonders mächtig, während die glanduläre Schicht stark reduziert ist.

Der **Hinterlappen** schließt sich dann direkt an das Infundibulum kaudal an. Histologisch gesehen besteht er aus den Nervenendigungen des Tractus hypothalamo-hypophysialis, die hier direkt mit Blutkapillaren in Verbindung treten, in die sie ihre effektorischen Neurohormone (Adiuretin = Vasopressin und Oxytozin) abgeben (Tab. 9.1). Die Zellkörper dieser Endknöpfchen befinden sich im Hypothalamus. Es sind die paarigen Kerne der Nuclei supraoptici, Nuclei paraventriculares und Nuclei infundibulares (Abb. 9.3). Die meisten ihrer Axone enden (wie bereits beschrieben) im Hinterlappen der (Neuro)Hypophyse dicht an der Basalmembran von dessen Blutkapillaren. Entlang dieser Axone werden Neurohormone ins Endknöpfchen transportiert und dort freigesetzt. Einige der Axone enden aber bereits in der Eminentia mediana an den Basalmembranen der Kapillaren des sogenannten primären Netzes. Sie geben dort die Neurohormone des Hypothalamus (releasing- und releasing-inhibitierende Hormone) ab, die auf dem Blutwege über die Portalvenen dann ins sekundäre Kapillarnetz der Adenohypophyse (Vorderlappen) gelangen und dort glandotrop wirksam werden (Tab. 9.1).

9.2.3 Schilddrüsen (Thyreoidea)

Die Schilddrüse (Glandula thyreoidea) ist ein paariges Organ, das an der Halsbasis liegt (Abb. 9.4). Die beiden Drüsen sind rund bis eiförmig und dunkelbraunrot gefärbt. Sie liegen ziemlich nahe bei den Karotiden (Arterien) und den großen Halsvenen und können durch dickes Bindegewebe stark überlagert werden. Embryonal entstehen sie am zweiten Bebrütungstag (Huhn) aus einer unpaaren mittenventralen Ausstülpung des Pharynxbodens zwischen der 1. und 2. Schlundtasche. Beim Huhn teilt sich die Schilddrüse nach dem fünften Bebrütungstag in zwei separate Lappen. Die **Größe der Schilddrüse** kann mit vielen Innen- und Außenfaktoren erheblich schwanken. Im Mittel läßt sich ein Bereich von etwa 6 bis 12 mg/100 g Körpermasse angeben (0,006 bis 0,012 % KM). Sie ist also eine recht kleine Drüse.

Zytologisch ist die Schilddrüse folgendermaßen aufgebaut: Das sekretproduzierende Par-

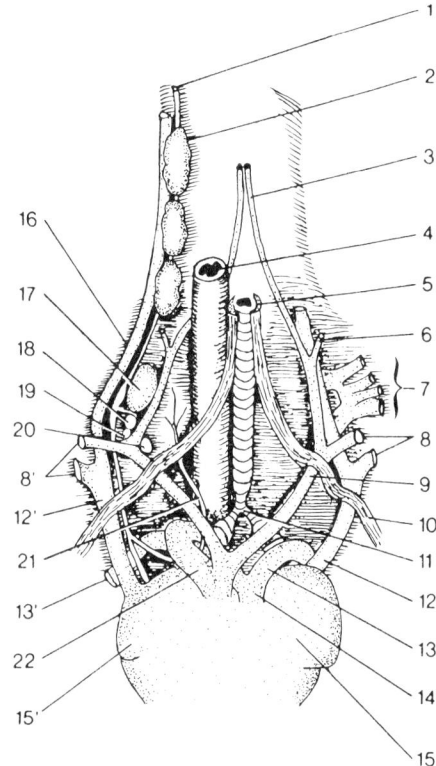

Abb. 9.4. Halbschematische Darstellung des Brustkorbeinganges des Haushuhnes (nach LUCAS & STETTENHEIM 1965, in KING & McLELLAND 1978).
1 = Nervus vagus; 2 = Thymusdrüse; 3 = Arteria carotis interna; 4 = Speiseröhre, Ösophagus; 5 = Luftröhre (Trachea); 6 = Arteria vertebralis; 7 = Armgeflecht (Plexus brachialis); 8 = linke und rechte Arteria und Vena subclavia (sinistra et dextra); 9 = Truncus brachiocephalus; 10 = Musculus sternotrachealis; 11 = Stimmkopf (Syrinx); 12 = linke und rechte vordere Hohlvene (Vena cava cranialis sinistra et dextra); 13 = linke und rechte Lungenarterie (Arteria pulmonalis); 14 = Truncus pulmonalis; 15 = linke und rechte Vorkammer des Herzens (Atrium); 16 = Drosselvene (Vena jugularis); 17 = Schilddrüse (Glandula thyreoidea); 18 = Epithelkörperchen (Glandulae parathyreoideae); 19 = Karotiskörperchen (Glomus caroticum); 20 = Ultimobranchialkörper; 21 = Nervus recurrens; 22 = Aorta.

enchym ist in **Follikeln** angeordnet, die von einer einschichtigen Zellage gebildet werden und nach der gemeinsamen Mitte ein Follikelvolumen bilden. Dort wird das Thyreoglobulin gespeichert. Zwischen den Follikeln liegen ein ausgedehntes Kapillarnetz und wenige Nervenfasern.

In der aktiven Phase der Schilddrüse wird das **Thyreoglobulin**, der Ausgangsstoff (durch Spaltung entstehen die Hormone) für die Schilddrüsenhormone, unter dem Einfluß von TSH in die Blutbahn abgegeben, und die vorher abgeflachten Drüsenzellen nehmen wie bei den Säugern an Größe zu. Das Thyreoglobulin ist stark jodiert (stärker als beim Säuger) und besteht im Mittel zu 1,5 % aus Jod (Bereich 50 bis 650 µg/g Schilddrüse, Mittelwert etwa 325 µg/g); oder 1 Molekül Thyreoglobulin enthält bis zu 50 bis 90 Atome Jod. Aus diesem Grunde reichert die Schilddrüse auch selektiv Jod aus dem Blut in ihrem Gewebe an.

Das hat seinen Grund darin, daß die **Schilddrüsenhormone** ebenfalls stark jodhaltige Mo-

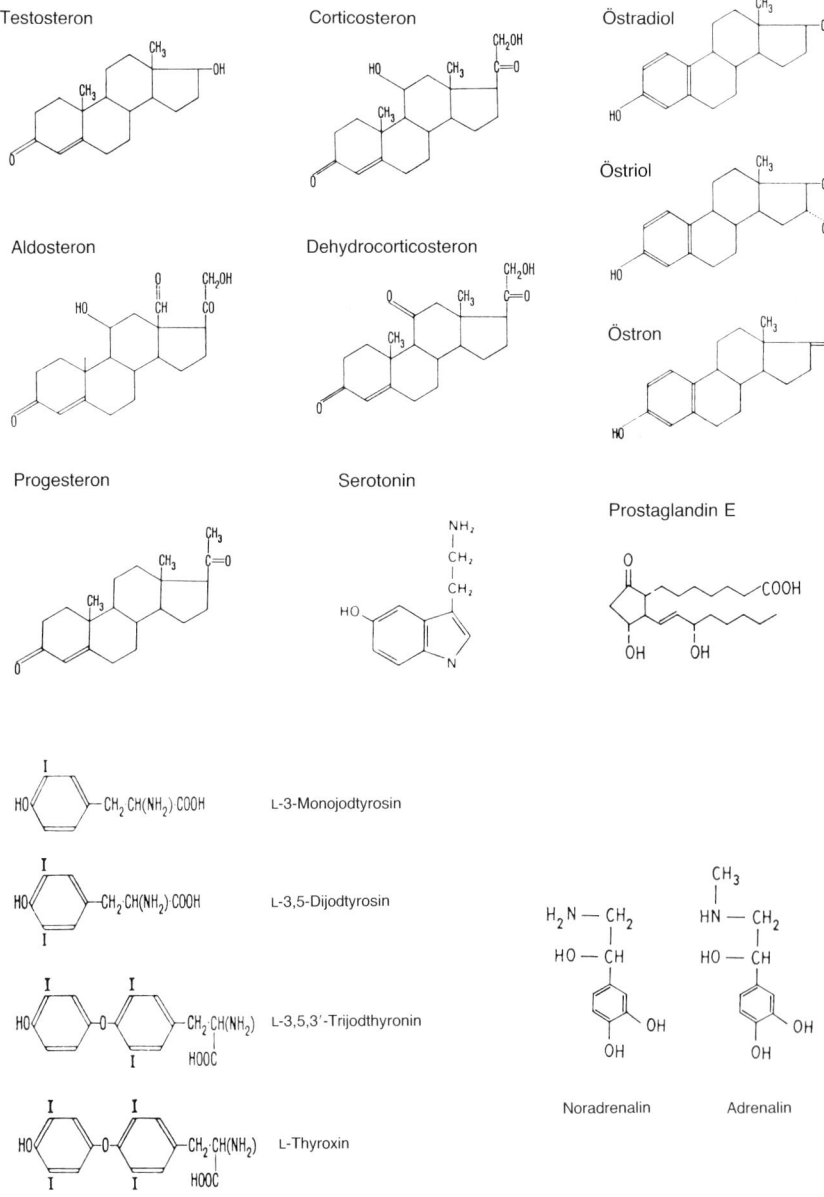

Abb. 9.5. Strukturformeln einiger Wirbeltierhormone. Weitere Formeln s. Text.

leküle darstellen. Alle Hormone sind untereinander sehr ähnliche Aminosäureabkömmlinge
(Abb. 9.5): Die wichtigsten sind das Trijodthyronin T_3, das Tetrajodthyronin T_4 (Thyroxin),
das Monojodthyrosin und das Dijodthyronin.
Eventuell entsteht T_3 aus T_4 durch Dejodation.
Es ist in viel geringerer Konzentration vorhanden. Am auffälligsten ist jedenfalls das Thyroxin. Das Verhältnis T_4:T_3 ist im Plasma etwa
zwischen 2,1 zu 1,3 und 1,5 zu 1,0. Bezogen auf
freies T_4 liegt die mittlere Plasma-Konzentra-
tion dieses Hormons bei etwa 5 bis 7 ng/100 ml
(Extremwerte 0,75 bis 120 ng/100 ml) und damit wesentlich höher als beim Menschen (1,4
bis 3,7 ng/100 ml). Die Halbwertszeiten beider
Hormone sind beinahe identisch und liegen in
einem Bereich von etwa 3 bis 8 Stunden.

Die Synthese der Hormone kann durch **Thyreohemmstoffe (Thyreostatika)** blockiert werden, indem der Jodtransport behindert wird
(Tiouracil, Nitrat, Schwefelverbindungen im
Kohl) oder Jodkonkurrenz aufgebaut wird (Sulfonamide).

Die **Gesamtkonzentration** der Schilddrüsenhormone zeigt einen deutlichen Tagesgang. In
der Aktivitätsphase liegt sie um das Zweifache
und mehr höher als während der Ruheperiode.
Die Aktivität der Schilddrüse ist im Spätsommer (lange Photoperioden) am geringsten. Daneben bestehen aber zahlreiche Überlagerungs-
effekte des Alters (nehmen mit zunehmendem
Alter ab), der Umgebungstemperatur (niedrige
erhöhen die Produktion), Ernährung (Kohlenhydrate stimulieren, Eiweiße dämpfen) und der
Gonadenaktivität (Geschlechtshormone wirken
dämpfend). Die vorliegenden Ergebnisse weichen zum Teil allerdings stark voneinander ab
und sind in vielen Punkten sogar sehr widersprüchlich.

Die **physiologischen Wirkungen** des Thyro-
xins und des mehrfach wirksameren T_3 kann
man in zwei Funktionskreise einteilen:

Morphogenetische Funktionen sind
1. die Regulation des Wachstums des Körpers
   als Ganzes und der Reproduktionsorgane im
   besonderen. Schon eine geringfügig erhöhte
   Schilddrüsenaktivität erhöht die Eiproduktion, das Eigewicht, die Eischalendicke, die
   Hodengröße und die Samenproduktion und
   beschleunigt das Wachstum als Ganzes ganz
   erheblich;
2. die ontogenetische Entwicklung des Organismus,

3. die Steuerung der Mauser. Ein Ansteigen
   des Hormonspiegels leitet sofort die Mauser
   ein; ein Anstieg der Hormone im jahres-
   periodischen Zyklus wird durch eine kurz
   darauf erfolgende Mauser begleitet (Freiland).

Zu den **stoffwechselphysiologischen Funktionen**
zählen die Förderung
1. des Grundumsatzes (Fettverbrennung, Ab-
   magerung),
2. der Atem- und Herzschlagfrequenz,
3. der Temperaturregulation (erhöhte Temperatur, feuchte Haut) und
4. des Temperamentes (leichtere Erregbarkeit
   usw.; sinnesphysiologische Wirkung).

Jodmangel in der Nahrung bewirkt beim Vogel
wie beim Menschen einen harten **Kropf**. Bei
einer Unterfunktion kommt es außerdem zu
einer Anlagerung von Fetten (Zugdisposition?). Zudem ist die Drüse in die Auslösung
der Zugunruhe involviert.

9.2.4 Epithelkörperchen, Nebenschilddrüsen

Die **Epithelkörperchen (Glandulae parathyreoideae)** entstehen in der Embryogenese aus der
3. und 4. Schlundtasche. Ursprünglich gehören
sie zum Thymusgewebe, von dem sie sich aber
später morphologisch und funktionell völlig lösen. Grobmorphologisch besteht die Drüse aus
ursprünglich je einem Paar Körperchen auf jeder Körperseite, die aber miteinander verschmelzen und mit der Thyreoidea verbunden
sein können. Sie liegen kaudal von der Schilddrüse. Das kraniale Körperchen ist in der Regel
größer. Bei den Epithelkörperchen findet man
des öfteren noch die Karotiskörper (Glomus
caroticum), die oft auch morphologisch in das
Epithelkörperchen einbezogen und eng mit diesen verwandt sind. Sie entstehen aus der 5.
Schlundtasche. Zytologisch gesehen bestehen
die Drüsen aus zylindrischen Zellen, die zu
Strängen miteinander verbunden sind.

Das **Hormon der Epithelkörperchen** ist das
Parathormon PTH. Es besteht wie bei den Säugern aus 84 Aminosäuren. Funktionell ist es für
den Kalziumspiegel im Blut verantwortlich. Es
erhöht den Kalziumspiegel im Blut, indem es
dessen Resorption aus der Nahrung, dem Skelettsystem und aus der (Rückresorption) Niere
erhöht (normalerweise 98 bis 99 %). Die normale Ca^{++}-Konzentration im Blut beträgt etwa

2,5 mMol/l (10 mg pro 100 ml Plasma). Während der Legeperiode werden große Mengen Kalk von Knochen in die Eischale verlagert. Dadurch kommt es primär zu einem Absinken des Blutplasma-Ca^{++}-Gehaltes, was zu einer vermehrten Produktion von PTH führt. Dieses wiederum vermehrt knochenabbauende Osteoklasten, wodurch in das Blut wiederum verstärkt ionisiertes Kalzium (Ca^{++}) gelangt. Weiterhin reguliert PTH das Vitamin-D-System in der Niere und die renale Ausscheidung von Phosphaten, Harnsäure und Hydroxyprolin (Hinweis auf Demineralisation im Knochen), indem sie deren Rückresorption im Tubulus vermindert. PTH-Mangel führt u. U. zu einem Muskeltetanus (Kalziummangel!).

9.2.5 Ultimobranchialkörper

Die **Ultimobranchialkörper** entwickeln sich aus der 6. embryonalen Schlundtasche. Die Drüse ist paarig angelegt und beim erwachsenen Vogel rundlich und rosarot gefärbt. Sie besitzt keine bindegewebige Kapsel. Beim Huhn liegen die Ultimobranchialkörper zu beiden Seiten des Halsansatzes (Abb. 9.4) kurz unterhalb (kaudal) der Epithelkörperchen. In manchen Fällen ist der Karotiskörper in die Ultimobranchialkörperchen integriert. Die rechte Drüse liegt tiefer (Abstand Ultimobranchialkörper – Epithelköperchen größer) als die linke. Histologisch können zwei Zelltypen unterschieden werden:

C-Zellen (Kalzitonin-sekretierende Zellen) sind in verstreuten Gruppen und Strängen angeordnet. Sie haben ein schwach entwickeltes rauhes Endoplasmatisches Retikulum (rER), spezifisches Sekretionsgranula, zahlreiche Mitochondrien, einen gut ausgebildeten Golgi-Apparat und zahlreiche freie Ribosomen. Diese Zellen bilden das Kalzitonin CT.

Parathyreoidale Knötchen-Zellen bilden ein umkapseltes parathyreoidales Gewebe. Aus diesen Knötchen gehen parathyreoidale Stränge hervor, die zwischen die C-Zellen eindringen und diese mit den Follikeln verbinden.

Follikelzellen bilden in der Regel als Follikel den größten Teil des Ultimobranchialkörpers. Sie entstehen vermutlich aus den o.g. Knötchenzellen. Die mehrzelligen Follikel sind bläschenförmig aufgebaut, mit einem innersekretorischen Epithel ausgekleidet und speichern in ihrem Lumen ein aus Kohlenhydraten und Eiweißen bestehendes Sekret.

Über die Bedeutung von **Kalzitonin** weiß man immer noch relativ wenig. In einer gewissen Weise ist es ein Antagonist zu PTH. Es verhindert eine zu starke Kalziumauswaschung aus dem Knochen durch PTH; fehlt PTH, senkt es auch die Kalziumkonzentration im Plasma. Es senkt außerdem den Phosphatgehalt im Blut. Über die Wirkung auf die Niere besteht keine klare Erkenntnis. CT ist ein Proteohormon noch (1986) unbekannter Struktur, dürfte dem der anderen Vertebraten – wie die anderen Hormone auch – allerdings sehr ähnlich sein. Auch CT zeigt diurnale Konzentrationsschwankungen.

9.2.6 Nebennieren

Die **Nebennieren (Glandulae suprarenalis)** sind paarig angelegt. Sie liegen anterior und medial beiderseits am kranialen Pol der beiden Nieren und dorsal der Gonaden (s. Abb. 13.1); den Nebenhoden können sie direkt anliegen.

Die Drüsen sind abgeflacht gebaut und liegen eng aneinander – z. T. fusionieren sie bei eini-

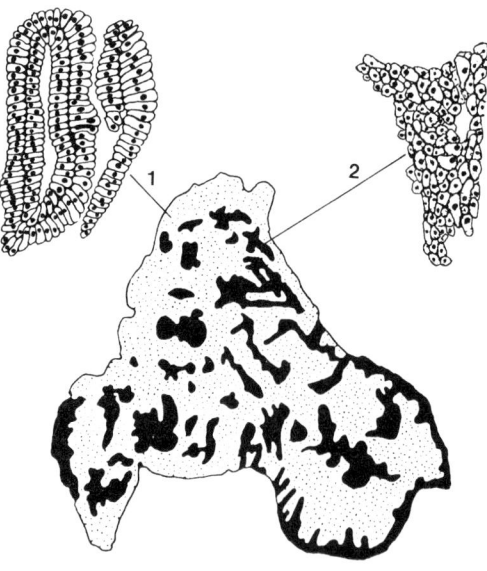

Abb. 9.6. Schematische Darstellung der Mikroanatomie der Nebenniere des Vogels (nach CHESTER-JONES & PHILLIPS 1985, in HARVEY, SCANES & BROWN 1986). Dargestellt ist die Verteilung und zelluläre Feinstruktur von (1) chromaffinen Medulla-(Mark)zellen, die Adrenalin und Noradrenalin produzieren (punktierte Fläche) und (2) Kortex-(Rinden)zellen, die Kortikoide produzieren (schwarze Fläche).

gen Arten. Sie sind in eine Bindegewebskapsel eingeschlossen. Beim Haushuhn ist die einzelne Nebenniere etwa $13 \times 8 \times 5$ mm groß. Die arterielle Blutversorgung erfolgt direkt durch Äste der Nierenarterie. Jede Drüse hat einen eigenen Venenast, der direkt in die Vena cava posterior mündet. Es gibt Hinweise für das Vorkommen eines Nebennieren-Pfortadersystems. Eine nervöse Versorgung erfolgt durch den Sympathikus, der über nichtmyelinisierte Fasern direkt (bis zu drei gleichzeitig) die chromaffinen Zellen innerviert. Interrenales Gewebe ist nur sehr schwach innerviert. Wie bei den Säugetieren stammen die Zellen der Nebennieren aus zwei verschiedenen Keimblättern:

Chromaffine (C-)Zellen gehören zum Marktyp (**Medulla der Nebennieren,** Pars medullaris). Sie entstammen der Neuralleiste des Ektoderms und werden als Ganglionabkömmlinge des Sympathikus (paraganglionäres Gewebe) gedeutet. Sie machen etwa 15 bis 25 % des Nebennierengewebes aus. Sie sind polygonal gebaut, basophil, größer als die Rindenzellen und eng mit Kapillaren verbunden (Abb. 9.6). Zwei unterscheidbare Zelltypen produzieren jeweils unterschiedliche Hormone: **Adrenalin** (P-Zellen) und **Noradrenalin** (F-Zellen). Bei verschiedenen Vogelgruppen kommen diese Zelltypen in zum Teil sehr unterschiedlicher Zusammensetzung vor. Bei Pelikanen hat man so z. B. nur F-Zellen gefunden, während bei Sperlingsvögeln die Anzahl der P-Zellen stark überwiegt (bis zu 95 %). Dazwischen gibt es zahlreiche Zwischenformen.

Die **Zellen des Interrenalorganes (Rinde der Nebenniere,** Pars corticalis, Kortikalzellen) entstammen dem Mesoderm. Es sind stark vakuolisierte, eosinophile (azidophile), längliche Zellen (Abb. 9.6), die in Doppel-Strängen angeordnet sind, die in sich auch ringförmig geschlossen sein können. Die Ultrastruktur der Zellen gleicht denen der Säugetiere. Die Kortikalzellen machen 70 bis 80 % der Nebennierengewebe aus. Je nach Lage der Zellen in der Nebenniere werden unterschiedliche Hormone produziert: In einem Bereich knapp unterhalb der Bindegewebskapsel (subkapsuläre Zone, SCZ), die etwa 20 bis 30 Zellen dick ist, wird vor allem **Aldosteron** gebildet. Die innere Zone (IZ) bildet vor allem andere **Kortikosteroide** (Kortikosteron). Die anteilsmäßige Verteilung von IZ- und SCZ-Zellen kann physiologisch bedingt stark schwanken.

Bei den Säugern sind der Kortex und die Medulla der Nebenniere deutlich voneinander getrennt in Rinde (äußere Zone) und Mark (zentrale Zone). Dies ist bei den Vögeln nicht der Fall. Hier sind beide Zelltypen miteinander vermischt (Abb. 9.6).

Die **Nebennierenmarkhormone (Katecholamine)** sind Aminosäurenabkömmlinge. Sie haben folgende Aufgaben:

Adrenalin und das ihm sehr ähnliche Noradrenalin erhöhen die Leistung des Sympathikus und damit jener Organe, die zum Zwecke der Körpermobilisierung arbeiten (Notfallreaktion, Leistungssteigerungen, ergotrope Wirkung). Organe der Erholung und des Aufbaues werden in ihren Funktionen gehemmt (Blase, Darm, Uterus; Verdauung, Gefäßdurchblutung, oxidativer Stoffwechsel in ruhenden Organen). Die Blutverteilung wird zugunsten der Skelettmuskulatur verändert (bis zu achtmal verstärkt), indem auch periphere Kapillaren geschlossen werden (»Verbleichung« der Haut, Extremitäten usw., geringe Durchblutung der Verdauungsorgane). Der Blutdruck wird durch Gefäßverengung und Veränderung des Herzschlags erhöht; durch Adrenalin nur systolisch, durch Noradrenalin auch diastolisch. Adrenalin fördert zudem auch den Abbau von Glykogen in der Leber zu Glukose und führt damit als Antagonist des Insulins zu einer Erhöhung des Blutzuckerspiegels. Als Transmittersubstanz im adrenergen System wird zudem die Erregungsfähigkeit erhöht. Das Nebennierenmarksystem leitet dadurch zu den Gewebshormonen und Neurotransmitterhormonen über.

Die **Ausschüttung der Katecholamine** wird nicht durch glandotrope Hypophysenhormone bewirkt. Die direkte Innervierung durch einen Reiz des Nervus splanchus des Sympathikus bewirkt eine Hormonfreisetzung, die dadurch sehr schnell erfolgt und in sehr geringen Konzentrationen wirksam ist. Die Wirkung ist zudem meist sehr intensiv, aber auch sehr kurz. Adrenalin wird dabei vor allem als »Momentanhormon« bei kurzfristigen Leistungsanforderungen benützt, während Noradrenalin (NA) in der Ruhephase ausgeschüttet wird. In manchen Bereichen haben beide Hormone sogar antagonistische Wirkungen. So erhöht Adrenalin die Herzschlagfrequenz, während NA sie senkt (s. oben); Adrenalin hemmt die Verengung der Muskelgefäße, NA fördert sie.

Die **Hormone der Nebennierenrinde NNR** (Kortexhormone, Kortikosteroide) sind Steroidhormone, wie die der Gonaden. Man kann sie in zwei große Gruppen aufteilen: **Mineralkortikoide** regeln den Mineralhaushalt und **Glukokortikoide** den Kohlenhydrathaushalt des Organismus.

Es gibt eine sehr große Anzahl von Kortikoiden (über 30), von denen folgende die wichtigsten sind: Kortisol, Kortikosteron und Aldosteron. Letzteres gehört zu den Mineralkortikoiden, die beiden ersteren zu den Glukokortikoiden; Kortikosteron ist das wichtigste und häufigste. Das Verhältnis Kortikosteron zu Aldosteron kann bei Vögeln in einem Bereich von 14:1 bis 63:1 variieren. Bei allen Hormonen gibt es zudem zahlreiche tagesperiodische, jahresperiodische Schwankungen und Änderungen, die mit Entwicklungszyklen parallel gehen mit sehr unterschiedlichen Plasmakonzentrationen, auf die hier im Detail nicht eingegangen werden kann. Die **Produktionsregelung** erfolgt vor allem durch Kortikoliberin (CRH) und ACTH im hypothalamisch-hypophysären System. Innerhalb des Systems tritt **Selbsthemmung** (negative Rückkopplung) dadurch ein, daß eine Erhöhung der Kortisol-Konzentration im Plasma zu einer Hemmung der ACTH-Ausschüttung führt. Eine **Selbstförderung** ist dadurch möglich, daß der Hypothalamus auf nervösem Wege das Nebennierenmark zur Ausschüttung von Adrenalin anregt, das auf das hypothalamisch-hypophysäre System als Reiz wie eine schwere Belastung wirkt und zur Ausschüttung von ACTH führt. Funktionell wirken die NNR-Hormone praktisch identisch wie bei Säugern.

Mineralkortikoide, vor allem Aldosteron, regulieren den Wasserhaushalt und Ionenstoffwechsel, indem sie die Abgabe von Natrium mit dem Harn hemmen und die von Kalium fördern. Bei Hormonmangel kommt es dadurch zu einem Einströmen von Wasser aus dem extra- in den intrazellulären Raum, der vermehrt Kalium enthält, während Natrium verstärkt ausgeschieden wird. Die Muskulatur quillt daher an, die Blutmenge und der Blutdruck sinken. Einen direkten Einfluß auf die Salzdrüse konnte man bisher nicht nachweisen. Dagegen fand man einen Einfluß auf die Rückresorption von Wasser und Salzen im Darmtrakt. Die Aldosteron-Sekretion wird auch im wesentlichen durch das Renin-Angiotensin-System reguliert.

Glukokortikoide wirken sich hauptsächlich auf den Kohlenhydrat- und Eiweißstoffwechsel aus. Sie verstärken den Ab- und Umbau von Proteinen zu Glukose (Glukoneogenese) und gleichzeitig eine gesteigerte Abspeicherung dieser Glukose als Glykogen in der Leber. Ebenfalls gleichzeitig wird der Glukoseumsatz im Gewebe gedrosselt. Kortisol hat zudem wesentliche Aufgaben im Immunsystem. Es hemmt Entzündungsprozesse. Die strukturelle Ähnlichkeit der Kortikoide mit den Sexualhormonen führt außerdem dazu, daß bestimmte Kortikoide beim Ausfall der Gonaden diese hormonphysiologisch zumindest teilweise ersetzen können. So wird Testosteron dann verstärkt auch in der NNR produziert; Rindenhormone können Kammwachstum beim Hahn auslösen, die Kropfdrüsenfunktion bei Tauben stimulieren und anderes mehr.

Die **Syntheseleistung der NNR** ist relativ hoch (Sekretionsrate für Kortikosteron etwa 1 µg/min × kg Drüse; Aldosteron etwa 0,2 µg/min × kg Drüse); die Speicherungsfähigkeit der NNR ist aber gering und die Lebensdauer der Hormone ebenfalls (Halbwertszeiten bei Vögeln: Kortikosteron 10 bis 20 min; Aldosteron etwa 12 min bei der Hausente). Dadurch kommt es zu einem sehr schnellen Durchsatz der Hormone im Organismus, und ein Ausfall der Nebennieren führt in sehr kurzer Zeit zum Tode.

9.2.7 Inselzellen der Bauchspeicheldrüse

Die **Bauchspeicheldrüse** liegt bei allen Vögeln auf der rechten Seite in der Abdominalhöhle. Sie wird von Mesenterialgewebe und Blutgefäßen zwischen dem auf- und absteigenden Dünndarmast in Position gehalten (genaue Beschreibung vgl. Kap. 12). Die Hauptmenge der Zellen (bis 99%) produziert drei verschiedene Verdauungsenzyme (Sekrete). Nur 1 bis 2% der Zellen sind mit der Produktion von Inkreten beschäftigt. Sie sind inselartig (Inselzellen) über das Pankreas verteilt und enthalten mindestens vier verschiedene Zelltypen (A, B, D, PP). Im Gegensatz zu Säugern findet man zwei verschiedene Inseltypen mit unterschiedlicher **Zelltypzusammensetzung**. Die dunklen Inseln bestehen vor allem aus verschiedenen **A-Zellen**; die hellen Inseln bestehen vor allem aus A- und **B-Zellen**. Auch scheinen freie Zellen (nicht in Inseln gebunden) vorzukommen (**PP-Zellen**).

Embryogenetisch entsteht die Bauchspeicheldrüse als zwei Ausstülpungen des Darmes, also aus dem Endoderm (2. Keimblatt), die sich später vereinigen.

Folgende Hormone (Proteohormone) der Bauchspeicheldrüse kennt man bei den Vögeln (in der Reihenfolge ihrer Häufigkeit): Insulin (aus B-Zellen), Glukagon (aus A-Zellen), Pankreatisches Polypeptid (APP, aus PP-Zelle) und Somatostatin (SRIF, aus D-Zellen).

Insulin und **Glukagon** sind beides Polypeptide aus 51 bzw. 29 Aminosäuren. Insulin senkt den Blutzuckerspiegel, indem es die Durchlässigkeit der Zellmembran für Glukose erhöht und gleichzeitig die Verbrennung von Glukose und deren Umbau und Speicherung als Glykogen und Fett steigert. Dies vermindert dann gleichzeitig den Fett- und Eiweißabbau (es gibt aber auch Hinweise darauf, daß Insulin bei Vögeln nicht antilipolytisch wirkt). Zwar wird stark vermutet (und es gibt etliche Hinweise darauf), daß es extrapankreale Bildungsstätten für Insulin gibt (wie für Glukagon in der Darmwand), allerdings fehlen bisher stichhaltige Beweise dafür. Hauptgrund für die Annahme war u. a. die Beobachtung, daß bei Entfernung des Pankreas bei manchen Vögeln der Blutzuckergehalt wie bei den Säugern drastisch ansteigt, sich aber nach relativ kurzer Zeit wieder normalisiert. Insulin ist bei Vögeln (im Gegensatz zu den Säugern) jedoch weniger wichtig für die Regelung des Zuckerhaushaltes als Glukagon; vielleicht liegt darin die Erklärung für diese Beobachtungen. Pankreasektomie löst bei Vögeln dennoch eine echte **Diabetes** aus. Insulin löscht als weitere Funktion die nächtliche Zugunruhe für kurze Zeit aus und dämpft indirekt die Tagesaktivität.

Glukagon aktiviert über cAMP (s. o.) die Phosphorylierung des Leberglykogens und löst damit Glykogenabbau zu Glukose und damit die Erhöhung des Blutzuckerspiegels aus. Ferner werden zudem die Fettsäureoxydation und der Fettabbau (Lipolyse) erhöht. Dadurch steigt auch die Fettsäurekonzentration im Plasma. Die Ausschüttung von Glukagon erfolgt bei niedrigem Gehalt des Plasmas an Fettsäuren und Glukose, einem Überangebot von Aminosäuren sowie bei allgemeiner Sympathikus-Erregung. Wie Insulin ist Glukagon ein Polypeptid mit folgender (29) Aminosäuresequenz (zur Bedeutung der Abkürzungen s. Kap. 12.2.1):

His-Ser-Gln-Gly-Thr-Phe-Thr-Ser-Asp-Tyr-Ser-Lys-Tyr-Leu-Asp-Ser-Arg-Arg-Ala-Gln-Asp-Phe-Val-Gln-Trp-Leu-Met-Ser-Thr.

Bei den Säugern steht auf Platz 28 statt Ser das Asp; Enten haben auf Platz 16 statt Ser das Thr. Wie bereits erwähnt, scheint beim Vogel im Gegensatz zum Säuger das Glukagon das wichtigere Hormon für die Regelung des Blutzuckergehaltes zu sein als Insulin. So ist es bei Vögeln auch um ein Vielfaches (10- bis 80fach) im Plasma höher konzentriert (1 bis 4 ng/ml zu 0,05 bis 0,10 ng/ml). Und das Glukagon-produzierende Gewebe (A-Zellen) ist um das 2- bis 4fache erhöht.

APP (avian pancreatic polypeptid) wird in den PP-Zellen produziert und besteht aus 36 Aminosäuren:

Gly-Pro-Ser-Gln-Pro-Thr-Tyr-Pro-Gly-Asp-Asp-Ala-Pro-Val-Glu-Asp-Leu-Ile-Arg-Phe-Tyr-Asp-Asn-Leu-Gln-Gln-Tyr-Leu-Asn-Val-Val-Thr-Arg-His-Arg-Tyr(NH$_2$).

Die Konzentration von APP im Plasma liegt zwischen 8 und 12 ng/ml (frisch gefütterte Vögel) und 2 und 4 ng/ml (fastende Vögel). Es kann kurzfristig auch bis auf 20 bis 30 ng/ml ansteigen (Füttern nach Fasten). Die Inkretionsauslösung erfolgt sowohl nervös als auch auf hormonalem Wege. Über die Funktion dieses Hormones weiß man sehr wenig. Es wirkt glykogenolytisch ohne den Blutzuckergehalt wesentlich zu beeinflussen, erhöht die Sekretion von Verdauungsenzymen und ist am Fettsäure- und Eiweißstoffwechsel beteiligt.

SRIF (Somatotropin-Releasing-Inhibitierender-Faktor; kurz **Somatostatin)** wird in den D-Zellen des Pankreas aber auch im Darm produziert und besteht in der Grundstruktur aus 14 Aminosäuren. Bei den Säugern hat es folgende Struktur (die der Vögel dürfte nur gering davon abweichen, wie die vorangegangenen Hormone sehr deutlich zeigen; bei Tauben zumindest ist es identisch):

Ala-Gly-Cys-Lys-Asn-Phe-Phe-Trp-Lys-Thr-Phe-Thr-Ser-Cys.
⎣——————S — S——————⎦

Die beiden Cys-Moleküle (Position 3 und 14) sind über eine -S-S-Brücke miteinander verbunden und stellen vermutlich die Rezeptorerkennungsregion des Moleküls dar. SRIF wird durch Nahrung im Darm freigesetzt, ebenso durch den parasympathischen Transmitter Acetylcholin und Glukose und bestimmte Aminosäuren. Somatostatin hemmt vor allem die Freisetzung von Insulin und Glukagon. Bei Vögeln kommt es in wesentlich höheren Plasma-Konzentrationen (2- bis 4fach) vor als bei Säugern:

Bei satten Vögeln liegt es bei etwa 0,90 bis 1,30 ng/ml; bei fastenden bei 0,6 bis 0,8 ng/ml.

9.2.8 Sexualhormone der Gonaden

Die **Keimdrüsen (Gonaden)** sind sowohl **Sekret-** als auch **Inkretdrüsen.** Die Produktion von Keimzellen gehört zur Sekretionsaufgabe der Gonaden und wird zusammen mit dem Bau und der Genese der Drüsen ausführlich in Kap. 17 besprochen.

Die Inkretfunktion der Gonaden wird bestimmt durch die Ausschüttung von steroiden Gonadalhormonen, die bei beiden Geschlechtern sehr ähnlich aufgebaut sind und verschiedene Abkömmlinge haben. »Männliche« und »weibliche« Hormone werden bei Männchen und Weibchen nebeneinander gebildet. Durch die Geschlechtschromosomen wird aber bestimmt, welches der beiden überwiegt, und entsprechend bildet sich das »dazugehörige« Geschlecht aus (vgl. Kap. 18). Folgende wichtige Sexualhormone kennt man:

Die androgenen Hodenhormone (z. B. Testosteron) und die weiblichen Hormone (Östrogene, Gestagene).

Die **Hoden** produzieren eine Reihe von Steroidhormonen, die eine negative Rückkopplung auf die Gonadotropine zeigen. Bekannt sind **Testosteron,** aber auch die weiblichen Hormone Östradiol und vor allem Progesteron. Hier soll als ausführliches Beispiel Testosteron als männliches Hormon behandelt werden.

Durch Lichteinfluß (Langtag) werden die **Leydigschen Zwischenzellen** trophiert, und in ihnen werden die o.g. Hormone und ihre Vorstufen dann verstärkt gebildet und ins Blut abgegeben. Zahlreiche Faktoren beeinflussen die Produktion der Hormone. So nimmt mit dem Alter (während der Jugendentwicklung) die Produk-

tion von Testosteron und damit seine Konzentration im Plasma in der Regel stark zu (um das Mehrfache). Photostimulation (Langtagbedingungen) können die Konzentration im Plasma um das Vielfache steigern (z. B. Japanwachtel: Kurztag 0,2 ng/ml; Langtag 5,0 ng/ml; Rotschulterstärling 0,5 bzw. 2,7 ng/ml). Das Vorhandensein eines Weibchens wirkt ebenfalls stimulierend. Bei der ungepaarten Haustaube liegt der Plasmawert bei 0,6 ng/ml, ist sie verpaart bei 1,24 ng/ml unter sonst identischen Bedingungen; bei der Turteltaube sind es 0,2 ng/ml unter Isolationsbedingungen und schon 0,7 ng/ml nach drei Tagen Balz. Mauser reduziert die Produktion von Testosteron. Diese und andere Faktoren bedingen eine ausgeprägte Tages- und Jahresperiodik im Testosteron-Gehalt des Plasmas. Beim Haushuhn kann im Tagesverlauf der Wert zwischen 7,0 und 11,3 ng/ml schwanken (Beispiele für jahresperiodische Schwankungen s. Tab. 9.2).

Die **Wirkungen von Testosteron** lassen sich in zwei Gruppen einteilen. Geschlechtsspezifische Wirkungen sind: Ausbildung der männlichen Geschlechtsmerkmale (z. B. Kamm, Gefiederfarbe, Gefiederstruktur, z. B. Kragen beim Kampfläufer, Schnabelfarbe usw.; **morphogenetische Wirkung)**, Auslösung der Balz, Hebung der Aggressivität, Auslösung des Gesanges (auch bei Weibchen), Förderung des Hodenwachstums, der Produktion, Beweglichkeit und Lebensdauer der Spermien usw. Die meisten androgenen Wirkungen lassen sich selbst bei Jungvögeln und auch Weibchen durch Injektion von Testosteron auslösen. **Anabolische Wirkungen** (nicht geschlechtsspezifische Wirkungen) sind die Förderung des Eiweißaufbaues (Muskelzunahme), die Reduktion des Fettaufbaues, die Stickstofferhaltung im Stoffwechsel, eine Förderung der peripheren Durchblutung, eine Änderung der Körpertemperatur, eine Erhöhung des Stoffwechsels allgemein und eine Hebung der Stimmung u. a. m.

Über **Progesteron-**Wirkungen weiß man relativ wenig. Es kommt beim Männchen nach dem Testosteron (und dessen chemischen Vorstufen) am nächst häufigsten vor. Es scheint eine Rolle bei der Auslösung des Brutverhaltens zu spielen.

Östrogen kommt beim Männchen nur in extrem geringen Konzentrationen (nahe der Nachweisgrenze) vor und wird hier im Hoden produziert. Als Ejakulationsbestandteil kann es die Eileiterbewegung beeinflussen.

Tab. 9.2. Testosteron-Gehalt im Blutplasma (in ng/ml) im natürlichen Jahresverlauf bei unterschiedlichen Bedingungen bei verschiedenen Vogelarten (vereinfacht; nach versch. Autoren).

Art	sexuelle Ruhepause	Mauser	Balz/Brut u. ä.
Star	0,1		2,93
Dachsammer		0,1	4,10
Moorschneehuhn		0,1	2,30
Stockente		0,8	5,40
Saatkrähe	≤ 0,2		3,40

Das **Ovar** produziert neben geringen Mengen Prostaglandinen und Neurohormonen (Adrenalin, Noradrenalin) vor allem die weiblichen Sexualhormone **Östradiol (Follikelhormon), Gelbkörperhormon (Progesteron)** und in geringen Mengen auch das Testosteron. Vermutlich werden auch im Eileiter und/oder (?) Uterus sowie der Nebennierenrinde solche Hormone produziert.

Progesteron entstammt vor allem der Granulosa-Schicht aus dem Gelbkörper (und in geringeren Mengen dem unreifen Follikel) und hat beim Weibchen folgende **Wirkungen:** In großen Dosen hemmt es die Ovulation und kann die Mauser auslösen. Ebenso soll es die Körpertemperatur leicht anheben. Über den Mechanismus dieser Funktionen sowie weitere Wirkungen ist wie beim Männchen kaum etwas bekannt. Die Halbwertszeit ist mit 11 min sehr kurz.

Östrogen(e) (z. B. Östradiol, Östron) haben bei Vögeln eine Halbwertszeit von etwa 28 min (Säuger 6 min). Sie entstammen dem Follikel und werden vor allem in der Theca-Schicht (s. Kap. 17) produziert. Östrogen (Follikelhormon) steuert die Ausbildung der weiblichen Sexualorgane (Eileiter, Uterus) beim Jungvogel und die übrigen geschlechtsspezifischen Unterschiede (z. B. Gehirn). Beim erwachsenen Weibchen induziert und reguliert es alle Organ- und Verhaltensänderungen im Zusammenhang mit dem Geschlechtszyklus. Wichtig beim Vogel sind z. B. eine verstärkte Eiweißsynthese und die Speicherung (aber auch Mobilisierung, je nach Konzentration und Interaktion mit anderen Hormonen) von Kalzium in (aus) den Knochen (Vorbereitung für kommende Eibildung!) sowie eine erhöhte Futteraufnahme. Wie Testosteron zeigen die Östrogene zahlreiche circadiane und circannuelle Schwankungen und vielfältige Interaktionen mit anderen Hormonen, die hier im Detail nicht dargestellt werden können. Als Beispiel für den Zusammenhang verschiedener dieser Hormone wird auf das Beispiel »Ovulation« in Abb. 9.7 verwiesen. Es zeigt sich deutlich die komplexe Interaktion der Hormone.

Die **weiblichen Androgene** sind nur sehr wenig untersucht. Wie beim Männchen haben sie eine Aufgabe bei der Färbung und dem Wachstum der Kämme, induzieren die Eiweißsynthese im Eileiter und wirken zusammen mit dem Östrogen bei der Kalzium-Speicherung im Knochen.

9.2.9 Das Renin-Angiotensin-System; Parahormone der Niere

Das Nierenkörperchen (Malpighi-Körperchen, Corpuluscum renis) weist ein parahormonproduzierendes System, den **juxtaglomerulären Apparat,** auf. Er besteht aus epithelialen Zellen (Zellhaufen), die sich zum einen in der Wand des zuführenden Gefäßes (Vas afferens) des Glomerulus befinden (Polkissen) und zum anderen in einem besonderen Teil des an der Bowmanschen Kapsel anliegenden Tubulussystems (Macula densa).

Im juxtaglomerulären Apparat wird bei verminderter Nierendurchblutung das **Parahormon** (»Enzym«) **Renin** (ein Protein) gebildet, das eine langandauernde Blutdrucksteigerung hervorruft, indem es einen im Blut vorhande-

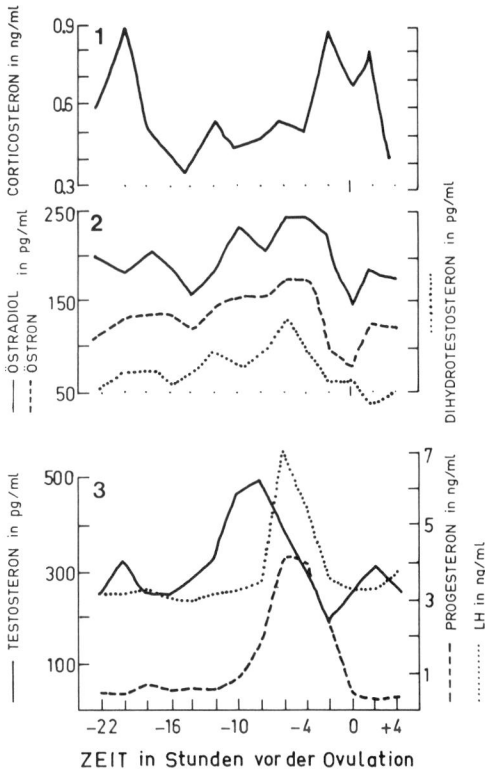

Abb. 9.7. Plasmakonzentrationen von verschiedenen Hormonen in Abhängigkeit zum Termin der Ovulation beim Haushuhn (nach JOHNSON & VAN TIENHOVEN 1980).
1 = Kortikosteron (in ng/ml); 2 = Östradiol (——, in pg/ml); Östron (– – – –, in pg/ml); Dihydrotestosteron (. . . ., in pg/ml); 3 = Testosteron (——, in pg/ml); Progesteron (– – – –, in ng/ml); LH (. . . ., in ng/ml).

nen Plasmaeiweißstoff (Angiotensinogen bzw. Hypertensinogen) in das Dekaprotein Angiotensin (Hypertensin) I spaltet, aus dem in Gegenwart von Chloridionen das Oktopeptid **Angiotensin** II (A II) entsteht, das die biologisch aktive Substanz darstellt. Es wirkt auf die glatten Muskelzellen der Gefäße stark kontrahierend (vasopressorisch), wodurch der Blutdruck steigt, verbunden mit einer Steigerung des Filtrationsdruckes und der Filtrationsleistung. Die **Macula densa** soll in dem juxtaglomerulären Apparat dabei das System über die Zusammensetzung des Harnes im Mittelstück des Tubulussystems informieren und damit eine Kontrolle neben der Hämodynamik auch über Rückresorptionen usw. erlauben. So fördert Renin z. B. die Rückresorption von Natrium und stimuliert direkt die Freisetzung von Aldosteron aus der NNR. Angiotensin II wird durch das Enzym Angiotensinase zu inaktiven Peptiden abgebaut. A II löst bei Vögeln vor allem verstärktes Trinken aus und erhöht die Plasma-Werte von Vasotocin, Aldosteron, Adrenalin, Noradrenalin und Kortikosteroiden. Allerdings weiß man über das gesamte System immer noch sehr wenig.

In der **Niere** findet sich ein weiteres **Parahormon**, das zur Bildung von Erythropoetin beiträgt. Dieser Stoff stimuliert die Blutbildung. Über Produktionsort und Wirkungsweise ist (nicht nur) bei Vögeln so gut wie nichts bekannt.

9.2.10 Gewebshormone des Gastrointestinaltraktes

In den **Zellen der Magen- und Darmschleimhaut** werden Peptidhormone gebildet. Vermutlich sind es dieselben, die man auch bei Säugern findet. Dies gilt sowohl strukturell als auch funktionell. Allerdings gibt es bei Vögeln hier wiederum nur spärliche Untersuchungen. Relativ gut untersucht ist das **Sekretin** und es ist auch das einzige, das aus dem Vogeldarm sicher isoliert und damit nachgewiesen wurde. Im Darm sollen aber auch Glukagon, Insulin (?), Somatostatin und APP (s. Kap. 9.2.7) vorkommen. Bei Säugern, die am besten untersucht sind, stellt sich das System folgendermaßen dar:

Gastrin wird im Magen gebildet und durch den Vagus bzw. den Fülldruck des Magens zur Ausschüttung gebracht. Es reguliert die Sekretion von Magensäure (HCl).

Sekretin wird im Dünndarm abgegeben, wenn saurer Magenbrei in diesen Darmteil gelangt. Es aktiviert die Produktion von Bikarbonat im exokrinen Teil des Pankreas und die Gallebildung in der Leber.

Weitere **Gewebshormone** verschiedener Funktionen sind das Cholezystokinin-Pankreozymin (Gallenblasenentleerung, Fermentausschüttung des Pankreas), Villikinin (Aktivierung der Darmzottenbewegung), Duokrinin (Sekretion von Darmdrüsen) und das Enterokrinin (Aktivierung von Darmdrüsenzellen). Es muß allerdings nochmals darauf hingewiesen werden, daß letztere Hormone bisher bei Vögeln praktisch nicht untersucht worden sind und nur die Säugerverhältnisse kurz dargestellt wurden.

9.2.11 Prostaglandine, Histamin, Serotonin

Beide Hormontypen sind typische **Zellhormone**, die in allen Zellen produziert werden. Auch über sie ist nur wenig bekannt.

Prostaglandine sind Fettsäuren mit 20 Kohlenstoffatomen, einem Fünfring im Molekül und mindestens einer ungesättigten Bindung, die aus langkettigen, essentiellen Fettsäuren entstehen. Sie hemmen die Mobilisierung der Fettreserven durch Noradrenalin, erweitern die Blutgefäße (Blutdrucksenkung) und regen die glatte Muskulatur an (Uterus, Darm). Bei Vögeln regen sie daher z. B. die Eiablage an, sind am Transport des Eies im Uterus beteiligt und als Mediator eventuell auch am Eisprung (über LH).

Histamin ist ein Aminosäurederivat, das ebenfalls vermutlich in allen Zellen vorkommt. Wie die Prostaglandine beeinflußt es die glatte Muskulatur, bewirkt Vasodilatation, verändert die Gefäßpermeabilität und stimuliert die exokrinen Drüsen.

Serotonin ist ebenfalls ein Aminosäureabkömmling (5-Hydroxytryptamin). Es wirkt stark kontrahierend auf die Darm-, Bronchial- und Blutgefäßmuskulatur und hat gewisse Wirkungen im psychischen Geschehen im Gehirn.

Neben diesen Zellhormonen gibt es eine große Anzahl weiterer, die hier nicht mehr im einzelnen dargestellt werden sollen.

9.2.12 Thymusdrüse und Bursa fabricii

Beide Drüsen gehören zum **Lymphsystem** des Vogels.

Der **Thymus** entsteht aus dem Entoderm, und zwar aus den 3. und 4. Darmtaschen. Sie besteht aus drei bis acht flachen, unregelmäßig geformten Lappen, die blaßrosa gefärbt sind. Beim Haushuhn haben sie einen Durchmesser von immerhin je 1 cm. Sie liegen aufgereiht an den Seiten des Halses in der Nachbarschaft der beiden Kopfvenen (Abb. 9.4). Ihre größte Ausdehnung erreicht die Thymusdrüse wie bei den Säugern zu Beginn der Geschlechtsreife und atrophiert dann stark. Bei Wildvögeln kann sich der Thymus vor jedem Geschlechtszyklus allerdings wieder vergrößern.

Histologisch ist die Drüse wie bei den Säugern gebaut: Jeder **Thymuslappen** besteht seinerseits wieder aus Läppchen, die durch Bindegewebe voneinander getrennt sind. Die Läppchen lassen eine **Rinden-** und eine **Markzone** erkennen. Die Grundstruktur ist ein System aus Netzzellen und Bindegewebsfasern, in das vor allem in der Rindenzone massenhaft kleine Lymphozyten eingelagert sind, die hier produziert werden und ihre Immunkompetenz durch Reifung erlangen. Die Markzone enthält Inseln epithelialer Zellen (Hassalsche Körperchen).

Der Thymus ist die primäre **Reifungsstätte** für die **T-Lymphozyten.** Somit ist er zunächst für die zelluläre Immunität gegen Antigene (Fremdstoffe) verantwortlich. Die Hormonfunktion der Thymusdrüse ist noch umstritten. Vermutlich wird ein Wachstumshormon produziert, das das Wachstum bis zur Geschlechtsreife reguliert, da es bei Fehlen der Thymusdrüse zu Wachstumsstillstand kommt. Bis das Wachstum abgeschlossen ist, wird offensichtlich die Geschlechtsreifung in gewissem Rahmen unterdrückt. Diese Funktionen sind aber bei Vögeln nur wenig untersucht.

Bekannter ist ein »**löslicher Thymus-Faktor« (STF),** der offensichtlich auf die Produktion der Lymphozyten-Zellen in der Bursa stimulierend wirkt. **Lymphokine (LYIF)** und **Thymopoetin** sind weitere chemische Botenstoffe, mit denen der Thymus Einfluß auf verschiedenes Zellgeschehen nehmen soll. Die entsprechenden Funktionen und die Struktur der daran beteiligten Hormone sind aber völlig ungeklärt.

Die **Bursadrüse (Bursa fabricii** bzw. Bursa cloacalis) kommt nur bei Vögeln vor. Sie liegt als unpaares Gebilde dorsal in der Mitte als Ausstülpung (Divertikel) des Proctodaeum der Kloake. Sie kann unterschiedliche Formen (rund, länglich; s. Abb. 9.8) annehmen und auch akzessorische Bursen (z. B. drei beim

Haushuhn) besitzen. Wie der Thymus beginnt mit dem Eintritt der Geschlechtsreife eine starke Rückbildung der Drüse. Während sie so z. B. beim jungen Huhn maximal $3 \times 2 \times 1$ cm (Masse 4 g) erreichen kann, ist sie beim geschlechtsreifen Vogel nur noch knapp 0,5 g groß und reduziert sich auf ein winziges Säckchen.

Auch das **Bursagewebe** ist in Läppchen aufgeteilt, die durch Bindegewebe voneinander getrennt sind. Und auch sie zeigen eine Differenzierung wie der Thymus in **Mark** und **Rinde.** Die in den Hohlraum des Bursasäckchens reichenden Gewebe bilden Divertikelfalten, die mit einem Epithel aus, zwei verschiedenen Zelltypen ausgekleidet sind. Einige Epithelzellen bilden Follikel aus und ihre Oberfläche zeigt nur wenige Mikrovilli (feinste Membranfältchen). Interfollikelzellen sind dagegen dicht mit Mikrovilli besetzt. Das Haushuhn kann zwischen 8000 und 12000 Follikel haben. Pro Bursadivertikel kommen etwa 800 Follikel.

Die **Aufgaben der Bursadrüse** liegen zunächst primär ebenfalls in der **B-Lymphozyten-Reifung.** Die anderen lymphatischen Gewebe (Milz, Follikelgruppen im Magen-Darm-Trakt, »Tonsillen« des Rektums u. a.) hängen in ihrer Entwicklung von der Bursa und dem Thymus ab, da die hier vorkommenden Lymphozyten offensichtlich sekundär aus den beiden o.g. Drüsen einwandern. In der Bursa liegen die Lymphozyten im Follikel-Lumen dicht gepackt.

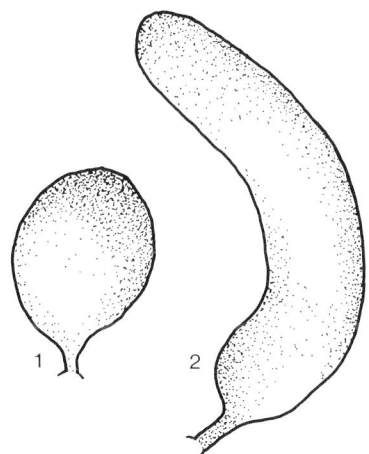

Abb. 9.8. Formen von Bursa-Drüsen (nach GLICK 1980). 1 = zwei Wochen altes Haushuhn; 2 = Hausente; beide Drüsen zeigen einen deutlichen Bursastiel, mit dem die Bursa in die Kloake mündet.

Die Hauptaufgabe hier besteht in der **Produktion von Immunoglobulinen** und damit in der humoralen Immunabwehr des Körpers. Jungvögel scheinen in der Nestlingsphase mit der Kloake aktiv Schmutzstoffe aus der Umgebung aufzunehmen. Diese könnten dann in die Bursa gelangen und dort wie eine **aktive Immunisierung** die Synthese von speziellen Antikörpern induzieren. In diesen Funktionen besteht offensichtlich eine enge Zusammenarbeit mit dem Thymus.

Die **Hormonfunktion der Bursa** ist sehr unklar. Wie bei dem Thymus das Thymopoetin vermutet man bei der Bursa ein **Bursapoetin,** das auf die Bildungsstätten der Lymphozyten (Knochenmark) einwirkt (Umwandlung von B-Lymphozyten?). Daneben besteht offensichtlich ein hormoneller Zusammenhang mit der Nebenniere (und den Gonaden?). Sexualhormone atrophieren die Bursa. Gleichzeitig wurden in ihr Substanzen gefunden, die Steroide abbauen können, also eine frühzeitige Wirkung von Gonadenhormonen z. B. verhindern können. Aber alle diese Funktionen sind noch unklar und sind nicht mit einem stofflich bekannten Hormon belegt.

10 Das Nervensystem

Das Nervensystem (NS) ist das **Koordinationssystem des Organismus.** Es sammelt Informationen der Außen- (über exterozeptive Reize) und Innenwelt (propriozeptive Reize): Afferenz, Sensorik oder **sensorische Aufgabe;** es verarbeitet sie (**integrative Aufgabe**) und gibt daraus resultierende Befehle weiter (**effektorische Aufgabe:** z. B. über motorische Bahnen beim Muskel; Motorik). Das Nervensystem ist im Gegensatz zum ebenfalls koordinativen Hormonsystem ein sehr schnelles Organ.

Das Nervensystem kann anatomisch in das periphere und das zentrale System eingeteilt werden. Funktionell lassen sich ein **somatisches** (willkürliches, animalisches) und ein viszerales, **vegetatives** oder **autonomes** System unterscheiden. Letzteres zerfällt in zwei antagonistische Bestandteile, den Sympathikus und den Parasympathikus, die das innere Milieu des Organismus (innere Homöostase) konstant halten. Das animalische System läßt sich in das Zentralnervensystem (ZNS: Gehirn und Rückenmark) und das periphere Nervensystem (PNS) einteilen, das die Hirnnerven, die Spinalnerven und die Ganglien und Plexi der viszeralen Innervation umfaßt.

In der **Keimesentwicklung** ensteht das NS aus der Medullarplatte des Ektoderms, die sich zur Neuralrinne und dann zum Neuralrohr umbildet. Das Neuralrohr differenziert sich dann später zum Rückenmark und zur Gehirnanlage. Zur (embryonalen) Entstehung des Gehirns s. Kap. 18.

Kleinste **funktionelle Einheit** des NS ist das **Neuron (Nervenzelle).** Neben der Eizelle ist es der größte (und insgesamt längste) Zellentyp im Vogelorganismus. Sein typischer Bau ist in Abb. 10.1 dargestellt. Er entspricht im wesentlichen dem aller Vertebratenneurone. Ebenso sind die wichtigsten funktionellen Parameter mit denen von Säugern identisch und werden deshalb hier nicht gesondert dargestellt, da sie in jedem guten Biologiebuch nachgelesen werden können. Die Nervenfasern sind wie bei Säugern größtenteils myelinisiert, leiten Impulse extrem schnell und haben als **Transmitter an** ihren **Synapsen** u. a. Azetylcholin, Noradrena-

lin, Adrenalin, Dopamin, Serotonin und γ-Aminobuttersäure (GABA).

10.1 Peripheres Nervensystem

Unter dem **peripheren Nervensystem PNS** (Systema nervosum peripheriale) faßt man alle Teile des Nervensystems mit Ausnahme des ZNS und des Rückenmarkes zusammen. Es umfaßt die Spinalnerven (Rückenmarksnerven), die Gehirnnerven und die Ganglien und Nervennetze mit viszeraler Innervation (autonomes Nervensystem, Eingeweidenervensystem).

10.1.1 Spinalnerven

Die **Spinalnerven** entspringen dem Rückenmark. Wie bei den Säugern können wir eine dorsale, afferente Wurzel (**sensible Faser**) und eine ventrale, efferente Wurzel (**motorische Faser**) erkennen, die sich beide im **Spinalganglion,** in dem die Zellkörper liegen, zunächst vereinigen und sich dann wieder in zwei Äste aufteilen (Abb. 10.2.). Die ventrale Wurzel wird auch vordere (anteriore) und die dorsale auch hintere (posteriore) Wurzel genannt. In jedem Segment schickt auch der Rückenmarksnerv einen Abzweig (Ramus communicans) an das zugehörige Grenzstrangganglion des sympathischen Systems.

Die Spinalnerven (Nervi spinales) werden wie die zugehörigen Wirbel numeriert. Hier gibt es bezüglich der Zahl allerdings sehr große interspezifische Unterschiede, die aus Mangel an entsprechenden anatomischen Befunden bisher noch kaum bekannt sind. Beim Huhn sind es 15 Paare **Zervikal(Kopf)nerven,** 7 Paare **Thorakal(Brust)nerven** und 14 Paare **Lumbosacral(Lenden-Becken)nerven.** Allerdings ist die Zuordnung einzelner Wirbel zu bestimmten Wirbelsäulenabschnitten z. T. umstritten. Der erste Spinalnerv tritt schon zwischen Schädel und Atlas (erster Halswirbel) hervor.

Im Bereich der Schwingen und der hinteren Extremitäten und tiefer teilen sich die Spinalnerven in feine **Nervennetze** auf **(Plexi),** die eine intensive neuronale Versorgung spezieller Funktionsbereiche sicherstellen. Je nach Vogelart können dabei verschiedene Spinalnerven an

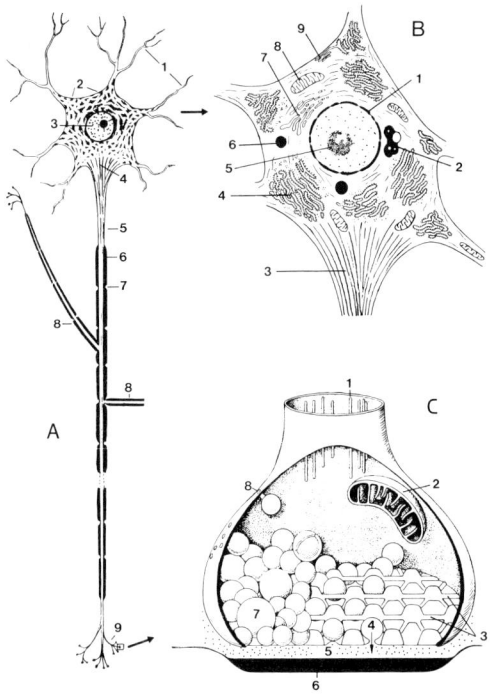

Abb. 10.1. A. Markhaltige Nervenzelle (Neuron) eines Wirbeltieres stark schematisiert (nach versch. Autoren).
1 = Dendriten; 2 = Zellkörper (Perikaryon); 3 = Zellkern (Nucleus) mit Nucleolus; 4 = Axonhügel; 5 = Axon oder Neurit; 6 = Markscheide aus Myelin (lipoidhaltige Substanz); 7 = Ranviersche Schnürringe; 8 = Verzweigung (Kollaterale); 9 = Endverzweigung (Telodendron) mit Endknöpfchen (Boutons terminaux).
B. Detaillierte Darstellung des Perikaryons.
1 = Kerndoppelmembran; 2 = Pigmente; 3 = Axonhügel mit Neurofilamenten und Neurotubuli; 4 = rauhes Endoplasmatisches Reticulum; 5 = Nucleolus (im Kern); 6 = Lysosomen (Fermentbläschen); 7 = Golgiapparat aus Dictyosomen; 8 = Mitochondrien; 9 = glattes Endoplasmatisches Reticulum mit marginalen Zisternen.
C. Detaillierte räumliche Darstellung eines Axon-Endknöpfchens mit Synapse.
1 = Axonende mit Neurofilamenten; 2 = Mitochondrien; 3 = Gitterwerk aus Trabekeln; 4 = synaptisches Bläschen gibt Transmitter in den synaptischen Spalt; 5 = synaptischer Spalt; 6 = postsynaptische Membran (Beginn des nächsten Neurons); 7 = synaptische Bläschen (enthalten Transmittersubstanz); 8 = Pinozytose der Transmitterausgangsstoffe.

der Bildung des jeweiligen Netzes beteiligt sein. Die folgende Zusammenstellung gibt die Verhältnisse beim Haushuhn wieder:

1. **Armgeflecht** (Plexus brachialis), Spinalnerven 13 bis 16; innerviert vor allem die Flügel und die Schulter.
2. **Lendengeflecht** (Plexus lumbalis), Spinalnerven 22 bis 25 (26); liegt im Nierenbereich; innerviert Teile der Körperwand und die kraniale Oberschenkelmuskulatur.
3. **Kreuzgeflecht** (Plexus sacralis), Spinalnerven 25 (26) bis 30; versorgt die Niere.
4. **Schamgeflecht** (Plexus pudendus), Spinalnerven 30 bis 32; innerviert Eileiter, Kloake, Schwanz.
5. **Schwanzgeflecht** (Plexus caudalis), Spinalnerven 33 bis 40; innerviert die Schwanzregion.

Eine Reihe von Autoren faßt die Netze »lumbalis« und »sacralis« wegen ihrer engen Verflechtung zum Plexus lumbosacralis zusammen. Erwähnenswert ist bei den Spinalnerven die sehr regelmäßige, hintereinanderliegende Anordnung ihrer Ausgangspunkte (Abb. 10.2).

10.1.2 Gehirnnerven

Die **Gehirnnerven (Nervi craniales)** sind weniger regulär angeordnet wie die Spinalnerven. Auch sind sie durch gegenseitige Vernetzung schwerer funktionell eindeutig zuzuordnen. Dies gilt vor allem für die Nerven IX–XII. So gibt es neben gemischten (motorisch und sensorisch) auch offensichtlich rein motorische (XII).

Wie die Säuger haben Vögel insgesamt 12 Paare Gehirnnerven, die direkt aus dem Gehirn entspringen. Im folgenden werden sie in einem Überblick kurz dargestellt:

I. Gehirnnerv, Riechnerv (Nervus olfactorius): Der Riechnerv ist rein sensorisch. Er entspringt dem Riechkolben (Bulbus olfactorius, vgl. Abb. 11.9) mit etwa 30 kleinen Wurzeln, die von den Riechzellen des Gehirnes selbst gebildet werden. Insofern handelt es sich nicht um einen »echten« Nerven, sondern um die Fortsätze (Neuriten) von primären Sinneszellen, die sich im Riechepithel selbst befinden. Am Nasenbein teilt sich der Riechnerv in zwei Äste (Ramus dorsalis, R. ventralis), die sich im Riechepithel der kaudalen Nasenmuschel, der benachbarten Region des Nasenseptums sowie

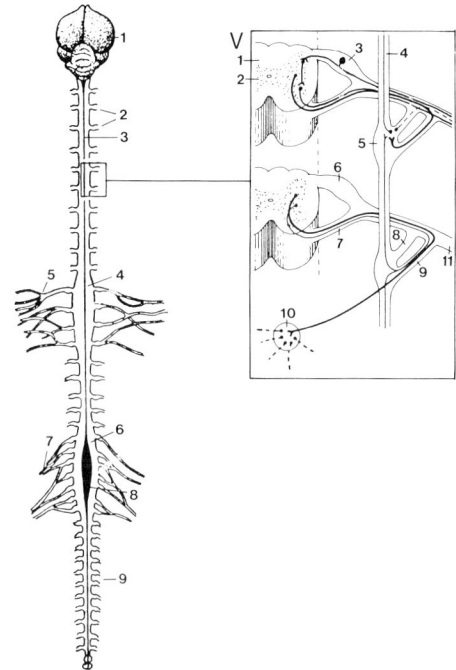

Abb. 10.2. Gehirn und Rückenmark bei der Haustaube schematisch (nach Berndt & Meise 1958).
1 = Gehirn; 2 = Spinalnerven; 3 = Rückenmarkskanal; 4 = zervikale (Hals-)Anschwellung; 5 = Cervikalplexus; 6 = lumbale (Lenden-)Anschwellung; 7 = Lumbalplexus; 8 = Rhomboidsinus (Glykogen-Körper); 9 = Conus medullaris.
V. Vergrößerte Darstellung zweier Rückenmarksegmente mit sympathischen Grenzstrang-Verschaltungen (nach Benzo 1975); in jedem Segment ist nur ein Verschaltungstyp eingezeichnet; es kommen natürlich viel mehr und diese jeweils in allen Segmenten vor.
1 = weiße Substanz des Rückenmarks; 2 = graue Substanz des Rückenmarks; 3 = Ganglion der sensiblen (afferenten) Faser des Motoneurons (Spinalganglion); 4 = Grenzstrang; 5 = praevertebrales Ganglion (Grenzstrangganglion); 6 = dorsale Wurzel; 7 = ventrale Wurzel; 8 = grauer Zweig; 9 = weißer Zweig; 10 = Kollateral-Ganglion mit postganglionärer Faser (11), diese Faser teilt sich später in zwei Äste (vgl. Text).
Gestrichelt sind die postganglionären sympathischen Fasern dargestellt, durchgezogen die präganglionären.

des Nasenhöhlendaches verteilen. Die feinere Verschaltung der eingehenden Informationsstränge ist anders als bei Säugern. Zahlreiche Fasern (bis 20) werden auf eine gemeinsame (Mitral-)Zelle zusammengeschaltet (Konver-

genz). Dadurch wird das Unterscheidungsvermögen vermutlich herabgesetzt, die Geruchsschwelle aber vermutlich gesteigert.
II. Gehirnnerv, Sehnerv (Nervus opticus): Der hintere Teil des Augapfels, die Retina und das Pigmentepithel sind eine Ausstülpung des Zwischenhirns (Diencephalon). Von den Sehzellen

Tab. 10.1. Kerne im Nachhirn und ihre Funktion.

Kerngebiet/Funktion

Nuclei nervi hypoglossi: (paarig) Ursprung des XII. Gehirnnerven. Somato-motorisch, versorgen Muskeln der Zunge und der Luftröhre.
Nucleus nervi abducentis: (Haupt- und akzessorischer Kern), Ursprung des VI. Gehirnnerven, somato-motorische Fasern an die lateralen, geraden Augenmuskel.
Nucleus nervi vagi: (dorsal) Ursprung des Nervus vagus (X), vegetativ-motorisch, efferente Inhibition des Herzens; (ventral) vegetativ-motorisch.
Nucleus intermedius: Gehört zum Vagus, mit enger Beziehung zum Kerngebiet des Hypoglossus (XII).
Nucleus motorius nervi glossopharyngeus: Basis des IX. Gehirnnerven, vegetativ-motorisch.
Nucleus tractus solitarii: Viszerale Afferenz der Gehirnnerven IX und X.
Nucleus vestibularis: 6 Einzelkerne (descendens, dorsolateralis, dorsomedialis, rostralis, tangentialis, ventrolateralis). Ursprung des N. vestibularis (zu VIII). Verbunden mit Kernen von Gehirnnerven III, IV und VI. Koordination der Augenbewegungen mit denen des Kopfes, Aktivierung der Körperstellmuskulatur, Verbindung zum Kleinhirn.
Nucleus cochlearis: 3 Einzelkerne (angularis, laminaris, magnocellularis), nehmen Impulse aus Cochlea-Ganglien auf (zu VIII).
Nucleus trigeminus: Ursprung des Trigeminus (V), sowohl motorisch (1 Kern) als auch somatisch-afferent (drei verschiedene Kerne), innerviert Gesicht, Schnabel, Gaumen; verbindet diese mit dem Telencephalon.
Nucleus nervi facialis: Motorik des Facialis (VII), dicht beim N. trigeminus.
Nucleus olivaris: (mehrere), Verbindung mit Cerebellum, reguliert über Rückkopplungsbahnen die Aktivität höherer motorischer Zentren (Nucleus ruber, Corpus striatum).
Kerne des Pons: Rudimentär (siehe oben), ebenfalls Rückkopplungssystem (Kontrolle?).
Formatio reticularis: Zum Hinterhirn Verbindung (s. o.), ausgedehntes Areal, Steuerung von Grundfunktionen wie Atmung, Kreislauf, sehr wichtig!

(s. Abb. 11.2) wird die Sehinformation auf Ganglienzellen verschaltet. Deren Neurite (Fortsätze) bilden den Sehnerv. Es handelt sich somit an sich wie bei den I. Gehirnnerven um eine zerebrale Struktur (kein »echter« peripherer Nerv). Der Sehnerv ist der größte aller Hirnnerven, was die Bedeutung des Gesichtssinns im Vergleich zum Geruchssinn bei Vögeln deutlich dokumentiert. Er leitet die sensorischen Impulse der Retina ins Diencephalon. Die von den beiden Augen kommenden Sehnervenäste gelangen durch das Foramen opticum in die Schädelhöhle und kreuzen sich dann gegenseitig im Chiasma opticum. Zielorte der Fasern sind die Sehnervenkerne an der Basis des Zwischenhirnes und Mittelhirnes (Nucleus opticus basalis, N. o. hypothalami) und dann das Sehdach (Tectum opticum) im Thalamus. Der Anteil an efferenten Fasern ist wie beim Hörnerv sehr gering.

III. Gehirnnerv (Nervus oculomotorius): Zusammen mit den **Gehirnnerven IV und VI** zählt man ihn zum Augenmuskelnerven mit vorwiegend motorischer Funktion (somatomotorische Nerven). Er ist wie die folgenden Nerven ein

»echter« peripherer Nerv und entspringt dem Mittelhirn (Mesencephalon) mit zwei Ästen. Neben dem Auge selbst innerviert er auch die Muskulatur der beiden Augenlider und über parasympathische Fasern die Nickhautdrüse, die Chorioidea, die Iris und das Pecten. Ein spezielles Ganglion ciliare ist dabei zwischen post- und präganglionäre Fasern eingeschaltet.

IV. Gehirnnerv (Nervus trochlearis): Auch die Zellkörper dieses Nerven liegen im Mittelhirn. Er verläßt den Schädel durch das Foramen trochleare und versorgt den Augenmuskel Musculus obliquus dorsalis mit motorischen Fasern (Ramus musculus). Dieser Gehirnnerv ist relativ klein.

V. Gehirnnerv, Trigeminus (Nervus trigeminus): Zusammen mit den Gehirnnerven VII,

---

Abb. 10.3. A. Linke Seitenansicht des Gehirns der Haustaube mit Gehirnnerven (nach WIEDERSHEIM 1907 aus BERNDT & MEISE 1958).
1 = Kleinhirn (Cerebellum); 2 = Anhang (Flocculus) des Kleinhirns; 3 = Nachhirn (Medulla oblongata); 4 = Rückenmark (Medulla spinalis); 5 und 6 = die beiden ersten Rückenmarksnerven; 7 = Gehirnnerv XI; 8 = Gehirnnerv XII; 9 und 10 Gehirnnerv X; 11 = Gehirnnerv XI; 12 = Gehirnnerv VIII; 13 = Gehirnnerv VII; 14 und 15 = Gehirnnerv V; 16 = Gehirnnerv VI; 17 = Gehirnnerv IV; 18 = Gehirnnerv III; 19 = Hyophysenstiel (Infundibulum); 20 = Hypophyse; 21 = Tractus opticus; 22 = Gehirnnerv II; 23 = Riechlappen (Lobus olfactorius); 24 = Gehirnnerv I; 25 = Großhirn (Telencephalon); 26 = Mittelhirn (Mesencephalon).
B. Austritt und Verteilung der Gehirnnerven im Schädel des Haushuhnes (nach KING & McLELLAND 1978). Römische Zahlen in Klammern geben an, aus welchem Gehirnnerv der jeweilige Nervenast stammt.
1 = zweiter Halsnerv (XI); 2 = Gehirnnerv XIII; 3 = Gehirnnerv XI; 4 = Gehirnnerv X; 5 = Drosselvene (Vena jugularis); 6 = Ramus laryngeus (XII), innerviert Syrinx; 7 = Ramus lingualis (XII); 8 = Ramus pharyngeus rostralis (IX); 9 = Ramus lingualis (IX); 10 = Gehirnnerv VII; 11 = Gehirnnerv VIII; 12 = Ramus mandibularis (V); 13 = Ramus maxillaris (V); 14 = Gehirnnerv VI; 15 = Gehirnnerv III; 16 = Gehirnnerv II; 17 = Ramus ophthalmicus; 18 = Gehirnnerv IV; 19 = Gehirnnerv I.

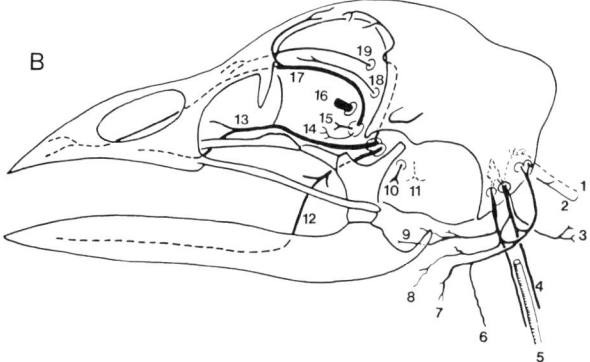

IX, X und XI gehört der V. Gehirnnerv zu den Nerven, die ursprünglich (in der Embryogenese) die Kiemenbogenmuskulatur versorgt haben, die sich zum Schlund, der Mundhöhle und zum Gesicht ausdifferenziert hat. Daraus resultiert ihre Hauptaufgabe. Der Trigeminus kommt aus dem Stammhirn und versorgt vor allem sensorisch Stirn, Vorderkopf, Ober- und Unterkiefer (vor allem durch Nervus mandibularis, N. maxillaris), Nasen- und Gaumenhöhle, Tränendrüse, Auge usw. (vor allem durch N. ophthalmicus; dieser z. B. aber auch Oberschnabel). Er hat aber auch motorische Fasern. Kurz vor dem Eintritt ins Stammhirn vereinigen sich die drei Äste zu einem großen Ganglion trigeminale.

Der N. maxillaris innerviert vor allem die speziellen sensorischen Rezeptoren (Merkelsche Zellen, Grandrysche Körperchen, Herbstsche Körperchen) im Schnabel.

Die drei Nervenäste verlassen in der Regel den Schädel durch verschiedene Schädelöffnungen:

N. ophthalmicus durch die Fissura orbitalis superior, N. maxillaris durch das Foramen rotundum, N. mandibularis durch das Foramen ovale. Die letzten beiden können u. U. auch ein gemeinsames Schädelloch aufweisen.

VI. Gehirnnerv (Nervus abducens): Er ist ein rein somatomotorischer Nerv, der den Augenmuskel innerviert (u. a. Muskeln des dritten Augenlides). Er entspringt dem Stammhirn (aus dem Ende der Medulla oblongata) und tritt über die Fissura orbitalis (s. oben) in die Augenhöhle ein.

VII. Gehirnnerv (Nervus facialis): Auch er entstammt der Medulla oblongata. Er ist kaum afferent und mehr oder weniger vereinfacht ausgedrückt die motorische Ergänzung des Trigeminus. Er besitzt ein kleines Ganglion geniculatum und verläßt den Schädel über das Foramen stylohyoideum.

VIII. Gehirnnerv (Nervus vestibulocochlearis): Auch er ist rein afferent (sensorisch) und entspringt neben dem Nervus facialis der Medulla oblongata. Er innerviert die Ampullen der Bogengänge sowie den Utriculus, den Sacculus, die Macula neglecta, die Papilla lagena sowie die Membrana basilaris der Cochlea (s. Kap. 11).

IX. Gehirnnerv, Geschmacksnerv (Nervus glossopharyngeus): Zusammen mit den Nerven X und XI zählt man den IX. Gehirnnerv zur Gruppe der Vagusnerven. Sie entspringen in

Form einer kleinen Gruppe dem ventrolateralen Teil der Medulla oblongata mit z. T. gemeinsamen Ganglien (z. B. Ganglion proximale). Der IX. Gehirnnerv verläßt die Schädelkapsel durch das Foramen glossopharyngeum. Er hat sowohl motorische als auch sensorische Funktionen und ist am parasympathischen System beteiligt. Sensorisch werden Zunge, Pharynx, Larynx, Oesophagus und auch die Rezeptoren (Druck, CO_2-Konzentration) der Karotiden innerviert. Motorisch werden versorgt: Kiefermuskeln, Speicheldrüsen des Mundes und der obere Oesophagus. Der parasympathische Versorgungsteil (sicher sind Oesophagus, Larynx, Syrinx) ist nicht genau bekannt.

X. Gehirnnerv, Vagus (Nervus vagus): Er ist eng mit dem IX. Gehirnnerv verbunden, tritt aber durch ein eigenes Foramen aus der Schädelhöhle aus. Er ist gemischt sensorisch/motorisch. Zahlreiche (eventuell auch über verschiedene Zwischenschaltungen) Äste innervieren praktisch alle wichtigen Organe: Pharynx, Larynx, Trachea, Bronchen, Lungen, Thymusdrüse, Herz, Schilddrüse, Oesophagus, Proventriculus, Magen, Dünndarm, Pankreas, Leber, Milz, Peritoneum. Er bildet den Hauptanteil des parasympathischen Systems.

XI. Gehirnnerv (Nervus accessorius): Der Ursprung dieses (spinalen) Nerven liegt in den ersten drei Rückenmarkssegmenten und entspricht somit nicht ganz dem der Säugetiere (bei denen er aus mehr Segmenten entspringt). Er innerviert nur einige wenige oberflächliche Halsmuskeln.

XII. Gehirnnerv, Hypoglossus (Nervus hypoglossus): Über die Zellkörperregionen dieses Gehirnnerven gibt es eine Reihe von Kontroversen. Sicher ist ein Ursprung aus der Ventralfläche der Medulla oblongata. Die hier hervorkommenden Wurzeln vereinigen sich zu zwei Hauptstämmen, die die Schädelhöhle durch je ein Foramen nervi hypoglossi verlassen. Enge Anastomosen bestehen mit den Gehirnnerven X und XI sowie mit den beiden ersten Rückenmarksnerven und dem sympathischen NS. Der Hypoglossus innerviert vor allem die Zungen-, die Syrinx- (»Gesangsnerv«) und die Trachealmuskulatur, ist also vorwiegend motorisch.

10.1.3 Autonomes Nervensytem

Im folgenden wird eine mehr funktionelle Einteilung des Nervensystems vorgenommen. Das autonome oder **vegetative Nervensytem (ANS)**

besteht aus den efferenten Nerven, die die glatte und die Herzmuskulatur sowie die Drüsen innervieren. Anatomische Gegebenheiten führen dazu, daß bei einigen Autoren (z. T. recht willkürlich) die afferenten Fasern aus diesen Bereichen nicht zum ANS gerechnet werden. Da aber das gesamte vegetative System mit Reflexbögen arbeitet, sind afferente Fasern funktionell nicht aus dem ANS wegzudenken. In manchen Bereichen (zervikaler Nervus vagus) machen afferente Fasern sogar mehr als die Hälfte der vorkommenden Nerven aus (Informationen zu Blutdruck, Blutgaskonzentration, mechanische und chemische Vorgänge in Lunge und Verdauungstrakt). Im Gegensatz zu seinem Namen arbeitet das ANS nicht komplett autonom. Das ZNS kann zahlreiche seiner Funktionen ändern oder sogar initiieren. Die **Hauptfunktion** ist dabei die Aufrechterhaltung der **Homöostase im Organismus.**

Zu erwähnen ist noch ein morphologischer Unterschied zur willkürlichen Efferenz. Dort ist zwischen ZNS und Zielgewebe in der Regel nur ein Motoneuron geschaltet, während es im ANS mindestens zwei sind.

Das autonome Nervensytem läßt sich in folgende **Hauptelemente** aufteilen: das **parasympathische System**, das **sympathische System** und (unter Umständen) in **autonome Nervennetze**, die sich im Verdauungstrakt befinden und unabhängig von den beiden erstgenannten arbeiten können (aber mit diesen natürlich nervös verbunden sind). Schematisch ist das ANS in Abb. 10.4 dargestellt.

Das **parasympathische Nervensystem** besteht aus einem kranialen (Kopf-)Teil und einem sakralen (Schwanz-)Teil. Kranial bilden die Gehirnnerven III, VII, IX und X die Bestandteile. Ihre Fasern (s. oben) innervieren Iris, die Drüsen in der Augen- und Nasenhöhle, Speicheldrüsen und (der N. vagus) Herz, Lunge und Verdauungstrakt. Im sakralen Abschnitt sind die Rückenmarksnerven 30 bis 33 an der Innervation der Kloakenregion, des Eileiters, Samenleiters und Harnleiters beteiligt. Der **Neurotransmitter** des parasympathischen Systems ist sowohl prä- als auch postganglionär **Azetylcholin.**

Das **sympathische Nervensystem** liegt im paarigen Grenzstrang (Truncus sympathicus) in einer Kette segmental angeordneter Ganglien (Abb. 10.2) und einer Reihe prävertebraler Ganglien an der Aorta coeliaca und anderen Abzweigungen der Aorta (Abb. 10.4). Im Ge-

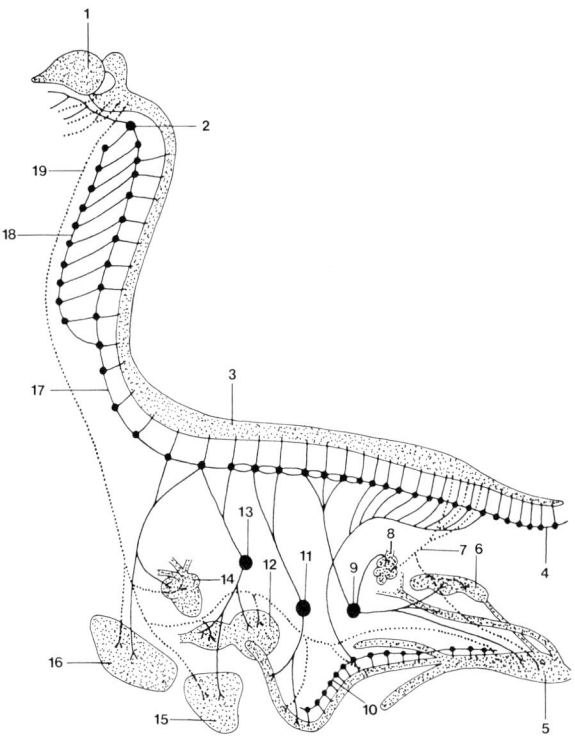

Abb. 10.4. Vegetatives Nervensystem des Haushuhnes (nach KING & McLELLAND 1978). Punktiert parasympathisches System, durchgezogene Linie sympathisches System.
1 = Gehirn;   2 = Ganglion cervicale craniale; 3 = Rückenmark; 4 = Grenzstrang   (Truncus   sympathicus); 5 = Kloake; 6 = Niere; 7 = Nervus pudendus;   8 = Eierstock;   9 = Ganglion adrenale;   10 = Remakscher   Nerv (Nervus intestinalis);   11 = Ganglion mesentericum; 12 = Magen; 13 = Ganglion coeliacum; 14 = Herz; 15 = Leber; 16 = Lunge; 17 = 4; 18 = Nervus caroticus;   19 = Vagusnerv   (Nervus vagus).

gensatz zum Säuger sind die Ganglien immer paarig und zudem segmental angeordnet. Bei Vögeln lassen sich meist 37 Rückenmarks-Ganglienpaare (im Grenzstrang) finden: 14 zervikale, 7 thorakale, 13 lumbosakrale und 3 kokzygeale. Das größte Ganglion überhaupt ist das erste (Ganglion cervicale craniale). Es hat Verbindungen zu zahlreichen Gehirnnerven (außer II und N. acusticus) und anderen Ganglien und innerviert u. a. die Orbitaldrüsen und über Nervennetze die Kopf- und Halsarterien. Die genauere Verschaltung und Innervation der einzelnen Abschnitte lassen sich aus Abb. 10.4 entnehmen. Der Neurotransmitter des sympathischen Nervensystems ist **präganglionär** wie beim parasympathischen System **Azetylcholin,** an der **postganglionären** Effektorstelle jedoch **Noradrenalin.**

Die Effekte beider Transmitter lassen sich folgendermaßen vereinfacht beschreiben:

Azetylcholin wirkt senkend auf den Blutdruck, hemmt die Herzschlagfrequenz, aktiviert die glatte Muskulatur (Verdauungstrakt), fördert die Arbeit der Drüsen und verengt die Pupillen. **Noradrenalin/Adrenalin** (auch aus Nebennierenmark) verengen die Blutgefäße, beschleunigen den Pulsschlag, erhöhen dadurch den Blutdruck, erweitern die Atemwege, hemmen Sekretionen, erhöhen den Blutzucker usw. Beide Systeme arbeiten also mehr oder weniger antagonistisch. Noradrenalin ist für motorische Leistungsfähigkeit (Flucht, Kampf usw.) zuständig, während Azetylcholin die Erholungsfunktionen sowie die Ernährung etc. steuert.

Erwähnenswert ist noch der **Remaksche Nerv** (N. intestinalis), der einen großen Plexus im Mesenterium darstellt und mit Ganglien Zwölffingerdarm, Dünndarm und Dickdarm begleitet. Beim diesem Darmnetz sind es nicht die beiden o. g. Substanzen, sondern verschiedene Peptide.

10.1.4 Enterorezeptoren

Zu seiner Arbeit benötigt das ANS natürlich zahlreiche Informationen über den Zustand der von ihm regulierten Organsysteme. Dies geschieht durch spezielle **Innenrezeptoren**, die primär nichts mit den in Kap. 11 beschriebenen Sinnesorganen zu tun haben. Enterorezeptoren **(Viszerorezeptoren)** findet man verstreut im ganzen Vogelkörper. Allerdings ist nur sehr wenig über sie bekannt. Wie bei allen Vertebraten sind z. B. **Muskelspindeln** gut ausgebildet

und vielfach im Skelettmuskel vorhanden. Weitere **Enterorezeptoren** sind Pacini-Körperchen, Golgisehnenorgane, Gelenkrezeptoren, Tastscheiben, aber auch Merkelsche Körperchen, Herbstsche Körperchen und nicht zu vergessen natürlich die weitgehend unbekannten vielfältigen chemischen Rezeptoren in Verdauungstrakt, den Blutgefäßen, der Lunge usw.

10.2. Zentrales Nervensystem

Das **ZNS** besteht aus zwei Hauptabschnitten: dem **Rückenmark** und dem **Gehirn.** Embryonal entstehen beide Abschnitte aus dem Ektoderm (s. Kap. 18).

10.2.1 Rückenmark

Das **Rückenmark (Medulla spinalis)** liegt im Kanal der Wirbelsäule (Canalis spinalis) umgeben von Liquor cerebrospinalis. Im Gegensatz zum Säuger hat das Rückenmark nahezu dieselbe Länge wie der Wirbelkanal. Ein weiterer Unterschied zum Säuger ist das Fehlen eines Pferdeschwanzes (Cauda equina) und eines ausgeprägten dünnen Endstranges (Filum terminale).

Das Rückenmark hat zwei **Anschwellungen,** im Halsbereich die Intumenta cervicalis, im Lendenbereich die Intumenta lumbalis bzw. I. lumbosacralis (Abb. 10.2). Die beiden Anschwellungen sind mit dem Plexus brachialis bzw. dem P. lumbalis und dem P. ischiadicus verbunden. Flugunfähige Laufvögel haben stärker ausgebildet die Lumbalanschwellung, flugfähige Vögel dagegen Halsanschwellung. In der Lendenanschwellung befindet sich dorsal der Sinus rhomboidalis (syn. lumbosacralis), der nur bei Vögeln vorkommt. In diesem Gebiet laufen die Dorsalfasern des weißen Marks auseinander. Der dadurch gebildete Zwischenraum (über 6 bis 8 Wirbel) ist durch einen gelatinösen Lumbalwulst gefüllt. Er besteht aus glykogenhaltigen Zellen mit unbekannter Funktion.

Am unteren Ende verjüngt sich das Rückenmark zum Conus medullaris. Durch die Fissura mediana anterior an der Vorderseite und den Sulcus medianus posterior an der Rückseite wird die Grenze der beiden symmetrischen Rückenmarkshälften markiert. Zu beiden Seiten des Rückenmarks treten dorsolateral und ventrolateral Nervenfasern aus und vereinigen sich zu **Hinterwurzeln** (Radices dorsales) und **Vorderwurzeln** (Radices ventrales), die sich wiederum zu Spinalnerven zusammenschließen. Die ventralen Wurzeln sind bedeutend stärker ausgebildet. Dies gilt insbesondere für große, flugunfähige Vögel. In die Hinterwurzeln sind die Spinalganglien (Ganglion spinale) eingeschaltet, die dicht peripher des Zwischenwirbelloches liegen.

Das Rückenmark ist von drei **Hüllen (Meninges)** umgeben, die mehr oder weniger denen der Säuger entsprechen (von außen nach innen): die **harte Hirnhaut** (Pachymeninx oder Dura mater), die **Spinngewebshaut** (Arachnoidea) und die **weiche Hirnhaut** (Pia mater). Dura mater und Arachnoidea liegen eng aneinander, zwischen Arachnoidea und Pia mater besteht ein Subarachnoidalraum (Spatium subarachnoidale), der mit Liquor cerebrospinalis gefüllt ist. Die Pia liegt direkt dem Rückenmark an. Fasern zwischen Pia mater und Arachnoidea halten das Rückenmark im Liquor schwimmend. Es ist dadurch gut gepolstert.

Im **Querschnitt** ist das Rückenmark im wesentlichen wie das Säugerrückenmark aufgebaut: Die **graue Substanz** (Substantia grisea) aus Nerven-Zellkörpern erscheint als Schmetterlingsfigur (Abb. 10.5). Sie ist umgeben von der **weißen Substanz** (Substantia alba), die von markhaltigen Nerven-Zellfasern (Neuriten) gebildet wird. Die Ausdehnung und die Form der einzelnen Bereiche ist je nach Segmentausschnitt sehr variabel und wird deshalb hier nicht näher erörtert.

An der **grauen Substanz** unterscheidet man beiderseits ein Hinterhorn (Cornu posterium) und ein Vorderhorn (Cornu anterium), die beide in Längsrichtung des Rückenmarks Säulen ausbilden (Columna anterior und C. posterior). Das Hinterhorn enthält Neurone des afferenten (sensiblen) Systems und das Vorderhorn zum einen motorische Neurone, deren efferente Fasern zur Muskulatur ziehen, sowie die vegetativen Neurone des Sympathikus (Abb. 10.2).

Die **weiße Substanz** wird gegliedert in den Hinter(Dorsal)strang (Funiculus posterior), den Seitenstrang (Funiculus lateralis) und den

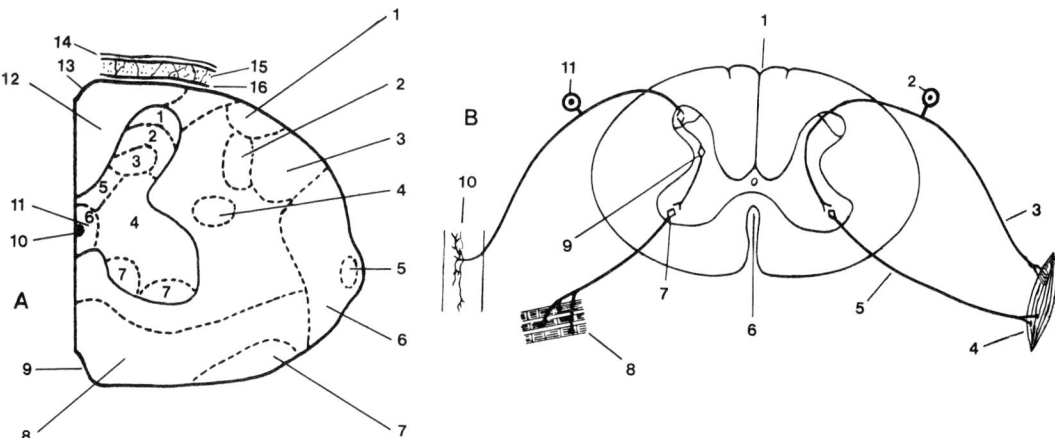

Abb. 10.5. A. Schematischer Querschnitt durch das rechte Rückenmark einer Taube (nach KING & McLELLAND 1978). Darstellung der Leitungsbahnen. Oben (14–16) sind noch schematisch die Rückenmarkshäute eingezeichnet, die das Rückenmark ganz umhüllen (s. auch Text).
1 = dorsales Bündel; 2 = Tractus rubro-spinalis (absteigend); 3 = aufsteigendes dorsolaterales Bündel; 4 = absteigendes zentrales Bündel; 5 = Nuclei marginales; 6 = ventrolaterales aufsteigendes Bündel; 7 = ventrales aufsteigendes Bündel; 8 = absteigendes ventrales Bündel; 9 = Fissura; 10 = Zentralkanal; 11 = graue Substanz mit 7 verschiedenen Regionen (1–7); 12 = Dorsalstrang; 13 = Sulcus; 14 = Dura mater und Arachnoidea; 15 = Raum mit Liquor cerebrospinalis; 16 = Pia mater.
B. Einfache Reflexschaltungen im Rückenmark. 1 = Sulcus; 2 = sensorisches Neuron im Spinalganglion (Afferenz); 3 = sensorische Fasern; 4 = Muskel; 5 = α-Motoneuron (Efferenz); 6 = Fissura; 7 = α- oder γ-Motoneuron (Efferenz); 8 = Muskel (Erfolgsorgan); 9 = Interneuron; 10 = Hautrezeptor (sensorisch); 11 = sensorisches Neuron im Spinalganglion (Afferenz).
Rechts ist ein einfacher, monosynaptischer Eigenreflex (z. B. Sehnenreflex) dargestellt, links ein polysynaptischer Fremdreflex. Die Verhältnisse sind wie bei den Sängern.

Vorder(Ventral)strang (Funiculus anterior). Die beiden letzten werden oft zum Vorderseitenstrang zusammengefaßt. Beide Rückenmarkshälften werden durch die Commissura alba miteinander verbunden.

Durchgehende nervöse **Faserverbindungen** (Bahnen) findet man sowohl in der grauen als auch in der weißen Substanz. In der grauen Substanz sind sie allerdings relativ marginal ausgebildet und reichen kaum über 5 Segmente hinweg. Die entscheidenden Bahnen findet man in der weißen Substanz, vor allem in den Vorderseitensträngen, ausgebildet. Allerdings gibt es bei Vögeln nur sehr wenige Untersuchungen über diese Problematik (im wesentlichen nur bei Tauben). Doch scheinen die Verhältnisse bei Säugern in groben Zügen auch für Vögel zu gelten.

Man kann **absteigende** (vom Gehirn) und **aufsteigende** (zum Gehirn) **Bahnen** unterscheiden. Wichtige aufsteigende Bahnen lassen sich bestimmten paarigen Regionen in der weißen Substanz des Rückenmarks zuordnen (Abb. 10.5).

Vorderseitenstrangbahnen leiten Schmerz- und Temperaturempfindungen zum Thalamus (Seitenstrang) und Druck- und Tastempfindung ebenfalls zum Thalamus (Vorderstrang). **Hinterstrangbahnen** leiten extero- und propriozeptive Impulse über Lokalisation und Qualität des Tastempfindens, Stellung der Extremitäten und Körperhaltung ins Gehirn. Im **Seitenstrang** gibt es Bahnen zum Kleinhirn, die u. a. propriozeptive Impulse von Gelenken, Sehnen und Muskelspindeln weiterleiten. Es muß allerdings nochmals erwähnt werden, daß vorstehende Darstellung die Verhältnisse stark vereinfacht wiedergibt, da genaue Informationen fehlen.

Über die absteigenden Bahnen ist noch weniger bekannt als über die aufsteigenden. Vor allem vom Mittelhirn (dort auch vom Sehdach, Tectum opticum) aus verlaufen lange Bahnen (Tractus rubrospinalis, tectospinalis) z. T. bis ganz ins Rückenmark nach unten. Vom Endhirn aus laufen Fasern in den Ventral- und Dorsalsträngen abwärts in den Halsbereich (zerebrobulbäres und zerebrospinales System). Vom Kleinhirn aus scheint es (indirekte) Verbindungen zu den Gliedmaßen zu geben (Tractus cerebellospinalis). Alle diese Fasern beeinflussen die Motorik, wobei in der Regel nicht so sehr Bewegungen veranlaßt werden, sondern bereits in Gang gesetzte Motorik gesteuert wird.

Die **einfachste koordinative Leistung des Rückenmarks ist ein Reflex,** der allein auf der Ebene eines Segmentes ablaufen kann. Im einfachsten Falle eines **monosynaptischen Reflexes** wird die Information eines afferenten Neurons direkt auf ein efferentes α-Motoneuron umgeschaltet. In der Regel handelt es sich dabei um Eigenreflexe (z. B. Kniesehnenreflex beim Menschen). Das heißt, daß Sinnes- und Erfolgsorgan identisch sind (Abb. 10.5). Beim komplizierteren **polysynaptischen Reflex** ist mindestens ein Zwischenneuron zwischen Efferenz und Afferenz (hier α- und γ-Motoneurone) geschaltet, wobei dadurch eine Umschaltung auf andere Erfolgsorgane möglich wird (Sinnes- und Erfolgsorgan sind unterschiedlich; z. B. wird beim Verbrennen eines Fingers die Hand zurückgezogen = Fremdreflex). Nach oben (hinsichtlich der Komplexität der Verschaltungen) gibt es dann kaum mehr Beschränkungen.

10.2.2 Gehirn – allgemeiner Bau

Das Gehirn der Vögel besteht wie bei Säugetieren aus **5 Abschnitten:** Vorderhirn (Großhirn, Endhirn, Telencephalon), Zwischenhirn (Diencephalon), Mittelhirn (Mesencephalon), Hinterhirn (Metencephalon) und Nachhirn (Myelencephalon). Das Hinterhirn enthält das Kleinhirn (Cerebellum) und den Pons. Das Nachhirn ist das verlängerte Mark (Medulla oblongata). **Zum Stammhirn** zählen Mesencephalon, Pons und Medulla. Zum Rautenhirn (Rhombencephalon) faßt man das Kleinhirn und das verlängerte Mark zusammen.

Entwicklungsgeschichtlich haben sich Rautenhirn und Mittelhirn bei Vögeln und Säugern in ähnlicher Weise aus dem Gehirn (Encephalon) der Reptilien entwickelt. In diesen Hirnbereichen kann man deshalb zwischen beiden Gruppen zahlreiche Homologien feststellen. Anders sieht es beim Großhirn und beim Mittelhirn aus. Beim Säuger ist vor allem der Neokortex (graue Substanz) stark entwickelt worden, und der Thalamus des Mittelhirnes wurde dadurch eingeschränkt. Bei Vögeln ist eine starke Entwicklung der inneren Großhirnstrukturen feststellbar. Die graue Substanz ist weniger entwickelt, dagegen ist die weiße Substanz des Corpus striatum (eine Mischung aus Zellsoma und Nervenfasern) auffallend groß und das Tectum opticum im Thalamus des Mittelhirnes sogar extrem gut ausgebildet.

In der **Embryogenese** (s. Kap. 18) läßt sich (beim Huhn) nach 27 h Bebrütungszeit bereits eine blasige Erweiterung des Neuralrohres feststellen. Kurz danach ist die Dreiteilung in Prosencephalon, Mesencephalon und Rhombencephalon erreicht, und im Alter von 33 bis 35 h ist die Anlage der optischen und akustischen Vesikel erledigt. Nach 38 h beginnt die Teilung des Prosencephalons in Telencephalon und Diencephalon und des Rhombencephalons in das Metencephalon und das Meyelencephalon. Nach 4 Bebrütungstagen ist das fünfblasige Stadium voll entwickelt, und die Gehirnabschnitte benötigen nur noch die volle Ausdifferenzierung. Aufgrund der blasigen Anlage besitzt das Gehirn 5 Hirnventrikel (s. Abb. 18.3).

Artspezifisch zeigt das Gehirn der Vögel große **Variationen** (vgl. Abb. 11.9). Hühnervögel, Strauße und Tauben haben relativ primitive Gehirne mit kleinen Großhirnhemisphären, aber relativ gut ausgebildeten Riechkolben (den größten haben Kiwis). Die Gesamtmasse ihres Gehirns ist zudem gering. Rabenvögel, Eulen und Papageien bilden das andere Extrem. Sie haben gut entwickelte Großhirnhemisphären, schwach ausgebildete Riechkolben und im Vergleich zur Körpermasse die relativ höchsten Hirnmassen. Sehr hohe Kleinhirnmassen (Schwirrflug!) haben z. B. Kolibris, die aber sehr gering entwickelte Hemisphären zeigen. Ein großes Kleinhirn und ein gut entwickeltes Großhirn mit einer 5- bis 20mal so großen Masse unterscheidet denn auch das Vogelhirn von dem der Reptilien.

Reptilienähnlich ist das Gehirn von *Archaeopteryx* gewesen, während Flugsaurier (Pterosauria) »gehirnmäßig« mehr den modernen Vögeln geglichen haben.

Das **Verhältnis Großhirn zu Kleinhirn** wird im übrigen bei größeren Vogelarten zugunsten des Großhirnes verschoben. Große Vertreter gleicher Gruppen sind daher meist »klüger«, d. h. in der Regel lernfähiger, als die kleineren Vertreter.

Das Gehirn ist wie das Rückenmark in **Hirnhäute (Meninges encephali)** eingehüllt. Sie besitzen im wesentlichen denselben Bau wie die der Säuger. Die **harte Hirnhaut (Dura mater)** ist aus dichtem Bindegewebe zusammengesetzt, das an der Innenseite mit Mesothel, einem dünnen, einschichtigen Abschlußgewebe bedeckt ist. Sie schließt mit ihrer Innenseite dicht, aber verschiebbar an die folgende Hirnhaut (Spinngewebshaut) an. Nach außen ist sie fest mit dem Periost des Kopfknochens verwachsen. Die **Spinngewebshaut (Arachnoidea)** ist ebenfalls bindegewebig und beidseitig mit Mesothel besetzt. Die **weiche Hirnhaut (Pia mater)** liegt dem Gehirn direkt auf. Zwischen Arachnoidea und Pia mater ist ein Hohlraum (subarachnoidaler Raum), der mit Gehirnflüssigkeit (Liquor cerebrospinalis) gefüllt ist. Beide Hirnhäute sind über Fasern miteinander verbunden,

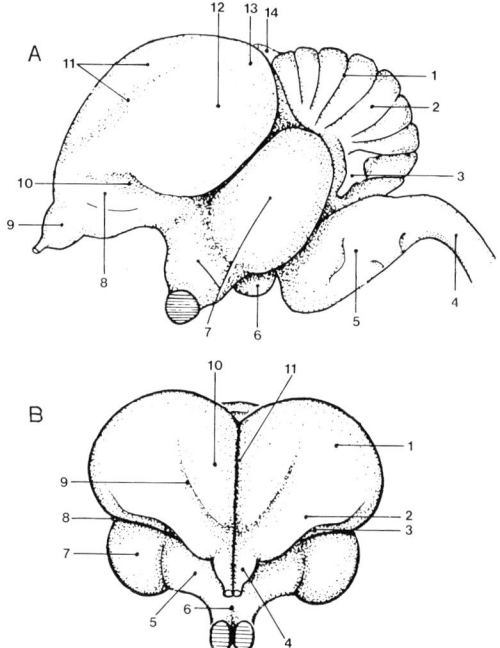

Abb. 10.6. Äußerer Bau des Taubenhirnes vereinfacht (nach BREAZILE 1979).
A. Seitenansicht. 1 = Kleinhirnfissur (Fissura cerebelli); 2 = Kleinhirnlappen (Folium cerebelli); 3 = Flocculus (Auricula cerebelli); 4 = Rückenmark (Medulla spinalis); 5 = Verlängertes Rückenmark (Medulla oblongata); 6 = Hypophyse; 7 = Mittelhirn (Mesencephalon; Tectum mesencephali und Truncus opticus); 8 = Tuber ventrolaterale und Tuber ventromediale; 9 = Riechkolben (Bulbus olfactorius); 10 = Fovea limbica; 11 = Eminentia sagittalis und Eminentia telencephali, Vallecula; 12 = Endhirnhemisphäre (hier: Pars parietalis); 13 = Polus occipitalis; 14 = Epiphyse (Glandula pinealis).
B. Frontalansicht. 1 = Endhirnhemisphäre (Hemisphärium telencephali); 2 = Pars frontalis; 3 = Fovea limbica; 4 = Bulbus olfactorius; 5 = Truncus opticus; 6 = Chiasma (opticum); 7 = Tectum mesencephli; 8 = Fissura hemispherica; 9 = Vallecula telencephali; 10 = Eminentia sagittalis; 11 = Fissura interhemispherica.
Ventralansicht des Vogelgehirns in Abb. 10.7.

so daß Pia und Gehirn von der Arachnoidea im Liquor in Schwebe gehalten werden, was zur Dämpfung des Gehirnes gegen starke Erschütterungen dient.

10.2.3 Bau und Funktion der einzelnen Hirnabschnitte

Das **Großhirn** (Vorderhirn, Endhirn, Telencephalon; Abb. 10.8) besteht aus den **zwei Hemisphären,** die dorsal von der Fissura mediana getrennt werden. Die Oberfläche ist beinahe glatt, da, wie bereits oben ausgeführt, die Hauptentwicklung der Corpus striatum im Inneren des Gehirnes durchgemacht hat. Ursprünglich war das Großhirn ein Riechhirn. Von dieser Funktion ist im wesentlichen nur noch der kleine, paarige Bulbus olfactorius (Abb. 11.9) am kranialen Pol übriggeblieben. Die starke Entwicklung der basalen Zellmassen (Corpus striatum) hat zusammen mit den sehr großen Augen dazu geführt, daß die Hirnventrikel (Abb. 18.3) auf ziemlich schmale Spalten (Abb. 10.8) zusammengedrängt wurden.

Das Großhirn läßt eine Differenzierung in graue **Rinde (Kortex)** und weißes **Mark** erkennen. Die Hemisphären sind von dem Rindenmantel (Pallium) bedeckt, dessen Rinde nur aus zwei Zellschichten besteht. Sie wird in die drei folgenden Abschnitte unterteilt: Der limbische Kortex besteht aus dem Hippocampus und den unmittelbar benachbarten Kortexregionen. Zusammen mit nichtkortikalen Strukturen (Septum = Wand zwischen den Großhirnhälften, Mandelkörper, Corpora amygdaloidea = Kernregion im medialen Vorderlappen) zählt dieser Hirnbereich zu den wichtigsten Komplexen des Großhirns, da er eine Verbindung mit dem Hypothalamus aufweist und lebensnotwendige Koordinationsaufgaben erfüllt.

Der allgemeine **Kortex** ist ein Teil des dorsolateralen Palliums mit unterschiedlicher Ausdehnung und trennt den limbischen vom olfaktorischen Kortex (Riechfeld der Rinde) ab. Der Neokortex der Säuger, eine starke Vergrößerung des allgemeinen Kortex, fehlt bei den Vögeln. Bei ihnen ist die Rinde an manchen Stellen des Seitenventrikels sogar nur unter 1 mm dick (z. B. Huhn).

Der **Streifenkörper (Corpus striatum),** der aus den mächtig entwickelten Basalkernen entsteht, bildet den zentralen Teil der Hemisphären. Er gliedert sich in das innere und das äußere Striatum.

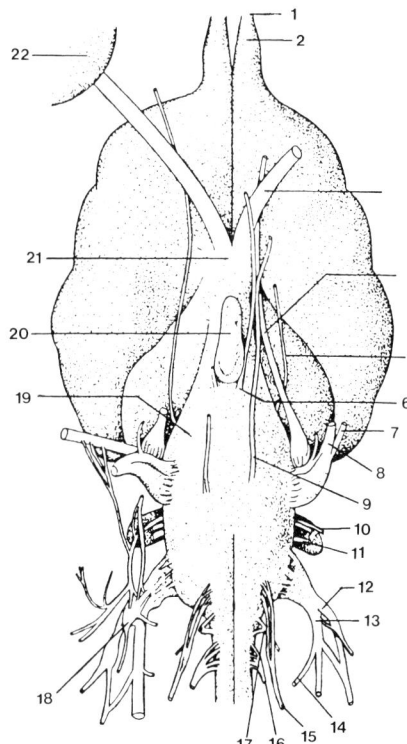

Abb. 10.7. Gehirn der Hausgans, Ventralansicht (nach CORDS 1904, aus BERNDT & MEISE 1958). Lage und Austritt der Gehirnnerven.
1 = Gehirnnerv I; 2 = Riechlappen (Lobus olfactorius); 3 = Gehirnnerv II; 4 = Gehirnnerv V_1; 5 = Gehirnnerv IV; 6 = Gehirnnerv III; 7 = Gehirnnerv V_2; 8 = Gehirnnerv V_3; 9 = Gehirnnerv VI; 10 = Gehirnnerv VII; 11 = Gehirnnerv VIII; 12 = Gehirnnerv IX; 13 = Gehirnnerv X; 14 = Gehirnnerv XI; 15 = Gehirnnerv XII; 16 = Rückenmark-Nerv 2; 17 = Rückenmark-Nerv 1; 18 = oberstes Grenzstrangganglion (Ganglion cervicale superior); 19 = Sehlappen (Lobus opticus); 20 = Hypophysenstiel (Infundibulum); 21 = Sehnervenkreuzung (Chiasma opticum); 22 = Auge.

Das **innere Striatum (Palaeostriatum)** liegt vor allem im ventralen Teil der Hemisphäre und besteht aus dem kleineren medial gelegenen Palaeostriatum primitivum (Abb. 10.8) und dem bei Vögeln besonders gut entwickelten, größeren, lateralen Palaeostriatum augmentatum.

Das **äußere Striatum** (es fehlt den Säugern) ist in vier Regionen aufteilbar: Das **Neostriatum** stellt den zentralen Teil des äußeren Striatums dar. Seine seitlichen Flügel werden als

Ectostriatum bezeichnet. Weiter lateral liegt das Archistriatum. Dorsale, ventrale und akzessorische Anteile bilden das Hyperstriatum. Die dorsalen und akzessorischen Teile des Hyperstriatums bilden auch den zentralen Bestandteil der Eminentia sagittalis (Wulstregion), deren Rinde aus allgemeinem Kortex besteht (Abb. 10.8).

Ein paariges, aus vielen Bündeln bestehendes laterales Endhirnbündel vermittelt die Verbindung (Projektionsfasern) des Großhirns mit den nachfolgenden Hirnabschnitten. Beide Hemisphären werden durch schwach entwickelte »Balken« (Commissura anterior und C. pallii) miteinander verbunden (Kommissurfasern). Die verschiedenen Hirnrindenfelder weisen ebenfalls Nervenfaserverbindungen auf (Assoziationsfasern).

Funktionell geht man von folgenden Aufgaben aus:

Hyperstriatum, Ectostriatum, Archistriatum und Palaeostriatum sind motorische Zentren für die visuelle Integration, das Unterscheidungsvermögen und die visuell gesteuerten Verteidigungsreflexe. Ihre Impulse gehen u. a. an die Mittelhirnbasis, an das Mittelhirndach sowie an das Kleinhirn. Das Neostriatum nimmt vermutlich (neben den anderen) vor allem Sinneserregungen (besonders Hören?) auf und leitet sie weiter.

Die Großhirnrinde verarbeitet Sinneseindrücke zu Erfahrungen, die gespeichert und in vielfältiger Weise zum Ausdruck kommen können, indem die Motorik sinnrichtig modifiziert wird. Offensichtlich scheint die Rinde an der Auslösung und dem Ablauf von Motorik nur bedingt teilzuhaben und vielmehr über die »Stimmung« diese Motorik zu beeinflussen. So können rindenlose Vögel einige Zeit überleben. Paarung, Nestbau, Jungenaufzucht, Fressen, Trinken, Streiten, Balz usw. werden vom Striatum ausgelöst; Einzelbewegungen ebenfalls. Die Abläufe werden allerdings wenig zielstrebig, und sie laufen automatenhaft monoton ab; gefressen wird ohne Hunger, gebalzt ohne Bezug zum Partner, Beute wird wahllos gefangen usw. Die Großhirnrinde präsentiert sich damit als Gebiet, in dem Gefühle, Erfahrungen und spontane Handlungen entstehen und gespeichert werden. Diese münden dann bei Gebrauch in zielgerichtete, »gefühlsbetonte« und auch einsichtige Verhaltensweisen im Sinne der oben genannten Erfahrungen. Der Verhaltensablauf wird dadurch „weicher"!

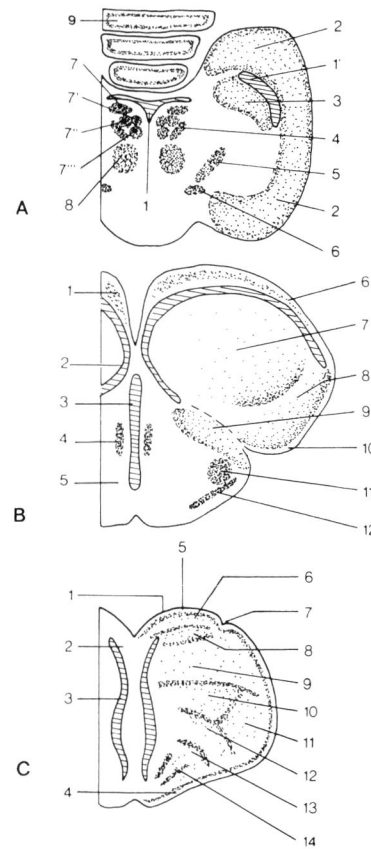

Abb. 10.8. Querschnitte durch verschiedene Hirnregionen des Haushuhns und deren Kerngebiete (nach KING & MCLELLAND 1978).
A. Mittelhirn (Mesencephalon). 1 = Hirnventrikel (Aquaeducts mesencephali); 2 = Tectum mesencephali; 3 = dorsaler Teil des Nucleus mesencephalicus lateralis; 4 = mediales Längsbündel; 5 = Lemniscus lateralis; 6 = Tractus quintofrontalis; 7–7''' Pars accessoria, dorsalis, dorsolateralis, ventralis des Kernes des III. Gehirnnerven; 8 = Nucleus ruber; 9 = Kleinhirnlappen.
B. Endhirnhemisphäre und Zwischenhirn (Teile). 1 = Hippocampus; 2 = Seitenventrikel; 3 = dritter Ventrikel; 4 = Nucleus paraventricularis; 5 = Hypothalamus; 6 = allgemeine Gehirnrinde; 7 = Neostriatum; 8 = Archistriatum; 9 = Nucleus dorsolateralis rostralis; 10 = Riechfeld der Hirnrinde; 11 = Nucleus rotundus; 12 = Area geniculata lateralis.
C. Endhirn weiter rostral wie in B. 1 = Eminentia sagittalis; 2 = Hippocampus; 3 = Seitenventrikel; 4 = Riechfeld der Hirnrinde; 5 = allgemeine Hirnrinde; 6 = Hyperstriatum accessoria; 7 = Vallecula; 8 = Hyperstriatum dorsale; 9 = Hyperstriatum ventrale; 10 = Neostriatum; 11 = Ectostriatum; 12 = Palaeostriatum augmentatum; 13 = Palaeostriatum primitivum; 14 = laterales Endhirnbündel.

Das **Zwischenhirn (Diencephalon)** ist bei den Vögeln im Vergleich zum Zustand bei den Reptilien kaum weiterentwickelt worden. Mit den übrigen Hirnteilen ist es eng verbunden. Das Zwischenhirn ist Träger von zwei Hormondrüsen: Dorsal liegt die **Epiphyse** (Zirbeldrüse, Pinealorgan, Corpus pineale), ventral die **Hypophyse** (vgl. Kap. 9). Die ventrale Fläche des Diencephalons wird darüber hinaus zum größten Teil von der Sehnervenkreuzung (Chiasma opticum; s. o.) eingenommen, die in den linken und rechten Tractus opticus ausläuft.

Das **Zwischenhirn** läßt sich in 3 übereinandergelagerte paarige Etagen einteilen:

Oben liegt der relativ kleine **Epithalamus.** Er trägt die Epiphyse. Sie besteht zu einem Teil aus marklosen Fasern, und einige Zellen erinnern an **rudimentäre Photorezeptoren** (»drittes« Auge), und sie ist daher auch lichtempfindlich. Zudem hat sie **sekretorische Aufgaben** (vgl. Kap. 9). Ein großes, hier liegendes Ganglion (Ganglion habelunae) dient als Schaltstätte zwischen den olfaktorischen Zentren und dem Hirnstamm.

Seitlich (lateral) und als Mitteletage liegt der **Thalamus** (oft auch in Thalamus dorsalis und Subthalamus aufgeteilt). Ähnlich wie beim Säuger ist der Thalamus die letzte **Schaltstation** der **afferenten Bahnen** zum Großhirn und empfängt von diesem dann die efferenten Bahnen. Der obere Teil des Thalamus enthält die Sehbahnen, aber auch Bahnen der kutanen Sensibilität, des Geschmackes und akustische, vestibuläre und andere Fasern. Der untere Teil ist wahrscheinlich die motorische Zone des Zwischenhirns. Genauere Untersuchungen über diesen Hirnabschnitt liegen kaum vor.

Der **Hypothalamus** bildet die unterste Etage und damit den Boden des Zwischenhirns. Verschiedene Kerngebiete innervieren die Neurohypophyse (s. Kap. 9). Der ventrale Teil des Hypothalamus verjüngt sich und geht über den Hypophysenstiel in die Hypophyse über. Nach kaudal geht der Hypothalamus in die Formatio reticularis des Mittelhirnes ein. Der Hypothalamus ist das oberste **Regulationszentrum** des **vegetativen Systems.** Hier werden u. a. folgende wichtige physiologische Parameter autonom gesteuert: Thermoregulation, Atmung, Energiehaushalt, Blutzirkulation, Blutdruck, Ernährung, Reproduktion, Agression und Verteidigung.

Das **Mittelhirn (Mesencephalon)** gehört zum Hirnstamm und schließt sich deshalb mit seinem basalen Abschnitt eng an die Medulla oblongata an. Dieser Hirnabschnitt weist auch in etwa den gleichen Bau wie Medulla und Pons auf (Querschnitt s. Abb. 10.8). Wie diese finden wir im Mittelhirn die Kerne von Hirnnerven. Die Nerven III und IV haben hier ihren Ursprung (Abb. 10.3). Der größte Teil des Mesencephalons wird vom primär ausschließlich dorsalen **Tectum** (Vierhügelplatte bei den Säugern, Tectum mesencephali) gebildet, das aufgrund seiner mächtigen Entwicklung sich nach ventrolateral hinunterzieht.

Das mehrschichtige (6 bis 15) **Tectum** stellt vereinfacht dargestellt als »Sehlappen« das optische Zentrum des Mittelhirns dar. Seine Größe macht die Bedeutung des Lichtsinnesorganes für Vögel überdeutlich. Hier treten die Sehnervenfasern aber auch mit anderen afferenten Systemen in Verbindung, z. B. mit Riechfasern, vor allem auch mit Hörbahnen, anderen sensorischen Fasern aus dem ganzen Körper sowie mit dem N. trigeminus. Weiterhin liegen u. a. hier die Zentren der Augenmuskelmotorik, der Motorik der Gesichts- und der Halsmuskeln. Zahlreiche Kerngebiete, u. a. schwerpunktmäßig im Mittelteil des Mesencephalons (Tegmentum), steuern im wesentlichen die Körperbewegungen. So stellt sich das Mittelhirn als vom Großhirn relativ unabhängiges Zentrum dar, das Sinnesempfindungen verarbeitet und die Körperbewegungen steuert.

Das **Kleinhirn (Cerebellum)** liegt an der Dorsalfläche der Medulla oblongata und bildet das Dach des IV. Hirnventrikels. Zusammen mit dem **Pons** (Brücke, Basis des Hirnstammes, die zum verlängerten Mark überleitet) bildet es das **Hinterhirn (Metencephalon).** Äußerlich betrachtet kann man das Cerebellum in einen unpaaren medianen Teil (Wurm, Vermis, Corpus cerebelli) und die beiden seitlichen Anhänge (Auriculum oder Flocculus) einteilen (Abb. 10.3 und 10.6). Letztere entstehen als Sonderbildungen der untersten Falten des mit tiefen transversalen Rindenfurchen ausgestatteten Wurmes. Im Längsschnitt lassen sich differenziertere Einteilungen durchführen. Drei Lappen können unterschieden werden (von vorn nach hinten): der rostrale Lobus anterior (Abb. 10.9), der mittlere Lobus medius und der kaudale Lobus posterior. Sie werden jeweils durch tiefe Furchen (Fissura anterior und F. posterior) voneinander getrennt. Diese Lappen werden durch Querfurchen in Läppchen unterteilt, die wiederum eine weitere Unterteilung erfahren können. Es gibt zehn primäre Läppchen, die von Lobulus I bis Lobulus X benannt werden. Wie bereits oben erwähnt, werden die Anhänge (Flocculi) durch eine Erweiterung des X. Lobulus gebildet.

Den einzelnen **Lobuli** lassen sich wie beim Säuger einzelne (teilweise noch kaum bekannte) **Aufgaben** zuordnen. Im wesentlichen sind es Bewegungssteuerungen der Extremitäten sowie Verbindungen zum Hören. In den vorderen und hinteren Lobi enden zudem starke sensorische Fasern der allgemeinen Körperempfindlichkeit und des Trigeminus (Gesichts-Tastgefühl). Vom Mesencephalon treffen optische Afferenzen und vom Plaeostriatum des Großhirns Steuerimpulse höherer Ordnung ein, die die Motorik verfeinern. Die mittleren Lobi dienen der Verbindung innerhalb des Cerebellums selbst.

Vor allem **drei zentrale Kernregionen** lassen sich erkennen (Nucleus cerebellaris tecti, N. c. intermedius, N. c. lateralis), deren efferente Fasern bereits in Kerngebieten der Formatio reticularis, des Nucleus ruber und den Nuclei

vestibularis primär enden und die sekundär auf efferente Axone des Rückenmarkes umgeschaltet werden können. Ihre Arbeit ist es, über ein Rückkopplungssystem über das Kleinhirn die motorische Aktivität der Körperhaltung und Körperbewegung zu regulieren. In dieses Rückkopplungssystem sind afferente Bahnen (aufsteigende und absteigende) von exterozeptiven und entero(proprio)zeptiven Organen integriert (Tastreize von Gesicht bis Schwanz, Hörreize usw., s. oben). Andere Cerebellum-Regionen bilden Assoziationen mit den Gehirnnerven Oculomotorius (III), Trochlearis (IV), Trigeminus (V), Abducens (VI), Facialis (VII) und den Kernen der Medulla.

Eine sehr detaillierte Darstellung der nur bruchstückhaft bekannten **Verschaltungsmodi** trägt allerdings nur wenig zum grundsätzlichen Verständnis der funktionellen Aufgabe des Cerebellums bei. Sie stellt sich in etwa folgendermaßen dar: Höhere Zentren (Großhirn und/ oder Mittelhirn) leiten eine Bewegung ein. Mit Hilfe der verschiedenen Sinnesinformationen koordiniert das Kleinhirn motorisch über Rück-

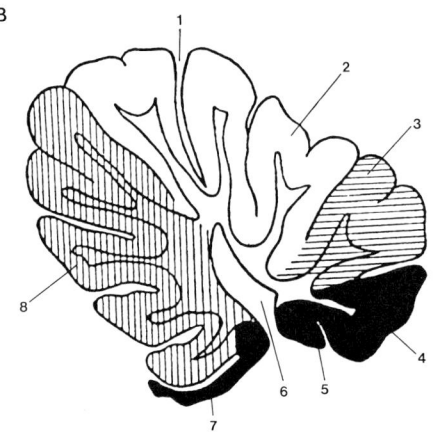

Abb. 10.9. A. Wichtige Hirnregionen, Kernbereiche und Bahnen vom (dicke schwarze Linien) und zum (dünne Linien) Großhirn bei Vögeln schematisch (nach KAPPERS 1921, aus BERNDT & MEISE 1958).
1 = Neostriatum; 2 = Hyperstriatum; 3 = Palaeostriatum; 4 = Archistriatum; 5 = Nucleus anterior dorsalis; 6 = Querverbindung der Großhirnrinde; 7 = Querverbindung des Mittelhirndaches; 8 = Nucleus praetectalis; 9 = Nucleus spiriformis; 10 = Querverbindung des Basalganglion; 11 = Sehdach des Mittelhirnes (Tectum opticum); 12 = Nucleus cerebelli; 13 = Tractus striato-cerebellaris; 14 = Nucleus sensibilis trigemini; 15 = Fasciculus longitudinalis; 16 = Tractus-trigemino-frontalis; 17 = Tractus rubro-spinalis; 18 = Nucleus ruber; 19 = Nucleus reticularis magnus; 20 = Nucleus opticus basalis; 21 = Nucleus pedunculatus; 22 = Nucleus intercalatus; 23 = Nucleus opticus hypothalami; 24 = Nervus opticus; 25 = Nucleus rotundus; 26 = Lobus parolfactorius; 27 = Tractus fronto-archistriaticus; 28 = Riechlappen (Lobus olfactorius); 29 = Ganglion habenulae (höheres Riechzentrum).
B. Die verschiedenen Lappen im Kleinhirn des Vogels (nach versch. Autoren). Senkrecht schraffiert = Vorderlappen (Lobus anterior); weiß = Mittellappen (Lobus medius); waagrecht schraffiert = Hinterlappen (Lobus posterior); schwarz = Aurikel (Flocculus).
1 = Kleinhirnfissuren; 2 = Pyramis; 3 = Hauptfurche des Hinterlappens; 4 = Uvula; 5 = Nodulus; 6 = Kleinhirn-Ventrikel; 7 = Lingula; 8 = Hauptfurche des Vorderlappens.

kopplungssysteme sowohl die **Körperhaltung** als auch den Ablauf von zusammengesetzten **Bewegungsabläufen,** so daß diese reibungslos ablaufen können. Die relativ große Ausprägung des Cerebellums entspricht der Mannigfaltigkeit, der Präzision und der Geschwindigkeit der Motorik bei Vögeln, die unter den Vertebraten sicher einmalig ist. Entsprechend der Aufgaben des Kleinhirnes äußern sich dann auch Schäden in diesem Hirnteil: Inkoordination der Körperhaltung und der Bewegung sind am typischsten. Dazu kommt ein Anstieg des Muskeltonus, der zu einer Streckhaltung von Flügeln, Beinen, Hals und Schwanz führt. Verbunden sind diese Merkmale mit Schwanken, Nystagmus und Muskelzittern.

Der letzte Gehirnteil ist das **Nachhirn** oder **verlängerte Rückenmark (Myelencephalon, Medulla oblongata).** Hier weichen die beiden Seitenhälften der Medulla spinalis nach oben auseinander (Bildung der Rautengrube). Dadurch wird Raum geschaffen, um die um den Zentralkanal des Rückenmarks befindlichen Nervenzellen zu vermehren. Die Verbindung zum Kleinhirn wird durch die bereits oben erwähnte Brücke (Pons) bewerkstelligt, die allerdings bei Vögeln nur relativ schwach ausgebildet ist. Aus dem Nachhirn entspringen die Gehirnnerven V–XII (Abb. 10.3). Sie sind hier mit Kernen und Fasern anderer Gehirnteile verbunden. Eine Reihe von Kernzentren charakterisieren die Medulla oblongata. Die in Tab. 10.1 dargelegten Hauptverschaltungen und Funktionen unterstreichen die Bedeutung dieses elementaren Stammhirnabschnittes sehr deutlich. Auch in diesem Bereich gibt es immer noch sehr wenige experimentelle Untersuchungen, da er relativ schwer zugänglich ist und Eingriffe schnell zu irreversiblen Schädigungen führen können.

11 Sinnesorgane

11.1 Auge

Vögel sind ausgesprochene Sehtiere. Das **Auge (Oculus)** nimmt daher unter den Sinnesorganen eine hervorragende Stellung ein. Dementsprechend ist es sowohl absolut als auch relativ gesehen sehr groß – meist größer als das Gehirn, aus dem es in der Embryogenese entsteht. Bei manchen Arten macht es ⅓ des Kopfgewichtes aus; z. T. können sich die Außenflächen des Auges in der Schädelmitte berühren. Mit 50 mm Durchmesser ist das Straußenauge das größte Auge aller Landwirbeltiere. Die Augen liegen bei Vogelarten mit schmalem Kopf lateral, bei Arten mit breitem Kopf (z. B. Eulen) dagegen frontal (s. S. 153).

11.1.1 Bau des Auges

Die **Grundorganisation** des Vogelauges entspricht der aller anderen Landwirbeltiere. Drei **Hauptaugentypen** lassen sich unterscheiden (Abb. 11.1):

Abgeflachte Augen bei den schmalköpfigen Tagvogelarten: Der Augapfel hat eine fast diskusförmige, flache mittlere Region und eine sehr kurze Augenachse.

Kugelförmige Augen bei Tagvogelarten mit breiterem Kopf (Sperlingsvögel, Taggreifvögel usw.): Hier ist die mittlere Augenregion konisch geformt, die Augenachse etwas länger.

Röhrenförmige Augen bei Nachtvogelarten mit breitem Kopf (z. B. Eulen), deren mittlere Region stark konkav ist und die hintere Region im spitzen Winkel trifft.

Die **optische Achse** der Hornhaut und der Linse konvergiert bei allen Vögeln zur Medianen hin, so daß das binokulare Sehen erleichtert wird. Dadurch ist die mittlere Region des Augapfels auf der nasalen Seite etwas kürzer als auf der temporalen Seite. Der **Augapfel (Bulbus oculi)** besteht aus:

1. einer vorderen Region, die von der Hornhaut bedeckt ist,
2. einer unterschiedlich geformten Mittelregion, die von skleralen Knochenplättchen (Abb. 11.3) umgeben wird, dem Sklerotalring

3. einer großen, fast halbkugelförmigen hinteren Region, die von der Sklera bedeckt ist.

Wie bei anderen Vertebraten ist der **Bulbus** aus drei Hauptschichten aufgebaut:

Die **äußere Augenhaut (Tunica fibrosa bulbi)** setzt sich aus der Hornhaut (Cornea) und der harten Augenhaut (Sclera) zusammen. Sie dient dem Schutz und der Formgebung des Auges.

Die durchsichtige **Cornea** besteht aus 5 Schichten und spielt wegen ihres hohen Brechungsindexes mit der Luft bei der Lichtbrechung eine wichtige Rolle. Ihre Krümmung entspricht einem Öffnungswinkel von etwa 80° (z. B. Tauchvögel, Kormoran) bis über 160° (z. B. bei Eulen, Nachtschwalben); das Mittel liegt bei 120° (Singvögel, Greifvögel). Die undurchsichtige Sklera ist meist durch eine Schicht hyalinen Knorpels verstärkt (charakteristisch auch für die Sklera der Reptilien). Vor dem Übergang in die Cornea ist die Sklera zu einem Ring aus kleinen, etwa viereckigen, sich überlappenden Knochenplättchen modifiziert.

Dieser **Sklerotalring** (Abb. 11.3) stützt den Augapfel und dient dem Akkommodationsapparat als Ansatz. Die Zahl der aufbauenden Plättchen liegt zwischen 10 und 18, meist aber zwischen 14 und 15. Der Sklerotalring kann flach gebaut sein (Singvögel, Tauchvögel, Hühner, Tauben usw.) oder röhrenförmig (Eulen), so daß damit »teleskopähnliche« Augen entstehen, die wie bei Tiefseefischen dem Sehen bei schwächstem Licht optimal angepaßt sind. Bei manchen Vögeln umgibt ein skleraler U-förmiger Knochen (Os opticum) die Eintrittstelle des Nervus opticus.

Die zweite Augenhaut ist die **mittlere Augenhaut (Tunica vasculosa bulbi)**, die wiederum aus drei Einzelelementen aufgebaut ist: **Aderhaut (Choroidea)**, **Strahlenkörper (Corpus ciliare)** und **Regenbogenhaut (Iris)**. Die Choroidea ist eine dicke, stark durchblutete und pigmentierte Schicht. Sie dient der Ernährung des Augengewebes und verhindert das Eindringen von Streulicht in das Augeninnere durch das Pigmentepithel. Der Corpus ciliare trägt mit sei-

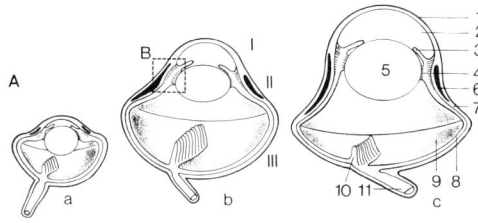

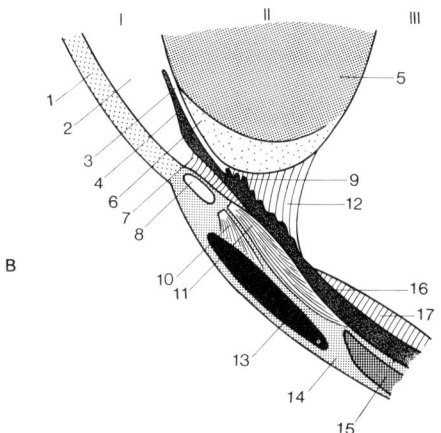

nen Fortsätzen die Linse. Er hat zahlreiche Fältchen, die die Augenflüssigkeit (Humor aquosus) bilden. Die Ziliarmuskeln sind quergestreift (beim Säuger glatt). Die Iris (Regenbogenhaut) bildet die Blende des optischen Systems. Diese ist meist kreisrund, in seltenen Fällen auch elliptisch. Die Farbe der Iris ist meist braun bis schwarz, manchmal auch lebhaft gelb, rot oder grün. Die Querstreifung befähigt zur schnellen Akkommodation.

Die dritte Augenhaut ist die **Retina (Netzhaut; Tunica interna bulbi).** Sie kleidet den

Abb. 11.1. A. Hauptaugentypen bei Vögeln (nach KING & McLELLAND 1978). Über einen Horizontalschnitt ist jeweils die ventrale Hälfte des linken Auges schematisch dargestellt. a = abgeflachtes Auge des Schwans; b = kugelförmiges Auge des Adlers; c = röhrenförmiges Auge von Eulen. I = Regio anterior; II = Regio media; III = Regio posterior. 1 = Hornhaut (Cornea); 2 = vordere Augenkammer (Camera anterior); 3 = Regenbogenhaut (Iris); 4 = Ziliarkörper (Corpus ciliare mit Zonula ciliaris); 5 = Linse (Lens); 6 = Skleralring; 7 = Sklera; 8 = Aderhaut (Chorioidea); 9 = Netzhaut (Retina); 10 = Kamm (Pecten); 11 = Sehnerv (Nervus opticus). B. Ausschnitt der Vergrößerung in Abb. 11.1. Schematischer Längsschnitt durch die Wand des Augapfels eines Vogels in der Gegend des Ziliarkörpers (Ausschnitt s. oben; nach KING & McLELLAND 1978). 1 = Hornhaut (Cornea); 2 = vordere Augenkammer (Camera anterior); 3 = hintere Augenkammer (Camera posterior); 4 = Regenbogenhaut (Iris); 5 = Linse (Lens); 6 = Ringwulst der Linse; 7 = Ligamentum pectinatum der Iris mit Fontanaschen Räumen; 8 = Venenring der Sklera (Schlemmscher Kanal); 9 = Ziliarkörper (Corpus ciliare); 10 = Musculus sclerocornealis anterior (Cramptonscher Muskel); 11 = M. sclerocornealis posterior, M. tensor choreoidae (Brückscher Muskel); 12 = Zonula ciliaris; 13 = Skleralring; 14 = Sklera; 15 = Knorpeleinlagerung in der Sklera; 16 = Aderhaut (Choroidea); 17 = Netzhaut (Retina).

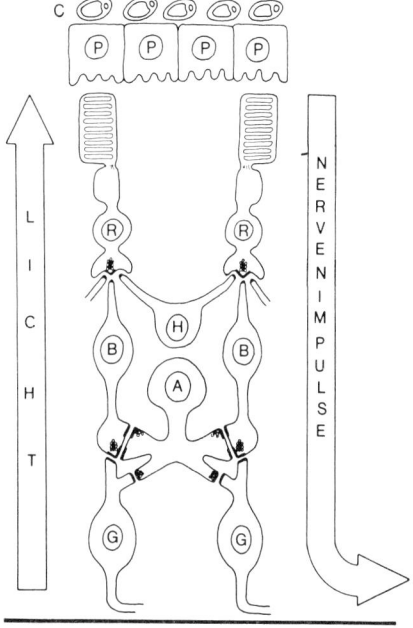

Abb. 11.2. Schematische Darstellung des Grundbauplanes der Vertebratenretina (nach MEYER 1986). Der untere Teil der Abb. (dicke schwarze Linie) ist zum Glaskörper hin orientiert; hier tritt das Licht in das Neuropithelium ein. Der obere Teil zeigt zur Sklera.
C = Blutkapillaren der Chorioidea zur Versorgung der Retina; P = Pigmentzellen liegen dicht auf der Aderhaut; R = lichtempfindliche Rezeptorzellen (Sehzellen); B = bipolare Neurone; H = Horizontalzellen; A = amakrine Zellen (A und H sind sogenannte Assoziationsneurone); G = Ganglienzellen. Das Licht muß zunächst die gesamt durchsichtige Retina durchqueren (linker Pfeil) bevor die lichtempfindlichen Außensegmente der Lichtsinneszellen gereizt werden können. Die hier entstehende Erregung läuft dann gegen die Richtung des Lichteinfalls zurück (rechter Pfeil) und verläßt die Retina über den Nervus opticus.

inneren Augenhintergrund aus. Im Gegensatz zu den Säugern ist sie relativ dick und gefäßlos; mit den Mammalia gemeinsam ist ihr genereller **Aufbau:** Eine äußere pigmentierte Epithelschicht liegt einer inneren Rezeptorzellschicht an. Letztere besteht aus Stäbchenzellen, Zapfenzellen (Rezeptorzellen), bipolaren Schaltzellen und Ganglienzellen (Abb. 11.2). Die große Dicke der Vogelretina beruht auf der großen Anzahl von Nervenzellen, die bereits in der Retina Assoziationen bilden, die beim Säuger höheren Zentren vorbehalten sind. In der Netzhaut der meisten tagaktiven Vogelarten dominieren bei den Rezeptorenzellen die für das Farben- und Helligkeitssehen verantwortlichen Zapfen sehr stark; Stäbchen sind weniger vertreten und mehr peripher angeordnet. Bei nachtaktiven Arten überwiegen dagegen die für das nichtfarbige Dämmerungssehen zuständigen Stäbchen-Rezeptoren, die wesentlich lichtempfindlicher als die Zapfen sind, da mehrere (bis über tausend) mit einer bipolaren Nervenzelle verschaltet sind (Konvergenz). Zapfen dagegen sind in der Regel einzeln verschaltet, so daß auf einen Rezeptor ein fortleitender Nerv kommt, wodurch eine hohe Sehschärfe erreicht wird.

Wie bei den Säugern gibt es Zonen auf der Retina (in der Regel in der Nähe der optischen Achse), die besonders viele Zapfen (bei Eulen auch Stäbchen) und andere nervöse Elemente enthalten und die ein Zentrum der **maximalen** optischen **Auflösung** darstellen **(Areae).** Diese Areae wölben sich leicht in den Glaskörper vor, wobei in den Zellanhäufungen eine seichte Vertiefung, die **Fovea centralis (Sehgrube)** entstehen kann. Am Grunde dieser Fovea liegen die Zapfen sehr dicht, und weil die übrigen Zellen mehr peripher liegen (seitlich verschoben), kann Licht die Rezeptoren direkt erreichen.

Im wesentlichen kann man drei **Hauptformen** in der Ausbildung der **Area** und der **Fovea** feststellen (s. auch Abb. 11.4):

1. Eine runde, unpaare zentrale Area, die nahe der optischen Achse liegt. Die Fovea kann fehlen (z. B. Haushuhn, Röhrennasen); charakteristisch für Körnerfresser, die in der Regel nach vorne fixieren.
2. Eine Area, die als horizontaler Streifen über die Retina ausgebildet ist, zentral liegt und unpaar ist; die Fovea liegt zentral. Diese Anordnung ist für Vogelarten wichtig, die in offenem, weitläufigem Gelände leben und Wahrnehmungen entlang von langen Horizontlinien tätigen müssen (Ufervögel, Enten, Möwen usw.).
3. Eine paarige Area mit je einer Fovea kommt bei einer ganzen Anzahl von Vogelarten vor, die eine schnelle Jagdweise und hohe Fluggeschwindigkeiten zeigen (z. B. Eisvögel, Kolibris, Taggreifvögel, Papageien). Mit der mittleren Grube läßt sich das Flugfeld beobachten, die seitliche (temporale) Grube erlaubt gleichzeitig die Kontrolle eventuell seitlich vorbeifliegender Beute oder Feinde. Die seitliche, temporale Fovea ist außerdem so plaziert, daß das erzeugte Bild auf beide Augen gleichzeitig projiziert wird und dadurch vermutlich ein stereoskopes, binokulares Sehen ermöglicht wird. Seitliche Sehgruben sind meist mit nach vorne gerichteten Augen verbunden.
4. Einige Arten (Seeschwalben, Schwalben) haben sogar drei Sehgruben.

Eine **kraterförmig ausgebildete Sehgrube** (daneben gibt es auch flache) führt zu einer Verzerrung der normalerweise homogenen Anordnung der Sehzellen in der Retina. Wenn ein Lichtstrahl eines bewegten Gegenstandes beim Wandern über die Netzhaut die Verzerrungszone der Fovea passiert, ändert sich die vorher gleichförmige Bewegung sprunghaft, wodurch

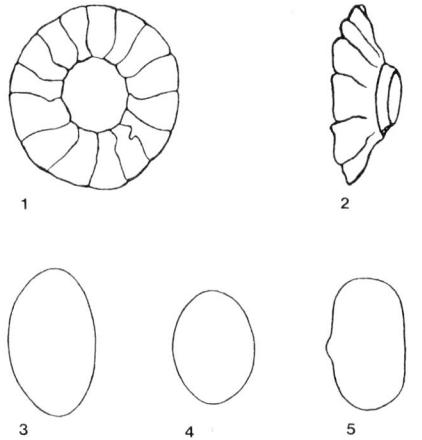

Abb. 11.3. Stützelemente im Vogelauge: 1 = Skleralring (Knochen) und 2 = Knorpelring in der Sklera beim Habicht (entsprechen der Nr. 13 und 15 in Abb. 11.1 B).
3, 4 und 5 = Linsenformen bei Vögeln. 3 = Taube; 4 = Eule; 5 = Gimpel. Die rechte Seite gibt jeweils die Vorderseite der Linse wieder (nach Duke-Elder 1958).

die Wahrnehmung und auch Fixierung von Bewegungen in dieser Region besonders gut gelingt. Kraterförmige (oft neben flachen) Sehgruben finden sich deshalb besonders häufig bei Vogelarten, die schnelle Bewegungen gut erfassen müssen (Greifvögel, Eisvögel, Schwalben, Rebhuhn und anderen Arten).

An der Stelle des **blinden Fleckes** der Mammalia erhebt sich auf der Durchtrittsstelle des Nervus opticus ein großer, schlanker Kamm, der wellblechartig gefaltet ist.

Dieses Organ, das **Pecten oculi (Pecten, »Augen-Fächer«),** besteht vorwiegend aus modifizierten Blutgefäßen, Nervenstützgewebe (Neuroglia) und aus Melanozyten. Es ragt ein gutes Stück in den Glaskörper hinein, erreicht aber nie die Linse. Man kann drei Typen unterscheiden (Abb. 11.4): Der Fahnentyp (bei Straußen,

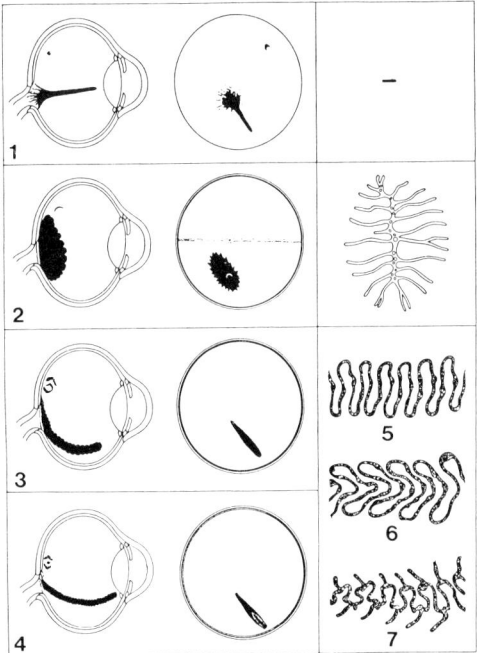

Abb. 11.4. Verschiedene Formen des Pecten bei Vögeln (nach MEYER 1977). Links seitliche Ansicht, Mitte Ansicht von vorne, rechts Querschnitte durch das Pecten selbst.
1 = konisches Pecten des Streifenkiwis; von dieser Form gibt es keine histologischen Querschnitte; 2 = Fahnenpecten des Strauß mit dem dazugehörigen Querschnitt (rechts); 3 = Faltenpecten der Ringeltaube; 4 = Faltenpecten der Wongataube; 5 und 6 = charakteristische Querschnitte durch Faltenpecten, wie sie häufig vorkommen; 7 = seltene Form der Pectenanordnung eines Faltentyps beim Eisvogel. Jede Falte hat 1–3 Membranen auf ihrer Krümmung.

Nandus, Steißhühnern) trägt nach allen Seiten 25 bis 30 schlanke, vertikale, federfahnenartige Rippen. Der Konustyp kommt nur bei Kiwis vor; er ist konusförmig ausgebildet und hat eine ungegliederte Oberfläche. Er ähnelt sehr stark der entsprechenden Struktur bei Reptilien (Conus papillaris). Der Faltentyp zeigt eine Oberfläche, die in breite, vertikale Falten gelegt ist. Die distalen Falten werden gewöhnlich von einer am Glaskörper befestigten Brücke zusammengehalten.

Der Pecten oculi der Tagvögel ist größer und stärker gefältelt als der Kamm der Nachtvögel. So besitzt das Haushuhn z. B. 16 bis 18 Falten, Eulen dagegen nur 8.

Auf der Netzhaut der Vögel selbst finden sich wie bereits erwähnt keine Blutgefäße. Daraus resultiert wohl eine **Hauptfunktion des Pectens.** Er dient vermutlich vor allem der Ernährung des Auges. Weitere Aufgaben sind offensichtlich die Sekretion von bestimmten Stoffen in das Auge, die Regulation des intraokularen Druckes, die Absorption von Streulicht sowie eine eigene Sehfunktion: Von oben einfallende Strahlung soll dank der Fächerstruktur des Pectens ein gitterartiger Schatten auf den unteren Teil der Netzhaut geworfen werden. Das Erkennen von kleinen Objekten gegen einen strukturarmen hellen Himmel könnte beim Kreuzen des Gitters wesentlich erleichtert werden. Dadurch wäre auch eine Orientierung möglich. Nicht zuletzt wurde dem Pecten auch eine Funktion als magnetischer Sensor zugesprochen.

Die **Linse (Lens)** ist weicher und damit verformbarer als bei den Säugern. Dies gilt insbesondere für Tauchvögel (Akkommodation in Wasser und Luft notwendig). Bei Eulen ist sie allerdings kaum formveränderlich. Die Linse kann entweder beidseitig gleich konvex (z. B. Nachtvögel allgemein, Entenvögel, Eulen) oder nach außen beinahe plan und nach innen stark konvex (Tagvögel, z. B. Papageien) sein. Alle Arten zeigen einen den Linsenäquator umgebenden Ringwulst, an dem die Fasern des Ziliarapparates inserieren. Schnellere Flieger haben meist einen größeren Ringwulst, da sie eine schnelle Anpassung des Auges brauchen. Nacht-, Tauch- und flugunfähige Vögel haben einen stark reduzierten Ringwulst. Zarte Fasern der Zonula zinnii halten die Linse vom Augeninneren her (Abb. 11.3).

Die **vordere Augenkammer** liegt zwischen Hornhaut und Iris, die hintere zwischen Iris und Linse. Sie ähneln im Bau denen der Säuger. Sie enthalten das Kammerwasser (s. o.), das den intraokulären Druck und damit die Form des Auges bewirkt.

Der **Glaskörper (Corpus vitreum)** besteht wie bei den Säugern aus einer klaren, transparenten gelartigen Masse. Sie liegt zwischen der Linse und der Netzhaut.

Auf der Vogelretina (s. a. Abb. 11.2) lassen sich drei verschiedene **Typen von Sehzellen** unterscheiden, die durch ihre strukturelle und chemische Kompartimentierung charakterisiert sind:

Ein Zelltyp **(Stäbchen)** ist vor allem für das Schwachlichtsehen ausgebildet (große, zylindrische Außensegmente, keine Öltröpfchen im Basisglied, Außensegmente sind kontrahierbar je nach Lichtbedingungen).

Ein zweiter Typ **(Zapfen)** dient der Perzeption von Farben und hoher Auflösung. Er ist durch Öltröpfchen im Basisglied und relativ kurzen Außengliedern charakterisiert. Diese Öltröpfchen (sie kommen auch bei Amphibien, Reptilien und nichtplazentalen Säugern vor) können verschiedene Farben (alle des Spektrums) aufweisen. Sie dienen offensichtlich zur Erhöhung des Farbkontrastes und damit einer verbesserten Farbwahrnehmung (Abb. 11.2).

Ein dritter Sehzelltyp kommt nur als **Paar** vor und findet sich bei allen Vertebraten mit Ausnahme der Plazentatiere. Es handelt sich um zwei eng aneinanderliegende **Zäpfchenzellen (Haupt- und Nebenzelle);** die Hauptzelle ist lang und dünn und besitzt immer einen Öltropfen; die Nebenzelle ist breit und kurz und enthält einen großen Glykogenspeicher und (?) kleine Öltröpfchen. Beide Typen können über 80 % der Sehzellen ausmachen. Über ihre spezielle Funktion ist nur wenig bekannt.

11.1.2 Schutz- und Hilfseinrichtungen des Auges

Vögel besitzen insgesamt **drei Augenlider,** die vor allem Schutzfunktion haben.

Das **untere Augenlid (Palpebra inferior)** ist größer und stärker beweglich (Ausnahmen: Eulen, Papageien, Zaunkönig, Wasseramsel) als das **obere Augenlid (P. superior).** Das dritte Augenlid, eine Falte der Bindehaut, ist die **Nickhaut (P. tertiana** oder Membrana nictitans), die meist von oben schräg nach unten fährt. Die Nickhaut ist, mit Ausnahme bei Eulen und der Wasseramsel, durchsichtig; bei

Tauchvögeln findet man ein durchsichtiges linsenartiges Fenster, das stark lichtbrechend ist und die fehlende Lichtbrechung der Cornea im Wasser ersetzt. Kleine pinselartige Zellfortsätze auf der Innenseite der Nickhaut reinigen die Hornhaut beim Überstreichen. Zusätzlich verteilen sie das Sekret der Nickhautdrüse über die Hornhaut. Eventuell wird die Nickhaut bei schnellem Flug in großen Höhen heruntergezogen, um ein Austrocknen des Auges zu verhindern.

Der **Tränenapparat** des Vogels besteht aus zwei Drüsen:

Die **Nickhautdrüse, Hardersche Drüse** (Glandula lacrimalis accessoria), ist eine kompakte tubulo-azinöse Drüse, die sich als blaßrosa oder braunrotes Band an der ventralen Fläche des Bulbus erstreckt. Sie hat ein mukoides Sekret, das über einen unpaaren Gang in eine Tasche, die von der Nickhaut und der Sklera gebildet wird, entleert wird. Es dient der Säuberung und Anfeuchtung der Hornhaut.

Die **kleinere Tränendrüse (Gl. lacrimalis)** liegt zwischen Augapfel und Unterlid im Augenwinkel. Sie fehlt z. B. bei Uhus und Pinguinen.

Vögel haben die gleiche Anzahl von **Augenmuskeln** wie die übrigen Wirbeltiere: 4 gerade und 2 schräge bewegen den Bulbus. Da der Augapfel die Augenhöhle (Orbita) jedoch fast vollständig ausfüllt, ist die Bewegungsfähigkeit stark eingeschränkt. Eulen haben durch die zusätzliche Einbettung des Auges in den umfangreichen Sklerotalring nahezu unbewegliche Augen. Sie müssen zur Fixierung daher den Kopf hin- und herbewegen. Zusätzlich können sie den Kopf (wegen der frontalen Anordnung der Augen) auch um bis zu 270° drehen. Diese **Beweglichkeit von Kopf und Hals** kompensiert bei vielen Arten die relativ geringe Beweglichkeit des Auges. Andere Arten können die Augen andererseits bis zur Schnabelspitze hin »verdrehen« (Rohrdommeln); stark beweglich sind auch die Augen von Tukanen und Nashornvögeln. Im Gegensatz zu den Säugern können Vögel ihre Augen außerdem unabhängig voneinander und auch über die Rotationsachse hinweg bewegen.

11.1.3 Akkommodation

Die Geschwindigkeit und der Bereich der **Akkommodation** ist bei Vögeln größer als in jeder anderen Vertebratengruppe. Die meisten Vögel können ihr Auge in einem Bereich von durchschnittlich 20 Dioptrien verstellen; das ist doppelt so viel wie bei einem Menschen (Brechungsbereich 60 bis 70 Dioptrien). Extreme liegen bei 70 Dioptrien (Brechungsbereich 70 bis 140 Dioptrien). Wasseramsel und Kormoran akkommodieren über 50 Dioptrien (auch andere Wasser- und auch »Luftvögel«). Bei nachtaktiven Arten liegt dagegen der Bereich bei nur 2 bis 4, bei »normalen« Tagarten bei etwa 8 bis 12 Dioptrien.

In **Ruhestellung** ist das Auge auf »fern« eingestellt, so daß eine Akkommodation immer eine Naheinstellung bedeutet. Vögel mit geringer Akkommodationsfähigkeit (Eulen) können daher nicht auf Nähe scharf stellen. Im Gegensatz zu Säugern wird durch Kontraktion des Brückschen Muskels indirekt über die Ziliarfortsätze ein Druck auf die Linse ausgeführt, der zur Naheinstellung führt (Abb. 11.5). Aber nicht nur die Linse ist an der Akkommodation

des Auges beteiligt. Auch die Cornea kann in ihrem Radius verändert werden. Bei der Taube kann dies bis zu 17 Dioptrien ausmachen.

Die physikalische **Adaptation an Hell-Dunkel** geschieht durch die Pupillentätigkeit in etwa der gleichen Geschwindigkeit wie beim Menschen (Sekundenbereiche).

11.1.4 Sehleistungen

Bezogen auf die Region des schärfsten Sehens, ist die **Sehschärfe** bei Mensch und Vogel im Mittel nicht sehr verschieden. Vögel zeigen in der Regel (im Gegensatz zum Säuger) aber eine gleichmäßigere Verteilung der Zapfen über die gesamte Retina, so daß ihr gesamtes Blickfeld in allen Bereichen gleich scharf und farbig ist. Besonders Greifvögel haben allerdings deutlich dichtere Zäpfchenkonzentrationen, die es ihnen erlauben, bis zu sechsmal höher aufzulösen als der Mensch, der als kleinsten **Trennwinkel** etwa 25 Bogensekunden ($''$) aufweist (Haushuhn etwa 4$'$, Amsel 1$'$20$''$, Taube 25$''$, Schmutzgeier 12$''$).

Die Trennschärfe ist allerdings nicht das einzige Kriterium für ein gutes Auge. Das Vogelauge ist hervorragend zur **Detektion von Bewegungen** geeignet (s. o.). Sowohl extrem langsame Änderungen von nur 15° pro Stunde als auch eine Folge von 150 Bildern pro Sekunde werden erkannt. Das eine hilft wohl bei der Kontrolle der Sonnenbewegung (Orientierung), das andere ist unentbehrlich für den schnellen Flug.

Die meist seitliche Anordnung der Augen bewirkt, daß der größte Teil des Sehfeldes bei Vögeln monokular ist. Daher ist es auch sinnvoll, daß beide Augen unabhängig voneinander arbeiten. Das **binokulare Sehfeld** der meisten Vögel liegt unter 25°; bei Papageien beträgt es z. B. 6 bis 10°, bei Eulen aber bei 60 bis 70°, bei einigen Taggreifen 35 bis 50°.

Das **Gesichtsfeld** ist dafür z. T. enorm groß. Die Waldschnepfe, die zur Tarnung ihren Kopf immer sehr ruhig halten muß, hat ein Sehfeld von fast 360°, also einen Panoramablick. Der Brillenpinguin, der kein binokulares Feld aufweist, hat immer noch 340°, Tauben bis 300°.

Der Mangel an binokularem Sehfeld und damit die räumliche Wahrnehmung wird bei einer Reihe von Vögeln durch Hin- und Herbewegungen des Kopfes (Kopfwiegen bei Eulen), durch Kopfwackeln (Reiher), Kopfnicken und Knicksen (Rotschwanz, Wasserläufer, Wasser-

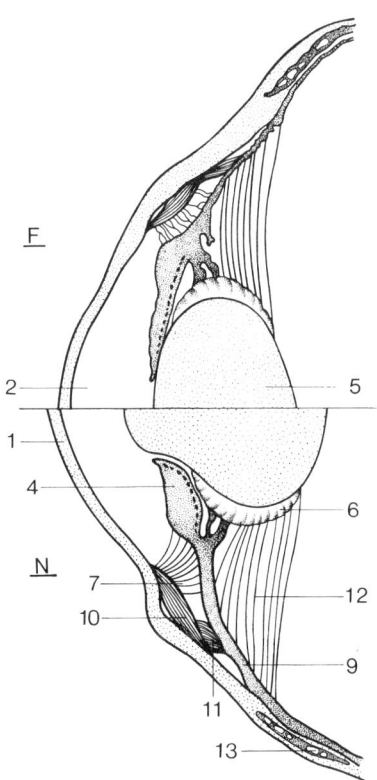

Abb. 11.5. Akkommodation des Vogelauges (nach BERNDT & MEISE 1958). F = Ferneinstellung (Ruhezustand der Linse); N = Naheinstellung. Erklärung der Zahlen s. Abb. 11.1.

amsel usw.) ausgeglichen, so daß selbst einäugige Vögel keine größeren Probleme haben, z. B. Beute räumlich exakt zu lokalisieren.

11.1.5 Farbensehen

Vögel können ohne Zweifel Farben sehen. Vermutlich reicht ihr Spektrum bei vielen Arten sogar über einen weiteren Bereich als bei allen anderen Vertebraten.

Das **Farbensehen** ist an die Zapfen gebunden, die sich gleichmäßig bis in die Randpartien der Retina erstrecken. Früher ging man davon aus, daß das Farbunterscheidungsvermögen der Vögel dem des Menschen etwa entspricht. Selbst Eulen (nachtaktiv) unterscheiden die Grundfarben.

Der Mensch hat **Zapfentypen,** die für Gelb, Grün und Blau empfindlich sind, und über

Komplementäreffekte sind damit zahlreiche Farben(-mischungen) unterscheidbar. Zumindest ein Teil der Vögel geht nun weit über diese drei Grundtypen (trichromatische Empfindlichkeit) hinaus. Sicher können einige bis in den UV-Bereich sehen. Die Taube z. B. von 360 bis 640 nm. Kleinere Vögel haben Zapfen mit einem Absorptionsmaximum von 360 nm (UV-Bereich). Bekannt sind folgende Zapfentypen: 570 nm (rot), 510 nm (grün), 480 nm (blaugrün), 450 nm (blau), 370 nm (UV). Das bedeutet eine **pentachromatische Empfindlichkeit.** Durch Mischung sind damit auch zahlreiche **Purpurtöne** möglich, die Menschen nicht kennen. Durch das **UV** als weiteren sichtbaren Wellenbereich ergeben sich durch Komplementärfarben-Effekte zahlreiche Farbeindrücke von für Menschen weißen Flächen. Die Grundausstattung bei Vögeln sind somit offensichtlich

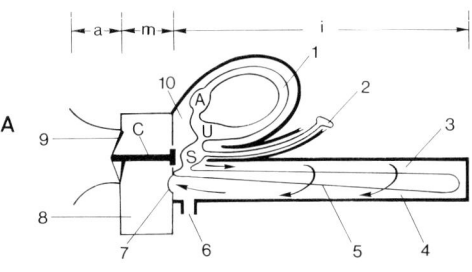

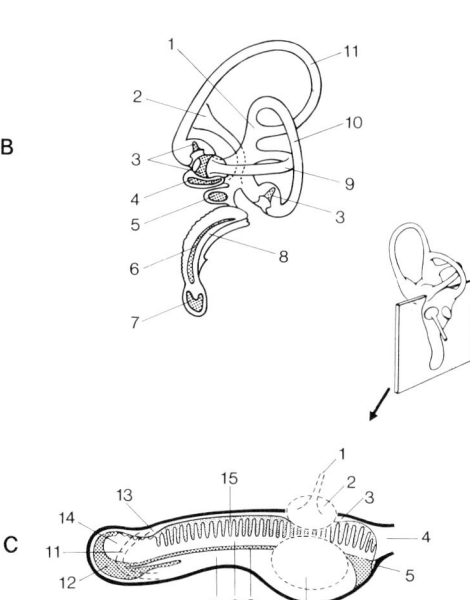

Abb. 11.6. A. Schematische Darstellung der Organisation des Vogelohres (nach MEYER 1986). a = äußeres Ohr; m = mittleres Ohr; i = inneres Ohr. A = Ampulle; U = Utriculus; S = Sacculus; C = Columella. Die dicken Pfeile geben an, in welche Richtung die Perilymphe in Schwingung gerät, wenn sie durch die Columella durch Vibrationen angeregt wird.

1 = Bogengang (Canalis semicircularis); 2 = Endolymphatischer Sack des Ductus endolymphaticus; 3 = Scala vestibuli (mit Perilymphe gefüllt); 4 = Scala tympani (mit Perilymphe); 5 = Schneckengang (Ductus cochlearis), mit Endolymphe gefüllt; 6 = Ductus reuniens; 7 = Schneckenfenster, rundes Fenster (Fenestra cochleae); 8 = Tympanalhöhle (Scala tympani); 9 = Trommelfell (Membrana tympani); 10 = Vorhof (Vestibulum).

B. Schematische Darstellung des häutigen Labyrinthes eines Vogels (linkes Organ, Lateralansicht; nach KING & MCLELLAND 1978). Rezeptorregionen sind schwarz gepunktet. 1 = Crus commune; 2 = Ductus endolymphaticus; 3 = Cristae in den Ampullen; 4 = Macula utriculi; 5 = Macula sacculi; 6 = Papilla basilaris syn. acustica; 7 = Macula lagena; 8 = Ductus cochlearis; 9 = lateraler Bogengang (Canalis semicircularis lateralis); 10 = hinterer Bogengang (C. s. posterior); 11 = vorderer Bogengang (C. s. anterior).
C. Schematische Darstellung der Schnecke (Cochlea) eines Singvogels (nach KING & MCLELLAND 1978). 1 = Columella; 2 = Vorhoffenster (Fenestra vestibuli); 3 = basaler Rest der Scala vestibuli; 4 = Ductus reuniens; 5 = Ductus brevis; 6 = knöcherne Wand der Schnecke; 7 = Schneckenfenster (Fenestra cochleae); 8 = Basilarmembran (Membrana basilaris); 9 = Schneckengang (Ductus cochlearis); 10 = Scala tympani; 11 = Ductus scalae tympani; 12 = Knorpel; 13 = apikaler Rest der Scala vestibuli; 14 = Lagena; 15 = Tegmentum vasculosum.

4 Grundfarben und 4 Mischfarben; Vögel sehen also die Welt sicher farbenprächtiger als wir. Allerdings scheint es sehr große interspezifische Unterschiede zu geben.

Palaeognathe (Pterygoid und Palatinum bilden hier eine durchgehende Spange während bei den Neognathen dazwischen ein zusätzliches Gelenk ausgebildet ist; dazu gehören Strauße, Emus, Nandus und die Steißhühner) und sehr große Vögel haben keine UV-Zellen, da hier die großen Augen im dioptrischen Apparat vermutlich zu große Streuungen verursachen würden und kein scharfes Bild ergäben.

11.2 Ohr

11.2.1 Bau des Ohres

Das Vogelohr kann wie bei den Säugern in drei **Hauptabschnitte** gegliedert werden: Das Außen-, Mittel- und Innenohr.

Das **Außenohr (Auris externa)** ist ein relativ kurzer, leicht nach abwärts führender Trichtergang, der sich zwischen der ovalen äußeren Öffnung des Ohres und dem Trommelfell erstreckt. Zwar fehlt eine Ohrmuschel, doch kann bei manchen Vogelarten (z. B. Eulen) eine dicht mit Federchen besetzte Hautfalte aufgerichtet und durch quergestreifte Muskulatur bewegt werden, so daß eine Lokalisation von Geräuschen erleichtert wird **(Operculum).** Vor der äußeren Ohröffnung liegen sehr weitstehende Federn, die als dünner Schleier Fremdkörper abfiltern können (besonders bei Singvögeln, fehlen aber Straußen, Hühnervögeln, Geiern). Zusätzliche Schutzeinrichtungen (z. B. **Schwellkörper** beim Auerhahn) dienen

u. U. dem völligen Verschluß des Gehörganges, um heftige Druckschwankungen auf das Trommelfell zu verhindern.

Das **Mittelohr (Auris media)** liegt in der Paukenhöhle (Cavum tympani) und wird vom Trommelfell (Membrana tympani) und nach innen vom Innenohr begrenzt (Abb. 11.6). Es ist luftgefüllt und enthält das **Gehörknöchelchen.** Mit dem (Oro-)Pharynx ist die Tympanalhöhle über die Hörtrompete (Tuba auditiva) verbunden. Wir finden nur einen Muskel, den M. columellaris, der die Spannung des Trommelfells reguliert. Bei manchen Eulen findet man Verbindungen zu Luftkammern, die offensichtlich Luftdruckschwankungen ausgleichen sollen oder als Resonanzsystem zur Lautverstärkung dienen. Das Gehörknöchelchen (Columella) entspricht dem Steigbügel der Säugetiere. Die anderen Gehörknöchelchen der Säuger (Hammer, Amboß) sind bei den Vögeln noch als ursprüngliche Knochen (Quadratum, Articulare) ausgebildet.

Der obere, knorpelige Teil der Columella ist mit den inneren Schichten des **Trommelfelles** verwachsen. Der untere Teil (Fußplatte) wird im ovalen Fenster (Vorhoffenster, Fenestra vestibuli syn. ovalis) durch einen membranösen Ring (Ligamentum annulare) fixiert, der ihm die notwendige Beweglichkeit garantiert. Durch diese Anordnung werden Luftschwingungen am Trommelfell zu Bewegungen kleiner Schwingungsamplitude aber großer Kraft am Vorhoffenster untersetzt. Dies wird u. a. dadurch bewerkstelligt, daß das Verhältnis Fläche Trommelfell zu Fläche Columella-Fußplatte bei Singvögeln etwa 20 bis 30:1 und bei Eulen etwa bis zu 30 bis 40:1 beträgt (Tab. 11.1). Der M. columellaris kann durch reflexartiges Ver-

Tab. 11.1. Absolute Fläche (in cm^2) des Trommelfelles und der Columella-Fußplatte und ihr relatives Verhältnis zueinander bei einigen Vogelarten; nach dem Verhältniswert ansteigend geordnet.

Vogelart	Trommelfell	Fußplatte	Verhältnis
junges Haushuhn (1 Tag alt)	0,069	0,0060	11:1
Haustaube	0,204	0,0116	14:1
Teichhuhn	0,132	0,0078	16:1
Rauchschwalbe	0,171	0,0038	19:1
Amsel	0,160	0,0073	22:1
Kohlmeise	0,104	0,0042	25:1
Buchfink	0,114	0,0041	28:1
Gelbspötter	0,086	0,0030	29:1
Waldkauz	0,593	0,0198	30:1
Waldohreule	0,480	0,0120	40:1

spannen Bewegungen der Columella blockieren und so die Weiterleitung von extrem energiereichem Schall unterbinden. Wenn die Columella das Vorhoffenster nach innen drückt, wird die Perilymphe des Innenohres komprimiert und diese Kompression wird von einer Bewegung der das Schneckenfenster bedeckenden Membran nach außen zum Mittelohr hin begleitet (Abb. 11.6).

Das **Innenohr (Auris interna)** besteht aus dem sensorischen, häutigen Labyrinth, welches mit bindegewebigen Fasern in das knöcherne **Labyrinth** aufgehängt ist. Die Hohlräume sind jeweils mit (Endo-, Peri-)Lymphe gefüllt, die sich deutlich unterscheiden: Endolymphe: spez. Masse 1,007 g, Viskosität 1,19 cp (doppelt so hoch wie Wasser); Perilymphe: 1,0006 g und 0,76 cp. In die Wand des häutigen Labyrinthes treten Äste des VII. Gehirnnerven (N. statoacusticus) ein. Das knöcherne Labyrinth besteht aus dem Vorhof (Vestibulum), den **Bogengängen (Canales semicirculares)** und der **Schnecke (Cochlea,** Abb. 11.6).

Zum häutigen Labyrinth gehören der **Bogengangapparat** aus Utriculus, Sacculus und die halbkreisförmigen Bogengangkanäle (Ductus semicirculares) als Organe des Gleichgewichtssinnes und der Drehbeschleunigung sowie der Schneckengang (Ductus cochlearis) für die Schallwahrnehmung. Die Cochlea endet in der **Lagena** (fehlt bei den Säugern außer bei den Monotremata), die eine eigene Macula ausweist. Ihre Funktion ist nicht sicher (eventuell zuständig für tiefe Frequenzen oder Gleichgewichtskoordination).

Die **Schnecke** ist beim Vogel nicht spiralig gewunden, sondern eine nur leicht gebogene, relativ kurze Röhre. Dadurch ist sie nur etwa ein Zehntel so lang wie bei einem Säuger vergleichbarer Größe, jedoch wesentlich breiter angelegt. Den **Feinbau der Cochlea** zeigt Abb. 11.6.

Der eigentliche **Hörvorgang** verläuft wie bei den Säugetieren (für Details s. ein Lehrbuch der Physiologie): Über das Trommelfell bringt die Columella die Lymphe im Innenohr zum Schwingen. Die Druckwellen erzeugen Drehschwingungen an der Basilarmembran (Membrana basilaris), durch welche frequenzabhängig Haarsinneszellen (man kann drei verschiedene Typen, lange, mittlere und kurze, unterscheiden) durch Scherung stimuliert werden, die zusammen mit Stützzellen auf der Basilarmembran sitzen und deren Fortsätze mit einer

Tab. 11.2. Hörbereich (in Hz) von Vögeln im Vergleich zum Menschen. Angegeben sind die untere und obere Maximalgrenze sowie der Bereich höchster Empfindlichkeit. Alle Daten sind entweder durch Dressurversuche und/oder elektrophysiologisch ermittelt worden. Es handelt sich um grobe Anhaltswerte. – Werte fehlen. Nach versch. Autoren.

Art	unteres Limit	oberes	Bereich höchster Empfindlichkeit
Mensch	16	24 000	1000–2800
Wellensittich	40	14 000	2000
Taube	50	11 500	1000–4000
Uhu	60	8 000	1000
Waldohreule	100	18 000	6000
Elster	100	21 000	800–1600
Gimpel	100	25 000	3200
Brillenpinguin	100	15 000	600–4000
Schleiereule	100	21 000	3000–6000
Buchfink	200	29 000	3200
Fasan	250	10 500	–
Kanarienvogel	250	10 000	2800
Amerikanerkrähe	300	8 000	1000–2000
Buntfalke	300	10 000	2000
Stockente	300	8 000	2000–3000
Ohrenlerche	350	7 600	–
Schneefink	400	7 200	–
Haussperling	675	18 000	–
Star	700	15 000	2000

gallertigen Deckmembran (Membrana tectoria) verbunden sind. Dadurch wird der Höreindruck vermittelt. Obwohl die Cochlea der Vögel relativ kurz ist, weist sie doch bis zu zehnmal mehr sensorische Haarsinneszellen auf als bei Säugern auf.

11.2.2 Hörleistungen

Im Mittel ist der **Hörbereich** der Vögel meist deutlich enger als der des Menschen (Tab. 11.2). So werden ganz tiefe Töne (unter etwa 40 Hz) nicht mehr wahrgenommen. Einige wenige Kleinvögel können aber knapp 30 kHz noch hören. Ein Ultraschallhören wie bei Fledermäusen ist nicht bekannt.

Die **Echolotung** bei Fettschwalmen und einigen Salangamen durch kurze Schnalzlaute liegt im hörbaren Frequenzbereich von 4–8 kHz (Abb. 11.14).

Die generelle **absolute Empfindlichkeit** ist bei Vögeln ebenfalls etwas geringer als bei Säugern und erreicht bei Tauben und Enten unter Umständen nur etwa $\frac{1}{10}$ des menschlichen Ohres. Engere Frequenzbereiche werden allerdings gleich gut aufgenommen.

Zu erwähnen wäre noch, daß neuere Erkenntnisse darauf hinweisen, daß Brieftauben **Infraton** (bis zu 0,05 Hz; erzeugt z. B. durch Meereswellen) zur Orientierung benutzen können, d. h. daß sie diese Frequenzen auch wahrnehmen können. Allerdings erfolgt diese Wahrnehmung vermutlich durch Mechanorezeptoren (s. weiter u.).

Wie beim Auge ist allerdings das Vogelohr in seinem **zeitlichen Auflösungsvermögen** wesentlich (bis zum 10fachen) besser als das menschliche Ohr. Auch in der Diskriminierung einzelner **Frequenzunterschiede** (bis unter 0,2 %) scheinen bei einigen Arten bessere Leistungen aufzutreten (allerdings nicht bei tiefen Frequenzen; hier sind die meisten Vögel sogar schlechter als der Mensch).

Ebenfalls sehr gut ist das **Tongedächtnis**, d. h. die Genauigkeit in der Reproduzierbarkeit von gehörten Tönen.

Das **Richtungshören** ist vor allem bei Eulen extrem gut ausgeprägt. Sie können noch Schallquellen voneinander trennen, die nur 1,6° voneinander getrennt sind. Dies entspricht einer Zeitdifferenz des Schalles an beiden Ohren von nur 4 µs; kein Landwirbeltier »hört« besser, nur Delphine, die echoloten, zeigen eine höhere Auflösung.

11.2.3 Gleichgewichtssinn

Das Gleichgewichtsorgan besteht aus folgenden Teilen des häutigen vestibulären Labyrinthes:

Drei große, annähernd halbkreisförmige Bogengänge (ein rostraler vertikaler, ein kaudaler vertikaler und ein lateraler horizontaler syn. anteriorer, posteriorer und horizontaler), die sich senkrecht zueinander in die drei Hauptebenen des Raumes erstrecken.

Die **häutigen Bogengänge (Ductus semicirculares)** entspringen aus dem sackförmigen Utriculus. Jeder Kanal ist nahe einer seiner Mündungen in den **Utriculus** zu einer Ampulle erweitert. Der Utriculus steht durch eine Öffnung in seinem Boden mit dem Sacculus in Verbindung (Abb. 11.6).

Der **Sacculus** liegt als ovales Bläschen unter dem Utriculus. Er verbindet den oberen und unteren Labyrinthabschnitt miteinander. Aus dem Sacculus erstreckt sich ein im Schädelinneren blind endender Gang (Ductus endolymphaticus), der sich zuvor noch in den endolymphatischen Sack erweitert. Der Sacculus steht wahrscheinlich in Zusammenhang mit der Produktion der Endolymphe und der Kontrolle ihres Druckes.

Die **Lagena** liegt am Ende der Cochlea und ist nur scheinbar ein Anhängsel des Hörorgans. Phylogenetisch erscheint sie zusammen mit Utriculus und Sacculus. Über ihre mögliche Funktion s. o.

Gruppen von vestibulären Sinneszellen bilden **Sinnespolster in den Ampullen** (Cristae ampullaris), im Utriculus (hier zwei: Macula utriculi und Macula neglecta; letztere fehlt bei den Säugetieren), im Sacculus (Macula sacculi) und in der Lagena (Macula lagena). Die Sinneshärchen im Utriculus (M. utriculi) und Sacculus (M. sacculi) sind in eine Gallertmasse, die Statolithenmembran, eingebettet. Sie enthält kleine Statolithen (Otolithen) aus Kalzit ($CaCO_3$) und Proteinen. Die Statolithen werden (beim Huhn) im endolymphatischen Sack gebildet und mit der Lymphe an die Sinneszellen gebracht. Die übrigen Sinneszellenpolster werden von einer sogenannten **Cupula** bedeckt. Diese Membran enthält keine Statolithen. Die Sinneszellen des Vestibularapparates sind mit verschiedenen Zweigen (rostraler, kaudaler) des VIII. Gehirnnerven (Nervus vestibulocochlearis) innerviert.

Der Vestibularapparat ist mit Endolymphe gefüllt, in die die Sinnespolster hineinragen.

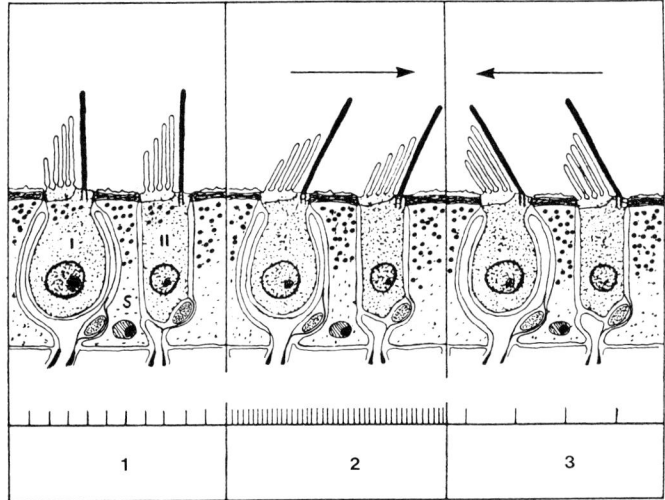

Abb. 11.7. Schematische Darstellung der vestibulären Sinneszellen (Haarzellen Typ I und II), der mit ihnen verbundenen Nervenendigungen und funktioneller Gegebenheiten (nach MEYER 1986).
S = Stützzellen; schwarz gezeichnet ist das Kinozilium. Je nach Richtung, in der die Endolymphe auf das Kinozilium einwirkt (Fließrichtung der Lymphe angegeben durch die Pfeile), findet man eine unterschiedliche Reaktion der fortleitenden Nervenfasern. Deren Aktionspotentialfrequenz ist schematisch im unteren Teil der Abb. eingezeichnet. In Ruhelage (1) herrscht eine Ruhefrequenz; wird die Haarzelle in Richtung Kinozilium gereizt (2) erhöht sich die Frequenz, Reizung vom Kinozilium weg (3) bewirkt eine Inhibition, die Frequenz der fortgeleiteten Aktionspotentiale nimmt im Vergleich zur Ruhefrequenz ab.

Bei Beschleunigungen bleibt die träge Lymphe gegenüber der Wandung etwas zurück bzw. verhält sich umgekehrt bei einer Bremsung. Dadurch kommt es zu einer Scherung der Neuroepithelzellen. Diese kann bei den Statolithenmembranen auch durch eine Abweichung von der senkrechten Lage auftreten. Je nach Richtung und Stärke der **Scherung** werden die Sinneszellen unterschiedlich verformt, und sie können daraus Richtung und/oder Stärke des Reizes perzipieren (Abb. 11.7). Der Bogengangapparat spricht also auf Drehbeschleunigungen und Lageänderungen an. Er ist verantwortlich für die Orientierung im Raum und tonisiert die Grundspannung des Körpers (Ruhetonus der Muskulatur).

11.3 Geruchssinn

Jahrelang war heftig umstritten, ob Vögel überhaupt riechen können. Sicher ist, daß Vögel ein gut entwickeltes **Geruchsorgan (Organum olfactorius)** besitzen, das in der geräumigen, paarigen Nasenhöhle liegt, die durch das Nasenseptum medial geteilt ist.

Vor dem Riechorgan liegt der **Nasenvorhof,** der durch Borsten (Luftfilter) nach außen abgeschlossen ist. Bei manchen Vogelarten kann die Nasenöffnung (Nares) durch eine verhornte Schuppe abgedeckt sein oder sie ist sogar (bei Fischadler, Reihern, Möwen) verschließbar bzw. ganz zugewachsen (Baßtölpel). Letztere Arten atmen durch den Schnabel.

Die **Nasenhöhle** mündet durch zwei Choanen in den Rachen. Sie ist in **drei** klar gegliederte **Abschnitte** (Nasenmuscheln, Conchae nasales) geteilt: Die rostrale Muschel (fehlt bei Tölpeln und allen anderen Tieren; beide Hälften können miteinander in Verbindung stehen) und die mittlere Muschel (sie kommt bei allen Vögeln vor) dienen vor allem der Atmung (Luftfilter, Luftbefeuchtung, Wärmeaustausch usw.). Luftpartikel werden mit Hilfe von Schleim, der vom Epithel der mittleren Nasenmuschel abgesondert wird, gebunden und dann mit Zilien durch die Choanenöffnungen in den Mundraum befördert, wo der Schleim abgeschluckt wird. Nasendrüsen (Glandula nasi) liefern hier auch die notwendige Luftfeuchte und dienen u. U. auch der Salzexkretion. Für den Wärmeaustausch sind die Nasenmuscheln stark durchblutet.

Der eigentliche **Geruchssinn** liegt in der dritten Nasenmuschel (kaudale N.) und ist mit dem **Riechepithel** bedeckt (Abb. 11.8). Es ist eine relativ kleine Fläche. Der Grundaufbau des Epithels entspricht dem des Menschen: Zwischen Stütz- und Drüsenzellen liegen die Sinneszellen. Sie haben einen Stäbchensaum Richtung Nasenhöhle und gehören zum Typ der primären Sinneszellen. Ihre Information leiten sie über den I. Gehirnnerven (Nervus olfactorius) zum Riechhirn (Bulbus olfactorius), er ist

bei Vögeln normalerweise nur schwach entwickelt (Abb. 11.9).

Über das **Geruchsvermögen** weiß man immer noch relativ wenig. »Gute Riecher« sind jedoch bekannterweise Kiwis, Truthahngeier, Sturmvögel, Tauben, Enten, Albatrosse und Greifvögel. Singvögel verfügen nur über ein schwach entwickeltes Geruchsvermögen.

Insgesamt läßt sich feststellen, daß der Geruchssinn nur bei wenigen Arten gut ausgebildet ist. Mit Ausnahme der Kiwis sind der Gesichtssinn und das Gehör zweifellos die wichtigeren Sinnesorgane der Vögel.

11.4 Geschmackssinn

Das **Geschmacksorgan (Organum gustus)** ist bei den Vögeln ebenfalls nur schwach entwickelt.

Geschmacksknospen befinden sich vor allem in Schleimhäuten auf dem weichen Gaumen (Pharynxanfang) und auf den hinteren Teilen der Zunge. Meist stehen sie in enger Nachbarschaft zu den Ausführgängen der Speicheldrüsen; einzelne Knospen finden sich aber auch verstreut im Mundraum. Vermutet werden auch extralinguale Vorkommen.

Der **Grundbau der Geschmacksknospen** ist bei allen Arten ± identisch: Sie sind spindel- bis birnenförmig und bestehen aus einigen langgestreckten Sinneszellen, die mit Stiftchen in einer Grube der Mundschleimhaut enden. Die Geschmackszellen (sekundäre Sinneszellen) sind von einem Mantel aus Stützzellen und dann meist (s. u.) von Hüll- oder Follikelzellen umgeben (Abb. 11.10). Grob drei Typen von Geschmacksknospen lassen sich unterscheiden. Der häufigste ist der oben beschriebene Typ. Er kommt vor allem bei Singvögeln, Hühnervögeln und Tauben vor. Der zweite Typ ist schmaler, langgestreckter und auf Enten, Flamingos und Austernfischer beschränkt. Typ drei ist runder und hat keine Follikelzellen. Er ist charakteristisch für Papageien.

Im Vergleich zu Säugern (bei der Ratte bis zu 17 000 Geschmacksknospen, Mensch bis 9000) und Knorpelfischen (bis zu 100 000) haben Vögel relativ wenige dieser Sinnesorgane: Blaumeise 24, Gimpel 46, Star 200, Huhn 250 bis 350, Stockente 375, Sittiche *(Psittacula)* 300 bis 400.

Die nervöse Ableitung der **Geschmacksinformation** geschieht offensichtlich vor allem durch den IX. Gehirnnerven (Nervus glossopharyn-

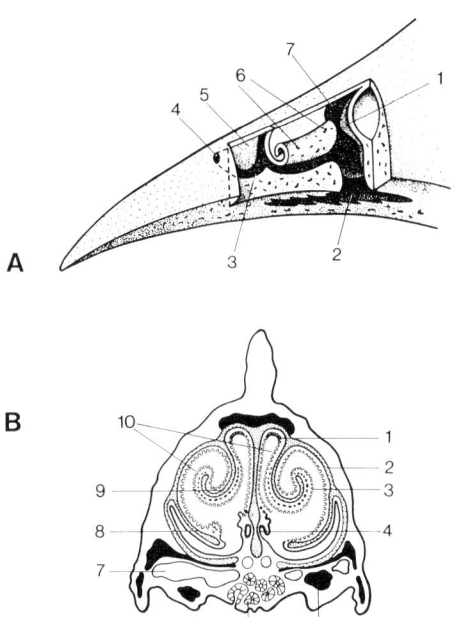

Abb. 11.8. A. Schematischer Anschnitt der Nase eines Vogels (nach Berndt & Meise 1958).
1 = hintere Nasenmuschel; 2 = Choane; 3 = Nasenvorhof; 4 = Nasenöffnung; 5 = vordere Nasenmuschel; 6 = mittlere Nasenmuschel; 7 = Riechbezirk (Regio olfactoria). Abb. 11.8 B. gibt einen Querschnitt durch diese Nasenregion.
B. Schematischer Querschnitt durch die Nasenregion im vorderen Abschnitt des respiratorischen Teiles der Nasenhöhle (nach Meyer 1986). Knochen sind schwarz gezeichnet, Knorpel gepunktet. 1 = Riechepithel auf der hinteren (3.) Nasenmuschel; 2 = Knorpel; 3 = stark durchblutetes Epithel (Wärmetauscher, Befeuchtung der Atemluft); 4 = Öffnung des lateralen Nasendrüsenganges; 5 = Knochensubstanz; 6 = Speicheldrüsen; 7 = Maxillarsinus; 8 = vordere Nasenmuschel; 9 = mittlere Nasenmuschel; 10 = Respirationsepithel; die Ziffern I, II und III geben die von den Nasenmuscheln abgetrennten Nasenhöhlen (vordere, mittlere, hintere) wieder.

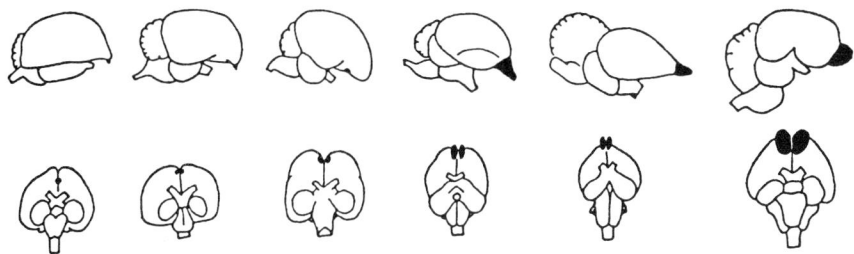

Abb. 11.9. Die Lage und die relative Ausdehnung des Riechhirns (schwarz) bei verschiedenen Vogelarten (nach WENZEL 1971). Die obere Reihe zeigt die laterale Ansicht, die untere Reihe die ventrale Ansicht des Gesamthirns.

Von links nach rechts sind dargestellt: Sperling, Rabenvogel, Papagei, Bläßhuhn, Seetaucher, Sturmvogel.

geus); aber auch andere Hirnnerven (wie z. B. der VII., Nervus facialis, u. a.) scheinen daran beteiligt zu sein.

Der Geschmackssinn hat bei Vögeln nicht die Bedeutung wie bei den Säugern. Bei den einzelnen Arten sind zudem extrem große Differenzen im **Schmeckvermögen** feststellbar, so daß kaum generelle Aussagen möglich sind. Die in Tab. 11.3 angegebenen Werte sind daher nur als absolute Extremwerte für bestimmte, dahingehend getestete Arten (vor allem Hühner) zu verstehen und können inter- und auch intraspezifisch um mehrere Zehnerpotenzen nach oben variieren.

Von größerer Bedeutung als der Geschmackseindruck ist bei der Nahrungswahl und der Nahrungskontrolle offensichtlich die

Information über Härte, Oberflächenbeschaffenheit und Form der Nahrung. Diese Information wird von den Tastkörperchen an den Schnabelrändern geliefert.

11.5 Tastsinn

Der Tastsinn nimmt mechanische Verformungen der Körperoberfläche und/oder der darunterliegender Strukturen wahr.

Taktile **(Mechano-)Rezeptoren** finden sich wie bei Säugern über die ganze Körperoberfläche verteilt. Speziell sensitive Bereiche mit hoher Rezeptorendichte sind z. B. der Schnabelrand, die Schnabelspitze, die Zunge(nspitze), der Gaumen, die Basis von Tasthaaren u. a. Taktile Reizaufnahme ist in vielen Fällen mit

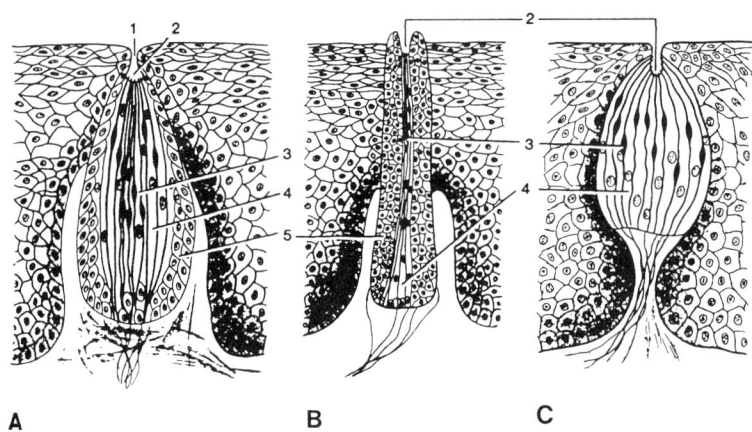

A   B   C

Abb. 11.10. Schematische Darstellung von drei verschiedenen Geschmacksknospen (nach BERKHOUDT 1985). Typ A kommt bei den meisten Singvögeln vor, außerdem bei Haushuhn und Taube. Typ B findet man bei Enten und Flamingos, Typ C bei Papageien.

1 = äußerer Porus; 2 = innerer Porus; 3 = Sinneszelle; 4 = Stützzelle; 5 = Follikelzelle. Typ III weist als einziger Geschmacksknospentyp keine Follikelzelle auf.

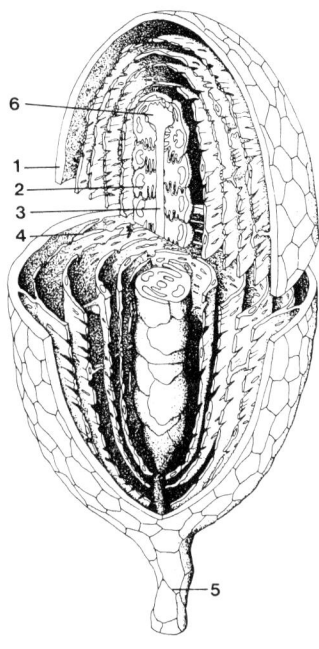
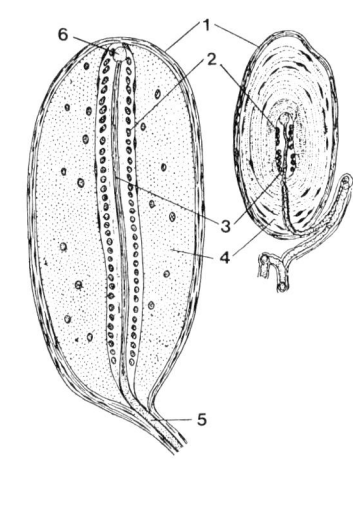

Abb. 11.11. Herbstsches Körperchen beim Vogel (linke Darstellung aus SAXOD 1978, die beiden rechten Abb. nach BERNDT & MEISE 1956).
Links eine schematische Darstellung der räumlichen Struktur eines Tastkörperchen aus dem Entenschnabel. Besonders deutlich ist die lockere Innenschicht (4) aus flachen, perforierten Zellen und Bindegewebsfasern zu erkennen. Die beiden rechten Abb. (hier sind keine Zellgrenzen eingezeichnet) geben stark schematisiert einen Längsschnitt durch das Herbstsche Körperchen aus der Kopfhaut des Haushuhns (großes Bild) bzw. aus der Zunge der Stockente (kleines Bild) wieder.
1 = lamellär aufgebaute Kapsel aus flachen Bindegewebszellen; 2 = Innenkolben aus zwei Reihen dachziegelartig übereinander liegenden Schwannschen Zellen; 3 = axiale Nervenendigung, die in die terminale Ampulle übergeht; 4 = Fasern und Schichten aus flachen, perforierten Zellen und Kollagenfasern bilden einen peribulbären Raum, der aus 15–20 parallel verlaufenden Lamellen besteht; 5 = ableitender Nerv; 6 = Terminalampulle der axialen Nervenendigung.

der Temperatur- und Schmerzperzeption kombiniert. Viele langsam adaptierende Mechanorezeptoren sind z. B. auch hoch temperatursensitiv. Alle diese Rezeptoren bilden zusammen das »somato-sensorische-System«.

Die **sensorischen Elemente** sind in den meisten Fällen die freien Endigungen von Nervenfasern des Trigeminus und des Glossopharyngeus (V. und IX. Gehirnnerv; für den Schnabel bzw. die Zunge) sowie die von Spinalganglien. Eine Beteiligung des sympathischen Systems ist umstritten.

Einfache **freie Nervenendigungen** sind bei Vögeln selten. Sie weisen in der Mehrzahl komplizierter gebaute Nervenendfasern auf, die mit Terminalscheiben (Endknäuel, Endnetze u. a.) enden. Sie lassen sich in drei Haupttypen einteilen: Herbstsche Körperchen, Grandrysche Körperchen und Merkelsche Körperchen. Die

ersten beiden sind exklusiv bei Vögeln zu finden, während Merkelsche Körperchen für alle Tetrapoden charakteristisch sind.

Die **Herbstschen Körperchen** sind die häufigsten Hautrezeptoren beim Vogel und wurden bisher bei allen Arten gefunden. Sie kommen

Tab. 11.3. Untere Geschmacksgrenzen (in molaren Konzentrationen) bei Vögeln.

Stoffklasse	Konzentration in Mol
Salze	0,025 m NaCl
	0,005 m KHCO$_3$
Zucker	0,125 m Sucrose
Bitterstoffe	0,001 m Chininhydrochlorid
Säuren	0,01 m Essigsäure
	0,05 m Zitronensäure
	0,0075 m Salzsäure

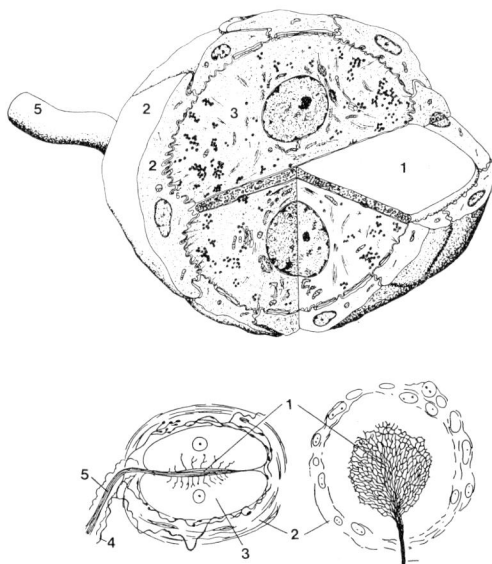

Abb. 11.12. Schematischer Bauplan der Grandry-schen Tastkörperchen.
Das obere Bild (nach Saxod 1978) gibt die räumliche Struktur eines Körperchen aus dem Entenschnabel wieder. Die beiden unteren zeigen stark vereinfacht (keine genauen Zellgrenzen) einen Längsschnitt quer zur Tastscheibe (links) bzw. in der Ebene der Tastscheibe (rechts); letztere nach Berndt & Meise (1956).
1 = Tastscheibe, ein diskusförmiges Ende eines Nerven; 2 = Hüllzellen aus sogenannten Satelliten-Zellen, die fingerförmige Verzahnungen mit den (3) zwei Grandry-Zellen aufweisen. Diese sind »brötchenförmig gebaut und liegen mit ihrer Flachseite auf der Tastscheibe auf. 4 = umspinnendes Nervenfasernetz; 5 = afferente (ableitende) Nervenfaser.

nicht nur in der Haut, sondern auch in verschiedenen Organen, im Muskel, zwischen Muskeln, in Sehnen und in Gelenkkapseln vor. Je nach Vorkommen und Art können sie ± stark in ihrem Bau variieren. Sie haben folgende **Grundstruktur** (Abb. 11.11): Jedes Korpuskel ist ein ellipsoider Körper, der relativ groß ist (bis zu 300×110 µm) und aus drei Teilen besteht: Ein zentraler innerer Bulbus (Kolben), aus zwei Reihen von spezialisierten sogenannten sensorischen Zellen (umgewandelte Schwannsche Hüllzellen), die symmetrisch um das sensorische Nervenende (Neurit) angeordnet sind. Das Nervenende ist kolbenförmig verdickt und weist an seinem Ende eine Terminal-Ampulle auf. Als nächstes folgt ein peribulbärer Raum, der durch ein lockeres, lamelläres

System von flachen Zellen in Verbindung mit Kollagenfasern gebildet wird. Die äußerste Schicht ist eine feste, bindegewebige Kapsel, das Perineurium.

Die **Aufgabe** dieser Körperchen scheint sehr vielseitig zu sein: Man vermutet je nach Lage der Rezeptoren Perzeption von Muskelspannung, Blutdruck, osmotischen Druck, Erschütterungen, Luftvibrationen, Federlage und anderes mehr. Beim Gimpel hat man im Bein Felder von Herbstschen Körperchen gefunden, die auf Töne von 400 und 800 Hz ansprechen. Sicher ist die Erfassung von Tastreizen.

Grandrysche Körperchen sind charakteristisch für Wasservögel. Sie sind außerdem beschränkt auf die oberen Regionen der Haut im Schnabel und der Zunge, wo sie in großer Zahl mit Herbstschen Körperchen vermischt vorkommen. Sie fehlen völlig z. B. bei Hühnern, Tauben und Wachteln. Ihr typischer Bau ist folgender (Abb. 11.12): Zwei (z. T. auch mehr; bis zu 7) sogenannte sensorische Zellen (Grandry-Zellen), die brötchenförmig gebaut sind, liegen flach aufeinander. Sie sind relativ groß (etwa 50×15 µm). Ihre flache Seite (mit der sie sich berühren) liegt parallel zur Epidermis und umschließt eine diskusförmige, flache Nervenendigung. Um dieses Arrangement sind Satellitenzellen angeordnet, und das ganze Gebilde ist schließlich von einer Bindegewebskapsel umhüllt. Feine, unmyelinisierte Nervenfasern kön-

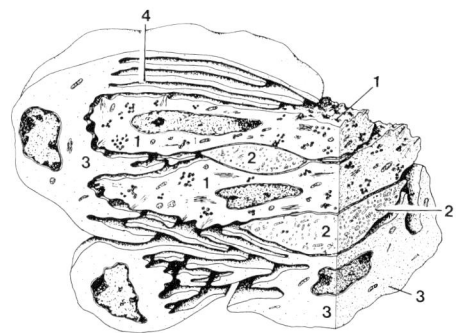

Abb. 11.13. Schematische Darstellung der räumlichen Struktur von Merkelschen Tastkörperchen (nach Saxod 1978).
1 = Merkel-Zellen, die durch zahlreiche, dichtbepackte Vesikel und Bündel von Mikrofilamenten charakterisiert sind; 2 = afferente Nervenendigungen, die sich durch zahlreiche Mitochondrien und klare Vesikel auszeichnen; 3 = Lamellar-Zellen, die starke Einfaltungen (4) und fingerartige Ausstülpungen aufweisen.

nen die Kapsel umgeben. Eine Nervenfaser kann zahlreiche verschiedene Korpuskeln innervieren (distale Divergenz). Dieser Korpuskeltyp dient vor allem der Druckperzeption.

In den tieferen Schichten der Haut, ausschließlich in der Dermis, findet man die **Merkelschen Körperchen** (Abb. 11.13). Sie kommen nur bei nichtaquatischen Vögeln vor und treten nie mit den Grandryschen Körperchen gleichzeitig auf (sie »vikariieren«). Sie sind beschränkt auf den Schnabel und den Gaumen, wo sie in Gruppen auftreten. Merkelsche Körperchen bestehen aus drei Teilen: Eine oder mehrere spezialisierte Tastzellen (Merkelsche Zellen), die eine diskoide Form haben ($10 \times 3\,\mu m$), sind parallel zur Epidermis angeordnet. Zwischen diesen Zellen liegt eine diskusförmige Nervenendigung (Tastscheibe). Lamellarzellen umhüllen die gesamte Struktur. Die Nervenendigungen enthalten viele Mitochondrien, Vesikel vom Synapsentyp und Neurofilamente und Neurotubuli. Der gesamte Komplex ist wie bei den Grandryschen Körperchen ebenfalls von dünnen, markarmen Nervenfasern netzartig umhüllt. Sicher wird auch durch diese Anordnung die Zusammenarbeit verschiedener Tastkörperchen erreicht.

11.6 Andere Sinnesorgane

Die bisher beschriebenen Sinnesorgane sind unumstritten und bei vielen Vogelarten relativ gut bis sehr gut untersucht. Allerdings beschränkt sich die Sinneswelt der Vögel und der anderer Organismen sicher nicht nur auf die sprichwörtlichen fünf Sinne.

Zahlreiche weitere Umweltinformationen sind den Lebewesen zweifellos zugänglich. Sie haben sich allerdings bisher einer genauen Analyse entziehen können. Bei Vögeln sind dies im wesentlichen folgende Leistungen:

Die unumstrittene Fähigkeit zur Fernorientierung beruht auf der Perzeption von zwei wichtigen physikalischen Parametern:

Vögel besitzen zweifelsfrei einen **Kompaß** (s. Kap. 20), der ihnen erlaubt, über den Stand der Sonne und/oder der Sterne ihren augenblicklichen Standort zu ermitteln und eine definierte Himmelsrichtung einzuschlagen und zu halten **(Sternen-/Sonnenkompaß)**. Diese Fähigkeit wird ergänzt durch einen **Magnetkompaß**. Auch er impliziert die Fähigkeit, den augenblicklichen Standort anhand der magnetischen Varia-

blen zu bestimmen und daraus eine Richtung zu ermitteln; dazu ist ein magnetisches Organ unerläßlich.

Da die o. g. Parameter mit Ausnahme des Magnetismus zudem zeitlich relativ schnell variieren, ist zusätzlich die Ermittlung der augen-

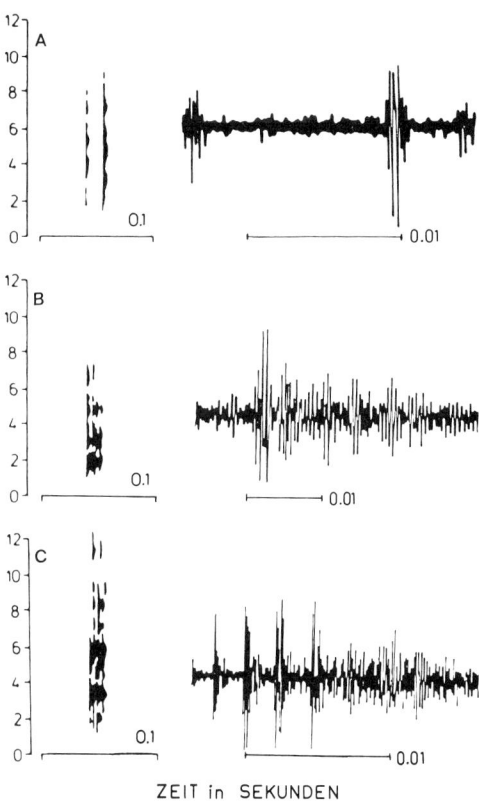

Abb. 11.14. Klangspektrogramme (links) und Oszillogramme (rechts) von Echolauten (Echoklicks) bei Vögeln.
A. Weißnest-Salangane; B. Schwarznest-Salangane; C. Fettschwalm.
Im Gegensatz zu den im Ultraschall liegenden Ortungslauten der Fledermäuse, liegen die der dargestellten Vögel (die einzigen bekannten Gattungen) im für Menschen hörbaren Bereich. Sie sind als scharfe, kurze »Klicks« wahrzunehmen, die aneinandergereiht auch eine Art Rasseln ergeben. Die Vögel benützen diese Laute beim Flug in der Dunkelheit. Sie werden kontinuierlich 3- bis 20mal pro Sekunde ausgestoßen. Die höhere Rate wird beim Landen oder beim Erkennen von Hindernissen benützt. Z. T. dauern die Einzellaute nur 1 bis 2 msec. Aus dem Echo können die Vögel Ortsinformationen erhalten. Dies setzt natürlich auch sehr gute Sinnesorgane zur Perzeption und Verarbeitung der ankommenden Informationen voraus.

blicklichen Zeit notwendig, um eine entsprechende Zeitkorrektur durchführen zu können. Ein **Zeitsinn** im weitesten Sinne ist also ebenfalls zu fordern. Eine »innere Uhr« ist bei allen Forschern unumstritten. Sie läuft sowohl circadian (im etwa 24-Stunden-Rhythmus) als auch circannual (im etwa 365-Tage-Rhythmus).

Weiterhin gibt es Hinweise, daß Vögel **klimatische Erscheinungen** (Luftdruck, Luftfeuchte, atmosphärische Elektrizität usw.) wahrnehmen können. Ausdruck dafür sind z. B. Schlechtwetterfluchtzüge, die auftreten, bevor sich das Wetter für uns sichtbar ändert. Röhrennasen sollen Staudruck durch den Nasenvorhof wahrnehmen können. Luftströmungen allgemein können über das Gefieder mit den in Kap. 11.5 genannten Rezeptoren problemlos perzipiert werden.

Thermorezeptoren zur Wahrnehmung von Temperaturänderungen sind bekannt (s. »Mechanorezeptoren«), aber so gut wie nicht untersucht. Es handelt sich um freie Nervenendigungen. Beim Thermometerhuhn werden sie im Schnabel vermutet. Die Endothermie fordert zudem sehr empfindliche innen liegende Thermorezeptoren, ohne die eine genaue Einstellung der Körpertemperatur, wie sie für Vögel typisch ist, nicht möglich wäre.

12 Ernährung und Verdauung

12.1 Grundlagen

Leben ist durch drei Merkmale bestimmt: Reizbarkeit, Fortpflanzung und Stoffwechsel.

Stoffwechsel läßt sich grob in drei Bereiche einteilen: Aufnahme von Stoffen aus der Umwelt, Verarbeitung dieser Stoffe im Organismus und Ausscheidung von Stoffen aus dem Organismus in die Umwelt (Exkretion). Die Aufnahme von festen und flüssigen Stoffen wird allgemein als Nahrungsaufnahme (Ernährung) bezeichnet (die Aufnahme von Gasen: Atmung). Unter Verdauung versteht man den »ersten« Teil des Stoffwechsels im Körper. Die Nahrung wird hier für die Aufnahme in die Zellen vorbereitet.

Der tierische Organismus ist auf die Zufuhr von über 50 verschiedenen Nahrungsbestandteilen (Nahrungsfaktoren) angewiesen, die zudem noch in einem ausgewogenen Verhältnis zueinander stehen müssen. Im wesentlichen lassen sich dabei folgende **Grundnahrungsstoffe** unterscheiden:

– Wasser
– Nahrungsstoffe im eigentlichen Sinne
– Mineralien (Salze)
– Vitamine
– Ballaststoffe
– Spurenelemente

Wasser ist dabei das (Lösungs-)Medium und Transportmittel für die gesamten Stoffwechselvorgänge. Selbst kurzfristiger Mangel an Wasser ist deshalb schnell letal.

Die **Nährstoffe** im eigentlichen Sinne (Eiweiß, Kohlenhydrate und Fette) sind die Energie- und Bausteinlieferanten des Körpers. Der Körper kann in der Regel sehr lange ohne die Zufuhr von Nahrung auskommen.

Vitamine sind wesentliche Regulatoren, die der Körper nicht selbst herstellen kann und die den Ablauf vieler Stoffwechselvorgänge steuern.

Spurenelemente schließlich sind als Bauelemente für viele Enzyme, Farbstoffe usw. unerläßliche Substanzen, die zwar in sehr geringen Mengen gebraucht werden, deren Fehlen aber ebenfalls schnell zu tödlichen Ausfallserscheinungen führt.

Die meisten Vögel brauchen zudem für die normale Funktion des Verdauungstraktes einen gewissen Anteil von **unverdaulichen Substanzen.** Diese können als Gewölle (oder Speiballen) z. B. im Dienste des Transportes von Verdauungssäften in den Kropf dienen, als Filter im Magen (Federn bei Fischfressern) oder in Form von Magensteinchen als sekundäre »Mahlzähne« bei vielen Körner- bzw. Allesfressern, um nur einige Beispiele zu nennen. Fehlen führt zu Verdauungsstörungen.

Der Vogel braucht die Nahrungsstoffe im wesentlichen für folgende **Stoffwechselvorgänge:** Energiegewinnung (für Bewegung, Synthesen, allgemeine Stoffwechselvorgänge), Baustoffwechsel (Produktion von Körpersubstanz, Enzymen, Hormonen usw.), Erhaltungsstoffwechsel (Aufrechterhaltung der vorhandenen Struktur gegen die Entropie) und Produktion von Wärme.

Vögel gehören zu den **heterotrophen Organismen.** Das bedeutet, daß sie ihre Nahrungsstoffe nicht wie die Pflanzen selbst (durch Photo- oder Chemosynthese) herstellen können, sondern auf die Zufuhr dieser Stoffe von außen angewiesen sind.

Die **Nahrungsstoffe** müssen energiereiche Substanzen sein, sie dürfen nicht giftig sein, sie müssen verdau- und resorbierbar sein, und sie sollten wenn möglich gleichzeitig Bausteine des Organismus sein oder vom Vogel in diese umgebaut werden können. Diese Bedingungen werden von den drei **Nährstoffgruppen** Eiweiße, Kohlenhydrate und Fette ideal erfüllt. Eiweiße (Proteine) bestehen aus zahlreichen Aminosäuren; Kohlenhydrate sind aus einzelnen Zuckern aufgebaut und Fette bestehen aus dem Alkohol Glyzerin, der mit drei verschiedenen Fettsäuren verestert ist (Triglyzerid). Die eigentlichen »Verbrennungsstoffe« des Körper sind somit Aminosäuren, Zucker und Fettsäuren. Stark schematisiert weisen diese drei Stoffgruppen folgende Grundstrukturen (zum besseren Vergleich jeweils basierend auf sechs C-Atomen) auf:

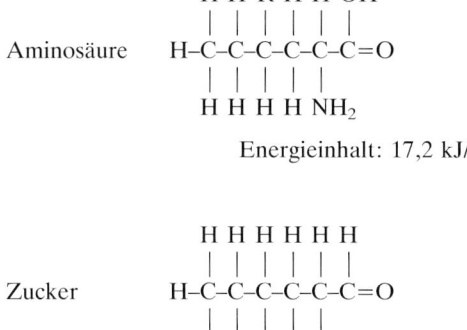

Aminosäure

Energieinhalt: 17,2 kJ/g

Zucker

Energieinhalt: 17,2 kJ/g

Fettsäure

Energieinhalt: 38,9 kJ/g

(R = organischer Rest; n = –C– Gruppen

unterschiedlicher Zahl; der Energieinhalt bezieht sich auf den physiologischen Brennwert, s. Kap. 14).

Diese (stark schematisierten) Strukturen sollen nur zeigen, daß sich die Stoffe sehr ähneln. Sie bestehen aus Kohlenstoffketten unterschiedlicher Länge und unterschiedlichem Oxidationsgrad. Intrazellulär werden sie in C2-Körper zerlegt und können trotz unterschiedlicher Grundstruktur in denselben Oxidationsprozeß eingeschleust werden. Bei den Aminosäuren wird vor der eigentlichen Verbrennung nur die NH_2-Gruppe entfernt (z. B. durch oxidative Desaminierung), die dann im Exkretstoffwechsel wieder auftritt. Der gemeinsame Weg des (Energie-)Stoffwechsels dieser Nahrungsstoffe sieht dann folgendermaßen aus:

Bei der **Verdauung** werden Eiweiße in Aminosäuren, Kohlenhydrate in Zucker und Fette in Glyzerin und Fettsäuren zerlegt und resorbiert. Durch Abspaltung von C2-Körpern wird Acetyl-CoA gebildet, das in den Zitratzyklus

eingeschleust wird. Hier entsteht CO_2 aus der Oxidation des Kohlenstoffes und daneben Wasserstoff, der an Wasserstoffüberträger gebunden ist. Dieser Wasserstoff wird dann in der Atmungskette über eine mehrstufige Verbrennung zu Wasser oxidiert, wobei Energieäquivalente (ATP) aufgebaut werden. Vögel folgen hier dem Grundprinzip des Energiestoffwechsels, wie er praktisch allen Organismen, die Sauerstoff atmen, eigen ist (s. spezielles Lehrbuch der Physiologie).

12.2 Nahrungsfaktoren

Die **Nahrungsbedürfnisse** der Vögel in freier Wildbahn sind sehr variabel und in den meisten Fällen noch unbekannt. Systematische Untersuchungen von Kropf- und Mageninhalt wurden zwar gemacht, solche vom Darminhalt und Kot, die Aussagen über die tatsächliche Aufnahme von Stoffen erlauben würden, fehlen aber weitgehend. Nur vom Hausgeflügel sind relativ umfangreiche Untersuchungen zur Nahrungsausnutzung und zum Nahrungsbedürfnis bekannt. So beruhen auch die im folgenden dargestellten Daten im wesentlichen auf Ergebnissen an »Hausvogelarten«.

12.2.1 Nährstoffe

Zu den **Nährstoffen** im engeren Sinne zählt man die bereits erwähnten Eiweiße, Fette und Kohlenhydrate bzw. ihre Grundbausteine.

Aminosäuren und die aus diesen aufgebauten **Eiweiße** sind die Grundbausteine des Organismus. Entsprechend ist die Proteinversorgung für den Vogel sehr wichtig und auch herbivore Vögel müssen zur Deckung ihres Proteinbedarfes z. B. Insekten, Würmer oder andere Eiweißquellen fressen. Dies gilt insbesondere für die Jugendentwicklung, während der große Mengen an Eiweißen aufgebaut werden müssen. Obwohl Eiweiße nur beschränkt für die Energiegewinnung eingesetzt werden, ist ein Grundbedarf an Eiweißen für diesen Stoffwechselvorgang offenbar unerläßlich, vermutlich um die dafür vorhandenen Enzyme zu »beschäftigen«.

Von den **20 bekannten Aminosäuren** sind beim Vogel offensichtlich **11 essentiell** und müssen über die Nahrung zugeführt werden. Dies sind (in Klammern jeweils die international üblichen Abkürzungen) Arginin (Arg), Prolin

(Pro), Histidin (His), Isoleuzin (Ile), Leuzin (Leu), Lysin (Lys), Methionin (Met), Phenylalanin (Phe), Threonin (Thr), Tryptophan (Try, Trp) und Valin (Val). Bei Jungvögeln kommt dabei noch Glyzin (Gly) dazu.

Ort der **Resorption der Aminosäuren** im Darm ist die Mucosa von Jejunum und Ileum (s. weiter unten). Einige dieser Aminäuren können auch kurzfristig kaum durch andere supplementiert werden (Met, Lys, His und Try). Fehlt in der Nahrung eine dieser »besonders« essentiellen Aminosäuren, wird durch vermehrte Nahrungsaufnahme versucht, diesen Mangel auszugleichen. **Proteinmangel** oder eine unausgewogene Aminosäurezusammensetzung der Nahrung führt zu Wachstumsverzögerungen, Atrophie der Muskeln, Rückgang der Körpermasse, schlechter Antikörperbildung, fehlerhafter Federbildung (Hungerstreifen im Gefieder durch Argininmangel) und unausgeglichener Pigmentation (oft durch Lysinmangel). Überdosierungen einzelner Aminosäuren können aber ebenfalls zu Schäden führen. Methionin führt so z. B. dann zu Anämie und Wachstumsdepressionen.

Kohlenhydrate nehmen die meisten Vögel in größeren Mengen auf, so daß hier kaum Mangelerscheinungen auftreten. In der Hauptsache werden die Stoffe vorzugsweise für die **Energiegewinnung** verbrannt. Die Resorption der aufgeschlossenen Monosaccharide (vor allem Glukose und Galaktose) erfolgt vor allem im Jejunum. Milchzucker (Laktose) ist für den Vogel praktisch nicht nutzbar, da es im Darm kaum eine Laktase gibt. Größere Mengen dieses Zuckers führen deshalb schnell zu schwerem Durchfall (Vergärung des Milchzuckers).

Hauptenergielieferant für Nerven, Erythrozyten und Nebennierenmark und vielen anderen Organen ist **Glukose** (Galaktose wird um ein Vielfaches geringer resorbiert als Glukose). Der Blutglukosespiegel wird vor allem durch die Hormone Insulin und Glukagon sehr fein reguliert. Aus Proteinen und Fetten kann durch **Glukoneogenese** dieses elementare Kohlenhydrat auch aus Nicht-Kohlenhydraten neu synthetisiert werden. Als Glykogenese wird die Abspeicherung von überflüssiger Glukose in Form von tierischer Stärke (Glykogen) in Leber und Muskulatur bezeichnet. Aus diesen Speichern kann Glukose durch **Glykogenolyse** bei Bedarf sehr schnell mobilisiert werden. Neben Glukose werden auch Fruktose und Saccharose relativ gut genutzt.

Zu den »**Fetten**« gehören einfache Lipide (freie Fettsäuren, Neutralfette, Wachse, Cholesterinester) und komplexe Lipide (Phosphatide, Glyzerolglykolipide, Sphingolipide) und Verbindungen wie Steroide und Karotinoide. Neutralfette werden vor allem durch die Pankreaslipase in Monoglyzeride und freie Fettsäuren gespalten, die im Duodenum und Dünndarm resorbiert werden. Kleine emulgierte Fetttröpfchen können auch direkt ins **Lymphgefäßsystem** aufgenommen werden. Zwischen den verschiedenen Fettsäuren gibt es z. T. erhebliche Resorptionsunterschiede. Einige Fettsäuren können in der Leber selbst synthetisiert werden; andere sind essentiell. Dies sind vor allem die Linolsäure, die γ-Linolensäure und die Arachidonsäure. Es handelt sich dabei um wesentliche Bestandteile von Zellmembranen und um Vorstufen von Prostaglandinen (Arachidonsäure). Ungesättigte Fettsäuren (Doppelbindungen unterschiedlicher Zahl und Anordnung zwischen den einzelnen C-Atomen; nicht im obigen Beispiel aufgeführt!) sind als Reservestoffe wichtig (Zugfettanlagerung). Ein Mangel an essentiellen Fettsäuren bedingt verzögertes Wachstum und Schäden im Fortpflanzungszyklus.

Tab. 12.1 gibt einen Überblick über die Zusammensetzung und den Energieinhalt einiger wichtiger Nahrungsstoffe und Futter für die Haltung beim Vogel.

12.2.2 Vitamine

Vitamine sind **essentielle Wirkstoffe** in der Nahrung, die der Körper nicht selbst synthetisieren kann (Ausnahme bei Vögeln: Vitamin C). Sie zeigen **hormonähnliche Funktionen.** Nach ihrer Löslichkeit kann man die fettlöslichen Vitamine A, D, E und K von den wasserlöslichen Vitaminen B_1, B_2, B_6, B_{12}, Nikotinsäure, Pantothensäure, Biotin, Folsäure. Cholin und C unterscheiden. In Tab. 12.2 sind die einzelnen Vitamine näher charakterisiert.

12.2.3 Mineralstoffe

Unter Mineralstoffen (oder Mengenelementen) werden **anorganische Stoffe** mit einem Mengenanteil von über 50 mg/kg Körpermasse bezeichnet. Sie sind alle lebensnotwendige Substanzen, über deren Funktion im Vogelkörper immer noch sehr wenig bekannt ist. Wichtige Mineralien s. Tab. 12.1.

Tab. 12.1. Der Nährstoff-, Energie-, Mineral- und Aminosäuregehalt einiger wichtiger Nahrungsstoffe und von Futter für die Haltung (nach AECKERLEIN 1986).

1000 g Futtermittel enthalten	Rohnährstoffe							verdauliches Rohprotein	Umsetzbare Energie (N-korr.)	Mineralstoffe			Aminosäuren		
	Trockensubstanz g	Asche g	Rohprotein g	Rohfett g	Rohfaser g	Stärke g	Zucker g	g	MJ	Kalzium g	Phosphor g	Natrium g	Methionin g	Cystin g	Lysin g
Ackerbohne (Samen)	866	36	269	12	75	439	17	220	10,2	1,4	4,0	0,03	2,1	2,9	18
Blutmehl	893	41	824	6	3			748	14,1	1,6	1,4	7,30	8,8	9,0	71
Buchweizen (Körner)	862	24	109	24	112			71	10,7	0,3	4,2	0,18	2,1	2,7	6
Dari (Körner)	893	17	101	29	27	645		81	13,4						2
Dorschlebermehl	918	92	426	326	2			383	19,7	16,3	9,4	1,90	13,7	5,0	30
Dorschmehl															
TYP 55 unter 3 % Fett	912	229	590	27	12	–	–	521	10,5	57,3	42,2	10,27	17,6	4,9	47
TYP 60 unter 3 % Fett	891	220	640	22	–	–	–	565	11,1	70,1	38,6	13,36	20,0	9,0	48
TYP 60 3–7,9 % Fett	894	223	622	41	–	–	–	549	11,5	70,4	38,7	13,41	19,9	8,7	48
TYP 64 unter 3 % Fett	898	211	661	24	1	–	–	584	11,5	67,9	38,8	15,01	22,6	9,8	61
Erbse (Körner)	862	33	222	13	58	422	41	177	11,0	0,8	4,2	0,23	2,7	2,5	17
Erdnuß, ganze Frucht	941	29	249	362	175	–	–	200	16,5						
Federmehl, hydrolisiert	920	35	861	17	6	–	–	661	12,6	2,8	1,4	1,22	7,6	49,5	21
Fischmehl															
TYP 55 unter 3 % Fett	884	242	583	22	–	–	–	515	10,2	–	–	–	16,7	5,5	46
TYP 55 3–7,9 % Fett	897	217	583	61	7	–	–	515	11,7	57,7	25,8	9,15	16,9	5,3	46
TYP 60 unter 3 % Fett	877	214	627	24	2	–	–	554	11,0	–	–	–	19,0	5,4	54
TYP 60 3–7,9 % Fett	901	198	619	54	4	–	–	547	11,9	42,8	25,8	8,20	18,6	5,6	53
TYP 64 unter 3 % Fett	908	186	669	24	1	–	–	591	11,7	43,3	26,8	8,28	18,5	7,4	55
TYP 64 3–7,9 % Fett	913	177	670	49	2	–	–	592	12,5	35,2	23,1	8,28	18,8	7,4	56
Fischmehl nordeuropäische Gewässer															
TYP 60 über 8 % Fett	881	140	620	118				547	14,0	54,3	31,1	11,10	22,9	7,1	53
Fleischfuttermehl	906	26	770	98	1			658	15,7	1,4	2,9	1,21	10,1	3,9	
Futterreis	883	6	73	9	4	804		62	14,7	0,2	2,6	0,11	1,8	1,9	3

Futtermittel															
Futterzucker	962	35	23	1	4		942	0	15,3	0,4	0,1	0,08	8,7	3,8	24
Garnelen, getrocknet	863	241	509	38	17		20	334	8,0	65,2	12,2	0,47	1,6	2,0	4
Gerste (Körner)	870	25	102	19	47	527		79	11,2	0,8	3,4		2,2	2,5	4
Gerste, Nacktgerste (Körner)	876	22	125	17	27	628		94	12,0						
Gerste, geschält u. gerützt	902	17	117	17	18	630		92	12,7	0,8	3,3				
Grünmehl (Gras)															
19–21 % Rohprotein	907	99	198	40	202	45	52	98	5,2	6,6	3,9	0,91	3,3	2,2	8
17–19 % Rohprotein	913	123	180	36	199			89	5,0	5,6	3,9		2,9	2,0	7
15–17 % Rohprotein	886	95	164	32	194	41	93	81	4,9	7,7	3,1	0,44	2,5	2,1	8
14–15 % Rohprotein	892	132	145	34	191	35	51	72	4,7	6,8	3,0		2,1	1,8	6
Hafer (Körner)	884	29	110	47	102	386	15	82	10,2	1,1	3,0	0,57	1,8	2,3	4
Hafer, Nackthafer (Körner)	879	20	113	57	26	549	14	93	13,5	0,7	4,5		1,9	4,2	5
Haferfutterflocken	909	19	121	76	30	574	12	96	14,7	0,7	4,1	0,09	1,1	1,8	4
Heringsmehl															
TYP 64 3–7,9 %	909	129	701	58	8			619	13,3	25,4	19,6	9,73	20,7	7,5	57
TYP 64 über 8 % Fett	906	128	678	98				599	14,3	25,9	19,7	7,16	19,7	6,8	54
Hirse (Panicum) Körner	883	18	116	32	50			95	13,2	0,2	3,3	0,08	2,6	1,5	3
Hirse (Panicum) (Körner) entschält	895	10	111	30	5			99	14,7	0,2	1,5	0,06	3,0	1,8	2
Kartoffelflocken	881	41	74	3	29			57	12,2	0,4	2,3		1,5	0,3	5
Kaseinpulver	880	61	748	7		638	35	677	13,4	19,1	11,9	0,96	24,7	2,6	64
Kleegrünmehl															
19–21 % Rohprotein	936	98	195	41	181			146	6,2	12,9	3,1				
17–19 % Rohprotein	900	102	175	41	178			131	5,8	9,4	2,8				
Kohlensaurer Futterkalk	999	999						0	0,0	381,4	0,4				
Kokosextraktionsschrot	890	65	211	18	136		113	141	6,2	1,4	5,6	0,82	4,0	4,0	5
Krebsmehl	925	302	435	70				286	8,7	111,6	16,7		8,7	3,8	24
Küstenfischmehl															
45–50 % Protein	886	284	482	47	22			426	9,4	107,2	16,8		13,2	4,7	34
50–55 % Protein	884	246	523	51	12			462	10,2	83,1	22,1		12,6	4,7	33
Lein (Samen)	901	46	224	324	77	37	28	202	17,8	2,5	4,9	0,84	4,7	3,5	9
Linse (Samen)	875	23	229	6	39			207	11,3	0,6	3,0		2,3	4,4	18
Lupine süß (Samen)	894	43	405	44	145			368	8,6	2,4	4,6	0,32	2,5	9,2	20
Luzernegrünmehl															
21–23 % Rohprotein	893	109	217	33	196	65	33	155	6,1	15,2	2,8	0,80	3,5	1,5	11
19–21 % Rohprotein	906	125	200	28	235	40	32	133	5,2	25,6	2,9	4,73	3,2	1,4	10
17–19 % Rohprotein	910	108	177	25	239	29	50	117	5,2	17,9	3,0	0,58	2,6	1,9	9
16–17 % Rohprotein	906	122	163	24	254	36	32	108	4,9	14,5	1,7	0,91	2,3	1,8	8
13–16 % Rohprotein	894	91	142	23	281	27	41	89	4,0	11,3	3,5		2,0	1,6	7

Fortsetzung Tab. 12.1. Der Nährstoff-, Energie-, Mineral- und Aminosäuregehalt einiger wichtiger Nahrungsstoffe und von Futter für die Haltung (nach AECKERLEIN 1986).

1000 g Futtermittel enthalten	Rohnährstoffe									Mineralstoffe			Aminosäuren		
	Trockensubstanz	Asche	Rohprotein	Rohfett	Rohfaser	Stärke	Zucker	verdauliches Rohprotein	Umsetzbare Energie (N-korr.)	Kalzium	Phosphor	Natrium	Methionin	Cystin	Lysin
	g	g	g	g	g	g	g	g	MJ	g	g	g	g	g	g
Magermilchpulver	939	78	332	6	1		480	284	11,2	12,3	9,6	3,65	8,6	3,0	25
Mais (Körner)	874	15	94	41	24	604	17	76	13,5	0,4	2,9	0,4	1,8	1,9	3
Maiskeime	911	53	145	186	113	114	49	110	11,3	0,5	5,3		3,0	3,7	8
Malzkeime	915	65	274	9	145	36	124	234	10,1	2,1	7,8	0,23	3,9	3,9	12
Maniokschnitzel, TYP 65	900	32	21	4	35	725	34	8	13,2	1,0	4,5	0,80			
Milo (Körner)	876	17	102	32	23	632	10	85	13,8	1,0	2,7	0,70	1,8	1,8	2
Mohrrüben, getrocknet	838	70	68	12	128			49	8,0	7,2	6,7				
Molkenpulver	958	83	127	6			726	96,0	6,9	2,7	6,5	6,63	2,2	2,3	7
Palmkernextraktionsschrot	891	40	180	12	150	7	27	116	4,8	6,1	10,7	0,16	3,5	3,0	6
Rapsextraktionsschrot	888	76	352	17	129	54	77	253	6,2	5,7	8,9	0,11	6,5	7,5	18
Rapskuchen															
4–7,9 % Fett	893	78	329	54	137	15	8	236	6,7	6,0	10,4	0,71	6,3	5,4	18
8–11,9 % Fett	906	76	333	98	109			239	7,8	0,4	1,2		6,3	5,4	18
Reis (Körner)	883	53	86	22	87	765	7	64	11,0	0,8	2,9	0,10	1,9	1,0	3
Rindertalg	999	1		998				0	30,9						
Roggen (Körner)	870	20	94	15	25	524	49	56	11,4	86,6	44,7	0,24	1,2	2,0	4
Rotbarschmehl	918	230	578	93	1			510	12,5	75,5	41,2		19,2	6,9	51
Sardinenmehl	909	185	582	62	1			514	11,6	19,8	1,1	5,86	17,1	6,3	50
Schweinefett	999	1		998				0	35,0						
Seealgenmehl	936	102	460	48	96			80	3,9	291,6	151,0	9,10	6,8	1,2	28
Seetieröl, gehärtet	999			999				0	28,3			4,61			
Sesamextraktionsschrot	905	128	447	11	69			346	8,2	22,5	13,5	0,23	12,5	6,3	12
Sesamkuchen	889	121	413	51	80		32	319	8,6	19,9	10,7		11,1	10,6	11

Sojabohne (Körner)	913	51	373	180	61	78	287	13,9	2,5	6,9		4,6	5,0	21
Sonnenblume (Samen)	904	30	184	318	213		138	14,6	2,7	3,0		2,6	4,3	6
Sorghum (Körner)	881	27	107	34	52	54	72,0	12,6	0,3	3,3	0,04	1,6	2,0	2
Sorghumsaatkleie (Milo)	881	25	109	61	44		59	6,9	1,5	5,6				
Tierlebermehl	937	45	671	171	11		433	14,3	4,9	6,9				
Tiermehl														
TYP 50	922	215	533	117	17		390	11,4	53,3	30,0	5,35	7,1	5,6	26
TYP 55	901	224	579	57	4		435	10,2	54,4	29,6	18,29	8,5	5,1	26
TYP 60	919	190	630	55	10		474	10,8	47,3	26,6	3,37	9,1	4,6	34
Walfleischmehl	906	39	802	52	25	580	727	14,0	12,1	10,2		19,4	6,6	58
Weizen (Körner)	870	18	115	17		27	92	12,5	0,8	3,2	0,39	1,7	2,6	3
Weizen														
Hartweizen (Körner)	872	16	122	21	21	572	102	12,5	0,3	3,7	0,07	1,9	2,7	3
Weizenkeime	868	43	249	71	33	228	197	11,7	1,2	9,1	0,03	4,1	4,7	13
Wicke (Körner)	869	33	269	16	55	284	260	11,1	1,0	4,0	0,17	5,0	2,0	20
Zucker, rein	999	1				998	0	17,3						
Zuckerrübenschnitzel vollwertig	925	43	50	5	59	639	16	11,0	6,3	0,9	2,42			

Kalzium (Ca) und **Phosphor (P)** sind wesentlich für die Knochenbildung und den Knochenstoffwechsel. Ca (als Ca^{2+}) hat weiterhin wichtige Funktionen bei der Muskel- und Herztätigkeit, der Blutgerinnung und für den Erhalt des Säure-Basen-Gleichgewichtes. Kalziummangel führt zur Knochendemineralisation und zu Störungen der Eischalenbildung. Der Kalziumstoffwechsel ist eng mit dem des Phosphors und dem Vitamin D_3 verbunden. Das ideale Ca:P-Verhältnis ist bei Vögeln ca. 1,5 bis 2,0:1. Kalzium muß häufig in der Vogelhaltung zugefüttert werden, da die meisten Pflanzensamen sehr kalziumarm sind.

Phosphor (meist als Phosphat PO_3^{3-}) ist zusätzlich Bestandteil vieler organischer Verbindungen und ebenfalls als Puffer (Phosphat-Puffer) tätig. Es ist weiterhin in den Energie-, Muskel- und Nährstoffwechsel (Energieträger ATP) integriert und hat außerdem wichtige Funktionen im Metabolismus des Nervensystems. In der Nahrung ist P in der Regel in großen Mengen vorhanden und selten ein Mangelelement.

Magnesium (Mg) ist sowohl im Knochen (unter 1%, über 0,5%) als auch in der Eischale vorhanden. Mg^{2+} aktiviert zahlreiche Enzyme der ATP-Reaktionen und ist zur Reizauslösung der neuromuskulären Impulsübertragung notwendig. Im Vogelfutter ist Mg wie P in genügender Menge in der Regel vorhanden.

Natrium (Na) ist zu 20% seiner Gesamtmenge in der organischen Phase der Knochen gebunden. Der Rest befindet sich als Na^+ gelöst in der Extrazellulärflüssigkeit und ist dort beteiligt am osmotischen Gleichgewicht und dem Säure-Base- und Elektrolyt-Gleichgewicht; zudem ist es für die Herztätigkeit wichtig. In tierischem Futter kommt es in Verbindung mit Cl^-, CO_3^{2-} und SO_4^{2-} reichlich vor. Reine Pflanzenfresser (bei Vögeln selten) benötigen Zufuhr von Natrium mit dem Futter. Dies ist unter Umständen auch bei Vögeln mit stark arbeitender Salzdrüse notwendig (s. Kap. 13).

Kalium (K) hält in den Zellen vor allem die Balance der Elektrolyte, der Säuren und Basen und der Osmose aufrecht. Als Gegenspieler von Ca^{2+} dient es der Entspannung des Herzmuskels. In der Nahrung ist es in genügender Menge vorhanden. Bei Pflanzenfressern (z. B. Strauße) wird es sogar in größeren Mengen in Salzdrüsen ausgeschieden.

Chlor (Cl) wird in den Mukosazellen zur Produktion der Salzsäure gebraucht. Daneben ist es wichtiges Gegenion als Cl^- zu Na^+ und K^+.

Tab. 12.2. Vorkommen und Wirkungen von Vitaminen bei Vögeln

Vitamin	Charakterisierung

A (Retinol); wird als Provitamin A (Karotin) ausschließlich in Pflanzen synthetisiert und ist in der Nahrung vor allem in gelben Samen vorhanden. Resorption erfolgt im oberen Dünndarm. Wirkungen: Wachstum (Epiphysenknorpelbildung bei Knochenbau), Erhaltung von Haut- und Schleimhautepithelien (Atemtrakt, Darm, Niere), Erhaltung des Sehpigmentes, Teilnahme an der Steuerung des Stoffwechsels, Antikörperbildung u.a.

D_3 (Cholekalziferol); kann in sehr geringen Mengen durch UV-Einstrahlung in der Haut (aus Ergosterin, Cholesterinen usw.) gebildet werden (beim Säuger mehr); Hauptquelle ist die Nahrung (diverse Fette, Eier, Samen, Fische, Lebertran). Wirkungen: Fördert die Aufnahme von Kalzium (und Phosphor) aus dem Darm und trägt zur Knochenbildung bei. Mangel führt zu Rachitis, dünneren Eischalen, schwachen Krallen usw.

E (Tocopherol); verschiedene Verbindungen, die in pflanzlichen Ölen, frischem Grün usw. vorkommen. Speicherung in Leber, Milz, Nebenniere und Ovar. Wirkungen beim Vogel: Schützt Membranen vor Oxidationsprozessen, beeinflußt Immunsystem, Wachstum und Funktion der Nervenzellen, Muskulatur, Schilddrüse, Gonaden (Fruchtbarkeitsvitamin) und Embryonalentwicklung positiv.

K (Phyllochinon K_1, Menachinon K_2, Menadion K_3); Vorkommen in grünen Pflanzen und Synthese durch Darmbakterien (hier muß allerdings der Kot wieder gefressen werden: Koprophagie). Wirkungen: Bildung von Prothrombin (Blutgerinnung), Förderung der Atmungsaktivität der Lebermitochondrien. Speicherung in Leber/Milz.

B_1 (Thiamin); Vorkommen (auch die der anderen B-Vitamine): Getreidekeimlinge (Reis, Hafer, Weizen), Obst, Fischleber, Fischeingeweide, Nieren. Wirkt beim Kohlenhydratstoffwechsel mit. Mangel stört nervöse Impulsübertragung, Störung des Myelinaufbaues, führt zu Wachstumsdepression, Kümmern, Appetitlosigkeit, Muskelschwäche, Störung der Darmperistaltik.

B_2 (Riboflavin); bildet die prosthetische Gruppe vieler Enzyme, die in der Atmungskette vorkommen; zudem für die Umwandlung von Tryptophan in Nikotinsäureamid verantwortlich. Speicherung in der Leber; der Embryo bekommt es über das Eigelb.

B_6 (Pyridoxin, Pyridoxal, Pyridoxamin); verschiedene Pyridinderivate; in Verbindung mit Phosphorsäure als prosthetische Gruppe von Enzymen des Proteinstoffwechsels beteiligt, weiterhin an der Blutbildung; hohe Konzentration in der Hypophyse.

B_{12} (Corrinoide, Zyanokobalamin, Hydroxykobalamin, Nitritkobalamin); entstehen ausschließlich durch mikrobielle Synthese im Vogeldarm; bei Mangel muß der Vogel u. U. also Koprophagie (Fressen des eigenen Kotes) machen, um dieses Vitamin zu erlangen; Speicherung in der Leber; Einflüsse auf Aminosäure-, Eiweiß- und Fettstoffwechsel.

Nikotinsäure, Nikotinamid; kommt nur in Pflanzen vor, kann u.U. im Organismus unter Mitarbeit von Thiamin, Riboflavin und Pyridoxin aus Tryptophan hergestellt werden. Dient im Stoffwechsel als Bestandteil der Co-Enzyme NAD und NADP, unterstützt Glukosestoffwechsel, reduziert Lipid- und Cholesteringehalt im Blut, führt zu geringerer Fetteinlagerung in der Leber.

Pantothensäure; Vorkommen in Hefe, Eidotter, Leber, Hülsenfrüchten, Getreide und Grünpflanzen. Bestandteil des Co-Enzyms A; beteiligt an intermediärem Stoffwechsel in Darm, Leber, Haut, Synthese von Acetylcholin, Acetylglukosamin, Steroide. Mangel bewirkt Wachstumsdepression, Dermatitis, schlechte Befiederung, geringere Energienutzung bei gleichzeitiger Erhöhung der Wärmeproduktion.

Biotin; Vorkommen in Hefe, Milchprodukten; Pflanzen, Eidotter, Leberzellen; Synthese durch Mikrobionten auch im Darm. Ebenfalls Bestandteil von Co-Enzymen des Kohlenhydrat- und Fettsäurestoffwechsels. Im rohen Eiklar vorhandenes Avidin bindet Biotin und inaktiviert es. Mangelerscheinungen wie bei Pantothensäure.

Tab. 12.2. Vorkommen und Wirkungen von Vitaminen bei Vögeln

Vitamin	Charakterisierung

Folsäure (Pteroylglutaminsäure); Vorstufen in grünen Pflanzen, Obst, Weizenkeimen und in Mikroorganismen (Produktion beim Vogel durch *Escherichia coli* im Darm). Beteiligt an der Bildung von Acetylcholin, der Synthese von Harnsäure. Mangelerscheinungen: Depression von Wachstum, Knochen-, Feder- und Blutbildung.

Cholin; Synthese in der Leber aus Serin und Methionin (unter Anwesenheit von Folsäure und Kobalamin), reiche Vorkommen in Hefe, Leber, Fischen. Funktionen im Stoffwechsel vor allem auch als Stimulator des parasympathischen Nervensystems (Herzschlag, Darmperistaltik, Eileiterkontraktion, Kropfentleerung). Wirkt Fettablagerung entgegen; wichtig auch für Synthese von Vitamin aus Karotinen.

C (Ascorbinsäure); Vögel können Vitamin C in der Niere selbst in ausreichenden Mengen synthetisieren; das Vitamin ist aber kaum speicherbar. Reich an Vitamin C sind Hypophyse und Niere. Ascorbinsäure ist an folgenden Funktionen beteiligt: Prozesse des Elektronentransfers bei der Atmung, Kohlenhydratstoffwechsel, Hyaluronsäurebildung (Bindegewebe, Stützgewebe, Knochenbildung), Erythrozytenreifung, Spermatogenese, erhöht Aktivität der Pankreas-Lipase, steigert Fettsäureabbau in Leber und Gehirn, an Infektionsabwehr beteiligt durch Proliferation der B- und T-Lymphozyten, Synthese von Plasmaglobulinen, Synthese von Nebenrindensteroiden, verstärkt die Wirkung von B-Vitaminen und Vitamin E.

P (Zitrin, Rutin); Vorkommen in Zitrusfrüchten, grünen Pflanzen (Blätter, Stengel, Wurzeln); setzt Durchlässigkeit der Kapillardurchblutung herab. Bei Mangel Blutungsneigung.

Schwefel (S) kommt vor allem als Sulfat (SO_4^{2-}) und als Disulfidbrücke -S-S- in Eiweißen vor. Als Chondroitinsulfat ist es an der Knochenbildung beteiligt. Auch Schwefel ist selten ein Mangelfaktor in der Ernährung. Der Gestank von faulenden Eiern ist vor allem auf den mikrobiellen Abbau von Disulfid in Eiweißen zu gasförmigem Schwefelwasserstoff H_2S zurückzuführen.

12.2.4 Spurenelemente

Unter Spurenelemente faßt man solche anorganischen Stoffe zusammen, die in Konzentrationen von weniger als 50 mg/kg Körpermasse im Organismus vorkommen. In Tab. 12.3 sind die wichtigsten kurz zusammengefaßt.

12.3 Verdauungsapparat

Der Verdauungstrakt der Vögel ist sehr vielfältig auf die einzelnen Nahrungsgewohnheiten der einzelnen Art abgestimmt. So gibt es zahlreiche Sonderbildungen im Bereich des Vorderdarms, Magens und Enddarms, die eine Ähnlichkeit dieser Strukturen nicht für verwandtschaftliche Untersuchungen zulassen.

Besonderheiten im Verdauungssystem der Vögel sind das Vorhandensein eines Hornschnabels, das Fehlen von echten Zähnen, die Entwicklung von Speicherkröpfen im Oesophagus und die Unterteilung des Magens in mindestens zwei Abschnitte.

Das **Verdauungssystem** läßt sich grob in **drei Abschnitte** gliedern: Vorderdarm-, Mitteldarm- und Endarmabschnitt. Vorder- und Enddarm sind ektodermalen, der Mitteldarm ist entodermalen Ursprungs. Zum **Vorderdarm** gehören die gesamte Mundregion, Schlund (Pharynx), Speiseröhre (Oesophagus) und Magen; zum **Mitteldarm** Zwölffingerdarm und Dünndarm; zum **Enddarm** die Blinddärme, Dickdarm, Kloake und After. Die jeweiligen Drüsen (Speicheldrüsen, Magendrüsen, Leber, Pankreas) zählt man zum entsprechenden Darmsystem.

12.3.1 Mundregion

Der Mundbereich der Vögel hat die Aufgabe, die Nahrung aufzunehmen, festzuhalten, eventuell zu töten, zu prüfen, eventuell mechanisch zu bearbeiten, zu befeuchten und dann in den Pharynx weiterzuleiten. Eine Verdauung findet hier noch nicht statt.

Die **Mundregion** ist bei Vögeln anders gestaltet als bei Säugern. Ihr fehlt ein weicher Gaumen und somit eine deutliche Teilung des Rachens in einen oralen und nasalen Bereich. Mundhöhle und Rachenhöhle bilden daher eine gemeinsame Höhle, den Oropharynx. Definitionsgemäß wird aber zwischen der Öffnung der Eustachischen Röhren und der Choanenöffnungen eine Grenzlinie gezogen, die eine Differenzierung zwischen eigentlicher Mundhöhle und dem folgenden Pharynx erlaubt.

Lippen und echte **Zähne fehlen** bei allen Vögeln. Sie werden durch die schneidenden Vorsprünge des Hornschnabels ersetzt, der vielfältig an die speziellen Nahrungsbedürfnisse angepaßt ist (s. Abb. 4.3). *Archeopteryx* und wahrscheinlich auch einige fossile Vögel aus der Kreidezeit (z. B. *Hesperornis*) besaßen jedoch noch Zähne.

Der **Gaumen** ist knöchern. Er trägt die mediane, dreieckige Choanenspalte, die den Mundraum mit der Nasenhöhle verbindet (Abb. 12.1). Bei körnerfressenden Arten dient er als Widerlager und/oder Festhaltevorrichtung beim Öffnen der Samen. Die **Eustachischen Röhren** münden in einer median gelegenen, schlitzförmigen Infundibularspalte, die im Gegensatz zu den Säugern nicht durch Falten verschlossen ist, wodurch problemlos Druckschwankungen ausgeglichen werden können. Die Wände der Infundibularspalte enthalten zahlreiches lymphatisches Gewebe, das hier eine pharyngeale Tonsille bildet.

Die **Zunge (Lingua)** wird vom Zungenbein gestützt (s. auch Abb. 2.4). Sie kann je nach Ernährungsform vielfältige Anpassungen zeigen. So ist sie funktionell als lange Klebe-Greifzunge (Spechte), pinselförmige Leckzunge (Pinselzungenpapageien, Zuckervögel und Mistelfresser; Abb. 12.2), röhren- oder halbröhrenförmige Saugzunge (Kolibris, Nektarvögel), mit Hornhaken besetzte Festhaltezunge (Pinguine), mit Fortsätzen bestückte Reuse (Entenvögel) oder mit vielen Tastkörperchen besetzte Klöppelzunge zum Betasten der Nahrung (Papageien) ausgebildet. Papageien haben sogar schwellbare Zungen und solche, die pinselförmig ausgebildet sind, zur Aufnahme von Blütenstaub. Sehr kleine Zungen haben Strauße, Nashornvögel, Hopfe, Störche, Ibisse und vor allem Fischfresser. Insbesondere Pelikane und Eisvögel haben beinahe völlig reduzierte Zungen, die offensichtlich nur noch dem Verschluß des Atemweges beim Schlucken dienen. Die Zunge trägt in unterschiedlicher Zahl auch Geschmacksknospen und Tastkörperchen (Herbstsche und Grandrysche Körperchen) (s. Kap. 11). Großfußhühner ertasten mit der Zunge offensichtlich die Temperatur ihrer Brutnester.

Tab. 12.3. Wichtige Spurenelemente und ihre Wirkungen im Vogelorganismus.

Spurenelement	Wirkung(en)
Mangan (Mn)	ist u. a. ein wichtiger Knochenbestandteil, zudem notwendig für Schlüpffähigkeit von Küken, aktiviert verschiedene Enzyme, notwendig für Fettsäure- und Cholesterinsynthese, bei Mn-Mangel Perosis (fehlerhafte Knochenbildung).
Zink (Zn)	Skelettentwicklung und Bildung und Erhalt von Epithelgeweben (Haut, Darm, Niere), Aktivator von Enzymen, Bestandteil der NAD-abhängigen Dehydrogenasen, Antagonist von Cadmium.
Eisen (Fe)	vorwiegend als Fe^{2+}, Synthese von Hämoglobin, Myoglobin und anderen eisenhaltigen Faktoren, Bestandteil vieler Enzymkomponenten; Pigmentierung von Federn (Rot und Melanin).
Kupfer (Cu)	Oxidationskatalysator bei Oxidationsvorgängen, Blutbildung, Bildung und Pigmentierung von Federn, Ausformung normaler Knochen, Festigkeit der Blutgefäße; bestimmte Farbstoff bei Turakos (Musophagidae) sind Kupfersalze (rotes Turacin, grünes Turacoverdin; vgl. 5.).
Molybdän (Mo)	in Xanthinoxydasen vorhanden, die die Oxydation von Purinen, Aldehyden usw. katalysieren, steigert die Aufnahme von Fluor.
Selen (Se)	es gibt Se-Aminosäuren, die S-Aminosäuren partiell ersetzen können; Teil der Enzyme Glutathionase und Peroxidase, Synergismus mit Vitamin E, erhält Pankreasfunktion und das Membranpotential aufrecht.
Jod (J)	wird für die Synthese der Schilddrüsenhormone benötigt; Thyroxin regelt Wachstum, Entwicklung, Reizbarkeit und den Energiestoffwechsel.
Chrom (Cr), Nickel (Ni), Silizium (Si):	die Wirkungen dieser (notwendigen?) Elemente ist noch unklar.

Der **Boden der Mundhöhle** trägt einen Kehlkopfwulst, in den die schlitzförmige Öffnung des Larynx, die Glottis, mündet (Abb. 12.1). Eine bei Säugern vorkommende Epiglottis fehlt den Vögeln. Wie beim Mundhöhlendach trägt auch der Mundhöhlenboden meist eine Reihe rückwärts gerichteter, verhornter Papillen, die das Rückwärtstransportieren der Nahrung unterstützen. Solche Papillen kommen bei Enten, Gänsen und Flamingos auch am Zungenrand vor und bilden mit dem Schnabelrand das bereits erwähnte Filtersystem. Manche Vögel besitzen im Mundboden Gruben zum Transport von Nahrung (Krabbentaucher, Rosengimpel); bei Pelikanen ist der Mundboden häutig und extrem dehnbar und kann so große Mengen an Fischen aufnehmen.

Die **Mundspeicheldrüsen (Glandulae salivales)** sind bei den meisten Vögeln gut entwickelt. Sie produzieren nur Schleim und keine (bzw. bei einigen Körnerfressern sehr geringe Mengen) Amylasen. Zahl und Anordnung der Speicheldrüsen sind wiederum sehr vielfältig. Ruderfüßer besitzen überhaupt keine Speicheldrüsen. Andere Wasservögel haben nur gering ent-

wickelt. Spechte haben große Unterzungendrüsen mit zwei Abschnitten, die zwei verschiedene **Mucine** produzieren: Zum einen dünnflüssigen, normalen Schleim, zum anderen einen klebrigen Schleim, mit dem die Unterzunge eingestrichen wird. An ihr kann dann Beute festkleben. Segler sondern aus ihren Schleimdrüsen ebenfalls ein klebriges Glykoprotein ab, das beim Nestbau verwendet wird (auch Schwalben, bei denen in der Fortpflanzungszeit diese Drüsen ebenfalls stark anschwellen). Die Nester einiger südostasiatischer Seglerarten (z. B. den Salanganen Schwarznest-, Weißnest- und Malabar-Salangan) bestehen ganz aus dem glasartig erstarrten Schleim der Speicheldrüsen (neben dem oben erwähnten Glykoprotein auch zu 17 Prozent aus Zucker bestehend). Als »Kaviar des Ostens« werden diese Nester vor allem in China hoch geschätzt und zu Suppe (»Schwalbennester-Suppe«) verarbeitet.

Die **Schleimhaut des Mundes** ist mit einem ziemlich gleichmäßigen mehrschichtigen Plattenepithel ausgekleidet. In oder unter den Epithelzellen können Melanine oder Carotinoide als Farbstoffe eingelagert sein, die die z. T. sehr

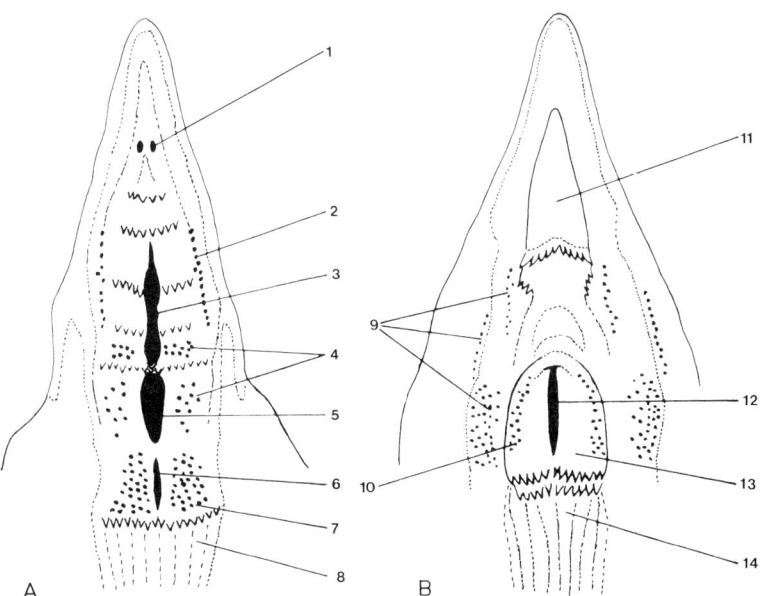

Abb. 12.1. Dach (A) und Boden (B) des Oropharynx beim Haushuhn (nach KING & McLELLAND 1978).
1 = Mündungen der Oberkieferspeicheldrüse; 2 = Mündungen der lateralen Gaumenspeicheldrüsen; 3 und 5 = Choanenspalt als Verbindung zwischen Nasen- und Schnabelhöhle; 4 = Mündungen der media-

len Gaumenspeicheldrüsen; 6 = Infundibularspalte; 7 = Mündungen der Rachen- und Tubenspeicheldrüsen; 8 und 14 = Speiseröhre; 9 = Mündungen der Unterkieferspeicheldrüsen; 10 = Mündungen der Kehlkopfspeicheldrüsen; 11 = Zunge; 12 = Glottis; 13 = Kehlkopfwulst; 14 und 8 = Oesophagus (Speiseröhre).

auffälligen Rachenzeichnungen vor allem bei Jungvögeln bewirken.

12.3.2 Speiseröhre und Kropf

Die **Speiseröhre (Oesophagus)** ist bei den Vögeln ein unterschiedlich weiter und sehr stark dehnbarer dünner Schlauch. Er weist einen größeren Durchmesser auf als bei Säugern. Der obere Teil (Pars cervicalis) liegt dabei vorwiegend auf der rechten Halsseite (bei Säugern eher links). Bei reinen Insektenfressern (Fliegenschnäpper, Segler, Schwalben, Spechte usw.) und guten Zerkleinerern (z. B. Papageien) ist der Ösophagus in der Regel ziemlich eng. Bei Schlingern großer Nahrungsbrocken (Ruderfüßer, Möwen, Reiher) ist er dagegen

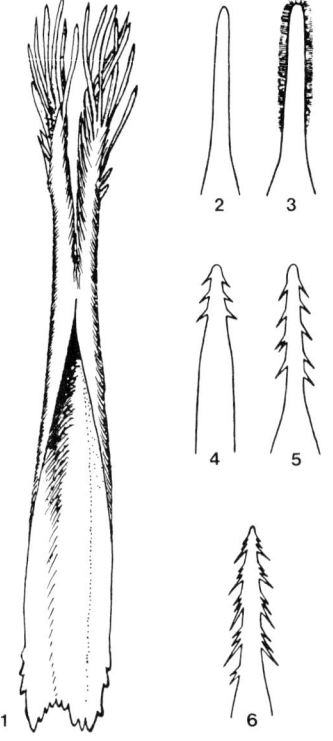

Abb. 12.2. Zungenspitzen bei Vögeln.
1 = Zunge des Zuckervogels (*Coereba*), die den tubulären Aufbau und die Pinselstruktur der Zungenspitze deutlich zeigt (nach WALLACE & MAHAN 1975). Ähnlich ist die Zunge der Kolibris aufgebaut. 2 = glatte Zunge vom Wendehals; 3 = bürstenartige Zunge: Feuerkopf-Saftlecker, Weißspecht, Eichelspecht; 4 = Grünbindenspecht; 5 = Blondschopfspecht, Sperlingsspecht, Linienspecht; 6 = Gattung *Campephilus* und Goldstirnspecht.

besonders groß und dehnbar und kann dann sogar als Nahrungsreservoir dienen. Häufig ist die Speiseröhre aber mit einem speziellen Kropf (Ingluvies) ausgestattet (s. unten). Die innere Oberfläche des Oesophagus wird durch eine große Zahl von longitudinalen Schleimhautfalten vergrößert.

Speiseröhre und Kropf sind von einem **mehrschichtigen Plattenepithel** ausgekleidet. Besonders im oberen Teil ist diese Schicht zum Schutz vor Verletzungen sehr mächtig ausgebildet und oft verhornt. Hautschleimdrüsen finden sich zahlreich auf der gesamten Innenfläche beider Organsysteme. Bei Tauben sind sie allerdings erst ab der unteren Hälfte des Kropfes, bei Papageien erst kurz oberhalb des Drüsenmagens zu finden. Hier ist eine kräftige innere Längsmuskelschicht und eine darauf folgende Ringmuskelschicht entwickelt. Eine äußere Längsmuskelschicht fehlt meist oder ist stark verkümmert.

Kurz vor Eintritt in die Brusthöhle erweitert sich der Oesophagus bei vielen Vögeln zum **Kropf** (Abb. 12.3). Seine Ausformung kann sehr unterschiedlich sein. Bei Finkenvögeln, Enten und Kormoranen ist er z. B. eine einfache, spindelförmige Erweiterung. Bei Greifvögeln, Falken, Papageien und Hühnervögeln stellt er eine Ausbuchtung der Oesophagus-Vorderseite dar. Bei Taubenvögeln ist er in zwei laterale Säcke geteilt.

Zwei funktionelle Typen lassen sich unterscheiden: reine **Speicherkröpfe,** die die Aufgabe haben, Nahrung zu speichern und in gleichmäßigen Portionen an den Magen weiterzuleiten, und sogenannte **Atzkröpfe**, die zur Antiperistaltik in der Lage sind und aus denen Futter für die Jungenfütterung herausgewürgt werden kann. Kröpfe sind vor allem für solche Vogelarten von Vorteil, bei denen es sich lohnt, an einer Futterstelle besonders viel Nahrung auf einmal aufzunehmen, weil sie nicht homogen im Lebensraum verteilt ist. Dies gilt insbesondere für Fleisch-, Fisch- und Körnerfresser, die auch die größten Kröpfe besitzen. Bei den Tauben (Gattung *Columba*) sondern zudem beide Geschlechter während der Brutpflege aus dem Kropf eine »Milch« ab, mit der die Jungen zusammen mit eingeweichtem Kropfinhalt gefüttert werden. Diese »Milch« ist eine käsige Masse aus stark verfetteten und eiweißhaltigen Epithelzellen des Kropfes, die von diesem, in dieser Phase stark durchbluteten und gewaltig verdickten Organ, in großen Mengen abgege-

Abb. 12.3. Verschiedene Kropfformen bei Vögeln (nach versch. Autoren).
1 = Kappengeier; 2 = Rotschwanzbussard; 3 = Baumwachtel; 4 = Rubinkehlkolibri; 5 = Kormoran; 6 = Haustaube; 7 = Pfau.

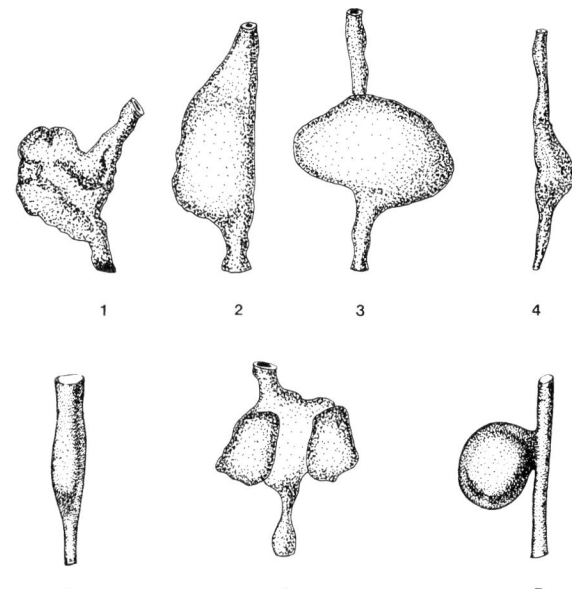

ben werden. Die Wucherung des Kropfepithels beginnt etwa ab dem 8. Bebrütungstag und dauert etwa bis zwei Wochen nach dem Schlupf.

Die Zusammensetzung der **Kropfmilch** ähnelt etwas der der Säugermilch mit der Ausnah-

me, daß sie jedoch keine Kohlenhydrate und kein Kalzium enthält: Fett 7 bis 13 %; Protein 13 bis 19 %; Asche ca. 1,5 %; Wasser 65 bis 81 %. Die Bildung von Kropfmilch kann in biologischen Tests für den Nachweis von Prolaktin (nach intramuskulärer/intradermaler In-

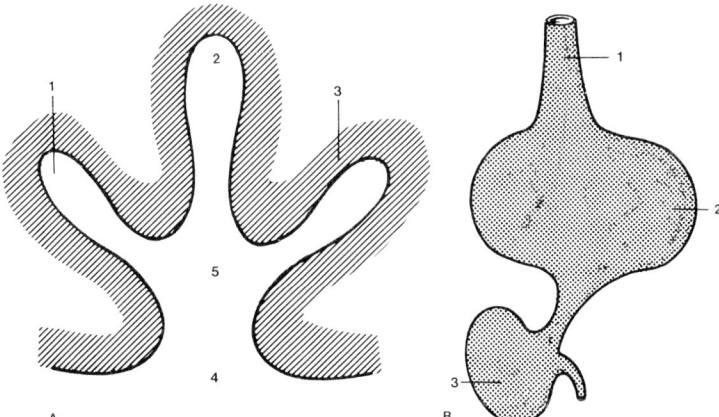

Abb. 12.4. A. Querschnitt durch das pharyngotympanale Infundibulum des Haushuhns, schematisch. Die Basis der Abbildung stellt die dorsale Wand des Pharynx mit der Öffnung in den »Infundibulum« genannten Raum dar. Kaudodorsal ist das Infundibulum mit den pharyngotympanalen Röhren und ventral mit dem Pharynx über einen Spalt (4) verbunden.

1 = Sulcus infundibularis lateralis; 2 = Sulcus infundibularis medianus; 3 = Plica infundibularis; 4 = Rima infundibuli; 5 = Infundibulum (Pharyngotympanicum).
B. Aufblähbare Ausweitung (Sacculus esophagealis) beim Männchen des Beifußhuhnes von ventral gesehen.
1 = Oesophagus; 2 = Sacculus esophagealis; 3 = Kropf (Ingluvies) (beides nach McLelland 1979).

jektion) benützt werden. Bei Flamingos wird im Kropf ein ähnliches Nahrungssekret abgegeben, das zudem durch Erythrozyten rot gefärbt ist.

Der Hoatzin frißt vorwiegend Blätter von *Arum*-Arten, die er meist komplett verschlingt. In einem riesigen, mit Hornleisten versehenen, ungemein muskulösen Kropf, der in verschiedene Abschnitte gegliedert ist, werden die Blätter dann zu einem feinen Brei zerrieben, der dann den bis zu fünfzig Mal kleineren Magen und den kurzen Darm passiert. Der Kropf macht bei dieser Vogelart 13 % der Körpermasse aus. So groß ist er bei keinem anderen Vogel.

Einige Vogelarten (z. B. Birkhuhn, Tauben, Beifußhuhn, Goldschnepfe, Wammentrappe u. a.) haben eine aufblähbare Oesophagus-Erweiterung, die bei der Balz zur Schau gestellt wird, aber nichts mit einem eigentlichen Kropf zu tun hat. Hier handelt es sich um einen soge- nannten **aufblasbaren Oesophagussack** (Saccus esophagealis; Abb. 12.4).

12.3.3 Magen

Alle Vögel haben einen deutlich **zweigeteilten Magen** (Ventriculus): einen kranialen **Drüsenmagen** (Ventriculus glandularis oder Proventriculus) und einen kaudalen Muskel- oder **Kaumagen** (Ventriculus muscularis). Die funktionelle und morphologische Differenzierung des Magens zeigt bei den Vögeln die höchste Vielfalt unter allen inneren Organen.

Der **Proventriculus** ist meist ein spindelförmiger nur mit schwacher Muskulatur versehener, länglicher Sack, der ohne deutliche Grenze aus dem Oesophagus hervorgeht. Das Pflasterepithel der Speiseröhre geht hier in ein hohes Zylinderepithel über, das zwei Arten von Drüsen enthält. Die innere Fläche des Drüsenmagens ist in feine Falten gelegt. Bei einigen Röhrennasenarten sind die Epithelzellen mit Lipiden angefüllt, die die Quelle des rosafarbenen **Magenöls (Tran)** darstellen, das von den Vögeln zur Verteidigung ausgespuckt werden kann. Gleichzeitig dient es den Jungen als Nahrung; es wird vermischt mit übrigem Proventriculusinhalt ausgewürgt und verfüttert.

Die **Schleimhautdrüsen des Proventriculus** haben zwei Funktionen. Einfachere, schlauchförmige Drüsen sondern ein Schleimsekret ohne Ferment ab, das die Schleimhaut vor Selbstverdauung schützt. Dieser Drüsentyp ist vor allem bei insekten- und fischfressenden Arten sehr häufig. Ein anderer Drüsentyp ist zusammengesetzt, viellappig und liegt tief in der Schleimhaut. Diese **Propriadrüsen** können entweder gleichmäßig über den Proventriculus verteilt, oder bei einigen Arten (z. B. Schlangenhalsvögeln) auf bestimmte Areale und/oder Divertikel beschränkt sein. Ihre Ausführgänge sind mit Halszellen (oberflächliche Propriadrüsen) umgeben, die ebenfalls ein muköses Sekret abgeben.

Die alveolären Drüsenzellen enthalten dagegen zwei typische Zellarten, die sowohl strukturell als auch funktionell mit den Belegzellen und den Hauptzellen der Säuger homolog sind. Die **Belegzellen** produzieren Salzsäure (HCl) und die **Hauptzellen** die Enzymvorstufe Pepsinogen (oder Zymogen), das unter dem Einfluß von HCl in das eiweißspaltende Pepsin umgewandelt wird. Wie bei allen Vertebraten (mit Ausnahme der Säuger) werden also in einem

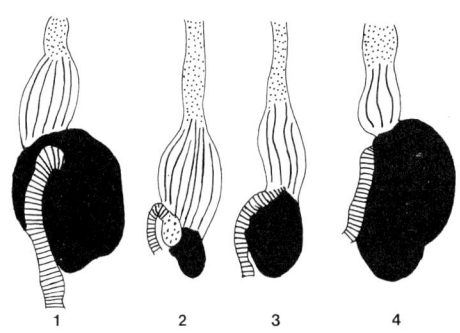

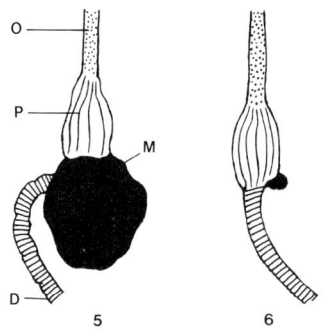

Abb. 12.5. Verschiedene Magentypen bei Vögeln (nach versch. Autoren). O = Oesophagus; P = Proventriculus (Drüsenmagen); M = Muskelmagen (Ventriculus); D = Duodenum (Zwölffingerdarm). 1 = Haushuhn; 2 = Ohrenscharbe; 3 = Kanadaschnepfe; 4 = Kurzschnabelgans; 5 = primitiver Mistelfresser, normaler Muskelmagen; 6 = Organist *(Tanagra)*, Muskelmagen rudimentär.

Drüsentyp beide Sekrete (HCl und Pepsinogen) produziert. Im Proventriculus können schwer verdauliche Substanzen (Knochen, Fischgräten) durch tagelanges Einwirken dieser beiden Sekrete abgebaut und damit verwertbar gemacht werden. Unverdauliche Substanzen (Haare, Federn, Zähne, Chitin) können dann entweder durch Speiballen über den Mund wieder ausgespuckt werden, oder sie gelangen in den Muskelmagen, wo sie unter Umständen doch noch mechanisch aufgeschlossen werden. Neben der Verdauung hat der Drüsenmagen auch noch wesentliche Speicherfunktion.

Der zweite Muskelabschnitt ist der **Muskelmagen.** Zwischen Drüsen- und Muskelmagen ist ein Zwischenstück (Übergangszone) eingeschaltet, das nur sehr wenige Drüsen aufweist. Bei blütenbesuchenden und/oder fruchtfressenden Papageien ist dieser Abschnitt zu einem stark dehnbaren Speicherraum geworden, dessen Lumen das der beiden »Haupt«magenabschnitte bei weitem übersteigt.

Der größte Teil des Muskelmagens besteht aus glatter **Muskulatur,** die in vier getrennte, halbautonome Bäuche aufgeteilt ist (Abb. 12.6 und 12.7): dorsaler und ventraler Körper sowie kranialer und kaudaler Blindsack. Die Muskulatur selbst besteht aus sehr großen, handförmig ineinander greifenden, antago-

nistisch arbeitenden Haupt- und Nebenmuskeln, die an den glänzenden Sehnenplatten beidseitig des Magens entspringen.

Die **Auskleidung** des Muskelmagens besteht aus einem einschichtigen Zylinderepithel und schlauchförmigen, einfachen (tubulösen) Drüsen, die zu 10 bis 30 in einer gemeinsamen Krypte münden (Haushuhn). Sie sondern ein enzymfreies, muköses Sekret ab, das aus verschiedenen Zelltypen sezerniert wird. Das Epithel des Ventriculus sondert eine sogenannte Koilinschicht (Tunica cuticula) ab, die eine **Reibeplatte zur Nahrungszerkleinerung** bildet. Sie besteht aus einer hornähnlichen Substanz (ektodermalen Ursprung) aus einem Kohlenhydrat-Eiweißkomplex (kein Keratin!) und wird von vertikalen, in eine horizontale Matrix eingebetteten Stäben gebildet. Diese Stäbe sind Drüsenprodukte der Lamina propria, die im Drüsenlumen zu Filamenten erstarrt sind. Viele Filamente vereinigen sich zu einem vertikalen Stab, der aus dem Drüsenlumen herausragt und sich distal mit anderen Stäben vereinigt. So erhalten die Filamente eine große mechanische Stabilität und sind gleichzeitig fest im Magen verankert (vertikale Matrix). Eine horizontale Matrix verteilt sich zudem zunächst gleichförmig über die Stäbchenschicht und erstarrt erst anschließend unter dem Einfluß von Salzsäure.

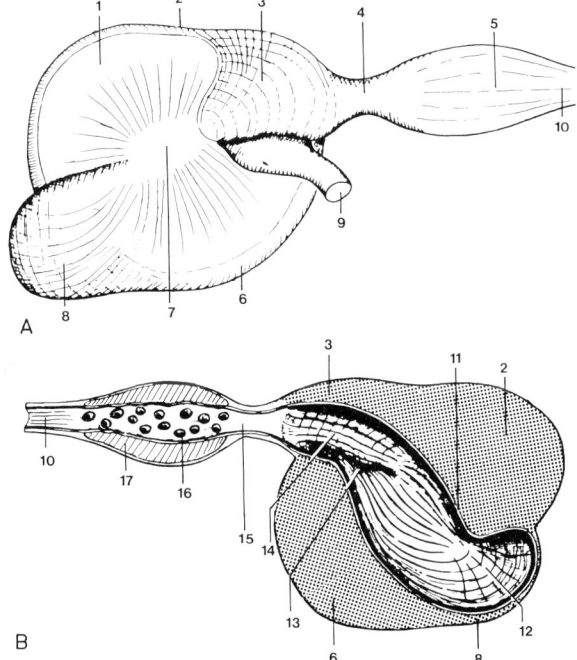

Abb. 12.6. Magen des Haushuhns (nach McLelland 1979 und King & McLelland 1978). A. Äußere, laterale Ansicht von rechts; B. Innere Ansicht der rechten Seite.
1 = Ventriculus (Muskelmagen); 2 = Musculus crassus caudodorsalis; 3 = Musculus tenuis craniodorsalis; 4 = Isthmus gastris; 5 = Proventriculus (Drüsenmagen); 6 = Musculus crassus cranioventralis; 7 = Centrum tendineum; 8 = Musculus tenuis caudoventralis; 9 = Duodenum (Zwölffingerdarm); 10 = Oesophagus; 11 = Cuticula gastrica; 12 = Saccus caudalis; 13 = Ostium ventriculopyloricum; 14 = Saccus cranialis; 15 = Zona intermedia gastris; 16 = Papilla proventricularis; 17 = Glandulae proventriculares profundae.

Die Farbe der Tunica ist gewöhnlich braun, grün oder gelb, was durch das Übertreten von Gallenfarbstoffen aus dem Zwölffingerdarm in den Magen herrührt.

Die **Koilinschicht** wird zum einen fortlaufend abgenutzt, zum anderen neben dem Nachwachsen auch periodisch abgelöst und vom Vogel ausgewürgt oder über den Darm ausgeschieden. Sie ist vor allem bei Körnerfressern gut ausgebildet und kann auch Zähnchen und andere Vorsprünge besitzen. Funktionell ersetzt sie die fehlenden Zähne bei den Vögeln.

Im Muskelmagen können zur Unterstützung der Kautätigkeit auch **Magensteinchen (Gastrolithen)** aufgenommen werden.

Form und **Bemuskelung des Kaumagens** sind je nach Ernährungstyp außerordentlich unterschiedlich. Graminivore und herbivore Vogelarten haben die kräftigste Muskulatur und sehr gut ausgebildete Reibplatten (Abb. 12.6). Carnivore Arten haben einen Muskelmagen, der mehr zu einem dünnen, weichhäutigen, dehnbaren Speicherraum geworden ist, in dem vor allem die chemische Verdauung, die im Drüsenmagen beginnt, beendet wird. Bei vielen frucht- und nektarfressenden Arten, aber auch bei Röhrennasen ist der Muskelmagen sogar zu einen rudimentären Streifen oder Divertikel reduziert (s. Abb. 12.5).

Einige Vogelformen besitzen noch eine **dritte Magenkammer**, den **Pylorusabschnitt.** Vor allem Wasservogelarten (Seetaucher, Lappentaucher, Pinguine, Pelikane, Schlangenhalsvögel, Reiher, Entenvögel), aber auch Greifvögel, Falken und Kuckucke zeigen starke Faltenbildungen zwischen Muskelmagen und Zwölffingerdarm. Sie sollen vermutlich verhindern, daß der bei diesen Arten meist sehr flüssige Nahrungsbrei zu schnell durch den Magen gelangt und geben ihn nur portionsweise weiter. Gleichzeitig werden hier offensichtlich wie in einem Sieb Haare, Federn und Gräten (auch als Filterfunktion?) zurückgehalten (vgl. Abb. 12.7 für Pylorus).

Phylogenetisch ist der Muskelmagen offensichtlich dem Magen der Reptilien homolog, während der Drüsenmagen eine neue, für Vögel charakteristische Differenzierung des Oesophagus darstellt.

12.3.4 Dünndarm

Der **Dünndarm** gehört zum entodermalen Mitteldarmabschnitt. Hier findet der größte Teil

der Verdauung und Resorption statt. Über die Unterscheidung einzelner Dünndarmabschnitte herrscht offensichtlich unter den Morphologen noch Uneinigkeit. In der Regel lassen sich aufeinanderfolgend ein Zwölffingerdarm (Duodenum), der Leerdarm (Jejunum) und der Hüftdarm (Ileum) unterscheiden. Histologisch sind aber nicht alle Abschnitte eindeutig definierbar und so entscheidet meist nur ihre Lage über ihren Namen/bzw. ihre Zugehörigkeit. Manche Autoren erkennen keinen Leerdarm an und trennen den Zwölffingerdarm vom übrigen Dünndarmsystem.

Der **Zwölffingerdarm** bildet die erste auf den Magen folgende Darmschlinge und hat einen aufsteigenden und absteigenden Ast (Abb. 12.8). In dem dadurch gebildeten U-förmigen Abschnitt liegt das Pankreas, das mit zwei oder drei Ausführgängen in diesen Darmabschnitt mündet. Ebenfalls mit mehreren Gängen mündet die Gallenblase (Leber) in den Zwölffingerdarm. Becherzellen im Oberflächenepithel produzieren Schleim in das Lumen des Darmes. Spezielle Brunnersche Drüsen wie bei Säugern fehlen den Vögeln. Lieberkühnsche Krypten sind vorhanden.

Der oberste Teil des **Ileum** wird von manchen Autoren als **Jejunum** abgetrennt (bei Säugern unstrittig). Der Meckelsche Divertikel, der kur-

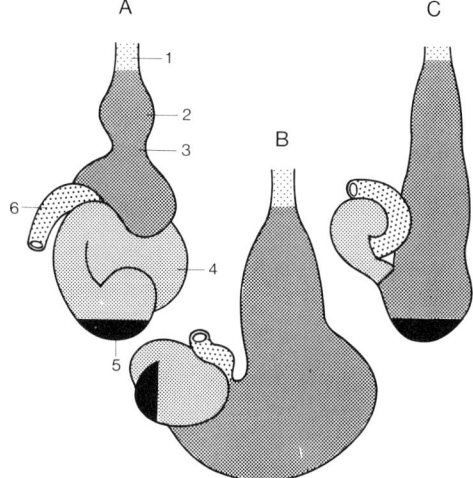

Abb. 12.7. Vorderdarm bei verschiedenen Vogelarten mit schematischer Darstellung der unterschiedlichen Magenabschnitte (nach Ziswiler 1976). A. Pfau; B. Afrikanischer Strauß; C. Sturmvogel; 1 = Oesophagus; 2 = Drüsenmagen (Proventriculus); 3 = Isthmus des Proventriculus; 4 = Muskelmagen; 5 = Blindsack des Muskelmagens; 6 = Pylorus.

ze, blind endigende Rest des Dottersackes kann bei Vorhandensein als Festlegung der Grenze zwischen Ileum und Jejunum dienen. Beide Darmabschnitte verlaufen in zahlreichen Schlingen im rechten Teil der Bauchhöhle auf und ab. Normalerweise (zahlreiche Ausnahmen) ist dann der nach dem Duodenum folgende kurze absteigende Ast der Leerdarm und der aufsteigende längere Ast der Hüftdarm, der anschließend natürlich wieder auf- und absteigen kann. Manche Arten haben allerdings keine Schlingen, sondern nur girlandenähnliche Windungen.

Die **Grobmorphologie** des Dünndarmes und seiner Mesenterien zeigt bei Vögeln eine große Variabilität, die hier im einzelnen nicht dargestellt werden kann. Grundsätzlich ist aber auch hier wie bei allen Vertebraten der Dünndarmkanal bei Pflanzen- und Samenfressern relativ lang und bei Frucht- und Fleischfressern relativ kurz (vgl. Abb. 12.8).

Feinmorphologisch ist der Dünndarm wie bei einem Säuger aufgebaut (vom Lumen nach außen): Mucosa, Submucosa, innere Ringmuskelschicht, äußere Längsmuskelschicht und Serosa. Die Submucosa enthält Blutgefäße, Lymphgefäße und Nerven. Zur Oberflächenvergrößerung bildet die Schleimhaut zahlreiche Formen von Falten, Lamellen und Zotten aus, die der Darminnenfläche ein charakteristisches Relief aufprägen. Hieraus lassen sich phylogenetische Ableitungen und sehr gute systematische Zuordnungen gewinnen.

Neben der Verdauungsfunktion produziert das Darmsystem noch Hormone (s. Kap. 9).

12.3.5 Dickdarm mit Blinddärmen

Der **ektodermale Enddarm** umfaßt die **Blinddärme** und den **Dickdarm** (Rectum, manche Autoren: Colon) sowie die Kloake. Morphologisch gesehen ist er eine terminale Erweiterung

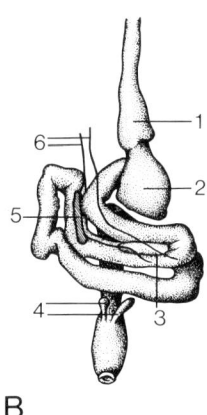

A   B

Abb. 12.8. Magen- und Darmtrakt bei verschiedenen Ernährungstypen bei Vögeln (nach BERNDT & MEISE 1959).
A. Haustaube. 1 = Kropf; 2 = Mesenterium (Darmgekröse); 3 = Drüsenmagen (Proventriculus); 4 = Muskelmagen (Ventriculus); 5 = Dünndarm; 6 = Blinddärme; 7 = Kloake; 8 = Samenleiter; 9 = Harnleiter (Ureter); 10 = Niere; 11 = Hoden; 12 = absteigender Zwölffingerdarm-Schenkel; 13 = aufsteigender Zwölffingerdarm-Schenkel; 14 = ventraler Pankreaslappen; 15 = Ausführgänge des ventralen Pankreaslappens; 16 = Ausführgänge des dorsalen Pankreaslappens; 17 = dorsaler Pankreaslappen; 18 = Gallengänge; 19 = Milz; 20 = Leber. Der Verdauungskanal enthält einen weitlumigen Kropf (Einweichen der Körnernahrung und Jungenfütterung) und einen langen, englumigen Dünndarm.
B. Fächerschwanz-Beerenpicker. 1 = Proventriculus; 2 = Ventriculus; 3 = Pankreas; 4 = Blinddärme; 5 = Gallenblase; 6 = Gallengänge. Der Verdauungskanal dieses Fruchtfressers weist normale Magenverhältnisse und einen kurzen, weitlumigen Darm auf. In der Zwölffingerdarmschleife liegt die Bauchspeicheldrüse; in erstere münden auch die beiden Gallengänge ein, von denen der hintere zu einer Gallenblase erweitert ist.

des Dünndarms, die von der Ansatzstelle der Blinddärme bis zur Kloake verläuft.

Vom Dünndarm ist er durch einen Sphinktermuskel getrennt. Der Enddarm verläuft relativ geradlinig und ist verhältnismäßig kurz. Er erreicht in der Regel nur 3 bis 10 % der Länge des Dünndarms, wobei extreme Fleischfresser den kürzesten und Saftfutterfresser (Pflanzennahrung; Gärungskammer!) den längsten Enddarm besitzen. Sehr lange Enddärme haben z. B. die Nandus und Strauße. Histologisch ist der Enddarm wie der Dünndarm gebaut. Es fehlen aber die hier vorkommenden Lymphgefäße.

In der Regel haben Vögel paarige **Blinddärme (Caeca),** die am Übergang zwischen Ileum und Rectum beginnen. Je nach Ernährung können diese **Gärkammern** sehr groß sein (Abb. 12.9). Im proximalen Abschnitt der Caeca findet sich reichlich lymphatisches Gewebe, das die beiden Tonsillae caecales bildet. An der Öffnung zum Rectum besitzen die Caeca einen Sphinkter, der den Blinddarmraum abschließen kann. Keine bzw. stark reduzierte Blinddärme haben u. a. folgende Vogelgruppen: Reiher, Greifvögel, Papageien, viele Tauben, Eisvögel,

Hopfe, Segler, Spechte usw. Kleine und/oder zu lympho-epithelialen Organen umgewandelte Blinddärme haben Sperlingsvögel, einige Tauben und Regenpfeifervögel. Riesige traubige Gebilde als Blinddärme haben der Strauß (als flugunfähiger Vogel spielt hier das Gewicht keine Rolle) und Rauhfußhühner, die sich von z. T. nur schwer abbaubaren Pflanzenteilen ernähren und deshalb auf **Vergärungssymbionten** in besonderem Maße angewiesen sind. Mausvögel haben keine Blinddärme, obwohl sie extreme Pflanzenfresser sind. Als »Flieger« unter den reinen Vegetariern hat bei dieser Taxa offensichtlich die Gewichtsersparnis Vorrang vor einer Gärkammer gehabt. Die übrigen Gruppen haben meist relativ gut entwickelte bzw. sogar weiterentwickelte Blinddärme. Seetaucher und Reiher besitzen nur einen unpaaren Blinddarm.

Soweit die Caeca an der Verdauung beteiligt sind, haben sie meist eine von den anderen Darmsystemen unabhängige **Peristaltik** und **Entleerungshäufigkeit** (auf 1 Blinddarmentleerung finden meist 8 bis 10 Enddarmentleerungen statt). Hier findet in der Regel die Zellulose-Verdauung durch mikrobielle Vergärung statt, wodurch auch der Blinddarmkot ein anderes Aussehen und einen anderen (stinkenden) Geruch hat als der Dickdarmkot. Der Blinddarm wird dabei durch antiperistaltische Bewegungen des Enddarmes gefüllt.

12.3.6 Kloake

Der terminale Abschnitt des Enddarms ist glockenförmig erweitert und heißt Kloake. Sie dient als Behältnis für Kot, Harn und die Geschlechtsprodukte. Durch zwei Schleimhaut-Ringfalten ist die **Kloake** in **drei Abschnitte** unterteilt.

Der erste Abschnitt ist das **Coprodaeum,** das direkt aus der allmählichen Erweiterung des Rectums (ohne Schleimhautfalte!) hervorgeht (Abb. 12.10). Man findet eine Schleimhautauskleidung, Zotten und Drüsen, die im wesentlichen denen des Rectums ähnlich sind. Dieser Abschnitt ist die Sammelstelle des Kotes.

Der darauf folgende mittlere Abschnitt ist das **Urodaeum.** Er wird durch die beiden erwähnten Schleimhautfalten (kranial die ringförmige Copro-Urodaeum-Falte; kaudal die halbkreisförmige Uro-Proctodaeum-Falte) von den angrenzenden Bereichen klar abgetrennt. Die jeweils paarigen Harnleiter und Samenleiter so-

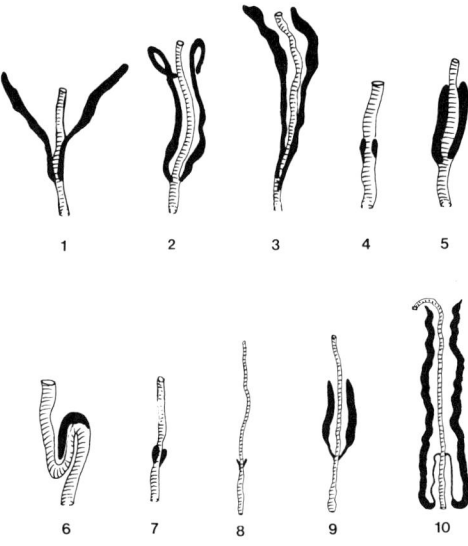

Abb. 12.9. Verschiedene Ausbildungen der Blinddärme bei Vögeln (nach versch. Autoren). Die einzelnen Abbildungen sind nicht im gleichen Größenverhältnis zueinander gezeichnet!
1 = Gelbschnabelkuckuck; 2 = Bläßhuhn; 3 = Virginia-Uhu; 4 = Gelbscheitel-Waldsänger; 5 = Bekassine; 6 = Graureiher (unpaarer Blinddarm!); 7 = Mantelmöwe; 8 = Habicht; 9 = Haushuhn; 10 = Schneehuhn.

wie der Eileiter münden hier. Die Copro-Uro-daeum-Falte kann bei Kotfüllung des Copro-daeums zu einer dünnen Sperrwand mit einer zentralen Öffnung werden und sogar aus dem After hervorragen (ebenso bei Erektionen).

Der letzte, kurze Abschnitt der Kloake ist das **Proctodaeum.** Bei Jungvögeln (und erwachsenen Straußen und Nandus) mündet von hier aus eine dorsale Öffnung in die Bursadrüse (s. Kap. 9). Auch dieser Kloakenabschnitt trägt noch Schleimhäute, Zylinderepithel und zusätzlich noch Tastkörperchen (Herbstsche Körperchen). Der kaudalste Teil des Proctodaeums ist mit quergestreiften Afterschließmuskeln versehen, die den Darmkanal nach außen abschließen können.

Die Kloake mündet schließlich in die **Kloakenöffnung (Anus).** Im geschlossenen Zustand stellt sie einen transversalen Schlitz dar, der von einer dorsalen und einer ventralen Lippe umrandet wird. Diese Lippen schlagen in das Proctodaeum um und werden bei der Abgabe größerer Mengen Kot nach außen vorgestülpt. Dann kann man u.U. die Copro-Uro-daeum-Falte als zirkulären Ring erkennen.

12.3.7 Leber

Die **Leber (Hepar, Jecur)** ist im Vergleich zu den Säugern sehr groß. Sie ist ein umfangreiches zweilappiges Organ, wobei der rechte Lappen in der Regel wesentlich größer ist als der linke. Beide Lappen sind durch eine schmale Parenchymbrücke miteinander verbunden. Die beiden kranioventralen Lappen umschließen das Herz seitlich.

Zur Zeit des Schlupfes ist die Leber der Vögel noch gelb gefärbt. Dies wird durch ein Pigment verursacht, das in den letzten Bruttagen mit den Dotterlipiden in die Leber gelangt. Später wird die Leber dann dunkel rotbraun. Die Vena cava führt durch den kranialen Abschnitt des rechten Leberlappens; die Lebervenen und die Vena cava caudalis verlassen die Leber an der gleichen Stelle. Zwei Leberpfortadern und zwei Leberarterien treten durch die Fossa transversa in der Mitte der visceralen Leberoberfläche in das Organ ein. Jeder Lappen ist so mit einer eigenen Blutversorgung ausgestattet. Hier verlassen auch die Gallengänge die Leber.

Jeder Leberlappen besitzt einen eigenen Gallengang. Der Ductus hepatocystis führt die **Gallenflüssigkeit** vom rechten Lappen in die **Gallenblase;** von dort geht der Gallengang in den Dünndarm, während der Ductus hepatoentericus die Gallenflüssigkeit des linken Lappens direkt ins Duodenum leitet. Vielen Vögeln fehlt eine Gallenblase (Strauß, Nandu, vielen Tauben, Papageien, Kolibris usw.). Bei karnivoren Arten ist sie dagegen besonders groß entwickelt. Die Leber selbst ist kleiner bei karnivoren und samenfressenden Vogelarten, größer dagegen bei fisch- und insektenfressenden Arten.

Histologisch besteht die Leber aus Zellbalken, deren Gesamtheit als **Muralium** bezeichnet wird. Meist sind diese Balken aus einer »Ein-Zellschicht« aufgebaut und beiderseits von Sinusoiden (Lakunen-Räume) begrenzt, wodurch das Parenchym schwammartig wird. Da nur wenig perilobuläres Bindegewebe vorhanden ist, kann man die einzelnen Leberläppchen, die beim Säuger gut zu erkennen sind, nur schwer differenzieren. Die Sinusoide erlauben einen direkten Kontakt Blut/Zelle.

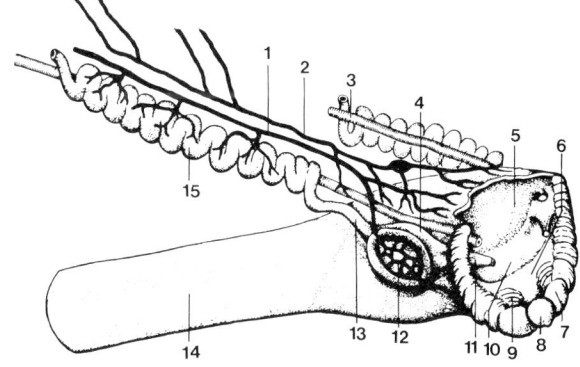

Abb. 12.10. Seitliche Ansicht der Kloake und des Endteils des Samenleiters (Ductus deferens) vom Haushuhn (nach LAKE 1981, aus JOHNSON 1986). 1 = Schwanzarterie; 2 = Schwanznerv; 3 = Ureter;   4 = Receptaculum des Ductus deferens (Samenblase); 5 = Coprodaeum;   6 = Proctodaeum; 7 = lateraler Phalluskörper; 8 = medianer Phalluskörper; 9 = Lymphgefäßfalte; 10 = Urodaeum; 11 = Samenleiter-Papille; 12 = Paracloacaler Gefäßkörper; 13 = Ductus deferens (gerader Teil); 14 = Rectum; 15 = Ductus deferens (Schleifenteil).

Funktionell hat die **Leber** die **Aufgabe,** das Blut zu entgiften, Glykogen, Proteine und Fette zu synthetisieren und zu speichern, Galle zu produzieren und Harnsäure zu bilden. In der Jungendphase werden hier auch Blutzellen gebildet. Die Leber ist eines der am besten durchbluteten Organe und liefert mit die größte Wärmemenge aller inneren Organe.

12.3.8 Pankreas

Die **Bauchspeicheldrüse (Pancreas)** liegt zwischen den beiden Schenkeln der Duodenalschleife (Abb. 12.8). Auch sie ist wie die Leber bei Vögeln größer als bei Säugern. Innerhalb der Vögel ist sie bei Fleischfressern am kleinsten und bei Körnerfressern am größten.

Das Pankreas besteht aus mindestens drei morphologisch deutlich unterscheidbaren variablen **Lappen (Ventral-, Dorsal-, Mittellappen).** Die exokrinen Drüsenteile des Pankreas sind wie bei den Säugern zusammengesetzt tubuläralveolär gebaut. Zwei oder (meist) drei Ausführgänge münden in den Zwölffingerdarm: Zwei kommen aus dem Ventrallappen und einer aus dem Dorsallappen. Der Mittellappen hat keinen eigenen Ausführgang, sondern entläßt sein Sekret über die beiden anderen Lappen.

Das Pankreas besteht aus einem **exokrinen** und einem **endokrinen System.** Das letztere besteht aus den **Langerhansschen Inselzellen** (s. Kap. 9), die im Gegensatz zu den Säugern nicht durch Bindegewebskapseln vom übrigen Gewebe deutlich abgetrennt sind, so daß es zum Teil schwer fällt, einzelne Zellbereiche den einzelnen Funktionskreisen zuzuordnen. Der exokrine Pankreassaft der Vögel enthält die gleichen Enzyme wie jener der Säuger mit den gleichen Funktionen. Sie bewirken die chemische Verdauung im Dünndarm (s. u.).

12.4 Verdauung, Resorption und Defäkation

12.4.1 Allgemeines

Die Ernährung der Vögel umfaßt im allgemeinen vier aufeinanderfolgende Vorgänge:

1. **Aufnahme der Nahrung** in physiologisch noch zur Außenwelt gehörende Körperhöhlen (Mund, Vorderdarm, Magen). Dazu zählt auch eine eventuell stattfindende grobe Zerkleinerung.
2. **Verdauung** im engeren Sinne, d. h. weitere mechanische und chemische Bearbeitung der Nahrung durch spezielle Verdauungsenzyme, aber auch Säuren, Wasser usw. Die dadurch in ihre Bausteine zerlegte Nahrung kann dann oft schon im Verlaufe des Transportes resorbiert werden.
3. Die **Aufnahme (Resorption)** der Nahrungsbestandteile in das Zell- und/oder Körperinnere.
4. Die **Ausscheidung (Defäkation)** fester unbrauchbarer und/oder unverdaulicher Substanzen durch den Darmtrakt bzw. die Exkretion (s. Kap. 13) wasserlöslicher Substanzen durch die Niere.

Die beiden ersten Abschnitte werden meist auch unter »Verdauung im weitesten Sinne« zusammengefaßt. Sie machen die Nahrungsstoffe resorbierbar.

Die **chemische Verdauung** erfolgt zum größten Teil durch spezielle **Verdauungsenzyme.** Dabei handelt es sich immer um **Hydrolasen,** die die hochmolekularen nichtresorbierbaren Nahrungsstoffe Fett, Eiweiß und Kohlehydrat unter Wasseranlagerung in die niedermolekularen und resorbierbaren Bausteine Fettsäure, Glyzerin, Aminosäure und Monosaccharid zerlegen. Sie bilden zusammen mit anderen spezifischen Substanzen (Gallensaft, Salze, Säuren, Alkalien, Schleim, Wasser) die Verdauungssekrete, die bei den Wirbeltieren in apokrinen Drüsenzellen abgegeben werden (bei diesem Sekretionstyp schnürt sich der äußerste Endabschnitt einer Drüsenzelle mit dem Sekretinhalt ab und zerfällt; die Zelle bildet den Rest wieder nach). Neben den reinen Verdauungsenzymen kann natürlich auch die Salzsäure (oder Alkalien) schon allein über Hydrolyse gute Verdauungsarbeit leisten. In sehr beschränktem Maße gilt dies auch für Wasser allein (Quellung der Nahrung usw.).

Mechanisch wird die Nahrung u. U. durch den Schnabel bereits eröffnet, geschält, geteilt, in kleine Stücke zerrissen, zerschlagen und zerdrückt. Im Magen können die Reibplatte und Gastrolithen mit der Peristaltik ein Zerreiben und Zermahlen der Nahrung bewirken. Auch im folgenden Darmtrakt ist die Peristaltik und der damit einhergehende Druck ein mechanisches Zerkleinerungshilfsmittel.

Wichtig für die Verdauung ist noch die Hilfe von **Darmsymbionten,** ohne die viele Nahrungsstoffe nicht aufschließbar wären und die zudem wichtige Vitamine und zum Teil Eiweißstoffe liefern. Bei Behandlung mit Antiobiotika können diese Symbionten unter Umständen abgetötet werden. Erst dann erkennt man ihre elementare Bedeutung im Verdauungssystem durch die auftretenden ernsten Verdauungsstörungen.

Die **Verdauungsgeschwindigkeit** ist bei den einzelnen Ernährungstypen sehr unterschiedlich. In Blinddärmen kann die Nahrung unter Umständen mehrere Tage lang liegen bleiben. Bei einigen Nektarfressern (Kolibris z.B.) kann die Nahrung in 7 bis 8 min den gesamten Verdauungskanal passiert haben. Bei Mausvögeln (Fruchtfresser) kann die Passage ebenfalls sehr rasch verlaufen. Unter 10 min sind nicht selten.

Für Greifvögel liegen allometrische Beziehungen zur aufgenommenen **durchschnittlichen Nahrungsmenge I** (in Watt) in Abhängigkeit zur Körpermasse M (in kg) vor. Diese Beziehung gehorcht folgender Exponential-Gleichung:

$$I = (15{,}1 - 15{,}7) \times W^{0{,}63 \pm 0{,}11} \quad (n = 19 \text{ Vögel})$$

12.4.2 Mund-, Oesophagus- und Kropfverdauung

Die **Speicheldrüsen** des **Mundes** sondern vor allem mukösen Schleim ab, der die Nahrung befeuchtet und für die Darmpassage schlüpfrig macht. Außer einer zusätzlichen Quellung ist die Aufenhaltsdauer im Mundbereich zu kurz, um schon eine enzymatische Verdauung einzuleiten. Verdauungsfermente fehlen zudem im Vogelspeichel in der Regel. Nur beim Haussperling und einigen wenigen anderen Körnerfressern sind geringe Mengen von Amylase (spaltet Stärke in Zucker) gefunden worden, die aber dann wahrscheinlich erst im Kropf wirksam werden kann. **Amylase** kommt auch bei anderen Wirbeltieren im Speichel nur sehr selten vor (charakteristisch z.B. für Mensch und Schwein). Der Muzinschleim der Vögel ist leicht sauer und weist einen pH-Wert von 4,5 bis 6,5 auf.

Auch **Oesophagus** und **Kropf** sezernieren mukösen Schleim, aber **keine Enzyme.** In beiden Organen kann die Nahrung mehr oder weniger lange gespeichert werden, wenn der Magen voll ist. Sonst wird die Nahrung durch kräftige Kon-

traktionen sofort in den Proventriculus weitertransportiert. Bei manchen Arten mit Speiballen- bzw. Gewöllebildung wird diskutiert, ob nicht beim Auswerfen dieser unverdaulichen Nahrungsteile durch den Rückwärtstransport Magensaft in den Kropf gedrückt wird, der dann bei der Vorverdauung mithilft. Eventuell können hier auch Bakterien eine Vorverdauung bewirken. Der Hoatzin hat einen kräftigen Kropf, der aus der Blätternahrung den Saft herauspressen kann und so mechanisch den ersten Teil der Verdauung übernimmt (s. weiter oben).

Freie Fettsäuren, Aminosäuren, Einfachzucker, Alkohole, Glyzerin usw. können sicher schon im Mund-Oesophagus-Bereich absorbiert werden.

12.4.3 Magenverdauung

Im **Proventriculus** wird vor allem **Salzsäure HCl** und **Pepsinogen** produziert (Haupt- und Belegzellen). Außerdem bilden muköse Schleimzellen auch hier eine wichtige Schleimschutzschicht aus.

Das **Pepsinogen** (Molekulargewicht MG 36 000) wird durch die HCl in das aktive Enzym Pepsin (MG 34 000) umgewandelt. Salzsäure wird von den Drüsenzellen mit einem pH von 1,5 bis 2 produziert. Der Magensaft wird aller-

Abb. 12.11. Der Balzkropf der Tauben ist kein aufblasbarer Vorderdarmteil, wie der Name vermuten ließe. Es handelt sich um einen Divertikel des zervikalen Luftsackes und gehört somit zum Atmungssystem.

dings schnell verdünnt, so daß die effektiven pH-Werte meist höher liegen (im Mittel 3,5 bis 4,5). Die mittleren Konzentrationen verschiedener Substanzen im Magensaft liegen beim Haushuhn folgendermaßen:

H$^+$	123,1 mEq/l
Cl$^-$	147,1 mEq/l
K$^+$	9,6 mEq/l
Na$^+$	16,9 mEq/l
Pepsin	1550 i. E./ml

Pepsin ist ein hochwirksames, Protein in Peptide spaltendes Ferment. Die Salzsäure wirkt vor allem keimtötend. Daneben hat sie die pepsinogenaktivierende Eigenschaft und wirkt natürlich ebenfalls verdauend durch Hydrolyse. Daneben wirkt HCl auf den Verschluß des Pförtners. Wie im oberen Vorderdarmkanal können auch im Drüsenmagen freie Fettsäuren, Aminosäuren, Einfachzucker, Alkohole, Glyzerin usw. schon hier absorbiert werden.

Im **Muskelmagen** findet bei graminivoren u. a. Arten hauptsächlich dann die **gastrale Proteolyse** der Eiweiße statt. Dies wird unterstützt durch die **mechanische Zerkleinerung** der Nahrung in diesem Magenabschnitt durch die Reibeplatte und die Magensteinchen (Gastrolithen, Grit). Sie können die Ausnutzrate der Nahrung um über 10 % steigern. Kräftige Kontraktionswellen (Druck bis 200 mm Hg, Frequenz 3 bis 5 min) pumpen die Nahrung zwischen den Mahlsteinen hin und her. Dabei wird u. U. der Nahrungsbrei auch wieder in den Drüsenmagen hin- und zurückgepumpt. Der pH-Wert kann auch in diesem Magenbereich noch bis hinunter auf 2 gehen; es herrscht also ein verdauungsförderndes, sehr saures Milieu. Bei Arten ohne kräftig ausgebildeter Muskulatur und ohne Grit (Fleisch- und Fischfresser) stellt dieser Magenteil lediglich ein Speicherorgan dar, in dem die Proteolyse stattfinden kann. Unterstützt wird das Pepsin im Magen teilweise noch durch Enzyme, die aus dem Dünndarm in den Magen gelangen. Diese Fermente haben allerdings ein pH-Optimum von meist über 5, so daß ihre wirkliche Bedeutung bei der Magenverdauung wohl nicht sehr groß sein kann.

12.4.4 Dünndarmverdauung

Der **Dünndarm** selbst (ohne Pankreas und Leber) ist in der Lage Amylase, Saccharasen, Maltase, Isomaltase, Sucrase, Peptidasen

(»Erepsin«) und Lipasen zu sekretieren. Es fehlt aber – wie bereits erwähnt – eine Laktase ebenso wie eine Trehalase. Beim Huhn liegt die Gesamtsekretionsrate bei etwa 1 ml/h; der pH-Wert ist (leicht sauer bis) deutlich alkalisch. Eine Enterokinase baut Trypsinogen aus dem Pankreas in Trypsin um. Neben diesen Fermenten produziert der Dünndarm noch die Hormone Sekretin (CCK) und das »Vasoaktive Intestinal Peptid VIP«, die auf die Darm-, Gallen- und Magentätigkeit wirken (s. Kap. 9).

Entscheidend für die Verdauungstätigkeit im Dünndarm ist aber vor allem die Sekretionstätigkeit von Pankreas und Leber.

Das **Pankreas** sezerniert einen wäßrigen, leicht **alkalischen Verdauungssaft,** der die alkalisch reagierenden Bikarbonationen (HCO$_3^-$) sowie zahlreiche (die meisten) Enzyme für den Abbau von Kohlenhydraten (Karbohydratasen), Fetten (Lipasen) und Eiweißen (Peptidasen) enthält, die im alkalischen Bereich ihr Wirkungsoptimum haben. Der Pankreassaft (beim Huhn zwischen 0,5 bis 1 ml/h × kg Körpermasse; das ist wesentlich mehr als bei Säugern) neutralisiert zunächst den Magennahrungsbrei (Chymus) auf einen pH-Wert von 6,5 bis 7,5.

Folgende **Enzyme** übernehmen dann neben vielen anderen die Verdauungsarbeit: **Chymotrypsin** (MG 20 000) und **Trypsin** (MG 22 500) spalten (neben anderen) Eiweiße in Aminosäuren. In Gänsen wurden beide Fermente in folgenden Konzentrationen gefunden: Trypsin 165, Chymotrypsin 1680 µg/g Pankreas. Eine **Amylase** und **Maltase** zerlegen die Polysaccharide. **Pankreaslipasen** spalten die Fette in Fettsäuren und Glyzerin. Daneben findet man Phospholipasen, Esterasen, Cholesterolesterasen u. v. a. m. Alle abgespaltenen Bausteine werden zusammen mit Wasser dann im Dünndarm auch gleich resorbiert.

Die **Gallenflüssigkeit** wird von der **Leber** produziert und in der Gallenblase eingedickt oder sofort in den Zwölffingerdarm abgegeben (s. o.). Sie enthält keine wesentlichen Mengen eigener Enzyme; lediglich Amylase ist nachgewiesen worden (solche Enzyme fehlen in der Regel bei allen Vertebraten; nur Karpfen haben Esterasen in der Galle).

Die **Bestandteile der Galle** sind das Cholesterin, die Gallensäuren, die aus Cholesterin durch Oxidation entstehen, die Gallenfarbstoffe (Bilirubine, Biliverdine), sowie als Abfallstoffe Choleinsäuren, Lezithin, Fettsäuren,

Tab. 12.4. Nahrung der Vögel. Angegeben ist die Zahl der Familien, in denen zumindest für einige Arten die betreffenden Vegetabilien bzw. Beutetiere eine Rolle spielen bzw. mehr oder minder regelmäßig aufgenommen werden.

Nahrung	Zahl der Familien	Beispiele
Vegetative Pflanzenteile, Blütenteile	29	Entenvögel (Gänse, Schwäne); Hokkohühner; Hühner; viele Papageien
Fleischige Früchte	56	Hokkohühner; Turakos; Tukane; viele Nashornvögel; Tauben (vor allem *Ducula*, *Ptilinopus*); Seidenschwänze; teilweise Sänger (vor allem *Turdus*) und Grasmücken; Stare; Pirole; einige Tangaren; Bülbüls usw.
Trockenfrüchte und Samen	38	Hühner; Entenvögel; Tauben; Finken; Ammern; Webervögel; Prachtfinken; manche Spechte; Meisen usw.
Nektar und Pollen	11	Papageien (Loris); Mistelfresser; Honigfresser; Brillenvögel; Nektarvögel; Kolibris; viele Insektenfresser
Algen (z. T. als Plankton)	6	Flamingos; manche Entenvögel; manche Rallen und Schnepfen
Bienenhonig, Bienenwachs	1	Honiganzeiger
Baumsäfte	1	manche Spechte, aber gelegentlich auch Arten anderer Familien
Hohltiere	3	Fregattvögel; Albatrosse; Entenvögel (manche Meeresenten)
Stachelhäuter	1	Entenvögel (manche Meeresenten)
„Würmer"	24	marine u. a. Regenpfeifer, Schnepfen; Möwen. Süßwasser und Land: Entenvögel, Schnepfen; Regenpfeifer; Möwen; Hühner; Sänger; Kiwis
Schnecken, Muscheln	37	Störche; Blatthühnchen; Austernfischer; Schnepfen; Möwen; Entenvögel; Sänger (z. B. Singdrossel)
Tintenfische	7	Pinguine; Albatrosse; Sturmvögel; Fregattvögel
Krebstiere	35	Sturmschwalben; Flamingos; Schnepfen; Reiherläufer; Alken; Möwen; Wasseramseln
Spinnen	17	Baumläufer; Meisen; viele Insektenfresser
Insekten	118	Falken; Regenpfeifer; Schnepfen; Eulen (kleine Arten); Nachtschwalben; Baumsegler; Spinte; Racken; Spechte; Schwalben; Grasmücken; Sänger; Tyrannen; Würger; Meisen usw.
Fische	38	Seetaucher; Lappentaucher; Pinguine; Tölpel; Reiher; Kormorane; Pelikane; Möwen; Seeschwalben; Alken; Eisvögel usw.
Amphibien	27	Schlangenhalsvögel; Reiher; Störche; Eulen (z. B. Waldkauz)
Reptilien	25	Reiher; Störche; manche Habichtartige; manche Kukkucke; Racken; Würger
Vögel	14	Habichtartige; Falken; Eulen; Jungvögel und Nestlinge von mehreren Familien
Vogeleier	5	manche Habichtartige (z. B. *Circus*); Möwen; Rabenvögel
Kleinsäuger	17	Habichtartige; Falken; Eulen; Raubmöwen; Reiher; Würger
Größere Säugetiere	3	große Habichtartige; Falken und Eulen
Aas	8	Störche (Marabu); Neuweltgeier; Habichtartige (Milvus, Altweltgeier); Möwen; Rabenvögel

Glukuronsäuren, Schleim und Salze. Die **Gallenfarbstoffe** sind die Abbauprodukte der roten Blutkörperchen. Sie werden in der Milz produziert und in der Leber über die Galle ausgeschieden. Durch Bakterien werden sie weiter in die Urobilinogene abgebaut, im Darm z. T. wieder resorbiert und dann über die Niere ausgeschieden. Sie verursachen die Dunkelfärbung des Kotes und die Gelbfärbung des (Säuger-) Urins. Die **Gallensäuren (Cholsäuren)** entstehen in der Leber durch Oxidation des Cholesterins. Sie haben die Aufgabe, die Nahrungsfette wie Seifen wasserlöslich zu machen, damit sie von den Enzymen besser bearbeitet werden können. Sie werden zum größten Teil aus dem Darm rückresorbiert und machen so einen »enterohepatischen« Kreislauf durch. Die Galle aktiviert zudem die Pankreaslipase.

Neben der Produktion von Gallenflüssigkeit hat die Leber noch die bereits oben angeführten Aufgaben im Stoffwechsel der Proteine, Kohlenhydrate (Speicherung von Glykogen), Fette und Entgiftungsfunktion. Synthese von Harnstoff findet hier ebenfalls statt.

12.4.5 Enddarmverdauung

In den **Blinddärmen** vieler herbivorer Vogelarten findet der Aufschluß von zellulosehaltigen Nahrungsbestandteilen statt, die durch normale Verdauungstätigkeit nicht abgebaut werden könnten, da Vögeln eine **Zellulase fehlt.** Dadurch können selbst extrem schwer verdauliche Nahrungsstoffe erschlossen werden. Der Abbau geschieht durch symbiontische Bakterien (z. T. über 10^{11} Bakterien pro g Caecuminhalt) über **Gärungsvorgänge.** Vor allem werden dabei niedermolekulare Fettsäuren (Essigsäure, Buttersäure, Propionsäure) produziert

und resorbiert. Diese Fettsäuren können bei manchen Arten einen Großteil des Nahrungsreservoirs ausmachen (z. B. Koniferennadeln fressende Rauhfußhühner). Daneben scheinen noch wesentliche Funktionen der Blinddärme im Stickstoffhaushalt zu liegen, da aus der Kloake auch Harnsäure in das Caecum zurückgepumpt wird, die dort eventuell von Bakterien zu Aminosäuren verarbeitet wird. Entsprechende Mikroorganismen wurden gefunden. Ähnliches kennt man auch von den Wiederkäuern bei den Säugern.

Ganz eindeutig scheinen die **Mikroorganismen** in den **Blinddärmen** erst »herangezüchtet« werden zu müssen. Erst nach einer längeren Zeit rohfaserreicher Ernährung ist die volle Leistungsfähigkeit des Caecums erreicht, was früher zu Fehlinterpretationen bezüglich der Leistungsfähigkeit dieser Gärräume bei Vögeln geführt hat und noch immer führt. Die Produktion von Vitaminen (vor allem B-Gruppe, aber auch K- und H-) wurde schon oben erwähnt. Schließlich scheinen die Blinddärme (soweit vorhanden) auch ein wichtiger Ort der Wasserrückresorption zu sein. Falls Blinddärme fehlen, können auch im Dickdarm in geringem Maße Gärungsvorgänge stattfinden. Die Entleerung der Blinddärme findet bei Hühnern nur alle 24 bis 48 Stunden statt. Auf eine Caeca-Entleerung kommen 8 bis 10 Enddarmentleerungen, so daß im Blinddarm die Vergärung um ein Mehrfaches länger ablaufen kann als im Enddarm.

Der kurze, ungegliederte und gerade **Enddarm** enthält in seinen Sekreten in der Regel **keine Enzyme** mehr. Es handelt sich bei diesen Produkten von Dickdarmdrüsen und Oberflächenepithelien um Wasser, Schleim, Leukozyten und abgestoßene Epithelzellen. Sofern En-

Tab. 12.5. Nahrungswahl der Brutvögel Mitteleuropas (ohne Seevögel) in der Zeit ihrer Anwesenheit; Artenzahlen, viele Arten mehrfach berücksichtigt (nach BEZZEL 1982). Stufen: 4 so gut wie ausschließlich; 3 überwiegend; 2 ansehnliche Anteile, zumindest saisonal; 1 nur zu bestimmten Zeiten oder in geringen Anteilen regelmäßig.

Stufe	Fische	Reptilien Amphibien	Vögel	Säugetiere	Arthropoden	Mollusken	Würmer (Annelida)	Vegetabilien	Aas Abfälle
1	14	15	16	12	46	41	43	38	10
2	5	8	11	9	50	12	12	29	1
3	12	–	1	8	60	–	–	34	3
4	3	1	1	1	58	–	–	8	–
	34	24	29	30	214	53	55	109	14

zyme vorhanden sind, handelt es sich um Reste aus vorangegangenen Darmabschnitten. Auch hier findet man jedoch Bakterien, die noch vorhandene Eiweißreste, Kohlehydrate und andere Substanzen (z. B. Zellreste u. ä.) verarbeiten können. Bereits erwähnt wurden obligate Milchsäurebakterien, die Lactose abbauen und dadurch zu schweren Durchfallerkrankungen führen können. Fakultativ kann je nach Futter die Besiedlung mit (anderen) Mikroorganismen schwanken. Umwandlungsprodukte sind zahlreiche Substanzen, die den charakteristischen Geruch des Kotes bewirken.

Im Enddarm wird normalerweise neben der Resorption der Restnahrungsstoffe vor allem eine **Wasserresorption** durchgeführt und der Kot dadurch eingedickt und die vorhandenen Harnsäure ausgefällt. Unter Umständen kann in diesem Bereich auch noch eine Rückresorption von Salzen stattfinden, die dann endgültig über Salzdrüsen ausgeschieden werden (s. Kap. 13). Schließlich wird aber im Endabschnitt des Enddarmes der Kot (eventuell portioniert und) über die Kloake ausgeschieden (Defäkation).

12.5 Ernährung und Nahrungswahl

12.5.1 Nahrungspektrum

Die Nahrung der Vögel ist vielseitig und daher auch in der zusammenfassenden Betrachtung größerer Gruppen eine Trennung zwischen **Pflanzenfressern (Herbivore), Fleischfressern (Karnivore)** und **Allesfressern (Omnivore)** viel unschärfer ausgebildet als z. B. bei den Säugetieren. 8 Vogelfamilien sind ausgesprochen omnivor; weitere 8 stellen reine Pflanzenfresser. Fast oder ausschließlich von tierischer Nahrung leben 52 Familien, darunter viele Meeresvögel. Als **Gemischtköstler** lassen sich 82 Familien einstufen; bei 16 überwiegt pflanzliche, bei 26 tierische Nahrung, für 40 ist sowohl pflanzliche als auch tierische Nahrung von Bedeutung.

Tierische Nahrung macht also den überwiegenden Teil aus. Fast aus allen Tierklassen können Vertreter als Nahrung für Vögel in Frage kommen (Tab. 12.4). Besonders viele Arten nutzen das große und vielseitige Angebot an Arthropoden. Erstaunlich vielseitig ist auch die Nutzung von Fischen, die bei einer Reihe von Familien die ausschließliche oder zumindest die wichtigste Nahrung darstellen und auch die Voraussetzung für die größten Vogelan-

Tab. 12.6. Breite des Nahrungsspektrums der Brutvögel Mitteleuropas (ohne Seevögel) in der Zeit ihrer Anwesenheit: Zahl der in Tab. 12.5 unterschiedenen Nahrungsbestandteile pro Art, die zumindest saisonal eine Rolle spielen. Jede Art nur einmal aufgeführt (Zahlen nach Bezzel 1982).

Nahrungsbestandteile nach Tab. 12.5	Zahl der Vogelarten
1	72 (davon 58 Arthropoden)
2	86
3	60
4	22
5	11

sammlungen auf engem Raum bilden (Seevogelkolonien). Im Unterschied dazu sind Amphibien und Reptilien, aber auch z. B. Land- und Süßwassermollusken, von Spezialisten abgesehen, meist von untergeordneter Bedeutung. Eine relativ große Zahl von Vogelarten nutzt vor allem in mittleren und höheren Breiten das individuenreiche Angebot an Kleinnagern.

Ausschließlich oder überwiegend von **grünen Pflanzenteilen** lebende Arten sind bei Vögeln in der Minderzahl. Dies wird z. T. im Zusammenhang mit dem Flugvermögen interpretiert. Grüne Pflanzenteile können nur langsam aufgeschlossen werden; sie würden daher in größerer Menge aufgenommen als Ballast wirken. Auch herbivore Vögel müssen zudem ihren Eiweißbedarf, insbesondere während der Jugendentwicklung, mit tierischer Nahrung decken (vgl. Kap. 12.2.1).

Energiereiche Samen oder leichter verdauliche **Früchte** spielen dagegen wieder eine große Rolle, erstere vor allem in der kalten Jahreszeit für Vögel höherer Breiten (vgl. Tab. 12.5), letztere dagegen als überwiegende oder gar ausschließliche Vogelnahrung in warmen Klimaten. So verhalten sich die Artenzahlen überwiegender Fruchtfresser zu überwiegenden Insektenfressern in Südamerika wie etwa 1:0,7, während in höheren Breiten fast dreimal soviele Vogelarten überwiegend oder ausschließlich von Arthropoden wie von Vegetabilien insgesamt leben (vgl. Tab. 12.5). **Frugivorie** ist aber auch in höheren Breiten nicht selten; im östlichen Nordamerika wurde sie für mindestens 40 Vogelgattungen nachgewiesen, meist auf dem Wegzug. Etwa 90 Pflanzengattungen werden hier durch Vögel verbreitet, die den Samen unzerstört ausscheiden oder vom Schnabel wieder abstreifen. Auch auf dem Zug oder im Winterquartier dürfte Frugivorie für viele Arten der höheren Breiten eine Rolle spielen. Dies gilt sicher auch für Zugvögel der Westpaläarktis, wenn auch die Umstellung von animalischer Nahrung auf Früchte, die für viele europäische Singvögel charakteristisch ist, wohl in erster Linie dadurch bestimmt wird, daß zu den betreffenden Zeiten tierische Nahrung in ausreichender Menge nicht mit vergleichbarem Aufwand erbeutet werden kann (vgl. 12.5.3). Früchte bilden in höheren Breiten daher meist nur Zusatznahrung.

Für warme Gebiete ist auch Spezialisierung auf **Nektar und Pollen** charakteristisch, eine Nahrungsquelle, die zumindest auch kurzfristig von Insektenfressern höherer Breiten auf dem Zug und im Winterquartier häufig genutzt wird. In warmen Klimaten spielen Vögel als Blütenbestäuber eine gewisse Rolle.

Nahrungsumstellungen in Klimaten mit ausgesprochenen thermischen Jahreszeiten sind die Regel (zur endogenen Kontrolle vgl. Tab. 20.12), natürlich auch bei Zugvögeln, die in verschiedenen Klimazonen leben. Unterschiede in der bevorzugten Jungennahrung und der Nahrung ausgewachsener Individuen sind weit verbreitet. Ein breites Nahrungsspektrum ist meist auch Voraussetzung großer Artareale, zumindest bei Landvögeln. So ist Nahrungsspezialisierung auf wenige Beuteorganismen oder gar nur auf eine Art die Ausnahme (z. B. Tab. 12.6), dagegen die ausschließliche oder bevorzugte Nutzung einer bestimmten Nahrungsquelle saison- und/oder gebietsweise verbreitet. Entscheidend ist häufig nicht nur das Nahrungsspektrum nach Arten von Beuteorganismen, sondern die Wahl bestimmter Qualitäten, z. B. nach Beutegrößen, Entwicklungsstadien bzw. Energiegehalt (vgl. Kap. 12.5.3); letzteres kann vor allem bei vegetabilischer Nahrung in einer Umgebung mit niedrigen Außentemperaturen von entscheidender Bedeutung sein (z. B. Rauhfußhühner wie *Tetrao, Lagopus*).

Abhängigkeiten von bestimmten Beuteorganismen, die oft nur zu bestimmten Zeiten in großer Menge zur Verfügung stehen, lassen sich auch bei Arten mit breiterem **Beutespektrum** beobachten (vgl. z. B. Tab. 20.1). Beispiele für sehr enge Nahrungsspektren: ölhaltige Palmfrüchte – Fettschwalme; eine Blaualgenart – Zwergflamingo; schalentragende Süßwassermollusken – Schneckenweih, Rallenkranich,

Klaffschnäbel; Koniferensamen – Kreuzschnäbel; Arvennüßchen – Tannenhäher.

Der **Mineralienbedarf** wird oft durch Aufnahme von Boden- oder Gesteinskrümeln gedeckt oder ergänzt. Vor allem herbivore Vogelarten nehmen regelmäßig Magensteinchen (Grit) auf.

Methoden des Studiums der Nahrung: Heute stehen viele Methoden des quantitativen Studiums der Vogelnahrung im Freiland zur Verfügung; alle müssen mit Fehlerquellen rechnen. Die Analyse des Inhalts von Verdauungstrakten verbietet sich aus Naturschutzgründen vielfach von selbst, sollte aber bei toten Vögeln nicht versäumt werden, vor allem wenn der Zeitpunkt des Todes bekannt ist oder es sich um kaum bekannte Arten handelt. Das Ergebnis ist selbstverständlich von der Art der Nahrung und ihrer Aufenthaltsdauer im Verdauungstrakt beeinflußt. Vor allem bei Greifvögeln und Eulen, aber auch bei Insekten- und Fischfressern liefert die Analyse von Speiballen (Gewöllen) wertvolle Hinweise. Mit Fehlerquellen wegen der unterschiedlichen Verdaulichkeit von Knochen ist aber zu rechnen. Bei Vogeljägern kann u. U. die sorgfältige Aufsammlung von Rupfungen lohnend sein. Über die Jungennahrung kann eine Analyse des Nestinhaltes bei Greifvögeln und Eulen (Gewölle, Knochen und andere Beutereste) mit Einschränkungen Aufschluß geben.

Analysen des Futters der Nestlinge wurden auch mit der **Halsringmethode** erarbeitet: Die Nestlinge werden durch einen Ring um den Hals am Schlucken gehindert; die Nahrung kann dem Schlund entnommen werden. Auch Fütterung einer Attrappe wurde schon eingesetzt. Als eine sehr wertvolle Hilfe bei Pflanzen- und Insektenfressern, deren Nahrung widerstandsfähige Bestandteile aufweist, haben sich sorgfältige Kotanalysen erwiesen. Die direkte Beobachtung von erbeuteter Nahrung liefert vor allem am Nest, aber auch bei der Nahrungssuche einzelner Individuen wichtige quantitative Daten; die Registrierung kann durch automatische Kameras oder noch besser Videokameras präzisiert werden. Sorgfältige vergleichende Analysen mit mehreren Methoden und Vergleiche von Freilandbeobachtungen mit Fütterungsexperimenten im Käfig gestatten häufig die Ermittlung von Korrekturfaktoren, ebenso die Ermittlung des Energiebedarfs der Individuen und des Energiegehalts der aufgenommenen bzw. verfütterten Nahrung.

12.5.2 Erwerb und Präparation der Nahrung

Unter **Nahrungserwerb** kann man Verhaltensweisen zusammenfassen, die dem Finden und Erlangen der Nahrung dienen. **Nahrungswahl** (vgl. Kap. 12.5.3) bezeichnet dagegen die Selektion aus einem vorhandenen Angebot. Für den Nahrungserwerb lassen sich zwei grundsätzliche Aspekte unterscheiden, nämlich die generellen Ernährungs- und Erwerbsmethoden höherer Taxa (Gattung, Familie, Ordnung) und die artspezifischen oder populationsspezifischen Unterschiede und Präferenzen, die nicht notwendigerweise mit anatomischen Unterschieden korrelieren. Durch sie wird sehr ähnlichen Arten die Koexistenz ermöglicht. So ist wahrscheinlich das Aufschlagen von Gehäuseschnecken, das die Singdrossel im Unterschied zur Amsel bei geeignetem Nahrungsangebot regelmäßig ausführt, wahrscheinlich ein angeborenes Verhaltensprogramm. Spezifische und individuelle Methoden des Nahrungserwerbs beruhen oft auf quantitativen Unterschieden in der Präferenz bestimmter Strukturen, an denen Nahrung gesucht wird, sowie in der Anwendung bestimmter Techniken (z. B. scharren Singdrossel und Rotdrossel seltener als Amsel).

Generell ist für den Nahrungserwerb und die Präparation der Nahrung für die Verdauung die Morphologie des Schnabels als wichtigstes Organ der Nahrungsaufnahme von besonderer Bedeutung (vgl. Abb. 4.3).

1. Techniken des Nahrungserwerbs: Für den Nahrungserwerb nutzen Vögel die gesamte Erdoberfläche mit den untersten Schichten der Atmosphäre sowie die oberen Schichten des Wassers. Graben in die Erdoberfläche als einzige Methode der Nahrungssuche kommt bei Vögeln nicht vor (vgl. Abb. 12.12).

Rauhfußhühner (z. B. Schneehühner) können sich durch Schnee zu den Nahrungspflanzen durchgraben. Kurzschnäbelige **Bodenvögel** mit kräftigen Füßen (z. B. Hühnervögel) nutzen durch Scharren und Picken die allerobersten Bodenschichten. Langschnäbelige Bodenvögel können durch Sondieren bis zur Schnabellänge in weiches Substrat einstechen (z. B. Schnepfen). Das Vorhandensein von Bodenorganismen kann optisch durch leichte Bewegungen oder Verfärbungen des Untergrunds wahrgenommen werden; bei der Ortung von Nahrungsorganismen im Boden spielt der Tastsinn (vgl. Kap. 11.5) eine wichtige Rolle. Sondier-

schnäbel sind meist lang und dünn, an der Spitze mit sensiblen Nervenendungen und Tastsinnesorganen ausgestattet, gerade oder auch gebogen (z. B. Brachvogel). Stare stechen mit dem geraden Schnabel in die obersten Bodenschichten, öffnen die Mandibel, oft bei gleichzeitigem Drehbewegungen (»zirkeln«); die Beute wird dann optisch in dem entstandenen Loch geortet. Verbreitet bei der Nahrungssuche am Boden ist das Beiseitestemmen, -rollen oder -scharren von locker aufliegenden Gegenständen, um an die Beute zu kommen (Laubwenden bei vielen Singvögeln; Steinwälzer).

Gräser, Kräuter, aber auch **grüne Blätter** von Sträuchern und Bäumen werden von einigen Tauben, vielen Hühnervögeln, Gänsen, aber auch dem Kakapo mit scharfen Schnabelrändern abgezwickt oder abgebissen. Vor allem Gänse weiden Grünflächen regelrecht ab. Blatt- und Blütenknospen von Sträuchern und Bäumen sind häufig auch vorübergehende Vorzugsnahrung einiger Finkenvögel (z. B. Gimpel).

Weit häufiger als vegetative Pflanzenteile werden fleischige **Früchte,** Trockenfrüchte oder Sämereien genutzt. Dabei kann die Frucht als

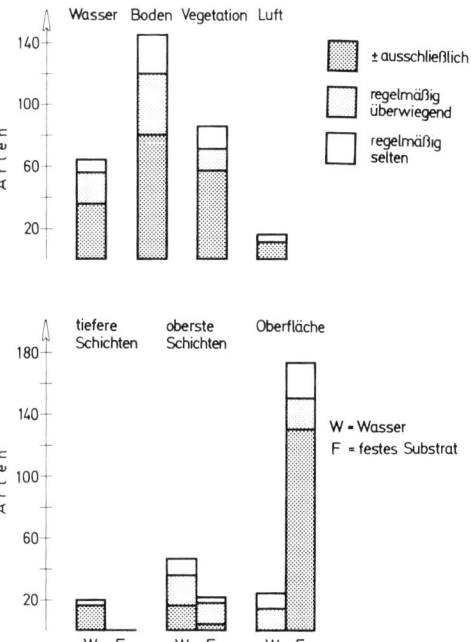

Abb. 12.12. Ort der Nahrungssuche mitteleuropäischer Brutvögel in der Zeit ihrer Anwesenheit im Brutgebiet; Artenzahlen, einzelne Arten mehrfach aufgeführt (Zahlen nach Bezzel 1982).

Ganzes im Flug (Rütteln, Gleitflug, Ruderflug) abgepflückt oder geschnappt werden, aber auch im Sitzen, Klettern oder Hangeln (Kopf oder Rücken nach unten). Letzteres ist vor allem für Kleinvögel (z. B. Meisen, kleine Finkenvögel), aber auch für Papageien usw. charakteristisch. Große fleischige Früchte werden häufig nur angepickt, hartschalige Früchte und Samen mitunter einzeln im Flug zu einer günstigen Bearbeitungsstelle davongetragen (s. u.). Frucht- und Samenstände können bei tragfähigen Ästen, Blättern oder Stauden im Sitzen ausgebeutet werden; oft müssen dabei Deckblätter usw. beseitigt werden. Vielfach sind nur bestimmte Entwicklungsstadien oder Reifungszustände von Früchten und Samen für Vögel nutzbar (z. B. milchreife Grassamen für kleine Finkenvögel, Koniferensamen erst bei geöffneten Zapfenschuppen für Meisen und kleine Finkenvögel).

Anpassungen der Schnabelmorphologie an bevorzugte Früchte- und Samennahrung betrifft häufig mehr die Bearbeitung als den Erwerb. Die mächtigen Schnäbel der Tukane ersparen den Trägern akrobatische Verrenkungen beim Einsammeln der Früchte; die charakteristische Schnabelform der Kreuzschnäbel stellt eine besondere Anpassung an die Nutzung von Koniferensamen dar.

Nektarsaugende Vögel haben meistens lange und schlanke, gerade oder gebogene Schnäbel sowie Leck- und Pinselzungen (vgl. Kap. 12.3.1). Der Nektar wird im Sitzen oder im Rütteln (z. B. Kolibris) den Blüten entnommen. Manche Kolibris, aber z. B. auch Blütenstecher *(Diglossa)* stechen den Blütenkelch von außen an, um an den Nektar zu gelangen. Mit der Zunge werden auch ausfließende Baumsäfte (z. B. von manchen Spechten) aufgeleckt.

Vögel, die sich vorzugsweise von kleinen Arthropoden und anderen kleinen **Evertebraten** ernähren, haben in der Regel schlanke Schnäbel. Die Methoden zum Fang und Aufsammeln der Beute sind hier besonders vielseitig entwickelt, je nach Lebensweise und vor allem Beweglichkeit der Beute. Schnell bewegliche Kleintiere werden im Sitzen, Laufen, Sprung oder Flugsprung oder Rütteln vom Substrat abgelesen, in kurzen Jagdflügen vom Ansitz aus (»Fliegenschnäpper«) in substratnahen Luftschichten erbeutet. So gut wie ausschließlich im Flug erbeuten Nachtschwalben, Segler und Schwalben kleine fliegende und schwebende Evertebraten, ebenso manche Falken (z. B.

Baumfalke). Spinte wenden in der Regel sowohl Jagdflüge vom Ansitz als auch Flugjagd an. Vor allem flugunfähige Imagines und Larvenstadien werden durch Stochern im weichen Substrat oder in Spalten und Löchern, durch Abhebeln von Rindenstückchen, Umwenden von Laub und kleinen Steinchen erbeutet. Mit einer Leimruten- oder Harpunenzunge können Spechte kleine Imagines (z. B. Ameisen) oder weiche Larvenstadien aus engen Spalten und Löchern herausholen. Hierzu werden häufig Ameisenbauten umgegraben und vor allem im weichen und morschen Holz Löcher gemeißelt, um holzbewohnende Insekten und deren Larven freizulegen. Kleintierjagende Vogelarten wenden individuell oft besonders viele Techniken nebeneinander an.

Typische **Jäger von Landwirbeltieren** (Greifvögel, Falken, Eulen) haben scharfrandige krumme Schnäbel und kräftige, krallenbewehrte Zehen. Die Beute wird entweder im mehr oder minder senkrechten Stoßflug oder im Vorbeifliegen am festen Substrat gegriffen oder im Flug gejagt. Breitflügelige Arten führen energiesparende, meist gleitende oder segelnde Suchflüge aus, wie auch zahlreiche Aasfresser. Ansitzjagd (z. B. Mäusebussard, manche Eulen mit akustischer Beutelokalisation) ist ebenfalls weit verbreitet. Stoßflug aus dem Rütteln heraus kommt meist nur bei Kleintierjägern vor (z. B. Turmfalke). Zur Überwältigung der Beute spielt entweder überlegene Flugtechnik und Geschwindigkeit (Falken) oder die Überraschung (Ausnutzung von Deckung; geräuschloser Flug bei Eulen) eine Rolle. Meist ist der eigentliche Jagdflug auf Beutetiere, oft mit hoher Geschwindigkeit vorgetragen, nur sehr kurz. Die Beute wird so gut wie immer mit den Füßen gegriffen, von Flugjägern mit starkem Aufprall auch zunächst zu Boden gestoßen.

Ähnlich vielseitig wie auf dem Land sind die Methoden des **Beuteerwerbs im Wasser.** Kleinste Organismen werden aus dem Seichtwasser bzw. den obersten Wasserschichten bei vielen Enten und Flamingos herausgefiltert. Bei schnatternden Gründelenten (z. B. Löffelente) wird der Schnabel ständig etwas geöffnet und wieder geschlossen, wobei die Stempelzunge Wasser durch die Schnabelspitze einzieht und dann beim Schnabelschluß zwischen den mit vielen kleinen Lamellen versehenen Rändern des Ober- und Unterschnabels wieder herauspreßt.

Nahrungsteilchen werden im Lamellengitter festgehalten. Flamingos wenden beim Seien die Dorsalseite des Schnabels dem Boden des Flachwassers zu. Entnahme von Nahrungspartikeln aus dem Seichtwasser kann auch gezielt durch Picken und Zuschnappen (viele Schnepfenvögel) oder durch mähende Bewegungen (Säbelschnäbler, Löffler, Nimmersatt) erfolgen. Im trüben Wasser ist die Beuteortung taktil. Auf der Wasseroberfläche schwimmende Nahrungspartikelchen können im Vorbeiflug aufgenommen werden (z.B. viele Seeschwalben, Möwen, Fregattvögel); Scherenschnäbel pflügen dabei mit ihrem Unterschnabel die Wasseroberfläche durch.

Fischjäger im Seichtwasser gehen entweder im Waten oder im ruhigen Ansitz der Jagd nach (z.B. viele Reiher). Mitunter wird durch rasche Beinbewegung das Wasser aufgewühlt; die ausgebreiteten und zu einem Schirm gefalteten Schwingen des Glockenreihers werfen Schatten auf die Wasseroberfläche, der wahrscheinlich das Schwarmverhalten von geeigneten Beutefischen für den Jäger positiv beeinflußt. Stoßtauchen vom Ansitz oder aus dem Rüttelflug ist charakteristisch für die fischjagenden Eisvögel. Pelikane schöpfen im Seichtwasser Fische mit ihrem aus Unterschnabel und Kehlsack gebildeten mächtigen Käscher heraus; der Oberschnabel dient nur noch als Deckel. Gemeinsames Fischen in flachen Buchten erhöht den Erfolg.

In größeren Wassertiefen können durch **Schwimm- und Stoßtauchen** Fische und Mollusken erbeutet werden (vgl. Kap. 3.3). Ortung der Beute erfolgt dabei in der Regel optisch. Fische werden entweder harpuniert mit langen schlanken Harpunenschnäbeln, meist von langhalsigen Schwimm- und Watformen (z.B. Schlangenhalsvögel, Reiher), oder zwischen Ober- und Unterschnabel festgehalten. Als Anpassung hierzu können die Haken an der Schnabelspitze bei Kormoranen und Sägern (hier auch Schnabelzähnchen) oder die hakenbesetzte Zunge der Pinguine angesehen werden. Fischjagende Greifvögel (z.B. Fischadler, Seeadler) greifen mit den Fängen. Der Transport von Fischen, etwa zum Brutplatz, erfolgt bei Seeschwalben, Alken usw. im Schnabel, bei Reihern, Kormoranen, Tölpeln usw. im Kropf.

2. Präparation der Nahrung: Mindestens ebenso vielseitig wie die Methoden des Nahrungserwerbs sind die Techniken der Präparation der Nahrung vor Weitergabe in die auf die Mundhöhle folgenden Teile des Verdauungstraktes. Da größere Nahrungsbrocken nicht gekaut werden können, werden sie entweder in großen Stücken verschluckt oder mit dem Schnabel mechanisch bearbeitet. Schnabelmorphologie und Ausbildung entsprechender Muskulatur spielen dabei natürlich eine entscheidende Rolle, wenn auch andererseits ein vielfältiges und plastisches Verhalten bei unterschiedlichen Bedingungen beobachtet werden kann.

Abb. 12.13. Fischfang im Stoßtauchen (s. auch Abb. 15.4): Eisvogel unter Wasser und mit Beute auftauchend (Fotos F. POLKING).

Abb. 12.14. Fischfang im Schwimmtauchen: Männchen des Gänsesägers späht nach Beute unter Wasser (»Wasserlugen«; Foto E. Bezzel).

Schläge mit dem geschlossenen Schnabel können harte Fruchthüllen, Deckblätter von Samen und Fruchtständen oder widerstandsfähige Samenschalen aufschlagen oder beseitigen. Meisen oder manche Rabenvögel halten dabei das zu bearbeitende Objekt mit dem Fuß fest und hämmern mit dem Schnabel darauf. Kleiber und Spechte klemmen Körner, Nüsse oder Koniferenzapfen in Spalten oder Ritzen ein, um sie dann mit dem Schnabel aufzuklopfen und zu bearbeiten (»Spechtschmiede«, Abb. 12.15).

Sehr harte Beutestücke können auch mit dem Schnabel gepackt und gegen eine harte Unterlage geklopft werden (z. B. Gehäuseschnecken durch Singdrossel). Bartgeier lassen aus größerer Höhe Schildkröten oder Knochen zu Boden fallen, ebenso Möwen oder manche Rabenvögel hartschalige Crustaceen, Stachelhäuter oder Mollusken. Wahrscheinlich wird in allen diesen Fällen nur durch Zufall ein Erfolg erzielt. Doch wurde bei Möwen durchaus beobachtet, daß gezielt für das Aufspringen von hartschaligen Beutestücken geeignete Plätze aufgesucht werden. Schmutzgeier schlagen mit harten Steinen, die sie mit dem Schnabel packen, Straußeneier auf.

Bei vielen körnerfressenden Singvögeln lassen sich Schnabelgrößen und -formen mit der Vorzugsgröße aufgenommener Körner gut korrelieren, da sie mit dem Schnabel bearbeitet werden. Beim Aufschneiden wird die Samenschale durch entsprechende Vor- und Rückwärtsbewegungen des Unterschnabels gegen den Oberschnabel von dessen scharfen Rändern geöffnet. Diese Methode wenden vor allem Finkenvögel beim Öffnen von Dikotylensamen an. Beim Aufquetschen, wie es für die mit stumpfen Unterschnabelrändern ausgestat-

teten Ammern, Webervögel und vielen Prachtfinken typisch ist, wird der Same gegen besonders gestaltete Wiederlager am harten Gaumen gedrückt und aufgepreßt. Diese Methode wird offenbar vor allem für Monokotylensamen angewendet. Der Tannenhäher hat im Unterschnabel eine Leiste, die beim Aufknappen von Zirbelnüßchen eingesetzt wird. Hartschalige Früchte knackende Papageien besitzen dagegen Querrillen im Oberkiefer, die das Abrutschen verhindern.

Insekten und andere Kleintiere werden in der Regel ganz geschluckt, bei Schmetterlingen, Libellen und anderen großflügeligen Arten auch oft die Flügel abgezwickt, stärker chitinisierte Arten mit dem Schnabel gequetscht oder regelrecht durchgewalkt. Bienenfresser streifen anschließend das Abdomen von stechenden Hautflüglern an einer Unterlage ab, um das Gift zu entfernen.

Viele Würger spießen nicht nur größere Insekten, sondern auch kleinere Wirbeltiere auf Stacheln oder Dornen auf; der Stachelapparat von Hymenopteren wird oft abgebissen.

Fische werden in der Regel ganz und unbearbeitet verschluckt, Landwirbeltiere dagegen

Abb. 12.15. »Spechtschmiede«: Ein Buntspecht hat einen Koniferenzapfen eingeklemmt, um ihn zu bearbeiten (Foto R. Siebrasse).

meist mehr oder minder sorgfältig gerupft. Greifvögel, Falken und Eulen halten mit den Füßen die Beute fest, mit dem Schnabel werden Federn und Haarbüschel ausgerissen, oft auch manche Teile, wie z. B. Köpfe oder Extremitäten abgetrennt. Scharfkantige Schnabelränder spielen eine wichtige Rolle beim Zerschneiden und Zerreißen des Muskelfleisches ebenso wie bei großen Aasfressern (z. B. Altwelt- und Neuweltgeier).

Anpassung der Schnabelform an bevorzugte Art der Nahrungsaufnahme und -bearbeitung ist beim Austernfischer gefunden worden. Verschiedene Schnabeltypen lassen sich unterschiedlichen Ernährungsgewohnheiten zuordnen: Pfriemenschnäbel stochern vorzugsweise im Wattboden nach Würmern; kürzere Hammerschnäbel mit abgestumpfter Spitze bearbeiten harte Muschelschalen, hämmern die dünnste Schalenstelle auf; Meißelschnäbel mit seitlich geflachten dolchartigen Schnabelspitzen dringen zwischen die beiden Schalenhälften von Muscheln ein und stemmen sie auseinander. Da die Rhamphotheka ständig nachwächst, kann sich durch unterschiedliche Abnutzung die Schnabelform der vorwiegenden Nahrungsbearbeitung anpassen. Etwa 10 bis 20 Tage nach Beginn der Umstellung auf bestimmte Nahrungsorganismen ist der entsprechende Schnabeltyp ausgebildet.

»Fressen aus der Faust« kommt außerhalb der Papageien nur bei einigen Rallen (Sultanshuhn, Purpurhuhn, Takahe) vor.

3. Trinken: Wasser wird meist geschöpft und durch Heben des Kopfes in den Oesophagus befördert. Tauben, Flughühner, Kolibris sowie unter den Singvögeln einige Prachtfinken und Pirole saugen Wasser auf, ohne den Kopf heben zu müssen. Flughühner können Wasser im besonders umgestalteten Bauchgefieder über längere Strecken transportieren. Viele Vögel nehmen Wasser auch in Form von Tau- und Regentropfen von Blättern auf.

4. Direkte interspezifische Beziehungen: Bei den meisten Arten dürften zumindest gelegentliche Versuche zu beobachten sein, Individuen einer anderen Art Nahrung zu rauben. Interspezifisches Nahrungsstehlen oder -schmarotzen (Kleptoparasitismus) zumindest als vorübergehende Strategie des Nahrungserwerbs ist bei Vögeln relativ weit verbreitet. Dabei wird das Opfer oft intensiv verfolgt oder heftig attackiert, wobei ihm Nahrungsbrocken entweder direkt entrissen werden oder der Verfolgte schließlich die Beute aus dem Schnabel oder den Füßen fallen läßt. Oft wird der Angegriffene sogar veranlaßt, bereits verschluckte Nahrung wieder hervorzuwürgen. Auch Nestmaterial kann abgejagt werden.

Kleptoparasitismus ist besonders weit verbreitet bei Greifvögeln, Falken, Schnepfen-, Möwen- und Alkenvögeln (hier vor allem Möwen und Raubmöwen), die etwa 60 % der kleptoparasitischen Arten stellen. Ausgesprochene Kleptoparasiten sind ferner Fregattvögel, unter

Abb. 12.16. Kommensalismus: Kuhreiher und Wasserbüffel in der ostafrikanischen Savanne (Foto F. Pölking).

den Enten nur einzelne Arten (obligatorisch z. B. Amerikanische Pfeifente, fakultativ Schnatterente bei Bläßhühnern). Unter den Singvögeln ist Kleptoparasitismus wenig verbreitet; er fehlt so gut wie ganz bei Früchte- und Samenfressern, wie Tauben, Hühnervögeln oder Papageien.

Bei Greifvögeln und Falken mag Kleptoparasitismus dadurch entstanden sein, daß verfolgte Beutevögel Nahrung hervorwürgen, um dem Angriff zu entkommen; vor allem bei Falken lassen sich intraspezifische Angriffe auf Individuen mit Beute beobachten, bevorzugt auf Arten, die flugtechnisch unterlegen sind (z. B. Angriffe von Baumfalken auf Turmfalken). In gemischten Seevogelkolonien ist intra- und interspezifisches Nahrungsstehlen häufig, meist jedoch in der Kolonie am Boden. Raubmöwen und Fregattvögel jagen dagegen ihre Opfer (Möwen, Seeschwalben, Alken bzw. Tölpel u. a. Seevögel) in der Luft. Bei ihnen ist Kleptoparasitismus nicht nur fakultativ oder opportunistisch; er macht je nach Lage einen wesentlichen Teil des Nahrungserwerbs aus. Bei Fregattvögeln läßt sich das Verhalten in Zusammenhang mit dem extremen Verhältnis Flügelspannweite zu Körpergewicht (akrobatischer Flieger) und der rudimentären Bürzeldrüse (kein Imprägnieren des Gefieders) interpretieren: Kleptoparasitismus bei Seevögeln verschafft ihnen einen wichtigen Zugang zu Meerestieren als Beute.

Fälle von **Parasitismus** sind bei Vögeln seltene Ausnahmen. Der Spitzschnabel-Grundfink zapft Blut aus den Blutkielen mausernder Tölpel, und Madenhacker, die normalerweise Zekken von Großtieren ablesen, nehmen Blut und Gewebefetzen aus deren Wunden auf.

Wenn eine Art von der Anwesenheit einer anderen beim Nahrungserwerb profitiert, letztere aber weder Vor- noch Nachteile von der Anwesenheit der ersteren hat, spricht man von **Kommensalismus.** Viele Vögel offener Landschaften profitieren von der Anwesenheit weidender Säuger; am ausgeprägtesten ist dies beim Kuhreiher der Fall. Die Weidegänger stöbern Insekten aus dem Gras auf. Ähnliche Wirkung haben Affen für verschiedene Gruppen tropischer Baumvögel (z. B. Nashornvögel, Trogone, Drongos). In warmen Meeren profitieren Seevögel von Schwarmfischen, die durch Raubfische an die Oberfläche getrieben werden. Eine wichtige Rolle für viele Seevögel spielen Fischkutter; der Fischfang soll vor allem

für die starke Zunahme des Eissturmvogels im Nordatlantik mit verantwortlich sein. Als Kommensalismus zwischen verschiedenen Vogelarten kann man auch die Abhängigkeit kleinerer Aasfresser an großen Kadavern von der Tätigkeit der stärksten Arten bezeichnen, die den Körper eines toten Großsäugers öffnen. Trappen und andere große Laufvögel wirken in der Savanne oft ähnlich wie pflanzenfressende Säuger für kleinere Insektenjäger. Die Zusammenarbeit zwischen Honiganzeiger und Honigdachs beim Aufsuchen und Plündern wilder Bienenstöcke ist bereits eine **Symbiose.**

5. Anlegen von Nahrungsvorräten: Ablage oder Verstecken von Nahrung für kürzere oder längere Zeit an Plätzen, die von jenen des Nahrungserwerbs mehr oder minder weit entfernt liegen, kommt bei ganz unterschiedlichen Taxa, wie Greifvögeln, Eulen, Spechten, Würgern, Meisen, Kleibern, Rabenvögeln mehr oder minder regelmäßig vor. Die Liegezeit der gehorteten Nahrung kann einige Stunden, aber z. B. bei Spechten oder Rabenvögeln bis zu einem Jahr dauern. Besonders auffällig in höheren Breiten Europas ist das Sammeln bei Eichelhäher und Tannenhäher. Letzterer trägt Arvennüßchen und Haselnüsse oft über mehre Kilometer als Winternahrung in Kehlsack und Schnabel weg und vergräbt sie im Boden. Ein sehr hoher Prozentsatz der Winterverstecke wird auch unter geschlossener Schneedecke gefunden. Dennoch tragen Eichel- und Tannenhäher zur Verbreitung von Eiche, Hasel, Arve offenbar nicht unwesentlich bei. Der Eichelspecht hortet in Gruppenarbeit große Mengen Eicheln, die in vorbereitete Löcher weniger Bäume gesteckt werden; die Gruppe verteidigt solche Vorratslager.

Drei ökologische Faktoren können Vorratsanlage und -haltung begünstigen:

(a) Die Nahrung muß längere Liegezeiten ohne große Verluste überstehen können;

(b) das Nahrungsangebot sollte nach der Zeit des Sammelns zurückgehen und/oder der Sammler mehr Energie (z. B. für kalte Wintertage oder Aufzucht der Jungen) benötigen;

(c) zumindest ein ökonomisch vertretbarer Teil der Nahrung muß wieder aufgefunden werden können.

So werden vor allem energiereiche Samen bzw. Früchte, bei großem und/oder ungleichmäßig

über die Zeit verteiltem Angebot auch Beutetiere meist über kurze Zeit (z. B. Eulen, Greifvögel, Würger) gehortet. Typische Vorrats-
sammler leben in Klimaten mit wechselnden
Temperaturen (höhere Breiten oder in den
Tropen in größeren Meereshöhen) und sind bei
langzeitiger Vorratshaltung meist Standvögel;
dies erhöht die Wiederfundrate.

12.5.3 Nahrungswahl

In der überwiegenden Mehrzahl der Fälle ist
der Gesichtssinn für die Nahrungswahl entscheidend, doch liefern auch taktile und chemische Reize viele entscheidende Hinweise; zumindest bei nachtaktiven Eulen spielt auch das
Gehör eine wichtige Rolle. Bei einander fern-
stehenden Arten bestimmen unterschiedliche
angeborene Präferenzen eine Rolle bei der
Nahrungswahl; das im allgemeinen breite Nah-
rungspektrum der Vögel (vgl. Kap. 12.5.1) legt
nahe, daß das Verhaltensprogramm die Reaktion auf wenige allgemeine stimulierende Reize
enthält, die jeweils für eine größere Zahl von
einzelnen Nahrungsobjekten charakteristisch
sind. Lernvorgänge engen die Wahl ein, wobei
nicht nur das Nahrungsangebot in der Umwelt,
sondern auch seine Erreichbarkeit mit Hilfe der
Sinnesorgane und der morphologischen Strukturen entscheidende Auswahlkriterien vorge-
ben. Vor allem bei nahverwandten oder durch
ähnliche Lebensweise potentiell konkurrierenden Arten wird die Nahrungswahl aus dem
Angebot auch von der An- bzw. Abwesenheit
von Konkurrenten beeinflußt, häufig über die
Habitatwahl bzw. die Breite der Nahrungsni-
sche. Oft sehr geringfügig erscheinende morphologische Unterschiede können dabei eine
entscheidende Rolle spielen, doch läßt sich zeigen, daß Individuen einer Art je nach Zusammensetzung der koexistierenden potentiellen
Konkurrenz verschieden auf das Nahrungsangebot der Umwelt reagieren. Andererseits wird
die Nahrungswahl auch durch die Vielfalt des
aktuellen Angebots oder des augenblicklichen
Bedarfs (z. B. abhängig von der Außentemperatur, dem physiologischen Zustand), aber
auch von anderen Faktoren, wie Aktivität und
Anwesenheit von Feinden, Frequenz von Störungen usw. bestimmt.
   Die Vielfalt der Nahrungswahl wird mit der
Optimierung des Nahrungserwerbs (optimal foraging theory) grundlegend zu erklären versucht. Danach sollte ein Individuum sich je-

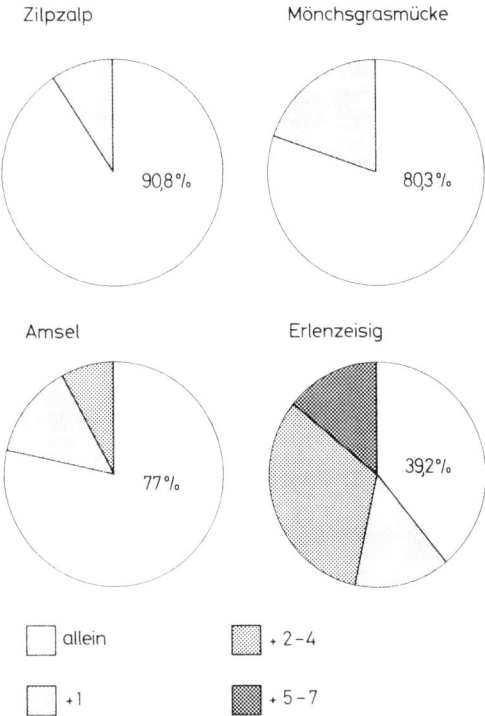

Abb. 12.17. Nahrungserwerb und Schwarmverhalten: Prozentuale Verteilung der gestoppten Zeiten
auf Einzelindividuen und Anwesenheit weiterer Artgenossen in einem Radius von ca. 1 m bei Zilpzalp
(reiner Insektenjäger), Mönchsgrasmücke (Insektenfresser, im Spätsommer auch Beeren), Amsel (Bo-
dentiere, im Sommer Früchte), Zeisig (Samenfresser). Kontrollen in allen Monaten eines Jahres auf
einer Fläche von 3 ha, Oberbayern (E. BEZZEL orig.).

weils so entscheiden, daß aus dem Nahrungserwerb größtmöglicher Gewinn erzielt wird. Dies
schließt die Wahl des Typs, des Ortes und der
Technik des Erwerbs bzw. der Präparation der
Nahrung gleichermaßen ein, natürlich auch
Entscheidungen, die mit der Nahrungswahl unmittelbar nichts zu tun haben, z. B. Vermeidung von Konkurrenten oder Sicherheit vor
Feinden. Letzteres wird neben anderen Gründen oft als Erklärung dafür angesehen, wenn in
Einzelfällen bei der Nahrungswahl nicht streng
nach der Optimierung entschieden wird.
Im Idealfall sollte also ein Individuum

(a) Objekte mit dem höchsten Nährwert be-
    vorzugen und deshalb
(b) selektiver vorgehen, wenn die profitabel-
    sten Nahrungsobjekte selten sind bzw.

(c) unprofitable Nahrungsobjekte ohne Rücksicht auf ihre Häufigkeit ignorieren.

Letzteres ist aber nur dann sinnvoll, wenn dadurch der Gewinn – etwa durch starke Verringerung der Aufnahmerate als Folge einer zeitaufwendigen Auswahl – nicht entscheidend gesenkt wird. Gekäfigte und freilebende Vögel verhielten sich bei Tests tatsächlich nicht immer genau entsprechend der vorhergesagten Optimierung, z. T. wohl auch deshalb, weil sie erst Informationen über die bestmögliche Nahrung benötigen, die sie nur durch Aufnahme auch suboptimaler Objekte erhalten können. In der Wahl der Suchwege läßt sich bei einer Beute, die sich nicht rasch wieder erneuert (wie z. B. fliegende Insekten, die sich bevorzugt auf einen Platz setzen), eine Abweichung von der Zufallsverteilung beobachten. Einmal wird so vermieden, an einer bereits abgesuchten Stelle erneut in Nahrungssuche zu investieren, und zum anderen bestimmt der Erfolg die Richtung der folgenden Entscheidungen oft solange, bis die Erfolgsrate im Vergleich zur Investition ein ungünstiges Kosten-Nutzen-Verhältnis ergibt.

Der **Wechsel** in der **Vorzugsnahrung** mit der Jahreszeit bzw. dem Jahreszyklus des Individuums (Mauser, Fortpflanzung, Zug) wird durch das Angebot bestimmt, aber auch durch endogene Änderung der Präferenzen. Lernen von Eltern oder Kolonie- bzw. Schwarmmitgliedern durch direkte Nachahmung oder Informationen über die Lage einer Nahrungsquelle (vgl. Kap. 19.2.2) spielen eine wichtige, wenn auch nicht immer klar erkennbare Rolle. Nahrungsengpässe oder entscheidende Veränderungen in der Umwelt mögen neue Traditionen der Nahrungswahl begünstigen; andererseits ist die Tendenz zur umfassenden Änderung von Nahrungspräferenzen und Auswahlgewohnheiten interspezifisch verschieden, was wieder auf die Mitwirkung angeborener Komponenten schließen läßt.

Zwischen Nahrungswahl und Schwarmverhalten bzw. Investition in die Aufrechterhaltung eines bestimmten Dispersionszustandes (vgl. Kap. 19.2.2) bestehen vielfältige Zusammenhänge. Im Beispiel von Abb. 12.17 sind reine Insektivore am ungeselligsten, Samenfresser dulden jedoch Artgenossen in der Nähe.

13 Exkretion

Im Stoffwechsel von Organismen tritt eine Reihe von Substanzen auf, die entweder giftig, unbrauchbar, überflüssig oder nicht verdaulich sind. Dies können primäre Bestandteile der Nahrung oder sekundär im Körper entstandene (Stoffwechsel-)Endprodukte sein.

Je nach Aggregatzustand werden sie auf verschiedene Weise aus dem Körper ausgeschieden. **Gasförmige Stoffe** werden vor allem über die Atmungsorgane abgegeben (CO_2, N_2, Ketonkörper, Wasserdampf usw.). Aber auch die Haut kann einen wichtigen Abgabeort darstellen. **Feste Stoffe** werden vor allem über den Darmtrakt als Faeces ausgeschieden (Unverdauliches, Farbstoffreste, Abbauprodukte usw.). Den Vorgang nennt man Defäkation. Wasser und in Wasser **lösliche Substanzen** (Zucker, Eiweiße, Hormone, Ionen) werden in der Regel über spezielle Exkretionsorgane an die Umwelt abgegeben. Dabei kann man zwei wichtige Organgruppen feststellen, die im Dienste der Exkretion stehen: Extrarenale und renale Organe.

Renale Organe sind Nieren im weitesten Sinne (Nephridien aller Art, Malphigische Gefäße, Nieren im engeren Sinne usw.). Bei den Vögeln ist dies die paarige Nachniere. **Extrarenale Exkretionsorgane** sind sehr vielfältig: Neben der Haut und anderen unspezifischen Organsystemen sind dies vor allem spezielle Salzdrüsen (Unterzungendrüsen, Ohrdrüsen, Nasendrüsen, Augendrüsen, Tränendrüsen usw.). Bei den Vögeln findet man mitunter sehr gut ausgebildete Salzdrüsen, die als Nasendrüsen in der Nasenhöhle nach außen münden.

Wichtigste **Exkretstoffe** sind folgende Substanzen: Beim Veratmen (Oxidieren) und Ab- und Umbau von Eiweißen entsteht in großem Umfang primär das hochtoxische Zellgift Ammoniak NH_3. Durch Umbauvorgänge wird es unschädlich gemacht, muß aber als »Stickstoff« ausgeschieden werden (s. u.).

Wichtige Exkretstoffe sind weiterhin die Ionen Natrium Na^+, K^+ und Cl^- (neben sehr zahlreichen anderen).

Mit zu den Exkretstoffen muß auch Wasser gerechnet werden, das als Trägersubstanz für die Ausscheidung unerläßlich ist.

13.1 Bau der Niere

Wie bei allen terrestrischen Wirbeltieren dient die **Niere (Nephros)** der Vögel der **renalen Exkretion** von Wasser, Salzen, Stickstoff-Stoffwechsel-Endprodukten und H^+-Ionen. Außerdem produziert sie Hormone (s. Kap. 9).

Die **Vogelnieren** sind immer paarig angelegt und liegen dorsal, bilateralsymmetrisch rechts und links der Wirbelsäule an. Sie sind langgestreckt, abgeflacht und von den Bauchluftsäcken umschlossen. Sie reichen kranial vom Ende der Lunge bis kaudal an das Ende des Synsacrums (abdominal; Abb. 13.1).

Bau: Jede Niere besteht aus 3 (selten 4 oder sogar 5) dunkelbraunen **Lappen** (kranialer, medialer, kaudaler Abschnitt). Das Organ ist von Bindegewebe umhüllt und im Gegensatz zum Säuger dicht in Vertiefungen des Os lumbosacrale und des Os ilium eingelagert. Eine unversehrte operative Entfernung der sehr zarten Niere ist beim Vogel dadurch so gut wie ausgeschlossen. Beide Nieren können unter Umständen auch unterschiedlich groß sein (Reiher, Papageitaucher, Pinguine). Die einzelne Niere macht etwa 1 bis 1,3 % der Körpermasse aus. Bei kleinen Vögeln ist es in der Regel etwas mehr. Das ist wesentlich mehr als beim Säuger. Ventral tritt aus jeder Niere ein **Harnleiter (Ureter)** aus, die beide getrennt in die Kloake münden. Eine Harnblase läßt sich höchstens embryonal nachweisen; beim erwachsenen Vogel fehlt sie. Entwicklungsgeschichtlich ist die Vogelniere wie beim Säuger eine hoch differenzierte **Nachniere (Metanephros)**.

Die **Blutversorgung der Niere** zeigt Abb. 13.2.

Die Niere ist aus **Nierenläppchen (Lobuli renales)** aufgebaut (Abb. 13.3 und 13.4). Das Nierenläppchen ist birnenförmig gebaut. Man kann medulläre (im Mark liegende) von kortikalen (in der Rinde liegende) Läppchen unterscheiden (s. u.). Das Läppchengewebe ist von Gefäßen (Venae interlobulares) des Nierenpfortadersystems interlobulär umhüllt. Harnsammelrohre liegen ebenfalls interlobulär, während die abführende Vene und die zufüh-

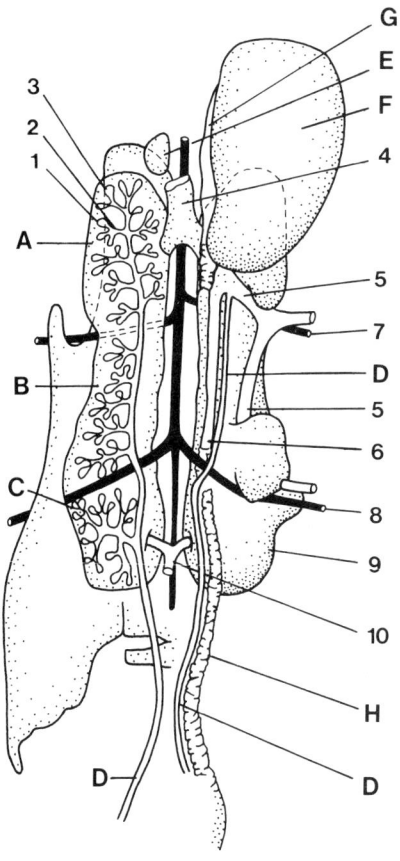

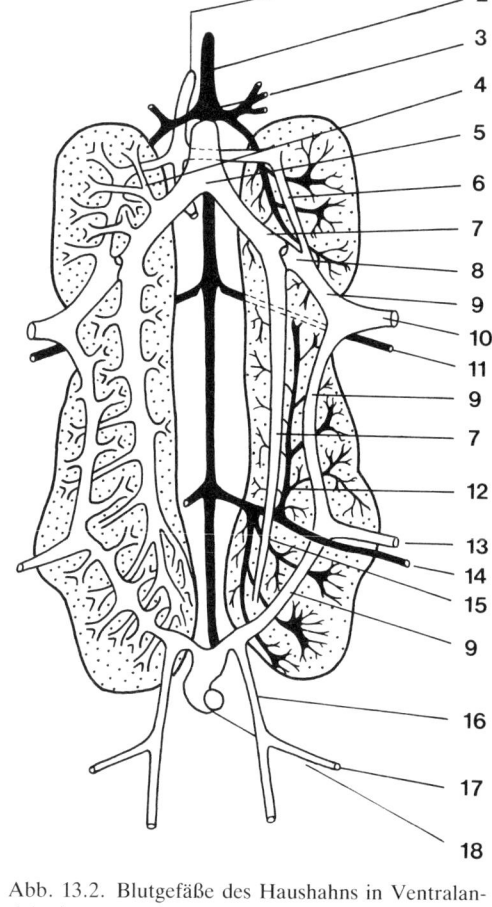

Abb. 13.1. Nieren eines Haushahns (nach KING & MCLELLAND 1978).
A = kranialer Abschnitt der rechten Niere; B = medianer Abschnitt der rechten Niere; C = kaudaler Abschnitt der rechten Niere; D = Harnleiter; E = rechte Nebenniere; F = linker Hoden; G = linker Nebenhoden; H = linker Samenleiter.
1 = Mark des Nierenlobus; 2 = Nierentubulus; 3 = Nierensammelrohr; 4 = hintere Hohlvene; 5 = Vena renalis afferens; 6 = Vena renalis efferens; 7 = Arteria iliaca externa; 8 = Arteria ischiadica externa; 9 = Läppchenumrisse an der Nierenoberfläche; 10 = Vena coccygomesenterica.

Abb. 13.2. Blutgefäße des Haushahns in Ventralansicht (nach KING & MCLELLAND 1978).
1 = Anastomose zu den Intervertebralvenen; 2 = Aorta; 3 = Arteria renalis cranialis; 4 = eine von mehreren Vv. renales craniales; 5 = Vena cava caudalis; 6 = kranialer Ast der Vena renalis afferens; 7 = Vena renalis efferens; 8 = Drosselklappe; 9 = Vena renalis afferens; 10 = Vena iliaca externa; 11 = Arteria iliaca externa; 12 = Arteria renalis media; 13 = Vena ischiadica; 14 = Arteria ischiadica externa; 15 = Arteria renalis caudalis; 16 = Vena hypogastrica; 17 = Vena pudenda; 18 = Vena coccygomesenterica.

rende Arterie intralobulär liegen (bei Säugetieren ist es gerade umgekehrt). An der Basis des Läppchens konvergieren die Sammelrohre. Dieser konische, stielartige Bereich ist die **Markzone (Medulla)**. Der obere, breite Bereich stellt die **Rindenzone (Cortex)** dar. In ihr finden sich auch die Arbeitseinheiten der Niere, die

Nephrone. Zwei Typen lassen sich unterscheiden: Corticale haben eine gering ausgebildete bzw. sogar fehlende Henlesche Schleife. Sie zählt man zum sogenannten »Reptilientyp«. Der mehr markwärts liegende medulläre Typ hat eine deutliche Henlesche Schleife, die allerdings unterschiedlich lang sein kann (s. u.). Ihn

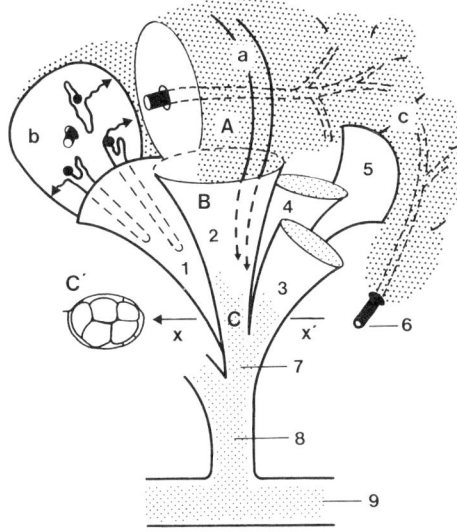

Abb. 13.3. Schema eines Nierenlappens mit mehreren Nierenläppchen (nach KING & McLELLAND 1978).
A = Rindenzone eines Läppchens; B = Markzone eines Läppchen; C = Markzone des Nierenlappens; C' = Querschnitt durch denselben. a und b = Rindenzone des Läppchens; c = Grenze zwischen zwei Rindenzonen; 1–5 = Markzonen verschiedener Nierenläppchen, die einen Nierenlappen bilden; Rindenzone der Läppchen 3–5 ist abgetragen. Die Markzone des Läppchens 5 führt auch Harn aus den sich bei c berührenden Läppchen ab. 6 = intralobuläre Vene; 7 = sekundärer Ast des Harnleiters; 8 = primärer Ast des Harnleiters; 9 = Harnleiter.

zählt man zum sogenannten »Säugertyp«. Der letztere Nephrontyp hat eine wesentlich höhere Filtrationsleistung (etwa dreifach besser) als der Reptilientyp.

Das **Nephron** selbst ist grundsätzlich ähnlich gebaut wie beim Säuger. Der Gefäßknäuel (Glomerulus) ist allerdings bedeutend lockerer. Ein Halsstück fehlt, und die Henlesche Schleife ist – wenn vorhanden – wesentlich schwächer entwickelt als bei Säugetieren. Das **Nierenkörperchen (Malpighisches Körperchen)** ist zwar viel kleiner, dafür aber sehr viel zahlreicher als bei den Mammalia. Ein juxtaglomerulärer Apparat ist vorhanden. Die Ausbildung der Nephrone nimmt eine Zwischenstellung zwischen der der Reptilia und der der Mammalia ein.

Mit dem Anfangsteil des ableitenden Tubulus wird der Glomerulus von einer Bowmanschen Kapsel eingehüllt.

Der **Harnleiter (Ureter)** beginnt in der Tiefe des kranialen Nierenteiles und läuft ventral nach kaudal. Die aus den einzelnen Nierenlobi kommenden Sammelrohre vereinigen sich zu Sekundärzweigen. Fünf bis sechs davon vereinigen sich zu Primärzweigen, die dann in den Ureter münden. Jeder Ureter selbst mündet dann dorsolateral in das Urodaeum der Kloake.

Daten zur **Nierenmorphologie** s. Tab. 13.1.

13.2 Funktion der Niere

Vögel können wie die Säuger einen gegenüber dem Blut hypertonen (höher konzentrierten) Harn bilden. Die **Konzentrationsfähigkeit** beruht auf dem Prinzip des Gegenstroms in den **Henleschen Schleifen** der Nierentubuli (Säuger-

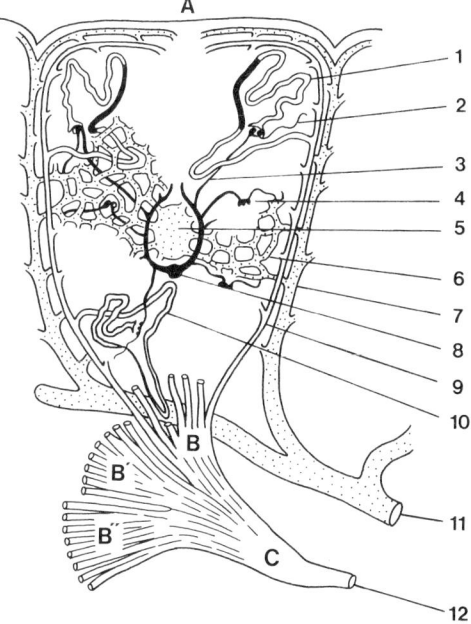

Abb. 13.4. Schema eines Nierenläppchens beim Haushuhn; die Mittelstücke der Nephrone sind schwarz dargestellt (nach KING & McLELLAND 1978). A = Nierenoberfläche; B = Markzone des Nierenläppchens mit Bündel von Sammelrohren; B' und B'' = Sammelrohre zweier weiterer Nierenläppchen; C = Markzone eines Nierenlappens; 1 = kortikales Nephron; 2 = Vas efferens; 3 = Vas afferens; 4 = Glomerulus; 5 = intralobuläre Vene; 6 = peritubuläres Kapillarnetz; 7 = interlobuläre Vene; 8 = intralobuläre Arterie; 9 = Sammelrohr; 10 = medulläres Nephron; 11 = Ast der Vena renalis afferens; 12 = sekundärer Ast des Harnleiters.

Tab. 13.1. Einige morphologische Daten (mittlere Durchschnittswerte) zur Vogelniere.

Parameter	Werte
Anzahl der Lobuli (Maximalwerte)	bis 30 000 bei kleinen Sperlingsvögeln
	bis 200 000 bei Hühnervögeln
Anzahl der Nephrone	45 000 bis 75 000
Konzentration der Nephrone	250–300/mm^3
Durchmesser der Bowmanschen Kapsel	28– 35 µm (Reptilientyp)
	90–120 µm (Säugertyp)
Durchmesser kortikaler Lappen	0,36–1,72 mm
medullärer Lappen	0,12–0,97 mm
Sammelrohre pro Lappen	9–85
Durchmesser dicker Teil Tubulus	18–35 µm
dünner Teil Tubulus	11–22 µm (s. Abb. 13.4)
Für das Haushuhn:	
Durchmesser Glomerulus	0,02–0,14 mm
Durchmesser proximaler Tubulus	0,062 mm
Durchmesser dicke Tubulusschleife	0,035 mm
dünne Tubulusschleife	0,00186 mm
Umfang Glomerulus	0,15–0,26 mm
Für die Helmwachtel:	
Länge des proximalen Convolutes	3,4–3,6 mm (Säugertyp)
	1,6 mm (Reptilientyp)
Länge der Henleschen Schleife	1,5–2,7 mm (Säugertyp)
Volumen des Glomerulus	0,247–0,237 nl

typ). Diese sind allerdings (wie bereits erwähnt) bei den Vögeln nicht so gut entwickelt wie bei den Mammalia. Vögel haben deshalb eine etwas geringere Fähigkeit, einen konzentrierten (im Sinne von »hoch osmotisch«) Harn zu bilden als die Säuger (Säuger bis maximal 9000 mOsm, Vögel bis maximal 2000 mOsm; die Durchschnittswerte liegen nicht so weit auseinander, vgl. Tab. 13.2).

Die **Urinproduktion** beginnt mit einer Druckfiltration von Primärharn im Glomerulus in den Nierentubulus hinein. Motor dieser Filtration

[1] gemittelt unter Gleichgewichtung aller vorhandenen Daten   ▷

[2] z. T findet man bei identischen Vögeln und verschiedenen Autoren Unterschiede von mehreren 100 %

[3] gemessen über markiertes Wasser (T$_2$O); je nach Wasser-Versorgung sind ausserordentlich unterschiedliche Werte möglich. Z. B. hat ein durstender Emu nur einen Wert von 2 %, Wasservögel in der Regel 100 %

[4] dieser Wert gibt an, wie hoch die maximale Salinität des Trinkwassers sein darf, ohne daß die Vögel dehydriert werden (d. h. bei Gewichtskonstanz); der häufigste Wert liegt bei etwa 0,2 M NaCl (0,1 m = 0,46 % NaCl), d. h. bei dem Wert des Plasmas; einige Vögel können aber ohne Schwierigkeiten Meerwasser trinken; s. dazu auch »Salzdrüse«

[5] die Differenz zu 100 % ergibt die renale Rückresorption dieser Stoffe

[6] bezogen auf das Nierengewicht

[7] je nach Nahrung und/oder Wasserverfügbarkeit können auch hier die Werte erheblich schwanken; vegetarische Nahrung führt z. B. zu sehr hohen Kaliumwerten (Strauß dann 266 mM K$^+$/l); daraus resultieren die z. T. sehr hohen SD

[8] es zeigt sich sehr deutlich die fördernde Wirkung von AVT auf die MT- und die hemmende Wirkung auf die RT-Nephrone (s. Kap. 9)

[9] in () ist der Prozentsatz aktiver (filternder) RT-Nephrone angegeben

ist der Blutdruck. Die Verhältnisse sind im wesentlichen wie bei Säugern und können in speziellen Lehrbüchern der Physiologie nachgelesen werden. Alle löslichen Substanzen und kleinere Makromoleküle gelangen so in den proximalen Tubulus. Hier und im folgenden Abschnitt werden brauchbare Substanzen (Zucker, Aminosäuren usw.) rückresorbiert und vor allem das Wasser im Bereich der Henleschen Schleife passiv im Sammelrohr wieder aufgenommen. Letzteres folgt einem osmotischen Konzentrationgradienten, der zur Spitze

Tab. 13.2. Daten zur Nierenphysiologie bei Vögeln (Werte nach verschiedenen Autoren von verschiedenen Vögeln gerundet und gemittelt). KM = Körpermasse. SD = Standardabweichung, x = Mittelwert. MT = Nephron des Säugertyps, RT = Nephron des Reptilientyps, AVT = Arginin-Vasotocin (ein Hypophysen-Hinterlappen-Hormon).

Parameter	$x \pm SD$[1]	Wertebereich[2]
totaler H_2O-Gehalt Körper in % KM	$70{,}4 \pm 9{,}7$	55–85
extrazellulärer H_2O-Gehalt in % KM	$29{,}6 \pm 5{,}9$	25–38
Plasma-Volumen in % (ml/100 g KM)	$5{,}3 \pm 1{,}3$	3,1–7,2
H_2O-Austauschrate[3] in % KM/Tag		2–55
Plasma-Osmolalität in mOsm	$351{,}8 \pm 55{,}6$	260–610
[Na-Plasma] in mEq/l	$150 \pm 36{,}7$	135–201
[Cl-Plasma] in mEq/l	$130 \pm 23{,}0$	97–215
[K-Plasma] in mEq/l	–	4–5
Salztoleranz[4] für Trinkwasser in Mol NaCl/l	$0{,}31 \pm 0{,}17$	0,14–0,8
renaler Plasma-Fluß in ml/kg · min (Huhn/Ente)	$27{,}5 \pm 10$	15–50
glomeruläre Filtrationsrate[6] in ml/kg · min	$2{,}1 \pm 1{,}2$	0,015–7,4
Urin-Fließrate[6] in ml/kg · h	$11{,}0 \pm 9{,}6$	1,1–30
renale Rückresorption von H_2O aus Primärharn in %	$90{,}6 \pm 7{,}4$	78–99
Exkretionsrate[5] von versch. Ionen aus Primärharn in %:		
Natrium	$6{,}2 \pm 8{,}4$	0,2–37
Chlorid	$2{,}7 \pm 3{,}0$	0,1–8,1
Kalium	$30{,}7 \pm 13{,}5$	13–60
renale Konzentrationsleistung in Osmolarität Urin/Plasma	$2{,}3 \pm 0{,}9$	1,1–5,8
dto. in mOsm	729 ± 278	362–2000
Konzentration[7] versch. Ionen im Vogel-Harn in mMol/l:		
Natrium	$65{,}2 \pm 36{,}2$	9–141
Chlorid	$75{,}7 \pm 43{,}5$	12–158
Kalium	$68{,}1 \pm 65{,}4$	13–266
Magnesium	$26{,}2 \pm 26{,}9$	5–83
Kalzium	$5{,}4 \pm 4{,}6$	1–16
Ammonium	$102{,}1 \pm 67{,}0$	13–233
Phosphat	$66{,}0 \pm 48{,}3$	2–132
Stickstoff-Exkretion in % der totalen N-Ausscheidung als:		
Harnsäure	$71{,}6 \pm 11{,}5$	52–87
Ammonium	$14{,}5 \pm 8{,}5$	1,5–30,3
Harnstoff	$4{,}9 \pm 2{,}8$	1,0–10,4
Kreatin/in	$3{,}3 \pm 2{,}4$	0,5–8,0
Aminosäuren	$2{,}4 \pm 0{,}4$	1,7–2,8
Purine	(nur drei Werte)	0,5–9,6
Stickstoffgehalt in g/l[7]	$12{,}3 \pm 15{,}9$	1,3–61
glomeruläre Filtration von Einzelnephronen unter versch. Bedingungen in nl/min bei der Gambelwachtel:		
2,5 % Mannitol-Diurese	MT 14,6 RT 6,4 (71)[9]	
Salz-Belastung	MT 12,7 RT 0,0 (0)	
AVT in ng/kg KM:[8]		
10	MT 11,3 RT 4,7 (52)	
50	MT 16,5 RT 6,9 (26)	
200	MT 24,7 RT 0,0 (0)	
Neurohypophysenektomie	MT 11,3 RT 4,6 (100)	

der Schleife hin immer größer wird und durch aktive Natriumpumpen, die Natrium gegen das Konzentrationsgefälle vom Tubuluslumen ins umgebende Interstitium pumpen, aufgebaut wird. Die Urinproduktion kann somit sowohl durch eine Änderung der Druckfiltration und/ oder durch eine Veränderung der Rückresorption gesteuert werden. In dieses Steuerungssystem involviert ist der juxtaglomeruläre Apparat, der für Knochenfische und alle terrestrischen Vertebraten charakteristisch ist.

Untersucht wurde das **Steuerungssystem** bei Vögeln bisher nur sehr wenig bei Hausente, Haushuhn und Haustaube. Allerdings dürfte er so arbeiten wie bei den Säugern: Zellanhäufungen am proximalen Tubulus messen die Primärharnparameter und können über die Ausschüttung von Hormonen (Renin, Angiotensin; s. Kap. 9), die sich praktisch kaum (nur in einer Aminosäure) von entsprechenden menschlichen Hormonen unterscheiden, den glomerulären Blutdruck und das Trinkverhalten (u. a. Parameter) regulieren. Zudem werden über eine Zusammenarbeit mit anderen Hormonen andere Effekte am Nephron gesteuert (tubuliglomeruläre Balance, Ionenpumpen usw.).

Aus den Nierentubuli gelangt der (klare) Harn über die Sammelrohre in die beiden Harnleiter (Ureter), die in das Urodaeum münden. Von dort wird er in das Coprodaeum (s. Kap. 12) zurückbefördert. Hier wird in der Kloake der größte Teil des Wassers (und u. U. auch Salze) aus dem »Sekundärharn« rückresorbiert. Beim Haushuhn liegt diese **Sekundärharnmenge** (an der Ureteröffnung gemessen) bei etwa 0,5 bis 1,0 l pro Tag, bei der Gans bei etwa 2 l. Das sind sehr hohe Werte, die durch die Rückresorption stark vermindert werden, da der ausgeschiedene Harn ja nicht mehr flüssig ist. Durch diese physiologische Eigentümlichkeit ist es u. a. erklärlich, daß Vögel weit weniger Trinkwasser benötigen als Säugetiere. Und letztlich wird so auch ein wassersparender Ausscheidungsmodus erreicht, trotz der primär geringereren absoluten (osmotischen) Konzentrationsleistung der Niere. Der eingedickte Rest des Harnes wird dann bei Vögeln mit dem Kot zusammen ausgeschieden.

Das **wassersparende Ausscheidungsprinzip** der Vögel wird durch die Struktur des Stickstoff-Ausscheidungsproduktes ermöglicht. Wie Reptilien und Insekten und einige andere Gruppen scheiden Vögel vor allem Harnsäure

aus. Sie zählen somit zu den **uricotelischen Tieren.** Die Harnsäuresynthese erfolgt vor allem in der Leber und zusätzlich auch in der Niere. In der Niere wird die (gelöste) Harnsäure teilweise durch passive glomeruläre Filtration, hauptsächlich aber durch aktive tubuläre Sekretion ausgeschieden.

Da **Harnsäure** (Abb. 13.5) sehr schwer wasserlöslich ist (»wassersparende« Substanz) braucht man zunächst relativ viel Wasser, um sie in Lösung zu halten (Transport im Blut, in Nierentubuli usw.). Nur bis zu einer Gewichts-Konzentration von etwa 2 % bilden Harnsäure und die wichtigsten ihrer Salze (Ureate) noch (u. U. kolloidale) Lösungen, die den notwendigen, reibungslosen Transport durch die engen Tubuli und die Sammelgänge erlauben, ohne daß eine Verstopfung auftritt. Im Ureter wird der Harn durch Schleim dann zäh und viskos gemacht und erlaubt dadurch auch einen gefahrlosen Transport von eventuell präzipitierter (ausgefallener) Harnsäure. Durch die anschließende (oben beschriebene) kloakale Entwässerung fallen die Harnsäure und ihre Salze hier als osmotisch praktisch unwirksame, ungiftige und einfach zu transportierende Feststoffe aus. Sie haben die charakteristische weiße Farbe («kalkiger« Kot) und sind von breiiger Beschaffenheit.

Die Ausscheidung von Stickstoff in Form der Harnsäure befähigt die Vögel einen halbfesten **Endharn** mit sehr niedrigem Wasseranteil aus-

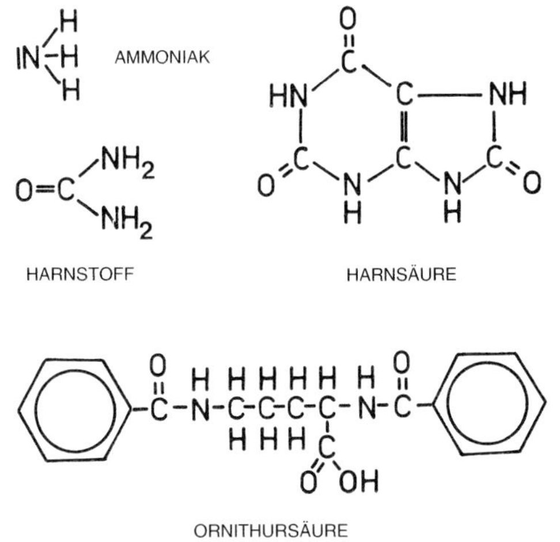

Abb. 13.5. Strukturformel verschiedener Stickstoff-Exkretstoffe beim Vogel (vgl. dazu auch Tab. 13.1). Ammoniak wird als Ammonium (NH_4^+) ausgeschieden. Hauptsekretionsstoff ist die Harnsäure.

zuscheiden. Allerdings braucht ein Huhn z. B. primär dennoch rund 200 ml H_2O pro 1 g Stickstoff (Mensch etwa 150 ml H_2O) für die Ausscheidung (bis zur Kloake allerdings nur gerechnet, also ohne kloakale Rückresorption). Wieviel Wasser letzlich für die Ausscheidung von 1 g Stickstoff gebraucht wird, hängt daher sehr stark von den Bedingungen im Enddarm ab und läßt sich nur schwer quantifizieren. Allerdings liegen die Werte um ein Mehrfaches unter denen von Säugern. Der Vorgang der Harnsäuresynthese ist allerdings sehr energieaufwendig und somit verlustreich für den Energiestoffwechsel: Harnsäure hat so z. B. pro Stickstoffmolekül mit 480 KJ/Mol N einen 1,5fach höheren Energieinhalt im Vergleich zu Harnstoff.

Die **Vorteile der Harnsäureausscheidung** liegen vor allem in der Optimierung des Wasserhaushaltes des Vogelembryos, der sich eine wasserpflichtige Ausscheidung nicht leisten kann. Er speichert die stickstoffhaltigen Exkrete in der Allantois. Die kaum lösliche Harnsäure wird hier in Form von nichttoxischen, osmotisch unwirksamen kristallinen Anhydriten abgelagert, und das extrem wertvolle Transportwasser kann wie bei den Adultvögeln reabsorbiert werden. Nach dem Schlüpfen findet man diese Kristalle als weiße Restablagerungen in der Regel in der Eischale.

Bei erwachsenen Vögeln werden dann später zunehmend auch die energetisch günstigeren Stoffe Harnstoff, Ammoniak und **andere Exkretstoffe** (s. Tab. 13.2) abgegeben. Ein speziell bei Vögeln in geringem Maße vorkommendes Stickstoff-Exkretprodukt ist die **Ornithinsäure.** Sie tritt vor allem bei Pflanzenfressern auf, die in größerer Menge Benzoesäure ausscheiden müssen. Zwei Benzoesäuremoleküle werden dabei mit einem Aminosäuremolekül »Ornithin« zur Ornithinsäure gebunden und so ausgeschieden (Abb. 13.5).

13.3 Bau der Salzdrüse

Neben der Niere als renalem Exkretionsorgan gibt es bei den Vögeln (Reptilien und einigen Fischen) als **extrarenales Exkretionsorgan** zusätzlich die Salz- bzw. Nasendrüsen.

Bei den **Salzdrüsen** handelt sich um auffällige, supraorbital gelegene Drüsen, die den Zoomorphologen schon seit über 350 Jahren bekannt waren. Sie wurden Nasendrüsen ge-

nannt, weil sie in die Nasenhöhle münden. 1813 widmete Jacobson diesen Drüsen eine erste spezielle Abhandlung. Im Vordergrund blieben dabei allerdings zunächst grobmorphologische Darstellungen, und erst 1958 konnten Schmidt-Nielsen und Fänge den funktionellen Aspekt dieser Organe als extrarenale Exkretionsorte klären. Auch heute noch findet man diese Drüsen teilweise recht stiefmütterlich in den allgemeinen Lehrbüchern der Ornithologie behandelt. Im folgenden wird deshalb ausführlicher auf dieses Organsystem eingegangen.

Prinzipiell besitzen alle Vögel **Nasendrüsen (= Salzdrüsen),** aber nur bei etwa 50 Arten aus 20 Ordnungen (vgl. Tab. 13.3) sind sie auch funktionell tätig. Keine funktionierenden Salzdrüsen haben z. B. Sperlingsvögel. Ausnahme ist hier die Wasseramsel. Diese Vogelart frißt zur Zugzeit an den Küsten viele marine Invertebraten, und die daraus resultierende Salzbelastung macht Salzdrüsen sinnvoll. Gut funktionierende Salzdrüsen findet man vor allem bei marinen Arten, aber auch bei einigen Greifvögeln sowie bei Bewohnern von ariden Gebieten; Beispiele für letztere sind Strauß, Rennkuckuck und viele Wüstenhühner.

Lage und Größe der Salzdrüse: Die paarigen Drüsen sitzen beidseitig am Rande des Orbitaldaches und/oder auf den Frontalia des Schädels (Abb. 13.6). Die Ausführgänge münden in die Nasenhöhle; deshalb »Nasendrüse«. Die Größe der Salzdrüse schwankt zwischen 0,1 bis 2 % der Körpermasse sowohl intra- als auch interspezifisch, je nach den Leistungsanforderungen, die an das Organ gestellt werden. Messungen an Meeresvögeln haben gezeigt, daß die Größe der Drüse bei diesen Arten direkt proportional zur Körpermasse ist (Proportionalitätsfaktor f = 0,92).

Der **Bau der Salzdrüse** ist sehr einheitlich und einfach, auch bei den Arten, bei denen die Drüse nicht mehr arbeitet. Das Organ liegt

Tab. 13.3. Vogelordnungen, in denen Salzdrüsensekretion mehr oder weniger generell beobachtet bzw. sicher angenommen werden kann. Daneben gibt es noch mehrere Nachweise bei einzelnen Arten aus anderen Ordnungen.

Odontognathae (ausgestorben), Flachbrustvögel, Seetaucher, Lappentaucher, Pinguine, Röhrennasen, Ruderfüßer, Entenvögel, Flamingos, Schreitvögel, Falken, Hühnervögel, Kranichvögel, Schnepfen-, Möwen- und Alkenvögel, Kuckucksvögel

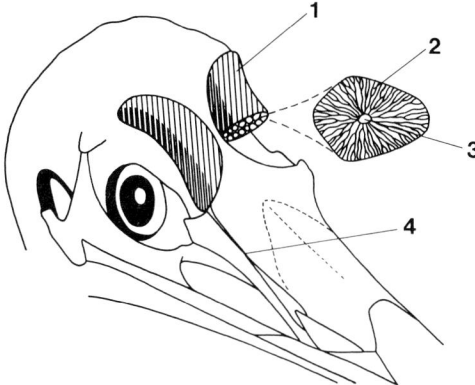

Abb. 13.6. Lage und Grobbau der Salzdrüse beim Vogel (nach PEAKER & LINZELL 1975).
1 = (supraorbitale) Lage der Salzdrüse; die Drüse ist aus einzelnen Lobi zusammengesetzt (2 bis 25); 2 = einzelner Lobus vergrößert; vom Zentralkanal gehen radiär verzweigte Sekrettubuli ab; 3 = Zentralkanal; die einzelnen Zentralkanäle vereinigen sich zum zunächst unpaaren Ausführgang; 4 = Ausführgang; er mündet in die Nasenhöhle; bei den meisten Vogelarten verzweigt er sich vorher in (maximal) zwei Äste.

subkutan, ist länglich aufgebaut und zusammengesetzt aus tubulären Lappen (tubuläre Drüse), den sogenannten **Lobi,** die parallel zueinander liegen und komplett von Bindegewebe eingehüllt sind. Die Anzahl der Lobi schwankt von minimal zwei (z. B. Waldwasserläufer) bis zu 25 bei Möwenarten. Jeder Lobus hat einen Zentralkanal. Von diesem Zentralkanal gehen radial Sekrettubuli ab. Nach außen hin verzweigen sich die Tubuli in parallel liegende Zweige, die dicht gepackt und blind geschlossen sind. Interlobulär gelegene Arterien führen zur Basis des Tubulus und als lobulär gelegene, verzweigte Venen gegen die Sekretionsstromrichtung wieder nach außen (Abb. 13.8). Die Anzahl der Ausführgänge beträgt normalerweise zwei; Hühnervögel, Reiher, Störche, Strauße und einige andere Taxa besitzen jedoch nur einen Ausführgang.

Die **Sekrettubuli** bestehen aus einer einzelligen Lage von **Epithelzellen,** die je nach Lage unterschiedlich gebaut sind (Abb. 13.9):

1. **Periphere Zellen** am distalen Ende der Tubuli haben glatte laterale und basale Oberflächen und nur wenige Mitochondrien. Weiter in Richtung Zentralkanal differenzieren sie sich in

2. **Hauptsekretionszellen** sind lateral und basal stark gefaltet und weisen viele Mitochondrien auf. Die einzelnen Zellen stoßen außer an den Desmosomen nur luminal zusammen und bilden Interzellulärkanäle aus. Luminal (am Lumen des Zentralkanals) ist die Zelloberfläche sehr klein (bei der Silbermöwe z. B. hat die baso-laterale Membran die 1000fache Oberfläche der luminalen = apikalen Membran) und zeigt nur wenige, kurze Mikrovilli.

Die primäre **Innervation der Salzdrüse** erfolgt durch feine, nichtmyeliniserte Fasern aus dem Ganglion ethmoidale. Dieses Ganglion erhält Fasern aus dem Ramus ophthalmicus (aus dem Trigeminus = V. Gehirnnerv) und dem Sekretnerv Ramus glandulae nasalis, der aus dem Facialis (VII. Gehirnnerv) entspringt (s. Kap. 10). Beide Fasern gehören somit zum parasympathischen System. Zusätzlich ist aber auch das sympathische System an der Innervation in geringem Maße beteiligt.

In der **Embryogenese** entsteht die **Salzdrüse** aus Einstülpungen des nasalen Epitheliums und sie ist dadurch von den ebenfalls kranialen Harderschen Drüsen und lakrimalen Drüsen unterscheidbar, die sich ebenfalls in der Augenregion befinden. Die nasale Einstülpung bildet später den Hauptausführgang (Zentralkanal), der sich bei den meisten Arten dann parallel verzweigt (s. o.). Schon drei Tage vor dem

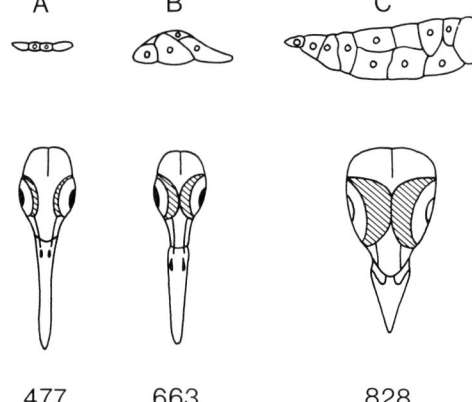

Abb. 13.7. Die Abhängigkeit der Konzentrationsfähigkeit der Salzdrüse von ihrer Größe (nach PEAKER & LINZELL) bei Waldwasserläufer (A); Flußuferläufer (B) und Krabbentaucher (C). Die Zahlen unterhalb der Zeichnungen geben jeweils die Konzentrationsfähigkeit der Salzdrüse in mEq Chlorid-Ionen an.

Abb. 13.8. Schematische Darstellung des Feinbaues und der Mikrozirkulation (Gegenstromprinzip von venösem und Sekretfluß) im Salzdrüsentubulus. Die Pfeile markieren die Fließrichtungen (nach PEAKER & LINZELL 1975). 1 = Zentralkanal; 2 = Zentrales Bindegewebe; 3 = Arterie; Blutfluß in Richtung Zentralkanal; 4 = Interlobuläres Bindegewebe; 5 = Lobus; 6 = Venen; Blutfluß entgegen dem Sekretfluß im Tubulus weg zum Zentralkanal (Gegenstromprinzip); 7 = Tubulusbindegewebe; 8 = Sekrettubulus.

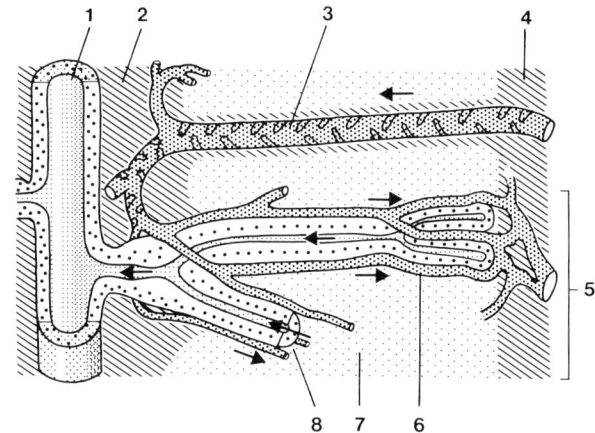

Schlüpfen sind dabei z. B. beim Entenembryo die Salzdrüsen funktionsfähig und lassen sich durch Salzinjektionen hypertrophieren.

In der postembryonalen **Ontogenese** wird die Größe der Drüse und damit die Länge der Sekrettubuli und das Volumen der Interzellulärkanäle stark von der aktuellen Salzbelastung geprägt. Das Organ zeigt also eine große adaptive Hyper- bzw. Hypotrophie, die offensichtlich durch das Nervensystem kontrolliert wird

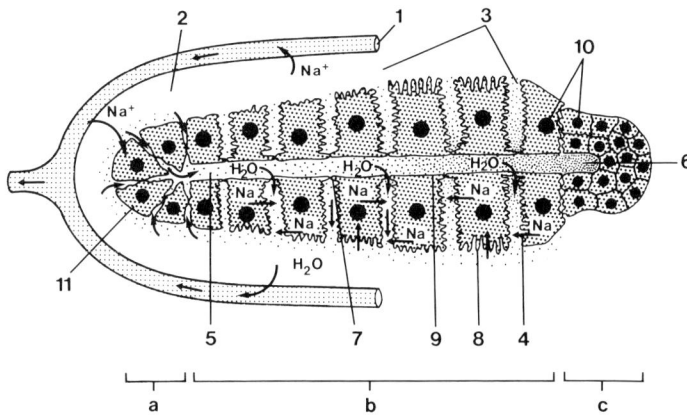

Abb. 13.9. Schematische Darstellung eines Sekrettubulus der Salzdrüse (Struktur-Funktionsbeziehungen). Nach PEAKER & LINZELL (1975). 1 = Blutgefäß; transportiert Wasser und NaCl. 2 = inter(extra)zellulärer Raum. 3 = Interzellularkanal mit konstantem, stehendem Natrium-Konzentrationsgefälle in Richtung Lumen (höhere Konzentration angezeigt durch die höhere Dichte der Punktierung). Das Gefälle wird aufrechterhalten durch NaCl-Pumpen in den Lateralmembranen (4). Das NaCl ist innerhalb eines Kreislaufes (vergleiche Pfeile). Kein Salz stammt aus dem Lumen des Sekrettubulus (5). Der NaCl-Transport dient nur zur Aufrechterhaltung des Na^+-Konzentrationsgefälles im Interzellularkanal. 4 = Laterale Membranen; extrem stark gefältelt; hier liegen viele Mitochondrien und ATPase; Transport von NaCl in die Interzellularräume findet hier statt. 5 = Sekrettubulus; Wasser und NaCl werden in Richtung Zentralkanal (6) transportiert. 6 = Zentralkanal; Ausführung der konzentrierten Salzlösung. 7 = »leaky junctions«; hier wird Wasser osmotisch durch die hohen NaCl-Konzentrationen im Interzellularkanal rückresorbiert. Aufgrund der ständig höher werdenden Konzentration entlang des Tubulus wird hier die Konzentration der Lumenflüssigkeit entsprechend immer höher. 8 = Basalmembran; hier wird NaCl aktiv in die Zellen hineingepumpt. Der Basalmembran liegt eine Elementarmembran (nicht eingezeichnet) auf. 9 = Apikaler Pol der Zellen (Luminalmembran); wasserundurchlässig; mit Mikrovilli-Saum; hier findet man keine Transportenzyme. 10 = Zellkern. 11 = Peripherzellen; scheiden luminal isotone Flüssigkeit passiv aus. Zwischen diesen Zellen gelangt ebenfalls NaCl und Wasser ins Tubuluslumen. a = Peripherzellen; b = Hauptzellen; c = Kanalzellen.

(Abb. 13.10). Dies kann sich im Laufe der Ontogenese sogar insgesamt ändern. Junge Rennkuckucke haben z. B. schon im Alter von zwei Tagen gut funktionierende Salzdrüsen, die bis zu 1600 mOsm Natrium/l produzieren können. Mit zunehmendem Alter degenerieren die Drüsen allerdings wieder stark. Die Nester des Rennkuckucks befinden sich normalerweise auf Kakteen in Wüstengebieten und sind hier deshalb häufig der vollen Sonneneinstrahlung ausgesetzt. Die Jungvögel erleiden dadurch einen hohen Wasserverlust, den sie durch die Tätigkeit der Salzdrüse zu einem großen Teil wieder kompensieren können.

Die **Adaptationen** sind sehr vielfältig: Bei Salzbelastung tritt Hypertrophie auf, bei fehlender Salzbelastung schnell wieder Hypotrophie. Dabei sind Größenänderungen des Gesamtorganes von +100 % bis −50 % möglich. Histologisch werden die Zellen bei Belastung größer (bis um 60 %), ihre Zahl nimmt zu (um bis zu 40 %), sie bekommen größere baso-laterale Einstülpungen, der Tubulusdurchmesser wird größer und der Tubulus selbst wesentlich länger (2- bis 3fach und mehr). Biochemisch gesehen steigt bei der salzadaptierten Drüse der RNA-Gehalt, die Konzentration der Kalium/ Natrium-ATPase (um bis das 3fache) sowie die Konzentrationen von Stoffwechsel- und Atmungsenzymen. Kompensatorische Hypertrophie findet statt, wenn eine Salzdrüse entfernt wird. Dann vergrößert sich die übriggebliebene. Gesteuert werden die Adaptationen offensichtlich durch Nerven; eventuell über Acetylcholin als Transmitter. Denervierte Salzdrüsen hypertrophieren nämlich nicht.

13.4 Funktion der Salzdrüse

Über die **Funktion der Salzdrüse** herrschte lange Zeit Unklarheit. 1925 fand man zwar schon

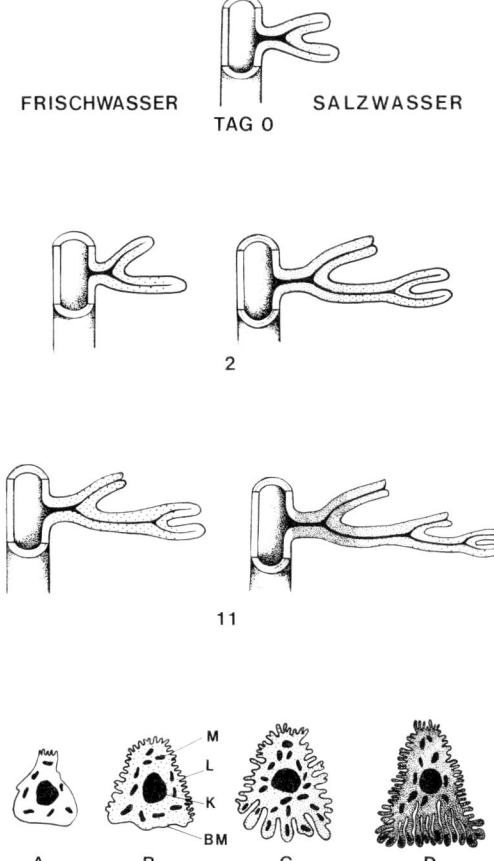

FRISCHWASSER   SALZWASSER

TAG 0

2

11

A   B   C   D

Abb. 13.10. Schematische Darstellung der ontogenetischen Adaptation der Salzdrüse bei Salzwasser- und Süßwasserbelastung bei der Hausente (nach PEAKER & LINZELL 1975).

A. Die peripheren Zellen zeigen eine nur geringe Spezialisierung ihrer Zelloberflächen und enthalten nur sehr wenige Mitochondrien (M).

B. Partiell spezialisierte Sekretzellen sind durch kurze Einfaltungen entlang ihrer Lateralmembranen (L) und flachen Basalmembranen (BM) gekennzeichnet; die Verteilung von Mitochondrien (Zeichen von Stoffwechseltätigkeit) in diesen Zellen ist wie bei den Peripherzellen. C und D zeigen zwei Entwicklungsstadien von voll spezialisierten Sekretzellen. Bei C (erstes Stadium) zeigen die Zellen eine Faltung der Basalmembran zusätzlich zu der lateralen Membran. Mitochondrien sind zahlreicher vorhanden als bei den Peripherzellen, und sie sind ziemlich gleichmäßig im Zytoplasma verteilt. Das zweite Stadium (D) ist voll entwickelt. Sowohl laterale als auch basale Membranen sind extrem gefältet und bilden so komplexe intrazelluläre Kompartimente und extrazelluläre Räume. Die Mitochondrienzahl ist dramatisch erhöht und in den »basalen Labyrinthen« dicht gepackt.

Die Verteilung dieser Zelltypen in süßwasser- und salzwasseradaptierten Drüsen an verschiedenen Tagen der Ontogenese (Tage 0 bis 11) ist an einem einzelnen Sekrettubulus gezeigt, der sich vom Zentralkanal aus differenziert. Neben der zellulären Spezialisierung zeigen »Salzwasservögel« auch eine stärkere Aufspaltung (Verzweigung) der Tubuli im Vergleich zu den »Süßwasservögeln«. Die unterschiedliche Punktierung in den Tubuli repräsentieren die unterschiedlichen Zelltypen wie sie unten angegeben sind. K = Zellkern.

einen Unterschied in der Größe der Drüsen zwischen Stockenten, die auf Süß- bzw. Salzwasser lebten. Salzwasserformen hatten wesentlich größere Drüsen. Jahrelang war man dann aber der Meinung, die Salzdrüse scheide Schleim aus, um die Nasenhöhle vom Salzreiz des Meerwassers zu schützen. Später konnte man zeigen, daß die Drüse bei Pelikanen der Salzausscheidung dient. Es zeigt sich dann sehr schnell, daß auch die Nasendrüse der anderen Vogelarten eine Salzdrüse war, also extrarenale Ausscheidungsfunktion hatte, was dann durch Versuche leicht nachzuprüfen war.

Die **Sekretion der Salzdrüse** beginnt wenige Minuten nach einem intravenösen Salzstoß, ca. 1 bis 1,5 Stunden nach einer oralen NaCl-Gabe. Das Sekret ist in der Regel etwa 2- bis 6mal höher osmotisch als das Plasma (bei Vögeln hat es zwischen 270 und 500 mOsm, s. Tab. 13.2) und enthält bis zu über 95 % NaCl; der Strauß scheidet dagegen wegen seiner pflanzlichen Ernährung bis zu 5mal mehr Kalium als Natrium aus.

Die höchste **Konzentrationsleistung** findet man beim Wellenläufer mit ca. 1100 mEq (mval) Natrium (zum Vergleich: Meerwasser hat 480 mEq); das entspricht einer Gesamtmaximalkonzentration von etwa 3500 mOsm. Die Konzentrationsleistung selbst hängt allgemein morphologisch linear von der Tubulilänge ab, physiologisch von der aktuellen Salzbelastung und der Adaptation der Salzdrüse.

Die mittlere **Sekretionsrate** ist ebenfalls abhängig von der Salzbelastung (Abb. 13.11). Mit wachsender Konzentration steigt die Sekretionsrate an. So liegt die normale Sekretionsrate bei der Silbermöwe bei 880 mOsm bei 2,1 ml/d und bei rund 1290 mOsm bei 7,8 ml/d. Die Konzentrationsleistung der Niere (maximal etwa 1000 mOsm) ist im Maximum ⅓ so groß, meistens jedoch viel geringer. Bei der Mantelmöwe kann z. B. die Salzdrüse in 100 ml Wasser etwa 78 mEq NaCl ausscheiden, die Niere bei gleicher Wassermenge nur 6 mEq. Im Durchschnitt wird deshalb mindestens ¾ des Salzes (NaCl und/oder KCl) durch die Salzdrüse ausgeschieden. In Dehydrationszuständen scheint es sogar so zu sein, daß die Salzausscheidungen der Niere in der Kloake rückresorbiert werden und das Salz nur durch die Salzdrüse ausgeschieden wird.

Die normale **Nierensekretion** erfolgt bei Vertebraten in zwei Stufen, die vereinfacht folgendermaßen ablaufen:

1. Durch Ultrafiltration wird eine zum Plasma isotone Flüssigkeit (Primärharn) abgegeben. Anschließend findet eine
2. Rückresorption von Wasser und brauchbaren Substanzen in einem Kanalsystem (Tubulussystem) statt.

Bei der **Salzdrüse** findet man **keine** mit dem Nierenglomerulus vergleichbare anatomische Basis für eine **Ultrafiltration.** Es zeigt sich nur eine anatomische Differenzierung zwischen den relativ unspezialisierten Zellen des Sekrettubulus-Endes und den höher spezialisierten Zellen entlang des Ausführkanales, die basal und lateral immer stärker werdende Einfaltungen bekommen und immer mehr Mitochondrien erhalten, wie es für ionentransportierende Zellen charakteristisch ist.

Zwei verschiedene **Sekretions- und Konzentrationsmodelle** werden diskutiert. Beide Modelle gehen davon aus, daß am geschlossenen Ende des Tubulus eine isotone Lösung abgegeben wird (Abb. 13.9). Beim ersten Modell soll eine aktive Abgabe von NaCl über die apikale Membran stattfinden. Gegen dieses Modell spricht allerdings, daß ionenaktivierte ATPase

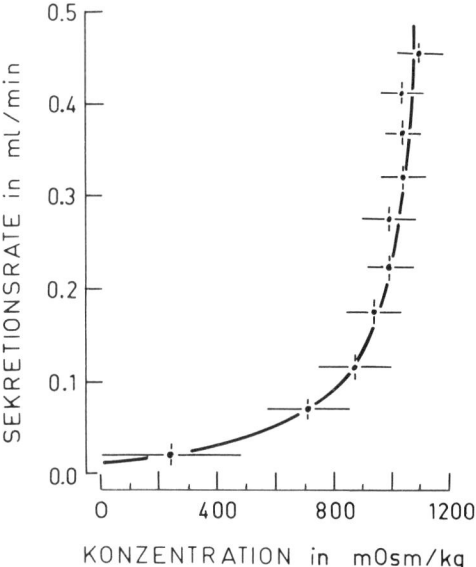

Abb. 13.11. Die Sekretionsrate der Salzdrüse in Abhängigkeit von der Sekretkonzentration bei der Hausente. Es ist deutlich zu sehen, daß bei stärker werdender osmotischer Belastung sowohl die Sekretionskonzentration als auch die Sekretionsrate stark (exponentiell) ansteigt (Vereinfachte Darstellung nach SKADHAUGE 1981).

nur an den basalen und lateralen Membranen gefunden wird. Das zweite Modell berücksichtigt diesen Befund. Danach findet entlang dem Tubulus eine Rückabsorption von Wasser und dabei eine Eindickung der anfangs isotonischen Flüssigkeit statt. Dieses Modell soll ausführlicher dargestellt werden:

1. Die luminale (apikale) Membran ist danach wasserundurchlässig, und es findet hier kein Ionentransport statt.
2. Die Zellverbindungsstellen sind »leaky junctions«, d. h. durchlässig. Hier wird Wasser passiv durch Osmose rückresorbiert.
3. Die Rückresorption beruht auf einem konstanten Natrium-Konzentrationsgefälle im Interzellularkanal Richtung extrazellulärem Lumen, das nach proximal immer höher wird.
4. Das Konzentrationsgefälle im Interzellularkanal wird durch Ionenpumpen in den Lateralmembranen aufrechterhalten. Das Wasser befindet sich dabei in einem ständigen Kreislauf.

Diese Theorie kann allerdings die insgesamt doch sehr hohe Konzentrations- und Sekretionsleistung nur unbefriedigend erklären.

Die **Steuerung der Sekretion** erfolgt über das kraniale ZNS und Hormone und ist relativ komplex und schwer verständlich, da oft nur bruchstückhaft bekannt. Primärer, natürlicher Stimulus ist ein erhöhter osmotischer Druck im Blut. Dieser kann durch alle hypertonisch wirkenden Stoffe ausgelöst werden. Osmorezeptoren sitzen im oder beim Herzen und im Gehirn. Vom Herzen aus erfolgt die Afferenz über den Vagus, die Efferenz wirkt ebenfalls über das parasympathische System. Die Stimulation des Nervus facialis löst Sekretion ebenso aus wie die Injektion von Acetylcholin als Transmitter. Periphere Parasympathikus-Blocker wie Atro-

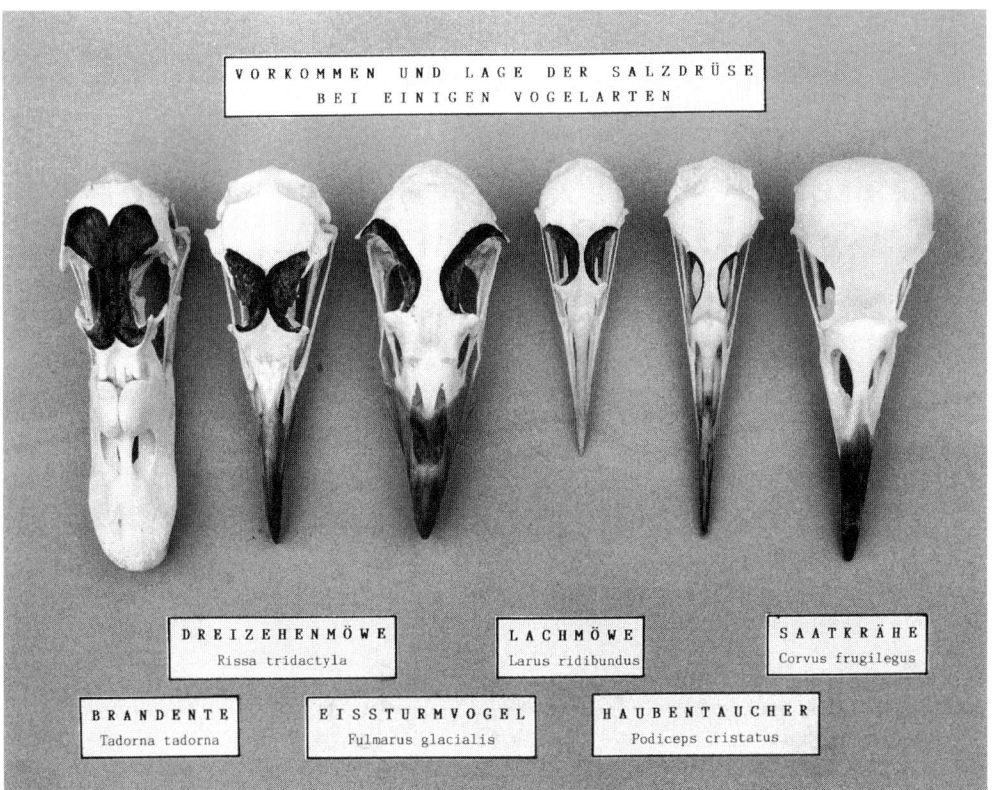

Abb. 13.12. Vorkommen und Lage der Salzdrüse bei verschiedenen Vogelarten. Von links nach rechts: Brandgans(-ente), Dreizehenmöwe, Eissturmvogel, Lachmöwe, Haubentaucher, Saatkrähe. Die Lage und Ausdehnung der Drüse ist dunkel markiert. Die Größe nimmt von links nach rechts ab. Die Saatkrähe hat keine Salzdrüse mehr (Foto R. PRINZINGER).

pin stoppen die Sekretion. Gestoppt wird die Sekretion auch durch Neurotransmitter des sympathischen Systems. Zur nervösen Steuerung kommt die hormonelle Steuerung hinzu. Kein Hormon löst allerdings die Sekretion direkt aus. Ohne ZNS-Stimulus gibt es keine Sekretion. Hormone modifizieren die Tätigkeit der Salzdrüse nur. Dafür sind vor allem die Hormone der Nebennieren verantwortlich. Adrenalektomie reduziert die Sekretionsrate ebenso wie Kortikosteron-Blocker. Kortikosteroide wirken dagegen sekretionssteigernd. Insulin und Adrenalin wirken dämpfend. Der hormonellen Beeinflussung geht eine nervös bedingte Vasodilatation der Blutgefäße voraus, die zu einer verstärkten zusätzlichen Administration von Kortikosteroiden an das Drüsengewebe führt. Aus diesem Grunde brauchen viele Meeresvögel in Gefangenschaft viel Salzzufuhr, weil im Streß die Salzdrüse arbeitet und NaCl ausscheidet und es so zu einer gefährlichen Hyponatraemie kommen kann, wenn kein Kochsalz nachgeführt wird. An der laufenden Sekretionssteuerung sind die Hormone zu etwa 40 % beteiligt.

Zusätzlich findet man vielfältige **Integration mit anderen Exkretionsorganen.** Auch der Urin der Vögel kann natürlich hyperton werden, wobei die Konzentration von Natriumchlorid ansteigt. Die Hypertonie beruht aber nie auf diesem Salz. Normalerweise (unter Salzbelastung) wird das meiste Natrium und Chlorid in den Nierentubuli rückresorbiert und über die Salzdrüse ausgeschieden, so daß der Urin eine geringere Salzkonzentration aufweist als das Plasma. Als Anhaltswert kann man davon ausgehen, daß bei Vögel mit gut funktionierenden Salzdrüsen bis zu 90 % des NaCl über die Salzdrüse ausgeschieden wird, während 70 % des Kaliums über die Kloake (aus der Niere) abgegeben wird. Zu bemerken wäre noch, daß Vögel mit Salzdrüsen größere Nieren haben als Vögel ohne Salzdrüse. Das hat seinen Grund sicher darin, daß Salzdrüsenvögel insgesamt einer höheren osmotischen Belastung ausgesetzt sind und deshalb zusätzlich auch leistungsfähigere Nieren benötigen.

Im Dünndarm der Vögel kann eine hypertone Salzlösung aufgenommen werden, wobei man davon ausgeht, daß diese Lösung zuerst verdünnt und dann als isotone Lösung resorbiert wird.

Erwähnenswert ist in diesem Zusammenhang noch die **Hardersche Drüse** (Tränendrüse). Bei Enten kann bis zu ein Fünftel der Natriumausschüttung über die Tränendrüsen erfolgen. Allgemein kann die Natriumkonzentration hier Werte bis zu 200 mEq erreichen (knapp über der Plasmakonzentration). Die Kaliumkonzentration dagegen kann das 40fache der Plasmakonzentration erreichen (Entenvögel); normal ist das 20fache. Allerdings werden über die Tränendrüsen natürlich nur extrem geringe Flüssigkeitsmengen exkretiert.

14 Energiehaushalt und Temperaturregulation

14.1 Vögel als endotherme Organismen

Vögel gehören zusammen mit den Säugern zu den **endothermen Organismen.** Sie sind in der Lage, ihre Körpertemperatur unter normalen Bedingungen (s. weiter unten) unabhängig von der herrschenden Umgebungstemperatur auf einem relativ hohen Niveau in einem weiten Regelbereich endogen konstant zu halten. Dies unterscheidet sie deutlich von den exothermen Organismen, deren Körpertemperatur im wesentlichen durch die exogene Umgebungstemperatur bestimmt wird und mit dieser schwankt. Zwischen beiden Großgruppen gibt es fließende Übergänge. Ursprünglich wurden beide physiologischen Gruppen in Homoiotherme (Gleichwarme oder Warmblütler) und Poikilotherme (Wechselwarme oder Kaltblütler) eingeteilt. Tatsache ist aber, daß ein »gleichwarmer Warmblütler« große Körpertemperaturschwankungen bis nahe dem Gefrierpunkt aufweisen kann (z. B. Winterschläfer) und die »wechselwarmen Kaltblütler« mitunter sehr konstant hohe Körpertemperaturen zeigen können (z. B. manche »warmblütigen« Haie und Fische).

Relativ unbestritten ist die Tatsache, daß schon große **Dinosaurier** und **Therapsiden** zu den **endothermen Organismen** gehört haben. Ihre Knochen weisen die für diese Gruppe typischen Haverschen Kanäle auf, die der besseren Durchblutung und Isolation dienen. Je nach evolutiver Betrachtungsweise (s. Kap. 21) kann man davon ausgehen, daß die Endothermie entweder (mindestens) dreimal parallel nebeneinander konvergent entwickelt wurde (Säuger, Vögel, Dinosaurier) oder daß es doch einen gemeinsamen Vorfahren aller drei Gruppen gegeben hat, der bereits in der Lage war, seine Körpertemperatur auf einem hohen Niveau endogen zu regeln. Gerade der letzte Ansatz ist noch zu überprüfen, würde er doch viele überraschende Gemeinsamkeiten von Vögeln und Säugern relativ einfach erklären können.

Der unterscheidende physiologische Parameter beider Gruppen ist also die Fähigkeit, die Körpertemperatur unabhängig von der Umgebungstemperatur nach Bedarf auf einem hohen Niveau zu regeln. In der Höhe der Körpertemperatur sind beide endothermen Gruppen allerdings deutlich unterschieden.

14.2 Körpertemperaturen

Vergleichsbasis für die Körpertemperatur ist ihr **Wert(ebereich)** während der **Ruhephase,** nüchtern und in thermischer Neutralität (s. u.). Unter diesen Umständen haben Vögel eine »normale« Körper(kern)temperatur, die zwischen rund 38 bis 40 °C liegt, also um rund 2 bis 5 °C höher als die der Säuger. Tab. 14.1 gibt einige Beispiele für Körpertemperaturen an. Die in Tab. 14.1 zu beobachtenden Differenzen zwischen den einzelnen Arten sind kritisch zu werten. Entgegen der Meinung zahlreicher Autoren muß wohl davon ausgegangen werden, daß es keine wesentlichen interspezifischen Unterschiede in der Ruhetemperatur der Vögel gibt. Die Differenzen sind wohl eher meßtechnischer Natur.

Eventuell weisen größere Vögel etwas geringere Werte (bis zu 2 °C) auf. Dies wäre physiologisch mit geringeren Auskühlungsraten und daher einer größeren Gefahr einer Überhitzung zu begründen. Allerdings ist bei großen Vögeln die relative Meßtiefe in der Kloake auch wesentlich geringer! Relativ niedrige Körpertemperaturen werden auch von Pinguinen berichtet.

Wie erwähnt, ist auch die **Körpertemperatur der Endothermen eine Variable,** die in einem weiten Bereich geregelt werden kann und von zahlreichen Faktoren beeinflußt wird.

Eine der auffälligsten Schwankungen ist der **Tag-Nacht-Rhythmus** (circadiane Periodik). Unter körperlicher Ruhe und bei Nüchternheit liegen die Körpertemperaturen in thermischer Neutralität in der Aktivitätsphase um rund 2 bis 5 °C über dem Wert der Schlafphase. Je nach Lage der Aktivität kann dies nachts (z. B. Eulen) oder tags sein (Mittelwerte Tag/Nacht: 41,1/38,6 °C; n > 610).

Tab. 14.1. Einige Beispiele für mittlere Körpertemperatur (oder Bereiche) bei ruhenden Vögeln in der Ruhe- und Aktivitätsperiode in °C; Werte bei Gruppen z. T. gerundet (nach versch. Autoren).
Zwischen den einzelnen Arten gibt es nur sehr geringe Unterschiede, die zudem wahrscheinlich zu einem großen Teil meßtechnisch bedingt sind. So erübrigt sich eine Darstellung der enorm zahlreichen Meßwerte bei verschiedenen Arten. Änderungen in den Grenzwerten sind sehr wahrscheinlich; angegeben ist nur ein grober bekannter Anhaltswert (s. dazu Text).

Art (Gruppe)	Ruhewert [°C]	Aktivitätswerte [°C]
Einzelarten (Beispiele)		
Emu	38–39	41–43
Strauß	36,9–38,3	39,3–4?
Tordalk	39,6	41,1
Gryllteiste	39,8	42,1
Wanderalbatros	38,0	40,5
Krähenscharbe	38,9	41,4
Rotfußtölpel	38,3	40,7
Maskentölpel	38,3	40,7
Japanwachtel	39,5	41,5
Bartgeier	38,8	40,6
Kanadagans	39,8	41,3
Mausvögel (alle Arten)	37–39	40–42
Dohle	39,6	41,5
Rabenkrähe	38–39	40–42
Elster	39,8	42,2
Haussperling	39,0	42–43
Amsel	38–39	41–42
Star	38–39	41–42
Mehlschwalbe	38–39	41,8
Borneobronzemännchen	37,6	41,1
Großgruppen (jeweils Grenzwerte)		
Pinguine	37,8	36–39
Kasuarvögel	38,6	38,8
Kiwis	38,2	38–39
Lappentaucher	38,9	38–40
Ruderfüßer	37,9	39–43
Röhrennasen	38,3	37–41
Störche	39,3	39–42
Entenvögel	39,0	40–43
Falken	39,0	40–43
Hühnervögel	38,7	38–43
Kranichvögel	37,5	39–41
Schnepfen-, Möwen-,		
Alkenvögel	38,5	38–43
Tauben	38,6	38–43
Kuckucksvögel	39,0	41–43
Eulen	38,7	39–41
Schwalmvögel	37,9	37–43
Spechte	39,0	39–43
Nektarvögel	37–39	39–43
Kolibris	38–39	40–44
Sperlingsvögel	38,9	39–44

Körperliche Aktivität erhöht die Ruhewerte z. T. beträchtlich. Fliegende Kleinvögel können Körpertemperaturen von über 46 bis 47 °C erreichen. Selbst Großvögel wie der Strauß vertragen Temperaturen bis 45 °C ohne Probleme.

Neben circadianen sind auch (wenige) **jahresperiodische** (circannuale) **Temperaturschwankungen** bei Vögeln nachgewiesen worden. Sie sind eng mit der Photoperiode und der mit ihr verbundenen Änderung in der hormonellen »Ausstattung« der Vögel verbunden (z. B. Abb. 14.2; weitere Beispiele sind vom Haussperling, der Inkataube und dem Kaiserpinguin bekannt). Solche Schwankungen sind sicher eine grundsätzliche Eigenschaft aller Vögel.

Neben endogenen können zahlreiche »**exogene**« **Faktoren** im weitesten Sinne die Körpertemperatur verändern. Belastungen mit hohen Umgebungstemperaturen führen zu einer aktiven **Erhöhung der Körpertemperatur,** um die Differenz Körpertemperatur-Umgebungstemperatur möglichst groß zu halten. Erhöhend wirken auch eine Dehydratation des Körpers, Nahrungsaufnahme (spezifisch-dynamische Wirkung der Nahrung, vor allem der Eiweiße) sowie zahlreiche Hormone (Adrenalin, Thyro-

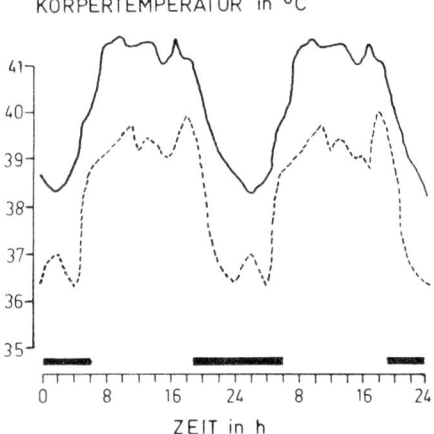

Abb. 14.1. Tagesperiodischer Gang der Körpertemperaturen bei Blaunacken-Mausvögeln unter normalen Ernährungsbedingungen (durchgezogene Linie, etwa 70 g) und unter Hungerbedingungen (gestrichelte Linie, etwa 50 g; R. PRINZINGER orig.). Zur Energieeinsparung wird das Niveau der Körpertemperatur abgesenkt. Die tagesperiodische Regelung bleibt aber voll erhalten. Es handelt sich daher nicht um ein Versagen des Temperaturregulationssystems, sondern um eine aktive Anpassung an die Energieverhältnisse. Der schwarze Balken gibt die Dunkelphase wieder.

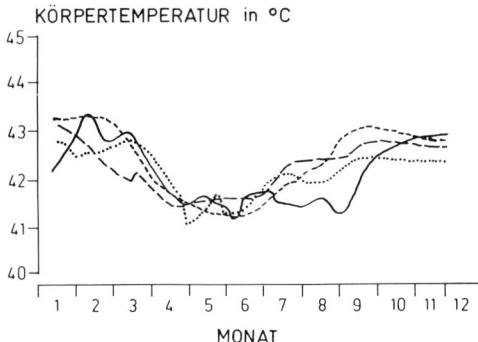

KÖRPERTEMPERATUR in °C

MONAT

Abb. 14.2. Jahresgang der Aktivitätswerte der Körpertemperaturen bei Männchen der Japanwachtel als Beispiel für einen circannualen Rhythmus. Niedrigere Werte der Körpertemperaturen sind in der Reproduktionsphase zu finden (nach FEUERBACHER 1981).

xin usw.) und andere Substanzen. Aus der hormonellen Beeinflussung resultieren auch geschlechtsspezifische Unterschiede, über die allerdings noch kaum etwas bekannt ist. Während der Mauser haben Vögel z. T. eine bis zu 1 °C höhere Körpertemperatur. Auf der anderen Seite können niedrige Umgebungstemperaturen und/oder Nahrungsknappheit Vögel »hypotherm« werden lassen; ihre Körpertemperatur fällt geringfügig unter den normalen Bereich ab. Dadurch kann Energie gespart wer-

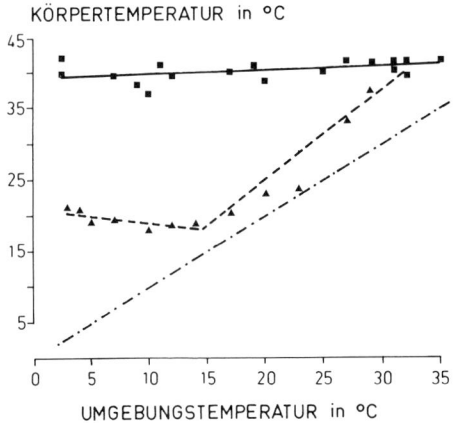

KÖRPERTEMPERATUR in °C

UMGEBUNGSTEMPERATUR in °C

Abb. 14.3. Körpertemperaturen und Umgebungstemperaturen beim Granatkolibri. Dreiecke: Körpertemperaturwerte im Torpor; Vierecke: Werte von normal schlafenden Vögeln. Daß die Kolibris auch in Torpor endotherm reagieren, zeigt der Anstieg bzw. die Stabilität der Torporwerte unterhalb von +15 °C. (−.−.−.−)   Körpertemperatur = Umgebungstemperatur.

Tab. 14.2. Abgesenkte Körpertemperaturen (in °C) in der Ruhephase (»Hypothermie«) bei Hunger und/oder Kältebelastung bei Vögeln. Aufgeführt sind nur Werte, die deutlich unter 38 °C aber über 30 °C liegen und bei denen dieser Zustand offensichtlich zum normalen Verhaltensrepertoire gehört und keine gesundheitlichen Schäden verursacht (nach versch. Autoren).

Art	minimale Körpertemperatur unter Belastungsbedingungen (»Hypothermie«) [in °C]
Truthahngeier	34,0
Glattschnabel-Ani	32,6
Schnee-Eule	32,6
Gelbhosenpipra	29,0
Goldkopfspipra	30,5
Amsel	37,0
Schwarzkopfmeise	33,8
Carolinameise	30,0
Lapplandmeise	32,1
Kohlmeise	29–31
Weidenmeise	32,5
Pfeifhonigfresser	32,0
Braunhonigfresser	32,0
Grünling	33,0
Birkenzeisig	32,0
Haussperling	35,0
Feldsperling	28–31
Fichtenkreuzschnabel	34,0
Nektarvögel	bis 35,5
Mausvögel	bis 36

Geringfügige Absenkungen der Körpertemperatur gehören sicher zum normalen Regelsystem eines jeden Endothermen! So sind hier sicher noch zahlreiche weitere Arten zu erwarten, die diese Fähigkeiten aufweisen. Der meist verwandte Begriff »Hypothermie« ist in diesem Zusammenhang nicht ganz korrekt. Darunter versteht man normalerweise eine Körpertemperatur, aus der eine aktive Erwärmung nicht mehr möglich ist, die also für den Vogel letztlich letal ist (s. Text).

den. Allerdings ist eine Absenkung unter etwa + 30 °C bei nicht torporfähigen Arten nicht sicher nachgewiesen, so daß hier eine letale Grenze angenommen werden kann (vgl. Tab. 14.2).

Torporfähige Arten (Tab. 14.3) sind in der Lage, in ihrer Ruhephase entweder regelmäßig in circadianem Rhythmus (z. B. Kolibris, Abb. 14.4) oder fakultativ unter Hungerbelastung (Mausvögel, Segler) die Körpertemperatur un-

Tab. 14.3. Vogelarten mit Fähigkeit zu nächtlichem Torpor. In diesem Starrezustand kann die Körpertemperatur je nach Umgebungstemperatur auf Werte bis maximal 18–20 °C abfallen. Dieser Lethargiezustand ist eine spezielle physiologische Eigenschaft, aus der die Vögel spontan und aktiv ohne Gesundheitsschäden wieder aufwachen können (s. Text). Er kann obligat im Tageszyklus oder fakultativ als Notfallreaktion bei Nahrungsmangel und/oder starker Kältebelastung auftreten.

Art bzw. Gruppe	nähere Beschreibung

Nachtschwalben
    Europäischer Ziegenmelker
    Argusnachtschwalbe
    Falkennachtschwalbe
    Texasnachtschwalbe
	fakultativer Torpor bei Nahrungsmangel und Kälte

Winternachtschwalbe	»Aestivation« (Torpor über mehrere Wochen in den Wintermonaten (obligat/fakultativ?); sonst wie oben).

Segler
    Mauersegler
    Weißbrustsegler
	fakultativ bei Nahrungsmangel und Kälte auch bei Jungvögeln

Kolibris bisher bei allen Arten, die untersucht wurden, nachgewiesen	obligat/fakultativ täglich im diurnalen Rhythmus nachts
Mausvögel bisher bei allen Arten, die untersucht wurden (4 von 6), nachgewiesen	fakultativ (obligat?) bei Nahrungsmangel/Kälte

Schwalben
    Mehlschwalbe
    Rauchschwalbe
    Uferschwalbe
    Veilchenschwalbe
    Weißrückenschwalbe
	fakultativ bei Nahrungsmangel und Kälte auch bei Jungvögeln

Sturmschwalben wie viele Arten?	fakultativ bei Nahrungsmangel (Brutzeit), auch Jungvögel

abhängig von der Umgebungstemperatur bis auf einen **Grenzwert von 18 bis 20** °C abfallen zu lassen und aus diesem niedrigen Niveau heraus aktiv wieder auf normale Werte aufzuheizen. Dieser untere Grenzwert für Torpor ist im übrigen identisch mit dem der Säuger, was auch für den »hypothermen Wert« gilt. Noch niedrigere Werte, die zahlreich publiziert wurden, sind zweifellos meßtechnische Fehlinterpretationen. Aus Körpertemperaturen von unter 15 °C können Kolibris z. B. nicht mehr aktiv aufheizen. Auch ist es nicht sicher, ob sie nach passiver Erwärmung aus diesen Werten Körperschäden davongetragen haben.

Die **Bruttemperaturen** entsprechen im wesentlichen den Körpertemperaturen. Direkt am Brutfleck werden in der Regel durch die während der Brutzeit hier wesentlich verstärkte Durchblutung etwas höhere Werte gemessen als unter »Normalbedingungen«. Als durchschnittliche Eitemperatur wird daher ein Wert von 36,5 bis 37,5 °C angegeben (künstliche Bebrütung). Unter Freilandbedingungen erreichen die Eitemperaturen im Verlauf der Bebrütung durch die zunehmende Wärmeproduktion des Embryos allerdings regelmäßig Werte von 40 °C und etwas darüber. Röhrennasen und einige andere Vogelarten haben allerdings Bebrütungstemperaturen von unter 35 °C. Dadurch wird die Bebrütungszeit jedoch deutlich verlängert.

Fieber ist bei Vögeln bekannt. Es läßt sich mit fieberauslösenden Mitteln und Injektion von Bakterien auslösen. Die Temperaturerhöhung liegt dabei in Bereichen von 1 bis 5 °C. Die Letalwerte hängen stark vom normalen Ausgangswert ab und liegen bei 45 bis 48 °C.

Normalerweise wird die Körpertemperatur der Vögel kloakal angegeben. In Wirklichkeit handelt es sich aber meist um eine rektale Mes-

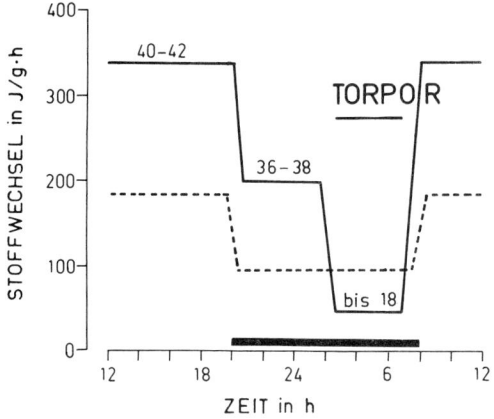

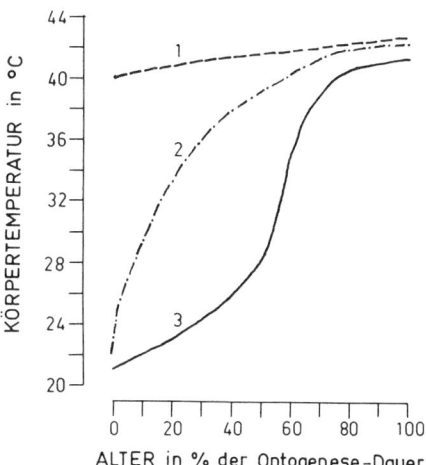

Abb. 14.4. Schematische Darstellung der Tagesgänge von Körpertemperatur und Energieumsatz bei torporfähigen Kolibris und nicht torporfähigen Nektarvögeln (jeweils mind. 10 verschiedenen Arten in einem Massenbereich von 5 bis 15 g) in Abhängigkeit von der Umgebungstemperatur (nach PRINZINGER, LÜBBEN & JACKEL 1986). Die Körpertemperaturen der Kolibris sind über den Stoffwechselplateaus eingezeichnet. Beide Gruppen haben normale Tag- bzw. Nachtwerte von 40 bis 42 °C bzw. 36 bis 38 °C. Allein die Kolibris können jedoch ihre Körpertemperatur in einem zweiten nächtlichen Absenkungsbereich (Torpor, Nachtschlaflethargie) bis auf 18 °C absenken. Dies können Nektarvögel nicht. Deutlich ist zu erkennen, daß Kolibris zudem einen wesentlich höheren Stoffwechsel haben. Diese energieintensive Lebensweise wird durch die Torporfähigkeit zumindest teilweise wieder ausgeglichen.

Abb. 14.5. Ontogenese einer stabilen Körpertemperatur bei verschiedenen Vogelarten (R. PRINZINGER, orig.). Praecociale Nestflüchter (Stockente, 1) sind in der Lage, kurz nach dem Schlüpfen ihre Körpertemperatur schon stabil hoch zu halten. Altriciale Nesthocker (Kuckuck 2, Amsel 3) senken am Anfang ihrer Ontogenese bei Umgebungstemperatur-Belastungen ihre Körpertemperatur z. T. noch stark ab und erst mit zunehmender Isolation durch das Gefieder und verstärkter Wärmeproduktion stabilisiert sich ihre Körpertemperatur. Die Fähigkeit zur Absenkung der Körpertemperatur ohne körperlichen Schaden erspart dem Organismus sehr viel Energie zur Temperaturregulation, die vermehrt in den Aufbaustoffwechsel gesteckt werden kann. Dadurch können altriciale Jungvögel in der Regel auch sehr viel schneller wachsen als praecociale.

sung wie bei den Säugern, da die Meßtiefe in der Regel weit über den Bereich der Kloake hinausreicht. Wie bei den Säugern handelt es sich auch bei »der« **Körpertemperatur** der Vögel um einen punktuellen Wert. Je nach **Meßort** können sehr unterschiedliche Werte erhalten werden.

Relativ meßkonstant sind die Kernorgane Hirn, Herz, Magen, Leber, Lunge und Niere. Diese sind aber meßtechnisch nur sehr schwer zugänglich. Sie unterscheiden sich in ihrem Wert nur geringfügig und sind auch absolut gesehen relativ stabil. Je weiter man sich der Peripherie nähert, desto variabler werden die »Körpertemperaturen«. Sie nähern sich immer mehr exothermen Verhältnissen an. So können die Extremitäten der Vögel sehr unterschiedliche Werte annehmen (s. Abb. 14.6). Je nach Umgebungstemperatur kann z. B. der Fuß eines Haubentauchers nahe 0 °C und auch weit über 40 °C aufweisen. Von einigen europäi-

schen Wasservögeln ist bekannt, daß sie ein Einfrieren ihrer Beine in Wasser ohne Schaden überstehen können. Die Kernorgane sind dagegen Unterkühlungen gegenüber extrem empfindlich und erleiden schnell irreversible Kälteschäden (vor allem das Herz).

Abb. 14.6. Temperaturfeld am Körper einer Silbermöwe bei niedriger Umgebungstemperatur (−16 °C), schematisch. Die stark variablen Extremitätentemperaturen weichen ganz erheblich von der relativ stabilen Kerntemperatur ab (nach IRVING 1972).

14.3 Energiestoffwechsel

Wie alle heterotrophen Organismen gewinnen Vögel Energie für ihre Lebensvorgänge aus der **Oxidation von energiereichen Nahrungsstoffen** (s. Kap. 12). Dies sind im wesentlichen Fette, Kohlenhydrate und Eiweiße. Die in den Nahrungsstoffen liegende Energie (s. Tab. 12.1) kann vom Vogel nur teilweise wieder freigesetzt und damit für den Organismus nutzbar gemacht werden.

Die **assimilierte Energiemenge** steht dem Organismus nicht voll zur Verfügung. Der Aufschluß und die Umarbeitung der Nahrungsstoffe produziert »Abfall«-Energie (in der Regel Wärme), die vom Organismus nicht in Form von nutzbaren Energieäquivalenten Adenosintriphosphat ATP (s. Kap. 12) gewonnen werden kann. Dieser Effekt heißt **»spezifisch-dynamische Wirkung«** der Nahrungsstoffe. Er ist am höchsten bei Eiweißen (bis 30 % der nutzbaren Energie) und am geringsten bei den Kohlenhydraten (etwa 10 %); der Wert für Fett liegt bei rund 12,6 %. Die assimilierbare Energie muß rein vom Energiegewinn her gesehen somit um den Betrag der kalorigenen Wirkung der Nahrung vermindert werden, womit man die Nettoenergie erhält. Meßtechnisch gesehen ist allerdings im Normalfall diese Differenzierung nicht möglich und auch nicht unbedingt notwendig. Spricht man allgemein vom »Energieumsatz« eines Vogels, ist immer die gesamte assimilierte Energie gemeint. Nur in Spezialfällen wird über eine **Stickstoffbilanz** die spezifisch dynamische Wirkung der Nahrungsstoffe (besonders der Eiweiße) getrennt betrachtet.

Der Anteil der **nutzbaren Energie** an der (natürlichen) Nahrung schwankt naturgemäß sehr stark mit der Art der Nahrung. Diese **Nahrungseffizienz** erreicht bei sehr guter Ausnutzung (z. B. reine Fleischfresser) Werte um 85 %, schwer verdauliche Stoffe (z. B. bei reinen Pflanzenfressern) werden oft nur zu 25 % (und darunter) energetisch verwertbar gemacht.

Die **umsetzbare Energie** wird im Organismus in Form von ATP (die Energie »sitzt« in der Bindung einer Phosphatgruppe und wird beim Abspalten dieser Gruppe wieder verfügbar; s. auch Kap. 14.4.2) gespeichert und für zwei Hauptaufgaben eingesetzt:

Der **Erhaltungsumsatz** ist für den »laufenden Betrieb« des Vogels verantwortlich. Er enthält die Aufwendungen für die Elemente Grundumsatz, Temperaturregulation, spezifisch dynamische Wirkung der Nahrung sowie für die Aktivitätskosten (Bewegungen im weitesten Sinne, Arbeit nach außen). Der letztere Anteil wird oft auch abgetrennt von den anderen betrachtet.

Den zweiten großen Stoffwechselanteil (**Baustoffwechsel**) stellen die Produktionskosten im weitesten Sinne dar. Darunter fallen z. B. Wachstum, Mauser, Reproduktion, Ersatz von Geweben usw.

Zwangsläufig haben alle diese Parameter einen Einfluß auf die Höhe des Gesamtstoffwechsels.

Die Höhe des **Gesamtstoffwechsels** läßt sich am einfachsten aus dem Gasstoffwechsel ermitteln. Die Nahrungsstoffe werden mit Sauerstoff (O_2) zu Kohlendioxid (CO_2) verbrannt. Aus dem Verhältnis von eingeatmetem O_2 zu ausgeatmetem CO_2 (**respiratorischer Quotient RQ**) läßt sich der Energieumsatz nach Erfahrungswerten einfach in Energieeinheiten pro Zeit und Körpermasse umrechnen. Tab. 14.4 gibt darüber einen kurzen Überblick. Stark vereinfacht läßt sich daraus ablesen, daß pro Liter eingeatmeten Sauerstoff rund 20 KJ Energie freigesetzt werden.

Die Nahrung läßt sich danach energetisch folgendermaßen aufteilen:

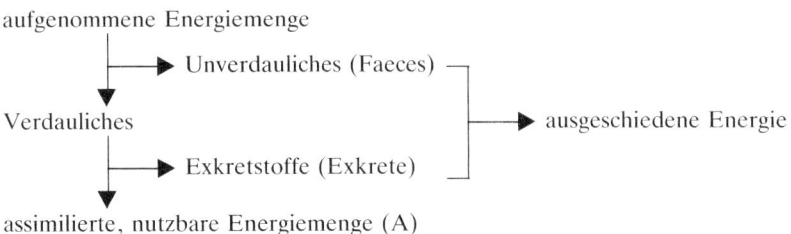

Tab. 14.4. RQ-Wert und Energieproduktion in KJ pro Liter Sauerstoff bzw. Kohlendioxid.

Gas	Kohlenhydrate [KJ]	Fette [KJ]	Eiweiße [KJ]
Sauerstoff	21,20	19,47	19,55
Kohlendioxid	21,20	27,54	24,35
RQ-Wert	1	0,7	0,8

14.3.1 Energieumsatz und Körpermasse

Der Energieumsatz ist bei allen Organismen eine klare Funktion der Körpermasse. Bezogen auf den Gesamtorganismus nimmt der »Stoffwechsel pro Tier« (KJ/h) mit steigender Masse zu. Die Abhängigkeit ist allerdings nicht linear. Die Zunahme der Masse erfolgt nämlich wesentlich steiler als die Zunahme des Stoffwechsels. Bezogen auf eine Masseneinheit hat ein großer Vogel danach einen kleineren spezifischen Umsatz (KJ/g × h) als ein kleiner (vgl. Tab.14.5).

Der **gewichtsspezifische Energieumsatz** des 100 kg schweren Straußes liegt somit rund um den Faktor 40 unter dem des 3 g kleinen Kolibris. Der Grund für diesen Effekt ist im wesentlichen im Oberflächen-Volumen-Gesetz begründet. Beide Vögel haben mehr oder weniger die identische Körpertemperatur von rund 38 bis 39 °C in Ruhe. Da ein großer Organismus aber wesentlich weniger schnell auskühlt als ein kleiner, weil seine Oberfläche in Verhältnis zum Volumen kleiner ist, benötigt der Strauß weniger Energie zur Aufrechterhaltung seiner Körpertemperatur als der Kolibri. Rein nach dieser physikalischen Oberflächen-Volumen-Bedingung wäre eine Massenabhängigkeit des Stoffwechsels mit einem Exponenten von rund 0,66 zu erwarten. Biologische Systeme gehorchen jedoch nicht nur einer physikalischen Bedingung. Der Exponent liegt deshalb in einem etwas höheren Bereich.

Tab. 14.5. Gesamtumsatz (J/h) und spezifischer Umsatz (J/g × h) eines großen und kleinen Vogels im Vergleich unter Basalumsatzbedingungen.

Art	J/h	J/g × h
Strauß (etwa 100 kg)	500 000	5
Kolibri (etwa 3 g)	600	200

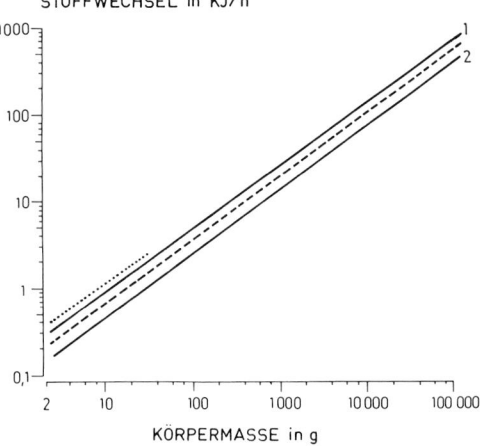

STOFFWECHSEL in KJ/h

KÖRPERMASSE in g

Abb. 14.7. Doppeltlogarithmische Darstellung der Beziehung Ruhestoffwechsel – Körpermasse bei Vögeln nach versch. Autoren. Die beiden durchgezogenen Linien entsprechen den maximalen (1) bzw. die minimalen (2) Grenzbereichen der Korrelation. Die gestrichelte Korrelation gehorcht der Beziehung

$$M_{(in\ J/h)} = (127 \pm 34,4) \times W^{0,723\ \pm\ 0,006}$$

(nach PRINZINGER & JACKEL 1986). Die punktierte Linie stellt Werte von über 20 verschiedenen Kolibriarten dar, die deutlich über den normalen Vogelwerten liegen (PRINZINGER, KRÜGER & SCHUCHMANN 1981). Die übrigen Korrelationen lauten:

1: $M = 155 \times W^{0,72}$ (DAWSON & HUDSON 1970)

2: $M = 81 \times W^{0,734}$ (ASCHOFF & POHL 1970)

Zahlreiche Autoren haben sich mit der **Massenabhängigkeit des Stoffwechsels** beschäftigt und zahlreiche Korrelations-Regressionen vorgestellt, die sich oft nur in Promillewerten unterschieden haben. Sicher ist, daß nicht eine Gleichung für alle Vögel Gültigkeit haben kann und ein **Wertebereich** die Situation biologisch und auch mathematisch sinnvoller beschreibt. Faßt man alle vorhandenen Werte zusammen, erhält man für den Umsatz M in der Ruhephase unter thermoneutralen Bedingungen folgende Abhängigkeit (W = Körpermasse in g; vgl. auch Abb. 14.7):

$$M_{(in\ J/g\ \times\ h)} = (127 \pm 34,4) \times W^{-0,277\ \pm\ 0,006}$$

bzw.

$$M_{(in\ J/h)} = (127 \pm 34,4) \times W^{0,723\ \pm\ 0,006}$$

Versuche, unterschiedliche Korrelationen zwischen Sperlingsvögeln und Nichtsperlingsvögeln aufzustellen, halten einer näheren Analyse

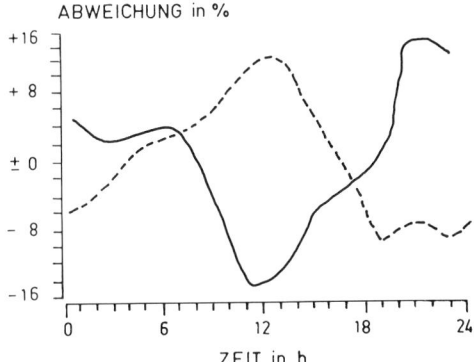

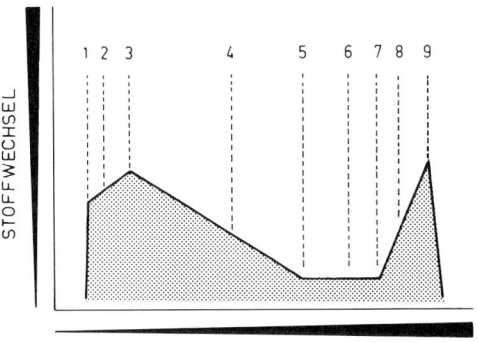

Abb. 14.8. Tagesgang des Energieumsatzes bei einer tagaktiven Haustaube (gestrichelte Linie) und bei einem nachtaktiven Sägekauz (durchgezogene Linie). Dargestellt ist die mittlere prozentuale Abweichung vom Durchschnittswert (nach versch. Autoren).

Abb. 14.9. Schematische Darstellung der Beziehung zwischen Stoffwechsel und Umgebungstemperatur. Die zunehmende Balkendicke der Achsen kennzeichnet zunehmende entsprechende Werte.
1 = Untere Letaltemperatur; Vogel fällt in Hypothermie und stirbt. Wärmeverluste können durch eine Stoffwechselsteigerung nicht mehr aufgefangen werden. 2 = Bereich »kontrollierter Hypothermie«. Um Energie zu sparen, sinken Körpertemperatur und Energieumsatz geringfügig ab. Die Differenz Körpertemperatur – Umgebungstemperatur und damit die Wärmeverluste werden dadurch geringer gehalten. 3 = Unteres Ende des Bereiches hoher Körpertemperaturen. Beginn der »kontrollierten Hypothermie«. 4 = Endothermer Regelbereich. Die Körpertemperatur ist stabil. Der Stoffwechsel wird so gesteigert, daß Wärmeverluste ausgeglichen werden können. 5 = Untere kritische Temperatur. Ende der Thermoneutralzone. Beginn der chemischen Temperaturregulation (Stoffwechselsteigerung). 6 = Bereich der Temperaturneutralzone; Zone der physikalischen Temperaturregulation. 7 = Obere kritische Umgebungstemperatur; oberes Ende der Thermoneutralzone. 8 = Wärmebelastung zwingt den Organismus, energieverbrauchende Gegenregulierung einzuleiten. 9 = Obere Letaltemperatur. Zone der Hyperthermie. Organismus ist nicht mehr in der Lage, seinen Körper zu kühlen. Er stirbt den Hitzetod.

nicht stand. Der angegebene (breite) Bereich schließt zudem alle Gruppen- und anderen Abweichungen ein.

Deutlich aus diesem Rahmen fallen allein die **Kolibris,** die einen um rund 100 % höheren Stoffwechsel aufweisen, als zu erwarten wäre. Dies beruht darauf, daß sie als einzige einen extrem energieintensiven Schwirrflug aufweisen. Da der Stoffwechsel vom Grundniveau aus nicht beliebig vielfach gesteigert werden kann (s. u.), müssen die Kolibris bereits von einem hohen Basalwert aus starten. Als »Ausgleich« haben sie dafür die Fähigkeit zu Torpor entwickelt.

Diese dargestellten Abhängigkeiten (bezogen auf den Korrelationsexponenten) gelten im wesentlichen auch für die Säuger. Grundsätzliche Differenzen sind nicht feststellbar. Allein in der absoluten Lage liegen Säuger etwas niedriger. Die Bedingungen beider Gruppen und die Erfüllung derer Prämissen haben also zu dem gleichen Ergebnis geführt.

14.3.2 Energieumsatz und Periodik

Unter sonst gleichen Bedingungen (thermoneutral, keine körperliche Aktivität, postabsorptiv) ist der Energieumsatz in der Ruhephase des Vogels deutlich niedriger als in der normalen Aktivitätsphase (Abb. 14.8). Die Differenz-Werte schwanken beträchtlich. Als minimale **Ruheabsenkung** dürfte etwa 20 bis 25 % angesehen werden. Bei einer Reihe von Vogelarten

liegt die Absenkungsrate bei bis zu 75 bis 80 %. Im Mittel liegt der Stoffwechsel in der Ruhephase bei vielen Vogelarten ziemlich genau bei etwa der Hälfte des Niveaus in der Aktivitätsphase. Dieser diurnale Umsatzrhythmus bleibt auch bei Dauerdunkel erhalten.

Neben den **tagesperiodischen** Stoffwechselschwankungen sind auch **jahresperiodische Schwankungen** festgestellt worden (Abb. 14.15). Allerdings liegen darüber nur sehr wenige Untersuchungen vor.

14.3.3 Energieumsatz und
Umgebungstemperatur

Die hohe Körpertemperatur der Endothermen wird durch die hohe Stoffwechselleistung bewirkt (Exotherme haben unter gleichen Bedingungen der Körpertemperaturen und der Umgebungstemperatur nur etwa ein Zehntel des Umsatzes).

Höhere oder niedrigere **Wärmeverluste des Körpers** haben demnach einen Einfluß auf die Stoffwechselrate. Einen wichtigen abiotischen Faktor stellt die Umgebungstemperatur dar. Innerhalb einer **»Thermoneutralzone (TNZ)«** ist der Umsatz der Vögel (und Säuger) dabei minimal. Die Wärmeverluste können also durch die »Abfallwärme« der normalen Stoffwechseltätigkeit ausgeglichen werden und physikalische Regulationsmechanismen der Temperaturregulation (s. u.) reichen aus, die Körpertemperatur konstant zu halten (Abb. 14.9).

Unterhalb einer **»unteren kritischen Temperatur«** reichen diese Mechanismen nicht mehr aus. Die erhöhten Wärmeverluste müssen durch eine gesteigerte Wärmeproduktion ausgeglichen werden, so daß der Umsatz unterhalb dieser Umgebungstemperatur kontinuierlich ansteigt. Aus dem Anstieg der daraus resultierenden Kurve läßt sich der Wärmeverlust des Vogels und daraus die Isolationsfähigkeit des Gefieders ermitteln.

Diese **»Wärmedurchgangszahl T_c«** ist vor allem von der Größe des Vogels abhängig. Folgende allgemeine Beziehung läßt sich zwischen T_c (in J/g × h × °C) und der Körpermasse W (in g) für die Nachtwerte aufstellen:

$$T_c = 11{,}42 \times W^{-0{,}461}$$

Tagsüber liegen die Werte etwas höher (einige Beispiele s. Abb. 14.10.). Auch bei diesem endothermen Parameter zeigt sich, daß sich die T_c-Werte von Säugern und Vögeln nicht wesentlich unterscheiden.

Selbstverständlich können zahlreiche andere Faktoren diese Wärmedurchgangzahl und damit die **Gefiederisolation** (Kehrwert von T_c) verändern. Dazu zählen z. B. Fettanlagerung, dichteres Gefieder, Verändern der Gefiederstellung, Federfarbe, Höhe der Körpertemperatur usw.

Die Kältebelastung führt ab einem bestimmten Wert zu einer Erschöpfung der Steigerungsfähigkeit des Stoffwechsels. Der Vogel kühlt aus, der Stoffwechsel sinkt ab, und der Organis-

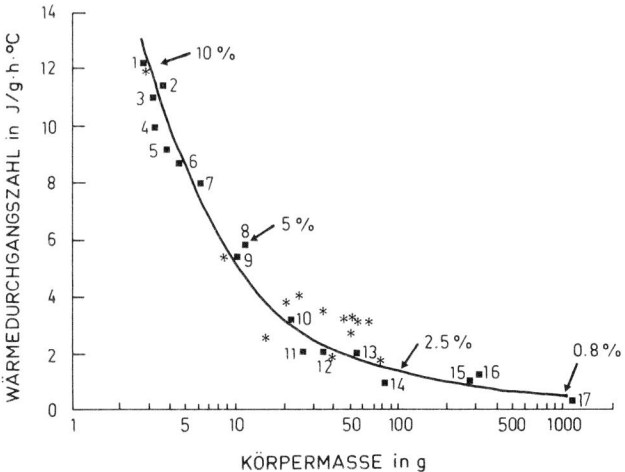

Abb. 14.10. Wärmedurchgangszahlen von verschiedenen Vogelarten in Abhängigkeit zur Körpermasse (nach versch. Autoren).
1 = Sternelfe; 2 = Allenkolibri; 3 = Costakolibri; 4 = Schwarzkinnkolibri; 5 = Zimtkolibri; 6 = Annakolibri; 7 = Grauastrild; 8 = Rotrücken-Zaunkönig; 9 = Hauszaunkönig; 10 = Ortolan; 11 = Goldammer; 12 = Rotkardinal; 13 = Abendkernbeißer; 14 = Blauhäher; 15 = Amerikanerkrähe; 16 bis 17 = Ringelgänse.

Die Prozentzahlen (mit Pfeil) geben an, um wieviel Prozent der Grundumsatz beim entsprechenden Vogel gesteigert werden muß, wenn die Umgebungstemperatur um 1 °C unterhalb der kritischen Temperatur fällt. Mit Sternen sind einige Säugerwerte zum Vergleich mit eingezeichnet. Sie zeigen, daß ihre Werte mit denen der Vögel mehr oder weniger übereinstimmen.

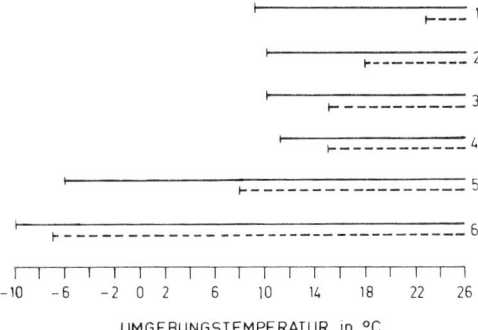

UMGEBUNGSTEMPERATUR in °C

Abb. 14.11. Änderung (Akklimatisation) des unteren kritischen Temperaturpunktes bei verschiedenen Vogelarten im Winter (durchgezogene Linie) im Vergleich zum Sommer (gestrichelte Linie; nach versch. Autoren).
1 = Birkenzeisig (9/23 °C); 2 = Fasan (10/18 °C); 3 = Fichtenkreuzschnabel (10/15 °C); 4 = Dohle (11/15 °C); 5 = Moorschneehuhn (−6/8 °C); 6 = arktische Amerikanerkrähe (−10/−7 °C).

Die Lage und Breite der **Thermoneutralzone** ist stark von der Wärmedurchgangszahl und den speziellen Anpassungen der Vögel abhängig (einige Beispiele schematisch s. Tab. 14.6 und Abb. 14.11). **Akklimatisation** und **Adaptationsvorgänge** können die Lage und die Höhe des Umsatzes in der TNZ stark verändern. Bei einigen, vor allem kleinen Vogelarten (z. B. Nektarvögel, Kolibris) ist die TNZ auf einen Punkt **(Temperaturneutralpunkt TNP)** zusammengeschmolzen. Hier liegen dann die untere und die obere kritische Temperatur sowie der TNP auf dem gleichen Wert.

Bei der **oberen kritischen Temperatur** gerät der Organismus in Wärmebelastung und muß Mechanismen einsetzen, um überschüssige Wärme freizusetzen. Dies ist energetisch aufwendig (erhöhte Durchblutung, erhöhter Herzschlag, verstärkte Atmung, verstärkte Wasserabgabe usw.) und bewirkt deshalb auch eine Steigerung des Umsatzes, die wesentlich steiler verläuft als die unterhalb der TNZ. In der Regel liegt die obere kritische Temperatur sehr nahe an der oberen Regelgrenze des Organismus. Versagt die Kühlung, gerät der Vogel in tödliche **Hyperthermie.** Da die Steigerung des Umsatzes immer auch mit einer (unerwünschten) vermehrten »Abfallwärme«-Produktion einhergeht, muß in diesem Fall gewährleistet

mus wird hypotherm. Dieser Zustand ist unter natürlichen Bedingungen letal. Einige Vogelarten (s. o.) zeigen eine Art »künstlicher **Hypothermie«;** sie können ab einer bestimmten Kältebelastung ihre Körpertemperatur (nicht unter etwa 30 °C) und damit ihren Stoffwechsel absenken. Das spart Energie.

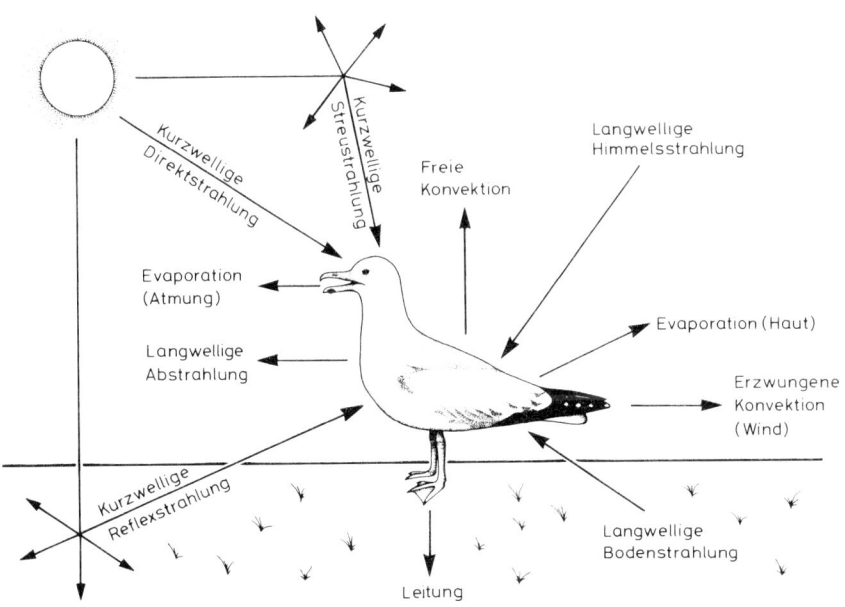

Abb. 14.12. Wärmeaustausch-Wege zwischen Vogel und freier Umwelt. Abgehende Wärme ist durch Pfeile vom Vogel weg gekennzeichnet (aus Huppop 1988).

sein, daß die Maßnahmen zur Wärmeabgabe insgesamt höhere Wärmeverluste als Wärmegewinne verursachen. Der Spielraum hierfür ist deshalb wesentlich geringer als in dem Bereich unterhalb der TNZ.

14.4 Energiehaushalt

Der Vogel muß seinen Energieumsatz vielfältigen Erfordernissen anpassen. Diese sind sowohl abiotischer (»äußerer«) als auch biotischer (in dieser Darstellung »innerer«) Art. Wesentliche äußere Anforderungen sind z. B. die Witterungsbedingungen und die Verfügbarkeit der Nahrung. Innere Faktoren sind z. B. Mauser, Reproduktion, Wachstum, Leisten von Arbeit (Bewegung) usw. All diese Parameter erfordern in der Regel zusätzliche Energie, die zu einer Erhöhung des Umsatzes führen.

14.4.1 Adaptation und Akklimatisation

Der endotherme Vogel steht mit seiner abiotischen Umwelt in einer energetischen Wechselbeziehung, die sich in einem Wärmeaustausch äußert (s. Abb. 14.12).

Die wichtigsten **Witterungsbedingungen,** die den Stoffwechsel beeinflussen, sind die Umgebungstemperatur, Wind, die solare Einstrah-

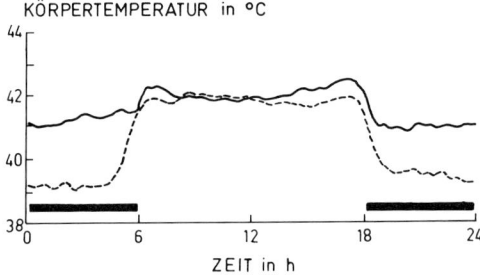

KÖRPERTEMPERATUR in °C

ZEIT in h

Abb. 14.13. Tagesgang der Körpertemperatur bei der Schwarzkinn-Grundammer (nach SCHMIDT-NIELSEN 1964, verändert). In gewisser Weise können Vögel ihre Körpertemperatur den Erfordernissen der Umgebungstemperatur anpassen. Bei niedrigen Umgebungstemperaturen hilft eine Absenkung der Körpertemperatur, Energieverluste kleinzuhalten. Bei hohen Umgebungstemperaturen stellt eine Erhöhung der Körpertemperatur den notwendigen Gradienten Umgebungstemperatur/Körpertemperatur sicher, der eine Überhitzung verhindern kann. Die Grundammer verändert den Tagesgang ihrer Körpertemperatur entsprechend (-----) 23 °C; (———) 39 °C Umgebungstemperatur.

lung und die Luftfeuchte. Über die letzteren drei Faktoren weiß man noch sehr wenig. Über solare Einstrahlung (s. u.) lassen sich wesentliche Energiemengen gewinnen. Bei Kälte kann Feuchte und Wind zu enormen Energieverlusten führen. Die Anpassung des Energieumsatzes an veränderte Umgebungstemperaturen kann durch eine **kurzfristige Akklimatisation** (Sommer/Winter) oder durch eine **langfristige Adaptation** (z. T. in der Phylogenese) geschehen. Allerdings gibt es keine einheitliche Strategie, da sowohl morphologische (z. B. Gefiederisolation) als auch ethologische (z. B. Gefiederplustern, veränderte Aktivität, Wegzug usw.) und physiologische (z. B. Änderung der Körpertemperatur, s. Abb. 14.13, Nahrungsausnutzung usw.) Mechanismen in sehr unterschiedlicher Weise zusammenwirken können. Auf niedrige Umgebungstemperaturen (in der Regel in der nahrungsarmen Winterzeit) können also verschiedene Vogelarten verschieden reagieren. So kann der Umsatz bei verbesserter Isolation zur Energieeinsparung abgesenkt werden (s. Abb. 14.14). Andere Arten, die z. B. keine Probleme mit der Nahrungsbeschaffung haben, können die erhöhten Wärmeverluste der kalten Jahreszeit durch eine Erhöhung des Energieumsatzes ausgleichen. Es gibt über diese Problematik allerdings noch relativ wenig Untersuchungen. Wie verschiedene Mechanismen in der Regelung des Energiehaushaltes eingesetzt werden, zeigt Kap. 14.5.

14.4.2 Mauser, Wachstum, Reproduktion

Alle drei **endogenen Faktoren** haben einen wesentlichen Einfluß auf den Energiebedarf und belasten den Organismus daher unter Umständen relativ stark.

Die **Mauser** (s. Kap. 6) ist bei den Vögeln kein einheitlicher Vorgang. Dauer, Intensität und damit Belastung schwanken bei den einzelnen Arten sehr stark. So ist es sehr schwierig, allgemein gültige Daten zu den energetischen Mauserkosten anzugeben. Zweifellos benötigt die reine **Synthese von Federmaterial** bei allen Arten pro Produktionsmasse einen einheitlichen Betrag.

Federkeratine bestehen zu 6,8 bis 8,2 % aus der Aminosäure Zystein, die mit der Nahrung verstärkt aufgenommen und zu Keratin synthetisiert werden muß (Keratin hat einen physikalischen Energieinhalt bzw. Brennwert von rund 23 KJ/g). Daneben werden zusätzliche Kosten

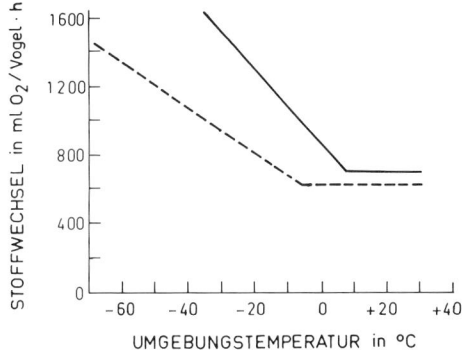

Abb. 14.14. Umsatz im Winter (– – –) und Sommer (——) beim Moorschneehuhn (nach W_{EST} 1971).

Arktische und tropische Vogelarten unterscheiden sich in der Höhe des Stoffwechsels. Es gibt dabei phylogenetisch adaptive Unterschiede (genetisch fixiert) und modifikativ auftretende Akklimatisationen. Arktische Arten haben meist einen höheren Stoffwechsel als Arten gemäßigter Zonen. Das Moorschneehuhn hat einen um rund 44 % höheren Energieumsatz als z. B. ein Fasan. Anders sind die Verhältnisse bei natürlicher Akklimatisation. Ein besser isolierendes Federkleid, Fettanlagerungen und eine veränderte periphere Durchblutung bewirken eine bessere Isolation mit geringeren Wärmeverlusten. Der Umsatz kann daher im nahrungsärmeren Winter sogar absinken und steigt unter Kältebelastung wegen der geringeren Wärmedurchgangszahl nicht so stark an. Dies ist eine sinnvolle Anpassung, da damit in der nahrungsarmen Zeit Energie gespart wird.

für die Temperaturregulation, verminderte Beweglichkeit, verstärkte Durchblutung usw. benötigt.

Je nach Art sind für die **relativen Energiekosten der Mauser** dementsprechend recht unterschiedliche Beträge festgestellt worden. Die Angaben schwanken zwischen 5 bis 60 % des Normalumsatzes vor bzw. nach der Mauser. Haushühner sollen ihrem Energieumsatz um 30 % erhöhen, Möwen um etwa 38 %, beim Ortolan hat man 26 % festgestellt, bei der Goldammer 14 % und beim Haussperling (1,6 g Federn) nur 7 %. Bei allen diesen Werten wurde nur die relative Steigerung beachtet, die Dauer der Mauser ist also nicht berücksichtigt.

Der **totale Energieverbrauch** (Mauserdauer berücksichtigt) der **Vollmauser** wurde beim Buchfink mit rund 1000 KJ errechnet; für die postjuvenile Teilmauser liegt der Betrag bei etwa 620 KJ. Bei der Lachmöwe (Mauserperiode 85 Tage, Federmasse etwa 17 g) liegt der Betrag für die Vollmauser bei etwa 3900 KJ.

Die **Masse der Federn** M_F (in g) eines Vogels ist natürlich von dessen Körpermasse W (in g) abhängig und läßt sich im übrigen grob nach der Formel

$$M_F = 0,09 \times W^{0,95}$$

berechnen. Aus diesem Wert (Federmasse ist rund ein Zehntel der Körpermasse) und dem Energieinhalt der Federn (s. o.) lassen sich demnach Grobabschätzungen des Gesamtenergieverbrauches der Vollmauser durchführen.

Wachstum ist im wesentlichen zusätzlicher Aufbau von Körpersubstanz (Eiweiß, Fett, Kohlenhydrate, anorganische Stützsubstanzen u. a.). Wieviel Energie für die jeweiligen Stoffe verbraucht wird, hängt im wesentlichen von der Art der produzierten Stoffe ab, so daß hier nur ein modellhaftes Beispiel gegeben werden kann:

Der durchschnittliche **Energieinhalt der produzierten Biomasse** liegt bei rund 23 100 J pro Gramm Trockengewicht. Bei Vorliegen der dafür benötigten Bausteine (z. B. Aminosäuren, Fettsäuren, Monosaccharide) benötigt man zum Zusammenbau der Bausteine Energieäquivalente ATP im »Wert« von 860 J. Bei der Synthese gehen dabei rund 620 J in Form von Wärme verloren, der Rest von 240 J steckt als Bindungsenergie in der produzierten Biomasse; 22 860 J stammen somit aus den monomeren Bausteinen (die mit der Nahrung aufgenommen, verdaut, umgebaut und transportiert werden müssen). Um 860 J verfügbare Bindungsenergie in ATP zu produzieren, braucht der Organismus wiederum rund 1 323 J, wovon 463 J in Form von Wärme verlorengehen. Für die Produktion von 23 100 J sind demnach theoretisch nur 1 083 J notwendig, was einem Wirkungsgrad von deutlich über 90 % entspräche.

Betrachtet man die Verhältnisse realistischer und bezieht die gesamten Stoffwechselvorgänge mit in die Betrachtung ein, sind Wirkungsraten von nur rund 50 % zu erwarten. Dieser Wert trifft z. B. ziemlich genau für den wachsenden Vogelembryo zu, bei dem aufgrund des »geschlossenen« Systems solche Werte relativ genau und einfach zu ermitteln sind. Der Embryo verbraucht für die Produktion von 1 KJ Körpersubstanz ziemlich genau 2 KJ Energie.

Je nach Verhältnissen (Art der Nahrung, Art der produzierten Biomasse usw.) kann der **Wirkungsgrad** zwischen rund 25 bis 65 % schwanken. Als Berechnungsbasis wird für die Produktion in der Regel oft ein Wert von rund 75 %

der verfügbaren Nettoenergie (s. o.) benützt, was im Mittel auf einen Wirkungsgrad von ebenfalls rund 50 % hinausläuft, da aus der Nahrung ebenfalls im Mittel nur rund 70 % der verfügbaren Energie in Nettoenergie umgewandelt werden kann (s. weiter oben).

Der Energiebedarf für den **Reproduktionszyklus** und die Inkubation (das Bebrüten) ist ebenfalls nur sehr schwierig generell anzugeben. Je nach Vogelart sind z. T. sehr unterschiedliche Werte zu erwarten. Der Reproduktionszyklus ist in mehrere Phasen einteilbar, die sehr unterschiedliche Energieansprüche stellen. So müssen für das Wachstum der Keimdrüsen, die Bildung der Fortpflanzungszellen (Eier, Spermien) und die Bebrütung des Geleges und die Aufzucht der Jungen jeweils sehr unterschiedliche Energiemengen aufgewendet werden, deren Bestimmung experimentell sehr schwierig ist. Noch schwieriger ist es, ethologische Parameter (Territorialverhalten, Balz, Nestbau usw.) energetisch »in den Griff zu bekommen«. Die angegebenen Werte können also nur annähernden, informativen Charakter haben.

Die energetischen Kosten für die **Entwicklung der Keimdrüsen** sind für Männchen und Weibchen sehr unterschiedlich. Beim männlichen Vogel läßt sich der Wert über die endgültige Hodengröße und die Wachstumsrate des Testes einigermaßen abschätzen. Je nach Art und Körpermasse schwanken die Angaben zwischen rund 0,4 und 2 % des Grundumsatzes für die Periode der Hodenentwicklung. Im Mittel kann 1 % angenommen werden. Der Wert ist also praktisch vernachlässigbar klein. Die Entwicklung des Oviduktes und der Ovarien im weiblichen Körper benötigt dagegen erheblich mehr Energie. Die vergleichbaren Werte liegen in einem Bereich von 2 bis 13 % des Grundumsatzes bei einem mittleren Betrag von rund 5 % für die Entwicklungsphase.

Auch die **Produktion der Keimzellen** erfordert für beide Geschlechter sehr unterschiedlichen energetischen Aufwand. Die **Spermabildung** kostet sicher sehr wenig Energie. Bei Haushühnern hat man Werte von deutlich unter 1 % des Grundumsatzes festgestellt. Dieser Wert dürfte auch für andere Vogelarten Gültigkeit haben. Die Bildung des sehr großen Vogeleies ist dagegen sicher eine aufwendige Angelegenheit. Hier sind zudem wiederum interspezifisch sehr unterschiedliche Grundbedingungen zu beachten, die eine generelle Angabe der

Energiekosten stets außerordentlich erschweren bzw. unmöglich machen: Gelegegröße, Anzahl der Gelege, Eigröße, Follikelreifung und Legeabstand sind nur einige der wichtigsten Parameter.

Eier sind zudem sehr unterschiedlich zusammengesetzt (s. Kap. 18). Nestflüchter haben z. B. doppelt soviel Eidotter (30 bis 40 % der Eimasse) wie vergleichbare Eier von Nesthockern (15 bis 25 %) , so daß auch der Energieinhalt der Eier sehr unterschiedlich ausfällt. Bei einem Dottergehalt von rund 25 % beträgt dieser rund 6 bis 8 KJ pro Gramm Frischmasse. Aus der Frischmasse eines Eies M_E (in g), der Gelegegröße G, dem Energieinhalt E (in KJ/g Frischgewicht) und der Effektivität der Eiproduktion (hier rund 73 %, s. aber oben) läßt sich die für ein Gelege benötigte Zusatzenergie E_{Gelege} (in KJ/Gelege) nach folgender Formel abschätzen

$$E_{Gelege} = M_E \times G \times E \times \frac{100}{73}$$

Für das **Bebrüten** muß das Gelege auf die Bebrütungstemperatur gebracht werden. Wärmeverluste der Eier müssen durch Körperwärme ersetzt werden. Dafür hat der Vogel zweifellos einen bestimmten Energiebetrag aufzuwenden. Dieser Energieaufwand wird aber mit zunehmender Bebrütungszeit stetig geringer werden, da der Eigenstoffwechsel des sich entwickelnden Embryos immer mehr Energie zum energetischen Bebrütungsaufwand beiträgt. Über die Größe dieses Aufwandes gehen die Meinungen wiederum weit auseinander, da auch die Bebrütungsaufwendungen für die einzelnen Vögel sehr unterschiedlich sind.

So wird ein im hohen Norden brütender Ohrentaucher, dessen Eier in einem feuchten, Wärme sehr gut leitenden Nest bei niedrigen Umgebungstemperaturen liegen, sicher einen relativ hohen Energieaufwand haben. Ein in den Tropen brütender Kleinvogel mit einem gut isolierten, trockenen Nest dürfte dagegen am Ende der Bebrütung so gut wie keine zusätzlichen Energiekosten für die Konstanthaltung der Bebrütungstemperatur aufbringen müssen. Dies gilt sicher auch für sehr viele europäische Vogelarten in den trockenen, warmen Sommermonaten. Insgesamt dürfte der zusätzliche Energieaufwand für die Bebrütung relativ gering sein und sicher weniger als 10 % des Grundumsatzes betragen, läßt man die Phasen der Aufheizung eines kalten Geleges außer Betracht.

Die eigene **Stoffwechselleistung des Embryos** (s. Abb. 14.16) dürfte bei sehr vielen Arten bereits ab Mitte der Bebrütungszeit ausreichen, bei vorhandener Isolation (Altvogel, Nest) und normaler Eigenwärme (ohne zusätzlichen Energieaufwand) durch den brütenden Altvo-

gel die notwendige »Bebrütungsenergie« selbst zu liefern. Den Bebrütungsvorgang als große energetische Belastung zu sehen, ist für die meisten Vogelarten deshalb sicher nicht gerechtfertigt.

Für die **Jungenaufzucht** müssen die Eltern neben dem Hudern vor allem vermehrt Futter heranschaffen, so daß vor allem der zusätzliche Aufwand für die Futtersuche gerechnet werden muß. Diese Mehrkosten energetisch zu veranschlagen, ist wiederum relativ schwierig und mit vielen Unwägbarkeiten behaftet. Futtersuche ist allerdings in den meisten Fällen mit erhöhter körperlicher Aktivität verbunden, und diese schlägt im Energiehaushalt in der Regel kräftig zu Buche (s. u.). Aus diesem Grunde dürfte der Umsatz während der Jungenaufzucht von allen Perioden der Fortpflanzung am stärksten erhöht werden müssen.

Im Beispiel von Tab. 14.7 und Abb. 14.15 werden die Energiekosten für den **Aufbau von Körpergewebe** daher so gerechnet, als stamme die produzierte Biomasse direkt von den Eltern. Da mit der Nahrung kein reines (Bau-)Protein an die Jungen verfüttert wird, sondern Nahrungsstoffe mit einer weitaus geringeren Baueffizienz als die angegebenen 75 %, dürfte die benützte Grundlage für die dargestellten Arten etwa zutreffend sein. Auf dieser Berechnungsbasis benötigt die Ontogenese etwa doppelt soviel Energie wie die Periode des Gonadenwachstums, der Eiablage und der Bebrütung zusammen.

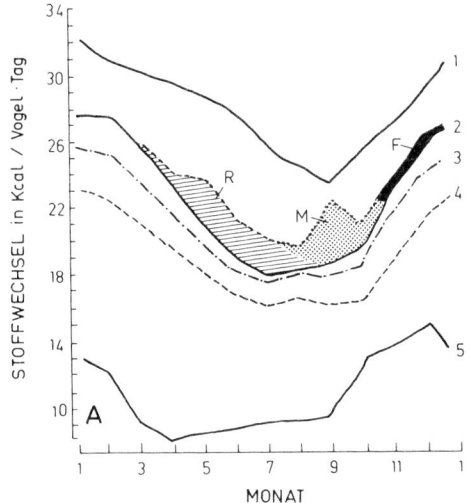

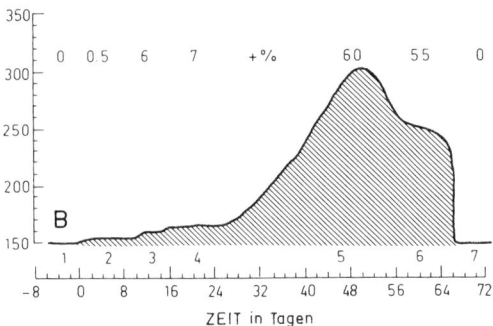

Abb. 14.15. A. Jahresgang verschiedener Energie-umsatz-Standardwerte beim Haussperling (nach KENDEIGH 1973).
1 = Maximalumsatz; 2 = freier Existenzumsatz; 3 = Existenzumsatz; 4 = Standardumsatz; 5 = Basalumsatz; R = Reproduktionsphase; M = Mauser; F = Fettanlagerung.
B. Veränderungen im Energieumsatz während der Reproduktionsphase bei der Mehlschwalbe (R. PRINZINGER, orig.). Dargestellt ist die maximale, mittlere prozentuale (in %, über der Kurve) und absolute (in kJ) Steigerung des Existenz-Stoffwechsels (150 kJ/Vogel × Tag) in den einzelnen Fortpflanzungsphasen (Zahlen unter der Kurve): 1 = präreproduktive Phase; 2 = Gonadenentwicklung; 3 = Eiproduktion; 4 = Bebrütung; 5 = Jungenaufzucht; 6 = Führungszeit; 7 = postreproduktive Phase (s. auch Tab. 14.7).

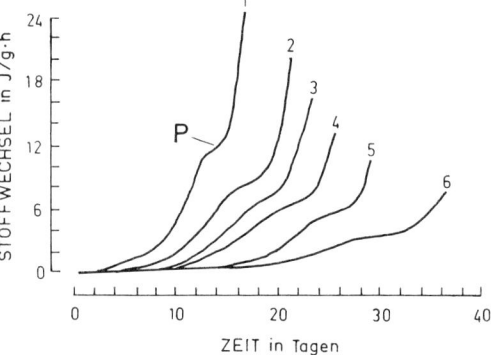

Abb. 14.16. Embryogenese des Energieumsatzes bei verschieden großen Vogelarten (nach PRINZINGER, HUND & MAISCH 1979).
1 = Japanwachtel; 2 = Lachmöwe; 3 = Haushuhn; 4 = Hausente; 5 = Hausgans; 6 = Höckerschwan.
Nesthocker und Nestflüchter zeigen im zweiten Drittel ihrer Embryogenese ein Plateau (P). Hier wird die Atmung von der Chorio-Allantois auf die Lunge umgestellt.

Mit Tab. 14.7 läßt sich zudem zeigen, daß pro Altvogel (Mehlschwalbe) für die **Produktion von 1 Jungvogel** (25 g; 6 KJ/g Energieinhalt) rund 700 KJ zusätzlicher Energie aufgebracht werden muß. In der unmittelbaren Phase der Reproduktion sind dies im Mittel nur knapp 6 bis 8 % Energiesteigerung bezogen auf den Normalumsatz des Altvogels pro Jungvogel; bezogen auf alle 4 Jungvögel rund 25 bis 30 % Steigerung.

14.4.3 Embryogenese und Ontogenese des Energieumsatzes

Die **Embryogenese des Stoffwechsels** zeigt bei allen Vogelarten (altricialen, praecocialen und semipraecocialen/semialtricialen) entgegen früheren Vorstellungen ± den identischen Verlauf. Der Energieumsatz steigt langsam exponentiell an (Abb. 14.16). Nach etwa ⅔ der Bebrütungszeit errecht der Anstieg eine **Plateauphase;** die tägliche Zunahme des Umsatzes stagniert und wird je nach Art für einige Stunden (kleine Arten = kleine Eier) bis einige Tage (große Arten) auf einem konstanten Niveau gehalten. In dieser Periode wird die Atmung (Sauerstoffaufnahme und Kohlendioxidabgabe) von der Chorioallantois auf die Lungen umgestellt. Die Umstellungsphase erlaubt offensichtlich keine weitere Steigerung des Stoffwechsels. Danach steigt der Energieumsatz dann aber wieder bis zum Schlüpfen steil an.

Der **Energieumsatz** Mp (in J/h) in dieser **Plateauphase** (aber auch in der Schlüpfphase) ist wie der Umsatz der Adultvögel exponentiell von der Eimasse (W_e, in g) abhängig (Abb. 14.17) und gehorcht ± dem identischen Exponenten. Auch beim Embryo gelten also die gleichen physiologischen Gesetzmäßigkeiten wie beim erwachsenen Vogel. Die Korrelationsgleichung lautet:

$$M_p = (19,2 \pm 2,4) \times W_e^{\,0,76 \pm 0,03}$$

Erstaunlich ist, daß die Bebrütungszeit der Vögel interspezifisch zwar in einem weiten Bereich schwanken kann (10 bis 90 Tage), aber der **Gesamtumsatz** aller Arten von **Bebrütungsbeginn** bis zum **Schlüpfen** mehr oder weniger gleich ist. Er beträgt rund 2000 ± 800 J/g (Abb. 14.18). Energetisch gesehen schlüpfen also alle Vogelarten nach der gleichen »physiologischen Bebrütungszeit«. Je nach Bebrütungsbedingungen können davon allerdings Abweichungen auftreten. Hühner brüten mit normaler Be-

brütungszeit (etwa 21 Tage) und normaler Bebrütungstemperatur (etwa 37 bis 38 °C). Ihr etwa 60 g schweres Ei verbraucht etwa 5,5 Liter Sauerstoff bis zum Schlüpfen. Das etwa gleich schwere Ei vom Keilschwanz-Sturmtaucher wird bei niedrigeren Temperaturen bebrütet (knapp über 30 °C), braucht deshalb über 50 Tage zur Entwicklung und verbraucht in dieser Zeit 8 Liter Sauerstoff.

Tab. 14.6. Beispiele für Thermoneutralzonen bzw. Thermoneutralpunkte bei einigen Vogelarten bzw. -gruppen. Weitere Beispiele s. Abb. 14.11. Wie stark die Ergebnisse je nach Untersuchung schwanken können, zeigt das Beispiel vom Grauastrild und Dachsammer. Entsprechend kritisch sollten die Daten verwendet werden. Sie sind nur als grober Anhaltspunkt gedacht (Daten nach zahlreichen verschiedenen Autoren).

Art/Gruppe	Thermoneutralzone (bzw. -punkt) (in °C)
Silbermöwe	12–25
Kaiserpinguin	–10–20
Zwergpinguin	10–30
Humboldtpinguin	6–25
Mausvögel	≈ 33
Eulenvögel	25–37
Taube	25–30
Haushuhn	10–25
Japanwachtel	27–34
Tafelente	10–20
Birkhuhn	8–30
Sägekauz	30–34
Schleiereule	22–32
Winternachtschwalbe	34–44
Blaukehlnymphe	31–33
Dohle	14–26
Nektarvögel	25–30
Mehlschwalbe	30–33
Dachsammer	23–34
Dachsammer	25–37
Goldköpfchen	20–35
Braunkopf-Kuhstärling	32–37
Borneobronzemännchen	30–39
Grauastrild	29–36
Grauastrild (andere Untersuchungen)	32–40
Hausgimpel	22–33
Zebrafink	32–40
Goldammer	25–33
Ortolan	32–38
Zaunkönig	31–33
Inkatäubchen	≈ 35
Pirol	≈ 34
Falkennachtschwalbe	≈ 35

Tab. 14.7. Energiekosten der Fortpflanzung am Beispiel der Mehlschwalbe (R. PRINZINGER unpubl.). Es handelt sich hier um ein schematisches Rechenbeispiel. Der überwiegende Teil der dargestellten Parameter ist einer einfachen experimentellen Bestimmung nicht zugänglich und mußte daher abgeschätzt werden bzw. ist aus anderen Daten abgeleitet. Entsprechend vorsichtig sind diese Werte zu benützen und vor allem auf andere Arten zu übertragen. Bei den Tagesdaten ist zudem zu berücksichtigen, daß sie beim Aufbau des Jungengewebes und beim Stoffwechsel der Jungvögel selbstverständlich jeden Tag andere Werte annehmen.

Prämissen (Durchschnittswerte, z. T. gerundet und geschätzt)

* Masse eines Adultvogels: 18 g
* Energieumsatz eines Adultvogels: 125–170 KJ/Tag
* Entwicklungszeit Gonaden beim Weibchen/Masseanteil: 10 Tage/5–10 %
* Eizahl und Gelege-Masse: 5/5 × 1,7 g = 8,5 g
* Legezeit: 5 Tage
* Bebrütungszeit: 15 Tage
* Nestlingszeit/Führungszeit: 25/10 Tage
* Max-Masse der Jungvögel: 4 × 25 = 100 g (1 Junges soll nicht schlüpfen), Energieinhalt rund 6–7 KJ/g
* Nestbau (fertiges Nest wird übernommen) und Balz werden nicht mitgerechnet.

Energieaufwand (Durchschnittswerte, z. T. gerundet und geschätzt)

	KJ gesamt	KJ/Tag
* Gonadenentwicklung, Ovar-Masse 1 g, Energieinhalt 8 KJ/g, Dauer 10 Tage	8	0,8
* Eiproduktion, 5 Tage; 8,5 g Gelegemasse, Energieinhalt etwa 6 KJ/g, 75 % Effizienz	70	14
* Bebrütung, 15 Tage	150	10
* Aufbau Jungengewebe, 25 Tage, 100 g Protein (feucht), Energieinhalt etwa 6 KJ/g, Effizienz etwa 75 %	800	32
* Stoffwechsel Jungvögel		
25 Tage Wachstum	2500	100
10 Tage Führungszeit	2000	200
Gesamtsumme (65 Tage)	5528	85

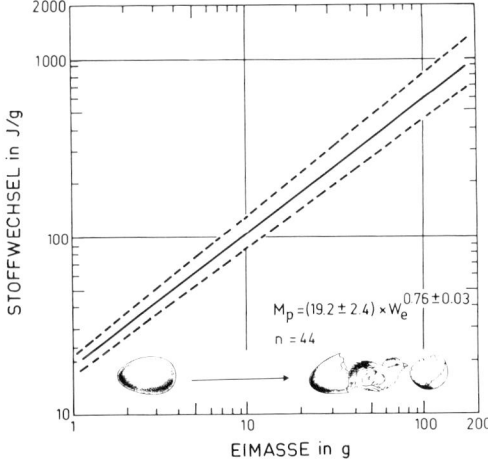

Abb. 14.17. Abhängigkeit des embryonalen Plateaustoffwechsels (M_p) von der Eimasse W_e. Grenzwertebereich der Korrelationsgleichung gestrichelt (nach PRINZINGER 1989); vgl. dazu Text und die Abb. 14.16 und 14.18.

$$M_p = (19.2 \pm 2.4) \times W_e^{0.76 \pm 0.03}$$

$$n = 44$$

Es gibt nur sehr wenige Untersuchungen, die den **Energieumsatz** bei Vögeln während der **Ontogenese** kontinuierlich bestimmt haben. Dennoch zeigen die verfügbaren Werte deutlich, daß der mittlere massenspezifische Umsatz bei allen Jungvögeln sehr ähnlich ist. Basierend auf einem Tagesumsatz (M_d in KJ/d) kann die folgende Regressionsgleichung aufgestellt werden (W ist die Masse des Jungvogels am Tag d in g; vgl. Abb. 14.19):

$$M_d = \approx 5{,}6 \times W^{0{,}81}$$

Diese Beziehung gilt für **altriciale** und **praecociale Arten** gleichermaßen. Der Exponent 0,81 ist etwas größer als der vergleichbare Wert von 0,72 in äquivalenten Gleichungen für Altvögel (s. o.). Ein Grund ist wahrscheinlich, daß wachsende Jungvögel noch Federn entwickeln, deren vaskularisierte und damit noch stoffwechselaktive Schäfte eine steilere Stoffwechsel-Massen-Beziehung bewirken. Die Differenz ist allerdings gering.

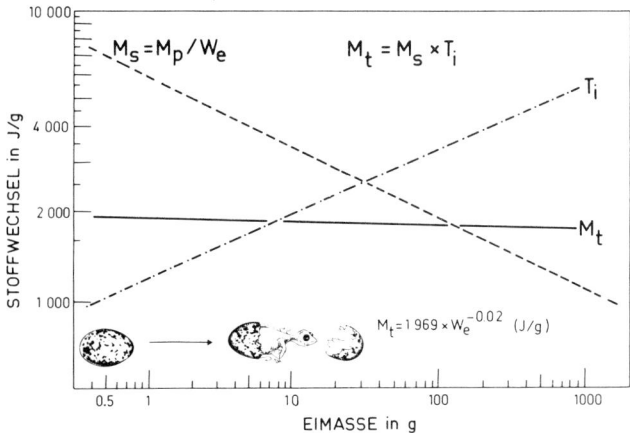

Abb. 14.18. Gesamtstoffwechsel M_t während der Embryogenese in Abhängigkeit von der Eimasse W_e (nach Prinzinger 1989). Schematisch dargestellt ist die Bebrütungszeit T_i (vgl. 18.). Aus dem Produkt des gewichtsspezifischen Umsatzes M_s (M_p/W_e) mit T_i läßt sich der Gesamtumsatz M_t (in J/g) der Embryogenese errechnen.

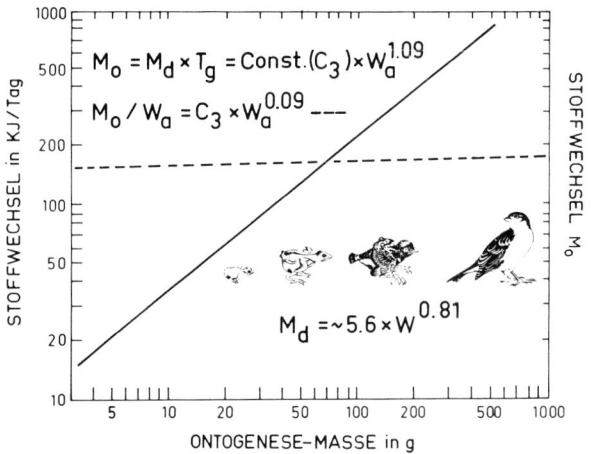

Abb. 14.19. Täglicher Energieumsatz M_d in Abhängigkeit zur jeweiligen ontogenetischen Masse W (nach Prinzinger 1989). Der Gesamtumsatz M_o während der Ontogenese errechnet sich aus dem durchschnittlichen Tagesumsatz multipliziert mit der Ontogenesedauer T_g. Die exakte Lage ist nicht genau bestimmbar. Aus diesem Grunde fehlen bei der M_o-Achse Zahlenwerte. Der mehr oder weniger parallele Verlauf der dazugehörigen gestrichelten Geraden zur x-Achse zeigt aber sehr deutlich, daß M_o für alle Arten relativ konstant, d. h. unabhängig von der Ontogenesedauer ist (vgl. auch Text).

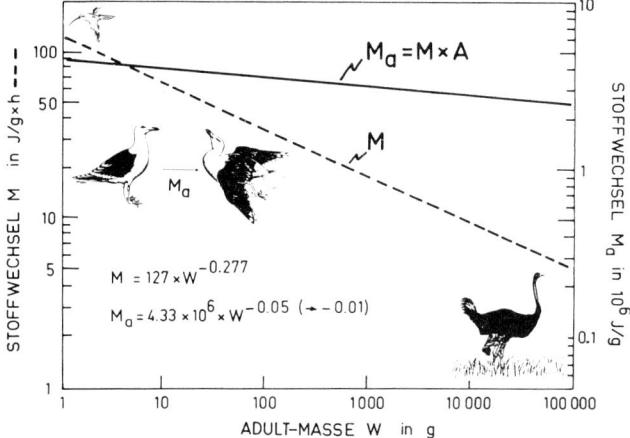

Abb. 14.20. Abhängigkeit des gesamten Umsatzes M_a während der Adultphase von der Körpermasse W (nach Prinzinger 1989). M_a errechnet sich aus dem mittleren Umsatz M multipliziert mit der Lebensdauer A (s. Kap. 18). Das Produkt ist mehr oder weniger eine Parallele zur x-Achse (Masse). Das bedeutet, daß alle Vögel im Verlaufe ihres Lebens mehr oder weniger die identische Menge Energie pro Körpermasse umsetzen unabhängig von ihrer Lebensdauer.

Wie für die Embryogenese läßt sich auch für die **Ontogenese,** die je nach Art von 20 bis beinahe 300 Tage dauern kann, ein konstanter **Gesamtenergieumsatz** feststellen. Er liegt bei etwa 20 bis 40 KJ/g, kann aber natürlich je nach Art erheblich schwanken. In der Ontogenese werden im Mittel ungefähr 60 % des Umsatzes für Atmung, 20 % für Aktivität und 20 % für Gewebeproduktion verbraucht.

Die Abhängigkeit des Stoffwechsels von der **Körpermasse bei Altvögeln** ist bereits oben dargestellt worden. Altersabhängige Untersuchungen fehlen für Vögel. Bei Säugern nimmt der Umsatz mit zunehmendem Alter ab, was vermutlich auch für Vögel zutrifft. Wie bei Embryo- und Ontogenese ist allerdings auch die gesamte **Adultphase** sehr klar durch einen konstanten massenspezifischen **Gesamtumsatz** gekennzeichnet. Das Produkt aus mittlerer Stoffwechselrate und mittlerer Lebensdauer, also der gesamte Stoffwechsel pro Masse und individuellem Leben, ist bei allen Vogelarten relativ identisch, nämlich 2400 bis 4300 KJ/g (Abb. 14.20).

14.4.4 Aktivität

Ein wichtiger energieverbrauchender Vorgang beim Organismus ist das **Leisten von äußerer Arbeit.** Im wesentlichen ist dies das Bereitstellen von ATP für Bewegungsvorgänge.

Den höchsten Energiebedarf hat der **Schwirrflug** von Kolibris mit den höchsten bekannten Umsatzratenvorkommen. Sie reichen bis an die 2000 J/g × h (bezogen auf den Gesamtorganismus; für die Flugmuskulatur gelten noch höhere Werte). Den relativ geringsten Energieaufwand für Bewegungen erfordert das **Schwimmen.**

Allgemein gültige Werte für die einzelnen **Bewegungsformen** anzugeben ist sehr schwierig, da sie sowohl von der Art der Bewegung (z. B. Segelflug, Ruderflug, Rüttelflug, Schwirrflug, vgl. Kap. 3), der **Körpermasse,** als auch von der **Geschwindigkeit** abhängig sind. Kleinere Vögel benötigen z. B. bei sonst gleichen Bedingungen pro Gramm und zurückgelegte Strecke mehr Energie als große. So kostet »normaler« Ruderflug bei einem 5 g schweren Kolibri in etwa 18 J/g × km, beim Wellensittich rund 12 J/g × km und bei einer mittelgroßen Möwe rund 6 J/g × km. Eine Taube (etwa 425 g), die Segelstrecken einlegt, verbraucht nur rund 4 J/g × km bei einer Durchschnittsgeschwindigkeit von 70 km/h. In der Regel kann die **Leistungsanforderung** beim Ruderflug etwa das 8- bis 20fache des Ruheumsatzes betragen. Segler und Schwalben fliegen aber z. B. »sehr sparsam«: Ihre Werte liegen beim nur 4- bis 5fachen des Grundumsatzes.

So wird deutlich, wie stark die Werte nicht nur mit der Körpermasse, sondern auch interspezifisch stark schwanken können. Im Gleitflug liegt der Bereich zwischen dem 2- bis 6fachen des Ruheumsatzes. In der freien Natur können Vögel allerdings zahlreiche Faktoren (Luftbewegungen, Thermik usw.) zur **Energieeinsparnis** einsetzen, so daß die Energieanforderungen wahrscheinlich insgesamt nicht so hoch sind.

Für verschiedene Arten hat man die **Zugkosten** des Fluges angegeben: Buchfink (20 bis 22 g) 14,6 bis 17,6 J/g × km, Bergfink (23 g) 14,2 J/g × km, Gimpel (29 g) 13,8 J/g × km, Purpurschwalbe (50,5 g) 10,5 J/g × km, Aztekenmöwe (310 g) 6,3 J/g × km.

Die **Laufkosten** erhöhen den Umsatz je nach Größe der Vögel um 20 % (Truthahn, 4,3 kg) bis über 300 % (Kleinvogel unter 20 g). Mit zunehmender Geschwindigkeit reduzieren sich die Gesamtkosten. Beipiele für Absolutkosten sind in Tab. 14.8 aufgeführt.

Wesentlich geringer sind die Verbrauchswerte für das **Schwimmen.** Bei der Stockente (etwa 1100 g) liegen die Umsatzraten für Geschwin-

Tab. 14.8. Laufkosten verschiedener Vogelarten bei verschiedenen Geschwindigkeiten (Werte meist leicht gerundet).

Art (mittlere Masse in g)	Geschwindig-keit (km/h)	Energiekosten (J/g × km)
Kaiserpinguin (23 400)	0,9	18
	2,5	13
Nandu (22 000)	1,8	11
	12	7,5
Truthahn (4300)	2,5	12
	10	9,5
Hausgans (3800)	1,5	20
	3,8	16
Haushuhn (1200)	1,5	27
	6,5	14
Chukarhuhn (490)	1	40
	4	21
Baumwachtel (194)	1	44
	2,5	30
Zwergwachtel (42)	0,5	120
	2	50

digkeiten von 1,26 bis 1,8 km/h bei dem 2,2fachen des Basalumsatzes. Bei 2,5 km/h steigen sie auf das 4,1fache. Die Minimalkosten der Fortbewegung betragen bei 1,8 km/h rund 24 J/g × km.

Tauchen ist energieintensiv. Die Reiherente (500 bis 700 g) verbraucht dabei etwa das 3,5fache des Ruheumsatzes, der ans Tauchen optimal angepasste Humboldtpinguin dagegen nur das 1,26fache.

Allgemein kann die maximale **Dauerleistung für Aktivität** bei Vögeln das 14- bis 15fache des Basalumsatzes nicht übersteigen. Der gleiche Wertebereich gilt im übrigen auch für Säuger.

14.4.5 Energieausnutzung der Nahrung

Vögel können nicht alle Energie, die potentiell verwertbar in der Nahrung steckt, auch ausnützen. Der Anteil der nutzbaren Energie variiert sehr stark mit der aufgenommenen Nahrung und ist von der systematischen Stellung der Vögel unabhängig. Über die Wahl der Nahrung kann so der Vogel je nach Bedingungen eine zusätzliche Regelung des Energiehaushaltes bewirken.

Unter **Hungerbedingungen** ist die **Ausnutzrate** z. B. wesentlich gesteigert. Satte Vögel können dagegen große Mengen Nahrungsstoffe (vor allem Fette und Öle) u. U. sogar mehr oder weniger unverdaut wieder ausscheiden und nur augenblicklich wertvolle bzw. notwendige Substanzen aufnehmen. Meistens liegt die Ausnutzungsrate (**Effizienz**) bei rund 75 %. Minimale Werte liegen bei 17 % für manche Grassorten (Gänse); maximale Effizienzen sind bis 92 % für gereinigte Körner bei Körnerfressern. Selbst für Koniferennadeln sind dank Gärung (s. Kap. 12) Effizienzen von über 40 % bekannt

Tab. 14.9. Mittlere Nahrungseffizienzen für verschiedene Futterstoffe bei Vögeln (nach CASTRO, STOYAN & MYERS 1989).

Futterart	Ausnutzrate (Effizienz ± Standardabweichung)
Kunstfutter	74,4 ± 1,12 %
Pflanzen	36,9 ± 2,81 %
Samen	77,7 ± 1,71 %
Fische	77,2 ± 1,12 %
Invertebraten	73,9 ± 2,28 %
Fleisch	78,4 ± 1,79 %
Früchte	41,0 ± 3,99 %

(mittlere Effizienzen für verschiedene Nahrungs- bzw. Futterstoffe vgl. Tab. 14.9).

14.4.6 Energiespeicher

Wichtig für den Energiehaushalt ist, daß in einem gewissen Umfang Energie gespeichert werden kann.

Echte **Speicherstoffe** sind Zucker (Kohlenhydrate) und weißes, unilokuläres Fett (Lipide und Triglyzeride im weitesten Sinne). Eiweiße sind nur **Notfall-Speicherstoffe.** Zucker (Glukose) und tierische Stärke (Glykogen) sind typische **Kurzzeitspeicher.**

Glukose findet sich in geringen Mengen im Blut und ist nur für maximal einige Stunden als Reservestoff verfügbar. **Glykogen** findet man in der Leber und der Muskulatur. Je nach Vogelart kann dieses Kohlenhydrat von unter einer Stunde bis zu mehreren Tagen als Energielieferant dienen.

Typische **Langzeitspeicher** sind **Fette.** Sie finden sich in größeren Mengen vor allem in der Unterhaut, der Leber und praktisch allen wichtigen Organen (Ausnahme z. B. die Lunge). Vor allem für den Zug müssen Vögel z. T. erhebliche Energiemengen vorher als Fett anlagern. Fett hat dafür den Vorteil, daß es der energiedichteste (im Mittel rund 38 KJ/g; etwa gleicher Energieinhalt wie 1 g Benzin) Nahrungsstoff ist, bei der Verbrennung viel Oxidationswasser liefert (rund 1 ml pro g Fett) und zudem ohne nierenbelastende Rückstände verbrennt. Die Fettanlagerung erfolgt durch Hyperphagie und eine verbesserte (bis über 20 %) Effizienz (s. o.) in der Nahrungsausnutzung. In Tab. 14.10 sind einige Beispiele für Fettdepots angegeben. Diese Fettdepots erlauben große **Zugleistungen** bei Vögeln.

Der Amerikanische Goldregenpfeifer zieht nonstop von Alaska nach Hawaii (etwa 3800 km). Bei einer Masse von 200 g hat er 70 g Fett. Er fliegt rund 88 Stunden mit einer durchschnittlichen Geschwindigkeit von knapp über 40 km/h. Pro Stunde verliert er 0,6 % seiner Körpermasse. Einige Rubinkehlkolibris überqueren im Herbstzug den Golf von Mexiko. Dabei fliegen sie 800 km über freies Wasser. Bei einer Körpermasse von ungefähr 4 g kann dieser Kleinvogel maximal 2 g Fett speichern. Er fliegt rund 18 Stunden und macht dabei rund 3,24 Millionen Flügelschläge (50/s). Die theoretische Reichweite des Fettes ist 900 bis 1000 km (s. auch Tab. 14.10).

Tab. 14.10. Fettgehalt (Bereiche) bei verschiedenen Vogelarten zu Beginn des Zuges. Angegeben ist der Lipidindex in g Lipid pro g Trockenmasse des Körpers für Kurz- und Langstreckenzieher (nach Blem 1980). Die Daten für den Frühjahrs- und Herbstzug sind zusammengefaßt. Während des Herbstzuges sind in der Regel wesentlich höhere Werte als während des Frühjahrszuges festzustellen.

Vogelart (mittlere Masse in g)	Lipidindex	
	Nichtzieher	Zieher
Kurzstreckenzieher		
Kronwaldsänger (12,5)	0,18–0,68	0,55–0,84
Baumammer (18,0)	0,17–0,43	0,20–0,34
Grasammer (21,0)	0,33	0,77
Junko (21,0)	0,18–0,61	0,41–0,44
Weißkehlammer (28,0)	0,17–0,85	0,20–0,68
Langstreckenzieher		
Rubinkehlkolibri (3,0)	–	3,13–3,50
Schnäpperwaldsänger (10,0)	0,18–0,26	0,34–1,29
Uferwaldsänger (18,0)	0,13	0,86–1,51
Kappenwaldsänger (24,0)	–	3,42
Rotaugenvireo (25,0)	0,15–0,28	0,54–4,36
Bobolink (45,0)	–	0,87–2,73

Zur Zeit wird diskutiert, ob Vögel wie Säuger ein »braunes Fettgewebe« besitzen. Dieses multilokuläre, sehr mitochondrienreiche (daher »braune«) Fett dient zur **zitterfreien,** sehr effektiven **Thermogenese.** Neuere (1989) Untersuchungen haben gezeigt, daß Vögel kein »echtes« braunes Fettgewebe haben, daß es aber Typen von weißem Fett (z. B. zwischen den Schulterblättern) gibt, die in gewissem Umfang multilokulär sind und diese Eigenschaft mit braunem Fett teilen. Inwieweit damit auch physiologische Gemeinsamkeiten bestehen, muß noch geklärt werden.

14.5 Temperaturregulation

Zur endogenen **Regelung der Körpertemperatur** und damit auch des **Energieumsatzes** sind **Steuermechanismen** notwendig. Sie dienen entweder zur Verstärkung der Wärmeabgabe oder zur Konservierung von Wärme. Innerhalb der Thermoneutralzone reichen allein diese Regulationsmechanismen aus, um die Körpertemperatur konstant zu halten, ohne den Energieumsatz (wesentlich) zu verändern. Nur unter- bzw. oberhalb der kritischen Umgebungstemperaturen muß der Stoffwechsel zusätzlich zur Temperaturregulation eingesetzt werden (s. o.). Es gibt drei große Gruppen solcher Regulationsmechanismen: Verhaltensweisen, morphologische Anpassungen und physiologische Mechanismen. Alle drei Funktionskreise sind natürlich in irgendeiner Weise miteinander verbunden und bedingen sich gegenseitig.

14.5.1 Ethologische Mechanismen

Zahlreiche Verhaltensweisen stehen im Dienste der **Temperaturregulation.** Viele können sowohl der **Wärmekonservierung** als auch der **Wärmeabgabe** dienen.

Ein einfaches Mittel zur Temperaturregulation ist die **Wahl der Aktivitätszeit.** In der Wüste sind z. B. viele Vogelarten vor allem in den kühlen Morgen- und Abendstunden unterwegs.

Durch die **Wahl eines** geeigneten **Mikroklimas** können Vögel sowohl Wärme speichern als auch Wärme abgeben. Viele Wüstenvögel suchen so z. B. Schatten während der heißen Nachmittagsstunden auf, um vor der Sonneneinstrahlung geschützt zu sein. In heißen Habitaten lebende Formen brüten oft in Felsspalten oder in Bodenhöhlen, in denen wesentlich niedrigere Temperaturen als außerhalb herrschen. Höhlen schützen natürlich auch vor Kälte. Zum Schutz gegen Kälte graben sich viele Vögel (z. B. Haselhühner, Schneehühner, Birkhühner, Birkenzeisige) in Schnee ein (Abb. 14.21). Eine Wüstenlerche der Namib (Gattung *Certhilauda*) soll sich in den heißen Mittagsstunden sogar in den kühlen Sand eingraben.

Gemeinsames Nächtigen (Schlafgemeinschaften mit **Clusterbildung**) zeigen ebenfalls zahlreiche Arten zur Reduktion von Wärme-verlusten (z. B. Zaunkönige, Birkhühner, Krä-hen, Pinguine, Mausvögel, Gartenbaumläufer, Kleiber). Sie bilden eine größere thermoregula-torische Einheit, die gegenüber dem Einzelvo-gel bis über 80 % Energieverluste einsparen kann (Abb. 14.22 und 14.23).

Der Wärmeaufnahme dient u. a. das **Sonnen-baden,** das praktisch alle Vögel zeigen (s. Kap.

Abb. 14.22. Gartenbaumläufer finden sich im Win-ter oft zu zahlenstarken Schlafgemeinschaften zusam-men. In der Abbildung sind es 15 Individuen (nach Foto von H. LÖHRL). Die in gemäßigteren Klimaten (Westeuropa) vorkommende Geschwisterart, der Waldbaumläufer, zeigt dieses Verhalten nicht. Der Gartenbaumläufer kommt bis nach Sibirien vor (s. auch Text).

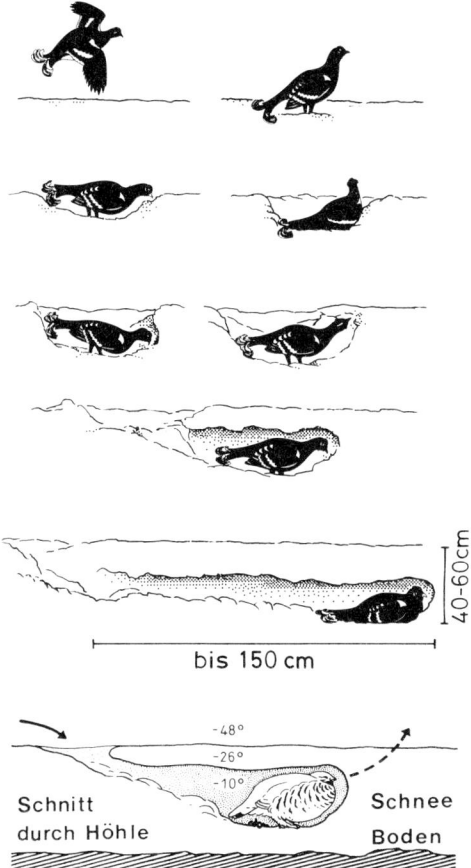

bis 150 cm

40–60 cm

−48°
−26°
−10°

Schnitt durch Höhle

Schnee
Boden

Abb. 14.21. A. Zum Schutz gegen starke Kälte gra-ben sich viele Vögel in Schnee ein (s. Text). Die Wärmeabgabe beträgt hier nur etwa 50 % der Ab-strahlung im Freien (»Iglu-Effekt«). Hinzu kommt der Schutz vor Winden. Oft benutzen zudem Grup-pen von bis zu 40–100 Individuen solche Höhlen gemeinsam, wodurch sie eine günstige thermoregula-torische Einheit bilden. Birkhuhn beim Höhlen-graben.
B. Temperatureffekt des Eingrabens am Beispiel des Haselhuhnes (beide Abb. nach BERGMANN 1987). Der Gradient Umgebungstemperatur – Höhlen-temperatur kann weit über 50 °C ausmachen.

15.5.2). Der Rennkuckuck kann morgens für Aufheizzwecke sogar knapp 41 % seines Ener-giebedarfs durch Sonnenbaden decken (vgl. Abb. 4.1). Dieser Energiebetrag entspricht etwa 2300 J/h. Zusätzlich hilft das Sonnenbaden diesem Wüstenvogel bei der Einsparung von Wasser, da die Atmung reduziert werden kann und dadurch geringere Atmungswasserverluste auftreten.

Ebenfalls der Wärmekonservierung dient z. B. das **Aufplustern des Gefieders** (Abb. 14.25), das **Einstecken des Schnabels** beim Schlafen ins Rückengefieder, das Bedecken der Beine, das Einziehen der Beine beim Flug (z. B. Bläßhuhn), beim Stehen oder beim Schwimmen und zahlreiche weitere Verhaltens-weisen, wie Hudern der Jungvögel usw.

Zur Wärmeabgabe können Vögel im **Wasser stehen** (Waldstorch) und/oder **baden.** Sie kön-nen wie die Störche und manche Geier ihre Beine mit einem speziellen dünnen Kot besprit-zen und über die Verdunstungskühlung Wärme abgeben. Durch Freilegen von federlosen Hautstellen (Apterien) kann die Wärmedurch-gangszahl erhöht werden. Der Abdimstorch u. a. Arten stellen sich gegen den Wind, öffnen die Flügel und lassen die Luft kühlend durch die Achseln und über andere nackte Hautstel-len blasen.

Durch **Verdunstungskühlung** wird dabei ebenfalls überschüssige Wärme abgegeben (Abb. 14.26). Schon wenige Tage alte Jungvögel können durch Veränderung ihrer Körperform die Wärmeabgabe in einem gewissen Bereich steuern (Abb. 14.27). Durch **Schattenspenden** (Abb. 14.28) oder **Befeuchten** (z. B. Wüstenhühner, Störche) werden Jungvögel, aber auch Gelege durch ihre Eltern vor zu starker Aufheizung geschützt.

14.5.2 Physiologische Mechanismen

Hierzu zählt vor allem die **Veränderung** der **Wärmedurchgangszahl** durch Änderung der peripheren Durchblutung. Vor allem die Extremitäten (Schnabel, Beine und Flügel) haben speziell konstruierte **Gegenstrommechanismen** und **Wärmeaustauschnetze** (z. B. Rete tibiotarsale im Bein), über die nach außen (distad) fließendes Blut Wärme an das nach innen (proximad) fließende abgibt und dadurch u. U. (bei

Abb. 14.23. Gemeinsames Nächtigen in Form eines dichten »Clusters« beim Blaunacken-Mausvogel (nach Foto von R. PRINZINGER). Im Bild sind insgesamt 7 Tiere zusammen. Es können aber bis zu 15–20 sein. Meist wird der Kopf wie beim Baumläufer (s. o.) noch dicht in die Vogeltraube hineingesteckt. Dieses gemeinsame Nächtigen spart bei Kälte bis zu 30 bis 40 % an Wärmeenergie.

tiefen Umgebungstemperaturen) abgekühlt werden kann. Dadurch werden größere Wärmeverluste vermieden.

So können z. B. Pinguine z. T. wochenlang auf Eis bei Umgebungstemperaturen unter −30 °C stehen, ohne die Füße zu erfrieren. Durch proximal liegende Kurzschlüsse (Anastomosen) im peripheren System kann zudem die Gesamtmenge des nach außen fließenden Blutes extrem stark vermindert werden. Umgekehrt erlaubt dieses System auch die verstärkte Wärmeabgabe.

Der **Blutfluß** im Bein ist durch diese Konstruktionen bei einigen Arten im Verhältnis 1:600 variierbar. Spezielle Fette, die noch bei +8 °C flüssig sind, halten das Bein geschmeidig. Das Nervensystem im Fuß der Vögel zeigt noch bei nur +3,9 °C Aktionspotentiale, während sie im Oberschenkel schon bei rund +14 °C aufhören. Die Leitungsgeschwindigkeit sinkt allerdings von rund 25 m/s bei +40 °C auf rund 2 m/s bei +4 °C ab. Spezielle kälteunempfindliche Enzyme halten zudem den Stoffwechsel auch bei tiefen Temperaturen aufrecht.

Vögel können wie Säuger durch **Muskelzittern** Wärme für die Temperaturregulation produzieren. Dadurch kann die Wärmebildung im Maximum um über 500 % (Tauben) gesteigert werden. Tropische und arktische Vögel unterscheiden sich dabei deutlich: Das Ceylonhuhn zeigt schon bei +15 °C kontinuierliches Zittern mit einer stark erhöhten Herzfrequenz (über 340/min); dies belastet den Organismus stark. Schneehühner zittern erst bei Umgebungstemperaturen unter −12 °C. Es zeigt zudem intermittierendes Zittern mit jeweils nur sporadisch erhöhten Herzfrequenzen (unter 300/min). Trotzdem ist die Wärmeproduktion höher als beim Ceylonhuhn. Die arktischen Arten zeigen somit eine effektivere (und auch ökonomischere) Anpassung hinsichtlich des Wärmezitterns. Zitterfreie Wärmegenese durch braunes Fett wie bei den Säugern ist bei Vögeln (bisher) nicht bekannt (s. o.).

Zu den physiologischen Mechanismen gehört auch die **Veränderung der Körpertemperatur** (Abb. 14.13).

Eine Kombination von ethologischem und physiologischem Mechanismus stellt die Kühlung durch **evaporativen Wasserverlust** dar. Vögel haben bekanntlich keine Schweißdrüsen und können deshalb nicht durch richtiges Schwitzen Wärme abgeben wie die Säuger. Trotzdem können sie natürlich (was oft überse-

Abb. 14.24. Sonnenbadehaltungen (nach PRINZINGER 1983). 1 = Truthahngeier; 2 = Bienenfresser; 3 = Keil-schwanzadler; 4 = Schlangenhalsvogel (s. auch Abb. 3.5).

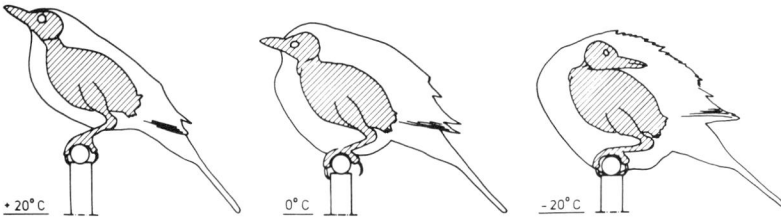

Abb. 14.25. Änderung der äußeren Körperform bei verschiedenen Umgebungstemperaturen bei der Amsel (nach MPG-Pressebild H. BIEBACH). Je niedriger die Umgebungstemperatur wird, desto mehr rundet sich der Vogel zu einem dichten Federball ab. Dadurch wird die wärmeabgebende Oberfläche stark verkleinert. Zusätzlich werden der nackte Schnabel und nackte Beine ins Federkleid »integriert«.

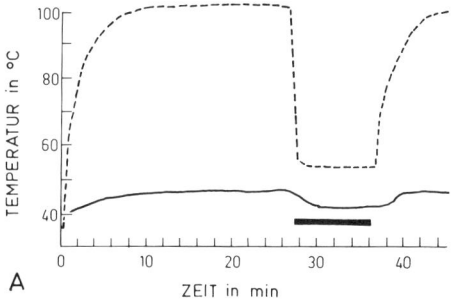

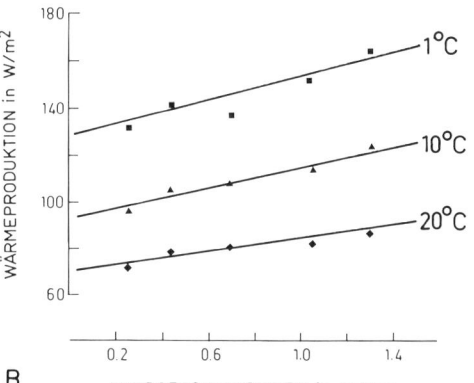

Abb. 14.26. A. Effekt eines Luftstroms (4 m/s) auf den Wärmegradienten beim Wüstenraben, der mit 500 J/s (W) bestrahlt wird (nach MARDER 1973). Schwarzer Balken: Dauer des Windes. (– – –) Temperatur des Gefieders; (——) Hauttemperatur. Umgebungstemperatur: 25,5 °C. Es zeigt sich deutlich die hervorragende Isolation des Gefieders und der stark kühlende Effekt des Windes.
B. Kühlung durch Wind: Steigerung des Stoffwechsels bei verschiedenen Umgebungstemperaturen und Windgeschwindigkeiten bei der Dachsammer (nach ROBINSON, CAMPBELL & KING 1976).

hen wird) durch einfache Diffusion große Mengen Wasser über nackte Hautstellen verdunsten und dadurch Verdunstungsenergie freisetzen, die Kühlung bringt. Pro Milliliter verdunstetes Wasser ist die Energieabgabe bei einer Körpertemperatur von etwa 40 °C dabei rund 25 J. Neben einfacher (passiver) Diffusion kann die **Wasserabgabe** bei Vögeln durch zwei Mechanismen gesteigert werden: Durch Hecheln und/ oder Kehlflattern. Die meisten Vögel können nur hecheln. Einige Arten können sowohl hecheln als auch kehlflattern (z. B. Tauben, Mausvögel, Pelikane, Kormorane, Schwalmvögel, Hühnervögel und viele andere).

Beim **Hecheln** handelt es sich um sehr schnelle Atembewegungen. Das bedeutet, daß der gesamte Atmungtrakt in die Wärmeabgabe einbezogen wird. Dies bringt allerdings zum einen Schwierigkeiten mit dem Gasaustausch mit sich, und zum anderen wird wieder viel zusätzliche Abfallwärme bei der dazu notwendigen zusätzlichen Muskelaktion produziert. Dadurch gehen z. T. bis zu 50 % des Effektes wieder verloren.

Kehlflattern beschränkt sich auf die oberen Atemwege und läßt die Atemmechanik »normal« weiterlaufen. Hier können Frequenzen von über 400 bis knapp 1000/min erreicht und

Abb. 14.27. Nestlinge und Adulte der Rabenkrähe bei verschiedener Wärmebelastung (nach PRINZINGER 1976). 1 Hitzestellung: Kopf ruht auf Nestrand. Der langgestreckte Hals, die abgespreizten Extremitäten und das Hecheln (schon am ersten Lebenstag vorhanden) führen zu maximaler Wärmeabgabe. Der Körper wird zudem von der isolierenden Nestunterlage abgehoben, und Kontakt zu Nestgeschwistern wird vermieden. 2 Kältestellung: Jungvogel zusammengekauert, sitzt kugelförmig. Die wärmeabgebende Oberfläche ist stark verringert. Kontakt zu Nestgeschwistern wird gesucht. Hechelnde, adulte Rabenkrähe unter Hitzebelastung (3): Hals und Beine sind gestreckt. Durch Absenken der Flügel werden federlose Hautstellen (Apteria) frei, an denen verstärkte Wärmeabgabe möglich wird (»künstliches Schwitzen«).

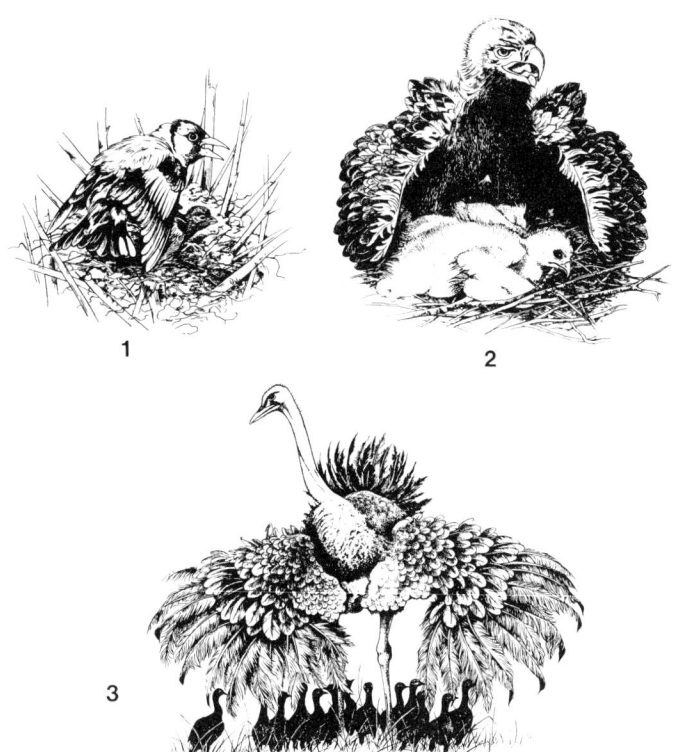

Abb. 14.28. Schattenspenden für die Jungvögel bei Stieglitz (1), Kaiseradler (2) und Strauß (3); nach Fotos versch. Autoren. S. auch Abb. 17.14 B.

sehr effektive Kühlungen erzielt werden. (Beispiele für Hecheln und Kehlflattern Abb. 14.29 bis 14.31.) Die meisten Vögel können über diese evaporativen Mechanismen bei Umgebungstemperaturen, die den Körpertemperaturen entsprechen, in der Regel weit über 100 %

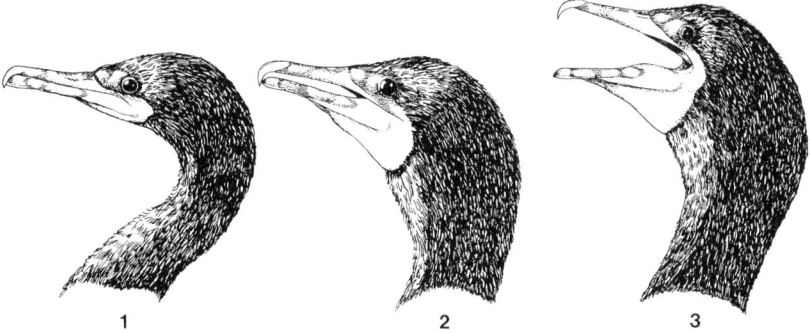

Abb. 14.29. Kormoran beim Hecheln und Kehlflattern (nach Lasiewski & Snyder 1969). Seine normale Atemfrequenz (1) beträgt 10–15/min (Körpertemperatur rund 41,5 °C). Als Reaktion auf Hitze steigert er den kühlenden evaporativen Wasserverlust; er beginnt zu hecheln, die Atemfrequenz steigt auf bis zu 120/min (2). Steigt die Körpertemperatur über 43 °C an, zeigt er zusätzlich zum Hecheln »Kehlflattern«. Die Kehlsackoszillationen (3) bleiben dabei (wie das Hecheln) relativ konstant bei 790 bis 920/min. Das führt meist schnell zu einer Absenkung der Temperatur im Mundhöhlenraum, die dann um 1 bis 5 °C tiefer liegt als rektal.

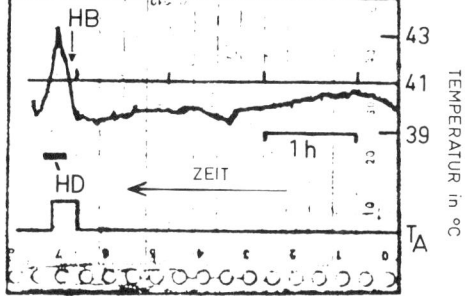

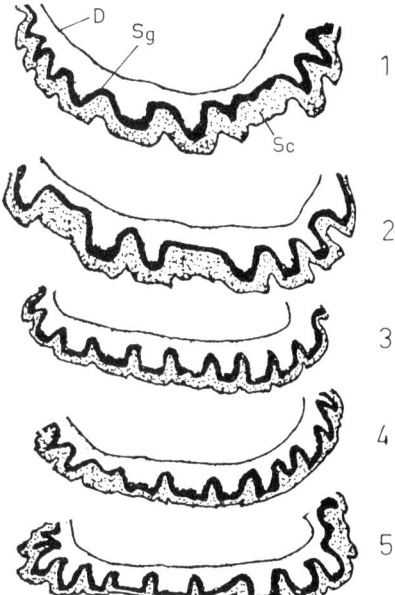

Abb. 14.30. Der Einfluß des Hechelns auf den Gang der Körpertemperatur (kontinuierlich von rechts nach links registriert) bei einer Rabenkrähe (Original-Registrierung aus Prinzinger 1976). Der Hechelbeginn (HB) bei einer Temperatur von 42,6 °C ist durch einen Pfeil markiert. Den Gang der Umgebungstemperatur gibt schematisch die untere Kurve T_A wieder. HD = Hecheldauer.

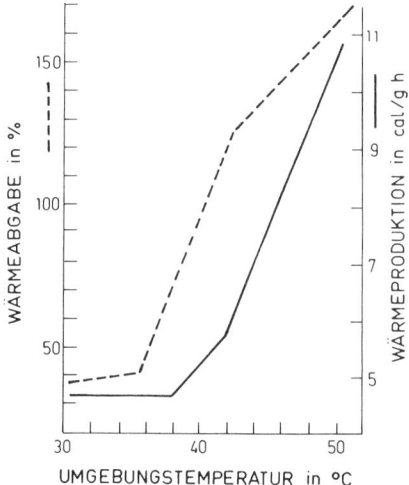

Abb. 14.32. An den Beinen treten u. U. auch jahreszeitliche Anpassungen an das jeweilige Klima auf (nach Lennerstedt 1975). Bei der Ringeltaube werden z. B. die toten äußeren Hautschichten (Stratum corneum) im Winter bis zu dreimal so dick wie im Sommer. Dadurch wird die Distanz zwischen kaltem Substrat und lebendem Gewebe vergrößert, was eine effizientere Isolation gegen tiefe Umgebungstemperaturen bewirkt. Ähnliches wurde auch beim Haussperling und bei Fasanen beobachtet. Daneben kann die Befiederung der Beine unterschiedlich sein (s. Abb. 14.33).
D = Dermis; Sg = Stratum germinativum; Sc = Stratum corneum; 1 = Mitte Februar; 2 = Mitte März; 3 = Ende April; 4 = Anfang Mai; 5 = Mitte Mai.

Abb. 14.31. Wärmeproduktion (——) und Prozentsatz der durch evaporativen Wärmeverlust abgegebenen Energie an der Gesamtenergieproduktion (–––) bei verschiedenen Umgebungstemperaturen beim Wüstenraben (nach Marder 1973). Schon bei knapp über 40 °C können die Vögel über 100 % der produzierten Wärme über Hecheln abgeben. Schneehühner z. B. hecheln dagegen schon bei rund 21 °C. Bei einer Umgebungstemperatur, die ihrer Körpertemperatur entspricht (rund 40 °C), können sie dennoch nur rund 75 % der Stoffwechselwärme durch Hecheln abgeben; sie geraten allerdings auch selten in eine solche Situation. Dieser schlechteste Wert aller bisher gemessenen Vögel zeigt, wie unterschiedlich verschiedene Arten in ihrer Thermoregulationsfähigkeit an ihren Lebensraum angepaßt sind.

Abb. 14.33. Unterschiedliche Beinbefiederung als morphologischer »Mechanismus« zur Temperaturregulation bzw. Anpassung. Das arktische Schneehuhn ist bis an die Nägel befiedert: gute Isolation (und Trittfestigkeit auf Schnee). Der primär aus warmen Regionen stammende Fasan hat unbefiederte Beine, die hier gut die Wärme ableiten können.

Abb. 14.34. Die Bergmannsche Regel am (interspezifischen) Beispiel von Pinguinen aus verschiedenen Verbreitungsregionen.
1 = Kaiserpinguin (Antarktis); 2 = Königspinguin (Subantarktis); 3 = Humboldtpinguin (Humboldtstrom westlich von Südamerika); 4 = Magellanpinguin (pazifische und atlantische Küste von Südamerika); 5 = Galapagospinguin (Galapagos). Je kälter der Lebensraum (in diesem Beispiel »je südlicher«), desto größer ist der Pinguinvertreter. Die (umstrittene) Regel gilt streng genommen nur intraspezifisch bzw. bei sehr nah verwandten Formen, also für polytypische Arten (vgl. Text!).

der Stoffwechselwärme abgeben. Nur bei stark wärmeangepaßten Vögeln liegen die Werte für die Umgebungstemperatur wesentlich höher. Dies spart dann wahrscheinlich Wasser (vgl. Abb. 14.31).

14.5.3 Morphologische Mechanismen

Die Wärmeabgabe kann z. B. durch gute **Federisolation** verbessert werden und umgekehrt. Mausvögel haben z. B. ein fellartiges Gefieder mit einer sehr guten Isolation. Spezielle (Pelz-) Dunen (z. B. Eiderente, Schnee-Eule u. a.) isolieren sehr gut. Ihr Anteil nimmt neben der gesamten Federzahl im kalten Winter besonders zu. Bei Birkenzeisigen bringt allein die dadurch bessere Isolation eine Energieersparnis von 13 bis 17 %, und die untere letale Umgebungstemperatur sinkt von $-34\,°C$ auf $-44\,°C$ ab. Das Fehlen von dichten Federn kann andererseits Hautstellen freigeben, an denen verstärkt durch Konvektion und Konduktion Wärme abgegeben werden kann (z. B. Strauß; s. auch Abb. 14.27 und 14.33).

Die **Federfarbe** hat ebenfalls einen Einfluß auf den Wärmehaushalt. Helle Federn reflektieren wesentlich mehr energiereiche Sonnenstrahlung als dunkle. Dennoch können glänzende schwarze Federn auch stark reflektieren.

Der **Wärmeabgabe** können, neben anderen Funktionen, auch verschiedene **Hautanhänge** (z. B. „Lappenkiebitze", Lappenstar, Marabu, Truthahn usw.) dienen, die meist gut durchblutet sind.

Neben dem Gefieder kann natürlich auch die **Haut** selbst ihre Isolationseigenschaften verändern: durch Zunahme der Dicke (Abb. 14.32), Einlagerung von Fett, unterschiedliche Federzahl und Federstruktur und veränderte Durchblutung.

Auch bei den Vögeln gilt zudem bei manchen Arten die **Bergmannsche Regel,** nach der in kalten (nördlicheren) Habitaten lebende Vogelarten größer sind als solche, die in wärmeren (südlicheren) leben. Die größere Masse wirkt sich günstiger auf den Energiehaushalt aus (vgl. Abb. 14.34). Es muß hier allerdings erwähnt werden, daß diese Regel nicht generell gilt. Andere evolutionsspezifische Erfordernisse können andere Parameter wichtiger werden lassen und den Größeneffekt in den Hintergrund drängen bzw. das Verhältnis sogar umdrehen.

14.5.4 Besondere Strategien

Dazu zählt man u. a. Strategien wie »Hypothermie«, Torpor und Überwinterung **(Aestivation).** Diese Mechanismen sind oben besprochen worden (s. auch Tab. 14.2 und 14.3).

15 Verhalten

15.1 Verhaltensforschung – Ziele und Arbeitsweise

Die Erforschung des Verhaltens mit naturwissenschaftlichen Methoden wird als **Ethologie** bezeichnet. Verhalten äußert sich in Körperhaltungen, Bewegungen und Lautäußerungen eines Individuums, umfaßt aber auch alle äußeren Veränderungen, die anderen Individuen Informationen vermitteln und bei ihnen Verhaltensweisen auslösen können (z. B. Farbänderungen von Hautpartien). Man kann Verhalten auch als die Gesamtheit der erkennbaren Reaktionen auf innere oder äußere Stimuli zusammenfassen; es ist ein Ergebnis der Tätigkeit von Nerven, Muskeln und anderen Effektoren.

Die **deskriptive Ethologie** beschreibt und erklärt tierliches Verhalten. Die Beschreibung muß sich auf eine möglichst genaue und detaillierte Bestandsaufnahme aller bei einer Art vorkommenden Verhaltensweisen stützen. Ein solcher Verhaltenskatalog (Ethogramm) entsteht durch eingehende Beobachtung und Protokollierung, wobei heute viele technische Hilfsmittel (Tonband, Video- und Filmkamera, Lichtschranken, automatische Zähler, Computer, Sender und Antennen usw.) eingesetzt werden. Wie beim Sonagraphen (vgl. Kap. 16.1) gestatten technische Geräte z. B. durch Zeitraffung oder -dehnung, Einzelbildschaltung usw. nicht nur die Konservierung und Dokumentation, sondern auch eine exakte Analyse durch Vergleiche und vor allem quantitative Auswertungen.

Die **Erklärungen** lassen sich unter vier wesentlichen Fragestellungen, die zuerst Niko Tinbergen formuliert hat, erarbeiten, nämlich in der Frage nach dem Anpassungswert eines Verhaltens (funktionaler Aspekt), nach den ihm zugrunde liegenden Mechanismen (kausaler Aspekt), nach seinen Entwicklungen im Laufe des individuellen Lebens (ontogenetischer Aspekt) und nach der durchlaufenen stammesgeschichtlichen Entwicklung (phylogenetischer Aspekt). Wenn ein Verhalten gut bekannt und erklärt ist, sollten sich Voraussagen über das künftige Verhalten des Individuums oder über den Ablauf einer Verhaltensfolge geben und begründen lassen.

Verhaltensweisen sind artspezifisch wie **morphologische Merkmale,** die daher auch für phylogenetische Fragen der Ethologie eine wichtige Rolle spielen. So kann vergleichende Untersuchung verwandter Arten wichtige Hinweise auf stammesgeschichtliche Zusammenhänge geben. Diese »vergleichende Verhaltensforschung« geht in ihren Anfängen auf Charles Whitman und Oskar Heinroth zurück und wurde u. a. von Konrad Lorenz durch viele vergleichende Untersuchungen an Vögeln (z. B. Gänse, Enten, Rabenvögel) entwickelt.

Die Beschreibung in der Ethologie hat mit der Erarbeitung von Ethogrammen für Arten und höhere Taxa auch die Aufgabe der Benennung und Ordnung von Verhaltensweisen. Dies ist bei der Vielfalt der Erscheinungen nicht einfach, zumal bei höheren Tieren subjektiv vermenschlichende Termini oft nicht vermieden werden. Ein neutraler und relativ einfach erscheinender Ansatz ist die Benennung nach der Form von Haltung und Bewegung (z. B. Kopfnicken, Halsstrecken, Flügelhochstellen usw.). Eine Benennung nach der Funktion darf nur dann erfolgen, wenn der Zusammenhang, in dem eine Verhaltensweise auftritt, eindeutig geklärt ist. Viele treten nämlich in verschiedenen Zusammenhängen auf und gerade bei Vögeln sind manche von der Funktion abgeleitete traditionelle Bezeichnungen zumindest bei vielen Arten nicht korrekt (z. B. »Balzflug«).

Die **Gliederung** von Verhaltensweisen kann grundsätzlich nach verschiedenen Gesichtspunkten erfolgen. Eine Zuordnung zu Funktionskreisen ergibt Gruppen von Verhaltensweisen mit gleicher oder ähnlicher Aufgabe und Wirkung, z. B. Fortbewegung (Lokomotion), Nahrungsaufnahme, Balz, Brutpflege, Aggression, Feindverhalten. Funktionskreise können noch weiter untergliedert werden, z. B. Brutpflege in Verhaltensweisen des Nestbaus, der Fütterung und der Sicherung der Jungen usw. Eine andere Einteilung geht vom Integrationsniveau aus und errichtet ein hierarchisches System von einfachsten Elementen des Verhaltens (z. B. Muskelbewegung) über mittlere Integrationsstufen (z. B. Bewegung einzelner Körperteile) bis zu Verhaltensfolgen, die aus vielen Teilen bestehen. Niedriger Komplexitätsgrad bedeutet häufig, daß dieses Verhalten nicht nur Bestandteil eines Funktionskreises ist, sondern in mehreren eingesetzt werden kann.

Aussagen über **Ursachen** eines bestimmten Verhaltens sind in der Regel nicht durch Beschreibung allein zu gewinnen, sondern bedürfen des Experimentes. Dabei können bereits ganz einfache experimentelle Eingriffe, z. B. der Einsatz von optischen oder akustischen Attrappen, vielerlei Fragen beantworten. Eine der ersten experimentellen Untersuchungen im Freiland war die Analyse der Pickreaktion junger Silbermöwen durch TINBERGEN mit dem Ergebnis, daß allein der Schnabel die erforderlichen Reize liefert, nach denen sich der Jungvogel richtet, um durch Picken den Altvogel zum Hervorwürgen der Nahrung zu veranlassen. Insbesondere spielt der rote Fleck an der Spitze des Unterschnabels eine wichtige Rolle (Abb. 15.1). Selbstverständlich gewinnen auch in der experimentellen Ethologie heute komplizierte Apparaturen immer mehr an Bedeutung.

Die **Verhaltensforschung** oder **Ethologie** zeigt vielfache Berührungspunkte und Überschneidungen mit anderen Forschungsrichtungen, vor allem Ökologie, Physiologie und Genetik, so daß heute mehr oder minder eigenständige Fachrichtungen mit Doppelnamen entstanden sind. Eine wichtige Rolle spielt z. B. die **Öko-Ethologie** oder Verhaltensökologie (behavioural ecology), die dem Verhalten einer Art in ihrer Umwelt nachgeht. Dabei können parallele Verhaltensanpassungen in einem Biom oder Biotop im Vordergrund stehen und damit lebensraumtypisches Verhalten auch nicht näher miteinander verwandter Tiergruppen. Andererseits läßt der Vergleich zwischen nahe verwandten Arten, vor allem unter Bewohnern unterschiedlicher Lebensräume, biologische Bedeutung bestimmter Verhaltensweisen als Anpassung an unterschiedliche Umgebungen erkennen. Gewissermaßen als Unterdisziplin läßt sich die neuerdings stark in den Vordergrund gerückte Sozio-Ökologie oder **Soziobiologie** herausstellen. Sie untersucht Beziehungen zwischen der Umwelt einer Art und ihrer Sozialstruktur und hat sich z. T. weniger als eigene Disziplin, sondern mehr als Ideenpaket zur Evolution des Verhaltens entwickelt. Man fragt nach den Bedingungen, unter denen die natürli-

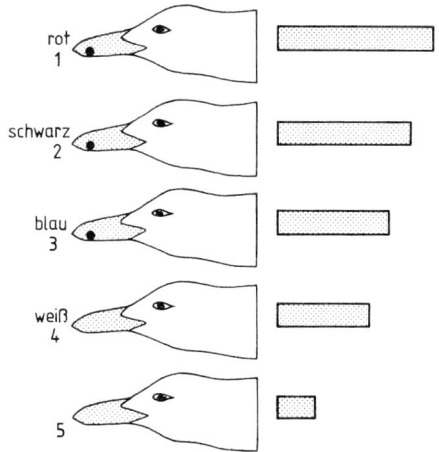

Abb. 15.1. Attrappenversuche zur Prüfung der auslösenden Wirkung des Schnabelflecks der Silbermöwe. Der rote Fleck löst mehr Reaktionen (Balken rechts) aus als andersfarbige Flecken, auch wenn sie sich stärker abheben (nach TINBERGEN aus IMMELMANN 1983, verändert).

che Selektion zum heutigen Verhalten, vor allem dem Sozialverhalten und den Sozialstrukturen, führen konnte (vgl. z. B. Kap. 17.3; Kap. 19). Die physiologischen Grundlagen des Verhaltens untersucht die **Ethophysiologie,** wobei sich die Neuro-Ethologie für die Vorgänge in den Sinnesorganen und im Zentralnervensystem interessiert, die einem Verhalten zugrunde liegen, und die Etho-Endokrinologie das Zusammenspiel zwischen Hormonen und Verhalten zu klären sucht (vgl. Kap. 9).

Die **Verhaltensgenetik** erforscht den Erbgang von Verhaltensweisen, die **Verhaltensphylogenetik** stammesgeschichtliche Herkunft und Entwicklung von Verhaltensmerkmalen, die **Verhaltensontogenese** und -embryologie die individuelle Entwicklung (vgl. Kap. 18). Überschneidungen und enge Verbindungen ergeben sich auch zur Bioakustik (vgl. Kap. 16.1) und zur Biorhythmik. Tages-, monats- und jahresperiodische Vorgänge äußern sich sehr auffällig im Verhalten (vgl. auch Kap. 20.4).

Als Folge dieser vielfältigen Überschneidungen mit anderen Aspekten der Biologie des Vogels sind in diesem Buch viele spezielle Fragen, die das Verhalten betreffen, bei anderen Kapiteln zu finden. Nur einige Funktionskreise werden hier im Zusammenhang besprochen, wobei aus der Fülle der gutuntersuchten Beispiele nur einzelne herausgegriffen werden.

15.2 Einige ethologische Grundbegriffe

15.2.1 Reflexe und Triebhandlungen

Die einfachste Form der Antwort auf innere oder äußere Reize ist der **Reflex** (vgl. Kap. 10.2.1). Typisch für ihn ist, daß unter gleichen Bedingungen und auf den gleichen Reiz immer die gleiche Reaktion erfolgt (Reiz-Reaktions-Beziehung).

Auch **komplexe Verhaltensweisen** können durch Außenreize ausgelöst werden, doch die Antworten auf einen bestimmten Reiz durchaus verschieden sein. Diese innere spontane Komponente unterscheidet Instinkt- oder Triebhandlungen (s. u.) von Reflexen. In Anlehnung an die Sinnesphysiologie bezeichnet man die Mindestgröße und die Mindestqualität eines Reizes, die für die Auslösung einer Verhaltensweise vorhanden sein müssen, als Schwelle. Reize, die unter solchen Mindestwerten bleiben, nennt man unterschwellig. Bei einem Reflex ist die Schwelle immer annähernd gleich, bei einer Instinkthandlung kann sie von Umweltbedingungen oder vom physiologischen Zustand des Individuums verändert werden (Schwellenerniedrigung, -erhöhung). Ist eine Verhaltensweise (z. B. Kopulation, Nahrungsaufnahme usw.) eben erst abgelaufen, spricht das Individuum auf adäquate Reize schwerer an; ist umgekehrt eine Verhaltensweise lange Zeit nicht mehr abgelaufen, wird sie leichter auslösbar. Bei einer Leerlaufbewegung oder -handlung liegt extreme Schwellenerniedrigung vor; die Handlung läuft dann auch ohne Außenreiz ab.

Verhaltensweisen zeigen unterschiedliche **Ermüdung.** Manche, wie sexuelles Verhalten oder mitunter Nahrungsaufnahme, werden oft nur in Abständen »gebraucht«; andere, wie Flucht- oder Verteidigungsreaktionen müssen jederzeit abrufbar sein. Entsprechende Unterschiede in der Auslösbarkeit sind festzustellen (aktionsspezifische Ermüdung). Eine Handlungsweise kann durch einen bestimmten Reiz nach oft wiederholtem Angebot nicht mehr, wohl aber mitunter durch einen anderen sofort wiederholt ausgelöst werden (reizspezifische Ermüdung).

Komplexe Verhaltensweisen lassen häufig zwei Anteile erkennen, eine vielfach starre und stereotyp ablaufende Endhandlung (z. B. Begattung, Aufpicken und Verschlingen der Nah-

rung) sowie eine vorausgehende meist variablere Folge von Bewegungen mit Orientierungseinstellungen, die man als Appetenzverhalten bezeichnet. Schwellenerhöhung und spezifische Ermüdbarkeit sind vor allem eine Eigenschaft der Endhandlung, mit deren Ablauf das biologische Ziel erreicht wird. **Appetenzverhalten** strebt den Ablauf der Endhandlung an, z. B. durch Orientierung bzw. Aufsuchen der diesem Ziel dienenden Situation. Im weitesten Sinn als Appetenzverhalten können als Extrem die Wanderungen der Zugvögel angesehen werden.

Die Bereitschaft eines Individuums zu einem bestimmten Verhalten wird heute als **Motivation** bezeichnet. Sie hat für jede Verhaltensweise zu einem gegebenen Zeitpunkt einen bestimmten Wert als Ergebnis einer Vielzahl von endogenen und exogenen Faktoren, z. B.:

1. Meldungen von Sinneszellen (Enterorezeptoren, s. 10.1.4), die z. B. auf Blutzuckerspiegel oder osmotischen Druck der Körperflüssigkeit reagieren und »Hunger« bzw. »Durst« signalisieren;
2. Außenreize als Schlüsselreize (s. u.);
3. Konzentration von Hormonen im Blut;
4. endogene Zyklen, wie circadiane Rhythmik (s. Kap. 15.5) oder circannuale Periodik (s. Kap. 20.4.2);
5. Entwicklungsstadium und Alter des Individuums;
6. Vorgeschichte der Handlung (z. B. Abstand zu ihrem letzten Auftreten, s. o.);
7. autonome (selbständige) Erregungsproduktion im Zentralnervensystem, die für spontane Handlungsteile ohne erkennbaren äußeren Anlaß verantwortlich ist.

Komplexe Verhaltensweisen lassen sich nicht immer problemlos bestimmten Motivationssystemen (»Trieben«) zuordnen, oft aber als gemischt motiviert kennzeichnen. Balzverhalten kann z. B. neben sexuellen auch Angriffs- und Fluchtelemente enthalten. Neben Nahrungsaufnahme, Fortpflanzung, Angriff und Flucht unterscheidet man häufig noch weitere »Triebe«, wie Schlaftrieb, Wandertrieb, Neugiertrieb, Spieltrieb oder Sozialtrieb, ohne daß hierfür immer klare Belege vorliegen.

15.2.2 Schlüsselreize und Auslöser

Außenreize haben für den Ablauf von Triebhandlungen auslösende, richtende und motivierende (die weitere Handlungsbereitschaft bestimmende) Wirkung. Durch die Sinnesorgane und bisher weitgehend noch unbekannte Mechanismen im Zentralnervensystem werden Außeninformationen gefiltert und damit Reize selektiert, auf die dann eine Reaktion erfolgen kann. Die Gesamtheit der Filtermechanismen des Nervensystems einschließlich der Sinnesorgane bezeichnet man mit dem etwas umstrittenen Ausdruck **Auslösemechanismus** (abgekürzt AM). Die reaktionsauslösenden Reize, die dieses Filter passieren, nennt man Schlüssel-, Signal- oder Kennreize. Dabei kann es sich sowohl um Einzelmerkmale (z. B. Töne, Farben, Formen) als auch um komplizierte Gestaltmerkmale handeln, wie z. B. relative Kurzhalsigkeit von Greifvogelsilhouetten im Vergleich zu langhalsigen »harmlosen« Flugbildern von Gänsen usw.

Auslöser ist ein **Schlüsselreiz,** der wechselseitiger Kommunikation dient. Für Auslöser ist die Informationsübermittlung die Hauptfunktion, nicht nur in Richtung vom Sender zum Empfänger, sondern auch umgekehrt. Der rote Fleck auf dem Unterschnabel der Silbermöwe (Abb. 15.1) wurde ausschließlich als Signal für die Jungen entwickelt, das richtig beantwortet zum Fütterungsvorgang führt (Auslöser). Die Silhouette eines Greifvogels ist die Folge funktionell bedingter Körperproportionen; seine Bedeutung als Erkennungsmerkmal für Luftfeinde ist ein zufälliger Nebeneffekt (Schlüsselreiz). Die Anpassung an eine optimale Informationsaufnahme liegt hier nur beim Empfänger.

Als Auslöser spielen bei Vögeln vor allem optische (Farbe, Form) und akustische (Lautäußerungen, Geräusche der Umgebung) Merkmale eine Rolle sowie Verhaltensweisen, die zu Signalbewegungen herausgebildet wurden und

unter dem Begriff **Ausdrucksverhalten** zusammengefaßt werden. Auslöser sollten möglichst auffällig und leicht erkennbar sein. Viele Prachtkleider erfüllen diesen Zweck, aber auch z. B. leuchtende Rachenzeichnungen und Schnabelpapillen vieler nesthockender Jungvögel. Vielfach, so vor allem im Aggressions- und im artisolierenden Sexualverhalten, müssen Auslöser auch möglichst unverwechselbar, also artspezifisch sein. Diese Bedingungen erfüllen vor allem die Gesänge innerhalb verwandter Gruppen (besonders bei optisch ähnlichen Arten [vgl. Kap. 16.4.1]) oder unterschiedliche Farbkombinationen in Prachtkleidern (z. B. Männchen der Enten).

Die **phylogenetische Entwicklung** von möglichst auffälligen optischen Auslösern steht jedoch in Konkurrenz mit anderen, z. T. entgegengerichteten Bedürfnissen, wie z. B. Tarnung oder Informationsübermittlungen für andere Funktionskreise. So treten Kompromisse auf, für die sich zahlreiche Beispiele finden lassen. Manche auffälligen Farbmuster sind nur auf bestimmte Gefiederpartien beschränkt, die sich leicht verbergen lassen (z. B. Flügelspiegel der Enten) oder nur bei bestimmtem Lichteinfall aufleuchten (z. B. Schillerfarben); aufblasbare farbige Kehlsäcke (z. B. Abb. 15.2) bilden eine ähnliche Lösungsmöglichkeit. Zudem sind auffällige Signale in der Regel auf das Geschlecht beschränkt, das für die Brutpflege eine untergeordnete oder auch keine Rolle (z. B. Männchen vieler Enten- und Hühnervögel; »Prachtkleid« bei Weibchen polyandrischer Arten, vgl. Kap. 17.3.1) spielt; damit wird eine Risikoverteilung erreicht. Vielfach wird das Prachtkleid nur kurze Zeit im Jahr getragen, so daß die Auslöser nur dann zur Verfügung stehen, wenn sie gebraucht werden, andererseits die Gefährdung für den Träger möglichst gering bleibt.

Abb. 15.2. Arttypische Signale müssen auffallend und unwahrscheinlich sein; häufig stehen sie nur für kurze Zeit zur Verfügung, wenn sie gebraucht werden. Balz des männlichen Prachtfregattvogels mit aufgeblasenem roten Kehlsack, zurückgelegtem Kopf und raschen Flügelschlägen (Foto E. BEZZEL).

Auslöser können auch interspezifisch wirken. Dies gilt z. B. für Warnrufe (vgl. Abb. 16.5), aber auch für Signalfälschung oder -nachahmung, um einen biologischen Vorteil zu erzielen (Mimikry; z. B. Witwen als Brutparasiten).

Für viele Verhaltensweisen gibt es nicht nur einen auslösenden Reiz, sondern mehrere, die entweder einzeln für sich oder gemeinsam die Reaktion in Gang bringen. Im letzteren Fall spricht man von **Reizsummation.** Bei der Zurückführung eines aus dem Bodennest gerollten Eies können sowohl dessen Größe als auch Grundfärbung und Fleckung (z. B. Silbermöwe) wirkungsvolle Merkmale darstellen. Im Versuch wirkt diejenige Attrappe am besten, die alle positiven Merkmale auf sich vereint. Grundsätzlich ist eine verstärkende Wirkung nicht nur auf das Zusammenarbeiten verschiedener Reize beschränkt, sondern kann auch durch Häufung eines bestimmten Reizes von einem oder verschiedenen Sendern erreicht werden. Eine Folge dieser Reizsummation ist auch das Vorkommen von übernormalen Auslösern (z. B. übergroßes Ei wird normalen Eiern beim Einrollen ins Nest vorgezogen). Sie zeigen den Selektionsdruck in Richtung auf Auffälligkeit von Auslösern, dem aber normalerweise andere Selektionsdrucke entgegenstehen. Als übernormalen Auslöser kann man z. B. den im Vergleich zu seinen Wirtsvogelarten riesigen leuchtend gefärbten Sperrachen des jungen Kuckucks ansehen.

15.2.3 Beziehungen zwischen Verhaltensweisen

Verhaltensweisen können häufig zusammen, z. B. in regelmäßiger zeitlicher Abfolge, ablaufen, sich aber auch gegenseitig ausschließen und in ihrem Auftreten hemmen.

Vielfach bilden mehrere Verhaltensweisen **funktionelle Gruppen,** z. B. beim Balz- oder Fortpflanzungsverhalten, bei denen einzelne Teile in mehr oder minder strenger zeitlicher Ordnung und/oder unterschiedlichen Häufigkeitsverhältnissen auftreten. Dies gilt sowohl für die Abfolge von Funktionskreisen z. B. innerhalb eines Fortpflanzungszyklus (Abfolge Balz und Kopulation – Nestbau – Brutpflege usw.) als auch für einzelne Teilhandlungen in einem Einzelbereich (z. B. beim Nestbau Sammeln, Eintragen und Verbauen des Nestmaterials, vgl. Kap. 17.5.3). Man nimmt an, daß einander zugeordnete Verhaltensweisen von

übergeordneten Zentren abhängig sind und es eine gewisse hierarchische Ordnung des Verhaltens geben muß. So ist nach N. Tinbergen ein Instinkt ein hierarchisch organisierter, nervöser Mechanismus, der auf bestimmte vorwarnende, auslösende oder richtende Impulse (innere wie äußere) anspricht und sie mit wohlkoordinierten, lebens- und arterhaltenden Bewegungen beantwortet. Statt »arterhaltend« setzen die meisten Biologen heute etwa den Begriff »die individuelle Fitness vergrößernd« ein.

Das entsprechende **Instinktmodell** (eines unter vielen) stützt sich auf eine hierarchische Ordnung von Instinkten, wobei eine Stufe jeweils eine von mehreren möglichen Teilhandlungen des nächsthöheren Instinkts darstellt. Das höchste Zentrum wird vor allem, von Innenfaktoren (Hormonen) beeinflußt, spontan tätig, während auf die übrigen Zentren sowohl Außen- als auch Innenreize einwirken. Der Informationsfluß von einem höheren zu einem tieferen Zentrum wird normalerweise durch einen Block gehemmt, den Auslösemechanismus (AM), der durch Schlüsselreize oder Auslöser (vgl. Kap. 15.2.2) beseitigt werden kann.

Verhaltensweisen können auch einander ausschließen, so daß bei entsprechender Motivationslage ein Individuum bei konkurrierenden Reizen »auswählen« muß und die entsprechenden Verhaltensweisen nacheinander ablaufen, weil die eine die andere vorübergehend verhindert. Eine solche Hemmung tritt vor allem bei Anteilen verschiedener Funktionskreise auf (z. B. Nahrung – Sexualpartner), besonders wenn es sich um Gegenspieler handelt (z. B. Angriff und Flucht). Sind zwei solche Verhaltenstendenzen gleich stark, kann es zu Konfliktsituationen kommen, in denen dann verschiedene Verhaltensweisen vorkommen:

1. Treten entgegengesetzte Verhaltensweisen nacheinander auf, spricht man von **ambivalentem Verhalten.** Abwechselnde, meist unvollständige Freßbewegungen und Andeutung von Flucht (z. B. Strecken des Halses oder Ducken zum Abflug) sind z. B. häufig an einer winterlichen Singvogelfutterstelle bei Anwesenheit von Konkurrenten auf engem Raum zu beobachten. Phylogenetisch können solche gegensätzlichen Elemente durch Ritualisierung (vgl. Kap. 15.4) zeitlich miteinander verbunden werden, wie z. B. beim Drohverhalten Verhaltenselemente des Angriffs und der Flucht.

2. Wird bei einem Verhaltenskonflikt eine Verhaltensweise auf ein Ersatzobjekt gerichtet, liegt eine **umorientierte Bewegung** vor. Bei aggressiver Auseinandersetzung kann z. B. der Unterlegene seinen Schnabelhieb statt auf den angreifenden Gegner auf ein Grasbüschel richten (z. B. bei Auseinandersetzungen zwischen Möwen zu beobachten). Auch ein Abreagieren an einem rangtieferen Artgenossen kommt vor (»Radfahrerreaktion«).

3. Verhaltensweisen, die keiner der in einer Konfliktsituation zu erwartenden Handlung entsprechen, werden als **Übersprungbewegungen** bezeichnet. Beide im Konflikt stehenden Verhaltenstendenzen hemmen sich gegenseitig. Zwei miteinander kämpfende Vögel halten z. B. plötzlich inne und picken wie bei der Nahrungssuche auf den Boden oder zeigen kurz Verhaltensweisen der Gefiederpflege. Solche Bewegungen, die dauernd gebraucht werden, sind auch ständig abrufbar und treten deshalb besonders häufig als Übersprungbewegungen auf. Sie kommen auch vor, wenn das Ziel, z. B. die Vertreibung des Gegners, zu schnell erreicht wird.

15.3 Entwicklung des Verhaltens

15.3.1 Allgemeine Ontogenese

Die stärksten Verhaltensänderungen im individuellen Leben spielen sich während der Ontogenese (s. Kap. 18.2) ab. Das volle Verhalten entwickelt sich hier allmählich und viele spezielle Anpassungen treten auf, die später wieder verschwinden. Dabei steht vor allem die Frage nach den Anteilen von Erbgut und Umwelt für die Entwicklung des Verhaltens im Mittelpunkt.

Jede Anpassung an die Umwelt setzt Informationen voraus, die über das Erbgut oder über die Sinnesorgane ihren Weg in das Individuum finden. Die Herkunft solcher Informationen kann also angeboren oder erworben bzw. erlernt sein. Reine angeborene oder erbangepaßte Verhaltensweisen bedürfen keiner aktiven Auseinandersetzung des Individuums mit der Umwelt, sind aber gleichwohl über die phylogenetische Entwicklung der Umwelt angepaßt und können zudem durch individuelle Erfahrung vervollkommnet oder verändert werden. Man spricht auch davon, daß jeweils nur eine Reaktionsnorm vererbt wird, innerhalb

derer dann die Umweltverhältnisse entsprechend der gegebenen Modifikationsbreite auswählen.

Der experimentelle Nachweis angeborener Verhaltensweisen läßt sich nur im Experiment erbringen, vor allem durch erfahrungslos aufgezogene Individuen (**Kaspar-Hauser-Tiere,** vgl. Kap. 16.4.3). Hierbei können allerdings, vor allem im Bereich des Sozialverhaltens, auch Störungen auftreten. Allgemeine Hinweise auf angeborenes Verhalten sind z. B. hohe Formkonstanz (wenn bei allen Individuen das Verhalten in gleicher Weise abläuft und durch Außenreize in seinem Ablauf nicht zu beeinflussen ist), gleich beim ersten Mal vollständiges Auftreten einer mitunter komplizierten Verhaltensweise oder ihr Auftreten, bevor die entsprechende morphologische Struktur voll entwickelt ist (z. B. Flügelschlagen bei aggressiven Auseinandersetzungen im Jugendstadium; Putzbewegungen, bevor das Gefieder entwickelt ist).

Angeboren ist z. B. das einem bewegten Objekt Nachlaufen bei Enten und Gänsen, erlernt muß aber werden, wem nachzulaufen ist. Ebenso sind viele Feindreaktionen angeboren oder Informationen über Richtung und Länge des Zugweges (vgl. Kap. 20). Solches Verhalten setzt auch angeborene Signalkenntnis voraus und das Erbgut bestimmt die Filterung. Der Auslösemechanismus (AM) ist also angeboren und man bezeichnet ihn daher als angeborenen Auslösemechanismus (AAM). Demgegenüber stehen erworbene Auslösemechanismen (EAM). AAMs beschränken sich bei Vögeln meist auf wenige und allgemeine Eigenschaften eines Objekts und liefern daher nur einen Rahmen, der durch individuelle Erfahrung ausgefüllt werden muß. In einem solchen Fall handelt es sich dann um einen durch Erfahrung ergänzten angeborenen Auslösemechanismus (EAAM).

Die Verwirklichung der durch das Erbgut weitergegebenen Information nennt man **Reifung.** Sie findet auch dann statt, wenn das sich entwickelnde Individuum keine Möglichkeit hat, die Verhaltensweise auszuführen, also zu üben. Bei einigen Arten ist experimentell nachgewiesen, daß sie auch ohne Übung ab einem bestimmten Stadium die volle Flugfähigkeit besitzen; bei den Seglern ist dies z. B. auch im normalen Ablauf der Entwicklung zu beobachten, da sie sofort nach dem Verlassen des Nestes fliegen müssen. Viele Reifungsvorgänge sind dem Lernen sehr ähnlich, bedürfen aber keines Trainings der Muskeln oder einer Verbesserung der Wahrnehmungsfähigkeit.

15.3.2 Lernvorgänge

Alle Vorgänge, die zu einer individuellen Anpassung des Verhaltens an die jeweiligen Umweltbedingungen führen, kann man als **Lernen** zusammenfassen. Voraussetzung ist Wahrnehmung von Informationen durch die Sinnesorgane, ihre Einspeicherung und Bewahrung im Gedächtnis und ihre Abrufbarkeit im Bedarfsfall. Manche Informationen und die Reaktion darauf müssen erlernt werden, z. B. das individuelle Kennen von Familien- und Gruppenangehörigen. Häufig kann aber eine Information sowohl über Lernen als auch über Weitergabe durch das Erbgut erworben werden. Der Vorteil des Lernens liegt in der Erhöhung der individuellen Fitness durch Verbesserung der Anpassung, da die Umwelt dynamisch ist und sich ständig verändert. Veränderungen kann durch Lernen noch innerhalb einer Generation Rechnung getragen werden. Am wichtigsten sind solche Vorgänge im Bereich der Ökologie. Das Aussehen der Artgenossen ändert sich dagegen viel langsamer, so daß gerade viele Teile des Sozialverhaltens auch bei Vögeln den größten Anteil genetischer Programmierung aufweisen.

Manche Lernvorgänge sind nicht das ganze individuelle Leben hindurch möglich, sondern lediglich auf **sensible Phasen** beschränkt (vgl. Kap. 16.4.3), die vielfach in frühen Entwicklungsstufen liegen und meist nur auf kurze Zeit beschränkt sind. Hierbei spielen sicher Entwicklungsvorgänge im ZNS (vgl. Kap. 10.2) eine wichtige Rolle. Vögel können schon vor dem Schlüpfen als Embryo Informationen aufnehmen (z. B. Rufkontakte, s. Kap. 16.3). Interspezifische Unterschiede im Lernvermögen innerhalb einzelner Taxa lassen sich oft als Anpassungen an spezielle Lebensbedingungen erklären. So bleiben junge Dreizehenmöwen auf den schmalen Felssimsen bis zum Flüggewerden im Nest; die Altvögel lernen ihre Jungen nicht individuell kennen. Die Altvögel von Möwenarten, die in dichten Kolonien am Boden brüten, lernen dagegen ihre Jungen, die bald das Nest verlassen und in der Kolonie umherlaufen, nach den ersten Tagen individuell kennen und können sie daher wiederfinden.

Grundsätzlich lassen sich fakultative (mögliche, aber nicht unbedingt notwendige) von obligatorischen (lebensnotwendigen) Lernvorgängen unterscheiden. Im einzelnen werden in der Ethologie mehrere Typen von Lernvorgängen definiert, die sich jedoch nicht immer eindeutig abgrenzen lassen.

Die Fähigkeit, sich an wiederholt auftretende Reize, die weder mit positivem noch mit negativem Erfolg verbunden sind, zu gewöhnen und nicht mehr darauf zu reagieren, wird als Gewöhnung, **Habituation** oder reizspezifische Ermüdung (s. Kap. 15.1.2) bezeichnet. Sie kann z. B. bei der Reaktion auf individuelle Gesangsmuster der Reviernachbarn eine Rolle spielen (s. Kap. 16.4.1) oder als Gewöhnung an harmlose »Feinde«. Durch solche Gewöhnung wird Energie gespart.

Gewinnt ein bisher neutraler Reiz bei häufiger Wiederholung durch eine positive Konsequenz die Fähigkeit zur Auslösung von Antworten, spricht man von klassischer **Konditionierung**. Beim Lernen am Erfolg (operante Konditionierung) wird dagegen eine neue Verhaltensweise mit einer »Belohnung« verknüpft. Das Individuum lernt eine Verbindung zwischen Reaktion und Erfolg, z. B. beim Aufsuchen einer Stelle mit Futterangebot (Futterhäuschen im Winter) oder Vermeidung einer Stelle mit hohem Feindrisiko. Auch in der Verbesserung bei der Bewältigung von Nahrungsobjekten durch Jungvögel (z. B. Aufspießen und Einklemmen von Beutetieren bei Würgern) spielt operante Konditionierung eine Rolle. Negative oder positive Erfolge wirken in jeweiliger Richtung als Verstärker des vorhergehenden Verhaltens. Die Kombination beider Konditionierungstypen, nämlich Lernen der geeignetsten Bewegungen und neuer kennzeichnender Reize zur Auslösung bzw. Orientierung entsprechender Verhaltensweisen, wird häufig als Lernen durch Versuch und Irrtum oder als Lernen am Objekt bezeichnet. Viele Möglichkeiten hierzu bietet auch das spielerische Verhalten, das man als Verhalten ohne Ernstbezug definieren, aber oft schwer von anderen Verhaltenskategorien trennen kann.

Als Lernen durch **Nachahmung** oder durch Beobachtung ist die Übernahme beobachteter Bewegungen oder gehörter Lautäußerungen in die eigene Motorik bzw. in das eigene Lautrepertoire definiert. Nachahmung von Lautäußerungen kommt bei vielen Vögeln vor (vgl. Kap. 16.4.3). Führt Nachahmung zur Verbreitung innerhalb einer Gruppe oder Population oder auch über Generationen hinweg, spricht man von Tradition. Motorische Nachahmung ist bei Vögeln nicht mit Sicherheit bekannt. Bei auffallenden Verhaltenstraditionen, wie z. B. das berühmte Öffnen von Milchflaschen durch Meisen in England, spielt wohl auch Lernen am Erfolg eine Rolle. Doch können Vögel durch Tradition Feindbilder lernen. Traditionen liegen wahrscheinlich auch häufig dem Aufsuchen bestimmter Nahrungs-, Schlaf- und Rastplätze zugrunde; hierbei ist mangels experimenteller Möglichkeiten eine strenge Trennung von Lernformen meist nicht möglich. Vielfach handelt es sich auch um **Stimmungsübertragung**, worunter man die Neigung bei sozialen Arten versteht, gleichzeitig dasselbe zu tun. So können Putz- und Pickbewegungen ansteckend wirken; von einem Schwarm werden auch Individuen mitgerissen, die möglicherweise noch nicht in Flugstimmung sind. Stimmungsübertragung führt nicht zu neuen Verhaltensweisen, sondern zur Synchronisation.

Kompliziertes Lernen und »zweckdienliches« Verhalten sind z. B. bei »intelligenten« Vögeln, wie Rabenvögeln oder Graupapagei beobachtet worden, ebenso Fähigkeiten zur Generalisation und unbenanntem Zählen in Dressurversuchen.

Ein umstrittener Begriff ist auch die **Prägung** (imprinting). Unter diesem Begriff versteht man einen sehr frühen und raschen Lernprozeß mit einem stabilen (irreversiblen) Ergebnis. Ursprünglich bezieht sich der Vorgang auf Verhaltensweisen, die »ohne Kenntnis des Objekts« angeboren sind und für die der Prägungsvorgang die Kenntnis des dazugehörigen Objektes liefert (Objektprägung). Die sensible Phase ist meist sehr kurz (mitunter nur wenige Tage bzw. Stunden) und kann später durch andere Erfahrung nicht oder nur schwer verändert werden. In der Regel findet Prägung lange Zeit vor der Geschlechtsreife statt. Nachlaufprägung ist bei Nestflüchtern (bei mehreren Enten-, Hühner- und Schnepfenvögeln) nachgewiesen. Die angeborene Kenntnis umfaßt offenbar Bewegungen und eine bestimmte Größenordnung, in die normalerweise die natürliche Mutter fällt. Im Experiment kann man für Individuen anderer Arten oder entsprechend bewegte Gegenstände ebenfalls anhaltende Bevorzugung erzielen. Auch die Kenntnis der Merkmale des Geschlechtspartners ist bei vielen Vogelarten offenbar nur sehr grob angeboren und muß durch Lernvorgänge präzisiert werden. Im Experiment zeigen mit Individuen anderer Arten aufgezogene Jungvögel bei der Wahl des Sexual-

partners später Präferenz für Individuen der »Stiefart«. Sexuelle Prägung wurde vor allem bei Enten- und Hühnervögeln, Papageien, Tauben und Prachtfinken nachgewiesen. Fehlprägungen handaufgezogener Vögel auf den Pfleger wird oft als Menschenprägung bezeichnet. Als zumindest prägungsähnliche Vorgänge ordnet man Heimat- und Ortsprägung von Zugvögeln, manche Präferenzen bei der Nahrungswahl, vielleicht auch manche Formen des Gesanglernens (vor allem bei Lernen am individuellen Vorbild, s. Kap. 16.4.3) ein. Zu den Sonderfällen zählt die spezielle Wirtsprägung der Witwen (s. Kap. 17.3.3).

15.3.3 Anpassungen in der Entwicklung bei Vögeln

Im Vergleich etwa zu den Säugern läuft die **Verhaltensentwicklung** bei Vögeln sehr rasch ab, was der Geschwindigkeit der allgemeinen ontogenetischen Entwicklung entspricht. Vögel können ihre Adultgröße in einer Zeit erreichen, die etwa die Größenordnung von 1 % der gesamten Lebenserwartung umfaßt. Diese rasche Entwicklung wird als Anpassung an das Flugvermögen (z. B. rasches Anstreben des konstanten Verhältnisses zwischen Körpergewicht und Flügelfläche) verstanden. Schneller Ablauf von Lernvorgängen und relativ spärlich entwickeltes Spielverhalten sind charakteristisch. Ferner bedingt die Entwicklung im Ei, daß der Embryo stärker Umwelteinflüssen ausgesetzt ist als z. B. bei Säugern. Zumindest akustische Kommunikation zwischen Eltern und Embryo ist möglich (vgl. Kap. 16.3). Zu den wichtigsten Formen des embryonalen Verhaltens zählen auch Bewegungen, um eine für das Schlüpfen günstige Position zu erreichen (Verhalten beim Schlüpfen, s. Kap. 18.1.5).

Spezielle Verhaltensweisen der Jungvögel während ihrer Entwicklung unterscheiden sich natürlich erheblich zwischen **Nestflüchtern** und **Nesthockern** (vgl. Kap. 18.2). Typische Nestflüchter schlüpfen mit voll entwickelten Sinnesorganen und lokomotorischem Verhalten; Nesthocker mit weniger hohem Entwicklungsstand zum Zeitpunkt des Schlüpfens verbringen den größten Teil ihrer Jugendentwicklung im oder in der Nähe des Nestes. Letztere benötigen eine ungleich intensivere Brutpflege. Zwischen beiden Typen gibt es Abstufungen. So leben extreme Nestflüchter, wie junge Enten- und Hühnervögel, zumindest am ersten Tag nach dem Schlüpfen von ihrem Dottersack und können anschließend ihre Nahrung selbst finden, ohne jemals von den Eltern gefüttert werden zu müssen (Extrem: Großfußhühner, deren Junge vom Verlassen des Nesthügels an völlig selbständig sind). Möwenvögel oder Alken dagegen verlassen ihr Nest zunächst nur vorübergehend für kurze Entfernungen und kehren zur Fütterung durch die Eltern dorthin zurück (vgl. Kap. 18.2.4).

Bei extrem nestflüchtenden Arten verändert sich daher das Verhalten der **Nahrungssuche** von den ersten Lebenstagen bis zum Adultstadium nur graduell. In intermediären Stufen bettelt zwar der Jungvogel nach Futter, benützt jedoch dazu das Nahrungspicken der Altvögel, wenn z. B. junge Möwen an den Schnabel der Eltern picken (vgl. Abb. 15.1) oder viele Arten ihre Pickbewegungen auf das am Nestboden liegende von den Altvögeln hervorgewürgte Futter richten. Wenn die Altvögel jedoch typischen Nesthockern das Futter in den Rachen stecken, wie bei allen Sperlingsvögeln, zeigen die Jungen ein Verhalten der Nahrungsaufnahme, das von jenem der Altvögel so stark abweicht, daß es als spezielle Anpassung während der Ontogenese betrachtet werden kann, aus der sich das Verhalten der Altvögel sicher nicht entwickelt, wenn auch z. B. im Rahmen der Balz oder bei gegenseitiger Fütterung der Partner einzelne Komponenten wieder auftreten können (z. B. Futterbetteln der Weibchen).

Im **Bettelverhalten** nesthockender Sperlingsvögel können mehrere Entwicklungsphasen unterschieden werden. In den ersten Tagen reißen die noch blinden Jungen senkrecht nach oben gerichtet den Schnabel auf, lassen dabei häufig auch hohe Bettellaute hören. Dieses Sperren wird durch einfache akustische und taktile Reize ausgelöst, mitunter tritt es auch ohne äußeren Schlüsselreiz auf. Wenige Tage später reagiert der Jungvogel auf optische Reize, zunächst meist noch nicht gerichtet; später wendet er seinen aufgesperrten Rachen dem Reizsender zu (Abb. 15.3). Das Betteln wird jetzt auch häufig durch vibrierende Bewegungen der Flügel(stummel) und Kopfbewegungen unterstützt. Unabhängig davon stellen sich in der letzten Phase der Entwicklung Pickbewegungen ein, anfänglich meist ohne Objektunterscheidung. Sperren und Bettelbewegungen sind zunächst noch obligatorisch; später kann durch eigene Pickbewegungen nach und nach besser gezielt Nahrung aufgenommen werden, doch

Abb. 15.3. Singdrossel füttert Jungvögel, die kurz vor dem Verlassen des Nestes stehen (Foto R. Siebrasse).

wenn die Altvögel erscheinen, werden sie angebettelt. Vermutlich trägt das Nachlassen der Fütterungsfrequenz der Altvögel dazu bei, daß sich die Methodik des aktiven Nahrungserwerbs in Motorik, Effizienz und Nahrungsselektion verbessert; Lernen am Erfolg (s. Kap. 15.3.2) ist daran sicher beteiligt. Individuelle Erfahrung scheint vor allem bei Wirbeltierjägern oder Arten mit kompliziertem Nahrungserwerb eine Rolle zu spielen: Stoßtaucher (wie Seeschwalben oder Braunpelikan, Abb. 15.4), Greifvögel oder Eulen jagen zunächst mit deutlich geringerem Erfolg als Altvögel und bleiben teilweise noch längere Zeit nach dem Flüggewerden in Gesellschaft ihrer Eltern (»Bettelflugperiode«).

Mit dem typischen **Sperren** der Sperlingsvögel (und z. B. der brutparasitischen Kuckucke, Abb. 17.6) verbunden ist die Präsentation eines leuchtend gelb bis ziegelrot gefärbten Sperrachens, oft auch einer kontrastreichen Rachenzeichnung aus schwarzen, orangefarbenen, weißen oder roten Flecken (besonders kompliziert bei Webervögeln und Prachtfinken). Bei Nesthockern in geschlossenen Nestern oder Höhlen sind häufig Rachenpapillen ausgebildet, die auch geringe Lichtmengen reflektieren. Bei Spechten und Racken können auch lebhaft gelb gefärbte wulstige Schnabelränder als Signale im Dunkel der Bruthöhle wirken. Rachenfärbung und Schnabelwülste wirken als Auslöser für futterbringende Altvögel, das Futter in die ge-

Abb. 15.4. Fischfang des Braunpelikans: a, b = Stoß-
tauchende Altvögel; c, d und e = Jungvögel, die im
Seichtwasser der Brandung Tauchversuche unternehmen, weil sie die Technik des Stoßtauchens noch
nicht perfekt beherrschen (Fotos a, b F. PÖLKING, c–e
E. BEZZEL).

öffneten Schnäbel zu stopfen. Die Regelung
der Futterverteilung wird durch die mehr oder
minder lebhafte Darbietung der entsprechenden Schlüsselreize bewirkt (s. auch Kap.
15.5.3).

Eine spezielle Anpassung mancher Nesthok-
ker sind auch Verhaltensweisen bei der **Defäkation.** Bei vielen Singvögeln dreht sich der Nestling nach der Fütterung herum und sondert

einen in eine schleimige Umhüllung verpackten
Kotballen ab, den der Altvogel mit dem Schnabel aufgreift und aus dem Nest trägt (vgl. Kap.
15.6.3; Abb. 15.5). Wenn die Jungvögel das
Nest verlassen, hört dieses Verhalten zusammen mit dem Verschwinden der Umhüllung
auf. Nicht alle Nesthocker zeigen jedoch solche
Anpassungen an die Sauberhaltung des Nestes.
Herangewachsene Reiher, Greifvögel oder Eu-

Abb. 15.5. Kleiber trägt nach der Fütterung einen Kotballen aus dem Nistkasten (Foto E. BEZZEL).

len drehen sich bei der Kotabgabe häufig so, daß der Strahl über den Nestrand hinausgespritzt wird. Nesthockerbruten nehmen vor allem bei Abwesenheit der Altvögel energiesparende Gruppenformationen ein (z. B. »Wärmekegel« durch Zusammenkauern der Jungen in Pyramidenform beim Wendehals).

Anpassungen an besondere **Umweltverhältnisse** im Jugendverhalten der Vögel sind vielseitig. Hierzu zählt z. B. das »Sich-Drücken« vieler junger Nestflüchter bei Gefahr (vgl. Abb. 15.6) oder das Töten von Nestgeschwistern bei großen Greifvögeln (Kainismus, vgl. Kap.

17.6.2) und besonders Anpassungen im Verhalten von Brutparasiten (vgl. Kap. 17.3.3).

Andere besonders oder ausschließlich während der Entwicklung auftretende jugendliche Verhaltensweisen zeigen Verbindung oder Einfluß auf das Adultverhalten, wie z. B. Spielverhalten (besonders bei Rabenvögeln entwickelt) oder Subsong (vgl. Kap. 16.4.2).

15.4 Stammesgeschichte des Verhaltens

Auch das **Verhalten** unterliegt den Gesetzen der **Evolution** und hat sich aus Vorstufen entwickelt. Aussagen des Verhaltens von Fossilien stehen allerdings von wenigen Rückschlüssen abgesehen nicht zur Verfügung. So bleiben lediglich Anhaltspunkte aus der Verhaltensontogenese und dem Vergleich von Arten, deren phylogenetische Verwandtschaft durch andere Methoden geklärt ist. Besondere Probleme ergeben sich dabei aber bei der Definition von **Verhaltenshomologien,** da das Gedächtnis als Informationsspeicher neben dem Genom in Frage kommt und damit Träger homologer Verhaltensweisen nicht von einer gemeinsamen Form abstammen müssen. Voneinander gelernte Lautäußerungen sind z. B. untereinander homolog, auch wenn die Arten zu verschiedenen Verwandtschaftsgruppen gehören. Die stammesgeschichtliche Entwicklung und Verwandtschaft von Merkmalen ist also zu trennen von jener der Merkmalsträger. Erworbenes Verhalten kann einen festen Bestandteil im Lernprogramm einer Art bilden, so daß regelrechte

Abb. 15.6. Junge Rotflügel-Brachschwalbe drückt sich in Deckung als Reaktion auf die Warnrufe der Altvögel (Foto E. BEZZEL).

Traditionshomologien entstehen, wie z. B. das Erlernen der Lautäußerungen ihrer Wirte durch die brutparasitischen Witwen (vgl. Kap. 17.3.3).

Kriterien, die **Homologie** von Verhaltensweisen zumindest wahrscheinlich machen, sind u. a. gute Übereinstimmung in möglichst vielen Einzelmerkmalen, gleiche Stelle innerhalb einer Handlungskette, Verknüpfung unterschiedlicher Verhaltensweisen durch Zwischenformen.

Im **Artenvergleich** ergeben sich Möglichkeiten der Rekonstruktion von **Verhaltensinventaren** oder zumindest Vergleichsmöglichkeiten, wie im »Gesellschaftsspiel« der Gründelenten oder in der Halmbalz bei Prachtfinken. Einige Arten präsentieren dabei Halme, wie sie auch beim Nestbau verwendet werden, so daß die Herkunft dieses Verhaltens aus dem Funktionskreis Nestbauverhalten deutlich wird. Bei anderen Arten ist ein Gegenstand (z. B. Feder oder Halm, der für Nestbau nicht geeignet ist) im Schnabel nur noch »Symbol« und wieder andere Arten zeigen entsprechende Bewegungen ohne »Halm« im Schnabel. In solchen Fällen (z. B. Zebrafink) benutzen junge Männchen gelegentlich noch einen Halm; das Verhalten verliert sich aber rasch (Rückschlüsse auf Phylogenese aus der Ontogenese).

Als **Verhaltensrudimente** werden z. B. symbolische Nestbaubewegungen in der Balz von Seevögeln, die kein Nest mehr bauen, interpretiert (Abb. 15.7).

Gesetzmäßigkeiten der **stammesgeschichtlichen Entwicklung** lassen sich vor allem im Ausdrucksverhalten (vgl. Kap. 15.2.2) erkennen. Phylogenetische Veränderungen im Dienst der Verbesserung von Signalübermittlung bezeichnet man als **Ritualisierung.** Im wesentlichen handelt es sich dabei um Vereinfa-

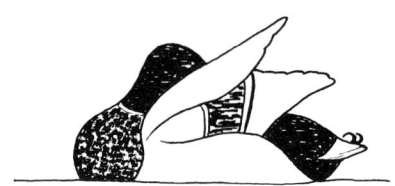

Abb. 15.8. Scheinputzen des Stockerpels als Bestandteil der Balz (nach BLUME 1967).

chungen, Übertreibungen und Formalisierung des Bewegungsablaufes. Oft treten ritualisierte Bewegungen in (rhythmischer) Folge auf. Übertreibung ist bei vielen Bewegungen des Droh- und Balzverhaltens häufig (z. B. Flügelschlagen oder -spreizen, »Paradeschritte« usw.). Formalisierung sind vor allem bei Bewegungen der Lokomotion, der Körperpflege oder der Nahrungssuche als Bestandteile der Balz zu beobachten (z. B. Putzbewegungen, Trommeln der Spechte).

Ritualisierung tritt besonders häufig bei **Intensionsbewegungen** und **Übersprungbewegungen** auf. Das Knicksen vieler Singvögel vor dem Abflug kann in ritualisierter Form Signalcharakter haben, ebenso die Intensionsbewegungen zum Auffliegen bei Enten durch wiederholtes Schnabelheben. Im Balz- und Drohverhalten finden sich viele ritualisierte Übersprungbewegungen, z. B. das Scheinputzen als Hintippen auf auffällige Flügelsignale (Enten; Abb. 15.8). Diese Bewegung ist fester Bestandteil der Balz geworden.

Neben phylogenetischer kommt auch ontogenetische Ritualisierung vor, z. B. Übergang vom abwechslungsreichen Jugendgesang zum formkonstanteren Vollgesang.

Konvergente Verhaltensentwicklungen, die auf gleichgerichteten Anpassungen an gleiche Lebensbedingungen beruhen, sind z. B. Eirollen bei Bodenbrütern (Strauße, Entenvögel, Hühnervögel, Schnepfenvögel, Kraniche usw.), zeitsparendes Saugtrinken bei Tauben, Flughühnern, Mausvögeln und einigen Prachtfinken (Anpassung an trockene Lebensräume bzw. offene feindgefährdete Wasserstellen), Warnrufe von Kleinvögeln (Abb. 16.5).

15.5 Individualverhalten

Eine strenge Trennung vom Sozialverhalten ist nicht möglich, da z. B. viele Bewegungen des Komfortverhaltens zu Bestandteilen der inter-

Abb. 15.7. Verhaltensrudimente beim Blaufußtölpel: a. Zeigen von »Nistmaterial« durch das Männchen; b. synchrones Ablegen von Nistmaterial durch das Paar (nach NELSON 1978, leicht verändert).

individuellen Kommunikation geworden sind (vgl. Kap. 15.6). Einige Aspekte sind an anderer Stelle bereits besprochen, z. B. Fortbewegung (Lokomotion; Kap. 3) und Nahrungserwerb (Kap. 12).

15.5.1 Tageszeitliche Aktivität

Normalerweise fallen im täglichen Rhythmus die biologischen Aktivitäten mit den Tageszeiten zusammen, an die sie angepaßt sind. Da tägliche Aktivitätsrhythmen (z. B. der Lokomotion) aber auch bei experimentell konstanten Bedingungen, wie Licht oder Temperatur, erhalten bleiben und der Aktivitäts-Ruhe-Wechsel von der 24-Stunden-Periode abweicht (meist bis maximal 20 %), ist zu schließen, daß er in einer inneren (endogenen) Periodik vorgegeben ist. Man spricht daher von einer circadianen (ungefähr einem Tag entsprechenden) Rhythmik (vgl. circannuale Rhythmik, Kap. 20.4.2), die durch Zeitgeber mit der Periodik der Umwelt synchronisiert wird. Wichtigster **Zeitgeber** ist der 24-h-Rhythmus der Lichtintensität (Hell-Dunkel-Wechsel). Als zusätzliche Zeitgeber kommen z. B. starke Temperaturschwankungen und unterschiedliche Geräuschpegel in Betracht.

Die »**innere Uhr**« ist angeboren und ihre Periodenlänge wird durch Umwelteinflüsse nur sehr gering verändert. Hohe Außentemperaturen führen zu einer schwachen Verkürzung. Bei tagaktiven Vögeln verkürzt hohe Lichtintensität die Periodenlänge geringfügig, bei nachtaktiven tritt teilweise der umgekehrte Effekt ein. Auch physiologische Bedingungen (wie Stand der Reproduktion) können Einfluß haben.

Innerhalb eines Organismus werden verschiedene biologische Funktionen durch unterschiedliche circadiane Uhren gesteuert. Auch eine einzige Funktion kann von verschiedenen endogenen Rhythmen beeinflußt werden, die aber unter normalen Bedingungen miteinander synchronisiert sind.

Die überwiegende Mehrheit der Vögel ist tagaktiv, doch sind auch normalerweise tagaktive Arten zu bestimmten Zeiten nachtaktiv, z. B. tagaktive Nachtzieher. Beide Aktivitäten stehen unter circadianer Kontrolle, wobei sich die Vorzugslichtstärke im Gradienten des 24-h-Rhythmus ändert. Beim Rotkehlchen löst hohe Lichtintensität normale Tagesaktivität und geringe nächtliche Zugaktivität aus.

Tagaktive Vögel haben für einige Tätigkeiten oft einen **bimodalen Aktivitätsverlauf** (z. B. Gesang, vgl. Abb. 16.10). So hat z. B. Nahrungsaufnahme meist ein Maximum frühmorgens und am Spätnachmittag; letzterer dient der Anlage eines Energievorrates für die kommende Nacht. Doch die bimodale Verteilung bleibt auch erhalten, wenn ad libitum gefüttert wird. Anpassungen an spezielle Erfordernisse sind zahlreich. Segelfliegende Wirbeltierjäger werden in Abhängigkeit von Thermikbildungen z. B. erst am späten Vormittag flugaktiv; ähnliche Aktivitätsgipfel zu den wärmeren Tageszeiten haben Jäger fliegender Insekten. Tauchvögel (z. B. Enten) und taktil Nahrung ortende Schnepfenvögel können Tag und Nacht Nahrung suchen. Für letztere bestimmen an den Küsten die Gezeiten entscheidend den Tagesrhythmus des Nahrungserwerbs.

Während des **Brutzyklus** sind natürlich oft andere Aktivitätsmuster zu beobachten, z. B. auch tagsüber Nahrungssuche und nachts Aktivität am Nest (z. B. viele Röhrennasen). Im Winter wird in höheren Breiten (kürzere Tage, lange Nächte mit niedrigen Temperaturen) ein weit höherer Teil der Hellphase für den Nahrungserwerb aufgewendet.

Andere Aktivitäten, wie Gefiederpflege oder Ruhen, sind meistens dem Aktivitätsmuster des Nahrungserwerbs untergeordnet. Die meisten Vögel schlafen nachts, doch werden auch unter Tags Ruhepausen eingelegt, insbesondere bei ungünstigem Wetter. Viele Arten schalten nur relativ kurze Schlafpausen zu verschiedenen Tageszeiten ein. Tagaktive Vögel richten sich beim Aufsuchen und Verlassen der Schlafplätze nach der Helligkeit. Die Schwellenwerte ändern sich mit der Jahreszeit. Dabei lassen sich einige Regeln erkennen, die zumindest für viele Singvögel gelten:

Der **Beginn der Aktivität** lichtaktiver Vögel am Morgen ist im allgemeinen an kleinere Beleuchtungsstärken gebunden als das Ende der Aktivität am Abend; im Winter kann aber die Helligkeit am Morgen höher sein. Bei dunkelaktiven Arten fällt im Jahresmittel der Beginn der Aktivität am Abend in größere Helligkeit als das Ende der Aktivität am Morgen. Früh erwachende Arten gehen auch am Abend spät zur Ruhe. Interindividuelle Unterschiede entsprechen teilweise dieser Regel. Im Verlauf eines Jahres ändert sich bei lichtaktiven Arten die Flug- oder Singhelligkeit (vgl. Kap. 16.4.2) am Morgen weniger als am Abend.

Besondere Anpassung an minimale Lichtintensitäten finden sich bei Eulen, Schwalmvögeln und Kiwis. Tagsüber ruhen viele Eulen versteckt oder gar in Höhlen und sind so vom Lärm geschützt. Der Fettschwalm verbringt den Tag in dunklen Höhlen. Viele Arten sind aber nicht ausgesprochen nachtaktiv, sondern eher dämmerungsaktiver. Auch während der Dunkelphase ist häufig ein bimodaler Aktivitätsverlauf festzustellen mit einem Minimum um Mitternacht oder später. Normalerweise tagaktive Vögel schalten auch in der hellen Polarnacht um Mitternacht eine längere Schlafpause ein.

15.5.2 Komfortverhalten

Mit diesem Begriff umfaßt man Verhaltensweisen der Körperpflege, wie Putz- und Kratzbewegungen, Sichschütteln, Baden, Staub- und Sonnenbaden, im weiteren Sinn auch Schlaf- und Ruhehaltungen, Streckbewegungen usw. (die oft mit der Sauerstoffversorgung in Zusammenhang stehen). Eine besondere Aufgabe hat bei Vögeln eine Vielzahl von Bewegungen zur Pflege des Gefieders.

Die allermeisten Vögel **baden** (einige staubbadende Arten, s.u., nicht). Dabei kann der Vogel außerhalb des Wassers am Ufer oder im Seichtwasser stehen (am häufigsten); manche Arten (z.B. einige Timalien) springen ins Wasser und gleich wieder heraus; vor allem Schwalben und Segler, aber auch Fregattvögel oder viele Seeschwalben baden im Flug; Eisvögel und viele Tyrannen lassen sich von einer Sitzwarte im Sturzflug ins Wasser fallen, oft wiederholt; Regenbaden ist weit verbreitet, vor allem bei Spechten, Papageien oder Lerchen; Baden in der von Regen oder Tau benetzten

Vegetation kommt vor allem bei Vögeln der Tropenwälder häufig vor.

Typische **Badebewegungen** umfassen Eintauchen des Kopfes ins Wasser, Schütteln des Körpers und Flügelschlagen. Das Gefieder ist gesträubt, die Schwanzfedern werden gespreizt. Die Bewegungen wirken meistens hastig und werden mehrfach wiederholt. Typische Regenbader lockern ebenfalls ihr Gefieder, strecken die Flügel horizontal aus und fächern den Schwanz. Viele Landvogelarten haben mehrere Bademethoden in Anpassung an besondere Verhältnisse. Wasservögel verschiedener Verwandtschaft baden im Schwimmen und tauchen dabei mehr oder minder ganz unter. Manche Arten, wie Enten, vollführen dabei auch Purzelbäume. Meistens wird beim Bad das Gefieder nur möglichst gleichmäßig benetzt, ohne daß es sich dabei mit Wasser vollsaugt. Sehr intensives Baden, auch bei Landvögeln, kann jedoch zu einer weitgehenden Durchnässung des Gefieders und kurzfristiger Einschränkung der Flugfähigkeit führen. Nicht selten scheint auch der Kühlung wegen ein Bad genommen zu werden.

Anschließend an das Baden (oft aber auch schon in kleinen Unterbrechungen dazwischen) wird durch Körperschütteln und Flügelschlagen, aber auch durch sehr hastiges Gefiederputzen locker anhängendes Wasser beseitigt. Möwen und Enten können sich nach einem Bad auch im Flug schütteln; Kormorane und Schlangenhalsvögel nehmen (auch nach dem Nahrungstauchen) charakteristische **Trockenhaltungen** mit ausgestreckten Flügeln ein, da ihr Gefieder nicht imprägniert ist (vgl. Kap. 4.4). Ähnliche Haltungen sieht man auch bei anderen Großvögeln; sie können aber auch der Thermoregulation dienen (s.u.).

Abb. 15.9. Schneebad des Alpenschneehuhns (Foto E. BEZZEL).

Abb. 15.10. Typische Bewegungen der Gefiederpflege beim Braunpelikan (Foto E. Bezzel).

Vögel mit einer **Bürzeldrüse** (vgl. Kap. 4.4) schließen an das Baden und die ersten Trockenbewegungen das »**Einfetten**« des Gefieders an: Meist wird das Sekret mit dem Schnabel oder bei langhalsigen Arten auch durch Kopfreiben aus der Drüse gepreßt und dann mit dem Schnabel, durch Kopfrollen oder auch durch Kratzbewegungen mit den Zehen über das Gefieder verteilt. Kopf und Hals werden meist indirekt durch Reiben am Körpergefieder eingeölt. Manche Singvögel entnehmen durch Kratzbewegungen das Fett dem Schnabel und verteilen es mit den Füßen. Für schwer erreichbare Gefiederpartien stehen ganz unterschiedliche Bewegungsfolgen zur Verfügung (s. u.). Auch Puder (z. B. Tauben, vgl. Kap. 5) wird durch Putzbewegungen möglichst gleichmäßig verteilt.

Bei Arten, die in Wüste, Steppen und anderen Trockengebieten leben, ist **Sand- oder Staubbaden** verbreitet, bei Nicht-Singvögeln z. B. unter Straußen, Nandus, Hühnervögeln, Trappen, Flughühnern, Nachtschwalben, Mausvögeln, Bienenfressern, Racken oder Nashornvögeln, bei Singvögeln z. B. bei Lerchen, Zaunkönigen, Stärlingen, Ammern, Sperlingsarten. Dabei wird oft im lockeren Substrat eine seichte Mulde oder Wanne gescharrt, der Staub oder Sand durch Badebewegungen in das Gefieder gebracht (auch der Kopf darin eingetaucht) und anschließend verteilt und wieder ausgeschüttelt. Dieses Baden dient offensichtlich nicht unwesentlich der Gefiederpflege und schützt möglicherweise auch vor Ektoparasiten. In höheren Breiten nehmen z. B. Hühner, aber auch gelegentlich Singvögel Schneebäder (Abb. 15.9).

Ein hochspezialisiertes Komfortverhalten ist das **Einemsen** (anting), das bei über 200 Sperlingsvogelarten nachgewiesen ist, auch für einige Nicht-Singvögel berichtet wird, aber hier offensichtlich nicht ausreichend belegt ist. Hierbei werden entweder aktiv mit dem Schnabel Ameisen am Gefieder abgewischt oder indirekt durch Gefiederspreizen den Ameisen das Eindringen zwischen die Federn gestattet. Ersteres ist häufiger und z. B. typisch für Timalien, Stare, Tangaren und Webervögel. Indirektes Einemsen ist bei größeren Singvögeln häufiger

(z. B. Drosseln und Rabenvögeln), kommt aber auch bei den sehr kleinen Prachtfinken vor. Die Funktion ist nicht klar. Wahrscheinlich dient Einemsen der Reinigung des Gefieders durch das ätzende Ameisensekret (vor allem bei Kleinvögeln), der Tötung von Ektoparasiten (Milben) durch die Ameisensäure und vielleicht auch einer Stimulierung der Haut.

Mehr der Thermoregulation scheint das **Sonnenbaden** zu dienen (vgl. Kap. 14.5.1), wenn Vögel bei gesträubtem Konturgefieder oder halb ausgebreiteten Flügeln sich den warmen Sonnenstrahlen aussetzen (auch »Baden« im Rauch von Kaminen usw. kommt vor). Doch suchen gerade an sehr warmen Tagen viele Vögel ausgerechnet die heißesten Stellen auf, wenn also Energiegewinn sicher keine Rolle

a   b   c

Abb. 15.11. Kanadareiher: a sichernd; b Halskratzen »vorneherum«; c Flügelstrecken mit Beinstrecken (Foto E. Bezzel).

Abb. 15.12. Maskentölpel: Altvogel hilft bei der Gefiederpflege an einer für den Schnabel des Jungvogels schwer erreichbaren Stelle (Foto F. PÖLKING).

spielt. Dabei werden vor allem die Flügel ausgebreitet und der Schwanz gefächert und oft arttypische Haltungen eingenommen. Möglicherweise dient dieses Sonnenbaden in erster Linie der Gefiederpflege, wobei auch ultraviolette Strahlen eine Rolle spielen könnten.

Die wichtigste **Gefiederpflege** bilden Putzbewegungen mit dem Schnabel (Abb. 15.10). Dabei wird nicht nur die Feder von anhaftenden Fremdkörpern gereinigt, sondern auch die Federstruktur geordnet und wieder hergestellt. Entsprechende Bewegungen sieht man daher nicht nur im Anschluß an das Baden, sondern den ganzen Tag über, vor allem in längeren Ruhepausen. Die Feder wird dabei entweder zwischen Unter- und Oberschnabel genommen, oder der geschlossene Schnabel wirkt als ganzes und streicht die Feder oder stochert zwischen den Federn. Zerschlissene Federn werden vor allem mit der ersteren Methode »repariert«; das Schnabelstreichen oder -stochern sorgt mehr für richtige Lage der Federn am Körper. Das Kopf- und Halsgefieder wird durch Fußkratzen (Abb. 15.11) oder durch Reiben des Kopfes an anderen Gefiederpartien geordnet. Gegenseitiges Gefiederputzen spielt im Sozialverhalten eine Rolle (z. B. Paarbindung, Familienkontakt, vgl. Abb. 15.12).

Beim **Kopfkratzen** werden zwei Methoden unterschieden: Kratzen »vorneherum«, wobei der Fuß direkt an den Kopf geführt wird (Abb. 15.11) und »hintenherum«, wobei der Flügel gesenkt und das gleichseitige Bein über den Flügelansatz gehoben wird. Letztere recht umständliche Bewegung wurde auch als Verhaltensrudiment aus der »Reptilienvergangenheit«

der Vögel angesehen, doch tritt sie bei sehr unterschiedlichen Taxa auf und bei einzelnen Familien (z. B. Waldsänger) sogar innerhalb des Gattungsniveaus neben dem direkten Kratzen, schließlich auch intraspezifisch bei erwachsenen Vögeln, deren Junge sich vorneherum kratzen.

Die **Reinigung des Auges** geschieht durch die Nickhaut (s. Kap. 11.1.2) oder durch Reiben des Kopfes an den Schultern. Manche Laufvögel reinigen Füße und Beine im Wasser (z. B. bevor sie zum Nest gehen). Schnabelreinigung geschieht durch Eintauchen ins Wasser, Fußkratzen, Abstreifen an einer Unterlage usw.

Kopf- und Körperschütteln sind weit verbreitete Komfortbewegungen, die wohl mehr der Zirkulation dienen. Schwimmvögel richten sich dazu unter heftigen Beinbewegungen auch im Wasser auf. Oft werden auch nur die Flügel heftig geschlagen, bei Falken oder Möwen auch im Flug. Bei fast allen Vögeln kommt charakteristisches Flügelstrecken vor: Im Stand wird ein Flügel seitlich, z. T. auch nach unten oder caudad voll gestreckt und kurze Zeit so gehalten, ehe er sich wieder zusammenfaltet. Dabei kann synchron das Bein der entsprechenden Seite gestreckt werden (Abb. 15.11); Bein und Flügel werden auch unabhängig voneinander seitlich gestreckt, vor allem bei Sperlingsvögeln auch oft die entsprechende Seite des Schwanzes. Daneben gibt es bei vielen Gruppen auch das synchrone Strecken der Flügel nach oben (meist nur halb ausgespannt), was vor allem bei Sperlingsvögeln häufig auch mit einem Strecken im Intertarsalgelenk begleitet wird. Flügelstreckbewegungen haben nicht selten auch eine soziale Funktion (z. B. Drohen; bei Regenpfeiferbvögeln auch als Bewegung kurz vor oder nach einem Flug).

Vögel **gähnen** auch; nicht bei allen gähnenden Schnabelöffnungen wird jedoch die Kehle geöffnet, so daß die physiologische Funktion unklar bleibt. Zu unterscheiden von solchen Gähnbewegungen sind natürlich Sperren der Jungvögel (s. Kap. 15.3.3) oder Drohbewegungen mit geöffnetem Schnabel (Abb. 15.13).

Erwachsene Vögel **ruhen und schlafen** für gewöhnlich auf einem oder beiden Beinen stehend. Viele Wasservögel schlafen schwimmend; Hühnervögel, Möwen, Tauben u. a. lassen sich auch auf dem Boden nieder, wenn sie sich sicher fühlen. Bei Seglern ist Ruhen in der Luft (auch nachts) nachgewiesen, bei einigen Seeschwalben wahrscheinlich. In Ruhehaltung

Abb. 15.13. Eisvogel; oben: für Sekundenbruchteile sich androhende Jungvögel (Geschwister); unten: Fütterung eines flüggen Jungvogels (Foto F. Pöl-king).

sind die Konturfedern locker gesträubt und die gefalteten Flügel teilweise darin verborgen. Der Kopf wird nach hinten gedreht und der Schnabel »hinter dem Flügel« oder im Hals-, Brust-oder Rückengefieder versenkt.

15.6 Sozialverhalten

15.6.1 Kampf- und Feindverhalten

Angriffs-, Droh- und Fluchtverhalten faßt man häufig als agonistisches Verhalten zusammen. Interspezifisches aggressives Verhalten umfaßt Verteidigung und Konkurrenzverhalten; Beutefang carnivorer Arten ist wohl eher unter Nahrungserwerb einzuordnen. Intraspezifische Aggression ist dagegen ausschließlich eine Folge von Konkurrenz um Ressourcen der Umwelt oder den Artgenossen (vor allem Sexualpartner).

Aggression umfaßt Drohen und Angriff. Haltungen, Bewegungen, Lautäußerungen können als Drohung den Gegner abhalten oder zum Rückzug veranlassen, ohne daß es zum Kampf kommt. Drohung ist im allgemeinen häufiger

als Kampf, da letzterer sehr aufwendig ist. Er kostet Energie, birgt das Risiko der Verletzung und vergrößert die Gefahr, Opfer eines Beutefeindes zu werden. Er kann daher nur durch entsprechenden Gewinn aufgewogen werden (vgl. z. B. Kap. 19.2.2, Territorialität). Als Folge aggressiven Verhaltens kann sich in Gruppen eine Rangordnung entwickeln, z. B. in Winterschwärmen bei sonst territorialen Vögeln.

Droh- und Imponierverhalten bestehen meist aus Intensionsbewegungen des Kampfes (Abb. 15.14). Durch Gefiedersträuben, Abspreizen der Flügel oder Schwanzfächern, oft verbunden mit Präsentation besonders auffälliger Farbsignale, Aufstellen von Halskrausen (z. B. Kampfläufer) oder Kopfschmuck (z. B. Haubentaucher) macht sich das drohende Individuum groß oder verändert seinen Körperumriß. Kopf- und Schnabelheben, Kopfvorstrecken und/oder Schnabelöffnen präsentieren gewissermaßen die Waffen, ebenso leicht abgespreizte Flügel (Abb. 15.13). Haben Drohhaltungen doppelte Funktion, nämlich Einschüchterung auf gleichgeschlechtliche Rivalen, anziehende auf Individuen des anderen Geschlechts, spricht man von Imponierverhalten, das vielfach bei der Balz eine wichtige Rolle spielt. Letztlich ist auch alles Markierverhalten zur Behauptung von Revieren, akustisch wie optisch (z. B. Gesang, Ausdrucksflüge; vgl. Kap. 16.4.2), dem Drohverhalten zuzuordnen.

Auch **Demut- und Beschwichtigungsverhalten** dient zur Vermeidung von tätlichen Auseinandersetzungen. Es bildet häufig das genaue Gegenteil von Drohhaltungen, also Anlegen des Gefieders oder Wegdrehen des Schnabels, wobei dann dem Gegner der Hinterkopf zugedreht wird (Abb. 15.15). Auch Kopfneigen ist häufig. Als Beschwichtigungsverhalten sind die Begrüßungszeremonien zwischen den Partnern eines Paares zu betrachten, die der gegenseitigen Annäherung und Partnerbindung dienen.

Drohverhalten sorgt auch für die gerade bei kolonialen Arten oder -phasen (Schwarmbildungen außerhalb der Fortpflanzungszeit) nötige Individualdistanz, die über Individuen sehr einheitlich sein (z. B. Schwalben auf dem Draht), aber interindividuell oder geschlechtsspezifisch variieren kann. Ausgesprochenes Kontaktverhalten kommt im Gegensatz dazu umweltbedingt z. B. bei Kälte oder am gemeinsamen Schlafplatz vor (z. B. Pinguine, Segler, Schwalben) als Schutz vor Abkühlung, aber

Abb. 15.14. Fasanenhähne; oben: Imponieren – der Hahn rechts ist offensichtlich überlegen; unten: Kampf (Foto F. Pölking).

auch davon unabhängig bei Paaren oder in Gruppen und dient offenbar der Festigung des Zusammenhalts (Schwalbenstare, Papageien der Gattung *Agapornis*). Beschädigungskämpfe bei Vögeln scheinen unter natürlichen Bedingungen selten vorzukommen; gelegentlich ist sogar Töten von Artgenossen beobachtet worden.

Mechanismen des **Feindverhaltens** stammen nur z. T. aus dem Funktionskreis des Kampfverhaltens. Eine Vielzahl von Möglichkeiten zeigen Vögel bei der Brutpflege (s. Kap. 15.6.3). Ähnlich Warnrufen (s. Kap. 16.3) werden auch optische Signale, die erst beim Ausbreiten der Flügel sichtbar werden (z. B. bunte oder weiße Flügelspiegel, Kontrastzeichnungen usw.), als Auslöser für Fluchtverhalten interpretiert bzw. als Signale, die den Abflug anderer Individuen (auch interspezifisch) in einem Schwarm veranlassen.

Relativ weit verbreitet ist auch außerhalb der Brutpflege das **Hassen** (mobbing) auf potentielle Feinde. Kleinvögel (meist Angehörige mehrerer Arten) scharen sich z. B. um eine sitzende Eule im Tagesversteck oder auch um

einen Würger mit auffälligen Bewegungen und häufig situationsspezifischen Rufen. Die Bedeutung ist nicht ganz klar; möglicherweise handelt es sich um Weitergabe von Informationen an unerfahrene Artgenossen; auch könnte der Feind verwirrt werden. Schwerfällig fliegende größere Greifvögel werden von gewandteren kleineren Arten (z. B. Rabenvögeln, großen Regenpfeifern, Schnepfenvögeln, Möwen usw.) oft auch außerhalb der Fortpflanzungszeit und der Kolonie oder Nestumgebung angegriffen und verfolgt und sogar oft mit Erfolg vertrieben. Dieses gemeinsame Feindverhalten führt zu inter- und intraspezifischen Ansammlungen. Eine andere Taktik ist das dichte Zusammenrücken schwimmender (z. B. Bläßhühner) und fliegender Vögel (z. B. Strandläufer, Stare, Tauben) beim Auftauchen eines Luftfeindes, um diesem das Schlagen eines Individuums zu erschweren.

Je nach Lebensraum spielt bei der **Flucht** Ausnützung von Deckung eine entscheidende Rolle. Viele baum- und gebüschbewohnende Singvögel suchen rasch das Dickicht auf oder lassen sich regelrecht hineinfallen; Sichdrücken oder unbewegliches Verharren auf dem Boden unter Ausnützung von Tarnfarben des Gefieders ist bei Bodenvögeln vor allem offener Gebiete als konvergentes Verhalten weit verbreitet.

Dennoch ist hochspezialisiertes **Tarnverhalten** unter Altvögeln relativ selten: Eulenschwalme nehmen auf Ästen eine Position ein, die an einen abgebrochenen Ast erinnert, manche Nachtschwalben setzen sich der Länge nach auf einen Ast und die meisten schließen die Augen und vermeiden dadurch Reflexe; auch die Pfahlstellung der Rohrdommeln ist als Tarnstellung zu interpretieren. Ausnutzung von Deckung ist auch bei manchen Tauchvögeln (z. B. kleine Lappentaucher) sehr gut entwickelt, wenn sie in der Ufervegetation oder zwischen Schwimmpflanzen nur auf »Sehrohrtiefe« auftauchen. Sehr vielseitig ist die Einhaltung einer bestimmten Fluchtdistanz, die sich intraspezifisch nach Jahreszeit, Größe des Sozialverbandes und der Vergesellschaftung mit anderen Arten, Grad der Gewöhnung und Art der Bedrohung stark ändern kann.

15.6.2 Sexualverhalten

Die Gesamtheit der Verhaltensweisen, die eine Kopulation einleiten, wird als **Balz** bezeichnet.

Hinzu kommen **Paarbildungs-** und **Paarbindungsverhalten.** Die Funktionen sind aber nicht immer klar voneinander zu trennen. Die Funktionen des Sexualverhaltens sind:

1. Zusammenführen der Geschlechter,
2. Überwindung der innerartlichen Aggression,
3. Synchronisation der Partner,
4. sexuelle Isolation.

1. Der **Zusammenführung der Geschlechter** dient als akustisches Signal der Gesang (vgl. Kap. 16.4.1). Optische Signale sind bei Vögeln ähnlich vielfältig entwickelt (z. B. Abb. 15.2, 15.8). Akustische Signale haben in der Regel bessere Fernwirkung, vor allem auch in unübersichtlicher Umgebung. Optische benötigen dagegen freie Sicht, was wiederum ein gewisses Feindrisiko birgt. Die Auffälligkeit beider Signaltypen kann durch Gruppenbalz erhöht werden (Reizsummation, vgl. Kap. 15.2.1). Gemeinsames Singen auf engem Raum ist dabei seltener (z. B. manche Kolibris, Finken, Webervögel) als optische (und akustische) Gruppenbalz, die z. B. als Arenabalz bei unterschiedlichen Vogeltaxa entstanden ist (vgl. Tab. 17.2). Die optische Anlockung kann durch Nestbauten erhöht werden (z. B. manche Webervögel, Laubenvögel). Fast immer geht die

Abb. 15.15. »Wegsehen« der Lachmöwe; Ansehen und Wegsehen alternieren, doch wird der Partner nur dann fixiert, wenn er gerade den Kopf weggedreht hat (nach mehreren Fotos, vereinfacht).

Zusammenführung der Geschlechter vom Männchen aus.

2. Vor allem aus ambivalenten (vgl. Kap. 15.2.3) Formen von Balzbewegungen läßt sich auf eine **stammesgeschichtliche Herkunft** aus einem Zusammenspiel zwischen sexuellen und antagonistischen Anteilen schließen, beim Männchen häufiger Sexual- und Angriffs-, beim Weibchen dagegen Sexual- und Fluchtverhalten. Bei längerem Zusammenhalten der Geschlechter über die Kopulation hinaus müssen aggressionshemmende Mechanismen auch länger wirksam sein. Daher sind bestimmte Verhaltensweisen sowohl Bestand der Kopulationseinleitung als auch bei der **Festigung des Paarzusammenhalts.**

Das »demonstrative« **Verbergen von Waffen** (vgl. Kap. 15.6.1; Abb. 15.15) drückt sich z. B. im **Wegsehen** (z. B. Lachmöwe, Kolkrabe), Schnabel nach hinten werfen (z. B. Klappern des Weißstorchs) oder »Grußbewegungen« (z. B. Nachtreiher) aus. Mit Aggression nicht vereinbare Verhaltenstendenzen stammen z. B. aus dem Bereich der Brutpflege, wie Präsentation von Nestmaterial (z. B. Haubentaucher, Prachtfinken, Tölpel, Reiher; Abb. 15.7) oder Fütterung. Das »Balzfüttern« des Weibchens durch das Männchen stammt wohl aus einem ernährungsphysiologisch durchaus wichtigen Verhalten in einer für das Weibchen kritischen Zeit und führt bei manchen Gruppen wenigstens zu symbolischer Futterübergabe (z. B. Seeschwalben, Möwen, viele Finken, Papageien, manche Tauben) oder zu einem gegenseitigen Futteraustausch (manche Papageien); bei manchen Taxa wird es während der Eiablage und Bebrütung fortgesetzt und spielt dann mitunter eine wichtige Rolle bei der Ernährung des Weibchens. Es hat also wohl erst sekundär aggressionshemmende Wirkung bei der Balz bekommen. Eine weitere Reduzierung ist beim Schäbeln erreicht. Dabei wird ähnlich wie beim symbolischen Schnabeldeuten (z. B. bei manchen Hühnervögeln auf den Boden) kein Futter mehr übergeben.

3. In der **Synchronisation der Fortpflanzung** mit geeigneten Umweltvariablen (vgl. Kap. 17.4.3) kann das Sexualverhalten einen sehr wichtigen unmittelbaren Faktor bedeuten, insbesondere in der Feineinstellung individueller Synchronisation der Geschlechter. Dies ist Aufgabe der Kopulationseinleitung und des Paarbindungsverhaltens. Meist kommt dem Männchen dabei eine wichtige aktive Rolle zu, da in

der Regel Hodenreifung, Gesangstätigkeit und Auslösbarkeit sexueller Verhaltensweisen stärker von der Umwelt (z. B. Photoperiode, s. Kap. 20.4.2) abhängig sind als die entsprechenden Reifungsvorgänge beim Weibchen. Das Sexualverhalten des Männchens hat daher häufig eine stimulierende Wirkung auf die endgültige Reifung von Ovarien und Sexualverhalten des Weibchens. Manchmal werden lange Handlungsketten durchlaufen, in denen beide Partner gleiches oder ähnliches Verhalten zeigen. Auch gruppensynchronisierende Wirkung kann vom Balzverhalten ausgehen (z. B. bei Koloniebrütern) bzw. Stimulation benachbarter Paare.

Auch ausgesprochene **Gruppenbalz** kommt vor (z. B. Flamingos), die von der Balz mehrerer Männchen zur Anlockung von Weibchen zu unterscheiden ist. Der Kopulation, die meistens nur Sekunden dauert und bei der für gewöhnlich das Männchen auf den Rücken des Weibchens steigt, gehen vielfach bestimmte Verhaltensweisen voraus mit der Funktion, die Wahrscheinlichkeit einer Befruchtung (vgl. Kap. 17.6.2) zu erhöhen. Häufig gibt das Weibchen durch geduckte Haltung oder bei manchen Enten durch lang ausgestreckten Körper im Schwimmen seine Kopulationsbereitschaft kund (»Paarungsaufforderung«). Bei komplizierten Verhaltensweisen vor der Kopulation spricht man häufig von Kopulationsvorspiel, obwohl es sich natürlich nicht um ein Spielverhalten handelt. Auch nach erfolgtem Kloakenkontakt sind oft charakteristische Verhaltensweisen zu beobachten (z. B. »Nickschwimmen« der männlichen Enten), die offenbar nach der Kopulation weiterem Abbau der Aggression und damit dem Paarzusammenhalt dienen.

4. Die Signale, die dem Zusammenführen der Geschlechter dienen, wirken in der Regel nur intraspezifisch. **Sexuelle Auslöser** müssen bei sympatrischem Vorkommen nahe verwandter Arten besonders prägnant sein. Ein Beispiel ist die Vielfalt der Prachtkleider bei Enten der Nordhalbkugel, die in äquatornäheren Gebieten mit einer geringen Artenzahl oft sehr viel weniger deutlich ausgebildet sind und sogar in intraspezifischer Variation bei Inselformen (z. B. Stock- und Spießenten) so gut wie ganz fehlen. Ähnliches gilt für Unterschiede in Gesängen (Zwillingsarten s. Kap. 16.4.1). Auch innerartliche Isolation kann durch Lernvorgänge (z. B. Dialekte, vgl. Kap. 16.4.4) gefördert werden. Im Verhalten kann neben der Betonung von Signalunterschieden auch durch Aneinanderreihung von Signalen (z. B. in den Balzbewegungen der Enten) die isolierende Wirkung der Balz verstärkt werden. Die Kombination verringert die Irrtumswahrscheinlichkeit. Neben der synchronisierenden Wirkung liegt wahrscheinlich auch darin eine Funktion komplizierter Verhaltensabläufe während der Balz. In der überwiegenden Mehrzahl der Fälle sind die interspezifischen Unterschiede der Signale bei den Männchen wesentlich deutlicher entwickelt als bei den Weibchen.

In der **Synchronisation** und in der **artisolierenden Funktion** liegt auch eine wichtige Funktion des Paarbindungsverhaltens bei länger oder lebenslang zusammenhaltenden Partnern (vgl. Kap. 17.3.1). Nach langem Paarzusammenhalt ist die Synchronisation der saisonalen Keimdrüsenentwicklung besser als bei neu formierten Paaren, so daß alte Paare z. B. früher mit der Brut beginnen können (z. B. Dreizehenmöwe, manche Greifvögel und Falken). Als Mechanismen des Zusammenhalts der Paare, die individuelles Erkennen voraussetzen, sind

Abb. 15.16. Paarbindend ist das oft synchrone Verhalten der Partner; Krickenten bei der Nahrungssuche (Foto E. Bezzel).

Verhaltensweisen der Balz und solche aus anderen Funktionskreisen häufig, die von den Partnern gemeinsam (synchron oder alternierend) ausgeführt werden (Abb. 15.16). Da durch entsprechende Verhaltensweisen gestärkte Bindung einen Teil der synchronisierenden Aufgaben der Balz übernehmen kann, läßt sich z. B. beobachten, daß die Kopulationseinleitung bei länger zusammenhaltenden Paaren kürzer und weniger auffällig verläuft als bei frisch verpaarten Individuen (z. B. Tauben).

Die isolierende Wirkung des festen Paarzusammenhalts wird z. B. daraus geschlossen, daß bei Gruppen ohne Paarbildung mit Arenabalz, bei der die Weibchen die Männchen nur zur Kopulation wählen, Bastardierungen relativ häufiger sind als bei Formen mit fester Paarbildung (z. B. innerhalb der Paradiesvögel, Hühnervögel, Kolibris). Balzverhalten außerhalb der Fortpflanzungszeit, z. B. Einleitung zur Kopulation, kann der Paarbindung dienen, auch wenn es nicht zu einer Kopulation kommt (z. B. Entenvögel, Prachtfinken). Auch Balzfüttern kann bei Paaren das ganze Jahr über zu beobachten sein (z. B. Papageien, Kolkrabe). Bedeutung für die Paarbindung schreibt man auch den Duettgesängen vieler tropischer Vögel zu (z. B. manche Bartvögel, Würger). Gegenseitige Gefiederpflege, vor allem an schwer zugänglichen Stellen (z. B. Kopf) ist unter Paaren weit verbreitet; ebenso können Bewegungen aus dem Nestbauverhalten außerhalb der Fortpflanzungszeit der Paarbindung dienen sowie Kontaktverhalten. Wenn die Partner nach kurzer Trennung (z. B. Nahrungserwerb) wieder zusammentreffen, lassen sich bei vielen Arten regelmäßige Begrüßungsbewegungen beobachten.

15.6.3 Brutpflege

Ziel der Brutfürsorge und Brutpflege ist, durch Erhöhung der Überlebenschancen der Nachkommen die Fitness zu vergrößern. Je nach Entwicklungsmodus (vgl. Kap. 18.2.1) ist Umfang und Qualität der Brutpflege sehr verschieden. Grundsätzlich umfaßt Brutpflege Schutz der Eier und Jungen, Ernährung der Jungen, Wärmeübertragung an Eier und Junge sowie Übermittlung von Informationen. In der zeitlichen Abfolge lassen sich Nestbau, Vorsorge für die Eier und ihre Bebrütung, Hilfe beim Schlüpfen sowie Brutpflege während der Ontogenese (vgl. Kap. 18.2) unterscheiden. Manche

Aspekte und Details des Verhaltens sind an anderer Stelle behandelt: Nestbau Kap. 17.5.3, kooperative Brutpflege Kap. 17.3.2, Brutparasitismus Kap. 17.3.3, Ontogenese des Verhaltens Kap. 15.3.

1. Vorsorge für die Eier, **Bebrütung:** Bei Bodenbrütern werden einzelne nicht zu weit aus dem Nest gerollte Eier wieder ins Nest geholt (s. Kap. 15.2.2). Vor allem bei der Graugans sind diese Bewegungen als stereotype Folgen erkannt, wobei das Ei unter dem Hals mit dem Schnabel unter Kompensierung von seitlichen Bewegungen zurückgerollt wird. Bei manchen Arten werden die Eier beim Verlassen des Nestes mit Nestmaterial oder Dunen zugedeckt (vor allem Lappentaucher, Entenvögel), bei manchen Singvögeln (z. B. Meisen) nur, solange das Gelege noch nicht vollständig ist. Bodenbrüter in heißen Klimaten decken das Gelege mitunter mit Sand zu. Die Funktion dieses Verhaltens ist in erster Linie Schutz vor Nestfeinden; es kann aber auch thermoregulatorische Bedeutung haben. Manche Entenvögel bespritzen auf dem Nest überrascht das Gelege mit übelriechendem Kot. Zur Entwicklung der Embryonen (vgl. Kap. 18.1) ist Regelung von Temperatur und Feuchtigkeit sowie der Möglichkeit des Gasaustausches nötig.

Bei der überwiegenden Mehrzahl der Vögel wird vom Körper des Altvogels den Eiern Wärme zugeführt. Für möglichst engen Kontakt zwischen Ei und Körper sorgt der **Brutfleck,** eine federfreie, reich mit Gefäßen versehene Stelle auf der Ventralseite. Bei manchen Arten mit fester Gelegegröße entspricht die Zahl der Brutflecke jener der Eier; meistens werden aber die Eier gemeinsam von einem Brutfleck bedeckt. Bei Tauben bleibt eine kahle Stelle auf der Ventralseite das ganze Jahr über, bei Pinguinen, Kormoranen, Pelikanen, Tölpeln oder Entenvögeln fehlt ein Brutfleck (dafür rupfen sich bei letzteren die Weibchen Dunen aus, mit denen Eier eingehüllt bzw. bedeckt werden). Der Brutfleck entsteht unter hormonaler Steuerung; die Hormonschüttung (Steroidhormone und Prolaktin) wird durch den Beginn der Nestbauaktivität und Stimulation durch den Partner ausgelöst. Durch entsprechendes Verhalten, wie Sträuben der Ventral- und Abdominalfedern, Hin- und Herrücken nach dem Niederlassen auf die Nestmulde versucht der Vogel den Kontakt zwischen Eiern und Körper möglichst eng zu halten.

Fast alle Variationsmöglichkeiten der **Beteiligung der Geschlechter am Brüten** sind verwirklicht. Am häufigsten brüten beide Geschlechter mit (auch intraspezifisch) wechselnden Anteilen; bei Entenvögeln, Hühnervögeln, vielen Greifvögeln, Eulen, Nashornvögeln und auch einigen Singvögeln brütet nur das Weibchen, bei wenigen polyandrischen Arten (vgl. Kap. 17.3) ausschließlich das Männchen; Gruppenbrüten kommt u. a. bei den Anis vor (vgl. kooperative Brutpflegesysteme, Kap. 17.3.2). Brütende Männchen entwickeln bei einigen Arten auch Brutflecke. Sind beide Geschlechter beteiligt, bleiben die Eier kaum unbedeckt, vor allem nicht in kühleren Klimaten. Hohe Außentemperaturen und/oder gut isolierende Nestkonstruktion erlauben längeres Fernbleiben, das vor allem notwendig wird, wenn nur ein Partner brütet.

Die **Dauer einer Brutsitzung** kann von weniger als einer Stunde (viele Singvögel) bis mehrere Stunden (z. B. Greifvögel, Seevögel mit küstennahen Nahrungsgründen) und 2 bis 12 Tagen (Röhrennasen), ja sogar bis fast 3 Wochen (einige Albatrosse) und 64 Tage (Kaiserpinguin) reichen. Die Regulierung der Wärmezufuhr wird in der Regel durch Dauer der Brutphasen bzw. Abwesenheit vom Nest oder/und durch die Enge des Kontaktes erreicht. Die Abwesenheit vom Nest wird natürlich auch durch den Nahrungsbedarf bestimmt; wird der brütende Partner vom anderen (meist Männchen) gefüttert, reduziert sich ihre Dauer.

Besonders bei Bodenbrütern in offenen Nestern sind die Eier auch **vor Überhitzung** gegenüber Sonnenstrahlen zu **schützen.** Die freiliegenden Eier sind häufig nicht nur durch kryptische Färbung vor Nestfeinden geschützt. Die Pigmente reflektieren auch Strahlen am langwelligen Ende des sichtbaren Spektrums und verringern solare Erhitzung. Weitere Kühlmechanismen sind Schattenspende (s. Abb. 14.28) und in heißen Gebieten vor allem bei einigen Schnepfen- und Möwenvögeln Kontakt der Eier mit durchnäßtem Bauchgefieder. Die Bedeckung der Eier durch kryptisch gefärbte Brutvögel ist vor allem bei Bodenbrütern eine wichtige Strategie, Nestverluste zu verringern.

Die Tendenz, bei Annäherung **auf dem Gelege** möglichst lange **auszuharren,** steigt im allgemeinen mit der Bebrütungszeit und läßt sich daher als Risikoabwägung im Sinne einer Kosten-Nutzen-Analyse interpretieren: Je weiter die Bebrütung fortgeschritten ist, desto höher

ist die bereits geleistete Investition in die Nachkommenschaft (und geringer die Chance eines möglichen zweiten Brutversuchs in der selben Saison), so daß sich eine Steigerung des Einsatzes zum Schutz des Geleges eher lohnt als am Anfang. Eine gleichmäßige Erwärmung der Eier, aber auch Nestventilation, wird durch Wenden und Verlagerung der Eier mit dem Schnabel und durch Körperbewegungen erreicht. Gerade bei großen Gelegen sind Gradienten (z. B. Temperatur) zwischen Zentrum und Peripherie der Nestmulde oft erheblich.

2. **Hilfe beim Schlüpfen:** Das Eiwenden sorgt gegen Ende der Bebrütungsphase auch für eine günstige Position und dadurch Starthilfe beim Schlüpfen (über akustische Kommunikation s. Kap. 16.3). Gelegentlich wurde Hilfe der Altvögel beim Schlüpfvorgang beobachtet, z. B. durch Auffressen eines Teiles der Eischale oder der Membranen. Nach dem Schlüpfen werden Fragmente der Eischalen meistens (nicht bei Hühnern, Entenvögeln und einigen Seeschwalben) aus dem Nest entfernt oder gefressen. Man schreibt diesem Verhalten eine Bedeutung in der Verringerung des Nestfeindrisikos zu.

3. **Brutpflege** und **-fürsorge während der Ontogenese:** Die wichtigsten Aufgaben sind Hilfe bei der Thermoregulation, Säuberung des Nestes, Mitwirkung am Schutz der Jungen vor Feinden, Versorgung der Jungen mit Nahrung, Übermittlung von Informationen (auch als Vorbilder für Lernvorgänge, z. B. Gesang; vgl. Kap. 16.4.3). Eine Vielfalt von Verhaltensweisen mit prinzipiellen Unterschieden zwischen Nesthockern und -flüchtern ist bei Vögeln zu beobachten.

Reinhaltung des Nestes: Viele Singvögel tragen die von den Jungen abgegebenen Kotballen aus dem Nest oder verschlingen sie (s. Kap. 15.3.3; Abb. 15.5), letzteres vor allem, wenn die Jungen noch klein sind. Möglicherweise ist zu diesem Zeitpunkt die Verdauung noch unvollständig, so daß ein Energiegewinn für den Altvogel resultiert.

Hudern ist eine Verhaltensweise aus dem Bereich des Brütens: Der Altvogel sitzt meist mit gesträubtem Ventralgefieder über den wärmebedürftigen Jungen (Nestflüchter und Nesthocker), aber auch über Eiern. Junge Pinguine suchen in der Bauchfalte der Altvögel Wärmeschutz; bei Lappentauchern verkriechen sich die Jungen im Rückengefieder der Eltern (Abb. 15.17). Hudern kann auch vor Nieder-

Abb. 15.17. Haubentaucher: frisch geschlüpftes Junges im Rückengefieder des Altvogels (Foto R. Sie-BRASSE).

schlägen schützen; die Altvögel spenden auch mit verschiedenen Posen Schatten.

Viele Verhaltensweisen dienen dem **Schutz der Jungen** vor Feinden. Nestfluchtereltern warnen mit Alarmrufen ihre Jungen, die sich dann auf den Boden drücken (Abb. 15.6). Altvögel greifen einen potentiellen Feind in Nestnähe mitunter an, auch in der Nähe von Platzhockern oder kleinen Nestflüchtern. Die Wirksamkeit der Attacken wird durch **Kotspritzen** (z. B. Seeschwalben, Raubmöwen, Wacholderdrossel) und durch das Zusammenhelfen von Brutvögeln einer Kolonie erhöht. Auch tätlicher Angriff in unmittelbarer Nestnähe kommt vor (z. B. manche Eulen). Manche Wasservögel bringen ihre Jungen durch Transport auf dem Rücken in Sicherheit und tauchen auch mit ihnen (z. B. Lappentaucher, Gänse- und Mittelsäger). Das Wegtragen kleiner Junger (meist im Schnabel) ist bei einigen Arten beobachtet worden (z. B. Rallen, Waldschnepfe).

Vor allem bei Einzelbrütern mit Bodennestern dient das »**Verleiten**« der Ablenkung der Aufmerksamkeit eines potentiellen Feindes. Es kann als »Mausrennen« oder »Vortäuschen von Fluchtunfähigkeit« (z. T. mit taumelndem Gang, Flatterflug und ausgebreiteten Flügeln) auftreten, aber auch mit Drohstellungen gegen den Feind. Auch auffälliges Rufen und Scheinattacken dienen diesem Zweck. Derartiges Verhalten ist vor allem bei Regenpfeifern und Schnepfen häufig; auch manche Singvögel fliegen zumindest »schwerfällig« vom Nest ab.

Bei vielen **Nestflüchtern** beschränkt sich die **Mithilfe der Altvögel an der Ernährung** der Jungen auf das Führen an ergiebige Nahrungs-

plätze. Bei manchen, vor allem semipraecocialen Arten wird das Futter den Jungen vorgehalten, z. T. auch längere Zeit (bei Lappentauchern und Bläßhühnern teilweise bis zum Flüggewerden). Vor allem semialtriciale Arten (vgl. Kap. 18.2.2) würgen das Futter den Jungen vor oder die Jungen holen es aus dem Schlund (z. B. Kormorane, Pelikane, Reiher). Bei vielen Tauben reichen die Jungen tief in den Schlund des Elternvogels, um zur Kropfmilch zu gelangen, einer milchigen Substanz aus abgestoßenen, aufgeweichten fetthaltigen Zellen des Kropfepithels. Bei vielen Greifvögeln und Eulen zerlegt das Weibchen die häufig vom Männchen zunächst allein beschaffte Beute (Abb. 15.18) und hält den Jungen kleine Bissen vor den Schnabel, die in späteren Entwicklungsstadien selbst Beute zu zerkleinern versuchen. Fütterung der nesthockenden Sperlingsvögel vgl. Kap. 15.3.3. Die Fütterungsabstände richten sich nach dem Umfang der mitgebrachten Nahrung und dem Alter der Jungen. Meist steigt die Fütterungsfrequenz mit zunehmendem Alter und Nahrungsbedarf der Jungen; die notwendige Erhöhung kann aber z. B. bei Greifvögeln mit größeren Beutetieren aufgefangen werden. Oft sinkt die Fütterungsfrequenz vor dem Ausfliegen der Jungen stark ab. Bei manchen Röhrennasen werden die Jungen die letzten 1 bis 2 Wochen sogar ganz ohne Futter gelassen. Bei kleinen Singvögeln können mehrere hundert Futteranflüge pro Tag und mehrere tausend während der ganzen Nestlingszeit registriert werden. Bei großen Arten sind meist nur wenige Fütterungen pro Tag festzustellen; Röhrennasen werden oft nur jede zweite Nacht gefüttert.

Die **Wasserversorgung** geschieht meist mit dem Futter. Von Störchen, Reihern, Schlan-

Abb. 15.18. Waldohreule: Futterübergabe am Nest (Foto F. PÖLKING).

genhalsvögeln u. a. wird auch Wasser im Schlund zum Nest gebracht und in die Schnäbel der Jungen gewürgt. Flughühner können in einem System mikroskopischer Filamente in tieferen Lagen des Bauchgefieders Wasser aufsaugen und 10 bis 20 ml bis 30 km weit von den Wasserlöchern zu den Jungen transportieren, die es aus dem Bauchgefieder saugen. Meist zeigen dieses Verhalten nur die Männchen, obwohl beide Geschlechter die entsprechenden Federstrukturen besitzen.

Nach dem **Verlassen des Nestes** werden Nesthocker entweder überhaupt nicht mehr (z. B. Segler) oder noch mehrere Tage oder sogar Wochen gefüttert und meist auch mindestens ebensolange bewacht und vor Feinden gewarnt. Manche Arten (z. B. Alken) verfügen über besondere Rufe, die Jungen von den Brutsimsen der steilen Felsen zu locken (»Lummensprung«). Bei manchen Greifvögeln fliegen die Jungen noch längere Zeit mit den Altvögeln und bei Schwänen, Gänsen oder Kranichen noch mit ins Winterquartier.

15.6.4 Gruppenverhalten

Das Leben in kleineren und größeren Gruppen bietet Vorteile, die freilich auch gegen Nachteile abgewogen werden müssen, z. B. die Zunahme der Konkurrenz zwischen Individuen auf engem Raum (vgl. Kap. 19.2.2). In Gruppen herrschen oft inter- und intraspezifische Rangordnungen, mitunter nur kurzfristig.

Vorteile in der Verringerung von Verlusten durch Feinde liegen in der gegenseitigen Warnung, auch interspezifisch. In der Gruppe braucht ein Individuum nicht die gleiche Aufmerksamkeit möglichen Gefahren gegenüber aufzuwenden wie allein. Ein »Konfusionseffekt« für den angreifenden Feind liegt in der dichten Zusammenrottung fliegender und schwimmender Individuen. Daher versuchen manche Vogeljäger (z. B. Wanderfalke, Habicht, Seeadler) aus dicht geschlossenen Gruppen einzelne Individuen abzudrängen. In der Gruppe ist auch gemeinsame Verteidigung gegen überlegenen Feind möglich.

Umgekehrt bringt Gruppenverhalten auch Vorteile für den Jäger. Bei manchen Fischjägern (Pelikanen, Kormoranen, Schlangenhalsvögeln, Sägern) erhöht **Gruppenfischen** offenbar den Erfolg, bei Pelikanen u. a. dadurch, daß Fische in einer seichten Bucht eingeschlossen werden. Zur Frage der Kolonie als Informationszentrum s. Kap. 19.2.2.

Eine Reihe von Vorteilen entsteht aus dem Gruppenverhalten auch für die Fortpflanzung (vgl. Kap. 17.3.2 und 19.2.2).

Bei vielen Arten hat sich das Gruppenverhalten **in Anpassung an wechselnde Umweltverhältnisse** als sehr plastisch erwiesen. In den Tropen bestehen Schwärme und Trupps bei Landvögeln oft das ganze Jahr über; in höheren Breiten sind sie häufig nur auf die Zeit außerhalb der Fortpflanzung beschränkt. Gemeinsame Aktionen oder Bewegungen unterscheiden Gruppen, die bis Tausende von Individuen umfassen können, von zufälligen Aggregationen. Oft sind die Individuen (z. B. bei der Nahrungssuche oder am Ruheplatz) mehr oder minder gleichmäßig verteilt (vgl. Kap. 15.6.1). Beispiele für vorübergehende interspezifische Gruppenbildung in höheren Breiten sind die winterlichen Meisenschwärme, denen sich auch andere Arten locker anschließen können (z. B. Baumläufer, Kleiber). Bei tropischen Kleinvogeltrupps mit Artenmischung ergeben sich oft gewisse Regeln. So bilden häufig Arten mit geringer Siedlungsdichte jeweils in einzelnen Individuen, Paaren oder Familiengruppen sogenannte Kernarten, die ganzjährig in gemischten Trupps leben und denen sich wechselnde Gruppen von Randarten meist in größeren artreinen Trupps vorübergehend anschließen. In gemischten Trupps mit wenigen Individuen pro Art überlappen sich die Ressourcen und die Art ihrer Nutzung (»Nahrungsnischen«) weniger stark als in artreinen.

Je nach Art und Verteilung der Nahrung gibt es für einzelne Situationen **optimale intraspezifische Truppgrößen,** in denen die einzelnen Individuen am wenigsten durch Sicherung oder Abwehr des Nachbarn ihre Nahrungsaufnahme unterbrechen müssen; in kleineren mit größeren Individualabständen nimmt der Betrag der Wachsamkeit pro Individuen zu, in größeren und dichteren die Zahl der Interaktionen mit einem Konkurrenten.

Die größten Gruppen bilden in der Regel ausgesprochene Wasservögel und Landvögel, die zumindest zeitweise großflächig verteilte oder sehr ergiebige einheitliche Nahrungsressourcen nutzen (z. B. weidende Gänse im Winterhalbjahr, Stare, Tauben oder Regenpfeifer und Schnepfelvögel im Watt). Auch einzeln tagsüber nahrungssuchende Arten können sich abends zu riesigen **Schlafplatzgesellschaften** vereinen (vgl. Kap. 19.2.2).

16 Lautäußerungen

16.1 Begriffe und bioakustische Hilfsmittel

In keiner Tierklasse spielen **Lautäußerungen** eine so wichtige und vielseitige Rolle wie bei den Vögeln. Sie sind bei vielen Arten ein sehr vielseitiges Kommunikationsmittel, enthalten also Informationen, die als akustische Signale von einem Individuum zum anderen weitergegeben werden. Die meisten Lautäußerungen sind artspezifisch, viele (Gesänge) auch populationsspezifisch; unterschiedliche Formen innerhalb einer Art (Population) sind in der Regel funktionsspezifisch. Die Erforschung der Lautäußerungen und der lautlichen Verständigung von Tieren ist das Ziel der **Bioakustik,** die im weitesten Sinn allerdings auch die Untersuchung von Gehörorganen und lauterzeugenden Apparate mit einschließt.

Je nach der **Lauterzeugung** unterscheidet man vokale (stimmliche) Lautäußerungen von solchen, die nicht mit dem Stimmapparat erzeugt und meist als mechanische oder Instrumentallaute zusammengefaßt werden. Stimmliche Lautäußerungen werden nach Funktion und Komplexität des Aufbaus in der Regel nicht immer scharf und eindeutig in Gesänge und Rufe eingeteilt.

Gesänge sind meist eine aus vielen Untereinheiten zusammengesetzte Lautäußerungen, strophig oder kontinuierlich aufgebaut, mit unterschiedlicher Funktion, wie z. B. Reviermarkierung, Partnerwerbung, Partnersynchronisation. Sie sind keineswegs nur auf Singvögel beschränkt.

Rufe sind aus einem oder wenigen Elementen (s. u.) bestehende vokale Lautäußerungen, die in mehr oder minder spezifischen Situationen ausgelöst werden (z. B. Lockruf, Flugruf, Warnruf) und im Unterschied zum Gesang meist nicht mit der Fortpflanzung verknüpft sind. Gesänge sind also häufig nur während des Fortpflanzungszyklus zu hören, die meisten Rufe in entsprechenden Situationen das ganze Jahr über.

Für die **Fixierung und Publikation von Lautäußerungen** stehen heute eine vielseitige und hochempfindliche Aufnahmetechnik sowie geeignete Tonträger zur Verfügung. Aus Schallplatten, Tonbändern und Kassetten lassen sich »Tonarchive« oder »akustische Bibliotheken« aufbauen; viele Aufnahmen werden neben Druckerzeugnissen auf geeigneten Trägern bereits kommerziell angeboten und bilden Bestandteile ornithologischer Fachbibliotheken.

Die Darstellungsmöglichkeiten von Lautäußerungen auf dem Papier sind allerdings begrenzt (Abb. 16.1). Mit Abstand am häufigsten wird in der Bioakustik heute der Sonagraph (oder Klangspektrograph) eingesetzt, der Schallereignisse als Sonagramme aufzeichnet. Auf einem beschichteten Spezialpapier werden zeitlicher Verlauf (abzulesen an der Abszisse), Frequenz (abzulesen an der Ordinate) und relative Lautstärke (erkennbar an unterschiedlicher Schwärzung) aufgezeichnet.

Die meisten **Lautäußerungen der Vögel** bewegen sich im Bereich **zwischen 0 und 8 kHz.** Reine Töne werden in der am häufigsten verwendeten Einstellung des Filters (»wide«) mit einem horizontalen Balken von 300 Hz Breite aufgezeichnet. Dadurch wird zwar nur eine relativ grobe Frequenzauflösung erreicht, doch eine gute Zeitauflösung, da Frequenzänderungen (also vertikale Änderungen des Musters) als dünne Striche erscheinen. Bei höherer Frequenzauflösung ist die Zeitauflösung ungünstiger. Klänge erscheinen als mehrere parallele Bänder (Grundton und Obertöne). Langsame Frequenzmodulationen (Änderungen der Tonhöhe) sind als entsprechende nach oben oder nach unten gezogene Figuren zu erkennen (Abb. 16.1). Rasche Frequenzmodulationen ergeben breitere Schwärzungen. Geräusche mit gleichmäßig über einen weiten Tonhöhenbereich verteilten Frequenzen erscheinen als breite Bänder, je nach Zeitdauer als schmale senkrechte Striche oder lange breite Schwärzungen. Auch Mischformen, z. B. Überlagerungen von Klängen mit Geräusche, lassen sich erkennen.

Die Zeitauflösung der **Sonagramme** ist feiner als die des menschlichen Ohrs und damit dem Hörvermögen der Vögel besser angepaßt (vgl. Kap. 11.2.2). Hierbei ergeben sich vor allem in

Abb. 16.1. Versuche, Lautäußerungen der Vögel darzustellen, am Beispiel der Gesangsstrophe des Fitis (aus BERGMANN 1987).
a. Notenschrift; b. Schematischer Verlauf von Tonhöhen und Tonlängen; c. sprachliche Umschreibung; d. Sonagramm; e. Sonagramm-Auswertung durch obere und untere Tonhöhenkurve und Schwerpunkte der Lautstärke.

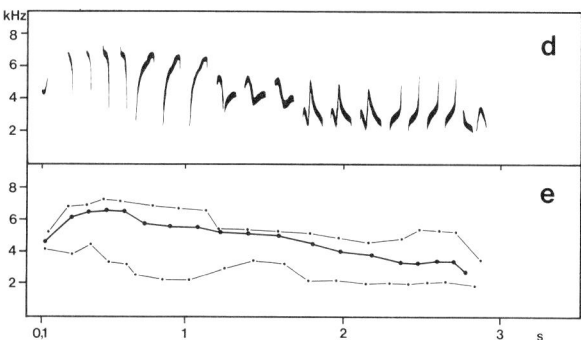

Gesängen unterschiedliche Zeitstrukturen, die im deutschen Sprachgebrauch im allgemeinen wie folgt definiert und abgegrenzt werden (vgl. Abb. 16.2):

Elemente sind kleinste durch Intervalle begrenzte Einheiten von Lautäußerungen, die im Sonagramm meist durch eine zusammenhängende Schwärzung dargestellt werden. Komplizierte Elemente können subjektiv auch mehrsilbig klingen. Eine oft mit dem menschlichen Gehör als eine Einheit wahrgenommene zusammenhängende Folge von wenigen typverschiedenen Elementen wird als Silbe bezeichnet.

Eine **Phrase** (Tour) ist eine meist rhythmische Folge von typgleichen Elementen oder Silben.

Als **Motiv** wird eine zusammenhängende Folge von mehreren typverschiedenen Elementen, Silben oder Phrasen bezeichnet (z. B. Endschnörkel im Gesang des Buchfinken).

Strophen schließlich sind zusammenhängende Folgen von Elementen, Silben, Phrasen oder Motiven, die durch eine längere Pause voneinander abgesetzt sind (Strophensänger z. B. Buchfink, Fitis).

Eine weitere Möglichkeit, Lautäußerungen aufzuzeichnen, bieten z. B. Oszillogramme, die Lautstärke durch die Amplitude und die Dauer auf einer Zeitachse anzeigen. Die Tonhöhe muß aus dem Abstand der Einzelimpulse errechnet werden (vgl. Abb. 11.14).

16.2 Lauterzeugung

16.2.1 Stimmlaute

Das Organ der stimmlichen Lauterzeugung bei Vögeln ist die **Syrinx** (Plural Syringes), die als »unterer Kehlkopf« an oder nahe der Gabelung

Abb. 16.2. Gliederung einer Gesangsstrophe (Beispiel: Buchfink). Das Motiv am Strophenende wird bei dieser Art als Endschnörkel bezeichnet; das »kit« am Abschluß ist eine Fremdimitation (aus BERGMANN 1987).

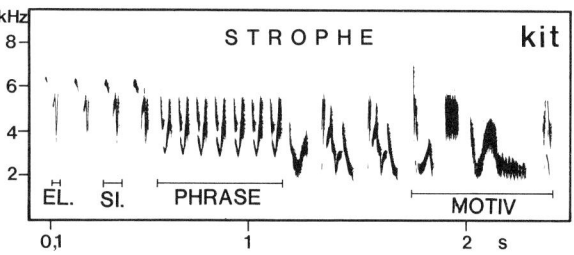

der Luftröhre (Trachea) in die beiden extrapulmonalen Bronchien (Bronchien 1. Ordnung; vgl. Abb. 8.5) liegt. Der »obere Kehlkopf«, der Larynx, hat keine Stimmbänder und spielt daher keine oder nur eine höchst untergeordnete Rolle in der Produktion von Lauten.

Beschreibung des **Baues** und Erläuterung der **Funktion der Syrinx** können aus zwei Gründen nicht befriedigend gelingen:

1. Die Syrinx ist vom Schlüsselbeinluftsack (Abb. 8.5) eingehüllt und eine Verletzung dieses empfindlichen Gebildes verändert ihre Arbeitsweise und Leistung. Eine direkte Beobachtung des Funktionierens der Syrinx in natürlicher Lage war daher bisher nicht möglich.

2. Die strukturellen Unterschiede sind nicht nur zwischen großen, sondern auch innerhalb kleiner, nah verwandter Taxa so vielgestaltig, daß nicht nur zahlreiche verschiedene Konstruktionen, sondern auch verschiedene Techniken der Lauterzeugung eine Verallgemeinerung einzelner Befunde oder eine übersichtliche Zusammenfassung von Typen außerordentlich erschweren. Selbst zwischen Geschlechtern einer Art bestehen mitunter deutliche Verschiedenheiten in der Lauterzeugung (z. B. Entenvögel). Das Bild ist im einzelnen also sehr komplex.

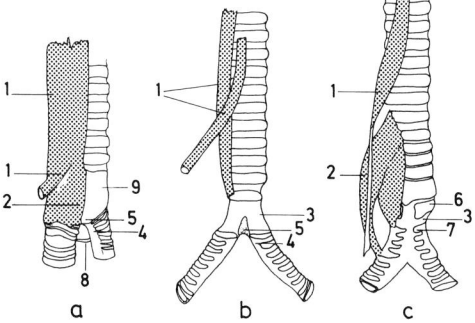

Abb. 16.3. Drei Syrinxtypen; leicht schematisierte Ventralansicht; Muskeln nur rechts eingezeichnet (nach GAUNT & GAUNT 1985, verändert). a. einfache Syrinx, nur mit äußeren Muskeln; b. Papageiensyrinx mit einem äußeren Muskel und zwei inneren; c. Singvogelsyrinx mit zwei äußeren und mehreren inneren Muskeln.
1 = äußere Muskeln; 2 = innere Muskeln; 3 = äußere Paukenhaut (Membrana tympaniformis lateralis); 4 = innere Paukenhaut (M. t. medialis); 5 = Pessulus; 6 = erster Trachealring; 7 = erster Bronchialring; 8 = Bronchidesmus; 9 = Tympanum.

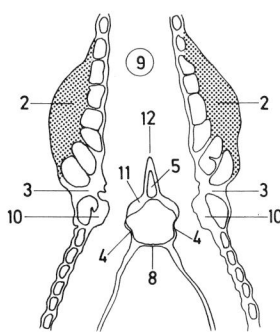

Abb. 16.4. Längsschnitt durch die Syrinxregion bei einem Singvogel (nach verschiedenen Quellen). (2–9) s. Abb. 16.3; 10 = Labium laterale; 11 = Labium mediale; 12 = Membrana semilunaris.

Folgende **morphologischen Charakteristika** sind allen Typen gemeinsam:

1. Da die Syrinx Teil des Atmungstraktes ist, liefert die Basiskraft für alle Lautäußerungen die Atemmuskulatur der Körperwand.

2. An der Syrinx sind Skelettelemente, Muskeln und flexible Membranen beteiligt. Die Skelettelemente bestehen aus knorpeligen oder verknöcherten Tracheal- und Bronchialringen (vgl. 8.3), die in verschiedener Zahl und ganz unterschiedlich geformt, z. T. auch miteinander verwachsen, in die Syrinx an der Gabelung der Bronchien einbezogen sein können und nicht selten eine verknöcherte Kapsel (Tympanum) bilden (Abb. 16.3, 16.4). Zwischen den festen Bauelementen treten schwingfähige Membranen auf, in der Regel paarige Bindegewebsflächen auf der Innen- und Außenseite der Bronchien (innere und äußere Paukenhäute, Membranae tympaniformes, Abb. 16.4). Vielfältige Bewegungen und Spannungen bewirken im einzelnen sehr unterschiedlich ausgebildete Muskeln. Man unterscheidet äußere, die vom Luftröhrensystem zu anderen Skelettelementen ziehen (z. B. Clavicula, Sternum), von inneren, die nur im Bereich der Syrinxregion an Trachea oder Bronchien ansetzen (Abb. 16.3).

3. Der Schlüsselbeinluftsack umhüllt die Syrinx mit Ausnahme der Dorsalseite, die der Speiseröhre (Ösophagus) anliegt, und beeinflußt durch seinen Druck die Lautbildung.

Beim häufigen **tracheo-bronchialen Syrinxtyp** sind die untersten Ringe der Trachea zu einem zylindrischen knöchernen Tympanum verschmolzen, das aufgeblasen sein bzw. einen großen Nebenhohlraum (z. B. Bulla syringealis bei den Männchen der Entenvögel) bilden kann. Am unteren Ende ist es beweglich mit den bronchialen Halbringen verbunden. Die inneren (medianen) Seiten der Bronchien sind meist membranös und bilden die inneren Paukenhäute (Membranae tympaniformes mediales; Abb. 16.4). Sie sind bei den Singvögeln (hier 7 bis 9), aber auch bei vielen anderen Taxa die wichtigsten schwingenden Elemente bei der Lauterzeugung. Ihnen gegenüber liegen die zwischen Knorpeln der Bronchien eingespannten äußeren Paukenhäute (Membranae tympaniformes laterales, Abb. 16.4), die bei Singvögeln zu lang und zu schmal sind, um primär schwingen zu können, jedoch z. B. bei Hühnern, Tauben und Papageien sehr deutlich ausgebildet sind und wahrscheinlich als wichtigste Tonerzeuger dienen. Im Inneren liegt an der Verbindung beider medianen Membranen häufig ein knöcherner Steg (Pessulus), den eine mit gefäßreicher Schleimhaut überzogene Membrana semilunaris gegen das Lumen zu bedeckt. Jeweils den Paukenhäuten gegenüber auf der Innenwand der Bronchien sitzen die Stimmlippen (Labia laterales bzw. mediales). Zwischen den beiden Bronchienästen verbindet ein Ligament (Ligamentum interbronchiale), der sog. Bronchidesmus. Bis zu 5 Paare innerer Muskeln (Musculi syringeales) können nicht nur die Spannung der Membranen kontrollieren, sondern auch mit Hilfe der Bewegung besonders geformter Knorpelringe die Öffnung jedes Bronchus gesondert schließen. Singvögel haben meist mehr als 3 Paare innere Muskeln, 2 Paare besitzen z. B. Papageien, 1 Paar z. B. Möwen, Greifvögel, Schnepfen, Regenpfeifer, Eisvögel. Sie fehlen z. B. bei Entenvögeln, Hühnervögeln, Tauben.

Bei den **trachealen Syringes** liegt die vermutlich schwingende Membran zwischen umgestalteten trachealen Knorpelringen. Viele weisen auch modifizierte bronchiale Bauteile auf und haben tracheobronchiale Muskeln. Mediale Tympanalmembranen sind vorhanden, doch ist ihre Funktion bei der Lautbildung unklar. Bei den Töpfervogelartigen ist die Trachea dorsoventral komprimiert und mit membranösen »Fenstern« versehen, die möglicherweise in Schwingung geraten.

Bei den **bronchealen Syringes** liegen die schwingenden Membranen deutlich hinter der Bronchiengabelung, und die inneren Muskeln inserieren, soweit vorhanden, an den Bronchien. Hier gibt es kein Tympanum. Der Typ ist z. B. von einigen Kuckucken bekannt.

Die relative Länge der **Trachea** kann erheblich variieren, die Zahl ihrer Stützelemente zwischen 30 und 350 liegen. Bei sehr langer Trachea kommt es zur Bildung von Schlingen, die z. T. innerhalb des Brustbeins verlaufen (z. B. bei Schwänen und Kranichen), z. T. im Hals oder im vorderen Teil des Brustkorbs untergebracht sind. Häufig ändert sich der Durchmesser der Trachea. Als Resonanzräume kommen auch Erweiterungen des Oesophagus (z. B. Rohrdommel, Tauben; Kehlsack des Männchens der Großtrappe) oder verschiedene Luftsäcke (z. B. Birkhahn) in Betracht. Sonderbildungen sind oft geschlechtsspezifisch.

Wahrscheinlich die einzigen Strukturen, die unmittelbar in tonfrequente Schwingungen geraten, sind die inneren und seltener die äußeren **Paukenhäute,** deren Lage und Anordnung im einzelnen sehr unterschiedlich sein kann. Die Stimmlippen der Vögel sind nicht mit den Stimmbändern der Säuger vergleichbar; sie spielen nur eine Rolle bei der Verengung der Luftwege. Diese Verengung kann passiv oder aktiv erfolgen. Die passive Verengung geht ausschließlich auf die Einwärtsbewegung entspannter Membranen zurück. Sie wird z. T. durch den Bernoulli-Effekt (Druckabnahme senkrecht zur durchströmenden Luft) und durch den Druck des Schlüsselbeinluftsacks erzielt. Er sorgt durch seinen Überdruck für die nötige Elastizität der Paukenhäute und versetzt sie damit erst in die Lage, durch Schwingungen Töne zu erzeugen. Die aktive Verengung geschieht durch Drehung von Skelettelementen und sie umgebendem Gewebe in das Lumen (vor allem bei Singvögeln und Papageien wichtig). Hierzu sind innere Muskeln (s. o.) nötig, die durch ihre Kontraktion die Position der Bronchialringe exakt kontrollieren können.

Die **Lautstärke** hängt vom Druck des Luftstromes ab, der wiederum je nach dem an der Syrinx zu überwindenden Widerstand bei vergleichbaren Lauten ganz unterschiedlich hoch sein kann. Bei einer passiven Verengung ist dieser Widerstand eine Folge der Einwölbung der Membranen. Wenn die Stimmritze durch die nach innen gefaltete Membran so gut wie geschlossen ist, bedarf es eines hohen Druckes, um einen Laut zu erzeugen (z. B. Krähen des Haushahns). Bei ein und derselben Art werden aber Laute mit sehr unterschiedlichen Trachealdrücken gebildet, was auf verschiedene Techniken schließen läßt. Bei Singvögeln scheinen vor allem die Stimmlippen den Luftstrom exakt zu kontrollieren.

Die **Dauer** einer Lautproduktion hängt davon ab, wie rasch sich der Luftvorrat dabei verbraucht. Manche Vögel können lange Zeit kontinuierlich singen, der Feldschwirl z. B. offenbar ohne zu atmen bis zu 95 s. Eine Syrinx mit hoher Resistenz, die mit einem minimalen Luftstrom auskommt, könnte eine Erklärung dafür bieten. Vermutlich nimmt die im Verhältnis zum Atemvolumen pro Dauer eines Elements (s. Kap. 16.1) durch die Syrinx entweichende Luftmenge mit der Größe des Vogels zu, so daß z. B. der Feldschwirl pro Strophe etwa 1500 Elemente, das Kuckucksweibchen oder der Ziegenmelker bei ähnlicher Lautstruktur in niedrigerer Frequenz aber nur wenige produzieren. Eine alternative Hypothese geht von kleinsten Atemzügen (bei Kleinvögeln unter 0,1 s Dauer) in den minimalen Pausen zwischen Elementen aus. Dies könnte z. B. bei den langen Singflügen der Feldlerche eine Rolle spielen. Lautproduktion beim Ausatmen solcher schnellen flachen Atemzüge wird ferner z. B. bei Kanarengirlitz, Buchfink, Nachtigall oder Abendkernbeißer angenommen. Beim kontinuierlichen Ausatmen entstehen wahrscheinlich das Krähen des Haushahns, Kranich- oder Krähenrufe usw. Lautproduktion sowohl beim Ein- als auch beim Ausatmen ist bei Schamadrossel oder Keilschwanz-Sturmtaucher wahrscheinlich. Ziegenmelker können auf diese Weise bis zu 8 min ohne Unterbrechung singen.

Die **Tonerzeugung** stellt man sich nach verschiedenen Modellen vor. Ein einfacher Tongenerator geht von Membranschwingungen gegen das Lumen der Syrinx aus; dadurch wird der Luftstrom alternierend komprimiert und verdünnt; Knoten und Wellen wandern in Richtung der strömenden Luftsäule in der Trachea. Ein zweites Modell fordert die Bildung eines Ventils durch die flexiblen Teile der Syrinx. Das Lumen wird durch die Membranen geschlossen. Druck von der Lungenseite öffnet einen Spalt und drängt die Membranen auseinander; Luft strömt kraniad. Die Elastizität der Membranen in Verbindung mit dem Bernoulli-Effekt (s. o.) und möglicherweise noch Muskelkontraktionen schließen das Ventil wieder. So entstehen Luftstöße, die für Töne mit breitem Frequenzspektrum und einer Trägerfrequenz, die der Impulsfrequenz des »Ventils« entspricht, verantwortlich sind. Lange Zeit wurde dieser Impulsgenerator nur für die Lauterzeugung bei Säugern in Anspruch genommen. Er scheint aber auch bei Vögeln vorzukommen; entsprechende Bewegungen der Syrinxmembranen sind z. B. bei Graugans, Steißhühnern oder Papageien beobachtet worden. Pfiffe benötigen keinen Tongenerator, hängen aber von der Bildung periodischer Wirbel ab. Diese entstehen z. B. durch schlitzartige Verengungen des Luftstroms, die durch verschiedene Mechanismen in den einzelnen Syrinxtypen erzeugt werden können. Die drei Typen von Lautgeneratoren schließen sich gegenseitig nicht aus. Manche Vögel müssen zur Produktion bestimmter Laute eine besondere Haltung einnehmen, besonders bei relativ einfacher Syrinxmuskulatur (z. B. Männchen der Enten beim »Grunzpfiff«).

Die **Frequenzmodulation** wird bei Blasinstrumenten u. a. durch Koppelung eines Tongenerators mit einer Resonanzröhre, deren Länge variiert werden kann, erreicht. Bei der menschlichen Stimme ist der Lautgenerator mit einer Reihe von Kammern im oberen Atemtrakt verbunden, deren Resonanzeigenschaft durch Zunge, Gaumen usw. teilweise verändert werden kann. Vögel besitzen solche Kammern nicht und mit Ausnahme der Papageien auch keine fleischige Zunge. Durch äußere Muskeln könnte jedoch die Trachea verlängert oder verkürzt werden. Die Rolle der Trachea in der Frequenzmodulation ist jedoch zumindest nicht einheitlich zu erklären. Zwischen der Tonhöhe und der Länge der Trachea lassen sich teilweise keine Beziehungen erkennen, solche wurden aber z. B. bei Gänsen und Möwen gefunden. Der »Stimmbruch« der Vögel geht auf hormoninduzierte Veränderung der Membrandicke zurück, kann also z. B. durch Testosterongaben auch beim Jungvogel erreicht werden. Experimentell bewiesen ist die Unabhängigkeit beider Seiten der Syrinx, so daß Vögel sich überlappende unabhängig modulierte Laute zu produzieren vermögen. Dabei kann dann aber die Resonanz der Trachea keine entscheidende Rolle spielen. Beim Buchfinken wurde nachgewiesen, daß jede Seite der Syrinx in der Lage ist, alle Modulationen, die im Artgesang auftreten, zu erzeugen, doch beide Seiten benötigt werden, um zwei unabhängig modulierte Laute gleichzeitig zu erzeugen. Die Rolle der inneren Muskeln für die Plastizität der Lautäußerungen ist noch umstritten.

Im allgemeinen ist die **Lautstärke** der Rufe und Gesänge mit der Körpergröße positiv korreliert. Doch gibt es auch kleine Singvögel mit unerwartet lautem Gesang (z. B. Zaunkönig). Nach allerdings unbewiesener Hypothese wird dabei der inneren Muskulatur eine wichtige Rolle zugesprochen. Als Resonanzstrukturen mit größerer Oberfläche für einen relativ kleinen Tongenerator kommen z. B. tracheale oder ösophagiale Taschen bei manchen Arten in Betracht, die während der Tonerzeugung aufgeblasen werden, ebenso überlange Luftröhren (vgl. o.). Auch Aufblähung der Kehlregion (z. B. beim Krähen des Haushahns) kann die Lautstärke vergrößern (Megaphoneffekt).

Zisch- und Fauchlaute werden durch Luftstöße im Kehlspalt, also im Larynx, erzeugt.

16.2.2 Instrumentallaute

Laute können durch schnelles Aufeinanderschlagen von Ober- und Unterschnabel (Schnabelklappern, z. B. Störche) oder Schnabelknakken (z. B. Eulen) produziert werden. Das Trommeln der Spechte, bei dem der Schnabel in rhythmischer Folge auf eine meist besonders resonanzfähige Unterlage schlägt, liefert arttypische Signale.

Relativ weit verbreitet und vielfältig ist Lauterzeugung mit Hilfe des umgebenden Luftstroms. Häufig sind im Dienst der Lauterzeugung bestimmte Federn oder Federpartien umgestaltet. Hierzu zählen Flügelgeräusche im Strecken- oder besonderen Schauflug (z. B. Entenartige, Hühnervögel), wobei besondere Schallschwingen ausgebildet sein können (z. B. Schellente, Kiebitz). Flügelklatschen bei der Balz kommt bei manchen Tauben und Nachtschwalben oder bei einzelnen Eulen (z. B. Sumpfohreule) vor. Polternde oder sogar trommelnde Flügelschläge (z. B. Kragenhuhn) spielen bei Balz und Reviermarkierung einiger Hühnervögel eine Rolle. Beim Flügelklappern der Klapperlerche lassen sich sogar Dialekte unterscheiden. Bekassinen können bei bestimmtem Flugwinkel durch Vibration der abgespreizten äußeren umgebildeten Schwanzfedern ein meckerndes Geräusch erzeugen, wobei durch Flügelzucken der Luftstrom kontrolliert wird. Mit ihren langen Schwanzfedern erzeugt die Paradieswitwe ein raschelndes Geräusch.

16.3 Rufe

Die Unterscheidung der Rufe von Gesängen ist nicht scharf (vgl. Kap. 16.1). Ganz allgemein sind Rufe kurz (etwa dem Element eines Gesanges entsprechend) und einfach strukturiert; sie werden von beiden Geschlechtern meist das ganze Jahr über in einem bestimmten Zusammenhang oder während einer bestimmten Verhaltensweise geäußert. Vielfach haben Rufe einen sofortigen Effekt auf das Verhalten anderer Individuen; sie drücken gewissermaßen eine Tendenz aus, sich in einer bestimmten Weise zu verhalten, und übermitteln diese Information an Empfänger.

Rufrepertoire, die bei Singvögeln bis zu 20 verschiedene Formen enthalten können (bei den meisten Nicht-Singvögeln sehr viel weniger), decken die meisten Aspekte sozialen Verhaltens ab. Die Funktionen von Rufen überschneiden sich z. T. mit jenen von Gesängen.

Für folgende Situationen, Verhaltensweisen oder Stimmungen sind eigene Laute festgestellt worden, wobei die Übersicht keineswegs vollständig ist (vgl. auch Kap. 15):

a. Aggressives Verhalten gegenüber Artgenossen und Artfremden:
1. Drohen,
2. Abwehr (als Einschüchterung oder Beschwichtigung),
3. Angriff,
4. Schmerz (wenn vom »Angst«schrei unterschieden).

b. Feind in der Nähe:
1. Artgenosse in der Gewalt des Beutefeinds (Laute vom Gegriffenen oder von Artgenossen; kann mit Schmerzlaut identisch sein),
2. Bodenfeind,
3. sitzender Luftfeind,
4. fliegender Luftfeind ohne erkennbare Jagdabsicht,
5. jagender Luftfeind,
6. Verleiten am Nest oder bei kleinen Jungen,
7. Brutschmarotzer in Nestnähe.

c. Friedliches Verhalten zwischen Partnern eines Paares:
1. Männchen ohne Weibchen,
2. Stimmfühlung (Partner zu sehen, Partner nicht zu sehen),
3. Zusammenrücken,
4. Partner treffen sich (Begrüßung),

5. Betteln,
6. Balz,
7. Nestzeigen,
8. Begattung,
9. Brutablösung,
10. Futterübergabe.

d. Friedliches Verhalten unter Artgenossen:
1. Vor dem Abflug,
2. beim Abflug,
3. während des Fluges,
4. vor dem Landen,
5. auf dem Zug (tags und nachts),
6. Entdeckung einer Futterquelle.

e. Junge untereinander und gegenüber Eltern:
1. Junge im Ei (Synchronisation des Schlüpfens),
2. Nahrungsbetteln,
3. Verlassensein, Kälte usw. (»Weinen«),
4. Kontakthalten bei Nestflüchtern,
5. Standortzeigen von Nesthockern nach dem Ausfliegen und Platzhockern.

f. Eltern gegenüber Jungen:
1. Füttern,
2. mit Futter locken,
3. Führen (an sichere oder nahrungsreiche Plätze, aus der Gefahrenzone usw.),
4. Hudern.

g. Spezielle Formen:
Der Echolotpeilung bei Höhlenbewohnern (Fettschwalm, Salangane) dienen Serien von Klick-Lauten (vgl. Abb. 11.14).
Die Rufe des Großen Honiganzeigers führen den Honigdachs zu den Nestern von Wildbienen; die Vögel leben von Bienenwaben und -larven, die ihnen der Honigdachs zugänglich macht.

Um die **Bedeutung von Lauten,** die auch inter- und intraindividuell variieren können, genau zu erfassen, bedarf es einer umfassenden Kenntnis der Lebensweise einer Art. Vor allem bei Koloniebrütern erlauben Rufe auch individuelles Erkennen zwischen Jungen und Eltern (z. B. Alken, Seeschwalben, Tölpel). Andererseits sind manche Rufe keineswegs artspezifisch oder zumindest über viele Arten sehr ähnlich.
Dies ist vor allem bei **Luftwarnrufen** von Singvögeln auffallend (Abb. 16.5). Aus verschiedenen Gründen ist für einen mittelgroßen

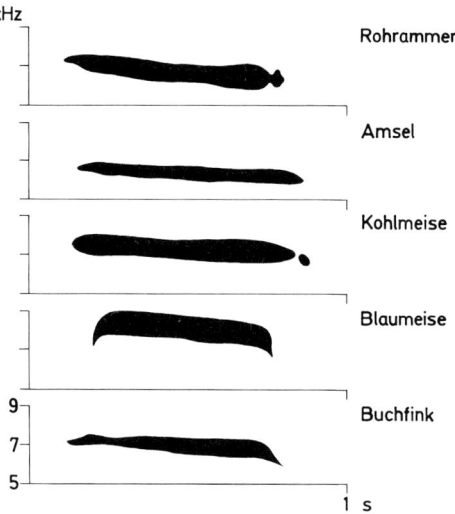

Abb. 16.5. Sonagramm (vereinfacht) von Luftfeindrufen verschiedener Singvögel (nach MARLER aus CATCHPOLE 1979).

Greifvogel ein Ruf bei 7 kHz besonders schwierig zu orten (zu hoch für meßbare Phasendifferenz, zu niedrig für die Messung von Intensitätsdifferenzen durch die Entfernung beider Ohren). Dieser Höhe entsprechen Alarmrufe vieler Singvögel, die noch dazu sehr wenig moduliert sind und nicht in dichter Folge wiederholt werden. Allerdings lassen auch diese Laute jedenfalls im Experiment für Greifvögel durchaus eine gewisse Orientierung zu; die Adressaten (andere Kleinvögel) hören sie aber auf größere Entfernung.
Einige Beispiele für die Funktionen von Rufen: **Stimmfühlungslaute** können eine Synchronisation des Schlüpfens bewirken, indem sie die Entwicklung der etwas zurückgebliebenen Jungen fördern, den Schlupf der weiter fortgeschrittenen hemmen. Eine solche Synchronisation ist vor allem für Nestflüchter von Bedeutung. Viele Arten (so Hühner, Schnepfenvögel, Enten) lassen bereits 1 bis 2 Tage vor dem Schlüpfen einfache Klick-Laute aus dem Ei hören, die aber auch bei Nesthockern vorkommen und beim Atmen entstehen. Die synchronisierende Wirkung ist z. B. bei Wachteln, einigen Entenvögeln und beim Nandu experimentell bewiesen. Die Rufe der Jungen im Ei können ferner das Verhalten der brütenden Eltern beeinflussen. Die Kükenrufe, die bereits verschiedene Laute umfassen, bereiten gewissermaßen notwendige Verhaltensumstellungen der Eltern

vor. Bei der Trottellumme ist z. B. der Rufkontakt wechselseitig; die Altvögel reagieren auf die Laute der Küken im Ei mit Antwortrufen. Dadurch lernen die Küken den individuellen Stimmfühlungsruf ihrer Eltern und reagieren später nur bzw. besonders intensiv darauf. Bei Koloniebrütern ist der spätere Rufkontakt zwischen Alt- und Jungvögeln für eine gesicherte Aufzucht von Vorteil. Eine Umstellung auf Adoptiveltern ist bei der Trottellumme in den ersten Lebenstagen noch möglich.

Die ersten **Pieplaute im Ei** lösen bei vielen Vögeln zunächst Konfliktverhalten aus; die Brutunterbrechungen werden meist häufiger, die Eier öfters gewendet. Durch Laute des Unbehagens vor dem Schlüpfen, bei Eulen z. B. schirkende und trillernde Laute, werden möglicherweise bereits neue Verhaltensweisen der Brutpflege (z. B. Hudern) ausgelöst, die dann nach dem Schlüpfen sofort einsetzen müssen. Bei Nestflüchtern, vor allem solchen Arten, die ihre Jungen in unübersichtlichem Gelände führen, dienen Stimmfühlungsrufe dem Zusammenhalt der Familie. Küken, die den Anschluß verloren haben oder frieren und hungern, »weinen« hoch und durchdringend. Bei Trottellummen ist auch das **Weinen** individuell verschieden. Davon zu unterscheiden sind häufig die normalen Kontaktrufe, die bei sehr kleinen Nestflüchtern meist wispernd oder zart piepend klingen, keinesfalls so langgezogen und durchdringend wie das Weinen. Auch akustische, nicht nur optische Merkmale der Mutter spielen für die Nachfolgereaktion der Küken eine Rolle (z. B. Entenvögel).

Nesthocker geben meist nur **Bettellaute** von sich, wenn die Eltern zum Füttern ans Nest kommen. Häufigkeit und Lautstärke der Rufe nimmt aber oft kurz vor dem Ausfliegen stark zu. Wenn Nesthocker das Nest verlassen haben, tritt vielfach eine ähnliche Situation ein wie bei den Nestflüchtern: die Bettelrufe werden zu **Standortlauten,** die den immer noch fütternden Eltern die Ortung der versteckt sitzenden Jungen erleichtern. Die stereotypen Rufe eben ausgeflogener Grünlinge, Meisen, Rotschwänze oder Drosseln steigern sich beim Füttern dann zu heftigem **Bettelgeschrei.**

Für das Zusammenhalten im Schwarm oder der Partner eines Paares werden Stimmfühlungsrufe sehr zahlreich eingesetzt. Viele Arten verfügen über unterschiedliche Typen: Leise Laute sind auf Nahwirkung eingestellt, laute wirken auf die Ferne. Besondere Rufe oder

auch einfach gesteigerte Rufaktivität sind häufig vor dem Abfliegen festzustellen. Manche reizen auch zum Mitfliegen oder zum Anschluß an einen Trupp. Bei einigen Arten treten bestimmte Stimmfühlungsrufe jahreszeitlich gebunden auf.

Eine große Bedeutung haben für Nachtzieher die »**Zugrufe»,** mit denen sie untereinander Kontakt halten. Bei Nacht ziehende Kleinvögel fliegen z. B. in einem deutlich größeren Individualabstand als solche in tagziehenden Schwärmen; akustische Orientierung zum Nachbarn, der 50 bis 300 m entfernt fliegt, scheint daher die einzige Kontaktmöglichkeit im Dunkeln. Die interspezifische Ähnlichkeit von Flugrufen und allgemeinen Stimmfühlungsrufen fördert vielleicht die Bildung von artlich gemischten Schwärmen.

Drohrufe begleiten aggressive Handlungen gegenüber Artgenossen oder können diese ersetzen. Sie unterstützen nicht selten auch tätliche Attacken. Umgekehrt beschwichtigen z. B. Bettelrufe zusammen mit entsprechenden Gebärden aggressiv gestimmte Artgenossen. **Beschwichtigungsrufe** dienen auch der Paarbindung, wobei besondere Bettelrufe und -haltungen bei Weibchen vorkommen (z. B. manche Eulen, Tauben, Seeschwalben, Rabenvögel, Meisen).

Ein vielseitiges Lautrepertoire ist im Zusammenhang mit der Bedrohung durch Feinde erkennbar. Am Brutplatz dient **Zischen** (Meisen) oder **Schnabelknacken** (Eulen) wahrscheinlich dem Erschrecken von Feinden im Zusammenhang mit bestimmten Abwehrhaltungen. Auch beim Verleiten (s. Kap. 15.6.3) sind mitunter besondere Rufe zu hören. **Angstschreie** oder **Alarmrufe** locken Artgenossen unter Vernachlässigung der Reviergrenzen zusammen. Sie führen häufig auch zu gemeinsamen Angriffen, insbesondere bei Koloniebrütern oder Bodenbrütern offener Landschaften (z. B. Schnepfenvögel, Regenpfeifer). Besondere Rufe werden beim Hassen (s. Kap. 15.6.1) auf Eulen, Greifvögel oder Würger ausgestoßen und führen zu gemeinsamen interspezifischen Aktionen, z. B. von Kleinvögeln. Alarmrufe der Eltern veranlassen die Jungen, sich z. B. ruhig zu verhalten und tief in die Nestmulde zu drücken; junge Regenpfeifer oder Schnepfenvögel drücken sich auf den Boden unter geschickter Ausnutzung von Unebenheiten und anderen Deckungsmöglichkeiten und bewegen sich erst wieder bei Entwarnung. Mit zunehmendem Alter wird die Reaktion vom Warndienst der Altvögel unabhängiger. Alarmrufe spielen eine große Rolle in der Verständigung von Altvögeln, wobei für bestimmte Situationen unterschiedliche Rufe (bei der Amsel insgesamt 5) eingesetzt werden (Luftfeind- und Bodenfeindalarm). Warnrufe können auch zur Flucht veranlassen. Da Warnrufe oft interspezifisch verstanden werden, erklärt man häufig Brutnachbarschaften verschiedener Arten mit dem Vorteil der Warnung vor Nestfeinden.

16.4 Gesang

16.4.1 Funktion und Strukturen

Gesang ist nicht nur auf Singvögel beschränkt. Er ist in der Regel komplizierter gebaut als ein Ruf. Schon im Aufbau von Strophen ergeben sich viele **Variationsmöglichkeiten.** Die Zahl der Motivtypen pro Art bzw. Population kann in die Hunderte gehen (z. B. Gartenrotschwanz 160 bis 328, Sumpfrohrsänger 300 bis 350, Amsel über 300); dazu kann aber ein Gesang auch individuell viele Motivtypen aufweisen, bei manchen Arten (z. B. Amsel) über 100. Als Gesang bezeichnet man aber auch einfachere Gebilde, wie locker aneinandergereihte Laute, wenn z. B. der Art kompliziertere Lautkombinationen fehlen (z. B. Pausenlied der Eulen). Die Reinheit der Töne spielt für die Bezeichnung von Lautäußerungen als Gesang keine Rolle.

Die allgemeinste und auch am leichtesten zu erklärende Funktion des Gesanges ist die Übermittlung von Informationen zur **Arterkennung.** Gesänge sind also artspezifisch und spielen damit eine wichtige Rolle bei der Fortpflanzung und in der Bildung bzw. gegenseitigen Isolation von Fortpflanzungsgemeinschaften. Doch sind die artspezifischen Unterschiede für Vögel nicht zwangsläufig die gleichen wie für Ornithologen, wenn sie Arten nach ihren Gesängen unterscheiden. Playback-Experimente beweisen, daß z. B. die Abwechslung von hohen und tiefen Phrasen oder die genaue Struktur von Silben oder die Länge der Pausen zwischen Elementen eine entscheidende Rolle spielen können. Die Schlüsselmerkmale scheinen von Art zu Art sehr unterschiedlich zu sein.

Sympatrische Zwillingsarten unterscheiden sich oft sehr deutlich durch ihren Gesang und wurden bei oft sehr großer optischer Ähnlichkeit z. T. erst dadurch entdeckt (z. B. Fitis und Zilpzalp, mehrere *Cisticola*-Arten, Weiden- und Erlentyrann, ähnliche *Corvus*-Arten in Australien usw.). Gesangsanalysen haben in der Abgrenzung von Arten heute eine wichtige Bedeutung. Bei einigen Artengruppen spielen akustische Unterschiede (auch Rufe betreffend) eine ungleich stärkere Rolle als optische (z. B. bei Artengruppen der Gattungen *Acrocephalus, Cisticola, Phylloscopus, Hippolais, Empidonax, Corvus*). Auch in der Zuordnung allopatrischer Populationen kann Gesangsvergleich entscheidend sein. Nicht alle Populationen, die deutliche Gesangsunterschiede zeigen und auf

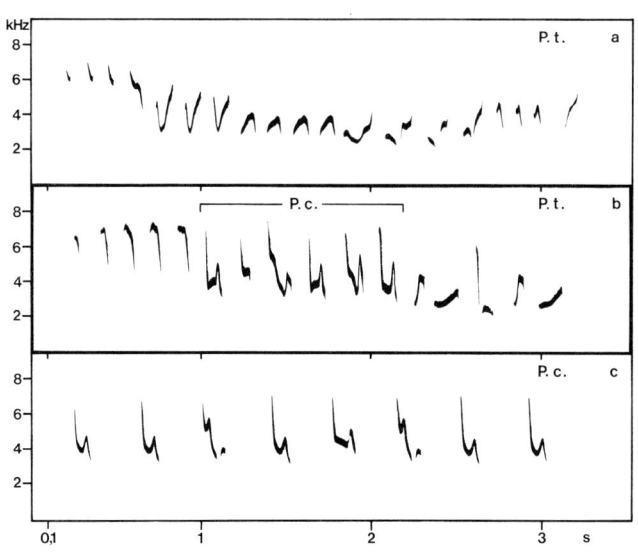

Abb. 16.6. Sonagramme der Gesänge von Fitis (a), Zilpzalp (c) und einem Mischsänger (b; aus HELB u. a. 1985).

Abb. 16.7. Sonagramme der Gesänge von Waldbaumläufer (oben), Gartenbaumläufer (unten) und einem Mischsänger (Mitte; aus HELB u. a. 1985).

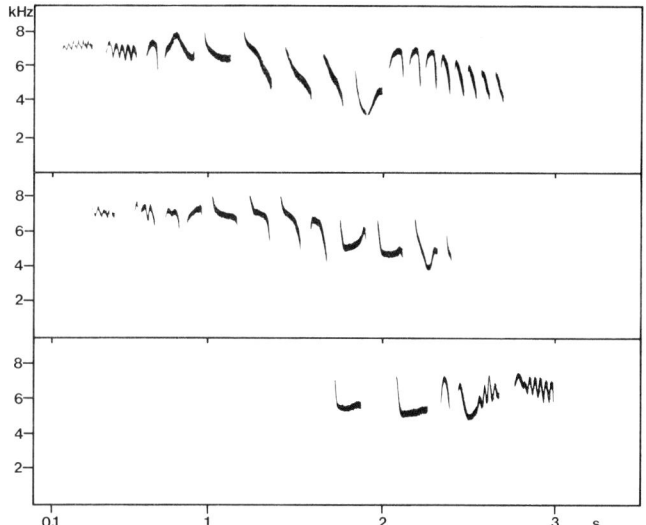

Tonbandvorspiel des Gesangs der anderen nicht oder nur schwach reagieren, haben allerdings Artstatus (z. B. Weidenmeisen Mitteleuropas). Interspezifische Gesangsähnlichkeit kann zu gelegentlicher Hybridisation führen (z. B. Busch- und Sumpfrohrsänger). Gesangsunterschiede müssen mit morphologischen Unterschieden nicht unbedingt kovariieren.

Im allgemeinen werden dem Gesang folgende **soziale Funktionen** zugesprochen: Reviermarkierung und -verteidigung, Anlocken von Weibchen, Förderung des Zusammenhalts der Paare, gegenseitige Stimulation (benachbarter Männcher oder Mitglieder der Gruppe) sowie Synchronisation der Partner eines Paares bei der Balz. Im einzelnen wird aber häufig nur durch Gesangsäußerungen in entsprechenden Situationen auf die Funktion des Gesangs geschlossen. Da häufig ledige Männchen in einem Revier singen, ist die Doppelfunktion des Gesangs, adressiert an andere Männchen (Revierbehauptung) und an Weibchen (sexuelle Attraktion) wahrscheinlich. Experimente an verschiedenen territorialen Arten bestätigen, daß **Reviergesang** auf rivalisierende Männchen zumindest zunächst eine abweisende Wirkung hat. Bei der Kohlmeise wurde nachgewiesen, daß ein Repertoire von mehreren Strophentypen noch wirkungsvoller ist. Die Gründe mögen verschieden sein: Ein Wechsel von Strophentypen könnte mehrere Revierinhaber vortäuschen (»Beau-Geste«-Hypothese nach J. KREBS). Er verhindert aber auch Reizgewöhnung (Habituation) und hält also die abweisende Wirkung aufrecht; mehrere Strophentypen bergen auch eine höhere Wahrscheinlichkeit, den bevorzugten Strophentyp eines potentiellen Eindringlings zu treffen und damit eine sehr direkte Antwort auf seine Herausforderung. Die Wirkung des Gesangs auf Weibchen ist schwieriger zu testen; die meisten Hinweise sind indirekt. So läßt die Gesangstätigkeit des Männchens nach Bindung zu einem Weibchen häufig nach oder hört sogar ganz auf (z. B. Schilfrohrsänger). Das Territorialverhalten beschränkt sich dann vorwiegend oder ganz auf optisches Drohen. Bei sehr komplizierten Gesängen und außerordentlich hohem Silben- bzw. Strophenrepertoire wird geschlossen, daß diese Erscheinungen ebenso wie außerordentlich hoher Luxus in Formen und Farben (z. B. Rad des Pfau) die Wahl des Weibchens beeinflußen. Dem entspricht, daß bei manchen Arten (z. B. Schilfrohrsänger, Spottdrossel) Männchen mit komplizierteren Strophen und/oder reicherem Repertoire eher ein Weibchen finden als Artgenossen mit einfacheren Gesängen.

Territoriale und **sexuelle Funktion** schließen sich nicht notwendigerweise aus. Im Vergleich zwischen verwandten Arten ergeben sich mitunter aufschlußreiche Abstufungen. So verfügen vier monogame Rohrsängerarten alle über komplexe Gesänge zur Attraktion von Weibchen. Diese scheinen ihre Partner direkt nach der Qualität einschließlich der Gesangsleistung zu wählen. Bei zwei polygynen Arten verteidigen Männchen relativ große Reviere, und die

Weibchen scheinen ihre Partner indirekt über die Qualität der Territorien zu wählen. Hier dienen die Gesänge in erster Linie der Revierverteidigung und sind deutlich kürzer und einfacher. Beim Drosselrohrsänger mit fakultativer Polygynie sind sogar Unterschiede in der Gesangsstruktur nachweisbar: Das ledige Männchen verfügt über längere Strophen, um Weibchen anzulocken. Nach der Verpaarung werden einfachere Strophen produziert, die nur noch der Revierverteidigung dienen. Allgemein wird als Hypothese angenommen, daß lange und komplexe Gesänge mehr der sexuellen Attraktion dienen, kürzere einfache und stereotype dagegen territoriale Funktionen haben.

Interindividuelle Variation der Gesänge in einer Population werden z. T. damit erklärt, daß dabei auch die Möglichkeit individuellen Erkennens besteht. So können sich Reviernachbarn an ihrem individuellen Gesang erkennen und ein neuer Sänger fällt auf, dessen Eindringen dann sofort entsprechend beantwortet werden kann. Auch zwischen Partnern oder Gruppenmitgliedern spielt individuelles Erkennen oft eine wichtige Rolle (Rufe vgl. Kap. 16.3). So imitieren z. B. beim Brachpieper die Weibchen beim Verlassen oder Anfliegen des Nestes den Gesangstyp des Männchens, wahrscheinlich um diese von einem Angriff abzuhalten.

Abb. 16.8. Singender Karmingimpel (Foto R. Sie-brasse).

16.4.2 Gesangsformen und -zeiten

Die **Trägerfrequenz von Vogelgesängen** liegt meist über der Tonhöhe der menschlichen Stimme. Besonders tief sind Gesänge von Rohrdommel und Kuckuck mit 0,25 bis 0,5 kHz. Die Variationsbreite der Trägerfrequenzen reicht von 0,085 bis 10,7 kHz. Der Frequenzumfang der Grundtöne kann bei einem Singvogel bis etwa 4 Oktaven betragen. Gesänge kleiner Singvögel liegen etwa zwischen 3 und 8 kHz. Mit zunehmender Körpergröße sinkt häufig die mittlere Frequenz mit dem größten Schalldruck, wobei Abhängigkeiten vom Biotop (vgl. u.) und der systematischen Stellung zu beobachten sind. Einzeltöne werden oft in außerordentlich rascher Folge moduliert, ohne daß dabei die Lautstärke unbedingt mit verändert werden muß. Tonhöhenwechsel bis zu 200 s^{-1} sind bekannt; sie lassen sich mit der Physiologie der Syrinxmuskulatur durchaus erklären.

Die **Reichweite des Gesangs** als Signal kann durch Wahl von Singwarten auf erhöhten Plätzen (Baumspitze, Dachfirst, Buschspitze, Staude usw.), aber auch durch Singflug, dabei vielfach auch durch optische Signale unterstützt, vergrößert werden. Singflüge, also Schauflüge mit Gesang, führen vor allem Brutvögel offener Flächen mit niedriger Vegetation und/oder großen Revieren aus (viele Singvögel, aber auch z. B. Regenpfeifer, Schnepfenvögel, Nachtschwalben); sie sind aber auch bei Baumbewohnern oder Vögeln dichter Vegetation anzutreffen (z. B. Dorngrasmücke, Schilfrohrsänger, Tauben). Der Ausdruck **Fluggesang** beschreibt dagegen lediglich im Flug vorgetragenen Gesang ohne Schauelemente (z. B. Wacholderdrossel).

Ein offenbar sehr wichtiger Faktor ist auch die **Biotopakustik**. Anpassungen an die Struktur des Singraumes (»Melotop«) lassen sich nicht nur im Singverhalten, sondern auch in den Frequenzen und der Lautstärke der Gesänge erkennen, wobei offenbar konvergente Anpassungen bei unterschiedlichen Taxa auftreten können.

Lauter, voll differenzierter Gesang, der vorwiegend an die Fortpflanzungszeit gebunden ist, bezeichnet man häufig als **Vollgesang**. Demgegenüber bedeutet **Subsong** einen leisen, variablen Gesang, häufig als Übergang zwischen noch wenig differenziertem Jugendgesang (vgl. Kap. 16.4.3) und Vollgesang, aber auch als Zwischenform zwischen Vollgesängen in jährtlichen, täglichen oder noch kleineren Pausen. Er ist meist differenzierter als der Jugendgesang, hoch variabel und oft mit Fremdimitationen (vgl. Kap. 16.4.3) angereichert. Der Vollgesang kann nicht nur durch unterschiedlichen Strophenbau variiert werden, sondern durch unterschiedliche Anteile von verkürzten (abgebrochenen) oder längeren Strophen. Solche Erscheinungen treten mitunter saisonal in unterschiedlicher Häufigkeit auf (z. B. Buchfink).

Meist singen nur Männchen, bei einer Reihe von Arten aber auch die Weibchen (z. B. Rotkehlchen, Brachpieper). Streng synchronisierte Gesänge zweier Partner, die in der Regel wie ein einheitliches Lautmuster wirken, bezeichnet man als **Duettgesänge.** Sie kommen hauptsächlich bei tropischen Arten (Mitteleuropäisches Beispiel: Zwergtaucher) in verschiedenen Mustern vor, z. B. als antiphonale Gesänge mit abwechselnden Silben, aber auch in komplexeren Serien alternierender Beteiligung. Die Präzision der Partner ist mitunter auf hundertstel Sekunden genau. Die Funktion von Duettgesängen ist nicht befriedigend geklärt. Da sie bei tropischen Vögeln in dichter Vegetation und bei hoher Revier- und Partnertreue besonders verbreitet sind, könnte ihnen eine Bedeutung des Kontaktes unter solchen Bedingungen zu-

kommen, bei Arten bzw. in Gebieten mit nicht festliegender Brutzeit auch der Synchronisation der Sexualzyklen. Ebenfalls häufiger in den Tropen als in höheren Breiten sind Gruppengesänge anzutreffen, die aber auch in spätwinterlichen Schwärmen von Zugvögeln der Mittelbreiten vorkommen (z. B. Erlenzeisig, Star usw.).

Die **Gesangsaktivität** erreicht besonders vor und zu Beginn eines Fortpflanzungszyklus ihr Maximum, mitunter mehrere Gipfel bei aufeinanderfolgenden Brutzyklen. Die Zeit der Sangesruhe fällt meist mit der postnuptialen Mauser zusammen. Danach (in mittleren und höheren Breiten also meist im Herbst) kann es bei vielen Arten zu einem kleineren Gesangsgipfel kommen (»Herbstgesang«), der wiederum mit einer gewissen Gonadenaktivität zusammenfällt (Abb. 16.9). Die Gesangstätigkeit unterliegt ferner oft einem ausgeprägten Tagesgang, der sich innerhalb einer Gesangs- bzw. Fortpflanzungsperiode ändern kann (Abb. 16.10). Häufig sind im Frühjahr und Sommer die frühen Morgen- und die späten Abendstunden Zeiten der Gesangsmaxima, beim Herbstgesang dagegen der späte Vormittag. Witterung beeinflußt die Gesangstätigkeit sehr stark, z. T. über die »Gesangshelligkeit« (Einsetzen des Gesangs am Tag bei Aufziehen von Wolken). Ebenso wirken sich Populationsdichte und Status der Männchen (unverpaarte singen intensiver, s. Kap. 16.4.1) auf intraspezifische Variation der Gesangsintensität aus.

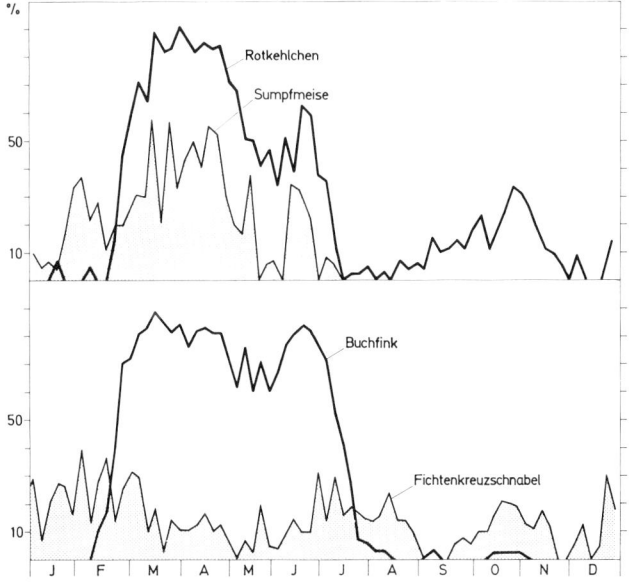

Abb. 16.9. Gesangsaktivität im Jahreslauf nach Tagesprotokollen 1970–1987 an einem Beobachtungspunkt in den bayerischen Alpen, 810 m NN. Fichtenkreuzschnabel vgl. Abb. 17.8 (E. Bezzel orig.).
Ordinate: Anteil der Tage pro Pentade mit Gesang an der Summe der Tage, an denen die Anwesenheit der Art registriert wurde.

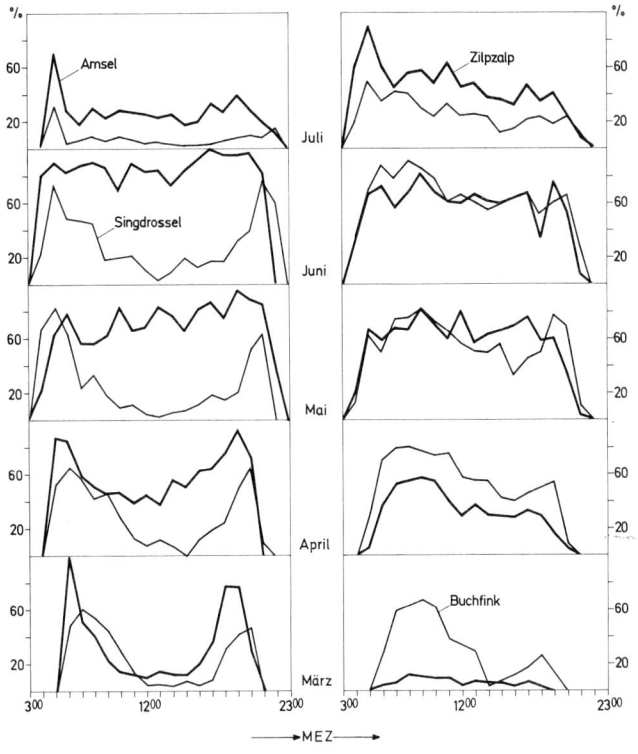

Abb. 16.10. Tageszeitliche Gesangsaktivität nach Protokollen aus zwei Jahren am Beobachtungsplatz der Abb. 16.9 (E. Bezzel orig.).
Ordinate: Anteile der Stunden, in denen wenigstens einmal Gesang gehört wurde.

Im Verlauf einer **Sangesperiode** können sich auch individuelle bzw. populationsspezifische Unterschiede im Strophentyp bzw. im Anteil der vollständig vorgetragenen bzw. abgebrochenen Strophen ergeben (z.B. Buchfink). Interspezifische Unterschiede der jahres- und tageszeitlichen Gesangsmuster sind nicht nur eine Folge entsprechender Verschiebungen im Stand des Fortpflanzungszyklus und der spezifischen Bedeutung des Gesangs (vgl. Kap. 16.4.1), sondern vielleicht auch als lokale Gesangsmuster durch die in Höhrweite singenden Arten bedingt (Aufteilung des schallfreien Raumes; Abb. 16.11).

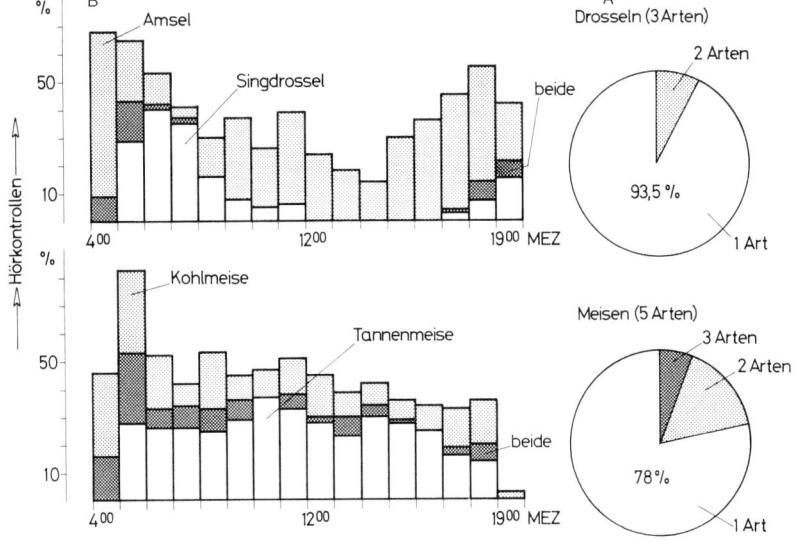

Abb. 16.11. Aufteilung der Sangeszeit zwischen verschiedenen Arten (in % Kontrollen von 10 s an einem Ort in einer Sangesperiode; E. Bezzel orig.). A. Gleichzeitigkeit der Gesänge von Kohl-, Blau-, Tannen-, Sumpf- und Weidenmeise sowie von Amsel, Mistel- und Singdrossel. B. Tageszeitliches Muster der Gleichzeitigkeit von je zwei „ähnlichen" Gesängen.

16.4.3 Gesangsentwicklung

Der arttypische Gesang der Singvögel ist größtenteils erlernt. Schallisoliert aufgezogenen Individuen (»**Kaspar-Hauser**«-Vögel) können **keinen Vollgesang** entwickeln, wohl aber ist der Gesang von Individuen, die in Gruppen gehalten wurden, reichhaltiger als bei einzelnen Kaspar-Hausern. Mindestens soviel muß dem Jungvogel vom Gesangsmuster angeboren sein, wie an Ähnlichkeit aus diesem Gruppenlernen mit dem artspezifischen Wildvogelgesang produziert wird.

Bei einigen bisher untersuchten Arten fällt die erste **sensible Phase** für das Gesangslernen schon sehr früh auf die Zeit nach dem Flüggewerden. Dabei können z. B. junge Buchfinken bereits soviel Informationen über den Artgesang aufnehmen, daß sie im nächsten Frühjahr weitgehend vollständigen Gesang produzieren, obwohl sie im Spätsommer oder Herbst ihres ersten Lebensjahres nur leisen, wenig differenzierten Jugendgesang (vgl. Kap. 16.4.2) hören lassen. Im Frühjahr des zweiten Kalenderjahres dient eine zweite sensible Phase der Vervollständigung des Gesangslernens an Vorbildern; für spät und nach Beendigung der Gesangsperiode im Geburtsjahr ausgeflogene Individuen kann jetzt noch der Artgesang vollständig erlernt werden. Taube Singvögel, die keine Rückinformation über ihren eigenen Gesang erhalten, sind in der Lage, den einmal erlernten Artgesang über mehrere Jahre hinweg beizubehalten.

Nicht in allen Fällen scheinen die frühen sensiblen Phasen den Gesang endgültig zu bestimmen. Es gibt ganz offensichtlich interspezifische Unterschiede in der Länge dieser frühen Lernperiode. Bei manchen Arten (z. B. Kanarienvogel, Rotschulterstärling, Amsel) werden auch in späteren Jahren dem individuellen Gesang noch Bestandteile angefügt. Kanarienvögel und Verwandte sind möglicherweise sogar zeitlebens für akustische Beeinflussung durch Vorbilder offen. Diese **Lernfähigkeit** wird damit erklärt, daß sich Neuronen auch bei adulten Vögeln neu bilden und mit bereits bestehenden Nervenzellen neue Verbindungen knüpfen können. Allerdings stützen sich die Befunde bisher hauptsächlich auf Laborbedingungen, unter denen sich möglicherweise die Gehirnentwicklung verzögert.

Die Entwicklung des arttypischen Gesangs durch Lernen bedingt jedoch, daß irgendein **Lernfilter** vorhanden sein muß, der verhindert, daß nicht jeder akustische Anreiz ins Lernprogramm aufgenommen wird. In einigen Experimenten (z. B. Buchfink, Singammer, Sumpfammer) ergab sich, daß die spezifische Struktur der Gesangselemente das selektive Lernen bestimmt. Auch wenn selbst Embryonen keine Gelegenheit haben, arttypischen Gesang wahrzunehmen, bleibt die Fähigkeit des selektiven Lernens erhalten. Doch ist auch diese Selektivität des Lernens interspezifisch sehr verschieden. Junge Zebrafinken lernen in einer sehr kurzen sensiblen Phase auch den Gesang eines artfremden Ziehvaters (z. B. Spitzschwanz-Bronzemännchen) irreversibel und behalten ihn auch dann bei, wenn sie anschließend mit arttypischen singenden Zebrafinken gehalten werden.

Diese **Lernbindung an den Vater** mag ihre Erklärung in der Biologie der Art haben: Zebrafinken brüten und singen zu allen Jahreszeiten, wenn die Bedingungen günstig sind (vgl. Kap. 17.4.2), bilden aber auch gemischte Schwärme mit anderen Prachtfinkenarten. Unter solchen Bedingungen ist das rasche Lernen des Gesangs vom Vater in einer sehr kurzen sensiblen Phase wohl vorteilhafter, um das Risiko eines Einflusses fremder Artgesänge möglichst klein zu halten. Lernen am individuellen Vorbild des Vaters ist auch beim Gimpel nachgewiesen. Bei der brutparasitischen Strohwitwe werden neben Angeborenem die Strophen der Wirtsvogelart gelernt und das Gelernte am Gesang der erwachsenen Artgenossen überprüft.

Wenn die Lerntradition nicht unterbrochen wird, vermögen die geschilderten Lernmechanismen auch über viele Generationen hinweg in isolierten Populationen stabile Artgesänge aufrecht zu erhalten, wie z. B. die auf Neuseeland eingeführten Amseln oder Buchfinken beweisen.

Dessen ungeachtet gibt es unter Singvögeln **Mischsänger,** die neben ihrem normalen Artgesang denjenigen einer anderen, meist einer nah-verwandten Art singen oder Gesänge imitieren, die strukturelle Ähnlichkeit mit dem Gesang des Nachahmers aufweisen (Tab. 16.1; Abb. 16.6, 16.7). Meist handelt es sich um einzelne Individuen, in Ausnahmefällen kommen auch mischsingende Populationen vor; letztere vor allem bei Isolation oder in schmalen Überlappungszonen allopatrischer Arten. Meist bleiben Mischsänger unverpaart oder verpaaren sich mit Weibchen der Vorbildart.

Tab. 16.1. Mischsänger bei europäischen Vogelarten (nach HELB u. a. 1985 stark verändert). Häufigkeit: 1 Einzelfälle; 2 mehrere Nachweise in verschiedenen Gebieten; 3 gelegentlich Anteile von über 5% in einer Population

Imitator	imitierte Art	Häufigkeit
Waldbaumläufer	Gartenbaumläufer	3
Gartenbaumläufer ?	Waldbaumläufer	3
Teichrohrsänger	Sumpfrohrsänger	2
Mönchsgrasmücke	Orpheusgrasmücke	1
Dorngrasmücke	Mönchsgrasmücke	1
Zilpzalp ?	Fitis ?	1
Fitis	Zilpzalp	2
Wintergoldhähnchen	Sommergoldhähnchen	1
Sommergoldhähnchen	Wintergoldhähnchen	
Sprosser	Nachtigall	3
Nachtigall	Sprosser	1
Gartenrotschwanz	Hausrotschwanz	1
Zwergschnäpper	Karmingimpel	1
Baumpieper	Kleiber	3
Baumpieper	Zaunkönig	1
Baumpieper	Goldammer	1
Girlitz	Zaunkönig	
Buchfink	Zaunkönig	
Buchfink	Girlitz	3
Buchfink	Grünling	
Buchfink	Kleiber	
Buchfink	Baumpieper	2
Buchfink	Tannenmeise	1
Goldammer	Zaunammer	1

Wahrscheinlich gehen solche Fälle in der Regel auf Tradierungsfehler beim Gesangslernen zurück.

Relativ viele Arten können durch Hören fremder Laute Gesangteile, Rufe oder Geräusche in ihren Artgesang aufnehmen (Spotten). Besonders hohe Fähigkeiten als **Spottsänger** weisen z. B. Sumpfrohrsänger, Star, Eichelhäher, Neuntöter, Gartenrotschwanz, Braunkehlchen, Spötter, Spottdrosseln oder Leierschwänze auf. Für den Sumpfrohrsänger ergab die Überprüfung des Repertoires von etwa 30 Sängern Imitationen von Lautäußerungen, die 212 Vogelarten zuzuschreiben waren. Unter ihnen betrafen 113 afrikanische Arten (80 Singvögel und 33 Nicht-Singvögel). Ein großer Teil der Vorbilder muß also im Winterquartier wirksam werden in einer sensiblen Phase, die mindestens 6 bis 8 Monate nach dem Flüggewerden anhält. Ob der Gesang des Sumpfrohrsängers überhaupt arteigene Bestandteile aufweist, ist zweifelhaft. Viele der imitierten (gespotteten) Fremdgesänge und -laute sind den Vorbildern täuschend ähnlich. Haubenlerchen konnten Pfiffe eines Schäfers nicht nur nachahmen, sondern auch »falsche« Pfiffe mit geringer Variationsbreite »richtig« transponieren. Imitationen menschlicher Wörter durch Papageien, Stare, Rabenvögel oder Beos zählen auch hierher. Die biologische Bedeutung des hohen Imitationsvermögens ist nicht geklärt.

16.4.4 Dialekte

Wenn Lautäußerungen den Individuen einer bestimmten Population gemeinsam sind und sich von den entsprechenden anderer konspezifischer Populationen unterscheiden, sich also gegenseitig räumlich ausschließen, spricht man von Dialekten.

Solche Unterschiede können bei Gesängen, Rufen (z. B. »Regenruf« des Buchfinken) und sogar Instrumentallauten (vgl. Klapperlerche, Kap. 16.2.2) auftreten. So lassen sich unabhängig von der Frage der Entstehung Dialekte am allgemeinsten als alle Erscheinungen der **örtlichen Variation von Lautäußerungen** definieren. Sie kommen mitunter innerhalb sehr kleiner Räume vor, können aber auch großflächig nachzuweisen sein (z. B. Gesang der Goldam-

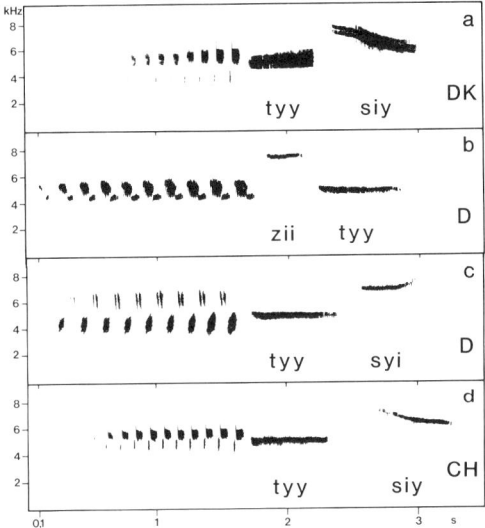

Abb. 16.12. Dialekte im Gesang der Goldammer (aus BERGMANN & HELB 1987). a. Strophe im Norden der DDR und Dänemark (Fünen, 1. 8. 1979); b. Strophe in West- und großen Teilen Mitteleuropas (Neustadt/Aisch, 22. 7. 1978); c. Strophe in Südosteuropa mit Ausläufern nach Südostbayern (Pfarrkirchen, 17. 6. 1983); d. Strophe aus der Schweiz (Unterengadin, 7. 6. 1979).

mer, Abb. 16.12). Manchmal sind gleiche Dialektformen mosaikartig verteilt, durch andere getrennt. Die Unterschiede sind in manchen Fällen deutlich hörbar, in anderen nur in der sonagraphischen Analyse erkennbar. In Grenzgebieten zweier Dialekte treten auch **Dialekt-Mischsänger** auf, die neben dem Dialekt ihres Herkunftgebietes noch einen zweiten erlernt haben. Ähnliches ist bei Individuen nachgewiesen, die sich im Gebiet eines anderen Dialektes angesiedelt haben. In solchen Fällen trifft man aber auch Dialekt-Fremdsänger.

Unter den Singvögeln ist geographisch variierender Gesang weit verbreitet und seine Dokumentation auch in gut untersuchten Regionen noch nicht abgeschlossen. In Europa wurden vor allem Zilpzalp, Fitis, Garten- und Waldbaumläufer, Winter- und Sommergoldhähnchen, Ortolan, Gold- und Grauammer genauer untersucht; in Amerika ist die Dachsammer am eingehendsten studiert worden. Bei manchen Dialekten ist wie beim Gesang Erlernen und Weitergabe durch »Überlieferung« (Tradierung) nachgewiesen. Zusammen mit den arttypischen Gesängen werden auch Dialekte von Vorbildern gelernt. Eine starke genetische

Komponente der Weitergabe ist ebenfalls denkbar. Im allgemeinen werden Isolation, geringe Siedlungsdichte und Lernentzug wichtige Bedeutung bei der Ausbildung von Dialekten zugesprochen. Bei kleinen Populationen können sich ähnlich Allelen auch durch Tradierung weitergegebene Merkmale schneller durchsetzen.

Die Frage, ob Dialekte lediglich ein Nebenprodukt des Gesangslernens ohne besondere **biologische Bedeutung** darstellen und sich wie Gene als Meme unterschiedlicher Fitness vermehren und ausbreiten, ist derzeit noch nicht zu beantworten.

Eine andere Gruppe von Hypothesen geht davon aus, daß Dialekte an der Reduzierung des Genflusses zwischen Populationen beteiligt sind (vgl. Kap. 19.4.2). Untersuchungen bei der Dachsammer widersprechen solchen Vorstellungen nicht: Männchen und Weibchen reagieren stärker auf ihren Dialekt als auf einen anderen; Elektrophorese-Untersuchungen deuten auf größere genetische Distanz zwischen Populationen mit eigenen Dialekten und damit auf einen reduzierten Genfluß. Doch gibt es andererseits Einzelnachweise dafür, daß Weibchen auch Männchen aus einem anderen Dialektareal wählen. Ferner entsprechen Dialektgrenzen nicht immer morphologischen Unterschieden von Unterarten. Die Seltenheit von Fremddialektsängern z. B. bei Goldammer und Ortolan, aber auch höhere Aggressivität von Männchen gegenüber Fremddialektsängern entspricht wiederum der Ansicht von der isolierenden Wirkung eines Dialektmosaiks.

Dialekte können somit also eine wichtige Rolle spielen für die Ausbildung von speziellen Anpassungen innerhalb einer Art. Hinweise darauf, daß Regionaldialekte mit besonderen ökologischen Präferenzen (sog. »Ökotypen«) korrelieren, gibt es zwar, doch liegen auch viele gegenteilige Befunde vor. Wenn sich durch Dialekte akustische Barrieren ausbilden, könnten sie bei der Einleitung von Artaufspaltungen eine Rolle spielen und »Schrittmacherdienste« bei der Evolution neuer Arten leisten. Doch diese Hypothese bedarf noch eingehender Überprüfung. Konstanz von Dialekten über Jahrzehnte ist in mehreren Fällen nachgewiesen worden.

17 Fortpflanzung

17.1 Geschlechtsorgane

Vögel sind **getrenntgeschlechtlich.** Embryonal werden die Geschlechtsdrüsen (Gonadensoma) paarig angelegt und lassen sich deutlich in Mark (Medulla) und Rinde (Cortex) differenzieren. Aus dem Mark entsteht im Laufe der Embryogenese der Hoden; aus dem Cortex entsteht das Ovar. Embryonal gebliebenes Gonadensoma (z. T. der rechte Eierstock) hat damit prinzipiell die Möglichkeit, sich auch beim Erwachsenen in beide Richtungen zu differenzieren, je nach morphogenetischen Bedingungen (z. B. Hormonverhältnisse). Grundsätzlich bedingt diese Genese auch, daß jedes Geschlecht vom anderen noch Gonadenreste enthält.

Diese **bisexuelle Anlage** bewirkt auch, daß intersexuelle Zwischenstufen verschiedener Ausprägung dann entstehen können, wenn die geschlechtsbestimmenden Gene und/oder die Sexualhormone keine klare Entscheidung zulassen. **Zwitter** sind deshalb auch bei Vögeln keine Rarität. Wenn beide Geschlechtsorgane ausgebildet sind, liegen die weiblichen in der Regel links, die männlichen rechts (s. u.). Vereinzelt (z. B. beim Gimpel) können daraus Halbseitenzwitter entstehen, die auch morphologisch je zur Hälfte Männchen bzw. Weibchen sind. Oft ist allerdings äußerlich die Zwitterstruktur nicht erkenntlich oder eine Mischung bzw. mosaikartige Ausprägung der einzelnen äußeren Geschlechtsmerkmale (Federn) festzustellen.

Anfangs besteht eine sehr enge morphologische und funktionelle Verbindung mit dem Exkretionssystem (Niere); man spricht daher von **Urogenitalsystem,** das auch beim Adultvogel noch gut zu erkennen ist. So sind die Nebenhoden und der Samenleiter Reste des Urnierenganges (Wolffscher Gang). Der Müllersche Gang (Eileiter) kann als »umgebautes« Metanephridium angesehen werden.

17.1.1 Bau der weiblichen Geschlechtsorgane

Die **weiblichen Geschlechtsorgane** bestehen aus dem Eierstock, dem Eileiter und den akzessorischen Drüsen.

Normalerweise ist von den **embryonal paarig** angelegten Organen beim erwachsenen Vogel nur noch die **linke Anlage funktionell** ausgebildet (Gewichtsersparnis). Die Reduktion der rechten Anlage beginnt beim Hühnerembryo bereits nach 4 Bebrütungstagen durch eine asymmetrische Entwicklung. Trotzdem können unter Umständen bei manchen Vögeln beide Organsysteme funktionell (allerdings in verschiedener Größe) ausgebildet sein. Bei Sperlingen und Tauben kann der Anteil 5 % ausmachen. Bei den Falken und den Kiwis ist dies die Regel. Der Anteil vorhandener rechter Ovarien liegt z. B. beim Habicht bei 66 %, bei der Ringeltaube bei 23,5 %, bei der Haustaube bei 9,5 %, beim Rotkehlchen bei 4,8 % und beim Haussperling bei 4,5 %. Allerdings ist dann nur der linke Eileiter wirklich funktionsfähig. Rudimente des rechten Organapparates sind aber bei allen Vögeln persistent. Sie können dabei als z. T. sehr große (bis 20 cm Durchmesser) Zyste auftreten. Zerstört oder entfernt man die linke Anlage, dann vergrößert sich die rechte rudimentäre Gonade bis zu einer Länge von 2 cm (Huhn). Erstaunlicherweise sind beim Huhn die dadurch entstandenen »sekundären« Gonaden hodenartig. Aktive Spermatogenese kommt jedoch kaum vor, es sei denn, der linke Eierstock wurde sehr früh entfernt oder es werden zusätzlich männliche Hormone gegeben.

Der **Eierstock (Ovar)** liegt beim Vogel am Kopfende der linken Niere. Er ist an einem mesenterialen Ligament aufgehängt. In der **frühembryonalen Entwicklung** wandern weibliche Urkeimzellen (Oogonien) des rechten Ovars in die linke Anlage ein und erhöhen dadurch deren Oogonienzahl und Größe. Am 9. Entwicklungstag hat ein Hühnerembryo etwa 28 000 Oogonien, am 17. schon 680 000, die dann beim Schlüpfen schon wieder auf 480 000 abgesunken sind. Die **Oogenese** ist also bereits im Embryonalstadium beendet und die Rezession der Keimzellen hat begonnen. Im Laufe der Ontogenese nimmt die Größe des Ovars z. T. beträchtlich zu; es ist auch starken fortpflanzungsperiodischen Erscheinungen unterworfen, so daß eine Größenangabe wenig sinnvoll ist. Die weiblichen Keimzellen selbst sind mikroskopisch klein; erst der ausgebildete Follikel ist die bekannte, sehr deutlich zu sehende »Eizelle« im Ovar der Vögel. Ihre Summe macht den größten Teil des sichtbaren Keimapparates beim Vogel aus.

Die anfängliche Trennung der **Keimanlage** des Vogels (Mark, Rinde; s. oben) ist zunächst im Jugendstadium noch erkennbar. Sie beginnt mit der Geschlechtsreife zu verschwinden. Der Cortex wird jetzt von einer **Rindenzone (Zona parenchymatosa)** eingenommen, die zahlreiche Follikel enthält. Die Medulla ist in eine unregelmäßige **Markzone (Zona vasculosa)** differenziert, die Blutgefäße, Nerven (adrenerge und cholinerge) und glatte Muskulatur enthält.

Mit dem Schlupf beginnen sich die Oogonien (Urkeimzellen) durch Wachstum in Oozyten 1. Ordnung umzuwandeln. Diese entwickeln sich dann unter dem Einfluß gonadotroper Hormone zu den großen, dotterreichen **Follikeln.** Der Follikel ist an einem Stiel in der Rindenregion befestigt, der glatte Muskulatur, Nerven und Gefäße enthält (Abb. 17.1). Er enthält die Oozyte 1. Ordnung. Seine Wände sind aus sechs Schichten aufgebaut:

1. eine dünne innere Schicht aus zwei Komponenten: Die Zona radiata wird von feinen, radiären Ausstülpungen der Oozytenmembran und zarten, radiären Fortsätzen der Zellen des Stratum germinativum gebildet. Sie dient der Ernährung der Oozyte und löst sich kurz vor der Ovulation auf. Ihr folgt eine Schicht elektronendichter Stäbchen (perivitelline Membran);
2. das Stratum granulosum, eine einschichtige Zellage mit einer breiten Basalmembran;
3. die Theka interna
4. die Theka externa und
5. die Tunica superficialis; diese letzteren drei bilden eine Bindegewebshülle um den Follikel;
6. das Oberflächenepithel.

Alle großen Follikel besitzen einen weißen, meridionalen Streifen, das Stigma. Es enthält nur wenige Blutgefäße und kaum Muskelzellen. An dieser Stelle platzt der Follikel bei der Ovulation. Die Oozyte ist die größte Einzelzelle im Tierreich. Beim Haushuhn kann sie 20 bis 30 g erreichen. Beim ausgestorbenen Madagaskarstrauß *Aepyornis* hatte sie einen Durchmesser von 17,5 cm bei einer Eilänge von ca. 37 cm.

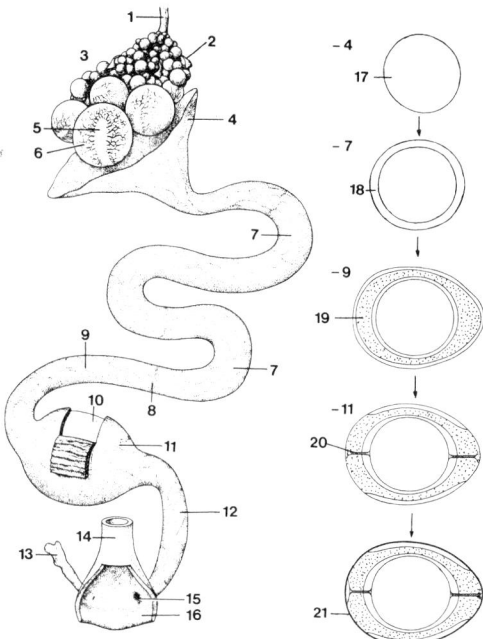

Abb. 17.1. Schematische Darstellung der weiblichen Geschlechtsorgane. Die rechte Reihe zeigt die Entwicklung des Vogeleies in den verschiedenen Eileiterabschnitten (nach Taylor 1980, ergänzt).
1 = Ovarialstiel; 2 = Follikelzelle; 3 = unreifer Follikel; 4 = Infundibulum; 5 = Stigma; 6 = reifer Follikel; 7 = Magnum; 8 = Sphinkter; 9 = Isthmus; 10 = Ei; 11 = Uterus; 12 = Vagina; 13 = Rudiment des rechten Eileiters; 14 = Rectum; 15 = Öffnung des Eileiters in die Kloake; 16 = Kloake; 17 = Dotter; 18 = Eiweiß; 19 = dickflüssiges Eiweiß; 20 = Chalaza (Hagelschnur); 21 = Schale.

Follikel verschiedener Größe (drei Hauptgrößen werden unterschieden: F_1, F_2, F_3) bilden traubenartig den Hauptteil des aktiven **Ovars.** Während der Legephase können 4 bis 6 große (beim Huhn bis 4 cm Durchmesser) gleichzeitig vorhanden sein neben Tausenden kleinerer Follikel. Ungefähr 2000 lassen sich mit bloßem Auge noch erkennen. Nur wenige davon werden jemals voll heranreifen (ca. 200 bis 500). In Ruhephasen verringert sich die Anzahl großer Follikel drastisch, und das Ovar kann dadurch sehr klein werden, während es sonst zu den relativ großen Organen des Vogelkörpers gehört.

Der **(linke) Eileiter (Oviductus)** nimmt während der Legephase fast den gesamten dorsalen und kaudalen Bereich der linken Bauchhöhle ein. Ein dorsales und ventrales Band hängt den

Eileiter im Peritoneum auf. Wie das Ovar ist die Eileitergröße stark von den fortpflanzungsperiodischen Zyklen abhängig und kann individuell um den Faktor 1:5 in der Länge und um den Faktor 1:15 in der Masse variieren.

Die **Eileiterwand** besteht aus dem Epithel und der Lamina propria der Schleimhaut mit ihren Drüsen sowie aus glatter Muskulatur. Das Epithel ist ein Mosaik aus einzelligen Drüsen und zilientragenden Zellen. Schleimhautfalten durchziehen in unterschiedlicher Größe und Ausprägung den ganzen Eileiter. Sie sind leicht spiralig angeordnet, wodurch das wandernde Ei gedreht wird. Die Muskulatur ist innen ringförmig und außen längs angeordnet und kann sowohl peristaltisch nach außen (Eitransport) als auch antiperistaltisch nach innen (Spermientransport) tätig werden.

Wie bereits erwähnt, läßt sich der **Eileiter** aus dem **Müllerschen Gang** ableiten. Er kann in **fünf** klar gegliederte **Abschnitte** aufgeteilt werden (Abb. 17.1):

Der **Eileitertrichter** (**Infundibulum**) besteht aus einem Trichter und einem röhrenförmigen Teil (Regio chalaziferosa). Beide stehen nicht mit dem Ovar in Verbindung. Seine Öffnung zur Bauchhöhle ist schlitzförmig! Die Wände sind mit Schleimhautfalten bedeckt und weisen zahlreiche Drüsen (aufgeknäuelte und verzweigt tubulöse) auf.

Der größte Teil des Eileiters ist das **Magnum**. Es ist durch eine starke Vergrößerung der längs verlaufenden Schleimhautfalten (etwa 22) gekennzeichnet. Die Magnumwand ist dick und mit zahlreichen tubulösen Drüsen durchsetzt, deren Sekret den Hauptanteil des Weiß-Eiweißproteins (im Gegensatz zum Dotter-Eiweiß) des künftigen Eies liefern. Muskeln in der Wand drücken das Ei peristaltisch durch das stark gewundene Magnum. Im letzten Abschnitt des Magnums sind die Falten und Drüsen stark reduziert und die restlichen Drüsen bilden ein stark muköses Sekret.

Die **Eileiterenge** (**Isthmus**) ist kurz und schon wie der Name sagt im Vergleich zu den übrigen Eileiterabschnitten im Querschnitt stark verengt. Ein schmaler, scharf abgegrenzter Bindegewebsstreifen markiert den Übergang zum Magnum. Die Drüsen im Isthmus produzieren schwefelhaltige Proteine für die keratinhaltige Schalenhaut, die hier angelegt wird.

Der **Uterus** (auch Kalkkammer, Eihälter oder Schalendrüse genannt) geht langsam als sackförmige Erweiterung aus dem Isthmus her-

vor. Er weist eine starke longitudinale Muskulatur auf; seine Schleimhautlängsfalten sind durch quer verlaufende ergänzt, so daß eine blattartige Struktur entsteht. Die Drüsenzellen unterscheiden sich deutlich von denen im Magnum und Isthmus; sie produzieren die Kalkschale.

Der letzte Abschnitt ist die **Vagina (Scheide)**. Sie wird durch einen Sphinkter vom Uterus abgetrennt und besitzt durch Bindegewebe und Muskulatur eine S-Form. Die Muskulatur ist kräftig entwickelt. Die Schleimhautfalten sind dünn und weisen Sekundärfalten auf, die im Bereich des Sphinkters als Speicher (Fossulae vaginales) für die Spermien dienen.

17.1.2 Funktion der weiblichen Geschlechtsorgane

Das Ovar hat zwei **Hauptfunktionen**. Es liefert **Geschlechtshormone** und produziert **Fortpflanzungszellen**, die Eier (Hormonfunktion s. Kap. 9; morphologische Basis für die Keimzellenbildung s. Kap. 17.1.1).

Bei den im folgenden dargestellten funktionellen Aspekten, die im Ovar ablaufen, stützen sich die angegebenen Beobachtungen (vor allem die Zeitangaben) besonders auf Untersuchungen an Hühnern (soweit nicht anders vermerkt).

Die **Keimzellen** leiten sich vom dritten Keimblatt (Mesoderm) ab. Schon nach 70 Stunden Bebrütung kann man auf der Urniere (Mesonephros) auf dem Zoelomepithel helle Zellen mit besonders großen Kernen feststellen, die während früher Furchungsstadien entstanden sind. Diese **Urkeimzellen** (primäre Gonozyten) bilden mit dem heranwachsenden Keimepithel die embryonale Keimdrüse, die bis zum 5. bis 7. Bebrütungstag noch keine geschlechtliche Differenzierung erkennen läßt. Ab dem 9. Tag beginnt das Keimepithel Rindenstränge (Cortex) zu bilden. Dieser Cortex wächst stark aus und bildet damit den jungen Eierstock (s. o.). Die Markzellen gehen im Zwischenzellgewebe auf oder degenerieren. Die Rindenschicht besteht jetzt vorwiegend aus großkernigen **Oogonien,** die aus den Urkeimzellen hervorgegangen sind, sowie aus kleinkernigen Epithel- und Granulosazellen. Nach dem Schlüpfen differenzieren sich die Oogonien weiter zu **Oozyten** und **Follikeln** (s. o.).

Das **Follikelwachstum** läßt sich in drei Phasen einteilen: Eine erst langsame, in der der Follikel auf eine Größe von etwa 0,05 bis 1,0 mm im Durchmesser heranwächst, kann Monate bis Jahre dauern. In einer zweiten Wachstumsphase wird vor allem Dotter angelagert. Sie kann etwa 2 Monate dauern. Die letzte Phase dauert schließlich 7 bis 11 Tage; es werden vor allem Dotter und Lipide angelagert. Der Follikel kann jetzt einen Durchmesser von 8 auf 37 mm erreichen und in seiner Masse von 0,08 g auf 15 bis 18 g zunehmen.

Die **rechte Keimdrüsenanlage** kann beim weiblichen Vogel auf dem geschlechtlich undifferenzierten Zustand stehenbleiben und unter Umständen (z. B. Zufuhr männlicher Geschlechtshormone) beim Huhn zu einem funktionierenden Hoden heranwachsen, wobei ein Hahn »entsteht« (**Geschlechtsumkehr**).

Die eigentliche **Keimzellenbildung** umfaßt zwei Teilungsvorgänge: Eine erste Reifeteilung (Meiose), bei der der Chromosomensatz (s. Kap. 17.6.1) halbiert wird und die zweite Reifeteilung (eine Mitose), die zu einer identischen Reduplikation führt. Im Ergebnis sind im Normalfall vier Zellen entstanden: 1 Eizelle und 3 Polzellen (beim Vogel 2, da die Polzelle der Meiose sich bei der folgenden Mitose nicht nochmals teilt).

Wie bei den meisten Säugetieren findet die **erste Reifeteilung** beim Vogel noch im Follikel statt, und zwar etwa 2 Stunden vor dem Eisprung. Das Ergebnis ist eine Oozyte 2. Ordnung und die erste Polzelle. Durch die Adenohypophyse wird über das luteinisierende Hormon (LH) daraufhin die Ovulation ausgelöst, beim Huhn etwa 2 Stunden nach der Ablage des vorangegangenen Eies. Das Ei wird mit Unterstützung des Bauchluftsackes vom Eileitertrichter aufgenommen. »Daneben fallende« Eier (was häufig vorkommen kann) werden im Bauchzoelom innerhalb eines Tages resorbiert.

Im Infundibulum (Eitrichter) verbleibt das Ei für 15 bis 30 Minuten. Hier läuft nun die **zweite Reifeteilung** ab, die die zweite Polzelle und das Ovum (oder Ovulum), die befruchtungsfähige **Eizelle** liefert. Dazu ist vermutlich – wie bei Wirbeltieren allgemein üblich – das Eindringen der Samenzelle notwendig, die schon etwa 15 Minuten nach der Ovulation erfolgt.

Nach der **Befruchtung (Fertilisation)** wird im Infundibulum die erste Albuminschicht des erösen weißen Eiproteins angelagert. Im darauffolgenden Magnum bleibt das Ovum etwa 2 bis 3 Stunden und erhält den Hauptanteil seines Eiweißes sowie Natrium, Kalzium und Magne-

sium. Im Isthmus wird noch etwas Eiweiß angelagert (etwa 10 % des Gesamteiweißes), aber vor allem die beiden Lagen der Schalenhaut gebildet. Dies dauert etwa 1 bis 2 Stunden (Mittelwert 1 Stunde und 15 Minuten). Am längsten verweilt das Ovum dann im Uterus. Innerhalb von 20 bis 26 Stunden nimmt das Albumin zunächst (die ersten etwa 6 bis 8 Stunden) große Mengen Wasser auf (12 bis 18 g), wodurch die Ovummasse verdoppelt wird.

Die **Kalkanlagerung** verläuft mehr oder weniger ansteigend parallel dazu etwa 15 Stunden lang. Im Endzustand wird praktisch alle 15 Minuten der komplette Ca^{2+}-Bestand des Blutes zum Aufbau der Kalkschale verwendet. Neben Kalk nimmt das Ovum hier im Uterus auch Kalium auf. Beim Spiralweg zur Kloake dreht sich zwar das »äußere« Ei, der leichtere Keimling bleibt aber stets oben liegen, so daß Eiweißfasern, an denen der Dotter hängt, verdreht werden und dadurch die spiralige Hagelschnur (Chalaza) gebildet wird. In den letzten (etwa 5) Stunden wird daraufhin die Pigmentierung des Eies gebildet. Die Vagina wird während des Legevorganges innerhalb weniger Sekunden passiert. Sie bildet dabei ein Oberhäutchen (Cuticula), das die Poren der Kalkschale verschließt. Das nun fertige Ei hat den Eileiter verlassen (über Struktur des Eies und Eiablage allgemein s. Kap. 17.6.1).

17.1.3 Bau der männlichen Geschlechtsorgane

Die männlichen Geschlechtsorgane leiten sich vom **Mark (Medulla)** des **Gonadensomas** ab. Sie bestehen aus Hoden, Nebenhoden, Samenleiter, den akzessorischen Geschlechtsdrüsen und den Begattungsorganen. Eine Prostata, Bulbourethaldrüse, Samenleiterampulle oder Samenblase (vgl. Säuger) fehlen.

Die **Hoden (Testes)** sind immer paarig angelegt. Sie liegen symmetrisch zu beiden Seiten der Mittellinie dorsal in der Bauchhöhle (Abb. 17.2). Dies ist ein wesentlicher Unterschied zu den Säugern, bei denen die Testes außerhalb der Körperhöhle liegen. Sie können in aktivem Zustand kopfwärts die Lunge und schwanzwärts die Nieren erreichen. Jeder Hoden ist mit einem Mesorchium (kurzes Gekröse) an der Körperwand aufgehängt und vom Bauchluftsack der entsprechenden Seite umgeben. Früher nahm man an, daß dies der Kühlung der Keimdrüse dient (vgl. Säuger). Jeder Hoden ist

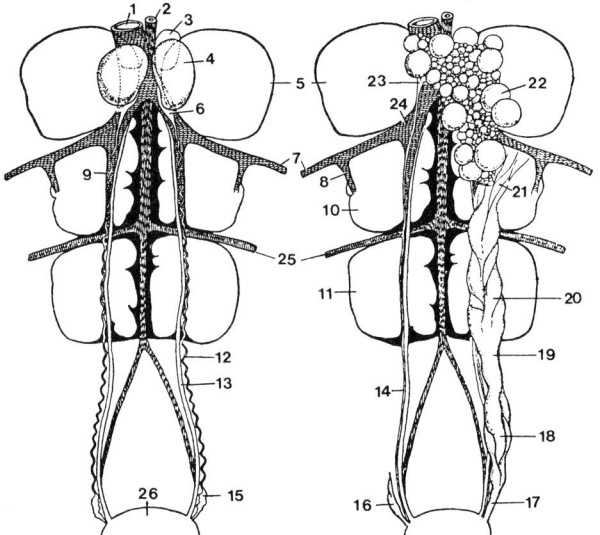

Abb. 17.2. Schematische Darstellung der Harngeschlechtssysteme beim Vogel (nach KUMERLOEVE, aus BERNDT & MEISE 1956). Links ♂, rechts ♀.
1 = Vena cava posterior; 2 = Aorta abdominalis; 3 = Nebenniere; 4 = Hoden; 5 = kranialer Nierenlappen; 6 = Nebenhoden (Epididymis); 7 = Vena iliaca externa (V. femoralis); 8 = Vena renalis advehens; 9 = Vena renalis revehens; 10 = medialer Nierenlappen; 11 = kaudaler Nierenlappen; 12 = Samenleiter; 13 = Harnleiter; 14 = rechter Wolffscher Gang; 15 = Samenblase; 16 = rechtes Eileiter-Rudiment; 17 = Vagina; 18 = Uterus; 19 = Isthmus; 20 = Magnum; 21 = Infundibulum; 22 = Follikel; 23 = rechtes Ovar-Rudiment; 24 = Vena iliaca communis; 25 = Arteria ischiadica; 26 = Kloake.

von einer fibrinösen inneren Haut (Tunica albuginea) und einer äußeren, dünneren Haut (Tunica vaginalis) eingekapselt. Der eine oder der andere (oder wechselnd) Hoden kann artspezifisch größer/kleiner sein. Immer sind aber beide funktionstüchtig. Die Masse macht etwa 1 % der Körpermasse aus, oder etwa 9 bis 30 g bei sexueller Reife (Huhn; vgl. oben). Bei saisonalen Brütern (vor allem Sperlingsvögeln)

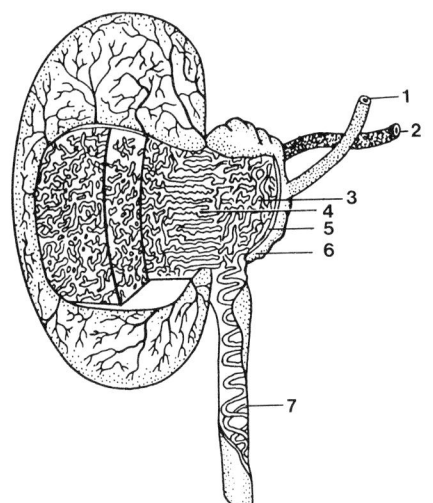

Abb. 17.3. Innere Struktur des Hühnerhodens, schematisch (nach MARSHALL, aus JOHNSON 1986).
1 = Hodenarterie; 2 = Hodenvene; 3 = Rete testis (tubule); 4 = Ductulus efferens; 5 = Nebenhodenkanal (Ductus epididymis); 6 = Nebenhoden (Epididymis); 7 = Ductus (Vas) deferens, Samenleiter.

kann die Größe der Hoden um einen Faktor von 300 bis 500 schwanken. Die Größenzunahme ist dabei vor allem auf einer Längenzunahme und Vergrößerung des Durchmessers der Hodenkanälchen zurückzuführen. Wie die Größe ändert sich u. U. auch die Färbung der Hoden mit der sexuellen Aktivität: Der inaktive Hoden ist durch eine Ansammlung von Lipiden in den Zwischenzellen gelblich gefärbt. Eventuell können Melanozyten eine schwärzliche Färbung bewirken. Der aktive Hoden mit seinen vergrößerten Hodenkanälchen ist weißlich.

Im **Feinbau** besteht der **Hoden** vorwiegend aus zahlreichen stark gewundenen **Hodenkanälchen** (Tubuli seminiferi contortii), die stark denjenigen der Säuger ähneln, aber mehr Anastomosen aufweisen. In den Sertolizellen und ihren Vorläufern (Abb. 17.3 und 17.27), welche die Hodenkanälchen begleiten, entwickeln sich die Spermien (s. u.) und wandern von dort durch die sehr kurzen und geraden Kanälchen in das Hodennetz (Rete testis), das aus zahlreichen lakunenartigen Gängen besteht. Es kann bei einigen Vogelarten auch fehlen (Rabenvögel). Die interstitiellen Zellen (**Leydigsche Zwischenzellen**) füllen den Raum zwischen den Hodenkanälchen aus. Sie sind weniger zahlreich als bei Säugern und produzieren das männliche Geschlechtshormon **Testosteron.**

Die paarigen **Nebenhoden (Epididymis)** sind kleiner und unscheinbarer als bei Säugern und zudem vom Mesorchium verdeckt (Abb. 17.3). Die Nebenhoden bestehen zum größten Teil

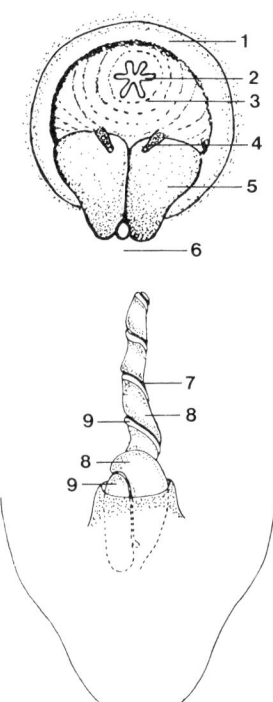

Abb. 17.4. Erigierte Begattungsorgane beim Haushahn (oben) und beim Stockerpel (unten). Der Penis des Haushahns ist im Gegensatz zu dem des Erpels nicht ausstülpbar (nach versch. Autoren).
1 = dorsale Kloakenlippe; 2 = Öffnung des Rectums in die Kloake; 3 = Grenzfalte zwischen Coprodaeum und Urodaeum; 4 = Samenleiterpapille; 5 = lateraler Phalluskörper; 6 = medianer Phalluskörper; 7 = Sulcus ejaculatorius; 8 = linker und 9 = rechter fibroelastischer Körper.

aus gewundenen Gängen, den Ductuli efferentes, die hier in den Nebenhodenkanal (Ductus epididymis) münden. Sie enthalten Spermien und Spermatiden und ihr Epithel enthält viele Zilien. Die Ductuli efferentes lösen sich nach der Paarungszeit wieder auf und werden zu Beginn der neuen Fortpflanzungsaktivität wieder aufgebaut. Der Nebenhodenkanal mündet in den Samenleiter. Die Blutversorgung von Hoden und Nebenhoden ist beim Vogel wesentlich einfacher als beim Säuger, da ein Gegenstrom-Kühlnetz (pampiniformer Plexus) fehlt.

Der **Samenleiter (Ductus deferens)** läuft in einer schmalen Zickzacklinie neben dem Harnleiter einher. Sein Durchmesser vergrößert sich zur Kloake hin durch die immer kräftiger werdende Muskulatur seiner Wand. Beide Samenleiter münden in der Kloake auf einer kleinen konischen Erhebung, der Samenleiterpapille. Bei der Erektion vergrößert sich diese Papille. Der Samenleiter besitzt weder Drüsen noch Zilien. Wie die übrigen Organe kann auch der Samenleiter seine Ausmaße je nach sexueller Aktivität um bis das 30fache verändern. Im Samenleiter werden keine Spermien gespeichert (Ausnahme Hühner). Dazu dient normalerweise (bei den Sperlingsvögeln) das Ende des Samenleiters, das während der Paarungszeit in zahlreiche Windungen gelegt ist und als Glomus seminale als **Speicherorgan** für die **Spermien** dient. Seine Temperatur liegt deutlich (bis 4 °C) unterhalb der Kloakaltemperatur.

Linkes und rechtes Glomus seminale bilden zusammen das Promunturium cloacae, das zur

Abb. 17.5. Ausstülpbares Begattungsorgan beim Strauß. Das Organ ist so groß (bis 40 cm lang), daß es bei der Kotabgabe ausgeklappt werden muß (nach Foto K. HUND).

Geschlechtsbestimmung der Passeres herangezogen werden kann. Dieses Speicherorgan ist allerdings keine homologe Entsprechung der Samenblasendrüse der Säuger.

Die **Begattungsorgane** sind beim Vogel nur selten auffällig ausgebildet. Bei den meisten Vogelarten ist ein penisähnliches Organ nicht (mehr) vorhanden bzw. auf einen kleinen, nicht ausschachtbaren Phallus reduziert. Beim Haushahn besteht er aus dem medianen Phalluskörper und den paarigen lateralen Phalluskörpern (Abb. 17.4 und 17.5).

Die **Erektion** des (nicht ausschachtbaren) Phallus geschieht hauptsächlich durch den Zustrom vom Lymphe (im Gegensatz zu den Säugern, wo Blut den Penis füllt). Durch den Lymphzustrom vergrößern sich die lateralen Phalluskörper sehr stark, treffen sich in der Mittellinie und bilden dadurch eine mediane Samenrinne. Der mediane Phalluskörper bleibt davon mehr oder weniger unverändert; er bildet die Phallusspitze. Durch diese Erektion wird die ventrale Lippe der Kloake hervorgestülpt und der Phallus nach außen gedrückt. Kurz vor der **Ejakulation** wird der Phallus durch Muskelkontraktionen noch weiter hervorgestülpt und Sperma in die Samenrinne entleert. Die Phallusspitze tritt in diesem Augenblick in die ebenfalls hervortretende Eileiteröffnung des Weibchens. Die Erektion wird in Sekundenschnelle durch Abführen der Lymphe beendet.

Einen ausschachtbaren, penisähnlichen **Phallus** findet man bei Flachbrustvögeln und Entenvögeln. Letzterer ist weiter entwickelt. Bei beiden (vgl. Abb. 17.4 und 17.5) bilden zwei fibroelastische Körper den Phallus und die Samenfurche (Sulcus ejaculatorius). Diese Körper sind asymmetrisch gebaut, so daß auch der Phallus asymmetrisch ist. Bei den Enten verläuft die Samenfurche spiralig (nach links) und bei den Flachbrustvögeln gerade und dorsal auf der »Penis«fläche. Die fibroelastischen Körper sind durch Lymphe stark erektil und werden auf Grund ihrer Größe (bei Enten etwa 5 cm lang, 5 mm Durchmesser; bei Straußen bis zu 40 cm Länge) bei der Erektion weit aus der Kloake nach kranial und ventral herausgestülpt. Hört die Erektion auf, wird die Phallusspitze durch ein elastisches Band zurückgezogen und stülpt sich teleskopartig in die Basis des Penis ein. Die Form dieses Begattungsorganes bewirkt, daß es bei der Kopulation richtig in die Kloake des Weibchens eingeführt wird. Im Gegensatz zum richtigen Penis (das Organ ist diesem analog) des Säugers erfolgt die Erektion durch Lymphe, fehlt eine Harnröhre und das Organ dient nicht gleichzeitig zum Harnabsatz.

17.1.4 Funktion der männlichen Geschlechtsorgane

Die männlichen Geschlechtsorgane bilden die männlichen Geschlechtshormone (s. Kap. 9) und die männlichen Keimzellen (Spermien) in den Hoden. Sie leiten sich primär vom Mesonephros (Vorniere) ab, mit der sie dann später noch zahlreiche funktionelle Verbindungen haben (Samenleiter = Vornierengang; Nebenhoden = Urnierentubuli usw.; s.o.). Ab dem 4. Bebrütungstag (Huhn) lassen sich die Hoden nachweisen.

Urkeimzellen aus dem **Gonadensoma** des Dottersack-Entoderms wandern in die Gonadenanlage ein und ordnen sich im späteren Verlauf der Geschlechtsdifferenzierung entlang der Hodentubuli an. Diese Zellen nennt man **Spermatogonien.** Sie sind diploid und gehen durch kräftiges Wachstum (bei der sexuellen Reifung) und mitotische Teilungen allmählich in die sogenannten **Spermatozyten** über.

Unter dem Einfluß von gonadotropen Hormonen läuft dann bei Beginn der sexuellen Aktivität die **Spermatogenese** ab (Abb. 17.27). Sie ähnelt in weiten Zügen der Spermienbildung bei allen höheren Wirbeltieren und ist in ihrer Steuerung noch relativ wenig bekannt. Die Spermatogonie liefert wie bereits erwähnt 2 Spermatozyten. Diese Spermatozyte kann nun in der Wand des Hodentubulus verbleiben (spermatogonale Lage) oder in Richtung Lumen abwandern und dort beginnen, Spermien zu produzieren. Letztere nennt man primäre Spermatozyte. Die erstere produziert wie die Mutterzelle (Spermatogonie) weiterhin Spermatozyten; sie bilden das Reservoir für die kommende Spermatozytenproduktion. Die primäre Spermatozyte ist dagegen definitiv determiniert. Sie wächst schnell heran und macht **zwei Reifeteilungen** durch. Die erste dieser Teilungen ist eine Reduktionsteilung (Meiose) und liefert zwei kleinere haploide Zellen, die man sekundäre Spermatozyten nennt. Diese teilen sich sofort wieder mitotisch (2. Reifeteilung), bevor sie herangewachsen sind. Somit sind **4 haploide Zellen** entstanden, die man **Spermatiden** nennt.

Aus diesen Spermatiden differenzieren sich daraufhin die **Spermien** selbst durch Metamorphose (vgl. Abb. 17.27): Das Kernmaterial wird sehr kompakt und formt den Kopfteil des Spermiums. Ihm schließt sich ein langer Mittelteil an (genauere Anatomie s. Kap. 17.6.2). Diese Metamorphose findet an **Sertoli-Zellen** statt, die in dieser Phase das Spermium ernähren. Beim Huhn sind folgende Zeitabläufe für die einzelnen Phasen beschrieben: Lebenswochen 1 bis 5 Bildung der Spermatogonien und der Hodentubuli; für 2 bis 3 Wochen Bildung der primären Spermatozyten; im Alter von etwa 10 Wochen Bildung der sekundären Spermatozyten und im Alter von etwa 12 bis 20 Wochen treten Spermatiden auf.

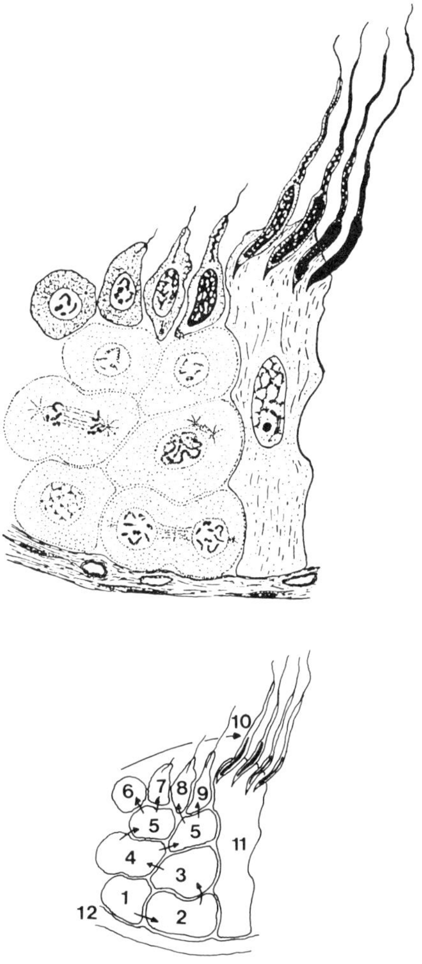

Abb. 17.6. Schematische Darstellung der Spermatogenese (nach PATTEN 1948, verändert).
1 = Spermatogonie; 2 = Teilung der Spermatogonie (Mitose) und Wachstum zur (3) primären Spermatozyte, Wachstum; 4 = Teilung der primären Spermatozyte (Meiose, 1. Reifeteilung) und Bildung der (5) sekundären Spermatozyte. 2. Reifeteilung (Mitose) zu den vier Spermatiden (6–9), die langsam metamorphieren und deren (10) Reifung an den (11) Sertolizellen; 12 = (Außen-)Wand eines Samentubulus.

Allerdings muß erwähnt werden, daß bei anderen Arten diese Vorgänge schneller oder langsamer ablaufen können. Bei Wachteln sind schon im Alter von 35 Tagen große Mengen an Spermien zu beobachten. Nach ihrer Metamorphose wandern die Samenfäden vom Rete testis bis zum Ende des Samenleiters in das Speicherorgan für die Spermien. Diese Wanderung dauert zwischen 1 und 4 Tagen.

17.2 Direkte und indirekte Fitness

In vielen Erscheinungen der Reproduktion, wie z. B. bei Partnerschaftssystemen, Gelegegrößen, Investitionen in die Brutpflege, führen Mechanismen zu Nachwuchszahlen, die unter dem möglichen Maximum liegen. Sie scheinen also die Vermehrung einzelner Individuen quantitativ einzuschränken. Solche Begrenzungen sah man z. T. als mögliche Vorteile für die Erhaltung der Lokalpopulation oder der Art an. D. LACK konnte aber überzeugend darlegen, daß die Selektion auf dem Niveau des Individuums arbeitet, nicht auf dem höherer Einheiten. Dagegen scheinen aber besonders die in letzter Zeit intensiv erforschten kooperativen Brutpflegesysteme mit altruistischem Verhalten einzelner Gruppenmitglieder für Selektion auf dem Niveau lokaler Populationen (Deme) zu sprechen. Das Konzept der inklusiven Fitness versucht, auch altruistische Verhaltensweisen mit individueller Selektion zu erklären.

Die klassische **individuelle Fitness** mißt den Beitrag eines Individuums an den kommenden Generationen einer Population und wird in der Regel durch die Zahl der Nachkommen ausgedrückt, die geschlechtsreif werden. Legt man die mittlere Fitness in der zu untersuchenden Population als Vergleichsbasis mit 1 fest, dann ergibt sich für die individuelle Fitness W

$$W = 1 + I$$

wobei I alle Wirkungen zusammenfaßt, die zum Populationsmittel mit positiven oder negativem Vorzeichen zu addieren sind. Die Größe I wird herkömmlicherweise in zwei Gruppen von Wirkfaktoren auf die Fitness eingeteilt, nämlich

1. in Wirkungen, die auf die Brutpflege der Eltern, Großeltern usw. zurückgehen und die Qualität ihrer Nachkommen beeinflussen, und
2. in alle übrigen Faktoren, die man als individuelle (persönliche) Faktoren zusammenfassen kann. Sie enthalten z. B. Einflüsse auf Zahl und Qualität der produzierten Nachkommen oder ihre Lebenserwartung, die wiederum von Ei- und Gelegegröße bestimmt sein kann, aber auch die Wahrscheinlichkeit, mit der ein Nachkomme Partner findet und sich fortpflanzt usw.

Die Gleichung erweitert sich daher gemäß

$$W = 1 + a + P$$

wobei a alle individuellen Faktoren abzüglich der Wirkungen von Eltern (und Helfern, vgl. Kap. 17.3.2) zusammenfaßt und P alle Effekte, die das Individuum auf die Fitness seiner Nachkommen und deren Abkömmlinge über die Brutpflege hat.

Bei diploiden Arten kann P aber noch erweitert werden, wenn man die Verwandten miteinbezieht, die nicht von dem Individuum abstamme, dessen Fitness zur Diskussion steht. Diese **inklusive Fitness E** berechnet sich gemäß

$$E = 1 + a + R$$

R entspricht dabei P (parentale Fürsorge) zuzüglich aller Wirkungen, die das Individuum X auf die Fitness derjenigen seiner Verwandten hat, die nicht seine Abkömmlinge sind. Sie erhalten die Gene, die sie mit X gemeinsam haben, indirekt über einen oder mehrere gemeinsame Vorfahren; X muß also keine Gameten produzieren. Damit kommt durch das Konzept der indirekten Fitness die indirekte Selektion mit ins Spiel, die nicht auf der Reproduktion und Weitergabe von genetischem Material von X auf die Nachkommen beruht, sondern auf dem Kopieren von Genen in Nachkommen anderer Individuen. Individuen, die bei der Brutpflege helfen und Kinder oder Enkel des Brutpaares (oder eines Partners) sind, vergrößern die Fitness von Verwandten, die nicht in direkter Linie von ihnen abstammen, und damit indirekt ihre eigene Fitness, da sie Gene mit denen, die ihre Hilfe empfangen, gemeinsam haben.

Die **Grundelemente der Theorie der inklusivem Fitness** lassen sich daher wie folgt zusammenfassen:

Man kann individuelle Fitness mit einer Norm vergleichen (z. B. der betreffenden Lokalpopulation), aber auch zwischen alternativen Strategien. Wenn die inklusive Fitness als Folge der Strategie a (z. B. biparentale Brutpflege) größer ist als jene von b (z. B. Helfersystem), sollte a selektiert werden. Dabei kann durchaus eine Vergrößerung der direkten Komponenten mit einem Verlust an indirekten und umgekehrt ausgeglichen werden. Die Rechnung muß sich natürlich auf die Lebenszeit des Individuums erstrecken, da Investition und Gewinn mitunter auf verschiedene Lebensabschnitte verteilt sind.

Die Rechnung ist jedoch insofern noch etwas komplizierter, als nach der klassischen (direkten) Fitness die Maßeinheit die fortpflanzungsfähige Nachkommen darstellen, in der inklusiven Fitness jedoch ein Äquivalent an Genen. Die Zahl der Genträger muß also durch einen Verwandtschaftskoeffizienten korrigiert werden, der die Wahrscheinlichkeit andeutet, mit der ein »Nachkomme« (direkt oder Jungvögel von Verwandten) Gene des Individuums trägt, das eine Entscheidung zu fällen hat. Sie beträgt zwischen Individuen mit gemeinsamen Eltern (also Vollgeschwistern) und zwischen Elternteil und Kind je ½, bei Individuen mit nur einem gemeinsamen Elter oder zwischen Großeltern und Enkel ¼ usw.

Überlegungen dieser Art bieten Ansatzpunkte zur Erklärung vieler sozialer Verhaltensweisen insbesondere bei der Gruppierung der Geschlechter in unterschiedliche Partnerschaftssysteme und während der Brutpflege, aber auch bei vielen anderen Entscheidungen.

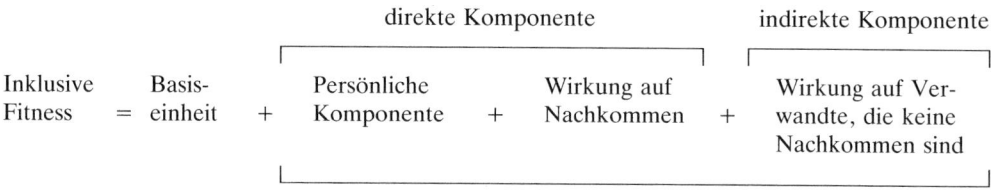

17.3 Fortpflanzungssysteme

17.3.1 Partnerschaftssysteme

Unter **Partnerschaftsystemen (mating systems)** kann man den Teil der sozialen Organisation einer Population zusammenfassen, der die Rolle der Geschlechter im Fortpflanzungszyklus regelt. Unterschiedliche Muster sind im Zusammenhang mit verschiedenen Fortpflanzungsstrategien zu sehen. Begrenzte Ressourcen in der biologischen und physikalischen Umwelt, aber auch individuelle Erfahrungen, Verhalten des anderen Geschlechts oder von Konkurrenten üben entscheidenden Einfluß aus. Individuen sollten sich dabei so verhalten, daß sie eine möglichst hohe Fitness erzielen (s. Kap. 17.2). Dies kann z. B. erreicht werden durch Erhöhung der Wahrscheinlichkeit von Begegnungen mit potentiellen Geschlechtspartnern, in einer Verhinderung der Kopulationshäufigkeit von Konkurrenten oder in einer Intensivierung der Brutpflege, aber auch durch Vorsorge für den Partner.

Folgende äußere **Formen von Partnerschaftssystemen** lassen sich definieren:

1. **Monogamie:** Ein Männchen und ein Weibchen bilden ein Paar.
2. **Polygynie:** Ein Männchen kopuliert mit zwei oder mehreren Weibchen.
3. **Polyandrie:** Ein Weibchen kopuliert mit zwei oder mehr Männchen.
4. **Polygynandrie:** Zwei oder mehr Männchen kopulieren mit zwei oder mehr Weibchen; die Partner bilden aber eine zusammenhaltende Gruppe begrenzter Größe mit verteilter Brutpflege.
5. **Promiskuität:** Männchen und Weibchen kopulieren mit verschiedenen Individuen des anderen Geschlechts, von denen nur eines die Brutpflege übernimmt. Kein vorübergehender individueller Zusammenhalt bestimmter Geschlechtspartner ist zu erkennen.

Die Systeme 2. bis 4. stellt man häufig auch als Polygamie der Monogamie gegenüber. Die vorstehende Einteilung ist jedoch nur formal. Vor allem neuere Erkenntnisse zeigen, daß einheitlich erscheinende Formen ganz unterschiedlich zu interpretieren sind, fließende Übergänge zwischen verschiedenen Systemen bestehen und oft innerhalb einer Art verschiedene Strategien eingeschlagen werden, selbst innerhalb

Abb. 17.7. Ei im Ei. Erklärung s. Text (Foto R. PRINZINGER).

einer Lokalpopulation von Jahr zu Jahr (z. B. Eichelspecht).

Bei Vergleichen von Tab. 17.1 mit Tab. 17.4 fällt auf, daß mitunter eine Art unter verschiedenen Systemen erscheint. Die Variabilität vor allem bei nichtmonogamen Systemen zwischen Populationen ist in der Tat erstaunlich groß (Tab. 17.5). Dabei ist zu bedenken, daß bisher erst wenige Arten umfassend untersucht sind. Mit einer Erweiterung der bisherigen Kenntnisse ist vermutlich schon in Kürze zu rechnen. Beim Eichelspecht ist Wechsel von Monogamie über Polyandrie und Polygynie zu komplizierten polygynandrischen Systemen sogar im Wechsel der Jahre beobachtet worden, wobei sich Zusammenhänge mit dem Angebot der Hauptnahrung (Eicheln) erkennen ließen. Altvögel, die sich nicht an Kopulationen beteiligten, fütterten auch keine Jungen (keine Vergrößerung der direkten Fitness).

Etwa 90 % der Vogelarten sind primär monogam. Dies steht im Gegensatz zu vielen Säugetieren. Die Ablage von Eiern in Verbindung mit Warmblütigkeit zwingt jedoch zu hoher Investition in die Sorge um Eier und Junge. Vor allem in kühler Umgebung mit der Notwendigkeit der Nahrungsvorsorge ist der damit verbundene Aufwand für einen Elternteil oft zu groß. Die rasche Produktion großer Eier führt vielfach dazu, daß das Weibchen nicht mehr in der Lage ist, die ganze Arbeit des Nestbaues, der Bebrütung der Eier, des Huderns und Fütterns der Jungen (vgl. Kap. 15.5.3) zu übernehmen. Je größer die Vorteile dauernder Bebrütung und intensiver Brutpflege im Verhältnis zu Umgebungstemperaturen, Feinddruck, Zuverlässigkeit des Nahrungsangebotes usw. sind, de-

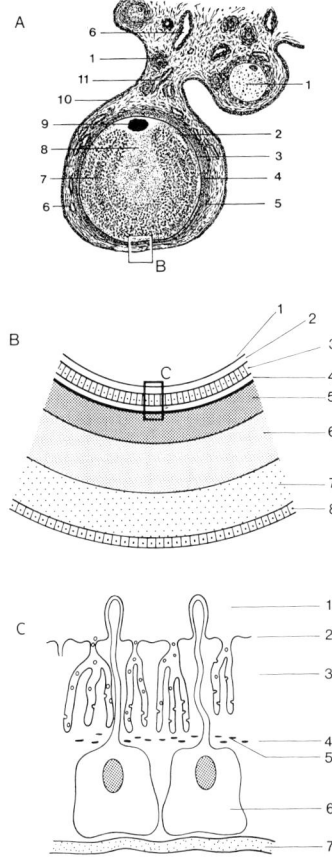

Abb. 17.8. A. Schematische Darstellung eines reifen Follikels kurz vor dem Eisprung (nach PATTEN 1948). 1 = junger Follikel; 2 = Vittelarmembran (Lamina vittelina); 3 = Zona radiata; 4 = Cellula strati granulosi; 5 = Theca (interna et externa); 6 = Blutgefäß; 7 = gelber Dotter (Vitellus aureus); 8 = weißer Dotter (Vitellus albus); 9 = Kern (Nucleus); 10 = Ovarialepithel (Epithelium superficiale); 11 = Follikelstiel. Der Ausschnitt ist in Abb. 17.29 B wiedergegeben.
B. Schnitt durch die Wand eines reifen Follikels (aus KING & MCLELLAND, 1978). 1 = Zytoplasma der Eizelle; 2 = innere Schicht; 3 = Stratum granulosum; 4 = Basalmembran; 5 = Theca interna; 6 = Theca externa; 7 = äußerer bindegewebiger Überzug, Tunica superfacialis; 8 = Oberflächenepithel, Keimdrüsenepithel. Der Ausschnitt ist in Abb. 17.29 C vergrößert dargestellt.
C. Schnitt durch die innere Schicht und das Stratum granulosum der Wand eines reifen Follikels (aus KING & MCLELLAND 1978).
1 = Zytoplasma der Eizelle; 2 = Membran der Eizelle mit Pinozytosebläschen; 3 = Zona radiata; 4 = perivitelline Membran; 5 = elektronendichte Stäbchen; 6 = Zellen des Stratum granulosum; 7 = Basalmembran.

sto wahrscheinlicher ist die Entwicklung von **Monogamie.** Hinzu kommt, daß sich daraus ein Vorteil für das Zusammenbleiben der Partner über einige oder alle Abschnitte des Fortpflanzungszyklus abzeichnet. Je länger die Partner aber zusammenbleiben, desto weniger ergeben sich Möglichkeiten zusätzlicher Partnerbindungen. So ist grundsätzlich verständlich, daß der Anteil überwiegend polygamer oder promiskuitiver Arten bei Vögeln relativ gering ist. Neben der Notwendigkeit biparentaler Vorsorge für Eier und Junge fördern noch weitere Umstände Monogamie.

So wurde bei langlebigen Arten (z. B. Dreizehenmöwe) nachgewiesen, daß **Partnertreue** bzw. **Wiederverpaarung** in der folgenden Saison nach gemeinsamem Bruterfolg wichtige Voraussetzung für weitere hohe Reproduktionsrate bedeuten kann. Ganz allgemein ist eine gute Kondition des Partners wichtig für die Fitness während der gesamten Lebenszeit eines Individuums. Darin liegt z. B. ein Vorteil der Partnervorsorge (z. B. Fütterung des Weibchens durch das Männchen). In Situationen, die für kein Geschlecht nach Verlassen des Partners Gewinn bringen, ist Monogamie für Männchen und Weibchen vorteilhaft. Verlassen des Partners verursacht potentielle Kosten im Sinne der Evolution, z. B. sich verschlechternde Kondition des allein mit der Brut zurückgelassenen Partners, vermehrte Anfälligkeit des Nestes gegenüber Brutparasiten, längere Bebrütungszeit und dadurch höhere potentielle Gefährdung der Eier, geringere Qualität und/oder Quantität des Futters für die Jungen, weniger effiziente Verteidigung von Nest und Revier. Wenn ein Individuum seinen Partner verläßt, um mit weiteren Geschlechtspartnern zu kopulieren oder seine Brutpflegekapazität zwischen verschiedenen Bruten zu teilen, sollte der dadurch erzielte Gewinn an Fitness diese Kosten übersteigen. Oft werden aber solche Gewinne auch durch hohe Synchronisation der Bruten in einer Population oder kurze Zeitspanne günstiger Fortpflanzungsverhältnisse in stark saisonal geprägter Umgebung kaum zu erwarten sein. Aggressives Verhalten zwischen Individuen eines Geschlechts arbeitet zusätzlich gegen Polygamie.

Entsprechend diesen vielseitigen Aspekten sind ganz unterschiedliche Formen der Monogamie entwickelt.

Paarbindung über **mehrere Jahre** oder **lebenslang** (dafür allerdings bisher wenige Nachweise!) ist nachgewiesen bei Pinguinen, Kiwis,

Sturmvögeln (z. T.), Wehrvögeln, Entenvögeln (z. T., vor allem Gänse, Schwäne, Pfeifgänse), Habichtartigen (z. T.), Fischadler, Sekretär, Großfußhühnern (z. T.), Störchen (z. T.), Möwen (z. T.), Eulen (z. T.), Papageien (z. T.) und wenigen Sperlingsvögeln (z. B. bei einigen Rabenvögeln, Meisen, amerikanischen Ammern; Haussperling zumindest in Einzelfällen).

Saisonale oder **jährliche Monogamie** ist mit weitgehend gleichmäßiger Aufteilung der Brutpflege auf die Geschlechter verbunden bis hin zu stark unterschiedlicher Beteiligung (z. B. Gründel- und Tauchenten), wobei innerhalb eines Paares Beteiligung der Geschlechter am Brutgeschäft in aufeinanderfolgenden Bruten (z. B. Schachtelbruten, s. Kap. 17.4.2) verschieden sein kann. Wiederverpaarung, z. B. durch Brutplatztreue beider Geschlechter kommt bei vielen saisonal monogamen Vögeln nicht selten vor. Eine seltene Variante ist Gemeinschaftsbrüten monogamer Weibchen in einem Nest, wie z. B. beim Riefenschnabel-Ani (Tab. 17.4).

Genauere Untersuchungen einzelner Populationen ergaben jedoch vielfach **opportunistische Abweichungen** von der dominierenden monogamen Fortpflanzungsstrategie. So hat Eiweiß-Elektrophorese (vgl. Kap. 19.4.1) zur Beschreibung der Verwandtschaftsverhältnisse zwischen einem brutpflegenden Paar und seinen mutmaßlichen Nachkommen bei monogamen Vögeln ergeben, daß mehr als ein Vater oder eine Mutter in der Brut vertreten sein kann. Die Ursachen dafür können verschieden sein, z. B. echte Polygamie (s. u.), Ablage von Eiern in ein fremdes Nest (z. B. bei manchen Entenarten nicht selten), aber auch Kopulationen außerhalb des Paarverbandes. Letztere sind nicht selten. Vor allem bei Arten, in denen das Weibchen allein brütet (z. B. Enten, viele Singvögel), besteht für die Männchen Gelegenheit zu weiteren Kopulationen. Bei vielen Enten sind erzwungene Kopulationen durch verpaarte und nichtverpaarte Männchen (»Vergewaltigungen«) regelmäßig zu beobachten, auf die z. B. bei der Stockente bis 12 % des Nachwuchses zurückgehen können. Solche erzwungenen Kopulationen konnten auch bei mind. 18 Arten koloniebrütender monogamer Vogelarten (z. B. Silberreiher) nachgewiesen werden, bei denen die Männchen einen hohen Anteil an Verteidigung und Bau des Nestes, an der Bebrütung und der Brutpflege übernehmen. Bei solitär brütenden monogamen Arten sind solche Vorgänge schwerer zu entdecken, aber z. B. für Berghänfling oder Goldwaldsänger belegt.

Den Übergang zu **polygamen Fortpflanzungsstrategien,** vor allem zur häufigeren Polygynie, ist allmählich, denn es gibt viele Arten und Populationen, bei denen Polygynie einzeln, selten oder eher als die Regel zu einem gewissen Anteil auftritt. Die für Polygamie angebotenen theoretischen Erklärungen (s. u.) lassen es keineswegs überraschend erscheinen, daß viele normalerweise monogame Vögel gelegentlich polygyn sind. Erst eingehende neuere Untersuchungen lassen aber das Ausmaß opportunistischer Abweichungen von monogamen Strategien in Ansätzen erkennen. Arten, bei denen mind. 5 % der Männchen zwei oder mehr Weibchen haben, bezeichnet man in einer willkürlichen Festlegung als polygyn. Von 122 untersuchten europäischen Singvogelarten sind z. B. nicht weniger als 39 % zumindest gelegentlich polygyn; bei 25 dieser 47 Arten tritt zumindest in manchen Populationen regelmäßig Polygynie in mehr als 5 % der Fälle auf. Von 46 dieser polygynen Arten verteidigen 63 % nur ein Revier; der Rest ist polyterritorial, d. h. im Maximum wird mehr als ein Revier verteidigt. Bei Singvögeln offener Habitate scheint Polygynie häufiger als bei Waldvögeln aufzutreten.

Als **Polygynie** bezeichnet man Systeme, in denen im Laufe eines Fortpflanzungszyklus ein Männchen regelmäßig mit mehr als einem Weibchen kopuliert. Polygynie kann fakultativ sein (s. o.).

Wie bei anderen Systemen sind auch unter Polygynie verschiedene Formen zu finden. So kann man z. B. **Haremspolygynie** (ein Männchen ist gleichzeitig mit mehreren Weibchen verpaart), **sukzessive Polygynie** (ein Männchen paart sich mit zwei oder mehr Weibchen in Folge) und **Promiskuität** (ein Männchen paart sich mit allen erreichbaren Weibchen und geht keinerlei Paarbindung ein) unterscheiden. Übergang zu anderen Formen ist nicht selten; viele Arten sind auch noch nicht eingehend untersucht. Ein anderer Ansatz unterscheidet **Ressourcen-Polygynie,** bei der das Männchen Kontrolle über einige für die Fortpflanzung entscheidende Ressourcen hat (z. B. Nestplatz, Nahrung) und die den Weibchen dann zugänglich werden, von einer **Männchen-Dominanz-Polygynie,** bei der die Männchen lediglich um Weibchen konkurrieren und die Weibchen nach der Dominanz Position oder Qualität der Männchen auswählen. In diesem Fall bringen die Männchen zur Fortpflanzung nur ihren genetischen Beitrag ein. Promiskuität ist von »regelrechter« Polygynie oft nicht klar abzugrenzen; mitunter werden damit auch Systeme zusammengefaßt, die noch zu wenig untersucht sind.

Eine wichtige **Voraussetzung für Polygynie** ist, daß die Weibchen allein oder mit geringer Hilfe der Männchen Fortpflanzungserfolg haben. Auch bei fakultativ polygynen Arten, wie z. B. manchen Singvögeln (s. o.), ist z. B. hohes und leicht erreichbares bzw. konzentriertes Nahrungsangebot der Polygynie förderlich oder andere Umstände, die einem Männchen gestatten, Reviere zu kontrollieren, in denen zwei oder mehr Weibchen erfolgreich brüten können. Weniger erfolgreiche Männchen werden in suboptimale Gebiete abgedrängt oder kommen überhaupt nicht zur Fortpflanzung.

Haremspolygynie (Tab. 17.1) bedeutet z. B. beim Nandu und einigen Steißhühnern, daß ein Männchen bis zu 15 Weibchen um sich scharen kann, .die in ein Nest legen. Das Gelege wird vom Männchen allein bebrütet. Die Weibchen legen danach in ein anderes Nest zu einem anderen Männchen. Hier ist also Haremspolygynie mit sukzessiver Polyandrie (s. u.) gekoppelt. Beim Strauß beteiligt sich zumindest in einigen Populationen das dominante Männchen an der Bebrütung und alle Weibchen an der Jungenfürsorge. Nester mehrerer Weibchen in einem Männchenrevier kommen dagegen z. B.

Tab. 17.1. Haremspolygynie bei Vögeln.

Ordnungen, Familien	Bemerkungen und Beispiele
Flachbrustvögel	Nandu, Strauß
Steißhühner	einige Arten untersucht
Reiher	Rohrdommel
Habichtartige	Rohr-, Wiesen-, Kornweihe
Hühner	viele Fasane
Schnepfen	Sichel-, Weißbürzelstrandläufer (und wohl weitere hochnordische Brutvögel)
Kolibris	wohl fast alle Arten polygyn
Honiganzeiger	mind. 2 Arten untersucht
Leierschwänze	System nicht genau geklärt
Singvögel	zumindest fakultative Polygynie bekannt z. B. bei Wasseramseln, Zaunkönigen, Fliegenschnäppern, Rohrsängern, Ammern, Stärlingen

Tab. 17.2. Polygyne Vögel mit mehr oder minder ausgeprägter Arenabalz (nach ORING 1982, verändert).

Familie	Arten (Beispiele)
Entenartige	Lappenente
Hühner	Auerhuhn, Birkhuhn, Kaukasusbirkhuhn, Schweifhuhn, Präriehuhn, Beifußhuhn, Truthuhn
Trappen	Großtrappe
Schnepfen	Kanadaschnepfe, Doppelschnepfe, Grasläufer, Kampfläufer
Papageien	Kakapo
Kolibris	Graubrust-Eremit, Langschwanz-Eremit, Rotbauch-Eremit, Zwergeremit, Zimtkolibri usw.
Schmuckvögel	Schreipiha, Felsenhahn
Schnurrvögel	Gelbhosenpipra, Goldkopfpipra, Blaubrustpipra, Prachtpipra, Weißkehlpipra, Säbelpipra
Tyrannen	Pipratyrannen *(Mionectes)*
Paradiesvögel	Großer Paradiesvogel, Rotparadiesvogel, Kaiserparadiesvogel, Stephanieparadieselster, Blaunacken-Paradiesvogel
Webervögel	Witwen *(Vidua)*

bei der Rohrdommel und regelmäßig in einigen Populationen von Rohr-, Korn- und Wiesenweihe vor; auch einige der bei Singvögeln nachgewiesenen Fälle von Polygynie zählen zu diesem Typ. Beispiele für sukzessive Polygynie sind die Waldschnepfe und einige koloniebrütende Webervögel.

Bei **Arten mit Arenabalz** (Tab. 17.2) ist der Fortpflanzungserfolg am ungleichmäßigsten über die Männchen verteilt, denn meist sind nur wenige dominante Männchen daran beteiligt; viele oder gar die meisten kommen in einer Saison nicht zur erfolgreichen Kopulation. Besonders auffallender Sexualdimorphismus ist typisch für die meisten hierher zählenden Arten. Bei vielen ist das Männchen deutlich größer als das Weibchen. Die Männchen betätigen sich überhaupt nicht am Brutgeschäft; sie konkurrieren untereinander, ohne eine für die Fortpflanzung wichtige Ressource zu verteidigen. Im einzelnen kann die räumliche Organisation der Arenabalz sehr unterschiedlich sein (Männchen balzen dicht beieinander oder sind stärker verteilt). Da das Männchen sich nicht am Brutgeschäft beteiligt, kommt Promiskuität bzw. Polygynie mit Arenabalz fast nur bei Nestflüchtern vor und ist bei Nesthockern auf einige

Früchte-, Nektar- oder Samenfresser beschränkt.

Polyandrie bezeichnet eine Fortpflanzungsgemeinschaft eines Weibchens mit mind. zwei Männchen; sie kann in zwei grundsätzlich verschiedenen Formen auftreten: klassische und kooperative Polyandrie.

In der sogenannten **klassischen Polyandrie** ist ein Männchen mit einem Weibchen verpaart, das Weibchen kann jedoch mit weiteren Männchen kopulieren. Bei allen hierher zählenden Arten (Tab. 17.3) fällt dem Männchen der größere Teil der Brutpflege zu. Die Weibchen können gleichzeitig oder sukzessiv mit mehr als einem Männchen verpaart sein. Viele Fragen im Detail sind noch nicht geklärt; Unterschiede im Ausmaß der Polyandrie innerhalb von Populationen und/oder der Beitrag der Geschlechter bei der Brutpflege sind nicht selten mit der Dichte der Brutpaare korreliert. Beim Drosseluferläufer ist Zunahme des Bruterfolges eines Weibchens proportional zur Zahl der Männchen (1 bis 3) nachgewiesen. Am wahrscheinlichsten kann Polyandrie in Populationen unter folgenden Voraussetzungen entstehen:

1. Männchen sind bereits stark an der Brutpflege beteiligt;
2. Nahrung ist nicht begrenzt, so daß Brutpflege durch einen Elter und multiple Gelegeproduktion erleichtert werden;
3. Brutpflege durch einen Elter bedeutet keine Vergrößerung der Verluste durch Räuber;
4. Männchen sind erfolgreicher als Weibchen in der alleinigen Jungenaufzucht;
5. Weibchen sind besser in der Lage als Männchen, alternative Möglichkeiten der Reproduktion zu nutzen;
6. Gelegegröße ist determiniert (vgl. Kap. 17.6.2), so daß der jährliche Fortpflanzungserfolg nur durch mehrere Gelege vergrößert werden kann;
7. große Variabilität der Brutbedingungen von Jahr zu Jahr, da mehrere Gelege pro Saison die Vermehrungsrate pro Lebenszeit eines Individuums auch dann vergrößern, wenn ihre Produktion den Organismus strapaziert.

Tab. 17.3. Arten, bei denen Polyandrie regelmäßig oder zumindest gelegentlich (+) nachgewiesen wurde. I: „Klassische" Polyandrie. II: Kooperative Polyandrie. a simultane, b sukzessive Polyandrie. %: Relativer Anteil polyandrischer ♀ in genauer untersuchten Fällen (nach ORING 1982 vereinfacht)

Art		%	x̄ ♂ : ♀	Typ	Brut	Aufzucht
I.	Gelbstirn-Jassana	86	2,27	a	♂	♂ > ♀
	Rotstirn-Jassana	17	1,17	b	♂	♂ > ♀
	Drosseluferläufer	14–83	1,7–1,9	b	♂	♂ > ♀
	Odinshühnchen	9–50	1,1–1,5	b	♂	♂
	Thorshühnchen	44	1,44	b	♂	♂
	Blaustirn-Blatthühnchen	+		a	♂	♂
	Wasserfasan	+		a	♂	♂
	Gelbfuß-Regenpfeifer	+		b	♂ + ♀	♂
	Seeregenpfeifer	+		b	♂ + ♀	♂ + ♀
	Mornell	+		b	♂ > ♀	♂
	Dunkelwasserläufer	+		b	♂	♂
	Alpenstrandläufer	+		b	♂ + ♀	♂ + ♀
	Grillkuckuck	+		a	♂	♂
	Zwergkuckuck	+		a	♂ + ♀	♂ + ♀
(I.)	Streifenmausvogel	+		a	♂ + ♀	♂ + ♀
II.	Galapagosbussard	39–68	1,5–2,2	a	♀ + ♂♂	♀ + ♂♂
	Wüstenbussard	46	1,46	a	♀ + ♂♂	♀ + ♂♂
	Papuateichhuhn	96	2,3	a	♀ + ♂♂	♀ + ♂♂
	Grünfuß-Pfuhlhuhn	43	1,48	a	♀ + ♂♂	♀ + ♂♂
	Eichelspecht	49	1,50	a	♀ + ♂♂	♀ + ♂♂
	Heckenbraunelle	28	1,25	a	♀	♀ + ♂♂
	Schakalbussard	+		a	♂ + ♀	♂ + ♀
	Purpurhuhn	+		a	♂ + ♀	♂ + ♀
	Teichhuhn	+		a	♂	?
	Pieperwaldsänger	+		a	♀	♂ + ♀
	Rotkehl-Hüttensänger	+		a	♀	♂ + ♀

Für den Drosseluferläufer konnten im Verwandtschaftsvergleich mit dem nichtpolyandrischen Flußuferläufer und einigen nah verwandten Wasserläufern (von denen einige gelegentlich polyandrisch sind, vgl. Tab. 17.3) alle diese Voraussetzungen bestätigt werden.

Zur **Evolution** der **klassischen Polyandrie** müssen Vorteile des Verhaltens dazu kommen. So ist z. B. daran zu denken, daß Männchen besser in der Lage sind als Weibchen, die Bebrütung der Eier zu überstehen (z. B. weil Weibchen durch Kalziumverlust nach der Eiablage in schlechterer körperlicher Verfassung sind). Überzeugender experimenteller Nachweis dafür steht noch aus. Fortpflanzungserfolg durch Polyandrie kann erhöht werden, wenn z. B. das Weibchen besser in der Lage ist als das Männchen, zusätzliche Partner zu finden. Voraussetzung hierfür wäre z. B. ein zugunsten der Männchen verschobenes Geschlechterverhältnis, das in der Tat bei manchen monogamen Vögeln nachgewiesen wurde (vgl. Kap. 19.2.3). Hinzu kommt, daß die Bereitschaft des Weibchens zur Eiablage bei manchen Populationen stärker variiert als die des Männchens zu brüten. Weibchen können ihre eigene Bereitschaft zur Eiablage sicher besser »abschätzen« als dies den Männchen direkt über das Verhalten der Weibchen möglich ist.

Eine Sonderform der »Polyandrie« ist sukzessive Verpaarung des Weibchens mit zwei Männchen, wobei das erste Gelege vom ersten Männchen, das zweite mit einem neuen Männchen dann vom Weibchen bebrütet wird. Diese Form, bisher bei Rothuhn, Temminckstrandläufer, Zwergstrandläufer, Sanderling und Bergregenpfeifer nachgewiesen, ist aber sicher nicht als Zwischenform der Entwicklung von Monogamie zu Polyandrie anzusehen.

Bei der Polygynandrie oder **kooperativen Polyandrie** bestehen die Fortpflanzungsgemeinschaften aus mehreren Männchen und Weibchen; alle Mitglieder tragen zur Brutpflege an einem einzigen Nest mehr oder minder umfangreich bei. Diese Form von Fortpflanzungsgemeinschaften tritt im Unterschied zur klassischen Polyandrie bei Watvögeln nicht auf (Tab. 17.3). Die Variation der Zahl der beteiligten Männchen und ihr Anteil am Brutgeschäft ist groß. Solche Fortpflanzungsgemeinschaften sind den allgemeinen Systemen von kooperativer Brutpflege zuzuordnen (s. Kap. 17.3.2). Ihre Entstehung versuchen verschiedene Theorien, die einander keineswegs ausschließen, zu erklären. Unter ungünstigen Bedingungen für Nesthocker kann der Fortpflanzungserfolg durch Beteiligung mehrerer Männchen erhöht werden, ebenso, wenn unter günstigen Bedingungen nicht alle Individuen in einem Gebiet, z. B. aus Platzgründen, Revier oder Brutplatz finden. Bei sehr großen Aufenthaltsbereichen einzelner Weibchen unter ungünstigen Bedingungen kann die Kontrolle eines Weibchens durch ein einzelnes Männchen zu aufwendig werden. Eine andere Situation liegt vor, wenn die Männchen einer Gruppe nahe miteinander verwandt und dadurch in der Weitergabe von Genen als Gruppenmitglieder erfolgreicher sind als monogame Geschlechtsgenossen (Verwandtenselektion). Bisher gut untersuchte Arten, die man in kooperative Polyandrie einreihen kann, sind Galapagosbussard, Papuateichhuhn, Eichelspecht, Grünfuß-Pfuhlhuhn und Heckenbraunelle.

17.3.2 Kooperative Brutpflege

Soziale Strukturen, in denen neben Männchen und Weibchen eines Paares sich regelmäßig noch weitere Individuen an der Brutpflege in einem Nest beteiligen, ohne daß es sich um Brutparasitismus oder Mischbruten handelt, bezeichnet man als soziale oder **kooperative Brutpflegesysteme** (communal breeding systems, cooperative breeding). Individuen, die sich an der Brutpflege von Jungvögeln beteiligen, die nicht ihre eigenen Nachkommen sind, nennt man **Helfer.** Helfer sind häufig mit den Jungen über die Eltern verwandt (primäre Helfer), müssen es aber nicht sein (sekundäre Helfer). In zunehmender Häufigkeit bezieht sich die Hilfe auf Bebrütung der Eier und Hudern der Nestlinge, Nestbau, Füttern der brütenden Eltern in und außerhalb des Nestes, Füttern der Jungen und Säuberung des Nestes, Verteidigung von Eiern und Jungvögeln.

Im Unterschied zur Koloniebildung (vgl. Kap. 19.2.3), bei der sich Individuen vorübergehend an einem Platz treffen und hier nur Brutvögel und/oder Nichtbrüter, aber keine regelmäßigen Helfer anwesend sind, lassen sich kooperative Brutpflegesysteme häufig mit einem Gruppenrevier in Verbindung bringen. Solche Gruppenreviere können auch bei Koloniebrütern auftreten (Tab. 17.4). Sonst lassen sich die wichtigsten Gemeinsamkeiten der bisher bekannten kooperativ brütenden Arten auf wenige Punkte reduzieren:

Tab. 17.4. Liste der Arten, bei denen bis etwa 1986 intraspezifische Helfer nachgewiesen wurden. Einzelnest: nicht mehr als ein Weibchen brütet in einer sozialen Einheit; Simultanbrüten: 2 oder mehr Weibchen (monogam oder nicht) brüten in einer sozialen Einheit (nicht Kolonie!); Gemeinschaftsbrüten: 2 oder mehr Weibchen legen in ein Nest. Meist ist jede Art nur einmal (und zwar beim komplexesten System) aufgeführt, auch wenn sie mehreren Gruppen zuzuordnen ist (z. T. nach BROWN 1987; *R. PRINZINGER unveröff.).

Gruppenrevier, Einzelbrut, Männchen helfen, monogam:
Kokardenspecht, Galapagos-Spottdrossel, Prachtstaffelschwanz, Türkisstaffelschwanz, Stricheldornschnabel, Goldhähnchen-Dornschnabel, Zwergkleiber, Braunkopfkleiber, Kaktusgrundfink, Mittelgrundfink

Gruppenrevier, Einzelbrut, Männchen helfen, polyandrisch:
Galapagosbussard, Grünfuß-Pfuhlhuhn, Lönnberg-Skua, Heckenbraunelle, Mohrenmeise

Gruppenrevier, Einzelbrut, Männchen helfen, Bindung der Geschlechter unbekannt:
Wüstenbussard, Harlekinzaunkönig, Stachelschwanzflöter, Felsenspringer, Schwarzrückensteinschmätzer, Schneckenschnäpper, Blaubrust-Staffelschwanz, Weißbrauen-Sericornis, Australkleiber, Feldbaumrutscher

Gruppenrevier, Einzelbrut, Männchen und Weibchen helfen, Simultanbruten wohl gelegentlich:
Hoatzin, Zwergsultanshuhn, Lachender Hans, Haubenliest, Baumhopf, Kaffernhornrabe, Gelbschnabelwürger, Brauenzaunkönig, Pantherzaunkönig, Tigerzaunkönig, Bindenzaunkönig, Graubinden-Zaunkönig, Rohrspottdrossel, Rußschmätzer, Beutelsäbler, Grauscheitelsäbler, Brauensäbler, Rußbauchsäbler, Langschwanzdroßling, Streifendroßling, Malcolmdroßling, Graudroßling, Dschungeldroßling, Gelbschnabeldroßling, Weißflügelstaffelschwanz, Schwanzmeise, Braunbauch-Baumrutscher, Glockenhonigfresser, Andenstärling, Mahaliweber, Königsglanzstar, Gimpelhäher, Buschhäher, Grünhäher, Schopfblauhäher, Trauerblaurabe, Braunhäher, Langschwanzhäher, Blauelster

Gruppenrevier, Einzelbrut, Geschlecht der Helfer unbekannt:
Mohrentrappist, Flammenkopf-Bartvogel, Ohrfleck-Bartvogel, Weißkopf-Bartvogel, Rotstirn-Bündelnister, Weißbarttyrann, Grundraupenfänger, Brillenwürger, Dreifarbenwürger, Braunstirnwürger, Graurückenwürger, Alpenbraunelle, Zimtflöter, Grauwangen-Gerygone, Gelbbauch-Dornschnabel, Gelbbürzel-Dornschnabel, Fahlstirn-Sericornis, Georgschnäpper, Graumantelschnäpper, Goldbauchschnäpper, Weißbrauen-Lappenschnäpper, Rotkappen-Spreizschwanz, Türkis-Elminie, Buschmeise, Rotbrauen-Baumrutscher, Seychellen-Brillenvogel, Rostkehl-Honigfresser, Schlichttangare, Graurücken-Würgatzel, Schwarzkehl-Würgatzel, Rußschwalbenstar

Gruppenrevier, Simultanbruten, Gemeinschaftsbrüten, monogam:
Riefenschnabel-Ani, Glattschnabel-Ani, Riesenani, Guirakuckuck, Streifenmausvogel (selten), Blaunacken-Mausvogel (und wohl hierher auch Rotrücken- und Brillenmausvogel*)

Gruppenrevier, Simultanbruten, Gemeinschaftsbrüten, polygyn:
Spaltfußgans

Gruppenrevier, Simultanbruten, Gemeinschaftsbrüten, teilweise polygynandrisch:
Papuateichhuhn, Purpurhuhn, Eichelspecht, Drosselkrähe

Gruppenrevier, Simultanbruten, Gemeinschaftsbrüten, Geschlechterbindung unbekannt:
Weißohr-Bartvogel, Braunkopfyuhina

Gruppenrevier, Gemeinschaftsbrüten, Einzelnester separat:
Gelbbrauenspecht, Halsband-Bartvogel, Dreifarbenglanzstar, Rotbauchglanzstar, Yucatan-Blaurabe, Acapulco-Blaurabe, Langschwanzhäher, Graubrusthäher

Koloniebrüter, kein dauerhaftes Revier:
Mississippiweih, Küstenseeschwalbe, Graufischer, Grünstirnspint, Scharlachspint, Weißkehlspint, Weißstirnspint, Regenbogenspint, Bienenfresser, Rauchschwalbe, Weißaugen-Honigfresser, Zimtflügel-Honigfresser, Drachenstärling, Marmorweber, Siedelweber, Haussperling, Zweifarbstar, Weißbauch-Schwalbenstar, Schwarzgesicht-Schwalbenstar, Nacktschnabelhäher

Weder Gruppenrevier noch Koloniebrüter im üblichen Sinn:
Strauß, Streifenpanthervogel, Weißstirn-Schwatzvogel, Gelbstirn-Schwatzvogel, Braunkuhstärling

---

Helfer nachgewiesen, doch Status unklar:
Ohrentaucher, Neuhollandtaucher, Gaukler, Wanderfalke, Mohrenralle, Kammbläßhuhn, Teichhuhn, Cayennekiebitz, Schornsteinsegler, Buritisegler, Stutzschwanzsegler, Graubauchsegler, Steifenliest, Paradiesliest, Spiegelliest, Wiedehopf, Gelbflankentodi, Kurzschopf-Hornvogel, Grauwangen-Hornvogel. Langschopf-Hornvogel, Halsband-Arassari, Pioho, Rotschwingentyrann, Kapstelze, Fleckenbülbül, Raphiabülbül, Weißscheitelwürger, Elsterwürger, Elstervanga, Akazienzaunkönig, Rotkehlchen, Goldaugentimalie, Schwarzzügeldroßling, Weißaugendroßling, Sudandroßling, Kurzschwanz-Buschsänger, Strichelköpfchen, Graukappen-Eremomela, Grünkappen-Eremomela, Weißbauch-Staffelschwanz, Silberkopf-Staffelschwanz, Gelbbauchgerygone, Stutzschnabel, Fahlschnäpper, Habeschdrongoschnäpper, Waldschnäpper, Meisendickkopf, Indianermeise, Rostbauch-Baumrutscher, Weißbürzel-Honigfresser, Gelbstirn-Honigfresser, Braunkopf-Honigfresser, Mondstreif-Honigfresser, Weißkinn-Honigfresser, Strichelhonigfresser, Glattstirn-Lederkopf, Graukopfammer, Rostschwanzammer, Rotkardinal. Türkistangare, Purpurmaskentangare, Tropfentangare, Stachelkopfstärling, Bobolink, Rotschulter-Glanzstar, Fischerglanzstar, Königsglanzstar, Rotschnabel-Madenhacker, Gelbschnabel-Madenhacker, Trauerdrongo, Zwergschwalbenstar, Piapia, Zavattarivogel, Amerikanerkrähe, Sundkrähe, Dohle*, Elster*

Typische **Helferarten** sind keine Langstreckenzieher, bei denen von wenigen Ausnahmen abgesehen (z. B. Kraniche, Schwäne) die Familiengruppen nicht bis zur nächsten Brutzeit zusammenhalten. Die meisten bisher bekannten Helferarten leben daher in warmen Gebieten. Das starke Vorherrschen von Arten in trockenen bis halbtrockenen Gebieten mag dagegen z. T. ein Ergebnis leichterer Zugänglichkeit für die Untersucher sein. Auch im dichtesten Regenwald sind kooperativ brütende Arten bekannt geworden und vermutlich dort noch manche zu entdecken. Vielfach fehlt Sexualdimorphismus (Ausnahme: Staffelschwänze); junge

Individuen unterscheiden sich von den älteren aber oft jahrelang durch die Farbe des Schnabels, der Iris oder unbefiederter Stellen am Kopf. Bei vielen kooperativ brütenden Arten ist lange individuelle Lebensdauer nachgewiesen oder wahrscheinlich.

Folgende Erscheinungen entsprechen der Definition nach ebenfalls Helferverhalten, werden aber vor allem bei evolutionsbiologischen Erörterungen meist davon getrennt:

1. Inter- und intraspezifischer **Brutparasitismus** (vgl. Kap. 17.3.3).
2. **Vermischung von Jungen** ist besonders bei

Tab. 17.5. Variabilität von Partnerschaftssystem in einigen Populationen kooperativ brütender Arten (vgl. 16.3.2) 2+: mind. 2; n: Zahl der untersuchten Einheiten (nach BROWN 1987, vereinfacht).

Art/Population	n	Paare	Trios		Quartette		größer	
			♀	2 ♀	♀	2+ ♀	♀	2+ ♀
Wüstenbussard								
Arizona	50	27	23					
Texas	19	18	1					
Galapagosbussard	31	10	13		6		1	1
Grünfuß-Pfuhlhuhn	51	26	17	2	4	1	1	
Papuateichhuhn	48	2	5			19		22
Cayennekiebitz	20	17	2	1				
Heckenbraunelle								
Edingburgh	13	7	4	1		1		
Cambridge	25	10	15					
Trauermeise	19	8	9			1	1	

Nestflüchtern, z. B. Entenvögeln nicht selten, wenn z. B. bei aggressiven Auseinandersetzungen zwischen jungeführenden Weibchen einzelne Jungvögel oder auch ganze Schofe dem falschen Weibchen zufallen und so verschiedene Bruten miteinander verschmelzen. Dies kann auch zwischen verschiedenen Arten geschehen (z. B. Tafel- und Reiherente, Stock- und Kolbenente). Bei manchen Arten entstehen auf diese Art oder als Nebenprodukte anderer Faktoren (z. B. Mauser und Abwanderung der Mauservögel) regelrechte »Kindergärten« (z. B. Reiherente, Eiderente, Brandgans).

3. **Adoption** von verwaisten Jungen ist trotz Mechanismen der individuellen Jungenerkennung bei manchen Koloniebrütern offenbar nicht selten (vor allem Trottellumme, aber auch Nachweise z. B. bei Silbermöwe) und kommt auch bei territorialen Einzelbrütern gelegentlich vor (z. B. Rotkehlchen). Auch bei den unter 2. genannten Bildungen von Mischschofen von Entenvögeln kann Adoption eine Rolle spielen. In den z. T. großen »Kindergärten« der Königspinguine werden die einzelnen Jungen dagegen normalerweise von ihren Eltern gefüttert.

4. **Interspezifische »Adoption«** durch Irrtum ist bei mindestens 65 Arten nachgewiesen worden (Extrembeispiel: Rotkardinal füttert Goldfisch). Mögliche Ursachen sind z. B. Mischgelege (vor allem bei Höhlenbrütern häufig); eigenes Nest mit Jungen zerstört; enge Nachbar-

Tab. 17.6. Taxonomische und geographische Verteilung der Arten, für die bisher intraspezifisches Helfen nachgewiesen wurde (nach BROWN 1987, verändert). NA: Nord- und Mittelamerika; SA: Südamerika; A: Nord-, Mittel- und Südamerika; AS: Asien; EU: Europa; EA: Eurasien; AF: Afrika; AU: Australien.

Familie	Artenzahl/Gebiet	Familie	Artenzahl/Gebiet
Strauße	1 AF	Bülbüs	2 AF
Lappentaucher	1 EU, 1 AU	Würger	7 AF
Entenartige	1 AU	Vangawürger	1 AF
Habichtartige	1 AF, 1 SA, 1 NA, 1 A, 1 EU	Zaunkönige	3 SA, 3 NA, 1 A
Falken	1 EU	Spottdrosseln	4 SA
Hoatzins	1 SA	Braunellen	1 EU, 1 EA
Rallen	3 AF, 1 A, 3 AU	Sänger	6 AF, 1 EU, 4 AU
Regenpfeifer	1 SA	Timalien	3 AF, 9 AS, 6 AU
Raubmöwe	1 AU	Grasmücken	4 AF, 1 AS
Möwen	1 EU	Staffelschwänze	16 AU
Kuckucke	2 SA, 2 A	Monarchen	2 AF
Schwalbensegler	2 SA, 2 NA	Dickköpfe	1 AU
Mausvögel	4 AF	Schwanzmeisen	1 NA, 1 EA
Eisvögel	2 AF, 4 AU	Meisen	1 AF, 1 NA
Todis	1 NA	Kleiber	2 NA, 1 AU
Bienenfresser	4 AF, 1 EU, 1 AU	Baumrutscher	4 AU
Wiedehopfe	1 AF	Mistelfresser	1 AU
Baumhopfe	1 AF	Brillenvögel	1 AF
Nashornvögel	2 AF, 2 AS	Honigfresser	13 AU
Faulvögel	1 A	Ammern	2 SA, 2 NA, 1 AS
Bartvögel	5 AF	Tangaren	1 SA, 3 A
Tukane	1 A	Stärlinge	4 SA, 1 NA
Spechte	1 SA, 1 NA, 1 A	Webervögel	3 AF
Töpfervögel	1 SA	Sperlingsartige	1 NA
Schmuckvögel	1 SA	Stare	9 AF
Tyrannen	1 SA, 1 A	Drongos	1 AS
Schwalben	1 NA	Schlammnestkrähen	2 AU
Stelzen	1 AF	Schwalbenstare	4 AU
Stachelbürzler	1 AU	Würgerkrähen	3 AU
		Rabenvögel	3 AF, 1 SA, 12 NA, 1 AS, 2 EU

schaft von Nestern zweier Arten; Bettelrufe der Jungen; verwaiste Junge einer anderen Art; Brutvögel ohne Partner; Männchen, dessen Weibchen brütet u. a. Auf diese Weise kann auch (oft nur vorübergehende) intraspezifische Hilfe bei der Brutpflege zustande kommen.

Bis jetzt sind intraspezifische Helfer, deren Anwesenheit nicht auf Brutparasitismus, Adoption oder Vermischung von Jungen nach Verlassen des Nestes beruht, bei mindestens 226 Vogelarten, also etwa 2,5 %, nachgewiesen worden (Tab. 17.6). Eine rasche Zunahme dieser Zahl ist zu erwarten, da Untersuchungen über Helfersysteme derzeit exponentiell anwachsen. Manche Schätzungen belaufen sich schon auf über 300 Arten, die zumindest möglicherweise kooperative Brutpflegesysteme aufweisen. Die bisher genauer untersuchten Fälle lassen sich bestimmten Kategorien zuordnen (Tab. 17.4), die bereits zeigen, daß Helfersysteme in einer Vielfalt von sozialen Strukturen auftreten.

Dabei sind abgesehen von den oben erwähnten Fällen graduelle Unterschiede intraspezifischer Helfer festzustellen:

1. Brut- oder Partnerverlust kann zu gelegentlicher Beteiligung von Altvögeln an der Fütterung einer fremden Brut führen (z. B. Rauchschwalbe, viele Singvögel Australiens), ebenso zumindest vorübergehend zum Füttern der Jungen durch adulte Nichtbrüter.
2. Bei vorzeitigem Verlust eines Männchens kann Erstzverpaarung noch während der Jungenaufzucht zu einem Helfer führen. So fütterten neuverpaarte Ersatzmännchen z. B. bei Grasammer, Junko und Feuerkopf-Saftlecker Junge, die nicht ihre Nachkommen waren.
3. Gelegentlich oder bei einigen Populationen auch regelmäßig sind Jungvögel als Helfer z. B. bei Haussperling oder Sundkrähe nachgewiesen worden. Normalerweise treten hier Nichtbrüter kaum als Helfer auf. Ihre Anwesenheit am Brutplatz kann aber durch Informationsgewinn (z. B. Lage der Ressourcen im elterlichen Revier) zur Erhöhung der Fitness führen und damit einen Ausgangspunkt für die Selektion von Helfersystemen anzeigen.
4. Bei vielen Arten treten in den meisten Populationen nichtbrütende Helfer auf, wenn auch in lokalen Populationen viele Paare keine und nur sehr wenige dagegen viele Helfer haben. Hierher zählen z. B. Graufischer, Pracht-

staffelschwanz, Heckenbraunelle, Eichelspecht, Lönnberg-Skua (in Neuseeland), Lachender Hans, Hoatzin, einige Greifvögel und amerikanische Häher (vgl. Tab. 17.4) u. a. Vielfach sind die Helfer hier vor allem jüngere Männchen, die wegen Weibchenmangels keinen Partner fanden.
5. Ebenfalls bei vielen Arten gibt es kaum eine soziale Einheit ohne nichtbrütende Helfer, die für gewöhnlich mehr als 50 % der Individuen einer Gruppe ausmachen, so z. B. bei Drosselkrähe, Gelbschnabelwürger, Graubrusthäher, Mahaliweber. Hier spielen Jährlinge als Helfer eine große Rolle. Aber auch einzelne Individuen mit langer Lebensdauer brüten nicht und betätigen sich lediglich als Helfer.
6. Gegenseitiges Helfen der Brutvögel bei der Fütterung ihrer Jungen ist nach neueren Befunden in solchen Fällen recht weit verbreitet, in denen der fütternde Altvogel eigenen Nachwuchs von dem anderer Individuen nicht unterscheiden kann, also eine gewisse Wahrscheinlichkeit hat, auch seine eigenen Nachkommen zu füttern. Dies ist bei Polygynandrie und bei Gemeinschaftsbrüten (Tab. 17.4) zu erwarten, wenn zwei oder mehr Weibchen zusammen in ein Nest legen. Wie Tab. 17.4 zeigt, ist Gemeinschaftsbrüten (joint nesting) nicht notwendigerweise an nichtmonogame Partnersysteme gebunden.

Aus **evolutionsbiologischer Sicht** ergeben sich damit zwei verschiedene Ansätze der **Verwandtenselektion (kin selection)**. Im Fall 6. sind die Helfer mit den Jungen durch ihre eigenen Gameten verwandt; die erzielte Fitness ist also direkt, auch wenn die Wahrscheinlichkeit gemeinsamer Gene mit den gefütterten Jungen gering sein kann. Zunehmende Gruppengröße verringert diese Wahrscheinlichkeit von maximal ½ bis nahe 0; daher sind »Familiengrößen« bei gegenseitigem Helfen im Falle von Gemeinschaftsbruten niedrig. Anders bei nichtbrütenden Helfern, die in der überwiegenden Mehrzahl der Fälle Nachkommen mindestens eines der Eltern der Brut sind, bei der sie helfen. Die erzielte Fitness ist indirekt (vgl. Kap. 17.2); die mittlere genetische Verwandtschaft mit Jungen und Eltern der Kernfamilie ist unabhängig von der Größe der sich angliedernden Helferschar.

Helferverhalten erscheint auf den ersten Blick als evolutionsbiologisches Paradoxon, denn ein Individuum, das sich für Helfen bei einer Kernfamilie entscheidet, verzichtet während dieser Zeit auf eigene Nachkommen-schaft. Ist die durch Helfen und Verzögerung der eigenen Fortpflanzung erreichte Fitness größer? Das Konzept der inklusiven Fitness sucht diese Frage zu klären. Als Gewinne der kooperativen Brutpflege und damit auch für die Beurteilung der Wichtigkeit von **indirekter Selektion** sind folgende Möglichkeiten zu erwägen, für die z. T. aber noch quantitative Ergebnisse erarbeitet werden müssen:

a) Erhöhung der indirekten Fitness für nicht-brütende verwandte Helfer: Erhöhung der Gelegegröße kann durch Entlastung (z. B. Nestbau, Revierverteidigung) und Energiegewinn durch Fütterung des legenden Weibchens erreicht werden. Ebenso ist die Erhöhung der Vitalität der Jungen durch quantitative und qualitative Verbesserung der Fütterung, Entlastung der Eltern z. B. für wirkungsvolleres Antiräuberverhalten, an dem sich auch die Helfer beteiligen, wahrscheinlich. Eine Zunahme der Zahl der Brutversuche pro Jahr kann eine Folge der besseren Kondition des unterstützten Weibchens sein. Vergrößerung der Gruppe führt zu wirkungsvolleren Antiräubermaßnahmen sowie Verteilung der Lasten auf noch mehr Individuen und daher zu weiteren Gewinnen in Sinne der vorstehenden Gesichtspunkte.

b) Erhöhung der direkten Fitness für nichtbrütende Helfer (gilt natürlich auch für Individuen, die mit der Kernfamilie nicht verwandt sind): Verschobene Erstbrut und verzögerte Zerstreuung der jungen potentiellen Helfer verhindert Risiken der Abwanderung, führt zu besseren Möglichkeiten, mit zunehmendem Alter ein Revier zu erobern, zu verteidigen und damit auch der Paarbildung, ergibt höhere jährliche Überlebensrate durch Verbesserung der Techniken des Nahrungserwerbs, der erhöhten Wachsamkeit in der Gruppe usw. Helferverhalten selbst (alloparentales Verhalten) führt zu besseren Möglichkeiten der Revier- und Partnergewinnung durch Assoziation mit dem brütenden Weibchen (wenn es nicht Mutter oder Schwester des Helfers ist), durch Vergrößerung der Gruppe und günstigere Möglichkeiten der sozialen Dispersion und ebensolche Vorteile durch Assoziation mit den die Hilfe empfangenden Nestlingen für spätere Gruppenbildung. Erhöhte Wachsamkeit in der Gruppe führt zu höherer jährlicher Überlebensrate der Helfer. Übung in der Praxis des Nestbaus und der Jungenfütterung erhöht die Wahrscheinlichkeit für bessere eigene Nachwuchsrate.

Diese von der Struktur der kooperativen Brutpflegesysteme abzuleitenden Gewinne dürfen jedoch nicht für sich gesehen werden. Sie sind vielmehr in den Zusammenhang mit den vielfältigen ökologischen Zwängen (z. B. von 1:1 abweichendes Geschlechterverhältnis, starke Konkurrenz um geeignete Reviere) zu stellen, die auch die beachtlichen Unterschiede im Verhalten zwischen einzelnen Lokalpopulationen einer Art erklären. Weder alle Erscheinungen, noch einzelne Fälle kooperativer Brutpflege lassen sich daher mit einer einzigen Hypothese befriedigend deuten.

17.3.3 Brutparasitismus

Brutparasiten sind Individuen, die Brutpflege, also das Ausbrüten ihrer Eier und die Aufzucht ihrer Jungen, anderen Individuen der eigenen oder einer anderen Art überlassen.

Intraspezifischer Brutparasitismus ist meist nicht leicht zu entdecken, aber wohl weiter verbreitet als bisher angenommen. Er tritt z. B. regelmäßig bei einigen Entenvögeln, mindestens gelegentlich bei manchen Koloniebrütern (z. B. Saatkrähe, Fahlstirnschwalbe) oder auch bei kooperativ brütenden Arten (z. B. Riefenschnabel-Ani, Weißstirnspint) auf und ist zumindest als Ausnahme bei einer Reihe von solitär brütenden Arten nachgewiesen. Zwischen intraspezifischem Brutparasitismus und Gemeinschaftsbrüten (vgl. Kap. 17.3.2) können die Übergänge fließend sein. Ob Weibchen, die ihre Eier in das Nest eines anderen der eigenen Art legen, dann noch selbst ein Gelege zeitigen, ist meistens nicht bekannt. Doch dürfte in der Mehrzahl der Fälle wohl nicht das ganze Gelege in Nestern fremder Individuen untergebracht werden. Im Hinblick auf Partnerschaftssysteme und Fortpflanzungsstrategien könnte intraspezifischer Brutparasitismus vielleicht nicht so unbedeutend sein wie bisher angenommen.

Interspezifischer Brutparasitismus tritt zwischen vielen Arten ebenfalls nur gelegentlich auf, wobei keinerlei spezielle Anpassungen zu erkennen sind und wohl auch die Jungen des Brutparasiten geringere Überlebenschancen als bei Aufzucht durch die eigenen Eltern haben. Bei Nestflüchtern, vor allem bei manchen Enten, ist die Ablage von Eiern in Nester nahe verwandter Arten dagegen weiter verbreitet und in vielen Populationen regelmäßig. Hier führt die Ablage von Eiern in Nester anderer

Arten meistens zu einer Verringerung der jährlichen Fortpflanzungsrate bei den Wirtsgelegen. Auch ist vielfach nicht sicher, ob der Parasit Vorteile hat. Brutparasitische Weibchen zeitigen wahrscheinlich vielfach noch ein eigenes Gelege. Obligatorischer interspezifischer Brutparasitismus kommt bei etwa 80 Vogelarten vor und ist siebenmal unabhängig entstanden.

Entsprechend unterschiedlich sind Anpassungen und **Parasit-Wirt-Beziehungen:**

1. Die südamerikanische Kuckucksente legt Eier in andere Entennester (z. B. Peposakaente), aber auch in Nester von Rallen, Reihern und anderen Wasservögeln. Die Eier des Nestflüchters werden lediglich bebrütet; die Jungen sind kurz nach dem Schlüpfen selbständig. Besondere Anpassungen des Parasiten an den Wirt scheinen nicht zu bestehen. Möglicherweise ist hier der Brutparasitismus eine relativ junge Entwicklung, die bei anderen Enten (z. B. Tauchenten, Säger) sich schon andeutet.

2. Unter den Webervögeln parasitiert der Kukkucksweber vor allem Nester kleiner Grasmükken (Gattungen *Prinia* und *Cisticola*). Die Jungen der Wirte verschwinden meist; gelegentlich sind auch 2 junge Parasiten im Nest.

3. Alle 14 Witwenarten (Afrika) sind Brutparasiten bei Prachtfinken. Hier ist der Brutparasitismus wirtsspezifisch; die Jungen imitieren ihre Wirtsvogelart in Bettelrufen und Rachenfärbung und -zeichnung, die Altvögel weisen Gesangsmimikry auf. Die jungen Parasiten werden meist mit den Wirtsvogeljungen aufgezogen; der Bruterfolg der Wirtsart scheint dadurch wenig beeinträchtigt.

4. Unter den Stärlingen sind die Kuhstärlinge ein Beispiel für Übergänge von Einzel- bzw. Gemeinschaftsbrüten mit Benutzung anderer Nester beim Braunkuhstärling bis verschiedenen Formen des Brutparasitismus. Der Rotachsel-Kuhstärling parasitiert so gut wie ausschließlich Bruten des Braunkuhstärlings. Seine Jungen sind von denen des nah verwandten Wirtsvogels nicht zu unterscheiden. Der Seidenkuhstärling parasitiert eine große Zahl kleiner Singvögel; seine Eier sind unterschiedlich gefärbt, ähneln aber kaum denen der Wirtsvögel. Dies gilt auch für den erfolgreichsten Brutparasiten der Gattung, den Braunkopf-Kuhstärling, für den über 100 Singvogelarten als Wirte in Frage kommen. Hautpsächlich andere Stärlingsarten sind die Wirte für Rotaugen-Kuhstärling und Riesenkuhstärling. In der Regel werden die Jungen des Brutparasiten und des Wirtsvogels zusammen aufgezogen.

5. Rund die Hälfte der 131 Kuckucke sind Brutparasiten, überwiegend die Arten Eurasiens, Afrikas und Australiens. Dabei wird in der Regel der Bruterfolg des Wirtsvogels reduziert, da nur das Kuckucksjunge überlebt. Schon unmittelbar nach dem Schlüpfen wirft bei Kuckucken der Gattungen *Cuculus*, *Caccomantis* oder *Chrysococcyx* der junge Brutparasit Eier und kleine Jungvögel des Wirts aus dem Nest; eine kleine Mulde auf dem Rücken ist eine morphologische Anpassung dafür. Für manche Arten ist eine sehr große Zahl von Parasiten bekannt (Tab. 17.7). Koel und Häherkuckuck parasitieren vorzugsweise Nester von Krähenvögeln; ihre Jungen haben keine Mulde auf dem Rücken und werfen Eier von Wirtsvögeln auch nicht aus dem Nest. Nicht selten oder in manchen Populationen überwiegend liegt mehr als ein Ei des Parasiten im Nest. Die Wirtsvogeljungen gehen z. T. wegen

---

Tab. 17.7. Zahl Wirtsvögel (meistens Singvögel) einiger Kuckucke der Alten Welt (Daten nach GLUTZ & BAUER 1980, ROWAN 1983, u. a.).

Art	Gebiet	Wirtsvögel
Kuckuck	Europa	45 (erfolgreiche Aufzucht) + 23 (mind. Nestlinge) + 21 (nur Eier, mögliche Wirtsvögel)
Einsiedlerkuckuck	Südafrika	15 (mind. Nestlinge)
Häherkuckuck	Mittelmeer + Vorderasien	6
	Nordafrika	8
	Südafrika	11 (mind. Nestlinge)
Jakobinerkuckuck	Südafrika	6 (mind. Nestlinge) + 14 (nur Eier)
Klaaskuckuck	Südafrika	16 (mind. Nestlinge)
Goldkuckuck	Südafrika	24 (mind. Nestlinge)

des schnelleren Wachstums der Kuckucke zugrunde und haben nur bei entsprechendem Entwicklungsvorsprung eine Chance.

6. Unter den Altweltkuckucken systematisch ferner stehenden Kuckucken Südamerikas leben drei Arten als Brutparasiten.

7. Alle Arten der Honiganzeiger, deren Brutbiologie bis jetzt bekannt ist, sind Brutparasiten. Man darf dies wohl auch für die übrigen Arten annehmen.

Soweit bekannt, sind bei Brutparasiten ganz unterschiedliche **Partnerschaftssysteme** vertreten; Formen von Polygynie (z. B. Gelbbürzel-Honiganzeiger, Witwen), Polyandrie (möglicherweise bei einigen Kuckucken) und Gruppenterritorien (bei einigen Kuckucken) sind neben zumindest zeitweise monogamen Bindungen bekannt. Eine Zusammenarbeit bei der Eiablage kommt vor, wenn z. B. das Männchen die Wirtsvögel ablenkt (z. B. Jakobinerkuckuck, Afrikanerkuckuck).

Bei der **Auswahl der Wirtsart** sind hohe Dichte, auf größere Entfernung erkennbare Neststandorte, geeignetes Nest für Eiablage und Aufzucht, möglichst große Unempfindlichkeit des Wirts gegenüber einem fremden Ei, passende Größenordnung verschiedener Werte (z. B. Eigröße, Embryonalzeit, Nestraum usw.), geeignete Nahrung und entsprechendes Fütterungsverhalten wichtige Kriterien. Manche dieser Probleme lösen sich bei der Wahl systematisch nahestehender Wirtsarten. Dies ist aber nur bei Kuhstärlingen teilweise der Fall (s. o.) und bei Witwen, die ihre Eier bei Prachtfinken mit gleicher Jungenernährung unterbringen. Honiganzeiger parasitieren vornehmlich Spechte, Bartvögel und Bienenfresser, die wie die Parasiten eine für ihre Größe relativ lange Nestlingszeit durchlaufen. Die meisten Kuckucke parasitieren Singvögel, also systematisch ferner stehende Gruppen; manche Arten (z. B. europäischer Kuckuck) sogar sehr viel kleinere Arten.

Die **Synchronisation der Eireifung** im Körper des Parasiten mit der Phase der Eiablage des Wirtsweibchens wird wahrscheinlich durch Beobachtung der Nestbauaktivität eines potentiellen Wirtsvogelpaares erreicht. Die Wahl wird möglicherweise durch Auffälligkeit des Neststandortes (beim europäischen Kuckuck z. B. Nester auf offener Fläche oder in einförmiger Vegetation häufiger parasitiert) und des Verhaltens des Brutpaares, aber wohl auch

durch Anwesenheit weiterer Brutparasiten beeinflußt. Sympatrische Kuckucksarten bevorzugen unterschiedliche Wirtsarten, doch sind ausnahmsweise auch einzelne Wirtsarten bevorzugte Opfer mehrere Brutparasiten einer Region. In Südafrika wurden z. B. für 10 brutparasitische Kuckucksarten insgesamt 73 Singvogelarten als Wirte nachgewiesen, darunter nur 5 Arten für je 2 Kuckucke.

Die **Eiablage** muß sich meist schnell vollziehen, um den Nestinhaber nicht aufmerksam zu machen. Bei Kuckucken wird das Ei wahrscheinlich einen Tag im Ovidukt gehalten, so daß die Entwicklung des Embryos bereits bei der Ablage eingeleitet ist. Die individuelle Zahl der von Brutparasiten pro Saison produzierten Eier kann erheblich über der Gelegegröße von Wirtsvögeln oder vergleichbaren Arten liegen; die bisher vorliegenden Daten schwanken jedoch stark. Da bei vielen Kuckucken (s. o.) meist nur ein Ei pro Wirtsvogelnest abgelegt wird, muß ein Weibchen in der Brutsaison seine Eier auf mehrere Nester verteilen.

Eine entscheidende Frage ist die Bedeutung der **Eiermimikry.** Manche potentiellen Wirtsvogelarten (z. B. afrikanische Bülbüls, Heckenbraunelle, Teichrohrsänger, Rotkehlchen) zeigen wenig Neigung, abweichend gefärbte Eier aus dem Gelege zu entfernen, andere (z. B. Schwarzflügelaegithina) verlassen das Gelege selbst bei sehr hoher Ähnlichkeit des fremden Eies. Der Selektionsdruck auf Farbenmimikry ist also unterschiedlich. Sehr variable Eifärbung und -zeichnung zeigen Kuckucke mit breitem Wirtsspektrum, wie Kuckuck oder Klagekuckuck, wobei verschiedene Grundtypen in guter oder angenäherter Ähnlichkeit bei entsprechenden Wirtsvögeln untergebracht werden, bei toleranten Wirtsvogelarten aber die Anpassung oft kaum vorhanden ist. Einzelne Weibchen legen zeitlebens Eier eines bestimmten Typs. Der Eier-Polymorphismus kann über Generationen bestehen bleiben, weil vermutlich die Eifarbe und -zeichnung über einen geschlechtsgebundenen Genkomplex vererbt wird und die Töchter durch Prägung einen bestimmten zum Eityp passenden Wirt lernen. Abweichungen können durch Chromosomenmutation, »Fehlprägung« oder mit Fehlen geeigneter Wirtsvogelnester erklärt werden.

Als **weitere Anpassungen** werden bei Kuckucken Eigröße (relativ kleine Eier bei Arten mit kleinen Singvögeln als Wirten), dicke Schale (hohe Druckfestigkeit) und besondere Porenstruktur (Schutz vor Wasserverlust bei längerem Liegen ohne Schutz) angesehen. Anpassungen der nesthockenden Jungen sind relativ rasche Entwicklung bis zum Schlüpfen (meist schneller als Wirtsvögel) und Verhaltensweisen, die Eier oder Junge des Nestbesitzers möglichst früh beseitigen. Viele Kuckucke werfen Eier und frisch geschlüpfte Junge auf dem Rükken aus dem Nest durch Hochstemmen; frisch geschlüpfte Honiganzeiger töten die Nestlinge mit ihrem scharfkantigen Hakenschnabel. Auffallend orangerote bzw. gelbe Rachenfarbe, durchdringende Bettellaute und intensives Sperren (vgl. Kap. 15.3.3) veranlassen z. B. kleine Singvögel, den viel größeren Jungkukkuck noch lange über die normale Fütterungsperiode ihrer eigenen Jungen mit Nahrung zu versorgen (Abb. 17.9). Bei Brutparasiten, deren Jungen zusammen mit den Wirtsvogeljungen aufgezogen werden, ist Tendenz zur Mimikry erkennbar, unabhängig von systematischer Zugehörigkeit. Sie ist am extremsten bei den Witwen ausgeprägt, aber auch bei denjenigen Kuckucken erkennbar, die Wirtsvogeljunge nicht beseitigen.

17.4 Zeit und Ablauf der Fortpflanzung

Ein adaptives Zeitprogramm für die Fortpflanzung ist erforderlich, um in einer Umgebung mit jahreszeitlichen Unterschieden eine für die hohen Investitionen in die Nachkommenschaft möglichst günstige Periode mit einem Maximum an Überlebenswahrscheinlichkeit für Individuen und ihre Nachkommenschaft zu sichern. Dabei steht aber die Fortpflanzung mit anderen besonders energieaufwendigen Abschnitten des Vogellebens in Konkurrenz, wie Mauser und Zug. Eine zeitliche Trennung dieser Vorgänge sorgt für eine Verteilung der Lasten, bedeutet aber für die Fortpflanzung eine mehr oder minder enge zeitliche Begrenzung.

17.4.1 Fortpflanzungszyklus und Brutsaison

Der Fortpflanzungszyklus eines Vogels umfaßt im Maximalfall folgende Phasen: Revierbesetzung – Balz – Paarbildung – Nestbau – Eiablage – Bebrütung des Geleges – Aufzucht der Jungen – Betreuung der Jungen nach Verlassen des Nestes. Je nach Eintritt der Geschlechtsreife, Struktur von Fortpflanzungssystemen (s. Kap. 17.3), Art und Umfang der Brutpflege bzw. Entwicklungstyps der Jungen können einzelne Abschnitte mehr oder minder ausfallen, verkürzt oder besonders ausgedehnt, miteinander verschränkt oder auch durch längere Unterbrechungen voneinander getrennt sein. Balz und Paarbildung können sich auch außerhalb des Brutgebiets oder der Brutreviere vollziehen, so daß die Reihenfolge zu Beginn anders abläuft (vgl. Abb. 17.10). Einzelne Vorgänge, wie z. B. die Produktion eines Geleges, werden mitunter innerhalb eines Fortpflanzungszyklus wiederholt. Damit läßt sich innerhalb einer Abfolge der eigentliche **Brutzyklus** gesondert unterscheiden, mit dem man eine Aufzuchteinheit von Balz bis zum Selbständigwerden der Jungen eingrenzt. Bei manchen Arten laufen also dann mehrere Brutzyklen innerhalb eines Fortpflanzungszyklus ab. Die beiden Begriffe werden aber oft auch synonym gebraucht, zumal bei polygamen Partnerschaftssystemen (s. Kap. 17.3.1) klare Abgrenzungen ohnehin kaum möglich sind. Als höchste Zahl sukzessiver Bruten in einem Fortpflanzungsabschnitt sind für freilebende Vögel bisher 7 (davon allerdings nur 6 bzw. 5 erfolgreiche, Türkentaube, Palmtaube) und 5 (Kapsperling, Amsel) nachgewiesen. Selbst 4 Bruten sind noch selten (z. B. Amsel, Haussperling, Siedelweber, Senegalamarant).

Als **Brutsaison** (Brutzeit) bezeichnet man den Abschnitt eines Jahres, in dem in einem Gebiet bei einer oder allen ansässigen Arten die Stadien der Revierbesetzung bzw. Paarbildung bis zur Beendigung der Jungenaufzucht durchlaufen werden. Der Begriff kann sich also auf ein Individuum, eine Population oder auf

Abb. 17.9. Teichrohrsänger füttert jungen Kuckuck, der bereits das Nest verlassen hat (nach Fotos).

eine geographische Einheit beziehen. Da die Anfangsstadien eines Fortpflanzungszyklus – nicht nur bei Arten mit Dauerpaaren (s. Kap. 17.3.1) – von der eigentlichen Brutpflege auch zeitlich mehr oder minder lang getrennt sein können (Abb. 17.7), bezieht man sich bei der Brutsaison und ihrer Berechnung meist auf Mittelwerte der Ablage des ersten Eies einer Saison oder des Zeitpunktes der Vollständigkeit des Geleges, wobei man aus bekanntem Alter der Jungen zurückrechnen kann.

Bei den meisten Arten und Populationen läßt sich ein deutlicher **Jahreszyklus** der Brutzeiten erkennen, der zusammen mit Mauser und Zug in den Jahreszeitengang eingepaßt ist, besonders deutlich in Gebieten mit ausgeprägten thermischen oder durch Feuchtigkeitswechsel charakterisierten Jahreszeiten und damit verbunden zyklischem Nahrungsangebot. Regelmäßige zyklische Brutzeiten einer Population müssen aber nicht bedeuten, daß jedes fortpflanzungsfähige Individuum regelmäßig brü-

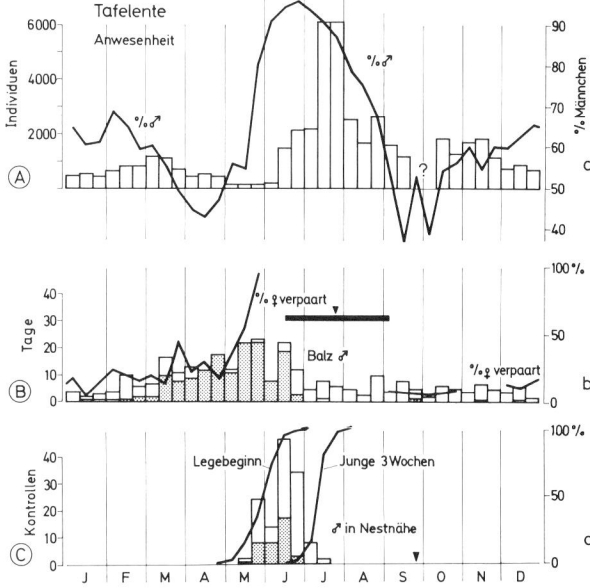

Abb. 17.10. Geschlechterverhältnis, sexuelle Aktivität der Männchen und Paarbildung bei Stock- und Tafelente (Oberbayern 1951–1965; Daten E. BEZZEL unveröff. und BEZZEL & v. KROSIGK 1971).
A. Mittlere Individuensumme (Säulen, Skala links) und Anteil der Männchen (Kurve, Skala rechts).
B. Sexuelle Aktivität der Männchen (Säulen, Skala links; Tage mit positiver Beobachtung dunkel, negative Tage weiß) und Anteil verpaarter Weibchen (Kurve, Skala rechts). Horizontaler schwarzer Balken: Großgefiedermauser der Männchen (Dreieck: Höhepunkt).
C. Männchen in der Nähe des brütenden Weibchens (Säulen, Skala links); anwesend dunkel, abwesend weiß und Summenkurve des Legebeginns bzw. des Auftretens dreiwöchiger Jungvögel. Dreieck: Zeitpunkt, an dem die Hälfte der jungführenden Weibchen die Großgefiedermauser beendet haben müßte.

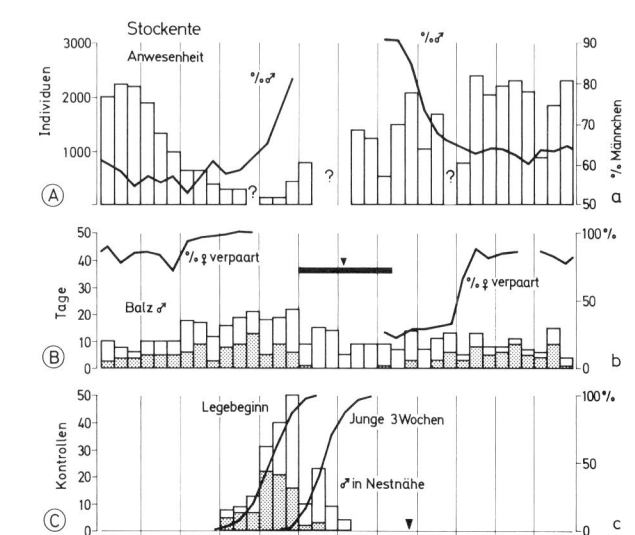

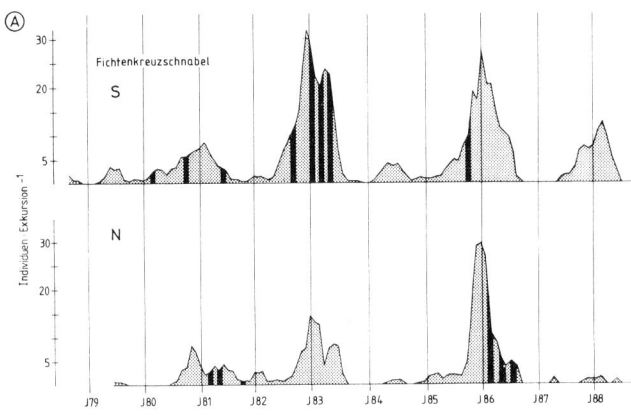

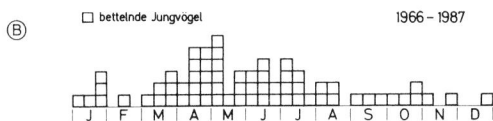

Abb. 17.11. Brutzeiten des Fichten-kreuzschnabels am Nordalpenrand (E. BEZZEL orig.).
A. Bestand (Kurve gerastert) und Monate mit bettelnden frischflüggen Jungen (schwarze Säulen). N Nordhang; S Südhang; J 80 usw.: Januar 1980 usw.
B. Summe der Monatsdrittel 1966–1987 (Dauerbeobachtung) mit futterbettelnden frischflüggen Jungen auf einer Fläche von ca. 5 ha (810 m NN, Südhang).

tet. Besonders bei Arten mit langer mittlerer individueller Lebensdauer, wie z. B. großen Accipitriformes, wird nicht selten ein Jahr mit der Brut ausgesetzt, mitunter (z. B. Mäuse- und Rauhfußbussard, aber auch einige Eulen) in deutlichem Zusammenhang mit mehrjährigen zyklischen Fluktuationen der Nahrung (z. B. Kleinnager). Bei Schwimmvögeln kann ein Teil der in manchen Populationen regelmäßig zu beobachtenden Nichtbrüter auf Nistplatzmangel zurückzuführen sein (z. B. Haubentaucher, Höckerschwan).

In Abhängigkeit von besonderen Ernährungsbedingungen kann es auch in höheren Breiten bei ausgeprägtem Brutzeitzyklus zu mehr oder minder starken **Abweichungen** von einem regelmäßigen Rhythmus kommen: Die Eiablage der Schleiereule (Hauptbeutetier Feldmaus) wurde in Mitteleuropa von Ende Februar bis August, ausnahmsweise bis September festgestellt (späte Bruten in günstigen Jahren sind Zweitbruten); Fichtenkreuzschnäbel (Hauptnahrung Koniferensamen) können selbst in einem kleinen Ausschnitt ihres Brutareals in jedem Monat des Jahres mit einer Brut beginnen (Abb. 17.11). Einige Meeresvögel und große Greifvögel, wie Abbott-Tölpel, Wanderalbatros, Prachtfregattvogel oder Kondor, benötigen mehr als ein Jahr für einen vollständigen Brutzyklus und können daher nur höchstens jedes zweite Jahr erfolgreich brüten. Beim Königsalbatros wechseln sich zwei Popu-

lationen alternierend Jahr für Jahr ab; ähnliches ist von den großen Nashornvögeln SW-Afrikas und vom Marabu bekannt. Beim Königspinguin beginnen Frühbrüter im November/Dezember zu legen. Da das Junge aber erst im folgenden Dezember selbständig wird, können die Weibchen nach zwischenzeitlicher Mauser erst wieder im Abstand von 14 Monaten, also im Januar/Februar legen und werden

Tab. 17.8. Individuelle Fortpflanzungszyklen mit einer Periodenlänge von weniger als 12 Monaten (): Maximum; *Nachweis indirekt.

Art	Perioden-länge	Ort
Schiefersturmtaucher	7–11 (9)	Galapagos
Gabelschwanzmöwe	9–10	Galapagos
Lavamöwe	9–12	Galapagos
Weißschwanz-Tropikvogel	5–10	Insel Ascension
Rotschnabel-Tropikvogel	9–12	Insel Ascension
Brauntölpel	8	Insel Ascension
Rußseeschwalbe	9.6	Insel Ascension
	7–11.5	Insel Ascension
Morgenammer	6*	Kolumbien
Rotflügeltimalie	9*	Sarawak
Weißkehl-Spinnenjäger	9*	Sarawak

damit Spätbrüter. Das Junge dieser Brut wird erst im März des übernächsten Jahres selbständig; für die Altvögel wird es aber dann für eine Eiablage zu spät, so daß die dritte Brutsaison ausfällt. Sie legen erst wieder im November/ Dezember der vierten Saison, können also in drei Brutperioden nur zwei Junge großziehen.

Andererseits absolvieren manche tropische Seevögel Brut und Mauser in weniger als 12 Monaten und beginnen daher in kürzeren Zyklen wieder mit einer Brut (Tab. 17.8). Bei Landvögeln scheinen auch in wärmeren Klimaten nichtannuale Zyklen relativ selten zu sein; möglicherweise aber fehlen auch individuell gesicherte Nachweise (Tab. 17.8). Vor allem im Bereich tropischer Regenwälder oder Inseln leben viele Arten, die das ganze Jahr über brüten. Das offensichtliche Fehlen einer distinkten Brutsaison gilt aber nur für Populationen oder Artbestände, nicht für Individuen. Unter Freilandbedingungen ist bisher noch bei keinem Individuum eine Fortpflanzungsperiode von 12 Monaten Dauer festgestellt worden. 9 Monate wurden für den Senegalamarant in Westafrika nachgewiesen.

Opportunistisches Brüten in unregelmäßigen Intervallen zu verschiedenen Jahreszeiten ist vor allem für Brutvögel des ariden Inneren von Australien und weniger ausgeprägt in den trockensten Teilen SW-Afrikas charakteristisch. Unregelmäßige Regenfälle schaffen hier günstige Voraussetzungen für eine erfolgreiche Brut; sie werden unabhängig von der Jahreszeit genutzt.

17.4.2 Zeitliche Variationen der Brutsaison

Da die Fortpflanzung sehr stark von Umweltbedingungen abhängig ist, kann man auch bei zyklischen bzw. mehr oder minder auf einen bestimmten Zeitabschnitt begrenzten Brutzeiten in verschiedensten Zusammenhängen eine große Variation in den Terminen und in der Länge erwarten, und zwar sowohl zwischen geographischen Regionen oder verschiedenen Habitaten als auch zwischen verschiedenen Arten eines Habitats, Individuen einer Population und bei Arten mit später Geschlechtsreife auch im Laufe eines individuellen Lebens.

In den Mittelbreiten auf der Süd- und Nordhalbkugel fällt der **Legebeginn** in der Regel in das Frühjahr, die Periode der Jungenaufzucht in den Spätfrühling oder Frühsommer. Ausnahmen sind Arten mit sehr gering ausgeprägter saisonaler Periodik (z. B. Schleiereule, Kreuzschnäbel; s. Abb. 17.8), die sich durch die Besonderheiten des Nahrungsangebotes erklären lassen. Ebenfalls nahrungsbedingt wird z. B. die späte Brutzeit von Schiefer- und Eleonorenfalke im Süden der Mittelbreiten erklärt (Hauptbrutzeit Spätsommer, Hauptnahrung ziehende Kleinvögel) und der frühe Brutbeginn z. B. bei Steinadler, Kolkrabe oder Uhu im Vorfrühling bei Schneelage (Angebot an Aas und geschwächten Beutetieren im Nachwinter). Allerdings spielt bei Frühbrütern auch lange Brut- und Aufzuchtphase eine entscheidende Rolle. Früher Brutbeginn muß sicherstellen, daß die Jungen noch rechtzeitig vor Eintritt

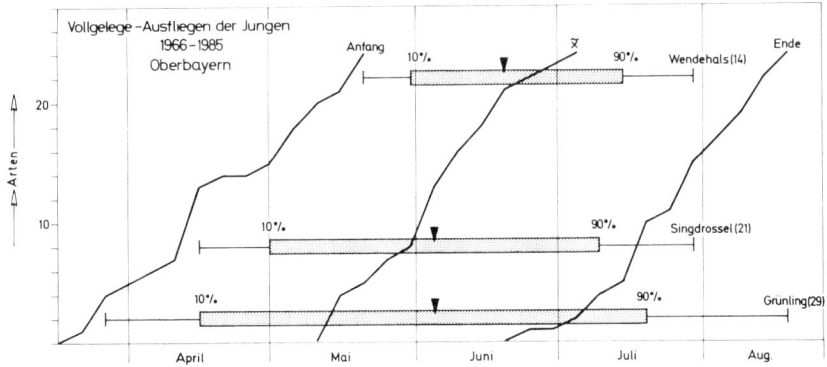

Abb. 17.12. Brutzeiten von 24 Arten auf einer Kleinfläche (5 ha, 810 m NN, Nordalpenrand): Pentaden mit Vollgelegen und Jungen im Nest aus 20 Jahren (E. Bezzel orig.)
Summenkurven der Extremwerte (Anfang–Ende) und der Mediane. Eingezeichnet Variationsbreite (Gerade), Dezile (10 %- bzw. 90 %-Marke, Balken gerastert) und Mediane (Dreieck) für Grünling (Standvogel, bis 3 Jahresbruten), Singdrossel (Kurzstreckenzieher, 1–2 Jahresbruten) und Wendehals (Langstreckenzieher, 1 Jahresbrut). In Klammern Dauer der Brutzeit in Pentaden.

erschwerter Nahrungsbedingungen und/oder Abzugstermine selbständig werden. Spät ankommende Fernzieher haben natürlich auch späte Brutzeiten. Bei ihnen ist die Brutsaison innerhalb einer Population kürzer als bei Standvögeln oder Kurzstreckenziehern (Abb. 17.12).

Die **Länge der Brutsaison** wird nicht nur durch die Dauer eines Brutzyklus bestimmt, sondern auch durch die Anzahl der aufeinander folgenden Bruten, durch Ersatzbruten bei vorzeitigem Brutverlust oder dem Grad der Synchronisation des Legebeginns der Angehörigen einer Population. Lange Brutsaison mit der Möglichkeit, mehrere Bruten hintereinander zu zeitigen, erhöht die Reproduktionsrate pro Jahr. Andererseits bindet Brutpflege die Altvögel an einen Platz und macht sie möglicherweise anfälliger gegenüber Beutefeinden als zu anderen Jahreszeiten. Mehrere Bruten bedeuten ferner höhere Investition an Energie und verschieben die Zeit der Mauser und des Aufbaus von Reservefett für den Zug nach hinten. Aus verschiedenen Gründen verringert also eine weitere Brut die Überlebenswahrscheinlichkeit der Altvögel für folgende Fortpflanzungsperioden. Mehrfachbruten in einer Saison sind also grundsätzlich nur dann zu erwarten, wenn der Gewinn (Zahl der bis zur Geschlechtsreife überlebenden Jungen) die verringerte Überlebenswahrscheinlichkeit der adulten Individuen übersteigt.

Viele kleine bis mittelgroße Singvogelarten nützen vor allem in milderen Klimaten und günstigen Habitaten die Möglichkeit, nach Abschluß einer erfolgreichen Erstbrut eine **zweite** oder sogar **dritte Brut** zu zeitigen. Allerdings ist häufig die Zahl der **Folgegelege** geringer als jene der Erstgelege (Abb. 17.13). Nicht alle Individuen einer Population beginnen also mehr als eine Jahresbrut. Mitunter überlappen sich aufeinander folgende Bruten zeitlich: Während das Weibchen bereits wieder legt oder ein neues Gelege bebrütet, kümmert sich das Männchen noch um die Jungen der vorhergehenden Brut. Solche **Schachtelbruten** sind bei manchen Helfersystemen (vgl. Kap. 17.3.2) nicht selten und kommen z. B. auch bei Stadtamseln relativ häufig vor. Anders gelagert sind die Fälle bei multiplen Bruten, die auf Formen der Polygamie zurückgehen (vgl. Kap. 17.3.1).

Von Folgebruten sind **Ersatzbruten** (»Nachgelege«) zu unterscheiden, die nach vorzeitigem Verlust einer Brut begonnen werden. Sie kommen auch regelmäßig bei Singvogelarten

vor, die normalerweise nur eine Jahresbrut absolvieren. Ganz allgemein sollte eine Ersatzbrut um so eher und häufiger begonnen werden, je weniger weit die Brutzeit fortgeschritten ist und auf je früherem Stadium eines Brutzyklus der Verlust eintritt. Da vor allem am Beginn eines Zyklus (Investitionen noch relativ gering) die Neigung meist noch groß ist, intakte Gelege bei Störungen, Veränderungen der Umgebung, Witterungsrückschlägen usw. zu verlassen, sind Ersatzgelege in der ersten Hälfte der Brutzeit bei vielen Arten besonders häufig. Aber auch für Zweit- und Drittbruten können Ersatzgelege gezeitigt werden.

Bei großen Singvögeln (Rabenvögel) oder Arten mit besonders langer Betreuungsphase der Jungen (z. B. Würger) und generell bei Nicht-Singvögeln sind mehrere Jahresbruten

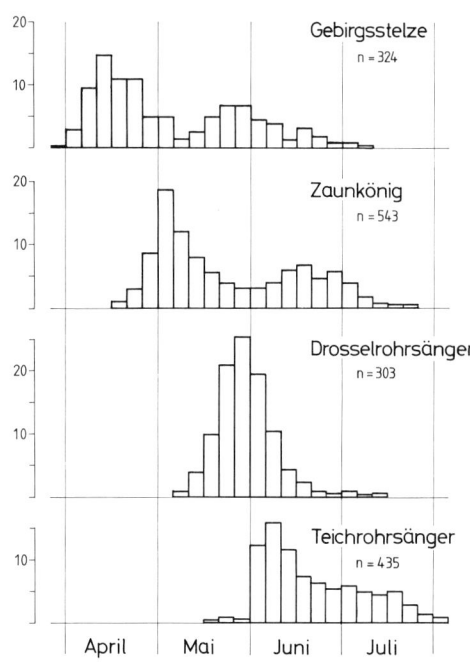

Abb. 17.13. Verteilung der Legebeginne in Lokalpopulationen einiger insektivorer Singvögel in Süddeutschland (Pentaden). Gebirgsstelze: Baden-Württemberg; Standvogel bzw. Teilzieher mit frühem Brutbeginn am offenen Wasser und Zweitbruten. Zaunkönig: Baden-Württemberg; Teilzieher mit Brutbeginn in Abhängigkeit vom Stand der Vegetation und Zweitbruten. Drossel- und Teichrohrsänger: Nordbayern, identische Untersuchungsfläche; Langstreckenzieher mit Ersatzgelegen, bei Teichrohrsänger möglicherweise auch einzelne Zweitbruten (Daten nach BEIER 1981, DALLMANN 1987, SCHMID & JAICH 1988).

weniger weit verbreitet (Tab. 17.9), schon allein deshalb, weil Zunahme der Körpergröße längere Brutzyklen bedingt (vgl. Kap. 18.2). Einige der Ausnahmen erklären sich durch die jahreszeitliche Verteilung des Nahrungsangebotes (z. B. Schleiereule). Bei den Tauben macht die Kropfmilch die Fütterung der Jungen von einem speziell für die Jungenaufzucht geeignetem Nahrungsangebot weitgehend unabhängig. Beim Eisvogel gestattet die hohe Reproduktionsrate einen relativ raschen Ausgleich der unter mitteleuropäischen Verhältnissen von Zeit zu Zeit eintretenden extrem hohen

Tab. 17.9. In Mitteleuropa brütende Nicht-Singvögel, bei denen mehr als eine Jahresbrut nachgewiesen wurde.
1: Zahl der in Freiheit nachgewiesenen erfolgreichen Jahresbruten, () ausnahmsweise oder selten; 2: Höchstzahl der in Freiheit nachgewiesenen Gelegebeginne (erfolgreiche Bruten + Ersatzgelege); 3: Höchstzahl in Gefangenschaft nachgewiesener erfolgreicher Jahresbruten; 4: Verschachtelung nachgewiesen.

	1	2	3	4
Zwergtaucher	1–2 (3)	4		+
Haubentaucher	1–2 (3)	4		+
Rothalstaucher	1 (2)			
Schwarzhalstaucher	1 (2?)			
Zwergdommel	1 (2)			+
Nachtreiher	1 (2)			
Graureiher	1 (2)			
Wachtel	1 (2?)		2	
Wasserralle	1–2	4		
Tüpfelsumpfhuhn	?	3		
Kleines Sumpfhuhn	1– (2)			
Zwergsumpfhuhn	1 (2)			
Teichhuhn	1–2 (3)	5		+
Bläßhuhn	1 (2)	5		+
Triel	1 (2)			
Sandregenpfeifer	1–2	5		+
Flußregenpfeifer	1 (2)	4		+
Seeregenpfeifer	1 (2)	3		+
Waldschnepfe	1–2			
Hohltaube	2–3 (4)	5	6	+
Ringeltaube	2 (3)	8	6	+
Türkentaube	2–4 (5,6)	8		+
Turteltaube	1–2			
Schleiereule	1–2	3		+
Sumpfohreule	1 (2)			
Rauhfußkauz	1 (2)	3		+
Ziegenmelker	1 (2)			+
Eisvogel	2 (3,4)	4		+
Wiedehopf	1 (2)			
Wendehals	1 (2)	3		+

Winterverluste. Schachtelbruten sind bei manchen Arten nicht außergewöhnlich, beim Teichhuhn unter Beteiligung der Jungen der vorangegangenen Brut sogar häufig. Ersatzbruten bei Gelegeverlust sind vor allem bei bodenbrütenden Nestflüchtern mit großen Gelegen zumindest zu Beginn der Brutsaison die Regel (z. B. Enten, Hühner).

Legebeginn, **Synchronisation** der Bruten oder Zahl der Bruten pro Saison können sowohl innerhalb lokaler **Populationen,** als auch zwischen verschiedenen Habitaten einer Region und zwischen verschiedenen geographischen Einheiten variieren. In vergleichbaren Datensätzen schwankt das Ende der Brutzeit stärker als der Beginn. Im allgemeinen geht Verzögerung des Legebeginns, Zunahme der Synchronisation innerhalb einer Population und Reduktion der Zahl der Jahresbruten und damit Verkürzung der Brutsaison mit zunehmender Breite, Kontinentalität des Klimas und Meereshöhe parallel. In hohen Breiten und in der Subalpin- und Alpinstufe der Hochgebirge sind die Brutzeiten am kürzesten und nicht nur innerhalb einer Art, sondern auch zwischen den Arten stärker synchronisiert. Unter extremen Bedingungen ist hier das Brutgeschäft ein Wettlauf mit der Zeit, der nur gewonnen werden kann, wenn die Eier bereits unter nachwinterlichen Bedingungen bebrütet werden.

Arktische Gänse müssen z. B. dabei auf Körperreserven zurückgreifen können; später Frühjahrsbeginn führt in der Regel zu Totalverlusten oder Brutausfall. Weitere Anpassungen sind rasche Entwicklung der Jungen oder vorzeitiges Verlassen der Nestflüchter (z. B. Regenpfeifer, Schnepfen) oder/und Überlappung der postnuptialen Mauser mit der Brutzeit bzw. Abwicklung der Mauser auf Raststationen des Wegzuges. Ersatzgelege oder Zweitbruten kommen hier nicht vor. Reduktion der Zahl der Jahresbruten ist auch breiten- oder bei klimatischen Ost-West-Gradienten längenparallel festzustellen. So liegt z. B. die Häufigkeit von Zweitbruten der Mehlschwalbe im langjährigen Mittel in Schottland bei 87 %, im Rheinland bei 76 % und in Oberschwaben bei 68 %, bei der Rauchschwalbe in Mittel- und Westeuropa zwischen 60 und 90 %, in Nordfinnland nur noch bei 6 %.

Unterschiede ergeben sich auch zwischen Habitaten einer geographischen Region. Bei Amseln können mittlere Legebeginne von Lokalpopulationen in unmittelbarer Nachbarschaft z. B. 7 bis 13 Tage auseinanderliegen. In südwestdeutschen Populationen der Kohlmeise betrug der Anteil an Zweitbruten im Laubwald 10 bis 12 %, im Nadelwald bis 39 %. Erhebliche Variationen in Legebeginn und Zahl der Bruten können auch zwischen unterschiedlichen Jahren zu beobachten sein. Innerhalb einer Population und Saison ergeben sich individuelle Unterschiede, z. B. nach Lebensalter. Erstbrüter beginnen meist später zu legen als ältere Individuen. Dabei kann auch die Qualität eines Brutreviers eine Rolle spielen. Bei der Mehlschwalbe sind z. B. Zweitbruten bei einjährigen seltener als bei 2–4jährigen Weibchen. Viele dieser Unterschiede gehen auch mehr oder minder parallel mit Variationen der Gelegegröße (vgl. Kap. 17.6.3).

In den **Tropen** sind **Brutzeiten** zwischen ökologischen Gruppen oft viel stärker voneinander getrennt als in den höheren Breiten. Auch geographische Unterschiede sind größer. So lassen sich weniger klar allgemeine Regeln erkennen. Von den Mittelbreiten zu den Subtropen läßt sich generell zunehmend früherer Brutbeginn und eine größere Zahl von der normalen Saison abweichender Bruten feststellen; Herbstbruten sind also häufiger als weiter nördlich. Die Abhängigkeit von Regenzeiten wird äquatorwärts deutlich, wobei eine Vielfalt an Mustern der Abhängigkeit von Art und Umfang der Regenzeiten bekannt ist. In Gebieten mit jährlich zwei Trocken- und zwei Regenperioden lassen sich auch zwei distinkte Brutzeiten innerhalb einer Art feststellen, ähnlich bei manchen Seevögeln wärmerer Meere (z. B. Weißkopflachmöwe, Elsterscharbe). Solche Muster kommen entweder durch Beteiligung zweier verschiedener Populationen oder durch Doppelbruten derselben Individuen zustande.

Das **Ende der Brutsaison** wird normalerweise durch die Auflösung der Familie markiert. Dieser Zeitpunkt ist bei vielen Arten nur sehr ungenau festzulegen und reicht bei anderen weit in die Zugperiode oder die Überwinterung (vgl. Kap. 17.6.2).

17.4.3 Anpassung und Kontrolle des Zeitablaufes

Die Brutsaison sollte zwar in die für die Reproduktion günstigste Zeit fallen, doch wird ihre Lage und Länge auch durch die Optimierung der zeitlichen Einpassung anderer Vorgänge, vor allem Mauser und Zug, beeinflußt. Hinweise deuten für einige Arten bzw. Populationen an, daß die Brutzeit auch durch Zwischenwanderungen zweigeteilt und dadurch verlängert werden kann. So sollen Wachteln nach einer frühen Brut im Süden ihres Areals nach einem Zwischenzug noch eine zweite Brut weiter im Norden durchführen. Zwei Bruten an verschiedenen Orten sind auch für manche Populationen des Birkenzeisigs denkbar und vor allem für Kreuzschnäbel (vgl. Abb. 17.8); in den Tropen ist ähnliches Verhalten in Abhängigkeit von Regenzeiten für den Blutschnabelweber wahrscheinlich und sicher auch für andere Arten (z. B. Beutelmeise). Ein Ausfall des Zuges zugunsten der Brut tritt gelegentlich bei manchen Individuen von Langstreckenziehern ein (z. B. Bruten des Weißstorchs in Südafrika).

Faktoren, die eine **Evolution der günstigsten Brutzeit** steuern, kann man als mittelbare Faktoren (ultimate factors) den unmittelbaren Faktoren (proximate factors) gegenüberstellen, die als aktuelle Signale wirken und den Organismus direkt beeinflussen, mit der Fortpflanzung zu beginnen. Mittelbare Faktoren wirken dagegen indirekt über die Generationenfolge: Individuen, die zu früh oder zu spät brüten, werden weniger fortpflanzungsfähige Nachkommen hinterlassen als solche, die das Optimum nutzen. Die für Bruten an ungünstigen Terminen verantwortlichen Erbfaktoren werden also allmählich aus der Population verschwinden. Daß der Legetermin genetisch kontrolliert und damit für die Evolution »greifbar« ist, wurde u. a. an der Kohlmeise nachgewiesen. Änderungen der Legezeit von Populationen in Anpassung an Habitatveränderungen (z. B. bei Wiesenbrütern an veränderte Bewirtschaftungsformen) wurde innerhalb von Jahrzehnten beobachtet. Ganz allgemein muß die Anpassung der Brutzeiten für Vögel der heutigen nördlichen gemäßigten Zone nach der letzten Eiszeit bei sich ändernden Habitaten in verhältnismäßig kurzen Zeiträumen vor sich gegangen sein.

1. Mittelbare Faktoren: Die wichtigsten mittelbaren Faktoren betreffen die Verfügbarkeit geeigneter Nahrung. Bei vielen Arten ist nachgewiesen, daß zu unterschiedlichen Zeiten innerhalb einer Brutsaison nicht nur die Zahl der Jungen pro Brut variiert, sondern auch deren Mortalität bis zur Fortpflanzungsreife. Da diese Erscheinungen häufig mit unterschiedlichem Gewicht der Jungen auf vergleichbaren Entwicklungsstadien korreliert sind, kann das Nahrungsangebot für die Jungen als wichtiger mittelbarer Faktor gelten. Die Brutzeiten der Arten bzw. Populationen sind also auf **optimale Ernährung der Jungen** ausgerichtet.

Dabei sind verschiedene Aspekte zu berücksichtigen, denn nicht nur Menge und Qualität der Nahrung für die Jungenaufzucht durch die Altvögel kann entscheidend sein, sondern z. B. auch günstige Erreichbarkeit der Nahrung für die Jungen in der Phase des Selbständigwerdens und unmittelbar danach. Damit ist also nicht nur die größte Nahrungsmenge, sondern auch die leichteste Erreichbarkeit von Bedeutung.

Für Insektenfresser kann der Zeitpunkt entscheidend sein, an dem vorübergehend ausreichend Raupen und andere Larvenstadien zur Jungenernährung zur Verfügung stehen. Da dieser Zeitpunkt oft relativ früh liegt und zudem der optimale Zeitabschnitt nur kurz ist, erklären sich damit viele frühe Bruttermine von Insektenfressern lange vor dem Maximum des Auftretens von Insektenimagines in höheren Breiten.

Eine andere Situation bietet sich für Luftjäger, wie Segler und Schwalben, die noch relativ spät im Sommer erfolgreich Junge mit ausreichender Vitalität großziehen können.

Unterschiedliche Brutzeiten samenverzehrender Arten in einem Gebiet erklären sich ebenfalls häufig mit den Reifezeiten bevorzugter Nahrungspflanzen.

Fischjäger in wechselfeuchten warmen Gebieten sind in ihren Brutzeiten an das klare und niedrige Wasser der Flüsse in den Trockenzeiten angepaßt, das die Jagd erleichtert.

Vogeljäger zeigen Anpassungen an das Angebot leichter zu erbeutender Jungvögel während des Flüggewerdens ihrer Jungen, Kleinsäugerjäger dagegen an den Stand der Vegetation, die den Jagderfolg entscheidend beeinflussen kann. Allgemein sind Brutzeiten von Nahrungsspezialisten enger synchronisiert als von Nahrungsgeneralisten.

Nahrung kann aber auch über die **Weibchen** als mittelbarer Faktor wirken. Um die günstigste Wachstumsphase der Jungen bei optimalem Nahrungsangebot zu erreichen, muß die Eiablage mitunter beträchtliche Zeit vorher stattfinden. Bei saisonal begrenztem Nahrungsangebot kann diese Notwendigkeit in eine Zeit fallen, in der die Weibchen Schwierigkeiten haben, die für die Gelegeproduktion nötige Zusatzenergie zu gewinnen. Fütterung des Weibchens durch das Männchen (oft auch als »Balzfüttern« bezeichnet, z. B. bei Kohl- oder Blaumeise) deuten an, daß das Weibchen allein nicht die nötige Nahrungsmenge erbeuten kann. Zufüttern bei Kohlmeisen hat zu früherem Legebeginn im Vergleich zu nicht gefütterten Paaren geführt. Andererseits mag nicht nur das zu Beginn der optimalen Brutzeit schmale Nahrungsangebot den Legebeginn mitbestimmen, sondern auch die Tatsache, daß die für die Produktion von großen bzw. schweren Gelegen nötigen Körperreserven aus flugtechnischen Gründen nicht angelegt werden können. Die Anlage von Körperfett zur Eiproduktion vor der Brutzeit ist z. B. bei den Weibchen der arktischen Schneegans nachgewiesen.

Ein weiterer mittelbarer Faktor der Brutzeitbestimmung liegt im **Schutz vor Verlusten**. Erdhöhlenbrüter in Uferböschungen von Flüssen (z. B. Bienenfresser, Schwalben, Eisvögel) brüten in den Tropen nicht zu den Höhepunkten der Regenzeit und vermeiden so Überflutung der Nestkammern. Für viele gras-, gebüsch- und schilfbrütende Vögel ist ein gewisser Entwicklungsstand der Vegetation Voraussetzung für gute Nestdeckung und Verringerung von Verlusten durch Beutefeinde. Vor allem bei koloniebrütenden Arten kann hohe Synchronisation der Gelege die Verluste durch Nesträuber reduzieren; Gelege außerhalb des Legegipfels erleiden höhere Verluste (Vor- und Nachteile des Koloniebrütens vgl. Kap. 19.2.1).

2. Unmittelbare Faktoren: Da die meisten der mittelbaren Faktoren nicht am Anfang des Brutzyklus wirksam werden, bedarf es unmittelbarer Faktoren, die z. B. den Beginn der Eiablage bereits bei suboptimalen Bedingungen veranlassen. Sie wirken gewissermaßen als Zeitgeber für endogene freilaufende circannuale Rhythmen (vgl. Kap. 20.4.2), die z. B. die Reifung der Gonaden auch unter konstanten Bedingungen regeln.

Die **Photoperiode** (periodischer Hell-Dunkel-Wechsel) spielt zumindest bei Brutvögeln mittlerer und höherer Breiten als der am regelmäßigsten ablaufende Umweltfaktor die wichtigste Rolle als Zeitgeber für das Einsetzen der Fortpflanzungsperiode (Tab. 20.11). Hier ist der Wechsel der Tageslänge auch sehr eng korreliert mit einem saisonalen Wechsel des Nahrungsangebotes. In den Tropen ist dagegen der Wechsel der Tageslänge nicht nur weniger auffällig, sondern auch keineswegs zuverlässig mit anderen für das Brutgeschäft wichtigen Änderungen der Umwelt verbunden. Doch auch hier gibt es konstante Brutzeiten und im Experiment positive Reaktion einiger Arten auf die Photoperiode als Zeitgeber. Allerdings ist damit noch lange nicht bewiesen, daß die Photoperiode bei tropischen Vögeln auch unter natürlichen Bedingungen eine Rolle bei der Festlegung der Eiablage spielt.

Als weiterer unmittelbarer Faktor kommt die **Lufttemperatur** in Frage. Jährliche Schwankungen im Legebeginn korrelierten mit der Lufttemperatur in der fraglichen Zeit lassen sich bei vielen Arten mittlerer und höherer Breiten nachweisen. Allerdings ist nicht klar, welche Mechanismen letztlich wirken, denn auch verbessertes Nahrungsangebot (z. B. Insekten) oder der Stand der Vegetation können als Folge höherer Frühjahrstemperaturen eine Entscheidung zu früherem Legebeginn herbeiführen.

Für Trockengebiete oder wechselfeuchte Zonen warmer Klimate spielen **Regenfälle** eine wichtige Rolle, z. T. wohl auch über das Sprießen der Vegetation. Beim Blutschnabelweber stimuliert der Anblick von grünem Gras oder auch der Regen allein Nestbau. In Inneraustralien sind nach längerer Trockenperiode beim Schwarzgesicht-Schwalbenstar Balz innerhalb von Minuten und Kopulationen zwei Stunden nach den ersten Regenfällen beobachtet worden.

Nahrungsangebot kann auch als unmittelbarer Faktor wirken (s. o.). Beim Rotschulterstärling konnte dadurch experimentell die Legezeit bis zu 3 Wochen vorverlegt werden. Ebenso kann die Anwesenheit eines Partners, z. B. des singenden oder balzenden Männchens, entscheidend sein. Hiermit in Zusammenhang steht der experimentelle Befund, daß Photostimulation zwar die volle Entwicklung der Gonaden beim Männchen, jedoch nur eine Teilentwicklung beim Weibchen bewirkt und das Weibchen erst mit einem Männchen zusammen sein muß, um zur Ovulation zu kommen. Vor allem bei Koloniebrütern spielt die **Gruppenstimulation** eine Rolle, die zu hoher Synchronisation der Individuen führen kann. Zwischen verschiedenen Kolonien eines Gebietes kann der Legebeginn variieren und Individuen, die einzeln und/oder nur am Rande von Kolonien und/oder in kleinen Verbänden brüten, legen später. Balz oder Nestbau eines Paares einer Gruppe kann unmittelbar weitere Paare stimulieren (Fraser-Darling-Effekt). Interspezifische Stimulation spielt natürlich vor allem bei Brutparasiten (s. Kap. 17.3.3) eine wichtige Rolle,

aber z. B. auch in gemischten Seevogelkolonien. Vielfach wird aber solchen Faktoren nur die Rolle von Hilfsfaktoren zugesprochen.

17.5 Nest und Nestbau

Herkömmlicherweise bezeichnet man als Nest ein Gebilde, in das Eier abgelegt werden und dort bis zum Schlüpfen der Jungen bleiben. Da manche Arten kein Nest bauen und/oder vorhandene Strukturen zur Eiablage und Bebrütung benutzen, ist diese Definition zu präzisieren und zu erweitern.

Als **Nest** kann man eine vom Vogel errichtete oder in das Substrat gegrabene oder auch schon vorhandene Struktur, aber auch einfach eine Stelle ansehen, an der Eier abgelegt werden und die Eizelle ihre Entwicklung bis zum geschlüpften Jungen durchmacht. Bei Nesthockern wird auch zumindest ein Teil der postembryonalen Entwicklung dort absolviert. Nur in wenigen Ausnahmefällen wird auf ein Nest selbst im Sinne dieser erweiterten Definition verzichtet. Kaiser- und Königspinguine halten das einzige Ei zwischen der Fußoberfläche und herabgezogener Bauchhaut; sie können so auch kleine Ortsbewegungen durchführen.

17.5.1 Funktion des Nestes

Das Nest kann durch Mitwirkung an der

1. Temperaturregulierung für Eier und nesthockende Junge wesentlich zur Brutpflege der Altvögel beitragen,
2. dem Schutz vor ungünstigen Umweltbedingungen und Beutefeinden dienen,
3. für die optimale Lage der Eier bei der Bebrütung sorgen und
4. bei der Stimulation der Fortpflanzung eine Rolle spielen.

Nicht selten bilden Nester die Voraussetzung für die Nutzung bestimmter Strukturen (z. B. steile Felswände, exponierte Baumteile, Wasseroberfläche), für die Besiedlung mancher Habitate und Areale und für die Anpassung der Brutzeiten an die für die Jungenentwicklung günstigsten Perioden (Legebeginn unter suboptimalen Bedingungen, vgl. Kap. 17.4). Art und Konstruktion des Nestes stehen häufig mit dem Neststandort, aber auch mit den Ansprüchen anderer Arten, die als tatsächliche oder potentielle Konkurrenten oder Nesträuber auftreten können, in Zusammenhang. Manchmal dient das Nest auch bereits selbständigen Jungen oder auch außerhalb der Fortpflanzungszeit Altvögeln als (5.) Schlafplatz. Sehr unterschiedlich hohe Investitionen in die Auswahl des Nestplatzes und in den Bau des Nestes von der Ablage der Eier auf die bloße, vom Vogel nicht bearbeitete Unterlage bis hin zu aufwendigem und z. B. bei Laubenvögeln so gut wie dauerndem Nestbau durch ein Geschlecht sind im Zusammenhang mit solchen Funktionen zu sehen, die letztlich als Gewinn die Evolution des Nestbauverhaltens im weitesten Sinne förderten.

1. Durch seine isolierende Wirkung kann das Nest Eier und nesthockende Junge vor Kälte, Hitze und Nässe schützen, also grundsätzlich einen wesentlichen Beitrag zur Erhaltung **konstanter Temperatur** (vorzugsweise 30 bis 35 °C) und **Luftfeuchtigkeit** leisten. Kälteschutz spielt in Gebieten und Zeiten mit niedriger Umgebungstemperatur eine entscheidende Rolle, auch auf kalten Substraten (z. B. Wasser). Bis über 20 °C Temperaturunterschied zwischen Umgebung und Nestinnenraum wurde z. B. beim Siedelweber ermittelt. Beim Textorweber wurde bei höheren Außentemperaturen kürzere Bebrütungszeit als bei niedrigeren festgestellt und kürzere bei besser isolierten Nestern. Besonders gute Isolierung bieten kugelförmige und bis auf ein Einflugloch geschlossene Nester, aber mitunter auch Bruthöhlen. Nestboden und Nestwand in Verbindung mit einer Innenauskleidung, deren Material sich deutlich von dem des Außenbaus unterscheidet, kommt bei nach oben offenen Schalennestern die Hauptaufgabe der Isolierung zu. Behandlung des Nestmaterials, vor allem der Innenauskleidung, in Anpassung an Umgebungstemperatur, Isolation usw. während eines Brutzyklus kommt bei vielen Arten vor (z. B. Kolkrabe, Rebhuhn), ebenso das Bedecken der Eier mit Nestmaterial bei Brutpausen (besonders effizient durch Dunen bei Enten). Unterschiedliche Wanddicke, Materialmenge und -art bei Nestern innerhalb einer Art in verschiedenen Habitaten (z. B. Amsel) oder Breiten bzw. Höhenstufen sind ebenso nachgewiesen wie zwischen Erst- und Zweitbruten, wenn letztere bei zunehmender Erwärmung der Umgebung gezeitigt werden. Auch innerhalb systematischer Gruppen ist Zunahme der Nestdicke und Tiefe der Nestmulde von Tiefland- zu Hoch-

landarten beschrieben (z. B. Kolibris). Insgesamt scheint aber der vergleichenden Untersuchung der Nestkonstruktion in Korrelation mit Gradienten der Nestumgebung noch relativ wenig Aufmerksamkeit gewidmet worden zu sein. Grundsätzlich gilt die Bedeutung der Isolation nicht nur für niedrige, sondern auch für sehr hohe Außentemperaturen, die ein letales Ansteigen der Temperaturen für Eier und Jungvögel bewirken könnten.

Neben der Nestkonstruktion unterstützt auch der Standort des Nestes oft die Temperaturregulierung. Anpassung der Nestexposition an vorherrschende Windrichtung und Regeneinfall oder Sonneneinstrahlung und deren Tagesgang sind sehr häufig zu beobachten, ebenso die Nutzung besonderer Strukturen als Schutz vor ungünstigen Einflüssen der Umgebung. Vielfach nützen also Neststandorte ein besonders günstiges Mikroklima aus. Nester mit geringer Wärmeisolation sind oft stärker der Sonne ausgesetzt als besser isolierte (z. B. Kernbeißer im Vergleich mit anderen Finkenvögeln im selben Biotop); Ausnützung günstiger Sonnenstrahlen ist ebenso wahrscheinlich (z. B. Schwanzmeise) wie die kühlender Luftströmungen (z. B. Kaktuszaunkönig). Auch saisonale Veränderung des Neststandortes (z. B. Zimtkolibri, Amsel) kann als Anpassung an günstiges Mikroklima verstanden werden.

Die Mitwirkung des Nestes an der Energiezufuhr während der Bebrütung und der frühen Phasen der postembryonalen Entwicklung kann als Beitrag zur Reduktion von Größe und Energiegehalt der Eier betrachtet werden, die eine Voraussetzung für die Evolution geringer Körpergrößen bei Vögeln war. Die damit verbundene Zunahme der Brutpflegeintensität fordert eine Erhöhung des Stoffwechsels der Altvögel, die wiederum durch gut isolierende Nester in vieler Hinsicht gemildert werden kann. Dabei ist nicht nur an eine generelle Verringerung der Energiezufuhr an Eier und Jungvögel während des Brütens und Huderns zu denken, sondern auch an die extreme Verkürzung der Zeit, die dem mit der Brutpflege beschäftigten Vogel für die eigene Nahrungsaufnahme zur Verfügung steht.

Für die beim Bebrüten der Eier auf eigene Körperwärme völlig verzichtenden Großfußhühner ist Neststandort und Nest von ganz besonderer Bedeutung. Die **Nutzung von Gärungswärme** (9 Arten, z. T. noch zusätzliche Nutzung von Sonnenwärme oder geothermischer Hitze) erfordert die Aufhäufung von Pflanzenmaterial, in das die Eier abgelegt werden, aber auch z. T. ständige Temperaturprüfung und in Anpassung an den Tagesgang der Sonneneinstrahlung bzw. Lufttemperatur Freilegen, vorübergehende Sandbedeckung der Eier sowie erneutes Aufhäufen von Pflanzenmaterial. Das Hammerhuhn nützt nur Sonnen- und geothermische Energie; die Eier werden bis zu 1 m im erwärmten Sand vergraben. Das Großfußhuhn zeigt unter den Arten der Familie die größte Variabilität, in dem es Gärungshügel, sonnenerwärmten Küstensand, vulkanisch erwärmte Böden, Kombinationen von Gärungs- und geothermischer Wärme, aber auch als Brutparasit Bruthügel anderer Arten nutzt.

2. **Verringerung der Verluste** während der Embryonal- und Postembryonalentwicklung, aber auch für die brutpflegenden Altvögel kommt eine besondere Bedeutung zu. Entsprechende Anpassungen in Form und Struktur von Nestern stehen meist in engem Zusammenhang mit dem Angebot an geeigneten Neststandorten und entsprechenden Verhaltensweisen der Altvögel und Jungen.

Versteck- und Tarnungsmöglichkeiten von Nest und Inhalt bietet dichte Vegetation, die daher bei einer Vielzahl von Arten als Neststandort genutzt wird. Gleichzeitig wird damit auch oft ein optimaler Schutz vor starken Niederschlägen und anderen ungünstigen Witterungsfaktoren erreicht. Bei offenstehenden Nestern spielt die Färbung und Zeichnung der Eier, aber auch des brütenden Altvogels (z. B. Triele, Enten, Hühnervögel) zusammen mit

Abb. 17.14. Nest und Gelege der Rotflügelbrachschwalbe (Foto E. Bezzel).

tarnendem Nestmaterial aus der Umgebung eine wichtige Rolle; häufig wird dadurch eine sehr gute optische Auflösung des Nestes und seines Inhaltes mit der unmittelbaren Umgebung erreicht (Abb. 17.14). Flache Bodenmulden unter weitgehendem Verzicht auf Auskleidung können demselben Zweck dienen (z. B. Nachtschwalben); bei Abwesenheit des brütenden Vogels wird mitunter das Gelege mit Nestmaterial zur Tarnung zugedeckt (z. B. Lappentaucher, Entenvögel). Das Bespritzen der Eier mit dünnflüssigem, übelriechendem Kot (manche Enten) wird als Abwehr olfaktorisch orientierter Nestfeinde gedeutet. Auch »Tarnen« von Baumnestern mit Flechten oder Rindenstückchen ist nicht selten (z. B. Rubinkehlkolibri, Australkleiber, Buchfink) und enge Verflechtung mit bzw. Nachahmung von pflanzlichen Strukturen (z. B. viele Nektarvögel).

Eier und Jungvögel werden besonders gut geschützt bei Höhlennestern (vor allem Erd-, Fels- und Baumhöhlen) und im Schutz von Nischen, vorspringenden Felskanten usw. Die Wahl oder der Bau von Höhlen mit Eingängen, die auf die Körpergröße des Beziehers zugeschnitten sind, kann größere Räuber und Konkurrenten, die bei Höhlenbrütern mitunter eine wichtige Rolle spielen, abhalten (Verkleinerung der Eingänge durch Zukleben bei Kleibern oder im Extrem bei Nashornvögeln). Ähnlichen Schutz gewähren fest kugelförmige oder zumindest Sichtschutz-überdachte Nester. Die Wahl schwer zugänglicher oder besonders geschützter Neststandorte ist weit verbreitet und kann Investitionen in den Nestbau vermindern (z. B. koloniebrütende Seevögel auf kleinen Inseln oder an Steilwänden), aber auch besondere Techniken erfordern (z. B. Nutzung von Ast- und Zweigspitzen durch Beutelmeise, Pirole oder viele Webervögel). Auch die Nachbarschaft von wehrhaften Insekten, wie stechende Hautflügler, Ameisen oder Termiten (z. B. Bayaweber, Heuglinweber, Ringelastrild), oder Greifvögeln (Kleinvögel als »Untermieter« in großen Nestern) und schließlich Gemeinschaftsbauten (z. B. Mönchssittich, Siedelweber) sind als Schutzstrategien zu deuten. Der Anschluß von Einzel- oder Koloniebrütern an dichtstehende Nestansammlungen anderer Arten ist häufig (z. B. Enten oder Schwarzhalstaucher in Kolonien von Möwen und Seeschwalben). Besondere Nestkonstruktionen, wie falsche Eingänge (Kapbeutelmeise), extrem lange Einflugröhre (z. B. Bayaweber) oder leere Vorkammer (Töpfervögel der Gattung *Furnarius*), stellen z. T. hohe Investitionen in den Nestbau dar, die offensichtlich Verluste verringern.

Unterschiedliche Mortalität in Abhängigkeit von Nestdeckung und -konstruktion wurde in vielen Einzelfällen nachgewiesen, doch ist vielfach der Schutz vor Witterung einsichtiger zu begründen als jener vor Räubern. Viele der auf den ersten Blick als Schutzvorkehrungen gegen Nesträuber gedeuteten Mechanismen erweisen sich bei experimentellen Ansätzen wesentlich komplexer und oft nicht ausschließlich oder vorrangig gegen Räuber gerichtet. Einige Befunde lassen vermuten, daß z. B. die Bedeutung der Nestdeckung jahreszeitlich variiert und vor allem in Zeiten mit geringer Nestdichte eine bedeutende Rolle spielt, während hohe Erfolgsaussichten zu Zeiten höchster Nestdichte die Suche für den Räuber trotz guter Deckung lohnend macht.

3. Untersuchungen im Brutschrank und Freilandbeobachtungen an vielen Arten ergeben, daß eine Erhöhung des Schlüpferfolges durch **Fixierung der Eier** in optimaler Lage bzw. Veränderung ihrer Position erreicht wird. Hierbei kann das Nest den brütenden Altvogel unterstützen, wenn die Mulde dem Gelege gut angepaßt ist. Viele große Gelege (z. B. Enten, Hühner, manche Singvögel) können dadurch wohl erst erfolgreich bebrütet werden. Nester verringern ferner Eiverluste durch Herausrollen. Für Nesthocker spielt das Nest eine ähnliche Rolle auch bei der Versorgung der Jungen mit Wärme und Nahrung durch die Altvögel.

4. Die Rolle des Nestplatzes, der Nestanfänge und des fertigen Nestes für die **Stimulation der Fortpflanzung** durch Zusammenführen und Bindung der Geschlechter sowie Synchronisation der Gonadenzyklen ist vielseitig. Experimentelle Befunde ergeben für Kanarienvögel die Bedeutung taktiler Reize von Nestmaterial für Hormonausschüttungen, Entwicklung von Ovidukt und die Ovulation. Bei Lachtauben beschleunigte Zugabe von Nestmaterial die Eiablage.

Bei vielen Arten unterschiedlicher systematischer Stellung haben Nestplatz, Elemente des Nestbauverhaltens, Nestmaterial, die Präsentation von Nestanfängen bis hin zu fast fertigen Nestern Bedeutung bei der Balz, und zwar sowohl für die Zusammenführung der Geschlechter als auch für die zeitliche Abstimmung der Kopulationsbereitschaft. Daher wirken Männchen im Rahmen des Brutgeschäfts am häufigsten beim Nestbau mit, auch bei Arten, bei denen sie sich an Bebrütung des Geleges oder der Jungenaufzucht dann nicht mehr beteiligen. In vielen Familien der Nicht-Singvögel spielt das Nest bei der Balz und auch für die Kopulation eine zentrale Rolle (z. B. Reiher, Störche, Albatrosse, Schnepfen, Tölpel). Die Präsentation von Nistmaterial während der Balz tritt bei ganz unterschiedlichen Taxa auf (z. B. Tölpel, Prachtfinken). Muldenscharren und Material-Zurücklegen ist für bodenbrütende Regenpfeifer typisch, Anlage von fast fertigen oder auch nur begonnenen Wahlnestern durch das Männchen bei vielen Singvögeln (z. B. Zaunkönig). Eine ähnliche Rolle spielt das Höhlenzeigen bei Höhlenbrütern (z. B. Wendehals, Hauszaunkönig, Haussperling, Blau- und Kohlmeise, Gartenrotschwanz, Trauerschnäpper).

Eine besonders wichtige Rolle für die Paarbildung können komplizierte Nester spielen, z. B. bei den Webervögeln. Das Männchen des Textorwebers baut das aufwendige Kugelnest allein (Abb. 17.20) und hängt sich bei Erscheinen eines Weibchens kopfunter an den Nesteingang. Heftiges Flügelflattern mit Präsentation leuchtendgelber Gefiederpartien lädt das Weibchen zur Nestinspektion ein. Während das Weibchen bis zu 20 min das Nestinnere testet, singt das Männchen lebhaft. Seine endgültige Wahl signalisiert das Weibchen, indem es weiches Material zur Innenauskleidung bringt. Wiederholung dieser Abfolge stimuliert die Ovarien des Weibchens und führt schließlich zur Begattung.

Eine extreme Entwicklung hat das Nest als Bestandteil der Balz bei den Laubenvögeln erreicht. Hier dient es nicht mehr der Ablage der Eier, sondern als »Laube«, die nur noch die Stimulierung des Weibchens zur Ovulation und Kopulation zur Aufgabe hat, aber wohl auch die Separation von Konkurrenzmännchen. Nicht alle der 18 Laubenvögel bauen eine Laube, doch alle legen zumindest eine gesäuberte Balzarena an. So ist also fraglich, ob der Laubenbau mit Nestbauverhalten gleichzusetzen ist. Ein reziprokes Verhältnis zwischen Umfang und Ausschmückung der Laube und der Auffälligkeit des Männchenkleides läßt sich feststellen.

5. Nester als **Schlaf- oder Ruheplatz** für nestflüchtende Junge oder Altvögel während oder

Abb. 17.15. Flügge junge Teichhühner nachts auf dem Schlafnest (Foto F. PÖLKING).

außerhalb der Brutzeit kommen bei verschiedenen Arten regelmäßig vor, sind aber weit weniger verbreitet als zumindest allgemein angenommen wird. Solche Ruhe- und Schlafnester können z. B. ehemalige Brutnester, aber auch nicht voll ausgebaute Wahlnester (z. B. Zaunkönig) sein oder später errichtete Plattformen (z. B. Teichhuhn, Abb. 17.15). Manche Höhlenbrüter suchen im Winter Schlafhöhlen auf (z. B. Kohlmeise, Kleiber), die aber in der Regel nicht ihre Bruthöhlen waren. Häufig schlafen vor allem in den frühen Phasen der Brutpflege Altvögel auch im Brutnest mit Eiern bzw. Jungen, besonders lange bei manchen Höhlenbrütern.

17.5.2 Neststandorte und Nester

Mit Ausnahme des Meeres kommen alle Unterlagen als Standorte für Vogelnester in Betracht. Sehr selten sind Nester in tiefen Felshöhlen (z. B. Fettschwalme, Höhlenschwalme), selten auch Schwimmnester auf offener Wasserfläche stehender Binnengewässer. Fast jede denkbare Vegetationsstruktur wird als Deckung und/oder Nestträger genutzt (Tab. 17.10). Hierbei bestehen vielfache Abhängigkeiten von Nestkonstruktion und Neststandort, da Strukturen des Neststandortes oder Materialangebot der Umgebung die Bauweise des Nestes entscheidend beeinflussen können, andererseits besonderer Schutz durch den Neststandort die Anhäufung von Nistmaterial reduziert (z. B. bei manchen Fels- und Höhlenbrütern).

Im einzelnen ergeben sich daher taxonomische-, klima- und habitatbedingte oder physio-logische Unterschiede der **Nestkonstruktion** bzw. des **Nestmaterials.** Allgemeine Regeln lassen sich zwar erkennen (vgl. Tab. 17.11), doch ist mit großer regionaler oder intra- und interspezifischer Variation zu rechnen. Nestflüchter bauen im allgemeinen weniger umfangreiche Nester als Nesthocker (Ausnahme z. B. Entenvögel); auch sind ihre Nester meist am oder wenig über dem Boden bzw. Wasser (Ausnahmen z. B. Schellente, Brautente, Lummen). Die aufwendigsten Nester, insbesondere solche mit hoher thermischer Isolationswirkung und viele der rundum geschlossenen Nestbauten, finden sich bei Kleinvögeln (Ausnahme z. B. Hammerkopf mit großem Kugelnest aus rund 8000 Zweigen) und hier wieder in besonders großer Vielfalt bei den Sperlingsvögeln (vgl. Kap. 17.5.1, Abb. 17.13), während große Nesthocker, insbesondere solche in warmen Klimaten oder/und bei geringem Feinddruck mit einfachen Nestmulden oder wenig aufgehäuftem Nistmaterial auskommen (Abb. 17.17). Unter den Singvögeln scheinen in den Tropen Dachnester häufiger zu sein als in höheren Breiten (Tab. 17.11). Interspezifische Unterschiede in der Nestkonstruktion und -form zwischen nah verwandten Arten sind vor allem dort zu erwarten, wo das Nest auch eine bedeutende Rolle bei der Balz spielt (z. B. Webervögel) und bei potentieller Konkurrenz um Nistplätze.

Unterschiedliche **Nestlage und -konstruktion** gestattet die Ausnutzung einer Habitatstruktur (z. B. Gehölz, Felswand usw.) durch verschiedene Arten gleichzeitig (Abb. 17.18). Arten mit enger systematischer Verwandtschaft unterscheiden sich bei grundsätzlich ähnlichen Nistplatzansprüchen in Gebieten gemeinsamen Vorkommens oft statistisch in Nistplatzpräferenzen (Abb. 17.19). Die optimale Nutzung begrenzt zur Verfügung stehender günstiger Nistplätze ist einer der Gründe für Koloniebildung (Abb. 17.20). Als Sonderform der Koloniebildung kann man Gemeinschaftsnester betrachten, in der jede Brutgemeinschaft eine eigene Kammer besiedelt (z. B. Siedelweber, Büffelweber, Mönchssittich; Abb. 17.21).

Eine andere Möglichkeit, knappes Angebot zu nutzen, ist der **wiederholte Bezug von Nestern** bzw. Nistplätzen in Folgejahren (häufig bei Felswandbrütern, Höhlenbrütern oder Erbauern großer Nestburgen), wobei Biotop- und Ortsprägung eine Rolle spielen kann. Die Besetzung einzelner Felsnischen durch Greifvogelpaare ist in Einzelfällen bis 70 bis 100 Jahre

Tab. 17.10. Nesttypen, Neststand, Nestmaterial und Beteiligung der Geschlechter am Nestbau (versch. Quellen).
Nesttyp: D – Dach, H – Höhle, N – kein Nest, O – offen, P – Brutparasit.
Substrat: Ba – Baum, Bo – Boden, Bu – Gebüsch, Fe – Felswand, Ge – Gebäude, Rö – Röhricht, Wa – Wasser.
Material: Er – Erde, Schlamm usw., Fe – Federn, Haare usw., Ni – kein Material, Ok – Okkupation fremder Nester, Pf   Pflanzenmaterial, Se – Sekret (Speichel), Sp – Spinnweben, Kokons, Va – Steine, Muscheln, Gewölle, Kot usw.
Kleinschreibung: nur in Einzel- und Ausnahmefällen.

Familie	Nesttyp	Substrat	Wer baut?	Material
Strauße	O	Bo	♂♀	Ni
Nandus, Emus	O	Bo	♂	Ni, Pf
Kasuare	O	Bo	♂	Pf
Kiwis	H	Bo	♂♀	Ni, pf
Steißhühner	O, h	Bo	♂	Pf, Ni
Albatrosse	O	Bo	♂♀	Pf, Ni
Sturmvögel	H, O	Bo, ge, fe	♂♀	Ni, pf
Sturmschwalben, Lummen-sturmvögel	H	Bo	♂♀, ♂	Ni, pf
Pinguine	H, O, n	Bo	♂♀	Ni, pf
Seetaucher	O	Bo	♂♀	Pf
Lappentaucher	O	Wa	♂♀	Pf
Tropikvögel	O, H	Bo	♂♀	Ni
Tölpel	O	Bo, bu, ba	♂♀	Ni, Pf
Kormorane	O	Ba, Bo, Fe	♂♀	Pf, Ok
Schlangenhalsvögel	O	Ba	♂♀	Pf, Ok
Pelikane	O	Bo	♂♀	Pf, Er
Fregattvögel	O	Bo, Bu, Ba	♂♀	Pf
Reiher	O	Ba, Bu, Fe, Ro	♂♀	Pf
Schattenvögel	D	Ba	♂♀	Pf
Störche	O	Ba, Fe, ge, Bo	♂♀	Pf, er
Ibisse	O	Bo, Rö, Ba, fe	♂♀	Pf
Flamingos	O	Bo	♂♀	Er
Wehrvögel	O	Bo, wa	♂♀	Pf
Entenartige	O, H, p	Bo, Ba, fe, ge	♀, ♂♀	Pf, Fe, ok
Neuweltgeier	H, N	Fe, Ba		Ni
Habichtartige, Fischadler	O	Ba, Fe, Bo	♂♀	Of, ok
Falken	N, H, O	Ba, Fe, Bo		Ok, Ni
Großfußhühner	Eier vergraben	Bo	♂♀	Pf, Er
Hokkohühner (Hoatzin)	O	Ba	♂♀	Pf
Hühner	O, h	Bo, ba	♀	Pf
Stelzenrallen	O	Bu, Ba		Pf
Wachtellaufhühner	O, D	Bo	♂♀	Pf
Rallen	O, D	Bo, Rö, Wa, bu	♂♀, ♀	Pf
Trompetervögel	O, H	Ba		?
Kraniche	O	Bo, Wa	♂♀	Pf
Binsenrallen, Seriemas	O	Bu, Ba	♂♀	Pf
Sonnenrallen	O	Ba	♂♀	Pf
Trappen	O	Bo	♀	Ni, pf
Blatthühnchen	O	Wa	♂	Pf
Goldschnepfen	O	Bo	♂	Pf
Austernfischer	O	Bo	♂♀	Pf, Va
Stelzenläufer	O	Bo, wa	♂♀	Ni, Pf, va
Reiherläufer	H	Bo	♂♀	Ni
Triele, Brachschwalben,			♂♀	Ni, va
Regenpfeifer	O	Bo		
Schnepfen	O	Bo, ba	♂♀, ♀, ♂	Pf, Ni, ok
Scheidenschnäbel	H	Bo, Fe		Fe, Va, Pf

Fortsetzung Tab. 17.10. Nesttypen.

Raubmöwen	O	Bo	♂♀	pf
Möwen, Seeschwalben	O, n	Bo, Rö, wa, ba, fe	♂♀, ♀	Pf, Ni, va
Alken	H, O, N	Fe, Bo	♂♀	Ni
Flughühner	O	Bo	♂♀	Ni, va
Tauben	O, h	Ba, Bu, Fe, Ge, Bo	♂♀	Pf
Papageien	H, d	Ba, Bo	♂♀	Ni, Pf
Turakos	O	Ba	♂♀	Pf
Kuckucke	O, P, d	Ba, bo	♂♀	Pf
Eulen	H, O, N	Ba, Bo, Ge, fe	♂♀	Ok, Ni
Fettschwalme	O	Fe		va
Eulenschwalme	O	Ba	♂♀	Fe, pf
Höhlenschwalme	H	Ba		Ni, pf
Tagschläfer	N	Ba		Ni
Nachtschwalben	N	Bo		Ni
Baumsegler	O	Ba	♂♀	Se, Pf, Fe
Schwalbensegler	H, O, D	Ba, Fe, Ge	♂♀	Se, Pf, Fe
Kolibris	O	Ba	♀	Pf, Sp
Mausvögel	O	Bu, Ba	♂♀	Pf
Trogone, Eisvögel	H	Ba, bo	♂♀	Ni
Sägerracken	H	Bo, Fe	♂♀	Ni
Todis, Bienenfresser	H	Bo	♂♀	Ni
Baumracken	H	Ba, Bo, Fe		Ni, ok
Erdracken	H	Bo		Ni
Baumhopfe	H	Ba		Ni
Wiedehopf	H	Bo, Ba, ge		Ni
Nashornvögel	H	Ba	♂♀, ♀	Ni, Er
Glanzvögel	H	Bo	♂♀	Ni
Faulvögel	H	Bo, Ba	♂♀	pf
Bartvögel	H	Ba, Bo	♂♀	Ni
Honiganzeiger	P			
Tukane, Spechte, Wendehälse	H	Ba	♂♀	Ni
Breitrachen, Pittas	D	Bo	♂♀	Pf
Töpfervögel	H, O, D	Bo, Ba, Ge	♂♀, ♀	Pf, Er
Baumsteiger	H	Ba	♂♀, ♀	Pf
Ameisenvögel	O, h, D	Ba, Bu, Bo	♂♀	Pf
Bürzelstelzer	H, D	Bo, Bu, ba	♂♀	Pf
Tyrannen	H, O, D	Ba, Bo, rö	♂♀, ♀	Pf, ok
Schmuckvögel	O	Ba, fe	♂♀, ♀	Pf, Er
Schnurrvögel	O	Bu	♀	Pf
Maorischlüpfer	H, D	Ba, Bo, fe	♂♀	Pf
Leierschwänze	D, n	Bo, ba	♀	Pf
Lerchen	O, D	Bo	♀	Pf
Schwalben	H, O, D	Ba, Fe, Ge, Bo	♂♀, ♀	Er, Se, pf
Stelzen	H, O, d	Bo, Ge, Fe, ba	♀	Pf
Stachelbürzler, Seidenschwanz	O	Ba	♂♀	Pf
Bülbüls	O	Ba, Bu, bo	♂♀	Pf
Wasseramseln	H, D	Bo, ge	♂♀	Pf
Zaunkönige	H, D	Bo, fe, bu, ge	♂♀, ♀	Pf
Spottdrosseln	O	Bu, Bo	♂♀	Pf
Braunellen	O, h	Bo, Bu	♀	Pf, fe
Sänger	H, O, D	Ba, Bu, Fe, Ge	♂♀, ♀	Pf, er
Grasmücken	H, O, D	Bu, Ba, rö, bo	♂♀, ♀	Pf
Fächerschwänze, Monarchen	O	Ba	♂♀	Pf, Sp
Dickköpfe	O, h	Ba, Fe	♂♀	Pf, Sp
Timalien	H, O, D	Bo, Rö, Bu, Fe	♂♀	Pf, er
Schwanzmeisen	D	Ba	♂♀	Pf, fe, sp
Staffelschwänze	D	Bo, Bu	♂♀	Pf, fe, sp

Fortsetzung Tab. 17.10. Nesttypen.

Südseegrasmücken	D	Bo, Ba	♂♀	Pf, fe, sp
Spiegelkleiber	O	Ba	♂♀	Pf, Sp
Baumrutscher	H	Ba	♂♀	Pf, Fe
Meisen	H	Ba, Fc, Bo, ge	♀	Pf, fe
Kleiber	H, D	Fe, Ba, ge	♂♀	Pf, Er
Baumläufer	H, O	Ba	♂♀	Pf, fe
Beutelmeisen	D	Ba	♂♀	Pf
Nektarvögel	D	Ba, Bu	♀, ♂♀	Pf, sp
Mistelfresser	H, O, D	Ba, Bu, bo	♂♀, ♀	Pf
Brillenvögel	O	Ba	♂♀	Pf
Honigfresser	O, h, d	Ba, Bu	♀	Pf, ok
Pirole	O	Ba	♀	Pf
Feenvögel	O	Ba, Bu	♂♀, ♀	Pf
Würger	O	Bu, Ba	♂♀, ♂, ♀	Pf
Brillenwürger	O	Ba, Bu	♂♀	Pf
Würgerkrähen, Vangawürger				
Drongos	O	Ba	♂♀	Pf
Schlammnestkrähen, Schlamm-				
nestbauer	O	Ba	♂♀	Er, pf, fe
Schwalbenstare	H, O	Ba, Bu	♂♀	Pf
Paradiesvögel	H, O, D	Ba	♀	Pf
Laubenvögel	h, d	Ba	♀, ♂♀	Pf
Rabenvögel	O, h, d	Ba, Fe, bo	♂♀	Pf
Stare	H, o, d	Ba, Fe, Bo	♂♀	Pf
Sperlinge	D, H	Ba, Ge, Fe, Bo	♂♀, ♂, ♀	Pf
Webervögel	D, H	Ba	♂♀, ♂, ♀	Pf
Prachtfinken	D, h	Bu, Bo, Ba, Rö	♂♀	Pf, ok
Witwen	P			
Vireos	O	Ba, Bu	♂♀	Pf
Finken	O	Ba, Bu, Bo	♀	Pf
Waldsänger	H, O, D	Bo, Ba, Bu	♀, ♂♀	Pf
Tangaren	H, O, D	Ba, Bu, Bo	♀, ♂♀	Pf
Ammern	O, d, h	Bo, Bu	♀, ♂♀	Pf
Stärlinge	H, O, D, P	Bu, Bo	♀, ♂♀	Pf, ok

nachgewiesen, die Besetzung einzelner Nestburgen (z. B. Steinadler, Seeadler) bis über 20
Jahre. Da sich die Ansprüche an den Neststand
vielfach interspezifisch überschneiden, ist die
Benutzung von besonders günstigen Nestern
und Neststandorten durch mehrere Arten im
Wechsel der Jahre nicht selten (z. B. Specht-
höhlen, große Nester von Greifvögeln und
Störchen; vgl. Tab. 17.12), wobei knappes Angebot (z. B. Baumhöhlen) zu verschärfter Konkurrenzsituation führen kann. Bei Höhlenbrütern kann Konkurrenz auch dazu führen, daß
eine Art verdrängt wird (z. B. Bermudasturmvogel durch Weißschwanz-Tropikvogel).

Intraspezifische Variabilität der Wahl des
Neststandortes und der Bauweise ist bei Arten
mit komplizierter Nestkonstruktion im allgemeinen geringer (z. B. Webervögel, Beutelmeisen, Schwanzmeisen) als bei Arten mit offenen
Nestschalen oder bei Nestokkupanten (Tab.
17.12). Auch Höhlenbrüter zeigen oft erstaunlich große Vielseitigkeit (daher bei vielen Arten
Ansiedlung in Nistkästen möglich). Aber auch
bei hoher Variationsbreite lassen sich oft regionale Präferenzschwerpunkte erkennen. Singvögel mit mehreren Jahresbruten zeigen saisonale
Unterschiede der Neststandspräferenzen. Bei
vielen Arten werden auch markante geographische Unterschiede deutlich, wobei nicht immer das Fehlen bestimmter Strukturen in einem
Vergleichsgebiet dafür verantwortlich zu machen ist. Rasche Umstellungen von Lokalpopulationen, aber auch von Populationen in größeren Räumen ist vielfach zu beobachten. In der
heutigen Zivilisationslandschaft werden z. B.
viele Gebäude und technische Strukturen regelmäßig als Nistplätze genutzt; für manche Arten
spielen zumindest regional natürliche Nistplät-

B

D

C

Abb. 17.16. Beispiele für Nester von Singvögeln Mitteleuropas mit weitgehend abgeschlossenen Innenräumen.
A. Beutelmeise beim Nestbau (Foto F. Pölking); B. Mehlschwalbe beim Nestbau (Foto E. Bezzel); C. Wasseramsel am fast fertigen Nest (Foto R. Siebrasse); D. Waldlaubsänger am Bodennest mit Jungen (Foto R. Siebrasse).

Tab. 17.11. Nesttypen von Singvögeln in den Mittelbreiten der Nordhalbkugel im Vergleich zu Tropen und Subtropen (nach Collias & Collias 1984)

	Nesttypen (in %)		
	Artenzahl	offen	mit Dach	Höhlen
Mittelbreiten:				
W Nordamerika	245	82	7	11
E Nordamerika	223	72	6	21
Paläarktis	279	61	11	28
Altweltliche Tropen:				
Westafrika	496	48	38	14
Sri Lanka	78	53	29	18
Borneo	81	44	46	10
Neuweltliche Tropen:				
Guatemala	76	46	30	24
Trinidad	110	63	22	15
Surinam	93	61	28	11

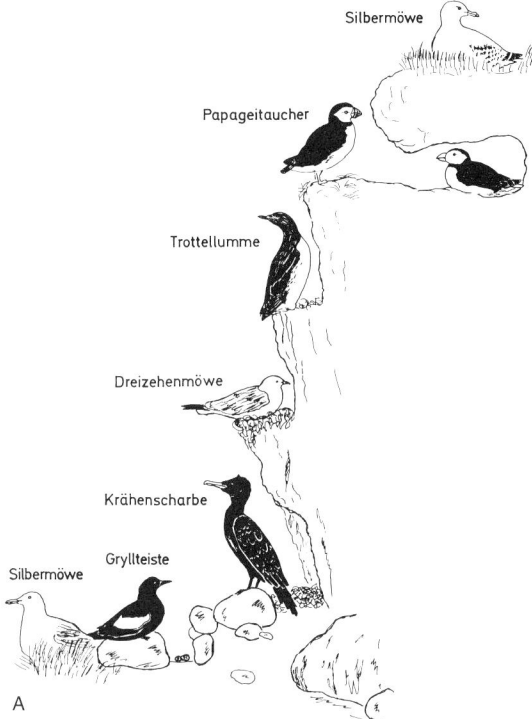

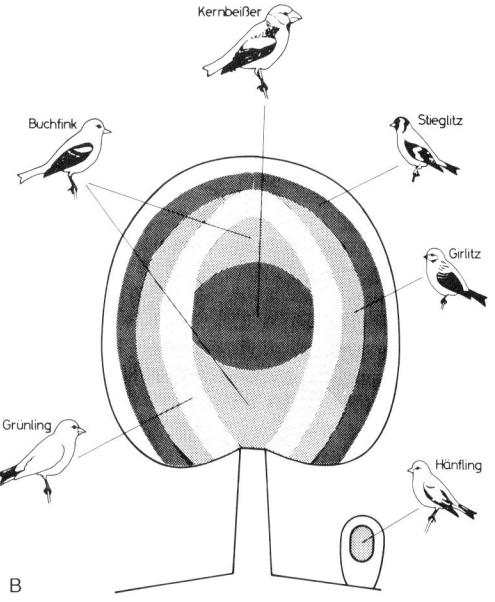

Abb. 17.17. Nesthocker in warmen Klimaten mit wenig Nistmaterial: A. Galapagosscharbe; B. Blaufußtölpel (Altvogel spendet Schatten); C. Galapagos-Albatros (Foto E. Bezzel).

Abb. 17.18. Aufteilung von Nisthabitaten. A. Steilküste durch Seevögel im Nordatlantik (nach Furness & Monaghan 1987). B. Baumbereiche durch Finkenvögel einer mitteleuropäischen Streuobstwiese (nach Glück 1983).

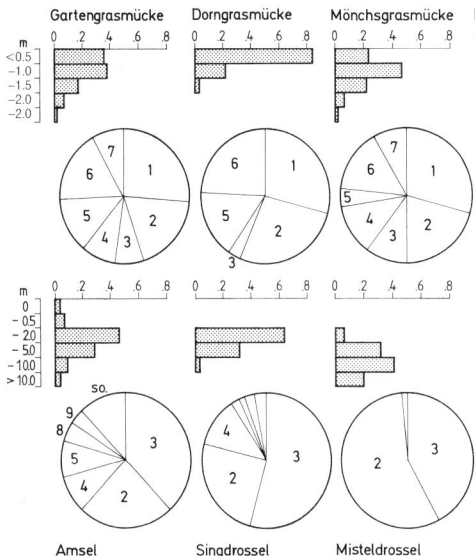

Abb. 17.19. Verteilung (in %) von Nesthöhen und Neststandorten mitteleuropäischer Grasmücken und Drosseln; Beispiel: Rheinland, Westdeutschland (Daten nach MILDENBERGER 1984).
1 = Brombeersträucher; 2 = Laubhölzer; 3 = Nadelhölzer; 4 = Dornbüsche; 5 = Krautschicht; 6 = Brennessel; 7 = Rankenpflanzen; 8 = Gebäude; 9 = Boden.

ze kaum noch eine Rolle (z. B. Mauersegler, Dohle, Hausrotschwanz). Mitunter reicht allerdings der Fortpflanzungserfolg bei Einzelpaaren oder lokalen Populationen in neu erschlossenen Nistplätzen zur Bestandserhaltung nicht aus, so daß man häufig nicht von »Anpassung« sprechen kann, wie dies unkritisch vielfach geschieht.

Abb. 17.20. Kolonie des Blaufußtölpels auf Daphne Major, Galapagosinseln (Foto E. BEZZEL).

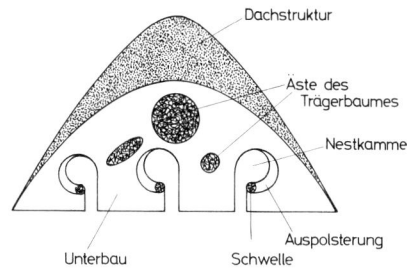

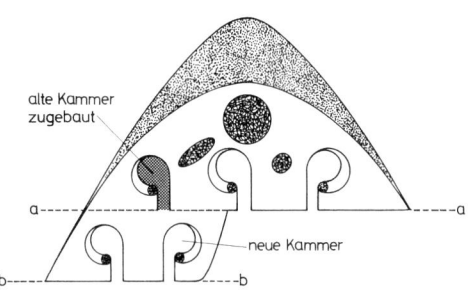

Abb. 17.21. Gemeinschaftsnest des Siedelwebers, schematischer Querschnitt. Unten: Weiterbau am Nest durch eine neue soziale Einheit, so daß jetzt zwei Brutgruppen (a+b) das Gemeinschaftsnest bewohnen (nach COLLIAS & COLLIAS 1984).

Tab. 17.12. Relative Verteilung (%) von Bruten des Baumfalken in einigen Gebieten W- und Mitteleuropas. Eigene Nester werden nicht gebaut (Daten nach FIUCZYNSKI 1987).

	Süd- eng- land	Nieder- lande	Berlin Umg.	Schles- wig- Holstein
Kiefer	81	100	100	23
Fichte, Tanne	–	–	–	5
Laubbäume	19	–	–	72
Erbauer:				
Kolkrabe	–	–	–	19
Aaskrähe	90	74	100	65
Saatkrähe	3	–	–	–
Elster	2	8	–	–
Eichelhäher	1	2	–	–
Graureiher	1	–	–	–
Sperber	1	1	–	–
Habicht	–	2	–	–
Mäusebussard	–	7	–	10
Rotmilan	–	–	–	1
Seeadler	–	–	–	1
Ringeltaube	–	–	–	1
Eichhörnchen	3	3	–	–

17.5.3 Nestbau

Der **Energieaufwand** für den **Nestbau** variiert entsprechend der großen Bandbreite der Nestformen und -konstruktionen außerordentlich. Hohe Investitionen lassen sich häufig mit wichtigen und vielseitigen Funktionen des Nestes (vgl. Kap. 17.5.1) erklären. Geringer Aufwand ist jedoch nicht immer damit zu begründen, daß Faktoren der Umgebung keinen sorgfältigen Nestbau erfordern. Er erleichtert eine Ersatzbrut nach Zerstörung von Nest und Gelege. Im Zusammenhang mit der Kropfmilch als saisonal unabhängige Jungennahrung kann z. B. bei Tauben geringe Investition in den Nestbau als Anpassung an Erhöhung des Fortpflanzungserfolges durch Wiederholungsbruten innerhalb einer Brutsaison interpretiert werden.

Die Mechanismen des **Nestbauverhaltens** umfassen Wahl des Neststandortes, Auswahl von Nestmaterial, Befestigung des Nestes auf der Unterlage oder an Trägern (z. B. Ästen), Verbindung des Nestmaterials und Konstruktion einer artspezifischen, für die Dauer der Benutzung stabilen Nestform.

1. Häufig wird der **Nistplatz** erst kurz vor der Eiablage ausgewählt. Vielfach werden potentielle Nistplätze aber auch schon im Herbst und Winter inspiziert, bei Seevögeln mit spät einsetzender Brutreife mitunter auch Jahre vor dem Brutbeginn (z. B. Eissturmvogel). Bei monogamen Arten sind in der Regel beide Geschlechter an der Auswahl beteiligt. Wenn die Männchen eher am Brutplatz ankommen oder Reviere besetzen, werden dem Weibchen häufig Nestanfänge zur endgültigen Wahl angeboten. Die Verwendung vorjähriger Nester ist bei vielen nesthockenden Nicht-Singvögeln verbreitet (aber z. B. auch beim Kolkraben). Viele Revierbesitzer oder länger als eine Brutsaison zusammenhaltende Paare verfügen dabei über mehrere Nistplätze, die im Wechsel benutzt werden. Oft werden dabei bestimmte Nistplätze bevorzugt und andere nur als Ausweichmöglichkeiten genutzt (Abb. 17.22).

2. In der **Auswahl von Nestmaterial** spielt Erreichbarkeit sicher eine entscheidende Rolle und geringe Investition in den Nestbau ist häufig einfach eine Folge von Materialmangel. In

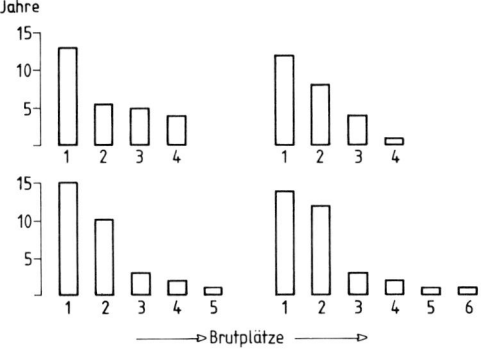

Abb. 17.22. Besetzung von Brutnischen in vier Molassefelsen des Schweizer Mittellandes durch einzelne Brutpaare des Kolkraben (Daten nach HAURI 1988).

der Regel unterscheidet sich das Material für den Außenbau von dem der Innenauskleidung, die mehr der Isolation dient. Bei komplizierten Nestbauten ist nicht nur eine erstaunliche Quantität der eingetragenen Stücke, sondern auch vielseitige Qualität entscheidend. Mehrere hundert bis Tausende von Materialteilchen sind bei vielen Singvogelnestern einzutragen; ähnlicher Aufwand gilt für den Höhlenbau.

Beispiele: Textorweber (Abb. 17.23) im Mittel 483 Flüge (insgesamt 325 km) beim Männchen, 390 (59 km) beim Weibchen; Fahlstirnschwalbe ca. 1600 Lehmportionen; Schwanzmeise über 2000 Einzelstücke; Schwarzspecht über 10000 Späne beim Bau einer Buchenhöhle.

Zweige werden abgerissen oder mit dem Gewicht des Körpers abgebrochen; am häufigsten wird Material einfach vom Boden aufgelesen. Wahrscheinlich sind optische Reize entscheidend, da nicht selten auch künstliche Teile eingetragen werden, die natürlichem Material ähneln, doch z. T. sehr ungünstige Eigenschaften haben (z. B. Drahtstücke statt Zweige, Kunststoffreste für die Nestauskleidung usw.). Fast stets wird Material im Schnabel transportiert (bei einigen Papageien auch im Bürzel- bzw. Rückengefieder); Bodenbrüter scharren das Material oft aus der nächsten Umgebung zusammen. Mitunter steht geeignetes Baumaterial nur kurzfristig zur Verfügung (z. B. feuchte Erde für Schwalbennester), so daß sehr intensiv eingetragen werden muß. Vor allem bei Erbauern großer Nestburgen (Greifvögel, Störche) wird auch noch nach der Eiablage bis in die Zeit der Jungenfütterung Material eingetragen.

Konkurrenz um geeignetes Nistmaterial tritt vor allem in Gebieten mit dürftiger Vegetation auf; Diebstahl von Nestmaterial aus anderen Nestern ist in solchen Fällen nicht selten. Öfters wird Material aus alten Nestern zum Neubau verwendet.

3. Die **Verbindung des Nestes mit der Unterlage** oder den Trägern muß bei starker Belastung durch Junge und Altvögel oder durch Wind und Niederschläge sehr stabil sein. Verankerungen in Astgabeln, Felsnischen, Umwickeln von Zweigen mit Nestmaterial, Ankleben von Nestschalen mit Hilfe von Speichel oder feuchter Erde dienen diesem Zweck. Mitunter muß neben dem eigentlichen Nest noch an einer passenden Unterlage oder einem Schutz gebaut werden. Trauersteinschmätzer und Felsenzaunkönig tragen dazu Steinchen zusammen, ebenso die Nonnenlerche auf lockerem Sandboden. Im Flachwasser von Andenseen türmt das Rüsselbläßhuhn Steinhaufen auf, auf denen dann über

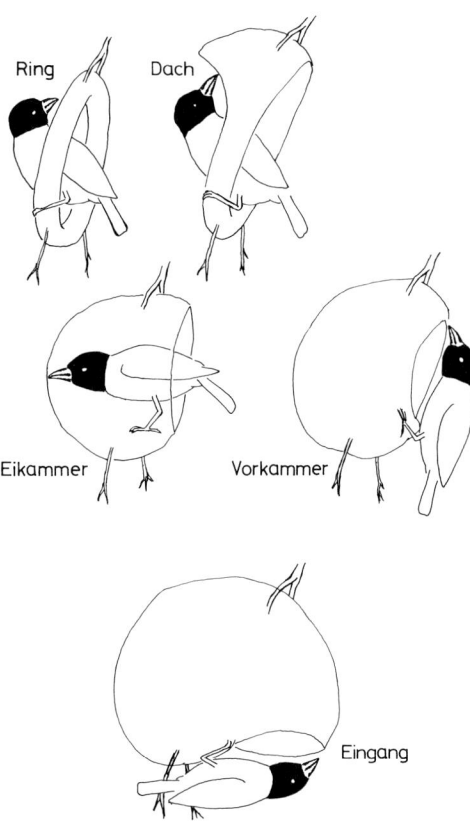

Abb. 17.23 Nestbaustadien des Textorwebers (nach COLLIAS & COLLIAS 1984, verändert).

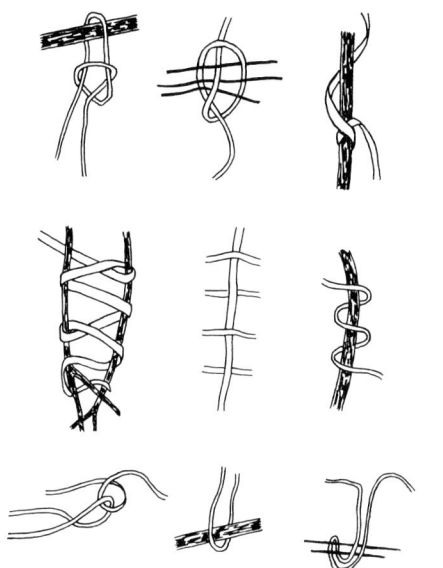

Abb. 17.24. Beispiele für Verknotung und Verflechtung von biegsamem Pflanzenmaterial bei Webervögeln (nach COLLIAS & COLLIAS 1984, verändert).

der Wasseroberfläche das Nest aus submersen Pflanzen gebaut wird. Auch der Höhlenbau von Spechten, Bienenfressern, Eisvögeln usw. ist grundsätzlich nichts anderes, als die Herstellung einer für die Aufnahme des Nestes geeigneten Struktur.

4. **Lockeres Nestmaterial,** wie Äste und Zweige, kann ohne Bindemittel zusammenhalten, wenn zahlreiche Unregelmäßigkeiten und Verästelungen ein Gewirr von Verankerungen bieten. Mehr oder minder radiale Anordnung der ineinandergeschobenen Zweige bewirkt dichtere Packung gegen das Nestzentrum. Elastisches Material kann verflochten werden (besonders kompliziert bei vielen Webervögeln, Abb. 17.24). Etwa 5 % aller Vogelarten der Welt benutzen feuchtes Bodenmaterial als Bindemittel. Kot der Alt- und Jungvögel, Speichelsekrete, frisches oder nasses Pflanzenmaterial (z. B. Tange und Algen), Spinnweben usw. können eine ähnliche Rolle spielen.

5. Das Verbauen von Nestmaterial und die **Konstruktion des Nestes** und seine Ausformung erfordert in der Regel eine integrierte Abfolge mehr oder minder stereotyper Bewegungen, die meist über viele Arten recht ähnlich sind (Abb. 17.25). Arbeitsteilung der Geschlechter (Tab. 17.10) ist vor allem bei Nesthockern häufig. Die verschiedenen Bewegungsmuster gehen auf gemeinsame Steuerung durch Hormone zurück, wobei bestimmte Bewegungstypen unterschiedliche Schwellenwerte benötigen. Individuen in Fortpflanzungsstimmung zeigen zunächst Bewegungen des Materialsammelns, dann des Materialtransports und schließlich des eigentlichen Nestbaus. Dabei spielt dann auch äußere Stimulierung eine Rolle, so daß ein

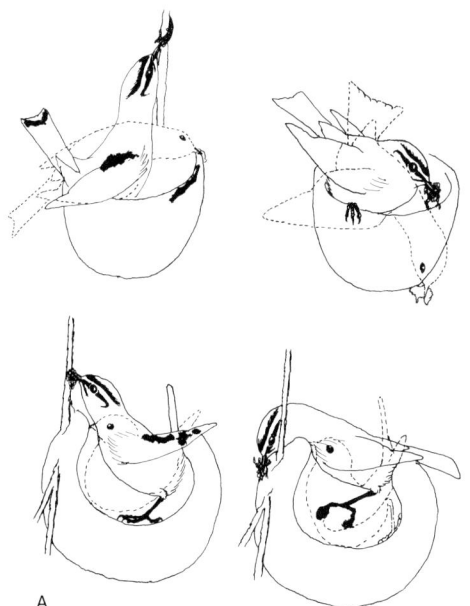

A

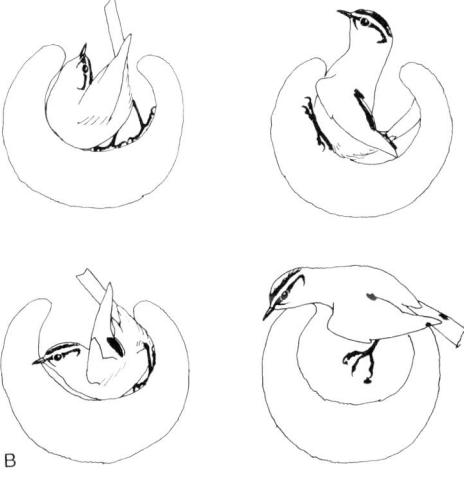

B

Abb. 17.25 Nestbaubewegungen des Sommergoldhähnchens (nach THALER 1976). A. Grundgerüst und Rohbau; B. Rohbau und Polsterung.

Bewegungskomplex die Folge des vorausgegangenen ist. Mit zunehmender Dauer eines bestimmten Bewegungsablaufes sinkt aber auch die Bereitschaft zu dessen weiterer Fortsetzung. Viele dieser Bewegungen treten unabhängig von Vorbildern auf, Lernen und Erfahrung spielt aber gleichwohl eine wichtige Rolle.

Die **Dauer des Nestbaus** hängt nicht nur von der Art des Nestes, dem Materialangebot usw. ab, sondern auch davon, ob kontinuierlich oder mit längeren Pausen am Nest gearbeitet wird. Singvogelnester können in wenigen Tagen fertiggestellt sein, aber auch bis über 20 Tage benötigen. Spechte bauen bis zu mehreren Wochen an der Bruthöhle; oft werden begonnene Höhlen erst nach längerer Unterbrechung fertiggestellt. Bei den meisten Singvögeln hält das Brutnest nur eine Brut bzw. Brutsaison und wird jährlich neu angelegt.

17.6 Ei und Gelege

17.6.1 Ei und Eiablage

Zwischen den einzelnen Vogelarten herrscht eine erstaunliche Einheitlichkeit im Bau des Eies. **Hauptbestandteile** sind (von außen nach innen) die Cuticula, die anorganische Kalkschale, die Schalenhaut, das Eiweiß und der Dotter (Abb. 17.26, 17.27).

Das elastische **Oberhäutchen (Cuticula)** wird zum Schluß der Eibildung von Uteruszellen auf die Schale aufgebracht. Es besteht aus Proteinen, Polysacchariden und Lipiden und hat meist wachsige Eigenschaften. Seine Dicke variiert von 0,5 bis 12,8 µm. Die Cuticula kann wie die Kalkschale selbst Farbstoffträger sein. Dabei können praktisch alle natürlichen Farben auftreten. Weiße Eier findet man z. B. bei Spechten, Bienenfressern, Eisvögeln, Eulen, Tauben, Seglern, den meisten Sturmvögeln, Ruderfüßern, Papageien und manchen Singvögeln (z. B. Schneefink, Hausrotschwanz, Wasseramsel, Mehlschwalbe, Uferschwalbe). Manche primär weißen Eier bei Tauchern können durch verrottendes Pflanzenmaterial eine bis zu schwarzbraune Färbung annehmen. Lichtblaue Eier legen z. B. der Kuckuck (u. a.), Kormorane und Tölpel. Bläulich- und grünlichweiße, graugrünliche, gelblichweiße und rahmfarbene Eier findet man bei Enten- und Sägearten, bei Gartenrotschwanz, Heckenbraunelle usw. Olivbraune, tief schokoladenbraune, mahagoni- und terrakottafarbene ins Rötliche gehende Eier kommen bei Fasan, Rebhuhn, Rohrdommel, Nachtigall, Sprosser, Prinien und dem Wasserfasan vor. Neben diesen einfarbigen Eiern, die natürlich auch intraspezifisch und individuell stark variieren können, haben viele Arten ausschließlich gefleckte und anders gezeichnete Eier (Greifvögel, Rallen, Kraniche, Trappen, Watvögel, Möwen, viele Sperlingsvögel usw.).

Farben können in speziellen Farbdrüsen produziert werden oder auch z. B. von gerissenen Blutgefäßen stammen (manche Adlerarten). Vom Körper gelieferte Farben sind besonders

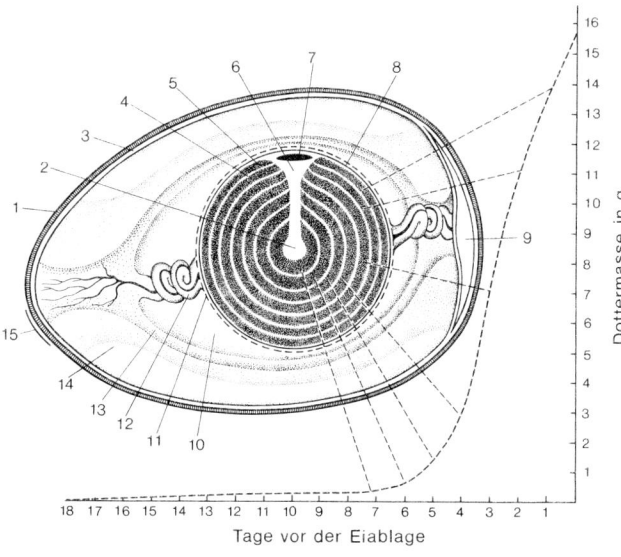

Abb. 17.26. Schematische Darstellung eines Haushuhneies zum Zeitpunkt der Eiablage. Die gestrichelte Linie gibt die Wachstumsrate des Dotters in den 18 Tagen vor der Eiablage an; die Linien vom Dotter markieren den Zeitpunkt, an dem etwa die einzelnen Dotterlagen aufgebaut werden (nach VAN TYNE & BERGER 1976). 1 = Kalkschale; 2 = Latebra; 3 = Schalenhaut; 4 = weißer Dotter; 5 = gelber Dotter; 6 = Panderscher Kern; 7 = Blastoderm; 8 = Dotterhaut; 9 = Luftkammer; 10 = innere flüssige Eiklarschicht; 11 = Hagelschnurverbindung zur Dotterhaut; 12 = Hagelschnur (Chalaza); 13 = mittlere dichte Eiklarschicht; 14 = äußere flüssige Eiklarschicht; 15 = Schalenhaut (Kutikula).

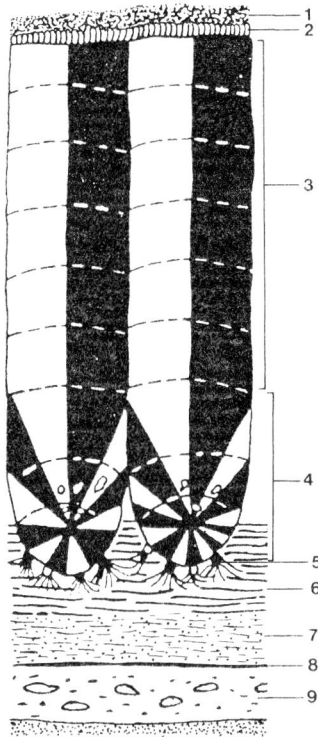

Abb. 17.27. Schematische Darstellung des Kalkschalenaufbaus und der anliegenden Membranen (nach JOHNSON 1986, ergänzt).
1 = Kutikula; 2 = kristalline Schicht; 3 = Papillenschicht (Schwammschicht); 4 = Mamillenschicht; 5 = Kalziumdepots; 6 = äußere Schalenhaut; 7 = innere Schalenhaut; 8 = Filmlage; 9 = Chorio-Allantois.

Die kristalline **Schale** besteht aus Kalk und kann in drei Abschnitte eingeteilt werden: Die äußerste Region ist die sehr dünne (Haushuhn 3 bis 8 µm) Kristallage aus senkrecht angeordneten Kalksäulchen. Ihr folgt eine ausgedehnte Papillenschicht (oder Schwammschicht), die etwa 200 µm dick ist. Sie besteht aus langen und dicken Kalksäulen. Die innerste Schicht ist die Mamillenschicht, die ebenfalls aus Kalksäulen (Mamillen) besteht. Sie haben die gleiche Dicke wie die der Papillenschicht (0,3 bis 0,9 µm) und setzen diese nach innen fort (vgl. Abb. 17.28). Sie zeigen allerdings eine zentrale (sternförmige) Kalzifikation. Diese Schicht wird in den ersten etwa 5 Stunden, die Schwammschicht in den darauf folgenden 7 bis 12 Stunden im Uterus (s. o.) aufgebaut. Die Kalkeinlagerungen erfolgen in eine organische Matrix, die den Grobaufbau vorgibt. Sie macht nur etwa 3% der Kalkschalenmasse aus. Die Kalkschale selbst ist von zahlreichen Poren durchzogen, durch die der Keimling atmen und Wasser abgeben kann. Bei großen Arten (Nandu, Strauß) können diese Poren sogar verzweigt

häufig Porphyrine (rot, braun, schwarz) oder Zyanine aus Gallenpigmenten (grün, blau). Färbungen von außen stammen meist von der Gerbsäure des Pflanzenmaterials. Die Farben können in Mustern (Punkte, Striche, Netze usw.) und/oder in einheitlichen Grundfarben aufgebracht werden. Auch hier ist eine enorme Mannigfaltigkeit selbst intraindividuell möglich. Extremer intraspezifischer Polymorphismus in der Eifärbung dient z. B. bei der koloniebrütenden Trottellumme, das eigene Ei individuell zu erkennen. Bei Bodenbrütern (z. B. Regenpfeifern, Schnepfenvögeln, Möwen, einigen Singvögeln) kann die Eifärbung ein wichtiger Beitrag zur Tarnung des Geleges sein. Die Oberfläche des Eies kann glatt und matt, glänzend oder rauh sein. Unter Umständen können Fremdpartikel, die in den Uterus gelangt sind, sogar in die Eischale mit eingebaut werden.

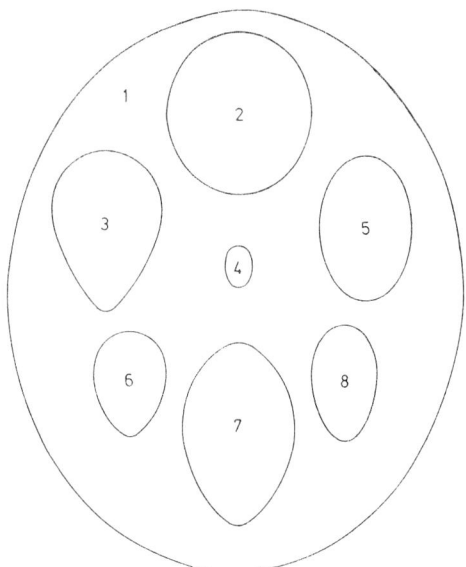

Abb. 17.28. Beispiele für Größen und Formen bei Vogeleiern (aus O'CONNOR 1985, verändert).
1 = Strauß (größtes Ei eines rezenten Vogels); 2 = Rossturako (rund oder sphärisch); 3 = Kampfläufer (kegelförmig, konisch); 4 = Kurzschwanzelfe (kleinstes Ei); 5 = Kronenflughuhn (langoval), elliptisch); 6 = Peliosdrossel (oval, eiförmig); 7 = Ohrentaucher (bikonisch); 8 = Alpensegler (elliptisch eiförmig oder langoval).

Tab. 17.13. Einige Eiparameter bei Vögeln. Soweit nicht anders vermerkt, handelt es sich bei den angegebenen Werten um solche für das Haushuhn (nach zahlreichen Autoren). Wertebereiche geben nicht individuelle Schwankungsbreiten an, sondern zeigen, wie sich die Daten über die verschiedenen Eimassen (von 0,3 g* bis 1600 g) verändern.

Parameter	Etwa-Wert/Wertebereich
Masse, absolut (g, Extremwerte)	
Kolibris*	0,3
Strauß	1600
Masse relativ zur Weibchenmasse (%)	
Strauß	1
Kuckucke	4,5
Tauben	6
Falken	15
Sperlingsvögel	15–20
Röhrennasen	21
Kiwis	25
altriciale Vogelarten	4–10
semialtriciale Vögel	11–14
praecociale Vogelarten	9–21
Eischalenmasse EM (% Eigewicht)	
Sperlingsvögel	5
Strauß	20
Schopffrankolin	33
EM in g in Relation zur Eimasse W (g)	
Nicht-Sperlingsvögel(n = 3217)	$EM = 0,0524 \times W^{1,113 \pm 0,003}$
Sperlingsvögel(n = 3929)	$EM = 0,0547 \times W^{1,024 \pm 0,003}$
Bereich	14 mg (Kolibris)
	3346 g († Aegyornithiformes)
Eischalendicke ED (mm); Grenzwerte	
Kolibris	0,04
Strauß	1,95
ED in Relation zur Eimasse W (g)	
Nicht-Sperlingsvögel (n wie oben)	$ED = 0,0546 \times W^{0,441 \pm 0,003}$
Sperlingsvögel (n wie oben)	$ED = 0,0553 \times W^{0,358 \pm 0,003}$
Eioberfläche A (cm^2) in Relation zur Eimasse W (g)	$A = 4835 \times W^{0,662}$
Eischalendichte (g/cm^3); Bereich	1,50–2,55
Eilänge EL (mm) in Relation zur Eimasse W (g)	
Nicht-Sperlingsvögel	$EL = 14,7 \times W^{0,341 \pm 0,0007}$
Sperlingsvögel	$EL = 15,1 \times W^{0,345 \pm 0,0007}$
Eibreite EB (mm) in Relation zur Eimasse W (g)	
Nicht-Sperlingsvögel	$EB = 11,3 \times W^{0,327 \pm 0,0003}$
Sperlingsvögel	$EB = 11,3 \times W^{0,325 \pm 0,0003}$
Elongation E (EL/EB)	$E = 1,30 \times W^{0,014 \pm 0,001}$
Bereich (nach Formel)	1,30 (1 g Ei)
	1,43 (1000 g Ei)
Wirklichkeit	1,21 (Eulen)
	1,61 (Seetaucher)
Porenlänge (mm)	
Kolibris	0,04
Haushuhn	0,30
Schwan	0,70
Strauß	2,00
Porenfläche total (in mm^2)	
ca.-Bereich	0,005–250

Fortsetzung Tab. 17.13. Einige Eiparameter bei Vögeln. Soweit nicht anders vermerkt, handelt es sich bei den angegebenen Werten um solche für das Haushuhn (nach zahlreichen Autoren). Wertebereiche geben nicht individuelle Schwankungsbreiten an, sondern zeigen, wie sich die Daten über die verschiedenen Eimassen (von 0,3 g* bis 1600 g) verändern.

Parameter	Etwa-Wert/Wertebereich
Porenzahl Huhn, gesamt	8–10 000
Wasserverlust bei der Bebrütung (g)	
ca.-Bereich	0,1–100
O_2-Leitfähigkeit (ml O_2/d × Torr)	
ca.-Bereich	0,3–200
Eizusammensetzung (%) bei verschiedenen Entwicklungsformen	
Wasser	
altricial	84,3
semialtricial	81,7
semipraecocial	76,5
praecocial	74,7
Lipide	
altricial	5,9
semialtricial	6,3
semipraecocial	9,5
praecocial	10,3
Dottergehalt	
altricial	24
semialtricial	26
semipraecocial	33
praecocial	41
Kiwi	62
übrige Bestandteile	
altricial	9,8
semialtricial	12
semipraecocial	14
praecocial	15
Energiedichte (kJ/g)	
altricial	4,76
semialtricial	5,18
semipraecocial	6,81
praecocial	7,98
Kiwi	10,9
Zusammensetzung Schale (% Gesamtmasse)	
Wasser	1,6
Trockensubstanz	Rest; davon
$CaCO_3$	94
Kollagenmatrix	3,3
Sonstige Mineralien	2,5
Fette	0,03
Gewichtsverhältnis Dotter:Eiklar (%)	
Saatkrähe	18
Haussperling	25
Haushuhn	62
Hausgans	103
Eiweiß-Zusammensetzung (%), total alle Arten	
Wasser	86–89 %
Proteine	10,6
Kohlenhydrate	0,9

Fortsetzung Tab. 17.13. Einige Eiparameter bei Vögeln. Soweit nicht anders vermerkt, handelt es sich bei den angegebenen Werten um solche für das Haushuhn (nach zahlreichen Autoren). Wertebereiche geben nicht individuelle Schwankungsbreiten an, sondern zeigen, wie sich die Daten über die verschiedenen Eimassen (von 0,3 g* bis 1600 g) verändern.

Parameter	Etwa-Wert/Wertebereich
Mineralien	Spuren
Fette	Spuren
Proteintrockensubstanz	
Ovalbumin	54
Ovotransferrin	13
Ovomukoid	11
Ovoglobuline	8
Lysozyme	3,5
Ovomuzin	1,5–3
Dotterzusammensetzung (allgemein, %)	
Wasser	48–50
Proteine	16,6
Fette	32,6
Kohlenhydrate	1,0
Mineralien	1,1
Denaturierungstemperatur (°C)	45–50
spez. Wärmekapazität (Kiwi; $J/g \times °C$)	3,28

* Nach K.-L. Schuchmann (mdl.) liegt der geringste Wert allerdings bei 0,7–0,8 g.

sein. Ihre Länge und Gesamtfläche nimmt mit der Eimasse zu (s. Tab. 17.13). Die Kalkschale kann eine einheitliche Grundfärbung besitzen (meist Oozyan; ein bläulicher Farbstoff). Während der Bebrütung sinkt der Kalkgehalt der Eischale in der Regel durch Abbau für den Keimling deutlich ab.

Die Schalenhaut wird im Isthmus produziert. Sie ist ein Netzwerk von Proteinfasern und in eine äußere und innere Schalenhaut differenziert. Sie besteht aus Kollagenfasern (etwa 10 %), Protein (75 bis 80 %) und Glykoproteinen. Die Schalenhaut ist eine semipermeable Membran und für Wasser und Gase durchlässig. Es besteht keine Beziehung zwischen der Kalkschalendicke und der Dicke der Membran.

Auf die Schalenhaut folgen eine sehr dünne »Film«lage und die **Chorioallantois,** ihnen wiederum Eiweiß und Dotter.

Das **Eiweiß** ist in vier deutliche Lagen aufgeteilt: Die äußere (dünn)flüssige Lage, die dichte (dickflüssige) Lage, die innere (dünn)flüssige Lage und die an den Dotter gebundene Membrana chalazifera im Massenverhältnis von etwa 25 %, 50 %, 18 %, 3 %. Sie bestehen vor allem aus Proteinen (s. Tab. 17.13).

Der **Dotter** wird ebenfalls schichtweise aufgetragen (Abb. 17.27). Er besteht neben (gelbem) Dottereiweiß vor allem aus Fetten, die im (weißen) Eiweiß nur in Spuren vorkommen. Auch der Proteingehalt ist relativ hoch. Der Dotter ist vor allem der Energiespeicher des sich entwickelnden Keimlings. Bei Nestflüchtern ist der relative Anteil des Dotters am Gesamteigewicht mit etwa 40 % deshalb auch wesentlich höher als bei Nesthockern (etwa 25 %).

Die **Gesamtmasse** eines Vogeleies M_e (in g) ist im Mittel sehr deutlich mit der Masse des Weibchens W (in g) korreliert. Für die Beziehung gilt folgende Gleichung (alle Vogelarten):

$$M_e = 0,277 \times W^{0,77} \quad (n = 809 \text{ Arten})$$

Eine Verdopplung der Körpermasse des Weibchens bedingt danach eine Erhöhung der durchschnittlichen Eimasse um rund 70,5 %. Eine differenzierte Betrachtung zeigt allerdings deutliche Unterschiede zwischen atricialen (Nesthocker) und praecocialen (Nestflüchter) Vogelarten. Letztere können z. T. doppelt so schwere Eier haben wie Nesthocker. Relativ kleine Eier hat z. B. der Kuckuck, das relativ größte zweifellos der Kiwi (25 % der Körpermasse). Die **Eigröße** kann intraspezifisch mit dem Alter, der Körpermasse des Weibchens, der Legefolge innerhalb eines Geleges, der Zahl der Gelege pro Fortpflanzungszyklus und

Bruthabitat in sehr wechselvoller Weise korreliert sein (vgl. Tab. 17.13). Als Ausnahmen gibt es Zwergeier, Doppel- und Dreifacheier usw. (s. auch u.).

Die **äußere Form** ist vor allem an die Erfordernisse des Neststandortes angepaßt. Es gibt beinahe kreisrunde Eier (Eulen, Tukane), daneben elliptische (Segler, Schwalben, Kolibris) und kegelförmige (Küstenvögel, Lummen, Alken, Möwen usw.). Die relativ längsten Eier haben Seetaucher (Abb. 17.28).

Relativ häufig findet man bei Vogeleiern **Sonderbildungen.** Dies können verschiedene Schalenfehlbildungen (selbst schneckenförmige) sein, oder dotterlose Eier und solche mit mehrfachen Dottern. Zwei Dotter entstehen, wenn zwei Eizellen gleichzeitig reifen oder wenn ein Ei zurückgehalten wird oder steckenbleibt, bis das nächste Ei springt. Die Häufigkeit solcher »Doppeleier« liegt bei bis zu 1 unter 500 normalen Eiern. Auch Eier mit zwei Keimscheiben sind bekannt. Sie können durch Verschmelzen von zwei Dottern entstehen und erfolgreich ausgebrütet werden. Auch Eier mit drei Dottern sind bekannt. Abb. 17.7 zeigt ein Ei im Ei. Solche Bildungen können entstehen, wenn ein Ei nach Bildung der Schale wieder an

den Ort der Eiweißproduktion zurückgelangt und erneut »eingeschalt« wird.

Die Eier benötigen vom Eisprung bis zur **»Reifung«** etwa 20 bis 25 Stunden; z. T. sogar mehrere Tage. In der Scheide kann das Ei vor der Ablage noch einige Zeit festgehalten werden. Normalerweise wird es aber sofort gelegt. Es tritt dabei in der Regel mit dem spitzen Pol voran aus. Allerdings ist es unproblematisch auch »umgekehrt« legbar (bei Haushühnern in 20 bis 30 % der Fälle).

17.6.2 Spermium und Befruchtung

Die folgenden Daten betreffen vor allem den Haushahn, da nur hier umfassende Untersuchungen vorliegen (Spermatogenese s. auch Kap. 17.1.4).

Das **Spermium** oder der **Samen** ist wie bei den höheren Wirbeltieren aufgebaut (Abb. 17.29). Der Kopf enthält den haploiden, extrem kondensierten Kern. An seiner Vorderseite liegt das konische Akrosom, das durch Verschmelzung von Golgiapparaten entstand. Es enthält dadurch eine Anzahl verschiedener Enzyme. Beim Vogel ist der Kopfteil meist lang, leicht gebogen und spindelförmig (bei Sperlingsvögeln spiralig) ausgebildet. Der Schwanzabschnitt besteht aus drei Teilen: Der Halsabschnitt enthält zwei Zentriolen, von denen das vordere später nach der Befruchtung den Spindelapparat für die erste Furchung organisiert. Das hintere ist zum Ausgangspunkt (Basalkörper) für die Mikrotubuli der Geißel umorganisiert. Das Mittelstück wird von den Mikrotubuli der Geißel durchzogen, die von spiralig angeordneten Mitochondrien (den Energielieferanten für die Geißelbewegung) umwickelt werden (»Nebenkern«). Der Schwanzfaden ist eine typische Geißel mit zusätzlichen Verstärkungen.

Mit der **Kopulation** wird der Samen in den Eileiter abgegeben. Innerhalb weniger Minuten können die Spermien dann die Spitze des Eileiters erreichen, wenn eine Ovulation stattgefunden hat. Sonst bleiben die Spermien u. U. gespeichert.

Die **Befruchtung** erfolgt daher zum Teil erst lange Zeit nach der Begattung. Im Eileiter sind die Spermien nach der Befruchtung oft nach spätestens 24 Stunden wieder verschwunden. Die Befruchtung selbst erfolgt wie bei allen höheren Wirbeltieren. Der Samen trifft das Ei, das vermutlich Lockstoffe abgibt. Bei der Berührung haftet das Spermium am Ei fest und

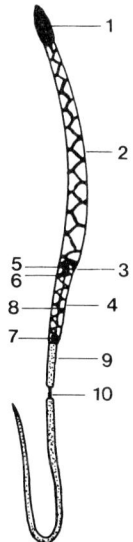

Abb. 17.29. Schematische Darstellung eines Haushahnspermiums (nach JOHNSON 1986).
1 = Akrosom; 2 = Kopf mit Kernmaterial; 3 = Halsabschnitt; 4 = Mittelstück; 5 = proximale Zentriole; 6 = anteriore distale Zentriole; 7 = posteriore distale Zentriole; 8 = Mittelstückspirale aus Mitochondrien; 9 = Schwanzstück; 10 = Axialfilament.

Tab. 17.14. Einige Daten zum Sperma der Vögel. Die meisten (soweit nicht anders angegeben) stammen vom Haushahn. ∅ = Durchschnittswert.

Parameter	Werte-Angabe
Länge Spermium	100 µm
Länge Akrosom	2 µm
Länge Spermium-Kopf	12,5 µm
Durchmesser Kopf	0,5 µm
Länge Mittelstück	4 µm
Schwanzlänge	80–90 µm
∅-Volumen	0,2 µl
∅-Ejakulat-Volumen	0,5–1 ml
∅-Spermien/Ejakulat	1–3,5 Milliarden
pH-Wert	7,0–7,6
Farbe	opalweiß bis wasserklar
Lipidgehalt	8,9 % Trockenmasse
Lebensdauer im Eileiter	≧ 3–5 Wochen
bei 10–20 °C	ca. 5–6 Stunden

löst die Eimembran enzymatisch (Akrosom) auf. Jetzt wird im Ei die zweite Reifeteilung abgeschlossen. Beim Eindringen in das Ei wirft das Spermium seinen Schwanz ab; die Rinde des Eies wird fest und verhindert so, daß »zuviele« Spermien eindringen können. Bei Vögeln ist das Eindringen zahlreicher Spermien aufgrund der Eigröße allerdings normal. Natürlich gelingt nur einer Samenzelle die Verschmelzung mit dem Eikern, woraus sich wieder die diploide Zygote entwickelt und die Furchung kann einsetzen.

Künstliche Befruchtung ist bei Vögeln gut möglich. Eine Ejakulation kann durch Abdomenmassage provoziert werden. Für den Erfolg ist eine Samenmenge von etwa 80 bis 100 Millionen Samen erforderlich.

Der **Chromosomensatz** bei Vögeln ist erstaunlicherweise interspezifisch sehr unterschiedlich und beträgt in der diploiden Zelle 16 bis 86 (16 Haustaube, 78 Hausente, 86 Bläßhuhn). Dabei gibt es auch größere Unsicherheiten über die tatsächliche Zahl bei einzelnen Arten, da sehr kleine, punktförmige Chromosomen z. T. schwer erkannt und gezählt werden können.

Die Zahl der Chromosomen ist aber wenig bedeutend. Entscheidend ist vor allem die Summe der Gene, die auf unterschiedlich vielen Chromosomen verteilt sein können (also die Summe des Erbmaterials).

Im Gegensatz zu den Säugern sind die **Geschlechtschromosomen** (Heterochromosomen) beim Männchen xx und beim Weibchen xy. Das Geschlecht der Nachkommen wird daher bei Vögeln von der Eizelle determiniert und nicht wie bei den Säugern vom Spermium.

17.6.3 Gelege

Die von einem Weibchen abgelegte und von den Altvögeln gleichzeitig bebrütete Zahl von Eiern bezeichnet man als Gelege. Seine Größe kann ein Ei bis etwa 20 Eier betragen. Bei wenigen besonderen brutbiologischen Anpassungen (z. B. Brutparasiten, Großfußhühner, s. u.) kann man keine distinkten Gelege voneinander abgrenzen, da mehr oder weniger kontinuierlich gelegt wird. Arten mit kleinen Gelegen weisen häufig sehr konstante Eizahl auf. Bei Arten und Populationen mit variabler Gelegegröße ist nach der Hypothese von D. LACK die modale Gelegegröße auch die produktivste, d. h. jene mit der größten Zahl an Nachkommen. Viele Ergebnisse stimmen damit überein. Doch stellte sich auch heraus, daß die modale Gelegegröße kleiner als die produktivste ist oder daß die Zahl der flüggen Jungen und ihre Mortalität in der Zeit unmittelbar nach dem Verlassen des Nestes für modale und höhere Gelegegrößen gleich sein kann. Ob sich Gelegegröße auf spätere Mortalität auswirkt, ist unbekannt.

Geht man davon aus, daß die **Gelegegröße** jeder Art als Ergebnis der Selektion auf einen maximalen Beitrag der Eltern zur nächsten Generation ausgerichtet ist, sind verschiedene Voraussetzungen und Faktoren zu bedenken. Nahrungsangebot kann z. B. als unmittelbarer Faktor (proximate factor) wirken, wenn es zu Beginn des Fortpflanzungszyklus den für die Eibildung notwendigen Energieaufwand des Weibchens begrenzt. Wenn die dadurch limitierte Gelegegröße aber auch eine Anpassung an die Ernährung der Jungen und damit das Nahrungsangebot zum Schlüsselfaktor für die Anpassung der Gelegegröße an zukünftige Bedingungen bedeutet, wirkt Nahrung als mittelbarer Faktor (ultimate factor). Vor allem bei Nesthockern bedeutet Zunahme der Gelegegröße erhöhte Anforderungen an die Versorgung der Brut, deren Betrag nicht einfach mit der Brutgröße proportional anwächst. So bekommen Junge einer großen Brut individuell mitunter weniger Nahrung als solche kleiner Bruten. Erhöhte Sterblichkeit kann daher zu geringerem Erfolg größerer Gelege im Vergleich zu kleineren führen. Größere Gelege können vor allem bei Nestflüchtern bzw. Bodenbrütern auffälliger für Eierräuber und damit von größeren Verlusten betroffen sein.

Zu unterscheiden ist aber ferner zwischen **optimalen Gelegegrößen,** die pro Nest die meisten bis zur Geschlechtsreife überlebenden Jungen produzieren, und den produktivsten, die pro Lebenszeit der Eltern die meisten bis zur Geschlechtsreife überlebenden Jungen zur Population beisteuern. Große und daher pro Nest die meisten Jungen garantierende Gelege können zur erhöhten Beanspruchung der Altvögel führen, die damit größeres Risiko gegenüber Beutefeinden eingehen oder geringere Energiereserven für die anschließende Mauser und/ oder Überleben des Winters (bzw. Zuges) zur Verfügung haben. Zur Beurteilung der **produktivsten Gelegegröße** ist also der leichter zu messende Nesterfolg nicht ausreichend. Minimierung des Risikos für die Altvögel auf Kosten der Gelegegröße ist vor allem bei Arten mit hoher potentieller Lebenserwartung anzunehmen.

Im einzelnen sind Nachweise durch Beobachtungen und Experimente über die Gelegegröße beeinflussende Faktoren nicht leicht zu führen. Viele der nachfolgenden Möglichkeiten inter- und intraspezifischer Variation der Gelegegröße oder verschiedene Strategien zur Verbesserung der Reproduktionsrate durch die Zahl der abgelegten Eier sind daher meist nur durch mehr oder minder plausible Annahmen begründet. Für die Hypothese, daß Evolution die produktivste Gelegegröße entscheidend mitbestimmt, ist auf alle Fälle Erblichkeit der Gelegegröße Voraussetzung. Erblichkeit kann man als Größe des genetisch begründeten Beitrags zur quantitativen Variation eines Merkmals innerhalb einer Population definieren. Er ist bisher allerdings erst bei wenigen Arten untersucht worden. Mutter-Tochter-Erblichkeit wurde bei verschiedenen Populationen der Kohlmeise, aber auch bei Stockente, Schneegans und Star nachgewiesen; bei Kohlmeisen trägt auch die väterliche Linie über die Großmutter auf die Enkel zur Gelegegröße bei. Allerdings ist die individuelle Variation groß. Gelegegröße ist mit hoher Sicherheit durch das Zusammenwirken mehrere Gene bedingt, so daß in jeder Generation durch Rekombination Abweichungen vom Optimum denkbar sind, die nicht auf unterschiedliche Selektionsdrucke zurückgeführt werden können, sondern auf die Weitergabe von Genen.

Tab. 17.15. Gelegegrößen

Modale Gelegegrößen	Familien
A. Nestflüchter: Junge werden nicht gefüttert (praecocial)	
1	Kiwis
2–3	Hokkohühner
2–4	Regenpfeifer
3–4	Schnepfen
3–5	Kasuare
3–6	Steißhühner
3–8	Strauße, Nandus
4	Blatthühnchen, Stelzenläufer
4–11	Entenvögel
6–14	Hühnervögel
B. Nestflüchter: Junge werden gefüttert (semipraecocial)	
1	Flamingos
1–2	Alken, Nachtschwalben
1–3	Seeschwalben
2	Kraniche, Seetaucher, Triele, Brachschwalben
2–3	Flughühner, Austernfischer
2–4	Trappen, Brachschwalben
3–5	Lappentaucher
4–9	Rallen
C. Nesthocker und überwiegende Nesthocker (altricial, semialtricial)	
1	Albatrosse, Sturmvögel, Sturmschwalben
1–2	Lauben- u. Paradiesvögel, Tauben
1–3	Neuweltgeier, Schmuckvögel
1–4	Honigfresser
1–5	Stachelbürzler, Stare
1–6	Habichtartige, Segler
2	Kolibris, Ameisenvögel, Schmuckvögel
2–3	Faulvögel, Baumsteiger, Nektarvögel
2–4	Tukane, Glanzvögel, Monarchen, Brillenvögel, Webervögel, Pirole, Drongos
2–5	Bartvögel, Breitrachen, Töpfervögel, Spottdrosseln, Tangaren, Vireos
2–6	Nashornvögel, Sänger, Timalien, Falken, Racken
2–7	Bülbüls, Grasmücken, Reiher, Ibisse, Papageien, Eulen, Eisvögel, Spechte, Waldsänger, Rabenvögel
3–5	Störche, Pittas, Finken
3–6	Braunellen, Stelzen, Lerchen, Würger, Sperlingsartige
3–7	Schwalben, Zaunkönige
4–6	Wasseramseln, Ammern
4–7	Prachtfinken
4–11	Meisen

Variation der Gelegegröße ist nicht nur zwischen Arten oder Populationen einer Art, sondern auch zwischen Individuen einer Population und phänotypisch im Leben eines Individuums (z. B. nach Lebensalter, Kondition, Umweltverhältnissen) festzustellen. Zahlreiche Korrelationen zwischen Gelegegröße und verschiedenen Faktoren sind nachgewiesen oder vermutet, wobei manche Einflüsse sich überschneiden oder wechselweise beeinflussen:

1. **Unterschiede zwischen taxonomischen Gruppen** (Tab. 17.15) spiegeln z. T. auch ökologische oder physiologische Abhängigkeiten wider, doch legen z. B. bei den Röhrennasen von den kleinsten Sturmschwalben bis zu den riesigen Albatrossen alle Arten nur ein Ei. Die größten Gelege finden sich bei kleineren Entenvögeln, also typischen Nestflüchtern (s. Kap. 18.2.1). Auch in der Variationsbreite der Gelegegröße lassen sich gruppenspezifische Unterschiede feststellen. Bei Tauben oder Schnepfen-, Möwen- und Alkenvögeln ist die Gelegegröße mit 2 oder 3 bis 4 Eiern recht konstant. Viele Arten dieser Gruppen zählen zu den determinierten Legern, die auch durch Wegnahme von Eiern nicht dazu gebracht werden können, mehr Eier, als das normale Gelege umfaßt, zu produzieren. Nichtdeterminierte Leger (z. B. Enten- und Hühnervögel) produzieren nach Wegnahme von Eiern während der Legephase bis zum Mehrfachen der normalen Eizahl (Maxima 70 bis 80 Eier). Grundsätzliche Unterschiede in der Gelegegröße zwischen Nesthockern und Nestflüchtern bestehen nicht. Manche Gelege, wie z. B. die der Regenpfeifer und Schnepfen, bestehen aus 2 bis 4 relativ großen Eiern (vgl. Tab. 17.15). Möglicherweise begrenzt hier also die Eigröße die Gelegegröße. Dem würde entsprechen, daß Nestflüchter mit relativ kleinen Eiern im Vergleich zur Körpermasse, wie Entenartige und Hühner, sehr große Gelege zeitigen (Tab. 17.15).

2. Innerhalb einer taxonomischen Gruppe lassen sich Tendenzen der Abnahme der **Gelegestärke** mit der **Körpergröße** feststellen. Modale Gelegegrößen der in der gemäßigten Zone brütenden Schwäne und Gänse sind z. B. 5 bis 7, der Gründel- und Tauchenten 8 bis 10. Adler und andere größere Habichtartige legen nur 1 bis 2 Eier, kleinere Arten 4 bis 6.

3. Negative Korrelation zwischen **Eigröße** und **Gelegegröße** ist oft innerhalb taxonomischer Gruppen bemerkbar, aber auch zwischen Individuen einer Art und sogar zwischen verschiedenen Gelegen eines Individuums nachgewiesen worden.

4. Innerhalb taxonomischer Gruppen produzieren **Höhlenbrüter** oft größere Gelege als **Freibrüter**. Die höchsten Gelegestärken eines Nesthockers hat z. B. die Blaumeise mit 10 bis 12 Eiern als modalen Wert in manchen Populationen. Mit höherer Gelegestärke ist längere Entwicklungszeit der Jungen verbunden, da die größere Jungenzahl höhere Futtermengen voraussetzt, jedoch die tägliche Futtermenge durch die Leistungsfähigkeit der Altvögel limitiert ist. In der Sicherheit der Bruthöhle ist längere Entwicklungszeit möglich. Freibrüter sind dagegen stärker gegen Räuber anfällig und setzen daher auf kleinere Gelege und schnellere Entwicklung der Jungen mit der Möglichkeit einer zweiten Brut pro Saison. Bei einigen Höhlenbrütern wurde auch intraspezifische Zunahme der Gelegegröße mit zunehmender Größe der Bruthöhle experimentell nachgewiesen. Bei Freibrütern scheint eine direkte Abhängigkeit zwischen Gelegestärke und Nestgröße noch nicht einwandfrei nachgewiesen zu sein.

5. Mit der **geographischen Breite** tendiert die Gelegegröße von den Tropen polwärts zuzunehmen. Dies ist sowohl bei nah verwandten Arten als auch bei verschiedenen Populationen einer Art nachgewiesen. Die Erklärung, daß längere Tageshelligkeit in hohen Breiten mehr Fütterungen gestattet, kann höchstens teilweise befriedigen (z. B. zeigen dämmerungsaktive Eulen ähnlichen Trend). Ein anderer Erklärungsversuch setzt bei der saisonalen Fluktuation des Nahrungsangebotes an: In einem relativ konstanten Nahrungsangebot das ganze Jahr über in den Tropen ist die Mortalität niedrig und andererseits die Erhöhung des Nahrungsangebots während der Brutzeit relativ gering, so daß wenig zusätzliche Nahrung für große Bruten zur Verfügung steht. In höheren Breiten ist dagegen der Jahresgang des Nahrungsangebotes sehr markant. Engpässe wechseln mit kurzfristig hohem Angebot ab. Letzteres zu nutzen und die durch erstere entstehende hohe Mortalität auszugleichen, bieten größere Gelege günstige Voraussetzungen.

6. **Habitatbedingte Unterschiede** der Gelegegröße bestehen z. B. in den Tropen bei nah verwandten Arten zwischen Savannen/Grasland (größere) und tropischem Regenwald (kleinere Gelege) und sind wohl ebenfalls mit unterschiedlicher Jahresamplitude der Schwan-

kung des Nahrungsangebotes zu erklären. Innerhalb einer Art oder Population sind Habitatunterschiede z. B. auf Dichte der Brutpaare oder auf »Qualität« des Bruthabitats zurückzuführen. So zeitigen Paare in marginalen Habitaten oft kleinere Gelege. Dichteabhängige Abnahme der Gelegegröße kann auf Anwesenheit von Nichtbrütern, mögliche Streßfaktoren oder auch unterschiedlichen Anteil an Zweitbruten zurückzuführen sein. Natürliche Auslese kann geringere Gelegegröße fördern, wenn dadurch die Chance, erfolgreich Junge großzuziehen, größer wird, z. B. in hohen Dichten geringere Räuberverluste bei kleinen Gelegen oder geringere Probleme bei der Nahrungsversorgung der Jungen.

7. **Jüngere Vögel** legen häufig weniger Eier als ältere. Allerdings ist der Aufzuchterfolg älterer Paare oft auch unabhängig von der Gelegegröße höher (z. B. weil ältere Paare eher und daher günstigere Brutreviere besetzen oder günstigere Plätze in den Kolonien einnehmen). Offenbar kann in Einzelfällen die Gelegegröße bei hohem Alter der Brutvögel wieder abnehmen; die Zahl der Beweise hierfür ist allerdings sehr gering.

8. Bei Arten mit einer Brut pro Saison nimmt die Gelegestärke nicht selten mit fortschreitender Brutperiode ab. Dies kann damit zusammenhängen, daß die Nahrungsbedingungen für die Jungen gegen Ende der Brutzeit ungünstiger werden, aber auch auf Weibchen in schlechterer Kondition oder jüngere Weibchen mit späterem Legen zurückzuführen sein. Abweichend davon kann die Gelegegröße aber auch eine Optimumkurve durchlaufen mit Gipfel in der Mitte der Saison (z. B. Amsel). Der **Kalendereffekt** der Gelegegröße ist also bei einzelnen Arten verschieden; nicht immer sind Zweitbruten kleiner als Erstbruten, häufig jedoch Ersatzgelege anstelle einer zerstörten Brut.

9. Der Einfluß des **Nahrungsangebots** auf die Gelegegröße ist bei einer Reihe von Arten nachgewiesen worden. Am auffälligsten ist er bei Kleinsäugerjägern, wie Eulen, Bussarden. Dabei ist aber nicht eindeutig geklärt, ob die Weibchen mehr Eier legen, weil sie mehr Nahrung aufnehmen können, oder ob die großen Gelege bei hohem Nahrungsangebot eine Anpassung an die besseren Aufzuchtmöglichkeiten für die Jungen darstellen. Bei solchen und anderen Arten sind auch Nichtbrüter zu berücksichtigen, deren Anteil sehr schwer zu erfassen ist. Vor allem bei längerlebigen Arten ist

in der einen oder anderen Saison auch die Gelegegröße Null anzusetzen.

10. Verschiedentlich sind bei **Inselpopulationen** kleinere Gelege als bei Populationen der selben Art auf dem nahen Festland beobachtet worden.

Neben der Variation der Gelegegröße gibt es Möglichkeiten, die Zahl der Eier pro Saison und Individuum zu vergrößern, dabei aber die für hohe Gelegestärken geltende Probleme teilweise zu umgehen. Viele Arten, vor allem Singvögel, zeitigen mehr als ein Gelege pro Saison (Kap. 17.4). Polygamie gibt zumindest einem Geschlecht die Chance, mehr Nachkommen durch erhöhte Eiproduktion zu haben (Kap. 17.3.1).

Als eine Anpassung der Gelegegröße an nicht vorhersehbare Bedingungen der Jungenernährung kann man asynchrones Schlüpfen der Jungen erklären. Ist die Nahrung für die Aufzucht der vollen Brut zu knapp, sterben jüngere und kleinere Nestlinge, so daß die älteren und größeren eine bessere Chance haben, zu überleben. Asynchrones Schlüpfen als Folge eines Brutbeginns vor Ablage der letzten Eier, ist am auffälligsten bei nesthockenden Wirbeltierjägern und spezialisierten Insektenfressern, wie Kormoranen, Reihern, Greifvögeln, Eulen und Seglern. Aber auch bei Singvögeln finden sich vor allem in größeren Bruten Nesthäkchen, die bei Engpässen als erste sterben (z. B. Meisen, Haussperling).

Einige Arten, die fast stets nur ein Junges großziehen, legen häufig oder regelmäßig zwei (oder mehr) Eier. Beim Rosapelikan bleibt so gut wie immer ein Junges in der Entwicklung zurück und stirbt vorzeitig, bei manchen Pinguinen ist ein Ei deutlich kleiner. Bei mindestens 23 Greifvogelarten mit einer modalen Gelegegröße von einem Ei oder zwei Eiern wird entweder immer oder zumindest fakultativ ein Junges vom (oder von den) kräftigeren getötet. Dieser **Kainismus** tritt obligatorisch bei großen Arten mit langer individueller Lebensdauer, hoher Sterblichkeit bis zum Erreichen der Brutreife und starker Konkurrenz um Brutreviere auf, auch wenn kein ausgesprochener Nahrungsengpaß herrscht. Bei solch großen Arten ist das zweite Ei eine relativ geringe Belastung; bei langlebigen Arten sollte die durch Tötung von Abel erzielte höhere Überlebensrate des Kain die Kosten aufwiegen. Sind noch unbesetzte Habitate vorhanden, könnten Eltern mit zwei Jungen höhere Fitness erzielen als solche mit nur einem Jungen. Ist die Population aufgefüllt und die Konkurrenz um freie Plätze sehr hoch, sorgt Geschwistertötung für bessere Überlebenschancen des verbleibenden Jungen. Damit könnte das zweite Ei eine Anpassung an die Situation der Population darstellen und weniger, wie bisher meist angenommen, eine Sicherung gegen mögliche Eierluste.

18 Entwicklung

Das **individuelle Leben** von Vögeln (und anderen Organismen) kann in drei deutlich voneinander unterscheidbare Phasen unterteilt werden: die Entwicklung als Embryo (**Embryogenese),** die Jugendentwicklung (**Ontogenese)** und das Erwachsenenstadium (**Adultstadium).**

18.1 Embryogenese

Sofort nach der Befruchtung im Eileiter beginnt sich die **Zygote** zu teilen. Beim Verlassen des Vogelkörpers kann der Embryo sich deshalb bereits im Stadium der **Gastrulation** befinden und beim Haushuhn schon mehrere mm groß sein. Am befruchteten Hühnerei läßt sich dieser Keim als sogenannter »**Hahnentritt**« unschwer erkennen. Die Entwicklung geht nach der Eiablage gegen Null, wenn keine Bebrütung erfolgt. Die Keimesentwicklung kann dadurch um mehrere Wochen schadlos unterbrochen werden, was vor allem den gleichzeitigen Entwicklungsbeginn bei solchen Arten sicherstellt, die zahlreiche Eier in ihrem Gelege haben.

18.1.1 Furchung und frühe Keimesentwicklung

Die befruchtete Eizelle wird durch eine Folge von mitotischen Zellteilungen in **Blastomere** zerlegt, die den Eindruck von Furchen an der Oberfläche des Keimes hervorrufen, weshalb dieses Entwicklungsstadium **Furchungsstadium** genannt wird. Der Furchungsprozeß wird durch die Spindelstellung der Mitosen und durch den Gehalt des Eies an Dottersubstanz entscheidend beeinflußt. Vögel haben extrem dotterreiche (polylecithale) Eier, die keine totale Furchung (ganzer Zellkörper wird in Blastomere zerlegt) zulassen. Sie zeigen eine **partielle Furchung,** bei der das Eiplasma die Dottersubstanz nicht in den Teilungsprozeß miteinbezieht (Abb. 18.1).

Das Eiplasma schwimmt dabei zunächst als **Keimscheibe** am animalen Pol auf dem Dotter (alle Sauropsiden, viele Fische) und bildet durch eine scheibenförmige begrenzte **discoida-le Furchung** eine Blastodermkappe, die mehrschichtig ist und aus verschieden großen Blastodermzellen aufgebaut ist. Dieses Stadium kann als modifiziertes Morulastadium angesehen werden. Der zentrale Keimscheibenbereich ist durchsichtig (Area pellucida; Abb. 18.2). Durch Verflüssigung des Dotters unterhalb dieses Bereiches entsteht daraufhin ein flacher Hohlraum, die Subgerminalhöhle. Die Randzone des Keimes (Area opaca) liegt dem Dotter aber stets eng an. Außen schließt sich das unbedeckte Dotterfeld (Area vitellina) an, über das der Keimling langsam hinweg wächst.

Die **Subgerminalhöhle** ist eine besondere Form der Blastula, die man **Discoblastula** nennt. Sie ist jedoch nicht mit der Coeloblastula (Blastocoel, primäre Leibeshöhle) gleichzusetzen, da letztere eine Höhlung ist, die vollständig durch ein Keimblatt umhüllt ist, während die Discoblastula eine einfache Spalthöhlung darstellt.

Bei allen Mehrzellern (Metazoen) geht aus der Blastula durch den Prozeß der Gastrulation ein aus zwei Keimblättern bestehender **Becherkeim (Gastrula)** hervor. Das äußere Ektoderm bildet dabei die primäre Körperbedeckung, das innen liegende Entoderm die Urdarmanlage. Bei Vögeln ist aufgrund der besonderen Discoblastula dieser Vorgang eine spezielle Discogastrulation (Abb. 18.1). Dabei blättert (Delamination) eine innere Schicht von einer äußeren Schicht zunächst ab; zwischen beiden Schichten erfolgt daraufhin die Gastrula aus Zellmaterial der Area pellucida (und anderen Zellbereichen?). Das entstehende **Entoderm** heißt »sekundäres Entoderm« (oder Deuterentoderm). Diese Art der Entodermbildung wird als sekundäre Neubildung verstanden, die eine frühzeitige Verarbeitung der Dottersubstanz erlaubt. Die Gastrulation tritt erst mit Beginn der Bebrütung auf. Kurze Zeit später (beim Huhn nach 8 Bebrütungsstunden) bildet verdicktes Ektoderm eine Primitivrinne und einen Primitivknoten (beide zusamen = Primitivstreifen), die dem Urmund homolog sind. Von hier aus erfolgt unter dem Primitivstreifen die primäre Anlage der Chorda.

Das **dritte Keimblatt (Mesoderm)** entsteht bei den Wirbeltieren aus soliden Mesodermleisten von Urdarmabfaltungen, die später ausgehöhlt werden. Bei den Vögeln geschieht dies unterhalb und auf beiden Seiten des Primitivstreifens. Das Mesoderm wächst dann seitwärts und schwanz- und kopfwärts (mit zwei Zipfeln), und eine weitere kompliziertere Differenzierung erfolgt, die hier nicht näher dargestellt werden soll.

Die **Abfaltung des Embryos** beginnt mit der scharfen Abtrennung der Embryoanlage vom extraembryonalen Bezirk (Abb. 18.2). Seitlich, vor und hinter dem Embryo werfen sich Amnionfalten (Embryonalhüllen) auf, die schließlich den ganzen Embryo bedecken und zu dem Namen Amniota geführt haben (dazu gehören Sauropsiden, Säuger). Die ektodermal beginnende Faltung des Proamnions erfaßt auch das extraembryonale Mesoderm (Abb. 18.2E), so daß nach dem Verwachsen in der Dorsalnaht

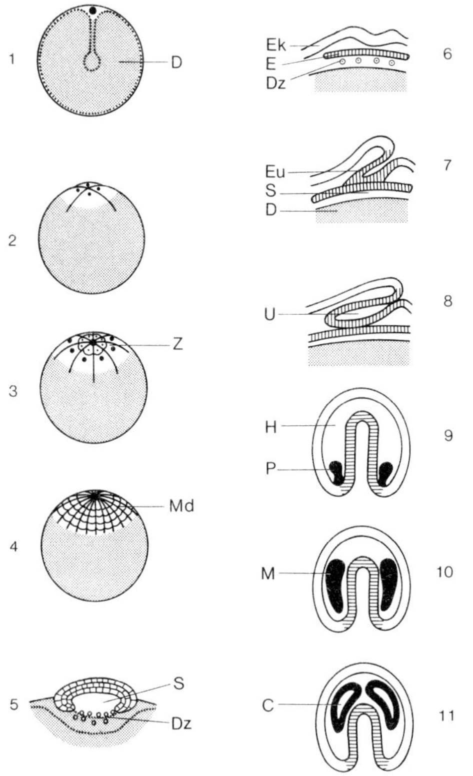

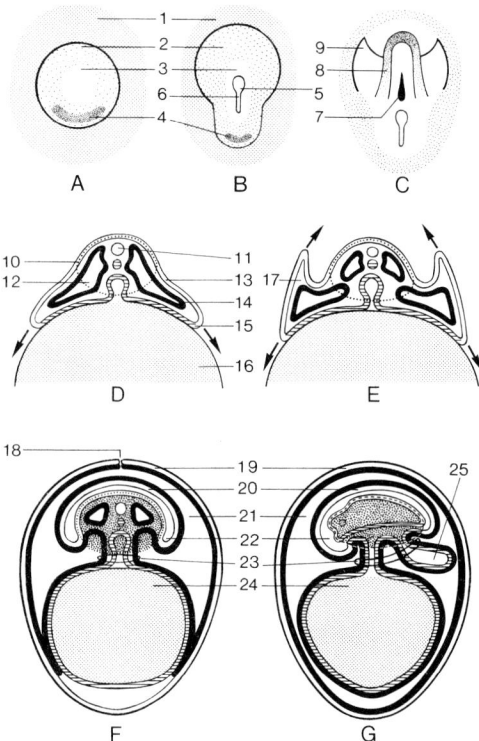

Abb. 18.1. Stark schematisierte Darstellung der Ausbildung der drei Keimblätter Ektoderm (1–5, Blastulabildung), Entoderm (6–8, Gastrulation) und Mesoderm (9–11, Urdarmabfaltung; nach Vogel & Angermann 1985). Nach Daten vom Haushuhn, etwa 8 Stunden nach der Befruchtung.
C = sekundäre Leibeshöhle; Coelom; D = Dotter; Dz = Dotterzellen (bilden sekundäres Entoderm); E = durch Delamination vom Ektoderm abgespaltenes Gewebe (und Dotterzellen); Ek = Ektoderm; En = Entoderm (primäres aus Ek, sekundäres aus E und Dz); H = primäre Leibeshöhle; M = Mesoderm (aus Mesodermleiste), drittes Keimblatt; Md = Discomerulakeim; P = paarige Abfaltung des Urdarmes (Mesodermleiste); S = Subgerminalhöhle der Discoblastula; U = Urdarm; Z = Sechzehnzellstadium.

Abb. 18.2. Stark schematisierte Darstellung der frühen Entwicklung beim Vogel (nach Vogel & Angermann 1985).
A. Keimscheibe; B. Primitivscheibe; C. Organgliederung; D. Abhebung des Embryos (Querschnitt); E. Beginn der Amnionfaltung; F. umhüllter Embryo (Querschnitt); G. umhüllter Embryo (Längsschnitt).
1 = Dotterfeld; 2 = Area opaca; 3 = Area pellucida; 4 = Randwulst; 5 = Primitivknoten; 6 = Primitivrinne; 7 = Chordafortsatz; 8 = Neuralwulst; 9 = Mesodermflügel; 10 = Ektoderm; 11 = Neuralrohr; 12 = Ursegmente; 13 = extraembryonales Ektoderm; 14 = extraembryonales Mesoderm; 15 = extraembryonales Entoderm; 16 = Dotter; 17 = Amnionfalte; 18 = Dorsalnaht; 19 = Serosa; 20 = Amnion; 21 = Exocoel; 22 = Amnionhöhle; 23 = Nabelstrang; 24 = Dottersack; 25 = Allantois.

zwei jeweils aus Ektoderm und Mesoderm (Somatopleura) bestehende Hüllen entstanden sind.

18.1.2 Eihäute

Aus Ektoderm und Mesoderm entstehen somit zwei Hüllen (s. o.). Es handelt sich dabei um die **äußere Serosa** und das innere **Amnion.** Beide sind durch extraembryonales Coelom, das wassergefüllte Exocoel, voneinander getrennt. Die Serosa liegt der Schale eng an. Sie bildet die Hülle des gesamten Ei-Inhaltes.

Das **Amnion** wölbt sich vom Nabel aus rings um den Embryo in die Höhe und schließt sich über ihm zur Amnionhöhle. Auch sie ist mit salzhaltigem Wasser gefüllt (wie das Exocoel). Insgesamt wird der Vogelembryo durch diese beiden Hüllen völlig von der Umwelt abgeschlossen und in ein Wasserkissen eingebettet, was den Sauropsiden erst die Entwicklung auf dem Land erlaubt. Die Wandung des Amnions hat glatte Muskeln, ist aber praktisch frei von Nerven. Das Muskelnetz arbeitet autonom rhythmisch abwechselnd an den beiden Enden der Amnionhöhle und mischt dadurch die Amnionflüssigkeit. Unterstützt wird diese Vermischung durch Bewegungen des Embryos selbst. In der Amnionhöhle liegt auch der Rest des Eiklars, das durch den Wasserverlust des gesamten Eies im späteren Verlauf der Bebrütung stark eingedickt wird. Vor dem Schlüpfen kommt dieses Resteiweiß zusammen mit der restlichen Amnionflüssigkeit vermischt in den soeben geöffneten Mund des Embryos. Dieser schluckt und verdaut die Reste als erste Mahlzeit seines Lebens.

Der **Dottersack** entsteht durch sehr schnelles Wachstum der Keimscheibe um die Dotterkugel herum. Auch er besteht aus zwei Schichten (Entoderm, Mesoderm). Sehr früh wird ein dichtes Gefäßnetz ausgebildet, das mit dem Embryo in Verbindung steht, den Nahrungsdotter abbaut und dem Keimling zuführt. Die Dottersack-Darm-Verbindung (**Dottergang**) ist niemals frei für Dotter passierbar; immer übernimmt Blut den Nahrungstransport. Normalerweise ist der Dottersack beim Schlüpfen bereits stark geschrumpft und in die Leibeshöhle eingezogen. Nestflüchter können allerdings auch nach dem Schlupf größere Dottermengen zunächst in der Leibeshöhle aufweisen und sind so längere Zeit ohne äußere Nahrungsaufnahme lebensfähig. Das innere Keimblatt ist in der

Humanmedizin zur Produktion von Antikörpern von Bedeutung. Der Dottersack liefert sowohl Baustoffe als auch die Energie für den wachsenden Keimling.

Die **Allantois** entsteht als Enddarmausstülpung in das Exocoel (beim Huhn am 2. Bebrütungstag). Die Verbindung zum (vorn und hinten noch geschlossenen) Darmrohr ist die Harnkloake (Urodaeum). Auch ihre Wandung besteht wie der Dottersack aus Endo- und Mesoderm. Zunächst dient die Allantois nur als embryonaler Harnsack zur Ablagerung von Harnsäure. Später wird sie zu einem wichtigen **Resorptions- und Atmungsorgan.** Die äußere (mesodermale) Splanchopleura-Schicht entwickelt dazu ein mächtiges Gefäßnetz und verwächst später mit der inneren (mesodermalen) Serosaschicht und füllt so bald das gesamte Exocoel aus. Als Chorio-Allantois gelangt sie in unmittelbare Nachbarschaft zur Luftkammer und zur Eischale. Neben der Atmungsfunktion verflüssigt diese Eihaut das Eiklar und leitet es durch den Allantoisstiel im Nabelstrang zu dem heranwachsenden Embryo, der dieses Eiweiß zum Aufbaustoffwechsel benutzt. Nach dem Schlüpfen verbleibt der Allantoissack mit der griesigen Harnsäure (s. Kap. 13) meist in einer der (normalerweise zwei) Eischalenhälften deutlich erkennbar zurück.

18.1.3 Organogenese

Als **Organogenese** faßt man die Bildung von definitiven Organen zusammen. Sie setzt meist erst postgastrulär ein, wobei sich die Organanlagen in der Regel aus den Keimblättern differenzieren.

Differenzierungen des **Ektoderms** sind u. a. die Haut mit Drüsen und Anhängen (Federn), Vorder-(Lunge) und Enddarm, Nervengewebe, Augenlinse und Nebennierenmark. Bildungen des **Entoderms** sind der Mitteldarm mit seinen Drüsen, die Schilddrüse, die Epithelkörperchen. Aus dem **Mesoderm** entstehen die Muskulatur, das Binde- und Stützgewebe, die Blutgefäße und die Blutzellen sowie die Nieren, die Geschlechtsdrüsen u. a. Die gesamte Organogenese ist bei den Vögeln nur beim Haushuhn einigermaßen gut untersucht worden. Im folgenden werden deshalb nur kurz einige exemplarische Einblicke gegeben.

Die **Federn** entstehen aus einer verdickten Epidermisstelle (ektodermal), unter der sich Mesenchymzellen (mesodermal) ansammeln.

Es kommt zur Bildung einer sich einsenkenden Corium-Papille mit Bindegewebe und einer reichen Blutversorgung. Der Epidermisanteil wächst hohlzylinderartig aus und bildet radiär gestellte Pulpaleisten, die nach Abwerfen der verhornten Federscheide frei werden (s. Kap. 5.2.2).

Das **Gehirn** ist zunächst langgestreckt und aus vielen Segmenten (Somiten) aufgebaut. Die Somiten verschmelzen zu Gehirnbläschen, von denen der Vogelembryo typischerweise temporär drei aufweist: Prosencephalon, Mesencephalon und Rhombencephalon. Nach 75 bis 80 Brutstunden sind beim Huhn dann alle 5 defini-

tiven Gehirnabschnitte vorhanden (Abb. 18.3): Vorder-, Zwischen-, Mittel-, Kleinhirn und verlängertes Rückenmark (Nachhirn).

Die **Extremitäten** nehmen ihren Anfang von einer Verdickung des Seitenplattenmesoderms. Beim Huhn sind diese nach 3 bis 4 Bebrütungsstunden gut zu erkennen und nach 8 Tagen sehr gut entwickelt.

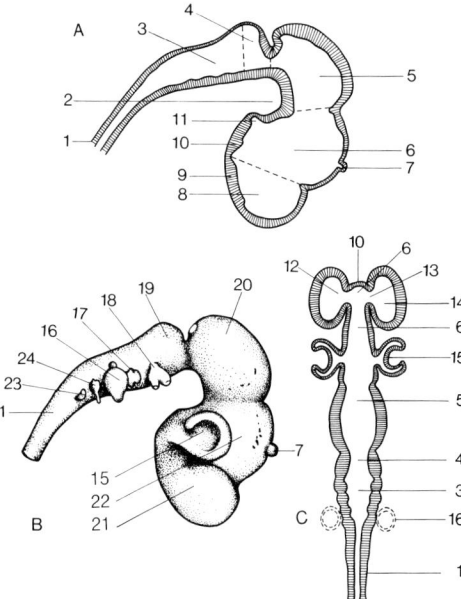

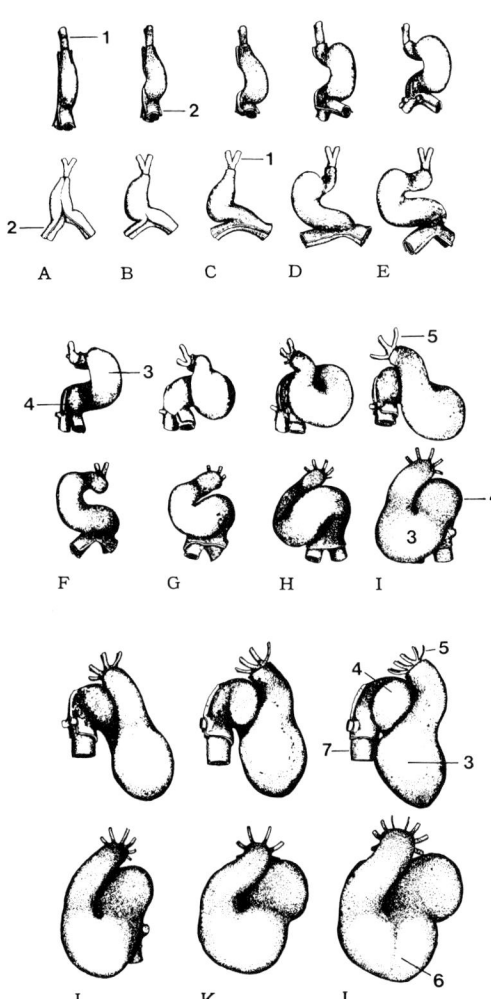

Abb. 18.3. A. Sagittaler Schnitt durch das Hirn eines viertägigen Hühnerembryos (5-Bläschen-Stadium; nach PATTEN 1948); B. Seitensicht; C. schematischer Längsschnitt. Die gestrichelten Linien geben die Etwa-Grenzen der einzelnen Gehirnvesikel an.
1 = (verlängertes) Rückenmark; 2 = ventrale Kopffalte; 3 = Myelocoel (Gehirnventrikel IV); 4 = Metacoel (Gehirnventrikel IV); 5 = Mesocoel; 6 = Diocoel (Gehirnventrikel III); 7 = Epiphyse; 8 = medianes Telocoel (Gehirnventrikel III); 9 = Lamina terminalis; 10 = optisches Chiasma; 11 = Infundibulum; 12 = laterales Telocoel (Gehirnventrikel I); 13 = Monrosches Fenster; 14 = laterales Telocoel (Gehirnventrikel II); 15 = Augenbecher; 16 = Gehörventrikel (Position); 17 = Ganglion VIII und VII; 18 = Ganglion V; 19 = Metencephalon (Hinterhirn); 20 = Mesencephalon (Mittelhirn); 21 = Telencephalon (Vorderhirn, seitlicher Vesikel); 22 = Diencephalon (Zwischenhirn); 23 = Ganglion XI; 24 = Ganglion X.

Abb. 18.4. Frühe Entwicklung des Hühnerherzens in der Embryogenese (nach PATTEN 1948, verändert). Obere Reihe jeweils seitliche (laterale) Ansicht von rechts; untere Reihe jeweils von ventral. Zeitverlauf in Stunden: A 29, B 30, C 32, D 38, E 40, F 42, G 44, H 47, I 53, J 65, K 76, L 100.
1 = ventrale Aortenwurzel (2); 2 = Mesenterial-Venen; 3 = Ventrikel (Hauptkammer); 4 = Atrium (Vorkammer); 5 = Aortenäste (I–VI); 6 = beide Hauptkammern deutlich zu sehen; 7 = Hohlvene.

Das **Herz** zeigt bereits nach 44 Stunden der Bebrütung (Huhn) einen Vorhof und eine Hauptkammer; nach 100 Stunden ist es praktisch voll ausdifferenziert (Abb. 18.4). Das Gefäßnetz selbst ist das weitaus größte Organ, das zur Ernährung des Embryos als erstes voll ausgebildet wird.

Allgemein kann davon ausgegangen werden, daß beim Vogelkeimling im ersten Fünftel der Bebrütungszeit alle Organe komplett angelegt sind und während des **Restes der Embryogenese** nur noch stärkere **Ausdifferenzierung** sowie **Wachstum** erfolgt (Abb. 18.5):

Sobald der Keimling eine ovale Gestalt annimmt, ist die Längsachse des auf dem Dotter liegenden Keimlings klar erkennbar. Sie ist zunächst quer zur Längsrichtung des Eies ausgerichtet. Der Kopf des Embryos liegt dabei in der Regel nach rechts, wenn der stumpfe Eipol nach vorne orientiert wird. Erst kurz vor Beginn der **Lungenatmung** (beim Huhn am 12. bis 16. Bebrütungstag) dreht sich der Embryo aus der Querlage so, daß Nacken und Kopf gegen das stumpfe Eiende zu liegen kommen. Auf dem Oberschnabelende bzw. (seltener) dem Unterschnabelende (z. B. bei Spechten) wächst dann ein Eizahn aus Kalk heran, mit dem der Vogel vor dem Schlüpfen die Eihäute zur Luftkammer durchstößt und so zu Atemluft gelangt. Die **Luftkammer** hat sich im Laufe der Bebrütung durch Wasserverlust bis auf ein Viertel des Eiraumes ausgedehnt und bewirkt dadurch, daß (schon länger bebrütete Eier im Gegensatz zu frisch gelegten) bei einer »Wasserprobe« schwimmen und nicht untergehen. Im Zeitbereich von 60 bis 85 % des Verlaufes der Bebrütung (s. Kap. 14) gibt die Chorio-Allantois ihr Blut an den Körper zurück. Die Lungen treiben die Amnion-Eiweiß-Flüssigkeit aus und können damit ihre Atemtätigkeit beginnen. Dieser Übergang, der bei größeren Vogelarten mehrere Tage lang dauern kann, zeigt sich in einem deutlichen **Plateau** des bisher und anschließend exponentiell ansteigenden **Stoffwechsels** des Embryos.

18.1.4 Zeitdauer der Embryogenese

Die Zeitdauer der Embryonalentwicklung ist mehr oder weniger mit der Bebrütungszeit (Inkubationszeit; Zeit der regelmäßigen, nicht unterbrochenen Bebrütung zwischen der Ablage des letzten Eies und seinem Schlupf) identisch. Die anfängliche Genese im Vogelkörper wird

dabei als zeitlich relativ unerheblich angesehen und nicht in die Entwicklungszeit miteinbezogen.

Die **Bebrütungszeit** kann 9 bis 11 Tage dauern (kleine Sperlingsvögel, Mausvögel und andere) oder bis zu 80 bis 90 Tage (z. B. beim Königsalbatros). Bei der externen Bebrütung der Großfußhühner (Thermometerhuhn) sind Werte bis 96 Tage bekannt. Kolibris haben durch sehr variable Bebrütungstemperaturen u. U. sehr variable Bebrütungszeiten (s. auch Kap. 18.1.6). Kiwi (Bruttemperatur 35,3 °C) bebrüten 83 (max. 91) Tage. Durch (künstliche) niedrige oder leicht erhöhte Bebrütungstemperaturen lassen sich die Werte noch verlängern (Extrem 8 bis 9 Tage) oder verkürzen (oberer Wert?).

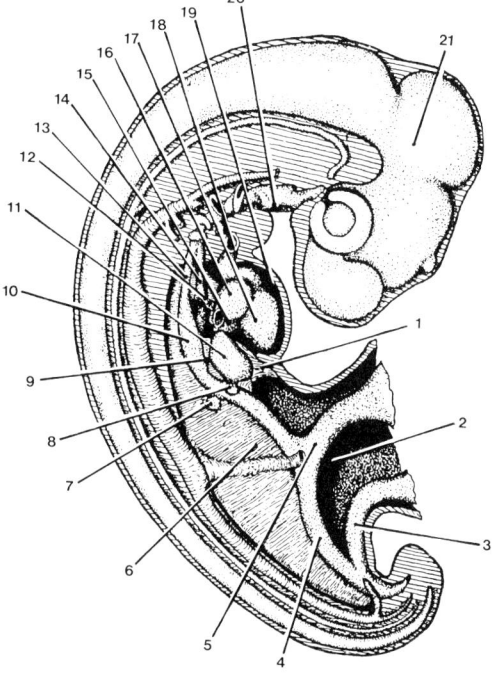

Abb. 18.5. Schematischer Längsschnitt durch einen viertägigen Hühnerembryo (nach PATTEN 1948). 1 = ventrales Ligament der Leber; 2 = Coelom der peritonealen Region; 3 = Allantois-Stiel; 4 = Dickdarm; 5 = Dottersackstiel; 6 = primäres Dorsal-Mesenterium; 7 = dorsales Pankreas; 8 = ventrales Pankreas; 9 = gastro-hepatisches Darmnetz; 10 = Magen; 11 = Leber; 12 = dorsales Mesocardium; 13 = Oesophagus; 14 = Trachea; 15 = Sinus venosus; 16 = Atrium (Vorkammer des Herzens); 17 = Ventrikel (Hauptkammer); 18 = Aorta; 19 = perikardiale Coelomregion; 20 = Mund; 21 = Gehirn; s. auch Abb. 18.3.

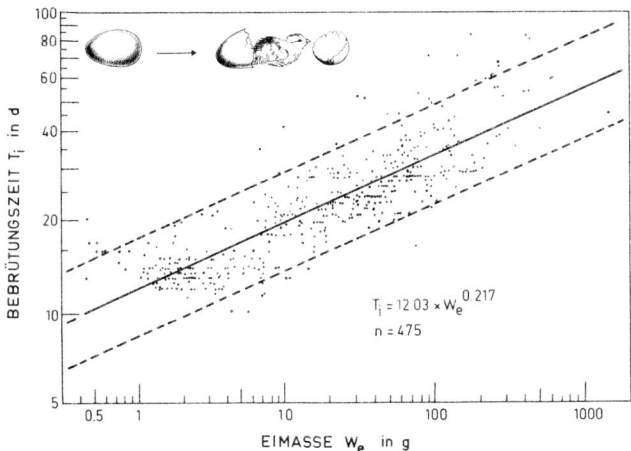

Abb. 18.6. Die Beziehung zwischen Bebrütungszeit T_i (in Tagen, d) und Eimasse W_e (in g). Die ausgezogene Linie ist die gegebene Regressionsgleichung; gestrichelt ist der Bereich des 95%-Konfidenzintervalls (nach RAHN & AR 1974, ergänzt).

Im Mittel ist die **Zeit der Embryogenese** T_i (in Tagen, d) sehr klar mit der Eimasse W_e (in g) korreliert. Auf der Basis von über 480 Vogelarten erhält man folgende Beziehung (Abb. 18.6):

$$T_i = 12{,}03 \times W_e^{0{,}217}$$

Diese Beziehung bedeutet, daß jede Verdopplung der Eimasse eine Verlängerung der Embryogenese um etwa 16% nach sich zieht. Natürlich können zahlreiche Faktoren diese Beziehung verändern, wie z. B. die Bebrütungstemperatur, der Entwicklungsmodus, das Klima, die Jahreszeit usw. Insgesamt scheinen Nesthocker (altriciale Arten) eine etwas kürzere Bebrütungszeit als Nestflüchter (praecociale Arten) zu haben, was sich auch in der durchschnittlich höheren Eimasse der letzteren Gruppe ausdrückt. Bezogen auf einen 100-g-Adultvogel liegt die mittlere Eimasse von praecocialen Vögeln bei 9 bis 21 g, bei altricialen bei nur 4 bis 10 g. Da die Eimasse auch positiv mit der Adultmasse gekoppelt ist (s. o.), haben größere Vögel auch längere Bebrütungszeiten. Grob läßt sich sagen, daß eine Verdoppelung der Adultmasse eine Verlängerung der Embryogenesezeit von etwa 11 bis 12% nach sich zieht.

Eine Reihe von Vogelarten bebrütet ihre Eier länger (wesentlich über die normale Bebrütungszeit hinaus), wenn u. U. keine Entwicklung des Embryos stattgefunden hat (Tab. 18.1).

18.1.5 Schlüpfen

Nachdem der Embryo im letzten Fünftel der Bebrütungszeit seine Atmung auf die Lunge

umgestellt hat (s. Kap. 18.1.3), beginnt der **Schlüpfvorgang.** Ein spezieller **Schlüpfmuskel** (Musculus complexus), der zwischen Hinterkopf und Wirbelsäule inseriert, ist speziell bei Hühnern, Lappentauchern, Entenvögeln und Möwen sehr gut ausgebildet. Er hebt den Kopf, wodurch der **Eizahn** gegen die inzwischen durch

EMBRYOGENESE

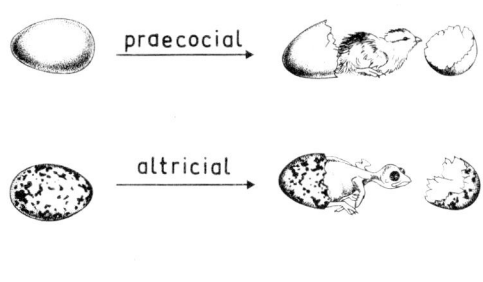

ONTOGENESE

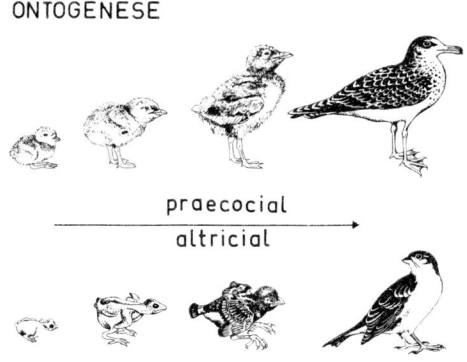

Abb. 18.7. Exemplarische Darstellung der altricialen und praecocialen Entwicklung (R. PRINZINGER, orig.).

Tab. 18.1. Verlängerte Bebrütungszeiten bei unfruchtbaren Eiern und/oder abgestorbenen Embryonen (nach Van Tyne & Berger 1976)

Art	Bebrütungszeit (in Tagen)	
	normale	verlängerte
Nachtreiher	22–24	40–51
Brautente	etwa 30	etwa 62
Baumwachtel	23	56
Saruskranich	etwa 32	70–72
Schwarzkinnkolibri	14	24
Borstenrabe	16–18	21–32
Goldzeisig	13	23
Rotkehlhütten-Sänger	13–14	21
Blaumeise	13–15	25
Zaunkönig	15–17	25–51
Rotkehlchen	13–15	35–48

Kalkabbau geschwächte Schale drückt und diese anbricht. Der Jungvogel dreht sich dabei im Ei um seine Achse, so daß die Eikappe kreisförmig angebrochen wird. Durch heftiges Bewegen und Abstützen des Körpers mit den Beinen befreit sich der Vogel schließlich aus dem Ei. Bei manchen Arten (z. B. Wellensittich, Säbelschnäbler usw.) können die Altvögel dabei auf vielfältige Weise Hilfe leisten (vgl. Kap. 15.6.3). Der Schlüpfvorgang kann wenige **Stunden bis mehrere Tage** in Anspruch nehmen. Das Schlüpfen selbst kann bei vielen Arten durch Pieplaute begleitet sein (vgl. Kap. 16.3). Diese Laute können zum einen die Altvögel auf den Schlupf ihres Nachwuchses vorbereiten und/oder eine **Schlupf-Synchronisation** der Eier eines Geleges fördern. Es gibt Vogelarten, die Jungvögel nicht annehmen, wenn nicht vorher die Embryonen im Ei Schlüpflaute von sich gegeben haben. Neben synchronem Schlüpfen, das die Regel ist, gibt es bei einer Reihe von Arten (Eulen, Greifvögel) auch **asynchrones Schlüpfen**, woraus ein sehr unterschiedliches Alter der Jungvögel im Nest resultieren kann (vgl. Kap. 17.6.4).

18.1.6 Bebrütungstemperatur

Die normale Bebrütungstemperatur in der freien Natur liegt etwa 2 bis 3 °C unterhalb der normalen Körpertemperatur im Bereich von 33 bis 40 °C und schwankt mit dieser im Tagesverlauf. Der häufigste (Aktivitäts-)Wert liegt bei **37 bis 39 °C**. Als normale künstliche Temperatur in Brutschränken wird ein (konstanter)

Wert von 37,7 °C genommen. Oberhalb von 42 bis 45 °C (abhängig von Art und/oder Alter des Embryos und/oder der Expositionsdauer) stirbt der Embryo ab. Unterhalb von 30 °C hört bei den meisten Arten die Entwicklung praktisch auf. Besonders niedrige Bebrütungstemperaturen (unter 35 °C) kommen bei Röhrennasen vor. Großfußhühner, die nicht selbst brüten (s. Kap. 17), regeln die Temperatur (durch Messen mit der Schnabelspitze; s. Kap. 11) auf Werte zwischen 32 bis 35 °C ein (Brutdauer sehr variabel zwischen 50 bis 96 Tagen). Bei einer **künstlichen Bebrütung bei 37,7 °C** schlüpfen die Jungen schon nach 44 Tagen. Insgesamt ist der Embryo allerdings bis kurz vor dem Schlupf sehr unempfindlich selbst gegenüber großen und/oder langen Abkühlungen. So bleiben selbst 0 °C über Stunden bei Entenvögeln ohne erkennbare Schäden.

Im Tagesverlauf ist die Summe der Wärmezufuhr über die Bebrütungstemperatur in der Aktivitätsphase der Altvögel in der Regel geringer als während der Ruhephase, in der keine Bebrütungspausen auftreten.

18.2 Ontogenese

Die nach dem Schlüpfen folgende **Jugendentwicklung** läßt sich bei den Vögeln in drei verschiedene Haupttypen einteilen:

1. Nestflüchter (praecociale Vogelarten),
2. Nesthocker (altriciale Vogelarten),
3. Platzhocker (semialtriciale, semipraecociale Vogelarten).

18.2.1 Entwicklungsmodus (Nesthocker/ Nestflüchter)

Nestflüchter schlüpfen mit ausgebildetem Feder-(Dunen-)Kleid, haben leistungsfähige Sinnesorgane (Augen offen), können sofort laufen/tauchen/klettern und wenige sogar fliegen (Großfußhühner); sie sind zudem in der Lage, selbständig Nahrung aufzunehmen.

Nesthocker sind meist nackt (spärliche Dunen), blind, hilflos und ans Nest gebunden. Sie sind außerdem in ihrer Ernährung voll auf die Eltern angewiesen.

»Platzhocker« kommen bedunt zur Welt, haben meist geöffnete Augen, können sich fortbewegen (bleiben aber meist in Nestnähe). Sie werden aber von den Eltern gefüttert und er-

Tab. 18.2. Entwicklungsmodus der Vögel (nach NICE 1962 aus O'CONNOR 1984, verändert)
a: altricial (Nesthocker); p: praecocial (Nestflüchter); sa, sp: semialtricial, semipraecocial (Platzhocker mit unterschiedlichem Entwicklungsmodus; s. Text).

Pinguine	sa	Austernfischer	p
Flachbrustvögel	p	Regenpfeifer	p
Steißhühner	p	Schnepfen	p
Seetaucher	p	Stelzenläufer	p
Lappentaucher	p	Reiherläufer	p
Röhrennasen	sa	Triele	p
Ruderfüßer		Brachschwalben	p
Tropikvögel	sa	Raubmöwen	sp
Pelikane	a	Möwen	sp
Tölpel	a	Scherenschnäbel	sp
Kormorane	a	Alken	p
Schlangenhalsvögel	a	Tauben	sp
Fregattvögel	a	Flughühner	p
Schreitvögel	sa	Papageien	a
Flamingos	sp	Kuckucksvögel	
Entenvögel	p	Turakos	sa
Greifvögel	sa	Kuckucke	a
Falken	sa	Eulen	sa
Hühnervögel	p	Schwalmvögel	
Kranichvögel		Fettschwalme	a
Laufhühnchen	p	Eulenschwalme	sa
Kraniche	p	Tagschläfer	sa
Rallenkraniche	p	Nachtschwalben	sp
Rallen	p	Segler	a
Kagus	sp	Kolibris	a
Sonnenrallen	sp	Mausvögel	a
Seriemas	sa	Trogone	a
Trappen	p	Rackenvögel	a
Schnepfen, Möwen, Alken		Spechtvögel	a
Blatthühnchen	p	Sperlingsvögel	a

langen erst spät ihre Flug- und volle Temperaturregulationsfähigkeit. In dieser Entwicklungsgruppe gibt es zahlreiche Variationen in die einzelnen Richtungen der Entwicklungsmodi (Tab. 18.2): Semipraecociale Arten haben offene Augen, sind voll bedunt, können laufen,

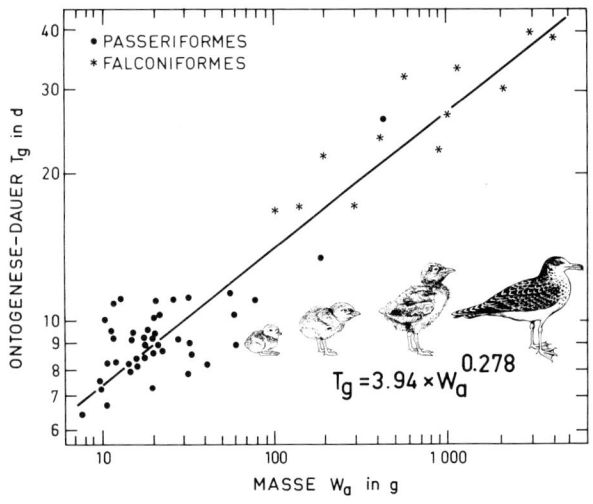

Abb. 18.8. Die Abhängigkeit der Ontogenese-Dauer T_g (Zeit, um von 10–90 % der Adultmasse zu wachsen, in Tagen, d) von der asymptotischen Masse des Jungvogels W_a bei Sperlings- und Nicht-Sperlingsvögeln (vor allem Greifvögel; nach RICKLEFS 1968).

$$T_g = 3.94 \times W_a^{0.278}$$

<table>
<tr><td colspan="3">Tab. 18.3. Beispiele für den Zeitpunkt des Selbständigwerdens bzw. des ersten Fluges im Vergleich bei verschiedenen Vogelarten (nach O'CONNOR 1984; ergänzt)</td></tr>
</table>

Art	Alter (in Tagen) des Selbständigwerdens nach	
	Verlassen des Nestes*	dem Schlüpfen
Sperlingsvögel		
Kohlmeise	6– 8	27–29
Tannenmeise	etwa 14	30–33
Hudsonmeise	14–21	32–39
Zaunkönig	15–18	33–36
Grauschnäpper	17–18	etwa 30
Gimpel	18–19	etwa 35
Singammer	18–20	28–30
Buchfink	18–24	32–37
Haubenmeise	21–28	38–49
Rostscheitel-Waldsänger	31–32	etwa 41
Mönchswaldsänger	etwa 35	etwa 45
Nicht-Sperlingsvögel		
Thermometerhuhn	(0) sofort	sofort (0)
Mauersegler	(0) sofort	etwa 42
Austerfischer	14–21	42–49
Weißstorch	14	67–70
Sandregenpfeifer	–	etwa 25
Sperber	etwa 27	etwa 59
Kiebitz	–	etwa 33
Pfeifente	etwa 42	–
Flußseeschwalbe	60–65$^+$	–
Kranich	–	etwa 70
Höckerschwan	–	etwa 120
Rabengeier	180$^+$	–
Königsalbatros	–	bis 300$^+$
Mausvögel	10–14	bis 30

* bei Nestflüchtern Zeitpunkt des ersten Fluges;
$^+$ u. U. auch deutlich mehr; – verlassen Nest sofort.

bleiben aber trotzdem im Nest. Semialtriciale Arten sind voll bedunt, die Augen können offen (Reiher, Greifvögel) oder geschlossen (Eulen) sein; sie können nicht laufen, bleiben somit im Nest.

18.2.2 Dauer der Ontogenese

Die **Dauer der Ontogenese** variiert zwischen etwa 20 Tagen bei kleinen Sperlingsvögeln bis zu beinahe 300 Tagen z. B. bei Albatrossen. Es gibt eine klare inverse Beziehung zwischen der Wachstumsgeschwindigkeit (s. Kap. 18.2.3) und dem Ende der Jugendentwicklung. Es ist nicht leicht, den exakten Wert für die Zeitdauer

der Ontogenese anzugeben, da das Ende der Jugendentwicklung nur sehr schwer zu definieren ist. Ein gutes relatives Maß ist jedoch die Zeitdauer T_g, die ein Jungvogel benötigt, um seine Körpermasse von 10 % auf 90 % des Adultwertes W_a zu steigern. Die dafür notwendigen Parameter sind auch gut zu bestimmen. Die **Ontogenesezeit** T_g (in Tagen, d) ist dabei von der Masse W_a (in g) in exponentieller Weise abhängig (Abb. 18.8) und gehorcht der Gleichung

$$T_g = 3{,}94 \times W_a^{0{,}278}$$

Die Dauer der Ontogenese ist natürlich nicht mit der Nestlingszeit identisch. Der größte Teil der Vogelarten verläßt das Nest bzw. ist flügge (pracecociale Arten), lange bevor er selbständig ist (Beispiele s. Tab. 18.3).

18.2.3 Wachstum (Massenentwicklung)

Das **Wachstum** der meisten Vögel zeigt eine typisch **sigmoidale Form**. Die Masse W steigt anfangs langsam an, verstärkt ihren Anstieg dann stark und läuft allmählich in ein asymptotisches Gewicht W_a aus. Diese Verhältnisse lassen sich gut an eine logistische Kurve anpassen, die folgender Gleichung gehorcht:

$$W(t) = \frac{W_a}{1 + e^{-k(t-t_o)}}$$

wobei gilt:
W(t) = absoluter Wert der Masse zur Zeit t
W_a = asymptotischer Wert der Masse
k = eine Wachstumskonstante
t = Zeit, zu der der Wert von W ermittelt wird (Tage)
t_o = Zeitkonstante, die die Zeitdauer des (absoluten) linearen Wachstums in der Exponentialgleichung markiert.

Einige Werte für k sind in Abb. 18.11 und Tab. 18.4 angegeben. Der Wert k ist dabei repräsentativ für die Steilheit (Geschwindigkeit) des Wachstums. Höhere Werte bedeuten schnellere Entwicklung. Die Werte können zwischen etwa 0,1 und etwa 0,7 variieren. Offenbrüter haben wesentlich höhere Wachstumsgeschwindigkeiten (k = 0,495 ± 0,118) als Höhlenbrüter (k = 0,388 ± 0,090).

Betrachtet man die **Massenentwicklung** der Jungvögel im Vergleich zur späteren Adultmasse im einzelnen, so lassen sich **drei Haupttypen** unterscheiden (s. Abb. 18.9):

Tab. 18.4. Einige k- und t_o-Werte (aufsteigend geordnet) für die Entwicklung der Körpermasse bei Vögeln (nach versch. Autoren); s. auch Text und Abb. 18.11).

Art	k-Wert	t_o-Wert
Moschusente	0,038	
Wachtel	0,065	47
Bindenlaufhühnchen	0,073	42
Tölpel	0,09	
Haustaube	0,20	
Kuhreiher	0,21	
Felsentaube	0,22	
Wellensittich	0,23	18,9
Amsel	0,34	6,5
Reisfink	0,36	13,2
Rosenbauchgimpel	0,40	
Mehlschwalbe	0,41	7,3
Neuntöter	0,45	
Blaunacken-Mausvogel	0,50	8,9
Dachsammer	0,51	
Schwirrammer	0,56	
Baumammer	0,59	
Feldsperling	0,65	

Etwa 20 % der Vögel (vor allem Nestlinge von Hochseevögeln, Schwalben, Seglern) zeigen in der Ontogenese ein Überschießen über den Wert der Erwachsenen ($\geq 20 \%$) mit anschließender Massenrezession. Andere Arten (z. B. Sänger, Tauben u. a.) werden mit Massen deutlich unter dem Adultwert flügge und beenden die Massenzunahme erst außerhalb des Nestes. Der Rest der Arten erreicht beim Verlassen des Nestes mehr oder weniger die Massenwerte der Altvögel (z. B. Stare, Grasmücken, Greifvögel, Rohrsänger). Natürlich gibt es hier zahlreiche Ausnahmen und Zwischenformen,

so daß eine allgemein gültige Regel nicht in jedem Fall streng anwendbar ist.

Die tägliche Massenzunahme (**Wachstumsrate**) ändert sich entsprechend des sigmoidalen Verlaufes der Wachstumskurve ständig. Für den linearen Abschnitt läßt sich allerdings ein für Vergleiche nützlicher Wert angeben. Die Wachstumsrate G_r (in g/d) korreliert danach mit der Adultmasse W_{ad} (in g) nach folgender Gleichung (Abb. 18.10):

$$G_r = c_1 \times W_{ad}^{(0,73 \pm 0,01)}$$

Die exponentielle Entwicklung der Körpermasse zeigt sich auch in den Verdopplungsraten, die beobachtet werden können. Bei der Bekassine (Schlüpfmasse etwa 10 g) geschieht dies nach jeweils 3,3/9,2 und 24 Tagen. Beim Goldspecht (Schlüpfmasse 6 g) sind es 2,5/4,75/9 und 17,5 Tage. Im Alter von 105 Tagen hat er ein Gewicht von 105 g. Der Schwarzspecht hat nach 10 Tagen sein Gewicht um das 16fache gesteigert. Der Höckerschwan hat nach einem halben Jahr mit 10 kg das 50fache seiner Schlüpfmasse erreicht.

18.2.4 Ontogenese weiterer Parameter

Das **Wachstum** der meisten **morphologischen Parameter** bei Vögeln erfolgt in der gleichen Gesetzmäßigkeit, die durch die **logistische Wachstumsgleichung** beschreibbar ist (s. Kap. 18.2.3); intra- und interspezifisch sind allerdings sehr große Unterschiede zu beobachten, die eine detaillierte Darstellung hier nicht erlauben. Entscheidend ist auch, daß sich die einzelnen Parameter nicht synchron miteinander entwickeln. Bei vielen Nesthockern ist z. B. das Großgefieder mit dem Verlassen des Nestes

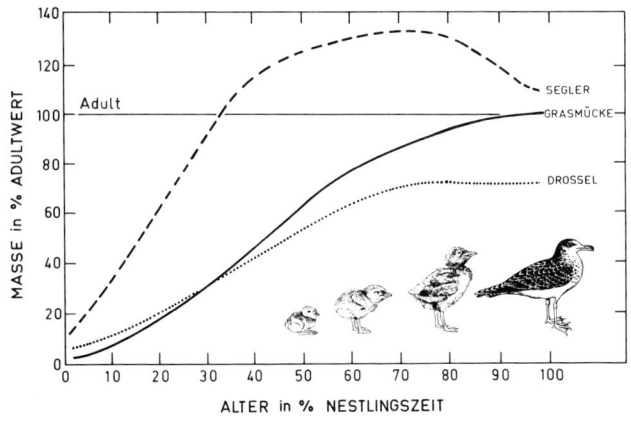

Abb. 18.9. Die drei Typen des Wachstums bei Vögeln (nach O'CONNOR 1984, verändert). Näheres s. Text.

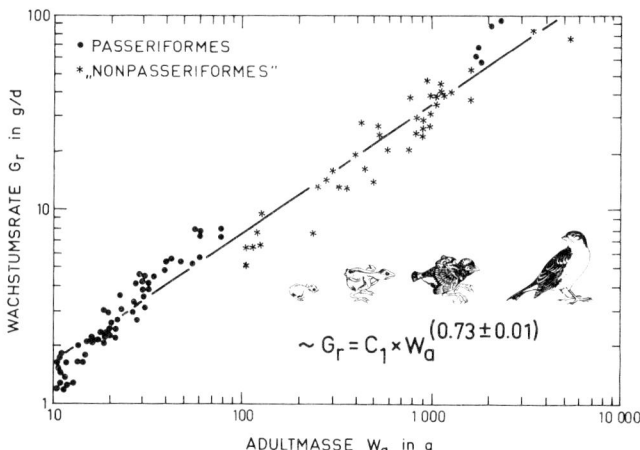

Abb. 18.10. Die Beziehung zwischen der Wachstumsrate in der linearen Zunahmephase G_r (in g/d) und der Adult-Körpermasse W_a (in g; R. PRINZINGER, orig. nach versch. Autoren). Der Koeffizient C_1 ändert sich in den einzelnen Phasen des Wachstums. Im vorliegenden Fall beträgt der Wert rund 0,35.

noch nicht voll ausgewachsen. Bei manchen Nestflüchtern dagegen eilen die Federn der Schwingen und des Schwanzes den übrigen Federbereichen in der Entwicklung so voraus, daß z. B. Vertreter der Hühnervögel bereits als Halbwüchsige fliegen können; Großfußhühner sogar kurz nach dem Schlüpfen. Sie erledigen die erste Großgefiedermauser dann schon während der Jugendentwicklung. Bei Enten und Gänsen entwickeln sich diese Federn dagegen sehr spät. Meist entwickeln sich bei Nestflüchtern auch die Beine schneller als die Flügel. Beim altricialen Mauersegler und anderen »flugintensiven« Arten ist dagegen mit dem Flüggewerden das Großgefieder in der Regel schon voll ausgebildet (vgl. Kap. 5). Für die logistische Wachstumsfunktion (s. o.) ergeben sich bei der Mehlschwalbe für die Entwicklung der Federlänge die folgenden Werte: Flügellänge $k = 0,21$; $t_o = 15,6$ Tage; Schwanzlänge $k = 0,28$; $t_o = 19,2$ Tage.

Bei den meisten Nesthockern ist eine Reihe von **Organen und Funktionen** beim Schlupf noch sehr unvollständig ausgebildet. So sind die Augen noch mehr oder weniger lange verklebt (Sperlingsvögel 5 bis 8, Spechte und Eulen 8 bis 10 Tage lang). Dadurch wird ein flüssigkeitsgefüllter Ausbildungsraum geschaffen, in dem die endgültige Differenzierung dieses Sinnesorganes stattfinden kann. Auch die äußere Ohröffnung ist noch geschlossen, um auch diesem Organ die postnatale Endausbildung zu ermöglichen. Trotzdem können Vögel mit diesen geschlossenen Ohren schon hören. Zahlreiche Sonderbildungen altricialer Jungvögel unterstützen ihren Nestaufenthalt: Fersenschwielen (Spechtartige), Leuchtpapillen im Schnabel-

winkel (Webervögel), auffällige Schnabelränder (Singvögel), Tarngefieder, Dunen usw. Diese »Larvenorgane« verlieren sich im Laufe der Ontogenese.

Die **Körperzusammensetzung** ändert sich im Laufe der Jugendentwicklung beträchtlich. Der Wassergehalt des Jungvogels sinkt mit dem Alter, der Lipidspiegel steigt, ebenso die Energiedichte des Körpers. Die Konzentration von Kalzium nimmt zu (Knochenaufbau), während Phosphor, Magnesium, Natrium und Kalium zum Teil bis auf ein Viertel der Schlüpfkonzentration abnehmen.

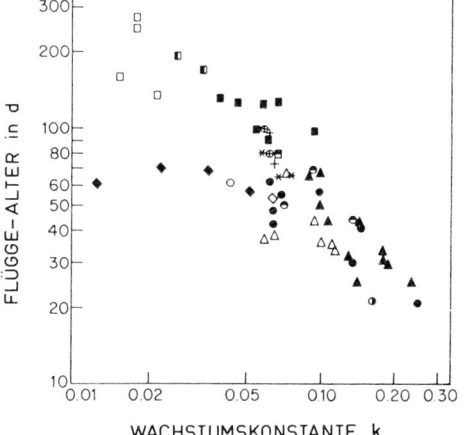

Abb. 18.11. Alter (in Tagen) beim ersten Flug in Relation zum Wachstumsfaktor k bei verschiedenen Vogelfamilien (nach versch. Autoren aus O'CONNOR 1984, ergänzt). * Pinguine, Sturmvögel, Sturmschwalben; ⊕ Tropikvögel, ■ Tölpel; ❚ Fregattvögel; □ Albatrosse; ▰ Pelikane; ◓ Kormorane; ◑ Reiher; ○ Störche; ♦ Entenartige; ● Möwen; △ Alken; ▲ Greifvögel, Rabenvögel.

Bei der **Entwicklung des Verhaltens** findet man ebenfalls eine Vielzahl von schon beim Schlupf vorhandenen Bewegungskoordinationen und solchen, die im Verlauf der Jugendentwicklung (z. T. in sensiblen Phasen) erst erlernt werden müssen bzw. die von selbst heranreifen (vgl. Kap. 15.3.3). Hecheln als thermoregulatorische Verhaltensweise ist z. B. angeboren und kurz nach dem Schlupf reif; Putzverhalten wird schon gezeigt, bevor Gefieder vorhanden ist; Taucher können nach 1 bis 2 Tagen selbst tau-

chen; die meisten Wasservögel sofort schwimmen; Nestflüchter können sofort fressen usw.

Eine Reihe von Nestflüchtern (besonders Enten) ist kurz nach dem Schlüpfen in der Lage, auch bei längerer Kältebelastung ihre **Körpertemperatur konstant** hoch zu halten, während z. T. frischgeschlüpfte Tauben nach 10 Minuten bei 10 °C ihre Körpertemperatur schon auf unter 22 °C abgesenkt haben, also wie ein wechselwarmer Organismus reagieren (s. Kap. 14).

Ein auffälliges Verhalten ist das Fliegen. Seine Ontogenese ist daher besser bekannt. Tab. 18.5 gibt eine Übersicht über die **Reifung des Flugvermögens,** das entweder sofort (mit dem Ausfliegen) vorhanden ist (Mauersegler u. a.) oder eine allmähliche Vervollständigung durch Übung durchmacht (Hühnervögel).

Tab. 18.5. Erreichen der Flugfähigkeit bei Vögeln (Arten oder Gruppen) in Tagen nach dem Schlüpfen; nach versch. Autoren

Art(engruppe)	ungefährer Alter(sbereich) in Tagen
Röhrennasen	40–240
Albatrosse	150–300
Höckerschwan	135
Kormorane	50– 70
Tölpel	90–150
Fregattvögel	180–200
Pelikane	80–200
Störche	55– 70
Enten *(Anas, Aythya)*	40– 55
Säger *(Mergus)*	55– 65
Greifvögel	30–100
Hühnervögel	14– 16
Rallen	35– 60
Großtrappe	45
Kranich	65
Regenpfeifer, Schnepfen	19– 35
Möwen	20– 60
Seeschwalben	20– 30
„Klein"möwen	25– 40
„Groß"möwen	40– 55
Alken	35– 70
Papageien (kleine Arten)	30– 35
Papageien (große Arten)	90–100
Kuckuck	20
Waldohreule	25
Uhu	70
Schleiereule	55
Mauersegler	38– 56
Spechte	20– 27
Schwalben	18– 27
Lerchen	16– 18
Laubsänger, Rohrsänger, Grasmücken	13– 14
Meisen	17– 21
Star, Drosseln *(Turdus)*	16– 21
Krähen *(Corvus)*	30– 35
Kolkrabe	40– 50

18.2.5 Geschlechtsreife

Rein physiologisch gesehen sind Jungvögel weitaus früher in der Lage, sich fortzupflanzen, als dies dann in der freien Natur tatsächlich geschieht. Einige Arten können jedoch kurz nach dem Selbständigwerden zur **Fortpflanzung** kommen, wenn dies besondere Umweltbedingungen erfordern (z. B. Zebrafinken, vgl. Kap. 17.4). In Gefangenschaft mit optimalen Versorgungsbedingungen zeigen viele Arten in ihrem

Tab. 18.6. Beispiele für beobachtetes Höchstalter von Vögeln in Gefangenschaft (nach versch. Autoren).

Art	maximales Alter in Jahren
Gelbaubenkakadu	≥ 80
Kolkrabe	69
Uhu	68
Arakanga	64
Gaukler	55
Kondor	52
Pelikan	51
Karakara	≥ 50
Kraniche	40–50
Steinadler	46
Strauß	40
Schuhschnabel	36
Haustaube	35
Kanadagans	33
Papageien	≥ 30
Haushühner	28
Gartengrasmücke	24

Tab. 18.7. Höchstalter freilebender Vögel nach Ringfunden. Für Nicht-Singvögel nur Beispiele > 15, für Singvögel > 10 Jahre. Zahl: Mindestzahl der erreichten vollen Jahre bei einzelnen Individuen (Daten nach BEZZEL 1985, CLAPP u. a. 1982–1990, RYDZEWSKI 1978, 1979).

Nicht-Singvögel

37 Laysanalbatros
36 Austernfischer
35 Königsalbatros
34 Weißstorch, Küstenseeschwalbe
33 Silbermöwe
32 Trottellume, Lachmöwe, Rußseeschwalbe
31 Fischadler, Großbrachvogel, Wellenläufer
30 Eissturmvogel, Raubseeschwalbe, Bindenfregattvogel
29 Stockente, Schwarzschnabelsturmtaucher
28 Wespenbussard, Löffler
27 Waldohreule, Prachttaucher, Rosaflamingo
26 Heringsmöwe, Papageitaucher, Alpensegler, Nashornpelikan, Schneegans, Dunkelente, Höckerschwan
25 Mäusebussard, Maskentölpel, Rabengeier, Maoriregenpfeifer, Graureiher, Purpurreiher, Kiebitz, Sturmmöwe, Ringelgans
24 Baßtölpel, Säbelschnäbler, Alpenstrandläufer, Kanadagans, Brauntölpel, Zwergseeschwalbe
23 Dreizehenmöwe, Trompeterschwan, Rotschwanz-Tropikvogel, Arielfregattvogel
22 Seidenreiher, Kurzschnabelgans, Bulwersturmvogel, Bläßgans, Brautente, Indianerbläßhuhn, Vallisneriaente
21 Mauersegler, Schleiereule, Nachtreiher, Weißflügeltaube, Spießente, Eiderente, Weißkopf-Seeadler
20 Krähenscharbe, Virginia-Uhu
19 Carolinataube, Steinwälzer, Pfuhlschnepfe
18 Bläßhuhn, Schmarotzerraubmöwe, Waldkauz, Zwergpinguin
17 Zwergtaucher, Rotschenkel, Kuhreiher, Steinadler
16 Ringeltaube, Kornweihe, Wiesenstrandläufer
15 Turmfalke, Wanderfalke, Teichhuhn, Triel, Bekassine, Steinkauz, Haarspecht

Singvögel

20 Amsel, Star
19 Saatkrähe
18 Blauhäher, Wacholderdrossel, Rotdrossel
17 Gimpel, Kiefernhäher, Graubrusthäher
16 Rauchschwalbe, Diademhäher, Braunkopf-Kuhstärling, Eichelhäher
15 Kohlmeise, Rotkardinal, Rotschulterstärling, Abendkernbeißer, Elster, Rabenkrähe
14 Pirol, Purpurgrackel, Amerikanerkrähe
13 Dachsammer, Haussperling

Fortsetzung Tab. 18.7.

12 Rotkehlchen, Seidenschwanz, Brauensäbler, Schwarzkopf-Kernknacker, Grundammer
11 Kletterwaldsänger, Malaienbülbül, Braunkehl-Nektarvogel, Teichrohrsänger, Singammer
10 Feldlerche, Mantelbrillenvogel, Sängervireo

Geburtsjahr bereits Brutverhalten. Im Freiland gilt allerdings die Regel, daß erst im zweiten Lebensjahr nach etwa 10 Monaten die Vögel frühestens eine Brut beginnen. Abgesehen von klimatischen Hemmnissen wird dadurch der Jungvogel geschont und kann zunächst seine eigene körperliche Leistungsfähigkeit aufbauen. Dies gilt für die meisten Sperlingsvögel, für Hühner, Tauben und Enten. Rabenvögel, Witwen, Kleinmöwen, Greifvögel, Gänse und Fasane brauchen im allgemeinen zwei Jahre. Drei Jahre benötigen Großmöwen, Störche, Schwäne, Tölpel, Lappentaucher und Kormorane. Vier bis sechs Jahre benötigen die großen Adlerarten zur effektiven **Geschlechtsreife;** noch länger die Albatrosse. Offensichtlich werden Weibchen vor den Männchen geschlechtsreif (vgl. Kap. 19.2.3 und Kap. 19.2.4).

18.3 Adultstadium

18.3.1 Lebensalter der Vögel

Vögel im fortpflanzungsfähigen Alter zählt man in der Regel zu den Erwachsenen (Adultvögel). Im Freiland unter natürlichen Bedingungen pflanzen sich Vögel im allgemeinen bis an ihr Lebensende fort, ohne daß ihre Zeugungsfähigkeit und Fitness wesentlich nachlassen. Individuen, die Altersschwäche zeigen und deren Vitalität nachläßt, werden sehr schnell Opfer von natürlichen Feinden oder Unfällen usw. Sie erreichen nur das Stadium der **durchschnittlichen (natürlichen oder ökologischen) Lebensdauer,** deren Wert unter Umständen auch die Jungenverluste im Nest einbezieht und dann sehr niedrige Beträge annimmt, die eventuell sogar unter dem Bereich liegen, der für eine erfolgreiche Fortpflanzung notwendig ist. Er hat daher mehr theoretischen Charakter. Vernünftigerweise gibt man deshalb Lebenserwartungen an, die sich auf den flüggen Jungvogel beziehen. Solche Werte erhält man durch Ring-

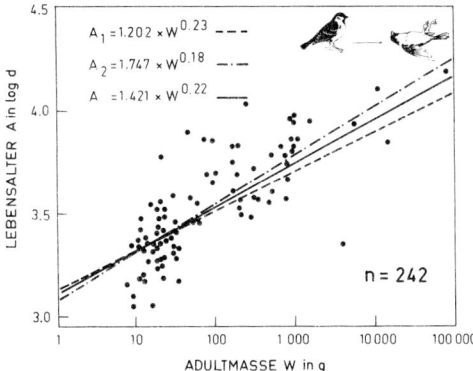

Abb. 18.12. Die Abhängigkeit der maximalen Lebensdauer A in Tagen d (Freilandwerte aus Beringungsergebnissen) von der Körpermasse W (in g) bei Vögeln doppelt logarithmisch aufgetragen. Die Kurven A_1 (nach PRINZINGER 1979) und A_2 (nach LINDSTEDT & CALDER 1976) geben Minimum- und Maximum-Bereiche an. Kurve A repräsentiert die mittlere Korrelationsgleichung. Die Punkte geben Werte von 90 verschiedenen Vogelarten wieder, die nach identischen Methoden bestimmt wurden, um die Streuung der Datengrundlagen zu verdeutlichen (PRINZINGER 1979). Insgesamt sind 242 Vogelarten (Sperlings- und Nicht-Sperlingsvögel) ausgewertet.

funde von Vögeln (Tab. 18.7). Da aber auch noch im ersten Lebensjahr extrem hohe Verluste auftreten (bis zu 95 % der Jungvögel), können auch diese Werte sehr niedrig liegen und nur einen mathematischen Durchschnitt zweifelhaften Wertes darstellen. So liegt die Lebenserwartung der Silbermöwe im Durchschnitt bei nur 2,4 Jahren, das potentielle Lebensalter allerdings bei deutlich über 15 Jahren (ältester Freilandnachweis 27 Jahre). Ist die gefährliche Jugendzeit vorüber, können manche (erfahrene) Vögel also wesentlich älter wer-

den, als es die durchschnittliche Lebensdauer vorgaukelt.

Nur in Gefangenschaft kann man bei Vögeln richtige Alterserscheinungen beobachten und zudem ein **potentielles Höchstalter** angeben. Dieses liegt oft doppelt (und mehrfach) so hoch wie die natürliche Lebenserwartung und markiert die oberste **(physiologische) Altersgrenze** der Vögel (Werte s. Tab. 18.6).

Die **Lebensdauer** der Vögel A (in Tagen, d) ist sehr gut mit der **Körpermasse** W (in g) korreliert. Zwischen beiden Parametern herrscht folgende Beziehung (Abb. 18.12):

$$A = (1421 \pm 288) \times W^{(0,22 \pm 0,04)}$$

Diese Beziehung gilt für alle Lebensdauerwerte (potentielle, mittlere, durchschnittliche); für die einzelnen Formen ändert sich nur der Koeffizient (konstanter Wert vor W), der die Höhe der Kurve im Koordinatensystem bestimmt und damit die Höhe des jeweiligen Alters.

Zu erwähnen wäre noch, daß Vögel im Vergleich zu Säugern wesentlich älter werden.

18.3.2 Altersveränderungen

Das Alter vieler Vögel läßt sich an Hand von zahlreichen morphologischen und physiologischen Parametern relativ gut bestimmen: So ändern sich die Struktur, Farbe und Länge vieler Gefiederpartien mit dem Alter. Das gleiche gilt z. B. für die Zehennägel, Schnabel, Beinschuppen usw. Die Hormonproduktion und in der Folge deren Auswirkungen (z. B. Eiablage, Balz, Mauser usw.) sind stark altersabhängig. Ebenso sinkt z. B. der Stoffwechsel mit zunehmendem Alter, die allgemeine Leistungsfähigkeit nimmt ab, die Sterblichkeit nimmt zu. Die Fortpflanzungsbiologie zeigt ein klares Altersoptimum.

19 Populationsbiologie

19.1 Was ist eine Population?

Unter einer Population versteht man im weitesten Sinn eine **Gruppe von Individuen,** die in einem bestimmten Gebiet leben. Unter ökologischen Gesichtspunkten werden auch Individuen verschiedener Formen (Arten) in einem Gebiet als Population bezeichnet oder Angehörige verschiedener genetisch zusammenhängender Artkollektive, die sich gleichzeitig in einem Gebiet (z. B. Winterquartier, Rastplatz) aufhalten, im statistischen Sinn ganz allgemein Individuenkollektive.

Im engeren biologischen Sinn bezieht sich aber der Begriff nur auf Angehörige einer Art oder allgemein auf Individuen, die in einem genetischen Austausch stehen, also einen gemeinsamen **Genpool** besitzen. Allerdings ist zu erwarten, daß nicht alle als Populationen zusammengefaßte Individuenkollektive diesen Bedingungen genügen, da Genfluß meist nur über begrenzte Entfernungen stattfindet (vgl. Kap. 19.2). Die Betonung des genetischen Zusammenhanges von Populationen bedingt mitunter auch, daß die zu einer Population zählenden Individuen nicht alle gleichzeitig in einem Teil ihres Areals leben und damit der einleitenden Definition nur bedingt entsprechen. So können sich z. B. noch nicht geschlechtsreife Individuen zur Brutzeit im (mitunter mit Angehörigen anderer Populationen geteilten) Winterquartier oder in Gebieten zwischen Winterquartier und Brutgebiet für längere Zeit und/oder in großer Zahl aufhalten. Eine Population kann also vorübergehend in mehrere räumliche Einheiten aufgeteilt sein. Ähnliches gilt auch für Teilzieherpopulationen.

Biologische Populationen weisen **Strukturmerkmale** auf (z. B. Größe, Dichte, Verteilung, Zusammensetzung nach Alter und Geschlecht) und eine Dynamik, die einerseits auf Wachstum, Fortpflanzung und Ortswechsel von Individuen, andererseits auf Einflüsse der Umwelt zurückzuführen ist. Strukturmerkmale geben stets nur ein Momentbild; eine Population ist also nicht nur eine zufällige Ansammlung von artgleichen Individuen.

Das **Areal einer Population** wird je nach Fragestellung unterschiedlich abgegrenzt. So kann man von lokalen Populationen (z. B. Buchfinken eines Waldes) sprechen, aber auch große Teile des Artareals oder den Gesamtbestand einer Art damit bezeichnen. Sinnvolle Ober- und Untergrenzen richten sich nach der biologischen Definition: Auf sehr kleinen Flächen, wie sie oft aus methodischen Gründen (z. B. Siedlungsdichte-Untersuchungen) bearbeitet werden, leben meist nur Teilpopulationen oder Populationsfraktionen. Innerhalb von Artarealen lassen sich oft verschiedene Populationen genetisch, ökologisch oder geographisch abgrenzen (vgl. Kap. 23). In letzter Konsequenz fällt der Populationsbegriff mit dem Konzept der biologischen Art zusammen (vgl. Kap. 22.2).

19.2 Strukturmerkmale von Populationen

19.2.1 Größe und Abundanz

Die Größe einer Population wird durch die Gesamtzahl der Individuen bestimmt. Bezieht man sie auf eine Einheit des Lebensraumes, etwa auf die Fläche, erhält man die **Populationsdichte** oder **Abundanz.** Vielfach wird der Anteil geschlechtsreifer bzw. an der Fortpflanzung beteiligter Individuen als Brutpopulation zusammengefaßt und deren Abundanz als Paare, Territorien oder Bruteinheiten pro Fläche ermittelt (Tab. 19.1).

Die **Ermittlung der Populationsgröße** über größere Flächen oder gar der Weltpopulation einer Art ist grundsätzlich von vielen Fehlermöglichkeiten beeinträchtigt und daher oft nur in groben Schätzungen oder Hochrechnungen möglich. Bei Arten mit hoher und/oder kurzfristiger Bestandsdynamik ist meist nur die Angabe von ungefähren Grenzwerten oder noch besser die Ermittlung von Zeitreihen auf Probeflächen sinnvoll. Auch Hochrechnungen von Abundanzen aus »Probeflächen« müssen mit vielen Ungenauigkeiten rechnen, die sich u. a. aus

Tab. 19.1. Schätzgrößen der Brutbestände (in Tausenden von Brutpaaren) und Siedlungsdichten einiger Binnenwasser- und Landvogelarten der Niederlande (Bestandszahlen nach Sovon 1988).

Art	1973/77	1979/85	Paar · km^{-2} L: Landfläche W: Wasserfläche	Gesamtfläche
Haubentaucher	5–7,5	7–10	W 0,7–1,4	0,1–0,2
Graureiher	8,7–11	8–9	W 1,1–1,5	0,2–0,3
Höckerschwan	2,5	3–4	W 0,3–0,5	ca. 0,1
Stockente	250–400	200–400	W 27,2–54,4	4,9–9,8
Reiherente	> 6	7,5–11	W 1,0–1,5	0,2–0,3
Sperber	1,2	2,5–3	L 0,04–0,08	0,03–0,05
Mäusebussard	1,65	3,5–4,5	L 0,05–0,1	0,05–0,1
Turmfalke	5–6,5	5–7	L 0,1–0,2	0,1–0,2
Baumfalke	1–1,1	1,4–1,9	L 0,03–0,06	0,03
Rebhuhn	37,5–47,5	25–35	L 0,7–10,4	0,6–1,2
Teichhuhn	45–75	45–75	W 6,2–10,2	1,1–1,8
Bläßhuhn	50–80	50–80	W 6,8–2,4	1,2–2,0
Kiebitz	120	200–275	L 3,6–8,2	2,9–6,7
Bekassine	5,5	4–5	L 0,1–0,2	0,1
Uferschnepfe	120	75–95	L 2,2–3,6	1,8–2,9
Großbrachvogel	3	6,5–8,0	L 0,1–0,2	0,07–0,2
Lachmöwe	> 200	225–275	W 30,8–37,7	5,5–6,7
Hohltaube	13–17	30–40	L 0,4–1,2	0,3–1,0
Ringeltaube	425–500	500–800	L 12,7–23,8	10,4–19,6
Türkentaube	60–100	100–150	L 1,8–4,5	1,5–3,7
Turteltaube	25–35	35–50	L 0,7–1,5	0,6–1,2
Steinkauz	6–8	8–12	L 0,2–0,4	0,1–0,3
Waldkauz	2,5–3	4–5,5	L 0,07–0,2	ca. 0,1
Wendehals	0,125–0,25	0,1–0,175	L 0,002–0,007	
Grünspecht	4,5–7,5	3–4,5	L 0,1–0,2	0,1
Buntspecht	10,5–17	40–50	L 0,3–1,5	0,2–1,2
Feldlerche	500–750	175–300	L 5,2–22,4	4,3–18,4
Uferschwalbe	5–8	2,5–3	L 0,07–0,2	0,06–0,2
Mehlschwalbe	77	25–50	L 0,7–2,3	0,6–1,9
Baumpieper	18–22	40–55	L 0,5–1,6	0,4–1,3
Wiesenpieper	> 100	70–100	L 2,1–3,0	1,7–2,4
Bachstelze	50–75	60–120	L 1,5–3,6	1,2–2,9
Zaunkönig	> 350	300–400	L 9,0–11,9	7,3–9,8
Heckenbraunelle	125–170	125–200	L 3,7–6,0	2,8–4,9
Rotkehlchen	120–170	275–375	L 3,6–11,2	2,9–9,2
Braunkehlchen	1–1,1	0,7–1	L 0,02–0,05	0,02–0,04
Amsel	575–850	600–900	L 17,9–26,9	14,7–22,0
Fitis	200–300	250–400	L 6,0–12,0	4,9–9,8
Waldlaubsänger	1,5–2,5	4–7	L 0,04–0,2	0,04–0,2
Sumpfmeise	4–7	13–20	L 0,1–0,6	0,1–0,5
Weidenmeise	25–30	40–60	L 0,8–1,8	0,7–1,5
Blaumeise	80–125	125–200	L 2,4–6,0	2,0–4,9
Kohlmeise	175–250	250–500	L 5,2–15,0	4,3–12,3
Pirol	4–5	7–10	L 0,1–0,3	0,1–0,2
Neuntöter	0,15	0,08–0,14	L 0,002–0,004	ca. 0,001
Elster	50–100	60–120	L 1,5–3,6	1,2–3,0
Rabenkrähe	30–40	50–80	L 0,9–2,4	0,7–2,0
Haussperling	1000–2000	> 500	L 30,0–59,7	24,5–49,0
Buchfink	60–90	250–400	L 7,5–11,9	6,1–9,8
Kernbeißer	1,25	9–12	L 0,04–0,4	0,03–0,08
Goldammer	20–30	25–30	L 0,6–0,9	0,5–0,7
Rohrammer	25–30	40–70	L 0,7–2,1	0,6–1,7
Ortolan	0,09–0,13	0,03–0,04		

Tab. 19.2. Beispiele für Populationsgrößen einiger Inselarten und bedrohter Artbestände (z. T. nach COLLAR & ANDREW 1988).

Zwergkiwi	500–600	Individuen
Gelbaugenpinguin	1 200–1 800	Brutpaare
Humboldtpinguin	2 100–3 000	Individuen
Punataucher	100	Individuen
Kurzschwanzalbatros	150	Individuen (geschlechtsreif)
Bermudasturmvogel	35	Brutpaare
Galapagosscharbe	800–1 000	Individuen
Glattnackenibis	5 000–8 000	Individuen
Nipponibis	40	Individuen
Rotmilan	5 500–15 000	Brutpaare
Madagaskarseeadler	96	Individuen
Kapgeier	10 000	Individuen
Mauritiusfalke	19–25	Individuen
Mönchskranich	6 100–6 500	Individuen
Kagu	500–1 000	Individuen
Takahe	180	Individuen
Dünnschnabel-Brachvogel	< 1 000	Individuen
Korallenmöwe	5 500–7 000	Brutpaare
Michiganwaldsänger	167	sing. ♂
Kabylenkleiber	80	Brutpaare
Korsenkleiber	2 000	Brutpaare

den Eigenschaften der Arten (Dispersion, Populationsgröße, Dichte), des untersuchten Habitats und der angewendeten Zähl- bzw. Schätzmethoden ergeben. Die Abundanz ist z. B. eine Funktion der Flächengröße. Werte von kleinen Flächen sind meist zu hoch, da z. B. die relativ hohe Zahl von Randsiedlern die Zählergebnisse verfälscht oder optimale Habitate oft nur kleinflächig sind (und daher bei großen Flächen nicht oder sehr dünn besiedelte Teile einberechnet werden). Andererseits werden in großen Räumen leichter Brutpaare oder Individuen übersehen. Mindestflächen für vergleichbare Abundanzen sind je nach Populationsgröße und Dispersionsmodus der Arten ganz verschieden zu bestimmen. Generell muß ein solches Mindestareal um so größer sein, je geringer die Abundanz ist. Systematische Zählfehler, biologische Gesetzmäßigkeiten (bei Brutvogelzählungen z. B. auch Art der Fortpflanzungsgemeinschaften oder Anteil der lokal auftretenden Nichtbrüter) und andere Faktoren müssen also berücksichtigt werden. In der Praxis lassen sich aber viele Faktoren nicht entsprechend prüfen.

Populationsgrößen oder -dichten über größere Flächeneinheiten sind am sichersten für Arten mit kleinen Gesamtbeständen oder Arealen (z. B. Inselformen), in übersichtlichen Habitaten, mit angenähert zufälliger oder gleichförmiger Verteilung, mit insulärer Verbreitung auf bestimmte Habitate (vgl. Tab. 19.2) oder wenige Konzentrationspunkte (z. B. koloniebrütende Seevögel) zu ermitteln. Sonst können meist nur grobe Schätzungen ohne Überprüfung der Zuverlässigkeit angegeben werden. Auch dazu sind aber umfassende Kartierungs- und Zählarbeiten nötig, die in vielen Ländern von organisierten Arbeitsgemeinschaften von Amateurvogelkundlern in oft langjähriger Arbeit durchgeführt werden (Tab. 19.1, 19.3).

Populationen von Inselarten, Habitat- oder Nahrungsspezialisten oder Großvögeln sind oft von Natur aus sehr klein. Dagegen können selbst lokale Populationen kleiner Landvögel um den Faktor 10^4 und mehr größer sein (Tab. 19.1, 19.3). Sehr große Populationen erreichen auch kleine oder mittelgroße Seevögel kalter Meere, die sich allerdings außerhalb der Brutzeit auf ein großes Gebiet verteilen (z. B. rund 20 Mio. Dickschnabellummen im N-Atlantik und Eismeer bis Ostsibirien; Weltbestand des Krabbentauchers rund 70 Mio. Individuen). Auch sehr große Sommer- oder Winterpopulationen von Landvögeln sind vielfach nur im Zusammenhang mit Wanderungen bzw. saisonal unterschiedlicher Nutzung von Arealteilen oder gar Trennung von Winter- und Sommerareal möglich (vgl. auch Artenreichtum und Diversität, Kap. 23.4).

Tab. 19.3. Populationsgrößen einiger der häufigsten Landvogelarten auf 1120 km² Landfläche im Bodenseegebiet 1980/81 in Tausendern. Schätzungen und Hochrechnungen auf der Grundlage von Gitternetzkartierungen und Wintervogelzahlungen (Orn.Arb. Gem. Bodensee 1983).

Art	Brutperiode (»Territorien«) (in Tausend.)	Mittwinter (Individuen) (in Tausend.)
Haussperling	75	100
Amsel	60	80
Buchfink	50	80
Kohlmeise	40	40
Star	35	Teilzieher
Zilpzalp	30	Zugvogel
Grünling	26	50
Mönchsgrasmücke	25	Zugvogel
Rotkehlchen	20	Teilzieher
Rauchschwalbe	20	Zugvogel
Sommergoldhähnchen	17	Zugvogel
Blaumeise	15	21
Wacholderdrossel	15	50
Goldammer	12	40
Feldsperling	10	24
Wintergoldhähnchen	8	16
Erlenzeisig	–	22
Bergfink	–	12

Absolute Populationsgrößen als Anpassung an die Umwelt werden meist erst unter Berücksichtigung funktioneller Strukturmerkmale (vgl. Kap. 19.2.4) verständlich. Dies gilt es bei interspezifischen Vergleichen zu beachten, vor allem wenn die Situation taxonomisch oder physiologisch sehr unterschiedlicher Arten verglichen wird (z. B. Ermittlung der Gefährdung auf Roten Listen). Eine sehr wesentliche Ergänzung für die Einschätzung momentan ermittelter Populationsgrößen oder Abundanzwerte liefern daher Vergleiche zwischen verschiedenen Teilen des Artareals oder unterschiedlichen Habitaten und vor allem auch Daten zur Bestandsdynamik.

Die Populationsgrößen vieler Großvögel, insbesondere Greifvögel und Brutvögel mit hohem Platzbedarf ungestörter Flächen sind als Folge der Vermehrung des Menschen, zum geringeren Teil wie viele Inselpopulationen auch durch direkte Verfolgung, auf einen Bruchteil des noch vor relativ kurzer Zeit vorhandenen Ausgangswertes gesunken. Hier zeichnen sich neben vielen Inselformen die nächsten Aussterbekandidaten ab, wobei die Erhaltung kleiner Inselpopulationen bei Sicherung des Lebensraumes mitunter noch aussichtsreicher ist als die auf Relikte in kleine Habitatinseln geschrumpften Bestände mancher Land- und Süßwasservögel (vgl. Kap. 26).

19.2.2 Dispersion (Territorialität – Kolonialität)

Den Zustand der Verteilung von Individuen bzw. Bruteinheiten im Raum nennt man Dispersion. Sie kann einer zufälligen Verteilung entsprechen, aber auch mehr oder minder gleichmäßig bis sehr ungleichmäßig und geklumpt sein. Räumliche Verteilung von Ressourcen und Gefährdung gegenüber Räubern bestimmen als die beiden grundlegenden Faktorenkomplexe **Verteilungsformen** von Populationen. Die Art der Ressourcenverteilung im Raum hat z. B. entscheidenden Einfluß darauf, ob Vögel **gleichmäßig verteilt** oder in **Kolonien** bzw. größeren **Sozialverbänden** auftreten. Gefährdung durch Räuber kann je nach den ökologischen Umständen einerseits Verklumpung, andererseits möglichst gleichmäßige Verteilung (z. B. bei Tarnung) fördern.

Die tatsächliche Verteilung von Vogelpopulationen zeigt sich in der Regel als Kompromiß

Tab. 19.4. Reviere bei Vögeln: Übersicht der Funktion (z. T. nach HINDE 1956).

1. Revier für »alle Gelegenheiten«: Relativ groß; alle Aktivitäten finden hier statt, zumindest in einem großen Teil des Jahres; Einzel-, Paar- oder Gruppenreviere; typisch für viele Singvögel (vor allem Standvögel bzw. Teilzieher), viele Eulen, Spechte, manche Greifvögel.

2. Großes Brutrevier, das zumindest nicht vollständig die Nahrung liefert: Relativ selten bei Singvögeln, manche Greifvögel.

3. Kleines Nestrevier: Nur die Nestumgebung wird verteidigt; Höhlenbrüter, viele Koloniebrüter, wie Schwalben, Seevögel, Reiher, Flamingos, einige Webervögel.

4. Kleines Balzrevier: Sehr kleines Gebiet auf Arenabalzplätzen von Männchen verteidigt, z. B. Kampfläufer, Birkhuhn.

5. Sehr kleine Individualräume, die z. B. an kommunalen Revieren von einzelnen Individuen verteidigt werden.

6. Reviere außerhalb der Brutzeit: längerfristig oder vorübergehend (oft nur Tage oder Stunden) als individuelle Nahrungsreviere, bei manchen Arten (z. B. Raubwürger) auch den ganzen Winter über.

zwischen diesen beiden Selektionszwängen. So- mit ergeben sich auch für viele Vogelarten un- terschiedliche Verteilungsmuster in verschiede- nen Teilen ihres Areals oder in unterschiedli- chen Habitaten und bei den meisten im Laufe des Jahres, wenn saisonale Wechsel in Umfang, Verteilung, Vorhersehbarkeit des Ressourcen- angebots (z. B. Nahrung oder Deckung) zu er- warten sind bzw. räumlich getrennte Sommer- und Winterareale (bzw. Rastplätze auf Wande- rungen) aufgesucht werden. Auch innerhalb ei- nes Verteilungsmodus treten Unterschiede als Kompromisse auf, z. B. auf gleichmäßige Ab- stände bedachte Verteilung von Nestern inner- halb einer Kolonie (z. B. Abb. 17.17).

Vorgänge, die zu **Verteilungsmustern** führen, sind u. a. Populationszuwachs durch Fortpflan- zung, Ortstreue bzw. Ortswechsel der Individu- en (z. B. Zerstreuungswanderungen, Dismigra- tion, vgl. Kap. 20.1), mehr oder minder passive Verfrachtung bzw. Verschleppung (z. B. durch Wind und Wetter, Menschen) und Tod von Individuen (vgl. Kap. 19.4). Übergänge zwi- schen unterschiedlichen Formen und allgemein eine große Variabilität der Dispersion von Po- pulationen ist grundsätzlich zu erwarten.

Innerhalb eines Habitats führt vor allem **Ter- ritorialität** zu einer mehr oder minder angenä- herten Gleichverteilung von Individuen bzw. Fortpflanzungseinheiten im Raum. Der Begriff Territorium wird allerdings unterschiedlich de- finiert. Im weitesten Sinn spricht man von terri- torial, wenn die Verteilung von Gruppen oder Individuen in einem geeigneten Habitat gleich- mäßiger als nach Zufallserwartung ist. Im enge- ren Sinn ist ein Territorium oder Revier ein von Individuen, Paaren oder Gruppen (Gruppenre- viere) besiedeltes Gebiet, das gegen Artgenos- sen, aber auch gegen potentielle Rivalen ande- rer Arten verteidigt wird. Ein nicht verteidigtes Aufenthaltsgebiet wird demgegenüber häufig als »Wohngebiet« oder Home Range unter- schieden. Territorien können alle Ressourcen enthalten, die seine Besetzer benötigen und daher während eines ganzen individuellen Le- bens (z. B. Steinadler, Waldkauz) oder zumin- dest während der Fortpflanzungszeit (viele Ar- ten) beansprucht werden. Oft enthalten Terri- torien aber nur einzelne Ressourcen und/oder haben bestimmte Funktionen (Tab. 19.4).

Größe und Beständigkeit von Revieren hän- gen davon ab, ob sie ökonomisch zu verteidigen sind. Optimale Reviergrößen sollten daher den größten Gewinn zwischen Kosten und Nutzen

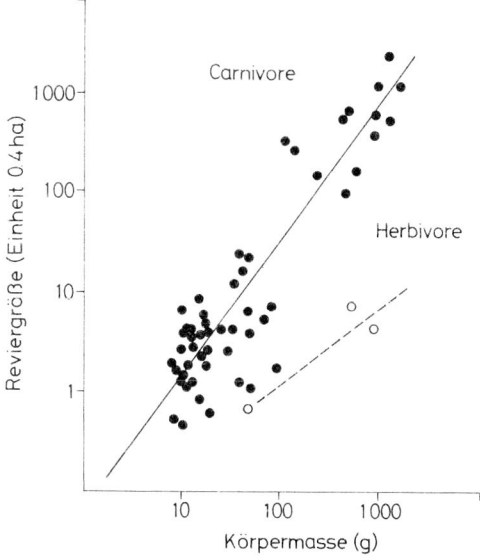

Abb. 19.1. Beziehung zwischen mittlerer Reviergrö- ße und Körpergröße. Jeder Punkt repräsentiert eine Art; logarithmische Skala (nach Perrins & Birk- head 1983).

aufweisen. Zumindest aber darf der täglich für die Revierbehauptung aufzuwendende nicht größer als der in diesem Revier eingenommene Energiebetrag sein.

Die Größe von **Nahrungsrevieren** richtet sich z. B. nach Ernährungsweise und Nahrungser- werb, nach der Körpergröße und nach Art und Umfang des Nahrungsangebots (Abb. 19.1, Tab. 19.5), aber auch nach dem aktuellen Be- darf. So sind Bruteviere größer als für den Energiebedarf einzelner Individuen nötig, da sie ja auch die zusätzliche Nahrung für die Eibildung, Fütterung der Nestlinge usw. liefern müssen. Auch bei Nestflüchtern, z. B. Höcker- schwan, können besonders große Reviere das Überleben des Nachwuchses entscheidend ver- bessern. Arbeitsteilung bei der Brutpflege, Größenunterschiede der Geschlechter, Vertei- lung von Nestplätzen und Nahrungsangebot sind vielfach mit Reviergröße und Dauer der Revierverteidigung korreliert. Wenig ergiebige Nahrungsreviere sind oft größer als optimale (Tab. 19.5), so daß Reviergröße allein nicht entscheidend ist. Beim Goldschwingen-Nektar- vogel können die Reviergrößen z. B. um den Faktor 300 variieren, doch war die Zahl der verteidigten Blüten einer bestimmten Nah- rungspflanze *(Leonotis)* in allen Revieren mit

Tab. 19.5. Reviergrößen einiger territorialer Landvögel in Europa. Methode: a – Extreme (und Mittelwerte) für einzelne lokale Populationen, ermittelt durch individuelle Beobachtungen (u. a. mit Farbmarkierungen, Telemetrie); b – Extreme (bzw. Mittelwerte) für verschiedene Populationen, ermittelt wie a; c – Extreme (und Mittelwerte) für einzelne lokale Populationen errechnet aus Neststandorten bzw. Siedlungsdichtewerten; d – Mittelwerte für verschiedene Populationen, errechnet wie c. Funktion: B – Brutrevier für Paar mit Jungen; HR – Home range, gj (ganzjährige) für Ind. oder ♂♀ (Paar). Verschiedene Quellen.

Art	Methode	Größe (ha)	Funktion	Gebiet
Steinadler	d	5400–10 300	HR ♂♀ gj	Alpen
Mäusebussard	a	80–180 (126)	B	Mitteleuropa
	b	(10–240)	B	Europa
Sperber	a	10–3500	HR ♂ bzw. ♀	Großbritannien
Wanderfalke	d	5200–22 000	HR ♂♀ gj	Großbritannien
Uhu	c	1200–2000	HR gj	Mitteleuropa
	c	150–	B	Mitteleuropa
Waldkauz	a	25–100	HR gj	Mitteleuropa
Sperlingskauz	a	45–400	HR ♂	Mitteleuropa
Großbrachvogel	a	11–70 (28)	B	Mitteleuropa
Goldregenpfeifer	c	55–170 (230)	B	Nordeuropa
Grünspecht	a	320–530	HR ♂	Mitteleuropa
Buntspecht	a	6–60	HR ♂♀	Mitteleuropa
Schwarzspecht	d	100–400	B	Mitteleuropa
Feldlerche	b	0,17–4,6 (0,5–3,2)	B	Mitteleuropa
Wasserpieper	b	0,2–2,18 (0,49–1,8)	B	Alpen
Zaunkönig	b	0,3–8,1 (1,11–2,1)	B	Mitteleuropa
Amsel	b	0,02–0,7 (0,12)	B	Europa, Parks
	b	0,6–1,1	B	Europa, Wälder
Fitis	a	0,04–0,9	B	Mitteleuropa
Rabenkrähe	a	13,5–48,6	B	Mitteleuropa

rund 1600 etwa gleich. Dies entsprach einer Minimierung der Energiekosten unter den gegebenen Lebensbedingungen. Mehr Blüten zu verteidigen hätte keinen zusätzlichen Gewinn gebracht.

Nahrungsreviere werden mitunter auch außerhalb der Brutzeit verteidigt, gelegentlich auch nur wenige Tage während des Zuges (z. B. Trauerschnäpper, manche Watvögel). Ist Nahrung sehr knapp oder an bestimmten Plätzen nur mit geringer Zuverlässigkeit zu erwarten, kann die Konkurrenz so groß werden, daß die Kosten der Revierverteidigung zu hoch werden. Umgekehrt gewinnt ein Individuum kaum etwas durch Revierverteidigung, wenn Nahrung im Überfluß vorhanden ist. Es gibt also obere und untere Schwellen für ökonomisch sinnvolle Revierverteidigung. Überwinternde Bachstelzen wechseln z. B. je nach Menge, Art und Feinverteilung des Nahrungsangebots zwischen Nahrungsterritorium, das verteidigt wird, oder Zusammenschluß im Schwarm, dem sich dann auch territoriale Vögel vorübergehend anschließen.

Reviere werden mitunter von Männchen auch hauptsächlich oder gar ausschließlich zur Attraktion von Weibchen verteidigt. Solche Reviere können vitale Ressourcen für das Weibchen, wie Nahrung oder Nestplatz enthalten. Sind solche Ressourcen nur lückig verteilt oder in sehr unterschiedlicher Qualität vorhanden, können manche Männchen bessere Reviere verteidigen und daher auch mehrere als ein Weibchen an sich binden (Ressourcen-Polygynie, vgl. Kap. 17.3.1). Manche Typen von Männchenrevieren enthalten jedoch keine Ressourcen, so z. B. Kleinstreviere auf Arenabalzplätzen, die heftig gegen Konkurrenten verteidigt werden und deren Position innerhalb der Balzarena für die Wahl durch die Weibchen und damit erfolgreiche Kopulationen entscheidend ist (vgl. Tab. 17.2 und 19.4).

Gegenüber Räubern haben Reviere den in einigen Fällen auch nachgewiesenen Vorteil geringerer Wahrscheinlichkeit, entdeckt zu werden, weil systematische Suche z. B. der Nester für den Räuber nicht lohnend ist. Dies gilt vor allem dann, wenn keine Verhaltensweisen auffälliger Nestverteidigung entwickelt sind (vgl. Koloniebrüter) und/oder wenn die Fortpflanzungstätigkeit verschiedener Arten in einem Habitat nicht gerade ihren gemeinsamen Gipfel mit relativ hoher Nesterdichte erreicht hat. Bei sehr hoher Nesterdichte mehrerer potentieller Beutearten lohnt sich nämlich trotz Territorialität die Suche für den Räuber. Interspezifische Territorialität ist vor allem dann zu erwarten, wenn zwei Arten um die Nutzung einer begrenzten Ressource konkurrieren, wie Nestplatz, Nahrung. Eng begrenzte Nestreviere werden daher z. B. bei Höhlenbrütern gegenüber fremden Arten verteidigt.

Als **Kolonie** kann man einen Platz definieren, an dem eine größere Zahl von Individuen oder Paaren regelmäßig brütet oder übernachtet, die von dort zur Nahrungssuche ausschwärmt und wieder zurückkommt. Nester oder Schlafplätze nehmen meist einen relativ kleinen Platz ein; Nahrungssuche findet in einem ungleich größeren Gebiet außerhalb statt. Im einzelnen ist jedoch die begriffliche Abgrenzung schwierig, da sich verschiedene Beispiele für ein Kontinuum von solitärem über semikoloniales bis zu kolonialem Brüten finden lassen. Für Brutkolonien und soziale Schlafplätze gelten grundsätzlich die gleichen Hypothesen wie zur Evolution von Individuengruppierungen. Der Unterschied liegt darin, daß Brutvögel ihre Rückkehr zur Kolonie nicht auf der Grundlage des persönlichen individuellen Vorteils entscheiden können, solange sie Nester oder Junge haben. Individuen an Schlafplätzen können täglich darüber entscheiden, ob sie in der Schlafplatzkolonie oder solitär übernachten. Zumindest gelegentlich sind solche kurzfristigen Änderungen im Verhalten bewiesen. Ferner müssen Altvögel einer Brutkolonie in der Regel viele Nahrungsflüge pro Tag unternehmen; bei Schlafkolonien findet nur ein Abflug und eine Rückkehr pro Tag statt; beide Vorgänge sind mehr oder minder synchron. Aus der Sicht des Energieaufwandes, aber auch der potentiellen Gefährdung durch Räuber ergeben sich daher unterschiedliche Strategien.

Im strengen Sinn keine Kolonien sind nahe stehende Nester (»lockere Kolonien«) von Paaren mit kleinen Nestrevieren (Tab. 19.4), die gemeinsam Nahrung außerhalb suchen und auch gemeinsam Feinde abwehren (z. B. Wacholderdrossel). Doch spielen auch hier einige der für Kolonien geltenden Erklärungen sicher eine Rolle.

Nur rund 13 % der rezenten Vogelarten in 61 Familien bzw. Unterfamilien sind **Koloniebrüter.** Bei einigen weiteren, wie z. B. Höckerschwan, Haubentaucher oder einigen Singvögeln, kommt es unter besonderen Bedingungen (z. B. starkes Anwachsen lokaler Populationen bei begrenztem Nistraum) vorübergehend zu kolonieartigem Brüten, das aber dann oft mit geringer Reproduktionsrate verbunden ist. Rund 98 % der etwa 275 typischen Seevögel sind Koloniebrüter, unter den 87 höheren Taxa (meist Familien) der Singvögel aber nur 16 %. Brutkolonien können bei einigen Seevögeln vor allem in der Hocharktis (z. B. Dickschnabellumme, Krabbentaucher), an kalten Meeresströmungen (z. B. vor der Küste Perus) oder in der Subantarktis (Pinguine) Millionen von Individuen umfassen, aber auch nur aus kleinen Gruppen weniger Nester bestehen.

Unter großen **Schlafplatzansammlungen** sind die der Stare und Schwalben auf der Nordhalbkugel am bekanntesten; Millionen Individuen erreichen z. B. gelegentlich solche von Bergfinken in Mitteleuropa und vor allem von Blutschnabelwebern in einigen Teilen Afrikas (bis 5 Mio. nicht außergewöhnlich). Viele Koloniebrüter suchen auch in Schwärmen nach Nahrung und viele auch außerhalb der Brutzeit gemeinsame Schlafplätze auf. Andererseits findet Nahrungssuche auch bei solitär nistenden Arten in Schwärmen statt und manche übernachten zumindest teilweise außerhalb der Brutzeit in gemeinsamen Schlafplätzen (z. B. Bachstelze, Rabenkrähe, Elster, aber auch manche Schnepfen und Greifvögel). Die Zahl der Arten mit zumindest zu bestimmten Zeiten

Abb. 19.2. Viele Koloniebrüter beziehen auch gemeinsame Schlafplätze (Lachmöwen; Foto F. Pöl-king).

Abb. 19.3. Nahrungs-»kolonien« beim Zwergflamingo (Foto F. PÖLKING).

regelmäßigen kolonialen Schlafplätzen ist aber nicht bekannt.

Strukturen und **Zusammensetzung** von **Vogelkolonien** können ganz verschieden sein. In lockerer Verteilung brütende Paare deuten meist die Einhaltung eines minimalen Nestrevieres an; in anderen Fällen (z. B. Lummen) sitzen die Brutpaare sehr dicht beisammen an oft sehr kleinen, für die Brut gerade noch ausreichenden Kanten eines Steilabfalles. Nachgewiesen ist in einigen Fällen, daß ältere und erfahrene Paare zentrale und daher sicherere Nestplätze in der Kolonie behaupten. Nicht selten sind gemischte Kolonien verschiedener Arten und auch der Anschluß von Einzelbrütern oder von sehr kleinen Kolonien einer Art an eine größere der anderen (z. B. Enten- und Tauchernester in Möwen- oder Seeschwalbenkolonien).

Die **Gewinne** des **Lebens** in **Kolonien** suchen im wesentlichen drei Gruppen von Hypothesen zu erklären:

(1) Wirksame Begegnung des Räuberdrucks, da in der Gruppe die Wahrscheinlichkeit, von einem Räuber geschlagen zu werden, sinkt (»selfish herd effect«) und auch die Gruppe zu einer besseren Feinddeckung und -abwehr in der Lage ist.
(2) Entwicklung effektiver Strategien der Nahrungssuche besonders bei unvorhersagbaren

oder weit verstreuten Ressourcen, z. B. durch Erkennen von Artgenossen entdeckten Nahrungsquellen oder Nachfolgen bereits erfolgreicher Individuen zu deren Nahrungsplätzen (Kolonie als Informationszentrum).
(3) Sichere Brut- und Rastplätze stehen oft nur relativ eng begrenzt zur Verfügung und ihre optimale Ausnutzung für die Population führt viele Individuen zusammen.

Demgegenüber steht eine Reihe von **Kosten,** so vor allem intraspezifische Nahrungskonkurrenz, die Folgen intraspezifischer Aggressivität (die z. B. zu Brut- und Jungenverlusten führen kann), das Anlocken von Räubern und die erhöhte Übertragungsmöglichkeit von Krankheiten und Parasiten.

In Wirklichkeit stehen fast alle der genannten Faktoren auf der Negativ- und Positivseite der Bilanz, so daß es entscheidend auf Nettoeffekte ankommt, die allerdings noch kaum untersucht sind. In diesem Zusammenhang sind auch besondere verhaltensbiologische Anpassungen entscheidend, z. B. Synchronität des Brutverlaufes, strenge Nestplatztreue der Jungvögel (auch bei nicht reinen Nesthockern), individuelles Erkennen der Lautäußerungen (z. B. Lummen).

19.2.3 Zusammensetzung nach Alter und Geschlecht (Ätilität – Sexilität)

In Vogelpopulationen ist die Überlappung von aufeinanderfolgenden Generationen so eng, daß Eltern und Nachkommen nebeneinander an der Fortpflanzung beteiligt sind.

Der **Altersaufbau** einer Population (**Ätilität**) wird in der Regel durch die Anteile von Individuen der verschiedenen Altersklassen (oder Kohorten, Abb. 19.4) dargestellt. Er wird von der altersabhängigen Nachkommenschaft der Population (Fertilität) bzw. ihrer Individuen (Natalität) und der altersabhängigen Sterblichkeit (Mortalität) bzw. Lebenserwartung der Individuen bestimmt. Die großen Unterschiede in der individuellen Lebenserwartung zwischen den Arten sind u. a. sehr deutlich mit dem Eintritt der Geschlechtsreife korreliert (vgl. Kap. 19.2.4).

Bei Eintritt der Geschlechtsreife in späteren Jahren werden die noch nicht brütenden Individuen in der Regel am Brutplatz nicht erfaßt; daher verjüngt sich die **Alterspyramide** der sich fortpflanzenden Individuen an der Basis (Abb. 19.4). Sie gibt also nur den Altersaufbau der Brutpopulation wieder. Außerdem sind bei langlebigen Arten mit geringer jährlicher Reproduktionsrate die oft beträchtlichen, meist jedoch zwischen Populationen unterschiedlichen Anteile von Nichtbrütern im Altersaufbau nicht erfaßt. Bei Kleinvögeln mit Geschlechtsreife gegen Ende des ersten Lebensjahres und einem sehr hohen Anteil an Erstbrütern hat die Alterspyramide der Brutvögel dagegen stets eine sehr breite Basis und ist mit jener der Gesamtpopulation mehr oder minder identisch.

Die Pyramide verjüngt sich aber sehr rasch entsprechend der geringen Lebenserwartung (Abb. 19.4; vgl. Kap. 19.2.4). Nur langfristige Untersuchungen an individuell markierten Populationen bei Standvögeln oder Zugvögeln mit hoher Ortstreue ergeben verläßliche Hinweise auf den Altersaufbau (Abb. 19.5).

Verschiebungen im **Altersaufbau** sind z. B. bei Populationen mit starker Zu- oder Abnahme oder bei lebhafter, von Umwelteinflüssen abhängiger Fluktuation zu erwarten, wenn die Reproduktionsrate hoch bzw. niedrig liegt bzw. mit der Sterblichkeit bei dichteabhängigen Regulationsvorgängen negativ korreliert ist (vgl. Kap. 19.2) oder bestimmte Altersklassen erhöhter Sterblichkeit unterliegen. Unmittelbar nach der Brutzeit ist die Basis der Alterspyramide besonders breit; sie schrumpft zumindest bei Kleinvögeln mit niedriger Lebenserwartung im folgenden halben Jahr als Ergebnis hoher Jugendsterblichkeit.

Von dem bei der Befruchtung zu erwartenden **Geschlechterverhältnis** 1:1 wären nur dann Abweichungen grundsätzlich denkbar, wenn die Aufzucht von Männchen und Weibchen verschieden hohe Kosten verursachte. Dies könnte z. B. bei Greifvögeln, Falken oder Eulen mit deutlichem Größendimorphismus der Geschlechter (Weibchen größer) der Fall sein. Bei drei Arten (Sperber, Wanderfalke, Buntfalke) ergaben allerdings z. T. kleine Proben (Geschlechtsbestimmung möglichst kleiner Junge in Nestern, in denen alle Eier erfolgreich bebrütet wurden) keine Abweichungen vom Quotienten 1,0.

Das in der Population von selbständigen Vögeln zu beobachtende Geschlechterverhältnis

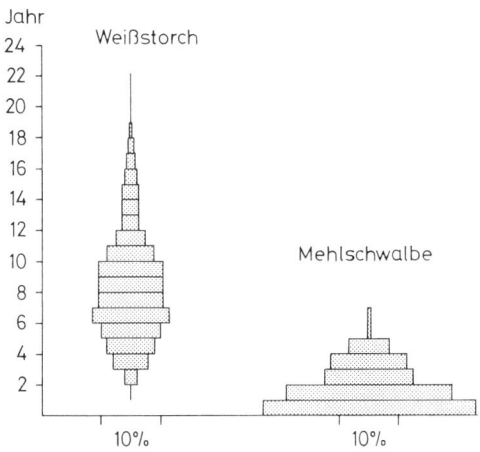

Abb. 19.4. Alterspyramiden von Brutpopulationen: Weißstorch in Norddeutschland, Mehlschwalbe in Südwestdeutschland. Die Breite der Basis wird durch den Zeitpunkt des Eintritts der Brutreife bestimmt. Markierung auf der Abszisse: 10% der Brutpopulation (aus Bezzel 1977).

Prozent der Brutvögel

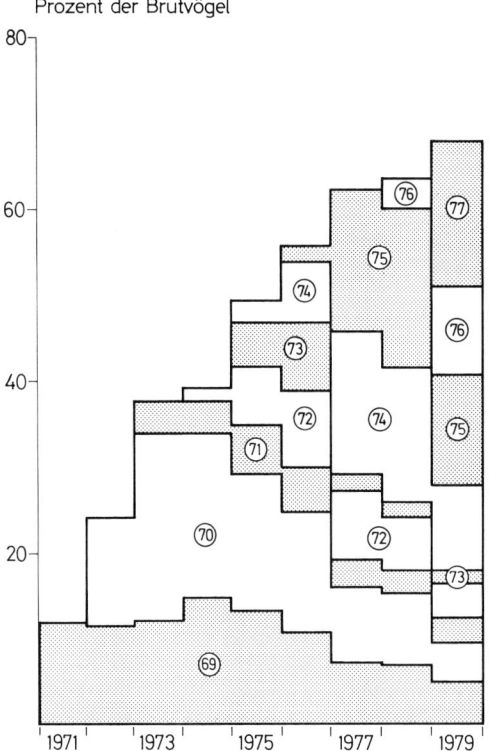

Abb. 19.5. Anteile der Brutvögel bekannten Alters 1971–1979 in einer Population des Buschhähers in Florida. Jede Altersgruppe (Geburtsjahr im Kreis) der Brutvögel zeigt zu Beginn eine Zunahme, da 2–4 Jahre nach der Geburt Helfer (die im Diagramm nicht erfaßt werden) zu Brutvögeln werden. Die Säule des Altersaufbaus 1979 umfaßt 68 % der Brutvögel (nach WOOLFENDEN & FITZPATRICK 1984, verändert).

kann lokal oder generell durch unterschiedliche **Mortalität der Geschlechter** verschoben sein. Beim stark dimorphen Sperber ergab jedoch eine umfangreiche Stichprobe herangewachsener Junge sowohl in der Gesamtheit als auch bei Bruten unterschiedlicher Jungenzahl keine Abweichung von der statistischen Erwartung. Bei einigen anderen Arten bzw. Populationen (z. B. Wanderfalke, Kornweihe) ließen sich statistische Abweichungen zugunsten der größeren Weibchen als Folge geringer Nestlingssterblichkeit zwar sichern, doch scheinen diese Ergebnisse nur für bestimmte Populationen (dauernd?) zu gelten. Höhere Weibchensterblichkeit nach abgeschlossener Jugendentwicklung kann eine Folge stärkerer Investitionen der Weibchen beim Brutgeschäft sein. Möglicher-

weise geht das meist leicht zugunsten der Männchen verschobene Geschlechterverhältnis in Brutpopulationen von Enten der Gattung *Anas* oder *Aythya* darauf zurück (Abb. 17.7). Andererseits können sich hohe Kosten auffällig balzender oder gefärbter Männchen bzw. Investitionen der Männchen in die Revierverteidigung in höherer Sterblichkeit niederschlagen.

Abweichungen sind auch bei nicht-monogamen Arten oder Helfersystemen zu erwarten. Hier können die Verhältnisse kompliziert sein. Beim Florida-Buschhäher ist das Geschlechterverhältnis der Jungvögel am Ende des ersten Lebensjahres ausgeglichen. Unter den nichtbrütenden Helfern der Altersstufen 2 bis 3 Jahre überwiegen die Männchen deutlich; dies wird auf die durch größere Neigung zur Streuung verursachte höhere Mortalität der Weibchen zurückgeführt. Das Geschlechterverhältnis der monogamen Brutvögel ist wieder ausgeglichen. Weibchen sind hier also eine begrenzte Ressource, nichtverpaarte junge Männchen beginnen als Helfer. Bei Arten mit Arenabalz sind Angaben zum Geschlechterverhältnis der Altvögel bei Restpopulationen oder nach starker einseitiger Bejagung mit Vorsicht aufzunehmen. So scheint z. B. bei Birk- und Auerhuhn entgegen anderslautender Äußerungen in der Praxis unter ungestörten Verhältnissen die Anteile ausgeglichen zu sein.

19.2.4 Funktionelle Strukturmerkmale (Natalität – Mortalität)

(1) Unter **Natalität** faßt man die individuelle Fortpflanzungsfähigkeit zusammen, die sich zur Fortpflanzungsfähigkeit einer Population oder **Fertilität** addiert. Beide Größen mißt man herkömmlicherweise als Zahl der Eier pro Fortpflanzungsperiode oder Jahr; für evolutionsbiologische Überlegungen ist es allerdings sinnvoll, die Natalität eines individuellen Lebens einzusetzen. Natalität und Fertilit werden häufig auch allgemein als Reproduktivität zusammengefaßt. Als Reproduktionsrate bezeichnet man die Anzahl ausfliegender Junge pro Weibchen oder Paar eines Brut- bzw. Fortpflanzungszyklus (vgl. Kap. 17.4.1). Sie ist also das Produkt aus Gelegegröße, Bruterfolg und Zahl der Gelege pro Saison (oder umgerechnet auf die individuelle Lebens- oder Fortpflanzungszeit). Der Bruterfolg wird durch die Mortalität (s. u.) während der Jugendentwicklung bestimmt. Häufig wird er aus praktischen Gründen auch

Tab. 19.6. Reproduktionsrate (selbständige Junge pro Paar, bei Kohlmeise geschlechtsreife Nachkommen pro Paar) und Alter bzw. Bruterfahrung (Dreizehenmöwe) in Jahren der Weibchen (Daten nach COULSON 1972, PERRINS & BIRKHEAD 1983).

Bruterfahrung ♀ in Brutjahren		1	2–4	5–16
Dreizehenmöwe	Kolonierand	1,16	1,37	1,51
	Koloniezentrum	1,06	1,43	1,62

Alter ♀			3	4–5	6–8
Küstenseeschwalbe			0,24	0,39	0,58

Alter ♀	1	2	3	4	5–7
Kohlmeise	0,82	1,06	1,23	1,19	0,74

unterteilt in Schlüpferfolg (Zahl der geschlüpften Jungen im Vergleich zu jener der abgelegten Eier) und Aufzuchterfolg (Zahl der selbständigen Jungen pro Weibchen oder Paar oder auch Anteil der selbständigen Jungen im Vergleich zur Zahl der abgelegten oder erfolgreich bebrüteten Eier). Der Begriff Reproduktionsrate in der üblichen Verwendung ist also nicht gleichzusetzen mit der Zahl reproduktionsfähiger Junge, da bis zum Eintritt der Geschlechtsreife noch eine oft erhebliche Mortalitätsrate abzuziehen ist. Reproduktionsraten (reproductive output) können auch auf die Population umgerechnet werden. Nicht selten wird dabei ungenau auch von der Fertilität (oder fecundity) der Population gesprochen. Der Anteil neu hinzugekommener selbständiger Jungvögel an der Gesamtpopulation ist die **Rekrutierungsrate** oder **Recruitment.** Die zur Diskussion

stehenden Zahlenwerte bedürfen also immer einer eindeutigen Benennung.

Innerhalb einer Art bzw. zwischen lokalen Populationen variiert die Natalität nicht selten in Korrelation mit **Umweltvariablen,** ebenso innerhalb einer Population, aber auch mit dem Alter der Individuen, wobei unterschiedliche Gelegegrößen und/oder Zahl der Gelege pro Saison bzw. Lebenszeit eine Rolle spielen (vgl. Kap. 17.6.2). Noch stärker sind oft die individuellen oder lokalen Unterschiede in der Reproduktionsrate (Tab. 19.6). Für die Bestimmung der Fitness (vgl. Kap. 17.2) ist vor allem wegen der Altersabhängigkeit solcher Unterschiede die Ermittlung der Reproduktionsrate pro individueller Lebenszeit nötig. Dabei stellt sich oft heraus, daß der Anteil von Nachkommen an der Folgegeneration über die Individuen der Parentalgeneration sehr ungleich verteilt ist. So hatten in einer britischen Sperberpopulation 16 % der mit der Brut beginnenden Weibchen überhaupt keinen Nachwuchs während ihres Lebens; unter den 84 % erfolgreichen variierte die Jungenzahl pro Lebenszeit von 1 bis 23, wobei 15 % der Weibchen 50 % der flüggen Jungen in der Population produzierten (Abb. 19.7).

Im Vergleich zwischen Angehörigen unterschiedlicher Taxa sind **Natalität** und **Reproduktionsraten** nur im Zusammenhang mit weiteren demographischen Variablen sinnvoll zu interpretieren. So sind niedrige Eizahlen bzw. Reproduktionsraten in der Regel mit spätem Eintritt der Geschlechtsreife und langer Lebenserwartung (s. u.) korreliert (Tab. 17.13 und 19.7).

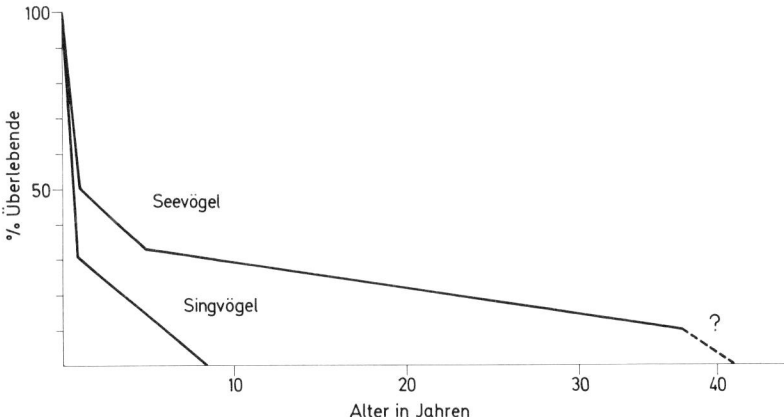

Abb. 19.6. Überlebenskurve für einen langlebigen Seevogel mit spätem Eintritt der Geschlechtsreife und einem kleinen Singvogel.

Tab. 19.7. Alter bei Erstbrut, Mortalität flügger Jungvögel bis Brutbeginn, jährliche Adultmortalität und mittlere Lebenserwartung nach der ersten Brut. Gerundete Zahlen nach Handbuchangaben. Werte für einzelne Populationen und je nach Berechnungsart differieren oft erheblich.

Art	Alter bei Brutbeginn	Mortalität flügger Jungvögel bei Brutbeginn (%)	Adultmortalität pro Jahr (%)	mittlere Lebenserwartung nach erster Brut (Jahre)
Königalbatros	10		3,0	33
Eissturmvogel	7–9		5,5	18
Schwarzschnabelsturmtaucher	5–6	ca. 75	10	9,5
Gelbaugenpinguin			13	7
Baßtölpel	5–6	ca. 80	6–10	10–16
Graureiher	1–2	69–78	28–31	ca. 3
Stockente	1		48	6
Mäusebussard	3	72	20	4,5
Turmfalke	1	50–60	35–40	2,5
Austernfischer	4	75–80	6–10	9,5–15
Kiebitz	2	> 60	32	2–3
Silbermöwe	4–6	> 45	5–15	6–19
Lachmöwe	2	> 40	ca. 20	ca. 4–5
Flußseeschwalbe	3–4	80–90	10	9,5
Papageitaucher	5	ca. 80	5	19,5
Ringeltaube	1	40–70	30–45	1,7–2,8
Schleiereule	1(–2)	ca. 70	ca. 50	1,5
Mauersegler	3(–4)		15–20	ca. 4
Amsel	1	50–60	35–50	1,5–2,5
Rauchschwalbe	1(–2)	70–90	40–60	1,5–2,8
Kohlmeise	1	77–99	30–60	1,2–2,8
Rotkehlchen	1	> 70	58–62	1,1–1,2

Bei Singvögeln der mittleren und höheren Breiten liegt der Anteil der Eier, die flügge Junge ergeben, etwa zwischen 30 und 80 %. Der mittlere Bruterfolg nimmt im allgemeinen in der Reihenfolge Bodenbrüter, Baumbrüter, Höhlenbrüter zu. Er sinkt bei Singvögeln mit offenen Nestern von etwa 60 % in der Arktis über 47 % in gemäßigten Breiten auf rund 30 % in den feuchten Tropen. In trockenen tropischen Habitaten ist er dagegen mit über 40 % den Werten mittlerer Breiten vergleichbar. Bei nesthockenden Landvögeln sinkt die tägliche Mortalitätsrate während der Bebrütung und Jugendentwicklung mit zunehmender Körpergröße, wobei als mögliche Ursachen bessere Nestverteidigung bei großen Arten oder günstigerer Energiehaushalt in Frage kommen. Doch haben andererseits Arten mit langer Nestlingsdauer, wie z. B. Greifvögel, einen Bruterfolg, der mit 40 bis 80 % in der Größenordnung kleiner Landvögel liegt. Kurze Brut- und Aufzuchtzeiten gestatten aber durch Zweit- oder Drittgelege eine Erhöhung der jährlichen Reproduktionsrate. Der Schlüpferfolg von Hühnervögeln ist mit 20 bis 60 % etwa so hoch wie der Bruterfolg bodenbrütender Singvögel. Bei vielen sehr lang brütenden Seevögeln (z. B. Tölpel, Röhrennasen) ist bei geringer täglicher Mortalitätsrate im Nest der Bruterfolg insgesamt mit 5 bis 60 % relativ niedrig. Ähnliche Werte weisen Möwen oder Alken (meist zwischen 25 und 45 %) auf. Bei nestflüchtenden Wasservögeln liegt der Schlüpferfolg oft über 50 %. Jungenverluste können hier aber vor allem in den ersten beiden Lebenswochen hoch sein (vgl. u.).

(2) Die **Sterblichkeit (Mortalität)** wird in der Regel als Mortalitätsrate (m) gemessen, die angibt, wieviel Prozent der Individuen einer Population pro Zeiteinheit (z. B. Jahr) durch Tod ausfielen. Die Überlebensrate entspricht $1 - m$. Eine altersspezifische Summierung der Mortalitätsraten erhält man, wenn von nestjung markierten Vögeln der Todeszeitpunkt bekannt ist und die Verteilung der Abgänge über die Altersstufen als sogenannte Lebenstafel (lifetable) dargestellt werden kann. Umgekehrt lassen sich die individuellen Lebenszeiten der Po-

Abb. 19.7. Jungenproduktion pro Lebenszeit bei 142 Sperberweibchen in Großbritannien. Die Stichprobe enthält einen repräsentativen Ausschnitt der Verteilung individueller Lebensdauern in der Weibchenpopulation. Unten: Jungenzahl pro Weibchen. Oben: Jungenzahl und Lebensdauer der Weibchen; Beziehung zwischen Lebensdauer und Jungenzahl signifikant (nach NEWTON 1986, verändert).

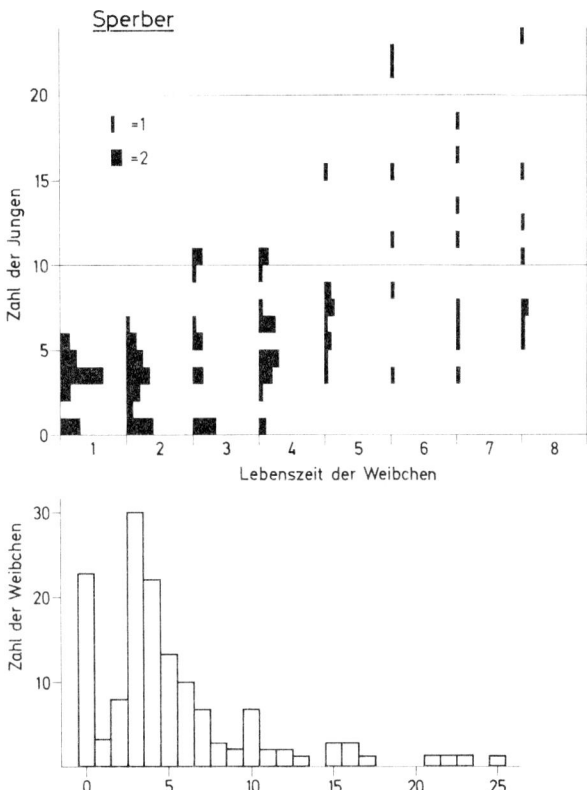

pulation in einer Überlebenskurve darstellen (Abb. 19.6). Üblicherweise wird die Mortalität während der embryonalen und der postembryonalen Entwicklung getrennt betrachtet (s. o.); die Lebenstafeln von Populationen beginnen daher in der Regel mit dem Zeitpunkt des Flüggewerdens.

Die **Ermittlung von Mortalitätsraten** ist aus verschiedenen Gründen fehleranfällig. Unter Wiederfunden von Ringvögeln haben »unnatürliche« Todesursachen, wie Unfälle an Fenstern, Bauten, auf Verkehrswegen, Abschuß usw., größere Wahrscheinlichkeit, bekannt zu werden. Bei langlebigen Arten spielt auch Abnutzung des Ringmaterials und Verlust von Markierungen in den höheren Altersklassen eine Rolle. Wie bei Auswertungen von Migrationen sind auch unterschiedliche Fundwahrscheinlichkeiten in einzelnen Gebieten zu beachten und bei Lebendkontrollen am Brutplatz unterschiedliche Ortstreue und/oder Anteile von Nichtbrütern. Mortalitätsraten nach Ringfunden weisen ungeachtet verschiedener statistischer Korrekturen gegenüber Analysen individuell markierter Populationen verschiedene Fehler auf. Standardisierte Fangprogramme können einige davon reduzieren.

Natürliche **Todesursachen** gehen im wesentlichen auf Unerfahrenheit der Individuen zurück im Zusammenhang mit Beutefeinden (Prädatoren), Krankheiten, Unfällen, Nahrungsmangel usw. Daher ist die Mortalität eben selbständig gewordener Jungvögel bis zur Geschlechtsreife bei den meisten Arten deutlich höher als in späteren Jahren. Mindestens ab dem Ende der ersten Brut scheint bei den meisten der bisher untersuchten Arten die jährliche Mortalitätsrate angenähert konstant zu sein (Abb. 19.6). Bei langlebigen Arten nimmt jedoch in hohen Altersklassen die Mortalität wieder zu (z. B. bei Küstenseeschwalben ab dem 19. Jahr), doch sind gerade dann aus technischen Gründen und als Folge kleiner Stichproben Fehlkalkulationen zu erwarten. Viele der in Frage kommenden Arten (z. B. Albatrosse, Röhrennasen, Pinguine, manche Schnepfen-, Möwen und Alkenvögel) sind noch nicht lange genug untersucht. Die

Tab. 19.8. Abschätzung von Mindestreproduktionsraten bis zum Zeitpunkt der ersten Brut nach mittlerer jährlicher Mortalität der flüggen Vögel bei stabilen Populationen (nach PERRINS & BIRKHEAD 1983, verändert).

Art	jährliche Mortalität (in %)	Gelegegröße (× Zahl der Gelege pro Saison)	% der Eier, aus denen Individuen bis zur 1. Brut überleben müssen
Königsalbatros	3	1	6
Gelbaugenpinguin	13	2	13
Schwarzschnabelsturmtaucher	10	1	20
Baßtölpel	10	1	20
Weißstorch	21	4	10
Stockente	48	10	10
Ringelgans	15	4	8
Höckerschwan	18	6	6
Mäusebussard	20	3	13
Fischadler	18	3	12
Turmfalke	40	5	16
Buntfalke	50	5	20
Silbermöwe	8	3	5
Papageitaucher	5	1	10
Ringeltaube	35	2 (× 3)	12
Rotkehlchen	50	4 (× 2)	13
Amsel	35	4 (× 2)	9
Blaumeise	70	11	13
Haussperling	50	5 (× 2)	10

Zunahme der Mortalitätsrate in sehr hohem Alter läßt sich jedoch rein rechnerisch erschließen, da sonst zumindest von einzelnen Individuen einer sehr großen Grundgesamtheit unrealistische Lebensalter erreicht würden. Doch kann allgemein gelten, daß unter natürlichen Bedingungen nur sehr wenige Individuen an »Altersschwäche« sterben (vgl. Kap. 18.3.2).

Innerhalb von Populationen kann die **Mortalität** von **Männchen** und **Weibchen** verschieden sein (vgl. Kap. 19.2.3). Unterschiede sind ferner im Zusammenhang mit dem Alter und der Bruterfahrung der Eltern (z. B. Kohlmeise in Tab. 19.6), Bruttermin (z. B. Erst- oder Zweitbrut), Habitat und Neststandort vielfach nachgewiesen. Im Vergleich zwischen den Taxa werden Unterschiede in Abhängigkeit vom Eintritt der Geschlechtsreife und von der Reproduktionsrate deutlich. Bei langlebigen Arten (z. B. Seevögel) sind auch jährliche Unterschiede in Korrelation mit der Reproduktionsrate bekannt bzw. zu erwarten. Die Mortalitätsraten der ersten Jahrgänge sind nicht nur höher, sondern meist auch variabler als die späteren (Tab. 19.7).

In einer stabilen Population lassen sich aus der Kenntnis der Mortalität und der Natalität zum Ersatz der Parentalgeneration erforderlichen **Reproduktionsraten** abschätzen (Tab. 19.8). Die Unterschiede zwischen Arten verschiedener Taxa sind beachtlich. Dies gilt daher auch für die Lebenserwartung adulter Vögel, die man als Mittelwert etwa gemäß $2 - m/2\,m$ (m = jährliche Mortalitätsrate) errechnet. Beziehungen zwischen dem Alter bei der Erstbrut und der Lebenserwartung sind evident (Tab. 19.7). Die mittlere (ökologische) Lebenserwartung liegt jedoch meist sehr viel tiefer als das potentielle (physiologische) Höchstalter (s. Kap. 18.3.1).

19.3 Populationsdynamik

Die aktuelle Populationsgröße N bemißt sich wie folgt: N = Natalität – Mortalität + Immigration – Emigration. Die letzten beiden Komponenten können als Bilanz der Streuung zusammengefaßt werden. Sie spielen nicht nur für die Populationsgröße, sondern auch für viele

Fragen der Populationsgenetik (vgl. Kap. 19.4) eine wichtige Rolle.

Die beachtlichen Variationen der Parameter in den Lebenstafeln von Populationen lassen sich mit entsprechenden Unterschieden in der Umwelt in Beziehung bringen, sie sind also als evolutive oder ökologische Anpassungen zu erklären. Doch im einzelnen variieren unterschiedliche Populationsmerkmale, wie etwa Natalität, Eintritt der Geschlechtsreife oder Lebenserwartung, gemeinsam. Die Erklärung derartiger Muster unter ökologischen oder evolutionsbiologischen Aspekten stützt sich auf die vergleichende Demographie, da experimentelle Eingriffe in natürliche Populationen von Vögeln kaum möglich sind, sowie auf die Populationsgenetik. Die komplexe ökologische und evolutive Verbindung von Populationen mit ihrer Umwelt erlaubt für die beobachteten Unterschiede aber eine Fülle unterschiedlicher Erklärung der Ursachen.

Variation von **Populationsmerkmalen** um einen Mittelwert bezeichnet man als Oszillationen, wenn sie innerhalb eines Jahres (oder einer Generation) ablaufen, als Fluktuationen, wenn sie in aufeinanderfolgenden Jahren (oder Generationen) auftreten. Fluktuationszyklen werden oft auch als Gradationen zusammengefaßt (z. B. Zeitabschnitt von einem Maximum zum nächsten). Populationen können sich in vielen Merkmalen (z. B. Populationsdichte, Reproduktionsrate) kurz- oder längerfristig erheblich ändern oder sich mit jährlichen oder mehrjährigen Fluktuationen um einen konstanten Mittelwert bewegen. Beide Typen von Veränderungen sind mit Änderungen in der Umwelt in Verbindung zu bringen und damit als Anpassungen zu erklären.

Aus der **Sicht der Evolution** sind in diesem Zusammenhang im Extrem zwei unterschiedliche optimale Phänotypen in einer Population denkbar, je nachdem, ob die Populationsdichte gleich bleibt bzw. abnimmt oder anwächst. In langfristig konstanten Lebensräumen kann Selektion auf maximale gleichmäßige Nutzung ohne Beeinflussung der Ressourcen abzielen. Bei rasch entstehenden und wieder vergehenden Ressourcen ist dagegen schnelle Besiedlung und Ausnützung mit anschließender Zerstreuung und Suche nach neuen geeigneten Habitaten als optimale Strategie angestrebt. Man unterscheidet daher **K-Strategien** (Anpassung an die Kapazität des Lebensraumes) und **r-Strategien** (Selektion hoher Vermehrungsrate r). Ent-

sprechend werden Modelle der Populationsdynamik unter dichteunabhängigen Selektionsprozessen aufgestellt mit einer Maximierung der Vermehrungsrate r und solche unter dichteabhängigen mit einer Maximierung der Selektion der Populationsgröße N. Beides sind allerdings nur Extreme, die durch viele Übergänge miteinander verbunden sind. Die Wirkung dichteabhängiger und dichteunabhängiger Faktoren läßt sich nicht immer klar unterscheiden. Außerdem werden mit den beiden Typen manche Anpassungen, z. B. von Populationen in einer sich während der individuellen Lebenszeit unvorhersagbar ändernden Umwelt, nicht ausreichend erklärt.

In einer **wachsenden Population** schlagen in der Gegenwart geborene Junge als Beitrag zur Fitness mehr zu Buche als spätere, da ihr Anteil an der Gesamtpopulation größer ist. Unter Bedingungen, die rasches Populationswachstum fördern, sollte die Selektion also frühen Eintritt der Geschlechtsreife und hohe Natalität gegenüber verzögerter Geschlechtsreife und langer Lebensdauer bevorzugen. In der Phase einer Abnahme der Populationsdichte sollte umgekehrt verspätete Geschlechtsreife, lange Lebensdauer mit niederer Natalität gefördert werden. Aber auch bei konstanter Umwelt und dichteabhängiger maximaler Populationsgröße können Ereignisse eintreten, die das »Umschalten« auf die andere Strategie erfordern.

Zu den wichtigsten dichteunabhängigen Regulationsfaktoren zählt die **Witterung,** die innerhalb eines vorgegebenen Klimabereiches vorübergehend die Lebensbedingungen einer Population und damit ihre Größe und Dynamik entscheidend verändern kann (Abb. 19.13). Auch Nahrungsverknappung kann dichteunabhängig wirken. Doch ist die Trennung nicht immer eindeutig, denn im Zusammenhang z. B. mit strenger Winterkälte kann eine Ressource, um die Konkurrenz besteht (z. B. geschützter Übernachtungsplatz), gleichzeitig dichteabhängig wirken. Im allgemeinen spielen bei Vögeln dichteunabhängige Faktoren in der Regulierung von Populationsgrößen eine geringere Rolle als dichteabhängige.

Unter ihnen kommt bei vielen Arten Territorien eine wichtige Bedeutung zu (vgl. Kap. 19.2.2). Ihre Größe ist häufig mit der Zahl der revierbehauptenden Individuen negativ korreliert. Die **Reproduktionsrate** einer Population wird durch folgende Umstände **dichteabhängig beeinflußt:**

(1) Bei hoher Dichte kommen mehr geschlechtsreife Individuen zu keiner Brut als bei geringer, weil sie zwischen den etablierten Revieren keinen Raum mehr finden.
(2) Die Gelegegröße ist bei hoher Dichte geringer bzw. nimmt mit zunehmender Dichte ab (Hinweise bei Arten unterschiedlicher Taxa).
(3) Der Anteil an Zweitgelegen sinkt bei hoher Dichte (z. B. Meisen).
(4) Der Schlüpf- und/oder Aufzuchterfolg ist bei hoher Dichte geringer.
(5) Der Verlust an Bruten durch Beutefeinde nimmt bei hoher Dichte zu. Auch die Mortalität der Jungen nach dem Ausfliegen kann dichteabhängig variieren (experimenteller Nachweis z. B. bei der Kohlmeise), ebenso jene der Altvögel, vor allem wenn nach der Brutzeit Ressourcenlimitierung zu starker innerartlicher Konkurrenz führt.

Durch das Zusammenspiel und/oder die Überlagerung von dichteabhängigen und dichteunabhängigen Faktoren können charakteristische Bilder der Populationsdichte in Zeitreihen entstehen. Wenn dichteabhängige Effekte geringe Bedeutung gegenüber dichteunabhängigen haben, sollte die Populationsdichte größere Schwankungsamplituden aufweisen als im umgekehrten Fall. Dies wird z. B. im Vergleich zwischen lokalen Bestandsentwicklung von Samen- und Insektenfressern unter den Singvögeln oder bei einzelnen, mehr der r-Strategie gleichenden Nutzung von Habitaten durch Koloniebrüter oder bei Beziehern kurzlebiger Brutplätze deutlich (z. B. Lachmöwe, Uferschwalbe, Eisvogel). Wenn in einer Population dichteunabhängige Faktoren nur in langen Intervallen (z. B. extreme Winter) eine entscheidende Rolle spielen, wird die Populationsdichte plötzlich absinken und dann allmählich, meist innerhalb weniger Reproduktionsperioden wieder den alten Stand erreichen (Abb. 19.13). Treten solche Ereignisse in kürzeren Intervallen auf, kann starke Fluktuation die Folge sein, da mitunter die Population das Dichteniveau mit starkem Wirken dichteabhängiger Faktoren noch nicht wieder erreicht hat, bevor das nächste dichteunabhängige Ereignis eingetreten ist.
    Formal kann das **Wachstum von Populationen** durch **zwei Grundtypen,** nämlich mit dem J-förmigen **exponentiellen** und der **sigmoiden** (logistischen) **Wachstumskurve** beschrieben werden (Abb. 19.8). Wenn Vögel einen konkurrenzfreien Lebensraum neu besiedeln, neigt ih-

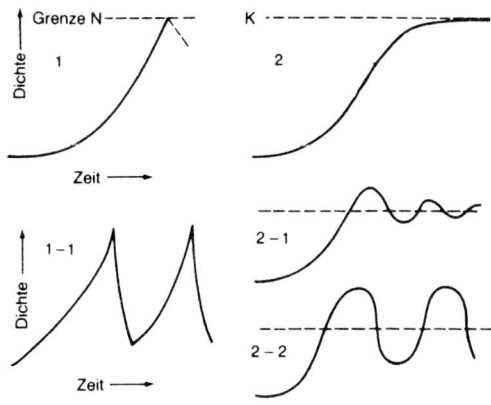

Abb. 19.8. Wachstum von Populationen mit J-förmigem exponentiellem (1) und sigmoidem Verlauf (2) sowie einige Varianten dazu. 1–1 starke Fluktuationen, die sich in einem ungedämpften Auf und Ab der Population äußern; 2–1 und 2–2 gedämpfte und ungedämpfte Fluktuationen an der Kapazitätsgrenze bei sigmoidem Kurvenverlauf (nach Odum & Reichholf 1980, aus Bezzel 1977).

re Bestandsentwicklung häufig zu exponentiellem Wachstum, ebenso wenn Ressourcen plötzlich unbegrenzt zur Verfügung stehen. Dies gilt zumindest über lange Zeiträume auch für typische K-Strategen, wie dem Eissturmvogel (vgl. Tab. 19.7; doch Wachstum der Brutpopulation in den Gewässern um Großbritannien um 420 % 1929 bis 1949 und um 280 % 1949 bis 1970). Für exponentielles Wachstum eines Neueinwanderers ist die Bestandsentwicklung der

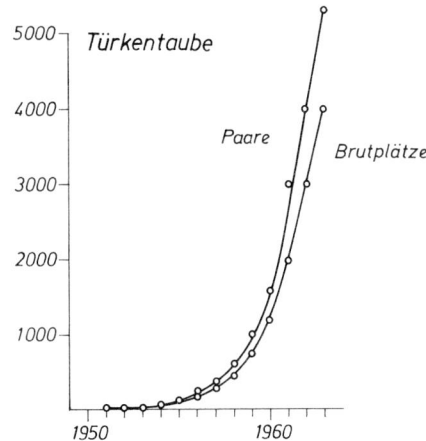

Abb. 19.9. Erste Phase der Einwanderung der Türkentaube in die Niederlande mit exponentiellem Populationswachstum (nach Leys aus Bezzel 1977).

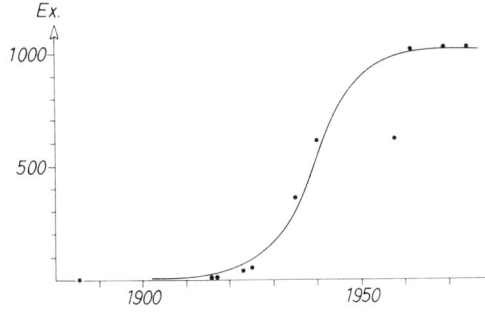

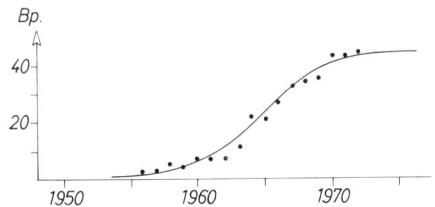

Abb. 19.10. Logistische Wachstumskurve von Hökkerschwanpopulationen. Oben: Sommervögel am Bodensee. Unten: Brutpaare im Ulmer Raum (nach POLTZ aus BEZZEL 1977).

Türkentaube in den ersten Phasen der Neueinwanderung ein typisches Beispiel (Abb. 19.9). Bei dichteabhängigem Wachstum bleibt jedoch die Wachstumsrate nicht konstant, sondern verringert sich mit zunehmender Populationsdichte. Die Exponentialkurve schwenkt in eine sigmoide Kurve um, die sich nahe der Kapazitätsgrenze (Tragfähigkeit) des Lebensraumes für diese Art einpendelt (Abb. 19.10). Das Wachstum ist bei 1/2 K (also am Wendepunkt der Kurve) am größten.

Für die Untersuchung populationsdynamischer Vorgänge in Zeitreihen ist entscheidend, die Ansätze nach der Lebensdauer bzw. der Lebenserwartung der Individuen zu orientieren (vgl. Kap. 19.2.4). Erst die Erfassung einer (oder mehrerer) Generationenwechsel (Turnover) kann dem für die Beantwortung vieler Fragen nötigen langfristigen Konzept genügen. Selbst bei kurzlebigen Singvögeln sind dazu wenige Untersuchungsjahre oft nicht ausreichend (Abb. 19.11). Sogenannte Monitorprogramme (vgl. Kap. 26) müssen also langfristig angesetzt werden.

Fallbeispiele: Die im Wattenmeer der Nordsee überwinternden dunkelbäuchigen Ringelgänse der Subspezies *hrota* brüten in NW-Sibirien

(vor allem auf der Taimyr-Halbinsel). An der Zahl der in den Überwinterungsraum mitgebrachten Jungvögel kann man auf starke Schwankungen der Reproduktionsrate schließen (bei den erwachsenen Jungvögeln im Herbst ist die Mortalität der ersten Lebenswochen nach dem Flüggewerden schon eingeschlossen). Im Mittel wurden in dem in Abb. 19.12 erfaßten Zeitraum alle 2,2 Jahre sehr gute und etwa in gleichen Abständen Mißerfolge erzielt. In der zweiten Hälfte ist die geringfügig höhere Jungenzahl auf eine Serie günstiger Jahre zurückzuführen. Die Anzahl der Jungen pro Jahr wird höchstwahrscheinlich durch die hocharktischen Witterungsverhältnisse an den Brutplätzen bestimmt, ist also dichteunabhängig. Möglicherweise spielt aber auch die Kondition

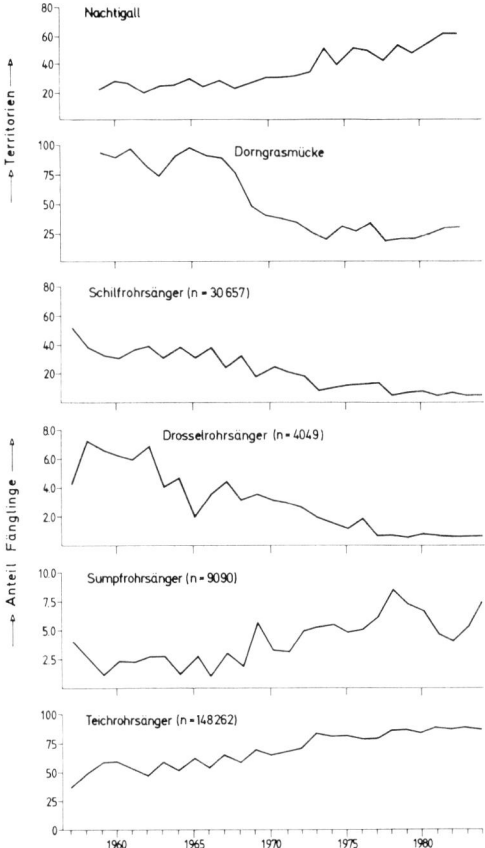

Abb. 19.11. Beispiele für Bestandsdynamik bei Singvögeln. Oben: Anzahl besetzter Territorien in einem Gebiet bei Wassenaar/Niederlande. Unten: Prozent beringter Individuen an der Gesamtzahl in den Niederlanden beringter Rohrsänger pro Jahr (Daten nach SOVON 1987).

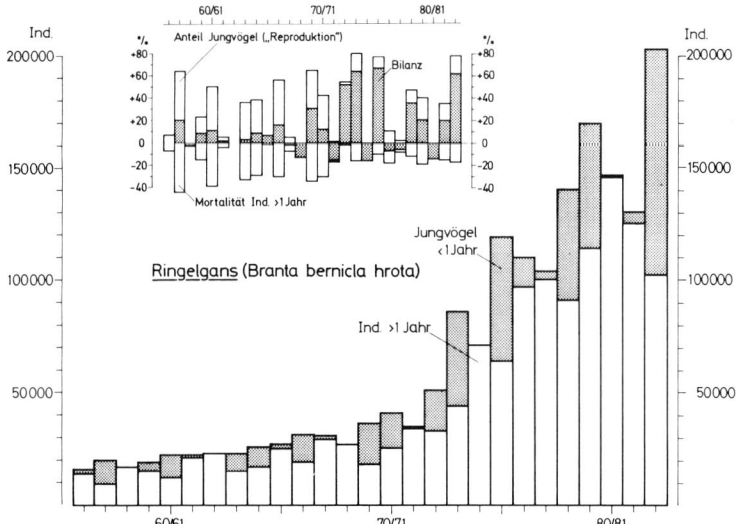

Ringelgans (Branta bernicla hrota)

Abb. 19.12. Bestandsverlauf der im Nordseegebiet überwinternden dunkelbäuchigen Ringelgänse. Unten: Populationsgröße; oben: Anteil flügger Jungvögel (»Reproduktionsrate«) und jährliche Mortalitäts-rate der Individuen > 1 Jahr; schraffiert: Differenz Reproduktion – Mortalität (Daten aus Prokosch 1984).

der Weibchen nach Abzug aus dem Winterquartier (Anlage von Depotfett) eine Rolle und damit das Nahrungsangebot im Wattenmeer; dieser Faktor kann sowohl dichteabhängig als auch dichteunabhängig wirken. Eine Klimaverschiebung könnte also eine der Ursachen des Einschwenkens in eine exponentielle Wachstumsphase ab Anfang der 70er Jahre sein. Doch hat sich auch die Mortalität verändert: Bis etwa 1971 war eine hochsignifikante Korrelation zwischen Bruterfolg und Sterblichkeit der über ein Jahr alten Individuen festzustellen. Die hohen Verlustraten hatten den Effekt einer Zunahme durch gute Brutjahre weitgehend verhindert. Die Änderung der Verhältnisse bei einer gleichmäßigeren Verteilung der Mortalität über die Jahre mit geringeren Spitzenwerten fällt zeitlich mit Einstellung der Bejagung zusammen, vor allem im Überwinterungsgebiet Dänemark. Auch aus einer Reihe anderer Gründe ist ein Einfluß der Jagd auf die Dynamik der Population sehr wahrscheinlich. Die Einstellung der Jagd war sicher zumindest ein Faktor des Anstieges.

Harte Winter können kurzfristige Einbrüche in der Zahl der Brutpaare beim Graureiher verursachen. Daß die Effekte in Populationen in milden ozeanischen Klimaten auffälliger sein können als in Gebieten mit rauherem Winter-

klima hängt wohl mit den unterschiedlichen Anteilen der wegziehenden Individuen zusammen; bei höherem Standvogelanteil wirken sich lokal harte Winter stärker aus (vgl. Abb. 19.13 mit 19.14). Die Ereignisse sind dichteunabhängig. Bei starker Verfolgung bis etwa 1970 blieb die Brutpopulation offensichtlich in vielen Gebieten Europas weit unter der Grenzkapazität.

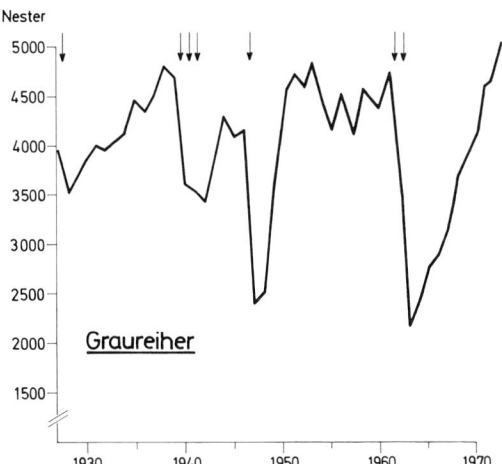

Abb. 19.13. Bestandsentwicklung des Graureihers in England und Wales; Pfeile markieren kalte Winter (nach Cramp & Simmons 1977).

Anschließend erfolgte vielfach eine exponentielle Zunahme, die entsprechend der logistischen Kurve mit zunehmender Dichte gebremst wurde, so daß der Bestand auf ein höheres Niveau einschwenkte. In Bayern wurde dabei die nach dem Beginn des Kurvenverlaufs errechnete Grenze nicht erreicht (Abb. 19.14). Möglicherweise waren ein kalter Winter und im Gefolge Zulassung limitierter legaler (zusätzlich illegaler!) Verfolgung daran ursächlich beteiligt. Die starke Zunahme in Richtung auf eine hohe Grenzkapazität kann auch durch günstigere Nahrungssituation (z. B. Eutrophierung der Gewässer, Anlage von Fischteichen usw.) mit bedingt sein; ebenso kann Verschlechterung der Situation (z. B. durch zunehmende Freizeitstörung an Gewässern) eine Rolle bei der raschen Abbremsung der Zunahme

spielen. Schließlich sind auch Schutz und Störung an den Brutkolonien zu beachten. Die Vorgänge waren aber sicher nicht nur lokal begrenzt, denn auffallende Parallelen zur Dynamik der regionalen Brutpopulation ergeben sich auch im Verlauf der nichtbrutzeitlichen Konzentrationen von Graureihern an einem Kontrollpunkt, an dem mit Sicherheit aus verschiedenen Brutpopulationen Individuen zusammenkommen (Abb. 19.14).

Höckerschwäne haben bei geringer Altersmortalität (ca. 10 %) und hoher Lebenserwartung mit 5 bis 8 Eiern eine relativ hohe Natalität. Gründerpopulationen mit einer hohen jährlichen Reproduktionsrate von 4 bis 5 Jungen pro Paar können daher rasch exponentiell wachsen (Abb. 19.10). Die optimale Fortpflanzungsstrategie sind besonders große Reviere,

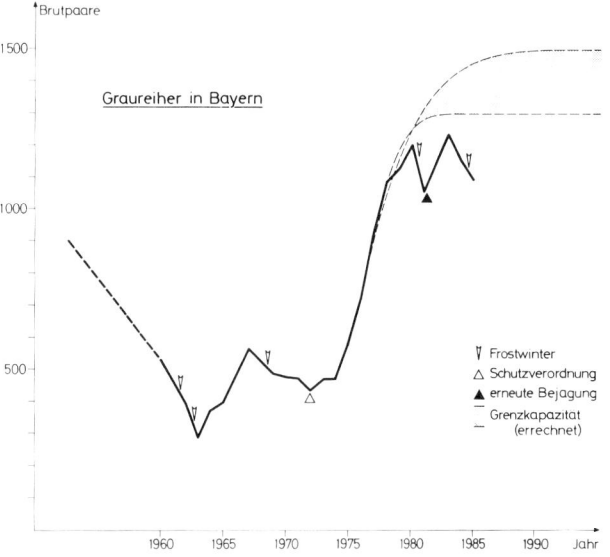

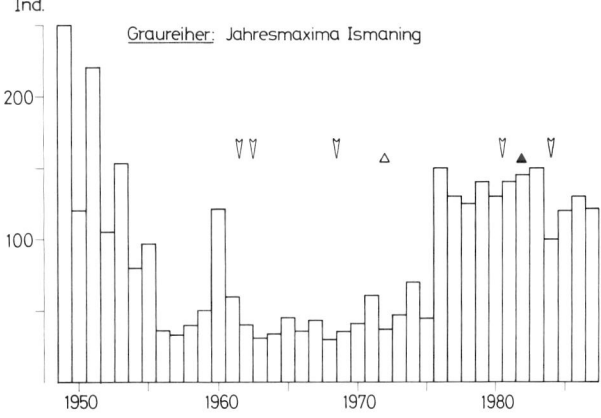

Abb. 19.14. Graureiher in Bayern. Oben: Entwicklung des Brutbestandes nach Einstellung der Verfolgung in vielen Gebieten Europas (aus SCHÖPF & HASHMI 1987). Unten: Jahresmaxima von Individuen, die nach der Brutzeit sich im Ismaninger Teichgebiet bei München sammeln (Angehörige verschiedener Populationen; Daten nach Archiv WÜST, v. KROSIGK, BEZZEL).

die länger als bei vielen anderen territorialen Arten von den Männchen, die nicht am Brutgeschäft beteiligt sind, verteidigt werden. Sie sichern das Überleben der Jungen auch nach der Wachstumsphase, da sie in der Konkurrenz um eine sich gegen Ende des Herbstes limitierende Nahrungsressource (Wasserpflanzen) Vorteile bedeuten. Mit zunehmender Populationsdichte verringert sich die mittlere Reproduktionsrate mitunter ganz erheblich, wobei zumindest in gut kontrollierten Einzelfällen nicht etwa generell die überlebenswichtige Territoriumsgröße verringert wird. Vielmehr sind verschiedene Strategien nebeneinander zu beobachten: Ein Teil der Paare hält die übergroßen Territorien mit hoher Reproduktionsrate bzw. geringerer Jugendmortalität im ersten Winter. Daneben kann es dauernd oder vorübergehend zu Koloniebildung mit sehr geringer Reproduktionsrate kommen. Schließlich schart sich ein Teil der Altvögel zu Nichtbrüterverbänden zusammen. Der Anteil nichtbrütender Individuen kann bis zu 80 % einer gesättigten Population ausmachen.

19.4 Populationsgenetik

19.4.1 Genetische Variation und ihre Untersuchung

Quantitative Genetik. Der größte Teil phänotypischer Variation einzelner Merkmale geht bei Vögeln auf eine Summe verschiedener Gene zurück, die zusammenwirken und sich gegenseitig beeinflussen, deren Ergebnis zudem noch von Variablen der Umwelt während der Entwicklungs- und Wachstumsphase der Individuen überdeckt werden kann. Sind an einem phänotypischen Produkt zwei oder mehr Genorte beteiligt, lassen sich z. B. kleine additive Effekte, unvollständige Dominanz und/oder von der Umwelt beeinflußte Ausprägungen feststellen. Somit ist die **phänotypische Variation** in einer Population die Summe folgender Komponenten:

$$V_P = V_A + V_D + V_I + V_E$$

V_P entspricht der gesamten phänotypischen Varianz der Population. A ist die Komponente, die direkt von den Eltern vererbt wurde, die ja nur die Allele weitergeben; V_A entspricht also der additiven genetischen Varianz. Die Komponente D beschreibt die durch Dominanz bei

Heterozygotie zustande kommende Abweichung vom Phänotypus der Eltern, V_D entspricht also der Varianz innerhalb der Genorte. Einflüsse zwischen verschiedenen Genorten werden als Epistasis bezeichnet. Epistatische Interaktionen und ihre Varianz sind mit V_I zusammengefaßt. Schließlich bezeichnet V_E die durch die Umwelt (environment) bedingte Varianz.

Die Komponenten können nur mit Hilfe von Statistiken bestimmt werden, in denen man Unterschiede der Varianzen und Kovarianzen zwischen Individuengruppen ermittelt, deren genetische Verwandtschaft bekannt ist. Gleichwohl sind noch manche vereinfachende Annahmen nötig, z. B. wirkliche Unabhängigkeit zwischen V_A und V_E usw. Eine einfache Methode ist, bei bekanntem Stammbaum das Ausmaß der Umwelteinflüsse durch wiederholtes Messen von Merkmalen (z. B. Schnabelmaße, Körpermasse, Tarsus- und Flügellänge) an einem Individuum zu bestimmen. Analysen der vererbten Komponenten (heritability) stützen sich auf multiple Messungen an verschiedenen Individuen bekannter Verwandtschaft, so daß man die Mitwirkung gemeinsamer Gene an phänotypischer Ähnlichkeit bestimmen kann. Man mißt die phänotypische Übereinstimmung zwischen Eltern und Nachkommen, in dem man z. B. die Regression zwischen dem Mittel der beiden Eltern und dem Mittel der Nachkommen bestimmt. Dabei ist mit einer Reihe von Fehlermöglichkeiten bzw. Folgen vereinfachender Annahmen zu rechnen. Experimentelle Kontrollen sind normalerweise nicht möglich. Paralleluntersuchungen mit Hilfe quantitativer Genetik und biochemischer Techniken (s. u.) könnten vielversprechend sein. Langfristige Freilanduntersuchungen an markierten Vögeln liefern dafür wichtiges Grundlagenmaterial.

Bisher erst wenige, aber in neuester Zeit zunehmende Untersuchungen an freilebenden Vogelpopulationen lassen vermuten, daß bei Vögeln die meisten äußeren morphologischen Merkmale zu 60 bis 70 % auf vererbten Komponenten beruhen, während die Heritabilität von Erscheinungen, die mit der Fortpflanzung verknüpft sind, signifikant niedriger mit etwa 30 bis 40 % anzusetzen ist.

Variation der Chromosomen. Nur von etwa 6 % der Vogelarten liegen bis jetzt graphische Darstellungen von Chromosomenzahl, -größe und -form (Karyotypen) vor; von 61 Familien kennen wir überhaupt keine Chromosomenbilder.

Viele Arten besitzen viele kleine Chromosomen, die im Lichtmikroskop kaum sichtbar sind. Daher sind Polymorphismus innerhalb von Populationen und interspezifische Unterschiede von Karyotypen schwer zu entdecken. Bei etwa 15 Arten, hauptsächlich Singvögeln, konnte intraspezifischer Polymorphismus unter Makrochromosomen festgestellt werden. Korrelate in Färbungs- und Verhaltenspolymorphismus ließen sich z. B. bei der Weißkehlammer und einigen Junko-Arten nachweisen.

Elektrophoretische Variabilität von Genprodukten. Die statistische Analyse von äußeren Merkmalen leidet unter zwei Einschränkungen:

(1) Die untersuchte Variabilität ist oft nicht das unmittelbare Produkt der beteiligten Gene und

(2) meist werden nur variierende Genorte verglichen, gleich bleibende dagegen übersehen.

Die zumindest teilweise Lösung des Problems bedient sich der Kodierung genetischer Information durch die Nukleotidfolge der DNA-Moleküle, die in eine Folge von Aminosäuren als Bausteine von Polypeptiden übersetzt wird. Diese direkte Beziehung zwischen Protein und genetischer Kodierung erlaubt die relativ unverfälschte Bestimmung genetischer Variation zwischen Individuen und Populationen. Die hierzu verwandte Technik, die Elektrophorese, unterscheidet verschiedene Formen eines Enzyms, die Allozyme. Man erhält Muster von Bändern auf einem stromdurchflossenen Gel; Wanderrichtung und -geschwindigkeit des Proteins wird durch seine elektrische Ladung, Molekülgröße und -form bestimmt. Ein einfaches Band zeigt ein identisches Allelpaar an (Homozygotie); mehr als ein Band kann Heterozygotie andeuten oder Homozygotie an mehr als einem Genort. Im einzelnen ist die Interpretation von Zymogrammen nach einer Elektrophorese schwierig; das Bild wird nicht nur durch die Zahl der an einem Enzym beteiligten Polypeptide, sondern auch durch die Herkunft von Enzymen aus unterschiedlichen Geweben beeinflußt.

Die Bandmuster entsprechen Phänotypen. Wenn die genetische Verwandtschaft und damit Zuordnung von Phänotypen zu Genotypen bekannt ist, kann die in der Stichprobe beobachtete Zahl der Phänotypen in Genotypen transformiert werden. Die so erhaltenen Genotypfrequenzen bieten ein Maß für die genetische Variation der Population. Dazu ermittelt man die Summe aller Genotypen an einem bestimmten Genort und teilt sie durch die Gesamtzahl der Stichprobenindividuen. Ähnlich kann man Allelfrequenzen bestimmen.

Andere Maße sind z. B. der Anteil von Heterozygotie und Polymorphismus in einer Population oder in höheren Einheiten, wie Art oder Gattung. Man schätzt z. B. die Wahrscheinlichkeit, mit der zwei Allele desselben Genortes einer Zufallsauswahl aus einer Population unterschiedlich sind. Solche Schätzungen werden z. B. als mittlere beobachtete Heterozygotie, Erwartungswerte (z. B. nach dem Hardy-Weinberg-Gesetz, das unter bestimmten Annahmen relative Allelhäufigkeiten aus den Werten der vorhergehenden Generation ableitet) oder einfach als Allelfrequenzen angegeben. Abweichungen von der Erwartung entstehen z. B., wenn Paarungen zwischen Verwandten häufig sind. Für 85 Vogelarten wurde z. B. pro Individuum und Genort eine mittlere Heterozygotie von 0,063 ermittelt. Die Polymorphie wird als Quotient der Zahl polymorpher und der insgesamt untersuchten Genorte ermittelt. Größe und Charakter der Stichprobe, aber auch einige andere Umstände sind dabei als Vorbehalte zu berücksichtigen. Bei 109 Vogelarten ergab sich ein mittlerer Prozentsatz von 24 % polymorphen Genorten. Beide Werte entsprechen etwa der Variabilität struktureller Genorte anderer Wirbeltierklassen.

Zwei davon abgeleitete Indizes versuchen im direkten Vergleich zwischen Lokalpopulationen (Deme), Arten oder auch Gattungen genetische Identität bzw. genetische Distanz zu beschreiben. Genetische Identität wird als Ähnlichkeit von Frequenzen jedes Allels summiert über alle Allele beschrieben und die Distanz als negativer Logarithmus dieses Wertes. Im Vergleich mit *Drosophila* und vielen Säugetieren zeigen Vögel bemerkenswert geringe genetische Distanzen auf dem Gattungs-, Art- und Unterartniveau. Die Gründe liegen wahrscheinlich in relativ hohem Genfluß verbunden mit hoher Mobilität (s. u.).

Analyse von DNA-Sequenzen. Die Entwicklung der molekularbiologischen Technik gestattet die direkte Analyse der Variation von DNA-Sequenzen innerhalb und zwischen Populationen mit Hilfe elektrophoretischer Methoden ähnlich wie beim Enzympolymorphismus. Vögel sind für DNA-Analysen besonders geeignet, weil ihre Erythrozyten Kerne besitzen und daher das Blut eine Möglichkeit bietet, auch am lebenden Vogel in Freiheit Proben zu entnehmen. Eine wichtige Voraussetzung ist ferner die kommerzielle Verfügbarkeit von Bakterienenzymen, die DNA-Moleküle in bestimmte Sequenzen zerlegen (Restriktionsendonukleasen). Damit kann die Variation von Sequenzen zwischen Arten und Populationen analysiert werden.

Nur 5 bis 10 % der DNA enthält Codes für Protein; von 10^9 Basenpaaren kodieren keinesfalls mehr als 10^8 Aminosäuren und nur 20 bis 60 verschiedene Proteine können bei Vögeln auf Polymorphismus untersucht werden. Bei einzelnen Arten sind wahrscheinlich nur wenige dieser Proteine polymorph. Daher erlaubt direkte DNA-Analyse den Vergleich vieler Sequenzen, die der Analyse von Proteinpolymorphismus (s. o.) nicht zugänglich sind.

Taxonomische Verwandtschaft kann durch Hybridisierung ganzer DNA-Stränge zwischen Arten untersucht werden (vgl. Kap. 21). Vergleiche zwischen vollständigen genomen DNA-Komplementen sind aber für gewöhnlich nicht empfindlich genug, um Unterschiede zwischen Individuen einer Art zu messen. Solche Methoden entdecken nur Unterschiede, die größer als eine Änderung pro 100 Basenpaare sind. Intraspezifische Variation nuklearer DNA bewegt sich aber wahrscheinlich im Bereich von einer Änderung pro 100 bis 1000 Basenpaaren. Um diese hohe Streuung zu erfassen, bedarf es des Vergleiches des jeweils entsprechenden DNA-Segments zwischen Individuen.

So vergleicht man isolierte spezifische Gene oder bestimmte Segmente, die ein Restriktionsenzym durch Aufspaltung der DNA liefert. Die Fragmente werden durch Elektrophorese in einem Gel voneinander getrennt. Doch ihre Zahl ist für eine Analyse zu hoch; die einzelnen Orte ergeben einen mehr oder minder kontinuierlichen Streifen auf dem Gel. Daher werden bestimmte Sequenzen mit einer durch ^{32}P radioaktiv markierten Probe verglichen. Dazu muß man die DNA in Einzelstränge denaturieren. Als Vergleichsprobe werden entweder geklonte Gene vom Haushuhn oder DNA-Partner derselben Art (z. B. aus einer vorbereiteten »DNA-Bank«) verwendet. Im einzelnen sind dazu komplizierte Arbeitsgänge nötig. Gemessen wird letztlich die Varianz der Fragmentlängen; wenn die Frequenz der häufigsten Variante weniger als 99 % beträgt, spricht man von einem Polymorphismus der Bruchstücklängen

(restriction fragment length polymorphism, RFLP). Das Ergebnis hängt u. a. vom verwendeten Enzym und der Probensequenz ab und bedarf entsprechender Interpretation je nach den experimentellen Bedingungen.

RFLP gestattet es, viel mehr genetische Markierungen zu vergleichen als die relative Spärlichkeit polymorpher Proteine. Man kann damit z. B. im Zusammenhang mit bekannten Stammbäumen Folgen von Extrakopulationen (»Vergewaltigungen«), konspezifischem Brutparasitismus usw. auf die inklusive Fitness (s. Kap. 16.2) von Individuen testen, also direkte Vaterschaftsbestimmungen vornehmen.

Weitere Möglichkeit für Fragmentanalysen bietet das Genom der Mitochondrien, das maternal vererbt wird und im Vergleich zur Kern-DNA relativ rasche evolutive Änderungen in der Nukleotidsequenz zeigt. Die Vererbung solcher Änderungen findet also klonal über die mütterliche Linie statt. Die bisherigen Ergebnisse kongenerischer und interspezifischer Vergleiche stimmen mit Ergebnissen unabhängiger Anwendung anderer Methoden gut überein. Intraspezifische Populationsstudien sind bisher noch wenige durchgeführt (vor allem an verschiedenen subspezifisch getrennten Populationen der Kanadagans). Man erwartet mit dieser Methode Fortschritte in der Aufdeckung phylogenetischer Beziehungen innerhalb von Arten und zwischen nahe verwandten Arten, aber auch z. B. Identifikation von Neuansiedlern.

19.4.2 Genfluß und genetische Struktur

Die Populationsgenetik interessiert sich für die genetische Struktur und die genetischen Differenzierungen innerhalb und zwischen lokalen Populationen einer Art. Bewegungen und Eingliederungen von Allelen zwischen lokalen Populationen bezeichnet man als **Genfluß (gene flow)**. Sein wichtigster Effekt ist die Erhaltung der genetischen Kontinuität innerhalb einer Art bzw. zwischen lokalen Populationen. Das Ausmaß dieser Kontinuität ist die genetische Populationsstruktur. Von Genfluß ist der Begriff **Gendrift** zu unterscheiden. Hierunter versteht man eine Veränderung der Genfrequenz in einer Population, die unabhängig von natürlicher Selektion durch zufallsbedingte Paarung und Überlebensrate von Individuen zustande kommt. Gendrift hat wohl nur in sehr kleinen Populationen eine Bedeutung für die Evolution.

Wie stark sich Genfluß auf die **genetische Kontinuität** auswirken kann, hängt von der Einwanderungsrate und dem genetischen Unterschied zwischen Empfängerpopulation und Einwanderern ab. Die Einwanderung von Genen ist eine Folge von Wanderungen und Streuung der Individuen (vgl. Kap. 20.1), doch damit keinesfalls gleichzusetzen, denn eine Reihe von Umständen zwingt zu getrennter Betrachtung von Individuen- und Genwanderungen.

Die Chance der Einwanderer, sich mit Angehörigen der neuen Population zu verpaaren, oder die Fitness der Nachkömmlinge von »Mischpaaren« könnte z. B. von den entsprechenden Werten endemischer Individuen abweichen. Phänotypische Unterschiede zwischen Individuen verschiedener Lokalpopulationen; z. B. bei sekundären Kontakt- oder Hybridzonen; vgl. Kap. 19.4.5) verhindern zufällige Verteilung von Allelen. Bei Mechanismen gegen Inzuchtverpaarungen können Einwanderer auch bevorzugt sein (»rare male advantage«). Entscheidenden Einfluß auf Verteilung eingewanderter Gene hat auch von der Zufallsverteilung abweichendes Wanderverhalten der Individuen. Dies wiederum kann von der Dispersion der Empfängerpopulation beeinflußt sein. So ist bei geklumpten oder unregelmäßigen Verteilungsmustern ein anderer Genfluß zu erwarten als bei mehr oder minder kontinuierlicher Verteilung in einem entsprechenden Habitat.

Genfluß kann wichtige Folgen für **Evolutionsprozesse** haben, ist aber noch kaum annähernd quantitativ erfaßt. Genetische Unterschiede zwischen voneinander mehr oder minder getrennten lokalen Populationen können durch Genfluß reduziert werden. Als »evolutiver Leim« kann er aber auch lokale Anpassungen verzögern oder gar verhindern. Auch bei kontinuierlich verbreiteten Arten treten solche Effekte auf; großräumige Unterschiede können sich aber dennoch erhalten, weil Streuung der Individuen kaum zufallsverteilt über das ganze Areal zu erwarten ist, sondern bevorzugt nachbarliche Teile erfaßt.

Genfluß und Dichte bzw. Dispersionsmuster der Population bestimmen also die **genetische Differenzierung** innerhalb der Art. Sie kann gemessen werden als die genetische Varianz zwischen Populationen, z. B. im Vergleich einer lokalen Population mit dem Gesamtbestand der Art. Ist eine Art in mehrere distinkte Populationen (Deme) aufgeteilt, dann wird die Korrelation von Allelfrequenzen in der Stichprobe einer Population im Vergleich zum Wert zweier zufällig ausgewählter Populationen relativ hoch sein. Bei hohem Genfluß sind Allelfrequenzen dagegen über die Gesamtpopulation einer Art sehr ähnlich.

Viele Arten zeigen über große Teile ihres Areals kontinuierliche Muster für gut erkennbaren Polymorphismus, bestimmte morphologische Merkmale oder Allozymfrequenzen. Kann man solche Erscheinungen mit einem geographischen Gradienten verbinden (z. B. Meereshöhe, geographische Breite oder Länge), spricht man von klinaler Verbreitung. Nicht immer sind jedoch Kline adaptive Gradienten an mehr oder minder unbekannte Umweltvariable, denn meistens werden Kline als Ergebnis zwischen Selektion und Genfluß angesehen, nicht der Selektion allein.

Genfluß kann **direkt gemessen** werden durch Populationsstudien mit markierten Individuen. Solche Arbeiten sind jedoch nicht nur sehr zeitaufwendig, sondern enthalten auch eine systematische Unterschätzung des Genflusses über größere Entfernungen, da Untersuchungsgebiete aus praktischen Gründen bestimmte Größen nicht überschreiten. Weiter streuende Individuen werden daher nicht mit gleicher Wahrscheinlichkeit erfaßt. Außerdem wird häufig die Verpaarung eines eingewanderten mit einem ansässigen Individuum einer erfolgreichen Fortpflanzung gleichgesetzt bzw. mit einer Aufnahme der eingewanderten Allele in die Population. Diese Annahme ist streng genommen nicht zulässig (vgl. oben). Außerdem ist keineswegs immer zu erwarten, daß kurzfristig gemessener Genfluß in gleicher Größenordnung wie langfristiger liegt, vor allem wenn Umweltvariable (z. B. Nahrungsangebot) sich verändern. Relativ wenige Untersuchungen an kontinuierlich verbreiteten Singvögeln führen zu Schätzungen des Genflusses von 100 bis 1000 m pro Jahr, bei einigen Eulen wurden 10 bis 100 km pro Jahr ermittelt. Äußerst gering kann der Genfluß bei koloniebrütenden Seevögeln mit hoher Ortstreue sein (z. B. Schwarzschnabelsturmtaucher).

Die **indirekte Messung des Genflusses** stützt sich auf elektrophoretische Messungen des Proteinpolymorphismus. Wenn hoher Genfluß besteht, sollte eine Tendenz für Allele nachzuweisen sein, in allen Populationen der Art aufzutreten. Die Frequenz von Allelen, die nur in einer Population gefunden werden (»private polymorphism«) kann daher nur bei geringem Genfluß hoch sein. Voraussetzung für diese Methode ist, daß Allele sich tatsächlich wie den Mendelschen Gesetzen gehorchende Gene verhalten. Probleme liegen ferner in der Stichprobengröße, der Dispersion von Kolonien bzw. Lokalpopulationen oder in der aktuellen Größe des Genflusses. Da die Schätzung ein stochastisches Gleichgewicht zwischen Mutation und Genfluß voraussetzt, kann z. B. der aktuelle Genfluß nur dann richtig ermittelt werden, wenn die Populationsdynamik für lange Zeit unverändert geblieben war.

Elektrophoretische Untersuchungen ergeben Informationen über **Genotypfrequenzen,** also die **genetische Struktur** innerhalb und zwischen Populationen (s. o.). Bisherige Ergebnisse lassen vermuten, daß bei Vögeln weniger als 10 % der gesamten genetischen Varianz dem Ort einer Populationsstichprobe zuzuordnen und daher nennenswerter Genfluß anzunehmen ist. Auch dies gilt nur für Befunde an Populationen, deren Struktur sich in neuerer Zeit nicht wesentlich geändert hat. Auch indirekte Studien weisen bei stabilen Populationsverhältnissen auf geringe genetische Unterschiede zwischen Vogelpopulationen hin.

Man kann z. B. unter Verwendung verschiedener Modelle mit Hilfe von demographischen Parametern, wie mittlere Lebenserwartung, Fruchtbarkeit, Geschlechterverhältnis und direkter Ermittlung des Genflusses (s. o.) die genetische Struktur auch indirekt zu bestimmen versuchen. Bei kontinuierlich verbreiteten Arten geht man davon aus, daß es viele Generationen dauert, bis Gene über das gesamte Areal der Art wandern und daher genetische Isolation allein durch die Entfernungen auftritt (isolation-by-distance). Bei Koloniebrütern kommt man nach anderem Modell einer stufenweisen Berücksichtigung von Kolonie zu Kolonie (stepping-stone-model) zu ähnlichen Ergebnissen für Strukturkontinuität über kurze Distanzen (Werte weniger Untersuchungen liegen zwischen 0,01 und 6 % Genvarianz als Funktion des Koloniestandortes); der Genfluß über große Entfernung ist also meist sehr klein.

Keine Abnahme des Genflusses mit zunehmender Entfernung vom Brutplatz ist z. B. bei einigen Entenvögeln zu erwarten, wenn die Verpaarung im Winterquartier stattfindet, das von einem großen Teil der Population bzw. sogar von allen Vögeln aufgesucht wird. Wenn Zufallsverpaarungen unter allen Individuen stattfinden, können Gene von jedem Brutplatz oder jeder Kolonie jede Generation über das Artareal streuen. Dadurch wird das Ausmaß potentieller genetischer Differentiation gering gehalten oder durch Änderung von Wintergewohnheiten eine neue Entwicklung eingeleitet. So hat z. B. Vermischung zweier historisch belegter ehemals allopatrischer Morphen der Schneegans als Folge der Veränderungen im Winterquartier stattgefunden.

19.4.3 Ortstreue und Inzucht

Ortstreue (Philopatrie) ist bei Stand- wie bei Zugvögeln nicht selten (vgl. Kap. 20.1). Dies kann genetische Folgen haben, weil sich damit die Wahrscheinlichkeit der Verpaarung verwandter Individuen erhöht. Ortstreue ist dabei unter verschiedenen Gesichtspunkten zu sehen:

(1) Die ökologische Interpretation betrachtet die individuelle bzw. somatische Kosten-Nutzen-Analyse von Wanderung, Streuung bzw. Standortstreue. Die dadurch entstehenden genetischen Unterschiede sind also eine Folge ökologisch zu begründenden Verhaltens.

(2) Die öko-genetische Interpretation geht von räumlicher Heterogenität des Lebensraumes aus. Individuen, die für einen bestimmten Ausschnitt aus dem variierenden Angebot besser angepaßt sind, haben höhere Fitness. Verpaarung mit genetisch ähnlichen Individuen am entsprechenden Ort wird gegenüber Verpaarungen an anderen Gebieten selektiv bevorzugt. Dadurch wird Genfluß reduziert, im Extrem bis zur genetischen Inkompatibilität ökologisch angepaßter Populationen.

(3) Bei koloniebrütenden Seevögeln (z. B. Laysanalbatros) mit später Geschlechtsreife und langer Lebensdauer wird vermutet, daß Inzucht die Ursache für extreme Ortstreue bei homogenem Lebensraum am Brutplatz ist. Damit würde hier die Ortstreue rein genetisch erklärt sein.

Grundsätzlich gilt unabhängig von unterschiedlichen Modellen, daß Ortstreue **Inzucht** fördert. Über das Ausmaß von Inzucht in Populationen können Stammbäume markierter Individuen direkte und Elektrophorese von Allozymen indirekte Schätzungen ergeben; letztere lassen sich durch Dismigrations- und Reproduktionsdaten markierter Individuen präzisieren. Bisher liegen erst wenige gut untersuchte Beispiele vor.

Beim Gelbaugenpinguin wurden unter 244 Paarungen 7 Inzuchtfälle (3 Bruder-Schwester, 1 Halbbruder-Halbschwester und dreimal Vettern zweiten Grades) nachgewiesen. Bei Kohlmeisen in Oxford ergaben 885 Paare 13 Inzuchtpaare (5 Mutter-Sohn, 7 Bruder-Schwester, 1 Onkel-Nichte). Auch andere Hinweise ergeben sehr niedrige Inzuchtquoten bei Singvogelpopulationen. Doch können die Werte z. B. für Inselpopulationen höher liegen. So ergaben sich z. B. in einer niederländischen Inselpopulation der Kohlmeise für 19 % der Gelege, bei denen Paare bekannt waren, gemeinsame Vorfahren und ebenso bei 47 % der Gelege, bei denen die Genealogie bis zu Großeltern bekannt war.

Ein **Effekt der Inzucht** ist eine Zunahme der Homozygoten. Wenn innerhalb einer Gruppe **Homozygotie** ansteigt, vergrößert sich auch die genetische Ähnlichkeit der Individuen. Werden unterschiedliche Gruppen in einer großen Population für verschiedene Allelsätze homozygot, wird die genetische Ähnlichkeit zwischen den Gruppen abnehmen. Bei einer Gründerpopulation von wenigen Individuen oder einem starken Einbruch der Individuenzahlen ist das Ausmaß der Heterozygotie der Ausgangspopulation zunächst noch ähnlich. Wenn weiterhin Isolation besteht, wird mit zunehmender Inzucht Heterozygotie abnehmen. Derartige Entwicklungen spielen z. B. im Artenschutz bei kleinen Restpopulationen eine Rolle.

Nach einer Reihe von Hinweisen und Laborbefunden scheint **Heterozygotie** an manchen Genorten **höhere Fitness** zu bedeuten. Zunehmende Homozygotie wird auch die Chance erhöhen, daß rezessive Gene sich nachteilig auf die Fitness auswirken können. Bei Kohlmeisen, einer der wenigen Arten mit Abschätzungen solcher Wirkungen in einer freilebenden Population, begannen mit nahen Verwandten verpaarte Weibchen früher zu legen und hatten geringeren Bruterfolg. Die Sterblichkeit der Nachkommen war höher. Mechanismen, die Inzucht verhindern oder reduzieren, werden diskutiert, lassen sich aber, wie z. B. Dismigration, häufig nicht eindeutig von anderen Einflüssen trennen.

19.4.4 Populationsgenetik und Evolution

Selektion eines Merkmals in einer Population findet statt, wenn es mit einer Komponente der **Fitness** korreliert ist (z. B. Körpergröße mit Lebenserwartung). Als Fitnesskomponenten kommen z. B. Gelegegröße, Zahl der überlebenden Nachkommen, Alter der Geschlechtsreife oder erfolgreiche Paarbildung in Betracht (Kap. 17.2). Dabei ist häufig eine Tendenz der Selektion miteinander korrelierter Merkmale zu beobachten, wodurch verschiedene methodische und theoretische Probleme entstehen. Verschiedene Komponenten der Fitness covariieren z. B. häufig negativ, z. B. Lebensdauer mit Bruterfolg. Das Ergebnis der Selektion, die zunächst an Phänotypen ohne Rücksicht auf ihre genetische Basis angreift, ist eine Änderung der Frequenz von Phänotypen als Folge der Umwelteinflüsse. Sie kann merkmalstabilisierend wirken, aber auch ein Merkmal in eine Richtung verschieben oder als disruptiver Selektionstyp zu zweigipfeligen Phänotypenverteilungen in der Population führen. Diese natürliche Selektion kann als Maß der Anpassung betrachtet werden, ist aber in den meisten Fällen schwer zu messen, vor allem wenn unterschiedliche Selektionsgradienten miteinander negativ korreliert sind. So zeigten z. B. in einer insulären Population von Darwinfinken nach einer Trockenheit überlebende Individuen signifikant über dem Durchschnitt liegende Werte in einer Reihe von Merkmalen (z. B. Masse, Flügel, Tarsus); die Schnabellänge war jedoch negativ mit anderen Körpermaßen korreliert.

Eine wichtige Bedeutung für die Struktur einer Population kann der Umstand haben, daß **Verpaarungen** im Hinblick auf ein oder mehr bestimmte Merkmale nicht als Zufallsverpaarungen stattfinden. Meist ist es sehr schwer, herauszufinden, für welche Merkmale eine solche Abweichung die Regel ist. Dabei ist keineswegs immer von vornherein anzunehmen, daß individuelle Präferenzen bei der Partnerwahl eine Rolle spielen; häufig kann die Ursache auch in einer unterschiedlichen Verfügbarkeit der verschiedenen Phänotypen liegen oder in unterschiedlichem Verhalten bzw. Verteilung in einem heterogenen Habitat.

Sexuelle Selektion liegt vor, wenn eine Tendenz des Weibchens nachweisbar ist, einen männlichen Geno- oder Phänotypen unabhängig vom eigenen realen (oder nur wahrzunehmenden) Geno- oder Phänotyp zu wählen. Davon unterschieden wird passende bzw. ergänzende Partnerwahl (assortative mating), in der die Wahl vom Geno- oder Phänotyp des wählenden Individuums abhängt. Meist werden in diesem Fall ähnliche, mitunter aber auch unähnliche Phänotypen gewählt. Beide Formen der Partnerwahl können in einer Population deutliche Abweichungen von Zufallspaarungen nach sich ziehen. Nach eigenem Genotyp sortierte Partnerwahl führt zu (oft rascher) Abnahme der Heterozygoten. In manchen Fällen wird dadurch ein recht stabiler Polymorphismus (z. B. Schneegans, Schmarotzerraubmöwe) erhalten. Solche Frequenzen entsprechen aber dann meist nicht Verteilung nach dem Hardy-Weinberg-Gesetz. Im Unterschied dazu führt sexuelle Selektion im obigen Sinn zu Genotypfrequenzen im Einklang mit den Proportionen, die nach diesem Gesetz zu erwarten wären.

Passende Partnerwahl ist für Gefiederfärbung z. B. bei Präriebussard, Renntaucher, Felsentaube (Straßentaube), Schneegans, Ringelgans und Schmarotzerraubmöwe, für ähnliches Alter bei Dreizehenmöwe und Sperber und für Gesangsdialekte bei der Dachsammer nachgewiesen worden. Ergänzende (also negative bzw. gegensätzliche) Auswahl ist weniger gut dokumentiert, für Gefiederfärbung bei der Dachsammer wahrscheinlich. Für sexuelle Selektion gibt es viele Beispiele. Sie ist vor allem bei polygynen Partnerschaftssystemen (s. Kap. 16.3.1) intensiver als bei monogamen. Auffallender Sexualdimorphismus (z. B. manche Hühner, Paradiesvögel) wird auf sexuelle Selektion zurückgeführt. Doch vielfach ist die intersexuelle Selektion nicht zweifelsfrei nachgewiesen. Das Beispiel der Hahnschweifwida gilt als besonders eindrucksvoller Beweis: Männchen mit gekürzten und normalen Schwänzen hatten gegenüber solchen mit verlängerten Schwanzfedern keine Probleme, ihr Revier zu behaupten. Doch die Männchen mit künstlich verlängerten Schwanzfedern hatten den besten Bruterfolg als Folge der Wahl durch die Weibchen. Ähnliches gilt für die Rauchschwalbe.

19.4.5 Geographische Variation und Speziation

Für gewöhnlich besteht eine positive Korrelation zwischen prozentualem Polymorphismus von Strukturgenen (gemessen als Zahl der polymorphen im Vergleich zur Zahl der geprüften Genorte) und der allgemeinen genetischen Variabilität (ausgedrückt in mittlerer Heterozygotie als Mittelwert heterozygoter Genorte in einem Individuum, vgl. Kap. 19.4.1) innerhalb eines Taxons. Innerhalb einer Art kann der prozentuale Polymorphismus geographisch variieren (ausführlich dokumentiertes Beispiel: Dachsammer). Unter den bisher untersuchten Arten variieren die Werte zwischen 0,71 (Langflügel-Dampfschiffente) und praktisch 0 (Populationen des Präriehuhns mit wahrscheinlich starker Inzucht durch wenige an der Fortpflanzung beteiligten Männchen). Die Mittelwerte liegen bei 0,22.

Bei der **klinalen Variation** natürlicher Populationen können Werte der z. B. aus elektrophoretischen Untersuchungen von Allozymen erarbeiteten Populationsstatistiken eine Rolle spielen. Dabei kommen in Frage:

(1) Variationen von Allelfrequenzen (prozentualer Polymorphismus),
(2) Heterozygotie und
(3) Unterteilungen nach der genetischen Struktur ausgedrückt in verschiedenen Indizes der genetischen Ähnlichkeit bzw. Differenz (vgl. Kap. 19.4.2).

Dabei kann sich im Laufe der Zeit eine Population in zwei oder mehr geographisch isolierte Einheiten aufteilen. Während solcher Isolationen können sich die den unterschiedlichen Populationen gemeinsamen Allelfrequenzen auseinanderentwickeln, z. B. weil Mutationen, also neue Allele, in einer entstehen und an Frequenz zunehmen, die in der anderen fehlen. Dieser Vorgang wird als **genetische Differenziation** bezeichnet.

Eine sekundäre Kontaktzone oder **Zone der Intergradation** entsteht, wenn nach gewisser Zeit der Isolation die Populationen wieder zusammenkommen. Genfluß (vgl. Kap. 19.4.2) durch Dismigration fortpflanzungsaktiver Individuen kann auch nach genetischer Differenziation stattfinden; die Einschleusung neuer Allele von einer Population zu anderen bezeichnet man als **Introgression.**

In der Regel scheinen Zonen der Intergradation und Introgression auf der Grundlage von Unterschieden der Allelfrequenzen ein größeres geographisches Areal zu umspannen als Kline einzelner morphologischer Merkmale derselben Individuen. So sind z. B. bei nordamerikanischen Stärlingen der Gattung *Icterus* Gefiedermuster und -färbung als Folge von Hybridisierung etwa 80 km weit zu verfolgen. Die Zone der Variation von Allelfrequenzen zweier Genorte für Esterase mißt jedoch 750 km. Aber auch unvorhersagbare, abrupte Änderungen der Allelfrequenz in Intergradationszonen zwischen genetisch unterschiedlichen Populationen treten auf. Eine der möglichen Erklärung dafür ist enge Anpassung von Populationen an lokale Bedingungen, so daß Genfluß in dieser Zone durch Selektion gering bleibt. Das Gegenteil, nämlich unerwartet geringe oder geographisch nicht mit auffälligen äußeren Merkmalen, die mitunter zur Unterscheidung von Subspezies geführt haben, übereinstimmende Niveaus genetischer Unterschiede dürfte auf merklichen Genfluß zurückgehen, der lokale Variationen verringert. Unterschiede in Allelfrequenzen spiegeln also nicht immer morphologisch unterscheidende Subspeziesgruppierungen wider.

Artbildung kann man als den Eintritt reproduktiver Isolation zwischen Population bezeichnen. Die Frage, wie stark sich Populationen genetisch unterscheiden müssen, um als distinkte Arten betrachtet zu werden, stellt sich unabhängig vom Artkonzept (vgl. Kap. 22). Doch vorläufig fehlen noch wirklich brauchbare Schätzungen genetischer Distanzen aus Zeiträumen kurz vor und nach der Artbildung. Der Vergleich genetischer Verschiedenheit zwischen Arten wird wahrscheinlich kein einheitliches Niveau genetischer Differentiation ergeben, sondern vielmehr werden genetische Unterschiede (also die in langer Zeit eigener evolutiver Entwicklung angehäufte Zahl der Mutationen) sich zwischen Arten verschiedener taxonomischer Gruppen unterscheiden. Auf alle Fälle sollte aber ein deutlicher Anstieg der genetischen Distanz mit dem Vorgang der Artbildung verknüpft sein.

Tatsächlich ergeben Regressionsanalysen bei kongenerischen Artengruppen der Vögel Sprünge in der genetischen Distanz zwischen intra- und interspezifischen Vergleichen. Doch wenn die untersuchten Arten eine lange Zeit getrennter evolutiver Entwicklung hinter sich haben, kann nicht sicher gesagt werden, ob die genetische Revolution während der Phase der Artbildung stattgefunden hat oder zumindest z. T. erst eine Folge der langen Zeit reprodukti-

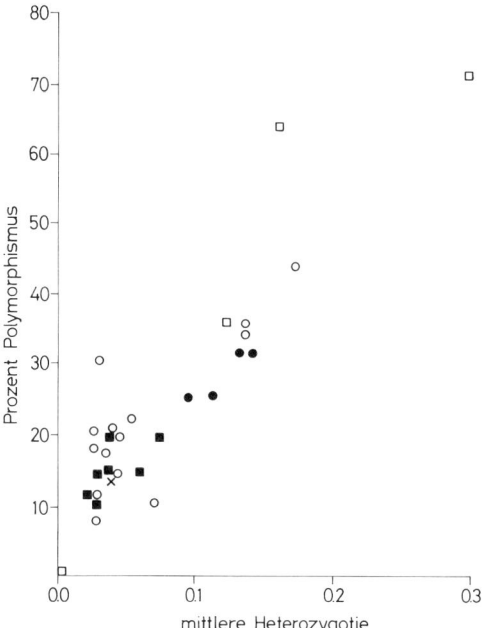

Abb. 19.15. Beziehung zwischen prozentualem Polymorphismus von Allelen und durchschnittlicher Heterozygotie in Vogelgattungen verschiedener Ordnungen: ○ Sperlingsvögel, ● Röhrennasen, □ Entenvögel; ■ Hühnervögel; x Spechtvögel (nach CORBIN in COOKE & BUCKLEY 1987).

ver Isolation zwischen den untersuchten Populationen ist. Doch lassen sich immerhin Grenzwerte genetischer Distanzen zwischen intra- und interspezifischem Vergleich festlegen, die z. B. die Position zweier Populationen unbekannter Stellung als Gruppen einer Art oder verschiedener Arten einzuordnen erlauben. Zwischen größeren Organismengruppen sind die genetischen Distanzen vergleichbarer Taxa erwartungsgemäß verschieden (Abb. 19.15). Gattungsdistanzen bei Vögeln sind z. B. kleiner als die anderer bisher untersuchter Organismen.

20 Wanderungen

20.1 Formen der Vogelwanderungen

Das Flugvermögen befähigt Vögel nicht nur zu rascher Ortsveränderung, sondern ist auch Voraussetzung für die Überwindung größerer Entfernungen innerhalb relativ kurzer Zeitabschnitte.

Unter **Wanderungen** kann man alle Bewegungen von einer Raumeinheit zu einer anderen zusammenfassen. Üblicherweise wird man Ortsveränderungen über größere Entfernungen oder aus dem normalen Aktionsradius eines Individuums heraus oder aus einem Habitat in ein anderes als Wanderung bezeichnen, wobei die Entfernung nicht das alleinige Kriterium ist. Wanderungen werden auch durch ihre Richtung und ihren zeitlichen Ablauf bzw. ihre Periodizität bestimmt. Die Funktion aller Wanderbewegungen läßt sich als die Möglichkeit beschreiben, unterschiedliche geographische Räume zu nutzen, wobei Unterschiede im Jahreslauf des Klimas, in der Dichte der Population und in der lokalen Umwelt eine entscheidende Rolle spielen.

Die Einteilung von Wandervorgängen nach bestimmten Kriterien ist nicht immer klar durchzuführen, weil Übergänge und Überschneidungen auftreten. Auch ist die Definition von Begriffen häufig nicht einheitlich und unmißverständlich. Allzu enge Abgrenzungen haben sich oft als nicht konsequent anwendbar erwiesen.

Als **Vogelzug** bezeichnet man üblicherweise periodische Wanderungen zwischen dem Brutgebiet und einem davon getrennten außerbrutzeitlichen Aufenthaltsbereich, der bei Vögeln höherer Breiten normalerweise das Winterquartier enthält, aber auch z. B. davon getrennt Mausergebiete oder andere für längere Zeit aufgesuchte Rasträume aufweisen kann. Zugvogelpopulationen wandern mit meist gut erkennbarer Vorzugsrichtung und die Überlebenden kehren in der Regel an den Ausgangspunkt der Wanderung zurück. Häufig werden dieselben Strecken mehrmals durchflogen, so daß nicht nur dieselben Brutgebiete, sondern auch

Rast- und Überwinterungsgebiete wieder aufgesucht werden. Nicht nur nach der Größe der zurückgelegten Entfernung, sondern auch nach physiologischen Kriterien unterscheidet man **Langstrecken-** und **Kurzstreckenzieher** (s. Kap. 20.4.3). Als **Teilzieher** werden Populationen bezeichnet, in denen einige Individuen vom Brutgebiet entfernt liegende außerbrutzeitliche Aufenthaltsgebiete mit bestimmter Vorzugsrichtung aufsuchen, andere nicht.

Standvögel führen ihr Leben lang keine gerichteten größeren Ortsveränderungen aus. Der unscharfe und verschiedene Wanderbewegungen umschreibende Begriff **Strichvögel** wird für Populationen mit saisonalen Wanderungen verwendet, die über kurze Entfernungen führen und keine oder sehr breitgestreute Vorzugsrichtungen erkennen lassen.

Solche Begriffe werden am besten für Populationen, nicht für Arten oder Individuen verwendet, da häufig in verschiedenen Teilen des Artareals unterschiedliches Zugverhalten auftritt, und so innerhalb einer Art mitunter von Standvogelpopulationen über Teilzieher alle Übergänge bis zum Langstreckenzieher vorkommen (s. Kap. 20.3.5). In höheren Breiten unterscheidet man Frühjahrs- und Herbstzug oder besser **Heim-** und **Wegzug** (vom Brutplatz aus betrachtet). Je nach Richtung und zeitlicher Einpassung läßt sich zumindest bei manchen Arten vor dem eigentlichen Wegzug noch ein Zwischenzug erkennen, der meist ebenfalls gerichtet (also mit erkennbarer Vorzugsrichtung) über größere Entfernungen abläuft. Hierunter wird auch der vor allem bei Arten mit synchroner Schwingenmauser ausgeführte **Mauserzug** in ein bestimmtes oder wechselndes Mauserquartier eingereiht, sofern dann noch ein weiteres Winterquartier angesteuert wird.

Da die ein bestimmtes Gebiet besiedelnden Vogelarten nicht alle das gleiche Wanderverhalten zeigen, unterscheidet man häufig nach Zeit und Dauer ihres Auftretens **Jahresvögel, Sommervögel, Wintergäste** oder **Durchzügler.** Hinzu kommen dann oft noch Kategorien, wie Ausnahme- (oder »Irr-«)gast, Invasionsvogel (s. u.) oder andere Statusbezeichnungen zur

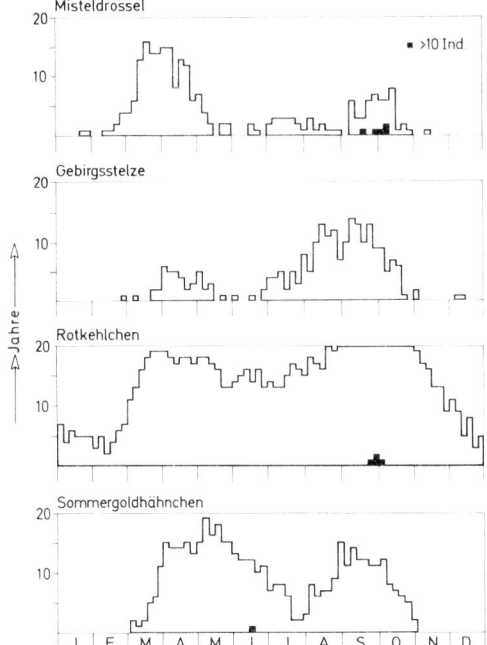

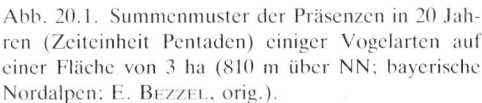

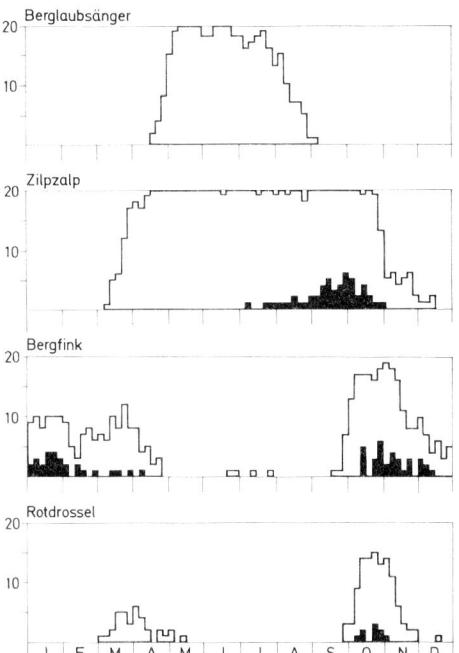

Abb. 20.1. Summenmuster der Präsenzen in 20 Jahren (Zeiteinheit Pentaden) einiger Vogelarten auf einer Fläche von 3 ha (810 m über NN; bayerische Nordalpen; E. BEZZEL, orig.).

Misteldrossel: Kurzstreckenzieher, der aber bereits nach der ersten Brut das Gebiet verläßt (Dismigration); Herbstgipfel ist auf Durchzug fremder Populationen zurückzuführen.

Gebirgsstelze: Teilzieher, der nicht auf einer Fläche brütet. Spätsommer- und Herbstgipfel ist zumindest teilweise auf Dismigration von den Brutplätzen der weiteren Umgebung zurückzuführen.

Rotkehlchen: Teil- und Kurzstreckenzieher; nur wenige Individuen versuchen zu überwintern; Durchzug fremder Populationen.

Sommergoldhähnchen: Kurzstreckenzieher; Brutpopulation verläßt nach der Brut größtenteils das Gebiet (Dismigration). Im Herbst Durchzug wahrscheinlich fremder Populationen (vgl. Misteldrossel).

Berglaubsänger: Langstreckenzieher, regelmäßiger Brutvogel; kein Durchzug fremder Populationen.

Zilpzalp: Kurzstreckenzieher mit Durchzug fremder Populationen zu beiden Zugzeiten.

Bergfink: Wintergast (und Irruptionsvogel), der im Herbst regelmäßiger und häufiger als im Winter und Frühjahr erscheint.

Rotdrossel: Durchzügler (überwintert in Südeuropa); im Herbst mehr Individuen (z. T. Junge des Jahres).

Beschreibung des Anwesenheitsmusters einzelner Arten (Abb. 20.1).

In den Jahreslauf eingepaßte oder auch zeitlich weniger genau festgelegte Wanderungen ohne klare Vorzugsrichtung, aber durchaus nicht selten mit einer Rückkehr zum Geburts- oder Brutort verbunden (z. B. bei Seevögeln), faßt man oft als **Zerstreuungswanderungen (Dismigration)** oder einfach Streuung zusammen. Sie führen ganz allgemein von einem Dichtezentrum weg und damit zu einer neuen Verteilung (Dispersion) von Individuen (oder Brutkolonien). Im Englischen werden solche Wanderungen in der Regel mit dem Begriff Dispersal bezeichnet, wobei darunter auch Wanderungen vom Geburtsort zu einem neuen Brutplatz (natal dispersal/Jugend-Streuung) oder von einem Brutplatz zu einem neuen (breeding dispersal) verstanden werden. Dispersal bedeutet je nach Standpunkt eine Aus- bzw. Einwanderung. In einer genaueren Terminologie wird Dispersal nur für endogen bedingte, Spacing (Ausweichen) dagegen für exogen bedingte Zerstreuungswanderung verwendet. Praktisch wird das aber nicht immer zu unterscheiden sein. Wie Zwischenzug treten Zerstreuungswanderungen bzw. Dispersal oft vor dem eigentlichen Wegzug ins Winterquartier nach der Brutzeit auf; man kann daher solche Wanderungen mitunter als nachbrutzeitliche

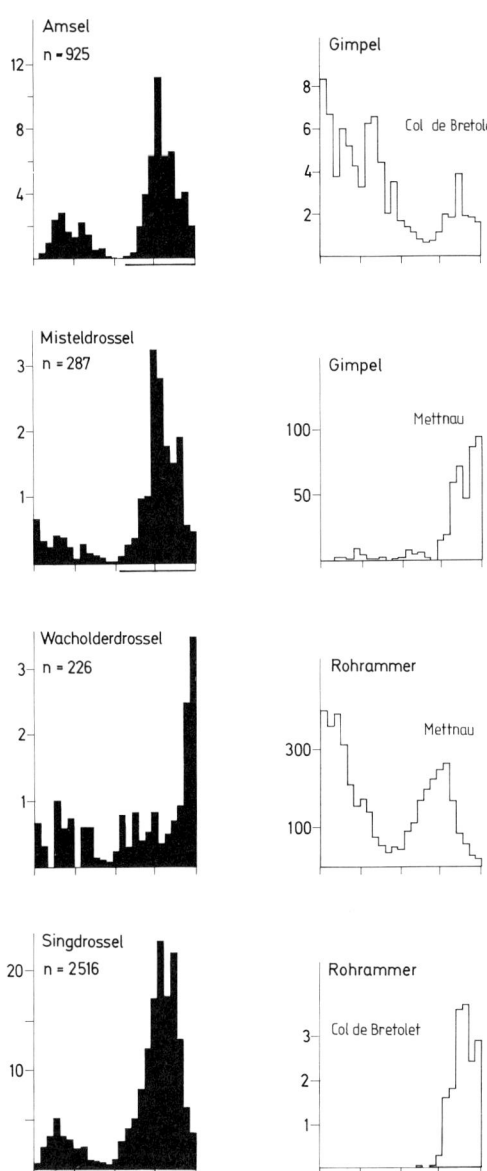

Abb. 20.2. Wegzug und nachbrutzeitliche Bewegungen (z. T. Dismigration) an Fangstationen der Schweiz (Col de Bretolet) und am Bodensee (nach JENNI 1984).
Links: Verteilung der Fänglinge von 4 Drosselarten auf dem Col de Bretolet (1923 m über NN), SW-Wallis (Pentadenmittelwerte von Fänglingen; Balken unter Abszisse: eigentlicher Wegzug). Rechts: Pentadenmittel (Col de Bretolet) bzw. Pentadensummen (Mettnau, Bodensee) der Fänglinge zweier spät wegziehender Arten. Gimpel: häufiger Brutvogel Bretolet, fehlend bzw. selten Mettnau; Rohrammer: häufiger Brutvogel Mettnau, fehlend Bretolet.

Bewegungen (pre-migratory movements) zusammenfassen (Abb. 20.1, 20.2). Streuung ist oft für Jungvögel nach dem Selbständigwerden besonders charakteristisch. Eine andere Definition belegt mit Dispersal die Bewegungen einzelner Individuen zwischen lokalen Populationen oder in ein neues Gebiet, das bisher unbesetzt war, und mit Spacing Ortsveränderungen innerhalb einer lokalen Population, die zu einem bestimmten Dispersionsmuster führen.

Wanderungen, die in der Regel nicht mit der Rückkehr zum Ausgangspunkt verbunden sind, kann man als **Nomadismus** zusammenfassen, der vor allem bei Bewohnern arider oder semiarider Gebiete verbreitet ist. Hierbei gibt es viele graduelle Übergänge zum Zugverhalten.

Davon zu unterscheiden sind **Irruptionen**, ein Wanderverhalten, bei dem der Anteil an wegziehenden Individuen in einer Population und die zurückgelegten Entfernungen von Jahr zu Jahr sehr unterschiedlich sind. Individuen können in aufeinanderfolgenden Jahren in weit auseinander liegenden Gebieten brüten bzw. überwintern. Nacheinander besetzte Brutplätze sind mitunter Hunderte (z. B. Erlenzeisig, Birkenzeisig) und Winterquartiere Tausende (z. B. Bergfink, Erlenzeisig, Gimpel, Seidenschwanz) Kilometer voneinander entfernt nachgewiesen worden. Der Ausdruck Irruption gilt streng genommen nur für das Gebiet, in dem die Art plötzlich auftaucht. Eruption müßte man für das Herkunftsgebiet verwenden. Man zieht jedoch einen einheitlichen Terminus vor.

Solche unregelmäßigen Wanderungen sind in der Regel mit zeitlich und räumlich stark wechselndem Nahrungsangebot verbunden, seien es unterschiedliche Samenerträge bevorzugter Nahrungspflanzen oder Abhängigkeiten von Beutetieren mit zyklischen Abundanzschwankungen (Wühlmäuse, Lemminge). Vielfach geht einer Irruption ein besonders gutes Brutjahr mit hoher Nachwuchsrate voraus und häufig sind vor allem Jungvögel an der Auswanderung beteiligt. Doch im einzelnen sind die Befunde, was Zusammensetzung von Irruptionspopulationen nach Alter und Geschlecht anbelangt, widersprüchlich. Skandinavische Bergfinken konzentrieren sich in Gebieten mit großer Buchenmast und versuchen, so nahe am Brutplatz wie möglich zu überwintern. Lang anhaltender Schneefall zwingt sie aber weiter nach S und SW, wo sie sich wieder in Gebieten mit Buchenmast sammeln. Hohes Angebot an Bucheckern und schneereiche Winter führen also zu Masseneinflügen im S des Wintergebietes.

Irruptionen sind vor allem für Vögel höherer Breiten charakteristisch (Tab. 20.1). Sie können in ganz unregelmäßigen Abständen erfolgen. So wurden von 1800 bis 1965 mindestens 67 große Irruptionen des Fichtenkreuzschnabels in SW-Europa registriert, die manchmal in aufeinanderfolgenden Jahren, dann aber wieder in größeren Abständen bis zu 11 Jahren eintraten. Auffallende Einflüge des Seidenschwanzes nach Mitteleuropa wurden schon 1413, 1519, 1570, 1682, 1779, 1794 und seit 1800 etwa 6–10mal registriert. In einzelnen Gebieten kommen aber jährlich einige Vögel im Winter vor. Langfristige Zählungen zeigen, daß offenbar die Regelmäßigkeit von Irruptionen periodenweise unterschiedlich sein kann (Abb. 20.3).

Den Ausdruck **Invasion (Evasion)**, der häufig ebenfalls für solche unregelmäßigen Wanderungen verwendet wird, sollte man nach neueren Vorschlägen für die Ausdehnung des Verbreitungsgebietes reservieren (z. B. Bartmeise nach Mitteleuropa).

Ein besonderer Fall sind die Wanderungen mancher Steppenvögel, die möglicherweise mit Trockenheit und/oder Verlagerung des Nah-

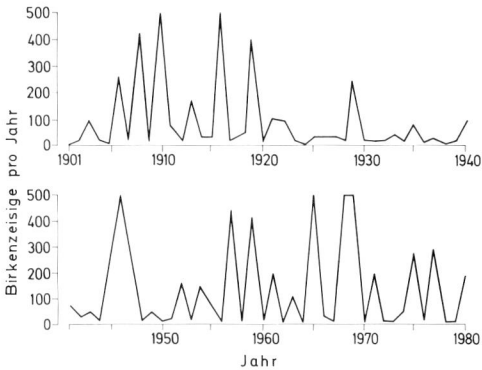

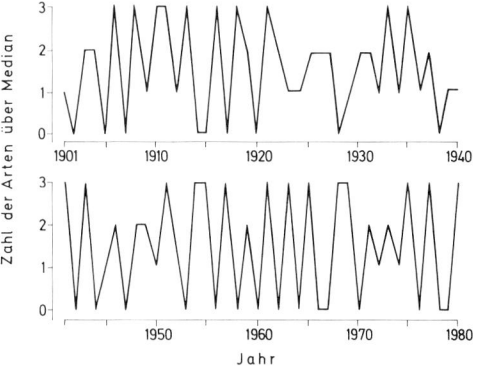

Abb. 20.3. Irruptionen in den nördlichen USA nach Auswertungen der Christmas Bird Counts (nach LARSON & BOCK 1986).
Oben: Zahl der pro Jahr gezählten Birkenzeisige.
Unten: Zahl der Irruptionsarten (0 bis 3), die pro Jahr über ihrem Median pro Zehnjahresperiode ermittelt wurden (Birkenzeisig, Kanadakleiber, Fichtenzeisig). 1921–1950 war nicht nur der regelmäßige 2-Jahres-Rhythmus der Birkenzeisigirruptionen viel schwächer ausgeprägt, sondern auch die Synchronisation zwischen den 3 Arten.

Tab. 20.1. Einige Irruptionsvögel der Nordhalbkugel; in Klammern Arten, bei denen nur wenige Populationen der nördlichen Teile des Artareals betroffen sind (nach NEWMAN in CAMPBELL & LACK 1985, verändert).

Bevorzugte Herbst- und Winternahrung	Vogelart(en)
Koniferensamen	(Buntspecht), Tannenmeise, (Kleiber), Kanadakleiber, Fichten-, Binden-, Kiefernkreuzschnabel, Kiefernhäher, Hakengimpel
Beeren	Seidenschwanz, Zedernseidenschwanz, (Wacholderdrossel), Hakengimpel
verschiedene Baumsamen	Purpurgimpel, Abendkernbeißer, Gimpel, Fichtenzeisig, Erlenzeisig, Schwarzkopf- und Hudsonmeise
Haselnüsse	Sibirischer Tannenhäher
Eicheln	Eichelhäher
Birkensamen	Birkenzeisig, Polarbirkenzeisig
Bucheckern	Bergfink
Lemminge, Wühlmäuse	Rauhfußbussard, Schnee-Eule
Hasen	Virginia-Uhu
Wühlmäuse	Sumpfohreule, (Raubwürger)

rungsangebotes zusammenhängen, aber auch in Verbindung mit normalem Zugverhalten (z. B. Steppenhuhn, Rosenstar) zu stehen scheinen und daher wohl eher dem Irruptionstyp als dem Nomadismus zuzuordnen sind.

Auch während des Winters oder Sommers sind Wanderbewegungen nicht selten, z. B. innerhalb des Winterareals der Population von Rastplatz zu Rastplatz. Solche Wanderungen können auch einen bestimmten saisonalen Rhythmus aufweisen, so daß z. B. auf etwa gleicher Breitenlage oder Entfernung zum Brutplatz unterschiedliche Verteilung der Rastpopulationen zwischen Früh- und Spätwinter zu beobachten ist. Wanderbewegungen innerhalb der Brutsaison, z. B. vom Platz der ersten zu einem der zweiten Brut oder nach vorzeitigem Verlust des Erstgeleges, sind ebenfalls nachgewiesen, meist jedoch nur über kleine Entfernungen (s. Kap. 20.3.1).

Besondere Umweltbedingungen können gerichtete oder ungerichtete Wanderbewegungen auch außerhalb der eigentlichen Zugzeiten auslösen. Auffällig sind z. B. die **Wetterflüge** mancher Segler in höheren Breiten, die als zyklonale Ausweichbewegungen zu interpretieren sind, über Hunderte von Kilometern führen und die Vögel tage-, sogar wochenlang von den Brutkolonien fernhalten können. Die Nestlinge sind durch Torpidität (s. Kap. 14) in der Lage, längere Abwesenheit der Eltern zu überleben. Als Gegenstück dazu lassen sich bei Kälteeinbrüchen oft noch im Mitt- und Spätwinter Kälteflucbewegungen bei Teil- und Kurzstreckenziehern beobachten.

Ein ökologischer Sonderfall sind die täglichen Flüge der Flughühner zu den wenigen Wasserstellen ihrer ariden Lebensräume, die in Einzelfällen bis über 60 km einfache Entfernung führen.

20.2 Untersuchungsmethoden

20.2.1 Freilandbeobachtung

Den Ablauf des Zuges an einem Platz kann man durch **Zählen** von rastenden Vögeln ermitteln. Hierbei erfaßt man allerdings nur das gewissermaßen auf die Erde herabprojizierte Zuggeschehen, verändert durch Angebot an Nahrung, Deckung und andere Eigenschaften des Rastplatzes. Rastende Durchzügler können aber auch über den Nachtzug Aufschluß geben. Die optische Registrierung direkt ziehender Vögel erfaßt dagegen nur den Tagzug und auch davon meist nur einen Teil. Viele Vögel ziehen in so großer Höhe, daß ihre Registrierung mit dem Fernglas nicht mehr gelingt. Der sichtbare Zug umfaßt also nur die Wanderbewegungen in geringer Höhe, deren Richtung und Intensität aber durch die Topographie und das Relief beeinflußt sein kann. Nachtzug läßt sich zumindest qualitativ, unter bestimmten Voraussetzungen auch grob quantitativ akustisch ermitteln. Optische Möglichkeiten der Nachtzugregistrierung wurden vor der Mondscheibe mit dem Fernrohr oder durch starken, gegen den Him-

Tab. 20.2. Beispiele für den Massenzug der Greifvögel am Nordende des Roten Meeres. Einzelne Arten zeigen jahreszeitlich und regional eindeutige Bevorzugung ganz bestimmter Zugwege. Der Heimzug in Eilat ist wohl die stärkste Greifvogelmassierung der Welt (Daten nach CHRISTENSEN u. a. 1981 und BIJLSMA 1983).

	Suez Herbst 1981	Eilat Frühjahr 1977
Wespenbussard	79	225 952
Schwarzmilan	106	26 770
Rotmilan	11	–
Bartgeier	1	–
Schmutzgeier	437	802
Gänsegeier	1 284	22
Mönchsgeier	3	–
Schlangenadler	9 447	220
Rohrweihe	65	125
Kornweihe	5	–
Steppenweihe	11	7
Wiesenweihe	3	7
Sperber	23	155
Kurzfangsperber	46	5 958
Sperber spec.	66	1 360
Habicht	1	1
Mäusebussard	640	315 767
Adlerbussard	1 816	28
Bussard spec.		149 264
Schreiadler	21 552	65
Schelladler	86	8
Steppenadler	64 880	19 288
Kaiseradler	556	95
Steinadler	5	–
Adler spec.	31 436	9 083
Habichtsadler	761	1
Zwergadler	6	175
Fischadler	9	122
Summe	ca. 134 000	763 737

mel gerichteten Lichtkegel genutzt. Auch hierbei sind freilich nur Teilschätzungen möglich.

Freilandbeobachtungen des Zuges haben sich mit verschiedenen Fehlerquellen auseinanderzusetzen, die art-, jahreszeiten- und gebietsspezifisch ganz unterschiedlich einzustufen sind. Langfristig arbeitende Beobachtergruppen befassen sich meistens mit besonders günstigen Konzentrationspunkten des Zuges, wie etwa Küstenabschnitten, Landzungen, Meerengen, Flußläufen, Taleinschnitten oder Paßregionen. An einigen solchen Stellen sind auch **Stationen der Vogelzugforschung** entstanden.

Bekannte Plätze mit langfristigen oder in anderer Weise systematischen Zugbeobachtungen

Abb. 20.4. Wichtigste Verdichtungszentren auf dem Wegzug breitflügeliger Greifvögel in der Westpaläarktis (nach NEWTON 1979).

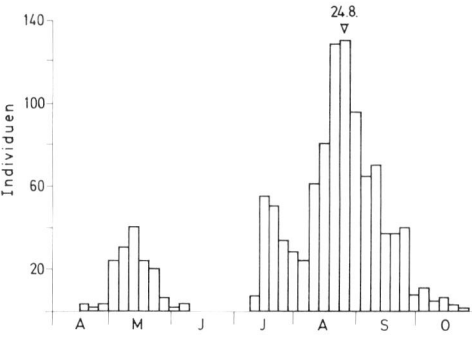

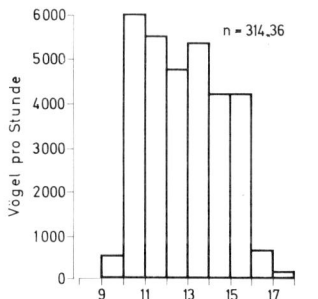

Abb. 20.5. Durchzugsmuster nach Zählungen. Links: Jahreszeitliche Verteilung der Temminckstrandläufer am Bodensee (Pentadensumme 1961–1980, Durchzugsmediane; nach Orn. Arb. Gem. Bodensee 1983). Unten: Tageszeitliche Verteilung durchziehender Adler (Gattung *Aquila*) bei Suez 1981 (nach BIJLSMA 1981).

sind z. B. Ottenby und Falsterbo in Schweden, manche Inseln in Nordsee und Ostatlantik, die niederländische Küste oder das Randecker Mar im süddeutschen Binnenland. Berühmt sind die Meerengen, Küstensäume und Paßregionen im Mittelmeer und Nahen Osten, die wegen günstiger Thermikbildung oder der Möglichkeit, größere Wasserflächen zu umgehen, Konzentrationspunkte des Zuges großer Segel- und Gleitflieger, wie Störche und große Greifvögel darstellen. Zu ihnen zählen z. B. Gibraltar, Bosporus, Ostküste des Schwarzen Meeres, Belen-Paß in der Südtürkei, Golf von Suez oder Eilat in Israel (Abb. 20.4). In Amerika haben z. B. das Hawk Mountain Sanctuary/Pennsylvanien, Kap May/New Jersey oder die Landenge von Panama Berühmtheit erlangt.

Zählung ziehender Vögel kann Aufschluß über den jahres- und tageszeitlichen Zugablauf ergeben und liefert entsprechende Zugmuster von Populationen (Abb. 20.5). Methodisch ähnlich angelegte Untersuchungen können auch Fragen der Richtungswahl klären helfen. Zählungen an Rastplätzen liefern ebenfalls Durchzugs- oder Verweilmuster, darüber hinaus auch Daten zur Lage von wichtigen Zwischenrastplätzen auf langen Zugwegen, Mauserquartieren oder bevorzugten Winterquartieren. Derartige Zählungen werden vor allem für Wat- und Wasservögel in internationalen Arbeitsprogrammen durchgeführt. Synchrone Zählungen ergeben dabei nicht nur ein Bild der geographischen Verteilung, sondern auch Material zur Beurteilung aktueller Ereignisse, wie z. B. Zugverhalten in Abhängigkeit von Witterung (z. B. Kälteflucht). Eine Erweiterung der Rastplatz- und Zugzählungen sind die in neuerer Zeit erarbeiteten Atlanten der Winterverbreitung, die nicht nur die geographische Verteilung von Winterbeständen in bestimmten Gebieten, sondern auch Verlagerungen und damit Wanderungen in Abhängigkeit von besonderen Situationen erkennen lassen (z. B. Vergleich sehr kalten mit sehr milden Wintern).

Langfristige Zählprogramme an Zugvögeln sind unter bestimmten Voraussetzungen auch als Monitorprogramme geeignet, die über kurzfristige Schwankungen der Populationsgrößen oder der Reproduktionsraten Aufschluß geben, aber auch langfristige Trends erkennen lassen.

Die jahreszeitliche Einpassung des Aufenthaltes eines Zugvogels in einem Teil seines Jahresareals, aber auch der mittlere zeitliche Ablauf des Zuges über ein größeres Gebiet kann z. B. durch sorgfältige Registrierung von An- und Abzugsdaten, Ermittlung von Durchzugsmedianen usw. beschrieben werden.

20.2.2 Radar und verwandte Techniken

In vieler Hinsicht lassen sich Sichtbeobachtungen des Vogelzugs durch Einsatz von Radar vertiefen und erweitern. Eine gewisse Begrenzung der Anwendung dieser Technik liegt im vergleichsweise großen Aufwand und vor allem in Problemen der Bestimmung der registrierten Vogelarten.

Geräte vom Typ des **Flugüberwachungsradars** bestreichen mit einer rotierenden Antenne einen mehr oder minder großen Umkreis des jeweiligen Standortes. Dabei werden alle Objekte abgebildet, die sich in einem bestimmten Segment befinden, Vögel z. B. als Punkte. Fotografische Zeitaufnahmen des Schirmes lassen aus den im Vergleich zum Flugzeug langsam fliegenden Vögeln Striche werden. Man erhält durch Bilder des Flugüberwachungsradars Informationen über die ungefähre Zahl der ziehenden Vögel, Umfang des Zuges pro Zeiteinheit sowie Möglichkeiten, Richtungen und Geschwindigkeiten abzuschätzen (Abb. 20.6).

Weitere Einzelheiten können mit Hilfe des **Zielfolgeradars** untersucht werden, das mit einem schmal gebündelten Strahl einzelne Vögel oder kleine Gruppen erfaßt und ihnen automatisch folgt. So kann man je nach Reichweite des

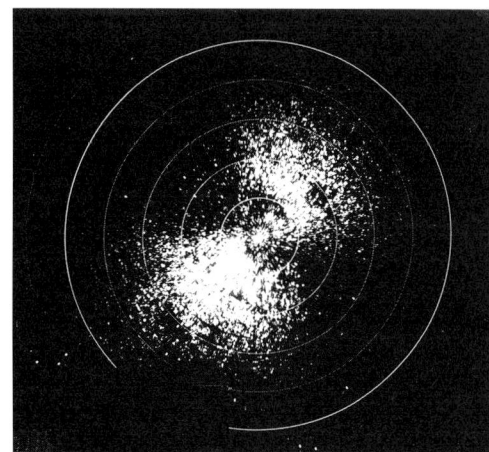

Abb. 20.6. Radaraufnahmen vom nächtlichen Kleinvogelzug in Südportugal (Foto G. Hilgerloh). Belichtungszeit = 1 Umdrehung des Radarstrahls. Die Vögel ziehen nach SW. Das Gerät arbeitete mit Standzeichenunterdrückung (Moving Target Indicator, MTI), so daß Objekte, die eine minimale Radialgeschwindigkeit nicht überschreiten, nicht als Echo abgebildet werden. Das führte zur Unterdrückung von unbeweglichen Objekten, wie Bergen, Häusern sowie von tangential fliegenden Kleinvögeln. Hierdurch erklären sich auch die im rechten Winkel zur Zugrichtung liegenden MTI-Leersektoren.

Gerätes Fluggeschwindigkeit, Flughöhe und Änderungen dieser Größen ermitteln, aber auch Kursrichtungen und Kursänderungen.

Ein großes Problem der Radarbeobachtung ist die Identifizierung von Arten und Artengruppen. Man kann Populationen verschiedener Zugrichtungen erkennen oder durch Trennung von Tag- und Nachtzug gewisse Unterscheidungen vornehmen, wobei sich Erkenntnisse aus Sichtbeobachtungen und Fängen als Hilfsinformationen verwenden lassen. Das Zielfolgeradar kann Flugwege von Einzelvögeln von 5 bis 100 km Länge aufzeichnen. Auf dem Magnetband werden mit dem Flügelschlagmuster der Vögel korrelierte Intensitätsschwankungen der Radarechos aufgezeichnet. Solche Muster lassen allerdings nur in wenigen Fällen genauere Bestimmung zu, da Vogelarten ähnlicher Größe und ähnlicher Flügelform kaum unterscheidbare Flugmerkmale aufweisen und zudem durch Umweltbedingungen Variabilität der registrierten Flugparameter zu erwarten ist.

Mit Hilfe der Radarbeobachtung lassen sich viel genauer als durch reine Sichtbeobachtungen Zusammenhänge zwischen Zugintensität und Witterung und besonders für Nachtzieher die optimale Zeitwahl für den Aufbruch zu einer Zugetappe und damit für die Lage der Rastperioden untersuchen. Sehr wichtige Informationen erhält man auch über die Fluggeschwindigkeit, insbesondere ihre Änderungen, Anpassung an Flughöhe und Flugdauer, aber auch an vorherrschende Windrichtungen und -stärken. Mit Radar lassen sich Einflüsse der Windverdriftung oder der Topographie auf Zugrichtungen analysieren und die Folgen von gestörten Orientierungsbedingungen erkennen. Somit liefert die **Radarornithologie** auch wichtige Beiträge zur Orientierungsforschung.

Aber auch die Weiterentwicklung der fotografischen Technik kann interessante Einzelheiten ergeben. So hat man z. B. Stereofotografie zur Ermittlung der Individualdistanz ziehender Vögel eingesetzt, die u. a. im Zusammenhang mit dem Kollisionsrisiko Bedeutung hat. Bei Nacht sind solche Distanzen grundsätzlich größer als untertags.

20.2.3 Fang und Markierung

Der **Markierung von Vögeln**, individuell oder einheitlich über die Individuen einer bestimmten Gruppe, verdankt die Vogelzugforschung seit Jahrzehnten eine Fülle von Daten, vor allem über Wanderrouten, Wanderziele und – allerdings weniger präzise – über den zeitlichen Ablauf von Wanderungen. Bei entsprechend umfangreichem Material oder gezielt eingesetzten Markierungsmethoden lassen sich diese Aspekte auch für unterschiedliche Populationen oder Altersklassen, bei entsprechend langem Zeitraum auch Änderungen des Zugverhaltens über mehrere Generationen vergleichend untersuchen. Allerdings sind Markierungsvorhaben auf Rückmeldungen angewiesen, deren Auswertung mit großer Vorsicht durchzuführen ist, da man mit unterschiedlichen Fehlermöglichkeiten zu rechnen hat.

Markierungen werden schon lange mit numerierten Metallringen oder Kombinationen von Farbringen um den Lauf, neuerdings mit verschiedenen Marken an anderen Körperstellen, vor allem bei Großvögeln (z. B. farbige bzw. numerierte Flügelmarken, Halsbänder usw.) und Gefiederfarben vorgenommen.

Der Ruhm des Pioniers der **wissenschaftlichen Vogelberingung** gebührt dem dänischen Lehrer Christian Cornelius Mortensen (1856 bis 1921), der 1890 erstmals Stare mit Zinkstreifen zu beringen versuchte, dann 1898 mit Aluminium einen Mittelsäger beringte. Der Anfang der systematischen Arbeit waren 165 Stare im Herbst 1899. Auch Versuche mit Farbringen gehen auf Mortensen zurück. Im Herbst 1903 beginnt J. Thienemann an der Vogelwarte Rossitten mit der Krähenberingung. 1907 wurden bereits 1669 Ringe in 4 verschiedenen Größen verschickt; 34 Wiederfunde gingen im selben Jahr ein. Bis etwa 1914 hatten schon 14 Länder die Beringung eingeführt. Bis 1973 waren in den USA und Kanada ungefähr 23 Millionen Vögel beringt; mittlerweile geht auch die Beringung vieler europäischer Stationen in die Millionen (Tab. 20.3).

Die üblichen Vogelringe enthalten in der Regel eine Buchstabenkombination (häufig als Größenmerkmal), eine laufende Nummer und zumindest den abgekürzten Namen der Beringungszentrale.

Die **Wiederfundhäufigkeit** hängt von vielen Faktoren ab. Sie liegt im Mittel aller Arten der europäischen Stationen nicht über 2 bis 3 %, für Kleinvögel meist deutlich unter 1 %, für größere und vor allem jagdbare Vogelarten kann sie über 10 % ansteigen (Tab. 20.4). Da die Wiederfundrate häufig mit der Bevölkerungsdichte korreliert ist (bei bejagten Arten natürlich auch mit den Jagdgewohnheiten und -zeiten), liegen

Tab. 20.3. Beringungen (in Tausendern) einiger europäischer und nordafrikanischer Ringzentralen und Wiederfundraten (errechnet nach Rundbriefen Euring Data Bank).

Station	Zeit	Beringungen	Wiederfunde (in %)
Stavanger	1914–1982	1227	1,7
Stockholm	1960–1983	3412	1,5
Helsinki	1913–1983	4113	2,1
Gdansk	1931–1983	885	1,8
Matsalu	1970–1985	1350	1,2
Moskau	1925–1982	6558	0,9
Arnhem	1911–1983	4591	2,8
Helgoland	1909–1985	6704	1,3
Hiddensee	1964–1981	1803	0,6
Madrid	1957–1982	630	0,6
Paris	1975–1984	912	1,9
Radolfzell	1947–1981	3206	0,9
Rabat	1932–1984	210	0,7
Tunis	1967–1985	155	0,7

Tab. 20.4. Wiederfundraten häufig beringter Vögel im Material dreier mitteleuropäischer Ringzentralen; n: Zahl der beringten Individuen (errechnet nach Euring Data Bank).

Vogelart	Radolfzell		Helgoland		Arnhem	
	n	%	n	%	n	%
Graureiher	3 908	13,9	4 607	18,1	21 461	15,9
Lachmöwe	50 027	4,1	85 979	5,4	201 854	4,9
Stockente	4 906	9,9	18 350	9,5	33 841	20,9
Rauchschwalbe	213 271	0,4	396 334	0,2	247 210	0,5
Amsel	50 409	2,3	156 839	2,1	132 686	2,5
Zilpzalp	86 705	0,3	89 743	0,2	47 532	0,3
Teichrohrsänger	124 066	0,2	86 587	0,4	141 670	0,5

von europäischen Fernziehern meist nur wenige Afrikafunde vor. Beringungen in Afrika mit Fundgebieten in Europa können mit größeren Rückmeldequoten rechnen; daher ist die Förderung der Beringung in Afrika besonders wichtig. Häufig spiegelt die Verteilung der Funde über das Zuggebiet einer Art oder Population also hauptsächlich die Verteilung der menschlichen Bevölkerung bzw. unterschiedliche Jagdaktivität wider. Auch Veränderungen der Fundumstände (z. B. Zunahme der Verkehrsopfer in Mitteleuropa, Änderung der Jagdgesetzgebung, Drahtopfer bei Großvögeln) können im Vergleich verschiedener Jahrzehnte eine Rolle spielen. Generell gilt, daß

sowohl die Wahrscheinlichkeit der Beringung als noch viel stärker die Wahrscheinlichkeit für eine Rückmeldung nicht für jedes Individium immer gleich groß ist sowie zusätzlich geographische und zeitliche Unterschiede der Fundwahrscheinlichkeit bestehen. Die Verbindung von Beringungs- und Fundort gibt außerdem oft nicht einmal annähernd die geflogene Route wieder (Abb. 20.7).

Trotzdem bedeuten viele Einzelfunde und vor allem auch zusammenfassende kritische Auswertungen über das Zugverhalten von Populationen (z. B. Ringfundatlanten), über ihre Zugrichtung und Zugwege, Lage bevorzugter Rast- und Winterquartiere unverzichtbares Da-

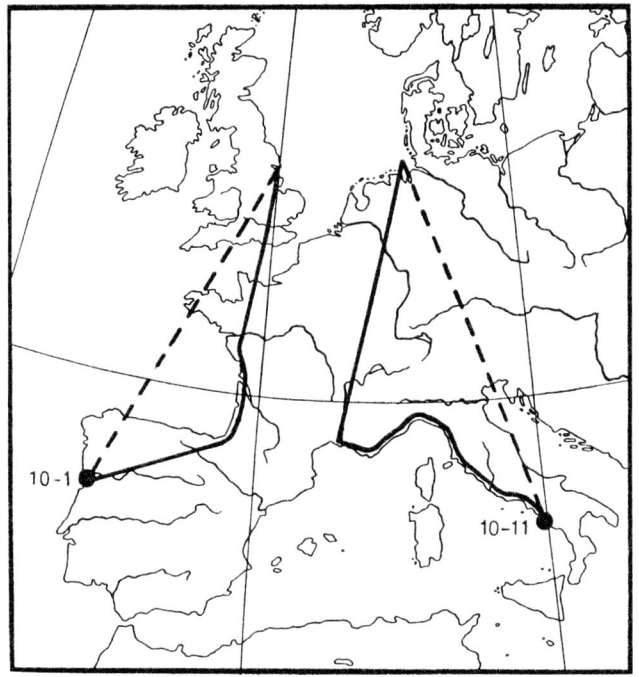

Abb. 20.7. Zugwege der Mönchsgrasmücke: 2 Herbstfänglinge nach einem bzw. drei Monaten wiedergefunden (nach ZINK 1973).
Gestrichelt: Schwarze Luftlinienverbindung zwischen Beringungs- und Fundort. Schwarze Linie: Möglichkeiten für den tatsächlichen Zugweg des Vogels.

tenmaterial, das oft noch nicht annähernd ausgeschöpft ist und in vielfältigem Zusammenhang zu Rate gezogen werden kann. Viele der in den nachfolgenden Abschnitten kurz zusammengefaßten Ergebnisse wären ohne Beringung nicht möglich gewesen. Auf Beispiele für Ringfundauswertungen muß man daher immer wieder zurückgreifen.

Die Wiederfundrate läßt sich durch verschiedene Markierungsmethoden nicht nur erhöhen, sondern auch durch **Planmarkierungen** und -beobachtungen markierter Vögel von Zufälligkeiten und daher vielen methodischen Schwächen teilweise befreien. Große Ableseringe, bunte Fußringe und **Halsmanschetten** oder entsprechende **Flügelmarken** machen Wiederfunde von Tötung und Fang unabhängig und gestatten ferner, einzelne Individuen über längere Zeit zu verfolgen bzw. am selben Platz Jahr für Jahr wieder zu erkennen. Bei Weißstorch, Gänsen oder Schwänen sind derartige Planuntersuchungen mit großem Erfolg durchgeführt worden, aber mit Hilfe von Farbmarkierungen auch bei Kleinvögeln möglich. Bessere Haltbarkeit des Materials mindert die Fehlerrate durch Verschleiß.

Gefiederfärbungen gestatten Markierungen natürlich nur während einer Federgeneration und damit das Studium des Zugablaufes in einer einzigen Saison, andererseits aber das Verfolgen von Zugetappen, des Aufsuchens und der Verweildauer an Rastplätzen und andere Details des tatsächlich eingeschlagenen Zugweges.

Eine nicht zu unterschätzende Bedeutung im Zusammenhang mit der Markierung der Vögel hat auch ihr Fang, sei es an Rastplätzen oder unter bestimmten Bedingungen auch am Brutplatz. Besonders über längere Zeit systematisch und unter vergleichbaren Bedingungen betriebene **Fangstationen** haben sich von größter Bedeutung erwiesen. Sie erhöhen nicht nur die Wiederfundrate von Jahr zu Jahr durch eigene oder gegenseitige Wiederfänge, sondern liefern auch wichtige Daten durch eigene Kontrollen über Verweildauer und Zugverlauf, aber auch z. B. zur Frage der Habitatwahl von Zugvögeln. Fangmuster spiegeln außerdem noch präziser als Sichtbeobachtungen und Zählungen Zugmuster wider (z. B. Abb. 20.2). Verbesserungen von Möglichkeiten, Mauserstadien, Alters- und Geschlechtsunterschiede zu erfassen, gestatten weitere Verfeinerung der Information über den Zugablauf an einem Ort.

Markierung ist nicht nur auf Vogelzugsforschung beschränkt. Sie ist für sehr viele Fragen der Populationsbiologie und der Ethologie zu einer grundlegend wichtigen Voraussetzung geworden, trotz der selbstverständlich auch hier geltenden Vorbehalte gegenüber Fundumständen und -wahrscheinlichkeiten. Mortalität, Altersaufbau der Population, Dispersion, Paarbildung, Fragen der Fitness, Nachweis von Zweit- und Mehrfachbruten, Untersuchung von Helfersystemen, Territorialität – dies sind nur einige Stichworte für Freilandstudien, deren Bearbeitung von Möglichkeiten der individuellen Markierung abhängig ist. Vogelmarkierung ist derzeit zu einem weitverbreiteten Hilfsmittel der Freilandarbeit geworden.

20.2.4 Biotelemetrie

Im weiteren Sinn eine Markierung stellt auch das moderne Verfahren der **Biotelemetrie** dar. Man versieht den Vogel mit einem batteriebetriebenen Sender, der über eine Antenne Signale sendet, die mit einer Peilantenne aufgefangen und in einem Empfänger wahrnehmbar gemacht werden. So kann man Standort und Ortsbewegung einzelner Individuen verfolgen, aber bei geeigneter Senderkonstruktion auch über den Körperzustand (z. B. Herzschlagrate) Informationen erhalten. Die derzeitige Weiterentwicklung der Technik zählt besonders auf solche physiologisch wichtigen Informationen von freibeweglichen Vögeln ab.

Die **Anwendung** der Biotelemetrie für die Vogelzugforschung hat ihre Grenzen im hohen Aufwand und in der relativ geringen Individuenzahl, die man wegen einer beschränkten Auswahlmöglichkeit von Sendefrequenzen nebeneinander verfolgen kann. Das Gewicht des Senders ist heute kein wesentliches Problem mehr; die Grenzen setzen Batterien mit einer bestimmten Lebensdauer. Doch auch hier haben neue Entwicklungen dazu geführt, daß Vögel bis herunter zu Star- und Amselgröße mit Kleinstsendern über 24 Stunden Sendedauer und einer Reichweite über 10 km ausgerüstet werden können. Natürlich muß für einwandfreie Resultate gewährleistet sein, daß die Vögel durch die meist als kleiner Rucksack angebrachte Technik nicht über Gebühr behindert werden.

Für die Untersuchung von Wanderungen liefert die Biotelemetrie daher nur beschränkte, aber doch sehr wertvolle Informationen, so

z. B. über das Verhalten vor dem Abflug bei Nachtziehern oder durch Verfolgung von Individuen Informationen zur anfänglichen Richtungswahl. Durch Empfänger in Autos oder Flugzeugen, die dem mit Sender ausgerüsteten Vogel folgen, kann man die Reichweite enorm vergrößern. Großvögel wie Singschwäne sind schon über 2000 km verfolgt worden. Ein Problem dieses Einsatzes der Biotelemetrie darf nicht übersehen werden: Man hat nur wenig Möglichkeiten sicher zu erkennen, ob und wann die mit Sender ausgestatteten Vögel auch wirklich aufbrechen, so daß oft lange vergebliche Wartezeiten in Kauf genommen werden müssen.

20.2.5 Arbeit im Labor

Ein weites Feld zunehmend komplizierterer Laborversuche bestimmt das Bild der **experimentellen Vogelzugsforschung**. Die hiermit bearbeiteten Fragen befassen sich vor allem mit den Orientierungsleistungen, dem Zeitprogramm des Vogelzuges, der genetischen Kontrolle des Wanderverhaltens oder vielen stoffwechselphysiologischen Problemen. Nur einige wenige häufig eingesetzte experimentelle Vorrichtungen können hier kurz vorgestellt werden, die z. T. bereits Wissenschaftsgeschichte geschrieben haben.

Eine wichtige Voraussetzung für viele Laborversuche ist spontane Zugaktivität, die **Zugunruhe (migratory restlessness)**, die der Vogel im Käfig zeigt und die gerichtet ist. Der Vogel bevorzugt beim Herumhüpfen, Flügelschlagen bzw. -schwirren eine bestimmte Richtung. Dies kann man zu Orientierungsuntersuchungen ausnutzen.

Die **Zugaktivität** wird z. B. in einer von S. T. EMLEN entwickelten Methode (**»Emlentrichter«**) wie folgt registriert: Der Vogel sitzt am Boden eines Kegelstumpfes auf einem Stempelkissen. Wenn er flatternd die schrägen Trichterwände emporläuft, schwärzt sich das ausgelegte Filterpapier mit Fußabdrücken. Die Schwärzung kann mit Hilfe einer Standardskala, aber auch mit photometrischen oder chemischen Methoden quantitativ bestimmt werden. Anstelle des Stempelkissens verwendet man auch weißbeschichtetes Papier an den Trichterwänden (Korrekturpapier für Schreibmaschinen), das Fußkratzer aufnimmt (Abb. 20.8).

Ein von F. W. MERKEL entwickelter und vor allem durch W. WILTSCHKO verwendeter achteckiger Käfig ist mit acht radialen Doppelstangen ausgestattet, die jeden Ansprung über einen Mikroschalter registrieren. Über Zähler bzw. Rechner kann man später, z. B. nach einer Zugnacht, Aktivitätsmenge und -richtung ermitteln (Abb. 20.8).

Zur Untersuchung der **circannualen Periodik** müssen Vögel isoliert gehalten werden, so daß sie unter konstanten Bedingungen (z. B. Licht-Dunkel-Wechsel 12:12 Stunden) beobachtet werden können. Zur Bearbeitung vieler Fragestellungen werden Experimentiervögel handaufgezogen, mitunter in Isolation (Kaspar-Hauser-Versuche). Automatische Kameras bzw. Videoaufnahmen mit Infrarotquellen können die Aktivität der Vögel ohne Störung aufzeichnen.

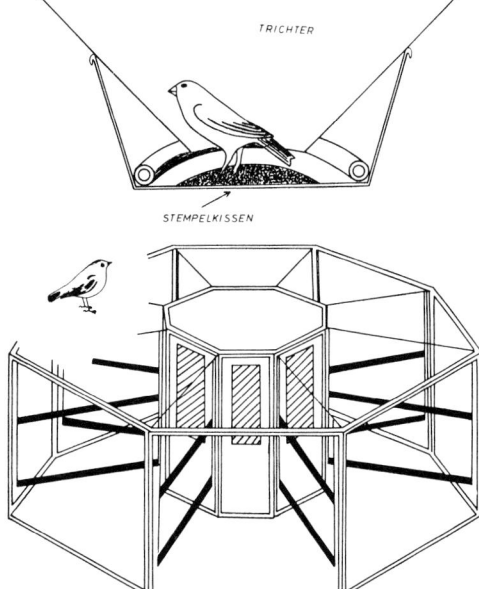

Abb. 20.8. Versuchsanlagen zur Registrierung der Richtungstendenzen zugaktiver Kleinvögel (aus SCHMIDT–KOENIG 1980).
Oben: Trichter nach S. EMLEN. Unten: Achteckiger Käfig nach F. W. MERKEL und W. WILTSCHKO; schwarz: elektromagnetisch registrierende radiale Doppelstangen (nur 6 eingezeichnet).

20.3 Muster des Vogelzugs in Raum und Zeit

20.3.1 Einige Begriffe zur Beschreibung des Zugverhaltens

Viele Land-, aber auch nicht selten Wasservogelarten wandern nicht auf genau definierten Zugstraßen zwischen Brutgebiet und Winterquartier, sondern breit gestreut über Land (und Wasser). Bei einem solchen **Breitfrontzug** erstreckt sich das Durchzugsgebiet mehr oder minder über dieselben Längengrade wie Brut- und/oder Überwinterungsgebiet (Abb. 20.9). Zumindest innerhalb größerer Populationen verlaufen die Zugrichtungen ungefähr parallel. Von dieser allgemeinen Vorzugsrichtung kann es durch den Einfluß von Küsten, Gebirgen, aber auch Flußläufen regionale Abweichungen geben. Solche topographischen Marken wirken als Leitlinien, die den Zug in bestimmter Richtung von der generellen Vorzugsrichtung ablenken und dadurch mitunter den Durchzug an bestimmten Stellen auch verdichten. Für die Lachmöwe bilden z. B. Flüsse und Küsten häufig benutzte Leitlinien, auch wenn einzelne Vögel durchaus gewässerlose Gebiete oder Hochgebirge überqueren. Man spricht in solchen Fällen von einem geleiteten Breitfrontzug.

Laufen die Zugwege einzelner Populationen nicht parallel, sondern konvergieren zu einem schmalen Durchzugsgebiet, liegt **Schmalfrontzug** vor. Meist ist auch die Längenausdehnung des Winterquartiers viel kleiner als die des Brutgebietes. Entlang der Schmalfronten kommt es an den Höhepunkten des Durchzuges als Folge der Verdichtung zu Massendurchzug, an dem Individuen eines großen Einzugsbereiches beteiligt sind (Abb. 20.9). In der Westpaläarktis sind vor allem Schmalfronten großer Segelflieger am West- und Ostrand des Mittelmeers auffällig (Abb. 20.1; Tab. 20.2, Abb. 20.4 und 20.10). Die Vögel weichen damit dem offenen Meer oder großen Hochgebirgen aus. Aber auch Ruderflieger, die auf Luftdruckunterschiede in Abhängigkeit von topographischen Verhältnissen weniger Rücksicht nehmen müssen, ziehen mitunter in schmaler Front. Kraniche aus einem größeren Einzugsbereich sammeln sich und ziehen z. B. nach SW (Herbst) bzw. NE (Frühjahr) in einem 200 bis 300 km breiten Hauptdurchzugsgebiet durch Mittel- und Südwesteuropa in ihr Winterquartier im SW der Iberischen Halbinsel und in NW-Afrika. Meist konzentrieren sich aber die rund 20000 bis 30000 durch Mitteleuropa ziehenden Kraniche auf einem schmaleren Korridor innerhalb dieser Schmalfront. Unter den Singvögeln münden z. B. die aus Mittel- und Westeuropa nach SE abziehenden Neuntöter vor allem nach Überquerung des östlichen Mittelmeers in eine Schmalfront ein.

Zughindernisse, die sich quer zur Zugrichtung stellen, werden je nach Größe und Witterung rechts oder links umflogen oder auch überquert. Nach Radarbeobachtungen überwiegt bei Rückenwind und kleinen Hindernissen das Überqueren, Gegenwinde fördern Ausweichen.

Im Verbreitungsgebiet einer Art weisen mitunter einzelne Populationen verschiedene Zugrichtungen auf, auf dem Wegzug in der Westpa-

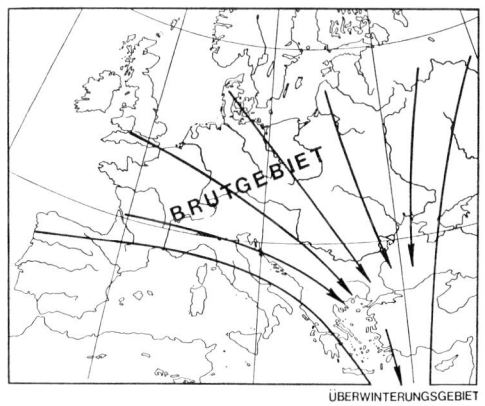

Abb. 20.9. Schematische Darstellung des Breitfrontzuges (links) und des Schmalfrontzuges (rechts) in Europa (nach Zink 1973).

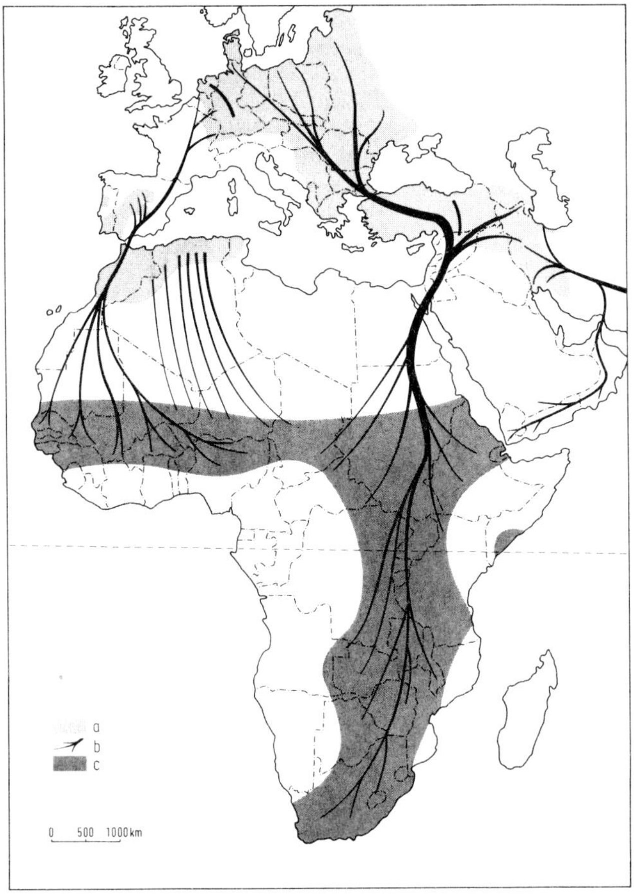

Abb. 20.10. Brutverbreitung und Winterquartiere sowie Zugwege des Weißstorches nach Ringfunden und Beobachtungen; Zugwege in Vorderasien und Arabien nach vorläufigen Beobachtungen. Strich in Mitteleuropa: ungefähre Lage der Zugscheide zwischen Ost- und Weststörchen (aus NOWAK & BERTHOLD 1987).

läarktis vor allem nach SE und SW. Das Trennungsgebiet zwischen Populationen unterschiedlicher Wegzugsrichtung bezeichnet man als **Zugscheide**. Sie ist in der Regel nicht als scharfe Linie zu sehen, sondern bildet meist die Mitte eines Übergangsgebietes, in dem Wegzug nach beiden Richtungen auftritt. Das bekannteste Beispiel einer Nord-Süd-Zugscheide in Mitteleuropa bietet der Weißstorch als Langstreckenzieher (Abb. 20.10). Unter den mitteleuropäischen Singvögeln weisen 16 Arten eine Zugscheide auf, die Populationen in SW- bzw. SE-Wegzieher trennt (Abb. 20.11). Bei kontinentaleuropäischen Mönchsgrasmücken herrschen z. B. westlich von 15° E Herbstzugrichtungen nach SW, östlich 15° E solche nach SE vor (s. Kap. 20.3.5). In Mitteleuropa gibt es bisher nur beim Star Hinweise auf eine westöstlich verlaufende Zugscheide, die eine südliche und eine nördliche Population trennt. Die Auswertung des Befundes ist jedoch schwierig (Abb. 20.15; s. Kap. 20.3.5).

Vielfach finden Heim- und Wegzug zumindest im groben auf der gleichen Route statt, ja wie einzelne Ringfunde zeigen, gelegentlich auch unter Benutzung der selben Stützpunkte und Rastplätze. Verlaufen Weg- und Heimzug auf verschiedenen Wegen, spricht man häufig von **Schleifenzug** (im oder gegen den Uhrzeigersinn). Bekannte Beispiele hierfür sind u. a. die Wanderung des Kurzschwanz-Sturmtau-

Anfangsrichtung	↗	↘	△	⋁	⋀
Artenzahl	45	10	13	3	16

Abb. 20.11. Anfangsrichtung (schematisch: Pfeile) des herbstlichen Wegzuges der mitteleuropäischen Singvogelarten (nach ZINK 1980 und BAIRLEIN 1985, verändert).
Von links nach rechts: Anfangsrichtung westlich von S, östlich von S, zwischen SW und SE, Trichterzug ins mittlere Mittelmeergebiet, Arten mit Zugscheide (die SW- und SE-Zieher trennt).

chers im Pazifik (Abb. 20.12), arktischer Watvögel Nordamerikas (z. B. Steinwälzer, Nord-
amerikanischer Goldregenpfeifer), der Prachttaucher Nordwestsibiriens oder der Neuntöter
in Afrika/Vorderasien. Schleifenzug kann als
Anpassung an ökologische, meteorologische
bzw. klimatische Faktoren gedeutet werden;
historische Gründe sind oft nicht ganz auszuschließen. Die Prachttaucher Sibiriens ziehen
z. B. nach der Brutzeit direkt in die Winterquartiere ans Schwarze Meer und ins Kaspigebiet. Der Heimzug beginnt aber dann zunächst
in NW-Richtung über die Ostsee. Dem allmählichen Rückgang der Vereisung folgend, nähern
sich die Vögel dann von Westen her ihren Brutplätzen.

Für die Bearbeitung vieler Fragen der Populationsbiologie ist auch die Ermittlung der **Ortstreue** von Zugvögeln von entscheidender Bedeutung. Unter Brutortstreue versteht man Ansiedlung nahe dem vorjährigen (oder letzten)
Brutort, unter Geburtsortstreue Erstansiedlung
nahe dem Geburtsort. Winterortstreue oder
Rastplatztreue ist ebenfalls durch viele Funde
bei Kurz- und Langstreckenziehern belegt. Als
Umsiedlung bezeichnet man eine Ortsveränderung von einem Brutplatz zu einem mehr oder
weniger weit entfernten neuen. Die Ansiedlung
eines erstmals brütenden Vogels fern dem Geburtsort wird davon als Fremdansiedlung oder
Neuansiedlung unterschieden.

Bei den meisten Zugvögeln dürfte die Ansiedlung in der weiteren Umgebung des Ge-
burtsortes sowie **Brutortstreue** die Regel sein.
Allerdings muß man berücksichtigen, daß bei
vielen Untersuchungen Nachweise aus größeren Entfernungen unterrepräsentiert sind, da

Tab. 20.5. Beispiele für extreme Entfernungen bei
Neuansiedlungen und Umsiedlungen europäischer
Zugvögel (Daten nach ZINK 1973–1985 und versch.
Autoren in GLUTZ & BAUER 1985).

Neuansiedlung	Entfernung (km)	Geburtsgebiet
Rauchschwalbe	110 NNE	Südwest-deutschland
Drossel-rohrsänger	550 WSW	Polen
Blaumeise	470 WSW	Norddeutschland
Kohlmeise	500 WSW	Nordhessen
Kohlmeise	740 WSW	Durchzügler Kurische Nehrung
Trauerschnäpper	600 SE	Großbritannien
Trauerschnäpper	570 WSW	Finnland
Trauerschnäpper	1480 SW	Finnland

Umsiedlung	Entfernung (km)	1. Brutplatz
Uferschwalbe	598 SW	Großbritannien
Rauchschwalbe	360	Großbritannien
Rauchschwalbe	410 ESE	Hessen
Trauerschnäpper	280 ESE	Niedersachsen
Trauerschnäpper	143 N	Niedersachsen
Trauerschnäpper	120 S	Niedersachsen

für **Fremdansiedlungen** und **Umsiedlungen** weit
außerhalb des Kontrollgebietes die Rückmel-
dungswahrscheinlichkeiten geringer sind. Regelmäßige Ausnahmen von der allgemeinen
Ortstreue oder höhere Anteile an Fremdansiedlungen bzw. Umsiedlungen sind in einer
Reihe von Fällen bekannt bzw. wahrscheinlich,
z. B. bei Kreuzschnäbeln als Irruptionsvögel (s.
Kap. 20.1), bei Arten mit sehr lückenhaftem

Abb. 20.12. Schleifenzug des Kurz-
schwanzsturmtauchers im Pazifik
(nach mehreren Vorlagen, stark vereinfacht).
Punkte: Belegstücke (nicht Ringfunde); dünne Pfeile: vorherrschende
Windrichtung zu den Zeiten, in denen
Sturmtaucher in der betreffenden Gegend durchziehen; schraffiert: Brutgebiet.

oder zerstreutem Habitatangebot (z. B. Rohr-sänger) oder Koloniebrütern (z. B. Raubsee- und Brandseeschwalbe, kaum jedoch Lachmö-we). Auch bei Populationen in Phasen starker Arealausweitung müssen Um- bzw. Neuansiedlungen häufig sein. Im allgemeinen scheinen Neuansiedlungen von Jungvögeln häufiger zu sein und über größere Distanzen zu führen als typische Umsiedlung (Tab. 20.5). Umsiedlungen innerhalb einer Brutsaison zwischen 1. und 2. Brut sind bei der Beutelmeise bis maximal über 200 km, für den Koloniebrüter Ufer-schwalbe sogar bis 460 und 630 km nachge-wiesen.

Neuansiedlungen bzw. Umsiedlungen können auch dadurch zustande kommen, daß Vögel verschiedener Herkunft in einem Winter-quartier zusammentreffen und die Paarbildung sich bereits hier vollzieht oder zumindest einge-leitet wird. Dies ist z. B. bei Enten der Fall, so daß hier belegte Umsiedlungen und Neuansiedlungen nicht selten sind. Zumindest bei Gründelenten scheinen häufiger Männchen den Weibchen in ihr Brutgebiet zu folgen als umge-kehrt. Doch liegen von manchen Arten auch Beweise für Umsiedlungen von Weibchen vor. Der dadurch geförderte Genfluß hat z. B. bei kanadischen Stock- und Dunkelenten zur Ver-schiebung des Verbreitungsgebietes beider For-men, die möglicherweise nur verschiedene Morphen einer Art darstellen, in Ost-West-Richtung geführt (Abb. 20.13). Auch manche in einem lockeren Sozialverband »mitgerisse-ne« Individuen erklären gelegentlich auffällige Umsiedlungen.

Zugweg- und **Winterquartiertreue** scheint bei Langstreckenziehern größer als bei Kurzstrek-kenziehern, bei Schmalfrontziehern größer als bei Breitfrontziehern zu sein. Solche verallge-meinernde Regeln schließen jedoch jeweils ei-ne große Streuung der Einzelbefunde ein, wo-bei auch hier wiederum die Zahl von Belegen außerhalb regelmäßig kontrollierter Rast- und Überwinterungsgebiete relativ gering ist. Ver-schiebung von Rastplätzen auf dem Zug und im Winter ergeben sich häufig für Arten mit be-stimmten Habitatansprüchen, z. B. Wat- und Schwimmvögel im Binnenland. Durch Verlage-rung von Schwerpunkten der Verbreitung ra-stender Populationen können auch rasch neu entstandene Plätze (z. B. Überschwemmungs-flächen, Stauseen) genutzt werden. Anpassung an besondere Verhältnisse spielt nicht selten eine wichtige Rolle. Auch über Zugscheiden hinweg ist individueller Wechsel der Abzugs-richtung nachgewiesen, vor allem aus Brutplät-zen im Zugscheidenbereich. Hier wie auch bei erheblichen breitenparallelen Wechseln von Zugrouten und Winterquartieren, z. B. bei langlebigen Wasservögeln, kann natürlich auch der Sozialkontakt bzw. die Paarung im Winter-quartier (Enten) eine Rolle spielen. Besonders auffällige Nachweise von individuellem Wech-sel der Zugwege sind z. B. (jeweils Nachweise in zwei verschiedenen Zugperioden): Spießente Japan − südliche USA; Tafelente Indien − Frankreich, Baikalgebiet − Japan.

Abb. 20.13. Schematische Darstellung des poten-tiellen Genflusses zwischen Populationen der Stock- und der Dunkelente in Kanada (nach ANKNEY u. a. 1986, verändert).

Symbole schwarz: Dunkelente; Sym-bole offen: Stockente; Symbole halb-offen: F₁-Hybriden. Ein Allel in ei-nem Erpel der Dunkelente aus Neu-fundland (NFLD) wird in die Popula-tion von Ontario (ONT) einge-schleust, wenn sich der Erpel im Win-terquartier mit einem Weibchen die-ser Population verpaart. Wenn sich deren Tochter mit einem Stockerpel aus Ontario verpaart, entstehen Hy-bride usw. Solche Mischpaare kom-men häufig vor, da sich Dunkel- und Stockenten genetisch sehr nahe ste-hen. Gene aus den nördlichen Popu-lationen der Stockente (z. B. Saska-tchewan, SASK) können im Winter-quartier auch in eine kalifornische Standvogelpopulation einfließen.

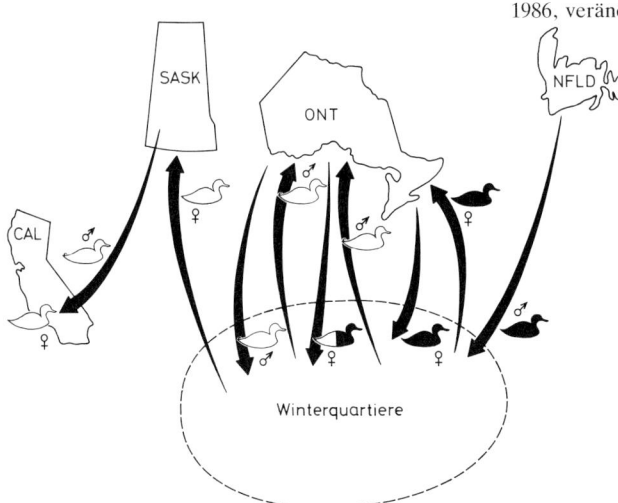

Abb. 20.14. Zugknick wegziehender
Singvögel in Westeuropa nach Ringfunden von Brutvögeln in der ersten
Wegzugsperiode nach der Beringung
(nach ZINK 1977).
A. Braunkehlchen, in Großbritannien
beringt; B. Grauschnäpper, in Belgien
und in den Niederlanden beringt.

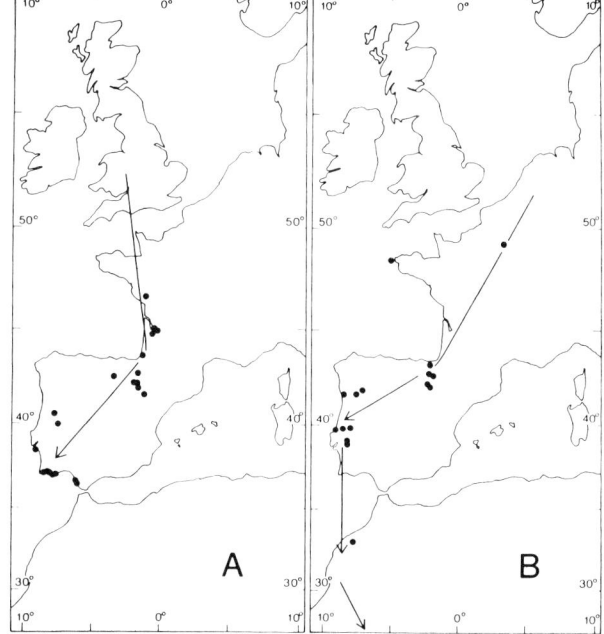

Unter **Umkehrzug**, der für fast alle holarkti-
schen Kurzstreckenzieher unter besonderen
Bedingungen nachgewiesen ist, faßt man Wanderbewegungen in Gegenrichtung zur jeweils
saisonalen Hauptzugrichtung zusammen. Er
kommt wohl auch bei Langstreckenziehern mit
besonderer nahrungsökologischer Anpassung
regelmäßig vor, wie z.B. bei Schwalben und
Seglern. Im Frühjahr der Nordhalbkugel können solche gegengerichteten Wanderbewegungen häufig durch Kaltlufteinbrüche, im Herbst
gelegentlich durch außergewöhnlich beständige
Warmluftmassen ausgelöst werden. Für Kurzstreckenzieher hat der Umkehrzug im zeitigen
Frühjahr mit Rückwanderung zu Gebieten unter günstigeren Witterungsbedingungen zweifellos Überlebenswert.

Zugprolongation liegt vor, wenn Zugvögel
über ihr bisheriges Brutareal hinauswandern,
z.B. als Folge außergewöhnlicher Witterungsbedingungen oder länger anhaltender Klimaschwankungen. Dies kann auch zur dauernden
oder vorübergehenden Ausweitung des Brutareals führen. Zugvögel können auch innerhalb des Wandergebietes »hängenbleiben«
oder gar im Winterquartier brüten (z.B.
Weißstorch und Schwarzstorch in Südafrika).
Neuansiedlungen außerhalb des bisherigen
Artareals ergeben sich auch gelegentlich
durch Windverdriftungen oder andere meteo-

rologische Einflüsse (z.B. Wacholderdrossel
auf Grönland).

20.3.2 Richtung und Entfernung

In der Vielfalt räumlicher Zugmuster von Vogelpopulationen kann man je nach Kontinent
und Vogeltyp Hauptüberwinterungs- und Wan-
derräume unterscheiden sowie oft auch eine
generelle Vorzugsrichtung, andererseits aber
auch besondere Anpassungen des Zugverhaltens.

Ungefähr 400 Arten (Meeresvögel nicht berücksichtigt) brüten ausschließlich in mittleren
und höheren Breiten der Nordhalbkugel und
besitzen Winterquartiere in den Tropen. Von
ihnen überwintern 118 Arten in Afrika, 147 in
Mittel- und Südamerika (Neotropis) und 142 im
Süden Asiens (Orientalis). Insgesamt enthalten
die relativ feuchten Tropen Südostasiens und
der Neuen Welt etwa 25 % mehr Nichtbrüter
als die trockenen Tropengebiete mit deutliche-
rem Jahreswechsel des indischen Subkontinents
und Afrikas.

Landvögel der Nordhalbkugel ziehen vor allem in N-S-Richtung. Singvögel höherer Breiten der Westpaläarktis haben ihr Winterquartier in den Tropen Afrikas bis etwa zum Äquator, wenige ziehen an den Südrand der Tropen.
Nördlich des Äquators überwintern mehr pa-

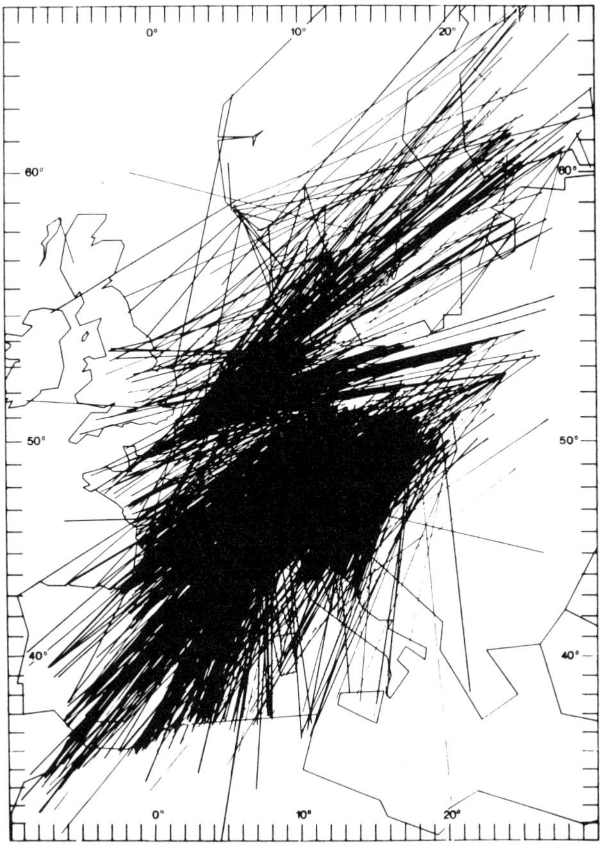

Abb. 20.15. 2182 Funde nestjung beringter Stare, die in der ersten Wegzugsperiode zurückgemeldet wurden. Beringungs- und Fundort sind schematisch durch eine Gerade verbunden, die dem wirklich eingeschlagenen Zugweg nicht entsprechen muß (aus FLIEGE 1984).

läarktische Zugvögel als südlich davon; ein besonders zahlreich aufgesuchtes Überwinterungsgebiet bildet die nördliche Savannenzone. Ausweichbewegungen mancher Arten oder Zwischenquartiere vor dem Anfliegen der südlichsten Winterrastplätze sind zu vermuten. Über Mengen und Habitatwahl paläarktischer Zugvögel in den Tropen Afrikas, die auf eine arten- und individuenreiche einheimische Vogelwelt treffen, ist noch wenig bekannt. Kurzstreckenzieher überwintern bereits im Mittelmeerraum oder mit starker Westkomponente der Zugrichtung im atlantischen Westeuropa. Die Anfangsrichtungen des Wegzuges mitteleuropäischer Singvogelarten streuen von SW bis SE, wobei SW-Richtungen am häufigsten vorkommen (Abb. 20.11). Dies bedeutet für Kurzstreckenzieher in Mittel- und Westeuropa, daß die geraden Verbindungslinien zwischen Brut- oder Geburtsort und Wiederfundort bzw. Winterquartier ungefähr senkrecht auf den Januar-Isothermen stehen (Abb. 20.15). Für Langstreckenzieher mit Winterquartieren südlich der Sahara ergeben sich zwei Probleme:

a) Auf dem Zug ins tropische Winterquartier muß mindestens im Bereich der Iberischen Halbinsel eine Änderung der Vorzugsrichtung SW nach S erfolgen, damit die Vögel nicht auf den Atlantik hinausgeraten.
b) Die für Zugvögel unwirtliche ökologische Barriere der Sahara muß überflogen werden.

Ringfunde und Orientierungsversuche beweisen, daß in Anpassung an die Verteilung von Land und Meer auf den Routen mancher Populationen mehrere Richtungsänderungen vollzogen werden (Abb. 20.14).

Die **Alpen** werden zwar überflogen, doch zeigen Radarbeobachtungen eindeutig, daß die Zugfrequenz über den Alpen geringer wird und z.B. im Schweizer Mittelland der Median der Nachtzugrichtungen parallel zum Alpenrand verläuft.

Die **Überquerung der Sahara** sollte nach bisherigen Vorstellungen in breiter Front im langen Nonstopflug stattfinden. Dafür sprechen auch Laborbefunde, denn die registrierte Zugunruhe erreicht bei vielen Arten dann ihr Maximum, wenn Überquerung der Sahara angenommen wird (vgl. Kap. 20.4.4). Die Erhöhung des Körpergewichtes bei Langstreckenziehern beruht auf der Bildung von Fettdepots, die als energetische Anpassung an das Überwinden großer Barrieren gedeutet werden. Freilandbeobachtungen lassen jedoch mindestens an eine Modifikation solcher Vorstellungen denken. Singvogelfänglinge in schattenspendenden Wüstengebieten hatten nämlich recht hohe Fettdepots, waren also keineswegs als Todeskandidaten zur Rast gelandet. Im Schatten können sie energiesparend den Tag verbringen, um dann nachts weiterzuwandern. Rastende Vögel in Oasen mit Nahrung und Wasser waren dagegen häufig leichter und hatten geringe Fettreserven; sie schoben meist eine längere Rast ein, um verbrauchte Fettreserven zu ergänzen. Sie waren im Unterschied zu den fetten Vögeln tagaktiv, um Nahrung zu suchen. Für die schweren Vögel mit Fettdepots scheinen nach Kalkulationen die Fettreserven für die Saharaquerung auszureichen, für ca. 60 % der leichteren Oasenfänglinge dagegen nicht. So hat also die Hypothese eines zumindest keineswegs seltenen Etappenzuges über die Sahara manches für sich. Solcher Etappenzug scheint an bestimmte mit schattenspendenden Rastplätzen (Oasen mit Vegetation, Felsspalten im Gebirge) versehene Zugwege gebunden. Nicht alle ausgesprochenen Breitfrontzieher dürften also nonstop die Wüste überqueren. Rastplatztreue an Oasen ist bekannt.

Mit vorwiegender Südwanderung kommen Landvögel aus Osteuropa und Westsibirien über Vorderasien in die Osthälfte Afrikas. Brutvögel des östlichen Sibiriens überwintern hauptsächlich in Südostasien und Australasien. In der Nearktis führt der Strom der Kleinvögel im Herbst nach Mittel- und Südamerika; viele Arten ziehen aber nur bis in die Südstaaten der USA.

Wasservögel ziehen in Nordamerika im wesentlichen ebenfalls in N-S-Richtung. Die Hauptwinterquartiere für Entenvögel liegen vor allem im mittleren Tal von Kalifornien, im unteren Mississippibecken, an der Golfküste der USA und Mexikos und entlang der Pazifikküste von Alaska bis Niederkalifornien sowie an der Atlantikküste von Maine bis Florida. Einige Populationen ziehen auch noch weiter südlich. Man unterscheidet vier große, mehr oder minder breitenparallele Zugkorridore (Flyways), Pacific-Flyway an der Pazifikküste westlich der Rocky Mountains, Central-Flyway östlich der Rocky Mountains zu den Küsten von Texas und Louisiana, Mississippi-Flyway im Mississippibecken und Atlantic-Flyway im Osten. Diese Korridore sind natürlich nicht voneinander isoliert, sondern durch zahlreiche »Seitenwege« miteinander verbunden. Einzelne werden von Millionen Wasservögeln beflogen (Tab. 20.6).

In der Westpaläarktis ist für Wasservögel oft die E-W-Strecke größer als die zurückgelegte N-S-Entfernung. Hier liegen die Hauptwinterquartiere im Ostatlantik mit Nordsee und den westeuropäischen Küstengebieten, im Mittelmeergebiet und in Nordwestafrika. Analog

Tab. 20.6. Winterpopulation einiger Entenvögel in den USA (Zahlen in Tausendern) und ihr Anteil an den 4 großen Zugkorridoren (Flyways; Zahlen nach JOHNSGARD 1975).

	Total USA	Flyways (%)			
		Pazifik	Zentral	Mississippi	Atlantik
Pfeifschwan	108	43			55
Schneegans	1198	41	25	29	5
Kanadagans	1652	18	15	30	38
Ringelgans	353	45			55
Schnatterente	1080	4	7	87	2
Krickente	1362	23	11	60	5
Stockente	6898	25	29	44	3
Spießente	3360	54	13	29	4
Löffelente	586	45	5	46	4
Schellente	164	29	5	17	49
Säger	193	13	37	23	27

Tab. 20.7. Winterzahlen (in Tausendern) einiger Schwimmvögel in Europa und Westafrika (nach RÜGER u. a. 1987, ROUX & JARRY 1984). +: wenige.

	NW-Europa	Schwarzes Meer Mittelmeer	tropisches Westafrika
Pfeifente	748	531	
Krickente	282	561	+
Spießente	66	226	440
Löffelente	33	282	9
Knäkente			900
Stockente	2262	1595	
Reiherente	667	534	
Tafelente	286	946	+
Schellente	167	40	
Brandgans	231	34	
Bläßhuhn	1125	2097	

dem Flyway-System Amerikas hat man versucht, auch hier große Zugkorridore zu unterscheiden. Aber zumindest bei Enten scheinen sich die Zugwege einzelner Populationen doch stark zu überschneiden und zu vermischen, bei Gänsen, Schwänen und Watvögeln sind sicher z. T. aus ökologischen Gründen stärkere Trennungen der Zugrouten und Winterquartiere von Populationen zu erkennen. Herkömmlicherweise unterscheidet man im groben als Wintergebiet und Zugräume Nordwesteuropa, Schwarzmeer-Mittelmeergebiet, Kaspigebiet und Persischer Golf sowie tropisches Westafrika (Tab. 20.7, 20.8).

Seevögel ziehen zwar vom Relief und der Verteilung von Land und Wasser meist unbeeinflußt; ihre Wanderungen, die oft komplexe Muster zeigen, werden jedoch von vorherrschenden Windrichtungen und Meeresströmungen, die das saisonale Nahrungsangebot bestimmen können, oft entscheidend beeinflußt. Im Atlantik kann man grob von einer N-S-Achse der Wanderungen sprechen, wobei allerdings E-W-Querungen regelmäßig vorkommen. So überfliegen Küstenseeschwalben von der kanadischen Arktis und Grönland in der Zone beständiger Westwinde zwischen 55° und 45° N den Atlantik, treffen zwischen Irland und Frankreich auf die Küstengewässer Europas und damit auf den Zugweg der vom Norden der Paläarktis nach Süden ziehenden Artgenossen. Sie folgen der Westküste Europas und Afrikas bis zum Kap. Dann queren sie das 2000–4000 km breite Südmeer, werden dabei zwischen 20° und 60° S von der Westwinddrift nach E verfrachtet bis zur Packeisgrenze. Die Rückkehr zu den Brutplätzen findet einmal nach NE über

den Benguela-Strom an der Südwestküste Afrikas statt, zum anderen wohl erst nach Umrundung des antarktischen Kontinents, allerdings in solchen Fällen dann sicher nicht in der folgenden Brutsaison (Vögel im 1. und 2. Lebensjahr suchen noch keine Brutplätze auf). Von der Ostküste des Atlantik (Britische Inseln) erreichen z. B. Schwarzschnabelsturmtaucher die Ostküste Südamerikas. Brutvögel des Südatlantik wandern nach N, so Kappensturmtaucher, Brutvögel der Tristan-da-Cunha-Gruppe bis Neufundland, um dort zu mausern. Im Pazifik sind ähnliche weitreichende Wanderungen bekannt. Der Kurzschwanzsturmtaucher wandert von seinen Brutplätzen in Südaustralien bis in den Nordpazifik, wobei seine Wanderroute zunächst nach N und NW über die Japanischen Inseln, dann in einer großen Schleife entlang der Westküste Nordamerikas schließlich über den Pazifik zurückführt (doppelter Schleifenzug; Abb. 20.12).

Sehr lange und z. T. komplizierte Wanderwege führen **hocharktische Watvögel** in ihre Winterquartiere. In der Neuen Welt ziehen sie z. B. entweder ein großes Stück über Land, um dann entlang der Ostküste nach Südamerika zu gelangen, oder entlang der Westküste. Dabei werden auch längere Strecken über das offene Meer in Kauf genommen. Die an der Bering-Meer-Küste Alaskas brütenden Amerikanischen Goldregenpfeifer ziehen rund 4000 km über das offene Meer zur Überwinterung nach Hawaii und sogar bis zu den Marquesas. Der Weg weiter östlich in der kanadischen Arktis brütenden Artgenossen führt dagegen entlang der Ostküste Nordamerikas und dabei z. T. über größere Meeresteile ins südliche Südamerika. Der Heimzug findet weiter westlich über die Karibik und über das amerikanische Festland statt. Im Westteil der Paläarktis ist ähnlich wie bei wandernden Schwimmvögeln eine ausgeprägte Westkomponente zu erkennen, so daß sibirische Watvögel an den Küsten Westeuropas auftreten. Einige davon wandern weiter südlich nach Nordwestafrika (Tab. 20.8). Viele Limikolen überqueren auch die Landmassen Eurasiens und gelangen über das Kaspigebiet nach Südafrika oder im Osten mit S- und SE-Komponente im Pazifikraum nach Australasien.

Auch innerhalb der **Tropen** sind Zugbewegungen über große Entfernungen bekannt, doch lassen sich über die Richtungen kaum verallgemeinernde Aussagen treffen. Vielfach sind die Wanderungen mit dem Wechsel von Trocken- und Regenzeiten verknüpft, die wiederum von Luftmassen unterschiedlicher Bewegungsrichtungen in einzelnen Teilen der Tropen abhängen. In Trockengebieten finden sich häufig nomadische Wanderungen; in Australien sind z. B. 29 % der analysierten Wanderbewegung diesem Typ zuzuordnen (gegenüber nur 8 % regelmäßigen N-S-Wanderungen).

Die **längsten Zugwege** von Langstreckenziehern können weit über 10000 km einfache Wegstrecke betragen (Tab. 20.9).

20.3.3 Saisonale Zugmuster

Für Arten mit jährlicher Brut und der Notwendigkeit regelmäßiger Wanderungen ist eine optimale Einpassung der Zugzeit in den Jahreslauf von entscheidendem Überlebenswert. Im allgemeinen wird der zeitliche Ablauf des Zuges von Jahr zu Jahr um so starrer festliegen, je weniger Zeit für die Bewältigung der Zugstrecke zur Verfügung steht. Länge der Brut- und Aufzuchtzeit, Nahrungsangebot am Brutplatz, Verhältnisse in den auf dem Zug zu durchquerenden Klimazonen und Notwendigkeit der postnuptialen Mauser führen zu nicht unerheblichen Unterschieden des Zeitmusters sowohl zwischen Arten, die in einem Gebiet nebeneinander brüten, als auch zwischen Populationen einer Art in einem größeren geographischen Raum. Eine knappe allgemein gültige Darstellung ist daher kaum möglich.

Brutvögel niederer Breiten haben häufiger weniger lange Strecken zwischen Brutgebiet und Winterquartier zurückzulegen, der Anteil an Kurzstreckenziehern im Artenspektrum ist höher. Sie sind daher oft schon oder noch längere Zeit in ihrem Brutgebiet, wenn Brutvögel höherer Breiten zu oder von ihren Brutplätzen wandern. Häufig sind die Zugperioden von Arten oder Populationen niederer Breiten stärker in die Länge gezogen. Nicht selten ist bei ihnen auch eine deutliche Asymmetrie im Jahresgang festzustellen: Die Summenkurve der Ankunft von Individuen einer Population im Frühjahr ist steiler als jene des Abzuges im Spätsommer/ Herbst; die Durchzugzeiten an einem Rastplatz sind während des Heimzuges kürzer als während des Wegzuges. **Arktische Landvögel** (zu denen während der Brutzeit auch zahlreiche Watvogelarten zählen), die auf die Entwicklung eines reichen Insektenlebens angewiesen sind, erscheinen erst ab Ende Mai oder im Juni an ihren Brutplätzen, die sie meist schon sehr früh

Tab. 20.8. Winterquartiere einiger Watvögel in Europa und Nordwest-Afrika (Zahlen in Tausendern). Atlantisches Europa: Britische Inseln und Irland (Anteil in %), Deutsche Nordseeküste, Niederlande, Frankreich, Spanien, Portugal (Zahlen z. T. nach CRAMP & SIMMONS 1983, VAN DIJK 1986 u. a.).

	Atlant. Europa	Marokko	Mauretanien	Mittelmeer
Knutt	430	5	360	0,4
Sanderling	10	3	bis 34	5
Zwergstrandläufer	0,6	1,5	43	100
Sichelstrandläufer			173	12
Alpenstrandläufer	1300	50	800	300
Pfuhlschnepfe	100	5	538	4,5
Uferschnepfe	44	30		20
Rotschenkel	143	10	30–100	60
Austernfischer	700	1,5	3–9	6
Säbelschnäbler	20	4		35
Sandregenpfeifer	30	10	13	4

Tab. 20.9. Beispiele für extreme Entfernungen zwischen Beringungs- und Wiederfundort. Nicht aufgeführt sind Funde einer dänischen Küstenseeschwalbe im Packeis der Antarktis und zweier europäischer Flußseeschwalben in Australien mit mutmaßlichen Wanderwegen in der Größenordnung von 25 000 km und mehr (verschiedene Quellen).

	Beringungsgebiet	Fundgebiet	Entfernung (km)
Küstenseeschwalbe	Grönland	Südafrika	17 600
Flußseeschwalbe	Finnland	Südafrika	10 590
Rußseeschwalbe	Dry Tortuga	Kamerun	11 300
Terekwasserläufer	Südafrika	Komi ASSR	12 700
Flußuferläufer	Simbabwe	Ural	10 000
Steinwälzer	Pribylow-Inseln	Neuseeland	10 700
Sanderling	Südafrika	Jenissej-Mündung	12 715
Kampfläufer	Kenia	Jakutien	10 200
Mauersegler	England	Simbabwe	10 370
Mauersegler	England	Mosambik	10 720
Rauchschwalbe	Skandinavien	Südafrika	> 12 000
Rauchschwalbe	Altai	Mosambik	> 12 000
Mehlschwalbe	Finnland	Simbabwe	9 890
Mehlschwalbe	Kurische Nehrung	Kapstadt	> 10 000

(bei Nestflüchtern oft bevor die Jungen voll flügge sind) wieder verlassen. An Rastplätzen auf den letzten Heimzugs- bzw. ersten Wegzugsetappen können daher bei arktischen Brutvögeln oft nur wenige Wochen zwischen Heimzugsende und Wegzugsbeginn liegen; bei Arten mit Populationen aus einem größeren Einzugsgebiet gehen die beiden Zugperioden sogar mitunter fast nahtlos ineinander über (z. B. manche Watvögel im Wattenmeer der Nordsee).

Allgemein läßt sich vor allem für die zeitliche Einpassung des Wegzuges eine **Modellvorstellung** entwickeln. Vögel mit einem eng begrenzten Bruthabitat, jedoch mit vergleichsweise großem Habitat außerhalb des Brutplatzes sollten sobald wie möglich nach Beendigung des Brutgeschäftes abziehen und die außerbrutzeitlichen Habitate aufsuchen, dabei wenn möglich vor allem die Großgefiedermauser auf die Zeit nach dem Abzug verlegen und vor den Jungvögeln aufbrechen. Ein sehr großes Brutgebiet mit lang anhaltendem Nahrungsangebot läßt dagegen auch noch die postnuptiale Mauser zu und führt zu spätem Abzug, wobei die Altvögel gleichzeitig mit den Jungen abziehen, bei Verzögerung durch Großgefiedermauser sogar erst nach den Jungen. Zu der ersten Gruppe zählen z. B. viele koloniebrütende Seevögel, ausgeprägte Nahrungstaucher, Watvögel der Küste, mittelgroße und große Vögel offener terrestrischer Habitate, die häufig auch späte Geschlechtsreife, kleine Gelege und geringe Reproduktionsrate bei hoher individueller Le-

bensdauer aufweisen. Ihnen gegenüber stehen als Typen mit relativ großflächigen Brutgebieten Gründelenten, wiesenbrütende Watvögel, kleine Landvögel und mittelgroße bis große Waldvögel, die zugleich auch auf hohe Reproduktionsrate setzen.

Im allgemeinen ist die **Streuung der Zugzeiten** innerhalb einer Population oder zwischen Populationen einer Art von Jahr zu Jahr, aber auch innerhalb einer Saison auf dem Heimzug geringer als auf dem Wegzug, letzterer ist also meist weniger stark synchronisiert. Dies ist z. T. darauf zurückzuführen, daß nach der Brutzeit mehr Individuen und hierbei neben mind. einjährigen auch diesjährige unterwegs sind, z. T. aber auch auf die für Zug, Brut, Mauser im Jahreszeitengang zur Verfügung stehenden Zeitspannen. Abhängigkeit der mittleren Zugzeit vom Wetter (z. B. frühes oder spätes Winterende) ist nachgewiesen und bei früh erscheinenden Kurzstreckenziehern größer als bei Langstreckenziehern.

Innerhalb einer Art lassen regionale Durchzugsmuster oft mehrere **Zugwellen** erkennen. Dies kann auf unterschiedliche Zugzeiten von Populationen verschiedener Gebiete beruhen, wobei in der Westpaläarktis in der Regel Brutvögel nördlicher/östlicher Gebiete auf dem Heimzug später und auf dem Wegzug früher als Individuen südlicher/westlicher Brutgebiete ziehen. Die Beteiligung unterschiedlicher Populationen an einem komplexen Durchzugsmuster läßt sich häufig durch unterschiedliche Flügelmaße (z. B. bei manchen Watvögeln) nach-weisen. Sind Angehörige phänotypisch unter-schiedlicher Populationen (z. B. Subspezies) am Durchzug beteiligt, ist dies auch durch Be-obachtung zu erkennen. Am Bodensee sind z. B. für die Schafstelze folgende Heimzugsme-diane ermittelt worden: Südeuropäische Sub-spezies *cinereocapilla* 21. 4., mitteleuropäische *flava* 27. 4., nordeuropäische *thunbergi* 10. 5.

Innerhalb einer Population sind **unterschied-liche Zugzeiten für einzelne Individuengruppen** Ursache komplizierter Zeitmuster. Auf dem in der Regel besser synchronisierten Heimzug kommen vor allem bei territorialen Arten häu-fig die Männchen etwas früher an als die Weib-chen. Es gibt aber auch bemerkenswerte Aus-nahmen, vor allem bei Arten mit überwiegen-der Beteiligung des Männchens am Brutge-schäft (Wassertreter, Drosseluferläufer). Für gewöhnlich ziehen Altvögel vor den Jungvö-geln; bei Arten, bei denen die Geschlechtsreife nach Vollendung des ersten Lebensjahres ein-tritt, bleiben die meisten oder viele Jungvögel im Winterquartier (z. B. Schmutzgeier, Fisch-adler, manche Watvögel, Seeschwalben und Möwen) oder auf Zwischengebieten (vor allem noch nicht geschlechtsreife Individuen älter als ein Lebensjahr). Auf dem Wegzug verlassen Männchen oft eher als Weibchen die Brutplät-ze. Bei Enten führen die Männchen oft einen eigenen Mauserzug aus, während die Weibchen noch bei den heranwachsenden Jungen bleiben. Bei manchen arktischen Watvögeln ziehen da-gegen die Weibchen eher ab; auch bei einigen Singvögeln ist dies nachgewiesen. Vor allem bei Nestflüchtern ziehen die Jungen oft erst nach den Altvögeln ab; die Unterschiede können mehrere Wochen betragen. Je nach Mauserver-hältnissen können aber auch Jungvögel den Wegzug eröffnen. Getrennter Alt- und Jungvo-gelzug drückt sich nicht selten in einer bimoda-len Durchzugskurve im Spätsommer und Herbst an Kontrollplätzen aus. Unterschiede im Zugtermin zwischen Individuen einer Art können schließlich auch durch Unterschiede im Legebeginn, zwischen Jungen der 1. und der 2. Brut oder zwischen erfolglosen bzw. erfolgrei-chen Brutvögeln zustande kommen.

Unabhängig von solchen z. T. erheblichen Differenzen vor allem im Wegzug zwischen Po-pulationen einer Art und auch innerhalb einer regionalen Population tendieren Langstrecken-zieher an Kontrollplätzen zu früheren Zugmaxi-ma oder Medianen innerhalb der arttypischen

Wegzugsperiode und damit zu mehr rechts-schiefen, Kurzstreckenzieher zu späteren Wer-ten und damit linksschiefen Verteilungsmustern über die Individuen. Kurzstreckenzieher halten also oft noch ziemlich lang im Brutgebiet aus, bis sie dann durch die Ungunst der Witterung zum Abzug gezwungen werden. Auf breiten-verschiedenen Stationen innerhalb des Weg-zugsgebietes treten allerdings mitunter nicht unerhebliche Unterschiede im Verteilungsmu-ster der Durchzügler innerhalb einer Art auf.

Höchstleistungen auf dem Zug können Hun-derte von Kilometern pro 24 Stunden betragen (Tab. 20.10). Doch sie sagen ebensowenig wie nach Ringfunden für längere Zeiträume errech-nete mittlere **Streckenleistungen** über **die Ge-samtdauer des Zuges** aus. Viele Brutvögel der Nordhalbkugel sind während des Wegzuges 2 bis 4 Monate zwischen Brutgebiet und Winter-quartier unterwegs und damit deutlich länger als auf dem Heimzug. Längere Rastzeiten zwi-schen größeren oder schwierigen Etappen zum Aufbau des Reservefettes, aber vor allem auch, wenn Mauser des Großgefieders zu absolvieren ist, verzögern den Wegzug. In Oasen der Saha-ra können abgemagerte Singvögel z. B. bis zu 3 Wochen rasten. Wochenlange Verweildauern sind auch bei vielen Watvögeln an mittel- oder südeuropäischen Rastplätzen nachgewiesen, oft verbunden mit einer teilweisen Mauser des Ge-fieders. Rauchschwalben brauchen von der Sa-helzone bis Südafrika im Mittel etwa 2 Monate. Der Heimzug von Südafrika bis Südeuropa nimmt häufig wohl weniger als einen Monat in Anspruch. Die mittleren Erstankunftsdaten zwischen Rhonemündung und Oberrheingra-ben bewegen sich zwischen 7. und 27. März, zwischen Luxemburg und Schleswig-Holstein zwischen 2. und 9. April, zwischen dem Süden und dem äußersten Norden Norwegens zwi-schen 28. April und 21. Mai. Einzelne Etappen werden also, z. T. wohl in Anpassung an Witte-rungsverlauf und Klimazonen, in unterschiedli-chem Tempo zurückgelegt (s. Abb. 20.17). Für einzelne Rauchschwalben ist allerdings die Be-wältigung der Strecke von Südafrika bis Mittel- bzw. Nordeuropa in einem Zeitraum von etwa 25 bis 35 Tagen nachgewiesen.

20.3.4 Ablauf des Zuges

Tageszeit. Zug kann zu jeder Stunde zwischen 0 und 24 Uhr stattfinden. Insgesamt scheinen je-doch auf der Nordhalbkugel mehr Vögel bei

Nacht als bei Tag unterwegs zu sein. 30 bis 60 min nach Sonnenuntergang setzt zumindest auf dem Wegzug der Start ein; die Zugintensität erreicht meist in den Stunden vor Mitternacht ihr Maximum und sinkt stetig gegen die Morgendämmerung ab. Typische **Nachtzieher** sind vor allem überwiegend insektenfressende Singvögel mit Brutgebieten in mittleren und höheren Breiten. Diese Langstreckenzieher nehmen Nahrung untertags auf. Für manche Arten ist bei der Querung von unwirtlichen Gebieten auch längerer Nonstopflug anzunehmen (vgl. jedoch Kap. 20.3.2). Die meisten Kurzstreckenzieher unter den Singvögeln ziehen dagegen bei Tag (Tagzieher). Sie starten oft kurz vor oder nach Sonnenaufgang und ziehen meist nur einige Stunden in der ersten Tageshälfte, um dann Nahrung zu suchen. So erreicht der Tagzug der Kleinvögel meist in den hohen Vormittagsstunden seinen Höhepunkt und klingt am frühen Nachmittag ab. Einige solcher zumindest außerhalb der Brutzeit meist samen- und früchtefressender Vögel ziehen auch nachts (z. B. Bergfink); manche überwiegenden Tagzieher scheinen vor allem auf dem Heimzug häufiger auch nachts zu wandern (z. B. Bachstelze). Luftjäger, wie Schwalben, ziehen den **ganzen Tag**, da sie dabei auch Nahrung erjagen können.

Wasser- und Watvögel ziehen meist sowohl bei Tag als auch bei Nacht; Küstenvögel zeigen oft gewisse Abhängigkeit vom Gezeitenwechsel, da nur bei Ebbe Nahrungsgründe freiliegen. Segelflieger ziehen vor allem vom späten Vormittag bis über Mittag, wenn die Thermikhäufigkeit am größten ist (vgl. Abb. 20.5).

Für den Nachtzug sind verschiedene Vorteile anzunehmen, z. B. geringere Anfälligkeit gegenüber tagaktiven Flugjägern; günstigere Temperaturverhältnisse für den Wasserhaushalt; zusätzliche astronomische Orientierungshilfen durch den langsam rotierenden Sternenhimmel; Möglichkeiten, die Tagesstunden für Nahrung zu nutzen (besonders für Insektenfresser).

Zughöhe. Mit zunehmender Höhe sinkt die Luftdichte und der Vogel kann bei geringerem Widerstand mit größerer Geschwindigkeit fliegen. Außerdem sind die mit der Höhe abnehmenden Temperaturen günstig für den Wasserhaushalt, da bei hohen Außentemperaturen der Wasserverlust auf langen Flugstrecken Probleme mit sich bringt. Größere Höhen mit niedrigen Temperaturen fördern die Wärmeabgabe

durch Konvektion an der Oberfläche der Flugmuskeln und des Unterflügels. Andererseits aber setzen abnehmender Sauerstoffdruck und steigender Energieverbrauch durch Wärmeausgleich mit zunehmender Höhe der Fluggeschwindigkeit Grenzen. Anpassungen der Zughöhe an Temperaturgradienten in der Atmosphäre, Windverhältnisse und Topographie des Untergrundes sind daher in vielfältiger Weise zu erwarten. Im allgemeinen fliegen Vögel nachts höher als bei Tag. Auch ohne die Möglichkeit einer optischen Kontrolle kann die Flughöhe erstaunlich genau eingehalten werden.

Extreme, mit Hilfe von Radar festgestellte **Flughöhen,** liegen bei fast 7000 m über Grund. Doch spielt sich die Masse des Vogelzugs in viel geringerer Höhe ab. So ziehen z. B. Singvögel nachts meist unter 2000 m, viele sogar unter 1000 m über Grund. Wahrscheinlich fliegen sogar nennenswerte Anteile nur bis 200 m über

Tab. 20.10. Streckenleistungen von Zugvögeln (meist Wegzug) nach Ringfunden errechnet. »Mittelwerte«: Zwischen Beringung und Wiederfund liegen mindestens 10 Tage (oft mehrere Individuen); Höchstwerte: Zwischen Beringung und Wiederfund liegen nur 1–3 Tage (Einzelfälle); +: Ergebnisse von Verfrachtungen (nach verschiedenen Quellen).

| | km · 24 h^{-1} | |
	»Mittelwerte«	Höchstwerte
Schwarzschnabel-sturmtaucher		650
Baßtölpel		360
Stockente		445
Sandregenpfeifer	60–220	
Flußregenpfeifer	150	
Kiebitz	>100	170
Steinwälzer		1044
Knutt		650
Zwergstrandläufer		650
Sichelstrandläufer		800
Sanderling	100–250	
Kampfläufer	170–190	325
Bruchwasserläufer		1075
Flußuferläufer	150–200	740
Silbermöwe		340$^+$
Küstenseeschwalbe	120	
Mauersegler		ca. 400
Alpensegler		557$^+$
Mehlschwalbe	150	400–500$^+$
Rauchschwalbe	bis 200	380
Uferschwalbe	50–150	310
Schafstelze	110–120	375

Grund, sofern es die Topographie erlaubt. Tagzug spielt sich großenteils in Höhen bis 300 m ab, doch sind z. B. an der Nordküste des Golfes von Mexiko auf dem Heimzug nach Überquerung des Meeres etwa 75 % der Durchzügler zwischen 1000 und 3000 m beobachtet worden. Langstreckenzieher über dem westlichen Atlantik steigen offenbar mit zunehmender Küstenentfernung höher, um dann bei Annäherung an die südamerikanische Küste wieder abzusinken. Vor allem über offenem Wasser scheint ganz allgemein die Zughöhe anzusteigen. Einzelne Vogelgruppen reagieren an ein und derselben Stelle der Erdoberfläche mit unterschiedlicher Zughöhe auf Rücken- bzw. Gegenwind. Im Zusammenhang mit energetischen Überlegungen sollte bei gleicher Zuggeschwindigkeit die Zughöhe im Laufe der Nacht absinken, was tatsächlich auch beobachtet wurde. Viele Hypothesen und Einzelheiten sind jedoch noch ungeklärt.

Geschwindigkeit. Daten über Streckenleistungen (Tab. 20.10) sagen aus verschiedenen Gründen noch nicht viel über die tatsächliche Fluggeschwindigkeit. Aus flugökonomischer Sicht kann der Vogel zwischen zwei Geschwindigkeiten wählen, nämlich zwischen V_{mp} mit geringstem Energieaufwand pro Zeit oder V_{mr} mit dem geringsten Energieaufwand pro Entfernung, also maximaler Reichweite. Muß eine möglichst lange Zeit in der Luft bei minimalem Energieaufwand verbracht werden, sollte der Vogel V_{mp} wählen. Auf dem Zug sollte der Vogel dagegen mit einer Geschwindigkeit nahe V_{mr} fliegen. In der Tat konnte beim Mauersegler ein Geschwindigkeitsmittel für den Reiseflug von 40 km/h ermittelt werden, auf den Nächtigungsflügen jedoch nur 23 km/h, was den errechneten Werten $V_{mr} = 36$ km/h bzw. $V_{mp} = 18$ km/h nahe kommt. Die bisher gemessenen Werte von V_{mr} sind relativ niedrig im Vergleich zu Höchstgeschwindigkeiten (Tab. 20.11), wenn der Vogel zumindest für kurze Strecken so schnell fliegt wie er kann (z. B. bei Verfolgung einer schnellen Beute oder Versuch, einem Beutefeind zu entrinnen). Wenn der Vogel z. B. in einer Zugnacht tatsächlich V_{mr} stets einhält, müßte mit fortschreitender Flugzeit als Folge der Abnahme der Körpermasse durch Verbrauch von Fett die Eigengeschwindigkeit allmählich abnehmen. Doch scheint diese Komponente zu klein, um in natürlicher Umgebung erkennbar zu werden.

Zur Eigengeschwindigkeit des Vogels ist aber

Tab. 20.11. Wandergeschwindigkeit einiger Vögel bei Windstille oder schwacher Luftbewegung im Vergleich zur Körpermasse (u. a. nach CAMPBELL & LACK 1985).

	Masse (kg)	Geschwindigkeit (km/h)
Sterntaucher	0,96	61
Graureiher	1,32	43
Zwergschwan	6,2	72
Stockente	1,01	65
Eiderente	2,18	76
Sperber	0,19	43
Turmfalke	0,2	32
Kranich	4,8	68
Alpenstrandläufer	0,05	47
Ringeltaube	0,46	61
Mauersegler	0,04	40
Rauchschwalbe	0,02	32
Buchfink	0,02	36–50
Star	0,08	32–36
Aaskrähe	0,46	50

noch die horizontale Komponente der Windgeschwindigkeit und -richtung zu addieren. Bei Rückenwind übernehmen ziehende Vögel einen Teil des **Windbeitrages** und so fordert konstante Zuggeschwindigkeit also bei Rückenwind geringere Eigengeschwindigkeit als bei Gegenwind. Nach Radarbeobachtungen in den Schweizer Alpen reduzieren bei Rückenwind kleine Singvögel ihre Eigengeschwindigkeit um etwa 30 %, größere Wat- und Wasservögel etwa um die Hälfte. Gegenwinde werden von beiden Gruppen größtenteils durch Erhöhung der Eigengeschwindigkeit kompensiert. Mit zunehmender Höhe sollte sich durch abnehmenden Luftwiderstand die Geschwindigkeit erhöhen, was auch tatsächlich beobachtet wurde. Doch sind dabei auch unterschiedliche Windgeschwindigkeit und Richtung in Rechnung zu setzen (s. u.); ferner wählen in gemischten Zugvögelströmen raschere und bessere Flieger möglicherweise größere Höhen. Umgekehrt ließ sich in Einzelfällen eine Zunahme der Eigengeschwindigkeit im Sinkflug nachweisen.

Wetter. Windrichtung und Geschwindigkeit sind unter allen Wetterfaktoren besonders gut mit der Menge ziehender Vögel pro Zeiteinheit auf Heim- und Wegzug korreliert, wenn auch Windgeschwindigkeit allein z. B. den Zug von Kleinvögeln wenig zu beeinflussen scheint. Andere Faktoren, wie Bewölkungsgrad und -art, relative Luftfeuchtigkeit, Temperatur, Niederschläge oder Luftdruck, sind vorhersagbar miteinander bzw. mit dem Wind korreliert. Sie erklären nur einen kleineren Teil der Varianz in der täglichen Menge aktiv ziehender Vögel innerhalb einer Zugperiode.

Auf der Nordhalbkugel mit vorherrschenden westlichen Windrichtungen bedeuten ein Hochdruckkern im Osten und ein Tiefdruckzentrum im Westen im Frühjahr südliche **Winde** und Temperaturanstieg, da die Luft im Uhrzeigersinn aus dem Hoch heraus und im Gegenuhrzeigersinn in das Tief einfließt. So beginnt erwartungsgemäß z.B. Kleinvogelzug im Frühjahr dann, wenn nach dem Durchzug eines Hochs nach Osten warme Rückenwinde vorherrschen. Im Herbst sind dagegen Rückenwinde aus nördlicher Richtung kalt; sie herrschen vor bei einem Hoch im Westen und einem Tief im Osten. Heimzug bei warmen Süd- und Wegzug bei kalten Nordwinden in Verbindung mit den jeweiligen Frontensystemen wird tatsächlich häufig beobachtet. Doch gibt es viele Abweichungen, z.B. durch die Länge der Zugetappen und Vorzugsrichtung einzelner Arten/Populationen bedingt. Ausnahmen sind ferner tagziehende Segler und Schwalben, die häufig niedrig über Grund bei Gegenwind ziehen und so vermeiden, durch heftige Rückenwinde zu Boden gedrückt zu werden und natürlich thermikabhängige Segel- und Gleitflieger. Windrichtung und Luftdruckverteilung wirken auch zusammen mit der Topographie, so daß vor allem für Gebirgszüge besondere Verhältnisse gelten.

Rückenwind bedeutet Energieersparnis, Gegen- und Seitenwinde reduzieren die Geschwindigkeit über Grund. Gegenwind − häufig in Verbindung mit Kälteeinbruch im Frühjahr und rasch steigenden Temperaturen im Herbst − kann auch Umkehrzug bewirken. Bei Seitenwind ist vor allem bei Kleinvögeln Kompensation der Verdriftung durch Kurskorrektur zu beobachten; Wat- und Wasservögel neigen dagegen stärker dazu, auch dann mit dem Wind zu ziehen. Verdriftungen mit Seitenwinden über viele Kilometer auch über den Atlantik kommen immer wieder vor. So sind an den Westküsten Europas regelmäßig vor allem im Herbst einzelne verdriftete Vögel aus Nordamerika anzutreffen. Optimale Ausnutzung des Windes führt auch zu Verschiebungen der Höhenpräferenzen, wenn z.B. Verdriftung durch Seitenwinde in der Höhe anschließend durch Kompensation in geringeren Höhen bei schwachen Winden ausgeglichen wird.

Bewölkung wirkt sich unterschiedlich aus. Radarbeobachtungen ergaben einerseits für Kleinvögel, die mitten durch Wolken flogen, klare Beibehaltung der eingeschlagenen Zugrichtung, lassen aber andererseits auch desorientiertes Flugverhalten erkennen. Bei starker Sichtbehinderung kommt es auch nicht selten zu Anflügen an Hindernissen, wie Leuchttürme, Hochbauten usw. Heftige Niederschläge können ziehende Vögel behindern (Durchnässung des Gefieders, zusätzliches Gewicht); gleichwohl sind Abflüge bei Regen, Schnee oder sogar Hagel beobachtet worden.

Zugweise. Vor allem Nachtzügler wandern oft in großen Massen in **breiter Front**. In Zugnächten über Nordamerika schätzte man nach Radardaten im Mittel 40 Vögel km^{-2} mit Spitzenwerten von 2000–3000 Vögeln km^{-2} gleichzeitig in der Luft. Doch auch Nachtzieher ignorieren die topographischen Verhältnisse der überflogenen Gebiete nicht; damit zusammenhängende Änderungen der Flugrichtungen sind nach neueren Ergebnissen nicht allzu selten. Bei Tagziehern spielen topographische Leitlinien eine noch größere Rolle. Oft bilden vor allem kleine und mittelgroße Tagzieher dichte Schwärme. Nachts scheint **Schwarmbildung** seltener zu sein, doch halten die meisten Individuen durch artspezifische Zugrufe Kontakt, der möglicherweise auch bei der Einhaltung einer konstanten Zugrichtung hilft. Abhängigkeit von günstigen Wetterverhältnissen führt dazu, daß vor allem an den Höhepunkten des Zuges in der Regel verschiedene Arten gleichzeitig unterwegs sind.

Normalerweise werden **Wanderungen** über größere Strecken fliegend ausgeführt. **Schwimmend** und **tauchend** sind z.B. Eselspinguine schon über 1000 km von ihren Brutplätzen auf dem offenen Meer angetroffen worden. Bis zu 150 km zu Fuß oder auf dem **Bauch schlitternd** legen z.B. Kaiserpinguine auf dem Eis zu ihren Brutplätzen zurück. Während der Schwingenmauser ziehen die Altvögel vieler Alken mit ihren noch nicht flugfähigen Jungen oft unter Ausnützung von Meeresströmungen schwimmend, z.B. Dickschnabellummen den größten Teil der Strecke vom arktischen Kanada, aus Nordgrönland und Spitzbergen nach Neufundland zurück. Mehr als 1000 km Schwimmstrecke sind nachgewiesen. Wahrscheinlich legen auch See- und Lappentaucher sowie Enten manchmal entlang von Meeresküsten während der Schwingenmauser die Strecken schwimmend zurück. **Fußwanderungen** sind von Rallen und Hühnern zumindest unter besonderen Bedingungen beobachtet worden.

20.3.5 Fallbeispiele

An einigen Beispielen aus dem westpaläarktisch-afrikanischen Zugraum, die hier allerdings stark vereinfacht werden, läßt sich die Vielfalt von Zugmustern zwischen Arten eines Großraums, aber auch zwischen verschiedenen Populationen einer Art am besten darstellen. Sie bedeuten allerdings nur eine kleine Auswahl der bisher bekannten Erscheinungen; auch bei gut untersuchten Populationen sind noch viele Details offen. In anderen Zugräumen ist eine ähnliche Diversität an Zugmustern bekannt.

Star (Abb. 20.15–20.17). Europäische Kurzstreckenzieher lassen etwa bei 52° N eine Grenzzone erkennen, die eine Population mit mehr westlicher und eine mit ausgesprochen

südwestlicher Mittelrichtung des Wegzuges voneinander trennt. Ob hier wirklich eine Zugscheide vorliegt, läßt sich nicht mit Sicherheit sagen, da das Bild der Ringfunde auch eine Folge unterschiedlich intensiver Verfolgung sein könnte. Drei Überwinterungsschwerpunkte lassen sich erkennen:

a) Großbritannien, Niederlande, Belgien, Nordfrankreich;
b) Region um den Golf von Biskaya;
c) Küstenstreifen des westlichen Mittelmeers.

Region a wird fast ausschließlich von nördlichen Populationen, Region c von der südlichen aufgesucht. Im Bereich von b etwa im Gebiet der Gironde überwintern Angehörige beider Populationen mit unterschiedlichen Wegzugsrichtungen. Im Vergleich zur Größe des Herkunftsgebietes werden die Winterquartiere nach Süden immer größer. Allerdings zeigen Stare in Europa neuerdings zunehmende Ten-

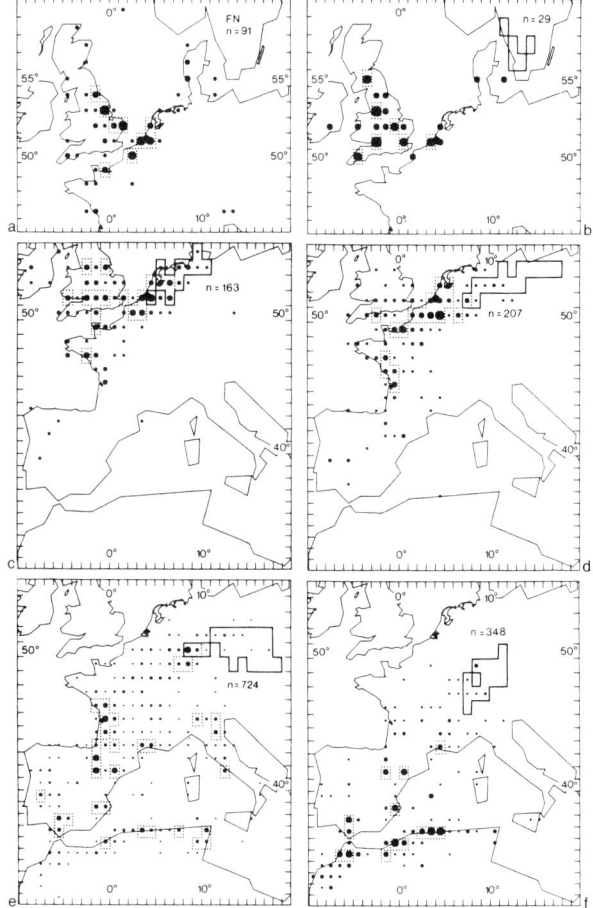

Abb. 20.16. Verteilung von Winterfunden nestjung beringter Stare. Größere Signaturen entsprechen den Fundprozenten pro Gradnetzfeld. Herkunftsgebiete außer Finnland (FN) sind mit durchgezogener, Hauptwintergebiete mit punktierter Linie umrandet; n: Zahl der Funde; vgl. Text oben (aus FLIEGE 1984).

denz, im Brutgebiet oder zumindest näher dem Brutgebiet als früher zu überwintern. Während in Großbritannien Stare im wesentlichen Standvögel sind, trifft man westlich des Gebietes besondere Häufung der Winterfunde (etwa Gebiet der Niederlande; Abb. 20.16) eine Teilzieherpopulation mit 70 % Standvogelanteilen. Die Entfernung zwischen Brutgebiet und Winterquartier sind für Populationen im E und N des untersuchten Kartenausschnittes (Abb. 20.16) am größten und können im Mittel über 2000 km erreichen. Mitte Juni beginnt bei den meisten Populationen ein Zwischenzug, der seinen Höhepunkt im Juli erfährt. Bei nördlichen Populationen liegt sein Ziel in Richtung des Winterquartiers, für Stare der Schweiz aber z. B. in nördlicher Richtung. Der eigentliche Wegzug setzt September/Oktober ein; im Dezember ist das Winterquartier erreicht (Abb. 20.17). Der Heimzug endet bei südlichen Populationen oft schon im März. Bei Brutvögeln Schwedens und Finnlands ist er aber im April oft noch nicht abgeschlossen. Die Untersuchung der Ringfunde läßt erkennen, daß zwischen den europäischen Populationen kein Überspringzug vorliegt, also nördliche Populationen südliche beim Wegzug nicht überfliegen. Spät geschlüpfte Jungvögel scheinen z. T. nicht so weit ins Winterquartier zu ziehen wie früher geschlüpfte Artgenossen.

Mönchsgrasmücke (Abb. 20.18). Nord- und mitteleuropäische Populationen bestehen aus Lang- bis Mittelstreckenziehern; die Brutvögel des Mittelmeerraums sind Kurz- und Mittelstrecken- sowie Teilzieher. Die Brutvögel der Kanaren zeigen nur noch schwach ausgeprägtes Zugverhalten, die Population der Kapverdischen Inseln keine Zugaktivität mehr. Die Wegzugsrichtung in den einzelnen Populationen streut ganz erheblich. Brutvögel der Britischen Inseln ziehen nach SSW und SSE ab. In Mitteleuropa verläuft etwa auf 15° E eine

Nord-Süd-Zugscheide, die allerdings nicht scharf ausgebildet ist, sondern ein breites Mischgebiet Zugrichtungen von SW bis SE einschließt. Die Abzugsrichtung ist ganz offensichtlich genetisch festgelegt. Seit 1959 läßt sich in Mitteleuropa eine neue Zugrichtung nach NW feststellen. Brutvögel Mitteleuropas ziehen auf die Britischen Inseln und wurden auch in Belgien, den Shetlands und Norwegen nachgewiesen. So entsteht gegenwärtig eine zweite Zugscheide, die im westlichen Mitteleuropa Populationen mit SW von solchen mit NW Wegzugrichtung trennt. Die Winterbestände im Süden Großbritanniens und in Irland nehmen (vielleicht durch Anpassung an die Winterfütterung) zu. Es handelt sich dabei wohl ausschließlich um vom Kontinent zugezogene Vögel, nicht um Angehörige der britischen Population. Diese Entwicklung stellt ein säkulares Ereignis der Änderung eines Zugweges auf dem Niveau einer größeren Population dar.

Brandgans. Wie andere Entenvögel, die ihr Gefieder synchron abwerfen und daher vorübergehend flugunfähig werden, unternehmen auch Brandgänse einen ausgesprochenen Mauserzug. Die Mauserquartiere der nordwesteuropäischen Brutvögel, die überwiegend an der Küste brüten, liegen vor allem in der Deutschen Bucht im Wattenmeer zwischen Elbe- und Wesermündung; kleinere Mauserzentren sind auch von den Britischen Inseln bekannt. Der Abzug von den Brutplätzen der Britischen Inseln beginnt Anfang Juli; zuerst brechen noch nicht geschlechtsreife Vögel, gefolgt von Altvögeln ohne Bruterfolg auf. Im Unterschied zu vielen Gründel- und Tauchenten verschieben erfolgreiche Altvögel mit Ausnahme weniger Männchen die Mauser bis zum Flüggewerden der Jungvögel und brechen später auf. Der Einzug an den Mauserplätzen beginnt im Juli; auf dem wichtigsten Konzentrationspunkt, dem Großen Knechtsand, bleiben die meisten Mau-

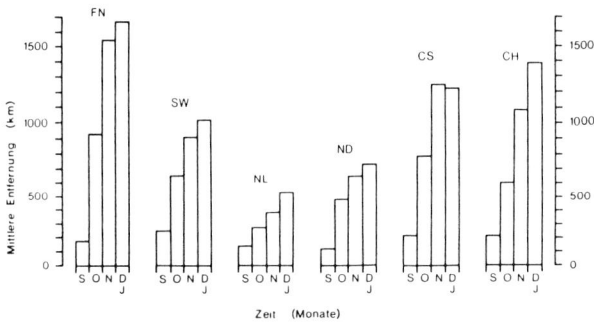

Abb. 20.17. Arithmetisches Mittel der Entfernungen zwischen Beringungs- und Fundort nestjung beringter Stare, die im ersten Lebensjahr zurückgemeldet wurden, für die Monate September, Oktober, November und Dezember/Januar (aus FLIEGE 1984). Herkunftsgebiete: Finnland (FN), Schweden (SW), Niederlande (NL), Norddeutschland (ND), Tschechoslowakei (CS), Schweiz (CH).

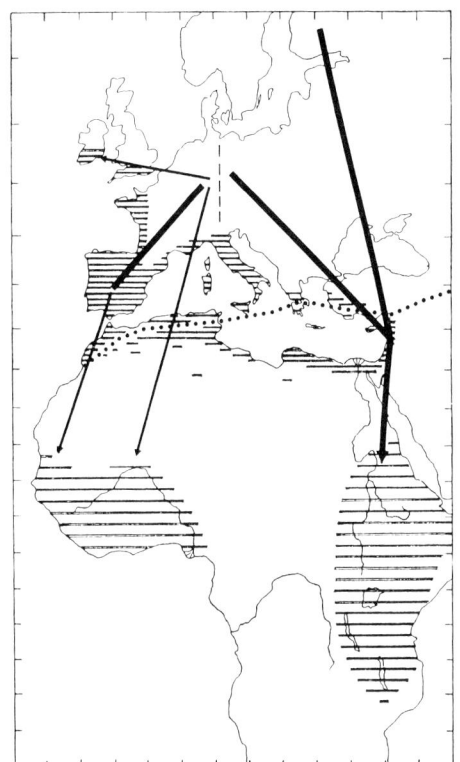

Abb. 20.18. Zugwege und Winterquartier nord- und mitteleuropäischer Mönchsgrasmücken (nach Zink aus Bergmann 1987).
Gestrichelt: Zugscheide in Mitteleuropa, die SE-Zieher von SW-Ziehern trennt; punktierte Linie: Südgrenze der Brutverbreitung.

servögel bis etwa Ende August; die letzten wandern bis Ende September ab. Wenn sie wieder flugfähig geworden sind, verteilen sich die Vögel auf den umliegenden Arealen des Wattenmeeres, um den Rest der Mauser zu absolvieren. Die Rückkehr zu den Brutplätzen zieht sich in Etappen über einen längeren Zeitraum hin. Noch bis November sind britische Ringvögel im Bereich der Deutschen Bucht; im Dezember und Januar verteilen sie sich im wesentlichen von Südholland bis in den Bereich der englischen Kanalküste, können aber zur gleichen Zeit auch bis Schottland nachgewiesen werden. Bis etwa März sind die Altvögel über ihre Brutgebiete verteilt (Brutzeit etwa April bis Juli). Seit 1962 hat die Zahl der an den Küstenbereichen des westlichen Mittelmeers brütenden Vögel erheblich zugenommen. Wie Ringfunde und Beobachtungen südfranzösischer Brutvögel zeigen, verläßt zumindest ein

Teil der westmediterranen Brutvögel im Juli/August die Brutplätze in nördlicher Richtung, um in einem Überlandflug von 1200 km Luftlinie durch Frankreich, die Schweiz, Deutschland und Holland sich den nach vielen Zehntausenden zählenden Mauserscharen auf dem Großen Knechtsand anzuschließen. Im Herbst und Winter fliegen sie (welche Route?) wieder zu ihren Brutplätzen zurück.

Brandseeschwalbe. 3 Großpopulationen lassen sich unterscheiden, nämlich je eine an den europäischen Nordatlantikküsten, am Schwarzen und am Kaspischen Meer, jede in der Größenordnung von 30000 bis über 40000 Brutpaaren. In der atlantischen Population ziehen die Vögel je nach dem Flüggewerden der Jungen zwischen Ende Juni und Anfang September von den Brutkolonien ab. Die Zerstreuungswanderungen der Familien gehen zu unterschiedlichen Zeiten in den eigentlichen Abzug über, der meist im August seinen Gipfel erreicht. Die ersten Vögel tauchen im August aber bereits an den Küsten Portugals und Marokkos auf. Im September haben die ersten den Golf von Guinea erreicht, die Mehrzahl hält sich aber noch in Nordwesteuropa auf. Ab Oktober sind hier fast alle abgezogen, die Hauptmasse zieht an den Küsten NW-Afrikas durch, die ersten erscheinen schon in Angola. Im November sind nur noch einige vor den Küsten SW-Europas zu beobachten, im Dezember halten sich kaum noch Brandseeschwalben nördlich von 20° N auf. Südafrika wird aber erst im Dezember erreicht. Im Januar fliegen manche Vögel um das Kap an die SE-Küste Afrikas. Fast 4jährige und ältere beginnen ab Februar mit dem Heimzug. Die frühesten erreichen in diesem Monat bereits das atlantische Frankreich. Bis Mitte März steigen hier die Zahlen der Brutvögel langsam, bis Mitte April rasch an. Manche Kolonien im Nord- und Ostseebereich werden aber erst bis Ende April/Anfang Mai von den Brutvögeln besetzt. Einjährige Vögel übersommern meist in Afrika. Auch manche zweijährige ziehen nicht zurück, die meisten tauchen allerdings dann im Juni in den Heimatgewässern auf. Die Masse der Dreijährigen zieht heim, trifft jedoch später als die älteren an den Brutkolonien ein, einige übersommern aber auch noch in den Tropen. Die Schwarzmeerpopulation zieht von August bis Oktober ab. Teilweise überwintern die Vögel nur wenige hundert Kilometer E der Brutplätze an der Schwarzmeerküste. Die meisten ziehen nach

Westen und gelangen über den Bosporus und die Türkei in das westliche Mittelmeergebiet, wo sie überwintern. Wahrscheinlich nur wenige Vögel dieser Population erreichen die Küste W-Afrikas südlich bis zum Golf von Guinea. Die Brutvögel der Kaspipopulation ziehen wahrscheinlich rund 750 km über das Hochland von Iran zum Persischen Golf und an die Küsten des Arabischen Meeres.

20.4 Endogene Steuerung und Kontrolle des Vogelzuges

20.4.1 Vorbereitung

Um den Organismus in **Zugdisposition** zu versetzen, sind physiologische Vorbereitungen nötig, die vor allem in einer **Anlagerung von Fett** als dem wichtigsten Treibstoff für den Flug sichtbar werden. In der Regel ist die vor einem Flug deponierte Fettmenge der zu überwindenden Entfernung proportional. Doch nicht alle Arten starten mit der maximalen Traglast an Fett. Vor allem im Frühjahr beginnen viele Kleinvögel der Nordhalbkugel mit relativ kleinen Fettdepots und kurzen Flugetappen, möglicherweise vor allem bei Kurzstreckenziehern eine Anpassung an die sich erst mit fortschreitendem Frühjahr verbessernden Außenbedingungen. Langstreckenzieher starten auf dem Wegzug oft auch zunächst mit geringen Reserven, die dann unterwegs an Rastplätzen, vor allem vor großen geographischen Barrieren, erst aufgebaut werden. Erhöhte Nahrungsaufnahme ist dafür Voraussetzung. Aus ökonomischen Gründen kann auch eine Änderung der Nahrungswahl – bei Grasmücken möglicherweise abhängig von endogener Periodik (vgl. 20.4.2) – in Betracht kommen, z. B. für Insektenfresser die Aufnahme von Vegetabilien (z. B. Beeren) als Zusatznahrung.

Im Vergleich der Arten oder Populationen innerhalb einer Art mit unterschiedlichem Zugverhalten weisen ausgesprochene Zugvögel genetisch bestimmt **raschere Jugendentwicklung** auf, die möglicherweise schon im Ei beginnt (Abb. 20.20, 20.21). Ihre Jugendmauser zeigt zu Beginn der Mauserperiode die höchste Intensität. Durch diese Beschleunigung kann sich rechtzeitig und noch während der letzten Stadien der Jugendmauser Zugdisposition einstellen.

20.4.2 Circannuale Rhythmen

Unter konstanten Bedingungen gehaltene Vögel zeigen saisonale Änderungen verschiedener Körperfunktionen und Verhaltensweisen auch für Jahre hinweg in normaler Abfolge. Dies deutet auf **endogene Rhythmik** hin, auch wenn selbst in der Isolation noch unbekannte, sich rhythmisch ändernde Umweltfaktoren eine Rolle spielen könnten. Doch die »innere Uhr« weicht von der Zeitspanne eines Kalenderjahres ab. Wenn äußere synchronisierende Einflüsse wegfallen, wird die Differenz der zu beobachtenden Rhythmik zum Jahreslauf sichtbar (Abb. 20.19). Diese nur ungefähr einem Kalenderjahr entsprechende circannuale Periodik wird als der sicherste Beweis für das Vorhandensein eines freilaufenden endogenen Rhythmus angesehen (vgl. Kap. 15.5.1).

Für über 20 Singvogelarten wurden bis jetzt circannuale Rhythmen verschiedener Funktionen experimentell untersucht (Tab. 20.12). Mehrjährige Untersuchungen bei Fitis und Gartengrasmücke ergaben für Körpermasse,

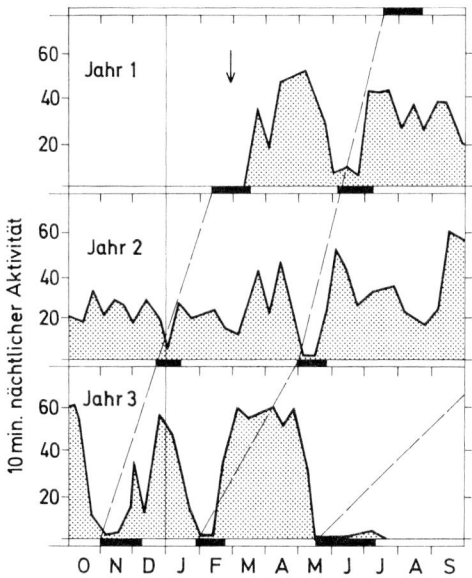

Abb. 20.19. Circannualer Rhythmus der Mauser und nächtlichen Aktivität eines Fitis, der 28 Monate in einem konstanten Licht-Dunkel-Wechsel von 12:12 Stunden und bei konstant 21 °C gehalten wurde (nach GWINNER 1986, verändert).
Ordinate: Zahl der 10-min-Intervalle pro Nacht mit Aktivität (Mittelwerte von Dekaden); schwarze Balken: Mauserperiode; gestrichelt: Beginn aufeinanderfolgender Mauserperioden.

Tab. 20.12. Übersicht über die Vogelarten, für die nach experimentellen Befunden circannuale Rhythmik bestimmter Funktionen sehr wahrscheinlich ist (nach GWINNER 1986 verändert und ergänzt).

	Körper-masse	Gonaden-größe	Mauser	Zug	andere
Haubenmeise			+		
Schwarzkehlchen	+		+		
Fitis			+	+	
Zilpzalp			+	+	
Dorngrasmücke	+		+	+	
Gartengrasmücke	+	+	+	+	Nahrungspräferenz
Mönchsgrasmücke	+	+	+	+	
Provencegrasmücke			+	+	
Samtkopfgrasmücke			+	+	
Sardengrasmücke			+	+	
Weißbartgrasmücke	+		+	+	
Sperbergrasmücke	+		+	+	
Halsbandschnäpper	+		+		
Trauerschnäpper	+		+	+	
Star		+	+		
Bergfink	+				
Buchfink		+	+		Depotfettbildung
Fichtenkreuzschnabel	+			+	
Weißkehlammer	+	+	+		
Dickcissel	+		+		
Bobolink		+			
Blutschnabelweber		+			
Oryxweber		+	+		
Muskatfink	+	+			Nahrungsaufnahme

Mauser und Zugunruhe eine circannuale Periode von etwa 10 Monaten. Circannuale Mauserrhythmen konnten bei Garten- und Mönchsgrasmücke individuell über 8 Jahre nachgewiesen werden; innerhalb von 8 Kalenderjahren waren 9 Zyklen abgelaufen. Die innere Uhr arbeitet also ein Vogelleben lang, denn 8 Jahre liegen weit über der durchschnittlichen Lebensdauer von Grasmücken. Positive Ergebnisse mit Vögeln, die kurz nach dem Schlüpfen in konstante Bedingungen gebracht wurden, deuten darauf hin, daß die innere Jahresuhr angeboren ist.

Unter natürlichen Bedingungen müssen die freilaufenden circannualen Rhythmen mit der jeweils passenden Jahreszeit zusammenfallen. Diese **Synchronisation** mit Außenbedingungen bewirken **Zeitgeber,** als die sich vor allem die natürliche Photoperiode anbietet. Tageslichtdauer konnte in der Tat bei Garten- und Samtkopfgrasmücke als Zeitgeber für Zugunruheproduktion und Mauser nachgewiesen werden. Verkürzung der Photoperiode auf 6 Monate verdoppelte das normale Jahresperiodik-Muster innerhalb eines Versuchsjahres. Die Fett-deposition der Gartengrasmücke zeigte dagegen normale Frequenz, Zugunruhe und Fettanlagerungen laufen also unabhängig voneinander ab. Beim Star ließen sich Gonadenzyklus und Mauser durch Änderung der Photoperiode beeinflussen.

Zeitgeber wirken lediglich als Signale und damit gewissermaßen stellvertretend für komplizierte Wechselwirkungen zwischen Organismus und Umwelt. Man reiht sie unter die unmittelbaren Faktoren (proximate factors) ein. Sie sind zu unterscheiden von den eigentlichen Selektionsfaktoren als mittelbare Faktoren (ultimate factors), unter denen für die Evolution des Zugverhaltens u. a. das jahreszeitlich wechselnde Nahrungsangebot eine Rolle spielt.

Über die Beteiligung von Hormonen und zentralnervösen Strukturen an den circannualen Rhythmen s. Kap. 9.

20.4.3 Kontrolle des Zugkalenders

Endogene Mechanismen sind ganz offensichtlich verantwortlich daran beteiligt, die Zeiten für die jährliche Wanderung vor allem für sol-

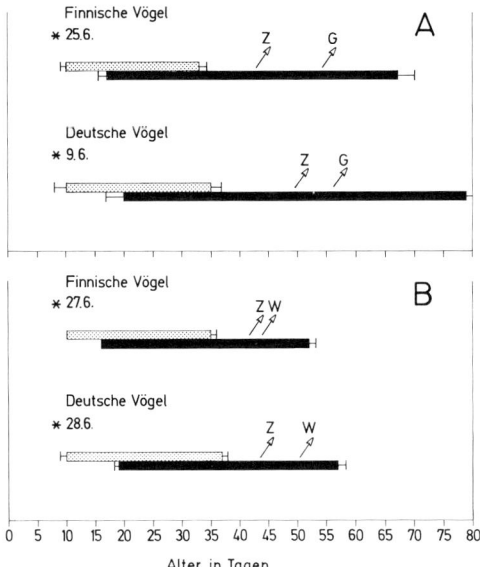

Abb. 20.20. Gefiederentwicklung und Jugendmauser (schwarz) sowie Beginn der Zugunruhe (Z) und Körpermassenzunahme (G, W) bei finnischen und deutschen Gartengrasmücken (nach GWINNER 1986, verändert).
A. Vögel in der Photoperiode ihrer jeweiligen Geburtsgebiete aufgezogen; B. Vögel unter photoperiodischer Bedingung von Deutschland aufgezogen . Dünne Linie: Standardfehler; *: mittleres Schlüpfdatum.

che Vögel festzulegen, die in vorher unkalkulierbaren und jahreszeitlich gleichförmigen tropischen Gebieten überwintern, in denen sie wenig sichere Information von außen für ihren Aufbruch ins Brutgebiet erhalten.

Für Langstreckenzieher konnte eine stärkere Wirkung der circannualen Kontrolle festgestellt werden als für Kurzstreckenzieher. Beim mitteleuropäischen Fitis (Winterquartier jenseits des Äquators in Afrika) ließ sich z. B. über 27 Monate eine Fortdauer der Rhythmik feststellen; beim Zilpzalp gleicher Herkunft (Winterquartier im Mittelmeergebiet, Nordafrika) wurde nach dem ersten Jahr die Rhythmik unregelmäßig und verschwand schließlich. Ferner ist die individuelle Variation des Anstieges der Körpermasse, von Dauer, Menge und Maxima der Zugunruhe im Herbst wie im Frühjahr sowie der Mauser beim Zilpzalp stärker als beim Fitis. Ähnliche Differenzen wurden zwischen Populationen unterschiedlichen Zugverhaltens innerhalb einer Art festgestellt. Für Langstreckenzieher ist eine enge Festlegung

des **Zeitprogramms** vorteilhaft, denn die zeitaufwendigen langen Zugwege lassen weniger Raum für andere saisonale Aktivitäten, wie Fortpflanzung und Mauser. Auch können sich Langstreckenzieher in ihren tropischen Winterquartieren weniger zuverlässig auf tägliche Unterschiede ihrer Umgebung als Hinweise für den Heimzugtermin verlassen. Für Kurzstreckenzieher ist dagegen größere Flexibilität gegenüber Umweltbedingungen möglich, weil sie mehr Zeit für Fortpflanzung und Mauser zur Verfügung haben. Durch frühe Ankunft und späten Abzug werden sie aber auch leichter mit ungünstigen Umweltbedingungen konfrontiert; auch das Winterquartier bietet tiefgreifendere saisonale Unterschiede als die Tropen. Eine stärkere Reaktion auf Umweltbedingungen in der Kontrolle des Jahreszyklus hat daher ohne Zweifel Anpassungswert. Die Unterschiede in der **Varianz des Zeitmusters** im Zugverhalten zwischen Lang- und Kurzstreckenziehern bestätigen auch Freilandbeobachtungen (vgl. Kap. 20.2.3).

Im einzelnen gibt es viele **experimentelle Befunde,** die sich mit den Ergebnissen der Beringung und Freilandbeobachtung z. T. in guter Übereinstimmung interpretieren lassen.

Unter natürlichen Bedingungen im Brutgebiet und im Winterquartier gehaltene Langstreckenzieher (z. B. Fitis, Grasmücken, Würger) zeigen zur gleichen Zeit im Frühjahr Zugunruhe wie unter konstanten Bedingungen gehaltene Artgenossen. Solche unter konstanten Umweltbedingungen spontan auftretende Zugunruhe im Frühjahr ist auch bei einer Reihe von Kurzstreckenziehern nachgewiesen, allerdings hier oft gegenüber dem Verhalten unter natürlichen Bedingungen zeitlich verschoben. Auch der Beginn des Wegzuges hängt nicht zwangsläufig von äußeren jahreszeitlichen Veränderungen ab. Artspezifische, z. B. zwischen Zilpzalp und Fitis, und selbst subspezifische Unterschiede im Zeitmuster von postnuptialer Mauser und Zugunruhe wurden unter konstanter Photoperiode nachgewiesen. Dies läßt auf entsprechende Unterschiede in der endogenen Organisation eines Programmes schließen, das die Zeitmuster der Mauser bzw. Zugunruhe regelt.

Doch im Detail sind die Verhältnisse komplizierter. Nach Abb. 20.20 werden junge finnische Gartengrasmücken in früherem Alter fett und zugunruhig als deutsche und beenden auch Gefiederwachstum und Jugendmauser eher.

Abb. 20.21. Jugendmauser (mit Standardfehler) von Mönchsgrasmücken aus verschiedenen Populationen (nach BERTHOLD und QUERNER, in GWINNER 1986, verändert).
Die Vögel wurden unter den natürlichen photoperiodischen Bedingungen Süddeutschlands gehalten und ab dem durch die gestrichelte Linie markierten Zeitpunkt in eine konstante Photoperiode von 12,5 Stunden gebracht.

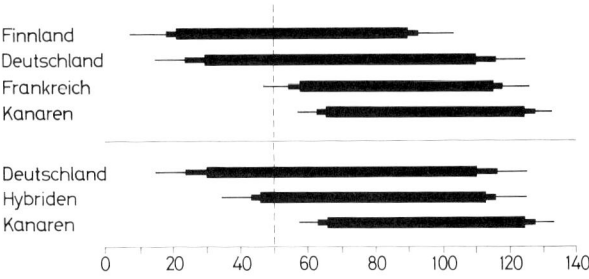

Vielfach entwickeln sich Junge späterer Bruten rascher als solche aus früheren, wahrscheinlich weil sie anderen photoperiodischen Bedingungen ausgesetzt sind (**Kalendereffekt**).

Populationsunterschiede im Zeitmuster der Jugendmauser, die dem Wegzug vorhergeht, werden genetisch kontrolliert. Bei der Mönchsgrasmücke beginnt populationsspezifisch mit abnehmender Wanderdistanz die Mauser später. Hybriden zeigen intermediäres Muster (Abb. 20.22).

20.4.4 Informationen über den Zugweg

Bei Grasmücken ließ sich nachweisen, daß die Gesamtheit der im Käfig produzierten Zugunruhe der Entfernung zwischen Brutplatz und Winterquartier proportional ist. Auch Unterschiede zwischen Populationen verschiedener Zugverhalten einer Art lassen sich nachweisen und wiederum durch Kreuzung die genetische Kontrolle (Abb. 20.22). Die Befunde gelten zumindest für Vögel, die erstmals wegziehen. Durch **Versetzungsexperimente** weiß man, daß

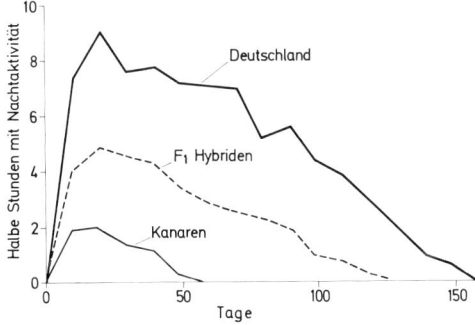

Abb. 20.22. Herbstliche Zugunruhe von Mönchsgrasmücken, unter konstanten Bedingungen gehalten, aus Deutschland (ausgeprägte Zugvögel) und von den Kanarischen Inseln (höchstens Teilzieher mit kurzen Wanderwegen), im Vergleich zu F_1-Hybriden aus beiden (nach BERTHOLD und QUERNER 1981, verändert).

unerfahrene Erstzieher nicht in der Lage sind, ihr Wegzugsziel zu erreichen, sondern nur die Richtung einzuhalten. Unter Beibehaltung der **artgemäßen Zugrichtung** erreichen die versetzten Vögel ein falsches Ziel in richtiger Entfernung vom Startort (Abb. 20.23).

Die **Länge** des **Zugweges** könnte also endogen durch den Betrag der Zugunruhe bestimmt sein. Um dies zweifelsfrei zu beweisen, müßte man noch genauere Werte über die durchschnittliche Zuggeschwindigkeit und die wirklich zurückgelegte Entfernung (sicher länger als die zurückgelegte Luftlinie zwischen Brutplatz und Winterquartier) kennen. Bei Zilpzalp und Fitis ließen sich experimentell ermittelte Zugunruhemengen in hypothetische Endpunkte umrechnen, die tatsächlich in das durch Ringfunde bekannte Winterquartier der betreffenden Populationen im nördlichen (Zilpzalp) bzw. im mittleren und südlichen Afrika (Fitis) fielen. Von handaufgezogenen und während des ersten Wegzuges in einem Licht-Dunkel-Wechsel von 12:12 Stunden gehaltenen Gartengrasmücken reichte die mit Videorekorder bei Infrarotlicht in einer Wegzugsperiode ermittelte Zeit raschen Flügelschlagens im Sitzen (Schwirren) aus, um bei einer mittleren Fluggeschwindigkeit von 25 bis 30 km h^{-1} über die Iberische Halbinsel die Nigermündung, also das Zentrum des Winterquartiers, zu erreichen. Allerdings stimmt nicht immer im Arten- und Populationsvergleich die im Käfig ermittelte Menge der Zugunruhe mit der Länge des Zugweges überein. Solche Diskrepanzen sind zwar keine zwingenden Argumente gegen die Hypothese der endogen gesteuerten Kontrolle der Zugstrecke, sollten aber vor unkritischer Verallgemeinerung warnen.

Ein weiterer Einwand ist, daß die durch die Zugunruhemenge übermittelte Information sehr unpräzise ist und vor allem die jährlichen Schwankungen der Witterungsbedingungen (z. B. Windverhältnisse, s. Kap. 20.3.4) nicht in

Rechnung setzt. Bei Langstreckenziehern könnte eine Anpassung an mittlere Verhältnisse ausreichen. Zudem sind interne Kompensationsmechanismen denkbar, die dem Vogel bei ungünstigen Bedingungen ausreichend Zeit für Rast gönnen, die dann durch zusätzliche Flugzeiten wieder wettgemacht wird. Weniger ausgeprägte circannuale Periodik bei Kurzstreckenziehern und bei wenig ausgeprägten Zugvögeln, für die es viele experimentelle Befunde gibt, geben wahrscheinlich äußeren steuernden Einflüssen mehr Spielraum und dadurch Anpassungsmöglichkeiten an jährliche Variation. Bei Kurzstreckenziehern konnte neben größerer individueller Variabilität (vgl. Kap. 20.4.2) auch eine im Vergleich zur Zugstrecke übergroße Menge der produzierten Zugunruhe festgestellt werden, die längere Unterbrechungen oder Umkehrzug bei ungünstigen Bedingungen gestatten könnte.

Verteilungsmuster der Zugunruhe über die Wegzugsperiode lassen Anpassungen an die Zugwege erkennen. Bei Grasmücken, die die Sahara überqueren, wurde ein symmetrisches Muster nachgewiesen, mit Maxima in der Mitte der Periode, die etwa mit der Zeit der Sahara-Überquerung zusammenfallen. Geringere Unterschiede mit Gipfel gegen Ende der Zugperiode kennzeichnen Kurzstreckenzieher, die größere Wanderstrecken erst gegen Ende ihres Zugweges zurücklegen und auch im Durchzugsmuster an Rastplätzen linksschiefes Verteilungsmuster zeigen. Auch das Tagesmuster der Zugunruhe wird bei einigen Arten (z. B. Rohrammer, Stieglitz) durch endogene circadiane Rhythmen programmiert.

20.4.5 Informationen über die Zugrichtung

Langstreckenzieher müssen häufig ihre Vorzugsrichtung wechseln, um ihr Winterquartier zu erreichen (vgl. Kap. 20.3.2). Zumindest bei erstmals ziehenden Gartengrasmücken konnte experimentell nachgewiesen werden, daß Zugrichtung und ihre notwendigen Änderungen durch ein endogenes circannuales Programm kontrolliert werden (Abb. 20.23). Mittlerweile gibt es bei etwa 10 Vogelarten Hinweise darauf, daß unerfahrene Erstzieher nach angeborenen Vorzugsrichtungen ziehen.

Angeborene Zugrichtung und **genetisch fixiertes Zeitprogramm** (vgl. Kap. 20.4.4) reichen aus, um ohne Erfahrung und Zusatzinformationen das unbekannte Winterquartier zu errei-

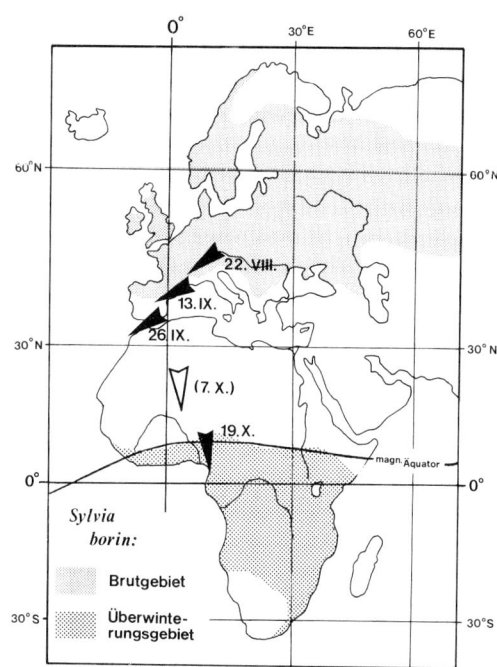

Abb. 20.23. Endogene Kontrolle der Vorzugsrichtung zugunruhiger Gartengrasmücken (aus WILTSCHKO 1988).
Die Vögel wurden in konstanter Photoperiode von 12 Stunden gehalten und in Orientierungskäfigen getestet. Datum: Durchzugsmediane an verschiedenen Stationen (Zentralsahara interpoliert); Pfeile: Mittelrichtungen aus den Richtungen, die Versuchsvögel um die angegebenen Daten wählen.

chen. Diese **Vektornavigation** erklärt, wie erstziehende Jungvögel ihr Winterquartier erreichen, und reicht auch aus, um für geknickte Zugwege die erforderlichen Informationen zu geben.

20.4.6 Zugdimorphismus bei Teilziehern

Teilzieherpopulationen bestehen aus ziehenden und nichtziehenden Individuen. Zwei gegensätzliche Hypothesen versuchen zu klären, welche Faktoren bestimmen, ob ein Individuum wegzieht oder nicht. Nach der zuerst von D. LACK formulierten These besteht eine Teilzieherpopulation aus unterschiedlichen Genotypen. Vor allem von O. KALELA und O. HILDÉN wurde dagegen ein von äußeren Faktoren abhängiger Kontrollmechanismus postuliert, demzufolge grundsätzlich alle Individuen die Fähigkeit zu ziehen besitzen, doch je nach Umständen (z. B. Gewinner oder Verlierer in der Auseinandersetzung um adäquate Winterreviere) abziehen oder nicht. Auch hier sind natürlich genetische Komponenten beteiligt, allerdings über den Umweg konstitutioneller oder physiologischer Unterschiede.

Teilziehende mediterrane Grasmücken (Samtkopf-, Sarden- und Provencegrasmücke) zeigten unter konstanten Bedingungen große intraspezifische Variation der nächtlichen Zugunruhe. Einige Individuen waren über zwei Jahre periodisch zugunruhig, andere überhaupt nicht oder nur in der ersten Zugperiode. Dies und die Übereinstimmung der Zugunruhemenge, die verschiedene Populationen der Mönchsgrasmücke unter konstanten Bedingungen produzieren, mit dem jeweiligen Zugverhalten freilebender Vögel lassen sich im Sinne genetischer Fixierung des Zugverhaltens interpretieren.

Weitere Stützung dieser Annahme kommt aus Kreuzungsexperimenten. Weitgehend nichtziehende afrikanische Mönchsgrasmücken zeigten zu 23 % Zugunruhe. Sie wurden mit zu 100 % Zugunruhe produzierenden deutschen Artgenossen gekreuzt. Die Individuen der Tochtergeneration wiesen zu 56 % Zugunruhe auf. Von der teilziehenden südfranzösischen Population ergaben bei Paaren aus jeweils Nichtziehern und Ziehern in der Tochtergeneration ein Maximum von 30 % Änderung des Zugverhaltens in Richtung auf die entsprechende Eigenschaft der Eltern. Ähnliche Ergebnisse liegen für Rotkehlchen vor. Hinweise aus Freilanduntersuchungen bei Singammer, Amsel und Schwarzkehlchen weisen in dieselbe Richtung.

Im Zweiweg-Selektionsexperiment entstanden bei teilziehenden Mönchsgrasmücken nach 3 Generationen eine reinziehende und nach 4 bis 6 Generationen eine fast nicht mehr ziehende Population.

Der Nachweis einer **genetischen Basis** des **Zugverhaltens** von Teilzieherpopulationen wirft noch einige Fragen auf, z. B. ob das genetische Kontrollsystem ein echter Polymorphismus oder Dimorphismus mit diskreten Alternativen ist oder ob eine kontinuierliche genetische Variation besteht, die auf Polygenie und damit auf additive Wirkung vieler Gene hindeutet. Letzteres könnte nach neuesten Befunden wahrscheinlicher sein. Auf alle Fälle wird sich das System nach den jeweiligen Kosten-Nutzen-Verhältnissen zwischen Nichtziehern und Zie-

hern ausbalancieren. Standvögel können durch frühe Revierbesetzung besseren Nachwuchserfolg haben und sind damit gegenüber später zurückkehrenden Zugvögeln im Vorteil. In harten Wintern sind jedoch bei Standvögeln die Verlustrisiken größer, so daß Zugvögel günstigere Voraussetzungen für die Reproduktion vorfinden. Bei Amseln ist die größere Reproduktionsrate von Standvögeln nur bei den Männchen zu beobachten; für Weibchen sind daher die zu erwartenden Nachteile des Wegziehens geringer. Wenn Standvögel Reviere besserer Qualität besetzen als Zugvögel, kann es zu räumlichen Trennungen zwischen beiden Typen im Brutgebiet kommen und damit auch zu entsprechender Beeinflussung des Dismigrationsverhaltens der Jungvögel nach der Brutzeit. Außerdem ist noch nicht geklärt, ob die höhere Reproduktionsrate der Standvögel einer Population nicht durch höhere Mortalität ausgeglichen wird. Fest steht jedoch, daß die Anteile von Ziehern und Nichtziehern jährlich schwanken. Bei den Amseln ist eine Abnahme des Anteils ziehender Individuen bei den Männchen mit zunehmendem Alter festzustellen. Auch bei teilziehenden Mönchsgrasmücken scheinen Männchen stärker zum Nichtziehen zu neigen.

Insgesamt ist der Einfluß von Umweltfaktoren auf das genetische Kontrollsystem bei Teilziehern noch unklar, ebenso wie die Frage nach den physiologischen Prozessen, die für ein Individuum das Zugverhalten entscheiden, noch nicht beantwortet werden kann.

20.5 Orientierung

20.5.1 Vielfalt der Möglichkeiten

Aus verschiedenen Gründen ist nicht zu erwarten, daß von Vögeln nur ein **Orientierungsparameter** zum **Richtungshalten** und **Zielfinden** verwendet und daß nur ein Mechanismus in der Verarbeitung einer bestimmten Orientierungsinformation eingesetzt wird. Die großen Unterschiede des Zugverhaltens, der Wanderwege und der jeweils aktuellen Umweltverhältnisse sowie der speziellen Anforderungen an die Orientierungsleistung legt eine zugökologischen Ansprüchen entsprechende Vielfalt an Orientierungsfaktoren nahe, die zu einer Redundanz im Orientierungssystem führt. Ein solches Multifaktorensystem fordert vom Vogel eine Entscheidung je nach Zugverhalten und äußeren Umständen, die zum zentralen Problem beim Verständnis einzelner Orientierungsleistungen wird.

Demgegenüber steht die Vorstellung eines **Eichsystems,** in dem ein grundlegender Faktor vielen anderen eine Richtungsbedeutung überträgt. Damit können die Vielfalt der tatsächlichen bzw. in jeweiligen Situationen bevorzugt benutzten Faktoren auf die angeborene Bedeutung eines primären Systems zurückgeführt werden. Viele Umweltparameter können dem Vogel Richtungsinformationen liefern, da sie identisch, weil vom selben System abgeleitet sind. Ein solches grundlegendes System könnte auf jeden Orientierungsmechanismus aufbauen. Nach dem Stand der experimentellen Befunde ist es nicht unwahrscheinlich, daß diese Rolle dem Magnetkompaß zukommt, auch wenn bei der aktuellen Richtungswahl z. B. visuelle Orientierung die primären Informationen vom Magnetfeld überdeckt.

20.5.2 Richtungsorientierung

Sonnenkompaß. Als Orientierungssystem ist er nur für Tagzieher bei zumindest teilweise unbedecktem Himmel anwendbar. Er muß nach Überqueren des Äquators mit »umgekehrten Vorzeichen« versehen werden und fordert Zeitmessung, da die scheinbare Bewegung der Sonne um die Erde verrechnet werden muß. Eine konstante Richtung setzt tageszeitlich variable Winkel zur Sonne voraus. Die Sonnenposition kann durch die Sonnenhöhe bestimmt werden, die sich als Winkel über dem Horizont messen läßt, oder durch den Azimut, dem Winkel zwischen der Projektion der Sonne auf den Horizont und dem in N-S-Richtung verlaufenden Ortsmeridian.

G. KRAMER hat bereits 1950 an Staren durch Umspiegeln des Sonnenstands entsprechende Richtungsänderungen im Käfig erzielt. Wenig später wurde die Zeitverrechnung unter Einsatz der inneren Uhr (circadianer Rhythmus) nachgewiesen. Bei künstlicher, vom Normaltag abweichender Photoperiode konnte z. B. die innere Uhr von Brieftauben um 6 Stunden vorverstellt werden. Die Vögel hatten dann um 6.00 Uhr die subjektive Zeit von 12.00 Uhr. Bei einer Sollrichtung S flogen sie auf die Sonne zu, die aber um 6.00 Uhr im E steht. Damit wichen sie um 90° von der Kontrollrichtung ab.

Vögel beobachten den **Sonnenazimut** und können die Azimutposition mit der **Tageszeit** verrechnen, sogar unter Benutzung der Schattenrichtung. Eine Berücksichtigung der Sonnenhöhe ist wenig wahrscheinlich. Zumindest Brieftauben können die unterschiedlichen Azimutwinkelgeschwindigkeiten im Tageslauf (Maximum in den Mittagsstunden) berücksichtigen. Der Sonnenkompaß arbeitet auf ±3–5° genau.

Erst bei wenigen Vogelarten, z. B. Brieftaube, Star, Stockente, ist der Sonnenkompaß zweifelsfrei nachgewiesen, bei einigen weiteren, darunter auch Nachtziehern wie die Weißkehlammer, zumindest sehr wahrscheinlich. Seine Verallgemeinerung als wichtiges und häufig benutztes Kompaßsystem für Zugvögel ist auch schon deshalb nicht unbedenklich, weil zumindest bei Brieftauben der Sonnenkompaß ein erlernter Orientierungsmechanismus ist. Sonnenazimut, Zeit und geographische Richtung werden erst nach Erfahrung miteinander in Beziehung gesetzt. Auch bei finnischen Staren ließ sich die Orientierung nach dem Sonnenkompaß erst während des auf den ersten Wegzug folgenden Heimzuges im Frühjahr nachweisen. Wie auch beim Sternkompaß (s. u.) scheinen Vögel in einem frühen Entwicklungsstadium besonders sensibel für bestimmte Parameter zu sein, die rasche und vielleicht irreversible Vorgänge in Gang setzen.

Für Nachtzieher kann die untergehende Sonne wichtige Richtungsinformationen liefern. Zusammenhänge zwischen Sicht auf Sonnenuntergang und anschließender Berücksichtigung des Mondes bei der Richtungseinhaltung sind nachgewiesen. Als Referenzsystem für die Einhaltung der angeborenen Zugwege ist der Sonnenkompaß höchstwahrscheinlich nicht anzusehen.

Sternkompaß. Er könnte für den Nachtzug von großer Bedeutung sein, setzt allerdings klaren Himmel voraus, erfordert jedoch keine zeitabhängige Korrektur wie der Sonnenkompaß, da aus dem Polarstern jederzeit N bestimmt werden kann. Auch hier müßte aber ab dem Äquator ein neues Bezugssystem aufgebaut werden.

Richtungsorientierung nach den Sternen ist in Planetariumsversuchen nachgewiesen. Für viele Nachtzieher ist zumindest belegt, daß gekäfigte Vögel unter einer Sternkonfiguration eine Richtung wählen können oder daß die Exaktheit der Orientierung unter bedecktem Himmel geringer war. Jungvögel (z. B. Trauerschnäpper, Indigofinken, Gartengrasmücken) müssen die Rotation des Sternenhimmels um einen Fixpunkt (Polarstern) beobachten, um den Sternenkompaß einsetzen zu können. Die Achse der scheinbaren Rotation stellt den Bezug zur genetisch fixierten Richtung dar. Später kann die scheinbare Rotationsachse des Nachthimmels (die von N nach S verläuft) auch ohne Beobachtung der Rotation aus Sternenbildern ermittelt werden.

Magnetkompaß. Er ist ein nichtvisuelles Orientierungssystem, hängt also nicht von wetterbedingten Sichtverhältnissen ab und bedarf keiner Zeitverrechnung. Schwierigkeiten bestehen allerdings bei der Überquerung des magnetischen Äquators.

Nach vielen negativen Befunden und Schwierigkeiten in der Reproduzierbarkeit positiver Ergebnisse, die in erster Linie auf methodische Fehler zurückzuführen waren, wurde 1965 eine nichtvisuelle Orientierung nach dem Erdmagnetfeld beim Rotkehlchen nachgewiesen und gegen anfängliche Zweifel auch bei vielen weiteren Vogelarten mitunter bestätigt. Neben methodischen Fehlern waren vor allem die z. B. im Vergleich zum Sonnenkompaß relativ hohe Streuung der Einzelwahlen eines Vogels in einer Zugnacht, die seit Entstehung der Vögel oftmalige Umpolung des Erdmagnetfeldes und die völlig offene Frage, wie Vögel das schwache Erdmagnetfeld messen können, Gründe für große Skepsis und Zweifel. Die Erkenntnis der offenbar grundlegenden Bedeutung des Magnetkompasses für die Orientierung der Vögel ist entscheidend auf die Arbeit von W. Wiltschko zurückzuführen.

Die ersten Nachweise mit zugunruhigen Rotkehlchen wurden mit Versuchskäfigen (vgl. Kap. 20.2.5) vorgenommen, um die Helmholtz-Spulen dem Erdmagnetfeld ein künstliches Magnetfeld hinzuzufügen. Die magnetische Nordrichtung dieses gemeinsamen Magnetfeldes war so angelegt, daß sie je nach Stromrichtung mit geographischem Ost oder West zusammenfiel. Sowohl im Frühjahr als auch im Herbst bezogen die Rotkehlchen ihre Zugrichtung auf die entsprechende magnetische Nordrichtung. Die Experimente ergaben ferner, daß der Magnetkompaß nur in einem relativ eng begrenzten Bereich um die Erdfeldstärke funktioniert; Intensitäten außerhalb dieser Zone führen zu Desorientierung. Da die Intensität des Erdmagnetfelds von den magnetischen Polen bis zum magnetischen Äquator um mehr als die Hälfte

abnimmt, dürften Langstreckenzieher in Schwierigkeiten geraten. Gewöhnung an örtlich unterschiedliche Feldstärken innerhalb weniger Tage konnten jedoch nachgewiesen werden. Diese Flexibilität ist nicht nur für Langstreckenzieher wichtig, sondern führt auch dazu, daß säkulare Schwankungen der Intensität des Erdmagnetfeldes die Orientierung nicht beeinträchtigen.

Das Problem der Umpolung des Erdmagnetfeldes wird dadurch umgangen, daß der Magnetkompaß der Vögel kein Polaritätskompaß ist, sondern ein **Inklinationskompaß.** Die Feldlinien des Erdmagnetfeldes verlaufen nicht horizontal, sondern sind mehr oder minder gegen die Erdoberfläche geneigt. Am magnetischen Pol ist die Neigung 90°, am magnetischen Äquator 0° (Abb. 20.24). Die Orientierung kann den Winkel zwischen Feldlinien und Schwerkraft ausnützen; er ist polwärts immer kleiner als 90°. Damit unterscheidet der Vogel nicht zwischen Nord und Süd; der Kompaß funktioniert nur auf einer Halbkugel. Am magnetischen Äquator ist mit dem Inklinationskompaß keine Orientierung möglich. Doch auch für Transäquatorialzieher ist der Magnetkompaß nachgewiesen; Gartengrasmücken sind wie Rotkehlchen bei 0° Inklinationswinkel desorientiert. Hier könnten erlernte Kompaßsysteme (Stern- und Sonnenkompaß) eingesetzt werden.

Der Magnetkompaß muß nicht erlernt werden und funktioniert bei Jungvögeln unabhängig von jeder optischen Information der Himmelskörper. Es handelt sich also um einen **angeborenen Orientierungsmechanismus,** der bei allen daraufhin untersuchten Arten verschiedener Ordnungen gefunden wurde. Für die angeborenen Zugwege (s. Kap. 20.4.4) ist höchstwahrscheinlich der Magnetkompaß das Bezugssystem. Auch Übergang von Tag- zu Nachtzug ist mit ihm leicht vorstellbar.

Viele Befunde sprechen dafür, daß Zugvögel den Magnetkompaß benutzen, um während ihrer Jugendentwicklung z. B. den Sternkompaß zu eichen, der allerdings auch als unabhängiges Bezugssystem zu arbeiten scheint (s. o.). Damit spricht viel dafür, daß die genetisch enkodierte Richtungsinformation zweifach vorhanden ist, einmal mit dem Magnetfeld und einmal mit der Himmelsrotation als Referenzsystem. Brieftauben setzen nach Erfahrung den Sonnenkompaß ein (s. o.), den sie anhand des Magnetkompasses geeicht haben. Wenn der Himmel vollstän-

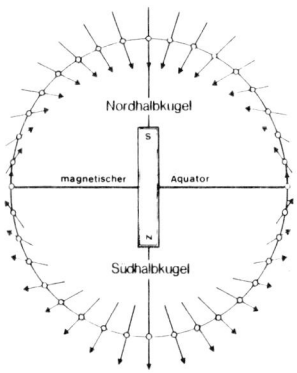 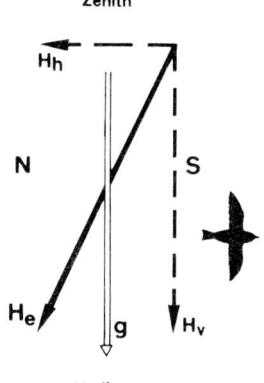 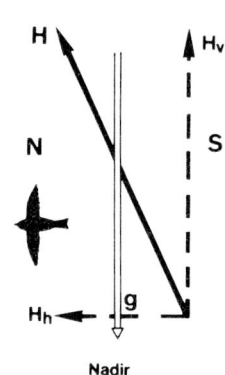

Abb. 20.24. Magnetkompaß (aus WILTSCHKO 1988). Links: Erde als Magnet. Pfeile deuten den Winkel an, unter dem die Feldlinien die Erdoberfläche schneiden; ihre Länge entspricht der von den Polen zum Äquator abnehmenden Feldstärke. Rechts: Der Magnetkompaß der Vögel nutzt nicht die Polarität (markiert durch Pfeilspitzen) des Magnetfeldes (H), sondern die Neigung der Feldlinien im Raum. Links fliegt der Vogel im Herbstzug äquatorwärts (nach S); die Achse der Feldlinien He ist von der Erde weggeneigt. Rechts Magnetfeld mit umgekehrter Vertikalkomponente, entspricht dem Feld auf der Südhalbkugel; der Vogel fliegt nach N (auf der Südhalbkugel äquatorwärts). H_e = Vektor des lokalen Magnetfeldes; H = Vektor des Feldes mit umgekehrter Vertikalkomponente H_v (entspricht Magnetfeld der Südhalbkugel); H_h, H_v = Horizontal- bzw. Vertikalkomponente; g = Schwerkraftvektor.

dig bedeckt ist, wird wieder auf den Magnetkompaß zurückgegriffen, bei Nachtziehern auch, wenn sich zwischen Sternenkompaß und Magnetfeld Widersprüche ergeben. So entsteht zumindest teilweise eine plastische Hierarchie von Orientierungsmechanismen. Trotz solcher Befunde ist es möglich, daß sich zumindest bei einzelnen Vögeln verschiedene Verfahren entwickelt haben und unabhängig arbeiten (s. o.) und damit Aspekte des **Multifaktorensystems** verwirklicht sind.

Die Möglichkeiten der **Wahrnehmung** des **Magnetfeldes** sind noch weitgehend ungeklärt. Den Lichtsinneszellen des Pinealorgans (vgl. Kap. 9.2.1) könnte als Mittlerrolle bei der Installation des Magnetkompasses eine Rolle spielen. Bei völliger Dunkelheit arbeitet z. B. der Magnetkompaß bei Brieftauben nicht.

20.5.3 Zielorientierung (Navigation)

Navigation bezeichnet die Fähigkeit, aus unbekannter Umgebung einen eindeutig definierten Ort auf der Erdoberfläche anzusteuern. Dazu muß der Vogel seinen Standort in Bezug auf ein Ziel feststellen. Die Kompaßsysteme sind in Navigationssysteme integriert, reichen aber allein zur Navigation nicht aus. Man muß also zwischen Sonnen- oder Sternenkompaßorientierung und Sonnen- oder Sternnavigation unterscheiden.

Ein **System des Zielfindens** mit begrenzter Leistung ist die Vektornavigation, die zur Erklärung des Wegzuges erstziehender Jungvögel ausreicht. Verfrachtungsexperimente (z. B. an Staren) haben ergeben, daß erfahrene Altvögel trotz Versetzung ihr Zielgebiet erreichen, indem sie über Informationen verfügen, die es gestatten, den Standort zu bestimmen und daraus die Zielrichtung zu entnehmen (Abb. 20.25). Solche für die Navigation notwendigen Informationen werden nach einer auf G. KRAMER zurück-

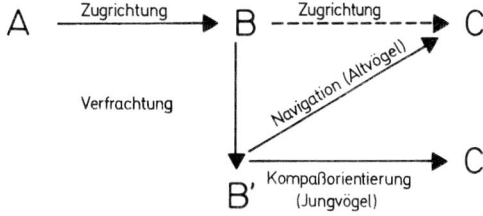

Abb. 20.25. Versetzungsexperiment (B–B') zur Unterscheidung von echter Navigation und einfacher Vektornavigation (nach BERGMANN 1987, verändert). Ziehen die verfrachteten Vögel parallel zur bisherigen Zugrichtung von B' nach C', orientieren sie sich nur mit Hilfe des Kompasses (z. B. Erstzieher). Erreichen sie durch Kompensation der Verfrachtung C, liegt Zielorientierung (Navigation) vor.

gehenden Vorstellung als »Karte« zusammenge-faßt (**Karte-Kompaß-Konzept**). Viele Orientie-rungsparameter sind in Betracht gezogen wor-den; in mehr oder minder hypothetischen Über-legungen versuchte man zu erklären, wie sie zum Zielfinden eingesetzt werden.

Als unbewiesen kann man heute **Sonnen-** und **Sternnavigation** wie auch **Trägheitsnavigation** ansehen. Große Widersprüche sind derzeit beim Konzept der **olfaktorischen Navigation** noch ungelöst. Fest steht, daß das Auge bei Brieftauben eine untergeordnete Rolle für das Heimfinden spielt. Als nichtoptisches Naviga-tionsverfahren wurde u. a. olfaktorische Navi-gation auf der Grundlage einer olfaktorischen Mosaikkarte vorgeschlagen, in der Land-schaftsteile durch verschiedene Geruchsstoffe charakterisiert sind. Tauben sollen an ihrem Heimatschlag lernen, welche Windrichtungen bestimmte Duftstoffe herantragen. Bei Ver-frachtung könnte der Vogel an den durchfah-renden Duftfeldern erkennen, in welche Rich-tung er versetzt wird (Mosaikhypothese). Nach anderer Ansicht sollen großräumige Konzen-trationsunterschiede als Gradienten in Bi- oder Multikoordinatensystemen für die Navigation verwendet werden (Gradientenmodell), was im Unterschied zur Mosaikhypothese nicht einfach qualitative, sondern quantitative Anforderun-gen an die Wahrnehmung stellt. Unbestritten ist, daß Eingriffe in das olfaktorische System das Orientierungsverhalten von Brieftauben beeinflussen. Meteorologische Bedingungen setzen aber auf alle Fälle olfaktorischer Naviga-tion enge Grenzen.

Ein weiterer Ansatzpunkt könnte in der Mes-sung des Erdmagnetfeldes für Navigation sein, das möglicherweise nicht als Inklinationskom-paß für die Navigation eingesetzt wird.

Daneben sind noch viele Sinnesleistungen (z. B. Wahrnehmung von Ultraschall und pola-risiertem Licht, Messen von Luftdruckunter-schieden) zumindest bei Brieftauben nachge-wiesen und im Zusammenhang mit Naviga-tionsmöglichkeiten diskutiert worden.

20.6 Evolution der Vogelwanderungen

Die Vielfalt der Wandersysteme bei Vögeln haben sich als eine Antwort auf zeitliche und räumliche Veränderungen in der Umwelt her-ausgebildet. Als Anpassung an besondere Ver-hältnisse ist die Fähigkeit, lange Strecken zu überwinden, viele Male unabhängig entstan-den. Erfolgreiche Wanderung bedeutet Erhö-hung der Reproduktionsrate in einem Vogel-leben

1. durch Erhöhung der Überlebenschance und
2. durch Erhöhung der Reproduktionsrate in Gebieten mit optimalen Fortpflanzungsbe-dingungen.

Für erfolgreiche Fortpflanzung ist meist ein en-gerer Ausschnitt aus Habitatgradienten erfor-derlich als für das Überleben der erwachsenen Organismen.

Wenn in einem Habitat oder an einem Ort sich kritische Komponenten der Umwelt än-dern, hat das Individuum drei Alternativen: Wandern, die Änderungen tolerieren und am Ort verbleiben oder zugrunde zu gehen. Wenn Änderungen relativ rasch verlaufen und das Individuum mobil ist, dürfte die erste Möglich-keit am wahrscheinlichsten eintreten. Wenn Gebiete außerhalb des Standortes bessere mitt-lere Überlebensaussichten bieten, wird die Se-lektion solche Neigungen fördern, die eine An-kunft am neuen Ort maximieren. So sind Wan-derungen evolutionäre Strategien, die zeitli-chen Änderungen von Lebensbedingungen be-gegnen. Wie Experimente an Teilziehern zei-gen (vgl. Kap. 20.4.6), kann sich in einer Popu-lation die statistische Verteilung von Ziehern und Nichtziehern innerhalb weniger Generatio-nen ändern.

Welche **Selektionsdrucke** im einzelnen für die Entstehung und Entwicklung von Wandermu-stern verantwortlich sind, ist noch weitgehend unklar. Grundsätzlich müssen gegen die mögli-chen Gewinne des Zugverhaltens (Erhöhung der Lebens-Reproduktionsrate) die hohen Ko-sten und Risiken einer weiten Wanderung auf-gerechnet werden. Zunahme der Fitness (vgl. Kap. 17.2) kann z. B. dadurch erreicht werden, daß in höheren Breiten wegen der längeren Helligkeitsdauer pro Tag die Bedingungen für die Fütterung bzw. Nahrungsaufnahme einer Brut günstiger sind, ganz besonders für visuelle Nahrungssuche. Für Bodenbrüter ist vor allem in hohen Breiten durch die geringere Säugetier-dichte der Feinddruck geringer und anderer-seits durch das sich explosiv in kurzer Zeit entwickelnde Kleintierleben das Nahrungsan-gebot äußerst reichhaltig. Eine sehr wichtige, aber großteils noch kaum bekannte und vor allem in ihrer Bedeutung vielen Mißinterpretationen ausgesetzte Rolle spielt die Frage der Konkurrenz von Zugvögeln und Wintergästen mit den Jahresvögeln als Mechanismus der Populationsregulierung und damit auch zur Erklärung der Wanderstrategien und Verteilung von Populationen außerhalb der Brutzeit.

Wanderungen können **Konkurrenzdruck um** knapper werdende **Nahrungsressourcen** nach der Brutzeit entschärfen. Die Erhöhung der Individuendichte durch die Nachkommenschaft einerseits, Verschlechterung der Situation durch den Jahreszeitengang andererseits können die Ursache solcher Konkurrenzsituation sein. Die Konkurrenz in der Zeit außerhalb der Brutzeit wird daher in manchen Hypothesen eine besondere Rolle für die Entstehung des Wanderverhaltens zugemessen. Intraspezifische Konkurrenz bewirkt Verteilung der Individuen einer Population über eine größere Fläche, interspezifische Konkurrenz kann aber dem entgegenwirken, um potentielle Konkurrenten anderer Arten zu meiden.

Eine Weiterentwicklung solcher Vorstellungen führt zu der These, daß durch geographische Separation vieler Zugvogelpopulationen während der Wanderungen und im Winterquartier eine Koexistenz ökologisch ähnlicher Arten im Brutgebiet mit zwar saisonal begrenzten, aber kurzfristig sehr günstigen Bedingungen ermöglicht. Die **Dominanzhypothese,** derzufolge dominante Individuen es sich leisten können, nicht zu ziehen, die unterlegenen, weil in ungünstigere Reviere abgedrängt, zum Wandern gezwungen sind, könnte nicht nur für Teilzieherverhalten bei einzelnen Populationen, sondern auch für Erklärung von Unterschieden im Zugverhalten zwischen Arten, die um Ressourcen konkurrieren, Lösungen anbieten. Doch vieles bleibt derzeit noch spekulativ, da vielfach noch gar nicht die Voraussetzungen für das Wirken von Konkurrenz, nämlich die vollständige Besetzung aller Positionen (ökologischer Nischen) geprüft ist. Hinweise auf endogen gesteuerte Habitatpräferenzen zur Vermeidung interspezifischer Konkurrenz auf dem Zug sind allerdings neuerdings gefunden worden.

Intraspezifische Unterschiede lassen sich vielfach leichter begründen, so z. B. der Mauserzug vieler Entenvögel, der vor allem die weniger in die Aufzucht der Nachkommenschaft investierenden Männchen erfaßt. Sie räumen für die heranwachsende Nachkommenschaft das Feld und suchen gleichzeitig geschützte und vor allem ausreichend Nahrung versprechende Gebiete auf, die ihnen die gefährliche Zeit vorübergehender Flugunfähigkeit überbrücken helfen. Auch sonst kann vielfach unterschiedliches Zugverhalten, z. B. größere Wanderneigung (manche Singvögel) oder weitere Zugwege (z. B. manche Enten) bei Weibchen mit unterschiedlicher Bedeutung eines Geschlechtes für die Aufzucht der Nachkommenschaft in Verbindung gebracht werden. Bei länger lebenden Vogelarten mit später eintretender Geschlechtsreife könnte die weite Wanderung noch nicht geschlechtsreifer Individuen damit interpretiert werden, daß zunächst auf überlebende Individuen, erst später im Leben auf Erhöhung der Reproduktionsrate (eher an den Brutplätzen erscheinende ältere Vögel haben höhere Nachkommenzahl) gesetzt wird.

Viele **Zugmuster** müssen sich innerhalb der letzten zehntausend Jahre nach der letzten Glazialzeit geändert haben; innertropische Wanderungen könnten dagegen älter sein. Kaltzeiten sind aber nicht die Ursache von Wanderungen, sie verändern nur deren Muster. Große klimatische Änderungen mit großer »Wellenlänge« von 10^5 bis 10^4 Jahren führen bei langfristiger gradueller Änderung zu Wanderungen in Abfolge von Generationen, die zur Ausdehnung oder Verkleinerung des Brutareals oder des Verbreitungsgebietes beitragen, nicht zu Wanderungen innerhalb des Lebenszyklus eines Individuums, das auf Änderungen mit Periodenlängen bis herunter zu 10^{-4} Jahre reagieren muß. Doch kurzfristige Wanderungen können sehr konservativ die geographischen Muster z. B. der Einwanderungs- oder Rückzugsrichtung widerspiegeln, die Vogelarten im Laufe der Geschichte vollzogen. Populationen des Steinschmätzers, die nach Alaska und Grönland vorgestoßen sind, haben ihr Winterquartier in Afrika gehalten und fliegen einerseits über den Atlantik und Westeuropa, andererseits über die Beringstraße und die riesige asiatische Landmasse dorthin, obwohl geeignete Winterquartiere in wesentlich kürzerer Entfernung zur Verfügung stünden.

Wichtige Anstöße zur evolutionsbiologischen Betrachtung von Vogelwanderungen werden ohne Zweifel durch genauere ökologische und ethologische Untersuchungen von Zugvögeln im außerbrutzeitlichen Raum, aber auch von der experimentellen Vogelzugsforschung über das Wechselspiel genetischer Verankerung und Umwelteinflüsse bei der Steuerung des Zugverhaltens zu erwarten sein.

21 Fossilgeschichte und Evolution

Die Evolution ist die Bezeichnung für das inzwischen unumstrittene Prinzip, daß sich die gesamte aktuelle Lebewelt der Erde aus primitivsten Urformen bis zur heutigen Höhe und Mannigfaltigkeit entwickelt hat. Zwei wesentliche biologische Grundtatsachen stecken in dieser Aussage: Zum einen haben sich alle **Organismen** im Laufe der Erdgeschichte stetig **verändert,** und zum zweiten haben sich **neue Arten** gebildet, die gemeinsame Stammformen besaßen. So ist letztlich die jetzige Formenfülle (etwa 1,5 bis 2 Millionen Tierarten, eine halbe Million Pflanzenarten) auf vermutlich eine Stammform (ein »Stammereignis«) zurückzuführen. Die **Evolution** und die **Artbildung** läßt sich somit anschaulich mit einem wachsenden Baum vergleichen, der sich nach oben immer mehr verzweigt (Arten bildet). Synonym zu »Evolution« (lat., Entfaltung in ununterbrochener Entwicklung) wird deshalb auch der Begriff »Phylogenese« (Phyle, griechisch Stammesteil; Phylogenese = Stammesgeschichte) benutzt, der diesem Bild besonders nahe kommt. Zu einem großen Teil sind die vorgestellten Mechanismen und Wege noch sehr stark umstritten, da von den Vögeln noch zu wenige Fossilien vorliegen, die eine kontinuierliche Ableitung der Vögel von verschiedenen Vorfahren im Gang der Evolution zweifelsfrei belegen.

21.1 Erdzeitalter

Zum Verständnis der Evolution ist eine grundlegende Kenntnis des Alters und der Entwicklung der Erde notwendig (Tab. 21.1). Bei einem geschätzten Erdalter von etwa 4 bis 5 Milliarden Jahren sind die ersten »echten« Vögel erst sehr spät, nämlich vor rund 150 Millionen Jahren im Mesozoikum aufgetreten.

21.2 Evolution der Vögel

21.2.1 Archaeopteryx

Der älteste bekannte Vogel, der als Fossil erhalten ist, ist **Archaeopteryx lithographica.** Er wurde 1861 erstmals beschrieben. Von ihm existieren sechs einzelne Skelette (bzw. Skelettfragmente) mit Federeindrücken und eine isolierte Feder; somit also insgesamt sieben verschiedene Nachweise (Abb. 21.2). Die Feder, die wie die anderen Belege im bayerischen Solnhofer Plattenkalk (Oberer Jura, Weißjura, Malm Zeta) 1860 gefunden wurde, wird als *Archaeopteryx* Fund Nummer eins geführt. Abdruck und Gegenabdruck der Feder befinden sich in München bzw. in Berlin. Der zweite, das **Londoner Exemplar,** ist ebenfalls in Solnhofen

Tab. 21.1. Die Zeitalter der Erde, ihre Dauer und die wichtigsten Ereignisse in der Evolution vielzelliger Organismen (nach verschiedenen Autoren kombiniert).

			Die Erdzeitalter und die Entwicklung des Lebens			

Mio. Jahre	Zeitalter Pflanzen Tiere	System/ Periode	Serie	Mio Jahre	Lebewesen	
0		Quartär	Holozän Pleistozän		Auftreten des Menschen — Eiszeit – Flora und Fauna	Quartär
	Känozoikum / Neophytikum			1,5–2 —5		
			Pliozän Miozän	—24	Ausbreitung der Säugetiere	Tertiär
		Tertiär	Oligozän	—34–36		
50			Eozän	—53–54		
			Paläozän	65	Pflanzen wie rezente Formen	

Tab. 21.1. Die Zeitalter der Erde, ihre Dauer und die wichtigsten Ereignisse in der Evolution vielzelliger Organismen (nach verschiedenen Autoren kombiniert).

Die Erdzeitalter und die Entwicklung des Lebens

Mio. Jahre	Zeitalter: Tiere / Pflanzen	System/ Periode	Serie	Mio Jahre	Lebewesen	
100	Mesozoikum / Mesophytikum	Kreide	obere / untere	100	letzte Dinosaurier, erste Primaten; erste Bedecktsamer Aussterben der Ammoniten	Kreide
150		Jura	Malm Dogger Lias	136	erste Vögel	Jura
200		Trias	Keuper Muschelkalk Buntsandstein	195	erste Säugetiere, erste Dinosaurier, Vorherrschaft säugerähnlicher Reptilien	Trias
250	Paläozoikum / Paläopyhtikum	Perm	Zechstein Rotliegendes	225	Massensterben vieler mariner Gruppen und Landpflanzen erste Nadelhölzer	Perm
300		Karbon	oberes / unteres	280 / 320	Zeitalter der Lurche, erste Reptilien; Blütezeit der niederen Gefäßpflanzen „Steinkohlewälder" (Bärlappe, Schachtelhalme)	Karbon
350		Devon	oberes mittleres unteres	345 / 358 / 370	erste Amphibien Zeitalter der Fische; erste Insekten; Vorläufer der Nacktsamer, Farne	Devon
400		Silur		395	erste Landpflanzen (Algen, Pilze) Kieferlose- und Panzerfische	Silur
450	Eophytikum	Ordovizium	oberes / unteres	430 / 450	Riesenskorpione im Meer Artenexplosion der Metazoen; Pflanzen im Süßwasser erste kieferlose Fische	Ordovizium
500 / 550		Kambrium	oberes mittleres unteres	500	alle Wirbellosenstämme reich entfaltet, erste Chordatiere; viele Algen	Kambrium
	Präkambrium	Proterozoikum		570 / 650	erste skelettähnliche Elemente, Ediacara-Fauna	Präkambrium
2500 / 4000		Archaikum		2500 / 3500	erste Stromatolithen und Mikrofossilien	

1861 gefunden worden und befindet sich im Britischen Museum in London. Das **Berliner Exemplar** wurde 16 Jahre später 1877 bei Eichstätt gefunden (drittes Exemplar). Das vierte Exemplar wurde 1956 ebenfalls wieder bei Solnhofen gefunden. Als **Maxberg-Exemplar** befindet es sich in Privatbesitz im Solnhofer Museum in Maxberg. Das fünfte nachgewiesene *Archaeopteryx*-Exemplar wurde schon 1857 geborgen, aber zunächst als Saurier *Pterodactylus crassipes* beschrieben. Erst 1970 erkannte man die wahre Zugehörigkeit zu den Urvögeln. Als **Teyler-Exemplar** befindet es sich im Teyler-Museum in Haarlem, Niederlande. Das **Eichstätt-Exemplar** wurde 1951 in einem Steinbruch bei Workerszell bei Eichstätt entdeckt und zunächst als kleiner Dinosaurier *(Compsognathus;* Abb. 21.6 A) beschrieben. Erst 1973 wurde es als 6. Beleg für *Archaeopteryx* erkannt. 1988 wurde ein weiteres Skelettexemplar aus den Solnhofer Schiefern **(Solnhofer Exemplar,**

6. Skelettfund, 7. anerkannter *Archaeopteryx*-Beleg) nachgewiesen, das sich lange Zeit in Privatbesitz befand und zunächst irrtümlich ebenfalls als *Compsognathus* beschrieben wurde. Leider gibt es keine Unterlagen mehr darüber, wann und wo genau dieses bisher größte *Archaeopteryx*-Exemplar gefunden wurde.

Alle Funde stammen also aus dem lithographischen (diese Platten wurden als Druckplatten benützt) Schiefer, den **Solnhofer Plattenkalken** aus der Fränkischen Alb in Bayern (westlich von Regensburg). Das Gestein gehört zur Jurazeit (Malm Zeta, tiefste Stufe). Diskutiert wird noch, inwieweit die vorliegenden Funde unterschiedliche Arten (zwei: *A. lithographica* syn. *A. macroura, A. oweni, Griphosaurus problematicus, G. longicaudatus* und *A. siemensi*) repräsentieren oder zu einer Art gehören. Manche Autoren differenzieren die Funde sogar in zwei Gattungen (*Archaeopteryx* und *Archaeornis*).

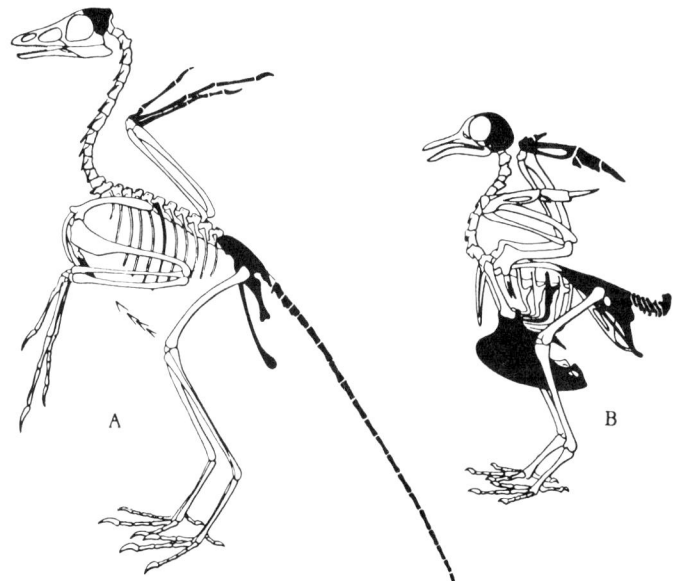

Abb. 21.1. Vergleich des *Archaeopteryx*–Skeletts (A) mit dem einer modernen Taube (B; nach FEDUCCIA 1984).
Die Teile des Knochengerüsts, die einander jeweils entsprechen (Hirnschädel, Handknochen, Brustbein, Rippe, Becken und Schwanz), sind schwarz gezeichnet. Bei den modernen Vögeln ist der Schwanz verkürzt, und mehrere Schwanzwirbel sind zu einem einzigen Knochen, dem Schwanzstiel oder Pygostyl, verwachsen. Der Hirnschädel hat an Umfang zugenommen, und die Schädelknochen sind verwachsen.

Die Handwurzel- und Mittelhandknochen sind zum Teil miteinander zum Carpometacarpus verschmolzen, und die Finger wurden kürzer. Der Beckengürtel ist mit dem Kreuzbeinabschnitt der Wirbelsäule (Syusacrum) fest verbunden. Die Rippen sind untereinander durch Hakenfortsätze abgestützt und versteift. Das Brustbein ist stark vergrößert und mit einem Kiel versehen, an dem die umfangreichen Flugmuskeln ansetzen. All das sind Anpassungen, die mit der Verbesserung des Flugvermögens zu tun haben.

Abb. 21.2. Einige der sieben bekannten *Archaeopteryx*-Funde aus der Solnhofer Jurazeit (Bayern). Zeichnungen nach DE BEER (1954) u. a.; zueinander nicht maßstabsgetreu.

1: Fund Nr. 1. Der erste Beweis dafür, daß es gegen Ende der Jurazeit bereits Vögel gab, war die einzelne Feder, deren Fund HERMANN VON MEYER 1861 bekanntgab (Fundjahr 1860). Man beachte, daß die beiden Fahnen der Feder asymmetrisch ausgebildet sind. Dieses Merkmal findet man sonst nur bei den Handschwingen moderner, flugfähiger Vögel. Damit ist ein wichtiger Hinweis für die Flugunfähigkeit von *Archaeopteryx* seit mehr als 100 Jahren vorhanden. Allerdings ist natürlich nicht hundertprozentig sicher, daß die Feder zu einem *Archaeopteryx* gehört. 2: Fund Nr. 2; 1861, Londoner Exemplar. Federumrisse angedeutet. 3: Fund Nr. 3; 1877, *Achaeopteryx lithographica*, versteinertes Skelett des Urvogels; Federabdrücke mit Fahnen stärker verdeutlicht; Berliner Exemplar, Schädel rekonstruiert. 4: Fund Nr. 4; 1956, Maxberger Exemplar (in Solnhofen, Privatbesitz). Federumrisse angedeutet.

Weitere Vorkreidefossilien sind von Vögeln nicht bekannt. Federfunde (z. B. aus Australien, Libanon, Spanien; jeweils unterste Unterkreide) sind relativ unsicher, aber auch jünger als die Jurafunde.

Archaeopteryx war sicher ein kleiner, räuberisch lebender Vogel, der Insekten und kleine Wirbeltiere erbeutete. Ob er auf dem Boden oder auf Bäumen lebte, ist immer noch umstritten. Für beide Thesen gibt es zahlreiche morphologische Hinweise. Als Landvogel sollen seine Flügel für kurze Gleitstrecken beim Jagen dienlich gewesen sein. Als Baumvogel hätte er sie z. B. fürs Gleiten von Baum zu Baum benützen können. Andere Autoren nehmen sogar die Fähigkeit zu aktivem Flatterflug an. Andererseits spricht jedoch nichts dagegen, daß für den Urvogel beides zutraf, Baum- und Bodenleben (Abb. 21.3). Auch bei modernen Vögeln findet man Arten, deren Aktivitätsspektrum sich sowohl auf den Boden als auch auf Bäume erstreckt. Dazu gehören z. B. Turakos und Hokkohühner, denen *Archaeopteryx* in seinen Skelettproportionen stark ähnelt.

Relativ sicher ist, daß die **Federn** auch schon die Aufgabe der **Isolierung** hatten, der Urvogel

also zu den **Endothermen** gehörte und mit einer hohen Körpertemperatur ausgestattet war, wie dies auch für Säugetiere und Flugsaurier bekannt ist.

Unklar ist auch noch die **phylogenetische Stellung** der Urvögel. Das *Archaeopteryx* zeigt sowohl Merkmale der Reptilien als auch solche der modernen Vögel (s. Tab. 21.2). Ob er allerdings den direkten Vorfahren der heutigen Vogelarten darstellt, ist damit noch nicht gesagt. Er könnte auch eine blind endigende Seitengruppe der Vogelevolution darstellen, eine Meinung, die zur Zeit stark überwiegt. Leider fehlen weitere Fossilienfunde, die Auskunft über die Verbindung zwischen Reptilien und *Archaeopteryx* einerseits und *Archaeopteryx* und modernen Vögeln andererseits geben könnten.

21.2.2 Fossilfunde der Postjurazeit

Archaeopteryx ist die einzige Vogelgattung, die sicher in die **Jurazeit** vor etwa 150 Millionen Jahren datiert werden kann. Danach gibt es eine große Lücke an Vogelfossilien, die offenbar darauf beruht, daß das fragile Vogelskelett

Tab. 21.2. Ein Vergleich von verschiedenen Merkmalen bei *Archaeopteryx* mit denen von Reptilien und modernen Vögeln. Gemeinsamkeiten in den Merkmalen sind durch eine Kastenumrandung deutlich gemacht (nach Bergmann 1987, ergänzt). S. auch Abb. 21.1.

Merkmal	Reptilien	*Archaeopteryx*	Vögel
Schwanzwirbel	zahlreich frei	zahlreich frei	wenige, verwachsen (Pygostyl)
Wirbelgelenke	bikonkav	bikonkav	sattelförmig
Wirbelanzahl im Sakralbereich	ca. 6	6	11–23 (Synsacrum)
Bauchrippen (Hautverknöcherung)	vorhanden	vorhanden	fehlen
Rippen	frei	frei	m. Brustbein verwachsen
Hakenforts. an Rippen (Proc. uncin.)	fehlen	vielleicht knorpelig	vorhanden
Mittelhandknochen	frei	frei (nur 3, m. Handwurzel verwachsen)	zum Carpometacarpus verwachsen
Mittelfußknochen	frei	z. T. frei	verwachsen mit Fußwurzelknochen
Wadenbein (Fibula)	wie Schienbein (Tibia)	wie Schienbein	zu Spange reduziert
Pneumatisierung der Knochen	fehlt	vorhanden	vorhanden
Finger mit Krallen	ja	ja	nein (nur bei jungen Hoatzins u. Straußen)
Hinterzehe opponiert	nein	ja	ja
Brustbein	fehlt	fehlt	vorh. m. Crista
Schlüsselbeine	getrennt	verwachsen (Furcula)	verwachsen (Furcula)
Schambein (Pubis)	meist kurz, nach vorn	lang, nach hinten	lang, nach hinten
Quadratum	einhöckerig	zweihöckerig	zweihöckerig
Zähne	vorhanden	vorhanden	fehlen (außer bei Kreidevögeln)

Tab. 21.2. Ein Vergleich von verschiedenen Merkmalen bei *Archaeopteryx* mit denen von Reptilien und modernen Vögeln. Gemeinsamkeiten in den Merkmalen sind durch eine Kastenumrandung deutlich gemacht (nach BERGMANN 1987, ergänzt). S. auch Abb. 21.1.

Merkmal	Reptilien	*Archaeopteryx*	Vögel
Federn	fehlen	vorhanden	vorhanden
Kleinhirn	klein	klein	groß
Endotherm	nein	ja	ja

im allgemeinen geringere Chancen fossiler Erhaltung hat als z. B. Skelette von Säugern oder großen Reptilien. Dennoch kennt man bis jetzt etwa 900 ausgestorbene fossile Vogelarten. Hinzu kommen etwa ebenfalls 900 rezente, die auch noch als Fossilien nachgewiesen wurden. Das entspräche rund 10 % der heutigen Avifauna. Allerdings schätzt man die Gesamtzahl ausgestorbener und rezenter Vogelarten auf insgesamt knapp über 1 630 000 (s. aber Kap. 22.2.2 und 22.4). Damit sind nicht einmal 0,06 % der Vogelarten, die einmal die Erde bevölkert haben (sollen), fossil erhalten und bekannt.

Die auf die Jurazeit folgende **Kreidezeit** bildet eine wichtige Epoche für die Evolution der Vögel. Man kennt Fossilien von 35 Arten in 19 Gattungen, die 13 Familien und 8 Ordnungen zugeteilt werden. Dabei ist der zeitliche Ab-

stand des ältesten Kreidevogels (*Gallornis*, den Flamingos ähnlich) zu *Archaeopteryx* mit 3 bis allerhöchstens 25 Millionen Jahren zu kurz, um diesen als Vorfahren der Kreidevögel ansehen zu können (s.o.). *Gallornis* wurde in Frankreich in dem Neokom zugerechneten Schichten gefunden. Die bereits oben erwähnten australischen Federfunde gehören wohl der gleichen Zeit an. Damit wäre eine weltweite Verbreitung der Vögel bereits zu Beginn der Kreidezeit nachgewiesen. Nachfolgende Gruppen (Gattungen) sind erwähnenswert (vgl. Abb. 21.7). Sie sind alle meist flugunfähige Schwimmvögel und haben in der Regel Zähne (Ausnahmen s. Einzelbeschreibungen):

(1) *Gallornis;* untere Unterkreide (Neokom; etwa 115 Mio. Jahre), flamingoähnlich.

1   **2**   **3**

Abb. 21.3. Lebensbilder von *Archaeopteryx lithographica* in verschiedenen Bewegungsphasen (nach REICHEL 1941).
Vermutlich sind die Flügelkrallen weit weniger vorstehend und damit weniger sichtbar gewesen. 1 = klettern; 2 = landend aus Gleitflug; 3 = laufend; die Flügel sind vermutlich stärker angezogen gewesen. Zu erwähnen wäre noch, daß der Urvogel sicher auch aktiv fliegen konnte (s. Text).

(2) *Enaliornis;* oberste Unterkreide (Albian; vor etwa 100 Mio. Jahren), England, vermutlich Vorfahren unserer Seetaucher.

(3) *Baptornis;* Oberkreide (vor 60 bis 100 Mio. Jahren), 1 Art, flugunfähige Tauchvögel, weitläufige Ähnlichkeit mit Lappentauchern.

(4) *Hesperornis* (Zahntaucher); Oberkreide, 3 Arten, flugunfähig, seetaucherähnlich, aber nicht mit diesen verwandt.

(5) *Ichthyornis* (Kreidemöwe); Oberkreide, 6 Arten, alkenähnlich, Verwandtschaftsverhältnisse sind aber unklar, flugfähig (Abb. 21.7).

(6) *Gobipteryx;* Oberkreide, im Gegensatz zu obigen Arten zahnlos, Fundort: Mongolei.

(7) *Plegadornis:* Oberkreide, ibisähnlich, Fundort: Alabama.

(8) *Coniornis;* Oberkreide, Angehöriger der Hesperornithidae.

(9) *Neogaeornis;* Oberkreide, lappentaucherähnlich, ältestes Vogelfossil Südamerikas.

Weitere Formen sind *Ambiortus, Alexornis* (ähnelt Motmots), *Parascaniornis* (flamingoähnlich), *Torotix* (flamingoähnlich), *Elopteryx* (pelikanähnlich), *Lonchodytes, Cimolopteryx, Telmatornis, Palaeotringa* (letztere alle limikolenähnlich) usw. Insgesamt war die Wasservogelfauna am Ende der Kreide also schon recht vielseitig zusammengesetzt. Es fehlten allerdings noch charakteristische Vertreter der heutigen Vögel, wie Enten, Kraniche, Möwen und Alken.

Zu Beginn des **Tertiärs** vor etwa 60 Millionen Jahren entwickelten sich viele Familien und Ordnungen der Wasser- und Landvögel. Heute existierende Gattungen traten aber wohl erst im späten Tertiär auf. Am Ende des Eozäns (vor etwa 40 Millionen Jahren) waren aber alle heute existierenden Großgruppen wahrscheinlich vorhanden. Bei den wenigen zu dieser Zeit noch nicht nachgewiesenen Ordnungen (z. B. Kasuarvögel, Steißhühner, Papageien) gibt es plausible Erklärungen für das Fehlen von Fossilien, da sie in Gegenden leben, in denen Fossilfunde äußerst spärlich sind. Das frühe Tertiär (Palaeozän, vor etwa 60 bis 65 Millionen Jahren) war vor allem für die Entfaltung der Wasservögel und vieler Gruppen der Nicht-Sperlingsvögel gekennzeichnet.

Im **Miozän** (vor etwa 5 bis 25 Millionen Jahren) erscheinen dann die letzten der spezialisierten Wasservögel, und die Landvögel er-

obern Hochgebirge und Trockengebiete. Wahrscheinlich waren Ende des Miozäns alle Familien der Nicht-Sperlingsvögel und auch die meisten Singvogelfamilien schon vertreten. Natürlich gab es hier aber auch Entwicklungen, die nicht bis in die neueste Zeit weiterführten. Im **Palaeozän** entstanden so z. B. die räuberischen Gastrornithidae und Diatrymidae, flugunfähige Riesenvögel von etwa Straußgröße, die bereits 20 Millionen Jahre später im Eozän wieder ausstarben (Abb. 21.7). Dagegen sind die bis ins Miozän oder ins untere Pliozän nachweisbaren Moas (Diornithidae) Neuseelands, die in einigen Arten ebenfalls respektable Größen erreichten (möglicherweise bis über 3,50 m), mit ihren letzten Arten erst in geschichtlicher Zeit (vielleicht sogar erst in der Neuzeit) ausgestorben.

Während des **Eozäns** entstanden wohl mehr Vogelfamilien als je vorher oder nachher. Die tropischen Wälder der Nordhalbkugel waren von Angehörigen vieler heute noch lebender Familien bevölkert; ebenso die Savannen. Im Oligozän (vor etwa 25 bis 35 Millionen Jahren) ging die Entwicklung mehr in Richtung trockenen Gebieten angepaßter Formen. Es entstanden aber nur 6 rezente Familien neu in dieser Zeit. In Südamerika gab es wieder Entwicklungen zu straußengroßen, räuberischen Laufvögeln, wie etwa *Phocusrhacus*, der einen mächtigen Schnabel besaß. Die Eroberung neuer Biotope setzte sich im Miozän fort. Als wichtigste Ergänzung der schon sehr reichhaltigen Avifauna entstanden z. B. Falken und Tauben. Der Reichtum der Sperlingsvögel vermehrte sich u. a. um Krähen, Stelzen und Würger. Von Gattungen rezenter Nicht-Sperlingsvögel sind bereits 86 (10 %) aus dem Tertiär bekannt, von denen 10 auf das Oligozän, 42 weitere auf das Miozän und 34 auf das Pliozän entfallen.

Die Fossilfunde des **Quartärs** (vor zwei Millionen Jahren) ergeben weitere etwa 245 rezente Gattungen der Nicht-Sperlingsvögel. Fossilfunde von Sperlingsvögeln sind allgemein recht spärlich, so daß aus dem Quartär erst rund 145 (16 %) der heute unterscheidbaren Gattungen bekannt sind. Dabei ist aber sicher, daß Ende des **Pleistozäns (Eiszeit)** die Vogelwelt reichhaltiger war als heute. Damals sollen rund 10 600 Arten (heute höchstens 9000) vorgekommen sein. Eisvorstöße und -rückzüge änderten während dieser Epoche Klima und Höhe des Meeresspiegels beträchtlich. Viele Arten und auch höhere Taxa starben dabei aus. Der Klima-

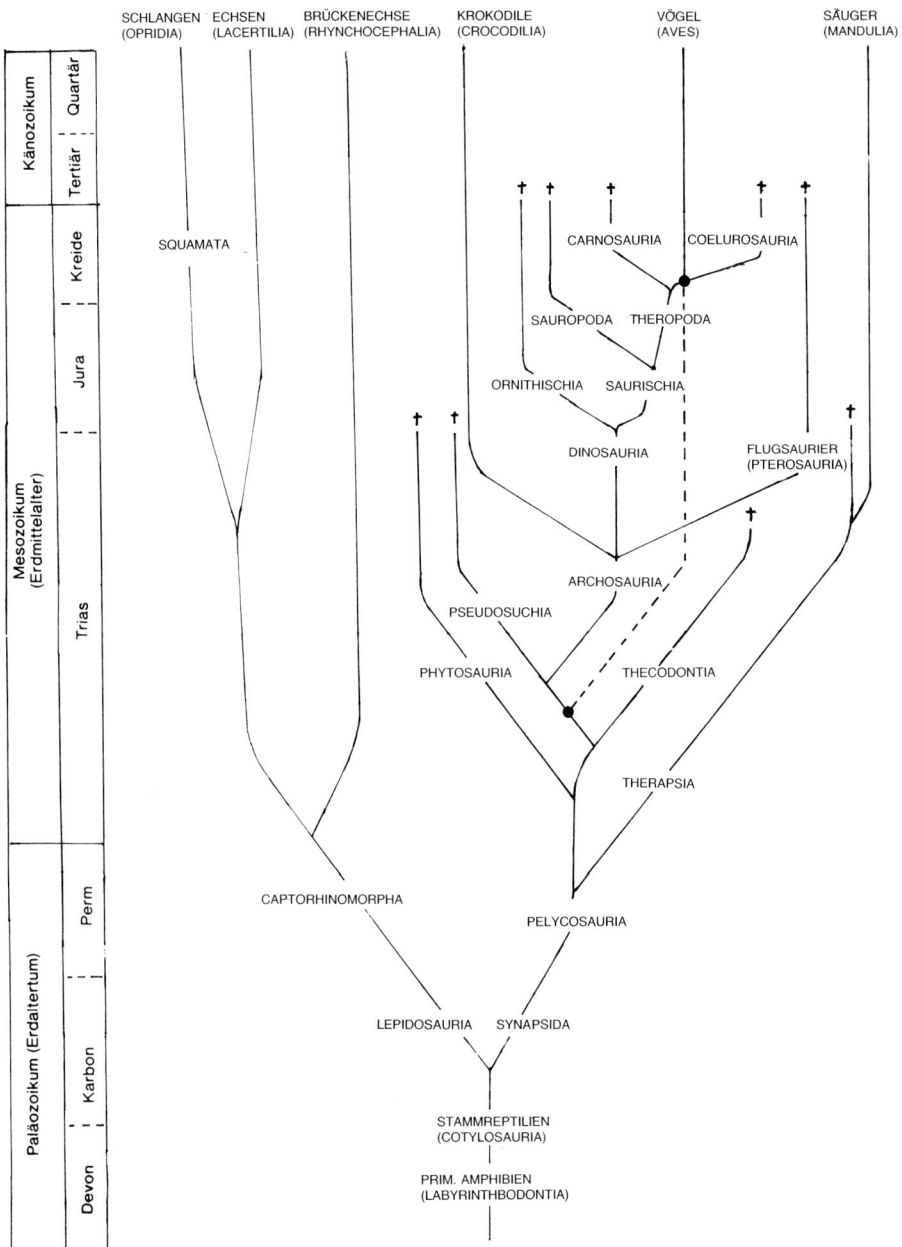

Abb. 21.4. Stammbaum-Schema zur Phylogenese der Vögel (kombiniert nach versch. Autoren). Alle Verzweigungen, zeitlichen Lagen und Ableitungen sind natürlich stark hypothetisch und nur als eine von vielen diskutierten Möglichkeiten zu verstehen. Es liegt in der Natur der Sache, daß beinahe jeder Phylogenetiker sein eigenes Schema hat und allein dieses für richtig erachtet. Zwei Haupttheorien zur Evolution der Vögel werden gezeigt: Die eine geht von einer relativ späten Abspaltung der Vögel aus den Coelurosauria während der Spätjura/Kreide aus (durchgezogene Linie, Punkt). Die andere (gestrichelt) setzt die Verzweigung früh ins Trias, wo sich die Vögel aus den Archosauria oder den Thecodontia oder anderen Pseudosuchia-Formen oder direkt aus den Pseudosuchia entwickelt haben sollen. Beiden Theorien ist die jeweilige zeitliche Ferne zum tatsächlichen Auftreten von *Archaeopteryx* ein gewisses Problem, das schwer zu erklären ist. Funde von Zwischenformen (vor oder nach *Archaeopteryx*) wären danach enorm wertvoll (s. auch Abb. 21.6 und Text).

wechsel führte aber andererseits zu Refugien-
bildungen und damit zu geographischer Isolation, die wiederum zur Entstehung neuer Arten
Anlaß gab. Es entwickelte sich hier die heutige
Avifauna. Daß während des Quartärs wohl alle
heutigen Arten entstanden sind, deuten viele
Fossilfunde an, unter denen mehr als 900 noch
heute lebende Arten nachgewiesen werden
konnten.

21.2.3 Ursprung der Vögel

Vögel stammen unstritig von den Reptilien ab
und sind daher relativ nahe mit ihnen verwandt.
Im Gegensatz zu unseren sehr guten Kenntnis-
sen der rezenten Vogelarten ist aber die **Phylogenese der Vögel** höchst unvollkommen bekannt und daher auch **äußerst umstritten**. Dies
hängt vor allem mit dem praktisch völligen
Fehlen von sehr alten Vogelfossilien (vor *Archaeopteryx*) zusammen. So verwundert es
kaum, daß es selbst Diskussionen darüber gibt,
ob die Vögel nun polyphyletisch (aus mehreren
Grundformen) oder monophyletisch (aus einer
Grundform) entstanden sind. Um ein Vielfaches mehr wird um die einzelnen Zwischenglie-

der Evolution gerungen. Die folgende Darstellung kann somit nicht die Breite der diskutierten Modelle liefern, sondern muß sich auf
die Präsentation einer Möglichkeit (diese allerdings zusammengesetzt aus verschiedenen
Blickrichtungen) beschränken. Sicher sind hier
noch viele Änderungen im Laufe der Zeit zu
erwarten. In Abb. 21.4 ist ein Stammbaumsche-
ma gegeben, das verschiedene Autoren berücksichtigt. Danach stammen die **Vögel** von den
Dinosauriern ab.

Die Frage aber lautet: Wie sah der **Reptilien-
urahn der Vögel** aus? Darüber besteht kaum
Einigkeit. Vereinfacht läßt sich folgende Reihe
aufstellen: Die Vorfahren aller Reptilien waren
die sogenannten Stammreptilien, die man als
Cotylosaurier bezeichnet. Sie entstanden lange
vor den eigentlichen Reptilien und unterschieden sich von ihren Nachkommen durch eine
feste Schädelkonstruktion ohne Schläfenfenster. Auf der »Vogellinie« folgen als nächstes
zu Beginn der Trias vor etwa 230 Millionen
Jahren die Thecodontier, die zu dieser Zeit eine
eigene, kurze Blütezeit erlebten. Die Thecodontier bewegten sich in erster Linie auf den
Hinterbeinen fort und waren hinsichtlich vieler

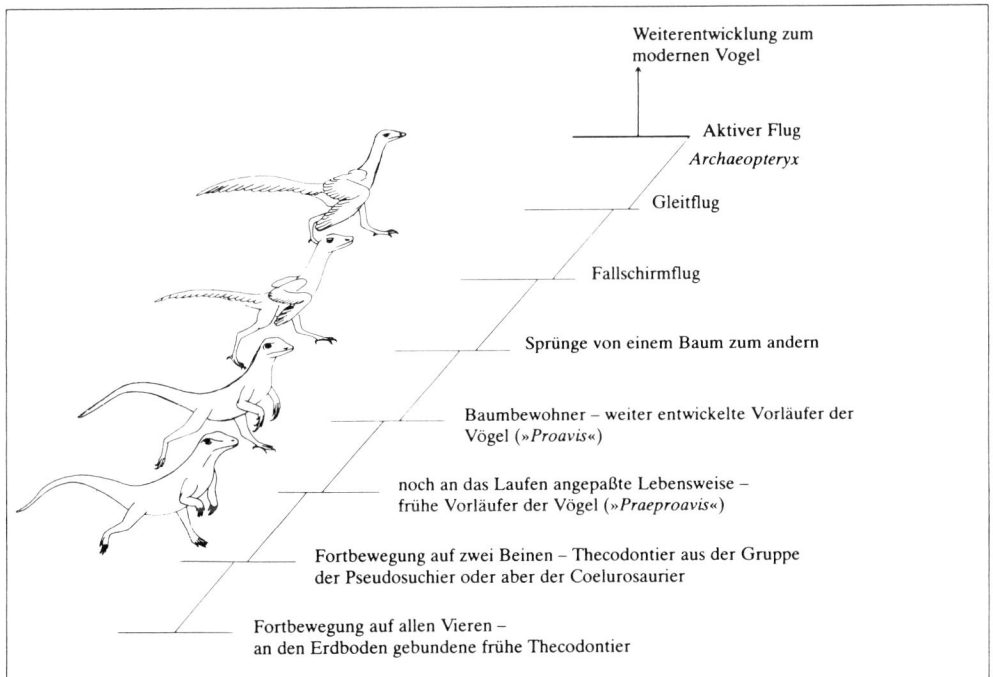

Abb. 21.5. Schematische Darstellung der evolutiven
Veränderungen auf dem Wege vom Vierbeiner zum
Vogel (nach FEDUCCIA 1984, verändert). Die Zeichnungen zeigen schematisch die Evolution von *ornithosuchus*-ähnlichen, auf zwei Beinen bodenlaufen-
den Archosauriern über Proavis zu den Urvögeln.

Skelettmerkmale vogelähnlich. Sie besaßen wie *Archaeopteryx* scharfe, von Zahnhöhlen einge-faßte Zähne, und ihre Wirbel und viele andere Teile des Skeletts ähnelten den primitiven Vö-geln. Aus den ersten kurzbeinigen Thecodonti-ern, den Proterosuchiern, entwickelte sich bald nach Beginn der Trias eine Reihe verschiedener Unterordnungen. Aus der Unterordnung Pseu-dosuchia gingen alle höher entwickelten Repti-lien, einschließlich der **Dinosaurier** hervor. Über verschiedene Zwischenformen entstan-den daraus auch die Vögel. Dazu gibt es jetzt **zwei Hauptmeinungen:**

Abb. 21.6. Verschiedene potentielle Vorläufer der Vögel nach den zwei Haupttheorien der Vogelevolu-tion (s. Abb. 21.4; Zeichnungen nach Vorlage HELL-MANN 1929).
A. Der sehr kleine, bodenbewohnende (laufende) Coelurosaurier *Compsognathus longipes* repräsen-tiert den Vertreter der „späten" Abspaltung in der Kreidezeit vor etwa 120 Millionen Jahren. Dies ist insofern problematisch, da *Archaeopteryx* schon im Jura vorhanden war.
B. Der ebenfalls kleine und am Boden rennende Thecodontier *Ornithosuchus* zeigt, wie ein Vogelvor-fahre der Pseudosuchiern hätte aussehen können. Die-se Abspaltung (direkt aus Pseudosuchiern, aus Archosauriern oder Thecodontiern?) wäre dann vor etwa 230 Millionen Jahren erfolgt. Zum *Archaeopte-ryx* würde allerdings eine Lücke von rund 90 Millio-nen Jahren ohne Fossilienfunde klaffen.

Abb. 21.7. Verschiedene in prähistorischer Zeit aus-gestorbene Vogelarten (aus FEDUCCIA 1984 nach ver-schiedenen Autoren; verändert). Zeichnungen nicht maßstabsgetreu zueinander!
1: Vor etwa 65 Millionen Jahren, zu Beginn des Känozoikums, des Zeitalters der Vögel und Säuger, war die ökologische Nische für einen zweibeinigen Fleischfresser nach dem Aussterben der fleischver-zehrenden Dinosaurier zunächst unbesetzt geblieben. Da es also von dieser Seite her keine Konkurrenz gab, konnten sich übergroße, flugunfähige, an die karnivore Lebensweise angepaßte Vögel erfolgreich entwickeln. Die ältesten uns bekannten Formen un-ter ihnen waren die riesigen Diatrymas mit den Gat-tungen *Diatryma*, *Gastornis* und Verwandte, die über 2 m groß werden konnten. Der Kopf dieser Vögel konnte die Größe eines Pferdekopfes erreichen und besaß einen riesigen und starken Schnabel, wie er für das Zerreißen von Fleisch ideal ist. Die Abbildung zeigt *Diatryma gigantea*.
2: Während sich im Zuge der pleistozänen Artauf-spaltung der Moas in Neuseeland der größte Vogel (*Dinornis*, bis 3,70 m hoch) entwickelte, entstand gleichzeitig auf Madagaskar der schwerste, nämlich der Madagaskarstrauß oder Elefantenvogel. *Aepyor-nis maximus* (Abb.) wog wahrscheinlich fast 450 kg und konnte bis 3,00 m hoch werden. Vermutlich leb-ten diese Vögel bis in historische Zeiten (Mittelal-ter?). *Aepyornis*–Eier sind die größten bekannten

Vogeleier. Das Fassungsvermögen eines Eies entspricht etwa sieben Straußeneiern oder rund 180 Hühnereiern. Es konnte bis 30 cm lang werden und bis 9 kg Masse erreichen.

3: Aus den Flachmeeren der Kreidezeit kennt man zahlreiche mit Zähnen versehene Zahnvögel (Odontornithes). Dazu gehören z. B. die bekannten flugunfähige Zahntaucher *Hesperornis*, aber auch die in der Abb. gezeigte flugfähige Kreidemöwe *Ichthyornis*. Sie waren damals in Nordamerika weit verbreitet. In ihrem Skelettbau ähneln sie stark dem von Nashornalk und Gelbschopflund.

4: Der pelikanartige *Osteodontornis orri* konnte nicht tauchen. Er hatte keine echten Zähne, sondern knöcherne, zahnähnliche Schnabelrandleisten. Die Vertreter dieser Gruppe, die am Ende des Pliozäns ausstarben, gehörten zu den größten flugfähigen Vögeln überhaupt. Mit Flügelspannweiten bis zu fünf Meter waren sie vermutlich hervorragende Segelflieger. Man fand diese Vögel im Eozän von England, im oberen Miozän der amerikanischen West- und Ostküste und im Pliozän von Neuseeland. Zum Vergleich ist eine Großmöwe im gleichen Maßstab eingesetzt.

5: Rekonstruierte Darstellung eines typischen Vertreters der Dromornithidae, große, bodenlebende Vögel, die in Australien lebten. Von ihnen ist eine Vielzahl von fossilen Arten bekannt, die zeitlich bis ins Miozän zurückreichen. Zu dieser Familie gehörten sowohl behende Laufvögel als auch schwere Arten mit säulenähnlichen Beinen. Eine Riesenform aus dem oberen Miozän des australischen Nordterritoriums wurde ebenso groß oder vielleicht noch größer als der oben erwähnte Madagaskarstrauß (*Aepyornis*). Es ist möglich, daß diese Vögel Fleischfresser waren. Da aber Schädelfunde noch ausstehen, kann die Frage nach der Ernährungsweise noch nicht eindeutig beantwortet werden.

6: *Presbyornis*-Fossilien stammen aus Ablagerungen des unteren Eozäns Nordamerikas. Sie sind grob geschätzt 50 Millionen Jahre alt. Diese Vögel filterten ihre Nahrung aus dem Wasser heraus und waren wahrscheinlich weltweit verbreitet. Es sind flamingoähnliche Watvögel, die wesentliche Hinweise zur Phylogenese von Enten und Flamingos lieferten, welche sich danach von frühen Watvögeln ableiten lassen und keine nähere Verwandtschaft zu den Störchen und Reihern aufweisen.

Eine Theorie geht davon aus, daß sich die Vögel vor 230 Millionen Jahren **direkt aus** den **Pseudosuchiern** entwickelt haben. Die andere vertritt die Auffassung, Vögel hätten sich erst wesentlich später evoluiert, nachdem die Entwicklung über die Archosaurier und verschiedene, sich verzweigende Ordnungen von Dinosauriern weit fortgeschritten war. Abb. 21.4 gibt diesen Modus wieder. Die Archosaurier, die sich aus den Pseudosuchiern entwickelt hatten, waren im Mesozoikum die vorherrschenden Reptilien. Diese Unterklasse, die durch das Vorhandensein von zwei Schläfenfenstern gekennzeichnet ist, entwickelte Krokodile (heute noch lebend) und die ausgestorbenen Dinosaurier (von denen die Vögel abstammen) und Flugsaurier (Pterosauria). Früher hielt man die Flugsaurier für die Vorfahren der Vögel, weil sie den Flug schon beinahe perfekt beherrschten und zahlreiche Konvergenzen zu den Vögeln zeigten. Diese Ansicht war aber zu keiner Zeit allgemein anerkannt. Pterosaurier sind nur weit entfernte Verwandte der Vögel.

Aus Abb. 21.5 läßt sich die **Phylogenese der Flugfähigkeit** der Vögel ableiten.

21.3 Ausgestorbene Vögel der jüngeren Geschichte

Wie bereits oben gezeigt, ist die Phylogenese eine Geschichte des Wandels. Bestehende Arten werden unter dem Druck der Umweltfaktoren geformt und verändert, neue Arten können sich bilden, alte Arten verschwinden. Von ehemals insgesamt über 1,6 Millionen Arten haben wir daher heute nur noch rund 9000 rezente Formen (je nachdem, wie eng man die Gruppe »Vögel« faßt, kommen z. T. die gleichen Autoren auch nur auf rund 160 000 ehemals und rezent insgesamt existierende Arten). In geschichtlicher Zeit ist vor allem der Mensch ein entscheidender Faktor in diesem Geschehen geworden. Soweit es sichere Überlieferungen gibt, sind seit dem 17. Jahrhundert über 70 Vogelarten von unserem Planeten verschwunden (Näheres s. Kap. 25.2.1 und Tab. 25.1).

22 Klassifikation

22.1 Methoden und Probleme

Unter **Klassifikation** versteht man die Abgrenzung, Anordnung und Rangeinstufung der Organismen in Kategorien, die man als Taxa bezeichnet. Ein **Taxon** entspricht aber auch einer Gruppe von Organismen, die von einer anderen hinreichend verschieden ist, so daß man sie einer bestimmten Kategorie (Art, Gattung, Familie, Ordnung) zuordnen kann. Mit Klassifikation bezeichnet man sowohl die Tätigkeit dieses Ordnens als auch ihr Ergebnis, also etwa die Klassifikation der Vögel. Teilweise damit überschneidet sich der Ausdruck **Taxonomie**, die Wissenschaft von den theoretischen Grundlagen und dem praktischen Vorgehen bei der Klassifikation der Organismen. Ebenfalls nicht immer klar wird Taxonomie von dem weiter zu fassenden Begriff **Systematik** abgegrenzt. Systematik ist ganz allgemein die Wissenschaft, die sich mit der Vielgestaltigkeit (Diversität) der Organismen befaßt und z. B. auch die Faktoren der Evolution verschiedener Formen umfaßt und Fragestellungen darüber, wie sich diese Vielgestaltigkeit äußert. Die Ergebnisse systematischer Untersuchungen verwendet die Taxonomie zur Konstruktion von Klassifikationen.

Der Taxonom muß zunächst die Formen voneinander unterscheiden, gegeneinander abgrenzen und definieren. Dann hat er das Problem der Einordnung zu lösen, die er nach bestimmten Kriterien vornehmen muß. Solche **Kriterien** sind äußerlich erkennbare morphologische Merkmale. Vor allem für die Zuordnung zu höheren Kategorien ist auch die innere Morphologie wichtig, einschließlich der Untersuchung der Zellbestandteile (Zytologie) und Embryologie sowie schließlich physiologischer und biochemischer Unterschiede zwischen Geweben. Doch der Trend geht nicht ausschließlich in Richtung auf das immer komplizierter ausgestattete Labor. Auch der lebende Vogel bietet viele Ansatzpunkte, so etwa durch seine Verbreitung, seine Parasiten und vor allem durch sein Verhalten, wenn es z. B. Bedeutung für reproduktive Isolation hat. In diesem Zusammenhang liefert vor allem auch die Bioakustik wichtige Erkenntnisse.

Die **Anforderungen an die Klassifikation** sind ganz unterschiedlicher Natur. Für die Praxis eines Referenzsystems sollte sie möglichst einfach und leicht zu benutzen sein. Doch dies steht oft im Widerspruch zu einer weiteren Forderung: Eine wirklich sinnvolle und verständliche Klassifikation sollte eindeutige Informationen über die abgegrenzten Taxa und ihre hierarchische Ordnung bieten. Alle Taxa einer Stufe müssen demnach die gleiche biologische Bedeutung bekommen; ihrer Anordnung muß ein einheitliches System zugrunde liegen. Versuche, dieser Anforderung zu genügen, enden aber meist in sehr komplizierten Klassifikationen, die nicht selten Kompromisse fordern. Ein praktisch anwendbares System sollte aber auch möglichst stabil sein, damit man nicht immer neue Arrangements zu lernen oder mit ihnen zu arbeiten hat. Hierin spalten sich die Ansichten besonders deutlich: Das eine Extrem verlangt aus einsichtigen Gründen eine Klassifikation, die sich überhaupt nicht ändert; das andere geht davon aus, daß Stabilität gleichzusetzen ist mit der Tatsache, man sei nicht zu lernen bereit. Sicher ist Stabilität einer Klassifikation wünschenswert, doch bis zu welchem Grad sie sinnvoll ist, um als nützliche Basis für viele Fragestellungen der Artbildung, Biogeographie, Evolution, Ökologie usw. noch brauchbar zu sein, ist bis jetzt umstritten.

Verschiedene theoretische Grundvorstellungen gehen heute in Klassifikationen ein. Die Ergebnisse sind z. T. sehr verschieden und noch fehlt eine »ideale« Klassifikation. So gibt es Stimmen, die für zwei grundsätzlich verschiedene Klassifikationen eintreten, z. B. eine für die Praxis, nach der z. B. die Vögel nach leicht einsichtigen Kriterien angeordnet werden, die man vorher definiert. Solche Ansätze stehen z. T. im Gegensatz zu Klassifikationen, die Verwandtschaft oder Beziehungen der Organismen zueinander dokumentieren sollen. Hier gehen wiederum die Meinungen darüber auseinander, wie »Verwandtschaft« zu definieren ist.

Cladistische (phylogenetische) Verwandt-schaft stützt sich auf gemeinsame Vorfahren. Monophyletische (vom selben Vorfahren abstammende) Gruppen (Cluster) lassen sich nach Ansicht der cladistischen Schule am gemeinsamen Besitz abgeleiteter Merkmale **(Synapomorphien)**, die auf den jüngsten gemeinsamen Vorfahren zurückgehen, erkennen und von allen anderen Formen, die primitivere Ausbildungen des Merkmals **(Symplesiomorphien)** von einem weiter zurückliegenden Vorfahr aufweisen, als Cladus trennen. So entstehen streng genealogische Dendrogramme (Cladogramme), auf deren Ordinate die geschätzte Zeit und Abszisse das Ausmaß der Divergenz abgetragen sind. Die Verwandtschaft wird bestimmt durch die Lage der Verzweigungspunkte (Abb. 22.1). Diese cladistische Methode hat den Vorteil, daß die Entscheidung eines Autors über das genealogische Muster einer Artgruppierung eindeutig erkennbar ist.

Doch werden gegen diese streng phylogenetische Klassifizierung auch erhebliche Bedenken geäußert, denn zeitlicher Abstand wird mit genetischem gleichgesetzt. Cladisten unterstellen ferner, daß ein Taxon zu bestehen aufgehört hat, wenn es durch dichotome Aufspaltung Ursprung zweier Tochtertaxa ist (was häufig nicht zutrifft). So wird dem cladistischen System oft vorgeworfen, es konzentriere sich mehr auf die Phylogenie eines oder einiger Organe als ganzer Organismen. Strenge Befolgung führt zu absurden Gruppierungen, wenn sehr unähnliche Gruppen (z. B. Krokodile und Vögel) relativ späte Verzweigungspunkte in der genealogischen Zeitskala aufwiesen. Die großen Probleme in der Einordnung von Fossilien in Clado-

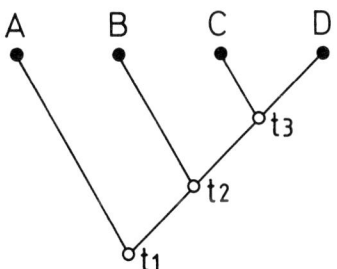

Abb. 22.1. Einfaches Cladogramm, das genealogische (phylogenetische) Verwandtschaft definiert. Art C und D sind miteinander näher verwandt als zu einer dritten (A oder B), da nur sie zum Zeitpunkt t_3 einen gemeinsamen Vorfahren aufweisen. t_1–t_3 könnten als verschiedene taxonomische Kategorien angesehen werden.

gramme ebenso wie deren Fortführung über den Rang der Ordnung (vgl. Kap. 22.2) hinaus hat Cladisten neuerdings veranlaßt, sich auf Cladogramme innerhalb rezenter Vogelordnungen zu konzentrieren. Schließlich hat die Methode sich mit dem Problem der Unterscheidung zwischen **Analogie** (ähnliche Struktur und Funktion, doch kein gemeinsamer Ursprung) und **Homologie** (gemeinsamer Ursprung, doch nicht unbedingt ähnliche Struktur und Funktion) auseinanderzusetzen.

Letzteres ist auch eine entscheidende Frage der vergleichenden Anatomie, die einen wesentlichen Bestandteil des **eklektischen Ansatzes** einer Klassifikation bildet. Er versucht die Entstehung und Höherentwicklung von Strukturen in Evolutionslinien (Anagenese) zu erfassen, gleichzeitig aber auch auch die Verzweigung von Linien wie in der Schule der Cladisten. Damit ist die heute immer noch am häufigsten vertretene Klassifikation der Vögel (vgl. auch Kap. 22.4) eine Mischung von evolutiver und phylogenetischer Betrachtung, die seit der sog. »Neuen Systematik« von J. S. HUXLEY 1940 in eine möglichst umfassende, biologisch orientierte Merkmalsauswertung einmündete und damit in den Versuch einer sorgfältigen Gewichtung phänetischer Ähnlichkeiten. Da jedoch die beiden Aspekte der eklektischen Schule verschiedene Klassifikationsmuster ergeben, sind willkürliche und subjektive Entscheidungen zu Kompromissen nicht auszuschließen. Dies ist ohne Zweifel ein Nachteil gegenüber dem Cladismus.

Eine gewisse Weiterentwicklung, aber auch einen eindeutigen Verzicht auf Berücksichtigung von Evolution und Phylogenie bedeutet die **numerische Taxonomie**, die rein phänetische Verwandtschaft mißt, indem sie Merkmale quantifiziert und als meßbare Einheiten mit Hilfe des Computers rasch und in großer Zahl vergleicht. Die so gewonnene Klassifikation ist statisch und beruht lediglich auf beobachteten Ähnlichkeiten bzw. Unterschieden. Die oben angedeuteten Probleme in der Bewertung der Strukturen und ihrer Abänderungen bestehen selbstverständlich auch für diese Methode.

Da zwischen Erscheinungsbild (Phänotyp) und dem Genom nur eine unvollständige Korrelation besteht, läßt sich auf der Grundlage phänotypischer Ähnlichkeiten nicht unbedingt auf genetische Verwandtschaft schließen, einmal ganz abgesehen davon, daß das Genom in der Regel ja gar nicht untersucht wird. Ein moderner Ansatz, die Ähnlichkeit von Genomen zwischen Taxa zu prüfen, ist neben der möglicherweise nur begrenzt aussagekräftigen elektrophoretischen Trennung von Proteingemischen (vgl. Kap. 19.4.1) die **DNA-Hybridisation** (DNA = Desoxyribu Nucleic Acid; Desoxyribonukleinsäure).

Gemischte Einzelstränge zweier Taxa werden dabei zu Hybrid-Doppelhelices (Heteroduplices) zusammengefügt, wobei die des zu vergleichenden radioaktiv markiert und mit dem Schmelzverhalten von Homoduplices verglichen werden. Damit kann gemessen werden, wie weit die genetische Information bei zwei Taxa identisch ist. Einer Bewertung solcher Befunde liegt die Annahme zugrunde, daß langfristig die Mutationsrate des Genoms gleich ist, auch wenn verschiedene Teile zu bestimmten Zeiten unterschiedliche Raten aufwiesen. Wenn dies zutrifft, ist der gemessene Unterschied zwischen zwei Taxa ein zumindest relatives Maß der Zeitdauer ihrer eigenständigen Entwicklung. Der festgestellte Verwandtschaftsgrad wäre also phylogenetisch, und Taxa mit gleichen Unterschieden müßten in die gleiche Kategorie gestellt werden. Korrekturen sind u.a. im Hinblick auf Eigentümlichkeiten der Fortpflanzung verglichener Arten anzubringen, z.B. individuelles Alter bei der ersten Brut, Zeitdauer einer Generation, Zahl der Zellteilungen bis zur Entstehung der reifen Keimzellen.

22.2 Taxa und ihre Abgrenzung

22.2.1 Höhere Taxa

Wie aus Kap. 22.1 ersichtlich, wird der Begriff Taxon in zweifacher Hinsicht verwendet, nämlich einmal als allgemeine Bezeichnung der Kategorienstufe in einer Klassifikation und zum anderen als Begriff für jedes beliebige Beispiel innerhalb einer Kategorie (z.B. verschiedene Gattungen oder Familien). Auch wenn man sich über die Probleme der Verwandtschaftsbestimmungen und damit der Abgrenzung der Formen einig ist (vgl. Kap. 22.1), bleiben noch zwei Aufgaben: Die **Definition** und **Abgrenzung** der einzelnen **Taxa** und ihre **Anordnung** in ein **hierarchisches Schema** (System, Klassifikation).

Die **grundlegenden Kategorien** sind Klasse, Ordnung, Familie, Gattung (Genus), Art (Spe-

zies) und Unterart (Subspezies) in absteigender Rangfolge. Jede Art muß gemäß Konvention einer Gattung, Familie, Ordnung und Klasse zugeordnet werden, selbst dann, wenn sie in allen diesen Kategorien allein bleibt. Bei sehr komplizierten Anordnungen und/oder großer Artenzahl in einzelnen Gruppen werden zur besseren Verdeutlichung der Verwandtschaftsverhältnisse noch zusätzliche Zwischenstufen in das hierarchische System eingebaut, z.B. Unterklasse, Unterordnung, Unterfamilie, Tribus, Untergattung, allerdings nur nach Bedarf und daher nicht obligatorisch.

In der Abgrenzung der höheren Taxa spiegeln sich vor allem in der modernen Literatur wiederum die Gegensätze zwischen Genealogie und Ähnlichkeit als Gliederungsprinzipien wider (vgl. Kap. 22.1). Nach der eklektischen Schule, die beide Gesichtspunkte zu vereinen sucht, ist die **Gattung** (Genus, Plural Genera) eine taxonomische Kategorie, die eine Art oder eine Gruppe von Arten umfaßt, denen gemeinsamer stammesgeschichtlicher Ursprung unterstellt wird und die von verwandten ähnlichen Einheiten durch eine ausgeprägte Lücke getrennt ist.

Damit ist die Gattung ein sehr subjektives Konzept, und die Taxonomen unterscheiden sich im Detail oft stark in der Auffassung, welche Arten zu einer Gattung zusammengefaßt werden sollten. Dies hat auch nomenklatorische Konsequenzen (vgl. Kap. 22.3). Aus praktischen Gründen wird auch gefordert, die Gattungen einerseits nicht zu groß zu fassen, andererseits nicht zu viele monotypische (nur eine Art enthaltende) Gattungen aufzustellen. Sehr große Gattungen werden oft auch durch Untergattungen gegliedert.

Für die eklektische Taxonomie ist die **Familie** eine sehr wichtige Kategorie, denn der Taxonom drückt mit ihr eine sehr hohe Wahrscheinlichkeit monophyletischen Ursprungs aus, wenn auch weniger deutlich als mit der Gattung. Eine Familie enthält eine Gattung oder bildet eine Gruppe von Gattungen und ist durch eine deutliche Lücke von verwandten ähnlichen Einheiten derselben Kategorie getrennt. Sie ist ihrerseits der Kategorie **Ordnung** zugeteilt. Je höher der Kategorienrang, desto spekulativer werden meist die Gruppierungen. Im Unterschied zur Kategorie der Gattung haben aber verschiedene An- und Zuordnungen innerhalb der höheren Taxa keine nomenklatorischen Auswirkungen.

22.2.2 Artentstehung – Artbegriffe – Subspezies

Die Art unterscheidet sich als Kategoriebegriff von allen anderen Taxa dadurch, daß sie objektiv definiert werden kann. Alle anderen Kategorien bedeuten Unterteilung oder Zusammenfassung von Arten. Beides schließt subjektive Abgrenzungen bzw. Vorstellungen über mögliche Verwandtschaftsbeziehungen ein. Allerdings gibt es verschiedene Artkonzepte, die eng mit den Fragen der Artentstehung (Speziation) zusammenhängen und die Art als evolutionsmorphologische, reproduktive, ökologische, genetische und historische Einheit der Natur zwar nicht in Frage stellen, doch unterschiedlichen Differenzierungsstadien von Populationsgruppen Artrang zuordnen.

Voraussetzung für die **Entstehung neuer Arten** ist die Trennung von konspezifischen Populationen oder Populationsgruppen durch zunehmende genetische Differentiation (vgl. Kap. 19.4.5) in zwei oder mehr separate Evolutionseinheiten. Hierfür ist Isolation von Populationen erforderlich, die Genfluß unterbindet. Sie kann durch äußere Faktoren (z. B. geographische Separation von Populationen) und/oder durch innere (z. B. sexuelle Isolation, genetische Unverträglichkeit) erreicht bzw. im Laufe der evolutiven Vorgänge verstärkt werden. Verschiedene Modi der Artbildung sind dabei denkbar. Grundsätzlich ist als Ergebnis der Verschiedenheit der Umweltbedingungen an weiter auseinanderliegenden geographischen Orten unterschiedliche Ausbildung und daher Wirkung der Faktoren für natürliche Selektion denkbar, so daß genetische Unterschiede entstehen und erhalten bleiben (vgl. Kap. 19.4).

Wahrscheinlich am häufigsten ist bei Vögeln **allopatrische Speziation**. Die ursprüngliche Art ist durch geographische Barrieren (z. B. Bergketten, Meeresteile, unbewohnbare Biotope in großer Ausdehnung) in mehrere Populationen getrennt. Geologische oder klimatische Ereignisse können durch Fragmentation des ursprünglich geschlossenen Artareals zur **Vikarianz** (vgl. Kap. 23.1) führen (dichopatrische Speziation). Ausbreitung über vorhandene Barrieren hinweg kann einen ähnlichen Effekt erzielen (peripatrische Speziation). Letzteres ist vermutlich nicht selten, zumal kleine Gründerpopulationen mit hoher Wahrscheinlichkeit nur einen Ausschnitt des Genpools der Aus-

gangsart mitbringen und daher relativ rasch genetisch davon divergieren (vgl. Kap. 19.45).

Bei allopatrischer Speziation sind die Brutplätze voneinander isoliert, so daß Genfluß sehr gering oder gleich Null ist. Entstehen Arten aus benachbarten Populationen in einer kontinuierlichen Kline ohne geographische Separation, besteht also nur eine Trennung durch Distanz, spricht man von **parapatrischer Speziation**. Hier spielt die Ortstreue fortpflanzungsfähiger Individuen im Vergleich zur Größe des Artareals eine wichtige Rolle. Man nimmt an, daß dieser Modus der Artentstehung bei Vögeln seltener ist, doch könnte das genaue Studium des Musters der intraspezifischen geographischen Variation und Subspeziesbildung hierzu weitere Erkenntnisse liefern.

Sympatrische Speziation schließlich wird durch selektive Partnerwahl innerhalb sympatrischer Populationen bzw. Genotypen bewirkt. Sie reicht aber bei Vögeln zu einer entsprechenden genetischen Differenzierung aller Wahrscheinlichkeit nach nicht aus.

Geographische Divergenz kann verschiedene Ursachen haben. Verhalten und Morphologie variieren in Korrelation mit Klima, Nahrungsangebot oder An- bzw. Abwesenheit anderer Arten, die als potentielle Konkurrenten oder Beutefeinde in Frage kommen. Differenzieren sich aus einer Ursprungsart durch unterschiedliche Anpassung mehrere Formen heraus, spricht man von **Radiation**. Bekannte Beispiele sind nah verwandte Inselarten, die auf einen Ahnen zurückgehen, der die Insel vor entsprechend langer Zeit besiedelte (z. B. Kleidervögel auf Hawaii, Darwinfinken auf Galapagos). Speziation ist ein Prozeß, der dauernd anhält. Daher finden sich gegenwärtig verschiedene Stadien der Artentwicklung nebeneinander. Und so ist nicht immer eindeutig zu entscheiden, ob zwei ähnliche Formen als Subspezies einer Art, als Semispezies oder Mitglieder einer Superspezies einzuordnen sind. Eine Folge dieser Unsicherheit sind außerdem auch verschiedene Artkonzepte.

Die **biologische Art (Biospezies)** umfaßt eine Gruppe sich kreuzender natürlicher Populationen, die von anderen vergleichbaren Gruppen reproduktiv isoliert ist. Sie enthält also alle Individuen einer natürlichen Fortpflanzungsgemeinschaft. Für die Trennung solcher Arten sind nicht Merkmale oder Merkmalsunterschiede (Verhalten, Morphologie, Physiologie), sondern das Kriterium der reproduktiven Isolation maßgebend. Scharfe Grenzen wird man aber nicht immer erwarten können. Vor allem läßt sich der taxonomische Status von allopatrischen Formen schwer abschätzen. Grenzfälle entstehen auch, wenn in Kontaktzonen Populationen hybridisieren, in anderen parapatrisch vorkommen oder sogar sich weit überlappen (z. B. Stein-/Chukarhuhn, Weiden-/Haussperling).

Eine scharfe, durch Kriterien gezogene Grenzlinie wird der Situation (vgl. o.) ohnehin nicht gerecht.

Gruppierungen sehr ähnlicher Formen kennzeichnet man jedoch mit weiteren Termini, um verschiedene Stadien der Speziation auszudrücken. Unter **Semispezies** versteht man Arten, die in einer Zone der Überlappung hybridisieren (auch mitunter als Megasubspezies oder Formen im Übergangsbereich zwischen Art und Subspezies bezeichnet). Demgegenüber werden sehr nah verwandte Arten, die direkt von Subspezies (s. u.) einer Ahnenart abstammen, zu **Superspezies** zusammengefaßt. Die Glieder einer solchen Superspezies (Artenkreises) sind entweder allopatrisch (Allospezies) oder parapatrisch (Paraspezies) verbreitet (vgl. Kap. 23.1); sie vertreten sich geographisch ohne oder mit einer Berührungszone (z. B. Gelb- und Orpheusspötter).

Die sexuelle Isolation von Angehörigen einer Superspezies ist zwar nachgewiesenermaßen oder auch nur vermutlich bereits vollzogen, so daß sie in Kontaktgebieten nicht hybridisieren, doch sind sie einander morphologisch so ähnlich, daß auch ihre ökologischen Ansprüche weitgehend übereinstimmen. Möglicherweise deshalb schließen sie einander in ähnlichen Habitaten weitgehend aus. Dieses Konkurrenzausschlußprinzip ist aber noch kaum eingehend untersucht. Andererseits ist bekannt, daß bei sympatrischem Vorkommen zwischen Vertretern einer Superspezies ein gegenseitiger Ausschluß auch durch interspezifische Territorialität erreicht werden kann (z. B. Sprosser/Nachtigall). Nahverwandte Arten, die gegenüber den Allo- bzw. Paraspezies bereits untereinander weiter differenziert und daher reproduktiv und ökologisch isoliert sind, faßt man häufig als Artengruppe zusammen. Die Abgrenzung zwischen beiden Begriffen ist aber in Übergangssituationen nicht immer eindeutig. Superspezies und Artengruppe erlauben jedoch, unterschiedliche Grade der biologischen Differenzierung von Arten einer Gattung auszudrücken.

Einen weiter gefaßten Artbegriff stellt die **zoogeographische Art** dar. Man versteht darunter eine Populationsgruppe, die nicht nur reproduktiv, sondern auch mehr oder minder deutlich ökologisch gesondert ist, also den gesamten Speziationsprozeß durchlaufen hat (»gute« Art). Sie kann daher als biologisch unabhängige Einheit mit anderen zoogeographischen Arten sympatrisch vorkommen. Diese Definition trifft auf Superspezies und Arten zu, die keiner Superspezies angehören (unabhängige Arten). Man schätzt, daß die rund 9 000 rezenten biologischen Arten etwa 5 000 bis 6 000 oder höchstens 7 000 zoogeographischen Arten entsprechen.

Enger als das der biologischen Art fassen das phylogenetische und das evolutionäre Artkonzept den Artbegriff.

Das **phylogenetische Artkonzept** geht vom Ergebnis der Evolution aus, anstatt den Prozeß der Evolution zu betonen. Die Produkte der Evolution sind taxonomische Einheiten, die man Arten nennen sollte.

Ihre Definition in diesem Kontext lautet etwa: Eine Art ist die kleinste unterscheidbare Gruppe von Organismen, die ein gemeinsames Muster ursprünglicher und abgeleiteter Merkmale aufweisen. Arten besitzen demnach eine jeweils einmalige Kombination von primitiven und abgeleiteten Merkmalen, die über die Generationen weitergegeben wird. Die Art muß daher eine Vermehrungsgemeinschaft darstellen, die aber nicht notwendigerweise gegen andere reproduktiv isoliert zu sein braucht. Arten werden also strikt nach ihrem hypothetischen Status als erkennbare evolutive Taxa definiert, die sich aus gemeinsamen Merkmalmustern innerhalb und zwischen den hier einzugruppierenden Populationen ergeben. Selbst wenn sich zwei Taxa kreuzen, können sie beide als Arten betrachtet werden, sofern sie beide als unterscheidbare Taxa erhalten bleiben (Bastarde können dann natürlich weder der einen noch der anderen Art zugeordnet werden). Entscheidend ist, daß beide Arten eine unterschiedliche phylogenetische und biogeographische Geschichte vor ihrer Bastardierung haben. Die Bedeutung reproduktiver Isolation wird damit keineswegs bestritten, nur eben nicht zur Bestimmung des taxonomischen Status herangezogen. Die konsequente Anwendung des phylogenetischen Artkonzeptes würde die Zahl der Arten stark erhöhen, dabei aber wohl viele bisher als Unterarten klassifizierte Formen als

Arten führen. Nicht befriedigend zu lösen wird wohl auch die Stellung kleiner, mehr oder minder isolierter Populationen sein.

Das Konzept der **evolutionären Art** betont die Kontinuität und Erhaltung der Identität von Evolutionslinien in der Zeit. So werden Populationsgruppen in schmalen Hybridzonen schon als Arten angesehen, weil sie trotz randlichen Genflusses aus den beteiligten Populationsgruppen eine Identität erhalten haben, die in diesem Fall wohl in der Regel durch Allopatrie erworben wurde.

Aus historischen Gründen muß noch das **typologische** Artkonzept erwähnt werden, das gewissermaßen am Anfang stand. Man sah in der Art einen Idealtyp; die individuelle Variation ist nur sein mehr oder minder perfektes Abbild. Noch heute spricht man vom Typusexemplar in einer Museumssammlung oder von Typuslokalität (dem Fundort des Typus). Man versteht darunter allerdings nur eine Bezugsgrundlage.

Als **Subspezies** (Unterart, geographische Rasse) bezeichnet man eine geographisch definierte Gruppe von Populationen, die sich von anderen Populationen soweit unterscheidet, daß man sie taxonomisch einordnen kann. Dies gilt definitionsgemäß, wenn an Hand dieser Merkmale mindestens 90, besser 95 % der Individuen einer Populationsgruppe von denen einer anderen unterschieden werden können. Die rein taxonomischen Aspekte von Populationsunterschieden treten heute in den Hintergrund, zumal mehr oder minder künstliche Abgrenzungen von Subspezies die komplexe Natur der geographischen Variation vor allem bei großen und kontinuierlich verbreiteten Artpopulationen nicht ausreichend flexibel wiedergeben. Dies gilt besonders bei unterschiedlicher Richtung von Merkmalsgradienten (Klinen) sowie bei unterschiedlicher geographischer Lage von besonders steilen Merkmalsgradienten (Stufen von Isolinien bei sehr raschen Merkmalsänderungen entlang einer Richtung).

Außerdem spielt hier die subjektive Einschätzung von Unterschieden durch die Bearbeiter eine nicht unwesentliche Rolle. Bei **kontinuierlicher Merkmalsvariation** ist die durch einen Subspeziesnamen suggerierte phänotypische Einheitlichkeit oft gar nicht vorhanden. Am ehesten werden Subspeziesnamen noch der Situation einheitlicher, separierter Populationen gerecht, etwa in voneinander mehr oder minder isolierten Hochgebirgen und Inseln. So sind die Subspeziesnamen heute nur ein nützli-

ches taxonomisches Hilfsmittel, das mehr oder minder symbolische Bedeutung hat und oft synonym für ein Herkunftsgebiet verwendet wird. Dessen ungeachtet kommt der Analyse der regionalen Muster der geographischen Variation große Bedeutung zu (z. B. für Erkenntnisse der Zoogeographie, Evolutionstheorie, Ethologie, Ökologie und der Wanderungen). Eine Beschränkung der Subspeziesnamen auf einheitliche Populationsgruppen oder auf intraspezifische Einheiten mit eigener Evolution und Kontinuität wird eine Anpassung an evolutionäre Aspekte bedeuten und den rein taxonomisch orientierten Subspeziesbegriff ablösen können. Die geographische Variation von Vögeln ist nach überwiegender Meinung ein Ergebnis natürlicher Selektion von Phänotypen, die genetischen Anpassungen an lokale Verhältnisse entsprechen (vgl. auch Konzept der phylogenetischen und evolutionären Art, s. o.).

22.3 Nomenklatur

Die voneinander unterschiedenen Organismen müssen eindeutig benannt werden, ebenso höhere Taxa. Das **System der Namen** (Nomenklatur) steht aber lediglich im Dienst der Klassifikation, denn Namen geben über die Eigenschaften der Organismen keine verbindlichen Aussagen. Sie können sogar hinsichtlich bestimmter Eigenschaften irreführend oder bedeutungslos sein (z. B. Ziegenmelker – *Caprimulgus*), werden aber beibehalten, wenn ihrer **Aufgabe** der **eindeutigen Benennung einer Form** genügen. Die im deutschen Sprachraum von einigen Autoren unternommenen Versuche, eingeführte oder gebräuchliche historische Vogelnamen nur deshalb zu ändern, um sie »sinnvoller« zu machen oder Verwandtschaftsverhältnisse neueren taxonomischen Erkenntnissen anzupassen, entsprechen also nicht der Zielsetzung zoologischer Nomenklatur. Trotz internationaler Regeln und Vereinbarungen ist es allerdings aus verschiedenen Gründen schwer möglich, in allen Fällen zu jeder Zeit eindeutige, international einheitliche und vor allem stabile Namen für alle Vögel einzuführen.

Diesem Ziel jedoch zumindest sehr nahe zu kommen, dient der **Internationale Code** (früher »Regeln«) der Zoologischen Nomenklatur. Er unterscheidet wissenschaftliche Namen für die internationale Verständigung, für die feste Regeln aufgestellt werden (s. u.), und Namen »in jeder anderen Sprache als die der zoologischen Nomenklatur«. Letztere sind nicht ganz so unwichtig, wie lange Zeit angenommen wurde. Die Notwendigkeit, Tiernamen in der jeweiligen Landessprache einzuführen und zu gebrauchen, ergibt sich heute vor allem als wichtige Forderung des Naturschutzes, denn nur dem Namen nach bekannte Arten können der Allgemeinheit als schutz- und erhaltenswerte Bestandteile der Natur nahegebracht werden.

22.3.1 Namen in modernen Sprachen

Für die meisten europäischen Vogelarten gibt es seit langem eingeführte deutsche Namen, die heute meist einheitlich gebraucht werden oder nur geringe Abänderungen aufweisen, wie z. B. moderne Vereinfachungen (Schwarzer Milan – Schwarzmilan; Zwergrohrdommel – Zwergdommel; Grünfüßiges Teichhuhn – Teichhuhn usw.). Verschiedene Namen für ein und dieselbe Vogelart ergeben sich aus regionalen Sprach- und Dialektunterschieden, historischen oder soziologischen Gründen (Beispiele: Gimpel – Dompfaff; Ziegenmelker – Nachtschwalbe; Mittelente in der Schweiz – Schnatterente in Deutschland; Jägersprache; historische Ausdrücke der Vogelsteller und Vogelliebhaber usw.). Nur für sehr wenige Vogelarten wird man sich heute zwei deutsche Namen merken müssen. Neuerdings sind Versuche unternommen worden, für alle Vögel der Welt deutsche Namen einzuführen (z. B. von H. E. Wolters), von denen aber viele als »Kunstnamen« erst noch ihre Bewährungsprobe im Gebrauch bestehen müssen und sicher auch noch geändert werden. Bei manchen hat man sich auch deshalb noch nicht geeinigt, weil z. B. die Übernahme eines Fremdwortes teilweise einem umständlichen deutschen Namen vorgezogen wird. Auch im Englischen und neuerdings im Französischen existieren Versuche einer Benennung aller rezenten Vogelarten. Im angelsächsischen Sprachbereich muß man allerdings z. B. zwischen englischen und amerikanischen Namen unterscheiden, so daß zwei Namen für das gleiche Taxon (z. B. Uferschwalbe: amerikanisch Bank Swallow, englisch Sand Martin) oder ein Name für verschiedene Arten (z. B. Robin: Rotkehlchen in England – Wanderdrossel in Amerika) bestehen. Auch manche englische Namen aus der Kolonialzeit sind mißverständlich (z. B. australischer und neuseeländischer Vögel).

Die **deutschen Vogelnamen** beziehen sich in der Regel auf Arten. Mitunter werden auch im Freiland unterscheidbare Formen innerhalb der Art bzw. Unterarten benannt (z. B. Nebelkrähe – Rabenkrähe, Bachstelze – Trauerbachstelze). Lang eingeführte Namen gibt es auch für Artengruppierungen, die mitunter genau taxonomischen Einheiten entsprechen (z. B. Drossel – Gattung *Turdus*, Laubsänger – Gattung *Phylloscopus*), aber oft auch nur mehr oder minder klar abgegrenzten Teilen von Taxa, oder für Angehörige mehrerer Taxa (z. B. Lerche: Arten der Gattungen *Alauda*, *Lullula* und *Galerida*). Viele höhere Taxa werden mit konstruierten Namen, die nicht einheitlich festgelegt sind, bezeichnet (vgl. Kap. 22.4).

22.3.2 Wissenschaftliche (internationale) Nomenklatur

Die Arten werden nach einem **binominalen (binären) System** benannt, das auf Carl von Linné (1707–1778) zurückgeht und mit der 10. Ausgabe seiner „Systema Naturae" 1758 beginnt; als Bezugsdatum hat man den 1. Januar 1758 festgelegt.

Jede Art ist durch einen **Doppelnamen** (Binomen, Plural Binomina) unverwechselbar gekennzeichnet. Der erste Name ist die Bezeichnung der **Gattung**. Er wird immer groß geschrieben und als Nominativ Singular betrachtet; er darf sich innerhalb der Zoologischen Nomenklatur nicht wiederholen (gleiche Gattungsnamen bei Pflanzen und Tieren kommen dagegen vor; z. B. *Oenanthe*: Winterfenchel und Steinschmätzer). Der zweite Name bezieht sich auf ein Taxon innerhalb der Gattung, also die **Art**. Ein Artname isoliert ohne Gattungsnamen hat keine Bedeutung. Er kann daher beliebig oft verwendet werden, innerhalb einer Gattung natürlich nur einmal. Namensänderungen sind bei Neugruppierungen von Gattungen daher nicht immer zu vermeiden.

Teilt man z. B. nach dem eklektischen Artkonzept Arten in Unterarten (Subspezies) ein (vgl. Kap. 22.2), wird ein dritter Name zur Benennung der Unterart angefügt. Alle drei Namen können gleich lauten (z. B. *Anser anser anser*, westliche Unterart der Graugans). Sind Art- und Unterartnamen gleich, spricht man von Nominatform, die aber gegenüber den anderen Formen der Art keinesfalls eine Sonderstellung einnimmt. Superspezies werden nicht nach einheitlichen Nomenklaturregeln benannt.

Tab. 22.1. Beispiele für die Anwendung der binären und ternären Nomenklatur.

Mitteleuropäische Buntspechte

Erstbeschreibung und Namensgebung:	a) *Picus major* Linnaeus, 1758
	b) *Picus pinetorum* C. L. Brehm, 1831
1. Taxonomische Entscheidung:	a) und b) zählen zu einer Art
Nomenklatorische Folgerung:	nach Prioritätsgesetz ist Artname *major*
2. Taxonomische Entscheidung:	Die Art zählt zur Gattung *Picoides*
Nomenklatorische Folgerung:	*Picoides major* (Linnaeus, 1758)
3. Taxonomische Entscheidung:	a) und b) sind Unterarten der Art *major*
Nomenklatorische Folgerung:	a) *Picoides major major* (Linnaeus, 1758)
	Kurzform: *Picoides m. major* (L.)
	b) *Picoides major pinetorum* (C. L. Brehm, 1831)

Mitteleuropäische Amseln

Erstbeschreibung und Namensgebung:	a) *Turdus merula* Linnaeus, 1758
	b) *Turdus pinetorum* C. L. Brehm, 1831
Taxonomische Entscheidung:	a) und b) sind eine Unterart; weitere Unterarten können unterschieden werden
Nomenklatorische Folgerung:	für a) und b) *Turdus m. merula* L. (Prioritätsgesetz; b ist Synonym)
	weitere Unterarten z. B.: *Turdus merula mauretanicus*, Hartert, 1902

Der Art(oder Unterart-)bezeichnung wird der Name des Autors, der diesen Namen zum ersten Mal vorgeschlagen hat, angefügt (oft in Abkürzung). Zusätzlich kann man die Jahreszahl der Veröffentlichung des Namens angeben. Ist die Bezeichnung des Taxons eindeutig und handelt es sich nicht um systematische Arbeiten, wird Autorname und Jahreszahl in Publikationen heute meist weggelassen. Ein Autorname in Klammern bedeutet, daß der Autor die Art (oder Unterart) ursprünglich mit einem anderen Gattungsnamen kombiniert hat.

Eine Fülle von **Regeln** soll dafür sorgen, daß die internationalen wissenschaftlichen Namen eindeutig und zumindest relativ stabil bleiben. Die meisten dieser Vorschriften sind nur für den Taxonomen von Bedeutung, so z. B. exakte Regeln für den Vorschlag neuer Namen in der Literatur. Die Sprache der Namen ist Latein, einschließlich von Latinisierungen aus anderen Sprachen, meistens aus dem Altgriechischen, aber auch von Bezeichnungen neuer Sprachen; oft finden sich auch latinisierte oder unverändert eingeführte Eigennamen (z. B. *Calidris temminckii* nach dem Niederländer COENRAAD JACOB TEMMINCK, 1778–1858). Priorität ist ein wichtiges Prinzip: Jeweils der älteste den Regeln entsprechende Name seit dem 1. Januar 1758 soll gelten. Damit aber eine gewisse Stabilität der Namen gewahrt bleibt, wird heute Priorität nicht um jeden Preis durchgesetzt und z. B. ein länger als 50 Jahre nicht mehr benutzter Name im allgemeinen nicht mehr »ausgegraben« und an Stelle eines mittlerweile eingeführten gesetzt. Auch werden Namen, die Eigenschaften ihres Trägers nicht sinnvoll wiedergeben, nicht geändert; kleinere grammatikalische Fehler oder offensichtliche ältere Schreibfehler werden korrigiert, ohne daß ein neuer Autorname angefügt wird. Bestimmte Schreibregeln sind heute vor allem bei der Verwendung von Eigennamen vorgeschrieben. Homonyme (identische Namen für verschiedene Taxa) und Synonyme (verschiedene Namen für ein zu benennendes Taxon) müssen natürlich durch geeignete Namen ersetzt werden. **Eine Internationale Kommission für Zoologische Nomenklatur** befaßt sich mit der Einhaltung der Regeln und trifft nach einem z. T. komplizierten Verfahren Entscheidungen über anzuwendende Namen.

Vorschriften bestehen auch für Namen der Kategorie Familie. Sie werden immer groß geschrieben, von einer zur Familie gehörenden Gattung abgeleitet (Typusgattung) und unter Anhängen der Endsilben -idae (kurzes i) gebildet (Unterfamilien -inae). Im Artnamen findet der Familienname keinen Ausdruck. Man kann also mit Ausnahme der Typusgattung einem Artnamen nicht ansehen, zu welcher Familie die Art zählt.

Namen für höhere Taxa werden nicht vom Internationalen Code bestimmt und daher oft unterschiedlich gebildet.

Gattungs-, Art- und Unterartnamen schreibt man gewöhnlich kursiv; die Namen höherer Taxa nicht.

22.4 Klassifikation der rezenten Vögel

Aus den in Kap. 22.1 und 22.2 diskutierten Gründen gibt es zumindest derzeit noch **keine einheitliche Klassifikation** der Vögel. Auch die Zahl der rezenten Vogelarten ist nicht genau festzulegen, da unterschiedliche Beurteilung mancher sehr ähnlicher Formen im Zusammenhang mit bestimmten Artkonzepten zu Abweichungen von mehreren Prozent der Gesamtzahl führt. Im Konzept der polytypischen Arten (vgl. Kap. 21.2) bestand die Tendenz, sehr ähnliche allopatrische Formen als Subspezies einer Art einzugliedern. Das moderne Konzept der Superspezies neigt jedoch dazu, solchen Formen z. T. als Allospezies Artstatus einzuräumen. Phylogenetische (genealogische) Artkonzepte dürften ebenfalls zu mehr Arten führen. Ferner werden auch in den letzten Jahrzehnten noch regelmäßig **neue Arten** entdeckt. 1966 bis 1975 wurden z. B. 28 allgemein anerkannte Arten, also knapp 3 pro Jahr, neu beschrieben, davon aus der Neotropischen Region (vgl. Abb. 23.5) mehr als aus allen übrigen Teilen der Welt.

Um 1963 schätzte E. MAYR rund 8600 rezente Vogelarten. Listen der 70er Jahre führen etwa 9020 bis 9100 Arten auf, unter denen kürzlich ausgestorbene als rezente Formen enthalten sind. Man wird also derzeit mit **etwa 9000 Vogelarten** rechnen können (vgl. Kap. 22.2.2). Mehr als die Hälfte von ihnen sind Singvögel und Verwandte, die man traditionsgemäß meist in der Ordnung Passeriformes (Sperlingsvögel) zusammenfaßt. Die eigentlichen Singvögel (als Unterordnung Passeres oder Oscines bezeichnet) stellen mit immerhin noch über 4200 Arten die mit Abstand artenreichste monophyletische Vogelgruppe. Ihre Klassifikation ist aber in vieler Hinsicht nach wie vor stark umstritten. Nach Auffassung mancher Autoren sollten die Singvögel sogar Ordnungsrang erhalten.

Die Einteilung der Klasse Vögel in Ordnungen und natürlich damit im Zusammenhang Rangordnung und Abgrenzung niederer Taxa ist neuerdings wieder sehr stark in Bewegung geraten. Die hier durchgeführte Klassifikation enthält 30 Ordnungen und entspricht damit einer mehr traditionellen Reihung, die viele Kompromisse eingeht, um nicht zu kompliziert zu werden. Die Zahl der Ordnungen in neueren Artenlisten reicht von 27 bis 53.

Klasse Aves – Vögel

Ordn. **Struthioniformes** – Flachbrustvögel (11 Arten)
  Unterordn. Struthiones – Strauße
    Fam. Struthionidae – Strauße: 1 Art; Afrika
  Unterordn. Rheae – Nandus
    Fam. Rheidae – Nandus: 2 Arten; Südamerika
  Unterordn. Casuarii – Kasuarvögel
    Fam. Dromaiidae – Emus: 1 Art; Australien
    Fam. Casuariidae – Kasuare: 3 Arten; N-Australien, Neuguinea
  Unterordn. Apteryges – Kiwis
    Fam. Apterygidae – Kiwis: 3 Arten; Neuseeland

Ordn. **Tinamiformes** – Steißhühner (46 Arten)
    Fam. Tinamidae – Steißhühner: 46 Arten; Südamerika

Ordn. **Procellariiformes** – Röhrennasen (98 Arten)
    Fam. Diomedeidae – Albatrosse: 13 Arten; Pazifik, südl. Ozeane
    Fam. Procellariidae – Sturmvögel: 60 Arten; alle Meere, Europa 3 Arten
    Fam. Hydrobatidae – Sturmschwalben: 21 Arten; alle Meere, Europa 2 Arten
    Fam. Pelecanoididae – Lummensturmvögel: 4 Arten; südl. Ozeane

Ordn. **Sphenisciformes** – Pinguine (16 Arten)
    Fam. Spheniscidae – Pinguine; 16 Arten; südliche Ozeane, Antarktis

Ordn. **Gaviiformes** – Seetaucher (5 Arten)
    Fam. Gaviidae – Seetaucher: 5 Arten; zirkumpolar, Europa 4 Arten

Ordn. **Podicipediformes** – Lappentaucher
(20 Arten)
    Fam. Podicipedidae – Lappentaucher:
    20 Arten; weltweit, Europa 5 Arten

Ordn. **Pelecaniformes** – Ruderfüsser (57 Arten)
  Unterordn. Phaethontes – Tropikvögel
    Fam. Phaethontidae – Tropikvögel:
    3 Arten; trop. Ozeane
  Unterordn. Pelecani – Pelikane
    Fam. Sulidae – Tölpel: 9 Arten; weltweit
    Meere, Europa 1 Art
    Fam. Phalacrocoracidae – Kormorane:
    31 Arten; weltweit, Europa 3 Arten
    Fam. Anhingidae – Schlangenhalsvögel:
    2 Arten; weltweit tropisch
    Fam. Pelecanidae – Pelikane: 7 Arten;
    weltweit warme Zonen; Europa 2 Arten
  Unterordn. Fregatae – Fregattvögel
    Fam. Fregatidae – Fregattvögel: 5 Arten;
    warme Meere

Ordn. **Ciconiiformes** – Schreitvögel (113 Arten)
  Unterordn. Ardeae – Reiher
    Fam. Ardeidae – Reiher: 63 Arten;
    weltweit, Europa 9 Arten
  Unterordn. Scopi – Schattenvögel
    Fam. Scopidae – Schattenvögel
    (Hammerköpfe): 1 Art; Afrika
  Unterordn. Ciconiae – Störche
    Fam. Ciconiidae – Störche: 19 Arten; fast
    weltweit, Europa 2 Arten
    Fam. Balaenicipitidae – Schuhschnäbel:
    1 Art; Afrika
    Fam. Threskiornithidae – Ibisse: 29 Arten;
    Tropen, Europa 2 Arten

Ordn. **Phoenicopteriformes** – Flamingos
(5 Arten)
    Fam. Phoenicopteridae – Flamingos:
    5 Arten; Europa 1 Art

Ordn. **Anseriformes** – Entenvögel (159 Arten)
  Unterordn. Anhimiae – Wehrvögel
    Fam. Anhimidae – Wehrvögel: 3 Arten;
    Südamerika
  Unterordn. Anseres – Entenartige
    Fam. Anatidae – Entenartige: 156 Arten;
    weltweit, Europa 38 Arten

Ordn. **Cathartiformes** – Neuweltgeier (7 Arten)
    Fam. Cathartidae – Neuweltgeier: 7 Arten;
    Amerika

Ordn. **Accipitriformes** – Greifvögel (226 Arten)
  Unterordn. Accipitres – Greifvögel
    Fam. Accipitridae – Habichtartige:
    224 Arten; weltweit, Europa 27 Arten
    Fam. Pandionidae – Fischadler: 1 Art;
    weltweit
  Unterordn. Sagittarii – Sekretäre
    Fam. Sagittariidae – Sekretäre: 1 Art;
    Afrika

Ordn. **Falconiformes** – Falken (61 Arten)
    Fam. Falconidae – Falken: 52 Arten;
    weltweit, Europa 10 Arten
    Fam. Daptriidae – Geierfalken: 9 Arten;
    Amerika

Ordn. **Galliformes** – Hühnervögel (259 Arten)
  Unterordn. Galli – Hühner
    Fam. Megapodiidae – Großfußhühner:
    12 Arten; Australien, Ozeanien, O-Asien
    Fam. Cracidae – Hokkohühner: 44 Arten;
    Südamerika
    Fam. Phasianidae – Hühner: 202 Arten;
    weltweit, Europa 12 Arten
  Unterordn. Opisthocomi – Hoatzins
    Fam. Opisthocomidae – Hoatzins: 1 Art;
    Südamerika

Ordn. **Mesitornithiformes** – Stelzenrallen
(3 Arten)
    Fam. Mesitornithidae – Stelzenrallen:
    3 Arten; Madagaskar

Ordn. **Gruiformes** – Kranichvögel (206 Arten)
  Unterordn. Turnices – Laufhühnchen
    Fam. Turnicidae – Wachtellaufhühnchen:
    16 Arten; Eurasien, Afrika, Ozeanien;
    Europa 1 Art
    Fam. Pedionomidae – Trappen-
    laufhühnchen: 1 Art; Australien
  Unterordn. Grues – Kranichartige
    Fam. Rallidae – Rallen: 142 Arten;
    weltweit, Europa 9 Arten
    Fam. Aramidae – Rallenkraniche: 1 Art;
    Amerika
    Fam. Psophiidae – Trompetervögel:
    3 Arten; Südamerika
    Fam. Gruidae – Kraniche: 14 Arten; fast
    weltweit; Europa 2 Arten
  Unterordn. Heliornithes – Binsenrallen
    Fam. Heliornithidae – Binsenrallen:
    3 Arten; Tropen
  Unterordn. Rhynocheti – Kagus
    Fam. Rhynochetidae – Kagus: 1 Art;
    Neukaledonien

Unterordn. Eurypygae – Sonnenrallen
  Fam. Eurypygidae – Sonnenrallen: 1 Art;
  Südamerika
Unterordn. Cariamae – Seriemas
  Fam. Cariamidae – Seriemas: 2 Arten;
  Südamerika
Unterordn. Otides – Trappen
  Fam. Otididae – Trappen: 22 Arten;
  Afrika, Eurasien, Australien; Europa
  2 Arten

Ordn. **Charadriiformes** – Schnepfen-, Möwen-
und Alkenvögel (329 Arten)
  Unterordn. Charadrii – Regenpfeifervögel
    Fam. Jacanidae – Blatthühnchen: 8 Arten;
    Tropen
    Fam. Rostratulidae – Goldschnepfen:
    2 Arten; Tropen
    Fam. Haematopodidae – Austernfischer:
    8 Arten; weltweit, Europa 1 Art
    Fam. Ibidorhynchidae – Ibisschnäbel:
    1 Art; Asien
    Fam. Recurvirostridae – Stelzenläufer:
    6 Arten; weltweit, Europa 1 Art
    Fam. Dromadidae – Reiherläufer: 1 Art;
    Küsten des Indischen Ozeans
    Fam. Burhinidae – Triele: 9 Arten; außer
    Nordamerika, Europa 1 Art
    Fam. Glareolidae – Brachschwalben:
    17 Arten; Afrika, Asien, Europa 2 Arten
    Fam. Charadriidae – Regenpfeifer:
    65 Arten; weltweit, Europa 8 Arten
    Fam. Scolopacidae – Schnepfen: 86 Arten;
    weltweit, Europa 25 Arten
    Fam. Pluvianellidae – Magellanläufer:
    1 Art; Chile, Feuerland
    Fam. Thinocoridae – Höhenläufer:
    4 Arten; Südamerika
    Fam. Chionidae – Scheidenschnäbel:
    2 Arten; Antarktis, Subantarktis
  Unterordn. Lari – Möwenvögel
    Fam. Stercorariidae – Raubmöwen:
    6 Arten; Nordamerika, Europa (4 Arten),
    Antarktis
    Fam. Laridae – Möwen: 44 Arten;
    weltweit, Europa 13 Arten
    Fam. Sternidae – Seeschwalben: 43 Arten;
    weltweit, Europa 10 Arten
    Fam. Rynchopidae – Scherenschnäbel:
    3 Arten; Tropen
  Unterordn. Alcae – Alkenvögel
    Fam. Alcidae – Alken: 23 Arten;
    Amerika, N-Eurasien, Europa 5 Arten

Ordn. **Pterocliformes** – Flughühner
(16 Arten)
  Fam. Pteroclidae – Flughühner: 16 Arten;
  Eurasien, Afrika, Europa 2 Arten

Ordn. **Columbiformes** – Taubenvögel
(304 Arten)
  Fam. Raphidae – Dronten: 2 Arten
  ausgestorben
  Fam. Pezophapidae – Einsiedler: 1 Art
  ausgestorben
  Fam. Columbidae – Tauben: 304 Arten;
  weltweit, Europa 6 Arten

Ordn. **Psittaciformes** – Papageien (340 Arten)
  Fam. Psittacidae – Papageien: 340 Arten;
  meist Tropen

Ordn. **Cuculiformes** – Kuckucksvögel
(153 Arten)
  Unterordn. Musophagae – Turakos
    Fam. Musophagidae – Turakos: 22 Arten;
    Afrika
  Unterordn. Cuculi – Kuckucke
    Fam. Cuculidae – Kuckucke: 131 Arten;
    weltweit, Europa 2 Arten

Ordn. **Strigiformes** – Eulen (156 Arten)
  Fam. Tytonidae – Schleiereulen: 9 Arten;
  fast weltweit, Europa 1 Art
  Fam. Strigidae – Eulen: 147 Arten; fast
  weltweit, Europa 12 Arten

Ordn. **Caprimulgiformes** – Schwalmvögel
(104 Arten)
  Unterordn. Steatornithes – Fettschwalme
    Fam. Steatornithidae – Fettschwalme:
    1 Art; Südamerika
  Unterordn. Caprimulgi – Nachtschwalben-
  artige
    Fam. Podargidae – Eulenschwalme:
    12 Arten; Australasien
    Fam. Aegothelidae – Höhlenschwalme:
    7 Arten; Australasien
    Fam. Nyctibiidae – Tagschläfer: 5 Arten;
    Südamerika
    Fam. Caprimulgidae – Nachtschwalben:
    79 Arten; weltweit, Europa 2 Arten

Ordn. **Apodiformes** – Segler (87 Arten)
  Fam. Hemiprocnidae – Baumsegler:
  4 Arten; Australien
  Fam. Apodidae – Schwalbensegler:
  83 Arten; fast weltweit, Europa 4 Arten

Ordn. **Trochiliformes** – Kolibris (317 Arten)
  Fam. Trochilidae – Kolibris: 317 Arten;
  Amerika

Ordn. **Coliiformes** – Mausvögel (6 Arten)
  Fam. Coliidae – Mausvögel: 6 Arten;
  Afrika

Ordn. **Trogoniformes** – Trogone (39 Arten)
  Fam. Trogonidae – Trogone: 39 Arten;
  Tropen

Ordn. **Coraciiformes** – Rackenvögel
  (200 Arten)
  Unterordn. Alcedinae – Eisvogelartige
    Fam. Alcedinidae – Eisvögel: 91 Arten;
    fast weltweit, Europa 1 Art
    Fam. Momotidae – Sägeracken: 9 Arten;
    Südamerika
    Fam. Todidae – Todis; 5 Arten; Karibik
  Unterordn. Merops – Spinte
    Fam. Meropidae – Spinte: 25 Arten;
    Afrika, Australasien, Europa 1 Art
  Unterordn. Coracii – Racken
    Fam. Coraciidae – Baumracken: 11 Arten;
    Australasien, Afrika, Europa 1 Art
    Fam. Brachypteraciidae – Erdracken:
    5 Arten; Madagaskar
    Fam. Leptosomidae – Kurole: 1 Art;
    Madagaskar
  Unterordn. Bucerotes – Hopfe und
  Nashornvögel
    Fam. Phoeniculidae – Baumhopfe:
    6 Arten; Afrika
    Fam. Upupidae – Wiedehopfe: 1 Art;
    Afrika, Europa, Asien
    Fam. Bucerotidae – Nashornvögel:
    46 Arten; Afrika, Australasien

Ordn. **Piciformes** – Spechtvögel (386 Arten)
  Unterordn. Galbulae – Faulvögel und
  Verwandte
    Fam. Galbulidae – Glanzvögel: 15 Arten;
    Südamerika
    Fam. Bucconidae – Faulvögel: 32 Arten;
    Südamerika
    Fam. Capitonidae – Bartvögel: 82 Arten;
    Tropen
    Fam. Indicatoridae – Honiganzeiger:
    17 Arten; Afrika, Asien
    Fam. Ramphastidae – Tukane: 33 Arten;
    Südamerika
  Unterordn. Pici – Spechte
    Fam. Picidae – Spechte: 207 Arten; fast
    weltweit, Europa 10 Arten

Ordn. **Passeriformes** – Sperlingsvögel
  (ca. 5355 Arten)
  Unterordn. Eurylaimi – Schreivögel
    Fam. Eurylaimidae – Breitrachen:
    14 Arten; Afrika, trop. Asien
    Fam. Philepittidae – Jalas: 2 Arten;
    Madagaskar
    Fam. Pittidae – Pittas: 29 Arten; Afrika,
    Australien
    Fam. Neodrepanididae – Trugnektarvögel:
    2 Arten; Madagaskar
  Unterordn. Furnarii – Töpfervogelartige
    Fam. Furnariidae – Töpfervögel:
    232 Arten; Südamerika
    Fam. Dendrocolaptidae – Baumsteiger:
    43 Arten; Südamerika
    Fam. Formicariidae – Ameisenvögel:
    233 Arten; Südamerika
    Fam. Rhinocryptidae – Bürzelstelzer:
    25 Arten; Südamerika
  Unterordn. Tyranni – Tyrannen
    Fam. Tyrannidae – Tyrannen: 398 Arten;
    Amerika
    Fam. Phytotomidae – Pflanzenmäher:
    3 Arten; Südamerika
    Fam. Cotingidae – Schmuckvögel:
    54 Arten; Südamerika
    Fam. Oxyruncidae – Flammenköpfe:
    1 Art, Südamerika
    Fam. Pipridae – Schnurrvögel: 48 Arten;
    Südamerika
  Unterordn. Psilorhamphi – Trugzaunkönige
    Fam. Psilorhamphidae – Trugzaunkönige:
    5 Arten; Südamerika
  Unterordn. Acanthisittidae – Maorischlüpfer
    Fam. Acanthisittidae – Maorischlüpfer:
    4 Arten; Neuseeland
  Unterordn. Passeres – Singvögel
    Fam. Menuridae – Leierschwänze:
    2 Arten; Australien
    Fam. Atrichornithidac – Dickichtvögel:
    2 Arten; Australien
    Fam. Alaudidae – Lerchen: 86 Arten; fast
    weltweit (ohne Südamerika), Europa
    9 Arten
    Fam. Hirundinidae – Schwalben:
    75 Arten; weltweit, Europa 5 Arten
    Fam. Motacillidae – Stelzen: 57 Arten;
    fast weltweit, Europa 9 Arten
    Fam. Campephagidae – Stachelbürzler:
    71 Arten; Afrika, Australien
    Fam. Pycnonotidae – Bülbüls: ca.
    126 Arten; Afrika, Australien
    Fam. Bombycillidae –

Seidenschwanzartige: 8 Arten; Amerika, Eurasien, Europa 1 Art

Fam. Dulidae – Palmenschwätzer: 1 Art; Karibik

Fam. Cinclidae – Wasseramseln: 5 Arten; Amerika, Eurasien, Europa 1 Art

Fam. Troglodytidae – Zaunkönige: 62 Arten; Amerika, Eurasien, Europa 1 Art

Fam. Mimidae – Spottdrosseln: 29 Arten; Amerika

Fam. Prunellidae – Braunellen: 12 Arten; Eurasien, Nordafrika, Europa 2 Arten

Fam. Eopsaltriidae – Südseesänger: 12 Arten; Australien, Ozeanien

Fam. Muscicapidae – Sänger: 425 Arten; weltweit, Europa 27 Arten

Fam. Sylviidae – Grasmücken: 345 Arten; weltweit außer Amerika, Europa 38 Arten

Fam. Rhipiduridae – Fächerschwänze: 40 Arten; Asien, Ozeanien

Fam. Monarchidae – Monarchen: 89 Arten; Afrika, Australien

Fam. Pachycephalidae – Dickköpfe: 51 Arten; Asien, Ozeanien

Fam. Timaliidae – Timalien: ca. 275 Arten; Afrika, Australien

Fam. Panuridae – Rohrmeisen: 17 Arten; Eurasien, Europa 1 Art

Fam. Aegithalidae – Schwanzmeisen: 8 Arten; Amerika, Eurasien, Europa 1 Art

Fam. Maluridae – Staffelschwänze: 24 Arten; Australien

Fam. Acanthizidae – Südseegrasmücken: 62 Arten; O-Asien, Ozeanien

Fam. Ephthianuridae – Trugschmätzer: 5 Arten; Australien

Fam. Neosittidae – Spiegelkleiber: 3 Arten; Australien

Fam. Climacteridae – Baumrutscher: 8 Arten; Australien

Fam. Paridae – Meisen: 48 Arten; fast weltweit: Europa 8 Arten

Fam. Sittidae – Kleiber: 21 Arten; Amerika, Eurasien, Europa 3 Arten

Fam. Tichodromidae – Mauerläufer: 1 Art; Eurasien

Fam. Certhiidae – Baumläufer: 6 Arten; Amerika, Eurasien, Europa 2 Arten

Fam. Remizidae – Beutelmeisen: 7 Arten; Afrika, Eurasien, Europa 1 Art

Fam. Salpornithidae – Stammsteiger: 1 Art; Mittelamerika

Fam. Nectariniidae – Nektarvögel: 120 Arten; Afrika, Australien

Fam. Dicaeidae – Mistelfresser: 53 Arten; Australasien

Fam. Zosteropidae – Brillenvögel: 91 Arten; Afrika, Asien, Ozeanien

Fam. Promeropidae – Proteavögel: 2 Arten; Afrika

Fam. Meliphagidae – Honigfresser: 173 Arten; Australien, Ozeanien

Fam. Oriolidae – Pirole: 25 Arten; Afrika, Eurasien, Australien, Europa 1 Art

Fam. Irenidae – Feenvögel: 2 Arten; Asien

Fam. Laniidae – Würger: 93 Arten; N-Amerika, Afrika, Eurasien, Europa 5 Arten

Fam. Prionopidae – Brillenwürger: 9 Arten; Afrika

Fam. Vangidae – Vangawürger: 14 Arten; Madagaskar

Fam. Pityriasidae – Warzenköpfe: 3 Arten; Ozeanien, Insulinde

Fam. Dicruridae – Drongos: 20 Arten; Afrika, Asien, Ozeanien

Fam. Callaeatidae – Lappenvögel: 3 Arten; Neuseeland

Fam. Grallinidae – Drosselstelzen: 2 Arten; Australien

Fam. Corcoracidae – Schlammnestbauer: 2 Arten; Australien

Fam. Artamidae – Schwalbenstare: 11 Arten; Australien

Fam. Cracticidae – Würgerkrähen: 9 Arten; Australien

Fam. Paradisaeidae – Paradiesvögel: 41 Arten; Australien, Ozeanien

Fam. Ptilonorhynchidae – Laubenvögel: 18 Arten; Australien, Neuguinea

Fam. Corvidae – Rabenvögel: 113 Arten; weltweit, Europa 11 Arten

Fam. Sturnidae – Stare: 115 Arten; Eurasien, Ozeanien, Afrika; z. T. weltweit eingebürgert, Europa 3 Arten

Fam. Passeridae – Sperlingsartige: 37 Arten; Afrika, Eurasien, z. T. weltweit eingebürgert, Europa 5 Arten

Fam. Ploceidae – Webervögel: 102 Arten; Afrika, Asien

Fam. Estrildidae – Prachtfinken: 134 Arten; Afrika, Australien, Europa 1 Art eingebürgert

Fam. Viduidae – Witwen: 14 Arten;
Afrika
Fam. Vireonidae – Vireos: 46 Arten;
Amerika
Fam. Fringillidae – Finken: 153 Arten;
Afrika, Eurasien, Amerika, Europa
16 Arten;
Fam. Parulidae – Waldsänger: 109 Arten;
Amerika

Fam. Thraupidae – Tangaren:
ca. 400 Arten; Amerika
Fam. Emberizidae – Ammern: 179 Arten;
Amerika, Eurasien, Afrika, Europa 13
Arten
Fam. Icteridae – Stärlinge: 99 Arten;
Amerika

23 Verbreitung

23.1 Begriffe und Organisationsformen

Das Interesse an der **Verbreitung** von Vögeln in Raum und Zeit reicht von kleinsten Flächeneinheiten bis zu Kontinenten und noch größeren Zusammenfassungen (z. B. zoogeographischen Regionen, s. u.). Dementsprechend befassen sich verschiedene Disziplinen mit einschlägigen Fragestellungen. Großräumige Verbreitung einzelner oder aller einen Raum bewohnender Arten, die man als Fauna (Vogelwelt: Avifauna) zusammenfaßt, ist im wesentlichen Gegenstand der Zoogeographie. Die Avifaunistik wird davon gewöhnlich als Untersuchung der Verbreitung von Vögeln in kleineren Räumen (z. B. naturräumliche Regionen, einzelne Landschaften) unterschieden. Der oft gewählte Bezug auf politisch umgrenzte Flächen (Staaten, Provinzen, Bundesländer usw.) hat in der Regel keine biologischen, sondern praktische Gründe, da er vor allem in Gebieten mit starker politischer Aufgliederung manchmal eine bessere Vergleichbarkeit der Ergebnisse gestattet (unterschiedliche Organisation der faunistischen Arbeitsgemeinschaften, klarer aktueller Bezug von Verbreitungskarten usw.), aber vor allem auch von der Praxis der Naturschutzpolitik (vgl. Kap. 25) erzwungen wird.

Avifaunistik befaßt sich aber nicht nur mit der Beschreibung von geographischen Verbreitungen und ihrer Dynamik, sondern versucht auch Abundanzen zu ermitteln. Dies kann in der Regel nur auf kleinen Flächen geschehen, so daß dann nicht mehr Avifaunen, sondern Populationen oder auf engerem Raum zusammenlebende Artenansammlungen untersucht werden. Auf kleinsten Flächen stehen dann oft nur noch Populationsfraktionen oder Ausschnitte von Artenansammlungen zur Verfügung (vgl. Kap. 19.1; Tab. 23.2).

Der neutrale und wenig scharfe Begriff Lebensraum bezeichnet den räumlichen Bereich, in dem Individuen, aber auch Populationen oder Artenansammlungen bzw. Faunen einer größeren Region dauernd oder vorübergehend leben. Man unterscheidet als **Bioregionen** große Landschaftsräume, die in den wichtigsten Klimafaktoren grob übereinstimmen und deren Pflanzenkleid davon entscheidend geprägt wird (z. B. Tundrenregion, Nadelwaldregion usw.). Am häufigsten wird der Ausdruck Lebensraum synonym für **Biotop** (Lebensstätte) gebraucht. Als der (nicht das!) Biotop galt ursprünglich nur die unbelebte Wohnstätte (Boden, Wasser, Luft) von Organismen, die zusammenleben und sich dabei mehr oder minder gegenseitig beeinflussen, so daß man von einer Lebensgemeinschaft sprach. Mittlerweile werden in den Biotopbegriff sehr häufig auch lebende Komponenten, z. B. die Pflanzen, einbezogen. Biotopkartierungen von Naturschutzbehörden sind z. B. häufig nicht viel anderes als Kartierung von Pflanzengesellschaften. Die Einschränkung Zootop als Lebensstätte für die Tierwelt unter Ausklammerung der Pflanzen ist zwar ein logischer Vorschlag, hat sich aber nicht allgemein durchgesetzt. Als Biotop wird in der Ornithologie heute meist die Lebensstätte einer Artenansammlung von Vögeln bezeichnet, wobei man z. B. Brut- und Rastbiotope u. a. unterscheidet.

Die eine geographische Einheit, häufig aber auch eine Landschaft (die manchmal auch als Biotop bezeichnet wird, z. B. Stadtlandschaft), bewohnende Gesamtheit der Tier- bzw. Vogelarten nennt man herkömmlicherweise **Fauna** (bzw. **Avifauna**). Hierunter werden in der Praxis auch Zugvögel, die nur als Gäste während der Zugzeit oder außerhalb der Brutzeit (z. B. Winter) erscheinen, einbezogen, ja selbst Ausnahmegäste. Artenlisten von Gebieten unterscheiden in der Regel verschiedenen Status der vorkommenden Vögel (Tab. 23.1). Unter zoogeographischen Gesichtspunkten bezieht sich der Begriff Fauna meist nur auf Brutvögel.

Die Gesamtheit der Organismen bzw. der Vögel einer Bioregion wird oft als **Biom**, die eines Biotops allgemein als Lebens- bzw. Vogelgemeinschaft (**Biozönose, Avizönose**) bezeichnet, ohne daß immer geprüft wurde, ob das Nebeneinander von Vogelarten an einem Ort bestimmter Ressourcenausstattung wirklich durch interspezifische Beziehungen gestaltet wurde oder ob alle Arten tatsächlich in ein

Tab. 23.1. Beispiel für Statusangaben einer Arten-
liste in Gebieten mittlerer und höherer Breiten. Je
nach Untergliederung kann der Status einer Art auch
mit mehreren Symbolen gekennzeichnet werden.

Status (Abkürzung)	Definition
B	**Brutvogel:** mehr oder minder regel-mäßig
Z	**Zugvogel:** mehr oder minder regel-mäßiger Durchzügler
W	**Wintergast:** mehr oder minder regel-mäßig
G	**Gastvogel:** mehr oder minder regel-mäßig; das Vorkommen kann nicht mit gerichtetem Durchzug erklärt werden.
A	**Ausnahmegast,** -erscheinung. Vögel außerhalb ihres normalen Areals, die in sehr wenigen Individuen und/oder nur gelegentlich, mitunter in langen Zeitabschnitten einmalig, in einem Gebiet erscheinen.
	Symbol in Klammer wird oft für Arten verwendet, die aus Gefangenschaft entflohen und/oder absichtlich ausge-setzt wurden oder mit menschlicher Hilfe in das Gebiet gelangten.

solches vernetztes Beziehungsgefüge eingebun-
den sind, also eine bestimmte Organisations-
form vorliegt. Daher wird auch häufig der neutrale Ausdruck Artensammlung oder **Artenspektrum** zur Beschreibung der in einer Lebensstätte zusammen vorkommenden Arten
verwendet.

Mitunter werden Arten mit ähnlicher Lebensweise, z. B. Nahrung, als **Gilden** zusammengefaßt, in der Annahme daß hier z. B. Konkurrenz bzw. Aufteilung von Ressourcen eine
besondere Rolle spielt. Als **Artenvielfalt** oder
Artenreichtum wird die Anzahl der Arten pro
Fläche bezeichnet (häufig auch nicht richtig mit
Diversität, s. u.). Dabei wird nicht von vorne-
herein angenommen, daß z. B. bei großen Flächen die Arten alle unmittelbar nebeneinander
leben oder zumindest sich begegnen können.

Das **Verbreitungsgebiet** einer Art (aber mitunter auch eines höheren Taxon) wird als **Areal**
bezeichnet. Man versteht darunter meist das
Fortpflanzungsgebiet; das Jahresareal wan-
dernder Arten umfaßt aber auch Durchzugsge-
biete und andere vorübergehende Aufenthalts-
bereiche (vgl. Kap. 20.3.2) sowie das Winter-

areal. Der genaue Aufenthaltsort eines Individuums, einer Population oder einer Art wird
meist als **Habitat** vom Begriff Biotop unterschieden, doch ist Definition und Anwendung
nicht einheitlich. Will man z. B. den Lebensraum bzw. Aufenthaltsort einer Art im Hinblick auf das Vorkommen anderer Organismen
beschreiben, spricht man häufig auch bei einzelnen Populationen von Biotop. Andererseits
wird auch gelegentlich vom Habitat einer Artengruppierung oder -gesellschaft gesprochen,
vor allem in Anlehnung an den englischen
Sprachgebrauch. Habitat und Biotop sind also
häufig Synonyme.

Vor allem auf das Fortpflanzungsareal bezogen beschreiben folgende wichtige Begriffe die
Verbreitung von Arten bzw. Populationen vergleichend:

Allopatrisch: Zwei Einheiten bewohnen verschiedene geographische Gebiete, die nicht an-
einandergrenzen.

Parapatrisch: Zwei Einheiten bewohnen unterschiedliche geographische Gebiete, die aber an-
einandergrenzen und entlang der Kontaktzone
keine wenige Hybriden aufweisen. Falls
Hybridisierung vorkommt, weil progame Isola-
tionsmechanismen fehlen, ist die F_1-Generation
infertil oder hat zumindest sehr geringe Fitness.
Der Ausdruck bezieht sich meist auf nahe verwandte Formen mit ähnlichen ökologischen
Ansprüchen.

Sympatrisch: Zwei Einheiten bewohnen dasselbe geographische Gebiet. Sie können dort entweder syntop (im selben Habitat bzw. Biotop)
oder allotop (ökologisch getrennt) vorkommen.

Vikariierend (Vikarianz): Nahe verwandte Einheiten schließen sich gegenseitig geographisch
aus (z. B. bei Allo- oder Parapatrie). Aber auch
zeitlicher oder ökologischer Ausschluß kann
damit bezeichnet werden.

Endemisch: Arten oder Populationen eines
Gebietes, deren Areal auf dieses Gebiet
beschränkt ist (z. B. eine Insel, ein Natur-
raum).

Kosmopolitisch: Taxon, das in allen Erdteilen
vorkommt.

Autochthon: Bezeichnet Arten oder Populationen, die in einem bestimmten Gebiet entstanden oder in sehr weit zurückliegender Zeit auf
natürliche Weise eingewandert sind und seither
ununterbrochen Mitglieder der Fauna sind.

Allochthon: Bezeichnet Arten oder Populationen, die in einem Gebiet nicht entstanden,
sondern erst vor relativ kurzer Zeit eingewan-

dert oder vom Menschen eingebürgert worden sind.

23.2 Arten-Areal-Kurve und Insel-Biogeographie: Probleme des Maßstabes

Die Artenzahl einer Region oder eines Biotops steigt normalerweise mit der Flächengröße in Form einer Potenzfunktion der Art

$$S = C \cdot A^z$$

wobei S der Artenzahl (Spezies) und A der Fläche (Areal) entspricht. C ist eine von der Organismengruppe und der gewählten Einheit der Grundfläche (bei Vögeln zweckmäßig km^2) abhängige Konstante. z bestimmt als Exponent die Steigung der Kurve, die im doppelt logarithmischen System eine Gerade ist.

Die **z-Werte** reichen bei Brutvögeln für intrakontinentale Flächen etwa von 0,12 bis 0,19 (vgl. auch Abb. 23.1). Die Artenzahl wächst also viel langsamer als die Flächengröße. Für Meeresinseln ist die Steigung mit 0,20 bis 0,40 deutlich größer. In diesen Steigungsbereich fal-

len vor allem unter den heutigen Bedingungen der Kulturlandschaft auch Steigungen der Arten-Areal-Kurven von Großvögeln und Wasservögeln, von denen ein großer Teil nur noch auf einzelnen Habitatinseln vorkommt (Abb. 23.1). Für kleine Flächen unter 1 km^2 folgt die Kurve der Werte jedoch nicht mehr der Geraden, sondern strebt mehr oder minder steil dem Ursprung zu. Die Artenzahl ist in diesem Bereich anderen Einflüssen ausgesetzt, die den Effekt der Flächengröße überwiegen. Für Arten mit größerem Platzbedarf sind auf solchen Kleinflächen ohnehin keine überlebensfähigen Populationen denkbar (vgl. Kap. 19.2.1). In einer Gruppe von kleinen Flächen ist daher eine größere Zahl seltener (also nur in einem bestimmten Anteil der verglichenen Flächen anwesender) und eine kleinere Zahl allgemein verbreiteter Arten zu erwarten als in einer Gruppe größerer Flächen. Einflüsse der Umgebung wirken sich um so stärker aus, je kleinflächiger und/oder isolierter der in Frage stehende Biotop ist. Ein plötzlicher steiler Anstieg der Artenzahl bei sehr großen Flächen markiert den Übergang in ein anderes Faunengebiet (Abb. 23.1).

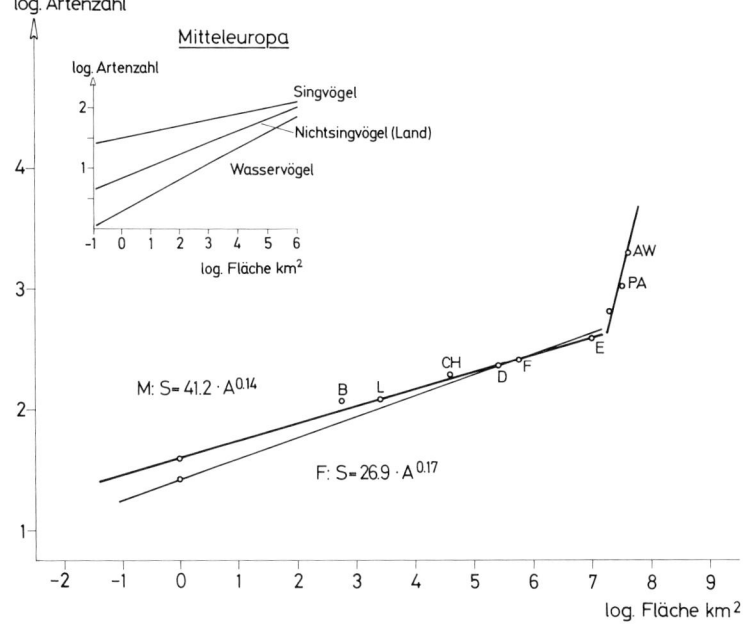

23.1. Artenzahl der Brutvögel und Flächengröße. M = Mitteleuropa (Kurve errechnet BANSE & BEZZEL 1984); F = Frankreich (Kurve errechnet von BLONDEL 1986). Zu beachten ist die unterschiedliche Steigung bei Singvögeln, Wasservögeln und landbe-wohnenden Nichtsingvögeln. B = Berlin, L = Luxemburg, CH = Schweiz; D = Bundesrepublik Deutschland; F = Frankreich; E = Europa; PA = Paläarktis; AW = Alte Welt.

Tab. 23.2. Fragestellungen zur raum-zeitlichen Verbreitung von Vögeln als Funktion der Flächengröße. a: Niveau zoologischer Organisation; b: Auswahl wichtiger Umweltvariablen; c: Auswahl biologischer Fragestellungen; d: häufige Erhebungsmethoden; e: adäquate Zeitskala (Original unter Verwendung von Angaben bei BLONDEL 1986 und BANSE & BEZZEL 1984).

1 Station, Punkt (bis 0,01 km^2)
a: Fraktionen von Populationen, Gilden oder Gesellschaften.
b: Klein- und Einzelstrukturen, Einzelelemente der Vegetation; fein verteiltes Muster oft wenig ergiebiger bzw. zeitlich eng begrenzter Ressourcen; Witterung.
c: Aufteilung von Habitaten und Nischen, intra- und interspezifische Konkurrenz, individuelle Raumnutzung; saisonale Muster des Vorkommens (z. B. Zugvögel).
d: Genaue Zählung, individuelle Markierung, Kontrollfänge, Beobachtung einzelner Individuen bzw. Fortpflanzungseinheiten.
e: Sekunden bis Jahre; für Fragen von saisonalen Mustern auch Jahrzehnte.

2 Habitate, Biotope (bis 1 km^2)
a: Lokalpopulationen, Gilden, Artengesellschaften.
b: Pflanzengesellschaften und ihre Verteilung; Bodennutzung und -bedeckung; Einzelstrukturen und Landschaftselemente; Witterung.
c: Populationsdynamik; Abundanzen und Verteilung von Territorien; Struktur und Dynamik von Artengesellschaften (mit Ausnahme mancher Großvögel oder Arten mit großem Aktionsradius); saisonale Verbreitungs- und Häufigkeitsmuster; Monitoruntersuchungen an Brut- und Zugvögeln.
d: wie 1, Revierkartierungen, vermehrt auch Stichprobenuntersuchungen und Ermittlung relativer Zahlen.
e: Jahreszeiten bis Jahrzehnte.

3 Einzellandschaften, komplexe Landschaftsausschnitte (bis 1 000 km^2)
a: Populationen von Großvögeln, verschiedene Artengesellschaften unter ähnlichen geographischen Bedingungen, Verteilungsmuster.
b: Topographie von edaphischen Verhältnissen, Vegetationstypen, Bodennutzung; Orographie; Witterung und Klima.
c: Habitatwahl, Artenturnover, Einwanderung und regionales Verschwinden von Arten; Monitoruntersuchungen; Veränderungen von Artengesellschaften; prediktive Biogeographie (Ableitung mathematischer Modelle).
d: Stichprobenvergleiche; relative Abundanzen (z. B. Linientransekte); Punkt- und Gitternetzkartierungen semiquantitativ oder quantitativ; saisonale Verteilungen.
e: Jahrzehnte

4 Regionen (z. B. naturräumliche Gliederungen; 10 000 km^2)
a: Avifauna einer biogeographischen Untereinheit.
b: Große Vegetationseinheiten, makrotopographische Variable; Klima.
c: Bioklimatische Verbreitungsmuster, biogeographische Analysen, Beziehungen zwischen Verbreitung und Abundanz; Faunenveränderungen.
d: Semiquantitative Methoden, Gitternetz- oder Punktkartierung.
e: Jahrzehnte bis Jahrhunderte

5 Kontinente (mind. 1 000 000 km^2)
a: Avifauna biogeographischer Regionen oder Unterregionen
b: Landmassenverteilung, rezentes Klima; Plattentektonik, Paläobiologie, Paläoklima.
c: deskriptive und historische Biogeographie, Faunenähnlichkeiten, geographische Gradienten, Artbildung.
d: Verbreitungsatlanten im großen Maßstab (qualitativ)
e: Jahrhunderte bis erdgeschichtliche Zeiteinheiten

Diese Auslenkungen an den Enden einer intrakontinentalen oder naturräumlichen Arten-Areal-Kurve deuten an, daß entlang dieser Kurve unterschiedliche Organisationsformen von Artenansammlungen durchlaufen werden, etwa von Teilpopulationen bzw. Fraktionen von Artengesellschaften über Lokalpopulationen und Artengesellschaften bzw. ökologisch bedingten Artenansammlungen bis zu geographischen Artarealen und Faunen (Tab. 23.2), also von ökologischer zu zoogeographischer Betrachtungsweise. Damit ändert sich das Objekt und die Fragestellung biologischer Untersuchungen, etwa von der Analyse des direkten Zusammenlebens verschiedener Arten zur Untersuchung des Artenwandels oder von der Abundanzermittlung zur Darstellung der ökologischen bzw. geographischen Verbreitung.

Mit den Einheiten auf der Flächenachse wächst auch die Größe der Zeiträume, die für eine sinnvolle Untersuchung der zu beobachtenden Phänomene in die Betrachtung einbezogen werden müssen. Mit der Stoppuhr lassen sich direkte Interaktionen verschiedener Individuen oder Ressourcenpräferenzen auf engem Raum messen; Fragen unterschiedlicher Habitatwahl oder saisonaler Verteilung sollten bereits mehrere Jahre einbeziehen und die Untersuchung des Wandels von Artengesellschaften bedarf Jahrzehnte; die Arbeit der Zoogeographen schließlich muß historische bis erdgeschichtliche Vorgänge berücksichtigen. Unterschiede in Artenzahlen auf Flächen verschiedener Größe sind also auch als Ergebnis zeitabhängiger Prozesse zu interpretieren.

Die Erklärungen der Arten-Areal-Kurve leiten sich aus der **Insel-Zoogeographie** ab. Einmal ist höhere Artenzahl bei größeren Flächen eine rein statistische Frage, wenn man annimmt, daß eine Insel eine Zufallsauswahl der Fauna des nächstgelegenen Kontinents enthält. Dies gilt natürlich nur im Idealfall gleicher Erreichbarkeit einer Meeres- oder Biotopinsel für alle Arten, z. B. bei hohen Anteilen von Zugvögeln. Allerdings sagt Erreichbarkeit, etwa die Dismigrationsfähigkeit, noch nichts aus über die Eignung einer Art als Kolonist mit dauerhafter Ansiedlung. Ferner nimmt mit der Fläche die Vielfalt an Habitaten und Ressourcen zu, so daß auch seltene Habitate in großen Flächen eine Chance des Vorkommens haben. Schließlich wird im klassischen Modell der Inselbiologie ein Gleichgewicht zwischen Einwanderung und lokalem Aussterben angenommen.

Danach soll die **Artenzahl einer Insel** weitgehend konstant sein, wenn sich auch durch lokales Aussterben und Neueinwanderung die Artenzusammensetzung ändern kann. Im Laufe der Zeit sollte die Zahl der Neukolonisatoren abnehmen, wenn die für eine Kolonisation besonders geeigneten Arten die Insel schon nach und nach besiedelt haben, daher im Ausgangspool potentielle Kolonisatoren immer knapper werden. Die Zahl der pro Zeiteinheit aussterbenden Arten sollte sich parallel zur Artenzahl vergrößern, auch wenn die Wahrscheinlichkeit

des Aussterbens für eine Art grundsätzlich von der Artenzahl unabhängig ist. So treffen sich nach dieser Hypothese nachdem eine gewisse Artenzahl die Insel besiedelt hat, die aufsteigende Aussterbe- und die abnehmende Immigrationskurve; der Schnittpunkt markiert dann die Lage des Gleichgewichts.

Trotz vielfacher Einwände werden durch solche Überlegungen Aspekte der **Dynamik** und **Zusammensetzung** von **Inselpopulationen** erklärt, die z. T. auch auf mehr oder minder isolierte Biotopinseln übertragbar sind. So ist die geringere Artenzahl von kleinen Inseln auch auf höhere Aussterbewahrscheinlichkeit zurückzuführen, da zumindest bei einigen Arten die Populationen sehr klein sind. Sehr gut (z. B. durch weite Entfernung) isolierte Inseln haben geringen Artenreichtum, da die Wahrscheinlichkeit der Kolonisation gering ist. Andererseits können Einwanderungs- und Aussterberaten mit der Zeit variieren (z. B. als Folge von Klimaschwankungen), ist heute der Einfluß des Menschen auf die Biotope und damit die Artenzahl entscheidend, ist es schließlich gar nicht so einfach zu definieren, ob eine Art eine Insel mit einer sich ausreichend reproduzierenden und damit erhaltungsfähigen Population wirklich besiedelt hat oder z. B. auf dauernde Nachwanderung angewiesen ist. Letzteres scheint bei manchen scheinbar „stabilen" Populationen in Habitatinseln der modernen Kulturlandschaft nicht selten der Fall zu sein (weitere Kritik s. Kap. 23.3.5).

Einige der Kontroversen um Modellvorstellungen der Insel-Zoogeographie über den Artenreichtum betreffen grundlegende Diskussionen um das Zusammenleben und die Verbreitung von Tierarten, insbesondere zur Frage der Koexistenz bzw. interspezifischen Konkurrenz (s. Kap. 23.4).

Im großen zoogeographischen Zusammenhang haben Inseln nahe dem Festland bei geringer Isolation Faunen oder Faunenausschnitte, die je nach Angebot an Habitaten und Ressourcen denen des nächsten Festlandes ähneln oder zumindest gut in die jeweilige zoogeographische Region (s. Kap. 23.3.3) passen. Auf isolierten ozeanischen Inseln leben dagegen oft **Endemismen,** also Taxa, die nirgendwo sonst vorkommen (z. B. Darwinfinken auf Galapagos, Kagu auf Neukaledonien). Bei größeren Inseln oder Inselgruppen summieren sich aus historischen Gründen solche Endemismen oft zu einmaligen Faunen. Sulawesi, Neukaledonien, die Hawaii-Gruppe, die Galapagos-Inseln oder Tristan da Cunha sind besonders bekannte Beispiele; Neuseeland oder Madagaskar werden sogar als eigene zoogeographische Unterregionen betrachtet.

23.3 Zoogeographie der Vögel

23.3.1 Fragestellungen und Probleme

Als **Zoo-** oder **Biogeographie** bezeichnet man die Untersuchung der geographischen Anordnung und Verteilung von Tieren bzw. Organismen, der Geschichte dieser Verteilung und die Analyse ihre möglichen Ursachen. Daher überschneidet sich Biogeographie mit Ökologie, Systematik, Paläontologie und Geologie. Das Interesse der Zoogeographie reicht über einen weiten Bereich von Abschnitten der Raum- und Zeitachse, doch liegt der Schwerpunkt der Untersuchungen vor allem an ihrem oberen Ende (vgl. Tab. 23.2). Vom wissenschaftlichen Ansatz her unterscheidet man herkömmlicherweise beschreibende (deskriptive), analytische und theoretische (prediktive) Zoogeographie. Deskriptive Zoogeographie sammelt rezente und historische Daten über die Verbreitung von Taxa, analytische versucht diese Ergebnisse durch historische oder ökologische Ansätze zu erklären und prediktive benützt (oft mathematisch formulierte) Modelle, um Gesetzmäßigkeiten für Muster geographischer Verbreitung abzuleiten. Die Entwicklung der letzten Zeit hat hier vor allem von der Vertiefung populationsdynamischer und -genetischer Fragestellungen sowie moderner Techniken der Genetik und der Taxonomie profitiert.

Eines der großen Probleme in der modernen Zoogeographie ist die Schwierigkeit, Hypothesen zu formulieren, die in Frage gestellt werden können, und der Mangel an statistischen Testverfahren, die zwischen konkurrierenden Theorien entscheiden helfen. Schließlich ist bei vielen Überlegungen ein Grundproblem zu berücksichtigen: Arten sind grundsätzlich nicht als gleichrangige statistische Einheiten zu behandeln, vor allem dann nicht, wenn sehr unterschiedliche „Lebensstrategien" und Anpassungsformen in einen Topf geworfen werden sollen.

23.3.2 Artareale und ihre Dynamik

Das Areal umfaßt den geographischen Aufenthaltsbereich einer Population, Art oder Artengruppe oder Fauna. **Artareale** sind häufig in verschiedene funktionelle Einheiten geteilt, nämlich Fortpflanzungsareal, Winterareal und evtl. auch Areale, die auf den Wanderungen besucht werden (vgl. Kap. 20). Viele Arten bzw. Populationen verbringen den größten Teil des Jahres sogar außerhalb des Fortpflanzungsareals. Ein Fortpflanzungsareal kann geschlossen und dabei kontinuierlich oder diskontinuierlich besiedelt sein. Ein diskontinuierliches Areal weist größere Verbreitungslücken auf, die in Sonderfällen mehrere tausend Kilometer betragen können (Extrembeispiel Blauelster mit Arealteilen auf der Iberischen Halbinsel und in Ostasien). Ein Areal kann auch in mehrere Verbreitungsinseln zerlegt sein. Manche Artareale umfassen ganze Kontinente oder reichen sogar darüber hinaus; andere sind auch auf zusammenhängenden Landmassen sehr begrenzt (z. B. Europa Zitronengirlitz, Nordamerika Michiganwaldsänger).

Die kleinsten Areale weisen viele Inselformen auf (Endemismen), mitunter auch Hochgebirgsvögel (z. B. manche Kolibris in den Anden) und Süßwasserendemismen (z. B. südamerikanische Lappentaucher). Fast kosmopolitisch (zumindest auf allen Kontinenten) sind ursprünglich außer Meeresvögeln nur wenige Arten, z. B. Fischadler, Wanderfalke, Seeregenpfeifer oder Schleiereule (mit vielen Subspezies). Unter den Singvögeln sind Kolkrabe und Rauchschwalbe am weitesten verbreitet; durch den Menschen besiedelt der Haussperling heute das größte Fortpflanzungsareal einer Art.

Die **Verbreitung einer Art** kann nach verschiedenen Methoden durch Karten bzw. die Verbreitung aller Arten eines Raumes durch Atlanten beschrieben werden. Da der zu beschreibende Zustand nur das Augenblicksbild dynamischer Vorgänge ist, müssen solche Verbreitungsbilder einen zeitlichen Bezug aufweisen, der sich an der Fragestellung und an der Art der räumlichen Darstellung zu orientieren hat. Einfache **qualitative Arealkarten** zeigen lediglich An- und Abwesenheit einer Art innerhalb eines umgrenzten Raumes durch entsprechende Markierung von Flächen (Flächenkarten), je nach Maßstab für unterschiedliche Zeiträume. Kleinmaßstäbige Darstellungen des Gesamtareals können (und müssen wegen unterschiedlicher Aktualität der Quellen in vielen Gebieten) vielfach größere Zeiträume einbeziehen, ohne daß dadurch allzugroße Abstriche an ihren Aussagen eintreten. Sie sind zur ersten Orientierung und zu allgemeinen Vergleichen von Verbreitungsbildern geeignet. Bei Zugvögeln und Arten mit anderen Formen von Wanderungen über größere Strecken müssen Brutverbreitung und außerbrutzeitlicher Aufenthaltsbereich gesondert ausgewiesen werden; die Karte muß also Oszillationen (vgl. Kap. 19.3) berücksichtigen.

Meist ist die **Winterverbreitung** weniger gut bekannt als die **Brutverbreitung.** Die exakte Darstellung von Arealgrenzen bedarf wesentlich genaueren Zeitbezugs, da gerade hier die Dynamik besonders sichtbar wird. Eine Beschränkung auf die Ermittlung von geographischen Arealgrenzen hat ferner den Nachteil, die wirkliche Arealgröße bzw. das Siedlungsgebiet einer Art nur höchst unvollkommen darzustellen, da häufig nicht das gesamte umgrenzte Areal zusammenhängend besiedelt wird; in bestimmten Biotopen, Vegetationsflächen, Klimazonen, Meereshöhen sowie in vom Menschen veränderten Flächen des urpünglichen Areals wird die Art fehlen. Qualitative Karten in größerem Maßstab können die Information durch Umgrenzungen von kleineren Flächen oder Eintragung von Fundorten als Punkte usw. wesentlich verbessern (flächenscharfe Darstellungen), müssen aber wegen höherer Dynamik kleinerer Veränderungen einen genaueren zeitlichen Bezug aufweisen oder unterschiedliche Zeiträume durch verschiedene Signaturen andeuten.

Der Übergang von rein qualitativen zu **quantitativen Kartendarstellungen** ist fließend. Flächenkarten können z. B. durch Angabe unterschiedlicher Abundanz in verschiedenen Arealteilen zusätzliche Informationen liefern, da nicht selten Abundanzwerte in geographisch oder/und ökologisch verschiedenen Arealteilen erheblich variieren und daher auch mit groben Größenklassen Gradienten zutreffend dargestellt werden können. Vielfach eingesetzt werden heute Raster- bzw. Gitternetzkarten. Dabei wird das zu kartierende Gebiet in gleichgroße Quadrate oder Rechtecke (bei großen Breitenunterschieden streng genommen in trapezförmige Einheiten) unterteilt (z. B. Gitternetze von Merkatorprojektionen, Minutenfeldern oder Meßtischblättern und anderen Kar-

teneinheiten) und für jede Einheit in einem Mindestprogramm An- bzw. Abwesenheit nach bestimmten Kriterien für einen bestimmten Zeitraum ermittelt (Abb. 23.2). Größe und Zahl der Gitternetzflächen sollten sich nach der Größe und Struktur des zu kartierenden Gebietes richten, werden aber nicht selten auch durch die praktischen Möglichkeiten (z. B. Erfordernis der vollständigen Kartierung eines Gebietes innerhalb eines engen Zeitraumes) bestimmt.

Gitternetzkarten sind in unterschiedlichen Maßstäben für kontinentale Artareale (z. B. Australien), politische Einheiten (z. B. viele Länder Europas), Landschaften und Landschaftsausschnitte zur Darstellung der Brutverbreitung eingesetzt worden; sie werden neuerdings auch für die Winterverbreitung oder für saisonale Verbreitungsbilder (z. B. Monatskarten in den Niederlanden, vgl. auch Abb. 23.3) erarbeitet. Sie gestatten je nach Maßstab und Quantität bzw. Qualität der Freilandarbeit eine Darstellung der Verteilung einer Art und die relativ genaue Bestimmung der Größe ihres Siedlungsgebietes (z. B. als Rasterfrequenz oder absolute Anzahl besiedelter Flächeneinheiten). Kombination der Gitternetzbilder von Artverbreitungen mit entsprechenden Erhebungen für wichtige Formen der Bodenbedeckung oder des Klimas, der menschlichen Bodennutzung usw. gestatten über Deckblätter oder noch exakter durch Berechnung von Assoziationskoeffizienten analytische Interpretationen des Vorkommens der Arten. Zusammenfassende Auswertungen lassen regionale Unterschiede im Artenreichtum erkennen oder Gruppierungen von Arten und damit Unterteilungen des Gebietes in „Brutvogeldistrikte" zu usw. Wiederholungen solcher Kartierungen unter vergleichbaren Bedingungen, auch von Teilkartierungen, oder die Verarbeitung historischer Daten gestatten die Darstellung der Dynamik von Verbreitungsbildern. Auf übernationaler (z. B. Europa), nationaler oder regionaler Ebene haben sich an solchen Kartierungen besonders Arbeitsgemeinschaften von Amateurornithologen verdient gemacht, die bei großen Projekten in die Tausende von Mitarbeitern gehen.

Durch Raster- oder Gitternetzkartierungen lassen sich qualitative Aufnahmen in grobe quantitative Einheiten zuammenfassen. Man kann also diese Kartierungsform bereits als semiquantitativ bezeichnen. **Semiquantitative**

23.2. Beispiele für Gitternetzkartierung: Feldsperling.
Oben: Landesweite qualitative Kartierung, Gitternetzfläche 10 × 10 km.
Signaturen in abnehmender Größe:
sicherer, wahrscheinlicher oder möglicher Brutvogel (Schweiz 1972 bis
1976; aus SCHIFFERLI, GÉROUDET &
WINKLER 1980).
Unten: Semiquantitative Kartierung
am Bodensee. · bis 3, ◆ bis 10, ● bis 30,
◗ bis 100, ● bis 300 Reviere; Gitternetzgröße 4 km² (aus Orn. Arb. Gem.
Bodensee 1983).

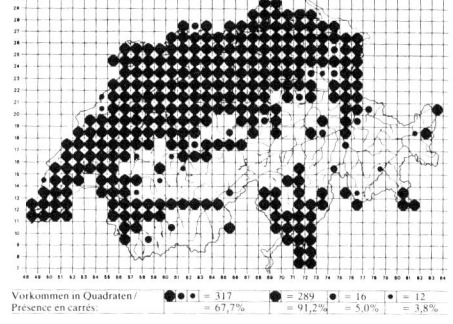

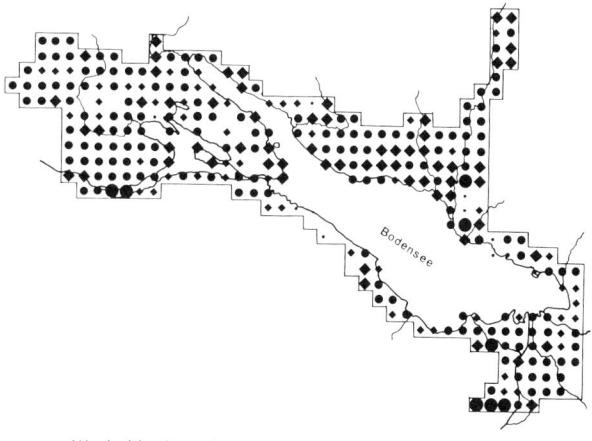

23.3. Phänologische Gitternetzkartierung in einem Alpental und seinem
Vorland (Werdenfelser Land, Oberbayern). Gitternetzgröße 1 km²; mo-
natliche Kontrolldauer je 30 min. Ein-
schaltgrafik: Zahl der besetzten Quadrate pro Monat (Histogramm); Zahl
der Individuen pro Kontrolle (Kurve,
E. BEZZEL, orig.).

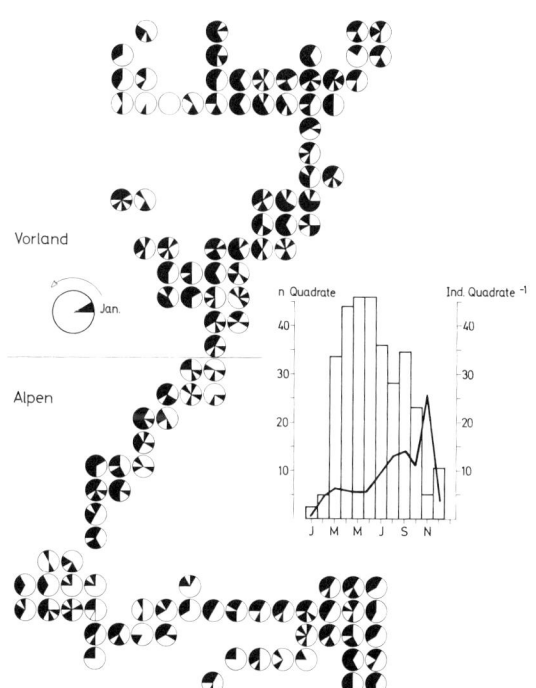

Freilandaufnahmen können den Informationswert noch erhöhen, wenn z. B. für die einzelnen Gitternetzfelder quantitative Einheiten (z. B. Größenklassen des Brutbestandes) ermittelt werden und damit für jedes Feld zusätzliche Angaben in die Kartendarstellung eingehen (Abb. 23.2). Wiederholung solcher Kartierungen gibt z. B. noch eingehenderen Aufschluß über Fluktuationen bzw. Abundanztrends als reine Rasterfrequenzen. Aber auch Korrelationen zwischen Struktur- und Artendiversität (s. u.) lassen sich erkennen.

Die genauesten flächenscharfen Kartierungen sind **Punktkarten,** die einzelne Brutplätze markieren. Durch Zählungen (z. B. Koloniegrößen) lassen sich damit auch rein **quantitative Darstellungen** erzielen, freilich in der Regel meist nur für kleine Gebietseinheiten oder relativ seltene Arten (vgl. Kap. 19.2.1); nur kurze Zeiträume sind dabei sinnvoll, wenn nicht mit verschiedener Signatur die Dynamik angedeutet wird. Arbeitsgemeinschaften, die sich – auch über politische Grenzen hinaus – speziell einzelnen Arten widmen, werden voraussichtlich auf diesem Gebiet noch wichtige Ergebnisse erzielen, die insbesonders auch als Grundlage des Artenschutzes Bedeutung haben. Generell lassen sich quantitative Aufnahmen auch zur Darstellung der Verbreitung außerhalb der Fortpflanzungssaison anwenden (Abb. 23.3).

Quantitative Daten sind für das Verständnis der **dynamischen Aspekte geographischer Verbreitung** unerläßlich, zumal sich auch über größere Räume Änderungen mitunter in erstaunlich kurzen Zeitabschnitten vollziehen, in zunehmendem Maße auch durch den Menschen beeinflußt. Die Regulation peripherer Populationen an einer Verbreitungsgrenze geographisch oder ökologisch, z. B. auch Höhengrenze) kann von der zentraler Populationen insofern nicht unerheblich abweichen, als ihr Bestand z. B. nur durch Zuwanderung von Emigranten aus Populationen, die Überschuß produzieren, aufrechterhalten wird („Verschleißzonen" am Arealrand). Die Dynamik von Arealgrenzen kann daher von Vorgängen beeinflußt sein, die nicht unmittelbar auf die Dynamik von Randpopulationen zurückzuführen sind. Die unmittelbaren Ursachen der geringen Stabilität von peripheren Populationen können in geringer Reproduktionsrate als Folge suboptimaler Habitate liegen, aber auch in einer abweichenden Alterszusammensetzung oder in einem unausgewogenem Geschlechterverhältnis

(z. B. überproportionaler Anteile junger Männchen). Letzteres kann wiederum auf Abwanderung älterer Individuen in zentrale und optimale Arealteile zurückzuführen sein.

Scharfe **Verbreitungsgrenzen** finden sich bei Inselpopulationen oder entlang der Küstenlinien kontinentaler Landmassen, da Ozeane, aber auch kleinere Nebenmeere für viele Arten Verbreitungsbarrieren darstellen. Aber auch unterschiedliche Bioregionen oder orographische Einschnitte können als Verbreitungsbarrieren wirken, wie z. B. Sahara, Kongo- und Amazonasbecken, Anden oder Himalaja, so daß sich Artareale jenseits solcher Naturräume nicht mehr fortsetzen. Vielfach werden Verbreitungsgrenzen erst unter Berücksichtigung erdgeschichtlicher Ereignisse verständlich (s. u.).

Die **Faktoren,** die gegenwärtige **Verbreitungsgrenzen** bestimmen, sind vielfältig und oft nicht klar voneinander zu trennen. Scharfe Grenzen fallen oft mit der Ausdehnung einer Bioregion oder eines Bioms zusammen und sind dann wohl mit den Habitatansprüchen der betreffenden Arten zu erklären. Begrenzung des arttypischen Habitats fällt z. B. oft zusammen mit der Verbreitungsgrenze von Hochsee-, Wüsten- oder Regenwaldvögeln. Doch oft verlaufen die Grenzen von Artarealen auch mitten durch offensichtlich passende Habitatangebote ohne erkennbare Barriere, wie z. B. bei Taigavögeln Ostsibiriens und Nordeuropas oder auf kleinerem Bereich bei Alpenvögeln (z. B. Weißrückenspecht, Zitronengirlitz, Alpenkrähe). Teilweise mögen dabei historische Ursachen eine Rolle spielen. Nördliche (oder orographische) Verbreitungsgrenzen werden in der Regel mit Klimagradienten in Zusammenhang gebracht, doch ist nur bei wenigen Arten trotz signifikanter Korrelationen mit Klimavariablen bekannt, wie einzelne Klimafaktoren (z. B. Lufttemperatur) z. B. auf die Reproduktion einwirken und Grenzen setzen. Kühle und regenreiche Frühsommer können z. B. für das Überleben der Nestlinge oder gerade geschlüpfter Nestflüchter (z. B. Enten) eine kritische Größe darstellen.

Da gegen den Äquator der **Artenreichtum** zunimmt, wird häufig Konkurrenz und Ablösung einer Art durch besser angepaßte als Ursache für **äquatorwärtige Verbreitungsgrenzen** vermutet. Zwischen ökologisch und morphologisch sehr ähnlichen Arten liegt eine solche Annahme nahe, wenn auch in den meisten Fäl-

23.4. Verbreitung von Artenpaaren nach Gitternetzkartierung am bayerischen Nordalpenrand (aus BEZZEL 1977).

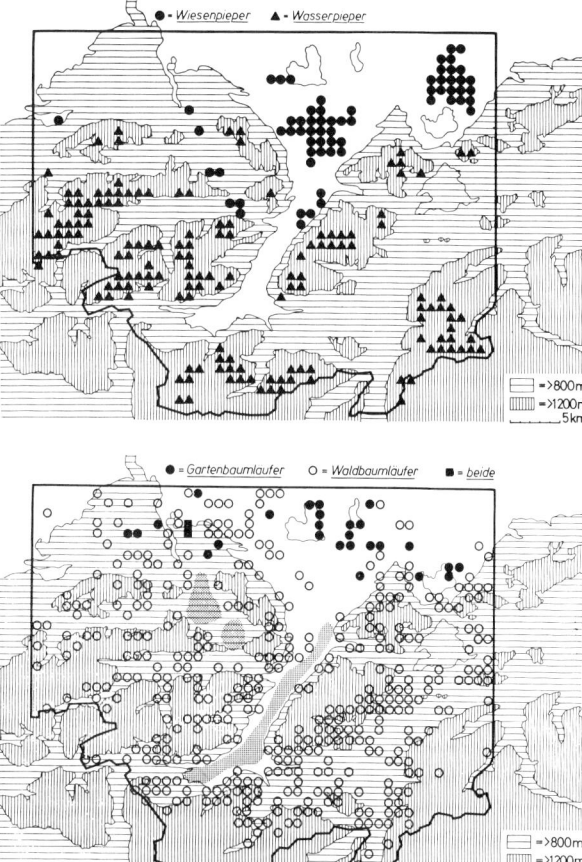

len direkter Nachweis der Konkurrenz aussteht. Weitgehender großräumiger Ausschluß ist z. B. bei den drei amerikanischen schwarzköpfigen Meisen (Schwarzkopf-, Carolina- und Grauflankenmeise) festzustellen, kleinräumig am Alpenrand z. B. bei Sumpf- und Weidenmeise und manchen anderen Arten (Abb. 23.4). Trennung gegenüber einem potentiellen Konkurrenten kann auch graduell mit breiter Überlappungszone ausgebildet sein, z. B. beim Artenpaar Buchfink/Bergfink in Finnland über 1 100 km Nord-Süd; die Abundanzverhältnisse zwischen beiden Arten betragen in der Mitte etwa 1:1, an den Enden der Überlappungszone in Nord- bzw. Südfinnland je etwa 1:100 bzw. 100:1.

Jährliche **Fluktuationen der Witterung** können am Nordrand der Verbreitung entsprechende Schwankungen der Verbreitungsgrenze nach sich ziehen. In Nordeuropa sind z. B. Zugprolongationen bei warmem Frühlingswetter und Verkürzungen bei niedrigen Temperaturen

mit Grenzfluktuationen von mehreren hundert Kilometern verbunden. Dementsprechend hat man die vor allem in der ersten Hälfte des 20. Jh. auffallende kontinuierliche Verlagerung von Verbreitungsgrenzen einer Reihe von Brutvögeln der Mittelbreiten nach Norden (Island, Fennoskandia) mit einer Erwärmung in Zusammenhang gebracht, die dann etwa mit einer Abnahme der Frühjahrstemperaturen in den 50er Jahren zu einem Ende kam. Veränderungen in der Avifauna Nordeuropas werden aber auch mit einer Umgestaltung der Landschaft durch den Menschen und nicht zuletzt mit neuen Winterquartieren für Kurzstreckenzieher näher den Brutgebieten erklärt. Über die Bedeutung von Ausdehnung und Qualität des Winterquartieres für Arealgröße und -grenzen des Brutgebietes ist aber im allgemeinen noch wenig bekannt.

Mehrere Beispiele aus gut untersuchten Gebieten zeigen, das kontinuierliche, freilich im einzelnen in kleinerern Sprüngen sich vollziehende **Arealerweiterungen** oft selbst in fast kontinentalen Ausmaßen, oft innerhalb erstaunlich kurzer Zeit ablaufen können, wobei allerdings in manchen Fällen eine mittelbare Beteiligung durch die vom Menschen verursachten Landschaftsveränderungen eine Rolle spielt. Trotzdem kann heute gelten, daß die Dynamik von Arealveränderungen lange unterschätzt wurde. Eines der spektakulärsten und am besten dokumentierten Beispiele ist die Besiedlung Europas vom Balkan bis zum Atlantik durch die Türkentaube, die allein zwischen 1933 und 1972 rund 2,5 Mio km^2 in periodisch unterschiedlichem Tempo neu besiedelte. Weitere Beispiele auffälliger und z. T. länger anhaltender Arealerweiterungen, von denen einige derzeit noch nicht abgeschlossen sind, betreffen in Europa z. B. Schwarzhalstaucher (?), Tafelente, Reiherente, Weißkopfmöwe, Blutspecht, Cistensänger, Orpheusspötter, Schlagschwirl, Wacholderdrossel, Beutelmeise, Girlitz, Birkenzeisig oder Karmingimpel. Die Ursachenkomplexe sind für die einzelnen Arten sicher verschieden. Im Gegensatz zu Landvögeln scheint die Arealausweitung mancher nordatlantischer Seevögel mit großem Aktionsradius außerhalb der Brutzeit, wie Dreizehenmöwe, Eissturmvogel, Baßtölpel, mit möglicher Erhöhung des Nahrungsangebotes durch die Fischerei und/oder Vergrößerung von Kolonien durch Schutz und entsprechenden Druck zu Neugründungen einfacher zu erklären. Hier kommt es dann oft zu sprunghafter Ausweitung von Arealgrenzen.

Dies gilt auch für **Emigrationen** aus großen Kolonien als Folge gezielter Schutzbemühungen, wie z. B. in neuester Zeit beim Kormoran in Nord- und Mitteleuropa. Lokale **Populationserholungen** haben z. B. auch beim äußerst bedrohten Wanderfalken zu Wiederbesiedlung verwaister Brutplätze in größerer Entfernung geführt. Sprunghafte Arealerweiterungen, die auf erfolgreiche kleine Gründerpopulationen zurückgehen, sind im Zusammenhang mit Brutansiedlungen von Zugvögeln im Winterquartier oder in Durchzugsgebieten erfolgt (z. B. Europäer in Afrika, wie Bienenfresser, Weißstorch; Inselpopulationen in Mittelamerika), Verdriftungen und Irruptionen (z. B. 1937 Wacholderdrossel in Grönland) und Kolonisation von Inseln vom Festland aus (s. Kap. 23.2).

Die Wirksamkeit von Barrieren wird vor allem dann deutlich, wenn per Zufall oder **vom Menschen eingeführte Arten** in ein neues Gebiet gelangen, das günstige Voraussetzungen enthält, bisher aber nicht erreicht wurde. Abgesehen von zahlreichen Inselbeispielen (insbesondere auch Neuseeland, das im Laufe der letzten hundert Jahre von mehreren australischen Arten erfolgreich besiedelt wurde) bietet das spektakulärste Beispiel einer Ozeanüberquerung mit anschließender Arealausweitung der Kuhreiher, der um 1930 (vielleicht auch schon vorher gelegentlich) wahrscheinlich von Afrika aus Amerika erreichte und sich dort rasch nach Norden und Süden ausbreitete, übrigens auch im Pazifikraum größere „Inselsprünge" erfolgreich abschloß und 1963 auch Neuseeland erreichte. Landschaftsveränderungen, z. B. Ausbreitung der Viehzucht, mögen die Arealausweitungen begünstigt haben. Ähnlich wie Türkentauben in Mitteleuropa fanden viele vom Menschen eingeführte europäische Arten in Übersee günstige Bedingungen und/oder waren ihren potentiellen endemischen Konkurrenten sogar überlegen. Dies führte zu **Gefährdungen von Inselfaunen,** aber vor allem auch zu gewaltigen sekundären Arealausweitungen von wenigen Punkten aus binnen weniger als einem Jahrhundert z. B. von Star und Haussperling in Nordamerika. Mindestens 12 eingeführte Arten wurden in Australien und mindestens 18 in Neuseeland heimisch.

Arealkontraktionen sind von Natur aus häufig klimatisch und dadurch verursachte Biotopänderungen bedingt; bei Abnahme der Abundanz werden sie oft erst in späteren Stadien erkennbar. Der Rückzug mancher wärmeliebender Arten, wie Wendehals, Neuntöter oder Wiedehopf aus Teilen Mittel- und Nordwesteuropas wird zumindest teilweise mit feuchterem Frühjahrswetter erklärt: auch Arealverluste des Auerhuhns in Mitteleuropa sind mindestens teilweise klimabedingt. Durch Ausdehnung von Wüsten und Trockengebieten sind Arealverluste z. B. bei afrikanischen Vögeln nachgewiesen oder wahrscheinlich (z. B. Strauß am Nordrand seiner Verbreitung). Die meisten rapiden und z. T. sprunghaften Arealverkleinerungen der letzten 150 Jahre aber gehen direkt oder indirekt auf den Menschen und die durch ihn bedingten Veränderungen der Erdoberfläche zurück (vgl. Kap. 26).

23.3.3 Zoogeographische Regionen

Die **Beschreibung der geographischen Verbreitung** von Tieren hat bereits ab der Mitte des 19.

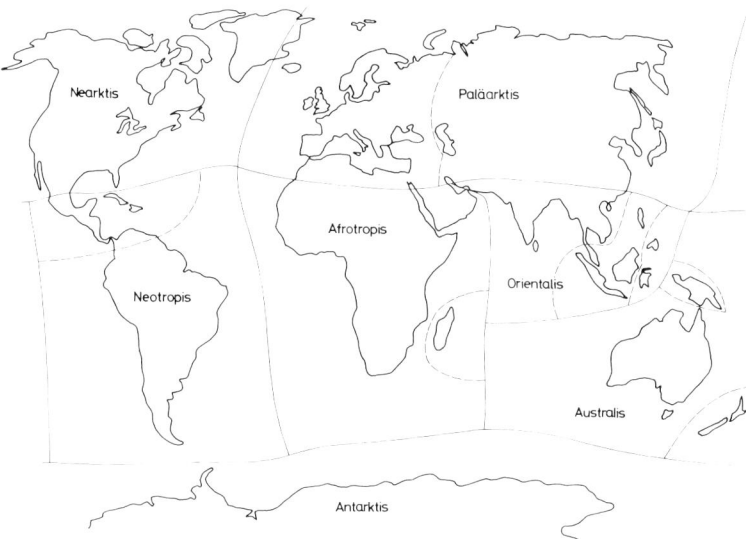

23.5. Grobe Übersicht der zoogeographischen Regionen. Gestrichelt: Unterregionen bzw. umstrittene Grenz-ziehungen.

Jh. vor allem durch die Arbeiten von Sclater und Wallace zur Abgrenzung **zoogeographi-scher Regionen** geführt, die durch Vertiefung und Veränderungen in neuerer Zeit sich als brauchbare grobe Einteilungs- und Beschrei-bungshilfe erwiesen haben. Insbesondere wei-sen sie auf wesentliche Unterschiede in der Zusammensetzung von Faunen hin, die nicht immer mit der heutigen Verteilung bzw. Ab-grenzung von Kontinenten übereinstimmen. Probleme entstehen allerdings in Übergangszo-nen sowie in der Untergliederung und Abgren-zung von Unterbezirken und ferner durch die Tatsache, daß sich manche Verbreitungsbilder von Arten oder Artengruppen nicht in das klas-sische Schema einordnen lassen. Die heutigen Faunen dieser Bezirke sind also heterogene Gebilde und die geographische Zuordnung ein-zelner Taxa sagt noch nichts über Entstehungs-geschichte und Herkunft aus. Es gibt daher Vorschläge, die regionalen Zusammenfassun-gen als künstlichen Einteilungsversuch ganz fal-len zu lassen. Die Abgrenzung und Namensge-bung ist nicht einheitlich. Hier werden daher nur die großen Regionen aufgelistet und grob abgegrenzt (Abb. 23.5)

Die **Paläarktische Region (Paläarktis)** umfaßt Europa, Afrika nördlich der Sahara und Asien nördlich des Himalaja und wird als Teil der nördlichen gemäßigten bzw. arktischen Zone zusammen mit Nordamerika (Nearktis) auch als Holarktische Region zusammengefaßt. Mehr aus praktischen Gründen hat man heute das Gebiet westlich des Ural und Irans ein-schließlich der Länder Vorderasiens westlich des Persischen Golfes und Nordafrika als West-paläarktis zusammengefaßt. Klare Grenzen zur Afrotropischen und Orientalischen Region be-stehen nicht. Eigentlich gehört auch das öst-liche Grönland noch dazu. Der Atlantik hat sich in neuerer Zeit als ausgesprochene Aus-breitungsbarriere erwiesen, da trotz vieler ne-arktischer Gäste sich noch keine nearktische Art auf Dauer in Europa ansiedeln konnte, und auch umgekehrt kaum erfolgreiche Überque-rungen bekannt sind (Kuhreiher, s. Kap. 23.3.2).

Im Süden weisen Nord- und Zentralsahara noch überwiegend paläarktische Faunenmerk-male auf. Im äußersten Osten finden sich z. B. auf Kamtschatka Arten aus dem Norden Ame-rikas. Von etwa 443 Nicht-Singvögeln der Pa-läarktis kommen 102 auch in der Nearktis, 112 auch in der Afrotropis und 105 auch in der Orientalis vor; von rund 500 Singvögeln dage-gen nur 16 in der Nearktis, 30 in der Afrotropis und 101 in der Orientalis. Als wichtige Unterre-gionen lassen sich u. a. eine Arktische Tundren-zone, die nördliche Nadelwaldzone (Taiga), die europäische Laubwaldzone, die mediterrane Zone mit Hartlaubgehölzen, Steppen und Halbwüsten, altweltliche Wüstengebiete, die

innerasiatische Hochlandregion und eine ost-
asiatische Laubwaldzone unterscheiden.

Als **Nearktische Region (Nearktis)** wird das
Gebiet von Amerika nördlich der Tropen bezeichnet. Pazifik und Atlantik bilden die Ost-
und Westgrenze; üblicherweise zieht man die
Südgrenze durch Mexiko bei etwa 20° N. Die
Beringstraße bedeutet für viele im Norden lebende Arten keine unüberwindliche Ausbrei-
tungsbarriere. Im Unterschied zu Europa sind
die wichtigsten Charakteristika der Oberfläche
(z. B. Gebirge, Flußläufe) vorwiegend longitu-
dinal angeordnet. Die Untergliederung in Zonen ist bis auf die Arktis und die subarktischen
Bereiche daher nicht so klar zu erkennen. Der
nördliche Nadelwald zieht im Bereich der Gebirge weit südwärts; im Inneren des Kontinents
herrschten ehemals weite Grasflächen vor und
im Süden liegen große Trockengebiete einschließlich kleinerer Wüsten. Obwohl nicht
ausschließlich auf diese Region beschränkt (vgl.
Tab. 23.3) können folgende Singvogelfamilien
als amerikanische Elemente aufgefaßt werden,
die mit Ausnahme der Neotropis allenfalls
durch einzelne Arten in anderen Regionen vertreten sind: Zaunkönige, Spottdrosseln, Waldsänger, Vireos, Tangaren. Einen sehr großen
Artenreichtum weisen auch die Ammern auf.

Die **Afrotropische** (oder **Äthiopische**) **Region**
umfaßt Afrika südlich der Sahara. Sie wird mit
der Orientalischen Region auch als **Paläotropis**
der amerikanischen **Neotropis** gegenübergestellt. Je nach Auffassung wird die in vieler
Hinsicht abweichende und einmalige Fauna
Madagaskars mit nur 180 Landvogelarten einbezogen oder davon als Malagassische (Unter-)
Region abgetrennt. Die Nordgrenze wird bei
etwa 21/22° in der südlichen Sahara angesetzt;
die Region reicht bis etwa 35° S; etwa 1,25 Mio
km² liegen südlich der Tropen. Viele Vegetationszonen lassen sich unterscheiden; die zona-
le Anordnung im Norden (Wüste − Trockensa-
vanne − Feuchtsavanne − Regenwald) und
eine ähnliche im Süden bis einschließlich medi-
terraner Hartlaubvegetation wird vor allem im
Osten durch Hochländer unterbrochen. Da etwa 37 % der Region über 1000 m liegen (in der
Neotropischen Region nur 17 %) erklärt sich
damit z. T. der geringere Artenreichtum im
Vergleich mit anderen tropischen Gebieten.
Die wichtigsten Großlebensräume sind feuchter
Tieflandwald, unterschiedlich feuchte Savanne,
semiaride Busch- und Grasländer und Montan-
gebiete. Die Afrotropis ohne Madagaskar weist
wenige endemische Familien, jedoch viele endemische Gattungen auf. Besonders artenreich

Tab. 23.3. Zoogeographische Regionen, vereinfachte Übersicht (Grenz- und Übergangszonen nur teilweise
berücksichtigt).

Zoogeographische Region	Artenzahl (n · 10⁻⁶ km²)	endemische Familien
Paläarktische Region 34 Mill. km²	1100 (32,4)	Braunellen, Mauerläufer, Rohrmeisen
Nearktische Region 21 Mill. km²	750 (35,7)	−
Afrotropische Region einschl. Madagaskar 22 Mill. km²	1750 (79,5)	(Strauße), Schuhschnäbel, Schattenvögel, Sekretäre, Turakos, Maus-vögel, Stelzenrallen, Erdracken, Kurole, Baumhopfe, Vangawürger, Proteavögel, Brillenwürger
Orientalische Region 31 Mill. km²	1500	−
Australische Region 8,9 Mill. km²	930 (104,5)	Emus, Kasuare, Kiwis, Großfußhühner, Trappenlaufhühnchen, Kagus, Eulenschwalme, Höhlenschwalme, Maorischlüpfer, Dickicht-vögel, Südseesänger, Staffelschwänze, Trugschmätzer, Spiegelkleiber, Baumrutscher, Mistelfresser, Honigfresser, Lappenvögel, Schlamm-nestkrähen, Schlammnestbauer, Leierschwänze, Würgerkrähen, Paradiesvögel, Laubenvögel
Neotropische Region 19,0 km²	2500 (131,5)	Nandus, Steißhühner, Wehrvögel, Neuweltgeier, Hokkohühner, Hoatzins, Rallenkraniche, Trompetervögel, Sonnenrallen, Seriemas, Magellanläufer, Höhenläufer, Fettschwalme, Tagschläfer, Todis, Sägeracken, Glanzvögel, Faulvögel, Tukane, Töpfervögel, Baumstei-ger, Ameisenvögel, Bürzelstelzer, Pflanzenmäher, Schmuckvögel, Schnurrvögel, Trugzaunkönige

im Verleich zu anderen Regionen sind z. B. Hühnervögel (Frankoline), Trappen, Bartvögel, Honiganzeiger, Lerchen, Cistensänger (*Cisticola*), Würger, Prachtfinken und Webervögel. Als riesiges Winterquartier für Paläarkten hat die Region hohe Bedeutung: Etwa ein Drittel aller Arten der Paläarktis überwintern ausschließlich oder hauptsächlich in der Afrotropis. Madagaskar als Malagassische Region besitzt trotz seiner Nähe zu Afrika eine eigenständige Avifauna mit 3 endemischen rezenten Familien (Stelzenrallen, Erdracken, Jalas) sowie den Kurolen (nur noch auf den Komoren) und den vor etwa 400 Jahren ausgestorbenen großen „Elefantenvögeln" Aepyornithidae.

Die **Orientalische Region** umfaßt hauptsächlich die Tropen Asiens zwischen 10° S und 32° N. Die Grenze nach N zur Paläarktischen Region läuft über Hindukusch und Himalaja und schließt das südliche China mit ein. Von den Inseln im Süden und Osten des Festlandes zählen Taiwan, der größte Teil Indonesiens, die Philippinen, Borneo, Sulawesi und die Sundainseln bis Timor dazu. Die Abgrenzung zur australischen Avifauna ist umstritten. Insbesondere werden mehr oder minder willkürliche Grenzen zwischen der indomalayischen Fauna und der australo-papuanischen im Bereich der südostasiatischen Inseln diskutiert. Die bekannte Wallace-Linie, die einen deutlichen Faunenwechsel markiert, läuft zwischen Bali und Lombok sowie Borneo und Sulawesi. Neuere Vorschläge ziehen eine solche Grenze weiter östlich, etwa am Westrand der Molukken. Herkömmlicherweise unterscheidet man die Indochinesische, die Indomalayische sowie die Indische Subregion. Die wichtigsten Lebensräume sind die mächtigsten Hochgebirge und Hochländer der Erde, tropische Tiefländer und Flußniederungen, tropische Wälder und vor allem im Westen der Region warme Trockengebiete sowie eine vielgestaltige tropische Inselwelt, in der die größten Inseln (z. B. Borneo, Sumatra usw.) eigene typische Inselfaunen aufweisen. Von den etwa 65 vertretenen Familien sind Vertreter von über 50 weit verbreitet. Besonders artenreich sind Hühner (Fasane!), Tauben, Bartvögel, Spechte, Breitrachen, Pittas, Bülbüls, Timalien, Nektarvögel, Webervögel, Stare, Drongos, Rabenvögel.

Die Australische oder **Australasische Region** umfaßt als größte Landflächen Australien, Neuseeland und Neuguinea. Australien enthält weite, größtenteils trockene Ebenen. Im Gegensatz dazu weisen Neuguinea und Neuseeland hohe Berge auf, ersteres den Tropen, letzteres überwiegend der gemäßigten Zone angehörend. Rund 734 Arten leben in Australien (darunter fast 580 ursprüngliche Brutvögel), rund 300 in Neuseeland (davon aber nur 45 ursprüngliche Landvögel). Neuguinea ist relativ artenreich mit einer Australien ähnlichen Avifauna. Die meisten Landvögel der Region sind endemisch (Tab. 23.3). Besonders artenreich sind nektarverzehrende Vögel, kleine Körnerfresser dagegen spärlich vertreten. Sie werden teilweise durch Papageien ökologisch ersetzt. Mit Ausnahme vieler Schnepfenvögel überwintern wenige paläarktische Landvögel in der Region.

Die **Neotropische Region** umfaßt das tropische Amerika und die nichttropischen Teile Südamerikas einschließlich der Westindischen Inseln und der Inseln nahe dem südamerikanischen Kontinent. Die Anden nahe der Westseite sind die längste Gebirgskette der Welt; Amazonien enthält die größte zusammenhängende Fläche des tropischen Regenwaldes. Wichtige Großlebensräume sind ferner riesige Savannen. Entlang der Westküste finden sich Wüsten. Da die Südspitze Südamerikas sehr schmal ist, bleibt für die Ausbildung einer Fauna der gemäßigten Zone nur wenig Platz; der größte Teil zählt zu den Tropen und Subtropen. Südamerika ist der vogelartenreichste Kontinent und enthält zahlreiche endemische Familien (Tab. 23.3). Besonders charakteristisch ist die große Artenzahl derjenigen Unterordnungen der Sperlingsvögel, die nicht wie Singvögel symmetrisch an den beiden Enden der Bronchialbögen befestigte Stimmuskeln aufweisen, wie Töpfervögel, Baumsteiger, Ameisenvögel, Tyrannen, Schmuckvögel, Schnurrvögel usw. Nur die Kolibris und die Tyrannen als typisch südamerikanische Elemente haben über Mittelamerika mit Arten der Subtropen und der gemäßigten Zone Nordamerika besiedelt. Typische Gruppen der Nicht-Sperlingsvögel sind neben Kolibris u. a. Tukane, Steißhühner, Neuweltgeier, Hokkohühner, Glanz- und Faulvögel sowie viele kleine Gruppen oder taxonomisch einzeln stehende auffällige Vogelgestalten.

Antarktika ist fast nur von Meeresvögeln, vor allem Pinguinen und Röhrennasen, besiedelt; wenige Landvögel finden sich auf einigen Inseln der antarktischen Zone. Typische Hochseevögel nehmen insgesamt auf der Erde nur etwa 2 % der Arten ein.

23.3.4 Analytische Zoogeographie: Historischer und ökologischer Ansatz

Die gegenwärtigen Vogelfaunen der Welt und die Verbreitungsmuster einzelner Taxa sind nur eine Momentaufnahme einer langen Zeitreihe und das Ergebnis höchst komplizierter Prozesse, die Evolution eines Taxons und seine anschließende Dismigration in verschiedene Gebiete, in denen dann möglicherweise weitere evolutive Entwicklungen stattfanden, umfassen (Tab. 23.4). Schließlich ist auch eine erhebliche Dynamik in sehr kurzen Zeiträumen zu beobachten, zu deren Kenntnis das Datenmaterial immer stärker anwächst. So müssen daher Abgrenzungen von zoogeographischen Regionen und vor allem feinere Untergliederungen unbefriedigend bleiben, da die Elemente der Faunen eine unterschiedliche Geschichte hinter sich haben. Die Analyse solcher Entwicklungen im Langzeitrahmen unter großen geographischen Raumbezügen ist die Aufgabe der **historischen Zoogeographie**; Kurzzeitanalysen unter örtlichen geographischen Gegebenheiten faßt man als **ökologische Zoogeographie** zusammen (vgl. Raum- und Zeitskala in Tab. 23.2). Beide Betrachtungsweisen durchdringen sich natürlich, und das typologische Denken in der Analyse von Faunen wird gegenwärtig durch Versuche der Integration von historischen und ökologischen Daten ersetzt. Dies bedeutet eine Zusammenschau von geologischen, ökologischen und modernen taxonomischen Erkenntnissen, letztere vor allem mit Hilfe der Molekularbiologie.

Beispiele: Die **Avifauna Nordamerikas** läßt sich grob in drei geographische Elemente gliedern, nämlich ursprünglich südamerikanische

---

Tab. 23.4. Allgemeine Übersicht von Faunentypen nach Alter, relativer Ausbreitungsfähigkeit und Verbreitung verwandter Formen der gegenwärtig in einem Gebiet anzutreffenden Taxa (nach MAYR aus VILLEUMIER 1975, verändert).

---

1. Autochthone Artdifferenzierung (adaptive Radiation)
2. Anhaltende Kolonisation aus einem Ursprungsgebiet
3. Anhaltende Kolonisation aus verschiedenen Ursprungsgebieten
4. Fusion zweier Faunen
5. Sukzessive Anpassung
6. Ergebnis verschiedener Kombinationen nach 1–5

Familien (12, darunter Töpfervögel, Ameisenvögel, Schmuckvögel), ursprünglich nordamerikanische Familien (6, darunter Zaunkönige, Spottdrosseln, Waldsänger) und Familien mit guten Kolonisatoren (5, z. B. Kolibris, Tangaren, Ammern). Gerade die sehr verschiedene Fähigkeit zur Dismigration verbindet unterschiedliche Zeitmaßstäbe: Die rasche Ausbreitung mancher Arten (z. B. Kuhreiher, vgl. Kap. 23.3.2) führt zu Änderungen in ökologischen, nicht evolutionsbiologischen Zeiträumen. Innerhalb einer geographischen Region unterscheiden sich aus historischen und aus ökologischen Gründen einzelne Biotope in der Zusammensetzung nach Faunenelementen. So ist z. B. in mittel- und westeuropäischen Hochgebirgen der Anteil nordischer Elemente überproportional hoch (z. B. Alpenschneehuhn, Mornell, Rauhfußkauz, Dreizehenspecht, Ringdrossel). Der Artenreichtum der Waldvögel Amazoniens läßt sich nach ökologischen Prinzipien einteilen, z. B. in Waldvögel der geschlossenen Wälder und solche von Vegetationszonen entlang von Flüssen. In beiden Gruppen lassen sich Arten mit weiter und lokaler Verbreitung unterscheiden, wobei letztere in sog. Endemismus-Gebieten gehäuft auftreten. Ökologische Mechanismen des Artenreichtums liegen hier in der Bildung enger ökologischer Nischen und im Konkurrenzausschluß (zahlreiche parapatrische Vogelarten) verbunden mit einer geringen Abundanz der Populationen. Zu den historischen Vorgängen ist eine reiche Artdifferenzierung mit wahrscheinlich geringer Aussterberate zu zählen (vgl. u.).

In **geologischen Zeiträumen** sind (1) wechselnde Verteilungen von Wasser und Land sowie (2) Änderungen der Vegetationszonen als Folge von Klimaänderungen für die gegenwärtige Verbreitung von Taxa entscheidend.

(1) **Veränderungen der Landmassen** können auf mehr oder minder starke vertikale Bewegungen von Teilen der Erdkruste als großräumige oder regional begrenzte Erscheinungen (Epirogenese bzw. Orogenese und Vulkanismus) zurückgehen. Große laterale Verschiebungen der heutigen Kontinente haben zu grundlegender Umgestaltung der Landoberfläche geführt. Schließlich ist noch mit wiederholten Wasserstandsveränderungen des Meeres unabhängig von vertikalen Verschiebungen von Landteilen zu rechnen. Spaltung und anschließende Drift von Landmassen („**Kontinentalverschiebung**") wird nach vielen Kontroversen

heute durch die Theorie der **Plattentektonik** erklärt, derzufolge sich große Platten oder Teile des festen Erdmantels durch Konvektionsströmungen im darunterliegenden Material relativ zueinander bewegen. So gibt es große Zonen, an denen durch Spaltenbildung (Riftsysteme) solche Platten entstehen und voneinander wegdriften, oder Kompressionszonen, in denen Platten untereinander geschoben werden, meist in Verbindung mit Tiefseegräben. Die heutigen Kontinente bilden die leichteren Teile der Krustenplatten und driften zusammen mit den schwereren tiefen Abschnitten passiv über die Erdoberfläche; die Ränder der Kontinente müssen daher nicht mit den Grenzen der Platten übereinstimmen. In der Trias (vor ca. 200 Mio Jahren) spaltete sich der Großkontinent (Pangäa) in den Süd- und Nordkontinent (Gondwana und Laurasia). Anschließend teilte sich der Gondwanakontinent in einen West- (Afrika und Südamerika) und einen Ostteil (Australien und Antarktika). Ende des Jura und zu Beginn der Kreide begann sich der südliche Atlantik zu bilden, doch blieben Teile Südamerikas und des westlichen Afrika noch bis Ende der Kreide relativ nahe beisammen. Die Trennung von Europa und Nordamerika begann in der späten Kreidezeit und war erst Anfang Eozän oder Ende Paläozän abgeschlossen. Während des Eozäns stieß Indien auf die Landmasse Asiens, nachdem wohl in der Mitte der Kreidezeit eine Abdriftung nach Norden begonnen hatte, die das heutige Indien aus dem Zusammenhang mit Afrika, Madagaskar und Antarktika löste.

Da viele Vogelfamilien in der Kreidezeit entstanden, existierten zwischen den Formen auf den Südkontinenten noch längere Zeit mehr oder minder enge Verbindungen, während auf dem noch zusammenhängenden Nordkontinent vergleichbare Klimazonen über die gesamte Ausdehnung herrschten. Die Verteilung höherer Taxa der Vögel könnten daher durchaus Einflüsse der mesozoischen Paläogeographie widerspiegeln. So sind rezente und ausgestorbene (Madagaskarstrauße/Madagaskar, Moas/Neuseeland) Flachbrustvögel heute auf mehrere Teile des einstigen Gondwanalandes verteilt. Da aus der späten Kreidezeit Fossilien fehlen, wird die Hypothese der monophyletischen Entstehung der Gruppe gegenüber der Alternative einer polyphyletischen nicht gestützt, auch wenn die Annahme der mehrfach unabhängig voneinander entstandenen Flugunfähigkeit weniger Wahrscheinlichkeit hat. Molekularbiologische Untersuchungen, u. a DNA-Hybridisation (vgl. Kap. 19.4.1; Kap. 22), unterstützen aber die Ansicht der monophyletischen Entstehung, so daß die heutige Verbreitung der Gruppe mit der **Aufgliederung des Gondwanakontinents** erklärt werden kann. Viele rezente Gattungen, aber auch z. B. die meisten Familien der Sperlingsvögel, entstanden erst im mittleren und oberen Tertiär als die Konfiguration der kontinentalen Landmassen bereits der heutigen Verteilung ähnelte. So sind auch unter der Annahme nachträglicher Arealausweitungen außer Meeresvögeln nicht nur wenige Arten (vgl. 23.3.2), sondern auch wenige Gattungen in allen zoogegographischen Regionen vertreten (z. B. *Podiceps, Phalacrocorax, Ardea, Circus, Falco, Rallus, Columba, Caprimulgus, Anthus, Turdus, Corvus*).

Während der **Glazial- und Interglazialperioden** des Pleistozäns fiel und stieg der Wasserspiegel der Weltmeere durch Bindung von Wasser als Eis bzw. Auftauen der Eiskappen. So sind kontinentnahe Schelfinseln oft während der Glazialperioden mit dem angrenzenden Festland verbunden gewesen. Andererseits wurden in den Interglazialzeiten nicht nur die Kontinentsockel, sondern z. T. auch weite Teile gegenwärtiger Küstenniederungen überflutet. Der Meeresspiegel lag z. B. im Günz-/Mindel-Interglazial + 60 m, im Riss-/Würminterglazial + 17 m über dem heutigen Wert.

(2) **Klimaänderungen** können eine Folge orogenetischer (durch Bewegung der Erdkruste bedingte) Bewegungen sein, wenn dadurch Gebiete in Luv- bzw. Leelage eines großen Gebirges oder in größere Höhenlage geraten. Die Bildung von Trockenlandschaften in der Umgebung des Himalaja oder die Verlagerung der Waldgrenze nach Norden im gemäßigten Südamerika durch kühleres und trockeneres Klima werden z. B. mit orogenetischen bzw. epirogenetischen Vorgängen (Ausgleichsbewegungen der Erdrinde) in Verbindung gebracht. Klimatische Änderungen, wie sie z. B. im indischen Subkontinent oder Australien nachgewiesen wurden, erklärt man dagegen als Folgen der Drift dieser Landmassen in andere Breitenlagen.

Entscheidend für die Erklärung vieler rezenter Verbreitungsmuster sind aber vor allem die Klimafluktuationen im Pleistozän. Während der **Kältezeiten** wuchsen nicht nur Gletscher der Gebirge talwärts, sondern bildeten sich auch an vielen Hochgebirgen der gemäßigten und tropischen Breiten neu. Die polaren Eiskappen vergrößerten sich äquatorwärts und schoben polare Steppen- und Tundrengürtel vor sich her, z. B. durch Innerasien, weite Teile Europas und Nordamerikas. Wälder und Waldsteppen waren auf Teile des Mittelmeergebiets beschränkt; entsprechende Waldrefugien gab es während der Kälteperioden entlang der asiatischen Hochgebirge in Tälern und Beckenlandschaften, ebenso wie zahlreiche mehr oder minder isolierte Waldgebiete vor allem in den Südstaaten der USA und in Mexiko. Selbst in den äquatorialen Tieflländern sind nach neueren Erkenntnissen Klimafluktuationen nachweisbar, wenn auch z. T. nur in sehr geringem Umfang (z. B. Jahrestemperatur auf dem Höhepunkt von Vereisungen nur 3 bis 5 °C niedriger als heute). Vor allem Wechsel zwischen trockenem und humidem Klima führte hier zu weitreichenden Änderungen in der Verbreitung von Wald und Savanne. Zu den **Trockenzeiten** entstanden begrenzte Waldrefugien, während in den Feuchtperioden die Savanne auf isolierte Areale beschränkt war. Allerdings ist die Korrelation dieser Fluktuation mit den Glazial- und Interglazialperioden der Mittelbreiten nicht immer eindeutig. Sowohl in Amazonien als auch in Afrika und in Australien sind für die Perioden ungünstigen Waldklimas ökologische Refugien nachgewiesen, die als Ausbreitungszentren für Tiere und Pflanzen in anschließenden günstigeren Phasen wirkten.

So entsteht allein durch die Vorgänge im Pleistozän ein sehr vielfältiges Bild der Trennungen von Teilen der Avifauna bzw. von Populationen und späteren erneuten Kontakten. Wichtige Fragen sind dabei schwer zu klären, z. B. wieviele Arten in einem Refugium während der Isolation neu entstanden und wieviele schon tertiären Ursprungs sind und lediglich im Refugium überlebt haben. Wenn sekundäre Kontaktzonen von Vögeln nicht mit den Erkenntnissen aus der geologischen Vergangenheit übereinstimmen, liegt nahe, Kontakte durch Arealänderungen bei hoher Dismigration zu vermuten. So ist die Besiedlung von isolierten Habitatinseln (z. B. Hochgebirgen) durch eine gegenwärtige Art als Kolonisation von einem Herkunftsort aus in der Regel viel wahrscheinlicher als die mehrmalige unabhängige Differenzierung einer Art aus einer ehemals kontinuierlich verbreiteten Population. Eine relativ große Zahl heutiger Arten und Unterar-

ten der Tropen und der mittleren Breiten haben ihren Ursprung in den ökologischen Refugien der letzten 2 Millionen Jahre (Quartär) im Zusammenhang mit dem Wechsel von Glazial- und Interglazialzeiten, wie z. B. Raben- und Nebelkrähe, Nachtigall und Sprosser, Blau- und Lasurmeise, Garten- und Waldbaumläufer und andere Artenpaare.

Ähnlichkeiten und Unterschiede von Faunen verschiedener Gebiete können auch unter dem Gesichtspunkt des **ökologischen Vergleiches** analysiert werden, in dem man z. B. die Frage untersucht, ob bestimmte Teile der Fauna ökologische Gegenstücke in anderen Regionen aufweisen oder wie ganz allgemein geographische Variation von Habitaten und Ressourcen sich in der geographischen Verbreitung von Taxa niederschlagen. Vergleiche von entsprechenden Verbreitungsmustern führen zur Analyse der ökologischen Einordnung der Taxa und dann aber wiederum zu historischen (evolutionsbiologischen) Überlegungen, die in diesem Fall sich vor allem auf Fragen der Artbildung und ökologischen (adaptiven) Radiation konzentrieren.

Als **Radiation** bezeichnet man die von einer bestimmten Art als Grundform ausgehende rasche Aufspaltung der Population in verschiedene Arten, die jeweils unterschiedliche **ökologische Nischen** (Wirkungsräume) besetzen (Beispiele: Darwinfinken auf Galapagos, Kleidervögel auf Hawaii, beide heute zu den Finkenvögeln gestellt). Ökologische Systeme mit mehreren trophischen Niveaus, die als Stationen des Energieflusses wirken, bieten den Rahmen für den Vergleich von Faunen, Taxa oder anderen Einheiten der zoogeographischen Analyse.

Die Untersuchung der **Nutzung eines Nahrungsangebotes** oder die Besetzung einer ökologischen Nische durch einzelne Taxa und/oder konkurrierende Gruppen im Vergleich innerhalb oder zwischen heutigen Klimazonen kann z. B. Verbreitung und Artenreichtum einzelner Taxa, aber auch Zusammensetzung heutiger Faunen als Folge von Anpassungen an die jeweilige Umwelt erklären, gewissermaßen als regionale Weiterentwicklung der historischen Vorgaben.

In warmen Klimaten finden sich z. B. Nektarsauger, die unabhängig von ihrer taxonomischen Position den Anpassungsraum, den diese Ressource bestimmt, in viele ökologische Nischen aufgeteilt haben und daher meist als artenreiche Gruppen vertreten sind. Dies gilt für die Kolibris in der Neotropischen (mit Ausstrahlungen in die Nearktische) Region ebenso wie für die Singvogelfamilien der Nektarvögel in der Afrotropischen und Orientalischen bzw. den Honigfressern der Australasischen Region.

Ein Anpassungsraum kann im Vergleich zwischen verschiedenen Regionen aber auch durch unterschiedliche taxonomische Vielfalt besetzt sein. So ist die sehr artenreiche, auf Amerika beschränkte Familie der Tyrannen zumindest in der Schnabelmorphologie in Afrika durch Würger, Drongos, Sänger und Grasmücken ersetzt, in Australien u. a. durch Würgerkrähen, Drongos, Stachelbürzler, Schwalbenstare usw.

Unterschiede im Artenreichtum einzelner Taxa oder ökologischer Gruppen („Gilden") in verschiedenen Regionen oder Klimazonen erklären sich ebenfalls häufig ökologisch, z. B. unter Wasservögeln der Binnengewässer die relativ hohe Artenzahl von Fischfressern (z. B. Reiher, Pelikane, Kormorane) aber geringe von Pflanzen- und Detritusfressern (Entenvögel) der Tropen im Vergleich zu höheren Breiten. Nicht nur die Masse des Angebots eines Nahrungstyps, sondern vor allem stärkere Variation der Komponenten (z. B. Größe von Insekten oder Früchten, Aktivitätsrhythmus von Beutetieren, saisonale Blütezeiten usw.) ist für die Zusammensetzung der Fauna bzw. Aufteilung in ökologische Typen entscheidend. Die Artenzahl ökologischer Vogelgruppen kann natürlich auch durch Masse und Vielfalt von Konkurrenten anderer Tierklassen bestimmt werden (z. B. Fledermäuse für Nachtinsektenjäger, Fische für Detritusfresser usw.).

23.3.5 Theoretische Zoogeographie

Die im ökologischen Ansatz diskutierten Phänomene, wie interspezifische Konkurrenz, Aufteilung von Ressourcen, Einteilung von ökologischen Nischen usw. als Mechanismen der Verteilung von Phänotypen oder Taxa führen von empirischen Studien unmittelbar zu **theoretischen Überlegungen.** Diese versuchen durch Modelle zu erklären, wie zoogeographische Prozesse wirken, und Konzepte zu erarbeiten, mit deren Hilfe sich Entwicklungen auch vorhersagen lassen.

Die für zoogeographische Betrachtung grundsätzlichen Probleme (vgl. Kap. 23.3.1) setzen vielen Überlegungen allerdings Grenzen und haben in der jüngsten Wissenschaftsgeschichte zu Kontroversen geführt, die keineswegs als gelöst gelten können. So ist gegen das **Gleichgewichtsmodell der Artenzahlen** auf Inseln, das die Artenzahl als dynamisches Gleichgewicht zwischen Einwanderung von außerhalb und Aussterberate im Gebiet erklärt (vgl. Kap. 23.2) eine Reihe von Gegenvorstellungen erhoben worden. Das Modell fordert z. B. folgende Mindestvoraussetzungen:

(1) Die Artenzahl bleibt konstant (im Gleichgewicht).
(2) Die Arten müssen jedoch als Folge von Einwanderung und Aussterben wechseln.
(3) Einwanderung und Aussterben sind Prozesse, die ganze Populationen betreffen, nicht nur vorübergehende intrapopuläre Verschiebungen.
(4) Der dynamische Artenreichtum hängt von Flächengröße und Isolationsgrad der Insel ab.

Einige dieser Voraussetzungen sind oft nicht erfüllt oder lassen sich nur willkürlich festsetzen, wie z. B. die Frage des Gleichgewichtes der Artenzahlen. Wenn nicht nur intrapopuläre Veränderungen untersucht werden sollen, muß z. B. das tatsächliche Recruitment von Inselpopulationen gegenüber Nachschub durch Einwanderung usw. klar abgegrenzt werden können. Wenn das nicht möglich ist, könnten z. B. beobachtete Turnoverraten in Zeitreihen nichts anderes als interpopuläre Austauschvorgänge dokumentieren; die Inselvögel sind dann lediglich Teile der Populationen auf dem nahegelegenen Festland. Dies gilt natürlich ganz besonders für Habitatinseln auf dem Festland. Inselavifaunen sind also sicherlich nicht mit einem einzigen Modell zu erklären! Abgesehen davon sind Turnoverraten, wie sie heute auf Inseln gemessen werden, oft entscheidend von Habitatänderungen durch den Menschen beeinflußt. Die Arten-Areal-Beziehung (Kap. 23.2) stimmt daher bestenfalls mit dem Gleichgewichtsmodell überein, ohne es zu beweisen, da andere Faktoren (Zunahme der Stichprobengröße, Zunahme der Habitatvielfalt mit der Fläche) nicht ausgeschlossen werden können.

Die oft mit Ableitungen von der Gleichgewichtshypothese beantwortete praktische Frage nach der Artenvielfalt in Abhängigkeit von Größe und Form von Schutzgebieten ist zumindest teilweise mit Überlegungen zu beantworten, die unabhängig von solchen Modellvorstellungen arbeiten. So sind mehrere kleine Refugien zur Erhaltung der Artenvielfalt mitunter

deshalb günstiger als ein flächengleiches großes, weil z. B. das Risiko entscheidender Katastrophen (Feuer, eingeführte Beutefeinde, Parasiten) verteilt ist oder die Gefahr einer In-
zuchtdepression (vgl. Kap. 19.4.3) geringer ist,
sofern die Teilpopulationen in verschiedenen
Gebieten nicht zu klein sind und daher die
Gefahr lokalen Aussterbens besteht.

Inselavifaunen weisen in der Regel mehr gat-
tungsverwandte Arten (also einen höheren
Quotienten Artenzahl/Gattungszahl) unter den
Landvögeln auf als Stichproben des Festlandes.
Auch hier ist eine Interpretation des Effektes
kaum möglich, weil ganz offensichtlich eine
Vielzahl von Kräften diesen Quotienten beeinflußt. Dies gilt auch für zoogeographische Fragen der Kontrastbetonung von Merkmalen
(z. B. Körpergröße, Schnabelmorphologie) und
der Struktur von Artenkombinationen an einem Platz, als deren formende Kraft lange Zeit
fast ausschließlich die interspezifische Konkurrenz angesehen wurde. Viele biogeographische
Erscheinungen sind einmalig und können zumindest nicht ohne Vorbehalte mit Datensätzen aus anderen Gebieten getestet werden bzw.
lassen sich als historische Ereignisse nicht beliebig replizieren.

Generelle Theorien in der **Biogeographie** sind
daher selten, und viele Modelle gelten nur für
bestimmte Systeme. Gleichwohl ist theoretische Biogeographie eine wichtige Voraussetzung für evolutionsbiologische Erkenntnisse,
die Vielfalt der Lebensformen zu beschreiben
und zu erklären zum Ziel haben. Als allgemeine Grundsätze können gelten: Meist sind auf
einzelne Fragen mehrere Antworten möglich;
Faunen sind komplexe Kompositionen von Teilen verschiedener Vergangenheit, und sie sind
auch heute keine statischen, sondern höchst
dynamische Gebilde. Ungewißheit besteht häufig lediglich darin, wie hoch die mathematische
Präzision der ermittelten Quantitäten und davon abgeleiteter Regeln ist. Mit rein statistischen Methoden, die mit der Gleichschaltung
aller Arten arbeiten, ist sicher nur ein mehr
oder minder kleiner Teil biogeographischer Erscheinungen zu erklären.

23.4 Vögel auf engem Raum

23.4.1 Habitatwahl

Als mittelbare (von der Evolution bestimmte)
Faktoren sind die morphologische Struktur eines Vogels, sein Verhaltensinventar und die
Möglichkeiten, Nahrung und Schutz zu finden,
für die Wahl eines Habitats (Aufenthaltsbereich einer Art bzw. eines Individuums (Kap.
23.1.) entscheidend. **Unmittelbare Faktoren,**
die Habitatwahl stimulieren, sind z. B. Struktur
der Landschaft, Möglichkeiten der Nahrungssuche oder Nistplätze, Anwesenheit anderer
Arten, z. B. als potentielle Konkurrenten,
Feinde, Sicherheit, Lieferanten von Ressourcen (z. B. Nistplätze). Die Faktoren können
unabhängig voneinander als ein hierarchisches
System oder synergistisch in Form eines Bildes,
das einem „Ökoschema" (inneres individuelles
Bild der Umwelt) entspricht, wirken. Regelmäßig wandernde Arten müssen wiederholt, oft
unter sehr verschiedenen Voraussetzungen,
Entscheidungen zur Habitatwahl treffen, die
das Überleben oder die Reproduktion nachhaltig beeinflussen und daher nur das Ergebnis
einer über Generationen anhaltenden Selektion
sein können. Das gewählte Habitat bietet nicht
nur interspezifisch unterschiedliche Ressourcen, sondern auch intraspezifisch bzw. für das
einzelne Individuum, je nachdem, ob es sich
um Bruthabitat, Nahrungshabitat, Rasthabitat
usw. handelt. Für Zugvögel ist z. B. die Wahl
des Winterhabitats völlig unabhängig von
Zwängen der Reproduktion; es muß die Fitness
des Individuums nur über die Lebensdauer vergrößern. Schon allein durch solche unterschiedliche Anforderungen erklärt sich die oft erstaunliche Variabilität in der Habitatwahl je
nach Jahreszeit. Andererseits ist davon auszu-
gehen, daß ein und dieselbe Strukturkompo-
nente eines Biotops im Habitat verschiedener
Arten ganz unterschiedliche Bedeutung haben
kann und interspezifische Vergleiche dies berücksichtigen müssen.

Die **Anpassung an bestimmte Habitate** zeigt
sich oft in feinen interpopulären (z. B. unterschiedliche Schnabelgröße bei Kohlmeisen in
Nadel- und Laubwald) und interspezifischen
morphologischen Unterschieden. Dabei sind
auch gruppenspezifisch unterschiedliche Lö-
sungsmöglichkeiten zu beachten. So werden
z. B. von Rohrsängern *(Acrocephalus)* vertikale
Distanzen in der Vegetation (senkrechte Hal-

me) vor allem mit Hilfe der Füße überwunden, bei Grasmücken *(Sylvia)* jedoch fliegend. Daher sind einmal Unterschiede in der Morphologie der Hinterextremität, im anderen Fall der Flügel entscheidend für die Habitatwahl der einzelnen Arten. Nicht immer ist jedoch eine optimale Anpassung an das in bestimmten Zeiten von einer Art genutzte Habitat zu erkennen. Oft sind Kompromisse zwischen sehr unterschiedlichen Habitaten und Ressourcenangeboten anzunehmen. Langstreckenzieher, die den größten Teil des Jahres nicht im Bruthabitat verbringen, können z. B. morphologische Anpassungen zeigen, die mit der Nutzung von Ressourcen im Winterhabitat besser in Einklang zu bringen sind als von solchen im Brutgebiet. Die Schnabelmorphologie vieler Finken scheint z. B. enger mit der Samennahrung im Herbst und Winter zu korrelieren als mit der überwiegenden Insektennahrung während der Brutzeit. Auch Flügelformen lassen sich häufiger als Anpassung an Zugstrecken interpretieren als mit speziellen Habitatkomponenten einer bestimmten Saison.

Mitunter sind es nur bestimmte charakteristische **Strukturen,** die eine Habitatwahl entscheidend beeinflussen, z. B. Bevorzugung grauer und brauner Flächen gegenüber lebhaft grüner durch den Kiebitz bei der Wahl des Bruthabitats als ein Hinweis auf unterschiedliche Vegetationshöhe, viele Variable von Dichte und Höhe der Vegetation bei Baum- und Buschvögeln, Anwesenheit von exponierten Sitz- bzw. Singwarten zur Territorialverteidigung (z. B. Braunkehlchen, Baumpieper), topographische bzw. orographische Unterschiede für Flugbedingungen bei Segelfliegern usw. Oft werden nicht bestimmte Biotoptypen besiedelt, sondern Grenzzonen (Ökotone), an denen unterschiedliche Biotope aneinanderstoßen. Nicht selten ist gerade hier die Artenzahl besonders hoch, da offensichtlich durch Strukturreichtum eine Koexistenz mehrerer Arten erleichtert wird (vgl. Kap. 24.4.2).

Die **Schlüsselrolle einzelner Strukturen** bei der Habitatwahl erklärt mitunter auch die Besetzung neuer, oft exotischer Habitatypen durch lang ansässige Arten. Dies spielt vor allem auch in modernen Zivilisationslandschaften eine Rolle, wenn Biotope, die nur noch sehr wenige „natürliche" Komponenten eines Bildes aufweisen, besiedelt werden (z. B. ursprüngliche Felsbrüter in der Großstadt). Die Entscheidung, ob das neue Habitat eine ausreichende

Fitness gewährleistet, wird freilich oft erst nach einigen Generationen gefällt. Die Besiedlung oder Nutzung vom ursprünglichen Bild stark abweichender Habitate wird mitunter auch durch ausgeprägte Ortstreue (Brutplatz, Winterquartier) bestimmt, die über ein Festhalten am alten Platz trotz Änderungen der Struktur entscheidet.

Ein wichtiger Aspekt für die Habitatwahl, aber auch in der Koexistenz verschiedener Arten an einem Platz, ist intra- und interspezifische Konkurrenz. In der allgemeinsten Definition ist **Konkurrenz** eine Reduktion der individuellen Fitness durch die Anwesenheit eines anderen Individuums (konspezifisch oder nicht). Der Effekt ist bei limitierter Ressource und/oder hoher Abundanz potentieller Konkurrenten am höchsten, aber keineswegs ausschließlich an solche Begrenzungen und maximal mögliche Abundanzen (Auffüllung des Habitats oder der ökologischen Nische) gebunden. Graduell unterschiedliche Konkurrenzdrucke können auch bei überreichen Ressourcen entstehen, wenn sie Gradienten aufweisen oder Teile einer superabundanten Ressource mit anderen unterschiedlich günstigen Faktoren verbunden sind (z. B. Nutzung eines Nahrungsangebotes nahe einer Deckung oder in der Umgebung des Brutplatzes; thermisch besonders günstige Schlafplatzpositionen an einem gemeinsamen Übernachtungsplatz usw.).

Durch Konkurrenz kann die Habitatwahl beeinflußt werden. So hat man sowohl großräumige Verbreitung als auch lokale Verteilung von Individuen verschiedener Arten in Raum und Zeit, insbesondere bei ökologisch sehr ähnlichen Arten, als Folge von Konkurrenz interpretiert bzw. Konkurrenzausschluß als tragende Koexistenzgrundlage angesehen. Die Folgen zwischen Individuen bestehender Konkurrenz sind aber schwer zu messen, da viele Faktoren zu berücksichtigen sind.

Individuen minimieren konkurrenzbedingte Interaktionen mit anderen innerhalb eines Biotops, indem sie räumliche Überlappungen vermeiden. Solches Verhalten sollte bei ökologisch sehr ähnlichen Arten besonders auffällig sein. Interspezische Territorialität zwischen ähnlichen Arten ist tatsächlich nachgewiesen. Größere Überschneidungen in der räumlichen Verteilung finden sich dagegen bei ähnlichen Arten oft in Gebieten bzw. Jahren mit geringer Dichte. So gibt es kritische Dichten, die Koexistenz erlauben. Bei Abwesenheit einer Art kann die andere deren Raum einnehmen; damit sind weitgehend identische oder zumindest sehr ähnliche Habitatansprüche bewiesen.

Breitere **Habitatnutzung** ist auch intraspezifisch in Abhängigkeit von der **Abundanz** nachgewiesen. Bei höherer Populationsdichte wird in einem Gebiet ein breiterer Ausschnitt des Biotops besiedelt als bei niedriger. Nach einer Modellvorstellung vollzieht sich die Besiedlung eines Gebietes oder Biotops durch eine Population nach einem hierarchischen System der Habitate. Bei steigender Abundanz wird zunächst das optimale Habitat aufgefüllt, bis die Territoriumsgröße einen unteren Schwellenwert erreicht; mit zunehmender Dichte nimmt somit die Habitatqualität für das Individuum ab, und der Konkurrenzdruck steigt bis zu einer Schwelle, ab der dann das nächst beste Habitat sich aufzufüllen beginnt usw. Somit sind große Reviere, niedrige Abundanz konspezifischer Konkurrenten und geringere Ressourcendichte (z. B. Nahrung) gekoppelt (vgl. Kap. 19.2.2).

Die Anwesenheit anderer Individuen kann die Fitness auch erhöhen und daher die Habitatwahl positiv beeinflussen. Das gilt für die Bildung intra- und interspezifischer Schwärme oder Individuenkonzentrationen vor allem außerhalb der Brutzeit ebenso wie für Brutnachbarschaften oder etwa multiple Benutzung von Brutplätzen in aufeinanderfolgenden Jahren (z. B. Baum- und Felshöhlen, vgl. Kap. 17.5.2).

23.4.2 Lokale Artengruppierungen (Vogelgesellschaften)

Die Muster zu beschreiben, die natürliche Gruppierungen von Arten charakterisieren, ihre Entstehung zu erklären, aber auch die Frage nach ihrer allgemeinen Verbreitung zu beantworten, ist die Aufgabe der Ökologie von Arten- bzw. Lebensgemeinschaften. Ein lokales Artenspektrum, die relativen Populationsdichten (oder Individuenzahlen) der nebeneinander lebenden Arten und die Dynamik der sich dadurch ergebenden Muster werden durch das Zusammenspiel von Faktoren bestimmt, über deren Bedeutung und Wirkung im einzelnen als Filter für eine unter bestimmten Gegebenheiten mögliche (oder nach Vorhersagen zu erwartende) Vogelgesellschaft sehr kontrovers diskutiert wird.

Die Ausgangssituation wird durch den **Artenbestand** der Region oder des Kontinents bestimmt, der durch Einwanderung und Vorgän-

ge der Artdifferenzierung bereichert wird, durch Aussterben oder Auswanderung verarmt. Unter natürlichen Bedingungen sind solche Prozesse erdhistorischer oder biogeographischer Natur (vgl. Kap. 23.3.4). Heute hat die Veränderung der Landschaft durch den Menschen in den meisten Regionen entscheidenden Anteil an der Zusammensetzung der Grundgesamtheit der zur Verfügung stehenden Arten. Zu erwarten ist, daß das Muster der lokalen Vogelgesellschaft weder im Artenspektrum noch in der Häufigkeitsverteilung über die Arten eine Zufallsauswahl dieser Grundgesamtheit darstellt. Die Auswahl der den Platz besiedelnden Arten findet nach Kriterien statt, in denen Ergebnisse der Interaktionen zwischen den Eigenschaften der Populationen und denen des Ressourcenangebots verrechnet werden (Abb. 23.6). Nach einer lange Zeit vertretenen Hypothese entsteht durch das Diktat der Auswahlkriterien (oder Regeln für die Bildung einer Artengesellschaft) ein stabiles Gebilde. Wäre dies der Fall, müßten unter vergleichbaren Umweltverhältnissen in ganz unterschiedlichen Gebieten ähnliche Muster von Vogelgesellschaften zu beobachten sein.

Dies wirft zunächst das Problem auf, solche Regeln oder immer wiederkehrende Muster zu entdecken und adäquat zu beschreiben. Eine der Attribute von Arten- und Individuenansammlungen ist die **Diversität.** Sie beschreibt die Verteilung der Individuen einer Vogelgruppierung über die Arten und mißt sowohl die Zahl der Arten (Artenreichtum) als auch das Verteilungsmuster der relativen Häufigkeiten (Dominanzen) der einzelnen Artbestände. Hohe Artenzahl und/oder stärkere Gleichverteilung der Dominanzen ergeben hohe Werte von Diversitätsindizes. Ein Maß für die Gleichverteilung ist die Evenness (vgl. Abb. 23.7). Diversitätswerte sind abhängig vom Maßstab und auch von der Methodik der Zählung bzw. Bestandsaufnahme, so daß bei Vergleichen viele methodischen Vorbehalte ausgeräumt werden müssen. Dies gilt auch für verschiedene Registrierwahrscheinlichkeiten von Vögeln in sehr unterschiedlichen Biotopen oder gar verschiedenen Klimazonen. Die Flächenabhängigkeit der Artenzahl und eine Reihe anderer methodischer Fehlerquellen fordern ebenfalls möglichst vergleichbare Bedingungen.

Artendiversität der einen Platz bewohnenden Vögel ist meist mit der **Strukturdiversität** der Vegetation oder der ganz allgemein mit der

Abb. 23.6. Voraussetzungen und Vorgänge zur Bildung einer lokalen Vogelgesellschaft; stark vereinfachte Übersicht. Unterhalb der gestrichelten Linie: hypothetisches Endstadium der Organisation.

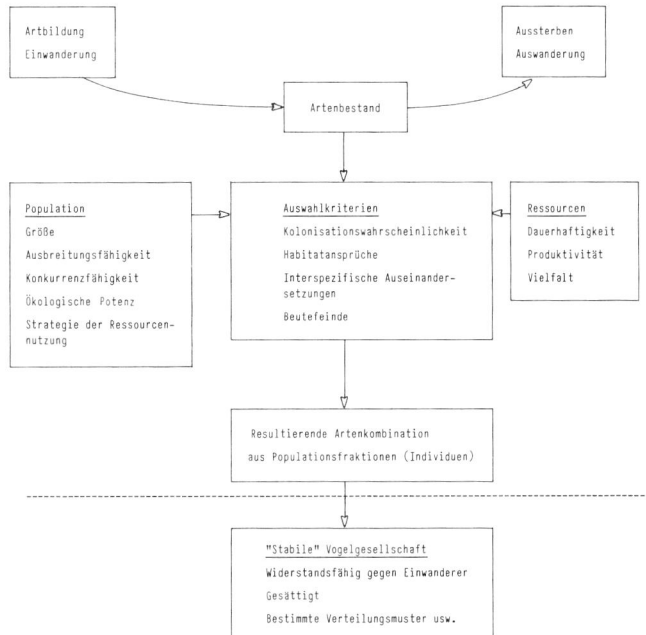

Vielfalt des Ressourcenangebotes positiv linear korreliert (Abb. 23.7). In hoch diversen Artengruppierungen sind die Abundanzen meist gering. Geringe Vielfalt der Ressourcen kann bei hoher Produktivität zu artenarmen, aber sehr individuenreichen Ansammlungen führen, in denen die Domianzverteilung von sehr wenigen Arten bestimmt wird. Man könnte davon ausgehen, daß die zahlreichen positiven Beziehungen zwischen Strukturdiversität und Artendiversität (die man auch als α-Diversität bezeichnet) biologisch damit zu erklären seien, daß Strukturreichtum eine bessere Aufteilung der Ressourcen ermöglicht bzw. eine höhere Zahl von Möglichkeiten für die Besetzung ökologischer Nischen bietet.

Der Begriff **ökologische Nische** wird verschieden definiert und kann als multidimensionale Wirkungssphäre einer Art am einfachsten umschrieben werden. Eine Art nischt sich ein oder besetzt eine ökologische Nische in einem Ökosystem, wenn sie z. B. eine bisher nicht oder nur teilweise oder anders genutzte Lebensmöglichkeit in einem System von Gradienten realisiert.

Das Problem der Deutung von **Korrelationen** zwischen **Struktur- und Artendiversität** liegt aber darin, daß eine Unterteilung der vorhandenen Ressourcen nach menschlichen Einteilungsmaßstäben möglicherweise viele Variablen erfaßt, die für Vögel unwichtig sind, oder das Verhalten verschiedener Arten auch unterschiedlich durch die ermittelten Strukturindizes beschrieben wird.

Untergliederung der Biotope durch Verhalten der koexistierenden Individuen verschiedener Arten lassen lediglich erkennen, daß durch hohe Ressourcendiversität das Zusammenleben einer größeren Artenzahl gefördert wird. Ob sich daraus jedoch Regeln bzw. Vorhersagen für Nischenbreite und morphologische Abstufungen der an einem Platz koexistierenden Arten ableiten lassen, wird bezweifelt. Neben der außerordentlichen Empfindlichkeit gegenüber Qualität und Skalenwahl der Daten aus dem Freiland ist auch eine saisonale Änderung von Habitataufteilungen zwischen den Mitgliedern einer Artengruppierung zu berücksichtigen. Die bisherigen Ergebnisse lassen vor allem nicht eindeutig entscheiden, welche Kräfte im einzelnen für die Aufteilung von verschiedenen Ressourcengradienten durch koexistierende Arten in Frage kommen (s. u.).

Das **Ausmaß der Besetzung eines Biotops** durch eine Art (gemessen an verschiedenen Variablen), die Vielfalt des Verhaltens beim Nahrungserwerb oder unterschiedliche Abundanz als Antwort auf An- oder Abwesenheit

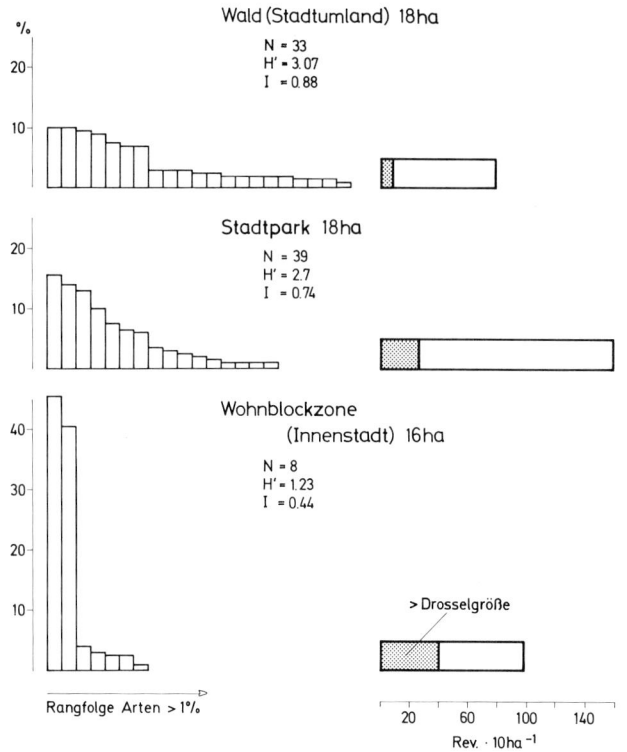

Abb. 23.7. Diversität von Artengruppierungen (Revierpaare) auf
gleichgroßen Kontrollflächen im
Raum Hamburg; Säulen: Dominanzen (Daten nach MULSOW
1980).
N = Artenzahl; H' = Diversität
(Shannon-Index); I = Evenness
(H'/Hmax; Hmax = -ln $\frac{1}{N}$). In der
Grafik sind nur Arten > 1 % berücksichtigt.

anderer Arten wird als Nischenverschiebung
(niche shift) bezeichnet. Häufig läßt sich nachweisen, daß eine Art innerhalb ihres Areals
(und auch saisonal) unterschiedlich breite ökologische Nischen besetzt und diese Unterschiede oft mit der Zahl potentieller Konkurrenzar-
ten parallel gehen. Doch ist in den meisten
Fällen nicht geklärt, ob nicht auch (oder hauptsächlich) Unterschiede in der Biotopstruktur
für Änderungen der Lebensweise verantwortlich sind. Vergleiche über größere geographische Entfernungen legen dies auch bei größerer Ähnlichkeit der verglichenen Biotope
nahe.

Diversität wird auch als Maß für die **Vielfalt
der Artenkombinationen** in unterschiedlichen
Biotopen verwendet (**β-Diversität**) und ist damit
ein unmittelbares Ergebnis der Habitatselek-
tion in Frage kommender Arten. Faunen mit
Arten geringer Habitattoleranz weisen bei gegebenen α-Diversitätswerten höhere β-Werte
auf, die sich als Summierung verschiedener
Biotoppunkte ergeben.

Die in einer Artengruppierung lebenden Arten sind grundsätzlich nicht gleichmäßig unterschiedlich. Man kann sie häufig in Gruppen

gliedern, die Ressourcen in ähnlicher Weise
nutzen. Die ökologischen Nischen der einzelnen zu einer solchen **Gilde** zählenden Arten
überlappen sich ohne Rücksicht darauf, ob die
betreffenden Arten sich taxonomisch naheste-
hen oder nicht (z.B. Nutzung des Luftplank-
tons durch Schwalben und Segler). Man nimmt
an, daß zwischen den Gliedern einer Gilde die
Konkurrenz hoch, zwischen Arten verschiedener Gilden niedrig ist. Die Mitglieder einer
ökologischen Gilde würden demnach also eine
sehr feine Nischenaufteilung darstellen.
Schwierig ist es allerdings, die Zugehörigkeit zu
einer Gilde klar zu definieren; heute nimmt
man dazu multivariate Statistik zur Hilfe. Der
Konkurrenz als Triebkraft für Gildengruppie-
rung kann als alternative Hypothese entgegen-
gestellt werden, daß nicht nur Diskontinuitäten
(z.B. unterschiedliche Typen von Nahrungsressourcen wie Insekten oder Früchte), sondern
auch ungleiche Häufigkeitsverteilungen in den
phylogenetischen Verwandtschaftsverhältnis-
sen solche Gruppierungen in Artengemeinschaften bedingen.

Eine bestimmte Stabilität von Mustern und
ihrer Unterschiede nach voraussagbaren Krite-

rien setzt nach der **Theorie von MacArthur** voraus, daß natürliche Lebensgemeinschaften in ihrer Struktur und Beziehungen zu den Ressourcen der Umwelt sich normalerweise nahe dem Gleichgewichtszustand bewegen. Biotope müßten also mit Individuen saturiert seien. Langfristige Untersuchungen lassen Zweifel an solchen generell gültigen Beziehungen aufkommen. So ist häufig nicht nachgewiesen, ob eine Ressource wirklich limitiert ist. Breite Nischenüberlappung bei potentiellen Konkurrenten könnte z. B. ganz einfach eine Folge übergroßen Ressourcenangebots sein. Saisonal parallele Änderungen der Nutzung von Nahrungsressourcen bei mehreren Arten (z. B. Enten, Schnepfenvögel in nordischen Gebieten) deuten z. B. mehr auf opportunistische Nutzung überreicher, sich aber ändernder Ressourcen hin. Daher liegt der Schluß nahe, daß viele Artengemeinschaften sich nicht im Gleichgewicht mit den Umweltressourcen befinden, trotzdem jedoch über längere Zeit mehr oder minder konstante Struktur zeigen.

Die Annahme eines Gleichgewichts von Artengemeinschaften mit ihrer Umwelt ist eng verbunden mit der Hypothese der **Konkurrenz** als formende Kraft von Strukturen solcher Artengruppierungen. Die Artengesellschaften bestehen demnach aus Sets aufeinander einwirkender und voneinander beeinflußter Arten, lassen sich gut definieren und weisen unter ähnlichen Umweltbedingungen immer wiederkehrende Merkmale auf. Viele Erscheinungen sind mit diesen Vorstellungen vereinbar, doch entscheidend ist, ob die Ergebnisse der Beobachtungen mit einer gut fundierten Alternative unvereinbar sind.

Die **Konkurrenzhypothese** setzt zwei Gegebenheiten voraus, nämlich Limitierung von Ressourcen und Überlappung der Ansprüche verschiedener Arten. Meist läßt sich jedoch dies nicht ausreichend messen und vor allem schwer abschätzen, welcher Überlappungsgrad bei gegebenem Ressourcenangebot vorhanden sein muß, um dauernde interspezifische Interaktionen zu erzielen. Meist nur durch hypothetischen Schluß wird besonders intensive Konkurrenz zwischen sehr ähnlichen Arten angenommen; kleine Verschiedenheiten trotz genereller Ähnlichkeit werden als Koexistenzmechanismen interpretiert und ihre Evolution als Folge von Konkurrenzzwängen angesehen. Diese Hypothesen werden durch zahlreiche Beobachtungen gestützt, die aber nicht geeignet sind, die Hypothese vom Konkurrenzausschluß

zu testen. Doch Konkurrenz zwischen Individuen findet statt, und der Effekt solcher Interaktionen wird durch Struktur und Dynamik lokaler Populationen entscheidend beeinflußt, die ihrerseits Artengesellschaften aufbauen.

Außerdem kann Konkurrenz zwischen Individuen unabhängig von Populationsgröße und -stabilität eintreten (vgl. Kap. 23.4.1). Es kann durchaus sein, daß solche lokalen Effekte auch Beiträge zur Entstehung von Verteilungsmustern über größere geographische Einheiten liefern. Doch ist unwahrscheinlich, daß viele lokale Muster mit unterschiedlichen Einflüssen von Umweltvariablen sich zu einem generellen additiven Prozeß, wie etwa der evolutiven Kontrastbetonung eines Merkmals zwischen zwei sehr ähnlichen Arten (z. B. Schnabelmorphologie), summieren. Arten als solche konkurrieren nicht miteinander, sondern nur Individuen einzelner lokaler Populationen. Ressourcengebundene Konkurrenz ist gleichwohl eine nicht seltene Erscheinung, die vor allem an limitierten Ressourcen sich zu untersuchen lohnt. Besonders gute Beispiele sind z. B. Spezialistengruppen, wie Baumhöhlenbrüter, Nektarsauger, koloniebrütende Seevögel auf Eilanden usw., die zeigen, daß Konkurrenz um limitierte Ressourcen tatsächlich die Struktur einer Artengesellschaft beeinflußt.

Eine **alternative Hypothese** geht davon aus, daß die Arten entlang von **Umweltgradienten** mehr oder minder unabhängig aufgereiht sind, jede nach ihren vorgegebenen ökologischen Ansprüchen. Gesellschaften sind daher Artenansammlungen, die nicht interagieren. Ihre Anordnung variiert von Platz zu Platz; Wiederholungen fester Muster sind daher kaum erkennbar. Dies setzt z. B. keinen Gleichgewichtszustand von Artengesellschaften voraus, und viele der auch der Konkurrenzhypothese nicht widersprechenden Erscheinungen lassen sich unter solchen Gesichtspunkten interpretieren (s. o.). So kann z. B. starker Feinddruck die Abundanz der Populationen beteiligter Arten niedrig halten, so daß eine hohe Diversität resultiert. Ebenso verhindert Störung verschiedener Art, daß Artengruppierungen nicht den Gleichgewichtszustand erreichen. Hier ist auch an das Ablaufen schneller Vegetationssukzessionen zu denken oder an das Nebeneinander bzw. das zyklische Durchlaufen verschiedener Sukzessionsstufen **(Mosaikzyklus-Theorie).**

Daher wird auch vorgeschlagen, mit Artengesellschaften oder -gruppierungen einfach

Gruppen verschiedener Arten zu bezeichnen, die dasselbe Gebiet oder gleiche Biotope gewählt haben. **Koexistenz** wäre dann ein Prozeß, in dem Individuen entscheiden, ob sie ein Revier (oder einen Standort) mit anderern Arten besiedeln. Die Struktur der Vergesellschaftungen wäre dann als ein Folge der Wahl von Individuen zu sehen, durch die Anordnung und Abundanzen anderer Arten bestimmt wird, die nach ihren Eigenschaften dasselbe Gebiet wäh-

len könnten. Konkurrenz ist sicher ein wichtiger, aber nicht der einzige Faktor, der diese Auswahl bestimmt (vgl. Kap. 23.4.1), wird aber am meisten diskutiert. Eine Vielfalt von Faktoren bestimmt vielmehr die Auswahl. Vorstellungen, nach welchen Kriterien solche Faktorengefüge arbeiten, ergeben sich z. B. durch die Hypothesen optimaler Ressourcennutzung (z. B. Nahrung; vgl. Kap. 12).

24   Parasiten und Krankheiten

Im folgenden wird kurz informativ auf wichtige Parasiten und Krankheiten bei Vögeln eingegangen. Nur einige elementare Grundlagen werden dargestellt. Dabei werden nur die in natürlichen Populationen zu beobachtenden Effekte aufgeführt. Spezielle Krankheiten beim Hausgeflügel unter Haltungsbedingungen bleiben mehr oder weniger außer Betracht. Dafür gibt es exzellente Spezialliteratur.

24.1 Parasiten

Unter einem **Parasit** oder **Schmarotzer** versteht man keine bestimmte Tiergruppe, sondern charakterisiert damit eine besondere Lebensweise pflanzlicher oder tierischer Organismen, die sich auf Kosten eines anderen Lebewesens ernähren, ohne in der Regel den »Wirt« zu töten. Man unterscheidet zwei Großgruppen von Schmarotzern: **Ektoparasiten** leben auf dem Wirtskörper, **Endoparasiten** innerhalb von Körperhöhlen (unter Umständen auch intrazellulär) des Wirtskörpers.

In der Regel lebt der Parasit mit seinem Wirt in einer besonderen Form von **Koexistenz.** Das heißt, daß ein Besatz mit Schmarotzern bei den Wirtsvögeln bei »normalem« Befall kaum mit merkbaren Schäden verbunden ist, was auch dem Interesse des Parasiten dient. Wollte man im Schmarotzerbefall eine pathologische Erscheinung sehen, gäbe es in der freien Natur keinen gesunden Vogel. Die häufigen und spezifischen Parasiten machen den Wirt eben nicht krank, sondern leben über lange Zeit mit ihm in einer speziellen Koexistenz, die sich in einer langen evolutiven Parallelanpassung herausentwickelt hat. Nur bei fortgeschrittenem Alter, zusätzlichen Schwächungen und anderen negativen Effekten kann es zu krankhaften Formen des Parasitenbefalls kommen. Wie bei allen Krankheiten, werden solche Individuen in der Natur allerdings schnell das Opfer von Räubern und fallen so nur sehr selten (z. B. bei Epidemien) für den Beobachter auf. Zahlreiche Schmarotzer leben mit ihrem Wirt sogar auf der **Grenze zur Symbiose** und werden oft in Millio-nenzahl (manche Nematodenformen) ohne irgendwelche äußerlich erkennbaren Schäden oder Beeinträchtigungen ertragen.

24.1.1 Ektoparasiten

Ektoparasiten sind Formen, die direkt und immer **auf dem Wirt** (Haut, Feder, Schnabel usw.) leben und solche, die als Nestparasiten nur zur Nahrungsaufnahme, Fortpflanzung usw. den Vogel als Wirt aufsuchen. Nicht aufgeführt werden hier solche Formen, die als Überträger von Endoparasiten (Protozoen, Viren, Bakterien usw.) auftreten können, wie z. B. die blutsaugenden Fliegen der Familien Ceratopogonidae, Culicidae, Simuliidae, Tabanidae.

24.1.1.1 Haut- und Federparasiten

Alle Hautparasiten sind ein Mengenproblem. In geringer Zahl sind sie ohne Bedeutung. In größerer Zahl können sie den Wirt beunruhigen und bis zum Tode führen (dauerndes Kratzen, Blutverlust, chronische Entzündungen, Übertragung von Virusinfektionen usw.).

Trematoden (Saugwürmer) können in kleinen (subkutanen) Hautknötchen am Hals und um die Kloake herum bei Hühnern und zahlreichen Sperlingsvögeln vorkommen. Über Lebenszyklus und Zwischenwirte ist allerdings so gut wie nichts bekannt.

Nematoden (Fadenwürmer) kommen ebenfalls subkutan vor allem bei Wasservögeln vor. Zwischenwirte sind oft kleine Krebse, die als Nahrung dienen. Beispiele sind *Avioserpens taiwani, Ornithofilaria.*

Neben den obengenannten »Würmern« sind vor allem Vertreter der Arthropoden häufige Ektoparasiten bei Vögeln. Eine ganz wichtige Gruppe sind dabei die Milben (Acarina aus der Klasse der Spinnentiere). Man kennt weit über 500 verschiedene Arten auf Vögeln, die zu rund 75 verschiedenen Gattungen gehören. Dazu zählen u. a. folgende Vertreter:

Metastigmata − Argasidae (**Zecken**): Sie kommen bei zahlreichen Vögeln in vielfältigen

Formen vor. Ausgewachsene Zecken können bis zu zwei Jahren ohne Nahrung auskommen. Die Erwachsenen saugen an einem (End-)Wirt Blut und legen dann Eier an einem vom Wirt entfernten Ort ab. Daraus schlüpfen nach 5 bis 10 Wochen Larven, die von einem bzw. zahlreichen (Zwischen-)Wirt(en) wieder aufgenommen werden müssen. Dort leben sie als Nymphen 10 bis 20 Wochen, um schließlich den Endwirt wieder aufzusuchen. Die Entwicklung ist wärmeabhängig und kann 2 bis 3 Jahre dauern.

Die **Metastigmata** sind große, blutsaugende Parasiten der Haut, die bei allen terrestrischen Vertebraten vorkommen. Sie können Rickettsien und Spirochaeten übertragen. Sie finden sich vor allem in der Kopfregion, wo sie wahrscheinlich vor der »Pinzette« Schnabel sicher sind.

Die »weichen« **Argasidae** kommen vor allem bei Vögeln, aber auch bei Säugern vor (z. T. die gleichen Arten). Auch sie saugen Blut. Beispiele: *Argas reflexus* (bei Tauben; s. Abb. 24.2), *Argas persicus* (bei Hühnervögeln), *Argas columbare* (bei Tauben), *Ornithodoros capensis* (Seevögel).

Zu den »harten« **Ixodidae-Zecken,** die ebenfalls Blut saugen, gehören z. B. *Ixodes rothschildi, I. unicavatus* und *I. uriae* (jeweils auf Seevögeln) sowie *I. passericola,* die auf Sperlingsvögeln vorkommt. *Ixodes frontalis* schmarotzt bei Rauchschwalben.

Charakteristisch für diese Gruppe der **blutsaugenden Milben** sind auch die Rote (Vogel-) Milbe *(Dermanyssus gallinae),* die Europäische Hühnermilbe *(Ornithonyssus sylvarium),* die tropische Hühnermilbe *(O. bursa)* und *Bakericheyla chanayi* (Cheyletiellidae; bei Sperlingsvögeln); dazu zählt auch die Gattung *Sternosoma,* die in der Luftröhre parasitiert.

Zu den Milben (Bsp. s. Abb. 24.1) gehören die **schuppenfressenden Hautmilben** (Familie Epidermoptes): *Bakerichyla* findet man bei Tauben, *Neocheyletilla* bei der Chinesischen Nachtigall. Ihr Lebenszyklus ist nicht bekannt. Bekannt sind über 18 Gattungen von 10 Vogelordnungen. Feder(spul)milben (Analgoidea, Pterolichoidea, Freyanoidea u. a.) leben in der Spule der Federfahne vor allem des Großgefieders oder auf den Federn allgemein und fressen dort das Federmaterial, aber auch Lymphflüssigkeit der Federpapille (z. B. *Falculifer rostratus* bei Tauben) und Ausscheidungen von Haut-(Öl)drüsen. Die Feder wird dadurch brüchig.

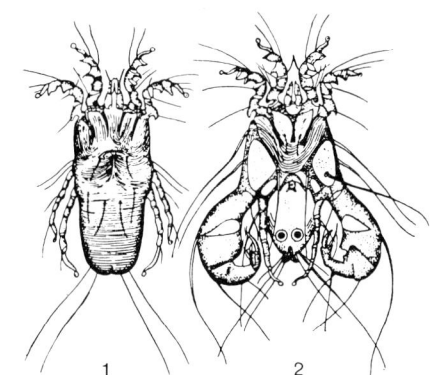

Abb. 24.1. Die Milbe *Analgopsis passerinus* lebt im Gefieder von Sperlingen (nach OSCHE 1966). 1 = Weibchen; 2 = Männchen mit stark vergrößertem hinterem Beinpaar, mit dem es das Weibchen bei der Paarung festhält.

Zu den »Lymphfressern« gehören auch die Larvenformen der Trombiculiden.

Hautfresser sind auch die **Grabmilben** *(Knemidocoptes),* die sich in die Haut (meist das Stratum germinativum des Augenlids, des Schnabel-Hautübergangs, der Kloake und der Beine) einbohren. Auch ihr Lebenszyklus ist nicht vollständig bekannt, aber sie leben offensichtlich dauernd auf ihrem Wirt. Meist reagiert die Haut auf diese Parasiten mit verstärktem Schuppenwachstum und Federverlust an den befallenen Stellen. Charakteristische Arten sind z. B. *Knemidocoptes jamaicensis, K. laevis, K. pilae* und *K. mutans,* der bei Fasanen die Kalkbeinräude auslöst. Dazu gehören auch die Arten *Myialges midus* und *Laminosioptes cysticula.* Gerade die letzten Arten zeigen schon **Übergänge zu den Endoparasiten.** Tatsächlich gibt es auch schon eine Reihe von Milben, die den Sprung ins Körperinnere »geschafft« haben. Dazu gehören z. B. Vertreter der Rhinonyssidae, Dermanyssidae, Ereynetidae und Cytoditidae, die in der Nasenhöhle und Trachea von zahlreichen Vögeln leben. Die Milbengat-

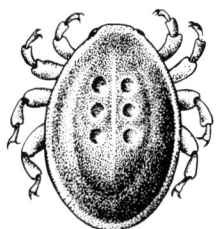

Abb. 24.2. Die Taubenzecke *Argas reflexus.*

tung *Cytodites* (z. B. Luftsackmilbe *Cytodites nudus*) findet sich sogar in der Lunge von Vögeln (z. T. sogar in den Luftsackfortsätzen in den Röhrenknochen), und nur die Eiablage findet noch auf der Wirtsoberfläche statt.

Eine ganz wichtige Ektoparasiten-Gruppe der Vögel mit mehreren tausend Arten sind die **Kieferläuse (Mallophagen)** oder **Federlinge** (echte Läuse, Anoplura, kommen bei Vögeln nicht vor, sondern nur bei Säugertieren!). Die Mallophagen (Abb. 24.3) gehören nicht zu den Spinnentieren sondern zu den Insekten (Hexapoda, Ordnung Phthiraptera, Tierläuse). Es sind teils Hautläufer, teils Klammerkletterer. Sie haben keine saugenden, sondern beißende Mundwerkzeuge. Primär kommen sie nur bei Vögeln vor; sekundär sind einige als Haarlinge auf Säuger übergewechselt. Von den drei Familiengruppen (Stumpffühlerläuse Amblycera, Dünnfühlerläuse Ischnocera, Rüsselläuse Rhynchophthira) findet man die beiden letzteren bei Vögeln. Man kennt etwa dreitausend Arten.

Die **Nahrung der Federlinge** besteht aus Hautschüppchen, Federtrümmern und Federpuder. Sie besitzen in ihrem Mitteldarm ein spezielles, Horn spaltendes Enzym. Daneben wird auch geronnenes Blut gefressen, das unter Umständen durch Aufbeißen der Haut gewonnen wird. So sind einige Federlinge sekundär sogar zu reinen Blutfressern geworden. Der Pelikan-Federling *(Piagetliella)* z. B. lebt nicht mehr auf der Haut, sondern im Kehlsack seines Wirtes und ernährt sich nur noch von Blut. Seine Eier klebt er aber immer noch auf das Gefieder seines Wirtes. Auch die Hühnerläuse *(Menacanthus stramineus* und *Menopon gallinae)* leben zusätzlich von Blut. In Farbe und Form sind die Federlinge an ihren jeweiligen Standort auf den Wirt angepaßt, so daß es sehr große Formverschiedenheiten gibt. Sie leben meist nur zwischen 30 und 40 Tagen. Ihre Eier

legen sie entweder in Federschäfte, frei in Nester oder in unterschiedlicher Anordnung (z. B. klumpig, flächig, streifig usw.) direkt auf die Federn.

Die meisten Federlinge sind ganz extrem an einen Wirt gebunden und sterben auf einem anderen sehr schnell ab. Diese **Wirtsspezifität** sowie der Umstand, daß unter den relativ konstanten Umweltbedingungen, in denen die Federlinge leben, sie sich in der Evolution nur wenig verändert haben, erlaubt es, sie als »lebende Fossilien« für Verwandtschaftsbeziehungen bei Vögeln heranzuziehen **(Fahrenholzsche Regel).** So konnte über die sehr ähnlichen Federlinge z. B. gezeigt werden, daß Flamingos mit den Enten und nicht mit den Reihern und Störchen näher verwandt sind. Sie haben Federlinge der Gattungen *Anaticola, Anatoeceus* und *Trinoton* (bzw. neuerdings *Flamingobius* genannt), die zusammen nur noch bei Entenvögeln vorkommen, während die für die Reiher und Störche charakteristischen Gattungen *Ardeicola* und *Ciconiphilus* bei den Flamingos völlig fehlen. Ähnliche Verwandtschaftsbeziehungen konnten so zwischen Straußen und Nandus und zwischen Hühnervögeln und Turakos gefunden werden. Vermischungen zwischen Federlingen, die zu verschiedenen Wirtsvögeln gehören, sind außerordentlich selten. Selbst in Nestern anderer Vögel parasitierende Kuckucke haben für sie allein spezifische Federlinge *(Cuculoecus, Cuculiphilus, Cuculicola),* die man bei den Sperlingsvögeln, die als Kuckuckswirte dienen, niemals findet. Da der Jungkuckuck ja federlingsfrei auf die Welt kommt, muß er »seine« Mallophagen offenbar erst bei einem Kontakt mit einem Artgenossen bekommen (z. B. Begattung). Das »Umsteigen« auf andere Wirte scheinen die Federlinge also offensichtlich nur extrem selten geschafft zu haben. Allerdings gibt es natürlich auch Federlinge mit

Abb. 24.3. Verschiedene Federlinge bei Vögeln (nach verschiedenen Autoren).
1 = Taubenfederling *Columbicola columbae;* 2 = Krähenfederling *Philopterus ocellatus;* 3 = Kuckucksfederling *Cuculiphilus fasciatus.*

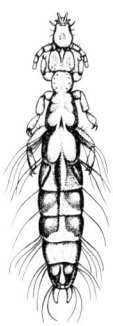

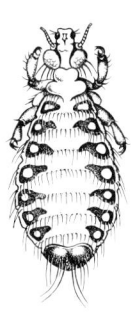

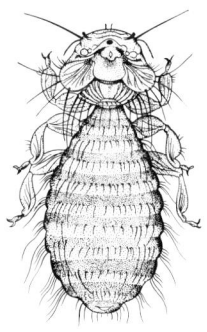

1   2   3

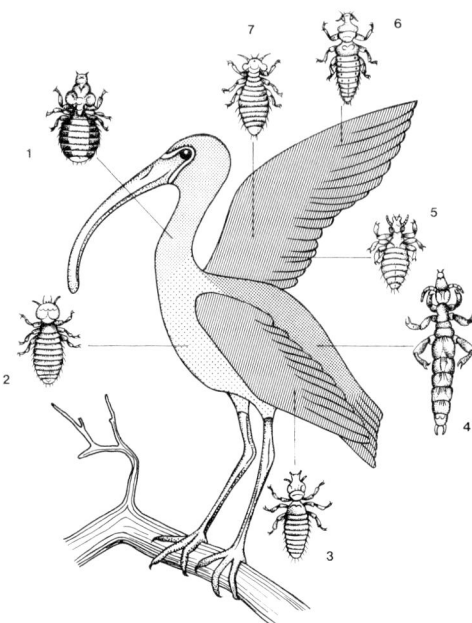

Abb. 24.4. Verschiedene Federlingsarten sind auf jeweils bestimmte Gefiederregionen ihres Wirtes spezialisiert (nach OSCHE 1966, verändert).
Das Beispiel zeigt dies bei den Federlings-Gattungen bei einem Ibis: 1 = *Ibidoecus*; 2 = *Menopon*; 3 = *Colpocephalum*; 4 = *Esthiopterum*; 5, 6 und 7 = *Colpocephalum* und *Ferribia*.

weniger strenger Wirtsbindung. Beim Flamingo ist dies neben anderen z. B. *Colpocephalum heterosoma*. Und wie bereits erwähnt, hat es die Familie der Trichodectidae (Dünnfühlerläuse) sogar geschafft, auf die Säuger überzuspringen.

Die **Federlinge** sind aber nicht nur sehr wirts-, sondern auch relativ **streng ortsspezifisch.** Da oft sehr viele Federlinge verschiedener Gattungen auf einem Wirtsindividuum vorkommen, stellt sich natürlich die Frage der Konkurrenz zwischen den einzelnen Formen. Sie wird z. T. dadurch umgangen, daß der Wohnraum auf dem Wirt unter den einzelnen Formen aufgeteilt wird und die Federlinge in friedlicher Koexistenz nebeneinander existieren (vgl. Abb. 24.4).

Zu den Insekten gehören auch die **Plattwanzen** (Cimicidae, Rhynchota), die Blutsauger sind. Die Taubenwanze *(Cimex »columbarius«)* ist vermutlich nur eine Unterart der gemeinen Bettwanze *(Cimex lectularis)*, da sie mit dieser fruchtbare Nachkommen erzeugen kann. Die

Schwalbenwanzen *(Oeciacus hirundinis, O. vicarius)* leben als Parasit in den Nestern von Mehlschwalbe und Mauersegler. Die lange Abwesenheit dieser Zugvögel können sie zwar als Imago gut überdauern, scheuen aber eine Zwischenmahlzeit bei (bestimmten) Menschen nicht. Von den rund 80 bekannten Plattwanzen kommt rund ein Drittel auch bei Vögeln vor.

Zu den Fliegen (Diptera) gehören die bekannten **Lausfliegen (Hippoboscidae),** die weit verbreitet sind. Für viele Arten gibt es spezielle Lausfliegen: Schwalben-Lausfliege *(Stenopteryx hirundinis)*, Mauersegler-Lausfliege *(Crataerrhina pallida;* Abb. 24.5), Tauben-Lausfliege *(Pseudolynchia cariensis)*, Strauß-Lausfliege *(Struthiobosca struthionis)* usw. Weniger spezialisierte Arten sind z. B. *Pseudolynchia canariensis, Ornithomya chloropus, O. avicularia, O. fringilla* und andere. Insgesamt kennt man etwa 200 Arten, von denen 150 auf 24 Vogelordnungen vorkommen. Lausfliegen sind stark dorsoventral abgeflacht, haben eine zähe, ledrige Haut (kaum zerdrückbar) und an den Beinen stark gebogene Klauen zum Festhalten. Die Flügel sind meist gut entwickelt oder auch reduziert und dann nicht mehr flugtauglich (Schwalben-Lausfliege). Lausfliegen sind **Blutsauger.** Manchmal können bis zu 40 Lausfliegen auf einer Schwalbe vorkommen, ohne diese offensichtlich zu schädigen. Bei ziehenden Seglern und Schwalben überwintern die Lausfliegen als Puppen meist in den verlassenen Nestern. *Lyncia maura* gilt als Überträger der **Vogelmalaria.** Außerdem werden über die Lausfliegen auch Trypanosomen (s. u.) übertragen.

Eine Reihe von **Dipteren**-Arten (Gattungen *Protocalliphora, Lucilia, Chrysomyia, Phornia, Passeromyia, Philornis*) legt ihre Eier auf die Haut und Körperöffnungen (Nase, Mund, After, Augen, Ohren) von Vögeln, auf Jungvögel und (angepickte) Eier. Die schlüpfenden Larven ernähren sich dann vom Gewebe, das sie verflüssigen, oder saugen Blut **(Vogelblutfliegen** der Gattungen *Protocalliphora* und *Neottiophilum).* Letztere können vor allem bei Höhlen- *(Protocalliphora)* bzw. Offenbrütern *(Neottiophilum)* große Verluste verursachen. Einige der Maden sind auch Zwischenwirte von Bandwürmern und können große Mengen an Botulismustoxinen beherbergen.

Flöhe (Siphonaptera) entwickeln sich auf dem Wirt von der detritusfressenden Larve zur blutsaugenden Imago. Sie sind an sich typische

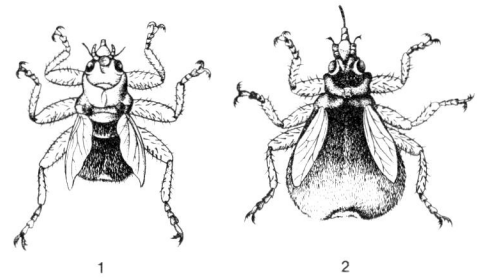

Abb. 24.5. Die Mauersegler-Lausfliege *Crataerrhina pallida* (nach BERNDT & MEISE 1959).
1 = im hungrigen Zustand; 2 = im vollgesogenen Zustand.

Nestschmarotzer; in einem Nest (Mehlschwalbe) können sie zu Hunderten vorkommen. Nur sehr wenige Arten leben also dauernd auf ihrem Wirt und springen nur zur Nahrungsaufnahme auf. Sie sind lateral stark abgeflacht und haben einen festen Außenpanzer, so daß man sie nur schwer »knacken« kann. Insgesamt ist diese Parasitengruppe weniger wirtsspezifisch als die anderen Parasiten. Dennoch sind verschiedene Arten für bestimmte Vögel »einigermaßen« charakteristisch: *Ceratophyllus rossittensis* für die Rabenkrähe, *C. gallinae* für Hühnervögel, *Echidnophaga gallinacea* beim Huhn, *Parapsyllus* bei Pinguinen und Seevögeln. Trotzdem »vergreifen« sich diese Flöhe ohne Schaden auch an anderen Tieren (auch dem Menschen). Man kennt mehr als 2000 Floharten. Rund 125 davon finden sich auch auf Vögeln. Da die Flöhe nicht dauernd auf ihrem Wirt leben, sind sie auch stärker als die übrigen Schmarotzer von den Witterungsbedingungen in ihrem Lebensraum abhängig. So verwundert es nicht, daß die Verbreitung vieler Arten geographisch stark variiert. Bei der Mehlschwalbe, bei der fünf Floharten vorkommen, sind die Arten *Callopsylla waterstoni* und *Frontopsylla laeta* auf Felsnester beschränkt, während *Ceratophyllus hirundinis* nur in Hausnestern vorkommt. *Ceratophyllus borealis* kommt z. B. nur auf kleinen Inseln vor, *C. garei* in sumpfigen Regionen und/oder Bodennestern und *C. gallinae* in trockenen, luftigen Nestern.

Zu erwähnen wären schließlich noch die zahlreichen Stech- (Culicidae) und Kriebelmücken (Melusinidae), Stechfliegen (Tabanidae) usw., die als Blutsauger auch an Vögeln parasitieren können, über deren Bedeutung allerdings nur sehr wenig bekannt ist. Ihre Bedeutung liegt

vor allem auch in der Übertragung von Krankheitskeimen.

24.1.1.2 Nestparasiten

Nestparasiten stellen an sich keine eigene Gruppe dar. Vielmehr müssen viele der obengenannten Schmarotzer dazu gerechnet werden, da auch sie im Nest als Parasit (aber auch als nützlicher »Beinahe-Symbiont«) auftreten können. Mehr als 530 verschiedene Tierarten mit Tausenden von Einzelindividuen wurden in Vogelnestern als mehr oder weniger parasitäre Nestbewohner beschrieben. Davon dürften allerdings höchsten 60 bis 70 % wirklich obligate Parasiten im engeren Sinn sein.

Die **Nestfauna** setzt sich auch aus zahlreichen Folgeorganismen der Parasiten, wie z. B. deren Feinden, zusammen. Dazu zählen z. B. Spinnen, Käfer, Tausendfüßler usw. Daneben findet man Tierarten, die das Nest als Unterschlupf benutzen (Fliegen, Kleinschmetterlinge, Eier, Puppen, Ruhe- und Einkapselungsstadien von Insekten usw.). Schließlich gibt es eine Reihe von Tierarten, die sich vom Kot, von Nahrungsresten, Vogelkadavern, Haut- und Federteilen und vielen anderen Abfallstoffen des Nestbereiches ernähren. Dazu gehören Käfer, Fliegen, Springschwänze, Flöhe, Motten und viele Milbenarten.

24.1.1.3 Vögel als Parasiten

Vögel selbst können Parasiten bei Vögeln sein, und zwar als **Kleptoparasiten** (Nahrungsschmarotzer; z. B. Raubmöwen, Fregattvögel und viele andere mehr; s. Kap. 12.5.2) oder z. B. **Nest(Brut)schmarotzer** (Kuckucke, Witwenvögel, Amadinen und andere mehr; s. Kap. 17.3.3). Madenhacker können als Parasiten bei »Nichtvögeln« auch Fleisch und Blut ihres Wirtes fressen.

24.1.2 Endoparasiten

Endoparasiten leben im Inneren ihres Wirtes. Dies gilt unabhängig davon, ob sie im Darmtrakt und/oder anderen Körperhöhlen und Organen vorkommen. Bereits unter den Ektoparasiten sind einige Arten beschrieben, die den größten Teil ihres Lebenszyklus im Körperinneren des Wirtes zubringen und nur noch zur Eiablage auf die Körperoberfläche kommen. Die folgenden Arten sind mehr oder weniger generelle Endoparasiten. Viele von ihnen durchlaufen in ihrer Entwicklung aber dennoch auch Phasen außerhalb des Körpers, wobei u. U. komplizierte Generations- und Wirtswechsel durchlaufen werden, die alle der sicheren Weiterverbreitung der Art dienen. Direkte Ansteckung kommt relativ selten vor, kann aber zusätzlich fakultativ sein.

24.1.2.1 Parasiten der Körperhöhlen

Besonders häufig findet man Parasiten naturgemäß unter den **Einzellern (Protozoa)**. Sie finden sich praktisch in allen Körperhöhlen (Abb. 24.12).

In **Mundhöhle, Oesophagus** und **Kropf** lebt z. B. *Trichomonas gallinae*, ein Ziliat mit vier Vordergeißeln und einer Schleppgeißel inklusive undulierender Membran. Daneben kommen noch die Arten *T. columbiae* und *T. phasiani* und zahlreiche andere Arten vor. Auch im Proventriculus können noch Trichomonaden vorkommen.

Im **Magen** selbst sind Protozoen wohl wegen der vorangegangenen starken Ansäuerung im Vormagen kaum zu finden. Extrem reich an Parasiten sind alle folgenden Darmabschnitte.

Im **Dünndarm** findet sich eine enorme Mannigfaltigkeit. Unter den Sporozoa (Sporentierchen) sind z. B. die Kokzidien mit den Vertretern *Eimeria* (*gallopavonis, phasiani, anseris, aythya, columbarum* usw.), *Isospora* (*lacazei, canaria, serini*), *Dorisiella*, *Wenyonella* und *Tyzzeria* wichtig. Sie alle leben an sich in Zellen, gelangen aber mit ihren Oozysten zahl- und mengenmäßig in bedeutendem Maße auch in den Darmtrakt und infizieren direkt ohne Zwischenwirt über z. T. komplizierte Fortpflanzungswege. Die Oozysten sind äußerst widerstandsfähig. Kryptosporidien sind kleine kokzidienähnliche Parasiten, die sich im apikalen Pol der Dünndarmzellen entwickeln. *Sarcocystis* sind Kokzidien, die für ihren Lebenszyklus zwei Wirte brauchen. Zwischenwirte (Mäuse, Opossum, andere Vögel, Küchenschaben usw.) tragen die Zwischengeneration in der Muskulatur und in anderen Geweben. Über ihr Auftreten, Vermehrung usw. weiß man noch kaum etwas. Zu den Flagellaten (Geißeltierchen) gehören ebenfalls zahlreiche Vertreter. So z. B. *Giardia* (*intestinalis*), *Hexamita* (*Spironucleus columbi, Hexamita meleagridis, H. columbae*), *Cochlosoma, Chilomastix* usw. Z. T. entwickeln sich diese Formen auch in der Darmwand. Vögel

können auch Träger von Toxoplasmose-Protozoen sein und an Toxoplasmose auch erkranken.

Im **Blinddarm** kommen neben zahlreichen Symbionten Histomonaden vor (Flagellaten), die bei Massenbefall infektiöse Enterohepatitis auslösen können. Daneben findet man viele Trichomonaden und Kokzidien (*Eimeria tenella, E. necatrix, E. brunetti*). Die Parasiten des Caecums finden sich außerdem im Rektum, der Kloake und in der Bursa-Drüse (in letzteren beiden auch Kryptospiridien).

Kryptospiridien findet man auch als Parasiten der **Trachea** und der **Bronchien**. Auch in der Niere finden sich Protozoen als Parasiten. Vor allem Kokzidienarten (*Eimeria truncata, E. boschadis, E. serventyi, E. somateria, E. gavia* usw.) schmarotzen in den Tubuli contorti und den Sammelrohren der Niere (s. Kap. 13). Auch hier soll nochmals erwähnt werden, daß außer beim Schlüpfen (?) der Vogel nie frei von solchen Parasiten ist. Sie leben in Koexistenz mit ihrem Wirt und wirken erst unter Streßbedingungen schädlich, wenn sie sich zu stark vermehren.

Auch unter den »Würmern« gibt es zahlreiche Vogelparasiten (Abb. 24.10, 24.11, 24.13, 24.14). Sie sind meist besser bekannt, da sie relativ groß und somit auffällig sind. Es sind vor allem **Nematoden (Fadenwürmer), Trematoden (Saugwürmer)** und **Cestoden (Bandwürmer)**.

Im Vorderdarmbereich von **Kropf** und **Oesophagus** kommt eine Reihe von Capillarien (Haarwürmer, Nematoden) vor. Sie entwickeln sich direkt und/oder über Zwischenwirte. Dazu gehören z. B. *Capillaria contorta, C. annulata,* und *C. dispar*. Weiterhin sind hier Vertreter der Spiruridae (Rollschwänze), *Oxyspirura, Gonglyma* und *Streptocara* gefunden worden. In diesem Vorderdarmbereich sind auch Spulwürmer (Ascaridae) zu finden. Bei jungen Pelikanen, die u. U. lange Futter im Schnabel und Oesophagus speichern, können solche Spulwürmer massenhaft zwischen den Futterbrocken auftreten (vor allem *Contracaecum*).

Im **Proventriculus** sind selten schon Saugwürmer (Ribeiroia) gefunden worden. Ebenso Cestoden (*Gastrotaenia*, Nematoparataenidae) – aber beide Formen gelangen hier wohl nur selten zur Ausprägung. Häufiger sind Nematoden (*Contracaecum spiruligerum, C. microcephalicum, Synhimatus, Cosmocephalus* mit Fischen und anderen Wassertieren als Zwischenwirten, *Dispharynx, Echinuria, Tetrameres, Eustrongy-*

lides, *Spiroptera* usw.) Jeder dieser Nematoden hat in der Regel einen oder nur eine bestimmte Gruppe von Endwirten, und viele zeigen Wirtswechsel mit sehr unterschiedlichen Zwischenwirten (Fische, Insekten, Krebse usw.). Auch hier stören die Parasiten nur bei Massenbefall. Im **Magen** sind wieder vor allem Nematoden anzutreffen: *Cheilospirura, Acuaria, Habronema,* Strongilidae). Letztere Familie (mit *Amidostomum acutum, A. anseris, Epomidiostomum uncinatum*) kann die Magenwurmseuche bei Enten, Gänsen, Tauchern und Reihern auslösen.

Im **Dünndarm** findet sich eine große Vielzahl an Trematoden, vor allem bei Wasservögeln, aber auch bei Greifvögeln, Tauben und einigen Sperlingsvögeln. Über den Lebenszyklus der meisten aviären Trematoden weiß man nur sehr wenig. Sie benötigen aber immer einen Zwischenwirt, in vielen Fällen sind dies Schnecken. Die Eier werden mit dem Kot infizierter Vögel ausgeschieden. In ihnen entwickeln sich die Mirazidien (Wimperlarven), diese schlüpfen

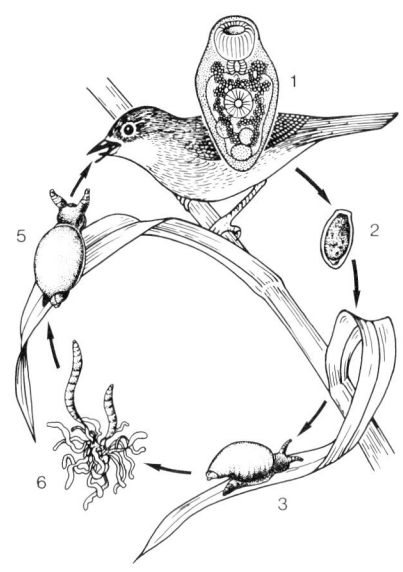

Abb. 24.7. Der schematische Lebenszyklus des Trematoden *Leucochloridium* (»Fühlermade«) und ihr Entwicklungsweg in Kleinvogel und Bernsteinschnecke *Succinea putris* (nach BERNDT & MEISE 1959).
1 = geschlechtsreife Saugwürmer in der Kloake des Vogels; 2 = Eier gelangen mit dem Kot des Vogels nach außen; 3 = Eier werden von der Bernsteinschnecke mit der Nahrung aufgenommen; 4 = in der Schnecke entwickeln sich die Sporozysten; 5 = die reifen Brutschläuche werden vom Vogel aus den Schneckenfühlern gerissen; damit ist der Kreislauf geschlossen.

Abb. 24.6. Schematisierter Entwicklungsgang des Trematoden *Posthodiplostomum cuticola* (aus OSCHE 1966, nach DÖNGES 1963).
1 = geschlechtsreifer Saugwurm im Endwirt Graureiher; 2 = Ei; 3 = Miracidium frei im Wasser; es dringt in Wasserschnecke ein und entwickelt sich dort zur (4) Muttersporozyste; in dieser entstehen Tochtersporozysten (5), in denen sich Zerkarien (6) entwickeln, die die Schnecke verlassen, um in einen Fisch einzudringen und in dessen Haut zu Metazerkarien (7) zu werden. Die einzelnen Stadien sind in unterschiedlichem Maßstab dargestellt. Der innere Kreis stellt die verschiedenen Wirte, der äußere Kreis die Entwicklungsstadien dar.

und dringen in die Zwischenwirte ein. Dort entwickeln sie sich von Sporozysten (Sporensäcke) zu Zerkarien (Schwanzlarven), die entweder vom Vogel direkt aufgenommen oder als Metazerkarien auf Pflanzen oder Transportwirten (Schnecken, Insekten, Kaulquappen, Fischen usw.) in den Vogelkörper gelangen. Dies kann z.B. in Wasser auch aktiv durch Durchbohren der Haut geschehen (vgl. Abb. 24.6 und 24.7).

Einige Trematoden-Arten (*Trichobilharzia ocellata, T. szidati*) können auf diese Weise die relativ harmlose **Bade(Schistosoma)dermatitis** auslösen, wenn die Zerkarien in den Menschen eindringen. Einige wichtige Trematoden des Dünndarmes seien summarisch aufgelistet (s. auch Abb. 24.9): *Tetracatyle* (in Rallen, Lappentauchern, Pelikanen, Tauben), *Strigea falconi* (in Falkenvögeln, Hühnern, Enten, Rackenvögeln usw.), weiterhin *Clinostomum,* Diphostomiden, *Neodiplostomum, Echinostoma, No-tocotylus, Zygocotyle, Typhlocoelum, Philophthalmus, Echinoparyphium*, Heterophiidae und viele andere mehr. Massenbefall kann auch hier wieder zu Todesfällen führen (*Tylodelphis* beim Weißstorch, *Cotylurus* bei Seeschwalben, *Prosthogonymus*-Arten bei Hühnervögeln usw.).

In der **Leber** können in den Gallengängen Trematoden der Formen *Renicola, Cyclocoelum, Amphimerus* und *Platynosomum* vorkommen, ebenso in den Ausführgängen des **Pankreas.** Lebernematoden sind z. B. *Eustrongylides ignotus* und *Serratospiculum annaculata*. Der **Dünndarm** beherbergt außerdem zahlreiche wirtsspezifische Cestoden, die in Größe und Form außerordentlich mannigfaltig sein können. In geringer Zahl sind auch sie ungefährlich. Allein bei Wasservögeln kennt man zur Zeit mind. 21 *Hymenolepis*-Arten. Bei anderen Vögeln viele *Davainea-, Railletina-* und *Fimbriaria*-Arten. Alle Cestoden brauchen Zwischenwirte (Wasser- oder Landarthropoden, Mollusken oder Anneliden). Nematoden sind ebenfalls häufig im Dünndarm zu finden. Vor allem Spulwürmer (Ascariden) sind regelmäßig bei den Vogelarten, die Nahrung vom Boden aufnehmen (vgl. Abb. 24.8). Außerdem findet man Capillarien (*Capillaria obsignata, C. anati, C. caudinflata*) Porrocaecum, Strongyliden, Filarien und Acanthocephalen. Letztere Parasi-

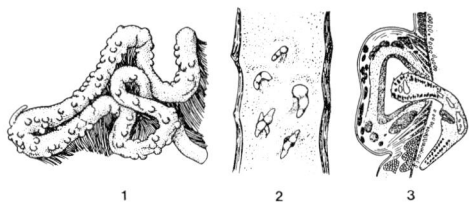

Abb. 24.9. Massenbefall des Dünndarms eines Weißstorches durch den Saugwurm *Chaunocephalus ferox* (aus BERNDT & MEISE 1959, nach SZIDAT 1935). 1 = der Dünndarm von außen gesehen, mit den zahlreichen, durch den Trematoden hervorgerufenen, bläschenförmigen Auftreibungen; 2 = Innenansicht eines solchen Darmstückes: Die Würmer stekken einzeln oder zu zweien in der Darmwand und lassen den Hinterleib frei in das Darminnere hängen; 3 = Schnitt durch die Haftstelle eines Wurmes: Die Schleimhaut, die das Darminnere auskleidet, ist durchbrochen, und das mit kleinen Widerhäkchen versehene Vorderende des Trematoden hängt in dem von außen sichtbaren Bläschen. Er lebt von den Zerfallsprodukten der Bläschenhöhle.

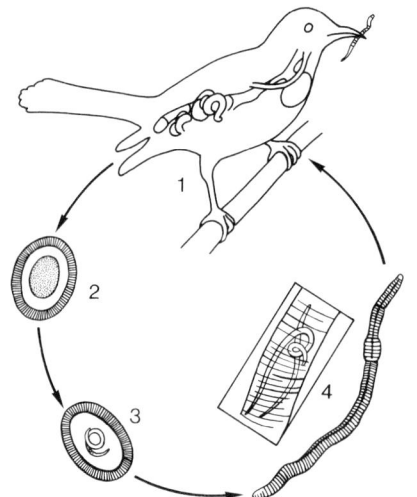

Abb. 24.8. Entwicklungsgang des Vogelspulwurms *Porrocaecum ensicaudatum* (nach OSCHE 1966). 1 = Endwirt (z. B. Amsel); 2 und 3 = Eier des Spulwurmes, in denen sich die Larve ausbildet; 4 = Zwischenwirt Regenwurm, in dem sich in den Blutgefäßen (Zeichnung danebe) die Larven befinden.

ten heften sich mit ihrem Rüssel an die Darmschleimhaut und können so zu Darmblutungen führen.

Auch im **Blinddarm,** dem **Rektum** und der **Kloake** sind Saugwürmer häufig (Strigeidae, *Sphaeridiotrema, Notocotylus*). Ebenso Nematoden wie *Heterakis, Suburula, Trichostrongylus* und *Strongyloides*.

In der **Niere** befinden sich u. a. die Trematoden-Gruppen *Renicola, Eucotylos, Austrobilharzia* (Blutgefäße). Auch andere Körperhöhlen sind regelmäßig mit Trematoden besetzt. Im Reproduktionstrakt *(Prostogominus)*, der Leibeshöhle allgemein (*Cyclocoelum, Serratospiculum, Eustrongylides, Monopetalonema, Approctella* und viele andere mehr) finden sich regelmäßig Schmarotzer dieser Formen. Im **Respirationstrakt** mit den Nasenhöhlen, Tracheen, Bronchien und Lunge/Luftsäcke sind Saugwürmer (z. B. Cyclocoelidae, *Orchipedium, Typhlocoelum*) keine Seltenheit. Ebenso findet man Nematoden (*Aprocta, Oxyspirura, Ceratospira, Thelazia*). Besonders bekannt, weil durch die daraus resultierende röchelnde Atmung auch auffallend, ist der in Dauerkopulation lebende Luftröhrenwurm *Syngamus trachea* (Abb. 24.10). Die Eier gelangen mit dem Kot ins Freiland und bleiben dort bis zu 4 Jahre infektionsfähig. Über die Nahrungsaufnahme gelangen sie in den Magen-/Darmtrakt, bohren sich in die Blutgefäße und gelangen von dort in

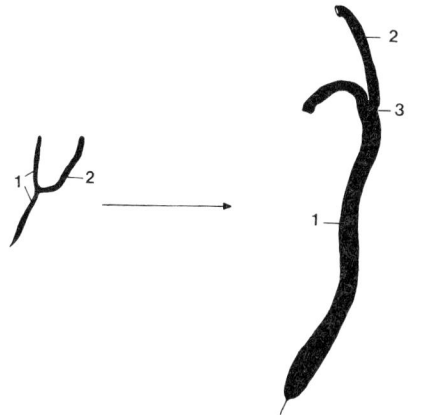

Abb. 24.10. Beim Luftröhrenwurm *Syngamus tra-chea* vereinigen sich die Männchen (2) und Weibchen (1) schon in der Jugend (links) und bleiben zeitlebens miteinander verbunden. Das Weibchen wächst dabei stark heran (rechts). 3 = Kopulationsstelle. Diese Form des Zusammenlebens heißt Synzygie und wird auch von den Bilharziose-Erregern gezeigt (nach OSCHE 1966).

die Trachea. Ein anderer Luftröhrenwurm ist *Cyatostoma bronchialis*, der bei Gänsen und Enten vorkommt und wegen seiner Größe leicht die Luftröhre verschließen kann, wenn 2 bis 3 Würmer nebeneinander vorkommen. In der Lunge selbst findet man neben Trematoden noch Nematoden der Gruppen *Serratospiculum*, *Cyathostoma*, *Filarioidea* und *Enfilaria*.

Außerhalb der eigentlichen Körperhöhlen leben im **Auge** noch selten Saugwürmer der Arten *Thilophthalmus gralli* und *Cyclocoelum oculeum*. Nematoden sind häufiger zu finden. Sie gehören zu den Gruppen *Oxyspirura*, *Thelazia* und *Sertaria*. Sie kommen in der Nickhaut und im Tränengang einer Vielzahl von Vögeln vor.

Höhere **Arthropoden** als Innenparasiten wurden teilweise oben schon erwähnt. Hier sind weitere Vertreter der Milben nachzutragen, die im Respirationstrakt vorkommen: *Cytodites nudus* sind sandkornkleine Individuen, die in Sekundär- und Tertiärbronchien, dem Lungeninterstitium und der epithelialen Auskleidung der Luftsäcke anzutreffen sind. *Sternosoma tracheacolum* und viele verwandte Arten leben in der Trachea zahlreicher Vögel. Zu den Gliederfüßern gehört noch eine interessante Tierklasse, die ausschließlich Endoparasiten hervorbringt, die Zungenwürmer (Pentastomida oder Linguatulida). Ihr wurmförmiger, geringelter

Körper trägt zur Verankerung im Wirtsgewebe am Vorderende zwei Hakenpaare (Abb. 24.11). Zungenwürmer leben in den Atmungsorganen und ihren Anhängen, z. B. in den Luftsäcken von Möwen (aber auch anderen Vögeln), und saugen dort Blut. Ihre Organe sind stark reduziert mit Ausnahme der Gonaden. Von den rund 60 existierenden Arten weiß man, daß sie einen Wirtswechsel durchmachen. Viel mehr ist allerdings nicht bekannt.

Parasiten sind bei Vögeln äußerst mannigfaltig vertreten, aber es ist nur sehr wenig über ihre Biologie bekannt. Deswegen mußte sich der vorstehende Abschnitt mehr oder weniger auf eine kurze summarische Darstellung der enormen Formenvielfalt beschränken. In der Parasitologie sind noch zahlreiche neue Erkenntnisse zu erwarten und auch erforderlich.

24.1.2.2 Zell- und Gewebeparasiten

Auch diese Endoparasiten können natürlich in bestimmten Entwicklungsstadien in Körperhöhlen oder außerhalb des Vogelorganismus auftreten. Einige sind deshalb auch schon weiter oben andeutungsweise erwähnt worden. Abweichend von den vorangegangenen Abschnitten werden hier die Parasiten nach ihrem

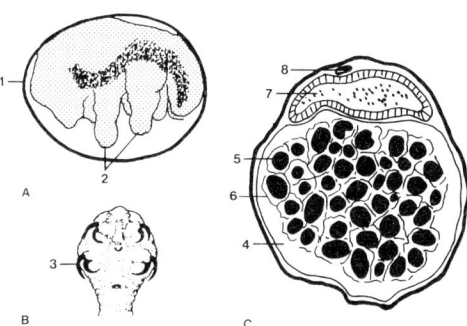

Abb. 24.11. Zungenwürmer (Pentostomida oder Linguatulida) sind wurmförmige, geringelte Endoparasiten, die aber zu den Gliederfüßern (Arthropoda) gehören (nach Fotos aus OSCHE 1966).
A. Junger Keim des Vogelzungenwurms *Reighardia sternae*, umgeben von der starken Keimhülle (1). Deutlich ist die zweigliedrige Beinanlage (2) zu erkennen, die später rudimentiert.
B. Vorderende des Zungenwurmes *Leiperia gracilis;* gezeigt werden die Klammerhaken (3).
C. Schematischer Querschnitt durch *Reighardia sternae*. Der Brutraum (4) enthält zahlreiche Keime (5), die durch Schleimhüllen (6) miteinander verbunden sind. Der bluterfüllte Darm (7) und der Eierstock (8) sind stark zur Seite gedrängt.

Vorkommen in den einzelnen Organsystemen besprochen, da sie in der Regel für diese Systeme charakteristisch sind.

In der **Muskulatur** der Vögel werden häufig Protozoen festgestellt. Sarcosporidien finden sich als weiße, längliche Sarcozysten (2 bis 8 × 1 mm; aber auch mikroskopisch kleine!) bei vielen Vogelarten, die als Zwischenwirte für diese Einzeller dienen. Insgesamt sind acht Arten bekannt, über deren Lebenszyklus sehr wenig bekannt ist. Endwirte können Hunde, Katzen, Opossum und andere Fleischfresser sein. Trichinen *(Trichinella spiralis)* sowie *Leucocytozoon* (Hämosporidien) können ebenfalls im Fleisch gefunden werden. In inter- und intramuskulärem Gewebe wurden außerdem schon Entwicklungsstadien von Pseudophyllen-Cestoden nachgewiesen. Filarienähnliche Nematoden *(Pelectus, Avioserpens taiwani, Petecitus calamiformes)* hat man in Gelenkkapseln von Vögeln entdeckt.

Das **Blut** und seine **Zellen** sind ein Hauptaufenthaltsort für viele Schmarotzer der Vögel. Sie kommen weltweit in verschiedener und großer Zahl vor. Zu den häufigsten Protozoen-Arten (Hämatozoon) zählen Plasmodien, *Leucocytozoon*, *Haemoproteus* und *Trypanosoma*.

Plasmodien findet man in den Blutzellen (Erythrozyten, Thrombozyten, Leukozyten und in Endothelzellen) in vier Subgenera *(Haemamoeba, Huffia, Giavannelaia, Novyella)* bei zahlreichen Vogelarten. Die Übertragung erfolgt durch die im Speichel von blutsaugenden Stechmücken vorhandenen Sporozoiten meist schon im Nestlingsalter. In Endothelzellen (Leber, Darm, Blutgefäße usw.) des Wirtes erfolgt eine starke Primärvermehrung (Schizogonie; endohistiozytäre Phase); von dort gelangen die Sichelkeime (Schizonten) in die Blutzellen, wo sie sich erneut ungeschlechtlich teilen, neue Blutzellen infizieren (Fieberschub) und dabei auch Geschlechtsformen (Gametozyten) ausbilden. Diese werden wiederum von Stechmücken mit Blut zusammen aufgenommen, paaren sich dort zu »Würmchen« und vermehren sich im Mückenmagen wieder ungeschlechtlich durch Sporogonie. Die Sporozoiten gelangen in die Speicheldrüse, und damit ist der Kreislauf geschlossen (vgl. z.B. Malariazyklus beim Menschen, der mehr oder weniger identisch verläuft). In geringer Menge sind die Parasiten relativ ungefährlich. Bei Belastung kann die Krankheit aber voll ausbrechen. Da die Plasmodien weit verbreitet sind, können so auch

Pinguine dann **Malaria** bekommen. Auf Hawaii hat Vogelmalaria z.B. zu enormen Bestandseinbrüchen bei Kleidervögeln geführt. Ähnlich verläuft der Zyklus und die Infektion bei *Leucocytozoon*.

Trypanosomen sind extrazelluläre Parasiten des peripheren Blutes. Zahlreiche Fliegen. Mücken, Milben usw. sind Zwischenwirte im Generationswechsel. Diese Parasiten sind im Blut sofort an ihrer länglichen Gestalt und ihrer undulierenden Membran zu erkennen. Krankheitssymptome sind bisher nicht bekannt.

Toxoplasmosen (vor allem *Toxoplasma gondii*) finden sich obligat intrazellulär in fast allen Zellen (s. Darmparasiten weiter oben), bevorzugt im Zentralnervensystem und im Retikulo-Endothelialen-System von Leber, Milz und Lunge. End- und Hauptwirt sind Katzenartige. Sie haben eine charakteristische apfelsinenschnittenförmige Struktur. Diese Parasiten sind in zahlreichen Vogelarten nachgewiesen worden, ohne daß größere Krankheitssymptome erkennbar wären. Daneben kommen noch zahlreiche andere Protozoen (*Besnoitia*, Babesien usw.) in Vögeln vor.

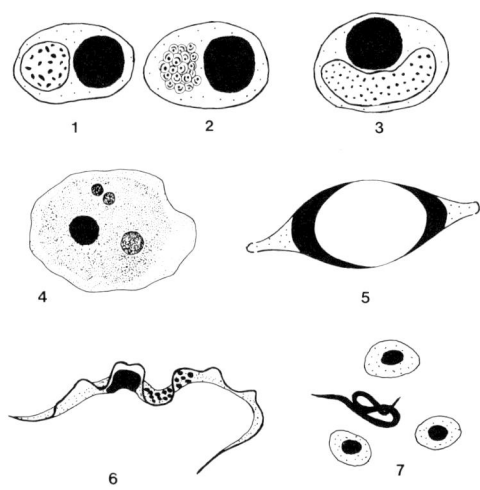

Abb. 24.12. Verschiedene parasitische Protozoen bei Vögeln (nach versch. Autoren); der Zellkern ist jeweils schwarz gezeichnet.
1 = *Plasmodium* im Erythrozytenplasma; der Parasit (Gametozyt) zeigt Pigmentgranula; 2 wie 1, aber Schizont; 3 = *Haemoproteus* im Erythrozytenplasma; Gametozyt mit Pigmentgranula; 4 = *Entamoeba histolytica* (in Dickdarmschleimhaut); 5 *Leucocytozoon* im Erythrozytenkern; Parasit frei von Granula; Erythrozyt stark deformiert; 6 = *Trypanosoma* in Blutplasma; 7 Mikrofilarie (Larve von Fadenwürmern) neben drei Erythrozyten.

An **Trematoden** sind vor allem Bilharziose-Erreger (Schistosomiasis durch *Austrobilharzia, Ornithobilharzia canalicula* u. a.) bekannt. Die Zerkarien-Larven dieser Saugwürmer leben in den Blutgefäßen vieler Wasservögel. Schnecken sind Zwischenwirte, Ansteckung erfolgt durch Penetration der Haut durch die Zerkarien (s. weiter oben unter Darmparasiten, Badedermatitis); die Entwicklung findet in der Lunge statt, und ausgereifte Egel leben in den Portalvenen.

Zu den **Nematoden** gehören die Mikrofilarien. *Cardiofilaria*-Arten leben in der Bauchhöhle, im Herzen und im subkutanen Gewebe, *Chandlerella* lebt in Körperhöhlen, Herzen, im Bindegewebe um Blutgefäße und gelegentlich in Leber und Niere. *Splendidofilaria* kommt im Herzen, Bindegewebe, den Lungenarterien und in Augen vor, *Eufilaria* nur in Bindegewe-

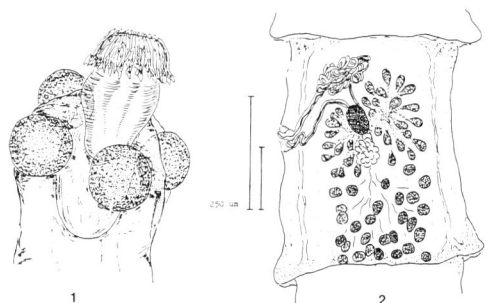

Abb. 24.14. Beispiele für Cestoden (Bandwürmer) im Vogeldarm (nach Schneider 1980).
1 = Reifes Glied von *Pariceterotaenia porosa;* 2 = Scolex (Kopf) von *Anomotaenia* sp. mit Saugapparat und Festhaltehaken (beides zur Verankerung im Wirtsdarm).

be. Alle diese Arten produzieren Mikrofilarien, die sich im Blut aufhalten können. Blutsaugende Insekten dienen als Zwischenwirte.

Zu den **Atoxoplasmen** gehören Hämogregarinen oder *Lancestrella*. Es handelt sich um vegetative Formen von Kokzidien (z. B. *Isospora serini*). Oozysten werden mit dem Futter aufgenommen; im Dünndarm werden Sporozoiten freigesetzt, die sich in Blutzellen in Leber, Lunge, Niere und Milz ungeschlechtlich vermehren und dann sexuelle Stadien ausbilden. Die entstandenen Sporozoiten bilden in blutsaugenden Milben (u. a.) Oozysten und gelangen dadurch wieder nach außen, und der Kreislauf ist geschlossen. Einige Blutparasiten sind in Abb. 24.12 dargestellt.

24.2 Krankheiten

Zu den **Krankheiten,** die nicht durch die oben besprochenen Parasiten verursacht werden, kann man folgende zusätzliche Erscheinungen zählen: Infektions- und Invasionskrankheiten, Stoffwechselstörungen und Mangelzustände, Vergiftungen und Verletzungen, Mißbildungen und andere Organschäden sowie Umweltschäden. Im folgenden werden wiederum vor allem nur solche Krankheiten kurz besprochen, die auch im Freiland von einiger Relevanz und auch beobachtbar sind. Ein wirklich kranker Vogel ist allerdings in kurzer Zeit nicht mehr in der Lage, Nahrung in genügender Menge zu finden. Er wird schnell schwach und dann leicht die Beute eines Feindes. Tote Vögel werden

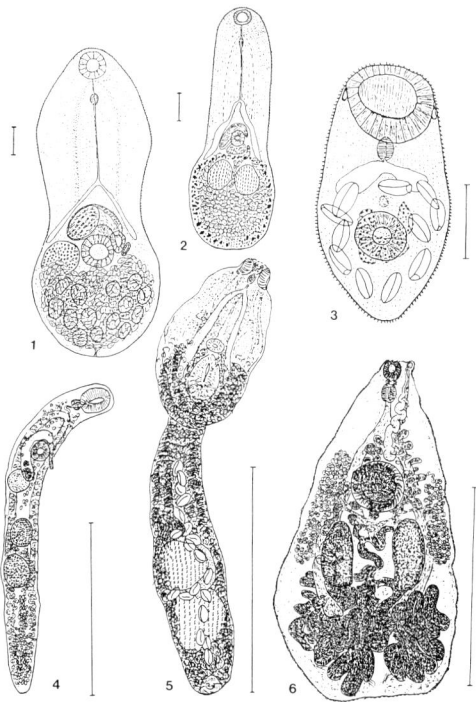

Abb. 24.13. Beispiele für Trematoden (Saugwürmer) im Darmtrakt der Vögel (nach Schneider 1980 und Lorsch 1980).
1 = *Microphallus primas;* 2 = *Maritrema gratiosum;* 3 = *Gymnophallidae* sp.; 4 = *Plagiorchis laricola;* 5 = *Diplostomum spathaceum;* 6 = *Prosthogonimus ovatus.* Die Formen 1 bis 3 sind sehr kleine Trematoden; der beigezeichnete Strich entspricht 50 µm. Die Formen 4 bis 6 sind wesentlich größer; der Strich entspricht hier 1 mm.

zudem von zahlreichen Spezialisten im Tierreich in meist kurzer Zeit beseitigt.

24.2.1 Infektionen durch Viren und Bakterien

Viren sind selbst nicht reproduktions- und stoffwechselfähige, Nukleinsäurestränge mit einer Hülle aus Eiweißmolekülen. Sie beeinflussen intrazellulär das Genom einer Wirtszelle so, daß neue Viren produziert werden.

Wichtige **Viruserkrankungen** bei Vögeln sind Pockendiphterie, Influenza (Grippe) und zahlreiche Formen der **Vogelpest (Newcastle-Krankheit).** Letztere wird von verschiedenen Viren verursacht (Paramyxoviren, Orthomyxoviren) und zeigt zahlreiche Krankheitssymptome: Atembeschwerden, Lähmungen, Krämpfe usw. Meist tritt sie invasionsartig auf und kann dann große Mengen an Vögeln dahinraffen. Die **Pockendiphterie** (durch Poxviridae) ist eine Form der Pockenerkrankungen, die mit Diphterie-Symptomen einhergeht (Atemstörungen, Beläge im Atemtrakt usw.). Daneben gibt es auch Tumorformen und andere mehr. Die **Influenza** (echte Grippe) ist eine Viruserkrankung, die für Vögel typisch ist und vor allem die Atemwege befällt. Einige menschenpathogene Stämme entspringen diesem Pool. Die Grundlage (Viren) für die Humanimpfstoffe gegen Influenza-Viren werden deshalb auch in Hühnerei-Zellen gezüchtet. Auch diese Virusinfektion kommt bei zahlreichen Vogelgruppen in vielfältiger Ausprägung vor. Vögel sterben meist an nachfolgenden Bakterieninfektionen. Neben diesen Hauptviruserkrankungen sind nahezu alle auch bei Säugern bekannte Infektionen bei Vögeln beschrieben worden. So z. B. Hirnhautentzündung (Enzephalitis), Tollwut, Gelbfieber, Maul- und Klauenseuche, Drehkrankheit, Leberentzündung (Hepatitis), Meningitis, Herzbeutelentzündung (Myokarditis) und verschiedene andere Organentzündungen (Enteritis, Laryngotracheitis, Myelitis, Neuritis usw.). Auch Herpes ist bei Vögeln bekannt.

Mykoplasmen (Mollicutes) sind die kleinsten noch selbstständig vermehrungsfähigen Mikroorganismen. Sie stehen zwischen den Bakterien und Viren. Sie haben eine vielgestaltige Form (kleinste Körnchen bis fadenförmige Gebilde), haben aber keine Zellwand und deshalb auch keine definierte Zellform (pleomorph). Die meisten Mykoplasmen sind für Vögel pathogen. Sie besiedeln vor allem die Atemwege.

Dort können sie allein (primär pathogene Formen) oder durch Pathogenitätsfaktoren (Bakterien, Viren, Chemikalien usw.; sekundär pathogene Formen) Krankheiten auslösen, die meist durch Sekundärinfektionen sehr gefährlich werden können. Charakteristische Arten sind *Mycoplasma gallisepticum, M. meleagridis* und *M. synoviae.*

Bakterielle Infektionen (Bakteriengruppen Spirochaetaceae, Spirillaceae, grampositive und gramnegative Bakterien, Actinomycetales, Rickettsien, Chlamydien und andere) sind ebenfalls häufig bei Vögeln (oft als Sekundärinfektionen nach Virusbefall) beschrieben. Oft sind die daran beteiligten Bakterien nur Varianten der Säugerspezies, und entsprechend kennt man viele ähnliche Krankheiten in beiden Gruppen. Charakteristische Formen sind z. B. Tuberkulose, Cholera, Typhus, Paratyphus, Polyarthritis, Rotlauf, Listeriose, Botulismus, Tetanus, Milzbrand, Q-Fieber, Salmonellose und Ornithose.

Besonders bekannt ist der **Botulismus,** der seine Ursache in sporenbildenden, anaeroben, grampositiven Stäbchenbakterien hat, die überall in der natürlichen Umwelt im Boden vorkommen. Botulismus ist dabei eine reine Vergiftung (Intoxikation) nach oraler Aufnahme des von *Clostridium botulinum* produzierten Stoffwechselgiftes Neurotoxin, ein Exotoxin des Bakteriums, das vom Darmtrakt des Vogels ins Blut übertritt und dann die charakteristischen Krankheitssymptome auslöst. Man kennt mehrere dieser Neurotoxine (A bis F), die im Endeffekt alle zu einer Lähmung des Nervensystems führen.

Die **Ornithose** wird durch *Chlamydia psittaci* verursacht, einem Erreger der Chlamydien-Bakterien, die allgemein eine als Chlamydiose bezeichnete Infektion auslösen, zu der die Papageien-Krankheit (Psittakose) der Papageien und die Ornithose der anderen Vogelarten dazugehören.

In diesem Zusammenhang muß noch ein »liebenswürdiges« Bakterium erwähnt werden: Zu den Enterobacteriaceae gehört *Escherichia coli,* der als wichtigster Darmsymbiont für die Verdauung unerläßlich ist (neben vielen anderen Bakterienarten, die z. T. wesentliche Vitamine und Nahrungsaufschlüsse vermitteln). Große Mengen im Blut können allerdings zu verschiedenartigen Erkrankungen des Vogels führen, die man unter dem Begriff **Colibazillose** zusammenfaßt.

Häufig sind Bakterien sekundär auch an eitrigen Entzündungen bei äußeren und inneren Verletzungen beteiligt. Insgesamt muß allerdings bemerkt werden, daß Vögel gegenüber Infektionen sehr resistent sind.

24.2.2 Pilzerkrankungen

Viele saprophytische Pilze können Pilzerkrankungen (Mykosen) bei Vögeln auslösen. Auffallend sind vor allem Hautmykosen, die auf der Epidermis, deren Anhängseln und/oder den Schleimhäuten auftreten. Wichtig ist die durch den Sproßpilz *Candida albicans* ausgelöste Candidiasis (Soor moniliasis), die als Systeminfektion den gesamten Verdauungs- und Atmungstrakt mit einer weißen Pilzkolonie überziehen kann. In gleicher Form kommt sie auch beim Menschen (vor allem Kleinkinder) vor. Eine Systeminfektion ist auch die Aspergillose des Faden-Pilzes *Aspergillus fumigatus* (und anderer Pilze), die Haut, Gehirn, Ohr usw. des Vogels befallen kann. Vor allem ist sie aber im Atmungstrakt zu finden.

24.2.3 Vergiftungen

Vergiftungen können aus natürlichen (Futter, Trinkwasser) oder aus künstlichen (Biozide in weitestem Sinne, Xenobiotika) Quellen erfolgen.

Eine Reihe von Pflanzen können bei Vögeln Vergiftungen hervorrufen, wenn sie in größeren Mengen aufgenommen werden. Dazu zählen z. B.: Rhizinusbohnen (für Enten, Gänse), Rapssamen (leberschädigend), Gänsesterbe *(Erysium crepidifolium)*, unter Umständen Bucheckern, einige Algentoxine usw. Viele für Menschen giftige Pflanzen können andererseits von Vögeln unproblematisch vertragen werden (z. B. Eibe). Die von Pilzen unter bestimmten Umständen (Wärme, Feuchtigkeit) abgegebenen Stoffwechselendprodukte nennt man Mykotoxine. Vor allem durch verdorbenes Futter bei der Winterfütterung der Vögel (verschimmeltes Brot, Obst usw.) und durch Komposthäufen (Essensabfälle) sind Mykotoxine eine häufige Gefahrenquelle, der ebenfalls große Mengen von Vögeln zum Opfer fallen können.

Die massenhafte Ausbringung von Bioziden (Chemikalien aller Art) der verschiedensten Formen, haben z. T. unmittelbare, akut toxische Wirkungen mit Tausenden von Todesfällen mit sich gebracht (meist organische Phosphorverbindungen, Carbamate usw.). Bedeutender ist aber wohl die schleichende Vergiftung der Vögel durch sublethale, sich akkumulierende Bioziddosen, die in vielfältiger Weise dokumentiert ist, und die in zahlreiche physiologische Abläufe schädigend einwirken (meist chlorierte Kohlenwasserstoffe). In Amerika sind zudem z. B. Vergiftungen durch Bleikugeln (Schrot) beschrieben, die Enten aus dem Schlamm der Gewässer aufgenommen haben. Diese Effekte hier alle darzustellen, würde schnell den vorgegebenen Rahmen sprengen. Sie sollen deshalb nur kurz erwähnt werden.

Nicht zuletzt ist z. B. die Verölung eine unmittelbare Gefahr vor allem für Meeresvögel geworden. Die Zahl der Vögel, die durch diese besondere »Vergiftung des Gefieders« ihr Leben lassen mußten, geht allein in den letzten paar Jahren in die Hunderttausende und entwickelt sich mehr und mehr zu einer neuen und enormen Bedrohung.

24.2.4 Mißbildungen, Geschwülste, Verletzungen

Im Freiland sind Vögel mit größeren Mißbildungen, Geschwülsten und Verletzungen in der Regel nicht für längere Zeit lebensfähig.

Leichtere Mißbildungen der Federstruktur (Hungerstreifen, verkrüppelte Feder usw.) und Fehlfarben (Albinismus, Melanismus, Flavismus usw.) sind dagegen häufiger zu beobachten (s. Kap. 5).

Fehlende und/oder verkrüppelte Zehen sind bei verwilderten Stadttauben schon beinahe die Regel. Auch der Schnabel ist häufig mißgebildet. Viele Vögel sind dann oft trotzdem in der Lage, mit dieser Behinderung zurechtzukommen. Mehrfachbildungen von Beinen (Abb. 24.15), Flügeln und auch von zahlreichen inneren Organen sind ebenfalls keine extreme Seltenheit. Nicht zuletzt kann auch das Ei mißgestaltet sein. Wie bereits erwähnt, gibt es Doppeleier, Dreifacheier, solche ohne Dotter, solche mit zwei Keimscheiben, sehr kleine Spareier, Rieseneier, solche mit doppelter Schale usw. (s. Kap. 17).

Eine Reihe von Vogelarten kann den Verlust eines Beines relativ gut überstehen. Pfeilstörche, die einen Pfeil in verschiedenen »äußeren« Organen stecken hatten, sind mehrfach beschrieben worden. Sie waren in der Lage, mit dieser »Fracht« von Afrika in die Brutgebiete

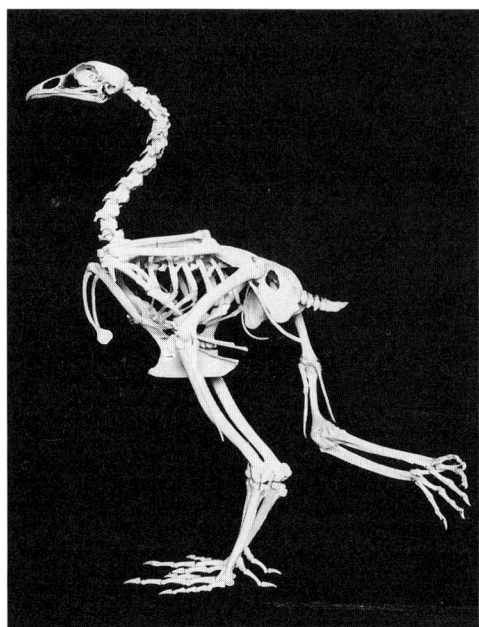

Abb. 24.15. Vierfüßiger Hahn als Beispiel für eine embryonal angelegte Mißbildung (Foto R. Prinzinger).

Solche Doppelbildungen sind nicht selten. Sie können entweder durch Zwillingsbildung verursacht werden (die Zwillinge sind dabei so miteinander verwachsen, daß von dem einen Partner nur noch die Füße äußerlich zu erkennen sind) oder durch einen Bruch in der Organanlage werden die entsprechenden Organe doppelt induziert und ausgebildet. Dies ist offensichtlich im abgebildeten Beispiel der Fall gewesen. Hier waren auch verschiedene innere Organe im Verdauungstrakt doppelt ausgelegt.

zurückzufliegen. Nicht zu große und tiefgreifende **Verletzungen** heilen überdies bei Vögeln außergewöhnlich schnell und kaum sichtbar wieder ab.

Eine **Laparatomie** (operatives Öffnen der Bauchhöhle) ist oft nach einer Woche nicht mehr zu erkennen. Eingeheilte Schrotkugeln sind in den USA zu einem hohen Prozentsatz in Entenvögeln in verschiedenen Organen nachgewiesen worden.

Geschwülste, vor allem der Haut, sind im Freiland ebenfalls keine extreme Seltenheit.

Wie bei den oben angeführten Krankheiten, ist die Größe der Erscheinung entscheidend für die Überlebensfähigkeit des betroffenen Vogels. Kleinere Organgeschwulste (auch Krebs) kommen vor allem bei älteren Vögeln relativ regelmäßig vor. Oft sind sie sekundär aus Verletzungen und/oder Vergiftungen entstanden. Allerdings bedeuten sie bei Vergrößerung in der Regel den schnellen Tod des befallenen Tieres. Auch hier kann auf nähere Einzelheiten nicht eingegangen werden.

25 Vogelschutz

25.1 Grundlagen und Ziele

Vogelschutz ist ein Teil des Naturschutzes, der grundsätzlich die Erhaltung und den Schutz aller freilebenden Pflanzen und Tiere zum Ziel hat. Eingeschlossen sind darin auch alle taxonomischen oder genetischen Kategorien unter dem Artniveau (z. B. Populationen) sowie charakteristische Artengruppierungen (Biozönosen). Dies bedeutet auch den Schutz und die Erhaltung von Lebensgrundlagen und damit den Schutz von Lebensstätten. Die Trennung der Ziele in **Artenschutz und Flächenschutz** (Biotopschutz) ist nur unter praktischen Zielvorgaben berechtigt, denn Flächenschutz bedeutet generell die Erhaltung der Lebensgrundlagen von Arten, und Artenschutz ist ohne die Sicherung geeigneter Habitate nicht möglich. Man kann jedoch auf einer Fläche den Schutz und die Förderung bestimmter Arten durch entsprechende Maßnahmen (z. B. Nisthilfen, Eingriffe in die Vegetationsstruktur, Einrichtung von Nahrungsquellen usw.) betreiben, andererseits ohne spezielle Artenschutzprogramme einen Landschaftsausschnitt schützen. Grundsätzlich wird man nicht allen Arten gleichen Schutz gewähren, sondern nur einer Auswahl, für die besonderes Schutzbedürfnis besteht. In der Praxis wird eine solche Auswahl jedoch oft genug von den (meist ökonomisch oder politisch motivierten) Sachzwängen vorgegeben, die den Schutz der Arten und ihrer Lebensräume einengt und nicht mit grundsätzlich unterschiedlichem Schutzbedürfnis der Arten eines Landschaftsausschnittes verwechselt werden darf.

Als **Schutzkriterien** lassen sich ökosystemorientierte und populationsorientierte unterscheiden. Letztere setzen zwar an Individuen an, haben aber nicht den Schutz des einzelnen Individuums zum Ziel, wie der Tierschutz, sondern letztlich die Erhöhung seiner Fitness (s. Kap. 17.2). Die Erhaltung oder der Aufbau einer regenerationsfähigen Population, die zumindest mittelfristig selbstständig ohne dauernde Eingriffe überlebensfähig ist, bestimmen Planungen und Maßnahmen des Artenschutzes.

Diese schließen die Bereitstellung eines für eine überlebensfähige Population nötigen Mindestareals und entsprechender Ressourcen wie auch nötigenfalls spezielle Hilfsmaßnahmen und Manipulationen ein, die aber auf Dauer die Population (Art) nicht in eine totale Abhängigkeit von der Hand des Schützers bringen dürfen.

Schutz von Arten bedeutet grundsätzlich hohe Investitionen, die mit zunehmendem Wachstum der menschlichen Weltbevölkerung immer größer werden. Der Artenschutz muß daher begründet werden. **Eigennütziger Artenschutz** zieht ökonomische Folgen des Aussterbens von Arten in Betracht. wie z. B.

- Verlust von potentiell nutzbaren Arten, wobei im einzelnen nicht abzusehen ist, welche Arten einmal eine Rolle als Ressourcen spielen könnten;
- Rückgang und Verlust sensibler Organismen, die als Bioindikatoren Lebensraumveränderungen signalisieren;
- Einbußen von Steuerungsmöglichkeiten in Ökosystemen;
- Verlust von »Nützlingen« (etwa bei der integrierten Schädlingsbekämpfung von Kulturen);
- Einengung genetischer Möglichkeiten der Zucht von Pflanzen und Tieren als Ernährungssicherung.

In diesem Zusammenhang kann der Artenschutz als ein Beitrag zum Ressourcenschutz für die Menschheit gesehen werden.

Der **uneigennützige Artenschutz** wird mit moralischen, ästhetischen und wissenschaftlichen Argumenten begründet. Das moralische Postulat fordert, die Arten um ihrer selbst willen zu schützen, da wir nur so »menschenwürdig« handeln. Hierbei spielt die Verantwortung gegenüber folgenden Generationen eine wichtige Rolle. Ästhetische Begründungen, die gerade im Vogelschutz von jeher eine besondere Bedeutung hatten, stützen sich auf das Naturerleben, das essentieller Bestandteil der kulturgeschichtlichen Entwicklung der unterschiedlichsten Völker ist. Allerdings birgt gerade die ästhetische Argumentation die Gefahr einer subjektiven Bewertung von Schutzzielen, die dem Artenschutz oft nicht gerecht werden kann. Die wissenschaftliche Begründung fordert die Erhaltung von Forschungsobjekten, wobei sowohl Grundlagenforschung als auch angewandte Forschung gefördert werden und damit letztlich auch wiederum ökonomische Aspekte ins Spiel kommen.

Aus verschiedenen Gründen hat der Vogelschutz eine geschichtliche Vorreiterrolle in der **Entwicklung des Naturschutzgedankens** gespielt. Auch heute noch nimmt er im Artenschutz einen besonderen Schwerpunkt ein. Vögel sind auffällige und bekannte, großenteils »sympathische« Glieder der belebten Natur, was ihnen zu allen Zeiten große Aufmerksamkeit sicherte. Darüber hinaus bedeuten die im Vergleich zu anderen Tiergruppen guten Kenntnisse der Biologie und Ökologie vieler Arten eine wichtige wissenschaftliche Grundlage und häufig relativ schnellen Zugang zu praktischen Schutzmaßnahmen. Die vielseitigen und hohen Platzansprüche von Vogelpopulationen verleihen Schutzprogrammen an Einzelarten zumindest in dicht besiedelten Räumen über die spezielle Zielsetzung hinaus die Bedeutung von gezielten Biozönose- oder Ökosystemprojekten, in denen einzelne Vogelarten eine Signal- oder Symbolwirkung haben (z. B. Schutz des Auerhuhns für die Erhaltung von naturnahen Waldbiozönosen, Wiesenbrüterprogramme für Extensivierung der Grünlandnutzung). Nicht zuletzt die hohe Mobilität der meisten Vögel führte auch schon relativ früh zu internationalen Schutzbemühungen (1922 Gründung des **International Council for Bird Preservation, ICBP,** als erste weltweite Naturschutzorganisation) und neuerdings zu Vereinbarungen (z. B. Ramsar-Konvention für Feuchtgebiete internationaler Bedeutung 1971, EG-Vogelschutzrichtlinie 1979, Bonner-Konvention zur Erhaltung der wandernden Tierarten 1979) sowie zu internationalen Forschungsvorhaben (z. B. Zugvögel und ihr Schutz).

25.2 Die Situation: Gefährdung von Artbeständen

25.2.1 Aussterben

Arealgröße und Individuenzahl einer Art bzw. Population schwanken im Verlauf der Existenz der betreffenden Einheit oft nicht unerheblich. Erreichen beide Größen Null, ist die Art oder Population ausgestorben. Diese an sich selbstverständliche Definition ist nötig, weil in der Vogelschutzpraxis der Begriff »aussterben« oft unscharf oder gar mißverständlich verwendet wird.

Lebt eine Art nur noch in Gefangenschaft, kann man sie höchstens für das Freileben als ausgestorben betrachten; Wiedereinbürgerung in einstmals besiedelte Lebensräume, so noch vorhanden, ist denkbar, ja sogar, daß die Art wieder größere Areale besiedelt. Definitionsgemäß kann man dagegen auch von Aussterben in Beziehung zu einem bestimmten Teilareal der Art sprechen; dabei handelt es sich streng genommen um Populationen einer Art, die ein bestimmtes Gebiet – in der heutigen Naturschutzpraxis wird als Geltungsbereich politischer Verantwortung bzw. entsprechender Gesetze häufig auch ein Staatsgebiet oder ein Zusammenschluß von Staaten (z. B. Europäische Gemeinschaft) gewählt – besiedeln. Natürlich ist für die Bewertung des regionalen Aussterbens entscheidend, ob das in Frage kommende Gebiet ohnehin nur ein randlicher Arealteil der Art war oder ein isoliertes Vorkommen aufwies oder ob es sich um ein Kerngebiet und/oder um Populationen hoher Abundanz handelte. Daraus wie auch aus dem Vergleich mit anderen Arealteilen der Art kann evtl. abgeleitet werden, ob der regionale »Aussterbevorgang« möglicherweise nur eine vorübergehende Erscheinung darstellt oder eine ernsthafte Bedrohung des gesamten Artbestandes anzeigt.

Grundsätzlich unterscheidet man zwei Typen des Artensterbens. **Phylogenetisches Aussterben** liegt vor, wenn durch die Evolution und adaptive Radiation (vgl. Kap. 22) eine Ausgangsart durch eine oder mehrere abgeleitete Arten ersetzt wird. Solche Formen des Aussterbens ergeben also keinen Nettoverlust im globalen Artenbestand. **Terminales Aussterben** hinterläßt keine Nachfahren; ist sein Wert im Vergleich zur Evolutionsrate neuer Arten gering, dann nimmt der Artenreichtum zu. Ein Nettoverlust tritt ein, wenn die Aussterberate das Tempo der Entstehung neuer Arten übersteigt.

Terminales Aussterben hat es zu jeder Epoche der Evolution der Vögel gegeben; wenn langfristig die Bilanz ausgeglichen ist, spricht man vom Hintergrundniveau des Aussterbens. Einschneidende Änderungen der Umwelt füh-

Abb. 25.1. Beispiele für zwei durch den Menschen ausgerottete flugunfähige Großvögel auf Inseln. Oben: Dronte; unten: Riesenalk (Holzstiche nach Zeichnungen von A. Specht, ca. 1890).

ten und Belegen, die nicht eindeutig auf einen Artstatus einer verschwundenen Form hinweisen oder wie bei Knochenfunden keine genaue zeitliche Zuordnung gestatten. Einige Wiederentdeckungen von Arten, die als ausgestorben galten, in kleinen Populationen sind in neuester Zeit gelungen (z. B. des vorwiegend nachtaktiven Godavari-Rennvogels 1986), doch dürften Erwartungen auf Reduktion der Liste kaum realistisch sein.

Die **rezenten Aussterberaten** überwiegen ganz augenfällig die Raten der sich neu bilden-

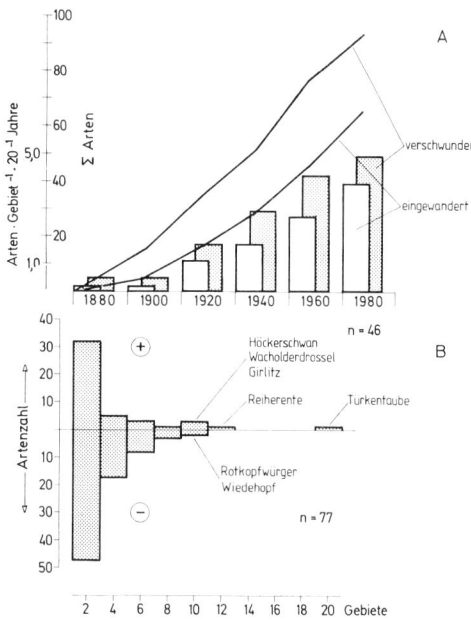

Abb. 25.2. Artenturnover (Nettobilanz zwischen Einwanderung und Verschwinden) in 19 Lokal- und Regionalavifaunen Mitteleuropas ab Ende des 19. Jahrhunderts (E. Bezzel, orig.).
A. Säulen = Zahlen der in jeweils 20 Jahren pro Gebiet verschwundenen bzw. neu eingewanderten Brutvogelarten; Skala links. Kurven: Summenkurven der insgesamt in mindestens ein Gebiet eingewanderten bzw. aus ihm verschwundenen Brutvögel; Skala rechts. Arten, die nach einem Verschwinden in einer späteren Periode wieder auftauchten, sind in beiden Kategorien erfaßt.
B. Bilanz der Einwanderungen und des Verschwindens von Arten in den 19 Gebieten. Gemessen wird für jede Art die Differenz aus der Zahl der Gebiete mit Einwanderung und jener mit Verschwinden. Beispiel: Eine Art, die in 4 Gebiete neu einwanderte und in 5 Gebieten verschwand, ist in der ersten Säule im Feld (–) enthalten usf. Arten mit ausgeglichener Bilanz sind nicht aufgeführt. 46 Brutvögel weisen eine positive, 77 eine negative Bilanz auf.

ren jedoch zu hohen terminalen Aussterberaten. So schätzt man, daß als Antwort auf größere Klimaänderungen im Pleistozän ungefähr 25 % der damaligen Avifauna ausstarben. Seit Beginn des Pleistozäns (vgl. Tab. 21.1) hat sich die terminale **Aussterberate** kontinuierlich erhöht. Man schätzt, daß in den ersten 10 000 Jahren des Quartärs alle 83 Jahre eine Art ausstarb. Von 1600 bis 1900 starben mindestens 51 Arten aus; das entspricht einem Verlust von einer Art alle 6 Jahre. Dieser Zeitraum hat sich für die Zeit von 1900 bis 1970 nochmals halbiert; gegenwärtig dürfte mit einer ausgestorbenen Art in weniger als einem Jahr zu rechnen sein. Man kann aber annehmen, daß die Zahl der seit 1600 ausgestorbenen Arten weit über 100 liegt. Tab. 25.1 führt nur 76 Arten auf. Die Unterschiede in den Auffassungen liegen in der Einschätzung der Zuverlässigkeit von Berich-

Tab. 25.1. Etwa von 1600–1970 ausgestorbene Vogelarten (nach Luther 1986 und Wolters 1980, mit Ergänzungen).
Deutsche Namen: Balgbelege liegen vor; lateinische Namen: nur von Knochenfunden oder Reiseberichten bekannt, zeitliche Zuordnung daher oft ungenau. In () nach dem Familiennamen Zahl der ausgestorbenen Subspezies noch überlebender Arten; * Wiederentdeckung nicht ausgeschlossen; F: Art war flugunfähig.

Art	ausgestorben	Verbreitung
Madagaskarstrauße – Aepyornithidae		
Aepyornis maximus F	ca. 1650 (?)	
Strauße (1)		
Emus (2)		
Moas – Diornithidae		
Megalapteryx didinus F	1785	Neuseeland
Euryapteryx geranoides F	1640	Neuseeland
Dinornis torosus F	1670	Neuseeland
Sturmschwalben		
Guadalupe-Wellenläufer	1912	Guadalupe
Kormorane		
Brillenscharbe	ca. 1852	Bering-Insel
Ibisse (1)		
Reiher (1)		
Nycticorax megacephalus	ca. 1730	Rodriguez
Entenartige (2)		
Schopfkasarka	1964*	NE-Asien
Cygnus summerensis	1600 ?	Neuseeland
Labradorente	1875	E-Nordamerika
Nelkenente	1944*	Indien
Aucklandsäger	1905	Aucklandinseln
Falken (1)		
Hühner (1)		
Neuseelandwachtel	1868	Neuseeland
Hangwachtel	1876	Himalaya
Rallen (6)		
Wake-Ralle F	1945	Wake-Insel, Pazifik
Rotnackenralle	1900 ?	Tahiti
Dieffenbachralle	1842	Chatham-Insel
Chathamralle F	ca. 1900	Chatham-Insel
Pelzralle F	1904	Neukaledonien
Alantisea elpenor F		Ascension
Laysansumpfhuhn F	1944	Laysan, Hawaii
Hawaiisumpfhuhn F	1884	Hawaii
Karoliensumpfhuhn F	1828	Kusaie, Karolinen
Samoa-Pfuhlhuhn F	1874	Samoa
Tristanteichhuhn	1861	Tristan da Cunha
Fulica newtoni	ca. 1863	Mauritius, Réunion
Aphanapteryx bonasia F	vor 1700	Mauritius
A. leguati F	ca. 1730	Rodriguez
Schnepfen (1)		
Gesellschaftsläufer	vor 1777	Tahiti
Alken		
Riesenalk F	1844	Nordatlantik
Tauben (4)		
Bonintaube	1889	Bonin-Inseln
Silberbandtaube	1936*	Riu-Kiu-Inseln
Wandertaube	1914	Nordamerika

Fortsetzung Tab. 25.1.

Art	ausgestorben	Verbreitung
Gallicolumba ferruginea	?	Neue Hebriden
Salomonentaube	1904	Salomonen
Rotbart-Fruchttaube	1922	Marquesas-Inseln
Mauritiusfruchttaube	1826	Mauritius
Columba rodericana	ca. 1670	Rodriguez
Drontevögel – Raphidae		
Dronte F	1662	Mauritius
Pezophaps solitaria F	ca. 1791	Rodriguez
Papageien (5)		
Diademlori	vor 1860	Neukaledonien
Tahitisittich	1844	Tahiti
Braunkopfsittich	ca. 1773	Gesellschaftsinseln
Maskarenenpapagei	1834	Réunion
Rodriguezsittich	1875	Rodriguez
Carolinasittich	1914	Nordamerika
Lophopsittacus mauritianus	1638	Mauritius
Necropsittacus rodericanus	1731	Rodriguez
Paradiessittich	1927*	Australien
Dreifarbenara	1864	Kuba
Kuckucke		
Delalandecoua	1834–37	Madagaskar
Eulen (2)		
Weißwangenkauz	1937*	Neuseeland
Athene murivora	1730	Rodriguez
Nachtschwalben (1)		
Eisvögel		
Riu-Kiu-Liest (eigene Art?)	1887	Riu-Kiu-Inseln
Spechte (1)		
Jalas		
Kurzschnabel-Nektarjala	1929*	Madagaskar
Maorischlüpfer		
Stephenschlüpfer F?	1894	Neuseeland
Stachelbürzler (2)		
Lappenvögel		
Lappenhopf	1907	Neuseeland
Bülbüls (1)		
Pirole (1)		
Timalien (1)		
Sänger (5)		
Bonindrossel	1928	Bonin-Inseln
Rotaugendrossel	1938	Cayman-Inseln
Grasmücken (3)		
Zaunkönige (4)		
Wasseramseln (1)		
Stare (1)		
Rabenstar	1828	Insel Kusaie
Schlichtstar	1774	Pazifikinsel (?)
Hopfstar	1854	Réunion
Fregilupus rodericanus	?	Maskarenen

Fortsetzung Tab. 25.1.

Art	ausgestorben	Verbreitung
Honigfresser (1)		
Krausschwanzmoho	1837	Hawaii
Prachtmoho	1934	Hawaii
Kioea	1859	Hawaii
Brillenvögel (2)		
Lord-Howe-Brillenvogel	vor 1928	Lord-Howe-Insel
Mistelfresser		
Vierfarben-Mistelfresser	1906	Cebu
Finkenvögel (8)		
Grünrücken-Kleidervogel	ca. 1900	Hawaii
Konagimpel	1896	Hawaii
Orangebrust-Koagimpel	1894	Hawaii
Kohala-Kleidervogel	1892	Hawaii
Rußmamo	1907	Hawaii
Gelbbürzelmamo	1898	Hawaii
Boninfink	1828	Bonin-Inseln
Webervögel		
Thomas-Dickschnabelweber	1888	Insel Sao Thomé

den Arten, so daß eine ständige Reduktion der Artenzahl (Diversität) der Vögel die Folge ist, ein Schicksal, das sie allerdings mit anderen Tiergruppen teilen. Der Rückgang der Artenvielfalt als Folge einer negativen Bilanz von Einwanderung und Verschwinden gilt auch generell für viele Gebiete und Ökosysteme, wobei relativ gut dokumentierte Beispiele der letzten 100 Jahre aus Mitteleuropa (z. B. Abb. 25.2) von vielen Inselfaunen und tropischen Gebieten noch übertroffen werden. Für diesen Diversitätsschwund ist in erster Linie der Mensch verantwortlich.

Unter den **ausgestorbenen Formen** betrifft der größte Teil Inselpopulationen, die meist direkter menschlicher Verfolgung oder den vom Menschen eingeschleppten oder eingeführten Tierarten erlagen, vor allem natürlich flugunfähige Arten. Habitatzerstörung ging mit Erschließungen meist Hand in Hand (vgl. Tab. 25.1).

25.2.2 Ausmaß der gegenwärtigen Gefährdung

Eine Vergrößerung der Aussterberate läßt sich auf der Grundlage der Listen gefährdeter Vogelarten mühelos prognostizieren. Gegenwärtig gelten über 1000, also mehr als 11 % der rund 9000 rezenten Vogelarten als global gefährdet; weitere rund 630 liegen hart am Risikobereich

der Gefährdung und stehen gewissermaßen auf einer Warteliste. Auch regional wachsen die Zahlen als gefährdet erkannter und bereits verschwundener Arten rasch an (z. B. Tab. 25.2).

Den **Gefährdungsgrad** von Arten bzw. Populationen und damit Prioritäten für Schutzprogramme zu bestimmen, ist meist mit nicht uner-

Tab. 25.2. Brutvögel auf der Roten Liste der Bundesrepublik Deutschland. a: 3. Fassung 3. 11. 1974; b: 6. Fassung 1. 1. 1987.

	a	b
Lappentaucher	3	3
Ruderfüßer	2	2
Schreitvögel	8	7
Entenvögel	9	10
Greifvögel	12	12
Falken	2	2
Hühnervögel	5	7
Kranichvögel	5	7
Schnepfen-, Möwen-, Alkenvögel	25	26
Taubenvögel	2	1
Eulen	7	7
Schwalbenvögel	1	1
Segler		1
Rackenvögel	3	3
Spechtvögel	1	5
Sperlingsvögel	23	43
Summe	118	137

heblichen subjektiven Einschätzungen belastet. Die für gefährdete Arten aufgestellten **Roten Listen (Red Data Books)** bedeuten daher in der Regel die Zusammenfassungen von Expertenmeinungen, die erst mit zunehmender Kenntnis durch quantitative Kriterien ersetzt werden können. Als grundsätzliche Gefährdungskriterien können kleines Brutareal, geringe Abundanz bzw. Individuenzahl, inselartige Auflösung des Brutareals, lang anhaltende oder starke Abnahme der Individuenzahl, Präferenz für gefährdete oder stark im Abnehmen begriffene Habitate, menschliche Eingriffe in bevorzugte Biotope oder auffällige Verluste usw. in Frage kommen. Bei Zugvögeln sind direkte Gefährdung oder Habitatverluste auch in Durchzugs- und Winterquartieren zu beachten (besonders gut untersuchtes Beispiel: Weißstorch; ferner Bestandseinbrüche von Langstreckenziehern in Korrelation mit Dürreperioden in der Sahelzone Afrikas). Noch entscheidender sind allerdings oft Kenntnisse der Reproduktionsrate und Mortalität von Populationen. Gerade bei Arten mit langer individueller Lebensdauer und geringer Mortalitätsrate sind der Zahl nach geringe Verluste oft entscheidend, und Abnahmetrends geben zu spät die Situation der Population wieder.

Ähnlich wie bei den ausgestorbenen Arten sind auch die rezenten Gefährdungen nicht gleichmäßig über Taxa und/oder geographische Bezirke bzw. Ökosysteme verteilt (vgl. Tab., 25.2 und 25.3). Systematische Gruppen (Taxa) mit unverhältnismäßig viel **gefährdeten Arten** zählen im allgemeinen zu einer (oder mehreren) der folgenden Typen:

- endemisch auf Inseln,
- enge Bindung an seltene oder kleinflächige Habitate,
- von besonderem positiven oder negativem Interesse für Menschen und daher intensiv verfolgt oder genutzt,
- abhängig von Nahrungsketten, die anfällig gegen Störung sind.

Auf dem Niveau von Ordnungen und Familien enthalten die sensibelsten Taxa 20–30 % gefährdete Arten (Tab. 25.3).

Die Gefährdung durch Beschränkung auf Inseln trifft vor allem folgende Familien: Sturmvögel, Tölpel, Fregattvögel, Rallen und artenarme der Landvögel, wie Vangawürger, Lappenvögel, Kagus usw. Dies gilt auch für die heute zu den Finken zählende Gruppe der Kleidervögel auf den Hawaii-Inseln, die bereits eine Reihe ausgestorbener Arten stellt (Tab. 25.1). Inselvögel verfügen meist über kleine Populationen, die das Risiko stochastischer Änderungen der Umwelt, der Populationsstruktur und des Genbestandes rasch an den Rand des Aussterbens bringen kann. Stochastische Ereignisse in der Umwelt können z. B. das Auftauchen einer neuen Art auf der Insel sein (Mensch inbegriffen), Witterungsereignisse (Hurrikan,

Tab. 25.3. Anteile weltweit gefährdeter Arten (in % abgerundet) einiger Ordnungen bzw. Familien (Zahlen ermittelt nach COLLAR & ANDREW 1988).

Familie	% gefährdeter Arten	Familie	% gefährdeter Arten
Steißhühner	17	Kolibris	9
Lappentaucher	30	Trogone	8
Röhrennasen	26	Rackenvögel	10
Ruderfüßer	14	Spechtvögel	4
Schreitvögel	18	Sperlingsvögel:	
Entenvögel	13	Rabenvögel	11
Greifvögel	16	Paradiesvögel	12
Hühnervögel	26	Stare	6
Kranichvögel	25	Webervögel	15
Schnepfen-, Möwen-,		Prachtfinken	4
Alkenvögel	9	Finken	5
Taubenvögel	16	Stärlinge	11
Papageien	21	Waldsänger	13
Kuckucksvögel	8	Tangaren	7
Eulenvögel	13	Brillenvögel	21
Schwalmvögel	12	Monarchen	18
Segler	9	Sänger	8

Tab. 25.4. Zahl (n) weltweit gefährdeter Arten in einzelnen Ländern und Inselgebieten (Zahlen nach COLLAR & ANDREW 1988).

Festland	n	Inseln	n
Kanada	5	Neukaledonien	5
USA (Festland)	13	Galapagos	6
Nepal	16	Mauritius	9
Europa	17	Neuseeland	17
Australien	34	Madagaskar	28
Ekuador	51	Hawaii	29
Argentinien	56	Philippinen	42
Kolumbien	70	Indonesien	126
China	81		
Brasilien	121		

Sturmflut usw.), geologische Katastrophen (z. B. Vulkanausbruch). Gefährliche Änderung der Populationsstruktur kann z. B. einseitige Verschiebung des Geschlechterverhältnisses oder der Altersstruktur bedeuten; im Bestand der Gene kann Abnahme der Heterozygotie oder die Verbreitung schädlicher Gene eine Rolle spielen (vgl. Kap. 19.4).

Familien mit einem hohen Anteil von bedrohten Arten in zersplitterten, kleinräumigen oder seltenen Habitaten sind z. B. Lappentaucher (Arten auf isolierten Binnenseen), Kraniche oder Rallen (Feuchtgebiete mit bestimmter Vegetationsstruktur) und Gruppen mit Anpassungen an besondere Waldstrukturen, vor allem in wärmeren Gebieten. Auch bei solchen Arten sind regionale Populationen als Folge der geringen Grenzkapazität ihrer Habitate oft klein. Änderungen können die Individuenzahl daher relativ rasch unter die für das Überleben kritische Zahl drücken.

Exzessive Entnahme aus Populationen oder die Folgen früheren Raubbaus gefährden vor allem Flachbrustvögel, Hokkohühner, Hühner, Kraniche oder Papageien. Viele dieser Arten haben eine relativ geringe Reproduktionsrate und setzen auf lange Lebenszeit reproduktionsfähiger Individuen. Rücksichtslose Nutzung wirkt sich in solchen Fällen nachhaltig auf den Fortbestand aus, da vor allem bei Dauereingriffen Verluste nicht ausgeglichen werden können. Andere Arten mit hohen Reproduktionsraten, wie z. B. kleinere Hühner, vertragen mitunter eine nicht unerhebliche Nutzung z. B. kurz nach der Fortpflanzungsperiode, doch hat sich selbst bei dem in Europa und Nordamerika in großen Mengen gehegten Fasan die Aufstellung von Regeln und Quoten der Bejagung als

zweifelhaft erwiesen. Hinzu kommen Arten, die als »Schädlinge« verfolgt werden; besonders anfällig erweisen sich z. B. koloniebrütende Fischjäger, aber auch Greifvögel mit geringer Abundanz.

Gefährdete Endpositionen in Nahrungsketten, die leicht unterbrochen werden können, nehmen z. B. manche Lappentaucher (Einsetzen von Raubfischen in Seenökosysteme) oder Geier als Aasfresser ein. Die Weitergabe von persistenten toxischen Chemikalien (Pestiziden) in Nahrungsketten gefährdet Wirbeltierjäger in Land- und Binnengewässersystemen bedrohlich; auch Industriechemikalien und Schwermetalle können eine Rolle spielen. Im Stoffkreislauf ist solchen trophischen Positionen besonderes Augenmerk zu schenken.

Die **Verteilung der Gefährdungen** nach geographischen Regionen ergibt neben der schon erwähnten Situation der Insclavifaunen eine besondere Zunahme der Zahl der gefährdeten Arten in der neotropischen Region, wie überhaupt die größte Zunahme der Gefährdungsrate tropische Wälder verschiedener Struktur und Klimate betrifft (vgl. auch Tab. 25.4).

Der **regionale Aspekt gefährdeter Vögel** in der Kulturlandschaft Mitteleuropas ergibt ein etwas anderes Bild. Nur wenige Arten (wie etwa Wachtelkönig, Rotmilan, Seeadler, Großtrappe) zählen zu den weltweit gefährdeten. Die Entwicklung der Landschaft hat zuerst Großvögel und Brutvögel der Feuchtgebiete erfaßt. Greifvögel litten unter der starken Verfolgung, später auch unter Pestizideinfluß. Ein Teil der ehemaligen Moorvögel erholte sich wieder durch Umstellung auf extensiv bewirtschaftete Grünflächen. Hier ist in der neuesten Zeit eine besonders starke Gefährdung festzustellen, ebenso bei Brutvögeln der Uferzonen stehender Gewässer und Flußaltwässer. Unabhängig von der Veränderung in bestimmten Habitaten hat nach den Großvögeln in neuester Zeit die Gefährdung unter den Singvögeln stark zugenommen, die von den Anfängen der Industrialisierung offensichtlich zunächst weniger betroffen waren.

25.2.3 Gefährdungsursachen

In den **Ursachen für Gefährdung** von Arten und Populationen lassen sich unmittelbare oder direkte (proximate factors) und mittelbare oder indirekte Faktoren (ultimate factors) unterscheiden.

Zu den ersteren zählen **Rückgang der Rekrutierungsrate** (recruitment) und/oder der Überlebensrate. Als Rekrutierungsrate kann man ganz allgemein die Addition neuer Individuen zur Population zusammenfassen. Eine Verringerung des zur Bestandserhaltung notwendigen Wertes tritt z. B. bei folgenden Entwicklungen ein:

(1) Reduktion des Anteils der Individuen in der Population, die sich reproduzieren;

(2) Reduktion der Fruchtbarkeit der Individuen, die sich reproduzieren, z. B. durch geringere Gelege- oder Brutgröße (Beispiel: toxische Stoffe in der Nahrung reduzieren Gelegegröße oder Brut- bzw. Aufzuchtserfolg bei Endgliedern von Nahrungsketten);

(3) Reduktion des Bruterfolges bei Individuen, die eine Reproduktion versuchen (z. B. Erhöhung des Nestraubs durch eingeführte Tierarten bei Inselpopulationen; Gelege- und Jungenverluste bei Wiesenbrütern durch landwirtschaftliche Nutzung oder Jungenverluste bei Nestflüchtern durch rasches Graswachstum einer Düngewiese).

Erhöhung der Mortalität führt dann zum Rückgang der Individuenzahl, wenn die Ausfälle durch die Rekrutierungsrate nicht mehr ausgeglichen werden. Hierbei kann auch lediglich die Änderung altersabhängiger Mortalität bei gleichbleibender Gesamtmortalität eine Rolle spielen. Arten, die auf lange individuelle Lebensdauer setzen, werden durch Erhöhung der Mortalität in der Klasse der adulten Individuen wesentlich stärker gefährdet als durch eine entsprechende Erhöhung in subadulten Stadien. Von Natur aus sehr geringe Rekrutierungsrate führt zu langwierigen Bestandserholungen nach

zusätzlicher Adultmortalität oder stellt sie in Frage, da in langen Perioden stochastische Ereignisse höhere Wahrscheinlichkeit haben. Bei sehr geringen Restbeständen scheint eine Erholung solcher Arten sehr fraglich oder so gut wie aussichtslos (z. B. Kalifornischer Kondor). Unterschiedliche Änderungen in der Mortalität der Geschlechter kann Populationsrückgang beschleunigen, auch wenn die Adultmortalität insgesamt gleich bleibt. Eine dadurch bedingte Verschiebung des Geschlechterverhältnisses führt z. B. dazu, daß ein Teil der Individuen keinen Partner findet und damit insgesamt der Anteil sich fortpflanzender Individuen sinkt. Derartige Überlegungen sind besonders bei der Bejagung als möglicher Gefährdungsfaktor zu bedenken, ebenso die Tatsache, daß bei sehr ungleicher Verteilung der Fitness über die Individuen vom Menschen bedingte Todesursachen sich weit stärker auf die Population auswirken können als aus der Zahl getöteter Individuen zu vermuten wäre.

Als mittelbare Faktoren kommen viele plötzlich oder allmählich eintretende **Änderungen in der Umwelt** der Individuen in Frage, von denen einige eine Schlüsselrolle im Fortbestand der Population spielen. Unter den natürlichen Faktoren haben vor allem Klimaänderungen Bedeutung (s. Kap. 25.2.1). Die überwältigende Mehrheit der indirekten Faktoren für die Gefährdung von Vogelpopulationen in der Gegenwart und in der jüngsten Vergangenheit geht mittelbar oder unmittelbar auf den Menschen zurück. Habitatänderungen bzw. -vernichtungen, exzessive Entnahme und Bedrohung durch eingeführte Arten spielen weltweit die Hauptrolle. Man schätzt, daß gegenwärtig für über 80 % der gefährdeten Vogelarten der Welt Habitatänderungen als Bedrohung in Frage kommen, für über 40 % exzessive Entnahme und für über 30 % eingeführte Prädatoren und Konkurrenten (vor allem in Inselökosystemen). Toxische Chemikalien und natürliche Ursachen sind bei über 10 % der bedrohten Arten als Ursachen erkannt.

Diese Schätzwerte zeigen die große Bedeutung der Erhaltung von Habitaten und deuten ferner an, daß viele der gefährdeten Arten von mehr als von einem indirekten Faktor betroffen sind. Für Inselpopulationen nimmt die Bedrohung durch eingeführte Tiere allmählich ab, weil einmal die meisten der empfindlichen Formen bereits ausgestorben oder auf kleine Restpopulationen, für die sich Reservate (Beispiel:

Seychellen) als letzte Rettung erwiesen haben, zusammengeschmolzen sind, und zum anderen die Rate der Faunenfälschungen stark abnimmt. Im Gegensatz dazu nimmt die Habitatvernichtung auf den Kontinenten immer stärker zu. Auf das Konto der Vernichtung der tropischen Wälder in allen Kontinenten gehen derzeit besonders viele Gefährdungen von Artbeständen.

Habitatveränderungen können als totale Zerstörung, Fragmentation oder Veränderungen in spezifischen limitierenden Faktoren für die Population vor sich gehen. Die totale Zerstörung natürlicher Ökosysteme und ihre Umwandlung in menschliche Nutzlandschaften oder ihre vollständige Ausbeutung steigt mit dem Wachstum der menschlichen Bevölkerung und ihren Bedürfnissen. Für manche Arten ist das natürliche Habitat bereits gänzlich verschwunden (z. B. Waldendemismen auf Sulawesi oder Hawaii); ihr Fortbestand ist theoretisch nur in Sekundärhabitaten möglich.

Weit häufiger ist derzeit die **Zerstückelung** kontinuierlicher Habitatflächen in kleine mehr oder minder isolierte Inseln. Von solchen Entwicklungen, die auch für viele Teile der mitteleuropäischen Kulturlandschaft bis hinein in die menschlichen Ballungsräume typisch sind, werden Arten mit großen individuellen Aufenthaltsgebieten (home ranges) zuerst betroffen. Typische Beispiele verschiedener Habitatansprüche sind z. B. der Affenadler auf den Philippinen (Fragmentation immergrüner Wälder), Birk- und Auerhuhn in Mitteleuropa (Moor- bzw. naturnahe Waldinseln, noch dazu möglichst ungestört, werden zu klein) oder Großbrachvogel und andere Wiesenbrüter (Fragmentation extensiv genutzten Grünlandes oder von Feuchtwiesen). Arten mit kleinen Raumansprüchen werden von Fragmentation betroffen, wenn Isolation kleiner Restpopulationen dadurch droht, daß die Individuen nicht in der Lage sind, erfolgreich für sie ungünstige große Zwischenräume zu überwinden. Dies gilt z. B. für viele Waldvögel in fragmentierten Waldarealen (z. B. Küstenwälder Brasiliens, aber auch Auerhuhn in Mitteleuropa).

Unter den ohnehin **limitierten Ressourcen,** die durch menschliche Eingriffe noch knapper werden, spielen z. B. Nistplätze bei vielen Höhlen- und Felsbrütern oft eine entscheidende Rolle. Ein weiteres Problem ist die Reduktion des Nahrungsangebotes. Dabei kann sowohl eine quantitative Verringerung entscheidend

sein als auch eine qualitative (z. B. Rückgang vieler Großinsekten in Mitteleuropa und davon abhängiger Arten, wie Blauracke, Wiedehopf, Würger usw.). Auch Veränderungen in der Erreichbarkeit der Nahrung kann den Niedergang von Lokalpopulationen oder die Aufgabe von Brutplätzen entscheidend bestimmen, nämlich dann, wenn vor allem während der Zeit der Jungenaufzucht der Nahrungserwerb zu energieaufwendig wird. Zunahme der vom Nest zurückzulegenden Strecken (z. B. Weißstorch in wachsenden Städten), saisonale Verschiebung der Abundanzspitzen des Nahrungsangebotes oder zunehmende Amplitude der Fluktuationen im Bestand von Nahrungsorganismen (z. B. Parkvögel, Wiesenvögel), Änderungen in der Erreichbarkeit der Nahrung (z. B. Wassertrübung für Eisvogel, schnelleres Graswachstum nach Düngung für Jäger von Bodentieren) wirken alle in ähnliche Richtung.

In der Aufgliederung mittelbarer und unmittelbarer Gefährdungsfaktoren für Vögel der mitteleuropäischen Kulturlandschaft (vgl. Tab. 25.5) wird die Verzahnung und additive Wirkung menschlicher Aktivitäten besonders deutlich. Von den 117 gefährdeten Arten Baden-Württembergs sind folgende Anteile indirekten Faktoren zuzuschreiben: Lebensraumzerstörung 107 (91,5 %), Umweltchemikalien 83 (70,9 %), Nachstellungen 67 (57,3 %), indirekte Verluste 79 (67,5 %), Klimaänderungen 39 (33,3 %) Arten. Immerhin ist an diesen sehr sorgfältig ermittelten Zahlen bemerkenswert, daß in einem Land mit weit entwickelter Naturschutzgesetzgebung immer noch bei mehr als der Hälfte der gefährdeten Arten die absichtliche Entnahme durch den Menschen eine Rolle spielt.

Fallbeispiel Braunkehlchen: Das Schicksal einzelner Arten zeigt oft, daß selbst ein Eingriff oder eine relativ eng umgrenzte Nutzungsform des Menschen vielfältig in das Schicksal einer Population eingreifen und dadurch einen Rückgang bis zum völligen Verschwinden auslösen kann. Das Braunkehlchen ist in Mitteleuropa heute im wesentlichen durch die moderne Entwicklung der Landnutzung und hier wiederum besonders durch die Grünlandnutzung bedroht. Ihre Intensivierung durch Mineral- und Gülledüngung, Herbizideinsatz, früher einsetzende erste Mahd und häufigere Wiederholung maschinellen Grasschnitts führt zur Monotonisierung der Wiesenstruktur (Nivellierung der Vertikalstruktur, Rückgang der Diversität der

Tab. 25.5. Gefährdungsursachen für die 117 gefährdeten Vogelarten Baden-Württembergs (nach HÖLZINGER 1987, verändert). Die Ursachenkomplexe Landwirtschaft bis Landschaftsverbrauch führen zur Lebensraumzerstörung; die übrigen greifen primär in den Individuenbestand ein. Artenzahlen: Da jede Art von mehreren Einzelfaktoren betroffen werden kann, ist die Summe aller Einzelfaktoren (2. Zahl rechts) kleiner als die Addition der Einzelzahlen.

Verursacher	Einzelfaktoren	Zahl der betroffenen Arten	
Landwirtschaft	Entwässerungen	20	
	Grünland in Ackerland	34	
	Grünlandnutzung	35	
	Ackernutzung	11	
	Aufgabe der Nutzungsform	34	
	Ausräumung der Landschaft	28	48
Forstwirtschaft	Entwässerungen	6	
	Laub- in Nadelwälder	27	
	Aufgabe alter Nutzungsformen	27	
	Kurze Umtriebszeiten	24	
	Aufforstung (Moore, Brachland)	12	43
Wasserwirtschaft	Ausbau Unterhaltung	45	
	Grundwasserabsenkung	39	
	Gewässernutzung	32	
	Aufgabe alter Bewässerungssysteme	10	54
Landschaftsverbrauch	Verkehrswege	28	
	Torf-, Kies-, Sand-, Lehmabbau	31	
	Freizeit: Sport, Spiel, Erholung	34	
	Verbauung	24	60
Umweltchemikalien	Abfallwirtschaft (Industrie, Haushalt)	38	
	Einsatz von Umweltchemikalien	63	80
Verfolgung	Nachstellungen: Brutgebiet	29	
	Nachstellungen: Zug, Überwinterungsgebiet	36	
	Entnahme von Eiern, Jungen, Altvögeln	27	61
Indirekte Verluste	Freileitungen: Stromschlag, Aufprall	17	
	Straßenverkehr	8	
	Störung durch Freizeitaktivitäten	76	79
Klima	Änderungen im Brutgebiet	35	
	Änderungen im Überwinterungsgebiet	5	38

Pflanzenarten) und Rückgang des Insektenreichtums. Die Folge für den Vogel sind Verluste von Singwarten (Schlüsselreize für Ansiedlung), Einengung der Nahrungsgrundlage und damit Reduktion des Fortpflanzungserfolgs, Direktverluste durch Störung und Ausmähen der Gelege und Bruten. Die intensive Grünlandnutzung verursacht also Habitatänderungen durch Limitierung bestimmter Ressourcen. Habitatvernichtung und/oder eine Fragmentation optimaler Habitate wird jedoch gleichzeitig durch »Meliorisierung« von wenig ertragreichem Grünland (z. B. Drainage) mit häufig anschließendem Grünlandumbruch zu Ackerland erreicht. Hinzu kommen als lokal eintretende

Gefährdungsursachen Vernichtung ehemaliger Optimalhabitate z. B. in klimabegünstigten Flußniederungen für Siedlung, Verkehr, Industrie; Aufforstung von Wiesen, Flachmooren und Grünlandbrachen; Vergrößerung der Wirtschaftsflächen und Zerstörung von Kleinstrukturen (z. B. Zusammenlegung durch Flurbereinigung); in neuester Zeit zunehmend Verpachtung oder Umwidmung von nicht mehr intensiv zu bewirtschaftenden Grünflächen in Freizeiteinrichtungen, wie Sport-, Golf-, Modellflieger-, Park-, Hundetrainings-, Drachenfliegerlande-, Camping- oder Grillplätze usw. Außerhalb des Brutgebietes könnten mögliche Gefährdungsursachen in hohem Pestizideinsatz im Winterquartier, Folgen extremer Dürrejahre in der Sahelzone und Überweidung von Flächen im Winterquartier dazu kommen. Über die Bedeutung dieser Faktoren ist noch wenig Konkretes bekannt.

25.3 Schutzprogramme und -maßnahmen

25.3.1 Grundlagen und Vorüberlegungen

Möglichst umfassende und vor allem langfristige bzw. unter vergleichbaren Bedingungen in Abständen wiederholte Erhebungen über Verbreitung und Abundanz von Populationen sowie Analyse der Habitatansprüche ergeben Erkenntnisse über eingetretene oder potentielle Gefährdung (vgl. Kap. 25.2). Auf dieser Voraussetzung ist der erste wichtige Schritt zur Aufstellung von Schutzprogrammen oder Einleitung praktischer Maßnahmen die möglichst exakte Ermittlung der unmittelbaren und mittelbaren Ursachen der beobachteten Entwicklung bzw. der sich abzeichnenden Prognose.

Meist bietet sich ein Einstieg bei den **unmittelbaren Faktoren** an und hier wiederum in der Ermittlung der Rekrutierungsrate, z. B. durch Kontrolle der Reproduktion. Aber bereits die Prüfung, ob die Rekrutierungsrate unter dem erforderlichen Mindestwert für die Erhaltung der Population liegt, ist nicht ganz einfach. Selbst bei vielen mitteleuropäischen und damit als relativ gut bekannt geltenden Arten verfügt man oft über zu wenig Datensätze, die eine Rekrutierungsrate ausreichend messen, um sie durch einen Vergleich mit der Mortalität bewerten zu können. Wie wichtig derartige Bewertungen sind, zeigen z. B. Befunde an Lokalpopulationen von Großbrachvogel, Kiebitz, Grasmücken oder Kohlmeisen, die in manchen Kulturlandbiotopen eine zu geringe Reproduktionsrate aufweisen, um langfristig ihren Bestand halten zu können.

Ist die Rekrutierungsrate bei anhaltendem Rückgang der Population normal, muß die unmittelbare Ursache in einer reduzierten Überlebensrate der höheren Altersklassen liegen (z. B. Kalifornischer Kondor). Natürlich kann sowohl Rekrutierungs- als auch Überlebensrate reduziert sein. Die Ermittlung der Mortalität höherer Altersklassen bzw. der Adultvögel ist jedoch ein langwieriges Unterfangen, das mit Ringfunden und -kontrollen oder Radiotele-

metrie meist nur unter großem Zeitaufwand durchzuführen ist und bei Arten mit hoher Lebensdauer Jahrzehnte in Anspruch nimmt.

Noch schwieriger ist die Aufgabe, **mittelbaren Faktoren** auf die Spur zu kommen und vor allem ihre Bedeutung für die Gefährdung quantitativ zu ermitteln. So dauerte es viele Jahre, bis die Zusammenhänge zwischen Kontamination mit Pestiziden und Verringerung der Reproduktionsrate erkannt wurden. Organische Biozide und polychlorierte Biphenyle der Industrie können über Erhöhung der Adultmortalität wirken und vielfältigen Einfluß auf die Reproduktion haben, z. B. über Eischalenverdünnung (Zerbrechen der Eier, übermäßiger Wasserverlust), geringere Fruchtbarkeit und abnormes Verhalten der Altvögel, erhöhte Jungenmortalität, Unterbrechung von Nahrungsketten oder Verknappung des Nahrungsangebots, Veränderung des Habitats (z. B. durch Herbizide). Oft sind Zusammenhänge zwischen unmittelbaren und mittelbaren Faktoren klar, doch häufig liegen auch nur die direkt einwirkenden Faktoren auf der Hand. Außerdem ist bei rapider Abnahme einer Population bis zum endgültigen Aussterben keine Zeit mehr zu verlieren. Man ist also wie bei einem kritisch kranken Patienten gezwungen, zunächst die unmittelbar lebensbedrohenden Symptome zu kurieren, also Rekrutierungs- und Überlebensrate zu erhöhen. Dies soll verhindern, daß eine Population unter die kritische Schwelle sinkt, unterhalb der eine Bestandserholung unwahrscheinlich wird oder ein Restbestand zu lange in einem genetischen Flaschenhals verweilt. Auch wenn mittelbare Faktoren erkannt sind, ist der Ansatz bei unmittelbaren wichtig, da es vielfach zu lange dauert, die mittelbaren Ursachen wirksam zu stoppen, wobei oft genug allenfalls Teilerfolge zu erwarten sind.

Gerade die drängende Zeit und sich beschleunigende Entwicklungen führen nicht selten zu erheblichen Auseinandersetzungen über Umfang und Reihenfolge von Maßnahmen zwischen Wissenschaftlern, Politikern, Behörden und Organisationen, sowohl innerhalb dieser Gruppen als auch zwischen ihnen. Solche Auseinandersetzungen sind einerseits notwendig, da oft hohe Investitionen auf dem Spiel stehen, sorgen aber andererseits auch für Verzögerungen und Verluste von Effizienz (Beispiele: Debatten und Streit um den Schutz des Kalifornischen Kondors in den USA oder des Weißstorchs, Wanderfalken oder Bartgeiers in Mitteleuropa).

25.3.2 Behandlung unmittelbarer Gefährdungsursachen

Die Behandlung unmittelbar wirksamer Faktoren ist natürlich nichts anderes als der Versuch, Löcher zu stopfen, ohne die Ursachen, die für ihr Entstehen verantwortlich sind, zu bekämpfen. Doch können solche Maßnahmen nichtsdestoweniger einen Populationsrückgang stoppen oder das Aussterben verhindern. Die Beschränkung auf unmittelbare Faktoren kann natürlich die Zukunft einer Population nicht garantieren, auch wenn der Individuenbestand langfristig anwächst. Die Population bleibt letztlich dauernd von entsprechenden Eingriffen abhängig.

Eine Reihe praktischer Maßnahmen bietet sich an. Viele müssen allerdings der speziellen örtlichen Situation angepaßt werden und lassen sich daher ohne Vorbehalte selbst innerhalb einer Art nicht verallgemeinern.

(1) Erhöhung der Rekrutierungsrate durch **Verbesserung der Reproduktion:** In einer schwindenden Population können ein höherer Anteil der Individuen, die brüten, und/oder eine Erhöhung der Fruchtbarkeit brütender Individuen oder ihres Bruterfolgs die Abnahme verringern oder stoppen. Durch Wegnahme von Eiern kann z. B. ein Ersatzgelege oder bei indeterminierten Legern die Ablage von mehr Eiern als normal induziert werden. Die entfernten Eier werden entweder Zieheltern untergelegt oder in einem Brutschrank ausgebrütet (z. B. Greifvögel, Falken, Kraniche). Bei Arten (z. B. Adler und andere große Greifvögel, Kraniche), die normalerweise ein Ei mehr legen als Junge groß werden, kann ein Ei oder eines der Nestgeschwister in frühem Entwicklungsstadium weggenommen und entweder den Eltern in späterem Stadium (z. B. Adler) oder Zieheltern mit Brutverlusten derselben Art oder einer verwandten Art mit sehr ähnlicher Brutbiologie zugegeben oder auch von Hand aufgezogen werden.

Eine Verbesserung der Rekrutierungsrate ist vielfach auch durch Beseitigung von Verlustursachen möglich, die nicht mit mittelbaren Faktoren verknüpft sind und gewissermaßen normale Verluste darstellen, die bei stark reduzierten oder abnehmenden Populationen zu Buche schlagen. Nestplätze können gegen Einflüsse von Witterung, Konkurrenten oder Prädatoren sicherer gemacht werden (z. B. Wanderfalke in künstlichen Nistnischen; sturm- und witterungssichere Kunstnester für Greifvögel, Eulen, Störche; mechanische oder olfaktorische Schranken für Prädatoren; durchgehende Bewachung von Brutplätzen). Viele Möglichkeiten der Abwehr von Prädatoren oder Konkurrenten ergeben sich bei Höhlenbrütern (z. B. adäquate Dimensionen der Einflugöffnung und des Raumes der Brutkammer).

(2) Erhöhung der Rekrutierungsrate durch **Zucht in Gefangenschaft und Freilassung:** Ein möglicherweise sinnvoller und effektiver Versuch, in Gefangenschaft gezüchtete Individuen freizulassen, kann dann erwogen werden, wenn (a) möglicher Zuwachs der Rekrutierungsrate durch unter (1) beschriebene Maßnahmen nicht ausreicht, um weiteren Niedergang zu verhindern, oder
(b) die Population so klein geworden ist, daß vakante Habitate bestehen, die nicht mehr besetzt werden können.

Die Situation richtig zu beurteilen, ist oft nicht leicht, und sicher kann eine Bereitstellung von Individuen in Gefangenschaft für bedrohte Populationen auch lediglich auf Verdacht eine zusätzliche Hilfsmaßnahme bedeuten und eine Freilassung von Individuen die Startphase der Bestandserholung beschleunigen.

Jedoch wurden und werden nachweislich viele Mittel in die Weiterführung von Zuchtprogrammen zur Aufstockung freilebender Populationen und zur Wiedereinbürgerung in verwaiste Habitate auch dann noch gesteckt, wenn sie sich als überflüssig (z. B. Wanderfalke und Uhu in Mitteleuropa) oder ungeeignet für die Verbesserung der Situation einer wirklich freilebenden Population (Weißstorch in Mittel- und Westeuropa, Birkhuhn in Restmooren Mitteleuropas) erwiesen haben. Zusätzlich zur Vergrößerung der Rekrutierungsrate können aber durch Gefangenschaftszucht wichtige Beiträge zum Artenschutz geleistet werden, z. B. durch Manipulation der demographischen oder genetischen Zusammensetzung einer Population, um ihre Anfälligkeit gegenüber stochastischen Ereignissen zu verringern.

Beispiele für Restbestände von Arten, bei denen Gefangenschaftszucht möglicherweise die einzige Rettung darstellt, sind u. a. Kalifornischer Kondor, Schreikranich, Puerto-Rico-Amazone, Nipponibis, Waldrapp, Hawaiikrähe und einige weitere bis auf wenige lndividuen zusammengeschrumpfte Arten.

Die Erfolgsaussichten, sich selbst erhaltende freilebende Populationen aufzubauen, die zunächst ganz oder weitgehend von Gefangenschaftszucht abhängen, werden entscheidend von folgenden Kriterien bestimmt:

(a) Mittelbare Faktoren müssen vor einer Wieder- oder Neueinbürgerung stimmen. Für eine Einbürgerung muß also geeignetes Habitat in ausreichender Quantität vorhanden sein, entweder unverändert in ehemals oder in Restbeständen noch besiedelten oder auch in völlig neuen Gebieten.

(b) Die für die Freilassung vorgesehenen Individuen müssen für den Aufbau einer Population geeignet sein. Das bedeutet zunächst fortpflanzungsfähige Individuen in großer Zahl und ferner Überprüfung ihres Verhaltens sowie ihrer genetischen und physiologischen Kondition.

(c) Vor und nach der Freilassung sind mitunter aufwendige und länger anhaltende Unterstützungsmaßnahmen vorzubereiten oder durchzuführen, so daß die Überlebenschancen der freigelassenen Individuen realistische Werte erreichen. Hierzu zählen Adoptionsprogramme bei wildlebenden oder halbwilden Individuen, allmähliche Gewöhnung an das Freileben und gegebenenfalls noch länger anhaltende Betreuung und auf alle Fälle Überwachung der Aktion auch nach dem Selbständigwerden (einschließlich der Kontrolle des Nachwuchses in späteren Brutperioden!).

Auch scheinbare Anfangserfolge garantieren noch nicht für das Entstehen einer sich selbst erhaltenden Population, so daß erst sehr wenige Fälle geglückten Aufbaus freilebender Vogelpopulationen mit Hilfe von Gefangenschaftszuchten kritischer Beurteilung standhalten (im Gegensatz zu den oft übereilten Meldungen in den Informationsmedien).

(3) Erhöhung der Überlebensrate durch **zusätzliche Fütterung**: Nahrung kann ein limitierender Faktor in gestörten bzw. veränderten Habitaten werden, oft auch nur vorübergehend oder in natürlichen Engpaßsituationen (z. B. Schneedecke). Zusätzliche oder vorübergehend ausschließliche Fütterung erhöht die Überlebensrate von Individuen, kann natürlich die mittelbaren Ursachen der Nahrungsknappheit nicht beseitigen. Grundsätzlich sind langlebige Vögel mit geringer Reproduktionsrate für solche Maßnahmen besonders geeignet. Erfolgreiche Programme sind für gefährdete Kraniche, Geier, Schwäne, Gänse, Ibisse u. a. eingesetzt worden. Sie schließen Erhaltung oder Schaffung von Nahrungsflächen mit ein.

(4) Erhöhung der Überlebensrate durch **Kontrolle antagonistischer Organismen**: In einer stark abnehmenden Population können Prädatoren, Konkurrenten, Parasiten oder Krankheitserreger die Überlebensrate bedrohlich vermindern. Überlegungen, derartige Einflüsse zu verringern, können aber nur dann zu effizienten Maßnahmen führen, wenn die Kontrolle antagonistischer Organismen einfacher als die Manipulation anderer demographischer Parameter oder die Korrektur mittelbarer Faktoren ist.

Ein als selbstverständlich angenommener positiver Effekt der **Reduktion von Prädatoren** auf die Mortalität einer Beutepopulation ist aus einer Reihe von Gründen illusorisch. Dagegen hat sich bei sehr gefährdeten Lokal- oder Restpopulationen die Kontrolle von Prädatoren als eine wirksame Maßnahme zur Verlangsamung des Rückgangs erwiesen, besonders bei Inselpopulationen. Kontrolle von Konkurrenten wirkt mehr auf die Erhöhung der Reproduktionsrate als auf die Überlebensrate adulter Individuen. Sicher ist die Kontrolle von Parasiten und Krankheitserregern ein wichtiger Beitrag zur Verbesserung der Situation bedrohter Arten, doch gibt es auf diesem Gebiet erst wenige überzeugende Beispiele der Verringerung unmittelbarer Gefährdungsfaktoren (z. B. Zecken bei Nestlingen südwestdeutscher Wanderfalken). So ist z. B. das Absammeln von Kadavern bei Ausbruch von Botulismus in Wasservogelgebieten sicher nur ein sehr bescheidener Beitrag, die Folgen der Seuche einzudämmen.

25.3.3 Behandlung mittelbarer Gefährdungsursachen

Die Behandlung mittelbarer Gefährdungsursachen kann in Verbindung mit jener von unmittelbaren geplant und durchgeführt werden oder allein für sich. Ein wesentlicher Unterschied ist aber auf alle Fälle vorhanden: Während die Behandlung unmittelbarer Ursachen stets eine eng auf die in Frage stehende Art zugeschnittene Lösung anstrebt, kann die Strategie der Beseitigung mittelbarer Gefährdungsursachen mehreren Arten zugute kommen; im weitesten Sinn außerhalb der Ziele des Vogelschutzes auch anderen Taxa. Die Beseitigung mittelbarer Probleme schließt meistens größere Änderungen in der Umwelt von Arten ein. Abnehmende Populationen werden daher oft erst nach längerer Zeit (Jahrzehnten) davon profitieren im Gegensatz zu oft viel kurzfristigerer Wirkung der Beseitigung unmittelbarer

Faktoren. Gleichwohl muß langfristiges Management der Umwelt ein essentielles Ziel jeder Artenschutzstrategie sein.

(1) Verringerung der Entnahme durch den Menschen: Ist Verfolgung durch den Menschen als eine Gefährdungsursache erkannt oder zu vermuten, muß die Entnahme zumindest soweit gedrückt werden, daß die Wachstumsrate der gefährdeten Population nicht beeinträchtigt wird. Da aber das Ziel einer Reduktion der Entnahme mehr die Umstellung menschlichen Verhaltens betrifft als einen Eingriff in ökologische Prozesse, sind Totalverbote meist besser als Einschränkungen, vor allem wenn ökologische Einsichten oder gar Grundkenntnisse der Populationsbiologie bei den Betroffenen oder den überwachenden Behörden nicht zu erwarten und daher »Ausnahmeregelungen« unter Aspekten möglich sind, die mit ökologischen Erkenntnissen nichts zu tun haben. Gesetzliche Verbote und Einschränkungen müssen oft noch durch begleitende Maßnahmen der Erziehung und Information gestützt werden. Illegale Entnahme lockt vor allem dort, wo ein hoher kommerzieller Anreiz besteht (z. B. Großpapageien). Daher sind nicht nur nationale Jagd- und Nutzungsverbote, sondern auch internationale Handelsverbote von Bedeutung (z. B. Washingtoner Artenschutzübereinkommen von 1973). Die Sicherung vor menschlicher Verfolgung und Nutzung ist im eigentlichen Sinn Schutz.

(2) Verringerung des Einflusses anderer limitierender Faktoren: Denkbar ist, daß unter den mittelbaren Faktoren nur einer das Populationswachstum negativ beeinträchtigt. Doch in den meisten Fällen lassen sich die Beziehungen nicht auf wenige Einzelfaktoren zurückführen (vgl. Tab. 25.5). Die Strategie der Lockerung der Wirkung mittelbar limitierender Faktoren umfaßt daher z. B. Beseitigung von Engpässen (Nahrung und andere Ressourcen, Platz), übermäßigen Konkurrenz- und Beutefeinddruck, Parasiten usw. In der Beseitigung exotischer Organismen, die als Feind oder Konkurrenten auf eine gefährdete Vogelpopulation einwirken, hat man auf kleinen abgeschlossenen Inselökosystemen bisher die besten Erfolge erzielt. Bereits auf großen Inseln gelingt die restlose Beseitigung eingeschleppter oder eingeführter Pflanzen und Tiere so gut wie nicht mehr; gleiches gilt für eingeschleppte Krankheiten (z. B. Hawaii). Ebenfalls sehr problematisch und von geringer Erfolgswahrscheinlich-keit ist die Reduktion von Konkurrenz und Beutefeinden in inselartigen Habitaten auf dem Kontinent. Eine Überwachung von Reservaten unter diesen Gesichtspunkten ist daher wichtig. Ein anderer Weg wurde auf kleinen Inseln um Neuseeland beschritten, nämlich das Umsetzen gefährdeter Populationen von Inseln mit eingeführten exotischen Prädatoren auf nahegelegene prädatorfreie Inseln.

Im weiteren Sinn zählen zur Beseitigung von Ressourcenengpässen die vielen Möglichkeiten, in geeignete Habitate gezielt einzugreifen. Ansätze dazu sind z. B. die Bereitstellung geeigneter Nistplätze, z. B. künstliche Nisthilfen für Höhlenbrüter der verschiedensten Arten, aber auch Behandlung von Vegetation (z. B. Anpflanzen von Deckungsmöglichkeiten; Aufschüttung oder temporäre Überflutung von Kiesbänken; Beschneidung von Büschen und Bäumen; geeignete Methoden der Waldbewirtschaftung zur Sicherung von Brutplätzen für Greifvögel oder Reiher) oder Anlage bestimmter Strukturen (z. B. Abgrabungen für Eisvogel oder Uferschwalbe in Mitteleuropa; Nistflöße für Seeschwalben usw.). Viele solcher Eingriffe werden heute unter dem Begriff **Biotopmanagement** zusammengefaßt. Oft handelt es sich dabei grundsätzlich um nichts anderes, als das Aufrechterhalten bestimmter, relativ kurzfristiger Sukzessionsstadien (z. B. Verlandungsstadien an Stillgewässern) oder um die Erhaltung eines Mosaiks von Sukzessionsstadien. Dabei ist aber für Vögel in der Regel eine großflächige Konzeption zu beachten, die über kleine Biotopinseln hinausgehen muß.

Eine andere Strategie ist die Verhinderung negativer Einflüsse von außen, z. B. Wasserführung oder zunehmende Eutrophierung eines Gewässers durch Ursachen, die möglicherweise in großer Entfernung ihren Anfang nehmen. Besondere Probleme in dieser Hinsicht bieten heute viele Küstenbiotope, an denen vom Meer wie vom Land die Folgen von negativen Entwicklungen zusammenprallen. Letztlich zählt auch die Abhaltung oder zumindest Kanalisierung direkter menschlicher Störung zum Komplex der Beseitigung limitierender mittelbarer Faktoren.

(3) Bereitstellung adäquater Habitate: Bei einer ständig wachsenden menschlichen Weltbevölkerung werden geeignete Habitate in ausreichender Größe zum wichtigsten limitierenden Faktor für viele Arten. Die Sicherung von Habitaten wird in der Praxis meist als Biotopschutz dem Biotopmanagement (s. o.) gegenübergestellt. Entscheidend für die Zahl der ein Gebiet bewohnenden Individuen ist die Größe zusammenhängender oder auch örtlich getrennter, aber miteinander kommunizierender oder sich ergänzender Habitatflächen. Für die Rettung gefährdeter Arten muß daher die Bestimmung des Platzbedarfes bzw. der Mindestarealgröße zum Aufbau einer sich selbst erhaltenden Population eine Grundlage bilden. Hierbei ist auch das Problem der Fragmentation zu beachten.

Folgende grundlegende ökologische Entscheidungen sind bei der Bereitstellung geeigneter Habitate für gefährdete Arten zu treffen:

(a) Welche geographischen Schwerpunkte oder naturräumlichen Regionen eines Landes tragen am wahrscheinlichsten dazu bei, möglichst viele gefährdete Arten zu fördern und zu erhalten?

(b) Welche Größe und welche geometrische Form eines Schutzgebietes hat die größte Wahrscheinlichkeit, die Erhaltung gefährdeter Populationen zu maximieren?

(c) Welche speziellen Maßnahmen des Managements innerhalb der bereitgestellten Flächen sind erforderlich, um die Förderung bestimmter Populationen langfristig zu sichern?

Hinzu kommt aber die Berücksichtigung saisonaler Habitatwechsel bei vielen Vogelarten. Limitierung von Ressourcen kann mitunter nur in einem der im individuellen Leben benötigten Habitate eintreten, ebensogut aber in mehreren. Bei Zugvögeln sind daher internationale Schutzstrategien zu erarbeiten und in die Tat umzusetzen. Hier kommt eine besondere Aufgabe den reichen Industrienationen zu, die Schutzplanungen in die Kataloge der Zusammenarbeit mit wirtschaftlichen »Entwicklungs-« und »Schwellenländern« einbringen und mit finanzieren müssen.

Die vorerwähnten grundlegenden Kriterien für die Auswahl und Anlage von Schutzgebieten und Reservaten wurden bei der Einrichtung der meisten mitteleuropäischen Naturschutzgebiete nicht beachtet. Daher hat sich das Instrument des Gebietsschutzes für die Erhaltung vieler Populationen hier nicht bewährt. Ausgewiesene **Schutzgebiete** sind vielfach zu klein, wurden nicht nach übergeordneten Schutzprioritäten ausgewählt (sondern meist nach dem Prinzip des geringsten lokalen oder regionalen Widerstandes), gestatten in der Regel die Ausübung von Land- und Forstwirtschaft, Jagd und Fischerei, Erholungsnutzung usw.; intensive Nutzung mit negativen Folgen reicht bis unmittelbar an die Grenzen heran usw. Eine den Prioritäten des Artenschutzes dienende Strategie fordert daher:

– Besserer rechtlicher Schutz der bisher ausgewiesenen Vollnaturschutzgebiete (Unterbindung jeglicher Art von Nutzung mit negativen Folgen);

– Ausweisung von Pufferzonen um bestehende Vollnaturschutzgebiete mit beschränkter Nutzung;

– Bereitstellung von Regenerationsgebieten, die etwa 10 bis 15 % z. B. der Fläche der Bundesrepublik einnehmen und die nach einem fachlichen Konzept ausgewählt und aus der Nutzung genommen werden;

– besserer Stellenwert des Naturschutzes in der Gesetzgebung; Umverteilung von Mitteln der öffentlichen Hand in Verbindung mit stärkerer Berücksichtigung von ökologisch geschultem Fachpersonal in Behörden aller Art und Änderungen bzw. Verlagerungen von Nutzungsformen mit entsprechenden Innovationen.

26.1 Aus der Geschichte der Ornithologie

26.1.1 Vom Altertum zu den Tafelwerken des Rokoko

Wohl kaum eine andere Disziplin der Zoologie verfügt wie die Ornithologie über eine Darstellung ihrer geschichtlichen Entwicklung, die weit über die engen fachlichen Grenzen des speziellen Wissensgebietes hinaus eine Verbindung zu den Geistesströmungen der kulturgeschichtlichen Epochen herstellt und umgekehrt die Beschäftigung mit dem Vogel als Ausdruck zeitgenössischer Denk- und Lebensweise verstehen läßt. Das Buch »Die Entwicklung der Ornithologie« von ERWIN STRESEMANN, der selbst den Fortschritt der Wissenschaft im 20. Jh. entscheidend bestimmt hat, ist die Grundlage jeder Rückbesinnung auf die Ideen und Leistungen früherer Generationen, aus denen manche aktuelle Fragestellungen oft weit mehr Anregungen schöpfen, als auf den ersten Blick oft angenommen wird. Zugphysiologie, Bioakustik, Zoogeographie, Ökologie, Evolutionsbiologie, Formenvielfalt, Arten- und Naturschutz sind nur einige Aspekte der Forschung am Vogel, in denen man sich neuerdings verstärkt auf Erkenntnisse und Hypothesen früherer Epochen besinnt. Insbesondere die Auswertung und Aufarbeitung der gewaltigen Fortschritte im späten 18. und im 19. Jh. ist noch lange nicht abgeschlossen.

Die **Anfänge der Ornithologie** vom klassischen Altertum bis fast in die Renaissance sind eng mit der **Philosophie** verknüpft. ARISTOTELES (384–322 v. Chr.) sah das genaue Studium der Vögel als eine des philosophischen Geistes würdige Beschäftigung an. Dies wirkte sich bis in die Neuzeit aus. Etwa 140 Vogelarten hat ARISTOTELES wohl gekannt; Systematik und Beschreibung der Biologie enthalten Fragestellungen, die eine Beschäftigung mit der Tierwelt zur Wissenschaft gemacht haben und die Anfänge späterer klassischer Disziplinen der Zoologie vorbereiteten. Dessenungeachtet sind auch geradezu abstruse Vorstellungen mangels unvoreingenommener Beobachtung mit eingeflossen, die kritiklos bis in die Neuzeit übernommen wurden. Allerdings hat weniger Aristoteles, sondern der Polyhistor CAJUS PLINIUS SECUNDUS (23–79) für das nächste Jahrtausend eine entscheidende Rolle gespielt, der im 10. Buch seiner »Historia naturalis« wahllos Unterhaltendes und Paradoxes über das Leben der Vögel zusammenstellte.

Im **frühen Mittelalter** trat ein Verfall der Zoologie ein. Erst als die Schriften des ARISTOTELES wiederentdeckt wurden, entstehen in den Klöstern Schriften über die Natur. Als volksbildendes Werk wurde z. B. das »puch der natur« des Regensburger Kanonikus KONRAD VON MEGENBERG (etwa 1300–1374) bis 1500 sechsmal gedruckt; allerlei Wunderglaube war hier allerdings in die Darstellung naturwissenschaftlicher Tatsachen eingeflochten.

Der **erste große Ornithologe,** den die abendländische Geschichte kennt, war AUGUSTUS FREDERICUS SECUNDUS ROMANORUM IMPERATOR HIERUSALEM ET SICILIAE REX (1194–1250), der zunächst die Tierbücher des ARISTOTELES aus der arabischen Version des IBN SINA, genannt AVICENNA (980–1037), übersetzen ließ. Aus der arabischen Welt kam die Kunst, mit Falken zu jagen, in der es der Stauferkaiser nicht nur zur Meisterschaft brachte, sondern die ihn auch zur Naturbeobachtung anregte. Die kurz vor seinem Tod niedergelegten Erfahrungen bleiben zwar ein Fragment, doch stellt das erste der sieben Bücher des Werkes »De arte venandi cum avibus« eine Einführung in die Ornithologie dar, in der u. a. die Ansprüche der Vögel an ihre Umwelt, ihre Nahrungswahl und Tagesaktivität, ferner Vogelzug, Anatomie, Gefieder, Flug und Mauser mit großer Genauigkeit beschrieben werden.

Das grandiose Werk des Staufenkaisers geriet in Vergessenheit, nicht zuletzt aus der Gegnerschaft der Kirche heraus, deren Naturbeschreiber des Kaisers geniale Beobachtungen und Interpretationen verschwiegen. 1596 wurde das Werk zwar in Augsburg gedruckt, doch erst 1788 von dem Ornithologen J. G. SCHNEIDER und dem Zoologen BLASIUS MERREM neu entdeckt und herausgegeben. FRIEDRICH II. bekannte sich im Gegensatz zur Kirche »zur induktiven Forschung und suchte nach der natürlichen Kausalität« (E. STRESEMANN). Er war in vielem seiner Zeit um Jahrhunderte voraus. So wurden z. B. seine Beobachtungen über den Flug der Vögel trotz vieler Ansätze im 18. und 19. Jh. erst im 20. Jh. fortgeführt und vertieft.

Auch bei einem Kirchenmann kündigte sich der Geist neuer Naturbetrachtung an. Der Dominikaner und Magister der Theologie ALBERT VON BOLLSTÄDT, genannt ALBERTUS MAGNUS (geb. 1193 in Lauingen/Donau, gest. 1280 zu Köln), schrieb Kommentare zu den Schriften des ARISTOTELES (»De animalibus libri XXVI«) und beschäftigte sich im 23. Buch auch mit den Vögeln. Das Werk des Scholastikers fällt allerdings an Exaktheit und Vielseitigkeit gegenüber den Erkenntnissen des Staufenkaisers deutlich ab.

In der **Renaissance** kommt ARISTOTELES in verschiedenen Übersetzungen wieder zu Ehren, zumal die Erfindung des Buchdruckes weitere Verbreitung möglich macht. Der erste Ornithologe der Neuzeit, der Engländer WILLIAM TURNER (1500–1568), war ein entschiedener Anhänger der Reformation. Er bringt 1544 in Köln ein kleines Werk heraus, in dem er mit Zusätzen zu den Werken von ARISTOTELES und PLINIUS seine eigenen reichen Erfahrungen einbringt. 1553 erscheint das Werk des Franzosen PIERRE BELON (ca. 1517–1564) »L'histoire de la natur des oyseaux . . .« als Versuch eines Grundrisses der Ornithologie, der zwar später berühmt, aber von den Zeitgenossen wenig beachtet wurde.

Mehr Erfolg hatte der Schweizer Naturforscher CONRAD GESNER (1516–1565), der auf dem Gebiet der Ornithologie vor allem literarische Studien betrieb und umfassende Berichte von Korrespondenten sammelte, zu denen auch W. TURNER zählte. 1555 erschien in Zürich Band III seiner vierbändigen »Historia animalium« mit dem Titel »Qui est de avium natura«; 1585 erscheint eine 5bändige Ausgabe des lateinischen Gesamtwerkes in Frankfurt. Der besonders begehrte Vogelband wird als deutsche Ausgabe 1557 herausgegeben und in Nachdrucken 1582 und 1600; die letzte verkürzte Ausgabe erschien 1669 in Frankfurt. Über 200 Jahre lang blieb »der Gesner« das Vogelbuch des deutschen Hauses.

Schließlich brachte der Bologneser ULLISE ALDROVANDI (1527–1605) von 1559 bis 1603 drei Bände seiner mit großem Fleiß geschriebenen »Ornithologia« heraus, in der neben vielem Abgeschriebenem auch hervorragende anatomische Beschreibungen enthalten sind.

Die ersten **Anfänge** der **exotischen Ornithologie** gehen auch bereits auf FRIEDRICH II. zurück, der über islamische Potentaten mit einigen exotischen Formen (z. B. Kakadu) vertraut wurde. Im Zeitalter der großen Entdeckungen kommen viele exotische Vögel nach Europa, doch erst im Laufe des 16. Jh. wurde die Konservierung von Vogelbälgen allmählich entwickelt. Schon BELON scheint sie angewendet zu haben. Etwa in der Zeit zwischen 1550 und 1700 dominierten Kuriositätenkabinette und Menagerien reicher Liebhaber, die exotische Vögel tot oder lebendig ausstellten. Berühmt war z. B. die Tiersammlung Kaiser RUDOLFS II. (1552–1612), die auch eine lebende Dronte aufwies. CAROLUS CLUSIUS (geb. 1526 in Arras, gest. 1609 in Leiden) war einer der wenigen Naturforscher, die exotische Zoologie pflegten.

Im Zuge des rasch wachsenden Verkehrs nach Übersee im 17. Jh. nahmen vor allem Versuche neuer Einteilungsprinzipien der Vögel zu, in denen philosophische Grundsätze bald als untauglich erkannt wurden. Ein Meilenstein war das 1676 posthum erschienene Werk »Ornithologiae libri tres« von FRANCIS WILLUGHBY, der nur 37jährig 1672 starb. Hier wird die Form (Schnabel, Fuß, Körpergröße) zur Grundlage der Systematik. Die publizierte Fassung des Werkes geht auf JOHN RAY (1627–1705) zurück, der u. a. mit WILLUGHBY in Europa gemeinsame Reisen unternommen hatte. Eine überarbeitete Ausgabe erschien 1713 nach dem Tode RAYS als »Synopsis Methodica Avium«.

Vogelsammlungen und Fortschritte in der Kunst des Präparierens bereiteten die ornithologischen Tafelwerke vor, die vor allem in der Zeit des Rokoko als attraktive Bestandteile der Bibliotheken begehrt waren. Unter den Tiermalern sind vor allem die Engländer GEORGE EDWARDS (1694–1773) und MARK CATESBY (1682–1749) berühmt. Ihre Vogeltafeln wurden u. a. vom Nürnberger Kupferstecher J. M. SELIGMANN in neuen Stichen mit deutschem, holländischem und französischem Text versehen auf dem Kontinent verbreitet.

26.1.2 Verzweigung der Ornithologie seit 1700 – Gründung von Instituten und Gesellschaften

Die Tafelwerke trugen allerdings zunächst wenig zur Systematik bei. Doch begann im **18. Jh.** mit Namen wie LINNÉ und BUFFON die **Entwicklung der Systematik** auch in der Ornithologie. Gründung und Ausbau wissenschaftlicher Vogelsammlungen und gezielte Forschungsreisen mit der damit verbundenen Erweiterung der Formenkenntnis und des Überblicks in der Zoogeographie führten gewissermaßen zwangsläufig zur Evolutionsforschung, deren erste Periode 1859 durch CHARLES DARWINS Buch »On the Origin of Species by means of Natural Selection« Abschluß und Höhepunkt fand, der gleichzeitig ein fulminanter Neubeginn wurde.

Bis ins 17. Jh. sind auch die Anfänge der Diversifikation der Forschungsrichtungen am Vogel zu verfolgen, zumindest die Trennung in eine mehr systematische und in eine biologische Richtung. Letztere kam erst in der zweiten Hälfte des 18. Jh. zum Durchbruch und führte im 19. Jh. zu vielen unmittelbaren Vorläufern oder sogar kontinuierlich fortgeführten Anfängen der gegenwärtigen Forschung.

Diese Entwicklungen vollzogen sich natürlich in enger Verbindung mit den allgemeinen Fortschritten der Naturwissenschaften, insbesondere der Biologie. Das Ergebnis war eine gründliche Wandlung der Ornithologie als Wissenschaft in den ersten Jahrzehnten des 20. Jh., die E. STRESEMANN wie folgt umschreibt:

»Bis dahin konnte noch immer für einen Kenner des großen Stoffgebietes gelten, wer mit Systematik, Verbreitung und »Lebensweise« der Vögel gut vertraut war. Was die Anatomen, die Physiologen, die Genetiker, die Psychologen taten, um die Kenntnis des Vogels zu fördern, bekümmerte nur ganz wenige unter den Jüngern der scientia amabilis. In den anderen Lagern verhielt man sich freilich ebenso. Die meisten Vertreter der »wissenschaftlichen Zoologie« sahen in der Vogelkunde eine Domäne der Liebhaber, deren Ergebnisse den Kausalforschern nicht viel bedeuten konnten... Nachdem erkannt worden war, daß dieses Feld wegen der hohen physischen und psychischen Organisation der Vögel besser als viele andere zum Treffpunkt der Kausalforscher taugt, sind die Schranken, die unsere »Spezialwissenschaft« umfriedeten, von allen Seiten her eingedrückt worden . . .«.

Und in einer 1983 veröffentlichten amerikanischen Definition wird Ornithologie der Gegenwart als die gesamte Biologie des Vogels definiert, die mit dem Vogel auf jeder Ebene befaßt ist, vom Molekül bis zur Vogelfauna, mindestens von der Jurazeit bis zur Gegenwart, über alle Forschungs- und Lehrdisziplinen, die sich mit Biologie befassen.

Die moderne **Systematik** und **Evolutionsforschung** beginnt mit zwei Zeitgenossen, LINNÉ und BUFFON.

Der Schwede CARL VON LINNÉ (1707–1778) führte mit seiner »Systema naturae«, die erstmals 1735 in Form von wenigen Blättern in Leiden erschien, die Hierarchie von Ordnungsbegriffen (Classis, Ordo, Genus, Spezies) ein. Die seit 1753 für Pflanzen und ab 1754 auch für Vögel und andere Tiergruppen benutzte **binäre Nomenklatur** wird 1758 in der 10. Ausgabe des Werkes auf alle bekannten Organismen ausgedehnt. Allerdings war sie nicht eine neue Erfindung. Einige der Bezeichnungen LINNÉS waren schon seit Beginn der Neuzeit in Gebrauch; z. B. nannte bereits C. GESNER die Meisen *Parus ater, P. cristatus, P. major* usw.

Mit der binären Nomenklatur gewannen die Zoologen zunächst eine feste Basis der internationalen Verständigung. Auch heute noch gilt die 10. Auflage der »Systema naturae« als Bezugsgrundlage der binären Nomenklatur.

Nationale und kulturelle Standpunkte ließen freilich auch Gegner des puritanisch-frommen Schweden nicht ruhen. So sind für GEORGES-LOUIS LECLERC Comte DE BUFFON (1707–1788) die Spezies keineswegs durch Gotteshand nach einem Schöpfungsplan geformt und daher scharf abgegrenzt und unveränderlich. In seiner »Histoire Naturelle des Oiseaux« (Erstausgabe 1770–1786) geht er z. B. von Grundtypen aus, die sich durch Bastardierung, Degeneration und lokale Einflüsse der Nahrung und des Klimas vervielfältigen. LINNÉS hierarchisches System wird verurteilt. Im Original und Übersetzungen hat das Werk BUFFONS eine breite Wirkung entfaltet. Synthesen zwischen ihm und der Richtung LINNÉS versuchten u. a. der Göttinger Zoologe BLASIUS MERREM in seinem Buch »Versuch eines Grundrisses zur allgemeinen Geschichte und natürlichen Einteilung der Vögel« (Leipzig 1788) sowie P. S. PALLAS.

Die zweite Hälfte des 18. Jh. ist auch durch wichtige **Forschungsreisen** und wissenschaftliche **Sammlungstätigkeit** gekennzeichnet, die im 19. Jh. Fortsetzung und einen klassischen Höhepunkt erfahren. Für die Ornithologie im besonderen bedeutsam waren z. B. die Reisen von PETER SIMON PALLAS (1741–1871), Deutscher im Dienste der Zarin KATHARINA II., in den Osten des russischen Reiches und in die Mongolei, die u. a. zu dem Werk »Zoogeographia Rosso-Asiatica« führten, das erst 16 Jahre nach dem Tod des großen Forschungsreisenden erscheinen konnte. JOHANN REINHOLD FORSTER (1728–1798) und sein Sohn GEORG (1754–1794) begleiteten als Wissenschaftler JAMES COOK auf seiner zweiten Weltreise und legten unter allerdings sehr widrigen Umständen Berichte ihrer Forschungen vor. Zu den ältesten Dokumenten der planmäßigen Erforschung der betreffenden Gebiete zählen die Werke des englischen Sammlers und Systematikers THOMAS PENNANT (1726–1798; »Indian Zoology«, »Arctic Zoology«), und zahlreiche Neubeschreibungen enthalten die Werke JOHN LATHAMS (1740–1837), die eine Zusammenfassung der bekannten Vogelarten versuchten (»A General Synopsis of Birds« 1781–1785 und ein zweibändiger »Index ornithologicus« 1790 mit 2941 Vogelarten).

Nicht alle großen Namen hielten, was sie den Zeitgenossen versprachen und in Publikationen vorlegten. Der Abenteurer FRANÇOIS LEVAILLANT (1763–1824), der u. a. 1781–1784 Südafrika bereiste, legte neben vielen Werken auch das 6bändige Prachtwerk »Oiseaux d'Afrique« vor und gilt als der Entdecker etwa 50 südafrikanischer Vogelarten. Doch ließ er auch seiner Phantasie freien Lauf, und man konnte ihm schon bald erfundene Arten nachweisen. Als bedeutender Systematiker erwies sich dagegen der deutsche Zoologe JOHANN CARL WILHELM ILLIGER (1775–1813), der 1810 Leiter des neu gegründeten Zoologischen Museums der Universität Berlin wurde (u. a. »Prodomus systematis mammalium et avium«, 1811). In den Niederlanden wurde COENRAAD JACOB TEMMINCK (1778–1858), Privatsammler und langjähriger Direktor des naturhistorischen Museums in Leiden, eine Weltkapazität der systematischen Ornithologie (u. a. »Manuel d'Ornithologie«, 1815).

Im Europa des 19. Jh. führten viele Forscher die begonnene Erweiterung der Kenntnis der Vögel ferner Erdteile, aber auch Europas fort, teils als sammelnde Forschungsreisende, teils als Wissenschaftler an Museen. Sie versuchten sich auch an allgemeinen Übersichten oder Systemen der Vögel der Welt und an evolutionsbiologischen Hypothesen, die nach dem Buch von CH. DARWIN vor allem in das Für und Wider der Deszendenztheorie einmündeten. Noch Anfang des 20. Jh. wurden heftige Auseinandersetzungen um die letzten Positionen der Gegner der Lehren DARWINS ausgefochten.

In der **systematischen Ornithologie** sind vor allem als herausragende Persönlichkeiten zu nennen:

CHARLES LUCIEN JULES LAURENT BONAPARTE (1803–1857), Neffe Napoleons I., trat mit Werken wie »American Ornithology« (1825), »Conspectus generum avium« (ab 1850, unvollendet) hervor. HERMANN SCHLEGEL (1804–1884) bediente sich als erster der ternären Nomenklatur, um geographisch getrennte Abweichungen zu kennzeichnen, war aber wie sein väterlicher Freund CHRISTIAN LUDWIG BREHM (s. u.) der Auffassung von der Konstanz geographischer Varietäten und daher Gegner der Deszendenztheorie. Einer der großen ornithologischen Entdeckungsreisenden des 19. Jh. war FRIEDRICH HERMANN OTTO FINSCH (1839–1917), der u. a. eine zweibändige Monographie der Papageien der Welt (»Die Papageien«, Leiden 1867/1868) publizierte und sich mit den Vögeln Neuguineas und Polynesiens beschäftigte. Er arbeitete später in Bremen eng mit GUSTAV HARTLAUB (1814–1900) zusammen. HARTLAUB förderte mit seinem Buch »System der Ornithologie Westafricas« (1857) entscheidend die Vogelkunde Afrikas. Als wesentlicher Beitrag, die ornithologische Systematik aus der Sackgasse herauszuführen, in die sie durch zahlreiche Gegner der Deszendenztheorie einzumünden drohte, gilt das Werk MAX FÜRBRINGERS (1846–1920), der umfassende und hervorragende morphologische Untersuchungen an Vögeln durchführte (z. B. »Untersuchungen zur Morphologie und Systematik der Vögel«, zwei mächtige Foliobände 1888).

Bedeutende amerikanische Vogelsammlungen entstanden zuerst in Philadelphia unter JOHN CASSIN (1813–1869). Impulse für die Systematik gingen vor allem durch SPENCER FULLERTON BAIRD (1823–1887) und ROBERT RIDGWAY (1850–1929), JOEL ASAPH ALLEN (1838–1921; von ihm wurden Korrelationen zwischen Klima und Merkmalen beschrieben) und ELLIOT COUES (1842–1899) aus. Letzterer trug in London 1884 die in Amerika weiterentwickelte Idee der ternären Nomenklatur vor und erntete mit Ausnahme von HENRY SEEBOHM (1832–1895), einem weitgereisten und hervorragenden Privatsammler, nur Ablehnung.

Die Ideen Seebohms und der Amerikaner führte Ernst Hartert (1859–1933) zum Durchbruch. Nach vielen Forschungsreisen trat der deutsche Wissenschaftler 1892 die Stelle des Direktors am Museum des Barons Walter von Rothschild (1868–1937) an, heute die Vogelabteilung des British Museum of Natural History. 38 Jahre blieb er dort und begann ab 1903 sein zunächst auf 3 Bände angelegtes grundlegendes Werk »Die Vögel der palaearktischen Fauna« herauszugeben. Hier wird die Subspezies wie folgt definiert: »Mit Subspecies bezeichnen wir die geographisch getrennten Formen eines und desselben Typus, die zusammengenommen eine Species ausmachen. Es ist also nicht etwa ein geringes Maß an Unterschieden, das uns bestimmen darf, eine Form als Subspecies aufzufassen, sondern bei allgemeiner Übereinstimmung in den Grundzügen.« 1922 war das Werk abgeschlossen (ein Nachtragsband erschien später) und hatte eine einheitliche Auffassung in der Nomenklatur diesseits und jenseits des Atlantik erreicht. 1926 wurde Hartert einstimmig zum Präsidenten des 6. Internationalen Ornithologen-Kongreß in Kopenhagen gewählt.

Die **Entwicklung der Systematik** und der sich mit ihr verbindenden Diskussion um Evolution im Lauf des **späten 18.** und des **19. Jh.** wurde in der Ornithologie durch viele ausgezeichnete Sammler, Schriftsteller und vor allem Illustratoren gefördert. Unter denen, die vor allem exotische Entdeckungen verbreiten halfen, sind in Europa John Gould (1804–1881), William Swainson (1789–1855), Sir William Jardine (1800–1874) oder John Gerrard Keulemans (1842–1912) wohl an erster Stelle zu nennen.

Die Erforschung der Biologie des Vogels war zunächst mit der Systematik eng verknüpft. Dann ging sie eigene Wege, die sich vom Standpunkt der Systematiker des ausgehenden 19. Jh. soweit entfernt zu haben schienen, daß R. Ridgway noch um 1900 erklärte: »Populäre Ornithologie ist die unterhaltsamere, mit ihrem Duft von Wald und grüner Heide, von Flußufer und Meeresstrand, von Vogelsang und den vielen fesselnden Dingen der freien Natur. Aber systematische Ornithologie ist, als ein Baustein der Biologie, die lehrreichere und daher wichtigere.«

Diese im heutigen Verständnis ornithologischer Fragestellung und Forschung unverständliche Äußerung deutet nicht nur eine unheilvolle Abkoppelung der Museumsornithologie von den Bereichen **Ökologie, Verhalten, Populationsbiologie** usw. an, sondern auch eine Absonderung der Ornithologie von der Laborarbeit in Instituten, die man offensichtlich noch vor weniger als 100 Jahren nicht zur Ornithologie gehörig ansah. Nachwirkungen solcher Abgrenzungen sind heute noch zumindest im organisatorischen Bereich zu verspüren, werden aber den vielfältigen Fragestellungen nicht gerecht, wie sie heute im Mittelpunkt vieler Forschungsarbeiten stehen. Die Überschreitung von engen fachlichen Grenzen ist bei komplexen Fragestellungen, insbesondere allen Bereichen evolutionsbiologischer Betrachtung, grundlegende Voraussetzung.

An den Beginn moderner und, wie sich immer mehr herausstellt, höchst aktueller Fragestellungen der »Biologie« des Vogels, insbesondere des Verhaltens und der Bioakustik, ist Johann Ferdinand Adam von Pernau (1660–1731) zu stellen, der als Österreicher nach Franken auswanderte. Er veröffentlichte unter bescheidenen Titeln, teilweise anonym, seine gründlichen und sorgfältig aufgezeichneten Beobachtungen, die ihn zumindest zu einer der Gründergestalten wissenschaftlich betriebener biologischer Forschung am Vogel machen. Ähnlich seiner Zeit weit voraus in der Schärfe seiner Beobachtungen war der fränkische Pfarrer Johann Heinrich Zorn (1698–1748), dessen zweibändiges Werk (1742/43) im Titel die Absicht einer erbaulichen Vogelkunde erkennen läßt: »Petino-Theologie, oder Versuch, die Menschen durch nähere Betrachtung der Vögel zur Bewunderung, Liebe und Verehrung ihres mächtigen, weissest- und gütigsten Schöpfers aufzumuntern.«

Ende des 18. und Anfang des 19. Jh. bereiteten **Handbücher** und bebilderte Werke die Beobachtung der Vögel unter wissenschaftlichen Fragestellungen vor. In **Deutschland** war es z. B. für den Bereich der Hochschulen die »Anatomie und Naturgeschichte der Vögel« (2 Bände 1810, 1840) von Friedrich Thiedemann (1781–1861) oder das Tafelwerk von Johann Leonhard Frisch (1666–1743) »Vorstellung der Vögel in Teutschland . . .« (1734–1763). Um die Jahrhundertwende und in den ersten Jahrzehnten des 19. Jh. erscheinen viele allgemeinverständliche Werke (z. T. auch als Taschenbücher) von Autoren wie Johann Matthaeus Bechstein (1757–1822), Johann Andreas Naumann (1744–1826) oder Johann Wolf (1765–1824) und Bernhard Meyer (1767–1836).

In **England** gilt als einer der Begründer der Feldornithologie der Geistliche GILBERT WHITE (1720–1793), der seine Beobachtungen in u. a. an PENNANT gerichteten Briefen 1789 zum ersten Mal als »The Natural History of Selborne« herausbrachte; sie wurden nachgerade zu einem »Kultbuch« der einheimischen Ornithologen. Durch seine methodische Ordnung erlangte aber dann das »Ornithological dictionary« (2 Bände, London 1802 und 1813) des Offiziers GEORGE MONTAGUE die Bedeutung eines grundlegenden Werkes der britischen Feldornithologie.

Als »Vater« der **amerikanischen Ornithologie** gilt ALEXANDER WILSON (1766–1813), der als schottischer Webergeselle 1794 nach den USA auswanderte und als Vogelbeobachter, -sammler und -zeichner 1808 begann, das von ihm selbst illustrierte Werk »American Ornithology« zu veröffentlichen, das bis zu seinem Tod sieben Bände umfaßte. JOHN JAMES AUDUBON (1785–1851) durchstreifte als Vogelmaler das nördliche Amerika und brachte ab 1827 in Schottland die ersten Tafeln seines riesigen Tafelwerkes »Birds of America« heraus, das allerdings schon seiner Dimension und der damit verbundenen Anschaffungskosten wegen kaum in die Breite wirken konnte. Es ist vom Format her das größte Vogelbuch der Welt (ca. 100 × 70 cm) und wird in stark verkleinerten Ausgaben immer wieder auf den Markt gebracht (neuerdings sogar eine Ausgabe in Originalgröße). Originaltafeln AUDUBONS haben auf Auktionen die bisher höchsten Preise für Vogelbilder erzielt.

Die durch das reichhaltige Publikationswesen, aber auch durch Wissenschaftler an Universitäten vor allem in Mitteleuropa Anfang des 19. Jh. aufstrebende und auch in die Breite wirkende Ornithologie verdankt im deutschen Sprachbereich einigen wenigen **»Amateuren«** entscheidende Förderung, die sich weit über ein Jahrhundert auswirken sollte.

Der Thüringer Pfarrer CHRISTIAN LUDWIG BREHM (1787–1864) suchte vor allem Beziehungen zwischen dem Vogel und seiner Umwelt nachzugehen, war ein hervorragender Naturbeobachter und leidenschaftlicher Vogelsammler. Seinem scharfen Blick und der Gründlichkeit seiner Arbeit ist u. a. die Entdeckung von Parallelarten wie Sommergoldhähnchen, Gartenbaumläufer, Weidenmeise oder Theklalerche zu verdanken. Mit seinen »Beiträgen zur Vögelkunde . . .« (3 Bände 1820, 1822, 1822) ge-

wann er nachhaltigen Einfluß auf die Ornithologie in Deutschland, da er andere mit seiner Begeisterung ansteckte. Er gründete 1824 die **erste ornithologische Fachzeitschrift der Welt, »Ornis«,** die es allerdings nur auf 3 Bände brachte.

Zum bedeutendsten Ornithologen seiner Zeit aber wurde der Landwirt JOHANN FRIEDRICH NAUMANN (1780–1857), der nicht nur als Wissenschaftler, sondern auch als Schriftsteller und hervorragender Zeichner zu Recht großen Nachruhm erntete und in dessen Publikationen auch heute noch gewinnbringend nachzuschlagen ist. Sein wichtigstes Werk ist ein umfassendes Handbuch »Naturgeschichte der Vögel Deutschlands« (12 Bände 1820–1844), das er unter der Autorschaft seines Vaters JOHANN ANDREAS herausgab. Die Fülle des in diesem Handbuch veröffentlichten Materials war so groß, daß »der Naumann« zur wichtigsten Quelle des 19. Jh. und vielfach abgeschrieben wurde. Noch Anfang des 20. Jh. wird festgestellt: »Der Leser hat die Empfindung, als wenn über unsere heimische Vogelwelt nunmehr alles bekannt wäre, und nichts mehr zu erforschen bliebe« (O. HEINROTH).

Andererseits schreibt man NAUMANNS Werk auch den »Impuls zum festen Aneinanderschließen der in Deutschland vorhandenen, aber zerstreuten ornithologischen Kräfte« (H. SCHALOW) zu. J. F. NAUMANN regte zu einem Treffen »mit einigen Freunden der vaterländischen Ornithologie zu einem reinen ornithologischen Verein« an, das 1845 in Köthen auch tatsächlich stattfand. Ihm folgten ähnliche, aber nur von wenigen Fachleuten besuchte Tagungen 1846 in Dresden und 1847 in Halle. 1849 gründete der Theologe KARL EDUARD BALDAMUS (1812–1893) die ornithologische Zeitschrift »Naumannia«, 1850 bildete sich die **Deutsche Ornithologen-Gesellschaft** in Leipzig. Ihr erster Vorsitzender (1850–1875) war J. F. NAUMANN. Da sich die »Naumannia« nach dem Geschmack vieler Ornithologen zu sehr auf die heimische Ornithologie beschränkte, gründete der Berliner JEAN LOUIS CABANIS (1816–1906) das **»Journal für Ornithologie«** als »Centralorgan für die gesamte Ornithologie«. Damit ist das 1990 im 131. Band erschienene »Journal« die **älteste** noch **bestehende ornithologische Zeitschrift der Welt.** Die »Naumannia« stellte 1858 ihr Erscheinen ein.

Uneinigkeit unter den deutschen Ornithologen, in der nicht zuletzt das Für und Wider um

DARWINS Lehre eine Rolle spielte, führte zur Gründung einer Konkurrenzgesellschaft zu Berlin (1867–1875) unter J. L. CABANIS als Sekretär. 1875 vereinigten sich die beiden Gesellschaften zur »Deutschen Ornithologischen Gesellschaft«, die mit Kriegsende 1945 erlosch und auf einer Versammlung im Dezember 1949 als »Deutsche Ornithologen-Gesellschaft« wiedergegründet wurde.

Ab **Mitte des 18. Jh.** werden viele der heute führenden **Ornithologischen Gesellschaften,** z. T. mit heute noch herausgegebenen Fachzeitschriften gegründet: 1858 die »British Ornithologists' Union« und 1880 als exklusive Auswahl der B.O.U. der »British Ornithologists' Club« sowie in den USA eine Reihe von Gesellschaften, wie »Nuttall Ornithological Club« (1873), »American Ornithologists' Union« (1883), »Wilson Ornithological Club« (1888) oder »Cooper Ornithological Club« (1893, seit 1952 »Society«).

Mit dem Aufblühen der Feldornithologie beginnen aber auch die Warnungen vor den Zerstörungen der Natur durch den Menschen und damit die **Geschichte des Vogelschutzes.** Dies wird heute oft übersehen. In seiner Arbeit »Beleuchtung der Klage über Verminderung der Vögel in der Mitte von Deutschland« sieht J. F. NAUMANN schon 1849 die Entwicklung prophetisch voraus: »Solche Erfahrungen, deren ich noch viele aufzählen könnte, müssen uns endlich auch auf eine der mancherlei Ursachen leiten, welche am mehrsten die Abnahme der Vögelzahl bewirkt, oder großen Anteil an deren Verminderung hat. Nur zu gewiß ist sie, als Folge der Vermehrung der Menschen und ihrer Bedürfnisse, in der gesteigerten Industrie und einer einträglichen Benutzung des Bodens zu suchen. Den Ackerbau zu fördern und seine Erzeugnisse zu vermehren, suchte man allerlei Mittel und Wege hervor, oft energische und künstliche sogar, und nur jene im Auge wurde selbst manches trügerische Projekt, nicht selten mit Vernachlässigung aller Sorge für die Existenz kommender Geschlechter, sowie zum Schaden der Vögel durchgeführt . . .« Auch schon in den ersten Jahrgängen des »Journal für Ornithologie« werden aktuelle Probleme des Vogelschutzes diskutiert und Forderungen gestellt. Erst 1899 wird allerdings aus bescheidenen Anfängen durch die Initiative von LINA HÄHNLE (1851–1951) der »Bund für Vogelschutz« gegründet, nachdem etwa seit 1870 vielerorts lokale Vogelschutzvereine entstanden waren.

In der **wissenschaftlichen Ornithologie der zweiten Hälfte des 19. Jh.** entstehen viele Ansätze, die in den folgenden Jahrzehnten weiter bearbeitet werden. Vielfach sind diese Anfänge aber heftig umstritten. So wird das Buch des Theologen BERNARD ALTUM (1824–1900) »Der Vogel und sein Leben« (1868) scharf angegriffen und erst später in vielen Auflagen bis ins 20. Jh. hinein mit Gewinn ausgewertet. Es wendet sich u. a. gegen die Vermenschlichung (ein Zeitgenosse: »vulgäre Psychologie«), die in die Ornithologie vor allem durch ALFRED EDMUND BREHM (1829–1884), Sohn CHRISTIAN LUDWIGS und Verfasser des berühmten Tierlebens, gebracht worden war.

Als einer der Pioniere der **vergleichenden Verhaltensforschung** hat der Amerikaner CHARLES OTIS WHITMAN (1842–1910) zu gelten. OSKAR HEINROTH (1871–1945) liefert dann Anfang des 20. Jh. mit seinen Beobachtungen an Enten und später zusammen mit seiner ersten Frau MAGDALENA (1883–1932) in dem Standardwerk über die Beobachtungen der Ontogenese der meisten Vögel Mitteleuropas (»Die Vögel Mitteleuropas«, 4 Bände 1926–1933) Grundlagen für Entwicklungen, die u. a. KONRAD LORENZ (1903–1989) und NIKOLAAS TINBERGEN (1907–1988) zu Ergebnissen führten, die 1973 mit dem Nobelpreis ausgezeichnet wurden. Unter die Väter der Verhaltensforschung, aber auch der kritischen Beobachtung der Vögel darf man auch die Engländer EDMUND SELOUS (1858–1934), H. ELIOT HOWARD (1873–1940) und den vielseitigen Sir JULIAN SORELL HUXLEY (1887–1975) zählen und in den USA G. K. NOBLE (1894–1940). Zu den berühmtesten Ethologen der neuesten Zeit gehörte KLAUS IMMELMANN (1935–1987), Präsident der Deutschen Ornithologen-Gesellschaft 1973–1982 und Präsident des Internationalen Ornithologen-Kongresses 1986 in Ottawa.

Heftige Kontroversen wurden auch um das Phänomen **Vogelzug** ausgetragen. ALFRED RUSSEL WALLACE (1823–1913), der kongeniale Zeitgenosse CH. DARWINS, wendet sich wie JOHAN AXEL PALMÉN (»Über die Zugstraßen der Vögel«, 1876) gegen einen festen Zuginstinkt; beide deuten die Bedeutung der Selektion allerdings sehr unbestimmt an. EUGEN FERDINAND VON HOMEYER (1834–1903) wendet sich als Praktiker vehement gegen die Hypothese von festen Zugstraßen PALMÉNS (»Die Wanderungen der Vögel«, Leipzig 1881) und wird in der Annahme eines Breitfrontzuges durch

Heinrich Gätke (1814–1897) unterstützt, der 1890 in seinem Buch »Die Vogelwarte Helgoland« (2. Aufl. 1900) nicht nur jahrzehntelange eingehende Beobachtungen auf der Insel zusammenstellt, sondern auch den Begriff »Vogelwarte« prägt, der später für die Beringungszentralen (aber auch für andere Einrichtungen und sogar Vereine) im deutschen Sprachraum verwendet wird.

Die **Vogelberingung** geht auf den dänischen Lehrer Christian Cornelius Mortensen (1856–1921) zurück, der 1890 die ersten Vorversuche unternimmt. Johannes Thienemann (1863–1938) beginnt 1903 auf der Kurischen Nehrung mit der Beringung, nachdem 1901 durch ihn die Vogelwarte Rossitten gegründet wird (heute Biologische Station Rybatschij des Zoologischen Instituts in Leningrad; die deutsche Beringungszentrale wurde nach 1945 als Vogelwarte Radolfzell dem Max-Planck-Institut für Verhaltensphysiologie angeschlossen). Hugo Weigold (1886–1973) gründet 1910 die Vogelwarte Helgoland, heute Außenstation des Institutes für Vogelforschung in Wilhelmshaven. 1937 wurde die Vogelwarte Hiddensee als Außenstelle der Universität Greifswald gegründet; sie ist heute die Beringungszentrale der DDR. Die Schweizerische Vogelwarte Sempach besteht seit 1924. Sehr früh begann man auch in den USA mit der Beringung, nämlich in Vorversuchen 1902; 1909 wurde die »American Bird-Banding Association« gegründet. Nach 1910 etablierten sich in vielen Ländern feste Beringungszentralen.

Doch man bemühte sich im 19. Jh. auch durch breit angelegte Beobachtungen, den Vogelzug zu studieren. Entsprechende Arbeitsgemeinschaften bildeten sich z. B. in Deutschland, Großbritannien, den USA und Österreich-Ungarn. 1893 gründete Otto Herman (1835–1914) die Ungarische Ornithologische Zentrale (seit 1919 Institut) mit dem besonderen Ziel der Beobachtung des Vogelzuges. Die meisten der frühen Gründungen, so auch die Versuche, ein internationales Netz von Beobachtungsstationen unter Zustimmung des Kronprinzen von Österreich auf dem 1. Internationalen Ornithologen-Kongreß in Wien 1884 aufzubauen, waren jedoch unter den damaligen Voraussetzungen ein Fehlschlag. Die Planbeobachtung von Zugvögeln häufig zusammen mit Fangeinrichtungen begann erst im 20. Jh. Früchte zu tragen, zunächst vor allem an Küstenstationen.

In der noch jungen Geschichte der **Orientierungsforschung** an Vögeln zählen Werner Rüppell (1908–1945) durch seine Verfrachtungsversuche und vor allem Gustav Kramer (1910–1959) mit ersten Käfigexperimenten zur Erforschung des Sonnenkompasses am Star zu den Pionieren. Mit G. Kramer begann ein neuer Abschnitt in der Erforschung des Vogelzugs und der Orientierung. Franz Sauer (1925–1979) machte zum ersten Mal auf Orientierung von Zugvögeln mit Hilfe der Sterne aufmerksam.

Zu den modernen Pionieren der **Erforschung des Vogelflugs** zählen Jules Étienne Marey (1830–1904), Otto Lilienthal (1848–1896), Konrad Lorenz und Erich von Holst (1908–1962). Auf dem weiten Gebiet der Vogelphysiologie haben die Entdeckungen des Kanadiers William Rowan (ab 1924 Versuche am Junko) Anstoß zur Untersuchung der **Photoperiodizität** gegeben. Donald S. Farner (1915–1988) war einer der führenden Köpfe der für die zweite Hälfte des 20. Jh. so entscheidenden Erforschung jahresperiodischer Vorgänge bei Vögeln. Der Amerikaner A. J. Marshall (1911–1967) setzte mit seinem zweibändigen Werk »Biology and Comparative Physiology of Birds« (1960/61) den Beginn eines neuen Typs von Sammelwerken der umfassenden wissenschaftlichen Behandlung der Vogelbiologie, insbesondere der Physiologie, die alte Hand- und Lehrbuchwerke ablösten.

Erwin Stresemann (1889–1972) war wohl der letzte mit einem umfassenden Überblick über alle Teilgebiete der sich immer stärker auseinanderentwickelnden, heute jedoch in vielen aktuellen Fragestellungen wieder »klassisch« umgrenzte Disziplinen zusammenführenden Ornithologie. Seine »Aves« im Kükenthalschen Handbuch der Zoologie (1927–1934) stellen eine wohl nie mehr erreichte Gesamtschau eines einzigen Autors dar.

Ökologie und **Tiergeographie** waren u. a. im 19. Jh. durch den vordarwinistischen Versuch Philip Lutley Sclaters, die Verbreitung der Vögel in 6 zoologische Regionen einzuteilen (1858), bestimmt. Auch A. R. Wallace ist in seinem grundlegenden Werk »The geographical distribution of animals« (1876) davon noch beeinflußt. Neue Impulse aus der Ornithologie kamen im 20. Jh. u. a. durch Erwin Stresemann und Ernst Mayr und später durch stärker ökologisch ausgerichtete Überlegungen bis hin zu mathematischen Modellen. David Lack

(1910–1973) und Robert MacArthur (1930–1972) bleiben als zwei große Namen und Repräsentanten unterschiedlicher Schulen mit weitreichenden Nachwirkungen ihrer Arbeit.

Die klassischen Forschungsreisen können zumindest in der ersten Hälfte des 20. Jh. noch große Lücken schließen helfen, um sich in der neuesten Zeit dann in der Regel speziellen Problemen zuzuwenden. Die Namen von zwei Wissenschaftlerinnen seien für die zu Ende gehende Pionierzeit genannt: Emilie Snethlage (1868–1929) in Südamerika, besonders Amazonien, und Elisabeth Kozlova (1892–1975) im zentralen Asien und in Sibirien. Maria Koepcke (1924–1971) steht mit ihren Arbeiten in Peru bereits für eine jüngere Generation der Forschungspioniere unter schwierigen Freilandbedingungen.

Das Vorbild für **Populationsuntersuchungen** mit Hilfe des Farbringes als Mittel individueller Kennzeichnung war Margaret Morse Nice mit ihren ab 1933 veröffentlichten Studien an der Singammer. Als erster scheint jedoch der Ire J. P. Burkitt ab 1922 Farbringe zur Kennzeichnung von Rotkehlchen benutzt zu haben. Die Freilandornithologie gewinnt ab den 20er Jahren durch zunehmende Versuche der Quantifizierung der Ergebnisse an Bedeutung. Dies gilt auch für die klassische Faunistik, die vor allem in der Gegenwart als eine unverzichtbare Grundlage des Naturschutzes zu gelten hat, dabei aber auch immer noch nach neuen Wegen sucht.

Vertiefung der Kenntnisse vom Vogel auch für die große Zahl der im Freiland arbeitenden Profi- und Amateurornithologen kam durch Zusammenfassung des Wissens in regionalen Handbüchern modernen Stils, für die zu Beginn des zweiten Drittels des 20. Jh. die Zeit reif war. Die Arbeiten des britischen Ornithologen und Verlegers H. F. Witherby (»The Handbook of British Birds«, 5 Bände, 1. Aufl. 1938) und des nachmaligen Präsidenten der Deutschen Ornithologen-Gesellschaft Günther Niethammer (1908–1974; »Handbuch der deutschen Vogelkunde«, 3 Bände, 1937–1942) stimulierten die Vogelkunde in Europa über viele Jahrzehnte und wirken bis zum heutigen Tag nach. Nicht vergessen werden darf die Bedeutung der sich immer mehr verbessernden Feldführer zur Bestimmung der Arten und Kleider, deren gewaltige Entwicklung nach 1945 vor allem mit dem Namen des amerikanischen Ornithologen und Vogelmalers Roger Tory Peterson untrennbar verbunden ist.

26.2 Institute und Institutionen

Die an Instituten angesiedelte Ornithologie bietet ein sehr vielfältiges Bild, je nach Träger und Ausstattung der betreffenden Einrichtung, die Umfang und Zielrichtung der Arbeit meist entscheidend bestimmen.

Nur relativ wenige **ornithologische Institute** sind nach außen hin dem Namen nach als solche zu erkennen (Tab. 26.1). Auch von ihnen sind die meisten einer größeren Forschungs- und Verwaltungseinheit zugeordnet oder kleine Einrichtungen eines Verbandes.

Groß ist die Zahl der oft nur zu bestimmten Zeiten besetzten **Feldstationen,** in denen vor Ort ornithologische Freilandforschungen betrieben, oft aber auch nur Daten für umfassende Auswertungen in Zentralinstituten oder Arbeitsgemeinschaften gesammelt werden (z. B. Fangdaten, Registrierung des Vogelzugs). Die Arbeit in solchen Feldstationen ist häufig nur durch private Initiative möglich. Nicht selten sind sie auch Außenstellen von Universitäten oder anderen öffentlichen Forschungseinrichtungen und dienen auch der Ausbildung von Freilandbiologen. Sie sind heute in vielen Ländern anzutreffen, besonders in Nord- und Westeuropa sowie in Nordamerika. Viele liegen an besonders interessanten Stellen des Vogelzugs, heute aber z. T. auch in schwerer zugänglichen Gebieten, wie in tropischen Wäldern oder Trockengebieten und im Inneren der Kontinente sehr häufig an Binnengewässern.

Eine in aller Welt von jeher wesentliche Stütze der Ornithologie waren **zoologische** oder **naturwissenschaftliche Museen** oder Sammlungen mit entsprechenden Fachabteilungen. Sie sind auch heute noch häufig die wichtigsten nationalen oder regionalen Zentren der Ornithologie, oft auch der offizielle Sitz der Fachvereine und -gesellschaften. Viele der bekanntesten und in manchen Ländern einzigen Berufsornithologen sind Leiter oder wissenschaftliche Mitarbeiter an ornithologischen Abteilungen von Landes- oder Regionalmuseen, die meist von der öffentlichen Hand getragen werden. Die Arbeit der heutigen Museumsornithologen reicht weit über die Konservation und wissenschaftliche Betreuung der nach wie vor für die Wissenschaft wichtigen Sammlungen hinaus. Die Forschung umfaßt auch nicht nur die klassischen Gebiete der Systematik, Taxonomie oder Zoogeographie. An vielen Museen befinden sich moderne Forschungseinrichtungen, die Arbei-

ten an vielen Fragestellungen erlauben. Vielfach sind ornithologische Fachabteilungen an
Museen auch die Kristallisationspunkte weitrei-
chender Projekte mit internationaler Beteiligung oder auch der regionalen ornithologischen
Forschung durch Amateurornithologen. Nicht

Tab. 26.1. Ornithologische Institutionen der Welt und ihre Zeitschriften (Auswahl). Für Europa sind auch
einige Beispiele für kleinere Stationen der Freilandforschung angeführt, an denen vorrangig ornithologische
Arbeit oder Vogelschutz durchgeführt wird (vgl. jedoch Text).

Bayerische Landesanstalt für Bodenkultur und
Pflanzenbau, Institut für Vogelkunde
Gsteigstr. 43, D-8100 Garmisch-Partenkirchen mit
Außenstelle D-8821 Triesdorf, Am Kreuzweiher 3

Biologische Station Rieselfelder Münster
Coermühle 181, D-4400 Münster

Biologische Station Steckby
Postfach 156, DDR-3401 Steckby über Zerbst

British Trust for Ornithology (BTO)
Beech Grove, Tring, Herts HP 29 5NR,
Großbritannien
Zeitschrift: Bird Study

Cornell Laboratory of Ornithology
159 Sapsucker Woods Road. Ithaca, New York
14850, USA
Zeitschrift: The Living Bird Quarterly

Delta Waterfowl Research Station
R.R.1, Portage La Prairie, Manitoba, Canada
R1N 3 A1

Edward Grey Institute of Field Ornithology
South Parks Road, Oxford OX1 3PS, Großbritannien

Estacion Biologica de Doñana
Avda. Maria Luisa, Apdo. Postal 1056, E-Sevilla
Zeitschrift: Doñana Acta Vertebrata

Institut für Vogelforschung
An der Vogelwarte 21, D-2940 Wilhelmshaven mit
Außenstationen Helgoland, D-2192 Helgoland und
Weddel, Bauernstr. 24, D-3302 Cremlingen
Zeitschrift: Die Vogelwarte (zusammen mit
Vogelwarte Radolfzell)

Institute of Ornithology
Kyung Hee University, Seoul 131, Südkorea
Zeitschrift: Bull. of the Institute of Ornithology,
Kyung Hee Univ.

Institute of Ornithology of the Yugoslav Academy
of Sciences and Arts
Ilirski trg 9/2, YU-41000 Zagreb
Zeitschrift: Larus

Fair Isle Bird Observatory
Fair Isle, Shetland

Gibraltar Point Field Station and Bird Observatory
Gibraltar Point, Skegness, Lincs. Großbritannien

Magyar Madártani Intézet (Ungarisches
Ornithologisches Institut)
Költö u.21, H-1121 Budapest
Zeitschrift: Aquila

Max-Planck-Institut für Verhaltensphysiologie,
Vogelwarte Radolfzell
D-7760 Radolfzell-Möggingen
Zeitschrift: Die Vogelwarte (zusammen mit
Vogelwarte Helgoland)

Naumann-Museum
Schloßplatz 4, Postfach 181, DDR-4370 Köthen

Ornithologische Forschungsstelle Seebach
Lindenhof 3, DDR-5701 Seebach

Ottenby Fågelstation
PL 1500, S-380 65 Degerhamn

Percy FitzPatrick Institute of African Ornithology
University of Cape Town, Rondebosch 7700,
South Africa

Schweizerische Vogelwarte Sempach
CH-6204 Sempach

Staatliche Vogelschutzwarte Baden-Württemberg
Bannwaldallee 32, D-7500 Karlsruhe 21

Station Biologique de La Tour du Valat/Camargue
Le Sambuc (B.d.Rh.) F-13200 Arles

Staatliche Vogelschutzwarte für Hessen, Rheinland-
Pfalz und Saarland
Steinauer Str. 46, D-6000 Frankfurt 61

Staatliche Vogelschutzwarte Hamburg
Adenauerallee 10, D-2000 Hamburg

Staatliche Vogelschutzwarte Schleswig-Holstein
Olshausenstr. 40–50, D-2300 Kiel

Stazione Italiana per la Ricerca Ornitologia
Dipartimento di Biologia, Universitá degli Studie
di Milano, Via Celoria, 26, I-20133 Milano
Zeitschrift: Sitta

Vogelwarte Hiddensee
DDR-2346 Kloster, Hiddensee
Zeitschrift: Berichte aus der Vogelwarte Hiddensee

Yamashina Institute for Ornithology
Konoyama, Abiko City, Chiba 270-11, Japan
Zeitschrift: Journal of the Yamashina Institute
for Ornithology

zu vergessen ist die Bedeutung der oft großen Fachbibliotheken. Ein großer Teil der gegenwärtigen ornithologischen Publizistik ist unmittelbar oder mittelbar mit naturwissenschaftlichen Museen verbunden.

Fachornithologen an Museen arbeiten oft auch an Bildungseinrichtungen ihrer Institution oder beteiligen sich an Lehre und Forschung von Universitäten. Wie die Umfragen der Deutschen Ornithologen-Gesellschaft ergeben haben, werden an fast allen deutschen Universitäten mit biologischen Fachbereichen Lehrveranstaltungen mit ornithologischen Themen angeboten. Eigene Institute mit überwiegend

---

Tab. 26.2. Nationale und internationale Vereinigungen und Arbeitsgemeinschaften für Vogelhaltung und Vogelzucht (Auswahl). Einige sind Dachverbände mit vielen Landes- oder Ortsgruppen.

Alario Arbeitsgemeinschaft Girlitzzucht (AAG)
R. van den Elzen, Zool. Forsch.-Institut und Museum Alexander Koenig, Adenauerallee 150, D-5300 Bonn 1.

Australian Finch Society (AFS)
c/o V. Langley, 478 New Hey Road, Wirral, Merseyside L 49 9 SB, Großbritannien.

Arbeitsgemeinschaft Agaporniden (AGA)
J. Brockmann, Finkenstr. 12, D-4422 Ahaus 1.

Amazon Society
J. J. Murphy, P.O. Box 73547, Puyallup, WA 98373, USA.

Arbeitskreis Kolibrifreunde e. V.
H. Brandt, Am Schwalbenwinkel 3, D-3007 Gehrden 1.

Avicultural Advancement, Council of Canada
A.A.C., P.O. Box 5126, Postal Station B, Victoria, B.C., V8R 6N4, Kanada.

Avicultural Society of America
H. Hanson, P.O. Box 2796, Redondo Beach, CA 909278, USA.

Aviornis
Int. Bund für Park- und Wasserziergeflügel
W. Ramakers, St. Servatiusweg 31, NL-6227 TP Maastricht.

Bundesverband für fachgerechten Natur- und Artenschutz e. V.
U. Schöttgen, Wilhelm-Ruppert-Str. 20, D-5000 Köln.

Bund deutscher Waldvogelpfleger
G. Koser, Charlottenstr. 15, D-7321 Kirchheim.

Canadian Avicultural Society
A. Salazar, 101 Terryhill Cr., Scarboro, Ontario, M1S 3E1, Kanada.

Estrilda – Interessengemeinschaft für Haltung exotischer Kleinvögel
Südring 47, D-6453 Seligenstadt.

Exotis
Schweizerische Vereinigung für Zucht und Pflege exotischer Vögel
E. Zimmerli, Dorfstr. 789, CH-5745 Safenwil.

Internationaler Carduelidenclub (ICC)
W. Kolter, Im Schlangenhöfchen 2, D-5060 Bergisch Gladbach.

International Loridae Society
M. Longo, 20714 S.E. 260th Kent, WA 98042, USA.

National Parrot Association
P.O. Box 527, Nesconset, N.Y. 11767-9802, USA.

Nederlandse Bond van Vogelliefhabers (NBvV)
Aletta Jacobsstraat 4, Postbus 74, NL-4600 AB Bergen ob Zoom.

Österreichischer Kanarien- und Vogelliebhaberbund
G. Bründl, Freistädterstr. 13, A-4040 Linz.

Parus, Fachabteilung Vogelzucht und Vogelhaltung
E. Zimmermann, Allmendstraße 19, CH-2540 Grenchen.

Parrot Society of Australia
P.O. Box 75, Salisbury 4107, Brisbane, Qld., Australien.

Verband deutscher Waldvogelpfleger und Vogelschützer
H. Geitner, Monestr. 25, D-7525 Bad Schönborn.

Verband Gemeinnütziger Vogel- und Tierparks 1971
M. Lautenschläger, Stockäckerweg 18, D-6909 Balzfeld.

Vereinigung für Artenschutz und Vogelzucht e. V. (AZ)
H. Uebele, Untere Au 28–30, D-7150 Backnang.

Vereinigter Vogelzüchter-Bund
D. Cremer, Robert-Koch-Str. 1, D-5253 Lindlar.

Verband der Ziergeflügelzüchter
K. H. Baier, Pfälzer Str. 2, D-7513 Stutensee 3.

World Pheasant Association (WPA)
Sektion Bundesrepublik: Bahnhofstr. 161, D-5133 Gangelt.

ornithologischer Arbeit aber gibt es nicht. Im angelsächsischen Raum einschließlich Nordamerikas, aber auch in Nordeuropa oder in manchen Ländern Asiens und Osteuropas, ist die wissenschaftliche Ornithologie oft sehr eng mit Institutionen oder Fachabteilungen der Universitäten oder Akademien der Wissenschaft verknüpft, häufig mittelbar über Fachbereiche ökologischer Fragestellungen. Damit hängt ornithologische Arbeit weniger als bei uns von den fachlichen Interessen des jeweiligen Stelleninhabers ab, sondern ist besser institutionalisiert.

Eine nicht unwichtige Rolle spielt die Ornithologie in manchen Ländern neuerdings in der **Ressortforschung der öffentlichen Hand,** also in Landesinstituten für Ökologie, Naturschutz, Bodenbewirtschaftung usw. Einige der ehemaligen deutschen Vogelschutzwarten sind heute als Fachreferate in solche Einrichtungen eingegliedert worden. In anderen Ländern arbeiten Ornithologen schon sehr lange in Landesinstituten ökologischer Forschungsrichtung (z. B. Schweden, Niederlande, Großbritannien). Hierzu zählen auch ornithologische Forschungseinrichtungen im Rahmen von Natio-

Tab. 26.3. Nationale und internationale Vogelschutzorganisationen (Auswahl). Vielfach beschäftigen sich auch die Ornithologen-Gesellschaften (Tab. 26.4) mit Vogelschutz.

Ala s. Tab. 26.4.

Coordinadora para la defensa de las aves (CODA) Aizgorri 5, E-28028 Madrid.

Deutscher Bund für Vogelschutz, jetzt Naturschutzbund Deutschland, PF 200413, D-5300 Bonn.

Hellenic Society for the Protection of Nature P.O. 64052, GR-15701 Zogrphos.

International Council for Bird Preservation (ICBP) (Internationaler Rat für Vogelschutz) 32 Cambridge Road, Girton, Cambridge CB3 0PJ. Großbritannien.
Nationale Sektionen und Arbeitsgruppen:
Bundesrepublik Deutschland: L. Sothmann, Kirchenstr. 8, D-8543 Hilpoltstein.
Österreich: H. Schifter, Naturhist. Museum, Burgring 7, A-1014 Wien.
Schweiz: F. Hirt, Oberdorf, CH-8164 Bachs.
Trappen: R. D. Chancellor, c/o Institute of Biology, 20 Queensberry Place, London SW7 2DZ.
Greifvögel und Eulen: B. U. Meyburg, Herbertstr. 14, D-1000 Berlin 33.
Kraniche: Int. Crane Foundation, City View Road, Barasboo, Wisconsin 53913, USA.
Flamingos: A. Johnson, Le Sambuc, F-13200 Arles.
Hühnervögel: WPA, P.O. Box 5, Lower Basildon, Goring, Reading Berks RG8 9PF, Großbritannien.
Taucher: J. Fjeldså, Zoologisk Museum, Universitetsparken, DK-2100 Kopenhagen.
Reiher: H. Hafner, Le Sambuc, F-13200 Arles.
Nashornvögel: A. C. Kemp, Transvaal Museum, P.O. Box 413, Pretoria 0001, Südafrika.
Pelikane: A. J. Crivelli, Le Sambuc, F-13200 Arles.
Papageien: D. F. Bruning, New York Zoological Society, Bronx, NY 10460, USA.
Spechte: L. L. Short, American Museum of National History, Dept. Ornithology, Central Park West at 79th Street, New York 10024 USA.

Seevögel: R. W. Schreiber, Museum of Natural History, 900 Exposition Boulevard, Los Angeles, CA 90007, USA.
Störche, Ibisse: C. Luthin, Am Rieselbach, 3030 Walsrode.
Entenvögel: The Wildfowl Trust, Slimbridge, Gloucester, GL2 7BT. Großbritannien.

International Waterfowl and Wetlands Research Bureau s. Tab. 26.4.

Irish Wildbird Conservancy Southview, Church Road, Greystones, Co. Wicklow, Irland.

Komitee gegen den Vogelmord Neuer Wall 26, D-2000 Hamburg 36.

Landesbund für Vogelschutz in Bayern e. V. (LBV) Kirchenstr. 8, D-8543 Hilpoltstein.

Lega Italiana per la Protezione degli Uccelli (LIPU) Vicolo San Tiburzio 5, I-43100 Parma.

Letzebuerger Natur- a Vulleschutzliga (LNVL) B.P. 709, L-2017 Luxemburg.

Ligue Belge pour la Protection des Oiseaux Durentiojdlei 14, B-2130 Braschaat.

Ligue Française pour la Protection des Oiseaux (LPO) B.P. 263, La Corderie Royale, F-17300 Rochefort.

Nederlandse Verenigung tot Bescherming van Vogels Driebergseweg 16 c, NL-3708 JB Zeist.

Royal Society for the Protection of Birds The Lodge, Sandy, Beds. SG19 2DL, Großbritannien.

Schweizer Vogelschutz (SVS) Postfach, Zurlindenstr. 55, CH-8036 Zürich.

Tab. 26.4. Nationale und internationale ornithologische Gesellschaften und ihre Zeitschriften (Auswahl).

Ala
Schweizerische Gesellschaft für Vogelkunde
K. Künz, Krähenbergstr. 53, CH-2543 Lengnau
Zeitschrift: Der Ornithologische Beobachter

The American Ornithologists' Union (AOU)
s. OSNA
Zeitschrift: The Auk

Association of Field Ornithologists, Inc.
s. OSNA
Zeitschrift: Journal of Field Ornithology

The British Ornithologists' Union (BOU)
c/o British Museum (Natural History),
Sub-Department of Ornithology, Tring, Herts
HP23 6AP. Großbritannien
Zeitschrift: Ibis

The Cooper Ornithological Society
s. OSNA
Zeitschrift: The Condor

Dachverband Deutscher Avifaunisten (DDA)
c/o K. Witt, Hortensienstr. 25, D-1000 Berlin 45.
Zeitschrift: Die Vogelwelt

Dansk Ornitologisk Forening (DOF)
Vesterbrogade 140, DK-1620 Kopenhagen V.
Zeitschrift: Dansk Ornitologisk Forenings Tidsskrift

Deutsche Ornithologen-Gesellschaft (DO-G)
W. Stauber, Postfach 10 60 13, D-7000 Stuttgart 10
Zeitschrift: Journal für Ornithologie

Dutch Birding Association
Postbus 5611, NL-1007 AP Amsterdam
Zeitschrift: Dutch Birding

Nederlandse Ornithologische Unie (NOU)
c/o Rijksinstituut voor Natuurbeheer, P.O. Box 9201,
NL-6800 HB Arnhem.
Zeitschriften: Limosa, Ardea

Norsk Ornitologisk Forening
Bernhard Getz Gt. 6, N-Trondheim.

Österreichische Gesellschaft für Vogelkunde
c/o Naturhistorisches Museum Wien, Burgring 7,
Postfach 417, A-1017 Wien.
Zeitschrift: Egretta

Ornithological Societies of North America (OSNA)
Department of Zoology, 1735 Neil Avenue, Ohio
State University, Columbia, OH 43221, USA

Ornithological Society of Japan
c/o National Science Museum, Hyakuni-cho 3-23-1,
Shinjuku-ku, Tokyo 160
Zeitschrift: Japanese Journal of Ornithology (früher:
Tori)

The Ornithological Society of the Middle East
(OSME)
c/o The Lodge, Sandy, Bedfordshire, SG19 2DL,
Großbritannien
Zeitschrift: Sandgrouse

Ornithological Society of New Zealand
P.O. Box 18430, Glen Innes, Auckland 5
Zeitschrift: Notornis

Ornitologiska Föreningen i Finland
P. Rautatiekatu 13, SF-00100 Helsinki, Finnland
Zeitschrift: Ornis Fennica

Royal Australian Ornithologists Union (RAOU)
21 Gladstone Street, Moonee Ponds, Victoria 2039,
Australien
Zeitschrift: Emu

Samenwerkende Organisaties Vogelonderzoek
(SOVON)
J. van der Straaten, Capucijnenstraat 93, NL-5025
LB Tilburg
Zeitschrift: Limosa

Scandinavian Ornithologists' Union (SOU)
G. Aulén, SOF, Box 14 219, S-104 40 Stockholm.
Zeitschrift: Ornis Scandinavica

The Scottish Ornithologists' Club (S.O.C.)
21 Regent Terrace, Edinburgh EH7 5BT,
Großbritannien
Zeitschrift: Scottish Birds

Sociedad Española de Ornitología (SEO)
Fac. Biología Pl. 9; E-280 40 Madrid.
Zeitschrift: Ardeola

Sociedade Portuguesa de Ornitologia
Avenida Infante D. Henrique, 450–5° WEsqu.-T.,
4400 V.N. de Gaia, Portugal
Zeitschrift: Cyanopica

Società Ornitologica Italiana (S.O.I.)
Logetta Lombardesa, Via di Roma 13,
I-48100 Ravenna.
Zeitschrift: Gli Uccelli d'Italia

Société d'Etudes Ornithologiques
Ecole Normale Supérieure, Laboratoire de Zoologie,
46, rue d'Ulm, F-75230 Paris Cedex 05.
Zeitschrift: Alauda

Société Ornithologique de France
55, rue de Buffon, F-75005 Paris.
Zeitschrift: L'Oiseau

Southern African Ornithological Society (SAOS)
P.O. Box 87234, Houghton, Johannesburg 2041
Zeitschriften: Ostrich, Bokmakieri

The Wilson Ornithological Society
s. OSNA
Zeitschrift: The Wilson Bulletin

Abb. 26.1. Auswahl von Emblemen verschiedener internationaler ornithologischer Gesellschaften (mit Abkürzung) und/oder (groß geschrieben) ihre(r) Zeitschrift(en) (in Klammer Vogelart).

1 British Ornithologists' Union BOU (Großbritannien); IBIS (Heiliger Ibis);
2 American Ornithologists' Union AOU (USA); THE AUK (Riesenalk);
3 Royal Naval Bird Watching Society (England); THE SEA SWALLOW (Küstenseeschwalbe);
4 Nederlandse Ornithologische Unie NOU (Niederlande); LIMOSA (Uferschnepfe); s. auch 27;
5 Dansk Ornithologisk Forening (Dänemark); DANSK ORNITHOLOGISK FORENINGS TIDSSKRIPT (Kiebitz);

6 The Cooper Ornithological Society COS (Pazifische USA); CONDOR (Kalifornischer Kondor);
7 Société pour les Études Ornithologiques S.E.O. (Frankreich); ALAUDA (Feldlerche);
8 Scottish Ornithologists' Club SOC (Schottland); SCOTTISH BIRDS (Haubenmeise);
9 Royal Australasian Ornithologists' Union RAOU (Australasien); THE EMU (Emu);
10 Royal Society for the Protection of Birds (England); (Säbelschnäbler);
11 Ornitologiska Föreningen i Finland (Finnland); ORNIS FENNICA (Seeadler);
12 Ornithological Society of New Zealand (Neuseeland); NOTORNIS (Takahe);
13 Southern African Ornithological Society SAOS (Südafrika); OSTRICH (Strauß);

14 Ornithologische Gesellschaft in Bayern (Bayern); ANZEIGER DER ORNITHOLOGISCHEN GESELLSCHAFT IN BAYERN (Tannenhäher);

15 Schweizerische Gesellschaft für Vogelkunde und Vogelschutz ALA (Schweiz); DER ORNITHOLOGISCHE BEOBACHTER (Kiebitz);

16 International Council for Bird Preservation ICBP (weltweit international); WORLD BIRD CLUB; (Zügelseeschwalbe);

17 Association of Field Ornithologists (USA); JOURNAL OF FIELD ORNITHOLOGY (Seeschwalbe);

18 Deutsche Ornithologen-Gesellschaft DO-G (BRD, DDR); JOURNAL FÜR ORNITHOLOGIE (Blaukehlchen);

19 The Ornithological Society of the Middle East (Mittlerer Osten); SANDGROUSE (Sandflughuhn);

20 Polska Akademia Nauk (Polen); ACTA ORNITHOLOGICA (Reiherente);

21 South-West-Africa/Namibia Bird Club (Namibia); LANIOTURDUS (Drosselwürger);

22 Zaklad Narodowy im Ossolinskich (Polen); NOTATKI ORNITHOLOGICZE (Raubwürger);

23 Società Ornithologica Italiana S.O.J. (Italien); GLI UCCELLI D'ITALIA (Provencegrasmücke);

24 Southern African Ornithological Society SAOS/SAVV (Republik Südafrika); (stilisierter Paradieskranich); Jubiläumszeichen, s. auch 13;

25 Société d'Études Ornithologiques (Belgien); AVES (Zwergseeschwalbe);

26 Sociedad Española de Ornitologia SEO (Spanien); ARDEOLA (Rallenreiher); s. auch unten: Ergänzungen;

27 Nederlandse Ornithologische Unie NOU (Niederlande); ARDEA (Graureiher);

28 Sociedade Portugesa de Ornitologia (Portugal); CYANOPICA (Blauelster);

29 Association Ornitologica del Plata (Argentinien); EL HORNERO (Töpfervogel);

30 West African Ornithological Society (Westafrika); MALIMBUS (Haubenprachtweber);

31 Ornithological Sub-committee of the East African Natural History Society (Ostafrika/Kenia); SCOPUS (Hammerkopf);

32 Société Romande pour l'Étude et la Protection des Oiseaux (West-Schweiz); NOS OISEAUX (Alpenschneehuhn);

33 The Ornithological Society of Malta (Malta); IL-MERILL (Blaumerle);

34 (Belgien); LE GERFAUT bzw. DE GIERVALK (Gerfalke);

35 Société Ornithologique de France (Frankreich); L'OISEAU ET LA REVUE FRANCAISE D'ORNITHOLOGIQUE (Wanderfalke);

36 Ornithological Society of Japan (Japan); TORI (Fasan);

37 Yamashina Institute for Ornithology (Japan); JOURNAL OF THE YAMASHINA INSTITUTE FOR ORNITHOLOGY (Eisvögel);

38 Ornithological Society of India (Indien); PAVO (Pfau);

39 Sociedad Vallecaucana de Ornitologia S.V.O., C.I.P.A. (Kolumbien) und ICPB, s. 16; RUPICOLA (S.V.O.; Fischadler zusammen mit stilisiertem Felsenhahn; dieser nicht auf der Abb.; ICPB nur Fischadler über Erdkugel wie Abb.);

40 Ornithological Society of Turkey (Türkei); BIRD REPORT (Adler); besteht nicht mehr.

41 The Wildfowl Trust (Großbritannien); THE WILDFOWL TRUST (Singschwan);

42 Madartani Intezet (Ungarisches Ornithologisches Institut) (Ungarn); AQUILA (Steinadler).

Weitere wichtige Embleme ohne Abb.: Stilisierter Reiher vor Schilf (EGRETTA, Österreich); stilisierter Reiher in Kreis (LA GARCILLA, Sociedad Española de Ornitologia SEO, Spanien: Zyperngrasmücke auf Ast (THE BIRDS OF CYPRUS, C.O.S., Zypern); stilisierte Wasseramsel (BEITRÄGE ZUR VOGELKUNDE, DDR); Flamingo im Wasser stehend und fliegend (RIVISTA ITALIANA D'ORNITOLOGIA, Società Italiana di Scienze Naturali, Italien). Weitere s. Text.

nalparkverwaltungen oder anderen Schutzgebieten. In Europa sind in diesem Zusammenhang auch private oder von einem Zweckverband getragene biologische Forschungs- und Informationseinheiten entstanden (s. o.).

Auch die Vogelabteilungen mancher öffentlicher oder privater **Tiergärten** sind zu regelrechten ornithologischen Forschungsinstitutionen geworden, die seit langem wissenschaftlich arbeiten und zu den Zentren der institutionellen Ornithologie zu rechnen sind.

26.3 Verbände und Zeitschriften

Die große Zahl von Ornithologen auf der ganzen Welt bedingt eine ebenso große Zahl von Verbänden und Zeitschriften. Sie vollständig und ausführlich hier aufzuführen, ist nicht möglich. Die folgende Darstellung beschränkt sich daher auf eine mehr oder weniger tabellarische Auflistung der wichtigsten entsprechenden Organe.

Tab. 26.5. Ornithologische Arbeitsgemeinschaften in der Bundesrepublik Deutschland, die im DDA (s. Text) organisiert sind.

Arbeitsgemeinschaft Avifauna von Baden-Württemberg	Ornithologische Arbeitsgemeinschaft für Schleswig-Holstein und Hamburg
Arbeitsgemeinschaft für Ornithologie und Naturschutz Vreden	Ornithologische Arbeitsgemeinschaft Stade
Arbeitskreis der Staatlichen Vogelschutzwarte Hamburg	Ornithologische Arbeitsgemeinschaft Südheide
Fachschaft für Ornithologie südlicher Oberrhein	Ornithologische Arbeitsgemeinschaft Süd-Niedersachsen
Faunistische Arbeitsgemeinschaft Südost-Niedersachsen	Ornithologische Arbeitsgemeinschaft Ulmer Raum
Gesellschaft für Ornithologie und Naturschutz Rheinland-Pfalz	Ornithologische Arbeitsgemeinschaft Bayerischer Untermain/Unterfranken
Gesellschaft Rheinischer Ornithologen e. V.	Ornithologische Arbeitsgemeinschaft Unterfranken Region III
Hessische Gesellschaft für Ornithologie und Naturschutz e. V.	Ornithologische Arbeitsgruppe Berlin (West)
Naturwissenschaftlicher Verein für Bielefeld und Umgebung	Ornithologische Arbeitsgemeinschaft Nordfriesisches Wattenmeer im BfL
Ornithologische Arbeitsgemeinschaft Bodensee	Ornithologischer Beobachterring Saar
Ornithologische Arbeitsgemeinschaft Main-Tauber-Kreis	Ornithologische Gesellschaft in Bayern e. V.
Ornithologische Arbeitsgemeinschaft Münster	Ornithologischer Verein zu Hildesheim
Ornithologische Arbeitsgemeinschaft Oldenburg	Peiner Biologische Arbeitsgemeinschaft
Ornithologische Arbeitsgemeinschaft Ostbayern	Station Randecker Maar
Ornithologische Arbeitsgemeinschaft für Populationsforschung Braunschweig	Vereinigung Avifauna Niedersachsen e. V.
	Vereinigung für wissenschaftliche Vogelberingung in Niedersachsen und Bremen
	Vogelkundliche Arbeitsgemeinschaft des Naturwissenschaftlichen Vereins Schwaben
	Westfälische Ornithologen-Gesellschaft e. V.

26.3.1 Vogelliebhaber-Vereinigungen

Vögel werden in Millionen-Zahlen von Vogelliebhabern als Haustiere gehalten (s. Kap. 27). Entsprechend groß ist die Zahl der Vereinigungen, die diese Liebhaber vertreten (Tab. 26.2).

26.3.2 Vogelschutzorganisationen

Die Vogelschutzorganisationen der Welt haben einige hunderttausend Mitglieder und stellen so die zahlenmäßig stärksten zoologischen Vereinigungen der Welt dar. Eine Auswahl der größten und wichtigsten nationalen und internationalen sind in Tab. 26.3 aufgeführt (s. auch Kap. 26.3.3).

26.3.3 Ornithologen-Gesellschaften

Jedes größere Land der Erde hat (mindestens) eine Vereinigung, in der sich die mehr wissenschaftlich orientierten Ornithologen zusammengefunden haben. In vielen Fällen besteht dabei allerdings auch eine enge Verflechtung zum Bereich Vogelschutz, so daß beide thematischen Aspekte u. U. unter einem Dachverband zusammengefaßt sind (s. deshalb auch Kap. 26.3.2). Einige wichtige Gesellschaften sind in Tab. 26.4 aufgelistet. Weitere finden sich zusammen mit ihren Emblemen in Abb. 26.1.

In der Bundesrepublik (wie in anderen Ländern) gibt es zudem eine große Zahl von ornithologischen Arbeitsgruppen (allein in Baden-Württemberg über 15), die hier nicht alle aufgezählt werden können. Die größeren von ihnen sind im wichtigen DDA (Dachverband Deutscher Avifaunisten), Auf der Horst 14, 4400 Münster, zusammengefaßt (Tab. 26.5).

26.3.4 Zeitschriften für Vogelhalter und Vogelliebhaber

Die wichtigsten sind in Tab. 26.6 aufgeführt.

26.3.5 Deutschsprachige Zeitschriften aus dem Bereich der wissenschaftlichen Ornithologie und dem Vogelschutz

Hier gibt es z. T. Überschneidungen mit den unter Kap. 26.3.4 schon genannten Publikationsorganen. Allein an deutschsprachigen

Tab. 26.6. Nationale und internationale Periodika mit Schwerpunkten Vogelhaltung und -züchtung (Auswahl).

American Cage-Bird Magazine 1 Glamore Court, Smithtown, N.Y. 11781, USA	Die Brieftaube Schönleinstr. 43, D-4300 Essen 1
Australian Birdkeeper P.O. Box 579, Coolangatta 4225, Qld., Australien	Die Gefiederte Welt Wollgrasweg 41, Postfach 70 05 61, D-7000 Stuttgart 1
Avicultural Magazine Windsor Fores Stud. Mill Ride, Ascot Bershire SL5 8LT, Großbritannien	Geflügel-Börse Industriestr. 13, Postfach 15 29, D-8034 Germering
AZ-Nachrichten Untere Au 28–30, D-7150 Backnang	Onze Vogels Postbus 74, NL-4600 AB Bergen op Zoom
Bird Keeper Prospect House, 9–13 Ewell Road, Cheam, Sutton, Surrey SM1 4QQ, Großbritannien	Papageien An der Warnau 33, D-3036 Bomlitz
Bird World P.O. Box 70, North Hollywood, CA 91603, USA	Die Voliere Kalandstr. 4, Postfach 205, D-3220 Alfeld

Zeitschriften sind weit mehr als 300 bekannt, die sich mit ornithologischen Fragestellungen z. Z. noch beschäftigen bzw. beschäftigt haben. Von längerem Bestand sind allerdings nur wenige geblieben. Die wichtigsten sind in Tab. 26.7 dargestellt. Internationale Zeitschriften sind bei den einzelnen Ornithologen-Gesellschaften und/oder in Tab. 26.4 aufgeführt. Die Listen sind nicht vollständig.

Tab. 26.7. Auswahl deutschsprachiger Periodika für Ornithologie und Vogelschutz mit Redaktionsadressen (vgl. auch Tab. 26.4).

Acta Ornithooecologica Thymianweg 25, DDR-6900 Jena	Beiträge zur Vogelkunde Am Tierpark 125, DDR-1136 Berlin
Actitis Avifaunistische Mitteilungen aus den Bezirken Leipzig, Chemnitz, Dresden Goetheallee 37, DDR-8053 Dresden	Berichte aus der Vogelwarte Hiddensee DDR-2346 Kloster, Hiddensee
Annalen für Ornithologie Suppl. der Mitteilungen aus dem Zoologischen Museum in Berlin Invalidenstr. 43, DDR-1040 Berlin	Berichte der Deutschen Sektion des Internationalen Rates für Vogelschutz Adenauerallee 150–164, D-5300 Bonn
Anzeiger der Ornithologischen Gesellschaft in Bayern Zool. Staatssammlung, Münchhausenstr. 21, D-8000 München 60	Charadrius Sonnenweg 10, D-5300 Bonn 3 Corax Eichhofstr. 12, D-2300 Kiel
Apus Beiträge zu einer Avifauna der Bezirke Halle und Magdeburg Kleiststr. 1, DDR-4020 Halle	Dendrocopos Brunnenweg 19, D-5501 Pluwig Egretta Liebhartsgasse 26/13, A-1160 Wien
Beiträge zur Naturkunde Niedersachsen Kastanienallee 13, D-1350 Peine	Der Falke Otto-Buschke-Str. 28, DDR-1080 Berlin Garmischer Vogelkundliche Berichte Gsteigstr. 43, D-8100 Garmisch-Partenkirchen

Tab. 26.7. Auswahl deutschsprachiger Periodika für Ornithologie und Vogelschutz mit Redaktionsadressen (vgl. auch Tab. 26.4).

Hamburger Avifaunistische Beiträge
Auf der Heide 55, D-2000 Hamburg 65

Jahresberichte des Uelzener Arbeitskreises für
Avifaunistik
Finkenweg 13, D-3123 Bodenteich

Jahresberichte Ornithologische Arbeitsgemeinschaft
Ostbayern
Kalmünzergasse 5, D-8400 Straubing

Journal für Ornithologie
Gsteigstr. 43, D-8100 Garmisch-Partenkirchen

Lanius
Oskar-Orth-Str. 49, D-6650 Homburg

Limicola
Zeitschrift für Feldornithologie
Thieplatz 6A, D-3410 Northeim

Lüchow-Dannenberger Ornithologische
Jahresberichte
OT Prevestorf Nr. 19, D-3131 Höhbeck

Luscinia
Am weißen Turm, D-6000 Frankfurt 60

Milvus Braunschweig
Nimesstr., D-3300 Braunschweig

Mitteilungen des Ornithologischen Vereins
Hildesheim e. V.
Kurzer Anger 8, D-3200 Hildesheim

Monticola
Pontlatzer Str. 49, A-6020 Innsbruck

Naturschutz heute
Am Hofgarten 4, D-5300 Bonn 1

Naturschutz und Ornithologie in Rheinland-Pfalz
Im Vorderen Großthal 5, D-5408 Albersweiler

Ökologie der Vögel
Auf der Schanz 23/2, D-7140 Ludwigsburg

Der Ornithologische Beobachter
Schweizerische Vogelwarte, CH-6204 Sempach

Ornithologische Jahresberichte des Museums
Heineanum
Domplatz 37, DDR-3600 Halberstadt

Ornithologische Jahreshefte Baden-Württemberg
Auf der Schanz 23/2, D-7140 Ludwigsburg

Ornithologische Mitteilungen
Schloßallee 10 a, D-6229 Schlangenbad 5

Ornithologischer Bericht für Berlin (West)
Hortensienstr. 25, D-1000 Berlin 30

Ornithologischer Rundbrief Mecklenburgs
Kopernikusstr. 35, DDR-2500 Rostock

Pica
Mitteilungen der Fachgruppe Ornithologie in Berlin
Straße der Jugend 6, DDR-1297 Zepernik

Regulus
Postfach 709, L-2017 Luxemburg

Seevögel
Norddeutsche Naturschutzakademie, Hof Möhr,
D-3043 Schneverdingen

Thüringer Ornithologische Mitteilungen
Ziegenhainer Str. 89, PF 101-23, DDR-6900 Jena

Trochilus
Blochmatt 7, D-7570 Baden-Baden 11

Verhandlungen der Ornithologischen Gesellschaft
in Bayern
Münchhausenstr. 21, D-8000 München 60

Vogel und Luftverkehr
Fröschenpfuhl 6, D-5580 Traben-Trarbach

Vogel und Umwelt
Steinauerstr. 44, D-6000 Frankfurt 61

Vogelkundliche Berichte aus Niedersachsen
Thilingstr. 38, D-3380 Goslar

Vogelkundliche Hefte Edertal
Am Griesfeld 2, D-3590 Bad Wildungen-Wega

Die Vogelwarte
Vogelwarte Radolfzell und Institut für Vogelforschung, Wilhelmshaven (Adressen s. Tab. 26.1)

Die Vogelwelt
Bergerstr. 163, D-4050 Mönchengladbach 1

Vogelschutz
Kirchenstr. 8, D-8543 Hilpoltstein

27 Vogelhaltung

Grundsätzlich lassen sich zwei unterschiedliche **Aspekte der Vogelhaltung** erkennen:

(1) Die Haltung und Zucht nicht domestizierter Arten in Gefangenschaft, bei der man »natürliche« Bedingungen so gut wie möglich nachzuahmen versucht;
(2) Haltung und Zucht domestizierter Arten als Nutz-, Haus- und Schmucktiere in einer oft entscheidend vom Menschen bestimmten Umgebung.

Beide Formen der Vogelhaltung und -zucht lassen sich nicht immer klar trennen, vor allem, wenn Zucht in Gefangenschaft über mehrere Generationen nach bestimmten Auswahlkriterien des Züchters stattgefunden hat. Aber auch ohne Manipulationen und Auswahl können sich schon nach relativ kurzer Generationenfolge in Gefangenschaft genetische Abweichungen von Wildformen als Phänotypen manifestieren.

Der Begriff **Domestikation** ist unscharf. Man versteht darunter allgemein die Haltung von Tieren unter ständiger Kontrolle des Menschen; domestizierte Tiere haben Eigenschaften entwickelt, die das Überleben in Gefangenschaft fördern und/oder dem Züchter wichtig sind. Sie werden durch Einflüsse der Umwelt und genetische Faktoren bestimmt. Die Zahl der Generationen in Gefangenschaft, die Größe der Population und der Selektionsdruck spielen für das Ausmaß domestikationsbedingter Abweichungen bei Zuchtstämmen im Vergleich zur wildlebenden Stammform eine entscheidende Rolle.

Man kann grob **drei** große **Domestikationsperioden** unterscheiden (vgl. auch Tab. 27.1): Domestikationen der früheren Zivilisationsstufen begannen in der Alten Welt wohl einige tausend Jahre v. Chr., doch offensichtlich deutlich später als die früheste Haustierhaltung bei Säugern, reichten bis ins klassische Altertum und wirkten sich auch noch über das ganze Mittelalter aus, wobei möglicherweise einige domestizierte Arten und Stämme zumindest regional ausstarben. Gegen Ende des Mittelalters und vor allem mit der Renaissance begann zumindest in Europa eine neue Periode, nicht zuletzt auch durch Einfuhr fremder Arten (z. B. Truthuhn, Moschusente usw.) bereichert. Die letzte heute noch anhaltende Domestikationsepoche begann im 19. Jh.; sie erfaßte vor allem die sog. Stubenvogelhaltung mit vielen exotischen Vögeln und die Haltung von Ziergeflügel in Volieren, Parks und auf kleinen Teichen.

Folgende Eigenschaften machen wildlebende Vogelarten für Domestikation besonders geeignet: Breites Nahrungsspektrum, breite Anpassung an unmittelbare Faktoren für die Stimulation des Gonadenwachstums (ideal z. B. opportunistische Brutvögel arider Gebiete, wie etwa Zebrafink), hohe Prägungsfähigkeit (z. B. erleichtert sexuelle Prägung die Weiterzucht von Farbmutanten), große Fruchtbarkeit und Neigung zur Bildung von Sozialverbänden eventuell mit Ausbildung von Rangordnungen; plastische Ansprüche an Habitatstrukturen. Keine dieser Vorbedingungen ist allerdings für erfolgreiche Domestikation unbedingt erforderlich.

Einige **allgemeine Merkmale** sind **domestizierten Vögeln** gemeinsam, wenn auch im Schicksal und in der Aufgliederung von Zuchtformen die einzelnen Arten sehr große Vielfalt zeigen. Teilweise auf Umweltfaktoren gehen höhere Körpermasse und vor allem größerer Fettgehalt zurück, z. T. auch Reduktion der Gehirnmasse, ferner Änderungen der Gefiederfärbung (z. B. Mangel an Karotinoiden). Physiologische Effekte der Haltung sind z. B. reduzierte Fruchtbarkeit als Folge von Streß, während andererseits die Abwesenheit von Räubern vermehrte Eiproduktion nach sich ziehen kann. Manipulation der Tageslänge durch künstliche Lichtquellen kann nicht nur die sexuelle Reifung, sondern auch die Periode der Gonadenaktivität ändern. Besonders stark wird das Verhalten durch Umwelteinflüsse beeinflußt. Allerdings sind viele Fragen dabei noch offen. Die Zahmheit verringert z. B. lokomotorische Aktivität, beeinflußt Art und Umfang des aggressiven Verhaltens oder Sexualverhaltens. Künstlich erbrüteten Jungen können z. B. Erfahrungen fehlen, etwa in der Auswahl von Nestplatz und -material.

Tab. 27.1. Hausgeflügel: Einige Daten zu den bekanntesten Beispielen; früheste Nachweise z. T. nur Schätzungen. *: viele Zuchtrassen.

Beispiel	Stammart	Herkunft	früheste Nachweise	Domestikationsgründe
Haushuhn*	Bankivahuhn	SO-Asien	3200 v. Chr. Indien	Religion (Hahnenkampf)
	Ceylonhuhn?		1400 v. Chr. China	Sport (Hahnenkampf)
	Sonnerathuhn?		1500 v. Chr. Vorderasien	Nahrung
			700 v. Chr. Griechenland	Ziergeflügel
Hausente*	Stockente	Asien	China	Nahrung
		Europa	SO-Asien	Ziergeflügel
Hausgans*	Graugans	Europa	700 v. Chr. SE-Europa	Nahrung
				„Wachhund"
Höckergans	Schwanengans	O-Asien	China	Nahrung
Truthuhn	Wildtruthuhn	Mexiko	ca. 5000 v. Chr. Mexiko	Religion
			nach 1500 England	Nahrung
Moschusente	Moschusente	Mittel- und Südamerika	500 v. Chr. Mittelamerika	Nahrung
			nach 1500 England	Ziergeflügel
Perlhuhn	Helmperlhuhn	Afrika	400 v. Chr. Rom	Nahrung
				Ziergeflügel
Haustaube*	Felsentaube	Mittelmeer	3000 v. Chr. Ägypten	Nachrichtenübermittlung
				Nahrung
				Religion
				Ziergeflügel
				Sport
Strauß	Strauß	Afrika	19. Jh. Südafrika	Federn
				Leder
Kormoran	Kormoran	Eurasien	500 n. Chr. Japan	Fischfang
			600 n. Chr. China	
Nilgans	Nilgans	Afrika	vor 2300 v. Chr. Ägypten	Religion
				Nahrung

Für die **Vererbung typischer Domestikationsmerkmale** gibt es wie bei Säugern auch bei Vögeln zahlreiche Beispiele. Die Änderung der Körpergröße und -masse kann beträchtlich sein; in der Regel sind gegenüber wildlebenden Vorfahren Großformen häufiger als Zwergformen. Bei lang gehaltenem Hausgeflügel kann ein Massenverhältnis innerhalb der Zuchtformen einer Art bis zu 1:10 erreicht werden. Auch bei einer relativ jung domestizierten Art, dem Wellensittich, kommen Formen mit der dreifachen Masse der Stammart vor. Weit verbreitet sind starke Veränderungen in den Proportionen; bestimmte Körperteile oder -anhänge sind stark vergrößert oder verkleinert. Bei Hühnern oder Enten ist z. B. oft der Flügel unterproportioniert. Bei fast allen domestizierten Arten gibt es Formen mit Federhauben oder anderem »Kopfschmuck«. Veränderungen der Körperproportionen ergeben sich häufig aus Fettanlagerungen, doch werden auch z. B. besondere Körperhaltung (steil aufrecht bei Enten, abnorme Haltung bei manchen Kanarien-Zuchtformen und Schmucktauben) herausgezüchtet (vgl. Abb. 27.1). Sehr vielfältig ist die Herauszüchtung von Farbänderungen, wobei fast alle in der Domestikation auftretenden »neuen« Farben auf Ausfälle in den Mechanismen der Pigmentsynthese zurückzuführen sind. Physiologische Unterschiede zwischen domestizierten Abkömmlingen und Individuen der Stammart sind sehr zahlreich und von ganz unterschiedlicher Komplexität. Eine große Rolle spielen vor allem Unterschiede im Plasmatiter vieler Hormone. Ein gemeinsames Merkmal vieler domestizierter Arten ist z. B. Hypersexualität, die sich in früherer Sexualreife, verlängerter Brutperiode, größerer Produktion von Eiern usw. ausdrückt. Genetisch programmierte Verhaltensänderungen sind in großer

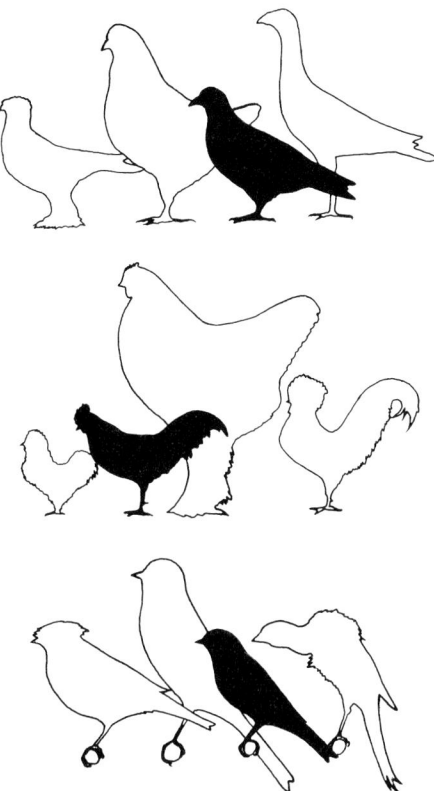

Abb. 27.1. Umriß von Wildformen (schwarz) und domestizierten Zuchtformen derselben Art. Von oben nach unten: Felsentaube, Bankivahuhn und Kanarienvogel (nach Sossinka 1982, verändert).

Vielfalt nachgewiesen; sie können Sexual- und Aggressivverhalten, Lokomotion, Schwarmverhalten, aber z. B. auch die Lautproduktion (z. B. Kanarien) umfassen.

Grob lassen sich verschiedene **Motivationen** und **Zielrichtungen** in der **Vogelhaltung** außerhalb wissenschaftlich geleiteter zoologischer Gärten unterscheiden:

(1) **Hausgeflügel** (Tab. 27.1): Domestikation fand nicht immer aus ökonomischen Gründen, sondern z. B. auch aus religiösen Vorstellungen heraus statt. Bei manchen Arten entstanden je nach den Zuchtzielen besonders stark divergierende Formen. Den in Tab. 27.1 genannten bekanntesten Arten sind zahlreiche Beispiele von haustierähnlicher Haltung vor allem von Hühnervögeln und Enten anzufügen, meist zur Aussetzung von Nachkommen für die Jagd oder als Ziergeflügel halbwild in Parks oder Volieren gehalten.

(2) **Käfigvögel:** Hierunter faßt man üblicherweise kleinere Arten (meist Singvögel oder Papageien) zusammen, die häufig als Zimmergenossen in geschlossenen Räumen gehalten werden. Die bekanntesten von ihnen sind voll domestiziert, wie Wellensittich (1840 von Australien nach Europa gebracht) und Kanarienvögel (Heimat Azoren, Madeira, Kanarische Inseln; wohl schon im 16. Jh. gehalten und gezüchtet), die wegen ihrer Zutraulichkeit und Nachahmung menschlicher Stimme bzw. als Sänger gehalten, aber auch in vielen Farbmutanten gezüchtet werden. Mit Kanarienvögeln werden auch einige europäische Finkenvögel (z. B. Stieglitz, Hänfling) gekreuzt. Eine Form der roten Kanarien ist die Folge der Hybridisierung mit dem Kapuzenzeisig. Domestiziert sind auch manche Prachtfinken, z. B. der Zebrafink (in der 2. Hälfte des 19. Jh. von Australien nach Europa gebracht), das Japanische Mövchen (seit langem Haustier in China, Stammform wahrscheinlich Spitzschwanz-Bronzemännchen) oder der Reisfink (seit langem Haustier in China). Weit verbreitet und domestiziert ist ferner der Nymphensittich.

(3) **Haltung nicht domestizierter Arten:** Die Zahl der in Gefangenschaft längere Zeit gehaltenen und nachgezüchteten Vogelarten ist groß; neue Nachzuchterfolge bei bisher nicht in Gefangenschaft gehaltenen Arten werden mit modernen Methoden und unter verbesserten Haltebedingungen auch von Privatpersonen alljährlich erzielt. Die Haltung von gefangenen Wildvögeln und wenn möglich auch deren Zucht unter Bedingungen der Gefangenschaft hat wie die Domestikation eine lange Geschichte; vor allem die Ornithologen des 18. und frühen 19. Jahrhunderts waren teilweise sehr erfahrene Vogelhalter, so daß neben der Untersuchung des geschossenen Individuums und des Balges die Beobachtung von Käfigvögeln zu einer wichtigen Erkenntnisquelle wurde. In Frage kamen in erster Linie kleinere Arten, so vor allem heimische Singvögel, unter denen viele Finken auch heute noch eine wichtige Rolle bei den Stubenvogelhaltern spielen, ferner Sänger und Grasmücken. Auch die Haltung von Exoten nahm rasch zu. 1794 wurden bereits 72 Stubenvogelarten als nach Mitteleuropa eingeführt aufgelistet, um 1870 wurden 230 beschrieben, und um 1920 enthält eine Zusammenstellung fremdländischer Stubenvögel nicht weniger als 1450 Arten, die für private Haltung interessant waren. In der neueren Entwicklung

spielen vor allem Zuchtversuche schwer zu haltender heimischer Arten und weithin unbekannter Exoten eine Rolle. Zu den auffallendsten Entwicklungen zählen z. B. die Erfolge in der Haltung von Kolibris.

Ein genereller **Trend** geht von der reinen Haltung zur Nachzucht, von der auch die weitere Belieferung eines weltweiten Marktes lebt. Zunehmende Verschärfung der Gesetze schränkt die Entnahme von Individuen aus freier Natur zu Zwecken der Haltung sowie Handel und Transport ein. Freilich werden manche Bestimmungen vor allem im internationalen Verkehr immer noch unterlaufen oder reichen nicht aus, um Bedrohungen von manchen gefährdeten Arten abzuwenden (z. B. Großpapageien). Dies hat der Vogelhaltung neuerdings manche Kritik eingetragen. Eine geglückte Nachzucht bringt ferner auch Befriedigung des Halters, der mitunter viel Zeit und Mühen investieren muß. Ähnlich wie bei begeisterten Feldornithologen ist auch die Vogelhaltung vielfach eine Amateurbeschäftigung, die frei von beruflichen oder kommerziellen Überlegungen vom persönlichen Einsatz lebt. Heute wird häufig die Nachzucht in Gefangenschaft auch als Beitrag zum Artenschutz vertreten. Bis auf wenige Fälle, z. B. seltene Fasanen und andere Arten in größeren Anlagen, läßt sich jedoch dieser Anspruch für rein private Haltung oft nicht zwingend begründen (vgl. Kap. 25). Generell ist jedoch eine zunehmende Spezialisierung privater Vogelhaltung und damit Erfolge in schwierigen Zuchtproblemen und vor allem bei Züchtern, die in Arbeitsgemeinschaften oder Förderungsprogrammen zusammengeschlossen sind, eine Tendenz vom reinen Hobby zur Wissenschaft beobachten. Für viele Vogelgruppen spielt private Haltung eine größere Rolle als Haltung und Zucht in Zoos.

Eine besondere Form der Vogelhaltung bildet die **Falknerei,** eine sehr alte Kunst, die offenbar in Ländern Asiens schon vor über 3000 Jahren ihren Anfang nahm, in Mitteleuropa erst im 20. Jahrhundert wieder auflebte. Neben Abrichtung von Greifvögeln und Falken zur Jagd spielt die Nachzucht seltener oder beliebter Arten (z. B. Wanderfalke) heute eine zunehmende Rolle. Für die Beschaffung von Greifvögeln für die Haltung kann eine solche Nachzucht von Bedeutung sein, für Wiedereinbürgerungen ist sie freilich in den meisten Fällen umstritten, vor allem wenn die Einschaltung von Populationsgenetikern und -ökologen ausbleibt. Die Überwindung tiermedizinischer und tierpflegerischer Probleme ist allein für sich noch kein Beitrag zum Artenschutz.

Besonders umstritten sind private **Vogelzoos,** die sich vor allem in Industrieländern und Urlaubsgebieten steigender Beliebtheit erfreuen, aber kommerzielle Unternehmen sind. Vor allem sog. »Falkenhöfe« und Greifvogelvorführungen, aber auch Gehegeanlagen mit bunten exotischen Arten sind nicht immer mit den Zielen des Artenschutzes vereinbar, manchmal auch nicht mit bestehenden Gesetzen. Eine kritische Auseinandersetzung mit allen Formen der Vogelhaltung ist auch im Sinne seriöser Fachverbände. Eine gelegentlich geforderte Abschaffung privater Vogelhaltung ist andererseits kaum realistisch und würde ohne Zweifel einen erheblichen Verlust an Erkenntnis und Erfahrung bedeuten. Schließlich sind auch viele grundlegenden wissenschaftlichen Untersuchungen und Artenhilfsprogramme auf die Kunst der Vogelhaltung in Gefangenschaft angewiesen. Ein Teil der bestehenden Probleme könnte wahrscheinlich durch bessere Koordination und wissenschaftliche Beratung von Zuchtprogrammen gelöst werden.

Literaturverzeichnis

Allgemeine Werke und Handbücher sind nur in Kapitel 1 des Literaturverzeichnisses zitiert. Bei sonstigen Publikationen, die in mehreren Kapiteln des Literaturverzeichnisses zitiert sind, verweisen Kapitelnummern auf das vollständige Literaturzitat. N.Y. im Verzeichnis steht für New York.

1 Allgemeine Werke und Auswahl von Handbüchern

ALI, S., & S. D. RIPLEY (1968–1974): Handbook of the Birds of India and Pakistan. London, N.Y. (mehrere Neudrucke und Neuauflagen).

BAUMEL, J. J. (1979): Nomina Anatomica Avium. London, N.Y.

BERGMANN, H.-H. (1987): Die Biologie des Vogels. Wiesbaden.

BERNDT, R., & W. MEISE (1959–1966): Naturgeschichte der Vögel. 3 Bände. Stuttgart.

BERNDT, R., & W. WINKEL (1983): Öko-ornithologisches Glossarium. Berlin.

BEZZEL, E. (1977): Ornithologie. Stuttgart.

BROWN, L. H., K. E. URBAN, S. KEITH & C. H. FRY (1982): The Birds of Africa. London, N.Y.

CAMPBELL, B., & E. LACK (1985): A Dictionary of Birds. Calton.

COOKE, F., & P. A. BUCKLEY (1987): Avian Genetics. A Population and Ecological Approach. London usw.

CRAMP, S., & K. E. L. SIMMONS u. a. (1977–): Handbook of the Birds of Europe, the Middle East and North Africa. Oxford.

ELKINS, N. (1983): Weather and Bird Behaviour. Calton.

FURNESS, R. W., & P. MONAGHAN (1987): Seabird Ecology. Glasgow, London.

GLUTZ V. BLOTZHEIM, U. N., u. a. (1966–): Handbuch der Vögel Mitteleuropas. Wiesbaden.

ILICEV, V. D., & V. E. FLINT (1985–): Handbuch der Vögel der Sowjetunion. Wiesbaden.

IMMELMANN, K. (1988): Ornithology – an interdisciplinary challenge. Acta XIX Congr. Int. Orn. Ottawa: 91–107.

KING, A. S, & J. MCLELLAND (1978): Anatomie der Vögel. Stuttgart.

KING, A. S. & D. Z. (1979): Avian morphology: general principles. In: A. S. KING & J. MCLELLAND, Form and Function in Birds 1:1–38. N.Y., London.

PERRINS, C. M., & T. R. BIRKHEAD (1983: Avian Ecology. Glasgow, London.

PALMER, R. S. (1962–): Handbook of North American Birds. New Haven, London.

PETTINGILL, O. S., Jr. (1985): Ornithology in Laboratory and Field. 5. Aufl.; N.Y., London.

PHILLIPS, J. G., P. J. BUTLER & P. J. SHARP (1985): Physiological Strategies in Avian Biology. Glasgow, London.

RICHARDS, A. J. (1980): The Birdwatcher's A–Z. London.

SCHILDMACHER, H. (1982): Einführung in die Ornithologie. Stuttgart, N.Y.

STRESEMANN, E. (1927–1934): Aves. In: W. KÜKENTHAL & Th. KRUMBACH, Handbuch der Zoologie. 7. Band, 2. Hälfte. Berlin.

STURKIE, P. D. (1986): Avian Physiology. 4. Aufl.; N.Y., Heidelberg, Berlin.

TYNE, J. van, & A. J. BERGER (1976): Fundamentals of Ornithology. N.Y., London.

WEAVER, P. (1981): The Birdwatcher's Dictionary. Calton.

YAPP, W. B. (1970): The Life and Organization of Birds. London.

2 Stütz- und Bewegungssystem

BOCK, W. J. (1974): The avian skeletomuscular system. In: D. S. FARNER, J. R. KING, K. C. PARKES, Avian Biology 4: 119–254. N.Y.

GEORGE, J. C., & A. J. BERGER (1966): Avian Myology. N.Y.

LIEM, K. F. (1977): Muscoskeletal system. In: A. G. KLUGE, Chordate structure and function. N.Y.

3 Fortbewegung

ALEXANDER, R. McN., & G. GOLDSPINKT (1977): Mechanics and Energetics of Animal Locomotion. London.

BOCK, W., & W. D. MILLER (1959): The scansorial foot of the woodpeckers, with comments on the evolution of perching and climbing feet in birds. Am. Mus. Nov. 1931: 1–45.

CHAMBERLAIN, F. W. (1943): Atlas of avian anatomy: osteology, arthrology, myology. Mich. Stat. Coll. Agr. Exp. Station Mem. Bull. 5: 1–213.

DEWAR, J. M. (1924): The Bird as a Diver. London.

FLINT, R. (1985): Biologie in Zahlen. Stuttgart, N.Y.

HARTMAN, F. A. (1961): Locomotor mechanisms of birds. Smithsonian Misc. Coll. 143: 1–91.

KOOYMAN, G. L. (1975): Behaviour and physiology of diving. In: B. STONEHOUSE, The biology of Penguins: 115–137. London.

LORENZ, K. (1965): Der Vogelflug. Pfullingen.

MEINERTZHAGEN, R. (1955): The speed and altitude of bird flight. Ibis 97: 81–117.

MEISE, W. (1968): Die Vögel. In: B. GRIZMEK, Grizmeks Tierleben 7: 17–69. Zürich.

MOYSICH, F., & H. MÜLLER (1974): Zum Tauchverhalten des Zwergsägers *(Mergus albellus)*. Alcedo 1: 73–82.

NACHTIGALL, W. (1973): Die Geschichte der Erforschung des Vogelflugs von der Renaissance bis zur Gegenwart. J. Orn. 114: 283–304.

NACHTIGALL, W. (1974): Biophysik des Tierfluges. Westd. Verlag.

NACHTIGALL, W. (1985a): Bird Flight – Vogelflug. Biona-Rep. 3. Stuttgart.

NACHTIGALL, W. (1985b): Warum die Vögel fliegen. Hamburg, Zürich.

NACHTIGALL, W. (1987): Vogelzug und Vogelflug. Hamburg, Zürich.

NACHTIGALL, W., & A. KLIMBINGAT (1985): Messung der Flügelgeometrie mit der Profilkamm-Methode und geometrische Flügelkennzeichnung einheimischer Eulen. Biona-Rep. 3: 45–86.

NORBERG, U. M. (1981): Flight, morphology and the ecological niche in some birds and bats. Symp. Zool. Soc. London 48: 173–197.

OEHME, H. (1968): Der Kraftflug der Vögel. Vogelwelt 89: 20–42.

PENNYCUICK, C. J. (1969): The mechanics of bird migration. Ibis 111: 525–556.

PENNYCUICK, C. J. (1972): Animal Flight. London.

PENNYCUICK, C. J. (1975): Mechanics of flight. In: D. S. FARNER & J. R. KING, Avian Biology 5: 1–73. N.Y.

PENNYCUICK, C. J. (1980): The soaring flight of vultures. In: Birds II/4 Scientific American: 38–45. San Francisco.

PENNYCUICK, C. J. (1989): Bird Flight Performance. Oxford, N.Y.

POOLE, E. L. (1938): Wings and wing areas in North American birds. Auk 55: 511–517.

RAIKOW, R. J. (1985): Locomotor System. In: A. S. KING & J. McLELLAND, Form and Function in Birds 3: 57–148. N.Y., London.

RAYNER, J. M. V. (1979): A new approach to animal flight mechanics. J. exp. Biol. 80: 17–54.

RAYNER, J. M. V. (1982): Avian flight energetics. Ann. Rev. Physiol. 44: 109–119.

RÜPPELL, G. (1975): Vogelflug. München. Taschenbuchausgabe 1980, Hamburg.

STOLPE, M. (1932): Physiologisch-anatomische Untersuchungen über die hintere Extremität der Vögel. J. Orn. 80: 163–247.

STORER, J. H. (1980): Bird aerodynamics. In: Birds, II/3, Scientific American: 32–37. San Francisco.

STORER, R. W. (1960): Evolution in the diving birds. Proc. XII. Int. Orn. Congr. Helsinki: 694–707.

TUCKER, V. A. (1980): The energetics of bird flight. In: Birds II/5 Scientific American: 46–53. San Francisco.

WILSON, B. W. (1980): Flight – Introduction. In: Birds II Scientific American: 24–32. San Francisco.

4 Haut- und Hautdrüsen

GLICK, B. (1983): Bursa of Fabricius. In: D. S. FARNER, J. R. KING & P. C. PARKES, Avian Biology 7: 443–490. N.Y.

JANSSEN, W. (1985): Formenvielfalt: Vogelschnäbel und Vogelfüße. Unterr. Biol. 101: 38–40.

LUCAS, A. M., & P. R. STETTENHEIM (1972): Avian Anatomy. Integument Part I and II. Washington DC.

OHMART, R. D., & R. C. LASIEWSKI (1971): Roadrunners: Energy conservation by hypothermia and absorption of sunlight. Science 172: 67–69.

SPEARMAN, R. I. C., & J. A. HARDY (1985): Integument. In: A. S. KING & J. McLELLAND, Form and Function in Birds 3:1–56. N.Y., London.

STETTENHEIM, P. (1972): The integument of birds. In: D. S. FARNER & J. R. KING, Avian Biology 2: 2–64. N.Y., London.

ZISWILER, V. (1976): Die Wirbeltiere. 2 Bde. Stuttgart.

5 Feder und Gefieder

BERGMAN, G. (1982): Why are the wings of *Larus* f. *fuscus* so dark? Ornis Fenn. 59: 77–83.

BERTHOLD, P. (1967): Über Haftfarben bei Vögeln. Rostfärbung durch Eisenoxid beim Bartgeier *(Gypaetus barbatus)* und bei anderen Arten. Zool. Jb. Syst. 93: 507–596.

BERTHOLD, P. & H. (1971): Über jahreszeitliche Änderungen der Kleingefiederquantität in Beziehung zum Winterquartier bei *Sylvia atricapilla* und *Sylvia borin*. Vogelwarte 26: 160–164.

BRODKORB, P. (1949): The number of feathers in some birds. Quart. J. Florida Acad. Sci 12: 1–5.

BRUSH, A. H. (1981): Carotenoids in wild and captive birds. In: J. C. BAUERNFEIND, Carotenoids as Colorants and Vitamin A Precursors. London, N.Y.

BUSH, N. E., & A. H. BRUSH (1979): Avian feather keratins: molecular aspects of structural heterogenity. J. exp. Zool. 210: 39–48.

DURRER, H., & W. VILLINGER (1970): Schillerfarben der Stare (Sturnidae). J. Orn. 111: 133–153.

FJELDSÅ, J. (1977): Guide to the Young of European Precocial Birds. Tisvildeleje.

FRANK, F. (1939): Die Färbung der Vogelfeder durch Pigment und Struktur. J. Orn. 87: 426–453.

HARRAP, B. S., & E. F. WOODS (1967): Species differences in the proteins of feathers. Comp. Biochem. Physiol. 20: 449–460.

KING, J. R., & M. E. MURPHY (1984): Fault bars in the feathers of White-crowned Sparrows: Dietary deficiency or stress of captivity and handling? Auk. 101: 168–169.

KIPP, F. A. (1959): Der Handflügel-Index als flugbiologisches Maß. Vogelwarte 20: 77–86.

LATZEL, G., & E. R. SCHERNER (1985): Genfrequenzen als Ausdruck der Populationsdynamik: das immutabilis-Allel bei Höckerschwänen *(Cygnus olor)* in Wolfsburg und Göttingen (Niedersachsen, BRD). Zool. Jb. Syst. 112: 537–543.

LUCAS, A. M., & P. R. STETTENHEIM (1972): s. 4.

MURPHY, M. E., & J. R. KING (1982): Amino acid composition of plumage of the White-crowned Sparrow. Condor 84: 435–438.

NECKER, R. (1985): Observations on the function of a slowly adapting mechanoreceptor associated with filo plumes in the feathered skin of pigeons J. comp. Physiol. A 156: 391–394.

NITZSCH, C. L. (1840): System der Pterylographie. Halle.

O'DONALD, P. (1983): The Arctic Skua, a Study of the Ecology and Evolution of a Seabird. Cambridge.

PORTMANN, A. (1984): Vom Wunder des Vogellebens. München.

ROCKWELL, R. F., & F. COOKE (1977): Gene flow and local adaption on a colonially nesting dimorphic bird: the Lesser Snow Goose. Amer. Nat. 111: 91–97.

RUTSCHKE, E. (1966): Die submikroskopische Struktur schillernder Federn von Entenvögeln. Z. Zellforsch. Mikrosk. Anatom. 73: 432–443.

RUTSCHKE, E. (1966): Untersuchungen über die Feinstruktur des Schaftes der Vogelfeder. Zool. Jb. Syst. 93: 223–288.

SAGE, B. L. (1962): Albinism and melanism in birds. Brit. Birds 55: 201–225.

SCHERNER, E. R. (1984): Die immutabilis-Mutante als Grundlage populationsgenetischer Untersuchungen am Höckerschwan *(Cygnus olor)*. Ökol. Vögel 6: 175–183.

SPEARMAN, R. I. C., & J. A. HARDY (1985): s. 4.

STEGMANN, B. (1962): Die verkümmerte distale Handschwinge des Vogelflügels. J. Orn. 103: 50–83.

STEPHAN, B. (1970): Eutaxie, Diastaxie und andere Probleme der Befiederung des Vogelflügels. Mitt. Zool. Mus. Berlin 46: 339–437.

STETTENHEIM, P. (1972): s. 4.

STETTENHEIM, P. (1974): The bristles of birds. Living Bird 12: 201–234.

STIEFEL, A. (1985): Wachstumsstreifen und Hungerstreifen der Federn. In: H. BUB, Kennzeichen und Mauser europäischer Singvögel. N. Brehm-Büch. 570: 43–55. Wittenberg-Lutherstadt.

SVENSSON, L. (1984): Identification Guide to European Passerines. 3. Aufl. Stockholm.

THIEL, H. (1968): Die Porphyrine der Vogelfeder: Untersuchungen über ihre Herkunft und Einlagerung. Zool. Jb. Syst. 95: 147–188.

TURCEK, F. J. (1966): On plumage quantity in birds. Ekol. Polska 14: 617–632.

VOITKEVITCH, A. A. (1966): The Feathers and Plumage of Birds. London.

VÖLKER, O. (1960): Die Farbstoffe im Gefieder der Vögel. Fortschr. Chemie Org. Naturstoffe 18: 117–122.

WETMORE, A. (1936): The number of contour feathers in passeriform and related birds. Auk 53: 159–169.

6 Mauser und Gefiederfolge

AMADON, D. (1966): Avian plumage and molts. Condor 68: 263–278.

BUB, H. (1985): Kennzeichen und Mauser europäischer Singvögel. Allgemeiner Teil. N. Brehm-Büch. 570. Wittenberg-Lutherstadt.

BUSSE, P. (1984): Key to sexing and ageing of European Passerines. Beitr. Nat.kde. Nieders. 37, Sonderheft.

DOLNIK, V. R., & V. M. GAVRILOV (1979): Bioenergetics of molt in the Chaffinch *Fringilla coelebs.* Auk 96: 253–264.

GINN, H. B., & D. S. MELVILLE (1983): Moult in Birds. BTO Guide No. 19. Tring.

HUMPHREY, P. S., & K. C. PARKES (1959): An approach to the study of molts and plumages. Auk 76: 1–31.

KASPAREK, M. (1981): Die Mauser der Singvögel Europas – ein Feldführer. DDA-Schriften, Lengede.

NOORDHUIS, R. (1989): Patronen in slagpenrui: oecologische aanpassingen. Limosa 62: 35–45.

PALMER, R. S. (1972): Patterns of molting. In: D. S. FARNER & J. R. KING, Avian Biology 2: 65–102. N.Y.

PAYNE, R. B. (1972): Mechanism and control of molt. In: D. S. FARNER & J. R. KING, Avian Biology 2:103–155. N.Y.

STRESEMANN, E. (1919): Nachtrag zu Terminologie der Gefiederwandlungen. Anz. orn. Ges. Bayern 1: 12–13.

STRESEMANN, E. (1963): The nomenclature of plumages and molts. Auk 80: 1–8.

STRESEMANN, E. & V. (1966): Die Mauser der Vögel. J. Orn. Sonderheft.

WINKLER, R., & L. JENNI (1987): Weitere Indizien für »sektorale« Handschwingenmauser bei jungen Singvögeln. J. Orn. 128: 243–246.

7 Kreislaufsystem und Blut

ABDALLA, M. A. (1989): The blood supply to the lung. In: A. S. KING & J. MCLELLAND, Form and Function in Birds 4: 281–306. London, N.Y.

AKESTER, A. K. (1971a): The blood. In: D.J. BELL & B. M. FEEMAN, Physiology and Biochemistry of Domestic Fowl. Vol. 2. N.Y., London.

AKESTER, A. K. (1971b): The heart. In: D. J. BELL & B. M. FREEMAN, Physiology and Biochemistry of Domestic Fowl. Vol. 2. N.Y., London.

CALDER, W. (1968): Respiratory and heart rates of birds at rest. Condor 70: 358–365.

HARTMAN, F. A. (1955): Heart weights in birds. Condor 57: 221–238.

HIEBL, I., & G. BRAUNITZER (1988): Anpassungen der Hämoglobine von Streifengans (Anser indicus), Andengans (Chloephaga melanoptera) und Sperbergeier (Gyps rueppellii) an hypoxische Bedingungen. J. Orn. 129: 217–226.

JONES, D. R. & K. JOHANSEN (1972): The blood vascular system of birds. In: D. S. FARNER & J. R. KING, Avian Biology 2: 158–285.

KOLB, E. (1980): Lehrbuch der Physiologie der Haustiere. Stuttgart.

LUCAS, A. M., & C. JAMROZ (1961): Atlas of Avian Haematology. U.S. Dept. Agric. Mon. 25. Washington D.C.

8 Atmungssystem

DUNCKER, H.-R. (1971): The lung air sac system of birds. Ergebn. Anat. Entwicklungsgesch. 45, 6: 1–171.

DUNCKER, H.-R. (1974): Structure of the avian respiratory tract. Respir. Physiol. 22: 1–19.

GLEESON, M., & V. MOLONY (1989): Control of breathing. In: A. S. KING & J. MCLELLAND, Form and Function in Birds 4: 439–484. London, N.Y.

LASIEWSKY, R. C. (1972): Respiratory function in birds. In: D. S. FARNER & J. R. KING, Avian Biology 2: 287–342. N.Y.

MAINA, J. N. (1989): The morphometry of the avian lung. In: A. S. KING & J. MCLELLAND, Form and Function in Birds 4: 307–368. London, N.Y.

MCLELLAND, J. (1989): Anatomy of the lungs and air sacs. In: A. S. KING & J. MCLELLAND, Form and Function in Birds 4: 221–280. London, N.Y.

PERRY, S. F. (1989): Mainstreams in the evolution of vertebrate respiratory structures. In: A. S. KING & J. MCLELLAND, Form and Function in Birds 4: 1–68. London, N.Y.

PIIPER, J. (1978): Respiratory Function in Birds, Adult and Embryonic. Berlin.

POWELL, F. I., & P. SCHEID (1989): Physiology of gas exchange in the avian respiratory system. In: A. S. KING & J. MCLELLAND, Form and Function in Birds 4: 393–438. London, N.Y.

PRINZINGER, R., & S. JACKEL (1986): Energy metabolism, respiration frequency and O_2-consumption per breathing act in 11 different sunbird species during day and night. Experientia 42: 1002–1003.

SCHEID, P., & J. PIIPER (1972): Cross-current gas exchange in avian lungs: Effects of reversed parabronchial air flow in ducks. Respir. Physiol. 16: 304–312.

SCHEID, P. (1982): Respiration and control of breathing. In: D. S. FARNER & J. R. KING, Avian Biology 6: 405–453. N.Y.

SCHEID, P., & J. PIIPER (1989): Respiratory mechanics and air flow in birds. In: A. S. KING & J. MCLELLAND, Form and Function in Birds 4: 369–392. London, N.Y.

9 Hormone

BALTHAZART, J. (1983): Hormonal correlates of behavior. In: D. S. FARNER, J. R. KING & P. C. PARKES, Avian Biology 7: 221–365. N.Y.

BINKLEY, S. (1980): Functions of the pineal gland. In: A. EPPLE & M. H. STETSON, Avian Endocrinology: 53–74. N.Y., London.

CRAPO, L. (1986): Hormone. Die chemischen Boten des Körpers. Heidelberg.

FOLLET, B. K., S. ISHII & A. CHANDOLA (1985): The Endocrine System and the Environment. Berlin, Heidelberg.

GLICK, B. (1980): The Thymus and Bursa of Fabricius: Endocrine organs. In: A. EPPLE & M. H. STETSON, Avian Endocrinology: 209–229. N.Y., London.

HARTWIG, H.-G. (1980): The structure of the pineal gland. In: A. EPPLE & M. H. STETSON, Avian Endocrinology: 33–51. N.Y., London.

HAZELWOOD, R. L. (1980): The avian gastro-enteric-pancreatic system: Structure and function. In: A. EPPLE & M. H. STETSON, Avian Endocrinology: 231–250. N.Y., London.

HERTELENDY, F. (1980): Prostaglandins in avian endocrinology. In: A. EPPLE & M. H. STETSON, Avian Endocrinology: 455–480. N.Y., London.

JOHNSON, A. L., & A. van TIENHOVEN (1980): Plasma concentrations of six steroids and LH during the ovulatory cycle of the hen, Gallus domesticus. Biol. Reprod. 23: 386.

MENAKER, M., & A. OKSCHE (1974): The avian pineal organ. In: D. S. FARNER & J. R. KING, Avian Biology 4: 80–114. N.Y.

SCANES, C. G., & S. HARVEY (1981): Growth hormone and prolactin in avian species. London.

10 Nervensystem

BENNET, T. (1974): Peripheral and autonomic nervous systems. In: D. S. FARNER & J. R. KING, Avian Biology 4: 1–78. N.Y.

BREAZILE, J. E., & H.-G. HARTWIG (1989): Central nervous system. In: A. S. KING & J. MCLELLAND, Form and Function in Birds 4: 485–486. London, N.Y.

BUBIEN-WALUSZEWKSA, A. (1985): Somatic peripheral nerves. In: A. S. KING & J. MCLELLAND, Form and Function in Birds 3: 149–193. London, N.Y.

DE GENNARO, L. D. (1982): The glycogen body. In: D. S. FARNER, J. R. KING & K. C. PARKES, Avian Biology 6: 341–371. N.Y.

GOODMAN, I. J., & M. W. SCHEIN (1974): Birds Brain and Behavior. N.Y., London.

11 Sinnesorgane

BERKHOUDT, H. (1980): The morphology and distribution of cutaneous mechanoreceptors (Herbst and Grandry corpuscles) in bill and tongue of the Mallard (*Anas platyrhynchos* L.). Neth. J. Zool. 30: 1–34.

BERKHOUDT, H. (1985): Structure and function of avian taste receptors. In: A. S. KING & J. McLELLAND, Form and Function in Birds 3: 463–496. London, N.Y.

KONISHI, M. (1974): Hearing and vocalization in songbirds. In: GOODMAN & SCHEIN, Birds, Brain and Behavior: 77–86. N.Y., London.

KONISHI, M., & E. I. KNUDSEN (1979): The Oilbird: Hearing and navigation. Science 204: 425–427.

MEYER, D. B. (1977): The avian eye and its adaptations. In: CRESCITELLI, Handbook of Sensory Physiology; The Visual System in Vertebrates VII/5: 549–611. Heidelberg, Berlin.

RUBEL, E. (1978): Comparative morphology and physiology of vestibular system. In: KORNHUBER, Handbook of Sensory Physiology VI/1: 75–120. Heidelberg, Berlin.

RUBEL, E. W. (1978): Ontogeny of structure and function in the vertebrate auditory system. In: JACOBSON, Handbook of Sensory Physiology IX/5: 135–238. Heidelberg, Berlin.

SAITO, N. (1980): Structure and function of the avian ear. In: POPPER & FAY, Comparative Studies of Hearing and Vertebrates: 241–322. Heidelberg, Berlin.

SALES, G. D., & J. D. PYE (1974): Ultrasonic Communication by Animals. London.

SAXOD, R. (1978): Development of cutaneous sensory receptors in birds. In: JACOBSON, Handbook of Sensory Physiology IX/8: 337–418. Heidelberg, Berlin.

WENZEL, B. M. (1971): Olfaction in birds. In: BEIDLER, Handbook of Sensory Physiology, Chemical Senses IV/1: 432–448. Heidelberg, Berlin.

WILTSCHKO, W. & R. (1988): s. 20.

12 Ernährung und Verdauung

AECKERLEIN, W. (1986): Die Ernährung des Vogels. Stuttgart.

ASCHENBRENNER, H. (1985): Rauhfußhühner – Lebensweise, Zucht, Krankheiten, Ausbürgerung. Hannover.

JACOB, J. (1982): Stomach oils. In: D. S. FARNER, J. R. KING & K. C. PARKES, Avian Biology 6: 325–340. N.Y.

KOLB, E. (1980): s. 7.

PETERS, R. H. (1986): The Ecological Implications of Body Size. Cambridge.

SCHMIDT-NIELSEN, H. (1984): Why is Animal Size so Important. Cambridge.

SNOW, B., & D. (1988): Birds and Berries. Calton.

WILSON, M. F. (1986): Avian frugivory and seed dispersal in eastern North America. In: R. F. JOHNSTON, Current Ornithology 3: 223–279. N.Y.

ZISWILER, V., & D. S. FARNER (1972): Digestion and digestive system. In: D. S. FARNER J. R. KING, Avian Biology 2: 343–430. N.Y.

13 Exkretion

BRAUN, E. J. (1980): Renal osmoregulation. In: A. EPPLE, & M. H. STETSON, Avian Endocrinology: 499–516. N.Y., London.

PEAKER, M., & J. L. LINZELL (1975): Salt Glands in Birds and Reptiles. Cambridge.

PHILLIPS, J. G., & S. HARVEY (1980): Salt glands in birds. In: A. EPPLE & M. H. STETSON, Avian Endocrinology: 517–532. N.Y., London.

SCHMIDT-NIELSEN, K., & R. FÄNGE (1958): The function of the salt gland in the Brown Pelican. Auk. 75: 282.

SHOEMAKER, V. H. (1972): Osmoregulation and excretion in birds. In: D. S. FARNER & J. R. KING, Avian Biology 2: 527–574. N.Y.

SKADHAUGE, E. (1980): Intestinal osmoregulation. In: A. EPPLE & M. H. STETSON, Avian Endocrinology: 481–490. N.Y., London.

SKADHAUGE, E. (1981): Osmoregulation in Birds. Heidelberg.

14 Energiehaushalt und Temperaturregulation

ASCHOFF, J., & H. POHL (1970): Der Ruheumsatz von Vögeln als Funktion der Tageszeit und der Körpergröße. J. Orn. 111: 38–47.

ASCHOFF, J. (1981): Thermal conductance in mammals and birds: its dependence on body size and circadian phase. Comp. Biochem. Physiol. 69: 611–619.

BLEM, Ch. R. (1980): The energetics of migration. In: S. A. GAUTHREAUX, Animal Migration, Orientation, and Navigation: 175–224. N.Y., London.

BRAFIELD, A. E., & M. J. LLEWLLYN (1982): Animal Energetics. Glasgow, London.

CASTRO, G., N. STOYAN & J. P. MYERS (1989): Assimilation efficiency in birds: A function of taxon or food type. Comp. Biochem. Physiol. 92A: 271–278.

COSSINS, A. R., & K. BOWLER (1987): Temperature Biology of Animals. London, N.Y.

DAWSON, F. R., & J. W. HUDSON (1970): Birds. In: G. C. WHITTOW, Comparative Physiology of Thermoregulation. Vol. 1: 223–310. N.Y., London.

FEUERBACHER, I. (1981): Der Einfluß von Testosteron auf die Regulation der Körpertemperatur und des Energiestoffwechsels bei der Wachtel *(Coturnix coturnix japonica)*. Diss. Univ. Tübingen.

HÜPPOP, O. (1987): Der Einfluß von Wachstum, Thermoregulation und Verhalten auf den Energiehaushalt der Silbermöwe *(Larus argentatus,* Pontoppiddan, 1763). Diss. Univ. Hamburg.

IRVING, L. (1972): Arctic Life of Birds and Manuals. Berlin, Heidelberg, N.Y.

KENDEIGH, S. G. (1972): Monthly variations in the energy budget of the Hause Sparrows throughout the year. In: S. G. KENDEIGH & J. PINOWSKI, Population Dynamics and Systematics of Granivorous Birds. Warschau.

KLEIBER, M. (1967): Der Energiehaushalt von Mensch und Haustier. Berlin, Hamburg.

LASIEWSKI, R. C., & G. SNYDER (1969): Responses to high temperature in nestling Double-crested and Pelagic Comorants. Auk. 86: 529–540.

LENNERSTEDT, I. (1975): Seasonal variation in foot papillae of Wood Pigeon, Pheasant and House Sparrow. Comp. Biochem. Physiol. 51A: 511–520.

PAYNTER, R. A. (1974): Avian Energetics. Publ. Nuttall Orn. Club 15. Cambridge, Mass.

PRECHT, H., J. CHRISTOPHERSEN & H. HENSEL (1955): Temperatur und Leben. Berlin, Göttingen, Heidelberg.

PRINZINGER, R. (1976): Temperatur- und Stoffwechselregulation der Dohle *Corvus monedula*, L., Rabenkrähe *Corvus corone corone*, L., und Elster *Pica pica*, L.; Corvidae. Anz. orn. Ges. Bayern 15: 1–47.

PRINZINGER, R., K. HUND & H. MAISCH (1979): Untersuchungen zum Gasstoffwechsel des Vogelembryos: I. Stoffwechselbedingter Gewichtsverlust, Gewichtskorrelation, tägliche Steigerungsrate und relative Gesamtenergieproduktion. Zool. Jb. Physiol. 83: 180–191.

PRINZINGER, R., R. GÖPPEL, A. LORENZ & E. KULZER (1981): Body temperature and metabolism in the Red-backed Mousebird *(Colinus castanotus)* during fasting and torpor. Comp. Biochem. Physiol. 69 A: 689–692.

PRINZINGER, R., K. KRÜGER & K.-L. SCHUCHMANN (1981): Metabolism-weight relationship in 17 hummingbird species at different temperatures during day and night. Experientia 37: 1307–1308.

PRINZINGER, R., & S. JACKEL (1986): Energy metabolism, respiration frequency and O$_2$-consumption per breathing act in 11 different sunbird species during day and night. Experientia 42: 1002–1003.

PRINZINGER, R., I. LÜBBEN & S. JACKEL (1986): Vergleichende Untersuchungen zum Energiestoffwechsel bei Kolibris und Nektarvögeln. J. Orn. 127: 303–313.

PRINZINGER, R., I. LÜBBEN & K.-L. SCHUCHMANN (1989): Energy metabolism and body temperature in 13 sunbird species (Nectariniidae). Comp. Biochem. Physiol. 92 A: 393–402.

PRINZINGER, R. (1989): The energy costs of life stages in birds. In: W. WIESER & E. Gnaiger. Energy Transformation in Cells and Organisms. 123–129. Stuttgart.

ROBINSON, D. E., G. S. CAMPBELL & J. R. KING (1976): An evaluation of heat exchange in small birds. J. comp. Physiol. 105: 153–166.

SCHMIDT-NIELSEN, K. (1964): Desert Animals. Oxford.

WEST, G. C. (1972): Seasonal differences in resting metabolic rate of Alaskan Ptarmigan. Comp. biochem. Physiol. 42A: 867–876.

WHITTOW, G. C. (1970): Comparative Physiology of Thermoregulation. N.Y., London.

15 Verhalten

BLUME, D. (1967): Ausdrucksformen unserer Vögel. N. Brehm-Büch. 342. Wittenberg-Lutherstadt.

IMMELMANN, K. (1982): Wörterbuch der Verhaltensforschung. Hamburg–Berlin.

IMMELMANN, K. (1983): Einführung in die Verhaltensforschung. 3. Aufl. Hamburg–Berlin.

KREBS, J. R., & N. B. DAVIES (1984): Behavioural Ecology. 4. Aufl. Oxford, London.

LORENZ, K., & U. v. ST. PAUL (1968): Die Entwicklung des Spießens und Klemmens bei den drei Würgerarten *Lanius collurio, L. senator* und *L. excubitor*. J. Orn. 109: 137–156.

MILLER, E. H. (1983): Description of bird behaviour for comparative purposes. In: R. F. JOHNSTON, Current Ornithology 5: 347–394. N.Y., London.

MUNN, C. A. (1985): Permanent canopy and understory flocks in Amazonia: species composition and population density. Orn. Monogr. 36: 683–712.

NELSON, B. J. (1978): The Sulidae, Gannets and Boobies. Oxford.

SIMMONS, K. E. L. (1986): The Sunning Behaviour of Birds. Bristol.

SKUTCH, A. F. (1976): Parent birds and their young. Austin, London.

STIEFEL, A. (1976): Ruhe und Schlaf bei Vögeln. N. Brehm-Büch. 487. Wittenberg-Lutherstadt.

16 Lautäußerungen

BERGMANN, H.-H., & H.-W. HELB (1982): Stimmen der Vögel Europas. München.

BERGMANN, H.-H., & H.-W. HELB (1987): Vogelstimmenkunde: Auch Vögel haben Dialekte. Voliere 10: 129–160.

BRACKENBURY, J. H. (1989): Functions of the syrinx and the control of sound production. In: A. S. KING & J. McLELLAND, Form and Function in Birds 4: 193–220. London, N.Y.

CATCHPOLE, C. K. (1979): Vocal Communication in Birds. London.

CATCHPOLE, C. K. (1980): Sexual selection and the evolution of complex songs among European warblers of the Genus *Acrocephalus*. Behaviour 74: 149–166.

DOWSETT-LEMAIRE, F. (1979): The imitation range of the song of the Marsh Warbler *Acrocephalus palustris*, with special reference to imitations of African birds. Ibis 121: 453–468.

GAUNT, A. S., & A. L. L. GAUNT (1985): Syringeal Structure and Avian Phonation. In: R. F. JOHNSTON, Current Ornithology 2: 213–245. N.Y., London.

HELB, H.-W., F. DOWSETT-LEMAIRE, H.-H. BERGMANN & K. CONRADS (1985): Mixed singing in European songbirds – a review. Z. Tierpsychol. 69: 27–41.

KING, A. S. (1989): Functional anatomy of the Syrinx. In: A. S. KING & J. McLELLAND, Form and Function in Birds 4: 105–192. London, N.Y.

KROODSMA, D. E., & E. H. MILLER (1983): Acoustic Communication in Birds. N.Y.

NOTTEBOHM, F. (1975): Vocal Behavior in Birds. In: D. S. FARNER, J. R. KING & K. C. PARKES, Avian Biology 5: 289–332. N.Y.

PAYNE, R. B. (1986): Bird songs and avian systematics. In: R. F. JOHNSTON, Current Ornithology 3: 87–126. N.Y., London.

THIELCKE, G. (1970): Die sozialen Funktionen der Vogelstimmen. Vogelwarte 25: 204–229.

WICKLER, W. (1986): Dialekte im Tierreich. Schr. R. Westf. Wilhelms-Univ. Münster n.F. 6: 1–84.

17 Fortpflanzung

BEIER, J. (1981): Untersuchungen an Drossel- und Teichrohrsänger *Acrocephalus arundinaceus, A. scirpaceus;* Bestandsentwicklung, Brutbiologie, Ökologie. J. Orn. 122: 209–310.

BEZZEL, E. (1969): Die Tafelente N. Brehm-Büch. 405. Wittenberg-Lutherstadt.

BEZZEL, E., & E. v. KROSIGK (1971): Zum Ablauf des Brutgeschäfts bei Enten. J. Orn. 112: 411–437.

BIEBACH, H. (1979): Energetik des Brütens beim Star *(Sturnus vulgaris)*. J. Orn. 120: 121–138.

BROWN, J. L. (1987): Helping and communal breeding in birds. Ecology and Evolution. Princeton.

CALDER, W. A. (1984): Size, Function, and Life History. Cambridge/Mass.

COLLIAS, N. E. & E. C. (1984): Nest building and bird behavior. Princeton.

DALLMANN, M. (1987): Der Zaunkönig. N. Brehm-Büch. 577. Wittenberg-Lutherstadt.

DRENT, R. (1975): Incubation. In: D. S. FARNER, J. R. KING & K. C. PARKES, Avian Biology 5: 333–420. N.Y.

FIUCZYNSKI, D. (1987): Der Baumfalke. N. Brehm-Büch. 575. Wittenberg-Lutherstadt.

GLÜCK, E. (1983): Nistökologische Sonderung mitteleuropäischer Fringillidenarten im Biotop Streuobstwiese. J. Orn. 124: 369–392.

GOODFELLOW, P. (1977): Birds as builders. London.

GOWATY, P. A., & D. W. MOCK (1985): Avian monogamy. Orn. Monogr. 37, Washington D.C.

GRANT, G. S. (1982): Avian incubation: egg temperature, nest humidity, and behavioural thermoregulation in a hot environment. Orn. Monogr. 20. Washington D.C.

HOI, H., & H. WINKLER (1988): Feinddruck auf Schilfbrüter: Eine experimentelle Untersuchung. J. Orn. 129: 439–447.

IMMELMANN, K. (1971): Ecological aspects of periodic reproduction. In: D. S. FARNER & J. R. KING, Avian Biology 1: 342–389. N.Y.

LACK, D. (1968): Ecological Adaptions for Breeding in Birds. London.

LOFTS, B., & R. K. MURTON (1973): Reproduction in birds. In: D. S. FARNER & J. R. KING, Avian Biology 3: 1–109. N.Y.

MAKATSCH, W. (1967): Kein Ei gleicht dem anderen. Radebeul.

MOLLER, A. P. (1986): Mating systems among European passerines: a review. Ibis 128: 234–250.

MURPHY, E. C., & E. HAUKIJOJA (1986): Clutch size in nidicolous birds. In: R. F. JOHNSTON, Current Ornithology 4: 141–180. N.Y., London.

MURTON, R. K., & N. J. WESTWOOD (1977): Avian Breeding Cycles. Oxford.

NORDWIJK, A. J. van, J. H. van BALEN & W. SCHARLOO (1980): Heretability of ecologically important traits in the Great Tit. Ardea 68: 193–203.

ORING, L. W. (1982): Avian mating systems. In: D. S. FARNER, J. R. KING & K. C. PARKES, Avian Biology 6: 1–92. N.Y.

ORING, L. W. (1986): Avian polyandry. In: R. F. JOHNSTON, Current Ornithology 3: 309–351. N.Y., London.

O'CONNOR, R. (1984): The Growth and Development of Birds. Chichester, N.Y.

PAYNE, R. B. (1984): Sexual selection, lek and arena behavior, and sexual size dimorphism in birds. Orn. Monogr. 33. Washington D.C.

PERRINS, C. M. (1970): The timing of bird's breeding seasons. Ibis 112: 242–255.

PIIPER, J. (1978): s. 8.

RAHN, H. A., & Ch. V. PAGANELLI (1988a): Frequency distribution of egg mass of passerine and non-passerine birds based on Schönwetter's tables. J. Orn. 129: 236–239.

RAHN, H. A., & Ch. V. PAGANELLI (1988b): Length, breadth, and elongation of avian eggs from the tables of Schönwetter. J. Orn. 129: 366–369.

RAHN, H. A., & Ch. V. PAGANELLI (1989): Shell mass, thickness and density of avian eggs derived from the tables of Schönwetter. J. Orn. 130: 59–68.

ROMANOFF, A. L. & A. J. (1949): The Avian Egg. N.Y.

ROWAN, M. K. (1983): The doves, parrots, louries, and cuckoos of southern Africa. Cape Town.

SCHMID, W., & T. JAICH (1988): Untersuchungen an einer Population der Gebirgsstelze *(Motacilla cinerea)* in Nordwürttemberg. Vogelwelt 109: 69–85.

SCHÖNWETTER, (1960–1986): Handbuch der Oologie. 4 Bde. Berlin.

SEYMOUR, R. S. (1984): Respiration and Metabolism of Embryonic Vertebrates. Doordrecht, Boston.

SIMMONS, R. (1988): Offspring quality and the evolution of cainism. Ibis 130: 339–357.

SKUTCH, A. F. (1976): s. 15.

SKUTCH, A. (1986): Helpers at bird's nests. Iowa City.

STEPHAN, B. (1985): Die Amsel. N. Brehm-Büch. 95. Wittenberg-Lutherstadt.

THALER, E. (1976): Nest und Nestbau vom Winter- und Sommergoldhähnchen *(Regulus regulus* und *R. ignicapillus).* J. Orn. 117: 121–144.

WINKLER, D. W., & J. R. WALTERS (1983): The determination of clutch size in precocial birds. In: R. F. JOHNSTON, Current Ornithology 1: 33–68. N.S., London.

YOM-TOV, Y. (1980): Intraspecific nest parasitism in birds. Biol. Rev. 55: 93–108.

18 Entwicklung

BEZZEL, E (1985): Kompendium der Vögel Mitteleuropas. Band 1: Non-Passeriformes. Wiesbaden

BROWN, A. F. A. (1988): Kunstbrut. Handbuch für Züchter. Alfeld-Hannover.

CLAPP, R. R., M. K. KLIMKIEWICZ & A. G. FUTCHER (1982–1990): Longevity records of North American birds. J. Field. Orn. 53: 81–124; 54: 123–137; 58: 318–333; 60: 469–494.

DRENT, R. H. (1973): The natural history of incubation. In: D. S. FARNER, Breeding Biology of Birds: 262–311. Washington D.C.

DUNN, E. H. (1975): The timing of endothermy in the development of altricial birds. Condor 77: 288–293.

FIORONI, P. (1987): Allgemeine und vergleichende Embryologie der Tiere. Berlin, Heidelberg.

LINDSTEDT, S. L., & W. A. CALDER (1976): Body size and longevity in birds. Condor 78: 91–94.

LINDSTEDT, S. L., & W. A. CALDER (1981): Body size, physiological time, and longevity of homeothermic animals. Quart. Rev. Biol. 56: 1–16.

O'CONNOR, R. (1984): s. 17.

PATTEN, B. M. (1948): The early embryology of the chick. Philadelphia, Toronto.

PRINZINGER, R. (1979): Lebensalter und relative Gesamtenergieproduktion beim Vogel. J. Orn. 120: 103–105.

RAHN, H., & A. AR (1974): The avian egg: incubation time and water loss. Condor 76: 147–152.

RICKLEFS, R. E. (1968): Patterns of growth in birds. Ibis 110: 419–451.

RICKLEFS, R. E. (1984): Avian postnatal development. In: D. S. FARNER, J. R. KING & K. C. Parkes, Avian Biology 7: 2–84. N.Y.

RYDZEWSKI, W. (1978, 1979): The longevity of ringed birds. Ring 96/97: 218–262; 99: 8.

19 Populationsbiologie

BEZZEL, E. (1982): Vögel in der Kulturlandschaft. Stuttgart.

BRANDL, R. (1988): Warum brüten einige Vogelarten in Kolonien? Verh. orn. Ges. Bayern 24: 347–410.

COLLAR, N. J., & P. ANDREW (1988): Birds to watch. The ICPB-Checklist of Threatened Birds. Cambridge.

COULSON, J. C. (1972): The significance of the pairbond in the Kittiwake. Proc. XVInt. Orn. Congr., Leiden: 424–433.

HINDE, R. A. (1956): The biological significance of the territories of birds. Ibis 98: 340–369.

KHARITONOV, S. P., & D. SIEGEL-CAUSEY (1988): Colony formation in seabirds. In: R. J. JOHNSTON, Current Ornithology 5: 223–272. N.Y., London.

NEWTON, I. (1986): The Sparrowhawk. Calton.

Orn. Arb.gem. Bodensee (1983): Die Vögel des Bodenseegebiets. Konstanz.

PAYNE, R. B. (1984): s. 17.

PROKOSCH, P. (1984): Population, Jahresrhythmus und traditionelle Nahrungsplatzbindung der Dunkelbäuchigen Ringelgans *(Branta bernicla hrota,* L. 1758) im Nordfriesischen Wattenmeer. Ökol. Vögel 4: 1–99.

PULLIAM, H., & G. C. MILLIKAN (1982): Social organization in the nonreproductive season. In: D. S. FARNER, J. R. KING & K. C. PARKES, Avian Biology 6: 169–198. N.Y.

REICHHOLF, J. (1984): Über die Funktion des Reviers beim Höckerschwan *Cygnus olor.* Verh. orn. Ges. Bayern 24: 125–136.

RICKLEFS, R. E. (1973): Fecundity, mortality and avian demography. In: D. S. FARNER, Breeding biology of birds: 366–435. N.Y.

RICKLEFS, R. E. (1983): Comparative avian demography. In: R. F. JOHNSTON, Current Ornithology 1: 1–32. N.Y., London.

SCHERNER, E. R. (1981): Die Flächengröße als Fehlerquelle bei Brutvogelbestandsaufnahmen. Ökol. Vögel 3: 145–175.

SCHÖPF, H., & D. HASHMI (1987): Brutbestand des Graureihers *(Ardea cinerea)* in Bayern 1986. Garmischer vogelkdl. Ber. 16: 15–21.

SHIELDS, G. F., & K. M. HELM-BRYCHOWSKI (1988): Mitochondrial DNA of Birds. In: R. F. JOHNSTON, Current Ornithology 5: 273–295. N.Y., London.

SOVON (1987): Atlas van de Nederlandse Vogels. Arnhem.

TEIXEIRA, R. M. (1974): Atlas van de Nederlandse Broedvogels. s'Graveland.

WITTENBERGER, J. F., & G. L. HUNT (1985): The adaptive significance of coloniality in birds. In: D. S. FARNER, J. R. KING, K. C. PARKES, Avian Biology 8: 1–78. N.Y.

20 Wanderungen

ALERSTAM, T., & G. HOGSTADT (1982): Bird migration and reproduction in relation to habitat for survival and breeding. Orn. Scand. 13: 25–37.

BAIRLEIN, F. (1985): Offene Fragen der Erforschung des Zuges paläarktischer Vogelarten nach Afrika. Vogelwarte 33: 144–155.

BAKER, R. R. (1978): The Evolutionary Ecology of Animal Migration. Sevenoaks.

BAUER, H.-G. (1987): Geburtsortstreue und Streuungsverhalten junger Singvögel. Vogelwarte 34: 15–32.

BERNIS, F., & J. L. TELLERIA (1980, 1981): La Migracion de las Aves en el Estreche de Gibraltar. 2 Bde. Madrid.

BERTHOLD, P. (1982): Endogene Grundlagen der Jahresperiodik von Standvögeln und wenig ausgeprägten Zugvögeln. J. Orn. 123: 1–17.

BERTHOLD, P. (1984 a): The control of partial migration in birds: a review. Ring 120: 254–265.

BERTHOLD, P. (1984 b): The endogenous control of bird migration: survey of experimental evidence. Birds Study 31: 19–27.

BERTHOLD, P. (1988): The control of migration in European warblers. Acta XIX Congr. Int. Orn. Ottawa: 215–249.

BERTHOLD, P., G. MOHR, & H. QUERNER (1990): Steuerung und potentielle Evolutionsgeschwindigkeit des obligaten Teilzieherverhaltens: Ergebnisse eines Zweiweg-Selektionsexperiments mit der Mönchsgrasmücke *(Sylvia atricapilla)* J. Orn. 131: 33–45.

BERTHOLD, P., & H. QUERNER (1981): Genetic basis of migratory behavior in European warblers. Science 212: 77–79.

BERTHOLD, P., & H. QUERNER (1988): Was Zugunruhe wirklich ist – eine quantitative Bestimmung mit Hilfe von Video-Aufnahmen bei Infrarotbeleuchtung. J. Orn. 129: 372–375.

BEZZEL, E., & D. HASHMI (1989): Dynamik binnenländischer Rastbestände von Schwimmvögeln: Indextrends von Stockente, Reiherente und Bläßhuhn *(Anas platyrhynchos, Aythya fuligula, Fulica atra)* in Südbayern. J. Orn. 130: 35–48.

BIEBACH, H., W. FRIEDRICH & G. HEINE (1986): Interaction of bodymass, fast, foraging and stopover period in trans-sahara migrating passerine birds. Oecologia 69: 370–379.

BIJLSMA, R. G. (1981): The migration of raptors near Suez, Egypt, autumn 1981. Sandgrouse 5: 19–44.

BLOCH, R., B. BRUDERER & P. STEINER (1981): Flugverhalten nächtlich ziehender Vögel – Radardaten über den Zug verschiedener Vogeltypen auf einem Alpenpaß. Vogelwarte 31: 119–149.

BRUDERER, B. (1977): Beitrag der Radar-Ornithologie zu Fragen der Orientierung, der Zugphysiologie und der Umweltabhängigkeit des Vogelzuges. Vogelwarte 29: 83–91.

BRUDERER, B. (1982): Do migrating birds fly along straight lines? In: F. PAPI & H. G. WALLRAFF, Avian Navigation: 3–14. Berlin.

BUB, H. (1983): Ornithologische Beringungsstationen in Europa. DDA-Schriftenreihe, Lengede.

BUB, H., & H. OELKE (1987): Markierungsmethoden für Vögel. N. Brehm-Büch. 535. Wittenberg-Lutherstadt.

CHRISTENSEN, S., O. LOU, M. MÜLLER & H. WOHLMUTH (1981): The spring migration of raptors in southeastern Israel and Sinai. Sandgrouse 3: 1–42.

COX, G. W. (1985): The evolution of avian migration systems between temperate and tropical regions of the New World. Am. Nat. 126: 451–474.

CURRY-LINDAHL, K. (1982): Das große Buch vom Vogelzug. Hamburg–Berlin.

DIJK, A. van u.a. (1986): Wintering waders and waterfowl in the Gulf of Gabés, Tunisie, January-March 1984. WIWO rep. No. 11. Zeist.

EDELSTAM, C. (1972): The visible migration of birds at Ottenby, Sweden. Vår Fågelvärld, Suppl. 7. Stockholm.

FLIEGE, G. (1984): Das Zugverhalten des Stars *(Sturnus vulgaris)* in Europa: Eine Analyse der Ringfunde. J. Orn. 125: 393–446.

GATTER, W., & M. BEHRNDT (1985): Unterschiedliche tageszeitliche Zugmuster alter und junger Vögel am Beispiel der Rauchschwalbe *(Hirundo rustica)*. Vogelwarte 33: 115–120.

GAUTHREAUX, S. A. (1980): Animal Migration, Orientation and Navigation. N.Y.

GAUTHREAUX, S. A. (1982): The ecology and evolution of avian migration systems. In: D. S. FARNER, J. R. KING & K. C. PARKES. Avian Biology 6: 93–168. N.Y.

GREENBERG, R. (1986): Competition in migrant birds in the nonbreeding season. In: R. F. JOHNSTON, Current Ornithology 3: 281–307. N.Y., London.

GWINNER, E. (1986): Circannual Rhythms. Göttingen, Berlin.

HELBIG, A., W. WILTSCHKO & V. LASKE (1986): Optimal use of the wind by Mediterranean migrants. Ric. Biol. Selv. Suppl. (Bologna) 10: 169–187.

HILGERLOH, G. (1981): Die Wetterabhängigkeit von Zugintensität, Zughöhe und Richtungsstreuung bei tagziehenden Vögeln im Schweizerischen Mittelland. Orn. Beob. 78: 245–263.

HILGERLOH, G. (1985): Zugmuster von Kurz- und Weitstreckenziehern in der »Algaida« von Sanlucar de Barrameda in Südspanien. Vogelwarte 33: 69–76.

JELLMANN, J. (1977): Radarbeobachtungen zum Frühjahrszug über Nordwestdeutschland und die südliche Nordsee im April und Mai 1971. Vogelwarte 29: 135–149.

JENNI, L. (1987): Mass concentrations of Bramblings *Fringilla montifringilla* in Europe 1900–1983: Their dependence upon beech mast and the effect of snow-cover. Orn. Scand. 18: 84–94.

JENNI, L. (1984): Herbstzugmuster von Vögeln auf dem Col de Bretolet unter besonderer Berücksichtigung nachbrutzeitlicher Bewegungen. Orn. Beob. 81: 183–213.

JOHNSGARD, P. A. (1975): Waterfowl of North America. Bloomington & London.

KETTERSON, E. D., & V. NOLAN (1983): The evolution of differential birds migration. In: R. F. JOHNSTON, Current Ornithology 1: 357–402. N.Y., London.

LARSON, D. L., & C. E. BOCK (1986): Eruptions of some North American boreal seed-eating birds, 1901–1980. Ibis 128: 137–140.

McCLURE, E. (1984): Bird Banding. Pacific Grove, CA.

MØLLER, A. P. (1981): The migration of European Sandwich Terns *Sterna s. sandvicensis*. Vogelwarte 31: 74–94; 149–168.

MOORE, F. R. (1987): Moonlight and the migratory orientation of Savannah Sparrows *(Passerculus sandvichensis)*. Ethology 75: 155–162.

MOREAU, R. E. (1972): The Palearctic-African Bird Migration Systems. London & N.Y.

NACHTIGALL, W. (1987): s. 3.

NEWTON, I. (1979): Population Ecology of Raptors. Berkhamsted, Calton.

PORTER, R. F. (1983): The autumn migration of Passerines and near-Passerines at the Bosphorus, Turkey. Sandgrouse 5: 45–74.

RAMOS, M. A. (1989): Eco-evolutionary aspects of bird movements in the northern Neotropical Region. Acta XIX Congr. Int. Orn. Ottawa: 251–293.

ROUX, F., & G. JARRY (1984): Numbers, composition and distribution of populations of Anatidae wintering in West Africa. Wildfowl 35: 48–66.

RÜGER, A., C. PRENTICE & M. OWEN (1987): Ergebnisse der Internationalen Wasservogelzählung des Internationalen Büros für Wasservogelforschung (IWRB) von 1967–1983. Seevögel 8, Sonderheft.

SCHMIDT-KOENIG, K. (1979): Avian Orientation and Navigation. London, N.Y.

SCHMIDT-KOENIG, K. (1980): Das Rätsel Vogelzug. Hamburg.

SCHMIDT-KOENIG, K. (1985): Hypothesen und Argumente zum Navigationssystem der Vögel. J. Orn. 126: 237–252.

SCHÜZ, E. (1971): Grundriß der Vogelzugskunde. Berlin–Hamburg.

ULFSTRAND, S., G. ROOS, T. ALERSTAM & L. ÖSTERDAHL (1974): Visible Bird Migration at Falsterbo, Sweden. Vår Fågelvärld Suppl. 4. Lund.

VAUGHN, C. R. (1985): Birds and insects as radar targets: a review. Proc. of the IEEE 73: 206–227.

WALCOTT, C., & A. J. LEDNER (1983): Bird navigation. In: A. H. BRUSCH & G. A. CLARK, Perspectives in Ornithology: 513–548. Cambridge, London, N.Y.

WILTSCHKO, W. u. a. (1987): The development of the star compass in Garden Warblers, *Sylvia borin* Ethology 74: 285–292.

WILTSCHKO, W. & R. (1988): Die Orientierung von Zugvögeln: Magnetfeld und Himmelsfaktoren wirken zusammen. J. Orn. 129: 265–286.

WILTSCHKO, W. & R. (1988): Magnetic orientation in birds. In: R. F. JOHNSTON, Current Ornithology 5: 67–121. N.-Y., London.

ZINK, G. (1973–1985): Der Zug europäischer Singvögel. Ein Atlas der Wiederfunde beringter Vögel. 4 Lieferungen. Möggingen bzw. Wiesbaden.

ZINK, G. (1977): Richtungsänderungen auf dem Zug bei europäischen Singvögeln. Vogelwarte 29, Sonderheft: 44–54.

ZUUR, B. (1984): Nearest neighbour distances in day and night migrating birds. A study using stereophotography. Vogelwarte 32: 206–218.

21 Fossilgeschichte und Evolution

BEAUMONT, G. de (1973): Guide des vertébrés fossiles. Neuchâtel.

BEER, G. R. de (1954): *Archaeopteryx lithographica*. A Study based upon the British Museum Specimen. London.

BRODKORB, P. (1963, 1964, 1967, 1971, 1978): Catalogue of Birds. Part 1–5. Bull. Florida St. Mus. Bio. Sci. 7: 179–293; 8: 195–335; 11: 99–220; 15: 163–266; 23: 139–228.

BRODKORB, P. (1971): Origin and evolution in birds. In: D. S. FARNER & J. R. KING, Avian Biology 1: 20–55. N.Y.

COLBERT, E. H. (1969): Evolution of the Vertebrates. N.Y.

DELACOUR, J., & D. AMADON (1973): Currasows and Related Birds. N.Y.

FEDUCCIA, A. (1984): Es begann am Jura-Meer. Hildesheim.

GALTON, P. M. (1970): Ornithischian dinosaurs and the origin of birds. Evolution 24: 448–462.

HAUBITZ, B., M. PROKOP, W. DÖHRING, J. H. OSTROM & P. WELLNHOFER (1988): Computed tomography of *Archaeopteryx*. Paleobiology 14: 206–213.

HECHT, M. K., J. H. OSTROM, G. VIOHL & P. WELLNHOFER (1985): The Beginnings of Birds. Proceedings of the International Archaeopteryx Conference Eichstätt 1984. Eichstätt.

HEILMANN, G. (1926): The Origin of Birds. London.

MAYR, F. X. (1973): Ein neuer *Archaeopteryx*-Fund. Paläonthologica 47: 17–24.

OLSON, S. L. (1985): The fossil records of birds. In: D. S. FARNER, J. R. KING & K. C. PARKES, Avian Biology 8: 79–238. N.Y.

OSTROM, J. H. (1974): *Archaeopteryx* and the origin of flight. Quart. Rev. Biol. 49: 27–47.

PARKES, K. C. (1966): Speculations on the origin of feathers. Living Bird 5: 77–86.

STEEL, R., & H. HAUBOLD (1979): Die Dinosaurier. N. Brehm-Büch. 432. Wittenberg-Lutherstadt.

STEPHAN, B. (1974): Urvögel. N. Brehm-Büch. 465. Wittenberg-Lutherstadt.

WOLTERS, H. E. (1980): Die Vogelarten der Erde. Hamburg.

22 Klassifikation

CLEMENTS, J. F. (1974): Birds of the World: A Checklist. N.Y.

CORBIN, K. W. (1983): Genetic structure and avian systematics. In: R. F. JOHNSTON, Current Ornithology 1: 211–244. N.Y., London.

CRACRAFT, J. (1983): Species concept and speciation analysis. In: R. F. JOHNSTON, Current Ornithology 1: 159–188. N.Y., London.

ECK, S. (1985): Geographische Variation. In: H. BUB, Kennzeichen und Mauser europäischer Singvögel. Allg. Teil: 7–12. N. Brehm-Büch. 570. Wittenberg-Lutherstadt.

GOODERS, J. (1985): Birds. An illustrated survey of the Bird Families of the World. London.

GRUSON, E. S. (1976): A Checklist of the Birds of the World. London.

HOWARD, R., & A. MOORE (1980): A complete checklist of the Birds of the World. Oxford.

MAYR, E. (1975): Grundlagen der Zoologischen Systematik. Hamburg, Berlin.

MAYR, E., & F. VUILLEUMIER (1983): New species of birds described from 1966 to 1975. J. Orn. 124: 217–232.

MAYR, E. (1982): Of what use are subspecies? Auk 99: 593–595.

MONROE, B. L. (1982): A modern concept of the subspecies. Auk 99: 608–609.

PETERS, J. L. u. a. (1931–1986): Check-list of Birds of the World. 15 Bde. Cambridge, Mass.

RAIKOW, R. J. (1985): Problems in avian classification. In: R. F. JOHNSTON, Current Ornithology 2: 187–212. N.Y., London.

SIBLEY, Ch., & J. E. AHLQUIST (1983): Phylogeny and classification of birds based on the data of DNA-DNA-hybridisation. In: J. F. JOHNSTON, Current Ornithology 1: 245–292. N.Y., London.

SIBLEY, Ch., & J. E. AHLQUIST (1986): Der DNA-Stammbaum der Vögel. Spektrum d. Wiss. H. 5: 96–107.

SIBLEY, Ch., J. E. AHLQUIST & B. L. MONROE Jr. (1988): A classification of the living birds of the world based on DNA-DNA hybridization studies. Auk 105: 409–423.

SNEATH, P. H. A., & R. R. Sokal (1973): Numerical Taxonomy. San Francisco.

WALTERS, M. (1980): The Complete Birds of the World. Newton, Abbot.

WETMORE, A. (1960): A classification of the birds of the world. Smiths. Misc. Coll. 119: 1–37.

WOLTERS, H. E. (1980): s. 21.

WOLTERS, H. E. (1983): Die Vögel Europas im System der Vögel. Baden-Baden.

23 Verbreitung

BANSE, G., & E. BEZZEL (1984): Artenzahl und Flächengröße am Beispiel der Brutvögel Mitteleuropas. J. Orn. 125: 291–305.

BEZZEL, E. (1977): Verbreitungsmuster von Zwillingsarten am Nordrand der Bayerischen Alpen. Verh. orn. Ges. Bayern 23: 1–18.

BEZZEL, E. (1982): s. 19.

BLAKERS, M., S. J. DAVIES, P. N. REILLY (1984): The atlas of Australian birds. Melbourne.

BLONDEL, J. (1986): Biogéographie evolutive. Paris.

CODY, M. L. (1974): Competition and the structure of bird communities. Princeton.

CODY, M. L. (1985): Habitat selection in birds. N.Y., London.

HAFFER, J. (1988): Vögel Amazoniens: Ökologie, Brutbiologie und Artenreichtum. J. Orn. 129: 1–53.

HALL, B. P., & R. E. MOREAU (1970): An Atlas of Speciation in African Passerine Birds. London.

HARRISON, C. (1982): An Atlas of the Birds of the Western Palearctic. London.

LONG, J. L. (1981): Introduced Birds of the World. London.

MACARTHUR, R. H., & E. O. WILSON (1967): The theory of island biogeography. Princeton.

MARTIN, T. E. (1983): Competition in breeding birds: on the importance of considering processes at the level of the individual. In: R. F. JOHNSTON, Current Ornithology 4: 181–210. N.Y., London.

Orn. Arb.gem. Bodensee (1983): s. 19.

SIMBERLOFF, D. (1983): Biogeography: the unification and maturation of a science. In: A. H. BRUSH & G. A. CLARK, Perspectives in Ornithology: 441–455. N.Y.

SOVON (1987): s. 19.

VOOUS, K. H. (1962): Die Vogelwelt Europas und ihre Verbreitung. Hamburg, Berlin.

VUILLEUMIER, F. (1975): Zoogeography. In: D. S. FARNER, J. R. KING, Avian Biology 1: 421–496. N.Y.

WIENS, J. A. (1983): Avian community ecology: an iconoclastic view. In: A. H. BRUSH & G. A. CLARK, Perspectives in Ornithology: 355–403. N.Y.

24 Parasiten und Krankheiten

ARNALL, L., & I. F. KEYMER (1975): Bird diseases. London.

BORCHERT, A. (1952): Endoparasiten des Geflügels. Leipzig.

CONRAD, B. (1977): Die Giftbelastung der Vogelwelt Deutschlands. Greven.

ELLENBERG, H. (1981): Greifvögel und Pestizide. Ökol. d. Vögel 3, Sonderheft.

GYLSTORFF, J., & D. F. GRIMME (1987): Vogelkrankheiten. Stuttgart.

HAAS, D. (1980): Gefährdung unserer Großvögel durch Stromschlag – eine Dokumentation. Ökol. d. Vögel 2, Sonderheft: 7–57.

HARRIGAN, K. E. (1981): Parasitic diseases of birds. Proc. Refresh. Course f. Veteren.: 337–365. Sydney.

HEIJNS, R. (1980): Vogeltod durch Drahtanflüge bei Hochspannungsleitungen. Ökol. d. Vögel 2, Sonderheft: 111–129.

LOOS-FRANK, B. (1971): Zur Trematodenfauna der Silbermöwe (Larus argentatus) an der südlichen Nordsee. Vogelwarte 26: 202–212.

OSCHE, G. (1966): Die Welt der Parasiten. Berlin, Heidelberg.

PETRAK, M. L. (1982): Diseases of Cage and Aviary Birds. Philadelphia.

PRINZINGER, G. & R. (1980): Pestizide und Brutbiologie der Vögel. Greven.

RADFORD, C. D. (1958): The host-parasite relationship of the feather mites (Acarina: Analgesoidea). Rev. Brasil. Ent. 8: 107–170.

RATCLIFFE, H. L. (1933): Incidence and nature of tumors in captive wild mammals and birds. Amer. J. Cancer 17:116–135.

RAUSCH, R. L. (1983): The biology of avian parasites: Helminths. In: D. S. FARNER, J. R. KING & P. C. PARKES, Avian Biology 7: 367–442. N.Y.

ZEDLER, W. (1962): Narkose der Vögel. Kleintierpraxis 7: 99–103.

HEIJNS, R. (1980): s. 24.

HÖLZINGER, J. (1987): Die Vögel Baden-Württembergs. Band 1: Gefährdung und Schutz. Stuttgart.

KING, W. B. (1979): Red Data Book. Bd. 2 Aves. Morges.

LUTHER, D. (1986): Die ausgestorbenen Vögel der Erde. 3. Aufl., N. Brehm-Büch. 424. Wittenberg-Lutherstadt.

MOORS, P. J. (1985): Conservation of Island Birds. ICBP Tech. Publ. 3, Cambridge.

MORRISON, M. L. (1986): Bird populations as indicators of environmental change. In: R. F. JOHNSTON, Current Ornithology 3: 429–451. N.Y., London.

NEWTON, I., & R. D. CHANCELLOR (1985): Conservation Studies on Raptors. ICBP Tech. Publ. 5, Cambridge.

PENDELTON, B. A., B. A. MILLSAP, K. W. CLINE, D. M. BIRD (1987): Raptor Management Techniques Manual. Washington D.C.

RISEBROUGH, R. W. (1986): Pesticides and bird populations. In: R. F. JOHNSTON, Current Ornithology 3: 397–427; N.Y., London.

SCHREIBER, R. L., A. W. DIAMOND, H. STERN & G. THIELCKE (1987): Rettet die Vogelwelt. Ravensburg.

TEMPLE, S. A. (1986): The problem of avian extinctions. In: R. F. JOHNSTON, Current Ornithology 3: 453–485. N.Y., London.

25 Vogelschutz

BERTHOLD, P., G. FLIEGE, U. QUERNER & H. WINKLER (1986): Die Bestandsentwicklung von Kleinvögeln in Mitteleuropa: Analyse von Fangzahlen. J. Orn. 127: 397–437.

BERTHOLD, P., U. QUERNER & H. WINKLER (1987): Vogelschutz: 100 Jahre lang bis in die »roten Zahlen« – ein neues Konzept ist unerläßlich. Natur u. Landschaft 63: 5–8.

BEZZEL, E. (1982): s. 19.

BLAB, J. (1986): Grundlagen des Biotopschutzes für Tiere. 2. Aufl. Greven.

COLLAR, N. J., & P. ANDREW (1986): s. 19.

CROXALL, J.P., P. G. H. EVANS & R. W. SCHREIBER (1984): Status and Conservation of the World's Seabirds. ICBP Tech. Publ. 2, Cambridge.

DIAMOND, A. W., & T. E. LOVEJOY (1985): Conservation of Tropical Forest Birds. ICBP Tech. Publ. 4, Cambridge.

EPPLE, W. (1988): Das Braunkehlchen – Jahresvogel 1987 – im Brennpunkt der Extensivierungsdebatte in der Landwirtschaft. Beih. Veröff. Naturschutz Landschaftspflege Bad.-Württ. 51: 15–31.

GREENWAY, J. G. (1967): Extinct and Vanishing Birds of the World. N.Y.

GRIMMET, R. F. A. (1989): Important Bird Areas in Europe. ICBP Tech. Publ. 9, Cambridge.

HAAS, D. (1980): s. 24.

26 Ornithologie als biologische Wissenschaft

BARTHELMESS, A. (1981): Vögel – lebendige Umwelt. Freiburg, München.

BEZZEL, E. (1980): Ornithological advances in Western Europe during the last 50 years. Bull. Brit. Orn. Club 100: 47–50.

BEZZEL, E. (1984): 125 Bände »Journal für Ornithologie« J. Orn. 125: 381–391; Nachdruck 129, Sonderh.: 43–54.

BEZZEL, E. (1988): Die Versammlungen deutscher Ornithologen 1845–1987: Ein Streifzug durch die Geschichte der Deutschen Ornithologen-Gesellschaft. J. Orn. 129, Sonderh.: 2–21.

BRASSELER, H. (1987): Bibliographie ornithologischer Bibliographien. Cour. Forsch.-Inst. Senckenberg 99.

BRASSELER, H., & F. W. BEKIERZ (1984): Bibliographie ornithologischer Bibliographien. Cour. Forsch.-Inst. Senckenberg 72.

GÄTKE, H. (1900): Die Vogelwarte Helgoland. 2. Aufl. Reprint Helgoland 1988.

GEBHARDT, L. (1964): Die Ornithologen Mitteleuropas. Gießen; Nachträge: Sonderhefte J. Orn., Band 111, 1970; 115, 1974; 121, 1980.

GESNER, K. (1669): Vollkommenes Vogelbuch. Reprint Düsseldorf 1981.

HAEMMERLEIN, H.-D. (1985): Der Sohn des Vogelpastors. Berlin (Ost).

HEINROTH, K. (1971): Oskar Heinroth. Stuttgart.

HEINROTH, O., & K. LORENZ (1988): Wozu aber hat das Vieh diesen Schnabel? Briefe aus der frühen Verhaltensforschung 1930–1940. München, Zürich.

MEARNS, B. & R. (1988): Biographies for Birdwatchers. London, N.Y. usw.

NACHTIGALL, W. (1973): S. 3.

NISSEN, C. (1953): Die illustrierten Vogelbücher, ihre Geschichte und Bibliographie. Stuttgart.

OUELLET, H. (1988): Ornithology in Canada from the beginning to 1950. Acta XIX Congr. Int. Orn. Ottawa: 109–123.

PERNAU, A. F. v. (1702): Unterricht was mit dem lieblichen Geschöpff denen Vögeln. Reprint Coburg 1982.

STRESEMANN, E. (1951): Die Entwicklung der Ornithologie von Aristoteles bis zur Gegenwart. Aachen.

THIEDE, W. (1989): Die lokalen ornithologischen Fachzeitschriften und Vereine in Großbritannien. Orn. Mitt. 41: 125–128.

THIELCKE, G. (1988): Neue Befunde bestätigen Baron Pernaus (1660–1731) Angaben über Lautäußerungen des Buchfinken *(Fringilla coelebs)*. J. Orn. 129: 55–70.

VAUK, G. (1977): Geschichte der Vogelwarte und der Vogelforschung auf der Insel Helgoland. Otterndorf.

27 Vogelhaltung

BAARS, W. (1981): Insektenfresser. Stuttgart.

BIELFELD, H. (1981): Zeisig, Kardinäle und andere Finkenvögel. Stuttgart.

BROWN, A. F. A. (1988): S. 18.

COLES, R. H. (1988): Innere Medizin und Chirurgie bei Vögeln. Stuttgart.

DATHE, H. (1986): Handbuch des Vogelliebhabers. 3 Bände. Wiesbaden.

EBERT, U. (1984): Vogelkrankheiten. Hannover.

FRIEDERICH, U., & W. VOLLAND (1981): Futtertierzucht. Lebendfutter für Vivarientiere. Stuttgart.

GABRISCH, K., & P. ZWART (1985): Krankheiten der Heimtiere. Hannover.

HAHN, U. (1987): Vogelkrankheiten. Hannover.

HOPPE, D. (1981): Amazonen. Stuttgart.

KOLAR, K., & K. H. SPITZER (1982): Großsittiche. Stuttgart.

KOLBE, H. (1984): Die Entenvögel der Welt. 3. Aufl. Melsungen.

LANTERMANN, S. & W. (1986): Die Papageien Mittel- und Südamerikas. Hannover.

NEUNZIG, K. (1921): Die fremdländischen Stubenvögel. Nachdr. 1965, Amsterdam.

PETRAK, M. L. (1982): S. 24.

RAETHEL, H. S. (1980): Wildtauben. Stuttgart.

RAETHEL, H. S. (1988): Hühnervögel der Welt. Melsungen.

ROBILLER, F. (1986): Lexikon der Vogelhaltung. Hannover.

SOSSINKA, R. (1982): Domestication in Birds. In: D. S. FARNER, J. R. KING & K. C. PARKES, Avian Biology 6: 373–405. N.Y.

WOODFORD, M. H. (1960): A Manual of Falconry. London.

Verzeichnis der Vogelnamen

Aufgeführt sind die im Text verwendeten deutschen Art- und Gattungsnamen (ausnahmsweise Unterarten) sowie lateinische Gattungsbezeichnungen. † = fossile Arten bzw. Gattungen.
Übrige Namen siehe Sachregister.

Aaskrähe *Corvus corone* 53, 399
Abbot-Tölpel *Sula abbotti* 304
Abdimstorch *Ciconia abdimii* 232
Abendkernbeißer *Coccothraustes vespertinus* 113, 220, 268, 347, 379
Acapulco-Blaurabe *Cyanocorax sanblasiana* 295
Acrocephalus 272
Adler *Aquila* 55, 332, 381, 491
Adlerbussard *Buteo vulpinus* 380
Adlerschnabel *Eutoxeres aquila* 65
Aepyornis † 281
Aepyornis maximus † 424, 482
Affenadler *Pithecophaga jefferyi* 488
Afrikanerkuckuck *Cuculus gularis* 301
Agapornis 257
Akazienzaunkönig *Thryothorus pleurostictus* 296
Albatros *Diomedea* 50, 51, 52, 55
Alcedo 67
Alectroenas roderica (Rodriguezfruchttaube) 483
Alexornis † 421
Alpenbraunelle *Prunella collaris* 295
Alpendohle *Pyrrhocorax graculus* 51
Alpenkrähe *Pyrrhocorax pyrrhocorax* 448
Alpenschneehuhn *Lagopus mutus* 92, 252, 454, 509
Alpensegler *Apus melba* 325, 347, 398
Alpenstrandläufer *Calidris alpina* 59, 293, 347, 395, 399
Ambiortus † 421
Amerikanerkrähe *Corvus brachyrhynchos* 156, 220, 221, 296, 347
Amerikanische Pfeifente *Anas americana* 196
Amerikanischer Goldregenpfeifer *Pluvialis dominica* 60, 230, 389, 394
Amethystkolibri *Calliphlox amethystina* 58
Ammomanes 86
Amsel *Turdus merula* 55, 58, 82, 83, 89, 153, 155, 191, 197, 213, 214, 234, 270, 272, 276, 277, 302, 306, 307, 311, 320, 330, 344, 347, 350, 352, 354, 360, 362, 378, 383, 409
Amurfalke *Falco amurensis* 60
Anas 346, 358
Andagalornis † 60
Andengans *Chloephaga melanoptera* 60, 103
Andenstärling *Oreopsar bolivianus* 295
Ani *Crotophaga* 261
Annakolibri *Selasphorus anna* 220
Anthus 455
Aphanapteryx leguati (Leguatralle) 482
Aphanapteryx bonasia (Mauritiusralle) 482
Aptornis † 60
Arakanga *Ara macao* 346
Archaeopteryx † 15, 142, 415–419, 423
Ardea 455

Argusnachtschwalbe *Eurostopodus guttatus* 215
Arielfregattvogel *Fregata ariel* 347
Athene murivora 483
Atitlantaucher *Podilymbus gigas* 60
Atlantisia elpenor (Olsonralle) 482
Atlantisia rogersi 26, 60
Aucklandsäger *Mergus australis* 482
Auerhuhn *Tetrao urogallus* 35, 53, 73, 155, 292, 358, 450, 480, 488
Austernfischer *Haematopus ostralegus* 59, 195, 343, 347, 360, 395
Australkleiber *Neositta chrysoptera* 295, 312
Aythya 346, 358
Aztekenmöwe *Larus atricilla* 229

Bachstelze *Motacilla alba* 94, 350, 354, 355, 398
Bankivahuhn *Gallus gallus* 66, 514, 515
Baptornis † 21, 60
Bartgeier *Gypaetus barbatus* 59, 84, 194, 213, 380, 490
Bartmeise *Panurus biarmicus* 379
Baßtölpel *Sula bassana* 53, 59, 158, 347, 360, 362, 397
Baumammer *Spizella arborea* 231, 344
Baumfalke *Falco subbuteo* 59, 192, 196, 321, 350
Baumhopf *Phoeniculus purpureus* 295
Baumläufer *Certhia* 36, 37, 263
Baumpieper *Anthus trivialis* 80, 278, 350, 459
Baumwachtel *Colinus virginianus* 177, 229, 341
Bayaweber *Ploceus philippinus* 312
Beifußhuhn *Centrocercus urophasianus* 177, 178, 292
Bekassine *Gallinago* 81, 86
Bekassine *Gallinago gallinago* 182, 269, 344, 347, 350
Beo *Gracula religiosa* 278
Bergente *Aytha marila* 43
Bergfink *Fringilla montifringilla* 84, 229, 352, 355, 377, 378, 379, 405, 449
Berghänfling *Carduelis flavirostris* 291
Berglaubsänger *Phylloscopus bonelli* 377
Bergregenpfeifer *Charadrius montanus* 294
Bermudasturmvogel *Pterodroma cahow* 317, 351
Beutelmeise *Remiz pendulinus* 308, 312, 317, 318, 390, 450
Beutelsäbler *Pomatostomus isidorei* 295
Bienenfresser *Merops apiaster* 194, 234, 295, 450
Bindenfregattvogel *Fregata minor* 55, 347
Bindenkreuzschnabel *Loxia leucoptera* 379
Bindenlaufhühnchen *Turnis suscitator* 344
Bindentaucher *Podilymbus podiceps* 77
Bindenzaunkönig *Campylorhynchus fasciatus* 295
Birkentyrann *Empidonax flaviventris* 98
Birkenzeisig *Carduelis flammea* 214, 221, 231, 238, 308, 379, 450
Birkhuhn *Tetrao tetrix* 73, 178, 226, 231, 232, 267, 292, 352, 358, 488, 491

Bläßgans *Anser albifrons* 347
Bläßhuhn *Fulica* 58
Bläßhuhn *Fulica atra* 34, 39, 41, 43, 58, 64, 66, 67, 101, 160, 182, 196, 232, 257, 262, 307, 330, 347, 350, 394
Blatthühnchen *Jacana* 66
Blaubrust-Staffelschwanz *Malurus pulcherrimus* 295
Blaubrustpipra *Chiroxiphia caudata* 292
Blauelster *Cyanopica cyana* 295, 445, 509
Blaufußtölpel *Sula nebouxii* 44, 250, 320
Blauhäher *Cyanocitta cristata* 77, 98, 220, 347
Blaukehlchen *Luscinia svecica* 509
Blaukehlkolibri *Lepidopyga caeruleogularis* 96, 98
Blaukehlnymphe *Lampornis clemenciae* 226
Blaumeise *Parus caeruleus* 53, 59, 159, 270, 276, 309, 313, 332, 341, 350, 352, 362, 389, 456
Blaunacken-Mausvogel *Urocolius macrourus* 37, 101, 213, 233, 295, 344
Blaunacken-Paradiesvogel *Parotia lawesii* 292
Blauracke *Coracias garrulus* 488
Blaustirn-Blatthühnchen *Actophilornis africanus* 293
Blondschopfspecht *Celeus flavescens* 176
Blutschnabelweber *Quelea quelea* 308, 310, 355, 405
Blutspecht *Dendrocopos syriacus* 450
Bobolink *Dolichonyx oryzivorus* 231, 296, 405
Bonindrossel *Zoothera terrestris* 483
Boninfink *Chaunoproctus ferreirostris* 484
Bonintaube *Alsocomus versicolor* 482
Borneobronzemännchen *Lonchura fuscans* 213, 232
Borstenrabe *Corvus rhipidurus* 341
Brachpieper *Anthus campestris* 274, 275
Brachvogel *Numenius* 191
Brandgans *Tadorna tadorna* 59, 93, 210, 297, 394, 402
Brandseeschwalbe *Sterna sandvicensis* 403
Brauensäbler *Pomatostomus superciliosus* 295, 347
Brauenzaunkönig *Campylorhynchus griseus* 295
Braunbauch-Baumrutscher *Climacteris melanura* 295
Braunhäher *Psilorhinus morio* 295
Braunhonigfresser *Lichmera indistincta* 214
Braunkehl-Nektarvogel *Anthreptes malacensis* 347
Braunkehlchen *Saxicola rubetra* 278, 350, 391, 459, 488
Braunkopf-Honigfresser *Melithreptes brevirostris* 296
Braunkopf-Kuhstärling *Molothrus ater* 77, 226, 300, 347
Braunkopfkleiber *Sitta pusilla* 295
Braunkopfsittich *Cyanoramphus ulietanus* 483
Braunkopfyuhina *Yuhina brunneiceps* 295
Braunkuhstärling *Molothrus badius* 296, 300

Braunpelikan *Pelecanus occidentalis* 44, 247, 248, 253
Braunstirnwürger *Prionops scopifrons* 295
Brauntölpel *Sula leucogaster* 347
Brautente *Aix sponsa* 314, 341, 347
Brieftaube s. Haustaube
Brillenmausvogel *Urocolius indicus* 295
Brillenpinguin *Spheniscus demersus* 153, 156
Brillenscharbe *Phalacrocroax perspicillatus* 482
Brillenwürger *Prionops plumata* 295
Brontornis † 60
Bruchwasserläufer *Tringa glareola* 398
Buchfink *Fringilla coelebs* 56, 59, 91, 113, 155, 156, 223, 229, 265, 268, 270, 275, 276, 277, 278, 312, 319, 343, 350, 352, 399, 405, 449
Büffelweber *Bubalornis albirostris* 314
Bulwerfasan *Lophura bulweri* 81
Bulwersturmvogel *Bulweria bulwerii* 347
Buntfalke *Falco sparverius* 156, 357, 362
Buntfuß-Sturmschwalbe *Oceanites oceanicus* 59
Buntspecht *Dendrocopos major* 53, 55, 194, 350, 354, 379
Buritisegler *Chaetura andrei* 296
Buschhäher *Aphelocoma caerulescens* 295, 358
Buschmeise *Psaltriparus minimus* 295
Buschrohrsänger *Acrocephalus dumetorum* 273

Caccomantis 300
Campephilus 176
Caprimulgus 455
Carolinameise *Parus carolinensis* 214, 449
Carolinasittich *Conuropsis carolinensis* 483
Carolinaspecht *Melanerpes carolinus* 77
Carolinataube *Zenaidura macroura* 55, 98, 347
Cayennekiebitz *Vanellus chilensis* 296
Certhilauda 231
Ceylonhuhn *Gallus lafayettei* 233, 514
Chathamralle *Gallirallus modestus* 482
Chinesische Nachtigall *Leiothrix lutea* 466
Chrysococcyx 300
Chukarhuhn *Alectoris chukar* 229, 430
Cimolopteryx † 421
Cincloides 44
Circus 187, 455
Cistensänger *Cisticola juncidis* 86, 450
Cisticola 272, 300, 453
Columba roderica 483
Columba 455
Coniornis † 60, 421
Corvus 272, 455
Corythornis 67
Costakolibri *Archilochus costae* 220
Cuculus 300
Cygnus summerensis 482

Dachsammer *Zonotrichia leucophrys* 74, 119, 128, 226, 235, 279, 344, 347, 374
Delalandecoua *Coua delalandei* 483
Diademhäher *Cyanocitta stelleri* 347
Diademlori *Charmosyna diadema* 483
Diatryma † 60
Diatryma gigantea † 424
Dickcissel *Spiza americana* 405
Dickschnabellumme *Uria lomvia* 355, 400
Dieffenbachralle *Gallirallus dieffenbachii* 482
Diglossa 192

Dinornis 424
Dinornis torosus 482
Dohle *Corvus monedula* 213, 221, 226, 296, 320
Doppelhornvogel *Buceros bicornis* 83
Doppelschnepfe *Gallinago media* 292
Dorngrasmücke *Sylvia communis* 80, 274, 278, 320, 365, 405
Drachenstärling *Pseudoleistes virescens* 295
Dreifarbenara *Ara tricolor* 483
Dreifarbenglanzstar *Spreo superba* 295
Dreifarbenwürger *Prionops retzii* 295
Dreizehenmöwe *Rissa tridactyla* 210, 245, 259, 290, 319, 347, 359, 374
Dreizehenspecht *Picoides tridactylus* 37, 454
Drongo *Dicrurus* 196
Dronte *Raphus cucullatus* 60, 481, 483
Drossel *Turdus* 271, 346
Drosselkrähe *Corcorax melanorhamphos* 295, 298
Drosselrohrsänger *Acrocephalus raundinaceus* 274, 306, 365, 389
Drosseluferläufer *Actitis macularia* 292, 294
Drosselwürger *Lanioturdus torquatus* 509
Dschungeldroßling *Turdoides striatus* 295
Ducula 68, 187
Dunkelente *Anas rubripes* 347, 390
Dunkelwasserläufer *Tringa erythropus* 293
Dünnschnabel-Brachvogel *Numenius tenuirostris* 351

Eichelhäher *Garrulus glandarius* 53, 83, 196, 278, 347, 379
Eichelspecht *Melanerpes formicivorus* 176, 196, 289, 293, 295, 298
Eiderente *Somateria mollissima* 43, 59, 82, 238, 297, 347, 399
Einfarb-Stelzenralle *Mesitornis unicolor* 60
Einsiedlerkuckuck *Cuculus solitarius* 300
Eisente *Clangula hyemalis* 43, 59, 90, 92
Eissturmvogel *Fulmarus glacialis* 50, 196, 210, 321, 347, 360, 364
Eistaucher *Gavia immer* 43, 55, 488, 493
Eisvogel *Alcedo atthis* 59, 151, 193, 256, 307, 364
Eleonorenfalke *Falco eleonorae* 86, 305
Elopteryx † 421
Elster *Pica pica* 55, 58, 59, 156, 213, 296, 347, 350, 355
Elsterscharbe *Phalacrocorax varius* 308
Elstervanga *Leptopterus charbert* 296
Elsterwürger *Lanius melanoleucus* 296
Empidonax 272
Emu *Dromaius novaehollandiae* 68, 213, 508
Enaliornis † 60, 421
Enicurus 44
Erdkuckuck *Geococcyx californianus* 63
Erlentyrann *Empidonax alnorum* 272
Erlenzeisig *Carduelis spinus* 59, 110, 197, 275, 352, 378, 379
Eselspinguin *Pygoscelis papua* 82, 400
Eulenschwalm *Podargus* 86, 257
Euryapteryx geranoides 482

Fahlschnäpper *Bradornis pallidus* 296
Fahlstirn-Sericornis *Sericornis magnirostris* 295
Fahlstirnschwalbe *Hirundo pyrrhonota* 299, 322
Falco 455

Falkennachtschwalbe *Chordeiles minor* 77, 98, 215, 226
Falkland-Dampfschiffente *Tachyeres brachypterus* 60
Fasan *Phasianus colchicus* 58, 59, 82, 101, 156, 221, 237, 257, 324, 486
Fächerschwanz-Beerenpicker *Melanocharis versteri* 181
Feldbaumrutscher *Climacteris picumnus* 295
Feldlerche *Alauda arvensis* 94, 113, 268, 347, 350, 354, 508
Feldschwirl *Locustella naevia* 268
Feldsperling *Passer montanus* 80, 214, 344, 352, 447
Felsenhahn *Rupicola rupicola* 82, 292, 509
Felsenspringer *Chaetops frenatus* 295
Felsentaube *Columba livia* 53, 344, 374, 514
Felsenzaunkönig *Salpinctes obsoletus* 322
Fettschwalm *Steatornis caripensis* 157, 163, 190, 252, 270, 314
Feuerkopf-Saftlecker *Sphyrapicus varius* 176, 298
Feuerweber *Euplectes* 83
Fichtenkreuzschnabel *Loxia curvirostra* 59, 65, 214, 221, 275, 304, 379, 405
Fichtenzeisig *Carduelis pinus* 379
Fischadler *Pandion haliaetus* 59, 66, 158, 291, 347, 362, 380, 445
Fischerglanzstar *Spreo fischeri* 296
Fischertukan *Ramphastos sulfuratus* 65
Fitis *Phylloscopus trochilus* 80, 265, 272, 278, 279, 350, 354, 405
Flaggennachtschwalbe *Macrodypteryx longipennis* 73
Flamingo *Phoenicopterus* 65, 82, 193, 259, 468, 509
Flammenkopf-Bartvogel *Trachyphonus erythrocephalus* 295
Fleckenbülbül *Ixonotus guttatus* 296
Flußregenpfeifer *Charadrius dubius* 307, 398
Flußseeschwalbe *Sterna hirundo* 59, 93, 343, 360, 396
Flußuferläufer *Actitis hypoleucos* 206, 294, 396, 398
Fregattvogel *Fregata* 51, 63, 195, 196
Fregilupus rodericanus (Rodriguezstar) 483
Fruchttaube *Ptilinopus* 86, 187
Fulica newtoni (Mauritiusbläßhuhn) 482
Furnarius 313

Gabelschwanzmöwe *Creagrus furcata* 304
Galapagos-Albatros *Diomedea irrorata* 319
Galapagos-Spottdrossel *Nesomimus parvulus* 295
Galapagosbussard *Buteo galapagoensis* 293, 294, 295
Galapagospinguin *Spheniscus mendiculus* 238
Galapagosscharbe *Phalacrocorax harrisi* 60, 89, 319, 351
Gallicolumba ferruginea 483
Gallornis † 420
Gänsegeier *Gyps fulvus* 53, 55, 380
Gänsesäger *Mergus merganser* 43, 59, 83, 93, 194, 262
Gartenbaumläufer *Certhia brachydactyla* 232, 273, 278, 279, 449, 456, 500
Gartengrasmücke *Sylvia borin* 78, 80, 94, 320, 346, 405, 406, 407, 408, 411
Gartenrotschwanz *Phoenicurus phoenicurus* 272, 278, 313, 324

Gastornis † 60, 424

Gaukler *Terathopius ecaudatus* 296, 346

Gebirgsstelze *Motacilla cinerea* 94, 306, 377

Gelbaugenpinguin *Megadyptes antipodes* 351, 360, 361, 373

Gelbbauch-Dornschnabel *Acanthiza nana* 295

Gelbbauchgerygone *Gerygone chrysogaster* 296

Gelbbrauenspecht *Melanerpes cruentatus* 295

Gelbbürzel-Dornschnabel *Acanthiza chrysorrhoa* 295

Gelbbürzel-Honiganzeiger *Indicator xanthonotus* 301

Gelbbürzelmamo *Drepanis pacifica* 484

Gelbflankentodi *Todus mexicanus* 296

Gelbfuß-Regenpfeifer *Charadrius melodus* 293

Gelbhaubenkakadu *Cacatua galerita* 346

Gelbhosenpipra *Pipra mentalis* 214, 292

Gelbscheitel-Waldsänger *Dendroica pennsylvanica* 182

Gelbschnabel-Madenhacker *Buphagus africanus* 296

Gelbschnabeldroßling *Turdoides affinis* 295

Gelbschnabelkuckuck *Coccyzus americanus* 181

Gelbschnabelwürger *Covinella corvina* 295, 298

Gelbspötter *Hippolais icterina* 80, 430

Gelbstirn-Honigfresser *Lichenostomus melanops* 296

Gelbstirn-Jassana *Jacana spinosa* 293

Gelbstirn-Schwatzvogel *Manorina flavigula* 296

Georgschnäpper *Eopsaltria georgiana* 295

Gerfalke *Falco rusticolus* 86, 509

Gesellschaftsläufer *Prosobonia leucoptera* 482

Gigantornis † 54

Gimpel *Pyrrhula pyrrula* 156, 159, 162, 191, 229, 277, 280, 343, 347, 378, 379

Gimpelhäher *Struthidea cinerea* 295

Girlitz *Serinus serinus* 82, 278, 319, 450

Glattnackenibis *Geronticus calvus* 351

Glattschnabel-Ani *Crotophaga ani* 214, 295

Glattstirn-Lederkopf *Philemon citreogularis* 295

Glockenhonigfresser *Manorina melanophrys* 295

Gobipteryx † 421

Godavari-Rennvogel *Hemerodromus bitorquatus* 481

Goldammer *Emberiza citrinella* 220, 223, 226, 278, 279, 350, 352

Goldaugentimalie *Chrysomma sinense* 296

Goldbauchschnäpper *Eopsaltria australis* 295

Goldhähnchen *Regulus* 35, 53, 56, 83

Goldhähnchen-Dornschnabel *Acanthiza reguloides* 295

Goldköpfchen *Auriparus flaviceps* 226

Goldkopfpipra *Pipra erythrocephala* 214, 292

Goldkuckuck *Chrysococcyx caprius* 300

Goldregenpfeifer *Pluvialis apricaria* 59, 354

Goldschnepfe *Rostratula benghalensis* 178

Goldschwingen-Nektarvogel *Nectarinia reichenowi* 353

Goldspecht *Colaptes auratus* 98, 344

Goldstirnspecht *Melanerpes aurifrons* 176

Goldwaldsänger *Dendroica petechia* 291

Goldzeisig *Spinus tristis* 341

Granatkolibri *Eulampis jugularis* 214

Grasammer *Passerculus sandwichensis* 231, 298

Grasläufer *Tryngites subruficollis* 292

Grasmücke *Sylvia* 344, 346, 490

Grauammer *Miliaria calandra* 279

Grauastrild *Estrilda troglodytes* 96, 220, 226

Graubauchsegler *Chaetura vauxi* 296

Graubinden-Zaunkönig *Campylorhynchus megalopterus* 295

Graubrust-Eremit *Phaetornis guy* 292

Graubrusthäher *Aphelocoma ultramarina* 295, 298, 347

Graubruststrandläufer *Calidris melanotos* 59, 60

Graudroßling *Turdoides squamiceps* 295

Graufischer *Ceryle rudis* 295, 298

Grauflankenmeise *Parus sclateri* 449

Graugans *Anser anser* 55, 98, 100, 101, 112, 143, 204, 225, 229, 260, 268, 327, 514

Graukappen-Eremomela *Eremomela pusilla* 296

Graukopfammer *Emberiza fucata* 296

Graumantelschnäpper *Eopsaltria griseogularis* 295

Graupapagei *Psittacus erithacus* 246

Graureiher *Ardea cinerea* 55, 58, 59, 66, 182, 307, 347, 349, 350, 360, 366, 367, 383, 509

Graurücken-Würgatzel *Cracticus torquatus* 295

Graurückenwürger *Lanius excubitorius* 295

Grauscheitelsäbler *Pomatostomus temporalis* 295

Grauschnäpper *Musicapa striata* 88, 343, 391

Grauwangen-Gerygone *Gerygone mouki* 295

Grauwangen-Hornvogel *Bucanistes subcylindricus* 296

Grauwasseramsel *Cinclus mexicanus* 98

Grillkuckuck *Centropus grillii* 293

Grönlandsteinschmätzer *Oenanthe oenanthe leucorrhoa* 60

Großbrachvogel *Numenius arquata* 53, 347, 350, 354, 488, 490

Großer Paradiesvogel *Paradisaea apoda* 292

Großfußhuhn *Megapodius freycinet* 312

Großtrappe *Otis tarda* 53, 55, 59, 68, 73, 267, 292, 486

Grünbindenspecht *Chrysoptilus melanochloros* 176

Grundammer *Pipilo erythrophthalmus* 347

Grundraupenfänger *Coracina maxima* 295

Grünfuß-Pfuhlhuhn *Tribonyx mortierii* 293, 294, 295

Grünhäher *Cyanocorax yncas* 295

Grünkappen-Eremomela *Eremomela scotops* 296

Grünling *Carduelis chloris* 26, 50, 80, 83, 214, 271, 305, 319, 352

Grünrücken-Kleidervogel *Loxops sagittirostris* 484

Grünspecht *Picus viridis* 22, 350, 354

Grünstirnspint *Merops bullocki* 295

Gryllteiste *Cepphus grylle* 213, 219

Guadeloupe-Wellenläufer *Oceanodroma macrodactyla* 482

Guirakuckuck *Guira guira* 295

Haarspecht *Picoides rillosus* 347

Haastkiwi *Apteryx haastii* 60

Habeschdrongoschnäpper *Melaenornis chocolatinus* 296

Habicht *Accipiter gentilis* 53, 55, 59, 93, 182, 263, 280, 380

Habichtsadler *Hieraeatus fasciatus* 380

Hahnschweifwida *Euplectes progne* 374

Hakengimpel *Pinicola enucleator* 379

Halsband-Arassari *Pteroglossus torquatus* 296

Halsband-Bartvogel *Lybius torquatus* 295

Halsbandschnäpper *Ficedula albicollis* 405

Hammerhuhn *Macrocephalon maleo* 312

Hammerkopf *Scopus umbretta* 314, 509

Hänfling *Carduelis cannabina* 84, 319, 515

Hangwachtel *Ophrysia superciliosa* 482

Harlekinzaunkönig *Campylorhynchus jocosus* 295

Haselhuhn *Bonasa bonasia* 231, 232

Haubenlerche *Galerida cristata* 278

Haubenliest *Dacelo leachii* 295

Haubenmeise *Parus cristatus* 73, 343, 405, 508

Haubenprachtweber *Malimbus malimbicus* 509

Haubentaucher *Podiceps cristatus* 43, 66, 93, 108, 210, 216, 256, 258, 262, 304, 307, 350, 355

Hausente s. Stockente

Hausgans s. Graugans

Hausgimpel *Carpodacus mexicanus* 226

Haushuhn *Gallus gallus „domesticus"* 19, 25, 27, 29, 30, 31, 32, 64, 74, 82, 96, 98, 100, 101, 102, 107, 108, 112, 119, 120, 121, 128, 129, 131, 138, 150, 153, 159, 175, 178, 179, 182, 183, 200, 201, 204, 223, 224, 226, 229, 267, 280, 281, 282, 284, 285, 286, 324, 325, 326, 327, 329, 338, 339, 346, 469, 478, 514

Hausrotschwanz *Phoenicurus ochruros* 278, 320, 324

Haussperling *Passer domesticus* 22, 55, 58, 59, 77, 78, 80, 84, 96, 98, 156, 185, 213, 214, 223, 225, 280, 281, 295, 298, 302, 313, 326, 328, 333, 347, 350, 352, 362, 430, 445, 450

Haustaube *Columba livia domestica* 29, 50, 55, 58, 59, 135, 136, 140, 155, 157, 177, 185, 204, 219, 280, 330, 344, 346, 410, 413, 514

Hauszaunkönig *Troglodytes aedon* 56, 98, 220, 313

Hawaiikrähe *Corvus tropicus* 491

Hawaiisumpfhuhn *Porzana sandwichensis* 482

Häherkuckuck *Clamator glandarius* 300

Heckenbraunelle *Prunella modularis* 94, 293, 294, 295, 298, 301, 324, 350

Heiliger Ibis *Threskiornis aethiopicus* 82, 508

Helmperlhuhn *Numida meleagris* 101, 514

Hemlockwaldsänger *Dendroica magnolia* 77

Heringsmöwe *Larus fuscus* 347

Hesperornis † 60, 421, 424

Heuglinweber *Ploceus atrogularis* 312

Hippolais 272

Hoatzin *Opisthocomus hoazin* 36, 185, 295, 298

Höckerschwan *Cygnus olor* 53, 55, 58, 84, 93, 97, 225, 304, 343, 344, 347, 350, 353, 355, 362, 365, 367

Höhlenschwalm *Aegotheles* 314

Hohltaube *Columba oenas* 307, 350
Honiganzeiger *Indicator indicator* 196, 270
Hopfstar *Fregilupus varius* 483
Hudsonmeise *Parus hudsonicus* 343, 379
Humboldtpinguin *Spheniscus humboldti* 226, 230, 238, 351
Hummelelfe *Acestrura bombus* 53
Hyazinthara *Anodorhynchus hyacinthinus* 65

Ichthyornis † 421, 424
Icterus 374
Indianerbläßhuhn *Fulica americana* 77, 347
Indianermeise *Parus bicolor* 296
Indigofink *Passerina cyanea* 411
Inkatäubchen *Scardafella inca* 213, 226

Jagdfasan s. Fasan
Jakobinerkuckuck *Clamator jacobinus* 300, 301
Japanwachtel *Coturnix japonica* 128, 213, 214, 226
Junko *Junco hyemalis* 231, 298, 502

Kabylenkleiber *Sitta ledanti* 351
Kaffernhornrabe *Bucorvus cafer* 295
Kagu *Rhynochetos jubatus* 60, 351, 444
Kaiseradler *Aquila heliaca* 53, 236, 380
Kaiserparadiesvogel *Paradisaea guilelmi* 292
Kaiserpinguin *Aptenodytes forsteri* 43, 213, 226, 229, 238, 261, 310, 400
Kakapo *Strigops habroptilus* 60, 89, 191, 292
Kaktusgrundfink *Geospiza scandens* 295
Kaktuszaunkönig *Campylorhynchus brunneicapillus* 311
Kalifornischer Kondor *Gymnogyps californianus* 487, 490, 491, 508
Kammbläßhuhn *Fulica cristata* 296
Kampfläufer *Philomachus pugnax* 90, 128, 256, 292, 325, 352, 396, 398
Kanadagans *Branta canadensis* 55, 213, 346, 347, 393
Kanadakleiber *Sitta canadensis* 379
Kanadareiher *Ardea herodias* 55, 254
Kanadaschnepfe *Scolopax minor* 178, 292
Kanarengirlitz s. Kanarienvogel
Kanarienvogel *Serinus canaria* 82, 84, 96, 98, 113, 156, 268, 277, 313, 515
Kapbeutelmeise *Anthoscopus minutus* 312
Kapgeier *Gyps caprotheres* 351
Kappengeier *Necrosyrtes monachus* 177
Kappenwaldsänger *Dendroica striata* 231
Kapsperling *Passer melanurus* 302
Kapstelze *Motacilla capensis* 296
Kapuzenzeisig *Carduelis cucullatus* 515
Karakara *Polyborus plancus* 346
Karmingimpel *Carpodacus erythrinus* 274, 278, 450
Karolinensumpfhuhn *Porzana monasa* 482
Kastanienente *Anas castanea* 60
Kasuar *Casuarius* 66, 68, 110
Katzendrossel *Dumetella carolinensis* 98
Kaukasusbirkhuhn *Tetrao mlokosiewiczi* 292
Keilschwanzadler *Aquila audax* 234
Keilschwanz-Sturmtaucher *Puffinus pacificus* 113, 226, 268
Kentuckywaldsänger *Geothlypis formosa* 77
Kernbeißer *Coccothraustes coccothraustes* 65, 311, 319, 350

Kiebitz *Vanellus vanellus* 34, 53, 55, 59, 60, 63, 73, 269, 343, 347, 350, 360, 398, 459, 490, 508, 509
Kiefernhäher *Nucifraga columbiana* 347, 379
Kiefernkreuzschnabel *Loxia pytyopsittacus* 379
Kioea *Chaetoptila angustipluma* 484
Kiwi *Apteryx* 65, 159, 280, 326, 328, 339
Klaaskuckuck *Chrysococcyx klaas* 300, 301
Klaffschnabel *Anastomus* 190
Klagekuckuck *Caccomantis merulinus* 301
Klappergrasmücke *Sylvia curruca* 60, 320
Klapperlerche *Mirafra cinnamomea* 269, 278
Klapperralle *Rallus longirostris* 77
Kleiber *Sitta europaea* 38, 194, 249, 263, 278, 314, 379
Kleines Sumpfhuhn *Porzana parva* 307
Kletterwaldsänger *Mniotilta varia* 347
Knäkente *Anas querquedula* 394
Knutt *Calidris canutus* 395, 398
Koel *Eudynamys scolopacea* 300
Kohala-Kleidervogel *Ciridops anna* 484
Kohlmeise *Parus major* 56, 155, 214, 270, 273, 276, 308, 309, 313, 314, 331, 343, 347, 350, 352, 359, 360, 364, 373, 389, 457, 490
Kokardenspecht *Picoides borealis* 295
Kolbenente *Netta rufina* 43, 297
Kolkrabe *Corvus corax* 53, 258, 260, 305, 311, 321, 322, 346, 445
Konagimpel *Psittirostra kona* 484
Kondor *Vultur gryphus* 53, 304, 346
Königsalbatros *Diomedea epomorpha* 304, 343, 347, 360, 362
Königsglanzstar *Cosmopsarus regius* 295, 296
Königspinguin *Aptenodytes patagonicus* 238, 304, 310
Korallenmöwe *Larus audouinii* 351
Kormoran *Phalacrocorax carbo* 43, 59, 66, 148, 153, 177, 193, 236, 450, 514
Kornweihe *Circus cyaneus* 292, 347, 358, 380
Korsenkleiber *Sitta whiteheadi* 351
Krabbentaucher *Alle alle* 175, 206, 355
Kragenhuhn *Bonasa umbellus* 68, 269
Krähe *Corvus* 82, 85, 112, 113, 268, 346, 383, 467
Krähenscharbe *Phalacrocorax aristotelis* 43, 213, 319, 347
Kranich *Grus grus* 59, 60, 113, 343, 387, 399
Krauskopfpelikan *Pelecanus crispus* 53
Krausschwanzmoho *Moho apicalis* 484
Kreischbekassine *Gallinago hardwickii* 60
Kreischeule *Otus asio* 77, 86
Kreuzschnabel *Loxia* 36, 190, 192, 305, 308, 389
Krickente *Anas crecca* 77, 93, 259, 393, 394
Kronenflughuhn *Pterocles coronata* 324
Kronenkranich *Balearica pavonina* 72
Kronwaldsänger *Dendroica coronata* 231
Kubaralle *Cyanolimnas cerverai* 60
Kuckuck *Cuculus canorus* 60, 216, 243, 268, 274, 300, 301, 302, 324, 328, 346, 467
Kuckucksente *Heteronetta atricapilla* 300
Kuckucksweber *Anomalospiza imberbis* 300
Kuhreiher *Bubulcus ibis* 195, 196, 344, 347, 450, 451, 454
Kurzfangsperber *Accipiter brevipes* 380
Kurzfuß-Stelzenralle *Mesitornis variegatus* 60

Kurzschnabel-Nektarjala *Neodrepanis hypoxantha* 483
Kurzschnabelgans *Anser brachyrhynchos* 178, 347
Kurzschopf-Hornvogel *Anorrhinus galeritus* 295
Kurzschwanz-Albatros *Diomedea albatrus* 351
Kurzschwanz-Buschsänger *Cettia squameiceps* 296
Kurzschwanz-Sturmtaucher *Puffinus tenuirostris* 60, 388, 389, 394
Kurzschwanzelfe *Myrmica micrura* 325
Küstenreiher *Egretta gularis* 86
Küstenseeschwalbe *Sterna paradisaea* 60, 295, 347, 359, 394, 396, 398, 508

Labradorente *Camptorhynchus labradorius* 482
Lachender Hans *Dacelo novaeguineae* 295, 298
Lachmöwe *Larus ridibundus* 210, 223, 225, 258, 347, 350, 355, 360, 364, 383, 387
Lachtaube *Streptopelia risoria* 313
Langflügel-Dampfschiffente *Tachyeres patachonicus* 374
Langschopf-Hornvogel *Berenicornis comatus* 296
Langschwanz-Eremit *Phaethornis superciliosus* 292
Langschwanzdroßling *Turdoides caudatus* 295
Langschwanzhäher *Calocitta formosa* 295
Lappenente *Biziura lobata* 292
Lappenhopf *Heteralocha acutirostris* 65, 483
Lappenstar *Creatophora cinerea* 238
Lapplandmeise *Parus cinctus* 214
Larus s. Möwe
Lasurmeise *Parus cyanus* 456
Laubsänger *Phylloscopus* 83, 346
Laysanalbatros *Diomedea immutabilis* 347, 372
Laysansumpfhuhn *Porzana palmeri* 60, 482
Leierschwanz *Menura* 73, 278
Linienspecht *Ceophloeus lineatus* 176
Lochodytes † 421
Löffelente *Anas clypeata* 192, 393, 394
Löffler *Platalea leucorodia* 65, 347
Lönnberg-Skua *Stercorarius maccormicki lonnbergi* 295, 298
Lophopsittacus mauritianus (Schopfpapagei) 483
Lord-Howe-Brillenvogel *Zosterops strenura* 484
Lori *Trichoglossus* 187
Lousianawürger *Lanius ludiovicianus* 77
Lumme *Uria* 314, 356

Madagaskarralle *Rallus madagaskariensis* 26
Madagaskarseeadler *Haliaeetus vociferoides* 351
Madagaskarstrauß † *Aepyornis* 60 s. auch *Aepiornis maximus*
Madenhacker *Buphagus* 196, 469
Magellan-Dampfschiffente *Tachyeres pteneres* 60
Magellanpinguin *Speniscus magellanicus* 238
Mahaliweber *Plocepasser mahali* 295, 298
Malabar-Salangane *Collocalia unicolor* 175

Malayenbülbül *Pycnonotus plumosus* 347
Malcolmdroßling *Turdoides malcolmi* 295
Mandarinente *Aix galericulata* 73
Mantelbrillenvogel *Zosterops lateralis* 347
Mantelmöwe *Larus marinus* 53, 55, 59, 182, 209
Maoriregenpfeifer *Charadrius obscurus* 347
Marabu *Leptoptilos crumeniferus* 53, 238, 304
Marmorweber *Pseudonigrita arnaudi* 295
Maskarenenpapagei *Mascarinus mascarinus* 483
Maskentölpel *Sula dactylatra* 213, 255, 347
Mauersegler *Apus apus* 26, 45, 53, 55, 58, 59, 65, 66, 111, 215, 320, 343, 345, 346, 347, 360, 396, 398, 399, 468
Mauritiusfalke *Falco punctatus* 351
Mauritiusfruchttaube *Alectroenas nitidissima* 483
Mäusebussard *Buteo buteo* 53, 55, 56, 58, 59, 192, 304, 347, 350, 360, 362, 380
Megalapteryx didinus (Zwergmoa) 482
Mehlschwalbe *Delichon urbica* 59, 213, 215, 226, 227, 307, 308, 318, 324, 344, 345, 350, 357, 396, 398, 468, 469
Meise *Parus* 35, 56, 83, 192, 246, 263, 271, 291, 364
Meisendickkopf *Falcunculus frontatus* 296
Michiganwaldsänger *Dendroica kirtlandii* 351, 445
Mirafra 86
Mississippiweih *Ictinia missisippiensis* 295
Misteldrossel *Turdus viscivorus* 80, 276, 320, 377, 378
Mittelgrundfink *Geospiza fortis* 295
Mittelsäger *Mergus serrator* 43, 262, 383
Moa † *Megalapteryx* 60
Mohrenmeise *Parus niger* 295
Mohrenralle *Limnocorax flavirostris* 296
Mohrentrappist *Monasa morpheus* 295
Molukken-Paradiesvogel *Semioptera wallacei* 73
Mönchsgeier *Aegypius monachus* 53, 380
Mönchsgrasmücke *Sylvia atricapilla* 78, 80, 94, 197, 278, 320, 352, 383, 388, 402, 405, 407, 409
Mönchskranich *Grus monacha* 351
Mönchssittich *Myopsittas monachus* 312, 314
Mönchswaldsänger *Wilsonia pusilla* 343
Mondstreif-Honigfresser *Melithreptes lunatus* 296
Moorente *Aythya nyroca* 43
Moorschneehuhn *Lagopus lagopus* 128, 221, 223
Morgenammer *Zonotrichia capensis* 90
Mornell *Eudromias morinellus* 60, 293, 454
Moschusente *Cairina moschata* 69, 344, 513, 514
Möwe *Larus* 23, 66, 312
Muskatfink *Lonchura punctulata* 405

Nachtigall *Luscinia megarhynchos* 81, 113, 268, 278, 324, 365, 430, 456
Nachtreiher *Nycticorax nycticorax* 258, 307, 341, 347
Nacktschnabelhäher *Gymnorhinus cyanocephalus* 295
Naka *Monias benschi* 60
Nandu *Rhea americana* 183, 229, 270, 272, 467
Nashornpelikan *Pelecanus erythrorhynchus* 98, 347
Nebelkrähe *Corvus corone cornix* 456

Necropsittacus rodericanus (Rodriguezpapagei) 483
Nelkenente *Rhodonessa caryophyllacea* 482
Neogaeornis † 60, 421
Neuhollandtaucher *Tachybaptus novaehollandiae* 296
Neuntöter *Lanius collurio* 88, 278, 344, 350, 387, 450
Neuseelandwachtel *Coturnix n. novaezelandiae* 482
Nilgans *Alopochen aegyptiacus* 514
Nimmersatt *Mycteria ibis* 193
Nipponibis *Nipponia nippon* 351, 491
Noddi *Anous stolidus* 55
Nycticorax megacephalus 482
Nymphensittich *Nymphicus hollandicus* 73, 515

Odinshühnchen *Phalaropus lobatus* 293
Ohrenlerche *Eremophila alpestris* 59, 156
Ohrenscharbe *Phalacrocorax auritus* 178
Ohrentaucher *Podiceps auritus* 43, 296, 325
Ohrfleck-Bartvogel *Trachyphonus darnaudii* 295
Orangebrust-Koagimpel *Psittrostra palmeri* 484
Organist *Tanagra* 178
Ornimegalonyx † 60
Orpheusgrasmücke *Sylvia hortensis* 278
Orpheusspötter *Hippolais polyglotta* 430, 450
Ortolan *Emberiza hortulana* 220, 223, 226, 279, 350
Oryxweber *Euplectes orix* 405
Osteodontornis orri † 54, 424

Palaeotringa † 421
Palmtaube *Streptopelia senegalensis* 77, 78, 302
Pantherzaunkönig *Campytorhynchus nuchalis* 295
Papageitaucher *Fratercula arctica* 87, 199, 319, 347, 360, 362
Papuateichhuhn *Gallinula tenebrosa* 293, 294, 295
Paradieskranich *Tetrapteryx paradisea* 509
Paradiesliest *Tanysiptera sylvia* 296
Paradiesschnäpper *Terpsiphone* 74
Paradiessittich *Psephotus pulcherrimus* 483
Paradieswitwe *Steganura* 269
Parascaniornis † 421
Pelikan *Pelecanus* 54
Peliosdrossel *Peliocichla pelios* 325
Pelzralle *Tricholimnas lafresnayanus* 482
Peposakaente *Netta peposaka* 300
Pezophaps solitarius (Einsiedler) 483
Pfau *Pavo cristatus* 73, 83, 85, 101, 177, 180, 273, 509
Pfeifente *Anas penelope* 343, 394
Pfeifhonigfresser *Lichenostomus virescens* 214
Pfeifschwan *Cygnus columbianus columbianus* 59, 393
Pflaumenkopfsittich *Psittacula cyanocephala* 83
Pfuhlschnepfe *Limosa lapponica* 347, 395
Phalacrocorax 455
Phorusrhacos † 60, 421
Phylloscopus 272
Piapia *Ptilostomus afer* 296
Pieperwaldsänger *Seiurus aurocapillus* 293
Pioho *Querula purpurata* 296

Pipratyrann *Mionectes* 292
Pirol *Oriolus oriolus* 82, 226, 347, 350
Pitta 35
Plegadornis † 421
Podiceps 455
Polarbirkenzeisig *Carduelis hornemanni* 379
Prachteiderente *Somateria spectabilis* 43
Prachtfregattvogel *Fregata magnificens* 50, 55, 242, 304
Prachtmoho *Moho nobilis* 484
Prachtpipra *Chiroxiphia pareola* 292
Prachtstaffelschwanz *Malurus cyaneus* 295, 298
Prachttaucher *Gavia arctica* 43, 347, 389
Präriebussard *Buteo swainsoni* 374
Präriehuhn *Tympanuchus cupido* 63, 292, 374
Preybaeornis † 424
Prinia 300, 324
Provencegrasmücke *Sylvia undata* 405, 409, 509
Psittacula 159
Ptilinopus 68, 187
Puerto-Rico-Amazone *Amazona vittata* 491
Punataucher *Podiceps taczanowskii* 351
Purpurgimpel *Carpodacus purpureus* 379
Purpurgrackel *Quiscalus quiscula* 77
Purpurhuhn *Porphyrio porphyrio* 64, 195, 293, 295
Purpurmaskentangare *Tangara larvata* 296
Purpurreiher *Ardea purpurea* 347
Purpurschwalbe *Progne subis* 55, 229

Rabengeier *Coragyps atratus* 343, 347
Rabenkrähe *Corvus corone corone* 55, 58, 67, 213, 235, 237, 347, 350, 354, 355, 456, 469
Rabenstar *Aplonis corvina* 483
Rallenkranich *Aramus guarauna* 88, 190
Rallenreiher *Ardeola ralloides* 509
Raphiabülbül *Theselocichla leucopleura* 296
Raubmöwe *Stercorarius* 39, 196
Raubseeschwalbe *Sterna caspia* 347
Raubwürger *Lanius excubitor* 352, 379, 509
Rauchschwalbe *Hirundo rustica* 55, 59, 60, 94, 155, 215, 295, 298, 347, 360, 374, 383, 389, 396, 398, 399, 445, 466
Rauhfußbussard *Buteo lagopus* 56, 304, 379
Rauhfußkauz *Aegolius funereus* 307, 454
Rebhuhn *Perdix perdix* 59, 151, 311, 324, 350
Regenbogenspint *Merops ornatus* 295
Reifenschnabel-Ani *Crotophaga sulcirostris* 291, 295, 299
Reiherente *Aythya fuligula* 43, 230, 297, 350, 394, 450, 509
Reisfink *Padda oryzivora* 344
Rennkuckuck *Geococcyx velox* 33, 205, 208
Renntaucher *Aechmophorus occidentalis* 374
Riesenalk *Alca impennis* 481, 482, 508
Riesenani *Crotophaga major* 295
Riesenkolibri *Patagona gigas* 96
Riesenkuhstärling *Scaphidura oryzivora* 300
Ringdrossel *Turdus torquatus* 454
Ringelastrild *Poephila bichenovii* 312
Ringelgans *Branta bernicla* 220, 347, 362, 365, 366, 374, 393

Ringeltaube *Columba palumbus* 53, 59, 101, 237, 280, 307, 347, 350, 360, 362, 399

Rodriguezsittich *Psittacula exsul* 483

Rohrammer *Emberiza schoeniclus* 91, 94, 270, 350, 378, 408

Rohrdommel *Botaurus, Ixobrychus* 86, 257

Rohrdommel *Botaurus stellaris* 34, 64, 65, 152, 267, 274, 292, 324

Rohrsänger *Acrocephalus* 36, 292, 344, 346, 390, 458

Rohrspottdrossel *Donacobius atricapillus* 295

Rohrweihe *Circus aeruginosus* 59, 292, 380

Rosaflamingo *Phoenicopterus ruber* 347

Rosapelikan *Pelecanus onocrotalus* 53, 333

Rosenbauchgimpel *Carpodacus rhodopepla* 344

Rosengimpel *Carpodacus roseus* 165

Rosenstar *Sturnus roseus* 379

Rossturako *Musophaga rossae* 325

Rostbauch-Baumrutscher *Climacteris rufa* 295, 296

Rostbauch-Hornvogel *Ptilolaemus tickelli*

Rostkehl-Honigfresser *Conopophila rufogularis* 295

Rostschwanzammer *Aimophila ruficauda* 296

Rotachsel-Kuhstärling *Molothrus rufoaxillaris* 300

Rotaugendrossel *Mimocichla ravida* 483

Rotaugen-Kuhstärling *Tangavius aeneus* 300

Rotaugenvireo *Vireo olivacea* 231

Rotbart-Fruchttaube *Ptilinopus mercierii* 483

Rotbauch-Eremit *Phaethornis ruber* 292

Rotbauchglanzstar *Spreo pulcher* 295

Rotbrauen-Baumrutscher *Climacteris erythrops* 295

Rotdrossel *Turdus iliacus* 80, 191, 347, 377

Rötelgrundammer *Pipilo erythrophthalmus* 98

Rote Spottdrossel *Toxostoma rufum* 98

Rotflügel-Brachschwalbe *Glareola pratincola* 249

Rotfußtölpel *Sula sula* 86, 213

Rothalstaucher *Podiceps grisegena* 43, 59, 307

Rothuhn *Alectoris rufa* 294

Rotkappen-Spreizschwanz *Erythrocercus mccallii* 295

Rotkardinal *Cardinalis cardinalis* 82, 98, 220, 296, 297, 347

Rotkehlchen *Erithacus rubecula* 275, 280, 296, 301, 341, 347, 350, 352, 360, 362, 377, 409, 411, 412, 503

Rotkehl-Hüttensänger *Sialis sialis* 293, 341

Rotkehlpieper *Anthus cervinus* 80

Rotmilan *Milvus milvus* 351, 380, 486

Rotnackenralle *Gallirallus pacificus* 482

Rotrücken-Mausvogel *Colius castanotus* 295

Rotrücken-Zaunkönig *Thryothorus rufialbus* 220

Rotscheitel-Waldsänger *Dendroica discolor* 343

Rotschenkel *Tringa totanus* 347, 395

Rotschnabel-Madenhacker *Buphagus erythrorhynchus* 296

Rotschopftrappe *Eupodotis ruficrista* 83

Rotschulter-Glanzstar *Lamprotornis nitens* 296

Rotschulterstärling *Agelaius phoeniceus* 55, 101, 277, 310, 347

Rotschwanz *Phoenicurus* 45, 56, 153, 271

Rotschwanzbussard *Buteo jamaicensis* 101, 177

Rotschwanz-Tropikvogel *Phaeton rubricauda* 347

Rotschwingentyrann *Myiozetetes cayanensis* 296

Rotstirn-Bündelnister *Phacellodomus rufifrons* 295

Rotstirn-Jassana *Jacana indicus* 293

Rubinkehlkolibri *Archilochus colubris* 59, 77, 98, 177, 230, 231, 312

Rubinkolibri *Clytolaema rubricauda* 56

Ruderente *Oxyura* 43

Ruderflügel *Semeiophorus vexillarius* 73

Rußbauchsäbler *Pomatostomus halli* 295

Rüsselbläßhuhn *Fulica cornuta* 322

Rußmamo *Drepanis funerea* 484

Rußschmätzer *Myrmecocichla aethiops* 295

Rußschwalbenstar *Artamus cyanopterus* 295

Rußseeschwalbe *Sterna fuscata* 90, 347, 396

Saatgans *Anser fabalis* 93

Saatkrähe *Corvus frugilegus* 45, 53, 59, 128, 210, 299, 347

Säbelpipra *Manacus manacus* 292

Säbelschnäbler *Recurvirostra avosetta* 65, 193, 341, 347, 395, 508

Sägekauz *Aegolius acadicus* 219, 226

Säger *Mergus* 41, 65, 193, 346, 393

Salangane *Collocalia* 270

Salomonentaube *Microgoura meeki* 483

Samoa-Pfuhlhuhn *Pareudiastes pacificus* 482

Samtente *Melanitta fusca* 41, 43

Samtkopfgrasmücke *Sylvia melanocephala* 80, 405, 409

Sanderling *Calidris alba* 294, 395, 396, 398

Sandflughuhn *Pterocles orientalis* 509

Sandregenpfeifer *Charadrius hiaticula* 307, 343, 395, 398

Sängervireo *Vireo gilvus* 347

Sardengrasmücke *Sylvia sarda* 405, 409

Saruskranich *Grus antigone* 341

Satrapgoldhähnchen *Regulus satrapa* 77

Schafstelze *Motacilla flava* 59, 94, 398

Schakalbussard *Buteo rufofuscus* 293

Schamadrossel *Copsychus malabaricus* 113, 268

Scharlachspint *Merops nubicus* 295

Scharlachtangare *Piranga olivacea* 82

Schelladler *Aquila clanga* 380

Schellente *Bucephala clangula* 42, 43, 59, 269, 314, 393, 394

Scherenschnabel *Rhynchops* 193

Scherenschwanz *Enicurus* 44

Schieferfalke *Falco concolor* 305

Schiefersturmtaucher *Puffinus lherminieri* 304

Schilfrohrsänger *Acrocephalus schoenobaenus* 273, 274, 365

Schlagschwirl *Locustella fluviatilis* 450

Schlangenadler *Circaetus gallicus* 380

Schlangenhalsvogel *Anhinga* 41, 42, 43, 180, 193, 234

Schleiereule *Tyto alba* 46, 53, 55, 156, 226, 304, 305, 307, 347, 360, 445

Schlichtstar *Aplonis mavornata* 483

Schlichttangare *Tangara inornata* 295

Schmarotzerraubmöwe *Stercorarius parasiticus* 86, 347, 374

Schmutzgeier *Neophron percnopterus* 153, 194, 380

Schnäpperwaldsänger *Setophaga ruticilla* 231

Schnatterente *Anas strepera* 196, 393

Schneckenschnäpper *Petroica cucullata* 295

Schneckenweih *Rostrhamus sociabilis* 190

Schnee-Eule *Nyctea scandiaca* 86, 93, 214, 238, 379

Schneefink *Montifringilla nivalis* 156, 324

Schneegans *Anser caerulescens* 86, 309, 331, 347, 372, 374, 393

Schneehuhn *Lagopus* 34, 66, 86, 90, 92, 182, 190, 191, 231, 233, 237

Schopfblauhäher *Cyanocorax dickeyi* 295

Schopfkasarka *Tadorna cristata* 482

Schornsteinsegler *Chaetura pelagica* 55, 296

Schreiadler *Aquila pomarina* 380

Schreikranich *Grus americana* 491

Schreipiha *Lipaugus vociferans* 292

Schuhschnabel *Balaeniceps rex* 346

Schwanengans *Anser cygnoides* 514

Schwanzmeise *Aegithalos caudatus* 295, 311, 317, 322

Schwarzflügelaegithina *Aegithina tiphia* 301

Schwarzgesicht-Schwalbenstar *Artamus cinereus* 295, 310

Schwarzhalstaucher *Podiceps nigricollis* 307, 312, 450

Schwarzkehlchen *Saxicola torquata* 405, 409

Schwarzkehl-Würgatzel *Cracticus nigrogularis* 295

Schwarzkinn-Grundammer *Pipilo aberti* 222

Schwarzkinnkolibri *Archilochus alexandri* 220, 341

Schwarzkopf-Kernknacker *Pheucticus ludovicianus* 347

Schwarzkopfmeise *Parus atricapillus* 96, 98, 214, 379, 449

Schwarzmilan *Milvus migrans* 380

Schwarznest-Salangane *Collocalia maxima* 163, 175

Schwarzrückensteinschmätzer *Oenanthe lugens* 295

Schwarzschnabelsturmtaucher *Puffinus puffinus* 347, 360, 362, 371, 394, 397

Schwarzspecht *Drycocopus martius* 53, 322, 344, 354

Schwarzstorch *Ciconia nigra* 391

Schwarzzügeldroßling *Turdoides melanops* 296

Schweifhuhn *Tympanuchus phasianellus* 292

Schwertschnabel *Ensifera ensifera* 65

Schwirramer *Spizella passerina* 96, 98, 344

Seeadler *Haliaeetus albicilla* 53, 193, 263, 317, 486, 508

Seeregenpfeifer *Charadrius alexandrinus* 293, 307, 445

Seetaucher *Gavia* 23, 38, 40, 41, 58, 90, 160, 180, 182

Seidenkuhstärling *Molothrus bonariensis* 300

Seidenreiher *Egretta garzetta* 347

Seidensänger *Cettia cetti* 80

Seidenschwanz *Bombycilla garrulus* 347, 378, 379

Sekretär *Sagittarius serpentarius* 34, 291

Senegalamarant *Lagonosticta senegala* 302, 305

Seychellen-Brillenvogel *Zosterops modesta* 295
Sichelstrandläufer *Calidris ferruginea* 292, 395, 398
Siedelweber *Philetairus socius* 295, 302, 312, 314, 321
Silberbandtaube *Columba jouyi* 482
Silberkopf-Staffelschwanz *Malurus elegans* 296
Silbermöwe *Larus argentatus* 55, 58, 59, 77, 98, 209, 216, 226, 242, 243, 319, 347, 348, 360, 362, 398
Silberreiher *Casmerodius albus* 291
Singammer *Melospiza melodia* 56, 96, 98, 277, 343, 347, 409, 503
Singdrossel *Turdus philomelos* 60, 77, 80, 187, 191, 194, 247, 276, 305, 320, 378
Sommergoldhähnchen *Regulus ignicapillus* 278, 323, 352, 377, 500
Sonnerathuhn *Gallus sonneratii* 514
Spaltfußgans *Anseranas semipalmatus* 89, 295
Sperber *Accipiter nisus* 53, 59, 93, 343, 350, 354, 357, 358, 359, 361, 380, 399
Sperbereule *Surnia ulula* 93
Sperbergeier *Gyps rueppellii* 103
Sperbergrasmücke *Sylvia nisoria* 405
Sperling *Passer* 47, 280
Sperlingskauz *Glaucidium passerinum* 53, 354
Sperlingspecht *Veniliornis olivinus* 176
Spiegelliest *Todirhamphus macleayi* 296
Spießente *Anas acuta* 77, 259, 347, 390, 393, 394
Spitzschnabel-Grundfink *Geospiza difficilis* 196
Spitzschwanz-Bronzemännchen *Lonchura striata* 277, 515
Spizocorys 86
Spornkiebitz *Hoplopterus spinosus* 67
Spottdrossel *Mimus polyglottos* 273, 278
Spötter *Hippolais* 278
Sprosser *Luscinia luscinia* 81, 278, 324, 430, 456
Stachelkopfstärling *Curaeus curaeus* 296
Stachelschwanzflöter *Orthonyx temmincki* 295
Stachelschwanzsegler *Hirundapus caudacutus* 93
Star *Sturnus vulgaris* 55, 58, 59, 60, 84, 99, 128, 156, 159, 191, 213, 263, 275, 278, 331, 344, 346, 347, 352, 355, 383, 388, 392, 399, 401, 402, 405, 410, 412, 450
Steinadler *Aquila chrysaetos* 53, 55, 59, 65, 66, 305, 317, 346, 347, 353, 354, 380, 509
Steinhuhn *Alectoris saxatilis* 101, 430
Steinkauz *Athene noctua* 347, 350
Steinschmätzer *Oenanthe oenanthe* 414
Steinwälzer *Arenaria interpres* 347, 389, 396, 398
Stelzenwaldsänger *Seiurus motacilla* 77
Stephanieparadiesvogel *Astrapia stephaniae* 292
Stephenschlüpfer *Traversia lyalli* 61, 483
Steppenadler *Aquila nipalensis* 380
Steppenhuhn *Syrrhaptes paradoxus* 379
Steppenweihe *Circus macrourus* 380
Sternelfe *Stellula calliope* 220
Sterntaucher *Gavia stellata* 43, 59, 101, 399
Stieglitz *Carduelis carduelis* 35, 80, 82, 96, 109, 236, 319, 408, 515
Stockente *Anas platyrhynchos* 45, 55, 58, 59, 93, 98, 100, 101, 102, 128, 156, 159, 204, 208, 209, 216, 225, 229, 250, 259,

285, 292, 297, 303, 330, 331, 347, 350, 360, 362, 383, 390, 393, 394, 398, 410, 514
Strauß *Struthio camelus* 33, 34, 35, 66, 80, 96, 98, 148, 180, 182, 183, 205, 209, 213, 236, 285, 292, 296, 325, 450, 467, 468, 508, 514
Streifendroßling *Turdoides earlei* 295
Streifengans *Anser indicus* 60, 103
Streifenkauz *Strix varia* 77
Streifenkiwi *Apteryx australis* 60, 151
Streifenliest *Halcyon chelicuti* 296
Streifenmausvogel *Colius striatus* 293, 295
Streifenpanthervogel *Pardalotus striatus* 296
Stricheldornschnabel *Acanthiza lineata* 295
Strichelhonigfresser *Plectorhyncha lanceolata* 296
Strichelköpfchen *Pholidornis rushiae* 296
Strohwitwe *Tetraenura fischeri* 277
Sturmmöwe *Larus canus* 347
Stutzschnabel *Smicrornis brevirostris* 296
Stutzschwanzsegler *Chaetura brachyura* 296
Sudandroßling *Turdoides plebejus* 296
Sultanshuhn *Porphyrio alleni* 195
Sumpfammer *Melospiza georgiana* 277
Sumpfmeise *Parus palustris* 275, 276, 350
Sumpfohreule *Asio flammeus* 269, 307, 379
Sumpfrohrsänger *Acrocephalus palustris* 272, 273, 278, 365
Sundkrähe *Corvus caurinus* 296, 298

Tafelente *Aythya ferina* 41, 43, 93, 226, 297, 303, 390, 394, 450
Tahitisittich *Cyanoramphus zealandicus* 483
Takahe *Notornis mantelli* 60, 195, 351, 508
Tannenhäher *Nucifraga caryocatactes* 190, 194, 196, 379, 509
Tannenmeise *Parus ater* 276, 278, 343
Taube *Columba* 79, 98, 99, 112, 153, 154, 156, 157, 162, 176, 226, 233, 280, 467, 468, 477
Teichhuhn *Gallinula chloropus* 64, 67, 155, 293, 296, 307, 314, 347, 350
Teichrohrsänger *Acrocephalus scirpaceus* 80, 278, 301, 306, 347, 365, 383
Telmatornis † 421
Temminckstrandläufer *Calidris temminckii* 296
Terekwasserläufer *Xenus cinereus* 396
Terratornis incredibilis † 54
Terratornis merriami † 54
Tetrao 190
Texasnachtschwalbe *Chordeiles acutipennis* 215
Textorweber *Ploceus cucullatus* 311, 313, 322
Theklalerche *Galerida theklae* 500
Thermometerhuhn *Leipoa ocellata* 61, 164, 339, 343
Thomas-Dickschnabelweber *Neospiza concolor* 484
Thorshühnchen *Phalaropus fulicarius* 293
Tigerzaunkönig *Campylorhynchus zonatus* 295
Titicacataucher *Rollandia microptera* 60
Tölpel *Sula* 344
Tordalk *Alca torda* 213
Torotix † 421
Trauerblaurabe *Cyanocorax beecheii* 295
Trauerdrongo *Dicrurus adsimilis* 296
Trauerente *Melanitta nigra* 41, 43, 59

Trauerschnäpper *Ficedula hypoleuca* 313, 354, 389, 405, 410
Trauersteinschmätzer *Oenanthe leucura* 322
Triel *Burhinus oedicnemus* 307
Tristanteichhuhn *Gallinula nesiotis* 60, 482
Trompeterschwan *Cygnus buccinator* 347
Tropfentangare *Tangara chrysophrys* 296
Tropikvogel *Phaeton* 44
Trottellumme *Uria aalge* 43, 86, 271, 319, 325, 347
Truthahngeier *Cathartes aura* 98, 159, 214, 234
Truthuhn *Meleagris gallopavo* 23, 33, 58, 83, 98, 100, 101, 120, 229, 238, 292, 513, 514
Tüpfelsumpfhuhn *Porzana porzana* 76, 307
Turdus 455
Türkentaube *Streptopelia decaocto* 302, 307, 350, 364, 365, 450
Türkis-Elminie *Trochocercus longicauda* 295
Türkisstaffelschwanz *Malurus splendens* 295
Türkistangare *Tangara mexicana* 296
Turmfalke *Falco tinnunculus* 55, 56, 59, 192, 196, 347, 350, 360, 362, 399
Turteltaube *Streptopelia turtur* 59, 128, 307, 350

Uferschnepfe *Limosa limosa* 350, 395, 508
Uferschwalbe *Riparia riparia* 215, 324, 350, 364, 389, 390, 398, 493
Uferwaldsänger *Seiurus noveboracensis* 231
Uhu *Bubo bubo* 53, 88, 152, 156, 305, 346, 354, 491

Vallisneriaente *Aythya valisineria* 347
Veilchenschwalbe *Tachycineta thalassina* 215
Vierfarben-Mistelfresser *Dicaeum quadricolor* 484
Virginia-Uhu *Bubo virginianus* 78, 101, 182, 347, 379

Wacholderdrossel *Turdus pilaris* 80, 262, 274, 347, 352, 355, 378, 379, 391, 447, 450
Wachtel *Coturnix coturnix* 59, 60, 101, 162, 270, 307, 308, 344
Wachtelkönig *Crex crex* 486
Wake-Ralle *Gallirallus wakensis* 482
Waldbaumläufer *Certhia familiaris* 232, 273, 278, 279, 449, 456
Walddrossel *Hylocichla mustelina* 98
Waldkauz *Strix aluco* 46, 54, 155, 187, 347, 350, 353, 354
Waldlaubsänger *Phylloscopus sibilatrix* 318, 350
Waldohreule *Asio otus* 72, 155, 156, 262, 346, 347
Waldrapp *Geronticus eremita* 491
Waldschnäpper *Fraseria ocreata* 296
Waldschnepfe *Scolopax rusticola* 54, 86, 153, 262, 292, 307
Waldstorch *Mycteria americana* 232
Waldwasserläufer *Tringa ochropus* 206
Wammentrappe *Ardeotis australis* 178
Wanderalbatros *Diomedea exulans* 54, 59, 213, 304
Wanderdrossel *Turdus migratorius* 59, 98, 99

Wanderfalke *Falco peregrinus* 55, 58, 59, 93, 263, 296, 347, 354, 357, 358, 445, 450, 490, 491, 492, 509, 516

Wandertaube *Ectopistes migratorius* 482

Wasseramsel *Cinclus* 44, 77, 187

Wasseramsel *Cinclus cinclus* 152, 153, 205, 292, 318, 324, 509

Wasserfasan *Hydrophasianus chirurgus* 293, 324

Wasserläufer *Tringa* 153, 294

Wasserpieper *Anthus spinoletta* 80, 94, 354

Wasserralle *Rallus aquaticus* 307

Wassertreter *Phalaropus* 85

Weidenmeise *Parus montanus* 214, 273, 276, 350, 500

Weidensperling *Passer hispaniolensis* 430

Weidentyrann *Empidonax traillii* 272

Weißaugendroßling *Turdoides reinwardtii* 296

Weißaugen-Honigfresser *Philydonyris novaehollandiae* 295

Weißbartgrasmücke *Sylvia cantillans* 405

Weißbarttyrann *Myiozetetes inornatus* 295

Weißbauch-Schwalbenstar *Artamus leucorhynchus* 295

Weißbauch-Staffelschwanz *Malurus lamberti* 296

Weißbrauen-Lappenschnäpper *Platysteira tonsa* 295

Weißbrauen-Sericornis *Sericornis frontalis* 295

Weißbrustsegler *Aeronautes saxatilis* 215

Weißbürzel-Honigfresser *Lichenostomus penicillatus* 296

Weißflügel-Staffelschwanz *Malurus leucopterus* 295

Weißflügeltaube *Zenaida asiatica* 347

Weißibis *Eudocimus albus* 65

Weißkehlammer *Zonotrichia albicollis* 231, 405, 410

Weißkehlpipra *Corapipo gutturalis* 292

Weißkehlspint *Merops albicollis* 295

Weißkinn-Honigfresser *Melithreptes albogularis* 296

Weißkopf-Bartvogel *Lybius leucocephalus* 295

Weißkopf-Lachmöwe *Larus novaehollandiae* 308

Weißkopfmöwe *Larus cachinnans* 450

Weißkopf-Seeadler *Haliaeetus leucocephalus* 77, 347

Weißnest-Salangane *Collocalia fuciphaga* 163, 175

Weißohr-Bartvogel *Gymnobucco leucotis* 295

Weißrückenschwalbe *Chaeramoeca leucosterna* 215

Weißrückenspecht *Dendrocopos leucotos* 448

Weißscheitelwürger *Eurocephalus anguitimens* 296

Weißschwanz-Tropikvogel *Phaeton lepturus* 317

Weißspecht *Melanerpes candidus* 176

Weißstirn-Schwatzvogel *Manorina melanocephala* 296

Weißstirnspint *Merops bullockoides* 295, 299

Weißstorch *Ciconia ciconia* 50, 54, 55, 58, 59, 60, 258, 308, 343, 347, 357, 362, 385, 388, 391, 450, 485, 488, 490, 491

Weißwangenkauz *Sceloglaux albifacies* 483

Wekaralle *Gallirallus australis* 60

Wellenläufer *Oceanodroma leucorhoa* 55, 209, 347

Wellensittich *Melopsittacus undulatus* 83, 84, 156, 229, 341, 344, 515

Wendehals *Jynx torquilla* 176, 305, 307, 313, 350, 450

Wespenbussard *Pernis apicorus* 59, 347, 380

Wiedehopf *Upupa epops* 69, 73, 296, 307, 450, 488

Wiesenpieper *Anthus pratensis* 59, 80, 94, 350

Wiesenstrandläufer *Calidris minutilla* 77, 347

Wiesenweihe *Circus pygargus* 84, 292, 380

Wintergoldhähnchen *Regulus regulus* 278, 279, 352

Winternachtschwalbe *Phalaenoptilus nuttallii* 98, 215, 226

Witwe *Vidua* 74, 243, 246, 250, 292, 300

Wongataube *Leucosarcia melanoleuca* 151

Wundersylphe *Loddigesia mirabilis* 73, 81

Würger *Lanius* 194, 245, 257, 306, 406, 488

Wüstenbussard *Parabuteo unicinatus* 293, 295

Wüstenrabe *Corvus ruficollis* 235, 237

Yucatan-Blaurabe *Cissilopha yucatanica* 295

Zaunammer *Emberiza cirlus* 278

Zaunkönig *Troglodytes troglodytes* 26, 68, 152, 226, 269, 278, 306, 313, 314, 341, 343, 350, 354

Zavattarivogel *Zavattariornis stresemanni* 296

Zebrafink *Taeniopygia guttata* 226, 250, 277, 346, 513

Zedernseidenschwanz *Bombycilla cedrorum* 379

Zeisig *Carduelis* 35

Zeledonie *Zeledonia coronata* 61

Ziegenmelker *Caprimulgus europaeus* 86, 216, 268, 307

Zilpzalp *Phylloscopus collybita* 80, 197, 272, 276, 278, 279, 352, 377, 383, 405, 406

Zimtflöter *Cinclosoma cinnamomeum* 295

Zimtflügel-Honigfresser *Anthochaera chrysoptera* 295

Zimtkolibri *Selasphorus rufus* 220, 292, 311

Zitronengirlitz *Serinus citrinella* 445, 448

Zügelseeschwalbe *Sterna anaethetus* 509

Zweifarbstar *Spreo bicolor* 295

Zwergadler *Hieratus pennatus* 86, 380

Zwergdommel *Ixobrychus minutus* 307

Zwergeremit *Phaetornis longuemareus* 292

Zwergflamingo *Phoeniconiaias minor* 190, 356

Zwergkiwi *Apteryx owenii* 60, 351

Zwergkleiber *Sitta pygmaea* 295

Zwergkuckuck *Coccyzus pumilus* 293

Zwergpinguin *Eudyptula minor* 226, 347

Zwergsäger *Mergus albellus* 43

Zwergschnäpper *Ficedula parva* 278

Zwergschwalbenstar *Artamus minor* 296

Zwergschwan *Cygnus columbianus bewickii* 77, 399

Zwergseeschwalbe *Sterna albifrons* 347, 509

Zwergstrandläufer *Calidris minuta* 294, 395, 398

Zwergsultanshuhn *Porphyrio martinica* 295

Zwergsumpfhuhn *Porzana pusilla* 307

Zwergtaucher *Tachybaptus ruficollis* 68, 93, 275, 307, 347

Zwergwachtel *Coturnix chinensis* 229

Zyperngrasmücke *Sylvia melanothorax* 509

Sachregister

(ohne Vogelnamen)
In wenigen Fällen sind auch höhere Taxa kursiv gedruckt, um Verwechslungen zu vermeiden.

A-Streifen 28
A-Zellen 126
AAM 244
Aasfresser 195
Abfallwärme 221
Abkürzungen 13
Ablöseerscheinung 48
Abundanz 349, 460
Acanthocephalen 472
Acetyl-CoA 166
Acetylcholin 97, 114, 133, 138, 139, 208
ACTH 116, 126
Actinomycetales 476
Acuaraia 471
Adaptation 208, 221, 222
Adaptation Hell-Dunkel 153
Adenohypophyse 116, 119, 283
Adenosintriphosphat 217
Adenylzyklase 115
Aderhaut 148
ADH 117, 120
Adiuretin 121
Adoption 297
Adrenalektomie 211
Adrenalin 97, 114, 125, 133, 213
Adultphase 229, 347
aerodynamische Verschränkung 48
Aestivation 238
Afferenz 133, 140
afrotropische Region 452
Afterfeder 71
Afterflügel 80
Afterschaft 71
Aggression 256
Akklimatisation 221, 222
Akkommodation 149, 151, 152
Akrosom 329
Aktionspotentiale 233
Aktivität 229, 251
Aktivitätszeit, Wahl 231
ALA 508, 509
Alarmruf 271
ALBERTUS MAGNUS 496
Albinismus 84, 477
ALDROVANDI 496
Alge 187
Allantois 205, 336, 337
Allel 369
ALLEN 498
Alles-oder-Nichts-Gesetz 28
Allesfresser 189
allochthon 441
allopatrisch 441
allopatrische Speziation 429
Allozyme 369
Alpen 391
Alter 346
Altersaufbau 357
Altersgrenze 348
Alterspyramide 357
Altersveränderung 348
altriciale Art 216, 227, 326, 341
ALTUM 501
Alula 80
amakrine Zellen 149

ambivalentes Verhalten 243
Amblycera 467
Amboß 20, 21,155
Amidostomum acutum, anseris 471
Aminobuttersäure 133
Aminosäurederivat 114
Aminosäuren 166
Ammoniak 199
Amnion 336
Amnionhöhle 336
Amniota 336
Amphibien 187
Amphimerus 472
Ampulle 154, 157
Amylase 175, 185, 186
Anagen 87
Analgoidea 466
Analgopsis passerinus 466
Analogie 427
Anämie 167
Anastomose 42, 200, 233
Anastomosen-Gefäß 98
Anastomosis intercarotica 98
Anaticola 467
Anatoeceus 467
Androgen 129
angeborener Auslösemechanismus AAM 244
Angiotensin 130
Angiotensinogen 130
Angstschrei 271
Anomotaenia sp. 475
Anoplura 467
ANS 137
Antagonismus 115
Antartika 453
Antibiotika 185
Antigene 103, 105
Antikörper 337
Antikörperbildung 100
Anting 254
Antitrochanter 25
Anulus fibrosus 97
Anus 183
Aorta 99
Aorta abdominalis 284
Aorta ascendens, descendens 96
Aorta dorsalis, thoracica 99
Aorta-Körperchen 111
AOU 508, 509
APP 130
APP-Zelle 127
Appetenzverhalten 241
Approctella 472
Aprocta 472
Apterium 78, 232, 235
Aquaeductus mesencephali 144
Arachidonsäure 167
Arachnoidea 140, 142
Archaeopteryx 415, 417, 418, 422
Archaikum 416
Architriatum 144, 146
Archosauria 422
Arcus atlantis 23
Ardeicola 467
Area geniculata 144
Area ligamentum 23
Area opaca 335
Area pellucida 335
Area vittelina 335
Areae 107
Arealkontraktion 450
Arenabalz 292

Argas 466
Argas reflexus 466
Argasidae 465
Argininmangel 167
ARISTOTELES 495
Arm 26
Armgeflecht 134
Armschwinge 89
Armschwingenzahl 80
Artareale 445
Artbegriffe 429
Artbestand 351, 460
Artbildung 375, 415
Arten-Areal-Kurve 442
Artendiversität 460
Artenreichtum 441
Artenschutz 479
Artenspektrum 441
Artentstehung 429
Artenvielfalt 441
Arteria axillares (brachialis) 99
Arteria brachiocephalica 96
Arteria carotis 96
Arteria carotis communis 99
Arteria carotis interna 121
Arteria coccygea media 99
Arteria coccygomesenterica 99
Arteria coeliaca 99
Arteria femoralis 99
Arteria iliaca 99
Arteria ischiadica 200
Arteria pectoralis (subclavia) 99
Arteria pudenda 99
Arteria pulmonalis 96, 99
Arteria renalis 200
Arteria testicularis (bzw. ovarica) 99
Arteria vertebralis 121
Arterkennung 272
Articulare 20, 21, 155
Artkonzept 430
Ascaridae 470
Asche 168
Ascorbinsäure 173
Aspergillose 477
Aspergillus 477
assimilierte Energiemenge 217
Assoziationsfasern 144
Assoziationsneurone 149
Astaxanthin 82
asynchrones Schlüpfen 341
aszendente Mauser 88
Atemfrequenz 112, 236
Atemluftstrom 109
Atemmechanik 110
Atemparameter 110, 112
Atemweg 110
Atemzugvolumen 111, 112
äthiopische Region 452
Ätilität 357
Atlas 23
Atmungkette 166, 172
Atmungsregulation 111
Atmungssystem 106
Atmungsvariable 111
Atoxoplasmen 475
ATP 28, 166, 217, 223
ATPase 207
Atrien 107
Atrio-Ventrikular-Klappe 97
Atrio-Ventrikular-Schenkel 98
Atrioventrikularknoten 97
Atrophie 167
Atropin 210, 211

Attrappenversuche 240
Atzkropf 176
AUDUBON 500
Aufbau Körpergewebe 225
Auflösevermögen 157
Aufplustern Gefieder 232
Aufwindsegeln 51
Augapfel 148
Auge, Reinigung 255
Augenachse 148
Augendruck 151
Augenfächer 151
Augenflüssigkeit 149
Augenhaut 148
Augenhöhle 21, 152
Augenkammer 149
Augenlid 152
Augenmuskel 152
Augenmuskelnerv 136
Augentypen 149
Auricula cerebelli 142
Auriculum 145
Aurikel 146
Auris externa 155
Auris interna 156
Auris media 155
Ausdifferenzierung 339
Ausdrucksverhalten 242
ausgestorbene Vögel 425
Auslöser 242
Ausnahmegast 441
Ausnutzungsrate 230
Aussterben 480
Austauschgewebe der Lunge 107
australische Region 453
Austrobilharzia 472, 475
Außenohr 155
autochthon 441
Automatiezentrum 97
autonome Nervennetze 138
autonomes NS 133, 137
AV-Bündel 97
AV-Knoten 97
AV-Ventil 98
AVICENNA 495
Avidin 172
Avifauna 440
Avioserpens taiwani 465, 474
Avizönose 440
AVT 117, 202
Axialfilament 329
Axon 134
Axonhügel 134

B-Lymphozyten 131
B-Zellen 126
Babesien 474
Badedermatitis 475
Baden 232, 252
Bahnen 141
BAIRD 498
Bakericheyla 466
Bakerichyla 466
Bakterien 188, 476
BALDAMUS 500
Balz 257
Balzkropf 183, 185
Balzstifte 35, 64
Bandwürmer 470
Barbae 71
Basalganglion 146
Basalumsatz 218, 225
Basalzellschicht 62
Basilarmembran 154, 156
Batescher Mimikry 85
Bauchspeicheldrüse 126, 184
Baustoffwechsel 165, 217
Bebrüten 224, 260
Bebrütungsenergie 225
Bebrütungszeit 226, 339
Becherkeim 335
BECHSTEIN 499

Becken 24
Beckengürtel 24, 32
Befeuchten 233
Befruchtung 283, 329
Begattungsorgane 285
Beine 24
Belegzellen 178
BELON 496
Benzoesäure 205
Bergmannsche Regel 238
Beringung 502
Berliner *Archeopteryx*-Exemplar 417
Bernoulli-Gesetz 46
Beschwichtigungsruf 271
Beschwichtigungsverhalten 256
Besnotia 474
Bettellaute 271
Bettelverhalten 247
Bettwanzen 468
Beuteerwerb 192
Beutelokalisation 192
Beutespektrum 190
Beutetiere 187
Bewegungsabläufe 147
Bewegungsformen 229
Bewegungssystem 18
Bewölkung 400
Bienenhonig 187
Bienenwachs 187
Bilharziose 473
Bilirubin 186
Biliverdin 186
bimodaler Aktivitätsverlauf 251
binäres System 432
Bindegewebsknochen 18
binominales System 432
Bioakustik 264, 274, 426
biogene Amine 118
Biogeographie 445
Biom 440
Bioregion 440
Biospezies 429
Biotelemetrie 385
Biotin 172
Biotop 440
Biotopmanagement 493
Biozönose 440
Blastoderm 324
Blastodermklappe 335
Blastomere 335
Blastulabildung 336
Blinddarm 181, 182
blinder Fleck 151
Blut 95, 100, 101
Blut-Gas-Schranke 107
Blutausstoß 100
Blutbild 101
Blutdruck 99
Blütenteil 187
Blutfarbstoff 101
Blutfliegen 468
Blutfluß 233
Blutgerinnung 104, 171
Blutgruppen 104
Blutkiele 76
Blutkörperchen 101
Blutparameter 103
Blutplasma 128
Blutsauger 468
Blutsinus 18
Blutzellen 101
Blutzuckersenkung 130
Bodenfeindalarm 272
Bogengang 154, 156, 157
Bogenstrahlen 72
BONAPARTE 498
Borstenfeder 74
Botulismus 476
Botulismustoxine 468
BOU 508, 509
Boutons terminaux 134
Bowmansche Kapsel 129, 201
Bradykardie 43, 96

braunes Fettgewebe 231
BREHM 498, 500, 501
Breitfrontzug 387
Bremsen 58
Brennwert 166
Bronchien 108
Brücke 145, 147
Brückscher Muskel 149, 153
Brunnersche Drüse 180
Brustbein 19, 24
Brustbein-Rippe 24
Brustbeinkiel 23
Brustkorb 24
Brustwirbel 23
Brutbestände 350
Brutfleck 63, 260
Brutkleid 91
Brutnischen 322
Brutortstreue 389
Brutparasit 299, 315
Brutpflege 16, 260
Brutsaison 302
Brutschmarotzer 469
Brutsitzung 261
Bruttemperaturen 215
Brutverbreitung 446
Brutvogel 441
Brutzahl 307
Brutzeit 302
Brutzyklus 251, 302
BUFFON 497
Bulbourethaldrüse 283
Bulbus oculi 148
Bulbus olfactorius 142, 159
Bulla syringealis 267
BURKITT 503
Bursa cloacalis 131
Bursa fabricii 100, 130, 131
Bursa-Drüsen 131
Bursadrüse 100, 130, 131
Bursapoetin 132
Bürzeldocht 69
Bürzeldrüse 67, 253
Bürzeldrüsengang 69
Bürzeldrüsensekret 69
Bürzeldrüsenzitze 69
Buttersäure 188

C-Zellen 124
C.I.P.A. 508, 509
CABANIS 500
Caeca 181, 182
Calamus 71
Callopsylla 469
Camera anterior, posterior 149
cAMP 115
Canales semicirculares 154, 156
Canalis spinalis 139
Candida albicans 477
Candidiasis 477
Capillarien 470, 472
Capsanthin 82
Capsula glandulae uropygialis 69
Captorhinomorpha 422
Carbamate 477
Carina 23, 26
Carinates 24
Carnivore 189
Carnosauria 422
CAROLUS CLUSIUS 496
Carotin 175
Carotiskörperchen 111, 121
Carpalgelenk 79
Carpalia 26
Carpus 19
CASSIN 498
CATESBY 496
Cavum tympani 20, 155
CCK 186
Cellula strati 290
Centriole 329
Centrum tendineum 179

Ceratophyllus 469
Ceratopogonidae 465
Ceratospira 472
Cercarien 471
Cerebellum 136, 141, 145
Cervikal-Plexus 135
cervikale (Hals-)Anschwellung 135
Cestoden (Bandwürmer) 470
Chalaza 281, 324
Chandlerella 475
Chaunocephalus ferox 472
Cheilospirura 471
Chemorezeptoren 111
Cheyletiellidae 466
Chiasma (opticum) 142, 143
Chilomastix 470
Chlamydien 476
Chlor 171
chlorierte Kohlenwasserstoffe 477
Choane 159
Choanenspalten 21
Cholekalziferol 172
Cholera 476
Cholesterin 186
Cholezystokinin-Pankreozymin 130
Cholin 173
Cholsäure 188
Chondroitinsulfat 173
Chorda 335
Chorio-Allantois 225, 226, 325, 328, 337
Choroidea 148
Choroidea-Plexus 117
Chrom 174
chromaffine Zelle 125
Chromatingerüst 104
Chromosomen 84, 368
Chromosomensatz 330
Chromosomenvariation 368
Chrysomyia 468
Chymotrypsin 186
Ciconiphilus 467
Cimex 468
Cimicidae 468
circadiane Periodik 118, 212
Circulus uropygialis 69
cladistische Verwandtschaft 427
Cladogramm 427
Clavicula 19
Clinostomum 471
Clostridium botulinum 476
Cluster 232, 427
Clusterbildung 231
Coccidien 470
Cochlea 154, 156
Cochlosmoma 470
Coelom 95, 336
Coelurosauria 422, 424
Coelurosaurier 422, 424
Colibazillose 476
Colon 181
Colpocephalum heterosoma 468
Columbicola columbae 467
Columella 154
Compsognathus longipes 424
Conchae nasales 158
Condylus occipitalis 19
Contracaecum 470
Conus medullaris 135, 139
COOK 498
Copro-Urodaeum 182
Coprodaeum 182, 183, 285
Coracoid 26
Corium 62
Cornea 148
Cornu anterium 140
Cornu posterior 140
Corpora amygdaloidea 143
Corpuluscum renis 129
Corpus cerebelli 145
Corpus ciliare 149
Corpus pineale 145
Corpus striatum 143
Corpus vitreum 152

Corrinoide 172
Cortex 200
Cortexhormone 125
corticales Nephron 201
Corticalis 18
Corticosteron 129
COS 508, 509
Cosmocephalus 470
Costae 24
Cotylosauria 422
Cotylurus 472
COUES 498
Cramptonscher Muskel 149
Crataerrhina pallida 468
CRH 126
Cristae ampullaris 157
Crocodilia 422
Crus commune 154
Cryptospiridien 470
Cuculicola 467
Cuculiphilus fasciatus 467
Cuculoecus 467
Culicidae 465, 469
Cupula 157
Cuticula 283
Cuticula gastrica 179
Cutis 62
Cyathostoma 473
Cyclocoelidae 472
Cyclocoelum 472
Cytodites nudus 467, 473
Cytoditidae 467

D-Zelle 127
Dämmerungssehen 150
Darm 99
Darmbein 19, 25
Darmsymbionten 185
Darmzottenbewegung 130
DARWIN 497
Davainea 472
DDA 510
Deckfedern 80
Deckknochen 18
Deckmembran 157
Defäkation 184, 248
Dehnungsrezeptoren 111
Dejodation 123
Delamination 335
Demutsverhalten 256
Dendrit 134
Dermanyssidae 467
Dermanyssus gallinae 466
Dermatitis 172
Dermis 62, 237
Desaminierung 166
deszendenter Mauserverlauf 88
Deuteroentoderm 335
Devon 416
Diabetes 127
Dialekt-Mischsänger 279
Dialekte 278
Diaphragma 106
Diaphyse 18
Diastataxie 81
Dichromatismus 86
Dickdarm 181
Dictyosomen 134
Diencephalon 141, 145
Differentialblutbild 102
Diffusfarbstoff 82
Diffusionskapazität 108
Digiti 26
Dihydrotestosteron 129
Dijodthyronin 123
Dimorphismus 84
Dinosauria 212, 422
Diocoel 338
Dioptrien 153
Diphostomiden 471
Diplostomum spathaceum 475
Diptera 468

Discoblastula 335
discoidale Furchung 335
Discomerula-Keim 336
Dismigration 377
Dispersion 351
Dispharynx 470
divergente Mauser 88
Divergenz 163
Diversität 460, 462
DNA-Hybridisation 428
DNA-Sequenz 369
DO-G 508, 509
Domestikation 513
Dominalhypothese 414
Dopamin 133
Doppelei 329, 477
Doppelnamen 432
Dorisiella 470
Dorsalstrang 140
Dotter 324, 328
Dotterhaut 324
Dottersack 336
Drehkrankheit 476
Dreifacheier 477
drittes Auge 118, 145
Drohruf 271
Drohverhalten 256
Drosselklappe 200
Drosselvene 121, 136
Drüsenmagen 178
Ductus (Vas) deferens, efferens 183, 284
Ductus brevis 154
Ductus cochlearis 154
Ductus endolymphaticus 154
Ductus epididymis 284
Ductus glandulae uropygialis 69
Ductus reuniens 154
Ductus scalae tympani 154
Ductus semicirculares 156
Duettgesang 275
Dunen 72
Dunenfärbung 82
Dunenkleid 90
Dünndarm 180, 471
Dünndarmverdauung 186
Dünnfühlerläuse 467
Duokrinin 130
Dura mater 140, 142
Durchfallerkrankung 189
Durchzügler 376
Durchzugsmuster 381
dynamisches Segeln 52

Echidnophaga gallinacea 469
Echinoparyphium 472
Echinostoma 472
Echinuria 470
Echolaute (Echoklicks) 163
Echolotpeilung 270
Echolotung 157
Ectostriatum 144
EDWARDS 496
effektorisches Hormon 114
Efferenz 140
Effizienz 230
Ei 224, 324
Eiablage 301, 324
Eichstätter *Archeopteryx*-Exemplar 417
Eichsystem 410
Eierstock 280
Eigenreflex 140
Eigröße 328, 332
Eihalter 282
Eiklar 324
Eileiter 281
Eileiterenge 282
Eileitertrichter 282
Eimeria 470
Eimimikry 301
Einemsen 254

Einfetten Gefieder 253
Eingeweidemuskulatur 28
Einstecken Schnabel 232
Einzeller 470
Eischalenbildung 19
Eischwiele 64
Eisen 174
Eisenoxid 84
Eiszeit 421
Eiweiße 165, 327
Eizahn 64, 339
Ejakulat 330
Ejakulation 286
EKG 98
eklektischer Ansatz der Klassifika-
    tion 427
Ektoderm 336
Ektoparasiten 465
Elektrokardiogramm, EKG 98
Elektrolyt-Gleichgewicht 171
Elektrophorese 369
Elle 19, 27
Ellenbogengelenk 26
Elongation 326
Embryoabfaltung 336
Embryogenese 99, 142, 206, 225, 226, 335
Embryologie 426
Embryonalhüllen 336
Emigration 450
Eminentia mediana 120
Eminentia sagittalis 142, 144
Eminentia telencephali 142
EMLEN 386
Emlentrichter 386
Empfindlichkeit 157
Encephalitis 476
endaspidianer Lauf 68
Enddarm 173, 181, 188
Enddarmverdauung 188
endemisch 441
Endemismen 444
Endharn 204
Endknöpfchen 134
Endolymphe 154, 156
Endoparasiten 465, 469
Endotherme 418
Endothermie 212
Energieäquivalent 166, 223
Energieaufwand 321
Energieausnutzung Nahrung 230
Energieersparnis 229
Energiegewinnung 165, 167
Energiehaushalt 212
Energiekosten 227
Energiespeicher 230
Energiestoffwechsel 217
Enfilaria 473
Entamoeba histolytica 474
Enteritis 476
Enterobacteriaceae 476
enterohepatischer Kreislauf 188
Enterohepatitis 470
Enterokrinin 130
Enterorezeptoren 139
Entleerungshäufigkeit 182
Entoderm 335, 337
Entwicklung Feder 75
Entwicklung Keimdrüsen 224
Entwicklung, phylogenetische 242
Entwicklungsmodus 341
Enzyme 185
Enzyminduktion 115
Enzympolymorphismus 369
Eophytikum 416
eosinophile Granulozyten 104
Eozän 421
Epidermis 62, 64
Epidermoptes 466
Epididymis 284
Epiglottis 175
Epiphyse 117, 145
Epiphysen (Knochen) 18
Epithalamus 145

Epithelium superficiale 290
Epithelkörperchen 121, 123
Epomidiostomum uncinatum 471
Erdzeitalter 415
Erektion 286
Ereynetidae 467
Ergosterin 172
Ergosterol 70
Erhaltungsstoffwechsel 165
Erhaltungsumsatz 217
Ernährung 165
Ernährung Junge 309
Erregungsbildungssystem 97
Ersatzbruten 306
Ersatzknochen 18
Erstbrut 360
Eruption 378
Erysium crepidifolium 477
Erythropoetin 130
Erythrozyten 101, 107, 178
Escherichia coli 173, 476
Colibazillose 476
Essigsäure 188
Esthiopterum 468
Ethogramm 239
Ethologie 239
Ethophysiologie 240
Eucotylos 472
Eufilaria 475
Eumelanin 82
Europäische Hühnermilbe 466
eustachische Röhre 100, 174
Eustrongylides 470
eutaxisch 81
evaporativer Wärmeverlust 233
evaporativer Wasserverlust 233, 236
Evasion 379
Evolution 249, 294, 363, 413, 415
Evolutionsprozesse 371
exaspidianer Lauf 68
Existenzumsatz 225
Exkretion 199
Exkretionsrate 203
Exkretstoffe 199, 205
Exocoel 336
Exotoxin 476
extrapulmonale Bronchen 108
extrarenale Exkretionsorgane 199, 205
Extremitäten 338
Extremitäten-Ableitung 98

F-Zelle 125
Fadendune 74
Fadenwürmer 465, 470
Fahnenpecten 151
Fahrenholzsche Regel 467
Falculifer rostratus 466
Falknerei 516
Falte 182
Faltenpecten 151
Familie 428
Fangstation 385
Farbabweichung 84
Farben 81, 324
Farberzeugung 81
Farbmorphen 86
Farbsehen 150, 154
Fasciculus longitudinalis 146
Faserverbindungen 141
Fasten 127
Fauchlaute 269
Feder 15, 71, 337, 418
Federäste 71
Federfahne 71
Federfarbe 81, 238
Federflur 78, 88
Federgeneration 87
Federisolation 238
Federkeratin 74, 222
Federlinge 467
Federmasse 223
Federmengen 77

Federmilben 466
Federmuskel 74
Federparasiten 465
Federrain 78
Federscheide 75, 338
Federseele 71
Federsynthese 222
Federtyp 71
Federwachstum 76
Federwechsel 87
Federzahl 78
Fehlfarben 477
Feindverhalten 256
Feldstationen 503
Fenestra cochleae 154
Fenestra vestibuli 154, 155
Ferribia 468
Fersenschuppen 67
Fertilisation 283
Fettanlagerung 225, 404
Fette 165, 167, 230
Fettkörper 63
Fettreserve 392
Fettsäureoxidation 127
fibroelastischer Körper 285
Fibula 19, 25
Fieber 215, 474
Fieberkeim 474
Filarioidea 473
Filmlage 325
Filoplumae 74
Fimbriaria 472
Finger 19, 26, 27
Fingernagel 64
FINSCH 498
Fische 187
Fischfang 248
Fischjäger 193
Fissura 140, 142
Fitness 287, 373
Fixierung, Eier 313
Flächenbelastung 55
Flagellaten 470
Flamingobius 467
Flavismus 84, 477
Fleischfresser 189
Fliegen 468
Flocculus 136, 142, 146
Flöhe 468
Flucht 257
Flügel 45
Flügel-Flächen-Belastung 50
Flügelbein 20
Flügelfläche 55
Flügelform 45
Flügelformel 80
Flügelklappern 269
Flügelklatschen 269
Flügelmarke 385
Flügelprofil 45
Flügelschläge 112
Flügelschlagfrequenz 58
Flügelspannweite 53
Flügelspiegel 83
Flugfähigkeit 61, 346
Fluggesang 274
Fluggeschwindigkeit 59
Flughöhe 60, 398
Fluglauf 41
Flugleistung 60
Flugmanöver 58
Flugmuskel 30
Flugmuskulatur 24
Flugsaurier 142, 422
Flugsprünge 35
Flugstrecken 60
flugunfähige Vögel 60
Flugunfähigkeit 89, 93
Flugweglänge 60
Flurenmuster 79
Foci 88
Folgegelege 306
Folium cerebelli 142

Folliculus 75
Follikel 75, 121, 281
Follikelhormon 129
Follikelwachstum 282
Follikelzelle 124, 281
Folsäure 173
Fontanasche Räume 149
Foramen acetabuli 25
Foramen cochleare, vestibulare 20
Foramen ischiadicum 19, 25
Foramen obturatum 19, 25
Foramen opticum 20
Foramen pneumaticum 26
Foramen transversarium 23
Foramen triosseum 26
Foramen vertebrale 23
FORSTER 498
Fortbewegung 33, 517
Fortbewegungsweisen 33
Fortpflanzung 280, 346
Fortpflanzungssysteme 288
Fortpflanzungszellen 282
Fortpflanzungszyklus 302
Fossa condyloidea 23
Fossa transversa 183
Fossilgeschichte 415
Fovea centralis 150
Fovea costalis 23
Fovea cranioventralis 23
Fovea limbica 142
Freibrüter 332
freie Nervenendigungen 161
freier Existenzumsatz 225
Fremdansiedlung 389
Fremdreflex 140
Frequenzmodulation 268
Frequenzunterschiede 157
Fressen aus der Faust 195
Freyanoidea 466
FRIEDRICH II 496
FRISCH 499
Frontopsylla laeta 469
Fruchtbarkeitsvitamin 172
Frugivorie 189
Frühbrüter 93
Fruktose 167
FSH 117
FSHRH 116
Fühlermade 471
Funiculus anterior 140
Funiculus lateralis 140
Funiculus posterior 140
FÜRBRINGER 498
Furchung 335
Furchungsstadium 335
Furcula 23, 26
Fußbefiederung 34
Fußsporn 25
Fußwanderung 400
Futtermittel 168

GABA 133
Gabelbein 23, 26
Gähnen 255
Galaktose 167
Galle 186
Gallenblase 181, 183
Gallenblasenentleerung 130
Gallenfarbstoff 186, 188
Gallengänge 181
Gallensäure 186, 188
Ganglienzellen 149
Ganglion adrenale 138
Ganglion cervicale craniale 138
Ganglion cervicale superior 143
Ganglion coeliacum 138
Ganglion habelunea 145
Ganglion mesentericum 138
Gänsesterbe 477
Gärkammer 182
Gärungsvorgang 188
Gärungswärme 311

Gasaustausch 106
Gastrin 130
Gastrolithe 180, 184, 186
Gastrotaenia 470
Gastrula 335
Gastrulation 335
Gastvogel 441
GÄTKE 502
Gattung 428
Gaumen 21, 174
Gaumenbein 20
Gaumenspeicheldrüsen 175
Gefährdungsursachen 489
Gefieder 42, 71, 77
Gefiederfärbung 85, 385
Gefiederfolge 87
Gefiederisolation 220
Gefiederpflege 255
Gefiederunbenetzbarkeit 38
Gefiederzusammensetzung 77
Gegenstrommechanismen 207, 233
Gehen 33
Gehirn 135, 139, 141, 338
Gehirnbläschen 338
Gehirnflüssigkeit 142
Gehirnnerven 134, 136, 143
Gehirnschädel 20
Gehirnventrikel 338
Gehörknöchelchen 20, 21, 27, 155
Geißeltierchen 470
Gelbfieber 476
Gelbkörper 129
Gelege 324, 330
Gelegegröße 330
Gelegestärke 332
Gelenkschmiere 25
Gemeinschaftsnester 314
Gemischtköstler 189
Gendrift 370
Gene flow 370
genetische Differenzierung 371
genetische Kontinuität 371
genetischer Austausch 349
Genfluß 370, 390
Genotypfrequenzen 372
Genpool 349
Genus 428
geographische Variation 374
Gerbsäure 325
Gerinnungszeit 103
Geruchssinn 159
Geruchsvermögen 159
Gesamtauftrieb 46
Gesamtluftkraft 47
Gesamtstoffwechsel 217, 226, 229
Gesang 113, 264, 272
Gesang, Reichweite 274
Gesangaktivität 275
Gesangentwicklung 277
Gesanghelligkeit 275
Gesangnerv 137
Geschichte 495
Geschlechtsbestimmung 286
Geschlechtschromosomen 330
Geschlechtshormone 282
Geschlechtsreife 346
Geschlechtsumkehr 283
Geschlechtsverhältnis 357
Geschlechtszyklus 129, 131
Geschmacksgrenze 161
Geschmacksknospen 159, 174
Geschmacksnerv 137
Geschmacksorgan 159
Geschwindigkeit 39, 100, 229, 399
Geschwülste 477
Gesichtsfeld 153
Gesichtsschädel 20
GESNER 496
Gestagen 128
Gewebeparasiten 473
Gewebshormon 114, 130
Gewichtsersparnis 280

gewichtsspezifischer Energieumsatz 218
Gewölle 190
GH 116
GH-Plasma-Konzentration 119
GHRH 116
Giardia 470
Giavannelaia 474
GIH 116
Gilden 441
Glandula lacrimalis 152
Glandula nasi 158
Glandula parathyreoidea 123
Glandula pinealis 142
Glandula suprarenalis 124
Glandula thyreoidea 121
Glandula uropygii 69
Glandulae parathyreoideae 121
Glandulae proventriculares 179
Glandulae salivales 175
Glandulae uropygialis 69
glanduläres Hormon 114
Glaskörper 152
glatte Muskulatur 28
glattes endoplasmatisches Reticulum 134
Glazialperiode 455
Gleichgewichtssinn 157
Gleiten 49
Gleitgeschwindigkeit 50
Gleitzahl 49
glomeruläre Filtration 203, 204
Glomerulus 201
Glomus caroticum 121
Glomus seminale 285
Glottis 175
Glukagon 127, 130
Glukokortikoide 126
Gluconeogenese 126, 167
Glukose 167, 230
Glykogen 29, 167, 230
Glykogen-Körper 135
Glykogenese 167
Glykogenolyse 167
Glykogensynthese 115
Golgiapparat 134
Gonaden 128
Gonadensoma 283, 286
Gonglyma 470
Gonozyten 282
GOULD 499
Grabmilben 466
Grandrysche Körperchen 162, 174
Granulozyten-Granula 104
graue Substanz 135, 140
Grenzstrang 138
GRH 116
Grippe 476
Grit 186
Großgefieder 71
Großhirn 141, 143
Gründeln 40
Grundnahrungsstoffe 165
Grundton 264
Gruppenbalz 259
Gruppenfischen 263
Gruppenverhalten 263
Gymnophallidae sp. 475

H_2O-Ausnutzungsrate 203
H_2O-Gehalt Körper 203
Haarsinneszelle 156
Haarzellen 158
Habitat 441
Habitatnutzung 460
Habitatwahl 458
Habituation 245
Habronema 470
Haemamoeba 474
Haemoproteus 474
Haftfarbe 81, 83
Hagelschnur 281, 324

Hahnentritt 335
HÄHNLE 501
Hakenstrahlen 72
Halbdunen 73
Halsanschwellung 139
Halsmanschette 385
Halsmuskel 31
Halsringmethode 190
Halswirbel 23
Hämatokritwert 101
Hämatozoon 474
Hammer 20, 155
Hämoglobin 101
Hämogregarinen 475
Hämosporidien 474
Hand 27
Handflügelindex 80
Handwurzelknochen 26
Hangeln 35
Hardersche Drüse 152, 211
Haremspolygynie 291
Harnblase 199
Harnleiter 182, 199, 284
Harnsack 337
Harnsammelrohr 199
Harnsäure 184, 204
Harnsäuresynthese 204
harte Hirnhaut 142
HARTERT 499
HARTLAUB 498
Hassen 257
Hauptbronchen 106
Hauptmuskeln 31
Hauptzellen 207
Hausgeflügel 514
Haut 62
Hautanhänge 238
Hautatmung 106
Hautbildung 63
Hautdrüse 62, 67
häutiges Labyrinth 154
Hautmilben 466
Hautparasiten 465
Hautpartie 63
Hautrezeptoren 161
Haversche Kanäle 19
HCl 178, 185
Hecheln 110, 235, 236
HEINROTH 239, 501
Helfer 294
Helferarten 296
Helferverhalten 296
Helligkeitsehen 150
Hemisphären 143
Hemispherium telencephali 142
Henlesche Schleife 200
Hepar 183
Hepatitis 476
Herbivore 189
Herbstgesang 275
Herbstkleid 92
Herbstsche Körperchen 161, 174
Hering-Breuer-Reflex 111
HERMANN 502
Herpes 476
Herz 339
Herz-Autorhythmie-Zentrum 97
Herzbeutel 95
Herzbeutelentzündung 476
Herzbeutelflüssigkeit 95
Herzdurchblutung 100
Herzfrequenz 96
Herzkranzgefäße 98
Herzmasse 95
Herzmuskelfaser 95
Herzmuskelzelle 28
Herzschläge 95, 96
Herzschlagfrequenz 95
Herzskelett 97
Herztätigkeit 171
Heterakis 472
Heterochromatismus 84
Heterochromosomen 330

Heteroduplices 428
Heterophiidae 472
heterotrophe Organismen 217
Heterozygotie 373
Hexamita 470
HILDEN 408
Hinterhauptsbein 20
Hinterhauptshöcker 19
Hinterhirn 141, 145
Hinterhorn 140
Hinterlappen 121
Hinterstrang 140
Hinterwurzeln 140
Hippocampus 143
Hirnanhangdrüse 118
Hirnhaut 140, 142
Hirnhautentzündung 476
Hirnventrikel 142, 144
Hissche Bündel 98
Histamin 130
Histomonaden 470
Hitzetod 219
Höchstalter 347
Höcker 64
Hoden 128, 283
Hodenkanälchen 284
Hodennetz 284
Höhenadaptation 101
Höhenanpassung 102
Höhlenbrüter 332
Hohltiere 187
holarktische Region 451
HOMEYER 501
Homiotherme 212
Homoduplices 428
Homologie 250, 427
Homöostase 133, 138
Homozygotie 373
Hörbereich 157
Horizontalzellen 149
Hormon 114, 186
hormonale Regulation 115
Hormondrüsen 116
Hormonsystem 114
Hornhaut 148
Hornkämme 68
Hornscheiden 67
Hornschuppen 67
Hornzellschicht 62
Hörtrompete 155
Hörvorgang 156
HOWARD 501
Hudern 261
Huffia 474
Hühnerläuse 467
Humanimpfstoffe 476
Humerus 19, 26, 27
Humor aquosus 149
humorale Abwehr 105
Hunger 214, 230
Hungerstreifen 76, 167, 477
Hüpfen 35
HUXLEY 501
HVL 120
Hybrid-Doppelhelices 428
Hydrolasen 184
Hydrolipidfilm 64
Hydroxykobalamin 172
Hymenolepis 472
Hyoideum 21
Hyperchroismus 84
Hyperphagie 230
Hyperstriatum 144, 146
Hypertensin 130
Hypertensinogen 130
Hyperthermie 219, 221
Hypochromatismus 84
Hypoglossus 137
Hyponatraemie 211
Hypopenna 71
Hypophyse 118, 120, 145
Hypophysenstiel 120, 136
Hyporhachis 71

hypothalamisch-hypophysäres
 System 118
Hypothalamus 116, 145
Hypothermie 214, 219, 221, 238

I-Streifen 28
Ibidoecus 468
IBN SINA 495
ICBP 508, 509
ICSH 116
Iglu-Effekt 232
Ileum 180
Ilium 24
ILLIGER 498
IMMELMANN 501
Immunabwehr 132
Immunglobuline 132
Immunisierung, aktive 132
Immunität 104
Immunkompetenz 103, 105
Immutabilis-Form 84
Imponieren 257
Imponierverhalten 256
Imprinting 246
Incisura ovalis 23
Influenza 476
Infraton 157
Infundibularspalte 175
Infundibulum 107, 136, 177, 281, 282
Ingluvies 176
Inkret 114
Inkubation 224
Innenohr 156
innere Uhr 164, 251
Innervation Salzdrüse 206
Insekt 187
Insektenfresser 189
Insel-Zoogeographie 444
Inselbiogeographie 442
Inselpopulation 333, 444
Inselzellen 126
Instinkthandlung 241
Instinktmodell 243
Instrumentallaute 269
Insulin 127, 130
Integument 62
Intensionsbewegung 250
interbronchales Septum 107
Interferenz 83
Interglazialperiode 455
Intergradation 347
Interkarotide 98
Internationale Komission für Zoologische
 Nomenklatur 433
internationaler Code 431
Interneuron 140
Interrenalorgan 125
Intertarsalgelenk 25
Introgression 374
Intumenta cervicalis 139
Intumenta lumbalis 139
Intumenta lumbosacralis 139
Invasion 379
Inzucht 372
Iris 148
Iruption 378
Ischium 24
Ischnocera 467
Isolation 92, 235, 237
Isolierung 418
Isospora 470
Isospora serini 475
Isthmus 281
Isthmus gastris 179
Ixodes 466
Ixodidae-Zecken 466
IZ-Zelle 125

JACOBSON 205
Jahresgang 225
Jahreskleid 91

Jahresmauser 91
jahresperiodische Temperaturschwankungen 213
Jahresvogel 376
Jahreszyklus 94, 303
JARDINE 499
Jecur 183
Jejenum 180
Jochbein 20
Jochfortsatz 20
Jod 174
Joule 13
Jugendentwicklung 341, 404
Jugendkleid 91
Jungenaufzucht 225
Jura 416
Jurazeit 418
juxtaglomerulärer Apparat 129, 201, 204

Kainismus 249
KALELA 408
Kalendereffekt 333, 407
Kalium 171
Kalkanlagerung 283
kalkiger Kot 204
Kalkkammer 282
Kaltblüter 212
Kältezeit 455
Kalzitonin 124
Kalzium 168, 171
Kambrium 416
Kamm 149
Kammerwasser 152
Kampfverhalten 256
Kanalzellen 207
Kanarienxanthophyll 82
Kanismus 333
Karbohydratasen 186
Karbon 416
Karotine 82, 172
Karotiskörperchen 123
Karte-Kompaß-Konzept 413
Karyotyp 368
Kaspar-Hauser-Tiere 244
Kaspar-Hauser-Versuch 386
Katecholamine 125
Kaumagen 178
Kaviar des Ostens 175
Kehlflattern 110, 235, 236
Kehlkopf 266
Kehlkopfspeicheldrüsen 175
Kehlkopfwulst 175
Kehlspalt 269
Keilbein 20
Keimanlage 281
Keimblatt 335
Keimdrüse 128
Keimesentwicklung 133, 335
Keimscheibe 335
Keimzellen 282
Keratin 74
Keratohyalin 62
Kerne/Kerngebiete im Nachhirn 135
Kerngebiete Hirn 144
Kernregionen 146
KEULEMANN 499
Kieferläuse 467
Kiel 26
Kin selection 298
Kindergärten 297
Kinozilium 158
Klangspektrograph 264
Klasse 428
Klassifikation 426, 434
Kleider 90
Kleiderfolge 91
Kleingefieder 71
Kleinhirn 136, 141, 145
Kleinhirn-Ventrikel 146
Kleinhirnfissuren 146
Kleptoparasitismus 195
Klettern 35

Klimaänderung 455
klinale Variation 374
Kloake 182
Kloakenöffnung 183
Knemidocoptes 466
knemidophorer Lauf 68
Knicksen 153, 250
Kniegelenk 25
Kniescheibe 25
Knochenstoffwechsel 171
Knochensystem 18
Knorpel 18
KOEPCKE 503
Koexistenz 464
Kohlenhydrate 165, 167
Koilinschicht 180
Kollateral-Ganglion 135
Kollaterale 134
Kolonialbrüter 355
Kolonialität 352
Kolonie 355
Komfortverhalten 252
Kommensalismus 196
Kommissurfasern 144
Kompaß 163
Konditionierung 245
Konduktion 238
konisches Pecten 151
Konkurrenz 414, 459, 463
Konstanten 13
Kontinentalverschiebung 454
Kontraktionsgeschindigkeit 29
Konturfedern 71
Konvektion 238
konvergente Verhaltensentwicklung 250
Konvergenz 135, 150
Konzentrationsfähigkeit 201
Konzentrationsleistung 209
kooperative Brutpflegesysteme 294
Kopfkratzen 255
Kopfmuskel 31
Kopfnicken 153
Kopfschütteln 255
Kopfwackeln 153
Kopfwiegen 153
Kopulation 329
Körpergröße 332
Körperhaltung 147
Körpermasse Altvögel 229
Körperschütteln 255
Körpertemperatur 129, 212, 346
Körpertemperatur, Regelung 231
Körperzusammensetzung 345
Kortex (Hirn) 143
Kortikalzelle 125
Kortikoliberin 126
Kortikosteroide 125, 211
Kortikosteron 126
Kortikosteron-Blocker 211
Kortisol 126
kosmopolitisch 441
Kotspritzen 262
KOZLOVA 503
Krähenfederling 467
KRAMER 410, 502
Kreatinphosphat 28
Krebs 478
Krebstier 187
Kreide 416
Kreidezeit 420
Kreislaufsystem 95
Kreuzbein 24
Kreuzgeflecht 134
kristalline Schicht 325
kritische Temperatur 220
Kropf 176, 185
Kropfmilch 177
Kropfverdauung 185
kryptische Färbung 85
Kuckucksfederling 467
Kühlung durch Wind 235
KÜKENTHAL 502

künstliche Bebrütung 341
künstliche Befruchtung 330
Kupfer 174
Kurvenfliegen 52
Kurzstreckenzieher 80, 231, 376
Kutikula 324

Labyrinth 156
Labyrinthodontia 422
Lacertilia 422
LACK 502
Lagena 154, 156, 157
Laktase 167, 189
Laktose 167, 189
Lakunen-Raum 183
Lamellar-Zellen 162
Lamina elastica 64
Lamina propria 179
Lamina terminalis 338
Lamina vittelina 290
laminare Grenzschicht 48
Laminosioptes 466
Lancestrella 475
Landen 58
Landvogel 391
Landwirbeltier 192
Länge Brutsaison 306
Langerhanssche Inselzellen 184
Langsamflug 56
Langstreckenzieher 80, 231, 296, 376
Laparatomie 478
Laryngotracheitis 476
Larynx 175, 266, 269
Latebra 324
Latenzzeit 28
LATHAMS 498
Laufbedeckung 68
Laufen 33
Laufgelenk 25
Laufknochen 19, 25
Laufkosten 229
Laufkralle 64
Lausfliegen 468
Lautäußerungen 264
Lauterzeugung 264
Lautgeneratoren 268
Lautstärke 267, 269
Leaky junction 207
Lebensalter 347
Leber 99, 183, 186
Leberentzündung 476
Leberpfortader 99
Lederhaut 62
Leewellen-Segeln 51
Legebeginn 305
Legeperiode 19, 124
Leiperia gracilis 473
Leisten von äußerer Arbeit 229
Leistungsanforderung 229
Leitungsgeschwindigkeit 233
Lemniscus lateralis 144
Lendenanschwellung 139
Lendengeflecht 134
Lens 149
Lepidosauria 422
Lernbindung 277
Lernen 245
Lernfähigkeit 277
Lernfilter 277
Lethaltemperatur 219
Leucochloridium 471
Leucocytozoon 474
Leukismus 84
Leukozyten 103
LEVAILLANT 498
Leydigsche Zwischenzelle 117, 128, 284
LH 116, 130
LHRH 116
Liberine 114, 120
Lichtrezeptor 118
Lieberkühnsche Krypten 180
Lien 100

Ligament 79
Ligamentum annulare 155
Ligamentum pectinatum 149
LILIENTHAL 502
Lingua 174
Linguatulida 473
Lingula 146
LINNE 497
Linolsäure 167
Linse 149
Linsenform 150
Lipasen 186
Lipidindex 231
Lipochrome 82
Lipolyse 127
Lippen 174
Liquor cerebrospinales 140, 142
Listeriose 476
Lobenseptum 69
Lobuli renales 199
Lobus 206
Lobus anterior 146
Lobus glandulae uropygialis 69
Lobus medius 146
Lobus olfactorius 136, 146
Lobus opticus 143
Lobus parolfactorius 146
Lobus posterior 146
Londoner Archeopteryx-Exemplar 415
LORENZ 239, 501
LTH 116
Lucilia 468
Luftfeindruf 270
Luftfeuchtigkeit 311
Luftfilter 158
Luftkammer 339
Luftkapillare 107
Luftkraft 57
Luftröhre 106
Luftröhrenwürmer 472
Luftsäcke 108
Luftsackventrikel 109
Lufttemperatur 310
Luftwarnruf 270
Lumbal-Plexus 135
Lumbalanschwellung 139
Lumbalwulst 139
Lumbosacralnerven 133
Lummensprung 263
Lunge 106, 225
Lungen-Luftvolumen 111
Lungenatmung 339
Lungenmasse 111
Lungenpfeifen 106
Lungenproduktion 361
Lutein 82
LYIF 131
lympatisches Organ 100
Lymphgefäße 100, 130, 167
Lymphherz 100
Lymphknoten 100
Lymphokine 131
Lymphopoese 100
Lymphozyten 103
Lyncia maura 468
Lysin 168
Lysinmangel 167
Lysosomen 134
Lysozyme 328

MACARTHUR 503
Macula densa 129
Macula lagena, sacculi, utriculi 154
Magen 99, 178, 471
Magenöl 178
Magensaft 185
Magensteinchen 180
Magenverdauung 185
Magnesium 171
Magnetfeld 412
magnetischer Sensor 151
Magnetkompaß 163, 411

Magnum 281
Makrochromosomen 369
Malaria 468, 474
Mallophagen 467
Malpighi-Körperchen 129, 201
Maltase 186
Mamillenschicht 325
Mandelkörper 143
Mandibel 20
Mangan 174
Mannitol-Diurese 203
MAREY 502
Maritrema gratiosum 475
Mark (Hirn) 143
Mark 72
Markierung der Vögel 383
Markscheide 134
Markzone 200, 281
MARSHALL 502
Masseabhängigkeit Stoffwechsel 218
Masseentwicklung 343
Massezug 380
Maßeinheiten 13
Mating system 288
Matrix 179
Mauersegler-Lausfliege 468
Maul- und Klauenseuche 476
Mauser 87, 222
Mauser, alternierende 89
Mauserdauer 94
Mauserfocus 88
Mauserfolge 90, 94
Mauserhemmung 94
Mausermodus 88
Mauserquartier 93
Mauserrhythmus 88
Mauserunterbrechung 93
Mauserzyklus 90
Maxberger Archeopteryx-Exem-
plar 417
Maxillare 20
Maxillarsinus 159
Maximalumsatz 225
MAYR 434, 502
Mechanorezeptoren 157, 160
Medulla 71, 200
Medulla oblongata 141, 147
Medulla spinalis 139, 142
medulläre Knochen 18
medulläres Nephron 201
MEGENBERG 495
Mehrfachbildungen 477
Meiose 289
Melanin 63, 82, 175
Melanismus 477
Melanozyt 82, 151, 284
Melatonin 118
Melatonin-Produktion 119
Melotop 274
Melusinidae 469
Membrana basalis 64
Membrana basilaris 154
Membrana chalazifera 328
Membrana nictitans 152
Membrana tectoria 157
Membrana tympani 154
Menacanthus stramineus 467
Menachinon 172
Menadion 172
Mengenelement 167
Meninges 140, 142
Meningitis 476
Meniscus 23
Menopon 468
Menopon gallinae 467
MERKEL 386
Merkelsche Divertikel 180
Merkelsche Körperchen 163
Merkmalsvariation 431
MERREM 495, 497
Mesencephalon 141, 142, 145, 338
Mesocoel 338
Mesoderm 336

Mesonephros 286
Mesophytikum 416
Mesoptile 73
Mesorchium 283
Mesotocin 117
Mesozoikum 416
Metacarpalia 26
Metacarpus 19
Metacercarien 471
Metacoel 338
Metanephros 199
Metastigmata 465
Metencephalon 141, 145
Methionin 167, 168
MEYER 499
Microphallus primas 475
Mikrofilarie 471
Mikroklima 231
Mikroorganismen 188
Milben 465
Milchbrustgang 100
Milchsäurebakterien 189
Milchzucker 167
Milz 100
Milzbrand 476
Mineralienbedarf 190
Mineralkortikoide 126
Mineralstoff 167, 168
Mineralstoffreserve 19
Minutenvolumen 111
Miozän 421
Miracidium 471
Mischfarben 83
Mischsänger 277
Mißbildungen 477
Mitochondrien 28, 134
Mitose 289
Mitralzelle 135
Mittelalter 495
Mitteldarm 173
Mittelhand 19
Mittelhandknochen 26
Mittelhirn 141, 145
Mittelohr 155
Mittelstück 119
Mollicutes 476
Molybdän 174
Monogamie 288
Monojodthyrosin 123
Monopetalonema 472
monosynaptischer Reflex 141
Monozyten 104
Monrosches Fenster 338
MONTAGUE 500
MORSE NICE 503
Mortalität 358, 487
MORTENSEN 502
Morulastadium 335
Mosaikzyklus-Theorie 463
Motiv 265
Motivation 241
Motoneuron 140
motorische Fasern 133
mRNA 115
MSH 117
MT 117, 120
MT-Nephron 202
Mucine 175
Müllerscher Gang 282
Multifaktorensystem 412
Mundhöhle 175
Mundregion 173, 174
Mundschleimhaut 175
Mundspeicheldrüse 175
Mundverdauung 185
Muralium 183
Muschel 187
Musculi pennati 74
Musculus adductor 30
Musculus apterialis 64
Musculus biceps 30
Musculus complexus 340
Musculus coocygeus 29

Musculus crassus 179
Musculus deltoideus 29
Musculus extensor 29
Musculus fibularis 29
Musculus flexor 30
Musculus gastrocnemius 29
Musculus glutaeus 29
Musculus gracilis 30
Musculus iliofibularis 29
Musculus latissimus 29
Musculus levator 29
Musculus longis 29
Musculus longissimus 29
Musculus obliquus 29
Musculus patagii 30
Musculus pectoralis 26
Musculus pronatur 30
Musculus rectus 30
Musculus sartorius 29
Musculus sclerocornealis 149
Musculus sphincter 29
Musculus sternotrachealis 121
Musculus striatus 64
Musculus tensor 29
Musculus tensor choroidae 149
Musculus tenuis 179
Musculus tibialis 30
Musculus transversus 30
Musculus trapezius 29
Musculus triceps 29
Musculus, diverse 31, 32
Museen 503
Muskelmagen 178
Muskelsystem 28
Muskelzelle 28
Muskelzittern 233
Mycoplasma 476
Mycoplasmen 476
Mycosen 477
Mycotoxine 477
Myelencephalon 141, 147
Myelin 134
Myelitis 476
Myeloceol 338
Myialges 466
Myocarditis 476
Myofibrille 28
Myoglobin 29, 30, 43

Nabelstrang 336
Nachahmung 245
Nachgelege 306
Nachhirn 141, 147
Nachlaufen 244
Nachniere 199
Nächtigen 233
Nachtschlaflethargie 216
Nachtzieher 398
NAD 172
NADPH 172
Nährstoffgruppen 165
Nahrung 187, 309
Nahrungsbedürfnis 166
Nahrungseffizienz 217
Nahrungserwerb 191
Nahrungsfaktoren 166
Nahrungsmenge 185
Nahrungsrevier 353
Nahrungsschmarotzer 469
Nahrungsspektrum 189
Nahrungsstehlen 196
Nahrungsstoffe 165
Nahrungssuche 247
Nahrungsumstellung 190
Nahrungsvorrat 196
Nahrungswahl 188, 191
Namenssystem 431
Nares 21, 158
Nasenbein 20
Nasendrüsen 158, 205
Nasenhöhle 158

Nasenlöcher 21
Nasenmuschel 158
Nasenöffnung 158
Nasenvorhof 158
Natalität 358
Natrium 168, 171
Natriumpumpe 204
Naturschutzgedanke 480
NAUMANN 499
Naumannia 500
Navigation 412
Nearktis 451
nearktische Region 452
Nebenflügel 80
Nebenhoden 284
Nebenhodenkanal 284
Nebenniere 124
Nebennierenmarkhormone 125
Nebennierenrinde 125
Nebenschilddrüse 123
Nektar 187, 190
nektarsaugender Vogel 192
Nematoden (Fadenwürmer) 470
Nematoparataenidae 470
Neocheyletilla 466
Neodiplostomum 472
Neognathe 155
Neokortex 141
Neoptile 73
Neopulmo 106
Neossoptile 73
Neostriatum 143, 146
Neotropis 452
neotropische Region 453
Neottiophilum 468
Nephron 200
Nephros 199
Nervennetze 134
Nervenstützgewebe 151
Nervensystem 133
Nervenzelle 133, 134
Nervi craniales 134
Nervi spinales 133
Nervus abducens 137
Nervus accessorius 137
Nervus caroticus 138
Nervus facialis 137, 210
Nervus glossopharyngeus 137
Nervus hypoglossus 137
Nervus intestinalis 138
Nervus oculomotorius 136
Nervus olfactorius 134
Nervus opticus 135, 146, 149
Nervus pudendus 138
Nervus recurrens 121
Nervus trigeminus 136
Nervus trochlearis 136
Nervus vagus 121, 138
Nervus vestibulocochlearis 137
Nest 310
Nestbau 310, 315, 321
Nestdunen 73
Nestfauna 469
Nestflüchter 246, 262, 331, 341
Nesthocker 246, 331, 341
Nestkonstruktion 314
Nestlage 315
Nestmaterial 314, 321
Nestparasiten 469
Nestschmarotzer 469
Neststandort 314
Nesttypen 315
Netzhaut 149
Neugiertrieb 241
Neuralrohr 142
Neurit 134, 140
Neuritis 476
Neurocranium 19
Neurofilamente 134
Neuroglia 151
Neurohormon 114
Neurohypophyse 117, 119, 120
Neurohypophysenektomie 203

Neuron 133, 134
Neurosekretion 114
Neurotoxin 476
Neurotubuli 134
Newcastle-Krankheit 476
Newton 13
NH$_3$ 199
Nickel 174
Nickhaut 152
Nickhautdrüse 152
Niere 99, 199
Nierenkörperchen 129, 201
Nierenläppchen 199
Nierenmorphologie 201
Nierenpfortader 99, 199
Nierentubuli 201
NIETHAMMER 503
Nikotinsäure 172
Nikotinsäureamid 172
Nisthabitate 319
Nistplatz 321
Nitritkobalamin 172
NNR 125
NOBLE 501
Nodulus 146
Nodus lymphaticus 100
Nomadismus 378
Nomenklatur 431
Noradrenalin 124, 125, 133, 139
Notfall-Speicherstoffe 230
Notocotylus 472
NOU 508, 509
Novyella 474
NS 133
Nuclei marginales 140
Nucleolus 134
Nucleus (versch.) 134, 135
Nucleus anterior 146
Nucleus cerebelli 146
Nucleus dorsolateralis 144
Nucleus intercalatus 146
Nucleus mesencephalicus 144
Nucleus opticus 146
Nucleus paraventricularis 120, 144
Nucleus pedunculatus 146
Nucleus praetectalis 146
Nucleus reticularis 146
Nucleus rotundus 144
Nucleus ruber 146
Nucleus sensibilis 146
Nucleus spiriformis 146
Nucleus supraopticus 120
numerische Taxonomie 427
nutzbare Energie 217

O$_2$-Leitfähigkeit 327
Oberarm 19, 27
Oberarmknochen 26
Oberhaut 62
Oberhäutchen 324
Oberkiefer 20
Oberschenkel 24
Obertöne 264
Oculus 148
Oeciacus 468
Oesophagus 176, 185
Oesophagussack, aufblasbarer 178
Oesophagusverdauung 185
Ohr 155
Ohrmuschel 155
Ökoethologie 240
ökologische Nische 456, 461
olfaktorische Navigation 413
Öltröpfchen 152
Omnivore 189
Ontogenese 207, 216, 226, 229, 244, 261, 341
Ontogenese-Zeit 343
Oocysten 475
Oogenese 280
Oogonie 282

Oogonien 280
Oozyten 282
Operculum 155
Ophidia 422
opportunistisches Brüten 305
optisches Chiasma 338
Optokinese 35
Orbita 152
Orchipedium 472
Ordnung 428
Ordovizium 416
Orga 345
Organogenese 337
Organum gustus 159
Organum olfactorius 158
orientalische Region 453
Orientierung 409
Orientierungsforschung 502
Ornis 500
Ornithin 205
Ornithischia 422
Ornithobilharzia canalicula 475
Ornithodoros capensis 466
Ornithofilaria 465
ornithologische Arbeitsgemein-
    schaften 510
ornithologische Gesellschaften 501
Ornithomya 468
Ornithonyssus 466
Ornithose 476
Ornithosuchus 424
Ornithursäure 204
Oropharynx 174
Orthomyxoviren 476
Ortstreue 372, 389
Os carpi 27
Os carpometacarpale 27
Os coracoides 19, 23
Os entoglossum 22
Os femoris 19
Os frontale 20
Os ilium 19, 25
Os intermaxillare 20
Os ischii 19, 25
Os lacrimale 20
Os maxillare 20
Os nasale 20
Os occipitale 20
Os palatinum 20
Os parietale 20
Os pterygoides 20
Os pubis 19, 25
Os quadratum 20
Os sphenoidale 20
Os temporale 20
Os zygomaticum 20
Osmorezeptoren 210
osmotische Resistenz 103
Ösophagus 121, 177
Ossa palatina 21
Ossifikation 18
Osteoblasten 18
Osteoklasten 124
Osteozyten 18
Ostium ventriculopyloricum 179
Östradiol 129
Östrogen 128
Östron 129
Oszillogramme 265
Otolithen 157
Ovalbumin 328
ovales Fenster 155
Ovar 129, 280
Ovarialstiel 281
Oviductus 281
Oviparie 15
Ovoglobuline 328
Ovomukoid 328
Ovomuzin 328
Ovotransferrin 328
Oxyspirura 470, 472,
    473
Oxytozin 117, 121

P-Welle 98
P-Zelle 125
Paarbildungsverhalten 258
Paarungsaufforderung 259
Pachymeninx 140
Paläarktis 451
paläarktische Region 451
Palaeognathe 155
Palaeostriatum 143
Palaeozän 421
Paläophytikum 416
Paläotropis 452
Paläozoikum 416
Palatinum 155
Palebra inferior 152
Palebra superior 152
Palebra tertiana 152
PALLAS 497
Pallium 143
PALMEN 501
pampiniformer Plexus 285
Panderscher Kern 324
Pankreas 184, 186
Pankreaslipase 186
pankreatisches Polypeptid 127
Pantothensäure 172
Papageien-Krankheit 476
Papilla basilaris 154
Papilla proventricularis 179
Papilla uropygialis 69
Papillenschicht 325
Parabronchen 106
paracloacaler Gefäßkörper 183
paraganglionäres Gewebe 125
Paralleltaucher 42
Paramyxoviren 476
parapatrisch 441
parapatrische Speziation 429
Parapsyllus 469
Parasit 465
Parasit-Wirt-Beziehung 300
Parasitismus 196
Parasympathikus-Blocker 210
Parathormon 123
parathyreoidale Knötchen-Zellen 124
Paratyphus 476
Pariceterotaenia porosa 475
Pars accessoria 144
Pars corticalis 125
Pars distalis 119
Pars frontalis 142
Pars infundibularis 120
Pars intermedia 119
Pars medullaris 125
Pars nervosa 120
Pars parietalis 142
Pars thoracica 100
Pars tuberalis 119
Partialdruck 108
partielle Furchung 335
Partnerschaftsysten 288
Partnertreue 290
Passeromyia 468
Patella 25
Paukenhäute 267
Paukenhöhle 20, 155
Pecten oculi 149
Pelectus 474
Pelikan-Federling 467
Pelycosauria 422
Pelzdunen 72
Penis 285
PENNANT 498
pentachromatische Empfind-
    lichkeit 154
Pentastomida 473
Pepsin 178, 185
Pepsinogen 178, 185
Peptidasen 186
Peptidhormon 114
Pericard 95
Perichondrium 18

Perikaryon 134
Perilymphe 154, 156
Periodik 219, 386
Periodika 512
peripheres Gefäßsystem 98
peripheres NS 133
Peripherzellen 207
Peristaltik 182
perivitelline Membran 281, 290
Perm 416
PERNAU 499
Perosis 174
Petecitus calamiformes 474
PETERSON 503
Pfahlstellung 86
Pfeilstörche 477
Pfeilung 52
Pflanzenfresser 189
Pflanzenteil 189
Pflugscharbein 20
pH-Wert 186
Phaeomelanin 82
Phalange 25
Phallus 286
Phalluskörper 183, 285
Phänotyp 427
phänotypische Variation 368
Pherohormone 114
Philopatrie 372
Philopterus ocellatus 467
Philopthalmus 472
Philornis 468
Phornia 468
Phosphatpuffer 171
Phosphor 168, 171
Phosphorverbindungen 477
Photoperiode 309
Photoperiodizität 502
Photorezeptoren – rudimentäre 145
Photostimulation 128
Phrase 265
Phthiraptera 467
Phyllochinon 172
Phylogenese 415, 422
phylogenetische Verwandtschaft 427
physiologische Ersatzlösung 103
Phytosauria 422
Pia mater 140, 142
Piagetliella 467
Pieplaute Ei 271
Pigmentfarbe 81
Pigmentierung Ei 283
PIH 116
Pilzerkrankungen 477
Pinealorgan 117, 145
Pinocytose 134
Pinselfeder 74
Plagiorchis laricola 475
Planmarkierung 384
Plasma-Osmolalität 203
Plasma-Volumen 203
Plasmaproteingehalt 103
Plasmodien 474
Plasmodium 474
Plateauphase 226
Plattenepithel 176
Plattentektonik 455
Plattwanzen 468
Platynosomum 472
Platzhocker 341
Pleistozän 421
Plexus (versch.) 134
Plexus brachialis 121
Plica infundibularis 177
PLINIUS SECUNDUS 495
Plumae 72
Pneumatisation 109
Pneumatizität 18
PNS 133
Pockendiphterie 476
Podotheca 67
Poikilotherme 212
Polkissen 129

Pollen 187, 190
Polus occipitalis 142
Polyandrie 288, 293
Polyarthritis 476
Polychromatismus 86
Polygynandrie 288
Polygynie 288, 291
polylecithales Ei 335
Polymorphismus 84, 325
polysynaptischer Reflex 141
Pons 141, 145, 147
Population 349
Populationsdichte 349
Populationsdynamik 362
Populationsgenetik 368
Populationsgröße 351
Porphyrine 82, 325
Porrocaecum ensicaudatum 472
postganglionäres Ganglion 139
Posthodiplostomum cuticola 471
Postnatalmauser 91
Postnuptialmauser 91, 93
postsynaptische Membran 134
Poxviridae 476
PP-Zellen 126
Prachtkleid 85, 91
praecociale Art 216, 227, 326, 341
Prädatoren 361
Praejuvenalmauser 91
Praepennae 73
Praeplumae 73
präganglionäres Ganglion 139
Prägung 246
Präkambrium 416
PRF 116
PRH 116
Primärbronchen 106, 108
primäre Leibeshöhle 335
primäre Sinneszelle 159
primäres Atemzentrum 111
Primärharn 209
Primitivstreifen 335
PRL 116
Proamnion 336
Proavis 423
Processus caroticus 23
Processus costalis 23
Processus dorsalis 23
Processus lateralis 23
Processus thoracicus 23
Processus transversus 23
Processus ventralis 23
Processus ventrolateralis 23
Processus zygomaticus 20
Proctodaeum 183
Produktion Keimzellen 224
Progesteron 128
Projektionsfasern 144
Prolactin 119, 177
Promiskuität 288, 291
Promunturium cloacae 285
Propriadrüse 178
Proteine 165
Proteinmangel 167
Proteohormon 114
Proteolyse 186
Proterozoikum 416
Protocalliphora 468
Protozoa 470
Proventrikulus 178
Provitamin A 172
pseudoeosinophile Granulozyten 104
Pseudolynchia 468
Pseudophyllen-Cestoden 474
Pseudorippe 23
Pseudosuchia 422
Pseudosuchier 425

Psittacose 476
Pterolichoidea 466
Pterosauria 142, 422
Pteroylglutaminsäure 173
Pterygoid 19, 20, 155
Pteryla 78, 88
PTH 123
Ptilosis 77
Pubis 24
Pubisknochen 27
Puderdune 73
Puffer 171
Pulpaleiste 338
Pulviplumae 73
Purkinjesches Fasernetz 97
Purpurtöne 154
Putzkralle 64, 68
pycnaspidianer Lauf 68
Pygostyl 19, 23
Pylorusabschnitt 180
Pyramis 146
Pyridoxal 172
Pyridoxamin 172
Pyridoxin 172

Q-Fieber 476
Quadratum 19, 21, 155
Quartär 421
quergestreifte Muskulatur 28

Rabenbein 19, 23, 25
Radaraufnahmen 382
Radarornithologie 383
Radiation 429, 456
Radices 140
Radius 19, 27
Railletina 472
Rami 71
Ramus communicans 133
Ramus laryngeus 136
Ramus lingualis 136
Ramus mandibularis 136
Ramus maxillaris 136
Ramus ophthalmicus 136
Ramus pharyngeus 136
Ranviersche Schnürringe 134
RAOU 508, 509
Ratites 24
rauhes Endoplasmatisches
  Reticulum 134
Rautengrube 147
RAY 496
Receptaculum des Ductus deferens 183
Reckettsien 476
Recruitment 487
Rectrices 79
Rectum 181
Red data books 485
Reflex 141, 241
Regenbaden 252
Regenbogenhaut 148
Regenfälle 310
Regio anterior 149
Regio media 149
Regio olfactoria 159
Regio posterior 149
Reibeplatte 179, 184
Reifeteilung 283, 286, 289
Reifung 244, 329
Reifung des Flugvermögens 346
Reighardia sternae 473
Reiz-Reaktions-Beziehung 241
Reizsummation 243
Rekrutierungsrate 487
Remakscher Nerv 138
Remiges 79
Renaissance 496
renale Konzentrationsleistung 203
renale Organe 199
renale Rückresorption 203
renaler Plasma-Fluß 203

Renicola 472
Renin-Angiotensin-System 129
Rennen 33
Reproduktion 222
Reproduktionsrate 359
Reproduktionszyklus 224
Reptil 27, 187
Reptilientyp 200
Resonanzsystem 155
Resorption 167, 184
respiratorischer Quotient RQ 217
Ressourcen-Polygynie 291
Rete testis 284
Retina 149
Retinol 172
Revier 352
Reviergesang 273
Rezeptoren 115, 162
RH 116
Rhachis 19
Rhamphoteca 63, 195
Rhinonyssidae 467
Rhombencephalon 142, 338
Rhomboid-Sinus 135
Rhynchocephalia 422
Rhynchota 468
Rhythmen 404
Ribeiroia 470
Riboflavin 172
Richtungshalten 409
Richtungsänderung 59
Richtungshören 157
Riechepithel 159
Riechfeld der Hirnrinde 144
Riechhirn 159, 160
Riechkolben 142
Riechlappen 136, 146
Riechnerv 134
Riechzentrum 146
Rieseneier 477
RIGDEWAY 498
Rima infundibuli 177
Rinde (Hirn) 143
Rindenzone 200, 281
Ringerlösung 103
Rippe 22, 24
Ritualisierung 250
Rodoxanthin 82
Rohfaser 168
Rohfett 168
Rohnährstoff 168
Rohprotein 168
Röhrenknochen 18
Rokoko 495
Rollschwänze 470
Rosafärbung 70, 82
Rostfärbung 84
rote Blutkörperchen 101
Rote Liste 485
rote Muskelfaser 29
rotes Knochenmark 103
ROTHSCHILD 499
Rotlauf 476
ROWAN 502
RQ 217
RS-Komplex 98
RT-Nephron 202
Rückenmark 135, 139
Rückenmarkhüllen 140
Rückenmarkskanal 135
Rückkopplung 115
RUDOLF II 496
Rufe 264, 269
Rufrepertoire 269
Ruhen 255
Ruheplatz 313
Ruhestoffwechsel 218
Ruhetonus 158
Rumpfmuskel 32
Rumpfskelett 22
rundes Fenster 154
Rupfung 190
RÜPPELL 502

Rüsselläuse 467
Rutin 173
Rutschen 35
Rüttelflug 56

S.O.J. 508, 509
S.V.O. 508, 509
SA-Knoten 98
Sacci abdominales 108
Sacci aerophori 108
Sacci claviculares 108
Sacci thoracales 108
Sacculus 154, 156, 157
Sacculus esophagealis 177
Saccus caudalis 179
Saccus cervicalis 108
Saccus cranialis 179
Sacharose 167
Sahara 392
saisonales Zugmuster 395
Salmonellose 476
Salzbelastung 209
Salzdrüse 205
Salzsäure 178, 185
Salztoleranz 203
Samen 189, 329
Samenblase 283
Samenleiter 182, 284, 285
Samenleiterampulle 283
Samenleiterpapille 285
samtige Oberfläche 83
Sandbaden 253
Sangesperiode 276
SAOS 508, 509
Sarcosporidien 474
Sarkomer 28
Satelliten-Zellen 161
Satellitenzelle 162
Sauerstoff-Ausnutzungsrate 111
Sauerstoff-Partialdruck 112
Sauerstoffaufnahme 111
Sauerstoffmangel 103
Saugwürmer 465, 470
Saurischia 422
Sauropoda 422
Scala tympani 154
Scala vestibuli 154
Scapula 19, 26
Scapus 71
Schachtelbruten 306
Schädel 19
Schale 325
Schalendrüse 282
Schalenhaut 324
Schaltzelle 150
Schambein 19, 25
Schamgeflecht 134
Schattenspenden 233, 236
Schauflug 269
Scheide 282
Scheinputzen 250
Scheitelbein 20
Scherung 158
Schienbein 19, 25
Schilddrüse 121
Schilddrüsenhormon 122
Schillerfarben 83
Schillerstrahlen 83
Schistosoma 471
Schistosomiasis 475
Schizochroismus 84
Schizogonie 474
Schlafen 255
Schläfenbein 20
Schläfenbeinschuppe 21
Schläfenbrücke 21
Schläfenfenster 21
Schläfengrube 20
Schlafgemeinschaft 231
Schlafnest 314
Schlafplatz 313

Schlafplatzansammlung 355
Schlafplatzgesellschaften 263
Schlagflug 56
Schlagfrequenz 55
SCHLEGEL 498
Schleifenzug 388
Schleimhautdrüse 178
Schlemmerscher Kanal 149
Schlichtkleid 92
Schlupf-Synchronisation 341
Schlüpfen 261, 340
Schlüpfmuskel 340
Schlüpfvorgang 340
Schlüsselbein 19, 25
Schlüsselreiz 242
Schmalfrontzug 387
Schmarotzer 465
Schmeckvermögen 160
Schmuckfeder 73
Schnabel 15, 63
Schnabelhorn 67
Schnabelklappern 269
Schnabelknacken 269, 271
Schnabelmorphologie 192
Schnabeltypen 65
Schnecke 154, 156, 187
Schneckenfenster 20, 154
Schneckengang 154
SCHNEIDER 495
Schreckfarbe 85
Schreckmauser 87
Schrot 477
Schulterblatt 19, 23, 26
Schultergelenk 26
Schultergliedmaßen 31
Schultergürtel 25
Schüsselreize 241
Schutz Junge 262
Schutz vor Verlusten 309
Schutzgebiet 494
Schutzprogramm 490
Schwalben-Lausfliege 468
Schwalbennester-Suppe 175
Schwalbenwanzen 468
Schwammschicht 325
Schwanzgeflecht 134
Schwanzregion 24
Schwarmbildung 400
Schwefel 173
Schweißdrüse 70
Schwellkörper 155
Schwerpunktkraft 37
Schwimmen 38, 229
Schwimmhäute 39
Schwimmlauf 40
Schwimmnagel 64
Schwimmtauchen 193
Schwingenform 50
Schwirrflug 57, 229
Schwitzen 233, 235
Schwungfeder 79
SCLATER 451, 502
Sclera 148
SCZ-Zelle 125
Second messenger 115
SEEBOHM 498
Seevogel 394
Segeln 50
Sehdach 146
Sehfeld 153
Sehgrube 150
Sehlappen 143, 145
Sehnenreflex 140
Sehnerv 135, 149
Sehnervenkreuzung 143
Sehnervenloch 20
Sehschärfe 153
Sehzelle 152
Seidenglanz 83
Seidenstrahlen 83
Seitenstrang 140
Sekretin 130, 186
Sekretion Salzdrüse 209

Sekretions- und Konzentrations-
modelle 209
Sekretionsrate 209
Sekrettubuli 206
Sekundärbronchen 106
sekundäre Leibeshöhle 95
sekundäre Sinneszelle 159
Sekundärharnmenge 204
Selbstförderung 126
Selbsthemmung 126
Selektion 287, 299, 373
Selektionsdruck 413
Selen 174
SELIGMANN 496
SELOUS 501
semialtriciale Vogelart 341
Semiplumae 73
semipraecociale Vogelart 341
Semispezies 430
sensible Fasern 133
sensible Phase 245, 277
Sensorik 133
SEO 508, 509
Septum atrioventricularis 97
Septum interlobulare 69
Septum interorbitale 20
Serosa 336
Serotonin 114, 130, 133
Serratospiculum 472
Sertaria 473
Sertolizellen 284, 287, 289
Setae 74
Sexilität 357
Sexualverhalten 257
sexuelle Auslöser 259
sexuelle Isolation 258
sexuelle Selektion 373
Sich-Drücken 249
Sichelkeim 474
Siedlungsdichte 350
Silizium 174
Silur 416
Simuliidae 465
Sinnesorgane 16, 148, 163
Sinuatrialklappe 95
Sinuatrialknoten 97
Sinus rhomboidalis 139
Sinus venosus 95
Sinusknoten 97
Sinusoid 183
Siphonaptera 468
Sitzbein 19, 25
Sitzen 32
Skelett 15, 18
Skelettmuskel 30
Skelettmuskelfaser 29
Sklera 149
Skleralring 149
Sklerotalring 148
Slipbewegung 52
SNETHLAGE 503
SOC 508, 509
Solnhofer Archeopteryx-Exemplar 417
Solnhofer Plattenkalk 415
somatisches NS 133
Somatopleura 337
Somatostatin 116, 127, 130
Somit 338
Sommerkleid 91
Sommervogel 376
Sonagramme 264
Sonnenazimut 410
Sonnenbaden 37, 63, 232, 234, 254
Sonnenkompaß 163, 410
Soor moniliasis 477
Sozialtrieb 241
Sozialverband 352
Sozialverhalten 256
Soziobiologie 240
Spareier 477
Spätbrüter 93
Spatium subarachnoidale 140

Spechtschmiede 194
Speiballen 179, 190
Speiche 19, 27
Speicheldrüse 159, 175, 185
Speicher 230
Speicherkropf 176
Speicherorgan 285
Speicherstoff 230
Speiseröhre 99, 121, 176
Spermabildung 224
Spermatiden 286
Spermatogenese 280, 286, 329
Spermatogonien 286, 289
Spermatozyten 286
Spermien, Spermium 285, 287, 329, 329
Sperrachen 243
Sperren 247
Speziation 374
Spezies 428
spezifisch-dynamische Wirkung 217
spezifische Masse 42
Sphaeridiotrema 472
Sphinkter 282
Spieltrieb 241
Spießen 94, 245
Spinalganglion 133
Spinalnerven 133
Spinne 187
Spinngewebhaut 140, 142
Spirillaceae 476
Spirochaetaceae 476
Spironucleus columbi 470
Spiroptera 471
Spiruridae 470
Splanchocranium 20
Splanchopleuraschicht 337
Splen 100
Sporentierchen 470
Sporn 66
Spornfortsatz 19
Sporocysten 471
Sporozoa 470
Spottsänger 278
Springen 33
Sprunggelenk 25
Spurenelemente 165, 173
Squamata 422
SRH 116
SRIF 127
Stäbchen 150, 152
Stäbchenbakterien 476
Stachelhäuter 187
Staffelmauser 88
Stammhirn 141
Standardumsatz 225
Standortlaute 271
Standvogel 80, 376
Stärke 168
Starten 58
Statine 114, 120
statischer Druck 46
Statolithen 157
Staubbaden 253
Staudruck 46
Steißknochen 24
Stenopteryx hirundinis 468
Sternalrippe 23
Sternenkompaß 163, 410
Sternosoma 466
Sternosoma tracheacolum 473
Sternum 19, 24
Steroidhormon 114
Steuerfeder 81, 89
Steuermechanismen 231
STF 131
STH 116
Stickstoff-Exkretion 203
Stickstoffbilanz 217
Stickstoffhaushalt 188
Stigma 281
Stimmfühlungslaut 270
Stimmfühlungsruf 271
Stimmkopf 108, 121

Stimmlaute 265
Stimmungsübertragung 246
Stimulation Fortpflanzung 313
Stirnbein 20
Stirnplatte 64
Stoffwechsel 165
Stoffwechselleistung Embryo 225
Stoßtauchen 44, 193, 248
Strahlenkörper 148
Stratum basale 64
Stratum compactum 64
Stratum corneum 64, 237
Stratum germinativum 64, 237, 281
Stratum intermedium 64
Stratum laxum 64
Stratum superficiale 64
Stratum transitivum 64
Straußlausfliege 468
Streckenflug 56
Streckenleistung 397
Streifenkörper 143
Streptocara 470
STRESEMANN 495, 496, 502
Streß 96
Striatum 143
Strigea falconi 471
Strigeidae 472
Strömungsverhältnis 45
Strongilidae 471
Strongyliden 472
Strongyloides 472
Strophen 265
Strukturdiversität 460
Strukturfarbe 81, 83
Struthiobosca 468
Stumpffühlerläuse 467
Sturzflug 44
Stützelemente im Vogelauge 150
Stützschwanz 36
Stützsystem 18
Stützzellen 158
Subarachnoidalraum 140
Subcomissural-Organ 118
Subcutis 62
Subgerminalhöhle 335
Subsong 249, 274
Subspezies 428, 430
Substantia alba 140
Substantia grisea 140
Suburula 472
Succinea putris 471
Sulcus 147
Sulcus caroticus 23
Sulcus coronarius 96
Sulcus ejaculatorius 285
Sulcus infundibularis 177
Sulcus longitudinalis 96
Sulfonamide 123
Superspezies 430
SWAINSON 499
Symbiose 196, 465
Sympathikus 97, 125
sympatrisch 441
sympatrische Speziation 429
Symplesiomorphie 427
Synapomorphie 427
Synapse 133
Synapsida 422
synaptischer Spalt 134
Synchronisation 258, 275, 405
Synchronisation Eireifung 301
Synchronisation Schlüpfen 270
Syngamus trachea 472
Synhimatus 470
Synsacrum 23, 417
Syrinx 108, 121, 136, 265
Systematik 426
Syzygie 473

T-Lymphozyten 131
T-Welle 98
T3 123

T4 123
Tabanidae 465, 469
Tag-Nacht-Rhythmus 212
Talgdrüse 70
Tarnfarbe 85
Tarnmuster 85
Tarnverhalten 257
Tarsometatarsus 19, 25
Tasthaare 160
Tastkörperchen 160, 174
Tastscheibe 162
Tastsinn 160, 191
Tauben-Lausfliege 468
Taubenfederling 467
Taubenwanzen 468
Taubenzecke 466
Tauchdauer 40
Tauchen 40, 230
Tauchtiefe 43
Tauchzeit 43
Taxa 428
taxaspidianer Lauf 68
Taxon 426
Taxonomie 426
Tectrices 80
Tectum 145
Tectum mesencephali 142
Tectum opticum 146
Tegmentum vasculosum 154
Teilmauser 88, 90
Teilzieher 376
Tela subcutanea 64
Telencephalon 141, 143
Teleoptile 72
Telocoel 338
Telodendron 134
Telogen 87
TEMMINCK 498
Temperaturfeld 216
Temperaturneutralpunkt 221
Temperaturregulation 212, 231
Terminalscheibe 161
Territorialität 352
Tertiär 421
Testes 283
Testosteron 128, 284
Tetanus 476
Tetracatyle 471
Tetrajodthyronin 123
Tetrameres 470
Teyler *Archeopteryx*-Exemplar 417
Thalamus 145
Thalazia 473
Theca 290
Theca-Schicht 129
Thecodontia 422, 424
Thecodontier 424
Theka 281
Therapsida 212, 422
Therapsiden 212, 422
Thermiksegler 51
Thermogenese, zitterfreie 231
Thermoneutralpunkt 226
Thermoneutralzone 219, 220, 226
Thermoregulation 118
Thermorezeptor 164
Theropoda 422
Thiamin 172
THIEDEMANN 499, 502
Thilophthalmus gralli 473
Thorakalnerven 133
Thymopoetin 131
Thymus 100, 130
Thymus-Faktor 131
Thymusdrüse 121
Thyreoglobulin 121
Thyreohemmstoffe 123
Thyreostatika 123
Thyreotropin 117
Thyroxin 123, 213, 214
Tibia 25
Tibiotarsus 19, 25
tierische Nahrung 189

TINBERGEN 501
Tintenfisch 187
TNP 221
TNZ 220
Tocopherol 172
Todesursache 361
Tollwut 476
Tonerzeugung 268
Tongedächtnis 157
Tonsillen 131
Topographie 16
Torpor 111, 214, 215, 238
Tour 265
Toxoplasmose 470, 474
Trabekeln 134
Trachea 106, 121, 267
Tracheavolumen 111
Tractus fronto-archistriaticus 146
Tractus opticus 136
Tractus quintofrontalis 144
Tractus rubro-spinalis 140, 146
Tractus striato-cerebellaris 146
Tractus trigemino-frontalis 146
Tradierung 279
Trägerfrequenz 274
Trägheitsnavigation 413
Tran 178
Tränenapparat 152
Tränenbein 20
Tränendrüse 152, 211
transiliente Mauser 89
Transmitter 133
Transportkosten des Fluges 60
Trehalase 186
Trematoden (Saugwürmer) 470, 475
Trennwinkel 153
TRH 116
Trias 416
Trichinella 474
Trichinen 474
Trichobilharzia 471
Trichodectidae 468
Trichomonaden 470
Trichomonas 470
Trichostrongylus 472
Trichterlappen 119
Triebhandlung 241
Trigeminus 136, 146
Trijodthyronin 123
Trinken 195
Trinoton 467
Trockenfrucht 187
Trockenhaltung 252
Trockensubstanz 168
Trockenzeit 456
Trombiculiden 466
Trommelfell 154
Tropen 395
Truncus brachiocephalicus 99
Truncus opticus 142
Truncus sympathicus 138
Truncus thoracoabdominalis 102
Truppengrößen 263
Trypanosoma 474
Trypanosomen 468, 474
Trypsin 186
Tryptophan 172
TSH 117
Tuba auditiva 155
Tubenspeicheldrüsen 175
Tuber cinereum 120
Tuber ventrolaterale 142
Tuber ventromediale 142
Tuberculum costae 23
Tuberkulose 476
tubuläre Sekretion 204
Tunica 281
Tunica fibrosa bulbi 148
Tunica interna bulbi 149
Tunica vasculosa bulbi 148
Turacin 174
Turakoverdin 82, 174
TURNER 496

Tylodelphis 472
Tympanalhöhle 154
Typhlocoelum 472
Typhus 476
Tyrosin 82
Tyzzeria 470

Überhitzung 261
Überlebenskurve 359
Übersprungbewegung 244, 250
Überwinterung 238
Ulna 19, 26, 27
Ulnare 27
Ultimobranchialkörper 121, 124
Ultrafiltration 209
Ultraschallhören 157
Utriculus 157
Umbilicus 71
Umkehrzug 391
umorientierte Bewegung 244
umsetzbare Energie 217
Umsiedlung 389
Umweltgradient 463
Unterarm 26
Unterart 428
Unterdruck 46
Unterhaut 62
Unterkiefer 20
Unterkieferspeicheldrüsen 175
Unterschenkel 25
Unterwasserschwimmen 42
Urdarm 336
Urdarmabfaltung 336
Ureter 199, 201
uricotelische Tiere 204
Urin-Fließrate 203
Urkeimzellen 282, 286
Urmund 335
Urobilinogen 188
Urodaeum 182, 183, 285, 337
Urogenitalsystem 280
Ursprung der Vögel 423
Uterus 281
Utriculus 154
UV-Licht 154
Uvula 146

V-Stellung der Flügel 52
Vagina 281
Vagus 137
Vagusnerv 97, 138
Vallecula 142, 144
Variationen, Lautäußerungen 278
Vas afferens, efferens 201
Vas lymphaticum 102
vasoaktives Intestinal-Peptid 186
Vasopressin 117, 121
Vasotocin 117, 203
Vegatabilie 187
vegetatives NS (ANS) 133, 137
Vektornavigation 408
Vena cava 96, 99, 121, 200, 284
Vena coccygea media 99
Vena coccygomesenterica 200
Vena femoralis 99
Vena gastralis 99
Vena hepatica 99
Vena hypogastrica 200
Vena iliaca 99, 200, 284
Vena ischiadica 200
Vena jugularis 99, 136
Vena mesenterica 99
Vena portae 99
Vena pudenda 99, 200
Vena pulmonaris 99
Vena renalis 99, 200, 284
Ventilation der Parabronchen 108
Ventilationsvolumen 112
Ventilebene 97
Ventriculus glandularis 178
Ventriculus muscularis 178

Ventrikel-Septum 97
Ventrobronchen 108
Verbände 509
Verbreitung 440
Verdauung 165, 166, 184
Verdauungsapparat 173
Verdauungsenzym 184
Verdauungsgeschwindigkeit 185
Verdauungssaft 186
Verdauungssystem 173
Verdunstungskühlung 233
Vergärungssymbionten 182
Verhalten 239, 426
Verhaltensentwicklung 246, 346
Verhaltensgenetik 240
Verhaltensinventare 250
Verhaltensmorphologien 249
Verhaltensökologie 240
Verhaltensontogenese 240
Verhaltensrudiment 250
Verhornung 62
verlängertes Rückenmark 147
Verleiten 262
Verletzungen 477
Vermis 145
Verölung 477
Verpaarung 373
Versetzungsexperiment 407
Vertebrae cervicales 19
Vertebrae coccygeae 19
Verwandtenselektion 298
Vestibularapparat 157
vestibuläre Sinneszellen 158
Vestibulum 154
Vexillum 71
Vierfüßiger Hahn 478
Vierhügelplatte 145
Vikarianz 429, 441
Villikinin 130
VIP 186
Viren 476
Vitamine 70, 167, 172, 165, 188
Vitellus albus, aureus 290
Vittelar-Membran 290
Vogelberingung 383
Vogelflügel 27
Vogelfuß 66
Vogelhaltung 513
Vogelnamen 432
Vogelpest 476
Vogelringe 383
Vogelschutz 479
Vogelschutzorganisation 506
Vogelspulwurm 472
Vogelwarte 502
Vogelzoo 516
Vogelzug 376
Vogelzungenwurm 473
Vollblut 103
Vollgesang 274
Vollmauser 88, 90, 223
Vomer 20
VON HOLST 502
Vorderdarm 173
Vorderhirn 141, 143
Vorderhorn 140
Vorderlappen 119, 120
Vorderstrang 140
Vorderwurzeln 140
Vorhof 71
Vorhoffenster 154
Vorniere 286
Vorzugsnahrung 197

Wachshaut 63
Wachstum 222, 339, 343
Wachstumsdepression 167, 172
Wachstumsfaktor k 345
Wachstumsgleichung 344
Wachstumskonstante 343
Wachstumskurve 364
Wachstumsstreifen 76

Wadenbein 19, 25
WALLACE 451, 501, 502
Wandergeschwindigkeit 399
Wandertrieb 241
Wanderung 376
warmblütige Haie 212
Wärme 13
Wärmeabgabe 231, 238
Wärmeaustausch-Wege 221
Wärmeaustauschnetze 233
Wärmebildung 233
Wärmedurchgangszahl 220, 233
Wärmekonservierung 231
Wärmeverluste 220
Wasser 165
Wasserabgabe 111, 235
Wasserlugen 194
Wasserrennen 40
Wasserresorption 189
Wasserstehen 232
Wasserverlust 327
Wasserversorgung 262
Wasservogel 393
Waten 38
Watschelgang 25, 33, 39
Watvogel 394
Wechselwarme 212
Wegsehen 258
weiche Hirnhaut 142
WEIGOLD 202
Weinen 271
weiße Blutkörperchen 103
weiße Faser 30
weiße Muskulatur 29
weiße Substanz 140
weiße Substanz des Rückenmarks 135
Wendezehe 25
Wenyonella 470
Wetter 399
Wetterflug 380
WHITE 500
WHITMAN 501
Widerstandskraft 46
Wiederfundhäufigkeit 383
Wiederverpaarung 290
WILLUGHBY 496
WILSON 500
WILTSCHKO 386, 411
Wind 235, 399
Wintergast 376, 441
Winterpopulation 393
Winterquartier 395
Winterquartiertreue 390
Winterverbreitung 446
Winterversteck 196

Wirbel 22
Wirbel-Rippe 24
Wirbelsäule 19, 22, 139
Wirkungsgrad 223
Wirkungsrate 223
Wirtsprägung 246
Wirtsspezifität 467
Wirtsvögel 300
WITHERBY 503
WITHMAN 239
Witterung 363
WOLF 499
Wolffscher Gang 284
WOLTERS 432
Wurm 145

Xantophylle 82
Xenobiotika 477

Z-Streifen 28
z-Wert 442
Zähne 174
Zapfen 150, 152, 154
Zecken 465
Zehe 19, 25
Zehennagel 64
Zeitauflösung 264
Zeitgeber 251, 405
Zeitprogramm 406, 408
Zeitschriften 509
Zeitsinn 164
Zellhormon 114, 130
zelluläre Abwehr 105
Zellulase 188
zentrales NS 139
Zentralkanal 140
Zerstreuungswanderung 377
Zervikalnerven 133
Zielfinden 409, 412
Zielorientierung 412
Ziliarkörper 149
Ziliarmuskel 149
Zink 174
Zirbeldrüse 117, 145
Zirkulationsdauer des Blutes 100
Zischen 271
Zischlaute 269
Zisternen 134
Zitratzyklus 166
Zitrin 173
zitterfreie Thermogenese 231

ZNS 139
Zona intermedia 179
Zona parenchymatosa 281
Zona radiata 281, 290
Zona vasculosa 281
Zonula ciliaris 149
Zoogeographie 445
zoogeographische Region 451
Zooprasin 82
ZORN 499
Zuchtrasse 514
Zucker 168
Zuckmuskulatur 30
Zugaktivität 386
Zugdimorphismus 408
Zugdisposition 404
Zuggesamtdauer 397
Zughöhe 398
Zugkalender 405
Zugkosten 229
Zugleistung 230
Zugmuster 414
Zugprolongation 391
Zugrichtung 407
Zugruf 271
Zugscheide 388
Zugunruhe 386
Zugverhalten 387
Zugvogel 441
Zugweg 395, 407
Zugwegstreue 390
Zugweise 400
Zugwelle 396
Zugzeit 396
Zunge 174
Zungenbein 22, 174
Zungenspitze 176
Zungenwürmer 473
Zwei-Zügel-Prinzip 115
Zwerchfell 106
Zwillingsarten 272
Zwillingsbildung 478
Zwischenfeder 73
Zwischenhirn 141, 145
Zwischenkieferknochen 20
Zwischenknorpelscheibe 25
Zwölffingerdarm 180
Zyankobaltamin 172
Zygocotyle 472
Zygote 335
Zymogen 178
Zymogramm 369
Zystein 74, 82
Zystin 74, 168
Zytologie 426